# 상담 및 심리치료 윤리

서경현 · 정성진 옮김

10E

# Issues & Ethics

## IN THE HELPING PROFESSIONS

Gerald Corey
Marianne Schneider Corey
Cindy Corey

박학사
Cengage

Australia • Brazil • Canada • Mexico • Singapore • United Kingdom • United States

Cengage

***Issues and Ethics in the Helping Professions,***
**Tenth Edition**

**Gerald Corey**
**Marianne Schneider Corey**
**Cindy Corey**



Original edition © 2019 Wadsworth, a part of Cengage Learning.
*Issues and Ethics in the Helping Professions, 10th Edition* by Gerald Corey, Marianne Schneider Corey and Cindy Corey
ISBN: 9781337406291



ISBN: 978-89-98521-74-5

**Cengage Learning Korea Ltd.**
14F YTN Newsquare 76 Sangamsan-ro
Mapo-gu Seoul 03926 Korea

Cengage is a leading provider of customized learning solutions with employees residing in nearly 40 different countries and sales in more than 125 countries around the world. Find your local representative at: **www.cengage.com**.

To learn more about Cengage Solutions, visit **www.cengageasia.com**.



Printed in Korea
Print Number: 02 Print Year: 2025

우리의 평생 친구이자 동료인 Patrick Callanan을 추모하며...

Patrick은 성직자, 아버지, 삼촌, 교사, 상담가,

작가, 멘토, 친구의 역할을 통해 세상에 자신의 흔적을 남긴

진지하고 정직하고 재치 있고 모험심이 강한 사람이었다.

잊을 수 없는 사람이기에 우리는 항상 그를 기억할 것이다.

# 역자 서문

중국 노나라 어느 고을에 공무제라는 수령이 있었다. 어느 날 이 고을에 제나라 군사가 쳐들어오고 있다는 전갈을 받았다. 공무제는 모든 백성들을 성 안으로 들어오도록 하였다. 마침 보리 추수기였기 때문에 제나라 군사들이 모두 약탈해 갈 것이 걱정되어, 부하들은 곡식을 제나라 군사에게 약탈당하느니 내 것 남의 것 따질 필요 없이 백성들이 마음껏 가져가게 하자고 제안했다. 그러나 공무제는 이 제안에 반대했고 결국 누렇게 익은 보리를 모두 제나라 군사들이 거두어 갔다. 추후 그 사실이 노나라 임금에게 전달되었고 그는 이적행위로 재판을 받게 되었다. 심문과정에서 공무제는 상황을 이렇게 설명하였다. "제가 잠시 적을 이롭게 한 것은 사실입니다. 하지만 상황이 어렵다 하여 백성들로 하여금 남의 곡식까지 마음대로 가져가도록 한다면 나중에는 열심히 일하며 살 생각은 하지 않고 남의 것을 공짜로 얻을 생각만 하게 되겠죠. 그런 습성은 정말 고치기 힘들어 평생 백성들은 그렇게 살아가게 될 것입니다." 이 말을 들은 임금은 공무제의 행동을 크게 치하하였다.

공무제는 한 고을의 수령으로서 백성의 안위를 우선으로 하여 그런 결정을 내린 것이다. 잠시 적을 이롭게 한 것처럼 보이지만 장기적으로는 백성들의 미래의 삶을 윤택하게 했다. 그러한 사회적 공의에 입각한 행동, 즉 윤리적 행동 때문에 덕망 있는 수령으로서 공무제가 후세에 회자되는 것이다. 보통 사람들 같았으면 공무제와 같은 선택을 하지 않았을 수 있다. 정신건강 실무에 임하면서 내담자와 환자의 안위를 최우선으로

한 윤리적 선택이 결코 쉬운 일은 아닐 것이다. 하지만 공무제의 이야기에서 우리가 배울 수 있는 교훈은 정신건강 실무를 처음 시작하는 사람이 조그마한 일이라고 해서 윤리적인 행동을 무시한다면 그 습성은 고쳐지기 힘들어 이 직종에 종사하는 동안 정신건강 서비스를 받고자 하는 사람들의 삶의 질을 오히려 더 떨어뜨릴 수 있다.

한국에서도 정신건강실무자는 윤리적 딜레마에 빠지는 경험을 자주 한다. 그러한 상황에서는 어떻게 윤리적으로 판단하고 대처해야 할지 고민할 수밖에 없다. 한국의 경우도 대부분의 정신건강전문가단체들이 윤리규정이나 윤리강령이 존재한다. 하지만 윤리규정은 개략적으로 기술되어 있지 세세한 부분까지 설명되어 있지 않다. 따라서 정신건강실무자는 여러 경로를 통해 윤리의식을 발달시키고 윤리적 문제해결 기술을 함양해야 한다. 윤리규정집은 윤리적 행동을 어떻게 해야 하는지 모든 것을 상세히 설명하는 맞춤형 책자는 아니므로 윤리지침서가 필요하다. 또한 역자가 상담이나 심리치료를 전공하는 학생들을 가르치다 보니 그런 지침서나 교재가 한국에는 없어 아쉬움이 있었다. 그러다 정신건강실무자나 그것을 위해 준비하는 학생들을 위해 코리(Corey) 박사가 동료들과 저술한 윤리 교재를 번역하게 되었고, 그 이후 개정판도 번역하고 있다.

이 책의 저자는 개인과 직업인으로서의 상담자의 역할, 상담자와 내담자의 가치관의 차이를 극복하는 문제, 다문화적 관점과 다양성 문제, 내담자의 권리와 상담자의 책임, 비밀보장과 관련된 윤리적이고 법적인 문제, 다중관계의 문제, 전문가의 자격과 수련, 수련감독과 관련된 윤리적 문제, 이론과 실제의 문제, 커플 · 가족 치료와 관련된 윤리적 문제, 집단작업과 관련된 문제, 지역사회 활동과 관련된 문제 · 사회정의와 관련된 다양한 주제를 다루고 있다. 역자는 본서를 번역하면서 저자가 다양한 주제와 관련하여 방대한 정보를 제공하고 있으며 윤리적 딜레마에 현명하게 대처할 수 있는 지혜롭고 영감어린 조언을 제시하고 있다는 데 놀라움을 금치 않을 수 없었다. 이 책은 상담이나 심리치료 실무를 위해 공부하고 있는 학생이나 현재 그 일을 하고 있는 실무자가 매우 유용하게 활용할 수 있는 많은 정보들이 담겨 있다.

한국의 정신건강전문가단체에서 윤리적인 문제로 회원을 징계하고 자격을 박탈하는 일들이 가끔 발생하고 있다. 그러한 윤리적 문제를 판단할 때, 미국의 규정이나 사례들을 참고하게 된다. 미국에서는 오래전부터 정신건강실무와 관련하여 윤리적 행동을 강조해 왔고 시대의 요구에 따라 정신건강전문가단체들은 윤리적 행동에 관한 기준도 여러 차례 개정했다. 실제로 한국의 정신건강전문가단체들이 미국의 관련 단체의 것들을 참고하여 윤리규정 혹은 윤리강령의 틀을 구성한 경우가 많다. 윤리적인 면에는 포괄적(global)이고 초문화적(trans-cultural)인 경우가 많기 때문일 것이다. 따라서 이 책은 한국의 정신건강실무자에게도 아주 유용한 윤리지침서나 윤리교재가 될 수 있다. 그렇더라도 독자들은 윤리적 문제에는 확실한 답이 없는 경우가 많다는 점과 한국의 사회적 혹은 문화적인 측면을 고려해야 하는 경우도 있다는 점을 잊지 말아야 한다. 끝으로 이 번역서를 출판하기로 결정하신 박학사의 구본하 대표님과 편집을 맡으신 김재석 님에게도 감사의 마음을 전한다.

2022년 1월
역자 서경현, 정성진

# 저자 서문

우리 부부의 친구이자 동료인 Patrick Callanan은 2017년 3월 17일(성 패트릭의 날)에 사망했다. 그는 우리와 함께『상담 및 심리치료 윤리』이전 판의 공동저자였다. 수년 동안 우리는 Patrick과 함께 다양한 프로젝트를 수행하면서 즐거웠고, 그와 나눈 동료애와 협업했던 추억을 그리워할 것이다. Patrick은 상담실무자로서 삶의 대부분을 상담계에 바쳤으며 수많은 내담자와 학생, 전문가들의 삶이 변화하도록 노력했다.

『상담 및 심리치료 윤리』는 사람들을 돕는 직종을 준비하고 있는 대학원생과 대학생을 위해 저술한 책이다. 이 책은 상담, 휴먼서비스, 커플・가족 치료, 상담・임상심리학, 학교상담, 사회복지학의 교육과정에 적합하다. 또한 실습, 현장학습, 수련, 직업윤리 교과의 주 교재나 기술과 이론을 다루는 교과의 부교재로 사용할 수 있다. 전문가로 활동하는 동안 이 책에서 논의하는 문제들에 직면할 가능성이 높기 때문에 우리는 현장학습을 하는 학생은 물론 치료 실무에서 윤리적, 직업적, 법적인 문제와 관련된 최신 견해들을 접하는 데 관심 있는 전문가에게 의미 있는 언어와 개념을 사용하고자 노력했다.

이 책에서 우리는 상담과 사람들을 돕는 직종의 직무수행에 크게 영향을 미치는 윤리적, 직업적 문제를 다루는 방법을 학습하는 데 독자들의 참여를 원한다. 우리는 다음과 같은 질문들을 다루고자 한다. 당신의 가치관과 인생의 경험이 직무수행에 영향을 미치는 방식을 얼마나 인식하는가? 내담자와 상담자의 권리와 책임은 각각 무엇인가?

당신은 자신의 역량수준을 어떻게 가늠할 수 있는가? 당신의 역량을 어떻게 획득하고 유지할 수 있는가? 문화적으로 다양한 계층에게 양질의 서비스를 어떻게 제공할 수 있는가? 사회정의와 옹호활동에 어떠한 방식으로 참여할 수 있는가? 상담실 밖으로 나가 지역사회를 어떻게 변화시킬 수 있는가? 커플 · 가족 치료, 집단작업, 지역사회 기관, 학교현장, 개업상담 현장에서 마주칠 수 있는 주요 윤리 문제는 무엇인가? 우리의 목표는 일련의 정보의 제공과 전문가로 일하면서 직면하게 될 기본 문제들에 관해 생각하고 해결하는 과정을 가르쳐 주는 것이다. 여기서 제기하는 대부분의 문제들에 관한 토의와 숙고를 자극하기 위해 다양한 관점을 제시하고자 한다. 또한 적절한 때에 우리의 개인적인 견해와 논평을 제시하고 당신도 스스로의 입장을 정리해 보라고 장려할 것이다.

다양한 전문가단체들의 윤리규정에는 직무수행에 관한 지침이 제시되어 있다. 그러나 이러한 지침만으로는 해답을 얻지 못하는 문제도 많다. 우리는 당신이 학생 혹은 전문가로서 공인된 윤리원칙들을 당면한 특정 사례에 어떻게 적용할지 결정할 때 궁극적으로 책임감 있는 직무수행이라는 문제와 씨름하게 될 것이라고 생각한다.

우리는 이 책을 읽는 동안 적극적이고 의미 있는 방식으로 당신이 참여하기를 원한다. 이를 위해 우리의 논의에 당신이 반응할 기회를 많이 마련해 두었다. 각 장은 읽기의 방향을 안내하는 학습목표와 논의할 주요 주제들에 초점을 맞추는 데 도움이 되는 자기평가로 시작된다. 각 장에서 해당 문제가 당신에게 어떻게 적용되는지 생각해 보라는 요청이 자주 등장할 것이다. 결론을 제시하지 않은 사례와 상황을 제시하여 생각과 토의를 자극하고자 한다. 우리는 독자에게 다양한 정신건강전문가단체의 윤리규정을 사례에 적용해 보도록 장려한다. 각 사례 뒤에 나오는 질문을 생각한다면 윤리적으로 건전하거나 혹은 불건전한 치료사의 반응을 판단하는 데 도움이 될 것이다. 또한 건전한 윤리적 결정을 내리는 과정으로 안내하기 위해 각 사례 뒤에 우리의 논평을 제시했다. 윤리적, 법적, 직업적, 임상적 문제를 탐구할 때는 관련 문헌도 인용했다. 자료와 추천 활동이 풍부하기 때문에 교육자는 단일 교과에서 다룰 수 있는 것 이상의 내용을 접하게 될 것이다.

『교육자용 지침서(Instructor's Resource Manual)』에는 각 장의 개요, 상담윤리 강좌 강의를 위한 제안사항, 추가 활동, 파워포인트 슬라이드 목록, 학습지도 질문이 포함되어 있다. 각 장에 대한 문제은행과 온라인 퀴즈문제도 교육자에게 제공된다. 모든 플랫폼에서 사용할 수 있는 전자문서 버전『교육자용 지침서』도 있다.

『상담 및 심리치료 윤리』는 MindTap® 서비스도 함께 제공한다. 디지털 교육과 학습 솔루션인 MindTap은 학생들이 강좌를 성공적으로 이수한다면 자신감을 가지게 될 뿐 아니라 내담자 상담을 성공적으로 이끌 수 있도록 도울 것이다. MindTap은 교재 전체를 대화형 멀티미디어, 활동, 평가, 학습도구와 결합한 강좌를 통해 학생들을 안내한다. 읽을거리와 활동을 통해 학생들은 핵심개념을 배우고, 필요한 기술을 연습하며, 자신의 태도와 의견을 되돌아보고, 배운 내용을 적용할 수 있다. 상담회기를 담은 비디오를 보면서 기술과 개념이 실제로 사용되는 모습을 볼 수 있고, 사례 연구를 통해 일하면서 마주하게 될 여러 상황들에 대해 비평적으로 생각하고 의사결정을 해 볼 수 있다. 조력자 스튜디오 활동을 통해 학생들은 조력자 역할을 맡아 가상 내담자에게 비디오를 통해 반응함으로써 위협적이지 않은 환경에서 기술을 배우고 연습할 수 있다. 교육자는 콘텐츠를 재정렬하고 추가하여 자기만의 MindTap 과정을 구축할 수 있고, 실시간 분석을 통해 학생들의 진보의 정도를 쉽게 확인할 수 있다. MindTap은 모든 학습관리 시스템과 원활하게 통합된다.

『상담 및 심리치료 윤리』 제10판의 가치를 증진하도록 『윤리의 실제(Ethics in Action) DVD와 워크북』(2015)이라는 제목의 학습 꾸러미도 구입할 수 있다. 『윤리의 실제』 DVD는 상담자가 자주 맞닥뜨리는 윤리적 문제와 딜레마를 실전처럼 느끼게 하고, 이에 관해 토의하고 자기를 돌아보며 해결해 보는 풍부한 기회를 제공하기 위해 고안한 것이다. DVD에 담긴 장면들은 Corey 부부가 공동으로 지도하고 상담 전공생들이 참여한 집단상담 주말 워크숍에서 촬영한 것으로, 생각해 볼 질문과 생생한 토의, 문제에 현장감을 더해 주는 단막극, 학생들과 Corey 부부의 논평이 포함되어 있다. DVD에 담긴 추가 자료들은 이 책을 읽는 학생들에게 자습지침을 제공하기 위해 고안한 것이다. 이 교육 프로그램은 세 부분, 즉 윤리적 의사결정, 사람들을 돕는 관계와 가치관, 상담에서의 경계 문제와 다중관계로 구성되어 있다. 이 책과 『윤리의 실제』 비디오 프로그램을 통합하기 위한 추천활동과 지침이 이 책의 각 장 마지막 부분에 제시되어 있다.

## 제10판에서 새로워진 면모

제10판의 각 장을 꼼꼼히 검토하면서 최신 연구와 주장들, 그리고 실무 현장의 추세를 반영하여 개정했다. 다음에 나오는 각 장별 주제 목록에는 제10판을 위해 첨가하거나, 최신 정보를 반영하거나, 확대하거나, 개정한 내용들이 요약되어 있다.

## 제1장 상담과 심리치료 직업윤리에 관한 서문

- 필요한 곳마다 개정된 윤리규정을 인용함
- 대부분의 윤리규정들의 공통 주제들을 포함함.
- 규칙 기반 윤리보다 긍정적인 윤리를 더 많이 강조함.

## 제2장 개인과 직업인으로서의 상담자

- 수련생과 상담실무자를 위한 개인적 심리치료에 관한 최신 문헌을 추가함.
- 사람들을 돕는 직업의 스트레스 원인에 관해 최신 자료를 반영함.
- 전문가의 자기연민과 자기돌봄에 관한 논의를 확장함.
- 소진, 상담실무자의 손상, 활력유지에 관한 논의에 최신 정보를 반영함.

## 제3장 가치관과 돕는 관계

- 개인의 가치관과 직업적 정체성의 통합에 관한 논쟁을 다룬 절을 새로 추가함.
- 개인의 가치관 관리에 대해 학생들에게 명료하게 설명해야 하는 상담교육 프로그램의 책임에 중점을 둠.
- 대학원생이 상담할 때 내담자의 가치체계 내에서 상담하는 방법을 배워야 할 필요성에 대해 중점을 둠.
- 윤리적 방어막을 통해 가치관 강요를 피하는 것에 중점을 둠.
- 상이한 가치관을 가진 내담자를 상담할 때 자신의 개인적인 가치관을 분리하지 않으려는 학생을 퇴학시키는 것과 관련된 여러 판례들의 시사점을 다룸.
- 종교의 자유를 보호하기 위한 주 입법을 다룬 절을 새로 추가함.
- 가치관에 근거하여 의뢰와 차별로 이어지는 의뢰의 윤리에 관한 새로운 문헌을 추가함.
- 상담에서 영성과 종교의 역할에 대한 새로운 자료를 추가함.
- 종교가 없는 내담자와 관련된 윤리적, 임상적 문제를 다룬 절을 새로 추가함.
- 종교적, 영적 신념이 임상적으로 중요한지 여부를 결정하기 위한 윤리적 의사결정 모델에 대한 설명을 추가함.

## 제4장 다문화적 관점과 다양성 문제

- 문화적 다원주의와 문화적 역량에 관한 설명의 범위를 확대함.

- 성적 지향에 관한 윤리적 문제를 다룬 절에 최신 정보를 반영함.
- 동성애자, 양성애자, 성전환자를 상담하는 데 필요한 윤리적 문제와 역량에 관한 설명의 범위를 확대하고 최신 정보를 반영함.
- 사회정의를 지향하는 것이 다문화적 관점과 어떻게 관련이 있는지 소개함.
- 문화적 역량 획득과 유지에 관한 논의에 최신 정보를 반영함.
- 다문화 수련에 대한 저자의 견해를 제시함.

## 제5장 내담자의 권리와 상담자의 책임

- 설명 후 받는 동의과정을 다룬 절의 내용을 확대하고 최신 정보를 반영함.
- 내담자의 권리와 상담자의 책임에 관한 모든 윤리규정의 최신 내용을 반영함.
- 설명 후 받는 동의과정과 관련된 문화적 요인에 중점을 둠.
- 관리의료체계에서의 설명 후 받는 동의와 비밀보장에 대한 논의를 개정함.
- 설명 후 받는 동의과정에서 진단의 위험을 다루는 문헌을 추가함.
- 임상기록 보관방법에 관한 내용을 확대함.
- 커플, 가족, 집단의 상담기록 보관의 지침을 개정함.
- 온라인 상담과 관련된 윤리적 문제에 대한 논의에 최신 정보를 반영함.
- 온라인 상담에서 사용되는 대체기술에 대한 새로운 자료를 추가함.
- 온라인 상담에서 부각되는 문제에 관한 자료에 최신 정보를 반영함.
- 상담자에 대한 일반적인 고충과 치료적 배임행위 소송 사유에 대한 논의를 확대함.
- 위험관리 실행과 임상적 효과에서 시사하는 논의를 개정함.
- 위험관리와 양질의 내담자 돌봄에 대한 투자에서 균형을 맞추는 데 중점을 둠.

## 제6장 비밀보장: 윤리적, 법적 문제

- 상담자가 정보를 어떻게, 언제, 누구와 공유할 것인지에 대해 내담자와 지속적인 대화의 중요성을 더욱 강조함.
- 통신장비와 관련된 개인정보보호 문제에 대한 절을 개정함.
- 전화를 이용한 심리치료의 논평을 추가함.
- 학교환경에서의 비밀보장과 개인정보보호에 대한 논의를 개정함.
- 경고, 보호의무에 관한 새로운 문헌을 추가함.
- 자해하는 내담자의 윤리적 고려사항을 다루는 새로운 절을 추가함.

- 고위험 내담자를 위한 안전계획에 관한 새로운 자료를 추가함.
- 학교폭력 예방 주제를 확대함.
- 폭력행위 예측, 예방에 대한 논의를 확대함.
- 위험한 내담자 대처에 대해 다루는 절을 개정함.
- 보호의무 상황에 대처하는 위험관리 전략 내용을 개정함.

## 제7장 경계와 다중관계 관리

- 일부 경계횡단이 어떻게 내담자 돌봄을 강화할 수 있는지에 대한 논의를 개정함.
- 적절한 경계를 설정하는 방법에 중점을 둠.
- 상담실 밖에서의 적절한 경계 설정을 다루는 새로운 절을 추가함.
- 미끄러운 비탈현상에 대한 비평을 개정함.
- 시골이나 작은 공동체에서 일하는 상담자의 위험을 최소화하는 방법을 다루는 최신 문헌을 추가함.
- 성적 끌림에 대처하는 법을 다루는 새로운 문헌을 추가함.

## 제8장 전문가 자격과 훈련

- 역량이 상담 전공생에게 얼마나 중요한 주제인지 더욱 강조함.
- 교수진의 문지기 역할에 관한 논의를 확대함.
- 디지털 문화에서 활동해야 하는 상담실무자의 교육을 다루는 새로운 절을 추가함.
- 수련생 지도에서 대인관계 행동의 역할과 직업적 역량 문제를 보이는 수련생과 어려운 대화를 나눌 필요성에 대한 논의를 확대함.
- 학업과 무관한 이유로 학생을 퇴학시키는 것에 대한 논의에 최신 자료를 반영함.
- 역량유지와 평생학습의 가치를 다루는 절에 최신 자료를 반영함.

## 제9장 수련감독과 관련된 윤리 문제

- 임상 수련감독에서 설명 후 받는 동의에 관한 설명에 최신 정보를 반영함.
- 수련감독의 법적 측면의 자료를 개정함.
- 수련감독 관계의 권력역학에 대한 논의를 추가함.
- 강력한 수련감독 작업동맹의 중요성을 더욱 강조함.
- 수련감독계약의 역할에 대한 논의를 새로 추가함.

- 수련감독자의 엄격한 책임 개념에 대한 논의를 새로 추가함.
- 문화적으로 유능한 수련감독의 평가에 관한 자료를 개정함.
- 수련감독에서 영성의 역할에 대한 내용에 최신 정보를 반영함.
- 수련감독에서 성별 문제를 다루는 절의 내용을 확대함.
- 학교상담사를 위한 임상 수련감독에 관한 논의를 개정함.
- 온라인 수련감독의 윤리적 문제를 다루는 절의 내용을 개정함.
- 수련감독 과정에서의 다중관계에 관한 내용을 개정함.
- 긍정적인 경계횡단이 수련감독 관계가 향상될 수 있는 방법에 대한 논의에 최신 정보를 반영함.

## 제10장 이론, 실제와 관련된 문제

- 평가와 진단을 다루는 절에 최신 정보를 반영함.
- DSM-5와 관련된 윤리적 문제에 대한 논의에 최신 정보를 반영함.
- 진단에 관한 윤리적, 법적 문제를 다루는 절을 개정함.
- 평가와 진단 시 문화적 고려사항을 개정함.
- 경험적으로 지지되는 치료법에 대한 비평을 추가함.

## 제11장 커플, 가족 치료와 관련된 윤리적 문제

- 체계이론 관점을 확대하여 설명함.
- 개정된 미국부부및가족치료학회(AAMFT) 윤리강령을 더욱 강조함.
- 치료사의 혈연적 또는 가족 경험이 가족상담에 어떻게 영향을 미칠 수 있는지에 대해 중점을 둠.
- 커플, 가족 치료의 비밀보장에 대한 논의에 최신 정보를 반영함.
- 커플이나 가족 구성원 같이 여러 내담자를 상담할 때 비밀을 다루는 방법에 대한 논의에 최신 정보를 반영함.

## 제12장 집단작업과 관련된 윤리적 문제

- 집단지도자 교육과 수련감독에 대한 논의를 개정하고 확대함.
- 집단지도자의 다양성 교육과 관련된 윤리적 문제를 다루는 절에 최신 정보를 반영함.
- 집단작업을 위한 다문화와 사회정의 역량 습득에 관한 지침을 개정함.

- 집단작업에서의 소셜 미디어 활용과 관련된 개인정보보호와 비밀보장에 관한 새로운 문헌을 추가함.
- 집단에서 무엇이 효과적인지 평가하는 내용을 다루는 절을 개정함.
- 집단작업에 대한 실습 기반의 접근을 다루는 자료에 최신 정보를 반영함.

### 제13장 지역사회와 사회정의의 관점

- 지역사회 활동에서의 사회정의라는 핵심개념을 설명하기 위해 구체적인 예시와 사례를 추가함.
- 서비스 대상인 지역사회를 주제로 다루는 절을 개정함.
- 사회정의와 옹호의 목표에 대한 논의에 최신 정보를 반영함.
- 학교상담에서의 사회정의 옹호를 다루는 절을 새로 추가함.

## 감사의 글

우리는 유익한 제언을 한 감수자와 동료, 학생과 독자들에게 고마움을 전하고 싶다. 제10판의 감수자들은 이전 판들에 비해 상당한 변화를 주는 데 크게 기여했다. 특별히 개정된 원고를 감수하면서 제10판에 포함한 아이디어를 제공한 분들의 공로를 밝히고 싶다.

Kristen Dickens(Georgia Southern University)
Maureen C. Kenny(Florida International University)
Kristin Vincenzes(Lock Haven University)
Julia Whisenhunt(University of West Georgia)

고맙게도 각자의 전문영역에서 제10판의 특정 장에 관해 의견을 주신 분은 다음과 같다.

상담과 가치관을 다루는 3장을 감수하고 의견을 준 Perry Francis(Eastern Michigan University), David Kaplan(미국상담학회 최고전문책임자), Brad Johnson(미국해군사관학교).

다문화 상담의 윤리적 문제를 다루는 4장의 장애인 문화를 논의하는 절에서 장애인 상담의 윤리적 문제를 강조하는 데 기여한 Mark Stebnicki.

5장과 6장에 대해 의견을 준 메릴랜드 주, 컬럼비아 특별구의 개업 변호사이자 메릴랜드 주 Loyola University의 겸임교수이며 미국상담학회 위기관리서비스위원회 자문인 Anne Marie Nancy Wheeler 법학박사, Arizona State University의 상담심리학 조교수인 Jamie Bludworth.

임상 수련감독 주제를 다루는 9장에 대해 비평한 Arizona State University의 Jamie Bludworth.

지역사회와 사회정의 문제를 다루는 13장에 대해 의견을 준 George Mason University의 Fred Bemak.

끝으로 우리가 저술한 모든 책이 그러하듯이『상담 및 심리치료 윤리』도 출판팀의 노력을 통해 계속 발전하였는데, 이를 위해 공동의 노력을 기울인 Cengage Learning 관계자는 다음과 같다. 상담학, 사회복지학, 휴먼서비스 분야 제품관리자 Julie Martinez, 사회학, 상담학, 사회복지학 콘텐츠 개발부부장 Alexander Hancock, 미술부장 Vernon Boes, 콘텐츠 프로젝트 관리자 Rita Jaramillo. 이 책의 제작을 관장한 Cenveo® Publisher Services의 Ben Kolstad에게 사의를 표한다. 제10판의 원고 편집자로서 탁월한 편집능력을 통해 지속적으로 독자들이 읽기 좋게 편집을 한 Kay Mikel에게 특별히 감사를 전하고 싶다. 모든 장의 문헌 정보를 개정하고 이 개정판의 다양한 부분에 대해 자세한 의견을 제시한 Johns Hopkins University의 Michelle Muratori에게 특별히 고마움을 표한다. 이 책과 함께 제공되는 시험문제 문항을 개발하거나 개정하고, 색인을 제작하며,『교육자용 지침서』를 개정하고, 파워포인트 슬라이드를 수정하고, 그 외의 부록을 개발하는 데 도움을 준 Susan Cunningham의 노력에 감사를 전한다. 이 모든 분들의 노력과 헌신 덕분에 이 개정판이 수준 높은 품질을 갖추게 되었다.

Gerald Corey<br>Marianne Schneider Corey<br>Cindy Corey

# 저자 소개

**Gerald Corey**는 풀러턴(Fullerton)에 있는 캘리포니아주립대학교(California State University) 휴먼서비스 · 상담학과 명예교수이며, 서던캘리포니아대학교(University of Southern California)에서 상담학 박사학위를 받았다. 미국전문심리학위원회(ABPP)가 수여한 상담심리학 자격증을 가지고 있으며, 면허를 소지한 심리학자이자 미국 공인 상담사이고, 미국심리학회(APA) 제 17분과 상담심리학회, 제 49분과 집단심리치료학회, 미국상담학회(ACA), 집단작업전문가협회(ASGW)의 특별회원이다. 또한 미국집단심리치료학회(AGP), 미국정신건강상담사협회(AMHCA), 상담과영적윤리적종교적가치관학회(ASERVIC), 상담교육및수련감독학회(ACES), 서부상담교육및수련감독학회(WACES)의 회원이기도 하다. Corey 부부는 2011년에 미국정신건강상담사협회로부터 평생공로상을 받았고, 두 사람 모두 2001년에는 집단작업전문가협회로부터 우수경력상을 받았다. Jerry는 1991년에 풀러턴에 있는 캘리포니아주립대학교에서 수여한 올해의 교수상을 받았다. 그는 대학교와 대학원에서 집단상담과 상담윤리 과목을 가르치고 있다. 60여 편의 논문과 기고문을 발표했으며 현재 출판이 진행 중인 상담 분야의 교과서 15권을 단독 집필 혹은 공동 집필하였다. 출간된 여러 권의 저서들은 다른 언어로 번역되기도 했다. 『심리상담과 치료의 이론과 실제』는 아랍어, 인도네시아어, 포르투갈어, 터키어, 한국어, 중국어로, 『집단상담의 이론과 실제』는 한국어, 중국어, 스페인어, 러시아어로 번역되었다.

지난 40년 동안 Corey 부부는 미국은 물론 캐나다, 멕시코, 중국, 홍콩, 한국, 독일, 벨기에, 스코틀랜드, 영국, 아일랜드의 여러 대학교에서 정신건강전문가들을 위해 집단상담 훈련 워크숍을 진행하였다. Jerry는 시간이 날 때마다 여행을 가거나, 산이나 사막에서 하이킹과 자전거를 타거나, 1931년형 포드 모델 A에 손주들을 태우고 드라이브 하는 것을 좋아한다. 1964년에 결혼한 Corey 부부에게는 두 명의 장성한 딸(Heidi와 Cindy)과 두 명의 손녀(Kyla와 Keegan), 한 명의 손자(Corey)가 있다.

Corey 부부가 딸 Cindy와 함께 집필하고 일본어, 중국어, 한국어로 번역된『상담 및 심리치료 윤리』(제10판) 외에 Cengage Learning을 통해 출간된 책은 다음과 같다.

- 『집단상담: 과정과 실제(Groups: Process and Practice)』, 제10판(2018, Marianne Schneider Corey, Cindy Corey 공저)
- 『전 생애 발달과 적응(I Never Knew I Had a Choice)』, 제11판(2018, Marianne Schneider Corey, Michelle Muratori 공저)
- 『심리상담과 치료의 이론과 실제(Theory and Practice of Counseling and Psychotherapy)』, 제10판 및 설명서(2017)
- 『집단상담의 이론과 실제(Theory and Practice of Group Counseling)』, 제9판 및 설명서(2016)
- 『좋은 상담자 되기(Becoming a Helper)』, 제7판(2016, Marianne Schneider Corey 공저)
- 『집단상담 기법(Group Techniques)』, 제4판(2015, Marianne Schneider Corey, Patrick Callanan, J. Michael Russell 공저)
- 『통합적 상담: 사례 중심의 접근(Case Approach to Counseling and Psychotherapy)』, 제8판(2013)
- 『상담 및 심리치료의 통합적 접근(The Art of Integrative Counseling)』, 제3판(2013)

Jerry는 Barbara Herlihy와 함께『상담에서의 경계 문제: 다중역할 및 책임(Boundary Issues in Counseling: Multiple Roles and Responsibilities)』, 제3판(2015)과『미국상담학회 윤리기준 사례집(ACA Ethical Standards Casebook)』, 제7판(2015)을 저술했다. 또한 Michelle Muratori, Jude Austin, Julius Austin과 함께『상담자 자기돌봄(Counselor Self-Care)』을 저술했으며, Robert Haynes, Patrice Moulton, Michelle Muratori와 함께

『상담 및 조력 전문가를 위한 슈퍼비전의 실제(Clinical Supervision in the Helping Professions: A Practical Guide)』, 제2판(2010)을 저술했다. 그리고『제럴드 코리에게 배우는 성장하는 상담전문가의 길(Creating Your Professional Path: Lessons from My Journey)』(2010)을 저술했다. 위의 다섯 권 모두 미국상담학회에서 발행했다.

또한 상담실무의 다양한 측면을 다룬 여러 편의 교육용 동영상 프로그램을 제작했다. (1)『윤리의 실제(Ethics in Action) DVD와 워크북』(2015, Marianne Schneider Corey, Robert Haynes 공동제작), (2)『집단상담의 실제: 진행과 도전(Groups in Action: Evolution and Challenges) DVD와 워크북』(2014, Marianne Schneider Corey, Robert Haynes 공동제작), (3)『심리상담과 치료의 이론과 실제: Stan의 사례 및 강의(Theory and Practice of Counseling and Psychotherapy: The Case of Stan and Lecturettes) DVD』(2013), (4)『통합적 상담: Ruth의 사례 및 강의(Integrative Counseling: The Case of Ruth and Lecturettes) DVD』(2013, Robert Haynes 공동제작), (5)『집단상담의 이론과 실제(Theory and Practice of Group Counseling) DVD』(2012). 다섯 편 모두 Cengage Learning을 통해 구입할 수 있다.

**Marianne Schneider Corey**는 캘리포니아 주의 면허를 소지한 부부, 가족 치료사이며 국가 공인 상담사이다. 채프먼대학(Chapman College)에서 부부, 가족, 아동상담학으로 석사학위를 받았다. 집단작업전문가협회(ASGW)의 특별회원으로서 2001년 협회에서 수여한 우수경력상을 받았다. 미국정신건강상담사협회의 회원이며 2011년에 협회로부터 평생공로상을 받았다. 또한 미국상담학회(ACA), 미국집단심리치료학회(AGPA), 집단작업전문가협회(ASGW), 다문화상담및발달학회(AMCD), 상담과영적윤리적종교적가치관학회(ASERVIC), 상담교육및수련감독학회(ACES) 및 서부상담교육및수련감독학회(WACES)의 회원이기도 하다.

Marianne은 집단과정 수련과 슈퍼비전 워크숍을 실시하고, 대학원생을 위한 자기탐색 집단을 지도하며, 집단상담가를 위한 훈련 집단과 개인성장을 위한 숙박형 워크숍을 공동 운영하는 등 다양한 계층을 위한 집단을 지도하는 데 관여해 왔다. Corey 부부는 훈련 워크숍, 보수교육 세미나, 개인성장 집단을 미국, 독일, 아일랜드, 벨기에, 멕시코, 홍콩, 중국, 한국에서 지도했다.

**파일의 오류로 인해 인쇄 과정에서 페이지가 누락되었습니다. 이점 양해를 부탁 드립니다.**



fornia School of Professional Psychology)에서 다문화 지역사회 임상심리학 박사학위(PsyD)를 받았다. 미국상담학회(ACA), 집단작업전문가협회(ASGW), 미국심리학회 (APA), 샌디에이고심리학회(SDPA)의 회원이기도 하다. 샌디에이고심리학회(SDPA)의 동성애자, 양성애자, 성전환자 위원회의 위원장을 역임했고 다문화위원회와 여성위원회 위원이었다.

Cindy는 다문화 훈련, 사회정의와 지역사회의 대외활동 전문가로서 상담자 교육 분야에 집중하며 많은 일을 했다. 샌디에이고주립대학교에서 강의하는 것 외에 알람브라에 있는 알리언트국제대학교(Alliant International University) 심리학박사(PsyD) 과정에서도 비전임 강사로 일했다. 또한 국제고문생존자모임을 위한 계약직 임상실무자로 일하면서 주로 수단 난민 청소년들이 미국생활에 적응하고, 취업하고, 대학에 다니는 것을 돕기 위해 노력했다.

Cindy는 다문화 컨설턴트로 일하면서 샌디에이고 지역의 여러 학교와 기업과 조직을 위해 임상 개입 프로그램, 교육 매뉴얼, 다양성을 고려한 교육과정을 만들었다. 개업상담에서는 여성, 커플, 상담사, 상담 프로그램에 다니는 대학원생과 함께 작업하는 데 집중했다.

Cindy는 Corey 부부와 함께 『집단상담: 과정과 실제(Groups: Process and Practice)』 제10판(2018)의 공동저자이다.

Corey 부부가 딸 Cindy와 함께 집필하고 일본어, 중국어, 한국어로 번역된『상담 및 심리치료 윤리』(제10판) 외에 Marianne이 Cengage Learning을 통해 공동 집필한 책은 다음과 같다.

- 『집단상담: 과정과 실제(Groups: Process and Practice)』, 제10판(2018, Gerald Corey, Cindy Corey 공저) - 한국어, 중국어, 폴란드어로 번역됨.
- 『전 생애 발달과 적응(I Never Knew I Had a Choice)』, 제11판(2018, Gerald Corey, Michelle Muratori 공저) - 한국어, 중국어로 번역됨.
- 『좋은 상담자 되기(Becoming a Helper)』, 제7판(2016, Gerald Corey 공저) - 한국어, 일본어로 번역됨.
- 『집단상담 기법(Group Techniques)』, 제4판(2015, Gerald Corey, Patrick Callanan, Michael Russell 공저) - 포르투갈어, 한국어, 일본어, 체코어로 번역됨.

Marianne은 Cengage Learning을 통해 다음과 같은 동영상 프로그램과 학생용 워크북을 제작하였다. (1)『집단상담의 실제: 진행과 도전(Groups in Action: Evolution and Challenges) DVD와 워크북』(2014, Gerald Corey, Robert Haynes 공동제작), (2)『윤리의 실제(Ethics in Action) DVD와 워크북』(2015, Gerald Corey, Robert Haynes 공동제작).

1964년에 결혼한 Corey 부부에게는 두 명의 장성한 딸(Heidi와 Cindy)과 두 명의 손녀(Kyla와 Keegan), 한 명의 손자(Corey)가 있다. Marianne은 독일에서 성장했으며 그곳에 사는 가족과 자주 연락하며 지낸다. 여가시간에는 여행, 독서, 친구 방문, 자전거, 하이킹을 즐긴다.

**Cindy Corey**는 캘리포니아 주의 면허를 소지하고 있고 샌디에이고(San Diego)에서 개업상담을 하는 임상심리학자이다. 샌디에이고주립대학교(San Diego State University) 상담, 학교심리학과의 지역사회 기반 전공과 부부·가족 치료 전공 전임 객원교수로 10년 이상 근무했으며, 지역사회 기반 블록 및 결혼 및 가족 치료 프로그램. 샌디에이고대학교(University of San Diego)에서 부부·가족 치료 석사학위를, 캘리포니아 주 알람브라(Alhambra)에 있는 캘리포니아 전문심리학대학원(Cali-

# 차례

## 제13장 지역사회 및 사회정의 관점 571

# 제 1 장

# 상담 및 심리치료 직업윤리에 관한 서문

## 학습목표

**1.** 윤리규정의 공통 주제를 찾아본다.

**2.** 윤리규정의 한계를 이해한다.

**3.** 윤리규정을 통해 성취되는 세 가지 목표를 기술한다.

**4.** 법과 윤리의 차이점을 설명한다.

**5.** 이상적 윤리와 강제적 윤리를 구별한다.

**6.** 원칙윤리와 덕목윤리를 비교한다.

**7.** 여섯 가지 도덕 원리를 윤리적 딜레마에 적용한다.

**8.** 윤리적 딜레마 해결에 필요한 여섯 단계를 인지한다.

**9.** 이 책에 제시된 윤리적 · 직업적 쟁점의 범위와 관련하여 당신의 태도와 신념을 평가한다.

# 이 책의 요점

저자들은 상담과 관련하여 함께 혹은 각자 일을 해 오면서 확실한 답을 얻기 어려운 다양한 직업윤리 문제들을 계속 직면해 왔다. 수련 받는 학생은 물론 주위 동료들과 이야기하다 보면 그들도 비슷한 고민을 하고 있음을 알 수 있다. 서로 아이디어를 나누는 것은 그런 어려운 문제를 다루는 데 도움이 되기 때문에, 이 책을 통해 윤리 문제의 대화를 더 확장하려고 한다. 저자들은 상담과 심리치료로 사람을 돕는 직업을 갖기 위해 공부하고 있는 학생들이 첫 현장경험과 직무수행을 시작하기 전에 이러한 문제들이 일어날 것을 예상하고 대처할 준비를 갖추는 일의 필요성을 절감하고 있다. 윤리적 딜레마에 대한 확실한 정답이 부족하다는 것이 우리를 좌절하게도 하지만, 그런 문제들을 드러내고 다루는 것이 우리 모두를 더 좋은 임상전문가가 되게 하고 더 나은 임상적 성과를 내도록 이끌 것이다.

저자들은 이런 복잡한 상황들에 대해 간단한 처방이나 해결책을 제공하는 우를 범하지 않으려고 노력할 것이다. 이 책의 주요 목적은 각기 다른 다양한 이론적 관점과 전문가 규정의 한도 내에서 독자가 자신의 윤리적 지침을 세울 수 있도록 기본 원리를 확립하는 것이다. 우리는 꼭 다루어야 할 기본적인 문제들을 조명하고, 이러한 문제들을 다양한 관점으로 소개하며, 우리의 입장을 논의하고, 독자가 생각을 다듬어 자신의 견해를 적극적으로 계발할 수 있도록 많은 기회를 제공할 것이다. 이러한 문제들은 전문가의 다양한 삶의 과정에서 다른 의미로 느끼게 될 것이다.

이 책에서는 고정된 방식으로 윤리적 문제를 다루는 틀과 해석을 제시하지 않을 것이다. 저자들은 우리의 아이디어를 오랜 기간 임상경험을 하면서, 그리고 윤리교육을 하거나 동료나 학생들과 토론을 하면서 정련했다. 우리가 윤리를 연구하는 것에 열정을 가지게 되는 이유는 (1) 비평적 사고력을 요구하고, (2) 판단력과 결정력을 증진하며, (3) 사회적 정의를 수호하고, (4) 우리 직무영역의 민감한 문화적 표준을 다루기 때문이다.

이 책에는 윤리적 행동에 관한 저자들의 특정한 선입견과 관점이 포함되어 있을 수밖에 없다. 그런 관점이 정답이 아니라 단지 저자들의 견해라는 점을 밝히고자 노력했다. 윤리적 문제에 대한 저자들의 견해를 제시하는 이유는 독자가 저자들의 견해를 채택하도록 압력을 가하려는 것이 아니라, 다양한 직업윤리 문제에 대해 각자가 견해를 발전하도록 자극하기 위함이다. 동료의 부정행위를 지적하는 것보다 자신의 부정행위를 파악하는 것이 훨씬 힘든 일이지만, 전문가로서 우리 각자가 자신의 개인적 행동과 직업적 행동을 지속적으로 반성하는 것은 의무사항이다. 결국 윤리적인 직무수행에 대한 책임은 각자가 지는 것이다.

내담자의 권익을 최대한 보장하기 위해 건전한 판단력을 활용해야 할 많은 상황을 맞닥뜨리게 될 것이다. 윤리규정에는 단지 일반적인 기준만 제시되어 있을 뿐, 다양한 상황을 확실하게 다룰 수 있을 만한 충분한 정보가 들어 있지는 않다. 윤리규정을 해석하는 것도 쉽지 않고 특정 상황에 윤리지침을 어떻게 적용해야 할지의 의견도 분분하다. 내담자의 안녕과 복지를 위해 윤리규정의 지도원리를 숙지하고 전문직의 행동강령을 수용해야 한다.

여러 정신건강전문가단체들은 구속력이 있는 윤리규정을 개발했다. 그런데 학생과 실무자들은 자주 윤리규정과 법적 기준을 착각하여 윤리가 법에 의해 제정된 것이라고 가정하는 실수를 범하곤 한다(제5, 6장 참고). 한 사람의 전문가로서 각자 자신이 속해 있는 전문영역의 윤리규정을 잘 알고 있어야 하고, 정신건강전문가단체의 윤리규정을 위반하는 활동을 했을 때는 어떤 결과가 생기는지 잘 알고 있어야 한다. 또한 책임감 있는 전문적 활동은 객관적이고 정확하며 신뢰할 수 있는 판단력에 근거해야 한다. 이를 위해 동료들에게 자문을 요청하고, 관련 서적과 세미나 등에서 최신 견해를 접해 스스로를 발전시키며, 계속해서 자신의 행동에 주의를 기울이는 자세를 취해야 한다.

저자들은 전문적인 실무경험을 바탕으로 이 책에서 제기된 윤리적 문제들을 재검증했다. Levitt, Farry, Mazzarella(2015)은 "경험 있는 상담자들이 아직도 모호한 윤리적 문제들 때문에 고민하고 있고 간단해 보이는 문제에 대해서도 확실한 해결책을 가지고 있지 않다"(94~95쪽)고 강조하였다. 심지어 상담자로서 초창기에 어떤 윤리적 문제들을 해결했다고 생각하더라도 그것으로 끝이 아니라 경력이 쌓이면서 그 주제는 새로운 차원으로 다가오게 된다. 전문가로서 직업 활동을 시작하기 전에 가능한 모든 윤리적 문제를 해결해야 한다고 생각하는 학생들이 많지만 이는 불가능한 기대에 불과하다. 그러한 관심사들을 정의하고 정교하게 다루는 것은 개방적인 태도와 자기비판적 태도가 요구되는 지속적인 발전과정이라고 할 수 있다.

# 이 책을 활용하는 요령

윤리적 문제와 관련된 질문의 대답은 대개 상황에 따라 다를 때가 많지만, 학생들에게 윤리적 실무를 생각하게 만드는 요소를 소개하는 것은 필수적이다. 확실한 정답이 없다는 것은 불안을 야기할 수 있을지 몰라도 우리는 자유롭게 추론해야 한다는 자체를 좋아한다. 윤리적 의사결정에서 광범위한 회색지대는 전문가로서 자질을 키울 수 있도록 권한과 창의력을 발휘할 수 있는 충분한 기회를 제공한다.

저자들은 이 문제들을 독자인 학생들과 토의하는 모습을 자주 상상했다. 우리는 우리의 의견을 피력하고 그 견해에 이르게 된 경위에 대해 자세히 설명해 놓았다. 우리가 탐구하게 될 견해와 윤리적 딜레마에 대한 입장들을 여러분 자신의 생각과 경험에 통합하는 일에 신경을 썼으면 좋겠다. 그렇게 해야 정보를 소화하고 자신의 이해를 넓힐 수 있으며 윤리적 사고방식이 발전할 수 있다. 가장 중요한 것은 자신의 목적이 무엇인지 분명히 하고 주제에 어떻게 몰입할 수 있을지 생각하는 것이다. 이 책에서 가장 많은 것을 얻고자 한다면 다음과 같은 몇 가지 요령을 숙지해야 한다.

- 미리 준비하라. 시간을 내어 미리 읽고 제시된 질문들을 생각하는 것은 수업에 적극적으로 임할 준비를 갖추는 일이다. 책에 나와 있는 활동을 수행하고 결론이 제시되지 않은 사례와 질문에 대답해 봄으로써 논쟁의 여지가 있는 윤리적 문제에 관한 자신의 입장에 초점을 맞출 수 있을 것이다.
- 자신이 기대하는 것들을 파악하라. 가끔 학생들은 스스로에 대해 비현실적인 기대를 가지고 있다. 내담자를 상담한 경험이 많지 않다면, 도움이 필요해 친구가 찾아왔다고 상상하고 어떻게 대처할지 생각해 보면 된다. 또한 자신이 갈등에 빠져 분명한 해결책을 얻고자 누군가의 도움을 필요로 했을 때를 떠올려 본다. 책의 내용을 이런 방식으로 자신의 삶에 반영해 봄으로써 도움을 얻을 수 있다.
- 자기평가 검사지를 활용하라. 1장 마지막 부분에 있는 선다형 검사지는 이 책에서 다루고 있는 대부분의 윤리적 문제들에 대한 독자의 태도를 점검할 수 있도록 고안한 것이다. 책을 읽기 시작하는 시점에 윤리적 문제들에 관한 자신의 입장을 알기 위해서 먼저 검사지에 응답해 보라고 권하고 싶다. 그리고 책을 모두 읽은 후에도 검사지에 다시 한번 응답해 보라. 그런 다음 자신의 생각이 어떻게 변했는지 응답

들을 서로 비교해 보라.

- 점검을 위한 자기평가를 훑어보면서 자신의 관점을 확인하라. 각 장은 탐구하려는 주제에 관한 생각을 자극하기 위해 고안한 검사로 시작한다. 자신의 대답을 수업시간에 동료 학생들의 관점과 비교해 보라. 또한 자신의 관점이 어떻게 변했는지 알아보기 위해 각 장을 읽고 난 후 검사지에 다시 한번 응답해 보라.
- 학습목표를 확인하라. 각 장을 시작하면서 제시한 학습목표는 각 장의 주요 요소에 초점을 맞출 수 있도록 안내하고 그런 주요 부분을 어느 정도 자신의 것으로 만들었는지를 점검할 수 있도록 한다.
- 실례, 사례, 논평, 질문을 숙고하라. 이 책에 나온 많은 실례들은 상이한 내담자들을 다양한 상황에서 실제로 상담한 내용에 근거한 것이다. (물론 비밀보장을 위해 사례의 세부요소는 각색했다.) 독자를 찾아온 내담자를 어떻게 상담할 것인지 혹은 특정한 상담 상황에서 무엇을 할 것인지를 깊이 생각해 보라. 저자들은 관련된 문제가 무엇인지 확인하도록 안내하고, 제시된 각 사례에서 어떻게 행동을 취할지 생각하도록 돕기 위해 각 사례에 대한 논평을 실어 놓았다. 또한 각 사례에 담긴 다양한 윤리적 딜레마를 다룰 때 나올 수 있는 치료자의 여러 반응들을 제시했는데, 윤리적이고 적절한 반응과 그렇지 않은 반응이 섞여 있다.
- 각 장 끝에 나온 추천 활동을 수행하라. 이 활동들은 배운 것을 통합하고 적용할 수 있도록 도와준다.
- 여러 정신건강전문가단체의 윤리규정을 참고하라. 이 책에서 논의하는 내용이 포함된 부분을 발췌하여 글상자 형식으로 다양한 정신건강전문가단체의 관련 윤리규정을 요약하여 제시하였다. 더 나아가 독자들은 정신건강전문가단체의 웹사이트에 방문하여 그 단체의 윤리규정을 다운로드 할 수 다.
- 비평적 사고를 가져라. 제기된 문제를 직접 적극적으로 생각해 보라. 현 시점에서 당신에게 가장 의미 있는 질문, 사례, 논평, 활동에 선택적으로 초점을 맞추고, 생소한 문제들은 이후에 중요할 수도 있으니 열린 마음으로 대하라. 이 책을 읽으면서 윤리적 딜레마에 대한 개인적인 생각과 입장을 정리하기 위해 노력하라. 동료나 직무영역의 구성원들과 토론하면서 윤리적 의사결정을 해야 할 때 새로운 의견에 열린 마음으로 접근해야 한다. 상담윤리 강좌에서 적극적이 된다면 윤리적 의사결정 과정에서 유용한 추가적인 방법과 능력을 얻게 될 것이다.

# 직업윤리규정

다양한 정신건강전문가단체(상담, 사회복지, 정신의학, 심리학, 부부 · 가족치료, 휴먼서비스 분야)는 정신건강 실무자를 위해 광범위한 지침이 포함된 윤리규정을 각기 제정했다. 이런 전국 규모의 정신건강전문가단체들은 서로 유사하지만 다른 면도 있다. 다양한 정신건강전문가단체에서 발행한 인쇄물에는 각자의 전문적 직업 활동에서 윤리적으로 결정해야 하는 문제들을 제대로 이해하는 데 도움이 되는 자료가 다수 포함되어 있다.

## 윤리규정의 공통 주제

주요 정신건강전문가단체들마다 각기 윤리규정이 있다. 가입하고자 하는 단체의 직업윤리규정 전문을 구한 뒤 윤리적인 직무수행에 대한 기본 기준들을 숙지하도록 강력하게 권장한다. 모든 규정을 외우라는 것은 아니지만, 비윤리적인 행위를 저질렀을 때 소속된 전문가단체의 윤리규정을 구체적으로 몰랐다고 말하는 것은 변명이 될 수 없다. 대부분의 전문가단체의 윤리규정은 포괄적이고 일반적으로 기술되어 있다. 이런 규정에는 맞닥뜨리게 될 윤리적 딜레마에 대한 구체적인 답변이 포함되어 있지 않다. 다양한 전문가단체의 윤리규정이 세부사항에서 차이가 있긴 하지만 유사한 주제들이 다수 있음을 알 수 있다.

- 서비스 수혜자의 안녕과 복지 증진하기
- 전문가의 자격과 능력범위 내에서 직무 수행하기
- 내담자의 문화적 가치관을 이해하고 존중하기
- 개인적 가치관과 직무에서의 가치관 구별하기
- 해 끼치지 말기
- 전문가 영역의 경계를 적절히 구축하고 유지하기
- 서비스 수혜자의 비밀과 사생활 보호하기
- 윤리적이고 법적인 테두리 안에서 실무 처리하기
- 윤리적으로 이상적인 서비스를 제공하려고 노력하기
- 최상의 서비스를 제공하기 위해 자기돌봄의 중요성 인식하기

## 윤리규정의 한계

다양한 윤리규정을 전문적인 직무수행과 관련하여 어떻게 해석할 것인가는 당신의 윤리적 인식과 문제해결 능력에 달려 있다. 그런 규정은 당신이 당면할 모든 윤리적 문제를 적절히 다룰 수 있는 청사진을 제공하지 않지만, 일반적인 윤리적 문제에 관한 동료들의 가장 좋은 판단들을 제시하고 있다(Welfel, 2016). 윤리규정은 책임이 따르는 전문적 행동을 상세히 알려 주는 요리책이 아니라서 건전한 윤리적 결정을 위한 요리법은 없다. 실제로 윤리규정 가운데 오해의 여지 없이 명확한 지침이 있는 문제는 몇 가지 안 된다. 예를 들어, 미국심리학회(2010)는 윤리규정에 모든 해답이 있지도 않고 심리학 관련 실무자가 맞닥뜨릴 수 있는 모든 딜레마가 구체적으로 제시되어 있지도 않다고 명백히 밝히고 있다. 윤리와 관련된 미국심리학회의 원칙은 규칙을 강제하는 것이 아니고 심리학자들이 윤리적으로 실무에 임하게 길을 제시하는 것이다. Pope와 Vasquez(2016)는 "규정, 표준과 법률은 윤리적 행동의 시작이지 끝이 아니라는 점"(3쪽)을 강조하였다. 요약하면, 윤리규정은 윤리적 책임을 행사하는 데 필수적이지만 충분하지는 않다. 윤리규정에는 많은 제한점이 내포되어 있다(Herlihy & Corey, 2015a; Knapp, Gottieb, & Handelsman, 2015; Pope & Vasquez, 2016; Welfel, 2016 참고). 윤리적으로 책임 있게 행동하려고 노력할 때 겪을 수 있는 문제점을 소개하면 다음과 같다.

- 윤리규정에 의존하는 것만으로는 해결할 수 없는 문제들도 있다.
- 윤리규정은 윤리적 회색지대에 있는 여러 상황들에 적용하기 어렵다.
- 명확성과 정밀성이 부족하여 윤리적 딜레마를 평가하는 데 어려움을 주는 규정들도 있다.
- 단순히 윤리규정과 직무수행 지침을 공부하는 것만으로는 윤리적인 직무수행을 보장하기 어렵다.
- 윤리적 문제에 대한 해답은 윤리규정에 포함되어 있지 않다.
- 여러 단체의 윤리규정들 간에는 상충되는 점들이 있고, 심지어 한 단체의 윤리규정 내에도 갈등요소가 있다.
- 윤리규정은 사전예방(proactive)이라기보다는 사후처리(reactive)에 가까운 특성이 있다.
- 실무자들이 맞닥뜨릴 수 있는 복잡한 상황들에 적절히 적용할 수 있는 일련의 윤리규정이나 지침은 없다.

- 새로운 상황이 자주 발생하며, 완전하게 같은 상황은 존재하지 않는다.
- 상담실무자의 개인적 가치관이 윤리규정에 나온 특정 기준과 상충될 수도 있다.
- 윤리규정이 몸담고 있는 기관의 방침과 관례에 일치하지 않을 수도 있다.
- 윤리규정은 문화적 틀 내에서 이해할 필요가 있다. 그러므로 규정은 특정 문화적 배경에 맞춰 융통성 있게 적용해야 한다.
- 신고의 의무와 관련된 윤리규정이 주정부 법률이나 법규와 일치하지 않을 수도 있다.
- 윤리규정이 자주 개정되기 때문에 실무자로서의 긴 여정에서 계속 보수교육을 받고 전문성을 개발해야 한다.

## 윤리규정을 지침으로 활용하는 방법

형식적인 윤리원칙들이 윤리적 책임을 지기 위한 능동적이고 신중하며 창의적인 접근을 결코 대체할 수는 없다(Pope & Vasquez, 2016). 윤리규정을 기계적으로 적용하지 말아야 하는 이유는 전문적 판단이 요구되는 각 내담자의 상황이 독특하여 상황마다 다른 해결책이 필요하기 때문이다. 윤리적으로 규칙에만 기초한 접근은 임상전문가로서 윤리적 차원에서 기능적으로 수준 높은 서비스를 제공하는 데 한계가 있다.

전문가가 된다는 것은 다른 문화에 적응하는 법을 배우는 것과 같아 상담을 공부하는 학생과 상담전문가는 윤리적 문화변용을 경험하게 된다. 저자들은 상담실무자가 윤리적 결정을 내리고 궁극적으로는 그 결과에 대한 책임을 져야 하는 상황에 처하게 된다고 생각한다. 이런 과정에서는 좋은 결과를 얻기 위해 시간이 필요하며 자문을 요청할 필요도 있다. 심지어 오랫동안 실무경험을 쌓은 사람들도 동료에게 자문을 요청하는 것이 다양한 윤리적 문제에 관한 생각을 점검하는 데 매우 도움이 된다.

윤리규정은 세 가지 목표를 이루기 위한 것이다(Herlihy & Corey, 2015a). 윤리규정의 첫 번째 목표는 건전한 윤리적 직무수행에 관해 전문가를 교육하는 것이다. 윤리기준을 읽고 숙고함으로써 상담실무자는 업무상 문제를 다룰 때 자각 수준을 높이고 가치관을 명료하게 할 수 있다. 둘째, 윤리기준은 직업적 책임을 위한 장치이다. 상담실무자에게는 자신의 행동을 검토할 뿐만 아니라 동료들에게 윤리적 직무수행을 장려해야 할 의무가 있다. 상담실무자가 내담자나 학생의 안녕과 복지를 도모하고 위법행위로 인한 소송에서 스스로를 보호할 수 있는 최선책은 윤리규정에 기초해 직무를 수행하는 것이다. 셋째, 윤리규정은 직무수행을 개선하는 데 촉매제 역할을 한다. 상담실무자가 윤리규정을 해석하여 자신의 직무수행에 적용해야 할 때, 규정에 제기된 논제들은 간단하고 확실한 해답이 없는 윤리적 딜레마에 관한 입장을 분명히 하는 데 도움이 된다. 윤리규정 없이 윤리적 딜레마에 대한 해결책을 오로지 임상전문가 개인이 찾도록 한다면 어떤 혼란을 초래할지 상상할 수 있을 것이다.

내담자의 권익을 최대한 보장함으로써 내담자의 안녕과 복지를 도모하는 것이 윤리규정의 근본적인 목적임을 절대로 잊지 말아야 한다. 또한 윤리규정은 상담이 이뤄지는 동안 대중을 보호하고 가능한 최상의 서비스를 제공할 수 있도록 전문가를 이끌기 위해 고안된 것이다. 전문가가 실제로 따르는 **사회의 기준**은 전문가가 따라야 하는 윤리기준보다 일반적으로 덜 엄격하다. 자신이 속한 지역 혹은 세부 전문영역에서 다른 전문가들이 어떻게 직무수행을 하는지 정보를 얻는 것이 매우 중요하다.

## 윤리규정과 법

정신건강전문가의 윤리적 문제는 법률과 직업윤리규정 모두에 의해 규제된다. 미국심리학회(APA)의 전문가직무기준위원회(Committee on Professional Practice and Standards, 2003)에서는 윤리와 법을 다음과 같이 구별하고 있다. **윤리**(ethics)는 정신건강전문가단체 구성원들의 직무수행에 적용되는 기준이고, **법**(law)은 지역사회, 주, 국가에 거주하는 사람들의 행위에 적용되는 규율이다. 법은 사회가 용인할 수 있는 최소한의 기준이며, 이 기준은 정부에 의해 집행된다. 최소한의 기준의 예로 정신건강전문가가 아동학대에 관해 알게 되었다면 신고해야 하는 법적 의무를 들 수 있다. 또한 법은 임상전문가가 사회적 태도를 바꾸기 위해 노력하도록 독려하는데, 예를 들어 아동학대를 보고하는 것을 넘어 예방하기 위해 노력하게 만든다.

모든 윤리규정에는 관련된 연방과 주 법령, 정부 법규에 따라 상담실무자가 직무수행을 해야 한다고 명기되어 있다. 법정에서는 일반적으로 법이 윤리보다 우선시된다. 그러므로 윤리적인 정신건강전문가로서 우리가 서비스를 제공하는 내담자나 지역사회와 함께 그리고 그들을 대표해서 사회정의를 실현해야 한다. 그러기 위해서 상담실무자는 윤리적이고 전문적인 판단을 내려야 하는 상황이 법률과 연관되는 경우도 많기 때문에 직무수행 중에 일어날 수 있는 법적인 문제를 알고 있어야 한다.

Remley와 Herlihy(2016)는 자주 상담자가 어떤 시점에 법적 문제가 발생하는지 혹은 확인된 법적 문제를 어떻게 처리해야 할지 결정하는 데 어려움을 겪는다는 점을 지적하였다. 법적인 문제에 연루되었는지를 확인하고자 한다면 다음 조건 중 하나라도 해당되는지 상황을 평가하는 것이 중요하다. (a) 소송절차가 시작되었는가? (b) 변호사가 관여하고 있는가? (c) 상담실무자가 부정행위로 고소를 당할 위험에 처해 있는가? 법적인 문제가 연루된 상황에서는 어떤 행동을 취해야 하는지 결정하기 위해 법률가에게 자문하는 것이 중요하다. Remley와 Herlihy는 상담자가 법률 전문가가 아니기 때문에 법적인 문제를 어떻게 다뤄야 할지 동료 상담자에게는 자문을 요청하지 말라고 조언한다. 많은 전문가 단체들이 임상과 관련된 법적 문제들에 정통한 법률팀을 보유하고 있으므로 회원들이 자문을 요청할 수 있는 자원은 충분하다. 그리고 자신이 속한 지역사회에서 법적인 자문을 요청할 수 있는 그 지역 변호사와 실무적인 관계를 형성해야 한다. 어떤 전문가들은 정신건강 학위와 법학 학위를 모두 가지고 있는데, 그런 전문가들도 좋은 자원이 될 수 있다.

법과 윤리규정은 앞으로 발생할 수도 있는 일을 예견하는 것이라기보다 이미 발생한 일에서 파생되는 경향이 있다. 단순히 윤리기준을 따르고 법규를 지키기 위해 상담실무의 범위를 제한하는 것은 적절하지 못하다. 우리는 여러분이 **공포 기반 윤리**(fear-based ethics)에 의해 자신의 행동을 결정하지 않기를 바란다. 최고 수준의 역량을 추구하기 위해서는 상담전문가 훈련 프로그램에 입문할 때부터 **배려 기반 윤리**(concern-based ethics) 태도를 가지는 것이 중요하다. 이 정신은 이 책에 계속 언급될 것이다. Birrell과 Bruns(2016)는 윤리를 위험관리 차원에서 생각하기보다 관계적 업무로 봐야 한다고 설명한다. 이들은 "윤리가 임상실무에서 맞닥뜨리는 모든 것에 투영되는 관계적이고 실질적이며 완전히 통합적인 것"(396쪽)이 될 수 있도록 상담자들이 처벌의 두려움에서 벗어나 진실된 관계에 더 신경을 쓸 필요가 있다고 강조한다.

윤리적 기준은 내담자를 보호하는 수단의 한 형태로 작용하지만, 그것은 임상전문가가 스스로를 보호하는 데에도 필요하다. 예를 들어, 상담자들은 다른 사람들을 돕는 일에 어떤 선을 긋는 것을 어려워한다. 어떤 확실한 기준이 있다는 것은 개인적으로나 전문가 차원에서도 여러분 자신을 위해 건전한 경계를 세우는 데 유리하다.

때로는 법과 윤리적 원칙 사이에 불일치가 생기거나 두 가지 윤리적 기준이 서로 다른 행동방침을 요구할 수도 있다. 이런 경우 상담자의 가치관이 중요한 역할을 한다 (Barnett & Johnson, 2015). 윤리규정과 법 사이의 불일치는 광고, 비밀보장, 내담자의 개인정보 열람권 같은 영역에서 발생할 수 있다. 직업윤리를 따를 경우, 법을 어기는 결과가 생길 것 같으면 법률 자문을 요청하는 것이 좋다. 면허를 소지한 정신건강전문가는 자신이 속한 전문가 단체의 법률담당 부서나 주 면허청에 연락하여 자문을 요청할 수 있다.

Knapp, Gottlieb, Berman과 Handelsman(2007)은 법과 윤리가 상충할 때 상담실무자는 우선 법에 규정된 내용이 무엇인지 확인하고 윤리적 책무의 본질이 무엇인지 판단해야 한다고 주장한다. 상담실무자는 간혹 법 규정을 알지 못하기도 하고 법과 윤리 사이에 상충되는 점이 없는데 상충된다고 생각할 수도 있다. 법과 윤리 사이에 상충되는 점이 실제로 존재하고 이를 피할 수 없다면 "심리학자는 최대한 윤리적 가치관을 훼손하지 않는 방식으로 법을 준수하거나 최대한 법규를 위반하지 않는 방식으로 윤리적 가치관을 고수해야 한다"(55쪽). 그들은 임상전문가가 미리 문제를 예측하고 사전에 대책을 강구한다면 명백한 법과 윤리 사이의 상충을 피할 수 있다고 덧붙여 말한다.

법과 윤리규정이 상충되는 예로는 미성년자를 상담하는 경우를 들 수 있다. 특히 학교에서 아동이나 청소년을 상담하다 보면 이런 불일치를 자주 경험하게 된다. 상담자는 미성년자와 상담한 내용에 대해 비밀을 보장해야 한다는 윤리기준을 따르려고 하는 반면에, 내담자의 부모는 상담 내용에 대한 정보를 열람할 법적 권리를 주장하기도 한다. 상담자는 내담자를 위해 윤리적으로 가장 적절하다고 믿고 있는 것과 부모나 보호자에 대한 법적 책임 사이에서 자주 고민하게 된다. 미성년자에게 개입해야 한다면 주의 법률이나 학교 규정에 정통해야 한다. 약물남용 문제에 있어 비밀보장의 한계에 대한 어떤 학군의 규정은 정신건강실무자의 원칙과는 다를 수 있다.

군대에서 정신건강 서비스를 제공하는 실무자는 내담자에 대한 의무와 군에 대한 의무가 상충되는 윤리적 딜레마를 자주 경험한다. 이때 실무자는 내담자 중심의 치료적 이익과 기관 중심의 행정적 이익 중에 하나를 선택해야 하는 상황에 놓인다(Johnson et al., 2010). 이런 상반된 의무가 윤리적 딜레마를 가져온다. 일반 사회에서는 보호받아야 하는 정보가 군대에서는 그렇지 않을 수 있다. 병사가 군인으로서 적합한지를 알고 싶어 하는 지휘관의 욕구는 사적인 것과 비밀의 보장을 준수해 주는 윤리적 가치관과 상충될 수 있다. 면허를 가지고 군대에서 일하는 정신건강실무자는 군인으로서 위임받은 역할과 자신의 내담자에 대한 의무 사이에 발생하는 명백한 갈등에 고민할 수밖에 없다(Johnson & Johnson, 2017). 이런 상황을 성공적으로 다룰 수 있는 전략을 찾을 수도 있는데, Johnson, Grasso와 Maslowski(2010)는 실제로 "법을 따르면 자동적으로 윤리를 어기게 되는 상황이나 그 반대가 되는 상황처럼 확실하게 윤리적 행동과 법이 상충되는 갈등이 아주 드물게 발생한다"(552쪽)고 설명한다.

법적 문제와 관련된 윤리적 딜레마에 빠진 경우 법에 능통한 동료와 의논하고 법률 고문에게 조언을 구하는 것도 좋은 방법이다. 이런 경우 법으로만 혹은 윤리규정으로만 문제를 해결할 수 없기 때문에 심리치료전문가는 다른 전문 분야와 지역사회의 기준 이외에 자신의 양심도 참고해야 한다. 이 주제는 제5장과 제6장에서 더 자세히 다룬다.

## 윤리규정의 발전

윤리규정은 서비스 수혜자를 보호하고 실무지침을 제공하며 직업단체의 전문영역을 분명하게 하기 위해 정신건강전문가단체에 의해 제정된다. 윤리규정들은 정기적으로 개정되는데 상담자와 서비스를 제공받는 내담자 그리고 사회의 일반적인 요구들이 반영된 문서로 거듭나게 되는 것이다. 예를 들어 최근 미국상담학회의 **윤리규정**(ACA, 2014)에서는 윤리적 결정, 전문가적 가치관, 경계의 관리와 유지, 발전된 과학기술과 장비의 사용, 상담자의 개인적 가치관을 강요하지 않기, 상담자 교육, 법적 문제, 새롭게 생긴 상담영역에 대한 내용들이 주로 개정되었다(Kaplan et al., 2017). 규정의 새로운 영역은 정보 설명 후 받는 동의, 사생활 보호, 전자소통 매체의 보안, 원격상담과 연구정보의 안전한 관리, 소셜 미디어 등이다. 대부분의 전문가 단체에서는 5년에서 10년마다 윤리규정을 개정한다. 윤리기준은 전문가 영역의 변화와 사회 추세를 반영해야 하기 때문에 개정될 수밖에 없다.

그러므로 윤리규정이 유용하기는 하지만 여러 정황과 정보에 근거한 판단과 상담자 개인의 선의를 대신할 수는 없다. 저자들은 법률 혹은 규정을 문자 그대로 해석하고 따르는 것보다 더 높은 수준의 윤리적 기능의 필요성을 다시 한번 강조하고자 한다. 일례로 문화적 다양성을 무시함으로써 당할 수 있는 법적 소송이나 징계는 피할 수 있을지 몰라도, 감수성이 결여된 그런 행동 때문에 다양한 문화적 배경을 가진 내담자들이 불편해하거나 고통을 당할 수 있다.

## 상담실무 관리감독

대부분의 정신건강전문가들의 직무수행은 미국 50개 주 전역의 법과 윤리규정에 규정되어 있다. 주 면허법에는 전문가들의 직무범위와 면허관리청의 법 시행방법이 제정되어 있다. 주 면허관리청은 면허를 발급해 준 전문가들의 행동을 감독하는 업무를 담당한다. 심리치료 전문직 중에는 등록과 자격으로 규정되는 것도 있고, 사회복지사, 부부 · 가족치료사, 전문상담가, 심리학자 같이 면허로 규정되는 것도 있다. 규제위원회의 주요 직무에는 (1) 전문직 입문의 기준 제정, (2) 자격이나 면허 지원자 심사, (3) 공공이익을 위한 심리치료 직무 규정, (4) 법에 규정된 전문가 행동기준 위반이 있을 경우 징계절차 수행 등이 있다. 주 규제위원회에 사생활에서나 직무상에서 비윤리적인 직무수행이나 불법행위를 했다고 판정받은 정신건강전문가는 자격이나 면허를 상실할 수 있다. 면허와 관련해서는 제8장에서 더 자세히 다룬다.

주 규제위원회 외에도 대부분의 정신건강전문가단체에는 구성원의 직무수행과 품행을 감독하는 윤리위원회가 있다. 이런 윤리위원회의 주요 목적은 전문가단체의 회원들에게 윤리교육을 실시하고 상담 서비스의 수혜자인 일반인들을 비윤리적인 행위로부터 보호하는 것이다. 윤리위원회는 회원과 관련하여 접수된 공식적인 고충진술을 처리하기 위해 정기적으로 회동하는 것을 원칙으로 한다. 윤리위원회는 단체의 윤리규정을 개정하기도 한다.

경우에 따라 상담자는 내담자가 윤리적 고충진술을 어떻게 제기하는지 설명해야 한다. 어떤 회원에 대해 고충진술이 접수되면 윤리위원회는 그 사건 혹은 상황을 조사하고 심의하게 된다. 종국에는 어떤 처분을 내려야 할지 결론에 이르게 된다. 고충진술이 모두 기각되거나 고충진술 중 특정 내용만 기각될 수도 있지만 윤리위원회가 윤리기준 위반 사실을 확인하고 제재를 가할 수도 있다. 일반적으로 제재에는 견책, 특정 기간 권리정지, 근신, 자진탈퇴 권고, 강제탈퇴 선고, 수련감독 혹은 개인 심리치료를 받게 하는 교정 조치에 관한 권고가 포함된다.

해당 회원을 제명하거나 권리를 정지하는 것이 최고의 제재이다. 회원에게는 윤리위원회의 결정에 이의를 제기할 수 있는 권리가 있다. 한 번의 이의제기 과정을 마치거나 이의제기 신청기간이 지나면 제명이나 권리정지의 제재내용을 회원소식지 등의 간행물에 공시해야 한다. 전문가단체로부터 권리가 박탈된 상담실무자는 면허 혹은 자격을 상실할 수 있는데, 이것은 주 정부기관(state board)에서 별도로 조사했을 경우에만 가능하다. 대개 법의 집행 혹은 형사처분이 뒤따르는 심각한 수준일 경우에 제명된다. 대부분의 경우 민사소송 과정을 거치고 그 결과가 지역 간행물에 실리게 된다. 윤리위반으로 판명된 정신건강전문가들이 윤리위원회로부터 공정한 처우를 받지 못했다고 생각할 수 있는데, 그럴 경우 그들의 관점으로 대응할 수 있다.

# 윤리적 결정

## 주요 용어

정신건강실무자는 정신건강전문가, 상담실무자, 치료사, 상담사, 사회복지사, 학교상담사, 재활상담사, 중독상담사, 지역사회사업가, 커플・가족치료사, 조력자, 전문가 등과 같은 다양한 용어를 대표하는 것이다. 이 책에서 저자들은 이런 다양한 직업군의 각기 다른 명명방식을 감안하여 이런 용어들을 상호 교환해 사용할 것이다.

가치관과 윤리라는 용어가 자주 혼용되지만 의미가 동일하지는 않다. **가치관**(values)은 매일의 삶에서 방향성을 제시하는 신념 혹은 태도라는 표현이 더 적절한 반면, **윤리**(ethics)는 올바른 행위가 무엇인가에 관해 우리가 가지고 있는 신념이라는 표현이 더 적절하다. 윤리는 옳은 행위에 대한 규칙 혹은 규정을 제시하기 위해 개인이나 단체가 채택한 도덕적 원칙이다. **도덕성**(morality)은 적절하고 올바른 행위에 대한 관점과 관련이 있고, 광범위한 문화적 배경과 종교적 규범에 기초한 행동평가를 수반한다.

**윤리**는 전문가적 행동과 상호작용을 통해 이루어지는 최고의 목표 혹은 전문영역에서 정한 이상적인 기준을 대표한다(Remley & Herlihy, 2016). 윤리규정은 본래 개념상 포괄적이기 때문에 일반적으로 정신건강실무자의 해석이 필요하다. 기준 적용에 다소 차이가 있을지라도 서로 대립되는 것은 아니다.

**지역사회 규범**(community standards 혹은 사회적 관행)은 학문적, 이론적, 지리적 차원에 따라 매우 다양하다. 상담자가 내담자와 사회적 관계를 맺는 것에 관한 기준은 시골과 대도시가 다르고, 정신분석적 접근을 하는 상담자와 행동주의적 접근을 하는 상담자 간에도 다를 수 있다. 상담 혹은 심리치료와 관련된 배임행위로 기소되었을 경우, 정당한 행동이 어떤 것인지를 규정할 때 지역사회 규범이 종종 손해배상의 책임이 상담실무자에게 있는지 없는지를 결정하는 최종적인 법적 기준의 역할을 한다. 법원에서는 정신건강 서비스 제공자들이 기술, 지식, 배려 측면에서 적정한 수준을 유지하고 실행해야 할 의무가 있다는 일관된 판결을 내렸다. **적정성**(reasonableness)은 전문가 공동체의 동일한 전문 분야에서 일하는 사람들이 보통 행사하는 배려와 보살핌(care)이라고 정의할 수 있다.

**전문성**(professionalism)은 윤리적 행동과 어느 정도 관계는 있지만 비전문가적 행위가 모두 비윤리적인 행위라고 볼 수는 없다. 예를 들어, 전화해 달라는 내담자의 연락에 바로 응하지 않은 것은 전문가적인 행동이 아니라고 하더라도 내담자가 위기 상황에 처해 있는 것이 아니라면 비윤리적 행동은 아닐 것이다.

어떤 상황은 지금까지 설명한 모든 개념과 관계가 있다. 예를 들어, 상담자와 내담자 간의 성관계는 비윤리적이고 비전문가적이며 비도덕적이고 불법적인 것으로 간주된다. 이 책을 읽을 때 이런 다양한 개념들의 의미와 그 차이를 잊지 말아야 한다.

## 윤리적 직무수행의 수준

직업윤리를 개념화하는 한 가지 방법은 낮은 수준의 윤리기능을 높은 수준의 윤리기능과 비교하는 것이다. **강제적 윤리**(mandatory ethics)는 윤리기능으로 볼 때 상담자가 단지 최소한의 기준에 순응해야 하는 수준인데, 주로 '해야만 하는 것(musts)'과 '해서는 안 되는 것(must nots)'으로 인지된다. 즉 행동적 규율에 초점이 맞춰져 있는 것으로 상담관계에서 사전동의서를 제공하는 것이 그 예에 해당된다. **이상적 윤리**(aspirational ethics)는 상담전문가에게 기대하는 가장 높은 직무수행 수준으로 단순히 윤리규정을 문자 그대로 해석하여 따르는 것 이상의 수준을 요구한다. 이는 윤리규정 배후에 있는 참뜻과 규정의 기반이 되는 원칙에 대한 이해를 필요로 한다. 미국상담학회(ACA) 윤리규정(2014) 중 각 부분의 서론은 윤리 실천과 관련하여 상담자들이 열망해야 할 사항을 설정하고 설명한다. 첫 번째 수준인 강제적 윤리를 따르는 상담실무자는 일반적으로 법적 조치나 직업상의 징계로부터 안전하다. 현재 법원과 주 면허관리청은 모든 정신건강전문가들이 지켜야 할 최소한의 기준을 요구하고 있다. 더 높은 윤리기능 수준인 이상적 윤리는 상담실무자가 한 걸음 더 나아가 자신의 개입이 내담자의 안녕과 복지에 미치는 영향을 고려하도록 도와준다. 이상적 윤리로는 서비스는 꼭 받아야 하는데 비용을 낼 여력이 없는 사람들에게 무료 서비스를 제공하는 것을 예로 들 수 있다.

**긍정적인 윤리**(positive ethics)는 실무자가 어떻게 내담자에게 해를 입힐 수 있는가에 대한 부분 외에도 치료사가 어떻게 내담자를 더 잘 도울 수 있을지에 초점을 맞춘다. 윤리적 문제를 다룰 때 교정적 측면에 초점을 맞추는 대신 긍정적인 윤리는 "단순히 해서는 안 되는 일을 피하는 것이 아니라 심리학자가 할 수 있는 가장 높은 수준의 윤리철학에 기초하여 이루어지는 모든 전문가적인 행동과 결정에 초점을 맞출 것을 요구한다(Knapp et al., 2015, 7쪽)". 긍정적인 윤리의 목표는 정신건강 서비스를 제공하는 사람들의 중심을 범죄와 징계조치의 관심에서 벗어나 최고 수준의 실무에 대한 명확한 비전을 갖는 쪽으로 바꾼다(Knapp & Vande-Creek, 2012).

**비윤리적**(unethical)이라는 용어를 사용하면 거의 모든 사람들은 윤리규정을 심하게 위반한 경우만을 떠올린다. 그러나 현실적으로 대부분의 윤리위반은 상담 혹은 심리치료 도중 사소한 부주의로 인해 발생한다. 대부분의 정신건강전문가단체들의 윤리규정에는 상담실무자가 자기감시를 하고 부정행위에 대해 책임을 져야 한다고 명시되어 있다. Welfel(2005)은 상담직무와 관련된 자신의 저술에서 부정행위의 방지와 심각한 윤리위반에 대응하는 것을 집중적으로 조명한다. 그러나 그는 전문가가 범할 수 있는 작은 위반에 대해서는 자세한 지침을 제공하지 않는다. Welfel은 작은 윤리적 위반도 심각하게 받아들이고 정직하게 그것을 바로잡을 수 있는 방법을 찾음으로써 상담자는 자신의 전문성을 높이고 서비스를 제공하는 사람들의 이익을 위해 전념할 수 있다고 말한다.

Welfel(2005)의 모델은 상담자가 작은 윤리적 위반을 저질렀다는 것을 알아차리는 인식단계와 이를 깊이 숙고하는 단계 그리고 손상 입은 부분을 회복할 수 있는 행동계획을 수립하는 단계로 이뤄져 있다. Welfel은 윤리적 위반을 극복하기 위한 첫 번째 단계는 상담실무자가 자신이 윤리적으로 문제가 될 수 있는 방식으로 행동했음을 자각하는 것이라고 강조한다. 상담실무자가 내담자에게 해로운 영향을 줄 수 있는 미묘한 자신의 행위를 의식하지 못한다면 그 행위는 부지불식간에 전달되어 내담자에게 고통을 주게 된다. 예를 들어, 재정적 어려움을 겪고 있는 개업상담가가 내담자와의 치료를 적절한 시기에 종결하지 않고 연장하면서 그것을 이론적 배경에 의한 것이라고 정당화할 수 있다. 그는 자신의 재정적 상황 때문에 치료기간을 연장했다는 사실을 무시할 가능성이 있다. 상담실무자는 상충되는 역할 기대들 때문에 윤리적으로 곤경에 처하는 경우가 종종 있다. 분명한 윤리적 입장을 고수하는 최상의 방법은 내담자의 안녕과 복지에 초점을 맞추는 것이다. 학교상담가의 경우 학사와 일정에 너무 신경을 쓴 나머지 지역사회와 연계하거나 위기에 처한 학생과 가족을 의뢰할 수 있는 다른 분야의 전문가들과 정보를 교환하는 일에 소홀할 수 있다. 학교라는 조직체계에서 교직원들은 종종 학생과 그 가족을 역기능적이고 어떤 동기도 가지고 있지 않다고 생각하는 경향이 있다. 상담자가 진보를 이루려고 한다면 사람들이 자신들의 강점을 찾고 단점을 새로운 관점으로 보도록 옹호하고 도와주어야 한다. 상담자는 윤리가 최고의 고려대상이 아닌 곳에서 윤리적 모본이 되어야 한다.

상담실무자가 자신의 행동을 윤리적인 측면에서 검토할 때만이 내담자의 요구를 가장 잘 충족시킬 수 있다. 윤리를 위반한 사실을 당사자만 아는 경우가 있기 때문에 윤리위반이 발각되지 않을 수도 있다. 다른 사람을 주시하며 "비윤리적인 행동이야!"라고 외치기보다 자신의 생각을 솔직하게 점검해 보고 자신이 하는 일이 내담자의 안녕과 복지를 최대한 보장하며 직업윤리규정에 맞는지를 검토해 행동지침을 따르는 것이 중요하다. 내담자와 결정을 내릴 때는 "내가 자기돌봄을 잘하고 건강한 경계를 유지하고 있는가?"에 대한 부분을 검토해 보아야 한다. 자기평가와 반성은 내담자에게 혜택을 주고 개인적 성장과 직업적 발전을 촉진하는 지속적인 과정이다.

## 원칙윤리와 덕목윤리

여러 학자들이 윤리적 의사결정에 관한 이론적 모델을 개발했다(Barnett & Johnson, 2008, 2015; Cottone, 2001; Cottone & Tarvydas, 2016; Forester-Miller & Davis, 2016; Frame & Williams, 2005; Kitchener, 1984; Knapp & Colleagues, 2015; Knapp & Vande-Creek, 2012; Koocher & Keith-Spiegel, 2016; Meara, Schmidt, & Day, 1996; Welfel, 2016; Wheeler & Bertram, 2015). 여기에 소개하는 내용은 다양한 모델들로부터 나온 요소들과 저자들의 입장에 근거한 것이다.

그 유명한 『원칙과 덕목: 윤리적 결정, 방침 및 품성의 기초』라는 제목의 논문에서 Meara, Schmidt와 Day(1996)는 원칙윤리와 덕목윤리를 구분한다. **원칙윤리**(principle ethics)는 일련의 의무사항들로 (1) 특정한 윤리적 딜레마 혹은 일련의 딜레마들을 해결하고, (2) 미래의 윤리적 사고와 행동지침을 확립하려는 목적으로 도덕적 문제에 초점을 맞추는 방법이다. 원칙은 행위와 선택에 초점을 맞추고, "어떻게 해야 하는가?"라는 질문에 사회적이고 역사적으로 수용 가능한 해답을 선택하도록 촉진하는 데 사용된다.

원칙윤리에 철저하게 기반을 두다 보면 또 다른 중요한 견해인 덕목윤리를 생각할 여지가 생기게 된다. **덕목윤리**(virtue ethics)는 상담자의 인격 특성과 관련이 있으며, 특정 윤리적 딜레마를 해결하기보다 전문가가 목표로 하는 비강제적이고 이상적인 면에 중점을 둔다. 즉, 원칙윤리는 "이 상황이 비윤리적인가?"를 묻는다면, 덕목윤리는 "내가 지금 내담자의 권익을 최대한 보장하고 있는가?"를 묻는다. 윤리적 딜레마가 존재하지 않더라도 덕목윤리는 상담전문가에게 윤리적 행동을 언제나 의식하도록 만든다. Meara 등(1996)은 두 가지 윤리 중 어떤 것이 더 좋은지를 평가하는 것은 중요하지 않다고 말한다. 그보다 상담전문가는 덕목윤리와 원칙윤리를 통합하려고 노력할 때 더 현명하게 윤리적 결정을 내릴 수 있고 더 나은 방침을 세울 수 있다.

내담자를 위해 최상의 서비스를 제공하려고 노력하기보다 일차적으로 배임행위로 인한 법적 소송을 피하는 것에 더 신경을 쓰는 정신건강전문가들이 있다. 그들은 골치 아픈 문제를 멀리하기 위해 윤리적인 규칙에 얽매인 태도를 보이는 경향이 있다. 그러나 법적 소송을 피하려고 노력하면서 어떤 것이 내담자의 권익을 최대한 보장하는 것인지에 첫 번째 관심을 두는 상담전문가들도 있다. 그런 상담자들은 내담자에게 최대의 이익을 주지 않는 상담기법을 활용하거나 고소를 당하지 않는 수준일지라도 제대로 수련 받지 못한 상담기법을 내담자에게 적용하는 것은 비윤리적이라고 믿는다.

Meara 등(1996)은 사려(prudence), 청렴(integrity), 공손(respectfulness), 자비(benevolence)를 상담전문가가 윤리적 의사결정을 할 때 고수해야 할 4대 핵심 덕목으로 소개한다. 또한 그들은 덕 있는 상담전문가의 다섯 가지 특성을 묘사하면서 이를 덕목윤리의 본질로 본다.

- 덕 있는 행위자는 단순히 강요받는 느낌에서 혹은 결과를 두려워해서가 아니라 그것이 옳다고 판단하기 때문에 옳은 일을 하려는 동기를 갖는다.
- 덕 있는 행위자는 단호하게 행동하도록 이끄는 세심함과 판단력과 이해심을 포함하는 비전과 분별력에 의지한다.
- 덕 있는 행위자는 동정심의 소유자이고 타인의 고통에 민감하며 내담자의 고통을 경감하기 위한 조치를 취할 수 있다.
- 덕 있는 행위자는 스스로를 잘 안다. 자신의 생각, 확신과 편견이 타인과의 상호작용에 영향을 줄 가능성이 있다는 것을 알고 있다.
- 덕 있는 행위자는 지역사회와 밀접하게 관계를 맺고 있으며 사회적 관습을 잘 이해하고 있다. 도덕적 의사결정, 정책수립, 품성계발 등을 위해 지역사회가 매우 중요하다는 것도 알고 있다. 그는 자기가 속한 지역사회의 이상과 기대를 잘 이해하고 있다.

덕목윤리는 의무적인 것보다 이상적인 것에, 상담전문가의 활동 자체보다 전문가의 품성적 자질에 초점을 맞춘다. 활동하고 있는 지역사회의 목표와 이상과 요구에 부응하기 위해 원칙과 덕목 모두를 고려해야 하는 이유는 양자 모두가 윤리적 문제를 숙고하는 데 중요한 요소이기 때문이다.

## <덕목윤리를 보여 주는 사례>

내담자 Kevin은 상태가 호전되는 중이다. 그런데 그가 일자리를 잃어 치료비용을 감당할 수 없어 심리치료를 계속할 수 없다고 알려 왔다. 이런 상황에서 다르게 대처하는 다음과 같은 4명의 심리치료사가 있다고 가정해 보자.

**치료자 A:** 죄송합니다만 저는 치료비를 받지 않으면 심리치료를 계속할 수 없습니다. 적은 비용으로도 심리치료를 받을 수 있는 인근 정신보건센터를 소개해 드리겠습니다.

**치료자 B:** 치료비를 받지 않고 심리치료를 하는 것은 저의 방침이 아닙니다. 그러나 지금 상황이 당신의 잘못이라고 보기에는 어렵기 때문에 저는 계속 치료를 진행할 것입니다. 치료비는 마련하실 수 있는 만큼만 지불하십시오. 한 가지 조건은, 치료비 대신 인근 복지기관에서 자원봉사를 하셨으면 좋겠습니다.

**치료자 C:** 재정상태가 나아질 때까지 심리치료를 중단하자고 제안드리고 싶군요.

**치료자 D:** 치료비 없이 심리치료를 계속할 수는 없습니다만, 한 가지 대안을 제시하겠습니다. 계속 일기를 기록하셔서 한 달에 한 번 30분 정도 저와 일기 내용을 검토하는 시간을 가지는 겁니다. 그에 해당되는 비용은 마련하시는 대로 지불하면 됩니다. 그리고 재정상태가 나아지면 지금과 같은 치료를 받으실 수 있습니다.

- 당신은 치료사들의 다양한 반응을 어떻게 생각하는가?
- 어떤 반응이 마음에 와 닿는가? 그 이유는 무엇인가?
- 다른 반응을 생각해 본 적 있는가?
- 당신은 비용을 받지 않고 상담을 할 의향이 있는가? 그 이유는 무엇인가?
- 당신은 치료비 대신 물물교환을 생각한 적이 있는가? 그 이유는 무엇인가?
- 당신이 생각하기에 위 치료사들의 반응 중 문제가 있다고 생각하는 것이 있는가?

당신이 위와 같은 상황에 처했다면 어떻게 할 것인지를 생각해 보고 **무료 서비스**(pro bono services)와 관련된 미국사회복지사협회(NASW, 2008), 미국상담학회(ACA, 2014), 미국심리학회(APA, 2010)의 윤리규정 조항과 한번 비교해 보라. 세 단체의 윤리규정에는 전문가가 특별한 금전적 보상이 기대되지 않더라도 자신의 시간과 능력을 할애하여 서비스를 제공함으로써 사회에 기여하라는 독려 사항이 있다.

**논평.** 이 사례는 긍정적인 윤리를 어떻게 적용해야 하는지를 보여 주는 좋은 예이다. 긍정적인 윤리를 바탕으로 실무에 임하는 상담사는 내담자에게 가능한 한 가장 좋은 서비스를 제공하는 방법을 찾기 위한 동기를 가지게 된다. 긍정적인 윤리는 더 이상 심리적인 서비스를 받을 수 없는 어려운 상황의 내담자에게 가장 적절한 방식의 대응을 하는지에 대한 것이다(Knapp & VandeCreek, 2012). 무료 서비스를 Kevin에게 제공하며 계속 상담하거나, 위의 치료자 B와 D처럼 비용이나 상담 횟수를 변경하여 상담을 지속하는 창의적인 전략을 쓸 수도 있다.

본질적으로 이런 경우 해결책이 간단하지가 않다. 이런 상황에서는 치료자와 내담자와 상황적 요소를 모두 생각하고 이 모든 것을 맥락 안에서 고려해야 한다. 내담자가 서비스 비용을 더 이상 지불할 수 없다고 해서 치료자가 내담자를 단념하면 절대 안 된다. 치료를 종결해야만 한다면 Kevin이 잘 마무리할 수 있도록 돕기 위해 적어도 몇 회기 정도를 할애해야 한다. 내담자를 단념하고 싶지 않기 때문에 비용부담이 없는 기관에 그를 의뢰하고 싶을 수 있다. 가령 정신보건센터에서 일하는 자격을 갖춘 상담자나 차등가격제를 적용하는 전문가, 이제 막 상담실무를 시작한 초보 상담자에게 의뢰할 수 있다. 이런 상황을 해결할 수 있는 적절한 방법은 많다. 미국상담학회(2014) 윤리규정은 통상 치료비가 내담자에게 과도한 부담을 줄 경우 상담자가 치료비를 조정할 수 있다고 명시되어 있다(지침 A. 10.C). 그런데 비록 내담자를 돌보는 것이 중요하기는 하지만, 내담자를 치료하면서 부정적으로 작용할 것 같은 기분이 든다면 당신은 금전적인 손해까지 보면서 그렇게 하지는 않을 것이다. 또한 치료비를 할인해 주고자 한다면 당신의 재정적 문제와 책임을 고려하지 않을 수 없을 것이다. Kevin의 실직에 대한 조치로서 당신은 내담자에게 손해는 최대한 적게 끼치면서 최대한 유익하도록 하려면 당신의 재정 상황과 직장 환경의 현실을 감안해야 한다. 내담자를 위한 서비스에 대해 물물교환을 하는 것도 한 가지 대안이 될 수 있다. 일반적으로 이 선택은 임상적으로나 윤리적으로 권장하지 않지만, 일부 내담자에게는 적절할 수 있고 다른 문화에서는 적절한 해결책일 수 있다. 실무적 차원에서의 물물교환에 대한 윤리는 제7장에서 다룰 것이다.

## 윤리적 의사결정을 위한 도덕적 원칙

여러 학자들의 주장에 근거하여 특히 Kitchener(1984)와 Meara 등(1996)은 전문직업인으로서 최고 윤리 수준의 근간을 형성하는 여섯 가지 기본적인 도덕원칙을 기술하는데, 그것은 자율성, 무해성, 덕행, 공정성, 성실성, 진실성이다. 이런 윤리원칙과 관련 윤리지침을 적용하는 것은 생각보다 쉽지 않다. 특히 문화적 배경이 다양한 사람들을 대할 때나 사회정의를 다룰 때는 더욱 그렇다(이 문제에 관한 더 자세한 설명은 제4장과 제13장 참고). 이런 도덕적 원칙을 완벽하게 성취할 수는 없지만 그것을 향해 노력하는 과정이 중요하다. 저자들은 미국상담학회(ACA), 미국심리학회(APA), 미국사회복지사협회(NASW)의 특정 윤리지침을 인용하고 원칙 하나하나를 활용하는 데 따른 문화적 함의에 대해 논의하면서 각각의 여섯 가지 기본 도덕원칙들을 설명하려고 한다.

✿ **자율성**(autonomy)은 자발적 결정의 장려 혹은 내담자가 자신이 속한 사회적 · 문화적 구조 안에서 스스로 선택할 수 있는 자유를 가리킨다. 자율성의 존중이란 원하는 것을 선택하고 그것을 할 수 있는 타인의 권리를 인정하는 것이고, 전문가는 다른 사람이

그런 권리를 행사할 수 있도록 행동해야 한다. 상담실무자는 내담자가 의존성을 줄이고 역량을 강화하도록 노력해야 한다. 미국상담학회(ACA, 2005)의 윤리지침 A항은 다음과 같은 표현으로 시작된다.

> 상담자는 내담자의 이익과 안녕을 촉진하고 건전한 관계 형성을 장려하는 방향으로 내담자의 성장과 발전을 격려해야 한다.
>
> 신뢰는 상담관계의 초석이며, 상담자에게는 내담자의 사생활 보호와 비밀보장 권리를 존중해야 할 책임이 있다. 상담자는 서비스 대상인 내담자들의 다양한 문화적 배경을 이해해야 한다. 또한 상담자는 자신의 문화적 정체성을 탐색하고 그것이 상담과정에서 자신의 가치관과 신념에 어떻게 작용하는지를 알아야 한다.

사람을 돕는 직업은 개인주의, 독립성, 상호의존성, 자발성, 자기선택과 같은 전통적인 서양의 가치관에 근간을 두고 있다. 서양 문화는 다른 문화적 가치보다 주로 개인주의를 더 장려하는 것처럼 보인다. 그러나 가족의 안녕과 복지가 의사결정에서 가장 중요한 요인으로 꼽히고 지역사회 공동체가 최우선이 되기도 하는 등 다른 방식을 따르는 문화권도 많다. 위에 제시한 미국상담학회(ACA)의 지침이 의미하는 바와 같이 윤리적 직무수행은 상담관계에 대한 문화적 변인들의 영향력을 고려할 때 가능하다.

특정 내담자가 최우선으로 하는 것이 무엇인지 잘 파악하지 않고 한 가지 잣대를 모든 문화의 가치관에 적용하려고 하면 안 된다. 예를 들어, 자율성에 최고의 가치를 두고 있지 않은 내담자에게 자율성의 원칙을 적용하는 것이 무슨 의미가 있겠는가? 자율적 행동이 특정 문화나 가족, 지역사회 일원과의 관계에서 문제를 야기하게 된다면 상담자가 내담자에게 자율적 행동을 하도록 종용해야 하는가?

✿ **무해성**(nonmaleficence)은 해로운 행동을 피하는 것을 의미하는데, 이것은 내담자에게 고통을 줄 수 있는 위험 행동을 삼가는 것이다. 전문가는 피해를 주거나 잠재적으로 그럴 가능성이 있는 활동을 하지 말아야 할 책임이 있다. 덕행과 무해성에 관한 미국심리학회(APA, 2010)의 원칙은 다음과 같다.

> 심리학자는 자신의 직무와 관련된 사람의 이익을 위해 노력해야 하고 그에게 해(害)가 되는 일이 없도록 신경 써야 한다.

무해성 원칙의 문화적 함의는 무엇인가? 전통적인 심리적 진단평가는 특정 문화배경을 가진 사람에게는 적절하지 않을 수 있다. 예를 들어, 어떤 심리치료사는 정서표현을 억제함, 다른 사람 만나기를 주저함, 자기공개에 신중함, 대화 중 눈길을 피함 등과 같은 표출된 행동에 근거하여 내담자를 비정상으로 진단하여 분류할 수 있다. 하지만 이런 행동들은 어떤 문화권에서는 지극히 정상적이다. 또 다른 예로, 학교상담사가 한 아이를 부적절하게 주의력결핍과잉행동장애(ADHD)로 분류함으로써 아이에 관한 다른 교직원들의 인식에 부정적인 영향을 주어 그들이 아이의 부모에게 약물치료를 종용하게 만들 수도 있다. 상담실무자는 문화에 대한 인식능력을 키우고 심리평가와 진단, 그리고 치료절차를 진행할 때 신경 써야 한다.

✿ **덕행**(beneficence)은 타인을 위해 선을 행하고 내담자의 안녕과 복지를 증진시키는 것을 가리킨다. 또한 사회를 위해 선을 행하는 것도 해당된다. 덕행은 사전예방 차원에서 이루어지는 것이고, 가능한 한 피해를 줄이고자 하는 것이다(Forester-Miller & Davis, 2016). 상담은 내담자들이 그들의 문화권 안에서 성장하고 발전하도록 기여하는 것이 이상적이다. 상담자가 하는 모든 일은 이 준거로 판단해야 한다. 미국상담학회(ACA, 2014) 윤리지침은 덕행을 다음과 같이 설명하고 있다.

> 상담자의 일차적 책임은 내담자의 존엄성을 인정하고 내담자의 안녕과 복지를 증진하는 것이다(A.1.a).

상담자가 아시아계 내담자에게 아버지를 향해 조금 더 자기주장을 펼치라고 조언하려고 한다면 그로 인해 생길 수 있는 결과를 먼저 생각해 봐야 한다. 그렇게 할 경우 현실에서는 그 아버지가 자기에게 대항한 아들과 다시는 대화하지 않으려고 마음먹을 수도 있다. 비록 상담자가 좋은 의도로 시도한 것이고 그들에게 선(善)이 될 것이라고 생각했을지 몰라도 그것이 항상 내담자의 권익을 최대한 보장하는 것은 아니다. 상담자가 내담자에게 부정적인 결과를 일으킬 수 있는 일련의 행동을 독려함으로써 의도하지 않았지만 내담자에게 해를 입힐 수 있는가? 내담자의 권익을 최대한 보장하는 것이 어떤 것인지 상담자가 어떻게 알 수 있는가? 상담자가 자신의 개입이 내담자에게 도움이 될지 아닐지를 어떻게 알고 판단할 수 있는가? 앞서 언급한 것처럼 복잡한 질문에 대한 대답은 간단하지 않다.

✿ **공정성**(justice)이란 공평하게 동등한 수준의 서비스를 사람들에게 제공하고 그들을 정당하게 대하는 것을 의미한다. 상담실무자는 모든 내담자에게 적합한 서비스를 제공

할 책임이 있다. 연령, 성별, 인종, 재정상태, 문화적 배경, 종교 등과 상관없이 모든 사람에게 동일하게 정신건강 서비스의 기회가 주어져야 한다. 학교상담가가 가난하여 교통수단이 없거나 어린 자녀를 돌봐야 하는 이유로 학교를 방문할 수 없는 학부모를 위해 직접 집을 찾아가는 경우가 바로 그런 예에 해당된다. 이 원칙과 관련하여 미국사회복지사협회(NASW, 2008)에서는 다음과 같은 지침을 제시하고 있다.

> 사회복지사는 특히 소외되고 억압받는 개인과 집단을 위해 그들의 편에 서서 긍정적인 사회변화를 추구해야 한다. 근본적으로 사회복지사의 사회변화를 위한 노력은 빈곤, 실업, 차별, 그리고 다양한 사회적 불공정성에 관한 문제에 초점을 맞춰야 한다. 그런 활동을 위해서는 억압과 문화적·인종적 다양성에 관한 지식과 그것에 대한 감수성을 증진해야 한다. 따라서 사회복지사는 필요한 정보와 서비스, 자원, 균등한 기회, 의사결정을 위한 참여 권리를 확보하기 위해 노력해야 한다(윤리원칙, 사회정의).

전통적인 정신건강 서비스는 다양한 문화적 배경을 가진 사람들이 살고 있는 미국 사회에서 모든 사람에게 공정하지 않았다. 만약 심리적 개입 전략이 어떤 부류의 사람들에게 적합하지 않다면 공정성은 지켜지지 않는 것이다. 어떻게 하면 다양한 부류의 사람들의 요구를 충족시키며 상담실무자가 상담기법을 적용할 수 있는가? 전 세계 다양한 문화권에 사는 내담자들에게 일관되게 사용할 수 있는 새로운 개입 전략을 어떻게 개발할 수 있는가?

✿ **성실성**(fidelity)은 전문가가 지킬 수 있는 현실적인 약속을 하고 그것을 지키기 위해 최선을 다하는 것을 의미한다. 이는 책임지고 신뢰성 있는 관계를 수립하는 것을 필요로 한다. 성실성은 내담자를 진심을 다해 대하고, 내담자의 안녕을 우선으로 하는 것을 의미한다. 미국상담학회(ACA, 2014)에서는 상담자가 내담자에게 상담에 관한 정보를 제공하고 내담자에게 성심을 다할 것이라는 믿음을 주라며 다음과 같이 장려한다.

> 내담자에게는 상담을 계속할지 혹은 끝낼지 선택할 수 있는 자유가 있으며 상담자와 상담과정에 관한 적절한 정보를 얻을 권리가 있다. 상담자는 자신과 내담자 모두의 권리와 의무를 내담자와 서면 혹은 구두로 검토할 필요가 있다. 설명 후 받는 동의(informed consent)는 상담과정 내내 대두될 수 있는 주제이며, 상담자는 상담관계를 유지하는 동안 동의에 관해 논의한 내용을 적절하게 문서로 기록해야 한다(A.2.a).

성실성을 통해 내담자가 스스로 해결책을 찾을 수 있는 신뢰를 주는 치료관계가 형성된다. 그런데 상담자란 내담자의 문제에 대해 해답을 제공하는 전문가라고 가르치는 문화권에서 성장한 내담자가 있다면 어떻게 해야 하는가? 상담자가 해결책을 제공해 줄 것이라고 내담자가 기대한다면 어떻게 해야 하는가? 만약에 상담자가 내담자의 그런 기대를 충족시키지 못한다면 신뢰관계가 형성될 수 있는가?

✿ **진실성**(veracity)은 신뢰를 의미하며 내담자에게 솔직해야 하는 상담실무자의 의무도 포함된다. 만약 상담실무자가 내담자에게 믿음을 주지 못한다면 제대로 상담할 수 있는 관계가 형성되지 못한다. 진실성은 내담자뿐만 아니라 동료들과의 모든 상호작용에서 나타나는 믿음에 기초한다(Kaplan et al., 2017).

지금까지 논의한 여섯 가지 원칙들은 내담자의 안녕과 복지를 개선하기 위한 일이 얼마나 일관되고 견실한지를 판단하는 데 기본이 된다. 이 목록에 Wise와 Barnett(2016)은 **자기돌봄**(self-care)을 덧붙인다. 이것은 우리가 근본적인 윤리적 개념인 도덕적 원칙과 미덕을 실천할 수 있도록 우리 자신을 적절히 돌보는 것이다. 만약 정신건강 전문가가 자기를 잘 돌보지 못한다면 다른 원칙을 효과적으로 실행하지 못할 것이다. 자기돌봄은 윤리적으로 필수적인 것이며, 상담자로서의 역량을 키우고 유지하는 데 중요하다(Wise, Hersh, & Gibson, 2012). 상담자가 내담자에서 자기 자신에게로 초점을 옮기는 것은 쉬운 일이 아니다. 하지만 자기돌봄은 다른 사람들을 돌보기 위한 전제 조건이라고 할 수 있다.

상담자는 내담자의 자율성과 자기결정을 존중하는 것과 내담자를 폐해로부터 보호해야 하는 상담자의 의무와 같은 윤리적 원칙이 상충되는 상황에 직면할 수도 있다. 예를 들어, 내담자가 원하지 않는데 입원시키는 것은 자율성을 제한하는 것이지만 그렇게 하지 않으면 그가 사망하는 결과를 가져올 수 있다(Wheeler & Bertram, 2015). 치료자는 자율성과 다른 윤리적 원칙, 특히 무해성의 원칙과 균형을 자주 맞출 필요가 있다. Rosenfeld(2011)는 해로운 종교적 신념과 그것을 실행하는 것이 문제가 되지 않을지 내담자의 자기결정과 자율성을 지나치게 존중하는 것과 관련된 문제에 관해 저술하였다. Rosenfeld의 논점이 이해하기 어려울 수 있지만, 그는 "무엇이 해로운 종교적 신념과 관행인지를 누가 결정할 수 있는지"와 같은 근본적인 질문을 제기하였다.

## 윤리적 의사결정을 내리는 과정

윤리적 결정을 내릴 때 자신에게 다음과 같은 질문을 하라. "나는 어떤 가치관에 의존하고, 왜 그런 가치관을 가지고 있는가? 나의 가치관은 내담자와의 관계에 어떤 영향을 미치는가? 나의 가치관이 내 직무에 영향력을 발휘하고 있는가?" 미국사회복지사협회(NASW, 2008)는 윤리적 결정을 내릴 때 사회복지사 자신의 가치관, 문화적·종교적 신념, 상담 실무뿐만 아니라 클라이언트의 가치관도 의식해야 한다고 주의를 주고 있다. 상담자의 책임 있는 행동에는 개인 가치관과 직업 가치관의 차이를 인식하고 그것들을 효과적으로 다루는 것이 포함된다. 미국상담학회(ACA, 2014)의 **윤리규정**에는 상담자가 윤리적 딜레마를 경험하게 되면 신중하게 윤리적 의사결정을 해야 하는 상황에 처할 수밖에 없다는 지침이 있다. 좋은 윤리적 의사결정을 하기 위해 그 절차를 너무 빨리 진행하지 말고 의도적으로 윤리적 심의, 자문, 협의 과정을 거칠 필요가 있다(Barnett & Johnson, 2015). 또한 윤리적인 의사결정 과정에서 선택이나 행동에 의구심이 생길 경우 그 과정을 문서로 남기는 것이 중요하다. 어느 한 가지 윤리적 의사결정 모델만이 효과 면에서 최고라고 할 수는 없지만, 정신건강전문가는 다음에 나오는 모델들 가운데 자기에게 잘 맞는 한 가지 모델 혹은 여러 모델들을 조합한 과정에 정통해야 한다.

윤리적 의사결정은 단순한 인지적 과정이 아니며 깔끔하게 단계적으로 처리되는 연속적인 과정도 아니다. 실제로 윤리적 결정을 내리는 데 정서가 부분적으로 관여한다는 것을 시인할 수밖에 없다. 상담자의 감정은 자신의 행동과 내담자의 행동을 해석하는 데 영향을 미칠 가능성이 크다. 게다가 만약 윤리적 결정을 내리는 것이 곤란하고 그것 때문에 생기는 불편함을 상담자가 적절히 처리하지 못한다면 이런 점은 내담자와의 관계에서 분명히 행동으로 드러날 것이다. 자신의 신념, 가치관, 동기, 감정, 행동에 관해 수련감독자나 동료와 논의하는 것은 윤리적 문제를 인식하고 해결하는 데 필수적이다.

윤리적 결정을 내리는 과정에 가능한 한 많이 **내담자를 참여시키는** 것이 중요하다. 내담자의 안녕과 복지를 위해 최선의 결정을 한다는 면에서 윤리적 딜레마의 본질에 관해 내담자와 논의하는 것이 좋다. 예를 들어, 여성주의 치료 관점에서는 윤리적인 결정을 할 때는 치료의 모든 단계에 내담자를 참여시킬 것을 요구하는데, 이는 치료적 관계에서 힘은 균형적이어야 한다는 여성주의 원칙에 기초한 것이다(Brown, 2010).

내담자에게 최대한 적절하게 자문하는 것은 윤리적 의사결정의 핵심적 단계인데, 이런 과정이 최선의 결정을 내릴 수 있는 기회가 증가하기 때문이다. Walden(2015)은 치료적 이득을 얻는 것은 윤리적 의사결정 과정에 내담자가 참여할 때 가능하다고 주장하면서 조직적인 차원과 개인적인 차원 모두에서 그런 목표를 성취하기 위한 전략들을 제시한다. 또한 그는 상담자가 내담자와 함께(with)가 아니라 내담자를 위해(for) 윤리적 결정을 내린다면 상담관계에서 내담자의 능력을 빼앗는 것이라고 믿는다. 협력적인 치료관계가 만들어졌을 때 내담자는 능력을 발휘하게 된다. 내담자의 관점을 반영함으로써 상담자는 더 나은 상담 결과를 얻을 수 있고 발생하는 윤리적 문제에 대한 최선의 해답을 발견할 수 있다. 윤리적 문제를 다루면서 내담자와 협력함으로써 잠재된 치료적 이득을 얻을 수 있을 뿐만 아니라 그런 상담은 이상적 수준의 기능을 발휘하게 된다. 실제로 Walden은 윤리적 문제에 관해 내담자의 의견을 무시할 경우 과연 이상적 수준의 윤리적 기능을 발휘할 수 있겠냐고 의문을 제기한다. 상담 서비스의 수혜자가 가진 의견과 독특한 관점을 추가함으로써 상담전문가로서 서비스 대상자의 안녕과 권리를 보호하는 것을 최우선으로 하고 있음을 사회에 알릴 수 있다. 윤리적 문제와 관련하여 내담자를 참여시키는 것에는 위험요소가 거의 없으며, 이런 협력을 통해 내담자와 상담전문가 모두 많은 이익을 얻게 된다.

윤리적 결정에 관한 **사회구성주의 모델**(social constructionist model)은 여러 면에서 여성주의 모델과 같은 입장이지만, 일차적으로 상담과 관련된 윤리적 결정의 사회적 측면을 강조한다(Cottone, 2001). 이 모델은 윤리적 의사결정을 개인적 혹은 심리내적 과정이라기보다 상호작용 과정으로 재정의하고, 개인이 마음 내키는 대로 결정하는 것이 아니라 사회적 맥락에서 결정한다는 점을 중시한다. 이 접근법에는 협상하고 합의하는 과정이 수반되며 경우에 따라서는 중재도 필요하다.

또한 윤리적 딜레마를 해결하는 데 문화적 요소를 포함해야 한다는 점을 강조하는 윤리적 결정에 관한 **초문화적 통합 모델**(transcultural integrative model)도 있다(Garcia, Cartwright, Winston, & Borzuchowska, 2003). Garcia 등은 상담자가 상이한 장면에서 다양한 유형의 내담자들과 상담할 때 생기는 윤리적 딜레마를 다루는 데 활용할 수 있도록 자신들의 모델을 단계적으로 제시한다. 보편주의 철학에 기초하여 다문화적 견지에서 윤리적 결정을 내리는 모델도 있다(Frame & Williams, 2005). 이 모델에서는 문화적 차이를 인식하지만 각 문화가 가진 이타주의, 책임감, 정의, 타인에 대한 배려 등과 같은 공통원리를 강조한다.

우리가 맞닥뜨리게 될 윤리적 딜레마 중에는 명백한 해답이 쉽게 떠오르지 않는 것이 많다. Birrell과 Bruns(2016)는 윤리규정이 자세하게 기술되어 있어도 윤리적 문제에 대한 해답을 싣지 않았다는 것을 강조한다. 우리가 맞닥뜨리는 윤리적 문제와 그때그때 상이한 상황들이 재정립될 수 있는 것도 아닌데다 문서화하거나 법제화할 수도 없다. 관계의 윤리는 모호성과 불확실성의 문제를 이겨 내는 것을 학습해야 처리할 수 있다. "상담자는 자신이 서비스를 제공하는 개인을 치유할 수 있는 능력으로 상호과정과 상호의존 두 가지 탐색전략을 통해 해답을 찾기 위해 노력할 수 있다(396쪽). 저자들은 윤리적 문제에 관해 내담자의 의견을 경청하는 Walden(2015)의 여성주의 모델, 사회구성주의 모델, 그리고 초문화적 통합 모델을 염두에 두고 윤리적 딜레마를 다루고자 한다. 다음에 제시하는 단계들은 윤리적 문제에 관해 충분히 생각하는 데 도움이 될 수 있다.

**1.** 문제 혹은 딜레마를 파악하라. 문제 상황에 윤리적인 측면이 진정 포함되는지 판단하는 것이 중요하다. 문제나 딜레마의 본질을 판단하기 위해 상황파악에 도움이 되는 정보를 가능한 한 많이 수집해야 한다. 발생한 갈등이 윤리적, 법적, 임상적, 직업적·도덕적 문제인지, 아니면 복합적인 문제인지를 분명히 해야 한다. 윤리적 딜레마의 해답을 찾기 위한 첫 번째 단계는 문제의 존재 여부와 그것 특유의 본질을 인식하는 것이다. 대부분의 윤리적 딜레마는 복잡하기 때문에 문제를 여러 관점에서 바라봐야 한다. 내담자와 논의하고 협력하는 일은 초기 단계부터 시작해 윤리적 문제를 다루는 전반적인 과정 동안 계속하고, 윤리적 결정과 행동을 기록하는 과정에서도 마찬가지이다. Frame과 Williams(2005)는 윤리적 딜레마를 확인하고 정의하는 과정에서 다음과 같은 질문을 적용하라고 권고한다. "윤리적 딜레마의 핵심은 무엇인가? 누가 연관되어 있는가? 어떤 점이 관건인가? 나의 가치관은 무엇인가? 어떤 문화적 요인 또는 사전경험 요인이 작용하고 있는가? 내담자가 이 문제와 관련하여 어떤 통찰력을 가지고 있는가? 이 문제가 어떤 다양한 방식으로 내담자에게 영향을 주고 있는가? 이 문제에 관한 나의 통찰은 무엇인가?" 시간을 내 깊이 생각하는 것은 매우 중요한 첫 단계이다.

**2.** 관련된 잠재적 문제를 파악하라. 정보수집을 끝낸 뒤 중요한 문제점들을 목록으로 만들고 부연설명을 하고 관계없는 문제점들은 목록에서 제외하도록 하라. 그 상황에 의해 영향받는 모든 사람들의 권리와 책임, 안녕과 복지에 관해 평가하라. 문화, 인종, 사회경제적 상태, 종교적 또는 영적 배경과 같은 내담자의 상황과 관련된 문화적 측면을 고려하라. 또 다른 관련 변수로는 내담자의 연령과 가족과의 관계도 있다. 문화적 배경

의 영향이 얼마나 되는지 고려하고, 내담자가 속한 사회문화가 어떻게 변해 가고 있으며 내담자의 민족 정체성이 어떻게 발달되어 왔는지를 평가하는 것은 매우 중요하다(Frame & Williams, 2005). 윤리적 결정을 내리는 과정에는 상황과 관련된 윤리원칙을 확인하고 검토하는 것도 포함된다. 자율성, 무해성, 덕행, 공정성, 성실성, 진실성과 같은 여섯 가지 도덕적 원칙을 숙고하고 그것을 갈등상황에 적용하라. 이런 원칙들을 최우선으로 하고 그것을 통해 딜레마의 해답을 찾는 방식을 숙고해 보는 것이 바람직하다. 해당 문제의 다양한 측면을 지지하는 논거들이 제시될 수 있으며, 상이한 윤리원칙들이 때로는 상반된 행동방식을 수반할 수도 있다. 상황의 잠재적 문제를 파악할 때 가능하다면 적정 수준까지 내담자가 참여하도록 하라.

**3.** 관련된 윤리규정을 면밀히 검토하라. 해당 상황에 적용할 수 있는 지침이 있는지 찾아보라. 자신이 소속된 정신건강전문가단체의 행동기준 혹은 원칙조항에 문제에 대한 해결책이 나와 있는지 살펴보라. 자신의 가치관과 개인적 윤리관이 관련 규정과 일치하는지 혹은 상충하는지를 파악하라. 자신의 생각과 특정 행동기준이 일치하지 않는다면 자신의 입장을 옹호할 수 있는 근거가 있는가? 윤리적 딜레마를 해결하기 위해 자신이 양심적으로 수행하는 과정을 반드시 문서로 기록한다. 또한 윤리적 혹은 법적인 문제가 있는 구체적인 상황과 관련하여 전문가단체에 지도를 요청할 수 있다. 대부분의 전국적인 전문가단체는 윤리적 · 법적 문제에 관해 전화로 의논할 수 있는 서비스를 회원들에게 제공한다. 이런 자문은 특정 상황과 관련된 윤리규정을 이해하고 적용하도록 지도하고 관련된 질문을 탐색하도록 도와주는 데 중점을 둔다. 그렇다고 이런 자문을 통해 회원에게 무엇을 하라고 말하거나 전문가단체가 의사결정에 대해 책임을 지는 일은 없다.

**4.** 적용 가능한 법률이나 법규가 있는지 알아보라. 윤리적 딜레마에 적용되는 주정부 법률과 연방정부 법률의 개정내용은 필수적으로 알고 있어야 한다. 이에 더하여 일하고 있는 기관이나 단체의 최근 규정과 내규를 분명히 알고 있어야 한다. 특히 비밀보장, 비밀보장의 예외, 아동학대나 노인학대 신고, 자신이나 타인에 대한 위해와 관련된 문제 다루기, 부모의 권리, 기록보관, 심리검사 등 각종 검사, 진단, 면허관리, 배임행위 기준 등은 매우 중요하다. 그러나 법률과 법규에 대한 지식만으로는 윤리적 딜레마를 다루는 데 충분하지 않다는 점을 깨달아야 한다. “책임 있는 행동을 하려면 규칙, 법률, 규정을 충분히 이해해야 하지만 이는 진정한 윤리적 행동의 출발점이지 종착점이 아니다”(Welfel, 2016, 24쪽).

**5.** 자문을 요청하라. 혼자서 윤리적 결정을 내릴 필요는 없지만 다른 사람에게 자문을 요청할 때는 내담자의 비밀을 보호하는 것이 중요하다. 일반적으로 신뢰할 수 있는 여러 동료에게 자문을 요청하고 관련 주제에 관한 다른 관점을 참고하여 가능한 한 최선의 결정을 내리는 것이 좋다. 자문은 당신이 생각하지 못했던 아이디어를 얻을 수 있고 객관성을 가지는 데 도움이 될 수 있다. 상담실무자로서 일하는 영역에 그런 자원이 없다면, 어디든 자문을 요청하고 수련감독을 받을 수 있는 기회를 찾아야 한다(Levitt et al., 2015). Wheeler와 Bertram(2015)은 두 사람의 머리가 한 사람의 머리보다 낫고, 세 사람의 머리가 그보다 더 나을 때가 많다고 강조한다. 자신과 같은 관점을 가지고 있는 사람에게만 자문을 요청하는 것은 지양하라. 법적 문제가 관련되어 있다면 법률 자문을 요청해야 한다. 만약 다른 문화적 배경을 가졌거나 자신과 다른 세계관을 가진 내담자를 상담하면서 윤리적 딜레마를 경험하고 있다면 그 문화나 세계관에 정통한 사람에게 자문을 요청해야 한다. 임상적으로 문제가 있다면 그런 상황에서 임상 분야의 식견을 가진 전문가에게 자문을 요청하라. 자신이 상황에 대해 어떻게 평가하며 그 문제를 어떻게 다루려고 고려하는지를 먼저 설명한 후, 자문가에게 의견을 요청한다. 자신이 고려하지 못한 요소가 있는가? 그 사례와 관련된 윤리적, 임상적, 법적 문제들을 모두 철저하게 평가했는가? 자문을 요청한 사람이 제안한 것들을 포함하여 자문과 관련된 사항들을 기록하는 것이 현명하다. 특히 법정소송에 휘말릴 경우 자문에 관한 기록을 통해 동일한 상황에서 동료가 어떻게 대처하는지 알아봄으로써 공동체의 기준을 고수하고자 노력했음을 입증할 수 있다. 일례로 공동체의 적절한 기준을 알고자 한다면 같은 공동체에서 3년 정도 상담실무 경력이 있는 전문가가 이 상황에서 어떻게 행동하는지를 관찰해 볼 필요가 있다.

**6.** 가능성과 개연성 있는 행동방식을 생각해 보라. 이 단계에서는 윤리적 딜레마에 적용할 수 있는 행동방식의 범위를 생각해야 하는데, 특히 브레인스토밍을 통해 여러 가지 대책을 찾아내는 것이 좋다. 윤리적 딜레마에 대한 다양한 해결책을 강구해 보도록 하라(Frame & Williams, 2005). 그런 선택 가능한 조치들을 적용하면 어떤 일이 발생할 것 같은가? 다양한 행동방식을 광범위하게 목록으로 작성해 봄으로써 실제로 적용 가능한 것이 무엇인지 확인할 수 있다. 실제로 효력이 발휘될지 확신이 들지 않더라도 창의성을 발휘하여 선택 가능한 많은 조치들의 목록을 작성할 필요가 있다(Forester-Miller & Davis, 2016). 아무 조치를 취하지 않는 것도 하나의 선택일 수 있다. 적용 가

능한 여러 행동방식을 생각해 냈다면 다른 전문가는 물론 내담자와 그 행동방식들에 관해 논의하고 논의한 내용을 기록하라.

**7.** 다양한 결정의 결과를 열거해 보라. 내담자, 내담자와 관련된 사람들, 상담자 자신을 위해 각각의 행동방식을 신중하게 생각해 봐야 한다(Forester-Miller & Davis, 2016). 여러 행동들과 관련하여 일어날 수 있는 결과들을 점검해 보고, 각 접근방식의 잠재적인 위험과 이익을 고려해 봐야 한다. 다시 한번 강조하지만 그 결과를 내담자와 협력하여 검토해 보는 것이 매우 중요한 이유는 이런 과정을 통해 내담자의 역량이 확대되기 때문이다. 정해진 행동방식의 결과를 평가하는 체계로서 여섯 가지 도덕적 원칙(자율성, 무해성, 덕행, 공정성, 성실성, 진실성)을 활용하라. 윤리적 딜레마를 다룰 때 바람직한 하나의 결과만 도출되는 것보다 복합적인 결과가 생길 수 있음을 기억하라. 다른 대책이 있는지 지속적으로 생각해 보고 당신이 생각하지 못하는 측면을 볼 수 있는 동료에게 자문을 요청하는 것이 유용한 전략이다.

**8.** 어떤 행동방식이 최선인지 결정하라. 가장 좋은 결정을 내리기 위해 다방면에서 얻은 정보를 신중하게 검토해야 한다. 윤리적 딜레마가 명확한 것이라면 행동방식도 분명하겠지만, 딜레마가 모호하면 의사결정을 하기 어려워진다. 일단 결정을 내렸다면 그 행동방식에 관해 다시 생각하려고 하지 마라. 해당 상황에서 최선의 결정을 내렸는지 의심되거나, 다른 행동방식이 더 좋을 것이라고 생각할 수 있다. 뒤늦게 얻은 아이디어 때문에 그 당시 가지고 있던 정보들을 바탕으로 내린 결정을 바꿀 수는 없다. 한번 결정해 행동하였다면, 그 행동을 통해 원하는 결과가 나왔는지를 확인할 필요가 있다(Forester-Miller & Davis, 2016). 최선이라고 생각하고 결정했다면 다음과 같은 질문으로 평가해 봐야 한다(Frame & Williams, 2005). “그 행동방식이 직업윤리규정에 맞는가? 그 행동방식을 결정할 때 어느 정도 내담자의 경험과 문화적 배경을 고려했는가? 그 결정과 관련하여 상담자 자신의 가치관에 얼마나 확신을 가지고 있는가? 다른 사람들이 그 결정에 관해 어떤 평가를 내리겠는가? 이 윤리적 딜레마를 다루면서 어떤 점을 배웠는가?” 일단 당신이 어떻게 행동할 것인지를 결정한 뒤에는 당신이 계획을 수정해야 할 상황에 대한 가능성을 염두에 두어야 한다. Wheeler와 Bertram(2015)은 검토는 했지만 배제한 대안을 포함해 실행에 옮긴 행동을 하고자 윤리적으로 결정했던 과정을 세세하게 기록해 두는 것이 좋다고 제안한다. 도출된 결과는 물론 문제를 해결하기 위해 취한 추가 조치도 문서에 기록한다. 또한 의사결정 과정에서 도움이 됐던 자문 내용도 기록

할 필요가 있다. 자신의 기록을 검토해 보고 결과를 추적하여 추후 행동이 필요한지 살펴야 한다. 정확한 청사진을 얻기 위해 이런 과정에 내담자를 참여시킨다.

윤리적 의사결정 과정의 목표는 모든 관련 사실을 고려하고 이용 가능한 자원을 총동원해 윤리적 딜레마 극복에 적합한 최선의 행동방식을 찾기 위해 논리적으로 생각하도록 도와주는 것이다. 임상전문가들은 의사결정 과정에서 반영될 각기 다른 관점과 가치관을 가지고 있기 때문에 윤리적 문제들은 다양한 결과로 이어질 수 있다. 상황에 대한 평가와 취한 행동을 살펴보는 것은 필수적이다. 앞서 제시한 절차를 따르면 선택한 행동에 대한 논리적 근거를 제시할 수 있음을 확신하게 될 것이다(Forester-Miller & Davis, 2016). 앞서 소개한 절차를 윤리적 문제의 해결에 이르는 단순하고 선형적인 단계라고 생각하면 안 된다. 그러나 저자들은 이러한 절차가 상담자의 자기반성을 자극하고 동료는 물론 내담자와의 논의를 장려한다는 점을 발견했다. 이 과정을 거침으로써 상담자가 자신의 전문성과 내담자에게 도움이 될 만한 해결책을 발견할 것이라고 확신한다.

## 자기평가: 윤리적 · 직업적 문제에 대한 태도와 신념 질문지

이 질문지는 사람을 돕는 전문가의 다양한 직업적 · 윤리적 문제에 대한 당신의 생각을 조사하려고 개발한 것이다. 이 질문지는 이 책에서 다루고 있는 주제들을 독자에게 소개하고 독자의 생각과 흥미를 돋우기 위해 고안되었다. 각각의 질문에 집중해 응답하기를 원하기 때문에 한 번에 질문지의 모든 질문에 답하고 싶지 않을 수도 있을 것이다.

이 질문지는 하나의 옳은 답을 선택해야 하는 전통적인 선다형 검사가 아니고, 상담 및 심리치료 실무와 관련된 특별한 주제의 기본적인 신념과 태도와 가치관을 조사하는 것이다. 각 질문을 읽고 현재 자신의 견해를 가장 잘 나타내고 있다고 생각되는 선택지의 번호를 선택하면 된다. 응답내용들이 서로 중첩되어 보이는 경우도 많을 것이고, 원한다면 한 질문에 복수의 응답을 할 수도 있다. 또한 모든 질문에는 빈칸이 있기 때문에 더 적절하다고 생각하는 바를 기술하거나 선택한 답에 부연 설명할 수 있다.

각 문항 앞에는 응답표시란이 두 개씩 있다. 왼쪽에는 이 책을 읽기 시작할 때, 오른쪽에는 이 책을 모두 읽고 난 뒤 혹은 윤리교육 과정을 마친 뒤에 다시 한번 이 질문지를 보며 답을 적도록 하라. 두 번째 응답할 때는 먼저 응답한 내용이 보이지 않게 하여 원래 응답한 내용이 이후의 응답에 영향을 미치지 않게 하라. 그런 후 이 책을 읽으면서 윤리교육 과정에서 얻은 경험이 자신의 태도에 어떤 변화를 주었는지를 살펴보라. 이 윤리교육 과정 전후에 당신이 응답한 내용을 동료나 교수와 터놓고 솔직한 토론을 한다면 자기반성이나 성장에 도움이 될 것이다.

____ **1. 상담료(치료비).** 상담료 혹은 치료비 책정은 어떻게 하겠는가?

1) 모든 내담자들에게 표준 상담료를 받을 것이다.
2) 경제적으로 어려운 내담자에게는 할인해 주겠다.
3) 물가가 오르면 상담하던 내담자에게라도 상담료를 인상할 것이다.
4) 물가가 변하더라도 같은 내담자에게는 처음 금액의 상담료를 계속 받을 것이다.
5) ______________________________

____ **2. 치료자를 위한 치료.** 상담 및 심리치료 전문가가 되고자 하는 사람은 본인도 상담이나 심리치료를 받아야 하는가?

1) 면허 취득을 위한 필수조건이어야 한다.
2) 다른 사람을 위해 서비스를 제공하는 능력에서는 중요한 사항이 아니다.
3) 필수사항은 아니지만 권장사항이라고 할 수 있다.
4) 치료자에게 특정 형태의 심리적 장애가 있을 때만 필요한 것이다.
5) ______________________________

____ **3. 유능한 치료자.** 서비스의 효과를 높이려면 어떻게 해야 하는가?

1) 내담자를 반드시 좋아해야 한다.
2) 내담자를 상담하는 중에 어떤 개인적인 갈등도 있어서는 안 된다.
3) 수준 높은 자격을 소유할 필요가 있다.
4) 같은 문제는 아니더라도 내담자가 경험한 것과 유사한 상황과 감정을 경험할 필요가 있다.
5) ______________________________

____ **4. 윤리적 의사결정.** 윤리적 딜레마에 맞닥뜨렸을 때 가장 처음 어떤 절차를 밟겠는가?

1) 관련된 윤리규정을 검토하겠다.

2) 변호사에게 자문을 요청하겠다.

3) 윤리적 문제 혹은 딜레마를 자세히 살피겠다.

4) 최선의 행동방식을 생각해 결정하겠다.

5) ______________________________

___ **5. 윤리 준수.** 윤리적인 상담실무자가 되려면 무엇이 필요한가?

1) 강제적인 윤리기준에 순종하며 행동한다.

2) 심리 서비스가 내담자의 안녕과 복지를 위한 것인지 계속해서 점검한다.

3) 윤리규정에 명시된 것을 위반하지 않는다.

4) 모든 일을 할 때 법적으로 어떤 의미가 있는지 생각한다.

5) ______________________________

___ **6. 비윤리적 수련감독자.** 기관에서 인턴으로 일할 때 수련감독자가 수련생들에게 비윤리적인 행위를 하게 한다면 어떻게 하겠는가?

1) 우선 수련감독자와 직접 논의하겠다.

2) 수련감독자의 행동을 기관의 책임자에게 보고하겠다.

3) 좋지 못한 결과가 생길 수 있으니 모르는 척하겠다.

4) 해당 주의 정신건강전문가단체 윤리위원회에 상황을 보고하겠다.

5) ______________________________

___ **7. 다문화적 지식과 기술.** 다문화적 지식과 기술이 없는 상담실무자가 다양한 문화적 배경을 가진 사람들에게 서비스를 제공하려고 한다면 어떤 문제가 생기겠는가?

1) 내담자의 상태와 상황에 둔감할 수 있다.

2) 비윤리적인 행동을 범할 수 있다.

3) 특별한 수련의 필요성을 느껴야 한다.

4) 불법행위를 할 수도 있다.

5) ______________________________

___ **8. 내담자에 대한 감정.** 내담자에 대해 긍정적 혹은 부정적인 감정이 강하게 든다면 어떻게 하겠는가?

1) 그 감정에 관해 내담자와 논의하겠다.

2) 그 감정을 나만 알고 있겠다.

3) 그 감정에 관해 수련감독자나 동료와 논의하겠다.

4) 상담관계를 방해하지만 않는다면 그 감정을 수용하겠다.

5) ______________________________

___ **9. 준비.** 상담자가 되기 위해 필수적으로 준비해야 할 점은 무엇이라고 생각하는가?

1) 자신의 삶에 문제가 있다면 모두 해결해야 한다.

2) 내담자 입장에서 상담을 받아 보아야 한다.

3) 자신이 유능한 상담자가 될 것이라는 점을 인식하고 확신을 가져야 한다.

4) 자신의 삶과 대인관계를 평가할 수 있는 능력을 길러야 한다.

5) ______________________________

___ **10. 내담자의 감정.** 내담자가 상담자인 당신에 대해 매력적인 감정이나 싫어하는 감정을 강하게 표현했다면 어떻게 하겠는가?

1) 내담자가 그 감정을 이해하고 잘 다룰 수 있도록 돕겠다.

2) 긍정적인 감정이라면 그것을 즐기겠다.

3) 부정적인 감정이라면 내담자를 다른 상담자에게 의뢰하겠다.

4) 상담회기에서 정서적인 내용을 줄이겠다.

5) ______________________________

___ **11. 다양성에 대한 대처.** 상담실무자가 자신과 성별, 인종, 연령, 사회계층, 성적 지향 등이 다른 내담자를 다루게 될 때 어떤 일이 생길 수 있다고 생각하는가?

1) 내담자를 완전히 이해하지 못할 가능성이 크다.

2) 상담자가 내담자와 자신의 차이에 대해 신경을 많이 써야 할 것이다.

3) 내담자의 문화를 잘 아는 다른 전문가에게 의뢰해야 한다.

4) 그런 차이 때문에 내담자에게 효과적인 상담서비스를 제공하지 못할 수도 있다.

5) ______________________________

___ **12. 윤리와 법률.** 상담자로서 지켜야 할 윤리와 법률이 상충되어 나타나는 상황을 맞닥뜨리면 어떻게 하겠는가?

1) 곧바로 법률가에게 자문을 요청하겠다.

2) 법적인 부분을 최우선으로 하겠다.

3) 법적으로 문제를 야기할 수 있더라도 자신이 윤리적이라고 생각하는 방식 대로 행동하려고 노력하겠다.
4) 내담자를 다른 치료자에게 의뢰하겠다.
5) ______________________________

___ **13. 가치관.** 본인과 다른 문화적 배경을 가진 내담자의 가치관을 존중하고 이해하기 위해 어떻게 하겠는가?
1) 내담자에게 나의 문화적 가치관에 따를 것을 강요하지 않겠다.
2) 다른 치료자에게 의뢰하겠다.
3) 내담자의 문화적 가치관에 맞도록 나의 상담계획을 수정하겠다.
4) 내담자의 문화적 가치관에 친숙해지려고 노력하겠다.
5) ______________________________

___ **14. 객관성.** 만약 본인의 가치관 때문에 내담자의 문제를 객관적으로 볼 수 없을 때 어떻게 하겠는가?
1) 나와 다른 가치관을 가지고 있더라도 내담자의 가치관을 존중하겠다.
2) 서로 상충하는 가치관 때문에 걱정된다고 내담자에게 말하겠다.
3) 내담자를 다른 치료자에게 의뢰하겠다.
4) 나의 가치관을 내담자에게 강요하려는 욕구를 이해하려고 노력하겠다.
5) ______________________________

___ **15. 삶을 마감하려는 결심.** 내담자가 삶을 마감하고 싶다고 말할 경우 상담자로서 어떻게 하겠는가?
1) 언제나 내담자 본인이 결정하게 하는 것을 원칙으로 하겠다.
2) 그런 상황이라면 나는 어떻게 했을 것이라고 내담자에게 말하겠다.
3) 성직자를 찾아가라고 권하겠다.
4) 심리적 상태와 신체적 상태가 어떻든지 간에 내담자가 삶의 의미를 찾을 수 있도록 독려하겠다.
5) ______________________________

___ **16. 의뢰.** 어떤 상황일 때 내담자를 다른 치료자에게 의뢰하겠는가?
1) 내담자에게 호감을 느끼지 못해 힘들 때
2) 내담자가 가진 문제를 다루어 본 경험이 거의 없을 때
3) 내담자를 대하면서 어떤 사적인 감정이 생기거나 그것 때문에 문제가 발생

했을 때

4) 내담자와 가치관의 차이가 너무 클 때

5) ______________________________

___ **17. 가치관의 역할.** 치료자로서 심리치료에서 가치관의 역할에 관해 윤리적으로 어떤 입장을 취하겠는가?

1) 내담자에게 나의 가치관을 강요하지 않겠다.

2) 내담자에게 강요하지 않으면서 나의 가치관을 드러내겠다.

3) 내담자가 자신이 처한 상황을 다른 관점에서 볼 수 있도록 독려하겠다.

4) 상담관계가 아니면 내 가치관을 유지하겠다.

5) ______________________________

___ **18. 성적 지향.** 동성애자, 양성애자 혹은 성전환자를 상담해야 한다면 무엇이 크게 걱정되는가?

1) 내 가치관과 내재된 동성애 혐오 때문에 역으로 내담자로 수용하는 것.

2) 내 정체성 때문에 그들의 성적 지향을 충분히 이해하지 못하거나 너무 인정해 버리는 것.

3) 좋은 치료관계를 형성하여 내 성정체성을 공개하는 것.

4) 치료과정을 망칠 수 있는 실수를 저지르는 것.

5) ______________________________

___ **19. 비윤리적 행동.** 치료자의 행동 가운데 가장 비윤리적인 것은 무엇이라고 생각하는가?

1) 내담자가 의존 성향을 가지게 하는 것.

2) 내담자와 성적으로 연루되는 것.

3) 특별한 이유 없이 비밀보장을 어기는 것.

4) 자신의 능력으로는 도움을 줄 수 없는 문제를 가진 내담자를 치료하는 것.

5) ______________________________

___ **20. 친구 상담.** 자신의 친구를 상담하는 것에 대해 어떻게 생각하는가?

1) 친구를 내담자로 받아들이는 것은 정말 현명하지 못한 일이다.

2) 웬만하면 그러지 말아야 하지만 친구관계가 치료관계를 방해하지 않는다는 것이 확실한 경우에는 가능하다.

3) 친구관계와 심리치료는 병행될 수 없다.

4) 내담자와 상담자 모두 찬성할 때만 가능하다.

5) ______________________________

___ **21. 비밀보장.** 비밀보장과 관련하여 어떤 것이 윤리적이라고 생각하는가?

1) 내담자가 자신에게 심각한 해가 될 일을 할 것이 확실하다고 생각될 때는 비밀보장을 어겨도 된다.

2) 내담자가 타인에게 심각한 해가 될 일을 할 것이 확실하다고 생각될 때는 비밀보장을 어겨도 된다.

3) 내담자의 부모가 특정 정보를 알고 싶어 할 때는 비밀보장을 어겨도 된다.

4) 내담자가 법을 어겼을 때는 관련 당국에 정보를 알려 줄 수 있다.

5) ______________________________

___ **22. 종결.** 내담자의 치료를 언제 종결할 수 있는가?

1) 내담자가 종결하고 싶어 할 때.

2) 치료자가 종결할 때가 되었다고 판단할 때.

3) 내담자가 치료를 통해 더 이상 이득을 얻지 못한다고 확신이 들 때.

4) 내담자가 답보상태에 머무를 때.

5) ______________________________

___ **23. 내담자와의 성관계.** 이전 내담자와 치료자 간의 성관계에 관해 어떻게 생각하는가?

1) 내담자가 먼저 원했을 경우는 윤리적으로 문제될 것이 없다.

2) 치료가 종결된 지 5년이 지났다면 윤리적으로 문제되지 않는다.

3) 내담자와 치료자가 성관계에 관해 동의하고 그것에 관해 의논했다면 윤리적으로 문제가 되지 않는다.

4) 치료가 종결되고 시간이 얼마나 경과되었는지와 상관없이 결코 윤리적이지 않다.

5) ______________________________

___ **24. 신체접촉.** 내담자와 신체적으로 접촉하는 것에 관해 어떻게 생각하는가?

1) 내담자가 잘못 해석할 수 있기 때문에 현명하지 못한 행동이다.

2) 치료자가 정말로 적절하다고 생각할 때만 그렇게 해야 한다.

3) 치료과정에서 신체접촉은 중요한 요소이다.

4) 내담자가 신체접촉을 요구했다면 윤리적으로 문제될 것이 없다.

5) ______________________________

___ **25. 수련생과의 성관계.** 어떤 임상 수련감독자가 이전 수련생들(학생들)과 성관계를 맺었다. 그는 더 이상 그들에 대한 직업적 의무가 있는 것이 아니기 때문에 문제될 것이 없다는 입장을 고수하고 있다. 이런 행동에 관한 당신의 입장은 어떠한가?

1) 이전 수련생들과 성관계를 맺는 데 자신의 지위를 이용하는 것이므로 이러한 행위는 명백히 비윤리적이다.
2) 직업적 관계가 종료되었기 때문에 비윤리적이라고 할 수 없다.
3) 비윤리적이라고 할 수는 없지만 부적절하고 현명하지 못한 행동이다.
4) 수련감독자와 수련생의 관계가 치료자와 내담자의 관계와 유사하기 때문에 다소 비윤리적이라고 할 수 있다.
5) ______________________________

___ **26. 영성과 종교.** 영적, 종교적인 가치관의 역할과 관련하여 상담자로서 어떻게 하겠는가?

1) 나의 가치관을 내담자에게 강요할 수 있어 종교적 가치관은 무시하겠다.
2) 영성이나 종교가 삶을 얼마나 충만하게 하는지에 관해 생각하도록 내담자에게 적극적으로 권유하겠다.
3) 내담자가 종교나 영성에 관해 이야기하지 않는다면 그런 주제는 다루지 않겠다.
4) 접수면접에서 내담자의 영적, 종교적인 신념을 평가한 뒤 상담하겠다.
5) ______________________________

___ **27. 가족치료.** 가족치료에 관해 어떻게 생각하는가?

1) 치료자는 일차적으로 단일체로서 가족의 복지를 책임져야 한다.
2) 치료자는 일차적으로 가족구성원 개개인의 욕구에 초점을 맞춰야 한다.
3) 치료자는 가족의 욕구에 관심을 기울이는 동시에 개개인의 욕구에도 민감해야 한다.
4) 치료자는 치료 초기에 자신의 선입견과 접근방식에 관해 표현할 윤리적 책임을 가지고 있다.
5) ______________________________

___ **28. 관리의료체계.** 의료보험의 관리의료계획(managed care plan)에 따라 내담자

를 제한된 회기 동안 치료하게 하는 것에 대해 어떻게 생각하는가?

1) 내담자의 최상의 이익을 위한 치료를 방해하기 때문에 비윤리적이다.
2) 수용할 수밖에 없는 현실이다.
3) 내담자의 권리를 빼앗는 대표적인 예이다.
4) 여러 다양한 사례들에 관한 전문적인 판단을 무시하는 잘못된 처사이다.
5) ______________________________

____ **29. 선물.** 만약 내담자가 선물을 준다면 어떻게 하겠는가?

1) 기꺼이 받겠다.
2) 어떤 경우라도 받지 않겠다.
3) 내담자와 그 문제에 관해 의논하겠다.
4) 우선 선물을 주는 동기가 무엇인지 밝혀내겠다.
5) ______________________________

____ **30. 물물교환.** 심리치료의 대가로 물건을 받거나 치료자를 위해 다른 일을 해 주는 것에 관해 어떻게 생각하는가?

1) 이 문제는 전적으로 각 사례의 상황에 달려 있다.
2) 내담자가 심리 서비스에 대한 치료비를 조달할 수 없다면 고려할 수 있는 대안이다.
3) 비윤리적이다.
4) 물물교환에 동의하기 전에 언제나 먼저 타인에게 자문을 요청하겠다.
5) ______________________________

____ **31. 진단.** 상담에서 진단의 역할에 관해 어떻게 생각하는가?

1) 진단은 치료계획을 위해 필수적이다.
2) 진단은 내담자의 외면에 기초하고 있기 때문에 치료에 역효과를 가져온다.
3) 진단은 내담자에게 낙인을 찍고 낙인에 따라 내담자를 제한하기 때문에 해가 될 수 있다.
4) 치료자가 행하는 상담방식과 이론적 기반에 근거한 진단은 유용하다.
5) ______________________________

____ **32. 검사.** 상담을 위한 심리평가에 관해 어떻게 생각하는가?

1) 일반적으로 상담과정을 방해한다.

2) 상담의 보조물로 사용한다면 가치 있는 도구이다.
3) 심각한 장애를 가지고 있는 사람에게는 필수적이다.
4) 상담과정에서 유용하게 사용될 수도 있고 잘못 사용될 수도 있다.
5) ______________________________

____ **33. 집단상담의 위험.** 집단상담에 참여할 때 생길 수 있는 심리적 위험에 관해 어떻게 생각하는가?

1) 초기에 내담자에게 잠재적인 위험에 관해 알린다.
2) 꼼꼼하게 선별하면 그런 위험은 감소한다.
3) 그런 위험은 실제로 많이 발생하지 않는데 과장되어 알려져 있다.
4) 면밀한 수련감독으로 그런 위험 중 몇 가지는 방지할 수 있다.
5) ______________________________

____ **34. 인터넷 상담.** 인터넷을 통한 상담에 관해 어떻게 생각하는가?

1) 인터넷 상담은 윤리적 문제와 법적 문제를 양산할 가능성이 크다.
2) 대면(face to face) 상담을 하고 싶어 하지 않거나 하고 싶어도 할 수 없는 사람들을 위해 과학기술을 통해 도움을 줄 수 있는 방법이다.
3) 인터넷으로는 상담 받기를 희망하는 사람에 대한 적절한 평가가 이뤄질 수 없기 때문에 단순한 수준의 문제만 다루어야 한다.
4) 내담자와 개인적 접촉 없이 인터넷만으로는 절대 상담하지 않을 것이다.
5) ______________________________

____ **35. 부적절한 수련감독.** 인턴 상담자로서 수련감독이 부적절하다고 생각되면 어떻게 하겠는가?

1) 수련감독자에게 그것에 관해 이야기하겠다.
2) 불만을 표출하지 않고 계속 일하겠다.
3) 다른 데서 수련감독을 받겠다.
4) 수련기관에 이의를 제기하겠다.
5) ______________________________

____ **36. 수련감독.** 수련감독에 관해 어떤 견해를 가지고 있는가?

1) 어려운 상황에서 해답을 찾을 수 있는 통로이다.
2) 임상적 기술을 향상시킬 수 있는 기회를 제공한다.
3) 내담자를 상담하면서 막다른 골목에 다다랐을 때 더욱 가치가 있다.

4) 나 자신을 탐구할 수 있게 하고 내담자를 상담하는 중에 통찰력을 가질 수 있게 하는 원천이다.

5) ____________________

___ **37. 사회정의 상담.** 사회정의 관련 상담에서는 억압과 특권, 사회적 불평등을 다루게 된다. 그것은 무엇을 의미한다고 생각하는가?

1) 그들에게 가해지는 사회정치적 영향력에 관해 잘 알고 있어야 한다.
2) 내담자에게 스스로를 옹호할 수 있는 방법을 가르쳐야 한다.
3) 내담자의 사회적 참여를 적극적으로 지원해야 한다.
4) 무언가 변화를 일으키고자 한다면 상담실 밖에서도 내담자를 옹호해야 한다.
5) ____________________

___ **38. 옹호 역량.** 소외된 사람의 옹호자로서 상담자는 어떤 역량을 가지고 있어야 한다고 생각하는가?

1) 소외된 사람들에게 영향을 주는 사회적이고 정치적인 요인들과 관계가 있기 때문에, 자신의 신념과 태도, 편견을 잘 인식해야 한다.
2) 사회적 불공평을 말할 수 있는 용기를 가져야 한다.
3) 상담자는 행동을 취하기 전에 신중한 자기반성이 있어야 한다.
4) 상담자는 사회적 옹호 활동에 관여할지를 판단해야 하며, 만약 그렇게 해야 한다면 실제적이고 적절한 행동을 취해야 한다.
5) ____________________

___ **39. 지역사회에 대한 책임.** 지역사회와 관련된 정신건강전문가의 책임에 관해 어떤 견해를 가지고 있는가?

1) 심리 서비스의 본질과 관련하여 상담실무자는 지역사회 구성원을 교육할 의무가 있다.
2) 전문가는 변화가 필요한 곳에 변화를 시도해야 한다.
3) 지역사회와 연계하는 일은 엄밀히 따지면 상담의 범위를 벗어난 것이다.
4) 상담실무자는 내담자가 지역사회에서 얻을 수 있는 자원을 활용하도록 역량을 확대해 줘야 한다.
5) ____________________

___ **40. 지역사회에서의 역할.** 지역사회를 위해 심리 서비스를 제공해야 하는 상담실무자의 역할은 무엇이라고 생각하는가?

1) 개혁의 주체
2) 고문
3) 교육자 혹은 자문가
4) 변론인
5) ______________________________

**질문지 활용 제안** 이 자기보고식 질문지는 학생들이 학기 중에 탐구할 다양한 윤리적 문제들에 관해 숙고할 수 있도록 도와주는 좋은 방법이다. 질문에 응답하다 보면 이 책 전반에 걸쳐 제기된 주요 윤리적 이슈들을 포괄적으로 검토하게 된다. 학생들이 질문지에 응답한 내용을 수업시간에 다른 학생들의 응답내용과 비교해 보는 시간을 가지게 할 수 있다. 그런 비교를 통해 토론이 조성되고 윤리적 결정의 다양성을 느끼게 된다. 학생이 토론 주제를 선택했다면 자신이 가장 확신을 갖는 문항들에 표시하고, 다른 학생들은 그 문항들에 어떻게 응답했는지 물어보게 할 수 있다. 학기가 끝날 무렵 학생들에게 수업 중 읽었던 내용과 토론을 통해 자신에게 어떤 변화가 있었는지 물어볼 수 있다.

## 전문가 단체와 윤리규정

특정 윤리규정은 단체에 직접 연락하거나 웹사이트에서 다운로드 받을 수 있다. 이런 단체에 관한 더 자세한 정보를 원하면 해당 웹사이트를 방문하시오.

1. **미국상담학회(American Counseling Association, ACA, 2014) 윤리규정**
   www.counseling.org
2. **미국국립상담사자격검정위원회(National Board for Certified Counselors, NBCC, 2012) 윤리규정**
   www.nbcc.org
3. **재활상담사자격검정위원회(Commission on Rehabilitation Counselor Certification, CRCC, 2010) 재활상담사 직업윤리규정**
   www.crccertification.com
4. **중독전문가협회(Association for Addiction Professionals, NAADAC, 2008) 윤리규정**
   www.naadac.org
5. **캐나다상담및심리치료학회(Canadian Counseling and Psychotherapy Association, CCPA, 2007) 윤리규정**
   www.ccpa-accp.ca

6. **미국학교상담사협회(American School Counselor Association, ASCA, 2016) 학교상담사 윤리기준**
   www.schoolcounselor.org
7. **미국심리학회(American Psychological Association, APA, 2010) 심리학자 윤리원칙 및 행동규정**
   www.apa.org
8. **미국정신의학회(American Psychiatric Association, 2013) 정신의학에 특별히 적용되는 의료윤리 원칙**
   www.psych.org
9. **미국집단심리치료학회(American Group Psychotherapy Association, AGPA, 2006) 집단치료사 윤리 지침**
   www.groupsinc.org
10. **미국정신건강상담사협회(American Mental Health Counselors Association, AMHCA, 2015) 윤리규정**
    www.amhca.org
11. **미국부부및가족치료학회(American Association for Marriage and Family Therapy, AAMFT, 2015) 윤리규정**
    www.aamft.org
12. **국제부부및가족 상담사협회(International Association for Marriage and Family Counselors, IAMFC, 2011) 윤리규정**
    www.iamfc.org
13. **집단작업전문가협회(Association for Secialists in Group Work, ASGW, 2008) 직무수행 지침**
    www.asgw.org
14. **미국사회복지사협회(National Association of Social Workers, NASW, 2008) 윤리규정**
    www.socialworkers.org
15. **미국휴먼서비스기구(National Organization for Human Service, NOHS, 2015) 휴먼서비스 전문가 윤리기준**
    www.nationalhumanservices.org
16. **미국음악치료학회(American Music Therapy Association, AMTA, 2015) 윤리규정**
    www.musictherapy.org
17. **영국상담및심리치료학회(British Association for Counseling and Psychotherapy, BACP, 2013) 적절한 상담과 심리치료에 대한 윤리기준**
    www.bacp.co.uk

**추가자료.** 일부 단체들은 각 규정에 포함된 다양한 윤리적 기준을 해석하고 설명하는 사례집을 제공한다. 『미국상담학회(ACA) 윤리기준 사례집』(Herlihy & Corey, 2015a)에서는 2014년에 출간된 윤리규정에 수록된 각 기준을 설명하고, 주요 주제들에 대한 윤리전문가의 의견을 제시하고 있다. 『심리학자들을 위한 실용적 윤리: 긍정적 접근』(Knapp & Vande-Creek, 2012)이라는 책은 미국심리학회(APA) 윤리규정을 실질적으로 어떻게 적용할지 이해하는 데 유용한 자료이다. 두 가지 훌륭한 사례 매뉴얼이 있는데, 하나는 『심리학자를 위한 윤리 사례집』(Barnett & Johnson, 2008)으로 미국심리학회(APA) 윤리규정을 해석하고 효과적인 윤리적 실무지침을 제공한다. 다른 하나는 『상담자를 위한 윤리 사례집』(Barnett & Johnson, 2015)으로 미국상담학회(ACA) 2014년 윤리규정을 해석하고, 윤리적 문제를 방지하기 위한 권고사항을 제공한다.

# 제1장 요약

본 장은 서론으로서 윤리적 감각을 일깨우고 윤리적 의사결정 과정과 관련된 여러 가지 견해를 탐구하는 데 초점을 맞추었다. 직업윤리규정은 윤리적 직무수행을 위해 필수적이지만 단지 그것을 아는 것만으로는 충분하지 않다. 비판적 관점에서 생각하는 방법을 배우고 일반적인 윤리원칙을 특정한 상황들에 적용하는 방법을 깨닫는 것을 목표로 해야 한다. 다양한 행동방침들이 적용 가능하며, 일반적으로 복잡한 윤리적 문제에 대해서는 단 하나의 정답이 있는 것이 아니란 점을 명심해야 한다(Forester-Miller & Davis, 2016). 저자들은 독자가 윤리교육과 수련과정에 적극적으로 임하기를 바란다(정신건강전문가단체 가입 정보는 글상자 '전문가단체와 윤리규정' 참고). 그리고 직업 활동을 하면서 맞닥뜨리게 될 문제들에 대해 열린 마음을 가지고 대처하기 바란다. 그런 개방적인 태도의 중심은 한 개인으로서 그리고 전문가의 한 사람으로서 자발적으로 자신을 돌아보고 내담자와 관련된 문제에 초점을 맞추는 것이다.

## 추천 활동

학생들을 위한 당부의 말. 저자들은 각 장마다 끝부분에 교수와 학생이 선택할 수 있는 활동을 제시하였다. 준비된 질문과 활동을 통해 독자는 능동적인 학습자가 되는 데 도움을 얻을 것이다. 이런 활동의 목적은 독자가 자료와 정보를 자기의 것으로 소화하고 저자들이 제기한 문제들에 대해 자신의 관점을 발달시키도록 하는 것이다. 자신에게 가장 도움이 되고 의미 있는 활동을 선택하기 바란다.

**1.** 상담실무자로서 무엇이 윤리적이고 무엇이 비윤리적인지를 어떻게 판단할 것인가?

윤리적인 직무수행을 위한 자신의 윤리지침을 어떻게 개발할 것인가? 비윤리적이라고 판단되는 행동목록을 작성해 보라. 혼자서 이 문제를 깊이 생각해 보고, 다른 학생들과 자신의 접근방식을 탐구할 수도 있다.

**2.** 본 장에 제시된 윤리에 관한 태도와 신념을 분석하는 자기평가 질문지에 답하라. 모든 질문에 응답한 후에 지금 자신이 가장 강력하게 의견을 피력하고 싶은 문항 혹은 답하기 가장 어려웠던 다섯 문항을 골라 표시하라. 이런 문항들을 수업시간에 토의해 보라.

**3.** 하나 이상의 정신건강전문가단체의 윤리규정을 한번 훑어보라. 윤리규정이 주는 이점에는 어떤 것들이 있는가? 각 윤리규정에 관한 인상은 어떠한가? 윤리적 직무수행을 위해 필요한 지침을 어느 정도 제공하고 있는가? 이런 규정은 어떤 면에서 가치가 있는가? 윤리규정의 한계는 무엇이라고 생각하는가? 여러 규정들의 공통점은 무엇인가?

**4.** 글상자 '전문가단체와 윤리규정'에 제시된 정신건강전문가단체의 웹페이지 목록 가운데 적어도 한 개를 골라 점검해 보라. 그리고 각 단체를 점검한 후 다음 질문에 답해 보라. 그 단체의 주요 사명은 무엇인가? 그 단체에서는 학생인 당신에게 무엇을 제공하는가? 그 단체의 회원이 되면 어떤 혜택이 있는가? 어떤 전문학술지와 출판물을 발행하는가? 학술대회에 관한 어떤 정보를 발견할 수 있는가?

**5.** 루이지애나 주 뉴올리언스의 홀리크로스대학교(Holy Cross University)는 매년 초 '상담에서의 법과 윤리 학술대회'를 개최한다. 여기에 상담과 관련된 최신의 법률적이고 윤리적인 이슈들을 발표하고 토론하기 위해 상담가, 상담교육자, 상담전공 대학원생, 학자들이 참석한다. 이 학술대회에 관한 정보는 http://uhcno.edu/academics/continuing-studies에서 확인할 수 있다. 더 궁금한 점이 있으면 이 학술대회 담당자인 Ted Remley 박사(tremley@uhcno.edu)에게 문의하라. 이 학술대회에서 발표된 논문이나 유인물도 얻을 수 있는지 웹페이지에서 확인하라.

# 제2장

# 개인과 직업인으로서의 상담자

## 학습목표

1. 윤리적 직무수행에서 상담자의 자기인식 역할에 관해 이해한다.
2. 상담자를 위한 개인치료의 중요성에 대한 근거를 제공한다.
3. 어떻게 역전이가 윤리적으로 문제가 될 수 있는지를 명확히 한다.
4. 내담자의 의존은 잠재적인 윤리적 문제로 여긴다.
5. 상담자가 해결해야 하는 주요 스트레스의 원인을 설명한다.
6. 어떻게 스트레스가 치료자에게 문제를 일으킬 수 있는지를 이해한다.
7. 지속적인 자기돌봄을 위한 개인적인 전략을 개발한다.

## 점검을 위한 자기평가

자기평가는 독자가 본 장에서 탐구하려는 주제에 관한 자신의 태도와 신념을 확인하고 명료화하는 데 도움이 된다. 현 시점에서 본인의 생각을 가장 잘 표현하고 있다고 생각하는 것을 선택하라. 본 장을 읽기 전에 이 질문지를 완성하기 바란다. 그리고 본 장을 읽고 수업시간에 토론을 거친 후 자신의 견해가 어떻게 변화했는지를 보기 위해 이 목록에 다시 응답해 보라.

지침: 각 문장을 읽고 자신의 신념과 태도를 가장 잘 나타내고 있다고 생각되는 수준의 번호를 빈칸에 기록하시오.

5 = 강력히 동의한다.

4 = 대체로 동의한다.

3 = 결정하기 어렵다.

2 = 거의 동의할 수 없다.

1 = 절대로 동의할 수 없다.

____ **1.** 만약 치료자가 제대로 자기인식을 하고 있지 않으면 자신의 욕구를 채우기 위해 내담자를 이용할 가능성이 있다.

____ **2.** 치료자는 상담실무를 시작하기 전에 자신의 개인적인 문제나 갈등으로부터 자유로워져야 한다.

____ **3.** 치료자는 면허를 발급받아 상담하기 전에 자신도 심리치료를 받을 필요가 있다.

____ **4.** 자신의 직무를 통해 개인적 욕구를 채우는 정신건강실무자는 비윤리적인 행동을 하는 것이다.

____ **5.** 남을 상담하고 심리치료를 하는 전문가는 직업 특성상 소진의 위험에 크게 노출되어 있다.

____ **6.** 자기인식 수준이 높은 임상전문가는 내담자와 너무 과도하게 동일시하는 경험을 하지 않을 가능성이 크다.

____ **7.** 내담자에게 너무 강한 감정을 느끼는 것은 상담실무자가 추후에 치료를 받는 것이 좋다는 의미이다.

____ **8.** 상담 초보자가 불안한 느낌을 갖는다는 것은 상담 직종에 적합하지 않다는 의미이다.

____ **9.** 유능한 전문가는 어떤 내담자든 상담을 잘 수행할 수 있다.

____ **10.** 나는 내담자에게 직면하는 것이 어려울까봐 두렵다.

____ **11.** 윤리규정은 구성원들의 직업적 역할행동에 적용되지만 개인적인 역할과 직업적인 역할을 구분하기는 쉽지 않다.

____ **12.** 개인적인 것과 직업적인 것은 간혹 분리할 수 없다.

____ **13.** 전이관계가 형성되지 않으면 진정한 치료가 이뤄지지 않는다.

____ **14.** 치료자가 자신의 욕구를 제대로 인식하지 못하면 치료상황에서 자신의 능력을 남용할 수 있다.

____ **15.** 경험 많고 유능한 임상전문가는 어떤 형태로든 심리치료를 받을 필요가 없다.

## 서론

사람을 상담하고 심리치료를 하는 전문가들이 관심을 갖는 기본 주제는 치료관계에서 한 개인으로서(as a person)의 상담자 역할이다. 상담자는 내담자에게 자신의 실체를 객관적으로 살펴 이를 어떻게 변화하거나 개선하고 싶은지 선택하도록 요구한다. 상담자로서 우리가 내담자에게 그렇게 하는 것처럼 우리 자신에게도 그렇게 적용하는 것이 중요하다. 상담자는 스스로에게 다음과 같은 질문들을 해야 한다. "상담을 통해 남을 도울 수 있다고 생각하게 된 계기는 무엇인가? 자신의 문제로 힘들어 하고 있는 사람들에게 내가 개인적으로 무엇을 줄 수 있는가? 내가 다른 사람들에게 강력히 권하는 것들을 나의 삶에서 실천하고 있는가?" 우리가 내담자를 변화시키기 위해 노력하는 것처럼 기꺼이 우리의 삶을 위해서도 똑같이 해야 한다.

상담자로 훈련받을 때 실무의 기초가 되는 이론적이고 실용적인 지식을 광범위하게 습득한다. 그리고 모든 치료회기에 자신의 인간적 특성과 인생경험도 반영한다. 효과적으로 변화를 유도하려고 내담자에게 우리가 가르치듯이 우리도 기꺼이 그렇게 살 수 있어야 한다. 타인에 대한 공감과 타인을 위해 봉사하는 헌신은 다른 직업과 차이점이 될 수 있는 상담자의 특징이다.

본 장에서는 내담자와 치료자의 관계에서 윤리적 문제가 발생할 수 있는 치료자의 개인적 욕구와 문제를 다룰 것이다. 개인의 삶이 실무에 영향을 미치지 않을 수 없기 때문에 개인적 특성을 고려하지 않고 전문가로서(as a professional)의 상담자에 관해 이야기하기는 힘들다. 임상전문가의 신념, 개인적 특성, 기능 수준, 삶의 방식은 어쩔 수 없이 전문가의 역할에 영향을 미칠 수밖에 없는데, 이 점은 윤리적 직무수행에서 중요한 부분이다. 저자들이 제시하는 주제들 가운데는 특별히 치료자의 직업적 정체성과 관련이 있는 것들도 있다. 상담자의 개인적 삶과 관련된 주제로는 자기인식, 상담자의 성격 특성, 개인적 목표, 욕구, 전이, 역전이, 개인 역동, 직무 스트레스, 개인적인 손상, 역할 사이의 균형, 치료자의 자기돌봄 등이 있다.

## 자기인식과 치료자의 성격과 욕구의 영향

밀접한 관계 속에서 사람을 돕는 일을 하는 사람에게는 자신의 삶의 문제를 자각하고 있어야 하는 개인적 책무가 있다. 정신건강전문가에게 높은 수준의 자기인식이 없을 경우 치료의 초점이 내담자의 욕구가 충족되기보다 치료자 자신의 욕구를 채우는 쪽으로 옮겨지게 되어 내담자가 호전되는 것을 오히려 방해하게 될 가능성이 높다. 따라서 상담실무자는 자신의 욕구, '미해결과제(unfinished business)' 개인적 갈등, 자기방어, 취약성 등을 자각해야 하며, 그것이 어떻게 치료과정을 방해하는지도 인식해야 한다. 사람을 돕는 직업에 종사하려 할 경우 점검해야 할 두 가지를 여기에서 다루려고 하는데, 그것은 개인적인 욕구와 미해결된 갈등이다.

### 상담자가 되려는 동기

자신에게 다음과 같은 두 가지 질문을 해 보라. "내가 상담자가 되고자 하는 동기는 무엇인가? 남을 상담해서 내가 얻는 것은 무엇인가?" 이 두 질문에는 다양한 대답을 제시할 수 있다. 당신은 자기를 온전히 이해하기 위해 노력하는 사람들 그리고 보다 건강한 생활양식을 추구하는 과정에서 기꺼이 고통을 감내하고자 하는 사람들을 상담하면서 만족감을 경험할 수 있다. 예를 들어, 본인이 회복과정에 있는 중독상담가는 물질중독 문제를 가진 사람들의 변화를 돕는 일원이 되었다는 것에 감사할 수도 있다. 고통과 싸우면서 겪은 삶으로 인해 상담 분야에 발을 들여놓게 된 상담자들이 많다. 스스로의 동기를 인식하고 인생의 도전 대상에 대처한 방식이 당신의 내담자에게는 적합하지 않을 수도 있다는 점을 깨닫는 것이 중요하다. 여러 측면에서 치료적 만남은 치료자가 자신의 삶을 비쳐 볼 수 있는 거울 역할을 한다. 그 결과 심리치료는 내담자뿐만 아니라 치료자에게도 변화를 일으킨다.

물론 치료자도 개인적 욕구를 분명히 가지고 있지만, 그 욕구가 내담자의 성장보다 더 우선시되거나 그것을 방해하면 절대 안 된다. 치료자는 내담자의 안녕과 복지를 위해 치료하는 것이 아니라 다른 사람에게 인정받기 위해 치료하는 가능성에 대해 알고 있어야 한다. 무의식적이라도 치료자가 자신의 욕구 충족을 위해 내담자를 이용한다면 치료성과를 낼 수 없다. 비록 치료자가 그들의 작업을 통해 자신의 욕구 중 일부를 충족하게 되더라도 그것이 주 목적이라기보다 부산물인 것이다

남을 양육하고 싶은 욕구나 자신의 능력을 확인하고 싶은 마음에 상담전문가들은 가끔 내담자가 어떻게 살아야 하는지를 자신이 잘 알고 있다고 느낀다. 어떤 상담자는 자신의 내담자를 위한 본보기로 자신의 가치관 체계를 적용하려고 할 수도 있는데, 타인의 삶을 지도하거나 조언하고자 하는 것은 내담자의 의존성을 키우고 내담자가 스스로 해답을 찾는 대신 외부로부터 해답을 찾으려는 성향을 촉발시킨다. 치료자의 업무 중 하나는 내담자가 독립적으로 기능할 수 있고 자신만의 해결책을 발견하도록 힘을 실어 주는 것이다. 자신이 능력이 있다거나 중요한 사람이라고 느끼고 싶은 욕구를 가진 치료자는 상담 초기부터 자신이 내담자에게 꼭 필요한 사람이라고 생각할 수 있으며, 자신이 그런 사람이 되고자 한다면 더 큰 문제가 발생한다.

치료자가 내담자로부터 승인과 존경을 얻기 위한 욕구가 너무 강하거나 심지어 내담자가 자신에게 경외심을 갖도록 하고 싶은 욕구가 있다면 치료의 목적을 이루기 힘들다. 치료자가 자신의 욕구와 개인적 역동을 자각하지 못하면 충족되지 못했던 욕구를 해결하려고 할 가능성이 있고, 어쩌면 자신이 두려워하는 갈등을 내담자가 탐색하지 못하도록 조정할 수도 있다. 내담자는 치료자가 좋아하는 행동을 하고 싶어 하기 때문에 내담자가 치료자의 심리적 욕구를 해결하는 일에 쉽게 말려들 수 있다. 내담자를 치료하면서 치료자가 너무 자신을 노출하면 초점이 내담자로부터 치료자에게로 이동하게 된다.

내담자의 문제가 곧바로 개선되지 않으면 불편해하는 치료자들도 있다. 그런 치료자들은 내담자가 충분히 생각하지 않고 어떤 결정을 내리도록 종용하기도 하고, 치료자가 내담자를 위해 직접 결정을 내리기도 한다. 자신의 욕구를 자각하고 그것이 자신의 직무에 어떻게 영향을 미칠 수 있는지를 이해하기 위해서 자신에게 다음과 같은 질문을

해 보라.

- 내가 내담자의 이익을 희생시켜 가면서까지 나 자신의 이익을 위해 일하는지를 어떻게 알 수 있는가?
- 내게도 내담자와 똑같은 문제를 가졌던 경험이 있을지라도, 직업적으로나 윤리적으로 충분히 객관적인 태도로 이 사람을 대할 수 있는가?
- 인생의 의미를 찾기 위해 나는 남에게 얼마나 의존하는가? 나는 나의 가치를 내 안에서 찾는 편인가? 아니면 나의 가치에 대한 평가를 일차적으로 외부에 의존하는 편인가?
- 내 인생에서 중요하다고 생각하는 사람들로부터 승인받고 지원받고 싶은 욕구가 채워졌는가?
- 내담자에게서 어떤 개선이 보이지 않을 경우 불편함을 느끼는가? 만약 그렇다면 그런 나의 태도와 불편한 느낌이 내담자를 상담할 때 어떤 부정적인 영향을 주는가?
- 내가 개인적으로나 직업적으로 내담자와 경계를 제대로 두고 한계를 잘 설정하고 있는가?

## 개인적인 문제와 갈등

정신건강전문가들은 자신의 편견과 미해결된 문제와 갈등을 인식하고 있어야 한다. 치료자 자신을 위한 심리치료가 그런 문제의 수준을 낮출 수는 있지만 완전하게 해결할 수 있다는 기대는 비현실적일지 모른다. 치료자가 다른 사람을 상담하는 역할을 시작하기 전에 개인적인 문제들을 모두 해결해야 하는 것은 아니다. 실제로 그런 자격요건이 있다면 상담자 대다수가 상담하는 일을 그만두어야 할 것이다. 비교적 안정된 상담자는 절망적인 상황에 빠져 있는 내담자와 관계를 수립하는 데 어려움을 겪을 수 있다. 그런데 관건은 개인적 문제 때문에 어려움을 겪고 있는지 여부가 아니라 그 어려움을 어떤 방식으로 헤쳐 나가는가이다.

다음 질문들을 생각해 보라. 당신은 자신의 문제에 대해 인식하고 그것을 해결하려고 시도하는 편인가? 아니면 그런 문제의 존재를 부인하는 데 많은 에너지를 소비하는 편인가? 자신의 문제에 대해 대체로 남에게 책임을 전가하는 모습을 많이 보이는가? 자기 문제를 해결하기 위해 다른 심리치료전문가에게 자문을 요청하는 편인가? 아니면 효과적으로 해결하지 못한다는 것이 명백한 시점에서도 자신이 그것을 다룰 수 있을 것이라고 믿으려고 하는가?

치료자가 자신의 문제를 부인한다면 내담자의 문제에 주의를 기울이기 어려울 가능성이 크며, 내담자의 문제가 치료자의 문제와 유사하다면 더욱 그렇다. 내담자가 무망감과 절망감을 느껴 치료받기 원한다고 가정해 보자. 당신이 만약 자신의 삶에서 그런 감정을 느낀 적이 없다고 부정한다면 내담자의 그런 감정을 어떻게 탐색하겠는가? 또 다른 예로 자신의 성적 지향에 관해 상담 받고 싶어 하는 내담자가 있다고 가정해 보자. 성정체성을 주제로 이야기하는 것이 불편하고 그런 불편한 감정이 싫다면 성적 지향에 대해 탐색해 나갈 수 있겠는가? 내담자가 그런 문제를 말할 때 정서적으로 안정을 유지할 수 있겠는가? 때로는 강점과 약점을 식별하는 것이 어려울 수 있다. 솔직한 피드백을 받을 수 있는 동료나 개인적 상담을 받을 수 있는 사람으로부터 당신을 어떻게 생각하고 있으며, 당신의 강점이 무엇이고, 개인적으로나 전문가로서 보완해야 하는 것들은 무엇인지 정보를 얻을 필요가 있다. 그런 피드백을 받기 위해 용기가 필요하지만, 그렇게 하면 얻을 수 있는 것이 많고 좋은 경험이 될 수 있어 가치 있는 일이다. 그런 노력이 당신이 방어적으로 대처하는 것을 막아 줄 것이다. 그런 식으로 공유된 정보를 반영하고 그것으로부터 학습할 수 있는 계획을 수립하여 통합하고 수정해 가면서 앞으로 나아갈 수 있을 것이다.

치료자는 자신이 다루기 꺼리거나 두려워하는 문제를 가진 내담자를 돕는 데 어려움을 느낄 수 있다. 불편하게 느껴지는 주제들에 관해 주의를 기울이되, 내담자와 있을 때뿐만 아니라 개인 생활에서도 주의를 기울여야 한다. 치료자가 자신이 불편해하는 것이 내담자를 상담하는 데 방해된다는 것을 알 경우, 스스로 변해야겠다는 동기를 품게 되고 내담자가 변할 수 있도록 도울 윤리적 책임이 있다는 것도 인식하게 된다. 상담을 직업으로 가질 때의 한 가지 장점은 자신을 조금 더 나은 인간으로 이끌 수 있다는 것이다.

## 상담자를 위한 개인적 심리치료

본 장에서는 상담자의 자기인식을 강조하고 있다. 이와 관련하여 상담자가 되려고 하는 사람들이 심리치료를 받아야 하는지, 전문가가 되기 위해 계속적으로 혹은 일정 기간

심리치료를 받는 것이 가치가 있는지 논의하고자 한다. 수련과정 중 하나인 상담자를 위한 개인 심리치료는 내담자를 위한 상담의 청사진을 보여 주기 때문에 가치가 있다. Wise와 Barnett(2016)은 개인 심리치료를 받는 것을 정기적으로 자기돌봄을 할 수 있는 전략 혹은 긍정적인 자기계발의 한 형태로 본다. 개인 심리치료는 상담자로서의 경력을 유지하는 동안 자기를 관리하고 능력을 유지하는 방법이 될 수 있다. 저자들은 내담자에 대한 자신의 효능성을 증가하기 위해 치료받는 경험을 해 보라고 권장한다. 그런 목적을 이루는 방법으로는 개인 심리치료, 집단상담, 믿을 만한 동료들의 자문, 연수(특히 체험식 연수), 일기 기록, 독서 등 여러 가지가 있다. 개인의 성장과 직업인으로서의 발전을 위해 다소 비공식적인 방법이기는 하지만 자신의 인생과 직무수행을 평가하고 반성해 보는 시간을 가질 수도 있으며, 인생에서 중요한 사람들의 반응에 대해 마음을 여는 것도 도움이 될 수 있다. 그 외에 비공식적인 방법으로는 다른 문화를 경험하기 위한 여행, 요가를 배우거나 명상교실 등록, 매일 마음챙김 연습, 종교활동, 친구와 가족과 시간 보내기, 불편감을 느끼는 분야와 상황에 주의를 기울이기 등이 있다. 이런 활동들의 공통점은 당신의 자기돌봄과 신체적이고 정서적인 건강을 도모한다는 것이다. 스스로를 잘 관리하는 것은 다른 사람을 치료라는 긴 여정으로 안내하는 데 가장 기본이라고 할 수 있다.

## 자기이해를 위한 체험학습

**체험학습**(experiential learning)은 상담교육 프로그램의 기본 구성요소로 학생들에게 자신의 가치관과 인생경험, 개인적인 문제나 관심사를 동료들과 서로 공유할 수 있는 기회를 제공한다. 상담교육을 위한 수련 프로그램에서는 학생들이 동료들과 자기인식 집단을 구성하여 참여하는 것을 중요하게 여긴다. 그런 집단경험은 집단 심리치료 형태는 아니지만 다른 사람과 관계 맺는 방법을 알게 되고 개인적 문제나 관심사를 공유하는 가운데 심오한 통찰력을 얻을 수 있도록 구성된다면 치료적 효과를 낼 수 있다. 개인적 문제나 관심사를 탐색해 보기 위해 집단을 구성할 수도 있으며, 그런 부분에 관한 탐색을 상담자 수련과정에 필수사항으로 포함시킬 수도 있다. 어떤 형태를 취하든 간에 수련생이 내담자에게만 초점을 맞추는 것이 아니라 개인적으로도 자신을 탐구하게 된다면 매우 큰 이익을 얻을 것이다.

초보 상담자들도 수련감독자나 상담교육자와 같이 오랫동안 상담해 온 사람들처럼 오로지 내담자의 역동에만 중점을 두려는 경향이 있다. 자기인식 집단 안에서 학생들은 다음과 같은 질문에 관해 탐구할 수 있는 기회를 갖게 된다. "상담자가 된다는 것은 어떤 느낌인가? 내담자와의 관계를 어떻게 평가하는가? 내담자를 상담할 때 내 안에서 어떤 반응이 일어나는가? 상담자로서 내 자신의 반응을 공개해도 되는가? 내가 상담자로 일하면서 적절히 자기공개를 할 의향이 있는가?" 자신을 위한 치료과정에 시간을 투자함으로써 학생들은 다른 사람들을 심리적으로 도울 수 있는 능력을 키우는 기회로 수련 프로그램을 활용할 수 있다.

실제 상담기관에서 상담자의 수련과 내담자에게 제공하는 서비스를 구분하는 것처럼 상담교육자나 수련감독자도 학생들을 위한 수련과 그들의 개인 심리치료를 확실히 구분할 수 있어야 한다. 물론 두 가지 영역이 겹치는 부분이 없는 것은 아니지만, 교육적인 면과 임상적인 면을 모두 고려하여 수련을 진행할 필요가 있다는 것을 학생들에게 강조해야 하며, 상담교육자와 수련감독자에게는 그런 점을 강조할 책임이 있다. 프로그램 초기에 자기탐색과 자기노출이 요구된다는 것을 학생들에게 충분히 알리는 것이 중요하다. 또한 학생들은 상담 수련과정에 체험학습이 포함된다는 점을 알 권리가 있다. 설명 후 받는 동의(informed consent) 과정은 교수가 집단경험 촉진자 역할도 해야 할 때 특히 중요하다. 이 주제에 관해서는 제7, 8, 9장에서 자세히 다룰 것이다.

## <치료집단을 필수요건으로 한 사례>

개업 심리학자인 Miranda는 대학원 상담심리학 과정 주임교수에게 발탁되어 체험학습 집단을 지도하게 되었다. 그녀는 학생들이 이미 치료집단에 관해 충분한 설명을 듣고 참여하기로 동의했다고 추측했으며 학생들이 큰 기대를 가지고 있다는 인상을 받았다. 그러나 첫 번째 수업시간에 학생들을 만났을 때 그녀는 큰 저항에 부딪혔다. 학생들은 치료집단에 참여하게 될 것이라는 말을 들은 적이 없다며 실망감을 감추지 못했다. 치료집단에 참석하지 않으면 불이익을 당할까 봐 두려워 참여하는 학생들도 있었다.

- 당신이 이 프로그램에 참여하고 있는 학생이라면 어떻게 느끼고 반응하겠는가?
- 자기탐색 경험을 강요하는 것은 윤리적인가?
- 학생들은 이 대학원 프로그램에 자기탐색 과정이 포함되어 있다는 것을 오리엔테이션이나 학교 홍보물을 통해 이미 알고 있었다. 이 정도로 정보제공을 했으면 윤리적으로 문제가 없다고 생각하는가?
- 당신이 Miranda라면 이 상황에서 어떻게 하겠는가? 학생들의 반감을 어떻게 다루겠는가?

**논평.** 자기탐색이 훈련의 일부가 될 것이라고 프로그램 입문 전에 학생들에게 알려 주는 것은 설명 후 받는 동의의 요건을 최소한으로 만족시키는 것에 지나지 않는다. 학생들에게는 체험집단에 관한 모든 사실을 고지 받을 권리가 있다. 집단의 원리, 비밀보장 문제, 체험활동 참여와 관련된 권리와 책임 등에 관해 설명을 들어야 한다. Shumaker, Ortiz와 Brenninkmeyer(2011)는 체험집단에서는 사실을 고지하고 동의를 얻는 절차가 포함되어야 하며 학생들에게 집단에서 적절하게 자기노출을 하는 방법을 가르쳐야 한다고 권고한다. 게다가 이런 프로그램의 포괄적인 오리엔테이션 외에도 각각의 교수(이 사례에서는 Miranda)는 학생들이 프로그램의 기대와 필수 요건에 관해 적절한 설명을 들었는지 확인할 의무가 있다. Miranda에게는 집단 참여가 진정 자발적인지 확인할 의무가 있으며, 만약 그렇지 않다면 그 체험이 프로그램의 수련 목표와 명백하게 연관이 있는지 확인해야 한다. Miranda는 수련생들에게 역전이와 같은 잠재적 가능성이 있는 개인적 역동에 대한 통찰력을 얻을 수 있는 것과 같은 체험집단의 가치를 설명해야 한다. 수련생들이 역전이가 나타날 수 있는 부분을 파악함으로써 체험집단 밖에서 개인 심리치료를 받으며 더 많은 것을 얻을 수 있다. 저자들 생각에는 Miranda가 첫 번째 집단 회기에서 이런 우려사항을 공유하는 기회를 학생들에게 줘야 한다. 그녀는 체험학습의 원리를 제공해야 하며 학생들이 체험집단에 참여하면서 자각하고 유능한 집단 촉진자로서의 능력을 습득하고 있는지 파악해야 한다.

## 수련과정 동안의 개인 심리치료

**수련생을 위한 개인 심리치료에 관한 연구.** 개인 심리치료는 임상전문가의 성장을 위해 소중한 요소로 생각된다. 많은 전통적인 이론들, 특히 정신역동적 접근에서는 개인 심리치료를 임상가로서 성장하는 데 필수적인 것으로 여긴다. 여러 상담자 양성 프로그램에서는 개인상담을 받는 것이 상담을 직업으로 하려고 계획하고 있는 교육생들에게 필수요건이다. Gold와 Hilsenroth(2009)는 개인치료를 받은 학생들이 졸업 후 임상가로서 더 자신의 역할에 대해 확신을 가지게 되어 개인치료를 받지 못한 학생들보다 두 배 이상 긴 기간 동안 심리적 서비스를 제공하는 점을 강조하였다. 또한 그들의 연구에서는 개인치료를 경험한 학생들이 졸업 후 임상가로서 치료목표와 과제에 대해 내담자로부터 동의를 더 잘 얻는다는 점도 발견하였다. Dearing, Maddux와 Tangney(2005)는 수련생에게 자기관리와 정신적 문제를 예방하는 방법을 교육함에 있어서 교수, 수련감독자, 멘토 등의 책임감을 강조한다. 교수가 학생들에게 개인 심리치료에 참여하는 것에 관해 호의적이고 지지적인 태도를 보이면 그들이 개인치료를 더 많이 받을 가능성이 크다. 교수진은 수련기간 동안 혹은 그 이후에라도 치료와 관련된 자신의 경험을 나누는 과정에서 학생들의 모델이 될 수 있다. Dearing 등(2005)은 비밀보장 문제, 심리치료에 대한 일반적 태도, 직업적 발전과 관련하여 개인 심리치료가 얼마나 중요한지를 인식하는 정도가 수련생이 자신을 위해 심리치료를 찾는 행동을 예측할 수 있는 주요 변인들이라고 지적한다. 그들은 학생들이 개인적 스트레스의 경감, 효과적인 치료자로 인도하는 통찰력을 가질 수 있게 하는 수단, 건전하고 지속적인 자기돌봄 습관으로의 발전 등을 포함한 개인적 · 직업적인 이득을 얻는 방법으로 수련기간 동안 심리치료를 받는 것을 고려할 수 있음을 시사한다. Ronnestad 등(2016)은 연구들을 살펴본 결과 심리치료가 인간으로서의 치료자(therapists as people)에게 미치는 영향에는 "일반적인 증상의 감소, 관계증진, 개인적 성장은 물론 자기인식, 자기에 대한 정보, 자기이해, 자기돌봄, 자기수용의 향상"(230쪽) 등이 있다고 제시한다. 게다가 개인 심리치료는 내담자로 참여하다 보면 새로운 치료전략들을 관찰하고 학습할 수 있는 기회를 제공할 수 있다. 우리를 찾는 내담자들이 어떻게 심리치료를 받을 생각을 하는지, 그리고 상담자에게 아주 세세한 부분까지 자신을 노출하면서 정보를 공유하려는 용기를 어떻게 가지게 되는지를 이해하기 시작하기 때문에 공감능력이 향상된다.

상담관련 대학원 프로그램에서는 대학원생들에게 심리적 서비스를 제공하기 위해 외부에서 심리치료 전문가나 대학 내 학생상담센터를 활용하면 좋다. 상담교육자나 수련감독자가 학생이나 수련생을 심리치료하는 것은 윤리적으로 문제가 있기 때문에 교수는 학생이 비용 등을 감당할 수 있는 치료자원을 찾을 수 있도록 적절하게 지도할 책임이 있다. 어떤 대학원에서는 대학원 수련생들이 할인된 요금으로 서비스를 받을 수 있는 정신건강전문가의 연락처를 제공하기도 한다. 수련생에게 심리치료를 제공할 때는 실용적인 면과 윤리적인 면 모두를 고려하여 우선적으로 외부에서 상담전문가를 찾아야 하며, 특히 대학원에서 과목이나 수련을 담당하지 않고 학생을 평가하는 위치에 있지 않은 사람을 선임해야 한다. 대학원에서는 치료집단만을 위해 지역사회의 상담실무자를 채용할 수도 있으며, 학생은 공립상담소, 학생상담센터, 사설상담소에서 개인상담이나 집단상담을 받을 수 있다.

**개인적 심리치료에 참여하는 이유.** 당신은 심리치료를 받으면서 치료자가 되려는 솔직한 동기를 살펴볼 수 있다. 심리치료를 통해 당신은 자신의 욕구가 행동에 어떤 영향을 주는지, 자신의 인생에서 권력을 어떻게 활용하는지, 자신의 가치관이 어떤지 등을 탐색해 볼 수 있다. 내담자가 치료 여정에서 필요로 하는 용기를 감지하는 능력은 직접 내담자 경험을 할 때 강화될 것이다. 더욱이 저자들은 개인 심리치료가 지속적인 자기돌봄으로도 가치가 있다고 믿는다. 치료자로서 우리는 계속 제공자의 역할을 하는데, 우리의 생명력을 유지하기 위해서는 서비스를 제공하는 입장에서 지지를 받는 공간을 마련할 필요가 있다. 개인 심리치료는 작업동맹 관계를 형성하고 유지하는 방법과 치료작업을 하며 힘들고 불확실한 것들을 다루는 방법을 배울 수 있는 기회를 제공한다(Ronestad et al., 2016). Wise와 Barnett(2016)는 "좋은 개인 심리치료는 내담자로서 치료자뿐만 아니라 장기적으로 치료자의 내담자에게도 좋은 것"(231쪽)이라고 언급한다.

학생들이 실습이나 현장학습을 하거나 인턴과정이나 개인 및 집단 수련 프로그램에 참여하면 다음과 같은 개인적인 면이 문제로 부각될 수 있다.

- 사람들에게 어떻게 행동하라고 말하는 버릇
- 내담자의 고통을 없애 주고 싶은 강한 욕구
- 강렬한 정서에 대한 불편함
- 빨리 해결해 주고 싶은 욕망
- 실수하지 않을까 하는 두려움
- 인정받고 싶은 극단적인 욕망
- 내담자의 변화에 대한 지나친 책임의식
- 해를 입힐까봐 두려워 태만하게 대하는 모습
- 내담자의 문제가 자신의 문제를 자극한다는 것을 부정하거나 인식하지 못하는 태도
- 내담자와 수련감독자가 좋아했으면 하는 인정욕구
- 내담자가 무엇을 말하고 있고 경험했는지를 들여다보지 않고 자신이 무엇을 다음에 이야기해야 할지에 초점을 두는 성향

수련생이 난생 처음 상담을 시작할 때 자신의 가족을 대하던 방식으로 직무역할을 수행하는 경우가 꽤 있다. 양육자처럼 되어 내담자의 평화를 지키고 싶은 욕구를 느낄 수도 있다. 수련생이 이런 심리적 문제들을 자각하게 되었을 때 개인적 문제를 탐색하기 위한 안전한 방편은 심리치료를 받는 것이다. 수련생들은 내담자를 돌보는 것과 다른 사람들을 돌보는 것에 균형을 유지하는 것은 쉽지 않을 것이다. 개인 심리치료는 수련생이 자신의 정신건강을 유지하는 것과 타인을 심리적으로 돌보는 것의 상호작용을 인식하도록 돕는다(Wise, Hersh, & Gibson, 2012). 대학원 교육과정이 안전한 수련환경을 제공해야 한다는 점과 학생들의 권리와 복지가 고려되어야 한다는 점은 매우 중요하다. 그러나 상담교육자가 수련생의 권리를 보호하려다가 도를 넘을 수도 있다. 예를 들어,

학생의 사생활을 침해해서는 안 된다며 수련 프로그램의 일부인 자기탐색 체험을 요구하는 것에 반대하기도 한다. 교육자는 우리 사회를 보호하는 것에도 신경을 써야 한다. 제8장에서 이와 관련된 몇 가지 실례들을 제시할 것이다. 심리적 도움을 원하는 서비스 수혜자의 권익을 최대한 보장할 수 있는 한 가지 방법은 상담실무자로서 다루게 될 과업들을 위해 학생들이 학구적으로나 개인적으로 준비하도록 지도하는 것이다.

여러 정신건강 직업군의 윤리규정에는 수련감독자가 수련생의 심리치료사가 되는 것은 적절하지 않다고 명시되어 있다. 하지만 내담자에게 해가 될 수 있는 수련생의 개인적 약점과 문제들을 찾아내도록 돕는다는 의미에서 이상적인 수련감독은 치료적이라 할 수 있다. 수련생이나 경험 많은 심리치료사나 모두 역전이를 효과적으로 자각하고 처리하는 일은 어려울 수 있으나 개인 심리치료를 통해 잘 탐색할 수 있다.

장애를 가진 퇴역군인이기도 한 치료자가 다른 장애를 가진 퇴역군인을 상담하는 상황을 떠올려 보자. 그 치료자는 국가가 내담자의 기본적인 필요에 관심이 적은 것에 대해 분노와 짜증을 경험할 수 있지만, 실은 그도 똑같이 관심 부족으로 고통스러워할 수 있다. 그 결과 치료자의 개인적인 고뇌가 내담자의 필요에 초점을 맞추는 데 방해가 될 수도 있다. 중독치료사, 특히 본인도 회복과정에 있는 초보 치료자는 역전이 반응에 유의해야 한다. 예를 들어, 물질 중독치료 입원 프로그램에서 매일 겪는 치료의 강도가 내담자와 치료자 모두에게 영향을 끼칠 수도 있다. 이런 상황에서는 지속적인 수련감독이 중요하다. 치료자는 회복을 목표로 하는 집단에 참여하는 것이 좋으며 개인적인 심리치료도 매우 유용할 수 있다.

정신건강 실무자의 위반혐의가 발견되면 일부 면허관청에서는 실무자가 자신의 역전이를 인식하고 점검하게 하는 방법으로 개인 심리치료를 요구한다. 저자들은 심리치료를 시행하면서 나타난 부정적인 결과를 줄이기 위해 수련생과 치료자의 심리치료의 이론적 근거를 제시해야 한다고 생각한다. 심리치료사들은 지속적으로 자신의 개인적인 문제와 그것이 잠재적으로 내담자에게 미칠 수 있는 영향을 인식하고 처리해야 한다. 치료자들은 스트레스가 자신을 소진하게 만들고 내담자에게 부정적인 영향을 주기 전에 개인 심리치료를 받아야 한다(Barnett, Johnston, & Hillard, 2006).

## 상담실무자를 위한 지속적인 심리치료

경험이 많은 치료자들은 내담자와 작업하면서 영향을 미칠 수 있는 자신의 신념과 행동을 재검토할 수 있는 개인 심리치료 기회를 통해 이익을 얻는다. 12개국 이상에 거주하고 다양한 이론을 지지하는 심리치료사 4,000명 이상이 경험한 개인적인 심리치료를 조사한 Orlinsky와 Ronnestad(2005)의 연구에서 응답자의 88% 이상이 그 경험을 긍정적으로 보고했다. 영어를 사용하는 6개 국가의 3,995명의 심리치료사들을 대상으로 수행된 또 다른 대규모 연구(Orlinsky, Schofield, Schroder, & Kazantzis, 2011)에서도 심리치료사들에게는 개인 심리치료가 일반적인 것이 되어 버렸고, 대부분이 그것을 유익하다고 생각하고 있는 것으로 나타났다. 다수의 관련 연구를 조사한 메타분석 연구에서는 치료사의 3/4 이상이 개인 심리치료가 자신의 심리치료사로서의 발전에 매우 긍정적인 영향을 끼쳤다고 생각했다(Orlinsky, Norcross, Ronnestad, & Wiseman, 2005). Norcross(2005)는 개인 심리치료에 대한 자기보고식 평가자료를 수집한 결과 자기이해, 자존감, 작업능률, 사회생활, 정서표현, 대인갈등 등의 분야에서 긍정적인 유익이 있다는 점이 밝혀졌다. 상담실무자들이 가장 많이 언급한 장기적인 유익은 대인관계와 심리치료의 역동과 관련된 것이었다. 개인 심리치료를 통해 배운 교훈으로는 온정과 공감과 개인적인 관계가 중요하고, 내담자의 경험이 어떤 것인지 감을 잡으며, 심리치료에서 참고 인내하는 것이 필요하고, 전이와 역전이를 다루는 방법을 배운 것을 꼽을 수 있다.

## 전이와 역전이

전이와 역전이라는 용어는 정신분석 이론에서 유래되었지만 현재는 상담과 심리치료 영역은 물론 일반적인 대인관계에서도 보편적으로 쓰이고 있다. 이 개념들은 치료자에 대한 내담자의 일반적인 반응과 내담자에 대한 치료자의 반응이다. 치료관계는 내담자와 치료자 모두로부터 격렬한 반응을 이끌어 내므로 상담실무자가 자신의 감정과 내담자의 감정을 다루는 방식은 치료의 결과에 직접적인 영향을 준다. 그런데 만약 치료자의 느낌에 관심을 가지지 않으면 내담자의 진전을 크게 방해하게 된다. 그러므로 이 문제를 윤리적인 측면뿐만 아니라 임상적인 견지에서 바라봐야 한다.

## 전이: 심리치료에서의 '비실재적인' 관계

**전이**(transference)는 내담자가 보호자나 자신의 삶에서 중요한 사람들에 대한 과거의 감정과 태도를 치료자에게 투사하는 과정이다. 전형적으로 전이의 근원은 초기 아동기로 이해되며 과거의 내용이 현재 반복되는 형태를 띤다. 치료자가 이것을 어떻게 처리하는가는 매우 중요하다. 만약 치료자가 자신의 역동을 자각하지 못하면 내담자가 치료관계에 투사한 감정을 해결하도록 도와줘야 할 때 중요한 치료적 이슈를 놓칠 수 있다.

내담자의 감정이 과거의 관계에 뿌리를 두고 있는데도 현재 다시 느껴져 치료자에게 직접 표출된다. 그런 방식으로 내담자가 치료자를 지각하고 반응하는 방식이 왜곡된다. 그런 초기 기억을 치료자와의 관계에 대입함으로써 내담자가 과거의 중요한 사람들과의 관계가 어떻게 그들의 현재 대인관계에 영향을 미쳐 미해결된 갈등을 초래하였는지에 관해 통찰할 수 있다. Safran과 Kriss(2014)는 내담자가 자신의 과거가 지금의 문제에 어떤 영향을 주는지를 이해하도록 치료자가 어떻게 도움을 줄 수 있는지를 다음과 같이 설명한다. "전이에는 내담자의 어린 시절의 관계를 현재에 다시 재현하는 방식이 포함되어 있기 때문에, 치료자의 관찰과 피드백은 내담자로 하여금 그런 과거가 현 상황에 미치는 영향을 인식하고 이해하는 데 도움이 된다"(36쪽).

내담자가 치료자에게 표현한 모든 감정을 전이라는 개념으로 설명해서는 안 된다. 내담자가 상담자를 향해 보이는 다수의 반응들은 지금 여기 상담자가 표현하는 양식에 대한 것일 수도 있다. 내담자가 치료자에게 화를 냈다면 그것은 전이일 수도 있고 아닐 수도 있다. 만약 내담자가 치료자에게 긍정적인 반응을 표현한다면 그것은 진심일 수도 있고 아닐 수도 있다. 그런 감정을 유아적인 환상으로 치부해 버리면 치료자와 내담자의 관계가 소원해질 수 있다. 치료자는 두 가지 방향으로 실수할 수 있는데, 한 가지는 너무 빨리 부정적인 감정에 관해 설명해 주려고 하는 것이고 다른 한 가지는 긍정적인 감정은 그대로 수용하려는 것이다. 내담자가 표현한 감정의 참의미를 이해하기 위해 치료자는 열린 마음과 자신을 비판하는 자세로 정직하게 상담해야 한다. 치료자가 전이의 가능성을 인식하는 것도 윤리적 직무수행이지만, 자신을 향한 내담자의 실제적인 반응을 자신이 액면 그대로 받아들이는지를 자각하는 것도 필요하다.

자신이 치료자라고 생각하고 간략하게 소개된 다음의 두 가지 사례를 살펴보라. 당신은 각각의 내담자에게 어떻게 반응하겠는가? 당신 자신의 반응은 어떤 것인가?

## <Jasmine의 사례>

Jasmine는 아주 사소한 결정을 하는데도 당신의 조언을 필요로 할 정도로 의존성이 극단적으로 강한 내담자이다. 그녀는 스스로를 믿지 못하고 있으며, 당신이라면 자기가 처한 상황에서 어떻게 할지 알고 싶어 했다. 또한 당신의 결혼생활과 가정생활은 어떤지 개인적인 질문을 했다. Jasmine는 당신이 현명한 선택만 하는 사람이라고 표현하며 당신을 닮으려고 노력하고 있다. 어떤 때는 그녀 자신의 선택이 언제나 옳지 않았다고 호소하곤 했다. 그 결과, 결정을 내려야 할 때 주저하고 스스로를 완전히 의심하게 되었다. 그녀는 당신이 해답을 줄 수 없다는 것을 안다고 말하면서도 자신의 결정에 대해 당신이 어떻게 생각하는지를 계속해서 묻는다.

- 당신이라면 Jasmine의 행동을 어떻게 다루겠는가?
- 당신에 대한 Jasmine의 애착은 어떻게 해석할 것인가?
- 당신의 사생활에 관한 그녀의 질문에 어떻게 반응하겠는가?
- 당신이 직접적으로 자기노출을 하지 않으면서 Jasmine의 느낌을 일반화할 수 있는가?
- 당신에게 Jasmine와 같은 생각을 표현하는 내담자들이 많다면 당신의 상담방식을 검토해 볼 필요가 있다고 생각하는가?
- Jasmine의 행동을 평가할 때 문화적 요인을 고려할 것인가?

**논평.** 내담자가 상담자인 당신의 사생활에 관해 질문할 때 무엇 때문에 이런 질문이 유발됐는지 생각해 보라. 내담자가 사적인 질문을 하는 이유는 당신의 대답보다 더 중요하며 임상적으로 탐색하는 데 유용한 재료를 제공할 수 있다. 당신이 부적절하게 Jasmine의 의존성을 조장한 것은 아니겠지만, 당신의 의견을 듣고자 하는 Jasmine의 욕구의 역동성을 탐색하고 싶어질 것이다. 당신과 같은 권위를 가진 사람과 관계하는 Jasmine의 방식에 잠재적으로 영향을 미칠 수 있는 문화적 요인을 확인하는 것도 고려해야 한다. 무엇보다도 치료자에게는 내담자의 자율성이 향상되도록 할 윤리적 의무가 있다. 당신이 Jasmine에게 조언을 하는 모습을 보인다면 스스로를 살펴보고 자신이 그녀의 의존에 미칠 수 있는 영향력들을 점검할 필요가 있다.

## <Marisa의 사례>

Marisa는 이전의 치료자가 "자기를 이해하지 못하고 도움이 되지 않아서" 치료를 그만두었다고 말했다. 그녀는 남들에게 책임을 돌리고 자신의 문제를 스스로 책임지지 않으려는 경향이 있다. Marisa는 당신에게 상담이 기대보다 실망스럽다고 토로한다. 그녀는 당신이 자신에게 진정 마음을 쓰는지 모르겠다고 불평한다. 그녀는 자신이 다른 내담자와는 달리 당신에게 특별한 사람이기를 바라고 있다.

- 당신이라면 Marisa의 기대를 어떻게 다루겠는가?
- 당신은 Marisa와 함께 이전 치료자와의 치료경험을 탐색하겠는가? 설명해 보라.

- 당신이 그녀를 대하는 방식에서 생길 수 있는 윤리적 문제를 자각할 수 있겠는가?
- 그녀가 당신에게 어떤 영향을 주는지를 그녀에게 말하겠는가? 그 이유는 무엇인가?
- 그녀의 질문에 직접적으로 반응하지 않으면서 Marisa가 제기한 문제를 어떻게 다룰 것인가?

**논평.** 치료과정을 평가하고 당신에게 특별한 사람이 되고 싶은 Marisa의 마음을 탐색해야 한다. 남을 기쁘게 하거나 돌봐 주는 사람이 되려는 강한 욕구를 가진 치료자는 부주의로 인해 의존성이나 역할혼동을 조장할 수도 있다. Marisa가 특별한 관심을 받고 있다고 느끼도록 각별히 노력한다면 그렇게 하는 이유를 곰곰이 생각해 보라. Marisa가 당신과 특별한 관계를 이루고자 하는 바람의 원인은 그녀의 삶에서 맺었던 관계들에 있을 것이다. Marisa가 요구를 빠르게 충족하는 것보다 서로의 관계에서 특별하게 취급받고자 하는 욕구를 탐색하는 것이 훨씬 더 중요하다.

## 역전이의 윤리적 함의

지금까지는 상담자를 향한 내담자 감정의 전이를 다루었다. 하지만 상담자가 내담자에게 정서적으로 반응하기도 하는데, 그중에는 상담자의 투사도 포함될 수 있다. 전이와 역전이의 미묘한 차이를 여기에서 완전히 설명하기란 불가능하다. 대신 치료관계에서 이런 반응들을 부적절하게 처리하는 것의 윤리적 함의에 중점을 두고자 한다.

과거에는 **역전이**(countertransference)를 내담자를 지각하고 반응하는 방식을 왜곡하게 만드는 치료자의 투사라고 보았다. 이 현상은 임상전문가가 자신의 갈등이 촉발되기 때문에 부적절한 정서가 일어나거나, 임상전문가가 매우 방어적으로 반응하거나, 혹은 상담관계에서 객관성을 잃어버릴 때 일어난다. 다시 말해, 치료자의 경험 때문에 내담자에 대한 치료자의 반응이 격해지는 것이다. Freud는 치료자의 역전이를 치료의 장애물로 생각했으며, 치료자는 수련감독이나 개인 심리치료를 통해 이런 문제를 적절히 처리해야 했다. 지금은 역전이에 대한 관점이 달라졌다. 요즘은 내담자의 전이에 대한 반응뿐만 아니라 치료자의 모든 반응을 가리킨다. 광범위한 관점에서 보면 역전이는 내담자의 감정, 연상, 환상, 잠깐 동안 형성된 인상 등에 대한 치료자의 모든 정서적 반응을 의미한다(Safran & Kris, 2014; Wolitzky, 2011). 역전이 반응의 예로는 미해결된 개인 문제로 인해 죄책감을 느끼는 것, 치료자의 투사 때문에 내담자의 역동을 부정확하게 해석하는 것, 내담자를 상담하는 중에 곤경에 처하여 더 이상 진전이 없어 좌절감을 느끼는 것, 그리고 내담자에게 짜증이 나는 것 등이 있다(Norcross & Guy, 2007).

**역전이의 징후.** 역전이는 다양한 방식으로 나타나는데, Watkins(1985)는 그의 저술에서 여러 가지를 생각하게 만드는 내용을 제시하고 있다. 적절히 대처하지 않으면 역전이의 반응이 치료자의 임상적 작업을 방해하기 때문에 다음의 예들은 윤리적인 문제를 양산할 수 있다.

**1.** 내담자를 과보호하는 것은 치료자의 심한 두려움 때문일 수 있다. 상담자는 자신의 미해결된 갈등 때문에 스스로에게 고통이 유발되는 주제를 내담자가 다루지 못하도록 조종할 수 있다. 그런 상담자는 내담자를 다치기 쉬운 아이처럼 대할 수 있다.

- 당신 개인의 삶 속에서 특정 부류의 사람에게 과보호 반응을 보인다는 것을 자각하고 있는가?
- 당신은 자신이 내담자로 하여금 고통을 경험하도록 내버려 두고 있다는 것을 알게 되었을 때, 내담자의 고통을 빨리 없애고 싶어 하는 편인가? 혹은 고통은 신경 쓰지 말라고 조언하는 편인가?

**2.** 내담자를 너무 온화하게 다루는 것은 치료자가 내담자의 분노를 두려워해 그럴 수도 있다. 이런 분노로부터 자신을 지키기 위해 상담자는 부드러운 상담 분위기를 조성한다. 이런 전략은 결과적으로 의사소통을 피상적으로 만든다.

- 당신은 자신에게 쏟아지는 분노에 주로 어떻게 반응하는지 자각하고 있는가?
- 내담자와의 의사소통이 피상적이라는 것을 알게 되었을 때 어떻게 해야 한다고 생각하는가?

**3.** 내담자 상담을 거부하는 것은 내담자가 요구하는 것이 너무 많고 매우 의존적이라고 치료자가 생각하기 때문일 수 있다. 이런 경우 상담자는 내담자를 보호하기 위해 접근하는 대신 그를 멀리할 수 있다. 상담자는 내담자와 가까워지기 싫어서 냉담하고 무관심한 태도를 보인다.

- 당신은 의욕이 없는 내담자에게 어떻게 반응하는가?
- 당신은 특정 부류의 사람과 거리를 두고 싶어 하는 자신의 모습을 발견하는가?
- 당신은 특정 행동을 하는 내담자에 집착하는 자신의 모습을 발견하는가?
- 당신은 자신이 거부하고 싶은 사람들을 보면서 어떤 점을 배울 수 있는가?

**4.** 계속 강화와 승인을 받고 싶어 하는 것은 역전이의 한 형태이다. 내담자가 치료자를

기쁘게 하고 싶은 욕구가 발달하는 것처럼, 자신이 유능한 치료자라는 것을 재확인하고 싶은 마음이 너무 강할 수 있다. 이런 치료자는 자신이 곧바로 긍정적인 결과를 내지 못하면 쉽게 실망하고 분노하며 불안해한다.

- 당신은 내담자로부터 인정받고 싶은 욕구를 가지고 있는가? 내담자가 당신을 싫어하게 되더라도 내담자의 문제에 직면할 의향이 어느 정도 있는가?
- 당신은 일상 생활에서 다른 사람들에게 얼마나 효과적으로 직면하는가? 그러한 행동이 치료자로서 당신 자신을 어떻게 느끼게 하는가?

**5. 내담자에게서 자신의 모습을 발견하는 것도** 역전이의 또 다른 형태이다. 내담자에 친근감을 느끼고 그 사람의 괴로움에 공감하는 것이 역전이라고 말하는 것은 아니다. 그러나 초보 상담자는 간혹 내담자를 너무 동일시한 나머지 객관성을 잃을 수 있으며, 감정이입을 과도하게 하여 윤리적으로나 임상적으로 문제를 야기한다. 치료자가 상담하면서 중심을 잃게 되면 자신의 감정을 구분하지 못하게 되거나 직무와 사생활의 경계가 모호해진다. 상담자가 상담 중에 내담자의 감정에 너무 정서적으로 반응하면 내담자가 치료자의 보호자 역할을 하려고 할 수도 있다.

- 당신은 사생활에서 더 이상 도와줄 수 없는 사람에게 강한 동정심을 느껴 본 적이 있는가? 그럴 때 자신에 관해 어떤 생각이 드는가?
- 자신의 역동에 관한 자각을 바탕으로, 당신이 과도하게 동일시할 수 있는 내담자의 개인적 특성을 목록으로 작성해 보라.

**6. 내담자를 향해 성적 혹은 연애감정을 드러내는 것도** 심리적으로 취약한 내담자를 착취하는 것이다. 내담자가 유혹하는 행동으로 인해 치료자도 같은 행동을 취할 수 있는데, 특히 치료자가 자신의 그런 역동과 동기를 자각하지 못했을 때 그렇다. 치료자가 다른 사람보다 특정 내담자에게 더 끌리는 것은 자연스러운 현상이며, 그런 감정 때문에 그 내담자를 효과적으로 상담하지 못하게 되는 것도 아니다. 중요한 것은 그런 실제 감정이 아니라 그런 내담자를 다루는 방식이다. 치료자의 성적 감정이나 욕구가 상담을 방해할 가능성을 줄이는 것이야말로 상담실무를 시작하기 전에 개인 심리치료를 경험해야 하고 특정 내담자 때문에 어려움을 겪게 될 때 다른 전문가에게 자문을 요청해야 하는 가장 중요한 이유 중 하나이다. 제7장에서 자세히 다루겠지만, 내담자와 성적으로 연루되는 것은 비윤리적이고 치료에 역행하는 행위라는 것 외에도 위법행위에 해당된다.

- 당신은 내담자에게 느끼는 성적 감정을 어떻게 다루겠는가?
- 당신은 내담자에게 자주 성적 매력을 느끼게 된다면 어떻게 하겠는가?

**7.** 즉각적인 해답을 구하는 내담자에게 쉽게 조언하는 일이 있을 수 있다. 치료자는 조언함으로써 내담자보다 우월한 위치에 서게 되고 내담자를 위한 정답을 가지고 있다는 착각에 빠질 수 있다. 내담자가 자율적으로 의사결정을 하는 과정을 인내심을 가지고 지켜보기 힘들어 하는 치료자도 있다. 그런 상담자는 자기공개를 과도하게 하고 특정 문제를 해결한 이야기를 길게 할 수도 있다. 그렇게 되면 치료의 초점은 내담자의 문제에서 치료자의 욕구를 채우는 쪽으로 옮겨 가게 된다. 그런 차원에서 공식적인 중재방식으로 조언을 제공하는 것은 역효과를 가져올 수 있다. 내담자가 조언을 구한다고 하더라도 치료자가 조언하는 것은 치료자 자신의 욕구를 채우려는 의도로 의심 받기에 충분하다.

- 당신은 가족이나 친구들의 조언을 무조건 따른 적이 있는가? 만약 그랬다면, 그렇게 함으로써 그들과의 관계에 어떤 영향을 미쳤는가?
- 상담에서 조언이 정당화될 수 있을 때도 있는가? 그렇다면 그런 때는 언제인가? 내담자에게 조언하는 것과 관련하여 내담자의 문화를 어떻게 고려해야 하는가?

**8.** 내담자와 사교적 관계를 맺는 것은 역전이에 의한 것인데, 특히 치료가 이뤄지고 있는 과정에서 사교적 관계를 맺었다면 더욱 그렇다. 더 가까운 관계를 원하기 때문에 제한된 사무실을 벗어나 만났으면 하는 내담자도 간혹 있다. 예를 들어, 그런 내담자는 치료자의 평소 모습을 알고 싶다고 말한다. 개인적 관계와 직업적 관계를 동시에 맺음으로써 치료관계가 파괴되고 법적 소송에 휘말릴 수 있다. 이와 관련하여 다음과 같은 질문들을 스스로에게 해 보라.

- 내담자와 우정을 나누고 싶은 욕구로 인해 치료자의 책무를 저버리고 치료의 목적을 달성하지 못하게 될 것이라고 생각하는가?
- 당신이 내담자와 친구관계를 맺더라도 치료에서 객관성을 지키며 그를 도울 수 있다고 생각하는가?
- 상담을 종료한 후에 내담자와 사교적 관계를 맺었다면 나중에 그 내담자가 심리적 문제가 생기면 상담을 받으러 올 것이라고 생각하는가?

**역전이 반응의 효과적인 관리.** 역전이는 치료적 관계에서 건설적인 요소로도, 파괴적인 요소로도 작용할 수 있다. 치료자는 역전이를 통해 내담자의 중요한 역동을 밝힐 수 있게 된다. 내담자가 치료자를 과거의 자신에게 중요한 인물이 되도록 치료자의 반응을 적극적으로 자극할지 모른다. 내담자가 치료자의 역전이를 자극했다고 해서 그것을 내담자의 문제로 볼 수는 없다. 여기에서 관건은 역전이에 대한 치료자의 반응이다. 역전이를 인식한 치료자는 내담자가 오래된 역기능적인 모습이 변화하도록 도울 수 있다. Hayes, Gelso와 Hummel(2011)은 심리치료에서 역전이를 효과적으로 다룰 수 있는 실무적 지침을 다음과 같이 제시하고 있다.

- 만약 치료자가 자신의 감정을 점검하고 자신의 반응을 내담자를 이해하는 데 사용하거나 내담자가 자신을 이해하도록 돕는 데 활용한다면 역전이는 치료작업을 하는 데 큰 이득이 될 수 있다.
- 치료자가 자기이해를 하고 내담자와 적절한 경계를 두는 능력은 역전이 반응을 관리하고 그것을 치료에 효과적으로 사용하는 데 기본이 된다.
- 개인 심리치료와 임상 수련감독은 치료자가 내담자를 돕기 위해 자신의 내적 반응을 이해하는 데 특별히 도움이 된다.

치료자는 상당한 수준의 객관성을 유지할 수 있는 능력을 계발해야 하며 내담자가 표출하는 강한 정서에 직면했을 때 방어적이거나 주관적으로 반응하지 않도록 유의해야 한다.

## 역전이의 임상적 함의

역전이는 인식하지 못하거나 감독하지 못하거나 관리하지 못할 때 문제를 일으킨다. 상담자의 개인적인 욕구나 미해결된 갈등이 치료관계를 얽히게 만들면서 객관성을 방해하거나 파괴할 때 파괴적인 혹은 유해한 역전이가 일어난다. 이런 식으로 역전이는 윤리적인 문제로 대두되는데, 이는 다음의 사례에 잘 나타나 있다.

### <Lucia의 사례>

Lucia는 라틴계 여성 Thelma를 상담하는 라틴계 상담자이다. Thelma의 문제는 행복하지 못한 부부관계와 관련된 우울이다. 알코올중독자인 그녀의 남편은 Thelma와 함께 상담받는 것을 거절했다. 그녀는 직장을 다니면서 세 자녀를 돌봐야 한다. Lucia는 내담자가 너무 순종적이고 남편에게 자신의 입장을 강력하게 표명하지 못하는 모습에 짜증이 나면서 분노를 참기 어려웠다.

한 상담회기에서 Lucia는 Thelma에게 이렇게 말했다. "당신이 우울해하는 것은 분명한데, 자신의 상황을 변화하려는 의지는 없어 보이는군요. 몇 달 동안 당신이 결혼해서 지금까지 고통을 받고 있다고 말했고 그 고통을 남편 탓으로 돌렸습니다. 계속 같은 이야기를 반복하지만 변화된 것은 아무것도 없어요. 당신 남편은 치료받을 곳을 찾거나 당신과 함께 상담받는 것을 거절했고, 당신도 더 나은 삶을 위해 아무것도 하지 않았습니다." Lucia는 불쾌한 기미를 보이며 이야기했다. Thelma는 듣는 것처럼 보였지만 아무 반응도 하지 않았다. Lucia는 상담회기를 재점검하던 중에 자신이 같은 문화권의 여성 내담자에게 인내심을 잃고 심하게 대하는 경향이 있다는 것을 깨달았다. 특히 지나치게 순종적인 여성에게 더 민감하게 반응하는 것을 알게 되었다. 문화적 배경과 사회화가 의사결정에 어떻게 영향을 미치는지를 탐구하도록 Thelma에게 기회를 주지 않았음을 자각하게 되었다. 수련감독자와 그 사례에 관해 이야기하면서 그녀는 Thelma와 같은 여성에 의해 유발되는 자신의 감정을 탐색할 수 있었다. 그녀는 아버지에게 너무 순종적이었던 어머니와의 관계에서 미해결된 문제로부터 자신이 상당히 영향을 받고 있다는 것을 자각하게 되었다.

- 당신이 Lucia의 수련감독자라면 그녀에게 무슨 말을 하고 싶은가?
- 이 사례에서 치료자와 내담자가 유사한 문화적 배경을 가지고 있는데, 그 공통점을 어느 정도까지 탐색해야 하는가?
- 당신이 Lucia의 수련감독자라면 내담자를 돕기 위해 그녀에게 자기공개를 제안하겠는가? 어떤 종류의 자기공개가 도움이 된다고 생각하는가? 이 상황에서 치료자의 자기공개가 역효과를 낼 수도 있다고 보는가?
- Lucia가 순종적인 여성을 향한 자신의 역전이를 자각했기 때문에 내담자를 다른 치료자에게 보내야 한다고 생각하는가? 그 이유는 무엇인가?
- Lucia가 Thelma를 대하는 태도에 관해 어떻게 생각하는가? 그녀의 행동에 치료적인 요소가 있다고 생각하는가? 그녀의 개입을 치료적이지 않게 만든 점은 무엇이었는가?
- Lucia가 내담자 남편의 알코올 문제에 주의를 기울이지 않은 것은 부주의한 행동이었는가?
- 해결되지 않은 자신의 어머니와의 문제에 대한 Lucia의 자각이 Thelma와 같은 여성을 상담할 때 효과적일 수 있다고 생각하는가?
- 이 사례에는 어떤 윤리적 측면들이 포함되어 있는가?
- 만약 미해결된 개인적 문제나 역전이로 인해 특정 내담자를 효과적으로 상담하지 못하게 되는 상황에 처해 있다면 어떤 조치를 취하겠는가?

**논평.** 상담자가 얼마나 자기인식을 잘하고 통찰력을 가지고 있는지와는 상관없이 심리치료를 수행하는 데는 많은 것이 필요하다. 치료자가 내담자와 발전시킨 강렬한 정서적 관계는 치료자의 미해결된 갈등을 건드릴 수 있다. 역전이는 내담자에 대한 동일시의 한 형태이기 때문에 상담자가 내담자의 문제에 집중할 수 없게 되어 치료적 가치를 잃게 된다. Lucia의 경우 저자들이 제안하는 윤리적 행동방식은 미해결된 문제를 다루기 위해 개인적으로 심리치료를 받는 것이다. 수련감독을 통해 Lucia는 자신을 힘들게 했던 것을 상기시키는 내담자의 특정 행동에 대한 자기의 반응을 검토할 수 있게 된다.

상담자의 역전이가 건실한 상담작업을 방해한다면 윤리적 실무를 위해 상담자는 내담자에 대한 자신의 정서적 반응을 계속 살펴 그런 반응을 이해하도록 노력하고 자신의 개인적 문제와 갈등 때문에 내담자에게 해를 입히지 말아야 한다. 개인 심리치료는 우리가 더 깊이 자기이해를 할 수 있도록 하고, 내담자의 요구에 집중할 수 있는 능력을 증진한다.

## <Ruby의 사례>

Ruby는 동성애자나 에이즈(AIDS, 후천성면역결핍증)에 걸린 사람들에게 심한 적대감을 표현하는 Henry를 상담하고 있다. Henry가 상담받으러 온 것은 동성애자에 대한 반감 때문이 아니라 자신을 떠난 아내에 대한 원망 때문이었다. 한 상담회기에서 그는 동성애자를 경멸하는 표현을 했다. 그는 그들이 모두 비정상이고 에이즈에 걸려 마땅하다고 생각하고 있었다. Ruby는 자기 아들이 동성애자이기에 그런 Henry의 편견으로 인해 신경이 날카로워졌다. 그녀는 내담자의 그런 언급에 매우 당황했고, 그의 그런 태도가 그를 상담하는 자신에게 영향을 줄 것이라는 점을 알았다. 그녀는 다음과 같은 생각을 할지 모른다.

- 내 아들이 동성애자라는 것을 이 사람에게 이야기하고 그런 언급이 내게 어떤 마음이 들게 하는지를 말해야 할 것 같다. 말하지 않는다면 이 사람과 상담을 계속할 수 있을지 모르겠다.
- 내가 마음이 얼마나 아프고 화가 나는지를 동료에게 말해야겠다. 그러나 Henry에게는 아무 말도 하지 않겠다. 그를 상담하는 데 어려움이 있다는 것도 말하지 않겠다.
- Henry의 자기공개는 그를 상담하는 데 방해가 된다. 그의 편견 때문에 기분이 매우 나쁘다고 말해야겠지만 내 아들이 동성애자라는 말은 하지 않겠다.
- 이런 역전이가 발생한다면 상담하는 데 문제가 있다고 설명할 필요 없이 그를 다른 전문가에게 보내는 것이 상책이다.
- 나는 Henry가 치료 중에 말한 개인적 관심사를 다루기보다는 왜 Henry가 동성애자에 대한 자신의 생각을 표현하는지를 탐색하고자 한다.

위에 기술되어 있는 Henry를 향한 Ruby의 접근방식 중 어떤 것이 당신의 생각과 가장 비슷한가? 만약 그녀가 동료인 당신에게 와서 Henry에게 어떻게 반응하는 것이 최선인가를 묻는다면 어떤 말을 해 주고 싶은가? 그녀에게 어떤 말을 하고 싶은지 생각할 때 다음 문제들을 고려해 보라.

- 내담자가 문제로 생각하지 않거나 그가 생각한 상담의 목표가 아닌 주제를 상담하는 것이 윤리적인가?
- 그녀가 Henry에게 어느 정도까지 자신을 노출해야 한다고 말해 주겠는가? 그녀가 Henry에게 자신에 대해 무엇을 밝혀야 한다고 생각하는가? 무엇을 공개하지 말아야 한다고 생각하는가? 그 이유는 무엇인가?

- 그녀가 Henry 때문에 어떤 감정을 느끼는지를 그에게 말하지 않고 계속 상담하는 것이 윤리적이라고 생각하는가?

**논평.** 위에 나온 Ruby의 자기대화 진술문들은 모두 생산적인 탐색에 도움이 된다. Ruby는 역전이 때문에 Henry가 언급한 치료목표에 초점을 다시 맞추는 데 어려움을 경험하고 있다. 그녀가 자기의 반응을 극복하지 못한다면 Henry의 치료에 도움을 주기 어려울 것이다. Ruby는 Henry가 개인적으로 영향을 끼치고 있다는 내용을 너무 상세한 설명 없이 전달하거나 혹은 전달하지 않을 수 있다. 이러한 자기공개는 언제나 치료자가 아니라 내담자의 유익을 위해 이루어져야 한다. Ruby는 자신의 반응을 인식하되 그 반응에 빠지지 않을 수 있다. Henry의 언급이 모욕감을 주거나 Ruby가 더 이상 치료를 도와줄 수 없다고 느낀다면 적절한 의뢰를 고려해야 한다. Henry가 저자들의 내담자라면, 우리는 동성애자에게 적개심을 쏟아붓는 모습에 관심을 갖고 접근할 것이다. 왜냐하면 그가 전 아내에 대한 적개심을 다루는 것이 자신의 치료목표라고 말했기 때문이다.

## 내담자의 의존성

상담 혹은 상담자에게 일정 기간 의존하는 내담자들이 많다. 일시적인 의존은 특별히 문제될 것이 없다. 특히 상담 초기에 그렇다. 어떤 사람들은 전문가에게 자문을 요청하는 것을 나약함의 표시로 보는데, 이런 내담자들이 다른 사람을 필요로 하는 의존적인 사람으로 변했다고 해서 치료자에게 윤리적 책임이 있는 것은 아니다. 그러나 상담자가 상당 부분 내담자를 의존적으로 만들었다면 윤리적으로 문제가 된다. 그렇게 만드는 데는 여러 가지 이유가 있다. 상담자가 재정상 이유로 필요 이상으로 내담자를 잡아 두는 경우가 있다. 일부 개업 치료자는 더 이상 개선될 것이 없어 종결해야 될 상황에서도 출석률이 좋고 치료비도 제때 납부하는 내담자를 떠나보내지 못하는 경우가 있다. 임상전문가는 부지불식간에 내담자의 의존을 조장할 수 있다. 내담자가 해답을 달라고 조르면 그런 상담자는 기꺼이 내담자에게 어떻게 하라고 말할 수 있다. 의존적인 내담자는 치료자가 더 좋은 해결책을 가지고 있다고 생각하기 시작할 것이고, 그렇게 보이고 싶은 치료자는 그에 호응하여 내담자를 미성숙하고 의존적인 상태로 남아 있게 할 것이다.

치료자가 내담자에게 즉각적으로 해결책을 제시하려고 한다면 내담자가 역량을 키우는 것을 방해하게 된다. 미국이 서비스에 대해 비용을 지불하는 전통적인 방식을 관리의료계획(managed care plan)에 기초한 의료보험으로 전환하면서 내담자와 상담자 관계에 많은 변화가 생겼다. 대부분의 관리의료체계에서는 제한된 수의 상담회기와 상대적으로 단기치료만 허용되기에 장기치료일 때보다는 내담자의 의존성에 관해 문제 삼는 경향이 덜하다. 그러나 해결책에 초점을 맞추는 단기 문제해결중심 심리치료(problem-oriented therapy)에서도 내담자가 치료자에 대한 역기능적인 의존성을 높일 수 있다. 만약 이런 일이 발생한다면 그것을 치료적으로 다루면서 내담자를 비난하지 않는 것이 치료자의 의무이다.

여기에서 논의하는 다른 윤리적 문제들처럼 상담자가 내담자의 의존성을 조장하는지 여부는 분명하게 드러나지 않는다. 내담자의 의존성 혹은 독립성을 촉진하고 있는지 검토하는 데 도움을 주기 위해 다음과 같은 사례를 제시한다.

## <Blake의 사례>

Blake는 내담자가 필요로 할 때는 언제나 문자를 보내게 하는 젊은 상담자이다. 그는 언제고 내담자와 전화통화를 하려고 한다. 그는 약속된 회기시간을 초과하여 상담하기도 하고, 내담자가 돈이 없다고 하면 빌려 주기도 하며, 내담자를 위해 요구되는 시간보다 과도하게 더 많은 시간을 투자한다. 그는 일을 위해 살고 있고, 일에 몰두하면 자신이 가치 있는 사람이라는 느낌이 든다고 말한다. 그는 사람들을 위해 더 많은 일을 할수록 기분이 더 좋아진다.

- 이런 Blake의 상담방식이 내담자에게 어떻게 도움이 되는가? 아니면 어떻게 해가 되는가?
- 그가 내담자를 대하는 방식에는 잠재적으로 어떤 윤리적 문제가 있다고 보는가?
- 어떤 면에서 그의 방식이 내담자로 하여금 계속 의존적인 모습으로 남게 만드는가?
- 당신에게도 그와 비슷한 성향이 있다고 생각하는가? 내담자가 당신을 필요로 하는 것보다 자신이 내담자를 더 필요로 하고 있다고 생각하는가?
- 어떤 문화에서 Blake와 같은 스타일을 긍정적으로 평가할 것 같은가?

**논평.** 우리 생각에 가장 중요한 윤리적 질문은 이것이다. Blake가 내담자에게 한 행동은 선행인가 악행인가? 다시 말해서 Blake가 내담자에게 진정으로 도움이 되는가? 또한 우리는 Blake가 내담자와의 관계에서 보여 준 경계에 대해 의문을 제기한다. 일부 Blake의 행동들은 내담자의 자율성을 촉진하는 것과는 관계가 없고 Blake의 욕구를 충족시키는 데 중점을 둔 것 같다. 우리는 Blake의 열성과 일에 대한 헌신을 부정적으로 판단하는 우를 범하고 싶지는 않지만, Blake가 이렇게 내담자에게 깊이 관여한다면 소진되거나 감정이입 피로증후군에 걸릴 위험이 높다는 점을 언급하고 싶다.

## 내담자 의존의 한 형태인 종결 지연

추가적인 치료에서 특별히 얻을 것이 없다면 종결해야 한다는 지침이 대부분의 직업윤리규정에 있지만, 일부 치료자들은 내담자를 떠나보내는 것에 어려움을 겪는다. 그들은 정서적인 부분과 경제적인 필요에 의해 비윤리적 직무수행이라는 위험을 떠안는다. 종결하고 싶다는 의견을 말한 내담자에게 화가 나는 치료자는 역전이 문제의 징후를 보이는 것이다. 종결은 윤리규정만 가지고 강제할 수 있는 것이 아니며, 치료자의 정직성과 내담자가 종결할 준비가 되어 있는지를 확인하는 심도 깊은 논의과정에 내담자를 참여시키려는 자발성에 달려 있는 것이다. 비용을 지불하고 진행되는 전문적 관계의 종결은 복잡한 과정이어서 종결과정에서 문제가 자주 발생한다. 성공적 종결에는 종결과정의 기초가 되는 임상적, 실무적, 윤리적 요인들의 결합이 요구된다(Davis & Younggren, 2009).

종결을 치료의 끝이라는 개별적인 사건으로 보기보다는 일정 기간 동안의 치료를 끝내는 치료과정으로 보는 것이 최선이다. 명확하고 식별 가능한 목표 없이 장기간 진행되는 개방형 치료는 특히 종료하기 어렵다. 능력 있는 치료자는 내담자가 더 이상 치료자가 필요 없다는 것을 깨달을 수 있게 하는 재능을 가지고 있다는 것이 저자들의 견해이다. 우리의 근본적인 목표는 내담자의 역량을 증진시켜 치료에서 그들의 목표를 달성하도록 돕는 것이다.

대부분의 직업윤리규정에는 서비스가 더 이상 필요하지 않을 때, 내담자가 더 이상 치료에서 유익을 얻지 못할 것이 확실할 때, 혹은 기관에서 제도적으로 더 이상의 상담 서비스를 제공하는 것을 제한하고 있을 때에는 상담실무자가 내담자를 위한 서비스 제공을 종결해야 한다고 기술되어 있다. 그런 규정들이 의미하는 바를 감안하여 다음 질문들에 답해 보라.

- 상담 서비스가 더 이상 필요하지 않다는 것을 어떻게 알아차리겠는가?
- 어떤 기준에 따라 내담자가 치료를 통해 유익을 얻고 있는지 판단할 수 있는가?
- 당신은 어떤 진전도 없는 것처럼 보이는데 내담자는 심리치료가 자신에게 유익하다고 느끼고 있다면 어떻게 하겠는가?
- 당신은 내담자가 자신의 변화에 목적을 두지 않고 당신과 친분을 유지하는 것에 목적을 둔다는 것을 알게 되었다면 어떻게 하겠는가?
- 내담자는 확실히 치료에서 유익을 얻고 있는데 당신이 속한 기관에서 회기 수를 제

한하고 있다면 어떻게 하는 것이 윤리적인가? 치료를 종결하는 것이 내담자에게 해가 된다면 어떻게 하겠는가?

아래의 두 사례에서 당신이 치료자라고 상상해 보라. 제시된 문제점과 관련하여 당신이라면 어떻게 할 것인지 생각해 보고 그 이유를 말해 보라.

### <Jiwoo의 사례>

다섯 번의 회기를 마친 후에 내담자 Jiwoo가 이렇게 물었다. "제 문제들을 해결하는 데 진전이 있다고 생각하세요? 제가 5주 전에 비해 뭐가 달라졌다고 보시나요?" 당신이 생각하는 것을 말하기 전에 본인은 어떻게 생각하는지 먼저 물었다. 그러자 그는 이렇게 대답했다. "글쎄요. 여기에 오는 것이 잘하는 일인지 잘 모르겠어요. 예전에는 문제에 대한 해결책을 기대했는데, 지금도 대체로 불안하고 우울한 느낌이 들거든요. 여기에 오는 것이 좋은 일이라고 생각하고 상담시간에 논의한 것들을 계속해서 생각하지만 확신이 서질 않습니다. 어떤 때는 상담이 내게 도움이 된다는 생각이 들고, 또 어떤 때는 괜한 짓 하는 게 아닌가 하는 생각이 듭니다."

- Jiwoo의 질문에 대한 당신의 대답의 장점과 단잠은 무엇인가?
- 어떤 기준이 당신과 내담자가 상담의 가치를 평가하는 데 도움이 될 수 있는가? Jiwoo의 성장을 측정할 수 있는 이론적 근거가 있는 기법은 있는가? 어떤 평가도구로 Jiwoo의 성장을 측정할 것인가?
- 상담에서 다뤘던 점을 Jiwoo가 일상생활에서 계속 생각한다면 그가 상담에서 무언가 얻고 있다는 것을 의미하는가? 그 이유는 무엇인가?

**논평.** Jiwoo가 이런 질문을 했다는 사실은 긍정적인 징후이다. 왜냐하면 그가 치료의 결과에 관심이 있음을 보였기 때문이다. 이것은 Jiwoo가 치료에 대한 기대와 목표를 탐색할 기회이다. 그의 질문에 방어적으로 대하지 말고 치료과정의 원리를 설명하라. 치료를 받으면서 도움이 되는 점과 도움이 되지 않는 점이 구체적으로 무엇인지 물어보라. 일회성에 그치는 것이 아니라 계속 대두되는 과정인 설명 후 받는 동의와 Jiwoo의 질문은 치료과정에 대해 내담자가 지식을 확장할 수 있는 또 다른 기회가 된다.

### <Enjolie의 사례>

Enjolie는 정기적으로 상담을 받으러 왔다. 상담을 통해 어떤 유익을 얻고 있다고 생각하는지 물었을 때 그녀는 이렇게 대답했다. "정말 제게 도움이 돼요. 제 말을 들어 주는 누군가가 있다는 것이 너무 좋아요. 간혹 당신이 제게 한 명뿐인 친구이자 저를 신경 써 주는 유일한 분이라는 생각이 들어요. 밖에서는 그리 많은 것을 하지 못했고 제가 많이 변화됐다고 생각하지 않지만, 그래도 여기에 오면 기분이 좋아져요."

- 친분관계를 맺는 것이 Enjolie가 상담소를 찾는 주요 목적이라고 생각된다면 그녀를 계속 상담하는 것은 윤리적인가? 그 이유는 무엇인가?
- 상담을 받으러 오는 그녀의 동기를 자세히 검토하지 않고 심리치료를 종결하는 것이 윤리적이라고 생각하는가?
- 당신의 치료종결 제안을 Enjolie가 어떻게 받아들일 것으로 생각하는가? 어떤 임상적 문제를 당신이 감안해야 한다고 생각하는가?
- 그녀에게 어떤 변화가 없다고 생각하는데도 상담을 계속하는 것은 윤리적이라고 생각하는가?

**논평.** 저자들은 Enjolie에게 상담을 받으러 온 이유가 무엇인지 이야기해 보라고 요청하고, 그녀가 현재의 치료목표를 정하도록 도와줄 것이다. 또한 치료는 상담자와 우정을 나누는 곳이 아니라 상담실 밖의 삶에서 친구 사귀는 법을 배우는 기회라는 점을 강조하겠다. 우리는 그녀가 자기의 이야기를 경청할 사람들을 찾기 위해 무엇을 하고 있고 우정을 공고히 하기 위해 무엇을 할 수 있는지 탐색할 수 있을 것이다. 그리고 Enjolie가 치료 상황 밖에서 그녀의 목표를 어느 정도 이루고 있는지 중점을 두도록 장려할 것이다. Enjolie가 개인 심리치료에서 유익을 얻지 못한다고 판단되면 대인관계에 초점을 맞추는 치료양식인 집단치료에 의뢰하는 것을 고려할 것이다.

# 상담 직종에서의 스트레스

## 사람을 돕는 데 따르는 위험

사람을 돕는 전문가는 업무상 벅차고 도전할 것이 많으며 정서적 부담을 가질 수 있는 직무를 감당한다. 대체로 학생들은 처음 그 직업을 위해 준비를 시작할 때 직업의 위험요소에 관해서는 충분히 듣지 못한다. 수련과정에서 많은 상담자는 상담이 남을 도와줌으로써 깊은 자기만족감을 느낄 수 있는 직업이라고 기대한다. 학생들이 자기탐색을 하고 내담자에게도 자기탐색을 하도록 일깨우는 데는 어려움과 위험이 존재한다는 것을 이야기해 주는 사람은 거의 없다. 치료과정의 동반자인 상담자는 내담자의 고통에 크게 영향을 받는다. 유능한 상담실무자는 내담자를 이해하는 도구로, 또는 내담자와 상담하는 방법으로 본인 삶의 경험과 개인적인 반응내용을 활용한다. 다른 사람들을 심리적으로 치료하다 보면 치료자 인생의 개인적인 주제들이 떠오르게 되고, 역전이가 나타나기도 한다. 만약 당신이 혼란을 느끼고 있다면 내담자의 이익을 최선으로 하고 있는지 여부와 당신의 실무가 윤리적으로 문제가 없는지 확인하기 위해 자문을 요청할 필요가 있다.

사람을 돕는 전문가를 양성하는 대학원 수련 프로그램에는 추후에 학생들이 하게 될 도전적인 업무를 감당할 수 있도록 준비하는 과정이 포함되어야 한다. 자기돌봄 교육은 학생의 미래 진로가 쇠퇴하는 것을 예방하기 위해 대학원 프로그램 초기부터 시작되어야 한다. 자기돌봄의 중요성을 강조하면서 학생들이 대학원 과정 동안 자기돌봄 행동계획을 세우도록 해야 한다. 그런 실행계획은 학생들이 대학원 교육과정 중에 반복적으로 재검토하며 수정할 수 있고, 임상경험을 시작하고 직업 세계로 진입할 시점에 수정할 수 있다. 자기돌봄 원칙과 실행은 대학원 과정을 넘어 개인의 실무경력 전체에서 이루어져야 한다(Wise & Barnett, 2016). 만약 학생이 충분히 준비되어 있지 않으면 비현실적 기대로 인해 초기에 포기해 버리거나 소진해 버릴 가능성이 크다. 활력을 잃지 않는 상담자가 될 수 있는 핵심요소로서 직무 스트레스를 효과적으로 다루고 소진을 방지하며 자기돌봄을 충실히 할 수 있도록 학생들을 교육하는 전략이 대학원 수련 프로그램에 마련되어야 하는 것은 윤리적 의무사항이다. 대학원 수련 프로그램의 교수진이 자기돌봄과 직무수행에서 학생들에게 모범이 된다면 이상적일 것이다. Newsome, Waldo와 Gruszka(2012)는 소진과 감정노동에 의한 피로를 예방하기 위해 스트레스를 관리하는 방법을 배우는 것이 성공적인 직업을 위해 필수적이라고 말한다. 그들은 직무 스트레스의 부정적인 영향, 소진 예방방법과 자기연민을 증진하는 방법을 교육하는 데 현재의 수련 프로그램들이 충분치 않다고 주장한다. Newsome 등은 마음챙김 집단 프로그램을 상담전공 학생들의 대학원 프로그램에 포함했고 의미 있는 결과를 얻었다. "마음챙김 집단에서 유의하게 지속적으로 스트레스가 감소되고 마음챙김과 자기이해 수준은 증가되었는데, 이는 마음챙김이 미래에 상담이나 심리치료를 직업으로 할 사람들에게 큰 이익을 준다는 것을 시사한다"(309쪽).

## 책임감을 과도하게 느껴서 생기는 스트레스

내담자가 나아지지 않는 경우 자신에게 모든 책임이 있다고 생각하는 치료자는 내담자가 자기 치료과정에 책임감을 느끼도록 하지 않을 것이다. 내담자에 대해 자신에게 모든 책임이 있다고 생각하는 성향이 강한 상담실무자는 자주 내담자의 스트레스를 자신의 스트레스로 경험한다. 이런 현상이 언제 발생하는지 자각하는 것이 중요하다. 지나치게 과민해진다든지, 정서적으로 동요가 된다든지, 고립감을 느낀다든지, 알코올이나 약물을 남용한다든지, 회복되었다가 재발된다든지, 개인적으로 효과성이 감소한다든지, 무언가 결정 내리기 힘들다든지, 강박적인 직무행태를 보인다든지, 갑작스러운 행동변화를 보인다든지, 혹은 동료들로부터 우려 섞인 피드백을 받는 것 등이 조심해야 할 징후이다. **스트레스**(stress)는 신체건강과 정신건강을 위협하는 사건 혹은 사건의 연속이다. 스트레스가 당신에게 개인적으로나 직업적으로 얼마나 영향을 주는지 알아보기 위해 다음 질문들을 숙고해 보라.

- 당신이 가진 문제들을 어느 정도 인식할 수 있는가?
- 자신의 문제를 처리하기 위해 자발적으로 어떤 조치를 취하는가?
- 스트레스 관리전략을 실천하고 있는가?
- 당신은 일상생활에서 개인적인 욕구를 어느 정도 충족하고 있는가?
- 당신이 심한 스트레스를 받고 있는 것 같다고 말하는 가족, 친구, 동료들의 말에 귀를 기울이는 편인가?
- 당신은 다른 사람에게 도움을 요청할 의향이 있는가? 만약 그렇다면 누구로부터 도움을 받고 싶은가?
- 스트레스를 더 효과적으로 관리하기 위하여 기꺼이 변화할 의향이 있는가?

## 스트레스의 근원

Stebnicki(2008)는 자신의 책 『감정이입 피로증후군: 상담사에게도 치유가 필요하다』에서 내담자가 심리치료를 받을 때 내놓는 외상 입은 이야기들을 경청하면서 생기는 스트레스에 관해 말한다. 이런 이야기는 슬픔, 상실, 불안, 우울, 외상 후 스트레스 같은 주제가 대부분이다. 이런 이야기들이 치료자의 개인적인 갈등을 너무 밀접하게 반영할 경우 **감정이입 피로증후군**(empathy fatigue)이 발생할 수 있다. 감정이입 피로증후군은 동정피로, 2차 외상 스트레스, 대리외상, 소진 같은 다른 피로증후군들과 유사한 점이 있다. 감정이입 피로증후군의 증상은 큰 스트레스와 외상을 경험한 생존자를 치료하는 전문가, 기분장애, 불안장애, 스트레스 관련 장애를 가진 사람들을 치료하는 전문가, 정신과 신체장애를 가진 사람들을 대하는 직장에서 일하는 전문가에게 흔히 나타난다. Stebnicki는 감정이입 피로를 점검하는 것이 우리의 정서적, 신체적, 영적 웰빙을 유지하는 데 중요하다고 강조한다.

Linnerooth, Mrdjenovich와 Moore(2011)는 내담자에게 공감을 경험하고 그것을 드러내는 정신건강전문가가 감정이입 피로를 경험할 가능성이 있고, 그런 상태는 자신의 욕구를 인식하지 못하고 그것에 신경을 쓰지 않을 때 더 심해진다고 주장한다. 그리고 그들은 "역설적으로 지나치게 감정이입을 하면서 내담자에게 접근할수록 내담자가 외상을 내재화할 가능성이 더 커진다"(88쪽)고 하였다. Skovholt(2012)는 상담자가 "함께 하는 것과 헤어지는 것, 그리고 전략적으로 서로 가까워졌다가 거리를 두기도 하고 또 가까워지는 것을 학습할 것"(128쪽)을 제안한다. Skovholt와 Trotter-Mathison(2016)은 내담자의 세계로 들어간 뒤 길을 잃지 않는 것이 **감정이입의 균형**이라고 설명한다. 미미한 공감이나 감정이입은 내담자에 대한 보살핌이 없는 것이라고 할 수 있지만, 지나친 감정이입은 실무자들이 내담자가 이야기하는 중에 자신을 잃게 만들 수 있다. 그래서 남을 돌보는 것과 자신을 돌보는 것에 균형을 맞추는 것이 어렵다.

전문상담가의 업무를 수행하다 보면 매우 높은 스트레스 수준에 이를 수 있는데, 이는 신체적, 정신적, 정서적, 직업적, 영적 피로감을 통해 주로 나타난다. 내담자가 치료 상황에서 경험하고 이야기한 스트레스는 분명히 치료자의 스트레스 경험에 큰 영향을 끼칠 수 있다. 특히 치료자가 자기돌봄을 실천하고 있지 않다면 더욱 그럴 수 있다.

다른 스트레스의 원인 중 하나는 관리의료체계와 교육체계에서 일하는 것과 관련된다. 관리의료체계에서 일하는 정신건강전문가에게는 내담자의 치료승인 취득, 필요한 치료의 정당성 입증, 내담자 문제의 경감, 서류작업, 임상적으로 계속 필요한 치료의 승인이 거부될 때 생기는 윤리적 딜레마에 놓일지 모른다는 불안감 등이 압박감을 주는 요소들이다. 학교상담사의 경우, 아동의 행동문제를 즉시 해결할 수 있다는 기대감 외에도 학교 상황에서 가족과 교사와 행정자의 욕구불만을 다뤄야 하는 스트레스가 부가된다. 이 책의 감수자 중 한 사람은 교사의 욕구와 교무에 초점을 두는 학교상담 맥락에서는 스트레스와 소진이 직업상 위험요소에 해당된다고 진술했다. 학교상담사에게 쏟아지는 요구는 많지만, 수련감독이나 업무로 인해 개인적으로 어떤 영향을 받는지에 관해 이야기 나눌 기회를 거의 갖지 못한 채 홀로 업무를 감당해야만 한다.

이런 상황은 혼자 개업상담실을 운영하면서 동료와의 협력이라는 유익을 누리지 못하는 임상전문가들에게도 마찬가지다. 개업을 한 치료자도 정기적으로 예정된 자문이나 수련감독 집단에서 다른 동료들과 만나 협력할 수 있다. 사무실에서 다른 치료자들과 함께 일한다고 해도 개인 업무나 직무를 처리하느라 서로 소통할 시간이 별로 없을 수 있다. 더욱이 폭력적인 내담자나 자살의도를 가진 내담자를 상담하는 치료자는 특히 스트레스에 취약하기 때문에 소진을 예방하려면 자기돌봄 전략을 개발하는 것이 필수적이다. 때로 임상실무자는 수련 받은 내용에 반하는 요구를 받을 수도 있다. 보호

관찰관, 법원과 기타 이해 관계자들은 치료자를 성범죄자에게 법을 집행하는 팀의 일원으로 생각하고 특별한 기대나 요구를 할 수 있는데, 이 상황에서는 모호한 자신의 역할을 경험할 수 있다. 많은 스트레스를 유발하는 근무환경은 실무자를 소진시킬 뿐만 아니라 내담자에게도 부정적인 영향을 미칠 수 있다.

다른 사람을 도와주는 일의 일부일지라도 피할 수 없는 스트레스의 원인을 인식하지 못한다면 맞닥뜨리는 스트레스와의 전투에서 효과적인 전략을 개발하지 못할 것이다. 일상생활에서 모든 긴장요소를 제거하리라 예상하는 것은 비현실적이지만 이를 인식하고 다루는 실제적인 전략은 개발할 수 있다. 그렇게 하는 것이 윤리적인 상담실무자가 되는 데 중요하다. 손상을 입은 전문가를 위한 프로그램이나 동료 지원 프로그램을 운영하는 전문가단체나 주 면허관리청도 있다. 이런 프로그램들은 스트레스의 영향을 다루는 데 중요한 자원이 될 수 있다.

## 상담자의 소진과 손상

스트레스, 소진, 대리외상은 사람을 돕는 전문가의 업무에 지속적으로 수반되는 문제이다(Galek, Flannelly, Greene, & Kudler, 2011; Skovholt, 2012; Skovholt & Trotter-Mathison 2016; Smith & Moss, 2009; Wise & Barnett, 2016). 치료자가 자신의 효과적인 기능을 유지하고 내담자에게 양질의 임상서비스를 제공하기 위해서는 자기돌봄이 필수적이다(Wise & Barnett, 2016). 자기돌봄을 실행하지 않는 임상전문가는 전문가의 의무를 수행하지 못하는 위험한 지경에 이르게 된다. 스스로를 돌보는 것에 신경을 쓰지 않는 것은 "우리 자신을 손상시키고 윤리적으로 실무를 수행하는 것을 방해할 수 있으며, 우리를 좌절과 감정이입 피로, 소진을 경험하게 할 수 있다"(Pope & Vasquez, 2016, 114쪽). **소진**(burnout)은 무기력감과 무망감을 동반하는 신체적, 정서적, 지적, 영적 고갈 상태이다. Maslach(2003)는 소진이 일종의 직업 스트레스로서 신체적 · 정서적 피로, 몰개성화, 개인적 성취 저하 등의 상태로 이어진다는 것을 확인하였다. 장시간 노동, 과중한 행정직 수행, 업무활동을 통제할 수 없다는 생각으로 인해 상담실무자는 정서적 고갈에 이를 수 있는 위험이 높아진다(Stevanovic & Rupert, 2009). 내담자들에게 적정한 수준에서 개입하는 것은 개인적 성취감을 경험하게 하지만, 지나친 개입은 추가로 많은 시간을 요구하고 정서적 에너지를 고갈시켜 치료자를 소진의 부정적인 측면을 경험할 위험에 빠뜨린다(Rupert, Miller, & Dorociak, 2015).

최근에 Fried와 Fisher(2016)는 임상실무자와 연구자들이 정신적 문제에 취약한 사람들과 위험에 처한 사람들을 대상으로 서비스를 제공하는 치료자들이 경험하는 장기적으로 치명적인 정서적 스트레스의 부정적인 결과에 관심을 가지게 되었다는 것을 확인했다. 정신건강에 문제가 있는 것으로 진단된 사람들을 전문적으로 돕는 일은 보람이 있을 수는 있지만 스트레스도 많다. 심리치료를 하는 사람들에게서 발생하는 소진의 전조와 결과를 연구한 Lee, Lim, Yang과 Lee(2011)는 정서적 탈진이 직무 스트레스와 과도하게 내담자에게 개입하는 것과 가장 밀접한 관계가 있다는 것을 발견하였다. Vilardaga 등(2011)은 중독상담이나 정신건강상담을 하는 사람들을 소진하게 만드는 힘든 조건으로 지원금 삭감, 서비스 제공에 대한 제한, 자격인증방식이나 면허기준 변경, 법정 명령에 의해 오는 내담자, 특별한 것을 요구하는 내담자, 낮은 보수 수준, 직원의 이직, 조직의 급격한 변화, 제한된 승진 기회 등을 들었다.

상담실무자가 소진을 치료하는 조치를 취하지 않거나 스트레스를 다루는 방법을 바꾸지 않으면 결국 손상을 입게 된다. **손상**(impairment)은 만성질환을 가진 상태 혹은 심리적으로 심하게 고갈된 상태로 전문가가 효과적인 서비스를 제공하는 데 방해가 되어 수준 이하의 직무수행을 하게 되는 결과를 가져온다. 약물남용, 만성적인 신체질환, 소진 등 많은 요인들이 개인적으로나 직업적으로 상담자의 효과성에 부정적인 영향을 미친다. 손상을 입은 상담자는 스트레스에 효과적으로 대처할 수 없고 직업적 의무를 제대로 수행할 수 없다. 끊임없이 내담자가 쏟아 내는 내용으로 내적 갈등이 활성화된 치료자는 내담자와 거리를 두려고 할 수 있는데 내담자는 이러한 태도가 자신을 거부하는 것이라고 해석할 수도 있다.

활동 중인 심리학자들이 겪는 직장과 가정 내의 갈등과 소진에 관한 조사를 수행한 Rupert, Stevanovic와 Hunsley(2009)는 가정 영역과 직장 영역이 상호의존적이라는 점을 지지하는 증거를 발견했다. 가족의 지지는 직장에서의 안녕과 낮은 수준의 소진과 관련이 있다. 직장과 가정 내의 갈등 영역은 심리학자가 자신의 일에 대해 어떻게 느끼는지에 중요한 영향을 끼친다. Rupert 등(2009)은 양질의 직장생활과 가정생활의 통합을 고려해 볼 때 심리학자의 소진을 줄이는 전략은 직장을 넘어 확장되어야 한다고 주장한다. Rupert 등(2015)은 업무의 요구와 가정생활에서의 갈등을 최소화하는 것이 소진의 위험을 줄이는 데 가장 중요한 요소라고 말한다. 그들은 긍정심리학 운동은 스트레스의 부정적 측면보다 일에 몰두하고 직무에 대해 긍정적인 태도를 가지는 것에 중점을 둔다는 것을 강조한다. 이렇게 긍정적인 면에 초점을 맞추는 것은 내적 자원과 외적 자원에 근거한 1차 예방적 접근이다. 소진을 방지하기 위해 Rupert 등은 "사전예방 차원의 접근방식을 취하고 직무의 요구와 개인강점의 적합성을 극대화하고, 직장과 가정에서 자원을 최대한 개발하고, 직무와 사생활의 균형을 이루는 것이 좋다"(172~173쪽)고 권유한다.

당신에게 스트레스를 주는 것이 무엇인지를 곰곰이 생각해 보라. 어떤 특징이 보이는가? 스트레스를 어떻게 관리하는가? 손상 입은 상담실무자가 되는 것을 예방하기 위해 어떤 조치를 취하고 있는가?

- 친구, 동료 혹은 수련감독자에게 도움을 요청하겠는가?
- 수련감독을 받기 위해서 정규 수업시간이나 근무시간 외에 시간을 낼 용의가 있는가?
- 도움이 된다면 개인 심리치료나 신체 관련 활동(마사지, 요가, 필라테스), 영적 활동 등을 할 생각이 있는가?
- 당신의 인생에서 일 말고 열정을 쏟는 다른 무언가가 있는가?
- 당신은 가정, 우정, 개인 취미 등 자신이 가치를 두고 있는 것을 위해 생활의 일정 부분을 할애할 용의가 있는가?

소진되지 않기 위해 당장 실행해야 하는 것들이 있다. 그런 차원에서 다음의 자기돌봄 전략을 활용할 수 있다.

- 자신이 직접 일정을 정하라.
- 규칙적으로 할 수 있는 취미를 찾아라.
- 가족이나 친구들과 함께하는 시간을 더 많이 가져라.
- 동료들에게 자문과 지원을 요청하라.
- 직무가 당신의 인생의 중심이 되는 것을 막아라.
- 일과 여가의 균형을 유지하라.
- 다른 사람을 돌보는 것과 자신의 돌보는 것의 균형을 지켜라.

정신건강을 지원하는 직무의 스트레스에 관해 더 알고 싶거나 감정이입 피로와 소진, 자기돌봄 전략에 관해 더 알고 싶다면, Skovholt 와 Trotter-Mathison(2016)이 저술한 『회복탄력적 실무자(*The Resilient Practitioner*)』를 추천하는 바이다.

## 윤리규정: 전문가의 손상

**미국부부및가족치료학회(AAMFT, 2015)**
부부 · 가족치료사는 직무수행과 임상적 판단에 장애가 될 수 있는 자신의 개인적 문제와 갈등에 대해 적절한 전문적 지원을 받아야 한다(3.3).

**미국휴먼서비스기구(NOHS, 2015)**
휴먼서비스 전문가들은 내담자에게 최적의 서비스를 제공할 수 있도록 건전한 개인적 성장을 이루어 내야 하고 그것을 유지해야 한다. 그들이 신체적, 정서적, 심리적 혹은 기타 문제로 인해 제대로 된 서비스를 제공할 수 없다고 생각되면, 내담자가 대체 서비스를 받을 수 있도록 해야 한다(지침 35).

**미국심리학회(APA, 2010)**
심리학자가 직무를 수행하는 데 방해가 되는 개인적 문제를 인식하게 되었다면 전문적 자문과 지원을 요청하는 등의 적절한 조치를 취하고, 직무수행을 제한할지 아니면 잠정적으로 혹은 완전히 중단할지를 결정해야 한다(2.06.b).

**미국상담학회(ACA, 2014)**
상담자는 자신에게 신체적, 정신적 혹은 정서적 문제의 징후가 나타나는지 점검하고, 그것이 내담자나 타인에게 해가 될 가능성이 있다면 전문적 서비스를 제공하는 것을 중지해야 한다. 그런 문제가 직무수행에 장애가 될 정도라면 전문적 지원을 받도록 하고, 필요에 따라서는 안전하게 직무를 수행할 수 있을 때까지 직무수행을 제한하거나 잠정적으로 중단할 수도 있고 완전히 종결할 수도 있다. 상담자는 동료나 수련감독자가 자신의 장애를 파악할 수 있도록 돕고, 자신에게 문제가 있다는 것이 확실하면 동료나 수련감독자에게 자문과 지원을 요청하여 내담자에게 피해를 주지 않도록 해야 한다(C.2.g).

# 자기돌봄을 통한 활력 유지

**자기돌봄**(self-care)이란 웰빙 증진과 효과적인 대처를 의미하는 긍정적 활동이다. 광의적인 의미로는 "자기돌봄은 사생활에서나 직무영역에서 신체적, 정서적, 대인관계적, 영적 측면에 진정한 관심을 가지고 긍정적인 수행을 하는 것을 포함한다(Wise & Barnett, 2016, 210쪽). 자기돌봄을 소홀히하면 전문적인 서비스를 제공하는 데 곤란을 겪기 때문에, 자기돌봄은 윤리적 실무의 기본이라고 할 수 있다. 직업 역량은 윤리적 의무이기 때문에 윤리와 자기돌봄은 밀접한 관계가 있다(Wise et al., 2012). 역량을 가지고 윤리적으로 직무에 임하기 위해서는 치료자가 자기돌봄 전략이나 웰빙 전략을 배워 계속 실행해야 한다. 지속적인 자기돌봄은 치료자의 전문적 역량과 개인적인 웰빙 증진을 목적으로 하는 프로그램의 필수적인 부분이다(Barnet et al., 2006; Wise & Barnett, 2016; Wise et al., 2012). 현재의 웰빙 상태에 대한 자각은 자신의 웰빙을 유지하는 것은 물론이고 다른 사람의 웰빙을 증진하는 데 기본적인 요소이다. 상담자로서 타인에게 심리적 서비스를 제공하는 능력은 생활에서 자신의 웰빙을 증진하는 능력과 관련이 있다(Blount, Lambie, & Kissinger, 2016). 자신을 돌보고 개인적으로 사회망을 형성하여 잘 유지하는 사람들이 다른 사람을 걱정하고 관심을 가질 가능성이 더 크다. 좋은 자기돌봄은 더 나은 윤리의 실천과 관련이 있다(Knapp et al., 2015). 자신을 잘 돌보는 치료자가 내담자도 잘 돌볼 수 있다(Barnett, 2017a). 만약 우리 자신을 제대로 돌보지 못한다면 결국 우리는 내담자를 도울 수 있는 끈기를 가지지 못할 것이다. "회복탄력성이 있고 그것을 유지하는 실무자는 웰빙 상태에 있게 된다. 그리고 그런 웰빙 상태는 내담자와 일하는 데 필요한 엄청난 에너지의 원천이 된다"(Skovholt, 2012, 140쪽).

최근 문헌들은 정신건강전문가들이 자신들의 삶에서 사전예방 차원으로 자기돌봄 전략을 실천하는 것이 매우 중요하다는 것을 강조한다. *American Psychologist* 학술지에 발표한 논문에서 Walsh(2011)는 내담자가 웰빙을 증진하도록 돕는 치료적 생활방식 변화(TLCs)에 대한 종합적인 개관을 요약하였다. Walsh의 자기돌봄 전략은 정신건강전문가들에게도 매우 유용한 웰빙 접근법이다. 믿을 만한 연구결과들과 임상적 증거들이 이러한 **치료적 생활방식 변화**(therapeutic lifestyle changes)가 운동, 건강한 식생활, 자연체험, 대인관계, 레크리에이션, 휴식, 스트레스 관리, 종교적 혹는 영적 성장과 타인에 대한 서비스 등에 효과적이라는 사실을 지지한다. Walsh는 TLCs가 때때로 심리치료나 약물치료만큼 효과적일 때가 있으며, 건강이나 웰빙을 증진하는 등 의미 있는 치료적 이점을 제공한다고 기술하였다. 치료적 생활방식 변화의 효과에 대한 증거가 있지만, Walsh는 TLCs가 충분히 인정받지 못하고 있으며, 그것에 대한 교육이나 활용이 제대로 이루어지지 않은 점을 안타까워하고 있다. 이 모델에서는 마음챙김, 영성과 긍정심리 요소를 신체건강과 정신건강을 증진시키는 방법에 통합한다.

마음챙김, 수용전념치료, 그리고 긍정심리학에서는 자기돌봄을 위한 긍정적 원칙과 실천을 강조한다(Wise et al., 2012). 다양한 마음챙김 기법을 통해 접근할 수 있는 애쓰지 않는 태도(non-striving attitude)는 스트레스 정서와 사고에 대한 반응성을 감소시켜 더 적응적 형태의 의식을 가지게 한다(Brown, Marquis, & Guiffrida, 2013). 마음챙김 수련이 상담 전공생들의 진실성, 수용력, 공감능력을 증진하는 데 도움을 주기 때문에, 그런 수련을 통해 자기연민과 감정이입 능력이 향상된다(Campbell & Christopher,

2012). 마음챙김 수련을 받지 않은 내담자는 상담자가 마음챙김을 실천하고 있다는 것을 알지 못하고 있더라도 상담자의 마음챙김 수련으로부터 이득을 얻을 수 있다(Brown et al., 2013). 상담자는 마음챙김의 실천을 통해 연민의 방식을 습득하여 치료자로서의 자세와 능력을 갖추게 된다.

Patsiopoulos와 Buchanan(2011)은 자기연민에 대한 연구가 많지 않지만, 그런 연구들을 종합하여 **자기연민**(self-compassion)이 배려심을 가지고, 무비판적이 되도록 하고, 수용성을 증진하며, 자기 자신에게 더 긍정적인 태도를 가지게 한다는 것을 강조하였다. 자기연민은 상담자의 웰빙을 증진하고, 내담자와의 상담이 더 효과적이게 하고, 치료 관계를 형성하는 데에도 도움이 된다. Patsiopoulos와 Buchanan은 "자기연민 수련을 통해 상담자가 자신을 돌보는 것은 물론 내담자와 돌봄의 관계를 형성하고 내담자에게 양질의 서비스를 제공하는 치유적 상담환경을 만들게 하는 것"(306쪽)이 자신들의 바람이라고 설명했다. Neff(2011)는 자기연민에 관한 연구를 통해 자기비판적인 사람들보다 자기연민적인 사람들이 더 건강하고 생산적인 삶을 영위한다는 것을 발견하였다. Neff의 연구는 자기연민이 우리 자신을 제대로 이해할 수 있게 하고 만족할 만한 변화를 이끌어 낼 수 있다는 것을 보여 주었다. 만약 우리가 스스로에게 연민을 가질 수 있다면 내담자에게도 연민을 보일 수 있을 것이다. 만약 당신이 자기연민에 관한 지식을 더 얻고 싶다면, Kristin Neff(2011)가 저술한 『자기연민: 그만 자신을 괴롭히고 불안에서 벗어나자(*Self-Compassion: Stop Beating up on Yourself and Leave Insecurity Behind*)』를 권한다.

## 제2장 요약

인생경험과 태도, 그리고 배려의 마음을 상담 혹은 심리치료에 적용하는 것은 효과적인 치료관계를 수립하는 데 결정적인 요인이다. 만약 우리가 자신의 문제를 살펴보지 않으려고 한다면 두려움과 개인적 갈등과 욕구 등이 내담자에게 양질의 서비스를 제공하는 것을 방해할 가능성이 있다. 지식과 상담기법들이 중요하기는 하지만, 내담자와 좋은 관계를 형성하는 것이 효과적인 서비스를 제공하는 데 가장 중요하다.

수련기간 혹은 그 이후에라도 개인적으로 심리치료를 받음으로써 내담자의 필요와 복지를 위해 일할 수 있는 능력이 향상된다. 치료자는 직접 해 본 것 이상의 것을 내담자에게 하도록 요청할 수 없기 때문에 계속해서 자신을 탐구하는 것이 중요하다. 당신은 개인 성장을 도모함으로써 당신을 향한 내담자의 다양한 전이 반응들을 제대로 다룰 수 있다. 또한 자신의 잠재적인 역전이 반응에 대해서도 더 잘 인식할 수 있게 되고, 그것을 치료의 도구로 다루는 기반을 다질 수 있다. 역전이를 잘못 관리하면 비윤리적인 행동을 할 수 있으므로 도움이 될 수 있는 개인 심리치료를 찾아 상담자로 일하는 동안 자신의 개인적인 관심사를 정기적으로 검토할 필요가 있다. 내담자에게 효과적인 서비스를 제공하기 위해 자신을 솔직하게 평가하는 것이 우선되어야 한다.

만성적인 스트레스원을 적절히 처리하지 않아 발생하는 스트레스와 소진은 윤리적 문제를 가져온다. 심리적으로나 신체적으로 지친 치료자는 내담자에게 효과적인 도움을 거의 줄 수 없다. 고통으로 인해 감각이 무뎌진 정신건강전문가는 내담자의 고통을 제대로 다루지 못한다. 손상을 입은 정신건강실무자는 내담자에게 도움은커녕 해를 끼칠 수도 있다. 활력을 유지하는 일이 쉽지 않더라도 윤리적인 측면에서 치료자는 개인적으로나 직업적으로 자신을 돌보는 방법을 찾는 것이 중요하다.

## 추천 활동

다음의 활동과 질문은 학습한 내용을 적용하는 데 도움을 주고자 마련한 것이다. 대부분의 활동과 질문은 혼자 할 수도 있고 다른 사람과 함께할 수도 있다. 수강생 전체 혹은 조별로 토론을 하도록 고안된 것도 있다. 당신에게 가장 중요하다고 생각되는 주제들을 골라 공책에 그 주제들에 관한 의견을 적어 보기 바란다.

**1.** 사람을 돕는 직업을 가지려고 하는 자신의 동기를 탐색해 보고 조별로 토의하라. 전문가가 되어 일을 하는 것을 통해 어떤 개인적인 욕구를 충족시킬 수 있으리라 기대하는가?

**2.** 다음 질문들에 관해 조별로 토론하라. 자신의 욕구가 내담자와 상담하는 중에 어느 정도 영향을 미친다고 생각하는가? 자신의 일부분인 욕구를 어떻게 자각하며 내담자와의 관계에 방해가 되지 않으면서도 어떻게 그것을 충족시킬 수 있는가?

**3.** 상담자가 되는 과정에서 걱정되는 것이 무엇인지 조별로 토의해 보라. 초보 상담자로서 어떤 어려운 점이 있을 것 같은가? 어떤 점이 가장 두려운가? 토의를 끝내면서 자신의 근심거리를 노출함으로써 무엇을 배우게 되었는지를 생각해 보라.

**4.** 3인 1조로 모여, 돌아가면서 각자가 상담자로서 어떤 개인적 소질이 있는지를 말하도록 하라. 당신은 상담자로서 직무에서 자산이 될 어떤 재능과 기술, 자질을 가지고 있

다고 생각하는가?

5. 자신이 상담하기 정말 힘들 것 같은 내담자 유형에 관해 생각해 보라. 그런 다음 다른 학생과 함께 역할극을 꾸미되 당신이 상담하기 힘든 내담자 역할을, 상대방이 상담자 역할을 연기해 보라. 자신이 내담자 역할을 해 본 후 역할을 바꾸어 상담자 역할도 해 보라.
6. 소진과 관련된 경험에 관해 조별로 토의하며, 소진을 일으키는 사항과 소진을 해결하는 데 도움이 될 만한 것을 이야기해 보라. 직업적으로 소진하게 만들 수 있는 것들에 관해 토의하고, 소진을 예방하거나 최소화할 수 있는 방법을 강구해 보라.
7. 도움을 얻기 위해 개인 심리치료를 받는 것의 이점에 대해 생각해 보라. 만약 당신이 현 시점에서 개인 심리치료를 받으려고 한다면, 어떤 문제나 관심사를 시급하게 다루어야 할 것 같은가? 내담자와의 작업에 영향을 미칠 수 있기 때문에 개인 심리치료에서 다루어야 할 원가족 관련 문제가 있는가?
8. 당신이 삶에서 얼마나 잘 자신을 돌보고 있는지 현실적으로 평가해 보라. 건강식단, 운동습관, 수면습관 혹은 일과 여가의 균형에 변화를 줌으로써 이득을 얻고 싶은가? 당신이 자신의 의미 있는 인생을 위해 시간을 투자하는 것이 얼마나 중요하다고 생각하는가? 개선이 필요한 영역을 확인하고 자기돌봄계획을 수립하라. 당신이 그렇게 하기로 하였다면 계획을 다른 사람들과 공유하라.

# 제 3 장

# 가치관과 돕는 관계

## 학습목표

1. 상담과정에서 치료자의 가치관이 어떻게 작용하는지를 명확히 한다.
2. 치료자의 가치관과 관련된 윤리적 문제를 제대로 이해한다.
3. 내담자를 다른 전문가에게 의뢰해야 하는 확실한 이유들을 파악한다.
4. 차별적 의뢰의 의미를 설명한다.
5. 차별적 의뢰를 다루는 최근의 법정 사례의 시사점을 이해한다.
6. 가치관 문제를 해결하기 위해 수련감독이 필요할 때를 인식한다.
7. 성에 관한 태도와 행동과 관련된 가치관의 갈등을 평가한다.
8. 낙태와 관련된 가치관을 확인한다.
9. 가치관과 관련된 상황에 대한 다양한 사례를 비평적으로 검토한다.
10. 상담에서 영적이고 종교적인 가치관의 역할을 이해한다.
11. 존엄사와 관련된 가치관을 확인한다.

## 점검을 위한 자기평가

지침: 각 문장을 읽고 자신의 신념과 태도를 가장 잘 나타내고 있다고 생각되는 수준의 번호를 빈칸에 기록하시오.

5 = 강력히 동의한다.

4 = 대체로 동의한다.

3 = 결정하기 어렵다.

2 = 거의 동의할 수 없다.

1 = 절대로 동의할 수 없다.

____ **1.** 상담자가 자신의 가치관으로 내담자에게 영향을 끼치지 않고 가치관 중립을 지키는 것이 가능하고 바람직하다.

____ **2.** 내담자에게 가장 이익이 된다고 생각되면 상담자가 내담자에게 특정한 가치관을 채택하도록 영향력을 행사해야 하는 상황도 있다.

____ **3.** 내담자에게 강요하지만 않는다면 상담자가 자신의 가치관을 표현하는 것은 문제될 것이 없다.

____ **4.** 상담자로서 내담자가 자신의 가치관을 평가하도록 하는 것이 적절하다.

____ **5.** 한 개인을 효과적으로 상담하기에 앞서 상담자는 그 사람을 충분히 이해할 만큼 인생경험과 가치관이 내담자와 유사한지 평가해야 한다.

____ **6.** 가치관을 명료화하는 것은 상담과정에서 중요한 부분이다.

____ **7.** 나는 절대로 내담자가 나의 가치관에 영향을 받지 않게 할 것이다.

____ **8.** 나는 나의 가치관이 무엇이고 그것이 어떻게 형성되었는지 잘 알고 있다.

____ **9.** 나와 다른 방식으로 생각하는 사람과 일하는 것은 어려운 일이다.

____ **10.** 삶과 죽음에 대한 선택권은 궁극적으로 내담자에게 있으므로 나는 내담자가 생각을 바꾸도록 설득할 권리가 없다.

____ **11.** 상담자는 내담자와 가치관이 맞지 않을 경우 내담자를 다른 상담자에게 언제 의뢰해야 할지 스스로에게 질문해야 할 윤리적 책임이 있다.

____ **12.** 내담자를 진심으로 위하는 마음에서라면 상담자의 가치관을 내담자에게 강요해도 윤리적으로 문제되지 않는다.

____ **13.** 윤리적으로 직무를 수행하려면 상담자는 내담자의 영적 · 종교적 배경을 다뤄야 한다.

____ **14.** 심리평가 과정에 내담자의 종교적 · 영적 배경을 포함하는 것이 중요하다.

____ **15.** 내담자가 인생의 의미가 없다고 토로한다면 나는 삶의 목적을 찾는 방법으로 영성 혹은 종교에 관해 논의해 볼 것이다.

## 서론

가치관에 관한 문제는 치료과정 중에 자주 발생한다. 본 장에서는 상담자의 가치관과 삶의 경험, 그리고 그것이 상담에 미치는 영향에 관한 사고를 자극할 것이다. 독자는 자신의 가치관이 내담자에게 어떤 영향을 미칠 가능성이 있는지, 내담자의 가치관이 자신에게 어떤 영향을 줄 수 있는지, 그리고 자신의 가치관과 내담자의 가치관이 서로 다를 때 어떤 문제가 생길 수 있는지를 깊이 생각해 보기 바란다. 또한 그런 가치관의 갈등을 적절히 관리하는 방법을 어떻게 배울 수 있는지를 생각해 보라. 그리고 개인적 가치관이나 직업관에 우리가 속한 문화가 어떻게 작용하는지에 중점을 둘 필요가 있다.

치료자는 상담회기에 자신의 가치관이 영향을 미치지 않게 할 수 있는가? 정신건강실무자들이 완전히 객관적이 되어 가치관 중립(value neutrality)을 지킬 수 있다는 신념은 더 이상 심리학 분야에서 크게 지지를 받지 못하고 있다(Shiles, 2009). Levitt과 Moorhead(2013)는 가치관이 상담관계에 흡수될 수밖에 없을 뿐만 아니라 대인관계의 여러 측면에 영향을 미친다고 주장한다. 상담자는 자신의 가치관이 의도하지 않은 상태에서 어떻게 무의식적으로 내담자와의 작업에 스며들어 긍정적 혹은 부정적으로 작용하는지 이해할 필요가 있다. Francis와 Dugger(2014)는 상담자들이 내담자에게 자신의 가치관을 전달할 수 있는 다양한 방식들은 점검하고 “상담관계에 존재하는 힘의 불균형이 가치관의 강요로 작용할 수 있다는 것을 이해하고 있어야 하는 윤리적 책임이 있다”고 강조한다(132쪽). Hancock(2014)은 “치료자의 개인적 신념이 직업윤리의 의무를 다하는 데 얼마나 방해가 되느냐와는 상관 없이 그런 신념을 내담자보다 우선시하는 것이 문제”(7쪽)라며, 치료자가 자신의 개인적 신념을 우선시하는 데 대해 다음과 같이 경고한다. Hancock은 “개인의 신념으로 실무자들의 삶에 대한 정보를 제공할 수 있지만, 내담자의 안녕을 위해 일을 할 때는 직업윤리나 직무규정 위에 있어서 안 된다”(8쪽)고 주장한다.

치료자는 어떤 내담자의 가치관에 동의하지 않을 수 있지만, 모든 정신건강전문가는 내담자가 자신만의 관점을 가질 수 있는 권리를 존중해야 한다. 다른 가치관을 가진 내담자에 대해 판단하지 않는 자세를 취함으로써 우리는 내담자의 행동을 객관적으로 평가할 수 있다. 예를 들어, 상담자는 중요한 관계를 맺고 있는 사람과 헤어질 것인가를 고민하는 내담자가 유지와 결별의 동기와 결과를 탐색하도록 도울 수 있지만, 어떤 결정을 하도록 압력을 넣는 것은 비윤리적이다. 내담자의 자기결정을 존중함으로써 우리는 내담자에게 권한을 부여할 수 있다.

## 개인의 가치관과 직업적 정체성의 통합에 관한 논쟁

상담자는 내담자의 가치관을 존중해야 하며, 다양한 세계관과 가치관을 지닌 여러 내담자와 협력하여 작업할 수 있어야 한다. 내담자가 당신의 가치관과 상충되는 가치관을 가지고 있더라도 그는 자신의 가치관에 맞추어 살아갈 권리를 가지고 있다. Wise 등(2015)은 "궁극적으로 모든 수련생(수련감독자 포함)은 다양한 종류의 내담자들에게 이익이 되고 해가 되지 않는 양질의 서비스를 제공하기 위해 자신의 신념체계의 복합성은 유지하면서 그것에 대한 유연성을 가져야 한다"(265쪽)고 설명한다. Sells와 Hagedorn(2016)은 상담을 공부하는 학생들이 자신의 개인적 가치관과 종교적 정체성을 새롭게 가지게 되는 직업적 정체성과 통합할 수 있다는 점을 강조한다. 이를 위해 가치관의 상충을 경험하고 학생에게 그들과 공통된 가치관을 가진 교수나 수련감독자가 멘토 역할을 하게 하여 그들의 가치관을 윤리적 실무에 통합하게 할 수 있다. 멘토는 "학생들에게 어떻게 종교적 신념과 실무자로서의 윤리적 책임을 동시에 안고 갈 수 있는지"를 보여 줄 필요가 있다. 또한 학생들은 자신의 개인적 가치관과 직업적 가치관의 갈등으로 힘들어 할 때, 교수나 수련감독자와 협력하여 가치관에 관한 문제를 해결하는 데 도움을 줄 좋은 멘토를 찾아야 한다(Brad Johnson, 개인면담, 2016. 8. 14).

일부 상담자의 종교적 가치관이 동성애적 성적 지향과 충돌할 수 있으며, 어떤 상담 프로그램은 동성애적 성적 지향을 부정하거나 허용하지 않는 기관에서 운영될 때 그러한 가치관의 충돌이 발생할 수 있다. Smith와 Okech(2016a)는 "어떻게 상담교육프로그램인증평가원(CACREP)은 종교적 다양성과 성적 지향의 다양성을 동시에 인정할 수 있는지"(252쪽)에 관해 의문을 가졌다. Smith와 Okech(2016a)는 LGBT(성소수자)를 반대하는 규정이나 보수적 기독교 교리에 의해 불인정되는 행동강령을 가진 종교기관에서 운영하고, 상담교육프로그램인증평가원(CACREP)의 인증을 받은 15개의 프로그램을 확인하였다. 그런 기관의 정책은 미국상담학회(ACA)의 차별금지 기준(2014)과 상충되는 것이 확실하다. 그런 프로그램에서 상담을 공부하는 학생들은 성적 도덕성과 관련된 자신의 종교적 신념과 어떤 유형의 인간관계가 용인되는지 내담자에게 노출하는 것을 정당하다고 느낄 수 있는데, 이는 이러한 신념이 교수진에게 지지받고 기관의 정책에 부합되기 때문이다.

또한 Smith와 Okech(2016a)는 성소수자를 인정하는 규정 혹은 차별금지정책과 행동강령이 있고 CACREP의 인증을 받은 종교기관의 프로그램도 17개가 있는 것을 확인하였다. 미국상담학회 행동강령을 인정하지 않는 프로그램과 성적 다양성을 인정하는 프로그램이 공존하는 것은 상담 전문영역 내에서 대화가 증대되어야 한다는 것을 보여주며, "상담교육자에게 그런 차별적 기관의 정책과 관련된 내용을 지도해야 하는 교수진에게 실증적으로 정보에 입각한 지도안을 개발해야 함"(258쪽)을 알려 준다. Smith와 Okech(2016b)는 "자신을 성소수자라고 인정한 학생과 교수를 수용하지 않거나 인정하지 않는 종교기관의 인증과 관련된 협상의 시스템 문제를 명확히 할 때가 되었다"(283쪽)고 주장한다. 기관의 목적이나 정책과는 상관없이 성소수자를 인정하지 않는 기관들은 모든 CACREP 기준을 준수해야 한다.

Hancock(2014)은 관련 전공 학생들이 내담자의 다양성을 잘 다루고 경쟁력 있는 정신건강 서비스를 제공하는 데 필수적인 태도와 지식, 기법들을 습득할 수 있는 환경을 제공하는 것이 교육과 수련기관의 임무라고 주장한다. 내담자의 최상의 이익을 위해 상담자의 개인적 신념과 가치관이 전문적 책임을 방해해서는 안 된다. Phan, Hebert와 DeMitchell(2013)은 모든 상담자가 충족해야 할 책임을 정의해야 한다고 주장하며, "직업이란 본래 자신의 개인적 선호는 뒤로하고 서비스를 받는 대상의 필요와 이익에 부응하도록 요구한다"(62쪽)고 설명한다.

## 상담자의 가치관과 그 영향의 명료화

상담자는 개인적 가치관이 상담과정에 영향을 미치지 않도록 그것을 관리하는 능력을 배워야 한다. Kocet와 Herlihy(2014)는 이런 과정을 **윤리적 방어막**(ethical bracketing)을 치는 것으로 설명하면서 "모든 내담자, 특별히 세계관, 가치관, 신념체계, 의사결정 방법에서 상담자와 많은 차이를 보이는 내담자에게 윤리적이고 적절한 상담 서비스를 제공하기 위해 상담자 자신의 가치관을 의도적으로 내담자와의 작업에서 배제하는 것"(182쪽)이 중요함을 강조한다. 우리의 가치관을 배제해야 한다고 해서 개인적으로 우리의 가치관을 포기하거나 변화해야 하다는 의미는 아니다(Kaplan et al., 2017). 상담자는 도움을 청하는 내담자를 도우면서 윤리적 책임을 다해야 하지만, 그렇다고 내담자가 선택하거나 결정한 것을 좋아하거나 동의할 필요는 없다. 많은 내담자들이 상담자와는 다른 세계관을 가지고 있을 것이고, 그들은 많은 문제들을 상담자에게 토로할 것이다. 그들은 타인으로부터 거부당한 경험이 있거나 차별로 인해 고통을 경험했을 수도 있다. 그런 내담자들이 자신과 다른 가치관을 가졌다는 이유로 서비스를 제공하는 것을 거부하는 상담자로부터 추가적으로 차별을 당하는 일은 절대 있어서는 안 된다.

학생들은 윤리교육 시간에 "예비 내담자가 저와 전문적인 관계를 맺을 것인지를 정보에 입각하여 결정할 수 있도록 저의 개인적 가치관에 관한 가치관 진술을 사전동의서에 첨부해도 되는지" 묻곤 한다. 만약 당신이 가치관 진술을 설명 후 받는 동의서에 포함하려고 한다면, 어떤 것을 포함하겠는가? 당신이 고수하고 있는 가치관 때문에 객관성을 유지하는 데 어려움을 겪는 특정 영역은 무엇인가? 본 장에서 다루는 가치관의 영역에 대한 당신의 생각을 포함할 것인가? 비록 자기공개가 의도한 것일지라도 상담자의 가치관과 관련하여 그렇게 하는 것이 필요 없는 일을 하는 것일 수도 있다. 이는 내담자가 어려움을 겪고 있는 문제에 대한 비판적인 태도를 내담자에게 노골적으로 전달하는 것이나 다름 없을 수 있다. 내담자들은 자신의 비밀을 공유하고 수치심이나 죄책감을 떨쳐 버릴 수 있는 안전하고 지지적인 환경을 찾기 위해 자주 치료를 받으러 온다. 내담자들은 취약한 상태에 있고, 판단이 아니라 상담자의 이해와 지지를 필요로 한다.

상담에서 내담자는 자신의 삶을 변화하기 위해 고군분투한다. 우리는 상담자가 내담자보다 지혜롭고 더 행복해질 수 있는 방법을 처방할 수 있다는 기본 가정에 의문을 제기한다. 의심할 여지 없이 심리교육은 상담의 한 부분이고 상담자는 내담자가 자신의 문제를 더 잘 이해할 수 있도록 돕는 과정을 촉진한다. 하지만 상담 과정은 내담자가 타인의 조언을 듣기보다 문제를 다루기 위한 자신의 자원들을 발견하도록 돕는다. 상담은 치료자와 내담자의 대화를 통해 내담자가 최선의 이익을 위해 선택할 수 있도록 능력을 키우고 목표를 이루게 하는 것이다.

다음 질문들은 내담자를 상담하는 중에 치료자가 가진 가치관의 역할에 관해 생각할 기회를 마련해 줄 것이다.

- 내담자가 가치관을 선택하는 일에 치료자가 영향력을 행사하는 것이 정당화될 수 있다고 생각하는가? 만약 그렇다면 언제, 어떤 상황에서 정당화될 수 있는가?
- 치료자의 가치관에 관해 특정 내담자와 공개적으로 이야기를 나눈다면 내담자의 의사결정 과정에 부정적인 영향을 미칠 것이라고 생각하는가?
- 가치판단을 하지 않으면서 치료자가 내담자와 솔직하게 상호작용할 수는 없는 것인가?
- 만약 내담자가 자기파괴적인 결정을 하려는 것을 알게 된다면 당신이 염려하는 것을 표현하겠는가? 만약 그렇다면 어떻게 표현하겠는가?
- 대안이 될 수 있는 다양한 가치관을 내담자에게 알리는 것이 치료자의 책임이라고 생각하는가?
- 내담자가 당신의 신념과 가치관을 받아들였을 때 당신은 어떨 것 같은가?
- 당신과 다른 가치관일지라도 내담자에게 자신의 가치관을 선택할 자유를 허용할 수 있겠는가?
- 치료자와 내담자의 가치관이 맞지 않아 다른 전문가에게 의뢰하는 것이 언제나 정당하다고 생각하는가? 만약 그렇다면, 예를 들어 보라.
- 당신은 치료과정과 뗄 수 없는 특정 가치관이 있다고 믿는가? 만약 그렇다면 그런 가치관은 어떤 것들인가?
- 당신의 가치관을 내담자가 수용하도록 은근히 유도하는 것과 내담자에게 자신의 견해를 솔직하게 공개하는 것은 어떻게 다른가?
- 내담자와 비슷한 인생경험을 할 경우 상담에 이로운 점은 무엇이고 해로운 점은 무엇인가?
- 강요된 가치관과 자신의 가치관을 구분할 수 있도록 내담자에게 장려하는 방법은 무엇인가?

치료자의 가치관이 내담자를 상담할 때 중요한 영향을 미칠 수 있기 때문에 치료자의 생각, 기본 신념, 가치관과 이것들이 치료과정에 어떻게 연결되는지를 명료화해야 한다. 본인의 가치관이 인습적인지 비(非)인습적인지에 관해 생각해 보지 않을 정도로 강한 확신을 가지고 있는 상담자가 있다면, 내담자의 신념과 태도에 대한 탐색을 멈추면서까지 그 가치관을 장려하려고 노력할까? 만약 상담자가 본인의 가치관을 재검토하지 않는다면 내담자가 자신의 가치관을 재검토할 수 있는 환경을 마련해 줄 가능성은 적을 것이다. 가치관을 탐구하는 일은 수많은 상담교육 프로그램들이 수련과정에서 미래의 상담자들을 위해 개인 심리치료를 장려하는 가장 중요한 이유이다. 개인 심리치료는 당신의 신념과 가치관을 검토하고 그런 신념을 공유하고 싶은 동기를 탐색할 기회를 제공한다. 또한 임상수련은 내담자와 작업할 때 가치관의 영향을 검토할 수 있는 또 다른 통로이다. 실무자로서의 일을 하면서 계속해서 상시 수련감독을 받는 것도 권장한다.

앞으로 저자들은 당신이 소중히 여기는 가치관과 그것이 내담자와 함께 정하는 상담과 개입 목표에 어떤 영향을 주는지를 명료화하는 데 도움이 되는 몇 가지 사례와 주제들을 검토할 것이다. 그런 실례들을 접하면서 다음과 같은 질문들을 유념하기 바란다.

- 이 주제에 대한 나의 입장은 무엇인가?
- 나는 이러한 관점을 어디에서 발전시켰는가?
- 나의 관점에 대한 다른 사람의 도전을 받아들일 수 있는가?
- 어떤 상황에서 나의 가치관을 내담자에게 공개해야 하는가? 그 이유는 무엇인가? 내담자에게 내 가치관을 공개해야 하는 이유는 무엇인가?
- 나의 행동이 문화와 조화되는 방식으로 자기결정을 하는 내담자의 원칙을 존중할 것인가?

## 가치관 강요와 윤리적 문제

상담자로서 가치관을 강요하는 일은 개인상담, 커플상담, 가족 상담, 집단상담에서 윤리적으로 문제가 된다. **가치관 강요**(value imposition)는 상담자가 내담자에게 자신의 가치관, 태도, 신념, 행동을 채택하도록 직접 영향력을 행사하려고 시도하는 것을 의미한다. 정신건강전문가는 자신의 가치관을 능동적으로 혹은 수동적으로 강요할 가능성이 있으며, 의식적이든 무의식적이든 강요할 수 있다. Jadaszewski(2016)는 정신건강 전문가들과 심리치료 서비스의 소비자들은 심리치료 과정에서 가치관이 작용하는 것에 대한 자각이 부족한 경우가 흔하다고 주장한다. 치료자가 의도하지 않더라도 내담자에 영향을 주어 특정한 방향으로 가치관과 행동이 변하도록 할 때가 있다. Jadaszewski는 정보에 입각한 사전동의서를 받는 중요한 이유 중 하나는 가치관이 심리치료에 영향을 미칠 수 있는 잠재적 방식을 내담자에게 확실하게 알려야 하기 때문이라고 말한다. 심리치료에서 가치관의 역할에 관해 내담자에게 알리는 것은 치료자의 부정적인 영향으로부터 내담자를 보호하기 위함이다. 예를 들어, 일부 중독치료 프로그램에서 중요한 요소는 내담자가 본인보다 더 위대한 힘이 존재한다는 점을 받아들이는 것이다. 이 위대한 힘이 무엇인지는 내담자가 스스로 정의하도록 장려한다지만, 일부 중독상담사들은 더 강력한 힘이 무엇인지에 관한 자기의 신념을 강요하고 싶은 유혹을 느낄 수도 있는데 이는 윤리적으로 문제가 된다. 미국상담학회(ACA, 2014)의 행동기준에 상담자가 직무에서 이렇게 가치관을 강요하는 것에 대한 경고가 실려 있다.

> 상담자는 자신의 가치관, 태도, 신념, 행동을 자각하고 상담의 목표와 일치하지 않는 가치관을 강요하지 말아야 한다. 상담자는 내담자, 수련생, 연구 참여자들의 다양성을 인정하고 존중해야 하며, 내담자에게 자신의 가치관을 강요할 것 같은 상황을 극복할 수 있는 훈련을 받아야 한다. 특별히 상담자의 가치관이 고객의 목표와 일치하지 않거나 본질적으로 차별적 요소가 있을 때 그렇다(A.4.b).

학교상담사는 미국학교상담사협회(ASCA, 2016) 규정에서 다음과 같은 비슷한 경고를 발견할 수 있다.

> [학교상담사는] 학생과 가족의 가치관, 신념, 성적 지향, 성정체성과 표현, 문화적 배경을 존중하며, 자신의 종교나 문화 혹은 민족성에 근거한 개인의 신념이나 가치관을 강요하지 않도록 특히 조심해야 한다(A.1.f).

어떤 학교상담사가 그런 윤리기준을 위반하고 그녀가 선호하는 성적 금욕생활의 가치관을 강요하였다. 사우스 쇼어(South Shore) 학군의 보수적인 상담자인 Grossman은 콘돔사용법에 관한 안내책자를 없애고 성적 절제를 강조하는 책자로 대체하고는 자신이 근본적 기독교 신앙을 따랐다고 주장했다. 그녀는 재계약에 실패하자 그 지역 학군의 행정자들이 자신의 종교적 신념을 부정적으로 평가하여 자신이 손해를 입었다고 소송을 제기하였다(*Grossman v. South Shore Public School District*, 2007). 제7연방항소법원은 종교적 신앙이, 고용된 학군의 정책과 요구에 우선하지 않다는 입장을 표명했다. Grossman은 학교의 교과과정을 무시하고 성적 절제의 신념을 따르는 비윤리적 행위를 했다. 법원은 그녀가 재계약에 실패한 것은 그녀의 개인적 신념 때문이 아니라 그녀의 행위에 근거한 것이라고 결론 지었다(Phan et al., 2013).

집단상담에서는 지도자와 집단원 모두에게서 가치관 강요가 있을 수 있다. 집단 지도자가 짧게짧게 돌아가면서 집단원의 문제를 탐색하며 답을 제공해서는 안 된다. 집단원 사이에 가치관 충돌이 자주 있을 수밖에 없는데, 지도자에게는 어떤 집단원도 자신의 가치관을 다른 집단원들에게 강요하지 못하도록 중재할 책임이 있다. 집단 지도자의 주요 기능은 집단원들이 자신의 가치관과 일치하는 해답을 찾을 수 있도록 돕는 것이며, 모든 집단원들이 찾는 해답은 일치하지 않을 것이다.

## 가치관 갈등: 다른 전문가에게로 보내야 하는가?

미국상담학회의 최고 전문가위원인 David Kaplan은 성적 지향을 다룰 수 있는 능력이 부족하다는 것이 성소수자인 내담자의 상담을 거부하는 핑계가 될 수는 없다고 강조한다(개인면담, 2016. 8. 6). 모든 상담자는 인종, 민족성, 성별, 성적 지향과 미국상담학회의 윤리규정(2014)에 기록되어 있는 차별이 없어야 하는 모든 특성들에 대해 기본적 역량을 갖추어야 한다. Farnsworth와 Callahan(2013)은 가치관이 심리치료 과정에 포함될 수밖에 없으며, 수련생들이 수용과 공감의 능력이 어떠한지와는 상관 없이 가치관 충돌은 심리치료를 수행하는 데 어려움을 준다고 언급한다.

내담자의 가치관에 동의할 수 없다는 점을 의뢰의 이유가 될 수 없다. 가치관 충돌은 해결할 수 있는 문제이기 때문이다. 내담자가 토로한 문제점을 다루는 데 필요한 기술이 부족하다는 것이 명확할 때만 의뢰를 고려할 수 있다. 내담자의 신념과 행동이 불편하기 때문인 것을 다른 전문가를 소개하는 것이 내담자를 위한 일이라고 말하여 스스로를 속이려고 하지 마라. Farnsworth와 Callahan(2013)은 내담자가 이루려는 목표가 수련생의 능력범위를 넘어선다고 수련생이 자각하고 있다면 의뢰하는 것이 적절하다고 생각한다. Farnsworth와 Callahan(2013)은 특정 내담자에게 불편함을 느끼는 수련생들은 그들이 가진 편견이 상황에 대한 평가를 왜곡하는 정도를 솔직히 따져 봐야 한다고 설명한다. "가치관 충돌은 심리치료에서 피할 수 없는 요소이기 때문에, 내담자에게 제공할 수 있는 최선의 서비스는 수련 받은 모든 치료자가 자신의 가치관에 대한 자각의 수준을 높이고 그런 가치관이 치료에 미치는 영향을 인식하는 것이다"(205쪽). 가치관 충돌을 능숙하게 다루기 위해 수련생들은 치료과정 동안 내담자와 잠재적으로 충돌할 수 있는 부분과 그들의 내적 반응에 대해 계속 인식해야 한다. 상담은 상담자 개인의 가치관에 관한 것이 아니라 내담자의 가치관과 필요에 관한 것이다. 상담자로서 당신의 과제는 내담자가 자신의 신념을 탐색하여 명료화하고 문제를 해결하는 데에 자신의 가치관을 적용할 수 있도록 돕는 것이다. 만약 내담자가 자신의 삶이 만족스럽지 않다고 생각될 경우, 상담관계를 활용하여 자신의 가치관이나 행동을 재검토하여 수정할 수 있으며 자신에게 열려 있는 선택의 범위를 살펴 활용할 수 있다.

Hancock(2014)은 가치관 충돌 관리의 핵심원리를 다음과 같이 제시한다. "상담전공 학생이 강하게 믿는 종교적 신념과 그의 내담자의 요구가 상충될 때, 의심할 여지 없이 내담자의 요구가 우선이다(6쪽). 내담자의 종교적 신념이 당신의 가치관과 상충되기 때문에 내담자를 의뢰하는 것은 내담자에게 버림받았다는 느낌을 줄 수 있을 뿐만 아니라 '해를 입혀서는 안 된다'는 윤리적 원칙을 어기는 것이다(David Kaplan, 개인면담, 2016. 8. 6). 의뢰를 고려하기 전에 자문이나 수련감독을 통해 어려움을 겪는 부분을 살펴볼 필요가 있다. 가치관이 다른 내담자와 함께 작업하기 어렵게 만드는 장벽은 무엇인가? 이러한 가치관 충돌의 실례를 보고 스스로에게 다음과 같은 질문을 던져 보라. "내담자-상담자 관계에서 누가 위안을 얻는 것이 중요한가? 나의 가치관과 내담자의 가치관이 같아야 하는 이유라도 있는가? 내담자를 의뢰했을 때 잠재적으로 해를 입을 가능성이 있는지 고려해 본 적이 있는가?"

당신이 가치관의 차이를 극복할 수 없다고 말한다면 내담자는 부담을 느낄 수밖에 없다. 내담자는 그것을 개인적으로 거절당한 것으로 해석할 수 있으므로 결과적으로 해를 입게 된다. 상담이란 내담자의 가치관 체계 안에서 그와 함께 작업하는 것이다. 만약 당신이 상충되는 개인적 가치관에 어려움을 겪게 될 때 윤리적으로 행동하려고 한다면 수련감독을 받으면서 그 차이를 효과적으로 관리하는 방법을 학습하라. Linde(2016)는 2014년 개정된 미국상담학회 윤리규정에는 상담은 상담자가 아니라 내담자에 관한 것이라는 점이 명시되어 있음을 지적한다.

가치관 충돌은 당신이 내담자와 어느 정도 작업한 후 분명해진다. 이 점을 잘 생각해야 한다. 당신은 낙태를 생각하고 있는 여성과 상담을 하게 되었을 때 불편함을 경험할 수 있다. 당신이 몇 달 동안 다른 문제로 어떤 여성을 상담하였는데 어느 날 자신이 임신했다는 사실을 알려 왔다고 가정해 보자. 그녀는 어떻게 해야 할지 몰라 여러 선택사항들을 따져 보고 싶어 한다. 이런 상황에서 당신은 내담자에게 낙태에 대한 자신의 가치관 때문에 다른 전문가에게 그녀를 의뢰하려 한다고 말할 수 있는가? 이렇게 의뢰하는 것이 내담자를 포기하는 것으로 간주될 수 있다고 생각하는가? 만약 그녀가 당신에게 조언을 구한다면 당신의 가치관에 근거하여 조언하는 것이 윤리적이라고 생각하는가? 이 내담자에게 당신의 가치관을 강요하는 것이 윤리적으로나 법적으로 문제가 없는가? 특정 가치관과 관련하여 객관성을 유지할 수 없다면 그것은 당신의 문제이지 내담자의 문제가 아니다. 당신의 윤리적 책임은 수련감독이나 상담을 받는 것이다. 그래도 당신이 이 내담자를 의뢰하고자 한다면 가치관의 충돌이 치료에 어떤 영향을 미칠 수 있는지, 그리고 왜 당신이 의뢰가 필요하다고 생각했는지 제대로 이해할 책임이 있다(Farnsworth & Callahan, 2013).

## 의뢰와 차별

차별의 한 형태로 의뢰하지 말라는 것을 새로운 의무사항으로 생각하는 사람들이 많다. 하지만 이 의무는 50년 이상 상담학계에 영향을 미친 칼 로저스의 무조건적인 긍정적 존중과 일치한다. 인간중심 상담이론은 수용, 내담자의 자율성 존중, 무비판적 태도에 기초한다. 이러한 핵심원칙들은 미국상담학회의 윤리규정에 포함되어 있다(David Kaplan, 개인면담, 2016. 8. 6).

학생들이 언제 내담자를 다른 전문가에게 의뢰해야 하는지의 문제로 가끔 고민하는 것은 이해할 만하다. 각기 다른 전문가단체들은 윤리적 문제에 관해 동일한 해답을 주지 않는데, 치료자와 내담자의 가치관이 상충되므로 인해 의뢰하는 것과 관련해서도 전문가단체들은 각기 다른 입장을 취하고 있다. 윤리학자와 전문가 단체의 견해가 다를 경우, 상담을 가르치는 교수와 학생들도 윤리적으로 올바른 의뢰를 해야 하는 상황에서 판단이 어려워진다.

상담자가 내담자의 가치관을 불편하게 여겨 내담자를 의뢰할 때 때로는 수련을 제대로 받지 못했다며 변명하거나 자신의 문제를 은폐하기도 한다. 초보 상담자는 내담자의 다양한 문제들을 다룰 능력이 있다는 자신감을 가질 정도의 충분한 시간이나 경험을 가지지 못한다. 만약 당신이 잘 모르는 주제에 직면했을 때 할 수 있는 가장 적절한 첫 번째 대처는 배우는 자세로 수련감독과 수련을 더 받는 것이다. 당신이 내담자를 어떻게 도울지에 관해 내담자보다 조금 더 많이 알고 있는 것은 사실이지만, 의뢰하고 싶은 충동이 생기면 오히려 내담자에게 해가 될 수 있다. 또한 그것은 당신이 능력 있는 상담자로 성장하는 것을 크게 방해할 것이다.

Shiles(2009)는 내담자를 의뢰하는 것이 부적절하고 비윤리적이며 차별행위가 될 수 있다는 점이 많이 부각되지 않았다고 지적한다. 그는 종교적 신념, 성적 지향, 문화적 배경이 다른 내담자를 의뢰하는 것이 만연되어 있다고 주장한다. 상담자는 내담자에게 최상의 서비스를 제공하기 위한 방법 중 하나가 의뢰하는 것이라고 합리화하는 경향도 있다. 하지만 이런 관행이 궁극적으로는 차별일 수 있다. Shiles는 다음과 같은 점들을 알아냈다.

- 다른 가능한 일에 시간을 투자해야 하기 때문에 정신건강실무자는 의뢰가 흔한 일이 되어 버렸다. 정신건강실무자들은 이 주제가 실무규정에서 강조하지 않기 때문에 이 방식의 의뢰결정이 잠재적으로 윤리위반이 될 수 있다는 것을 인지하지 못하고 있다.
- 빈번한 의뢰가 내담자를 차별하는 것으로 간주될 수 있는데도 정신건강실무자들 중에는 자신의 능력수준 이상의 것이 요구되는 상황이기에 내담자가 피해를 입지 않게 하는 것이라고 합리화하는 경우가 많다. 차별로 여겨지는 의뢰는 잘 알려지지 않았고 큰 문제로 여겨지지 않았다.
- 심리학계에서는 왜 정신건강실무자들이 가치관 충돌 때문에 내담자를 의뢰하는지 그리고 왜 그들이 이런 관행을 적절하고 합리적이며 수용될 수 있는 것으로 가정하는지를 비평적으로 검증할 필요가 있다.

미국부부및가족치료학회의 윤리규정(AAMFT, 2015)에는 차별 없는 실무에 관한 기준을 다음과 같이 제시하고 있다. "부부 · 가족치료사들은 인종, 연령, 민족, 사회경제적 지위, 장애, 성별, 건강상태, 종교, 출신국가, 성적 지향, 성정체성, 관계 지위 등에 따라 행하는 차별 없이 전문적인 지원을 제공한다"(1조 1항). 미국부부및가족치료학회 윤리규정에는 또한 의뢰에 관해 다음과 같이 기술되어 있다. "부부 · 가족치료사는 전문적인 도움을 제공할 수 없거나 제공하기 꺼려질 때 내담자가 적절한 치료 서비스를 받을 수 있도록 지원해야 한다"(1조 10항). 도움을 제공할 수 없거나(unable) 제공하기 꺼려진다(unwilling)는 개념을 이해하기 쉽지 않다. 이 모호한 표현은 차별하는 데 사용될 수 있을 뿐만 아니라 기본적으로 치료자의 가치관이나 개인적 신념과 선호에 따라 의뢰해도 괜찮다는 것처럼 보인다. 도움을 제공할 수 없다는 의미는 무엇인가? 제공하는 것이 꺼려진다는 것은 어떤 의미를 내포하고 있는가? 미국부부및가족치료학회의 기준들은 서로 상충될 수 있기 때문에 명료화할 필요가 있다.

McGeorge, Carlson과 Farrell(2016)은 동성애자와 양성애자 내담자를 의뢰하는 것과 관련하여 가족치료사의 신념과 관행을 연구하고, 대다수의 참여자들이 상담자의 1) 가치관과 종교적 신념, 2) 성소수자들과 그들이 관계에 대한 부정적 신념, 그리고 3) 성소수자와 작업하는 것에 대한 능력부족을 근거로 성소수자에 속하는 내담자를 의뢰하는 것이 윤리적이라고 생각한다는 것을 발견하였다. 이 결과에 연구자들이 놀란 것은 여러 유력한 문헌들에서 성적 지향과 관련하여 성소수자를 의뢰하는 것이 차별이라고 결론 지었기 때문이다. 그들은 "수련 프로그램에서 학생들이 성소수자인 내담자들과 작업할 수 있도록 임상적 능력을 계발해야 한다는 점을 강조하고, 그런 사람들과 작업하지 않고자 선택하는 것이 윤리적으로 가능하지 않다는 점을 가르쳐야 한다"(15쪽)는 입장을 취하고 있다.

저자들은 가치관 충돌 때문에 내담자를 다른 전문가에 의뢰하고 싶어 하는 학생들에게 다음과 같은 질문들을 한다.

- 인생에서 중요한 결정을 하는 것에 힘들어 하는 내담자를 상담할 때 나에게 어떤 기술이 부족한가?
- 불편하다는 것이 내 감정 혹은 내 문제인가 아니면 내담자가 느끼는 감정인가?
- 지속적인 교육, 상담 또는 수련감독을 통해 역량을 향상하는 데 필요한 지식을 획득할 수 있는가?
- 내담자에게 서비스를 제공하는 데 필요한 지식을 얼마나 빨리 습득할 수 있는가?
- 무엇이 나로 하여금 지식을 획득하거나 수련감독이나 자문을 요청하지 못하게 하는가?
- 윤리적으로 정당한 의뢰라는 것은 무엇을 보고 알 수 있는가?

이와 관련된 핵심 질문은 이것이다. "일반인은 언제 내담자가 되는가?" 이 질문에 대한 Kaplan(2014)의 답변은 "첫 회기가 아니고 첫 번째 접촉이나 내담자를 배정받을 때 일반인에 대해 상담자의 윤리적인 의무가 시작된다"(146쪽)는 것이다. 예를 들어, 개업을 한 상담사가 상담일정이 모두 차서 더 이상 내담자를 받을 수 없을 정도이더라도 서비스를 받으러 온 이상 그냥 보낼 수는 없다. 이런 경우 상담자는 그 지역의 다른 전문가를 선택할 수 있도록 안내해야 할 윤리적 책임이 있다. 이런 윤리적 책임은 상담자가 한 사람에게 어떤 상담 서비스도 제공하지 않는 경우에도 존재한다.

## 가치관 관련 차별에 대한 법적 체제

상담자는 내담자의 문제를 어떻게 해결할 수 있는지에 집중하기보다 의뢰를 제안하는 데 더 신경을 쓰는 경우가 가끔 있다. 최근 두 건의 법정 소송에서 기독교인 학생들이 자신들의 도덕적 가치관을 내담자에게 강요하지 말라는 국립대학들의 요구에 불응하여 고소를 제기했다.

Julea Ward는 이스턴미시간대학교(Eastern Michigan University)의 상담교육 프로그램에 등록하였다. 그녀는 자신의 기독교 신앙이 내담자의 동성애나 이성애라도 혼외 정사를 인정하기 어렵게 만든다고 자주 표현하였다. 2009년 이 프로그램의 마지막 학기 때 그녀는 내담자를 상담해야 하는 실습과목을 수강 신청하였고 무작위로 정해진 것이지만 남성 동성애 내담자를 상담하도록 배정받았다. Ward는 자신의 교수에게 그 내담자를 다른 학생에게 의뢰하든지 아니면 일단 상담을 시작하여 진행하다가 동성관계에 대해 논의하게 되면 의뢰할 수 있게 해 달라고 요청하였다.

Ward는 성적 지향에 따라 내담자를 만나는 것을 거부하는 것은 상담자의 윤리규정을 위반하는 것이므로 받아들여질 수 없다는 말을 들었다. 이 학교에서는 Ward의 의뢰 요구를 우선 비공식으로 검토한 뒤 추후 공식적인 검토과정을 밟았다. 이 학교에서는 그녀에게 교정교육계획을 제시했지만 그녀는 이를 거부했다. Ward는 남성 동성애 내담자를 상담하는 것을 거부하였고 그녀의 신념과 가치관을 내담자에게 강요하는 것을 방지할 수 있도록 개인적인 가치관을 관리하는 데 도움을 줄 수 있는 교정조치계획에 참가하는 것을 꺼렸기 때문에 이 학교에서 제적되었다.

Ward는 자신이 제적된 것은 종교의 자유와 시민의 권리를 침해한 것이라고 주장하며 대학 당국을 미국지방법원에 고소했다. 지방법원은 그 대학이 인종, 종교, 출신 국가, 연령, 성적 지향, 성별, 성정체성, 장애, 결혼상태, 사용언어, 사회경제적 지위 등을 기준으로 차별을 금하는 윤리규정의 조항을 위반한 그녀를 제적한 것은 정당하다고 판결했다. 법원은 또한 대학이 합법적으로 교과과정을 운영하고 있으며 그렇게 하는 것이 정당하다고 판결했으며, 특히 상담전공 학생들은 차별 없이 다양한 내담자를 상담하는 방법을 배워야 한다고 강조하였다.

자유수호연합(ADF: The Alliance Defending Freedom)은 다양한 공공생활의 영역에서 보수적인 종교적 견해나 행동으로 인해 어려움을 겪는 개인과 단체를 보호하는 법적 기구이다. 이 기구는 1994년에 주요 복음주의 기독교단체의 지도자들에 의해 설립되어 자금을 지원받았고 그 이후 많은 보수적인 종교성의 대의명분을 지켜 왔다(Perry Francis, 개인면담, 2016. 9. 25). 이 기구의 도움을 받은 Ward는 배심원 재판을 위해 이 사건을 지방법원으로 되돌려 보냈던 제6순회항소법원에 항소했다. 그리하여 이 사건은 비용이 많이 드는 재판을 피해 법정 밖에서 합의에 이르렀다. 합의의 일환으로 자유수호연합은 대학의 교과과정, 정책과 실무요강의 변경 요구를 철회했다(Eastern Michigan University, 2012).

두 번째 관련 사건도 법정에서 유사한 결과가 나왔다. 오거스타주립대학교(Augusta State University)의 상담교육 프로그램에 등록한 Jennifer Keeton은 도덕적으로 잘못된 행동을 했다고 생각되는 내담자들에게 자신의 종교적 가치관과 도덕적 가치관을 적극적으로 강요하였다. Keeton은 자신이 의도한 것은 남성 동성애자 내담자들에게 성적 지향을 수정하는 '전환치료'를 권하여 그들이 이성애자로 살 수 있는 선택을 하도록 알리는 것이었다고 말했다. 그녀는 자신의 개인적인 가치관을 내담자의 가치관과 분리하여 관리하는 것을 돕는 치료 프로그램에 참여하기를 거부함으로써 이 학교에서 제적되었다. 연방항소법원은 학생이 종교적 이유로 이의를 제기했음에도 상담교육 프로그램에 이 기준을 적용할 권리를 부여했다. Keeton이 학생 신분 회복 명령을 법원에 요청하였지만, 법원은 이 대학이 학생들에게 윤리적 기준을 적용하는 것이 정당하다며 그녀의 사건을 기각했다(Rudow, 2012).

Ward와 Keeton의 사례를 분석하면 몇 가지 중요한 교훈을 얻을 수 있다. 먼저 법원이 전문가 단체에서 윤리규정을 바탕으로 차별을 금하는 정책을 채택한 대학 프로그램의 권리를 존중했다는 것이다. 그리고 법원은 교육 프로그램에서 상담전공 학생들이 자신의 가치관을 내담자에게 강요하는 것을 금지할 수 있다는 데 동의하였다(Behmke, 2012). 상담교육 프로그램에 수련생들이 책임지고 있는 내담자에 대한 적절한 처우를 보장할 윤리적 책임과 법적 권리가 있다(Julie Whisenhunt, 개인면담, 2016. 10. 5).

## 종교자유 권리보호를 위한 입법

일부 주는 종교자유의 권리를 보호하기 위한 시도로 '양심의 자유' 조항을 입법과정에 삽입하였다. 예를 들어, 애리조나 주 상원 법안 1365는 정신건강전문가들이 진정으로 종교적 믿음을 지키기 위해 내담자에게 서비스 제공을 거부했다고 해서 면허를 잃게 되는 위험에 빠뜨리지 않도록 한다. 이 법안은 애리조나 주지사에 의해 2012년 5월 법으로 제정됐다.

2016년 테네시 주는 논란이 많은 법안을 하나 통과시켰다. 이 법안은 "진정성 있는 원칙"을 가진 치료자들이 법적으로 문제가 되지 않으면서 동성애자, 양성애자, 성전환자로 확인된 예비 내담자에게 서비스를 제공하는 것을 거부할 수 있도록 허용했다. '종교적 자유'라는 미명하에 통과된 이 차별적 법안은 2014년에 개정된 미국상담학회 **윤리규정**으로부터 보수적인 치료자를 보호하고자 한 것이다. 이 법안은 내담자를 자격을 갖춘 다른 전문가에게 의뢰하기만 하면 면허정지나 어떤 법적 처벌로부터 보호받을 수 있다고 명시했다. 이 법안의 지지자들은 내담자를 좀 더 적절한 전문가에게 의뢰하도록 허용함으로써 치료자의 권리를 보호한다고 주장한다. 반대론자들은 이 법안이 동성애자, 양성애자, 성전환자들에 대한 차별을 합법화하는 법안으로 전국적으로 큰 반향을 일으킬 수 있다고 주장한다. 미국상담학회 회장 Richard Yep(2016)은 상담사의 개인적 신념에 기초하여 서비스를 제공하는 것을 거부하는 것은 가장 취약한 사람들이 전문적 서비스에 접근하는 것을 막을 수 있다고 주장한다. 우리는 다음과 같은 Yep의 입장에 동의한다. "소위 '종교적 자유' 법안은 위험한 선례를 만들 수 있고 공정성과 평등이 개인의 의견보다 후순위라는 해로운 메시지를 줄 수 있다"(7쪽). Meyers(2016a)는 차별적 태도와 정책이 2015년 6월 대법원이 동성 결혼을 인정한 이후 증가하고 있는 것 같다고 설명한다. "현재 미국 내에는 성소수자를 반대하는 법안이 약 200개 정도가 발의된 상태이다"(25쪽). Wise 등(2015)은 이 입법 발의안(예: 애리조나 주와 테네시 주에서 제정된 법안)이 다양한 종류의 사람들에게 양질의 상담이나 심리치료를 제공하기 위해 학생들을 수련하는 교육자의 능력을 제한한다고 믿고 있다. 이 입법 조치는 미국심리학회와 미국상담학회의 윤리기준에 명시된 차별철폐의 윤리적 의무와 잠재적으로 상충된다.

우리는 일부 주정부에서 상담이나 심리치료 분야의 학생들과 실무자들이 자신의 종교적 신념과 도덕적 신념을 공유하지 않는 내담자에게 서비스를 제공하는 것을 거부할 법적 권리를 인정하고 있다는 사실에 당황스러울 수밖에 없다. 정신건강전문가는 자신이 직면하게 될 다양한 세계관, 신념, 문화적 정체성을 효과적으로 작업할 수 있어야 하며, 양심적 거부행위는 상담이나 심리치료를 하는 직업윤리 정신을 명백히 위반하는 것이다. 만약 상담전공 학생으로서 그들이 마주치게 될 다양한 종류의 내담들과 작업하는 것을 배우는 것을 원하지 않는다면, 상담이 자신에게 적합한 직업인지 다시 한번 생각해 볼 것을 제안한다.

## 개인적 가치관 관리를 위한 사전동의

상담교육과정에 등록하기 전에 예비 학생들에게 윤리적인 실무자로서 그들에게 기대되는 것, 특히 다양한 가치관 체계를 가진 내담자와 작업할 때의 윤리적 책임에 관해 설명해야 한다. 상담교육 프로그램에서 신입생들에게 가치관 관리의 윤리적 측면과 실무자의 윤리에 관해 명확하고 포괄적인 정보를 제공해야 한다. Bieschke와 Mintz(2012)는 학생들이 수련 프로그램에 참여하는 동안 습득해야 하는 역량에 관해 학생들에게 정보를 제공하기 위해 **가치관 진술**(Values Statement)을 활용할 것을 제안했다.

> 가치관 진술은 수련생들이 자신의 가치관을 유지하면서도 동시에 다양한 다른 사람들에게 효과적으로 보살핌을 제공할 수 있는 길을 제공한다. 가치관 진술은 세계관이 자신과 뚜렷한 차이를 보이는 내담자와 작업하는 것과 관련하여 수련생에게 기대하는 역량을 개관함으로써 이러한 역할을 한다(198쪽).

위 문구를 교육 프로그램의 웹사이트와 학교요람에 포함할 필요가 있으며, 학생들이 이 문장들을 읽고 이해했다는 표시로 서명하고 날짜를 기입하게 해야 한다.

학생들은 자신들의 개인적 가치관을 유지할 수 있는 권리가 있다. 즉, 그들은 가치관과 신념을 바꾸도록 요구받지 않는다. 하지만 그들에게는 나중에 직업을 가지게 되었을 때 만나게 될 다양한 내담자들에 서비스하는 데 필요한 전문지식과 기술을 습득하여 활용해야 할 윤리적 책임이 있다. 심지어 긴장감이 느껴지는 상황에서 개인적 가치관과 직업적 가치관, 직무에 필요한 기술들이 공존할 수 있다(Pipes, Holstein, & Aguirre, 2005).

입학 전에 예비 학생들에게 가치관의 차이로 내담자를 윤리적으로 차별할 수 없으며 일반적인 범주에 드는 내담자와 작업하는 것을 거부할 수 없다는 사실을 공지해야 한다. 요즘 논란이 되고 있는 법정 소송과 입법 시도를 보고 Wise 등(2015)은 상담교육 프로그램이 사후 대응적인 자세를 취하기보다는 선제적으로 양심 조항에 입각하여 접근하기를 바라고 있다. 그들은 상담교육 프로그램에 입학하는 학생들이 차별금지정책에 확실한 동의를 표시하도록 권고한다. Bieschke와 Mintz(2012)에 따르면, 가치관 진술을 활용하면 수련 프로그램은 추후 법적인 문제와 입법과정에서 갈등을 방지하는 데 도움이 된다고 한다. 예비 상담전공생들이 입학과정 초기에 그 교육 프로그램에 관해 알게 되면 그들이 등록할지 결정할 시간을 가지게 될 것이다. 학생들은 윤리규정의 기본적인 측면을 숙지해야 하는데, 그것이 정신건강전문가로서 성장하는 데, 그리고 그들이 교육 프로그램에 참여하는 데 영향을 미치기 때문이다.

## 가치관에 관한 수련감독

저자들은 상담자와 내담자의 가치관이나 신념의 차이만을 바탕으로 내담자를 다른 전문가에게 의뢰하는 것은 윤리적이지 않다고 강조했다. 수련감독을 통해 수련받는 상담자들은 자신의 가치관을 관리하는 방법을 배우고, 내담자를 특정 방향으로 살도록 영향을 끼치거나, 어떻게 살아야 할지 대신 결정해 주는 것을 전문가 역할이라고 오해하는 것을 피하는 방법을 습득하게 된다. 또한 수련받는 상담자는 자신의 가치관과 신념을 탐색하며 그것을 자각하는 능력을 증진하고, 개인 심리치료에서 잠재적으로 미래 혹은 현재의 가치관 불일치를 확인할 수 있다. 수련받는 상담자가 의도하지 않더라도 내담자에게 자신의 가치관을 강요하지 않게 되는 사전예방적 차원의 보호막을 얻게 되는 것이다. 상담자가 자신이 '올바르다'고 생각되는 결과를 유도하기보다는 내담자의 의사결정과정에 시간을 더 투자하는 것이 직업윤리에 맞다. 상담자로서 상담관계를 형성할 때 윤리규정에 기술된 직업윤리에 입각하여 내담자의 세계에 들어가면 자신의 개인적 가치관에는 보호막을 쳐야 한다(Sells & Hagedorn, 2016).

다음 목록의 예비 내담자들 중 당신의 역전이 혹은 가치관 때문에 상담하기 힘들 것 같은 내담자와 상담할 수 있는 내담자를 구분해 보라. 가치관 중립을 유지하거나 내담자와 효과적으로 작업하기 위해 언제 수련감독 받는 것을 생각해 볼 수 있을까? 다음의 내담자들 중에 당신이 상담자로 경력을 쌓아 가는 동안 만날 가능성이 희박하다고 생각하는 유형도 있겠지만, 만약을 위해 마음의 준비를 하고 있을 필요가 있다. 다음의 기호를 이용하여 표시하라.

A = 효과적으로 상담할 수 있는 사람

B = 상담하는 데 어려움이 따르는 사람

C = 나의 가치관이나 역전이가 그 사람과의 작업에 영향을 미칠 수 있어 수련감독이 필요한 사람

_____ **1.** 낙태하려는 생각이 강하지만 아직 확실히 결정을 못 내려 도움을 요청하는 여성

_____ **2.** 피임도 하지 않고 아무나와 성관계를 맺으며 그것이 문제될 것 없다고 생각하는 10대 청소년

_____ **3.** 도덕성이 제대로 발달하지 않아 자신의 이익에만 관심을 가지고 개인적인 목적을 이루기 위해 남을 이용하는 사람

_____ **4.** 커플관계의 갈등을 해결해 달라고 찾아온 동성애자(게이 혹은 레즈비언) 커플

_____ **5.** 여러 사람들과 성관계를 즐기기 위해 배우자나 자녀를 두고 가정을 떠나고 싶어 하는 사람

_____ **6.** 당신과 다른 종교를 가지고 있으면서 신앙심이 너무 강한 사람

_____ **7.** 만약 자신의 삶을 더 위대한 힘을 가진 절대자에게 맡긴다면 더 평화스러워질 것이라고 말하는 여성

_____ **8.** 서로 불륜관계를 맺고 있으면서 커플상담을 요청한 커플

_____ **9.** 결혼예비상담을 받고자 온 인종이 다른 커플

_____ **10.** 자신이 양성애자인 것 같아 성정체성과 커밍아웃에 관해 상담을 받고자 하는 여고생

_____ **11.** 자녀를 입양하고자 하는 동성애자(게이 혹은 레즈비언) 커플

_____ **12.** 수수료를 더 챙기기 위해 고객에게 속임수를 쓰는 무책임한 투자상담가

_____ **13.** 양가의 부모들이 입양을 반대하지만 자녀를 입양하고 싶어 하는 인종이 다른 커플

_____ **14.** 문화적 배경이 달라 당신의 가치관과 매우 다른 가치관을 가진 내담자 (예: 자녀를 강제로 중매결혼시키려는 사람)

_____ **15.** 사회적 압력과 차별에 대처하기 위해 지원군을 찾는 성전환자

_____ **16.** 고용주의 심한 차별대우에 대처하기 위해 도움의 손길을 찾는 불법노동자

_____ **17.** 성적 독립성을 인정하는 소위 자유결혼(open marriage)을 하고 정기적으로 집단성교를 하는 커플

____ **18.** 당신과 다른 종교적 견해를 가지고 있으면서 그 견해를 너무 강하게 주장하는 사람

____ **19.** 자신들의 종교적·문화적 신념과 다른 자녀의 행동을 바꾸기 위해 도움을 요청하는 부모

____ **20.** 자신의 행동에 아무런 문제가 없기 때문에 변화를 주고 싶은 의사가 전혀 없다고 주장하며 의무적으로 내담한 사람

앞의 목록을 다시 한번 살펴보면서 'B' 혹은 'C'라고 분류한 사람에 관해 곰곰이 생각해 보라. 그 사람을 상담할 때 당신에게 생길 어려움은 무엇인가? 만약 당신이 수련감독을 받으려고 한다면, 당신은 어떤 질문들을 하게 될 것 같은가? 이러한 상황들로 법적 문제가 생기지는 않는가? 당신이 그런 상황에서 자신이 어떤 반응을 하게 될지 곰곰이 생각하고 상담자로서의 윤리적 책임을 생각해 보라. 어떤 기본적인 신념이 특정 내담자를 도울 때 어려움을 겪게 할 수 있는가? 당신을 자극하는 내담자와 효과적으로 작업하기 위해 당신의 생각에 어떤 변화가 필요한가?

## 성적 태도 및 행동과 관련된 가치관 갈등

정신건강실무자는 자신과는 판이하게 다른 성적 가치관과 행동을 보이는 내담자와 상담하게 되는 경우도 있을 것이다. 성적 태도와 행동에 관하여 당신의 가치관을 점검해 보라. 당신의 성적 태도와 행동은 보수적인가 아니면 개방적인가? 다음의 각 문장을 읽고 대체로 동의하면 빈칸에 A(agree)를, 동의하기 힘들면 D(disagree)를 표시하라.

____ **1.** 성 채팅은 성을 표현하는 창의적인 방식이 될 수 있다.

____ **2.** 성관계는 사랑과 헌신의 표현일 때 가장 큰 의미가 있다.

____ **3.** 서로 동의만 한다면 단순히 즐기기 위한 성관계도 권장할 만하다.

____ **4.** 상대방을 잘 알지 못하면서 안전장치 없이 여러 사람들과 성관계를 맺는 것은 위험하고 좋지 않다.

____ **5.** 안전한 성행동은 인생에서 필수적인 것이다.

____ **6.** 부부관계에 헌신하기만 한다면 모두의 동의하에 여러 사람들과 성관계를 가

지는 것을 허용할 수 있다.

____**7.** 어떤 사람들에게는 동성 간의 성관계가 적합한 선택일 수 있다.

____**8.** 훅업(hook-up, 역주: 성교를 목적으로 짧게 만나는 것을 가리킴)은 수용할 만한 성적 표현과 사람을 만나는 수단이다.

____**9.** 청소년은 결과를 책임질 수 없기 때문에 성적으로 친밀해지는 것을 피해야 한다.

____**10.** 인터넷 불륜은 실제 불륜만큼 심각하지 않다.

____**11.** 여성도 남성만큼 자유롭게 성적 표현을 할 수 있어야 한다.

____**12.** 성적으로 문란한 내용의 문자메시지나 사진을 휴대전화로 전송하는 섹스팅은 성인들만 해야 한다.

____**13.** 성적 행동은 개인이 속한 문화적 규범 안에서 문제가 없다면 괜찮다.

____**14.** 개인의 성정체성과 표현은 생물학적 성별과 반드시 같아야 할 필요는 없다.

____**15.** 포르노를 즐기는 사람들이 있다는 것이 큰 문제는 아니라고 생각한다.

____**16.** 우리는 나이와 상관 없이 성적인 존재이다.

____**17.** 성에 전혀 관심이 없다는 것도 합법적인 성 표현 중 하나이다.

____**18.** 결혼했다면 배우자가 관심이 없더라도 언제든지 성행위를 요구할 권리가 있다.

내담자가 당신과 크게 다른 성적 가치관을 가지고 있다면 자신이 선택한 성행동 때문에 고민하고 있는 이 내담자를 상담할 수 있겠는가? 예를 들어, 당신의 성적 태도와 행동이 개방적이라면 성적으로 보수적인 내담자의 관점을 존중할 수 있겠는가? 당신이 생각하기에 내담자의 도덕적 관점이 심리적인 괴로움을 유발하는 것 같다면 내담자를 설득하여 조금 더 개방적인 관점을 가지도록 설득할 것인가? 당신은 내담자가 경험하고 있는 죄책감을 어떻게 생각할 것인가? 죄책감을 극복해야 할 바람직하지 않은 정서로 다룰 것인가? 반대로 성에 관하여 당신이 꽤 엄격한 지침을 가지고 살아왔다면 성에 관해 보다 개방적인 내담자와 상담하는 것이 문제가 되겠는가? 성행동에 대한 당신의 선택에 영향을 준 사람은 누구인가? 전반적으로 당신은 내담자와 성행동과 관심사에 관해 토론하는 것이 얼마나 편한가? 당신은 자신과 성적 지향이 다른 내담자를 상대로 성행동에 관해 이야기할 수 있을 것 같은가? 또한 그럴 의향이 있는가? 내담자의 성에 관한 진술을 무시하는 것은 의도하지 않더라도 해를 끼칠 수 있으며 부정적인 결과를 초래할 수 있다. 우리 경험에 비춰 보면 수련 중인 상담자와 면허가 있는 상담전문가들 모두 내담자와 성을 주제로 이야기를 나눌 때 개인적으로 불편함을 경험하고 전문가로서 능력이 부족하다는 느낌을 가질 수 있다. Harris와 Hays(2008)는 "치료자의 지각된 성지식과 성적 소재를 다루는 데 대한 편안함이 내담자와 성과 관련된 논의를 하고자 하는 치료자의 의향에 영향을 미친다"는 것을 발견하였다(239쪽). 우리는 수련과 수련감독을 받으며 학생들이 성에 관한 이야기를 공개적으로 많이 하면 할수록, 그들이 나중에 내담자와 성관련 문제들을 제기할 가능성이 커진다는 것을 알게 되었다.

다음에 제시한 사례를 읽고 당신의 가치관이 커플에 대한 상담개입에 어떻게 영향을 미칠지를 생각해 보라.

## <Lee와 Juan의 사례>

지난 몇 년간 동성 커플인 Lee와 Juan은 서로의 관계에서 많은 갈등을 겪었다. 그들은 자신들 스스로 문제를 해결하려고 노력했지만 뜻대로 되지 않자 결국은 상담자의 도움을 받으려고 결심했다. 비록 그들이 헤어질까 하는 생각을 더 자주하게 됐지만, 관계가 회복될 수 있을까 하는 약간의 희망을 가지고 있다.

세 명의 커플상담자들은 친밀한 관계에 대해 각기 다른 가치관을 가지고 있으며, Lee와 Juan과의 작업에 대한 그들의 접근방법을 기술했다. 이들의 반응을 보고 만약 당신이 이 동성 커플을 상담할 경우, 각각의 설명들이 당신이 말하고 행동하려는 방향을 어느 정도 반영하는지 생각해 보라.

**상담자 A.** 상담자 A는 그녀의 관계에 대한 가치관을 이 상담회기에 투영할 수는 없다고 믿는다. 그녀는 장기적인 관계의 보존에 대한 자신의 편견에 대해 충분히 자각하고 있으며, 그러한 가치관을 강요하거나 드러내지 않는다. 상담자로서 그녀의 주 관심사는 개인으로든 그들의 관계를 위해서든 무엇이 최선인지 Lee와 Juan이 발견하도록 돕는 것이다. 그녀는 내담자에게 확실한 행동지침을 강요하는 것은 비윤리적이라고 생각하고 있으며, 자신의 일이 그들을 더 솔직해지도록 돕는 것이라는 것을 알게 한다.

- 상담자 A의 접근법에 대해 당신은 어떻게 생각하는가?
- Lee와 Juan과의 작업을 방해할 수 있는 가치관으로는 어떤 것이 있는가?

**상담자 B.** 상담자 B는 세 번이나 결혼한 경험이 있는 여성이다. 그녀는 너무 많은 부부들이 오랫동안 결혼관계를 유지하면서 불필요한 고통을 받고 있다는 주장한다. 그녀는 Lee와 Juan과 함께 그들이 상담을 하기 위해 토로한 갈등을 탐색한다. 상담자로서 그들이 헤어지는 것도 선택사항 중에 하나라는 것을 표현하였다면 그들이 원하는 방식으로 그들이 헤어지게 하는 방향으로 이끈다. 그녀는 임시로 헤어져 볼 것을 제안한 후, 그들을 개별적으로 상담하면서 간혹 함께 상담하는 회기도 가질 수 있다는 의향을 전달한다. Lee가 서로에 헌신하자고 맺은 약속 때문에 헤어지기가 꺼려진다고 하면, 이 상담자는 불만족한 관계를 계속 유지함으로써 두 사람 모두에게 생길 수 있는 부정적인 결과를 강조하며 그와 맞선다.

- 상담자 B의 방식에 윤리적 문제가 있는 것으로 보이는가? 상담자 B는 자신의 입장과 가치관을 밝힌 것인가? 아니면 가치관을 강요한 것인가?
- 당신이 상담자 B의 접근방식에서 동의하는 부분은 어떤 것인가? 그리고 동의할 수 없는 부분은 어떤 것인가?

**상담자 C.** 첫 회기에 상담자 C는 장기적인 관계를 계속 유지해야 하는 것에 대한 자신의 신념을 언급한다. 그는 많은 커플들이 어려움에 직면하면 너무 빨리 서로를 포기하는 경향이 있다고 생각한다. 상담자 C는 대부분의 커플들은 어떤 것이 '건전한 관계'의 구성요소인지에 대한 현실적인 환상을 가지고 있다고 말한다. 그는 자신의 경험상 헤어진다고 문제가 해결되는 것이 아니라 더 좋지 않은 새로운 문제가 생기게 된다는 것을 배울 수 있었다는 점을 알게 해 주고 싶어 한다. 그는 이 커플이 자신에게 상담받을지 결정해야 할 때 자신에게 관계를 유지하는 것이 좋다고 생각하는 편견이 있다는 것을 이야기한다.

- 상담자 C가 지향하는 방향에 대한 당신의 개인적인 입장은 어떤 것인가?
- 그가 자신의 편견에 관해 이야기한 것에 대해 어떻게 생각하는가?
- 만약 상담자가 자신의 편견과 가치관을 숨기고 이 커플을 상담하기로 했다면, 당신은 이 상담자가 그들과 객관성을 유지하면서 작업할 수 있다고 생각하는가? 그 이유는 무엇인가?

**논평.** 이 사례는 상담자의 가치관이 상담의 방향을 어떻게 결정할 수 있는지를 잘 보여 준다. 상담자의 태도는 Lee와 Juan과 함께 작업하는 데에 영향을 미친다. 헌신적으로 관계를 유지하는 것이 중요하다고 생각하는 상담자는 개인의 웰빙에 가장 중요한 가치를 두고 있는 상담자와 다르게 기능할 수밖에 없다. 이 관계에서 한 사람에게 가장 좋은 방법이라고 해서 커플에게 가장 이익이 되는 것은 아니다. 따라서 커플과 작업하는 상담자는 자신의 가치관이 치료의 목표와 절차에 어떤 영향을 미치는지 인식하는 것이 필수이다. 상담자 B와 C의 경우 자신들의 가치관이 상담 과정을 조정했다. 관계의 질이나 그 관계를 계속 유지할 만한 가치가 있는지를 결정하는 것이 상담자의 책임은 아니다. 윤리적인 실무란 내담자들이 자신의 가치관을 탐색하여 자신에게 가장 적합한 행동을 선택하도록 하는 것이다.

## 낙태에 대한 가치관 갈등

사람들이 낙태에 관해 이야기하다 보면 자주 감정적으로 변하기 때문에 상담자도 이 주제와 관련해 내담자와 가치관 충돌을 경험할 수 있다. 낙태를 선택할지 고민하는 내담자는 자주 임상전문가를 법적으로나 윤리적으로 힘들게 한다. 법적인 측면에서 정신건강전문가는 '타당한 치료(reasonable care)'를 해야 한다. 만약 그렇게 하지 못하면 내담자는 과실을 물어 법적인 절차를 밟을 수도 있다.

낙태와 관련된 주정부의 법규에 정통하고 있어야 하며 특히 낙태를 고려하고 있는 미성년자를 상담하고 있다면 더 유의해야 한다. 미성년자와 상담하기 위해 부모의 동의를 받는 것과 관련된 문제는 주(state)마다 다르다. 예를 들어, 앨라배마 주는 의사가 모권을 행사할 수 없는 여성의 낙태수술을 수행하기 전에 부모의 동의서나 법원의 권리이양증서를 받아야 하는 낙태관련법을 제정했다. 18세 미만의 미성년자 여학생이 학교상담사에게 자신이 낙태를 계획하고 있고 부모에게는 알리고 싶지 않다고 이야기했다고 가정해 보자. 만약 앨라배마 주에서 일하는 상담자라면 이 여학생에게 부모의 동의(혹은 법원의 권리이양증서를 선택할 수 있는 점을 포함해)에 관한 법률을 알려 주고, 자신도 그 법률을 따라야 한다는 것을 설명하고, 이 학생이 법률을 어기지 않도록 권고해야 한다.

다음에 제시한 Brooke의 사례를 살펴보자. 지금까지 논의한 내용을 고려해 볼 때 Brooke와 상담할 때 어떤 가치관 갈등을 맞닥뜨릴 수 있겠는가? 무엇이 가장 힘든 문제겠는가? 당신은 이를 어떻게 처리하겠는가? 제1장에서 설명했던 윤리적 결정을 내리는 여덟 단계를 참고하라. 이 사례를 윤리적으로 다루기 위해 어떤 단계를 밟을 것인가?

### <Brooke의 사례>

Brooke는 학급에서 일으킨 문제행동 때문에 당신에게 보내진 14세의 여학생이다. 그녀는 최근 부모의 이혼으로 정신적으로 힘들어하고 있다. 그녀는 당신에게 피임을 하지 않고 남자친구와 성관계를 가졌다고 토로했다.

- Brooke의 성행동에 대해 당신은 어떻게 반응할 것인가?
- 당신은 이 여학생의 남자친구에 관해 무엇을 알고 싶은가?
- 당신이 생각하기에 그녀의 이 행동이 고립감을 극복하기 위한 것이라면 당신은 이 문제를 어떻게 다룰 것인가?
- 그녀가 피임을 하도록 설득할 것인가? 그 이유는 무엇인가? 그렇게 한다면 그것이 당신의 가치관을 강요하는 것이 될 것이라고 생각하는가?

당신이 Brooke를 여러 회기 상담했고 마침내 임신한 사실을 알게 되었다고 가정해 보자. 그녀의 남자친구는 15세로 그녀와 자녀를 부양할 처지가 아니라고 밝혔다. 그녀는 낙태를 결심했지만 그 과정을 두려워하고 있다. 이때 당신은 어떻게 할 것인가? 다음의 각 문장을 읽고 대체로 동의하면 빈칸에 A(agree)를, 동의하기 힘들면 D(disagree)를 표시하라.

____ **1.** 나는 낙태에 관한 Brooke의 양가감정을 점검할 것이다.

____ **2.** 그녀가 입양, 미혼모 양육, 결혼 같은 다른 방안을 고려하도록 격려할 것이다.

____ **3.** 낙태를 선택하는 여성이 많음을 알려 주고 그녀가 낙태과정에 관해 안심하도록 도와 줄 것이다.

____ **4.** 이 사례에 포함된 법적인 함의와 관련하여 수련감독자나 동료에게 자문을 요청할 것이다.

____ **5.** 법률 조언을 구하기 위해 법률가에게 자문을 요청할 것이다.

____ **6.** 만약 학교에서 일하고 있다면 미성년자 낙태에 관한 주법령은 물론이고 학교정책을 자세히 살펴볼 것이다.

____ **7.** 그녀와 그녀의 부모가 이 문제와 관련하여 자유롭게 의견을 나눌 수 있는 상담회기를 구성할 것이다.

____ **8.** 그녀가 선택할 수 있는 모든 방안과 그 결과를 검토하게 할 것이다.

____ **9.** 그녀의 부모에게 이 문제에 대한 의사결정권이 있다고 보기 때문에 그들에게 알릴 것이다.

____ **10.** 그녀가 남자친구와 함께 하는 상담회기를 계획하여 그들이 선택사항에 관해 논의할 수 있게 할 것이다.

____ **11.** 학교 현장에서 상담하기에는 너무 복잡한 문제라서 그녀를 외부 기관이나 다른 전문가에게 보낼 것이다.

____ **12.** 그녀가 자신의 가치체계를 명료화하는 일에 특별히 중점을 둘 것이다. 그녀의 문화적, 종교적, 도덕적 가치관을 살피고 특정 선택방안이 갖는 함의를 파악할 것이다.

____ **13.** 나는 낙태를 반대하기 때문에 그녀를 다른 전문가에게 의뢰할 것이다.

____ **14.** 그녀가 어떤 결정을 내리더라도 지지할 것이라고 그녀에게 이야기할 것이다.

상담실무에 적용될 수 있는 낙태와 관련된 당신의 가치관을 검토하면서 다음 질문들을 답해 보라.

- 낙태에 관한 개인적 견해 때문에 상담을 하면서 객관적이 되는 것이 어렵다면 어떻게 하겠는가?
- 만약 당신이 Brooke를 의뢰하기로 선택한다면, 그녀는 어떤 영향을 받을 것 같은가?
- 만약 당신이 그녀를 의뢰하기로 하였다면, 그 이유는 무엇이라고 생각하는가?
- 의뢰하는 것 말고 가치관 충돌로 인해 당신이 상담실 밖에서 Brooke를 위해 무엇을 할 수 있는가?

- 당신이 낙태에 관해 강하게 반대한다면, 당신의 개인적 가치관을 배제하고 Brooke의 가치관의 틀 안에서 어떻게 작업하겠는가?
- Brooke의 사례로 자각하게 된 당신의 가치관은 무엇이며, 그러한 가치관이 그녀와 작업하는 데 어떻게 도움이 되거나 방해가 될 수 있을 것 같은가?

**논평.** Brooke의 사례는 계획하지 않은 임신의 선택에 직면해 있는 내담자와 작업할 때 생길 수 있는 다양하고 복잡한 문제를 보여 주고 있으며, 내담자가 가지고 있는 가치관이 여러 선택할 수 있는 것과 일치하는지 아니면 충돌하는지 물어보는 것이 중요하다는 것을 알려 준다. 상담자는 큰 가치를 부여하는 상황에서는 내담자가 선택할 수 있는 사항을 탐색하도록 도우면서 내담자의 가치관 틀에서 논의하는 것이 중요하다.

Brooke와 효과적으로 작업할 수 없다고 판단될 경우, 수련감독자와 그런 결정을 내려야 하는 이유를 탐색해야 한다. 내담자와는 반드시 그럴 필요는 없다. 저자들은 Brooke에게 우리의 가치관 갈등과 관련하여 부담을 주지 않을 것이다. 우리는 Brooke와 같은 내담자와 작업하면서 부정적인 영향을 미치지 않도록 개인의 가치관을 관리하는 방법을 배우기 위해 자문을 요청할 것이다.

## 다른 가치관 갈등의 사례

이 절에서는 일어날 수 있는 다른 종류의 가치관 갈등 사례를 소개하려고 한다. 여기에 나오는 Reggie가 당신의 내담자라고 상상하라. 그와 상담할 때 당신의 가치관이 어떤 영향을 미칠지 생각해 보라.

### <Reggie의 사례>

Reggie는 2년차 심리치료사인 Savannah에게 치료를 받고 있다. Reggie는 기혼남임에도 여러 번의 혼외정사를 경험했는데 그는 이것을 결혼생활 탓으로 돌렸다. 그가 치료를 받는 목표는 죄책감을 줄이는 방법을 찾는 것이다. 두세 번 만난 뒤에 Savannah는 상담에서 이야기하는 내용 대부분이 결혼생활과 관련이 있으니 다른 전문가에게 부부상담을 받으면 어떻겠느냐고 제안했다. Reggie는 이 제안을 거절했다. 그러자 Savannah는 그의 혼외정사 문제가 자신을 괴롭히며 혼외정사를 계속하면서 죄책감을 줄이려는 그의 목표를 이루도록 도울 방법을 찾지 못하기 때문에 양심상 계속 치료를 이어 가지 못하겠다고 이야기했다. Savannah는 Reggie에게 다른 치료자를 찾아가라고 제안하고 세 명의 치료자를 추천했다.

- Reggie를 계속 상담하지 못하겠다는 Savannah에 대한 당신의 반응은 무엇인가?

- 이 사례는 치료자가 자신의 가치관을 내담자에게 공개하는 것인가 아니면 강요하는 것인가?
- Reggie가 생각하는 상담목표는 Savannah가 생각하는 상담목표와는 다르다. 그녀가 이런 차이를 Reggie와 논의해야 한다고 생각하는가? 만약 그렇다면 어떻게 해야 하는가?
- 이 사례에서 윤리적으로 고려할 점은 무엇인가?
- Reggie가 당신의 내담자라면 어떻게 대처하겠는가?

**논평.** Savannah가 혼외정사에 관한 자신의 가치관을 Reggie에게 강요하는 것은 치료에 도움이 되지 않는다. 이 문제는 Savannah가 아니라 그녀의 내담자에 관한 것이다. 반면에 Reggie는 자신의 외도와 관련하여 배우자를 비난하고 부부치료 받기를 꺼려함으로써 스스로 힘든 상황으로 몰아가고 있다. 상담자의 임무는 판단을 내리는 것이 아니라 내담자 행동의 의미를 파악하는 것이다. Savannah는 Reggie를 '나쁜' 사람처럼 다루지 않으면서도 그의 선택이 스스로 어려움을 자초하고 있음을 보여 줄 수 있다. Savannah가 종결과 의뢰를 다룬 방식에 따라 그녀의 내담자는 상담자에게 버림받았다고 느낄 수도 있다. Reggie는 자신의 결혼생활에 관해 더 이야기하고 싶은 것처럼 보이며, 이런 대화는 결국 부부상담에 대한 추천으로 이어질 수 있기 때문이다.

## 가치관 토의와 개방성 유지

초보 상담자들은 여러 가지 이유로 내담자와 작업하는 데에 불편함을 경험할 수 있다. 그들의 과제는 그러한 불편함을 다루면서 그것이 무엇에 관한 것인지를 파악하는 방법을 배우는 것이다. 내담자와 가치관이 매우 다르기 때문에 불편할 경우 이런 내담자를 상담하는 방식을 개발하기 위해 노력할 필요가 있다. 내담자와 가치관이 다른 것이 왜 불편함을 유발하고 문제가 되는지를 생각해 보아야 한다. 협력을 통해 내담자의 가치관을 확인하고 명료화하며 내담자가 자신의 핵심신념과 가치관에 따라 살고 있는지 가늠해 보라. 당신의 과제는 내담자의 문제가 무엇인지를 확인하여 그것을 내담자와 함께 탐색하는 것이다. 명심해야 할 것은 내담자의 문제이지 내담자를 상담할 때의 당신의 문제가 아니다.

치료자가 자신의 가치관에 대한 확신이 있다면 자신과 다르게 생각하는 사람들의 이야기를 잘 들어주고 깊이 이해하더라도 위협을 느끼지 않을 것이다. 내담자가 어떤 가치관을 가지고 있고, 어떻게 그런 가치관을 가지게 되었으며, 그것이 내담자에게 어떤 의미가 있는지를 이해하려는 자세로 귀 기울이면서 의사소통을 하라. 마음을 열고 내담자를 대하면 개인적으로 당신의 식견을 넓힐 수 있고 내담자와 윤리적이고도 효과적으로 상담할 수 있는 능력이 향상될 것이다.

## 상담에서 영적 · 종교적 가치관의 역할

상담에서 영적 · 종교적 가치관을 언급하는 것은 특히 민감한 부분이며 논쟁거리이고 복잡한 문제이다. 이 절을 읽으면서 이런 주제와 관련하여 자신의 영적 · 종교적 가치관을 명료화하고, 자신의 관점이 특정 내담자와 상담관계를 구축하는 능력을 어떻게 향상시키거나 방해하는지를 생각해 보라. 내담자와 그런 문제들을 탐색하는 것을 용이하게 하고 싶다면 상담자 자신의 영적 · 종교적 태도, 신념, 가치관, 경험을 자각하고 이해하는 것이 중요하다. "영성은 초월과 의미에 대한 개인적인 추구로 정의되는데 경우가 많은 데 반해 종교는 교리와 의례적인 것과 더 관련이 있는 것으로 여겨질 때가 많다" (Barnett & Johnson, 2011, 148쪽). 저자들은 Barnett과 Johnson의 구성개념 구분에 동의하지만 그 용어를 서로 혼용하기도 한다.

저자들이 초년 상담사일 때는 상담에서 영성과 종교의 역할이 토의의 적절한 주제로 여겨지지 않았다. 세월이 지남에 따라 변화가 생겨 오늘날에는 상담실무나 상담교육 프로그램에서 영적이고 종교적인 신념과 가치관을 다루고자 하는 인식과 의지가 강해졌다(Barnett & Johnson, 2011; Dobmeier & Reiner, 2012; Hagedorn & Moorhead, 2011; Johnson, 2013). 영성과 종교를 상담과 심리치료의 실무에 통합하는 것은 1970년대 이후 여러 문헌에서 관심을 받아 왔다. 실무를 담당하는 상담자와 상담교육자들을 대상으로 한 조사에 따르면, 종교와는 상관없어 보이는 상담환경에서도 영적이고 종교적인 문제는 치료적으로나 윤리적으로 적절할 뿐만 아니라 잠재적으로 중요한 주제이다(Delaney, Miller, & Bisono, 2007; Dobmeier & Reiner, 2012; Francis, 2016; Walker, Gorsuch, & Tan, 2004; Young, Wiggins-Frame, & Cashwell, 2007). 하지만 영적이고 종교적인 중재를 어떻게 적용해야 하는지, 그리고 치료실무에서 이러한 중재의 윤리적 함의에 대한 논란은 여전히 남아 있다(Francis, 2016). Smith와 Okech(2016a)는 미국상담학회(ACA)와 상담교육프로그램인증평가원(CACREP)이 상담에서 영성과 종교의 역할을 계속 인정해야 하고 미국상담학회(ACA)가 상담과영적윤리적종교적가치관학회(Association for Spiritual, Ethical and Religious Values in Counseling)의 『상담에서의 영적이고 종교적 문제를 다루는 역량(*Competencies for Addressing Spiritual and Religious Issues in Counseling*)』이라는 서적을 인증했다는 것을 지적하고 있다. 그 역량들이 어떤 것인지 이 책을 읽어 볼 필요가 있다.

Worthington(2011)은 내담자의 영적이고 종교적인 관심사에 대한 치료자의 개방성이 다문화 운동에 의해 촉진되었다고 믿고 있다. 사람들은 그들의 영적, 종교적, 민족적 가치관을 포함하여 문화적 관점에서 그들 자신이 어떤 사람인지 정의할 수 있게 되었다. 그리고 모든 문화에는 영성과 종교가 포함되어 있다. 치료자가 심리치료에 영적인 주제를 포함하고자 한다면 치료에서 토의의 주제로 영적인 관심사를 다루는 것이 불편하면 안 된다. Johnson(2013)은 영성을 다루는 치료를 다문화적 치료의 한 형태로 본다. 내담자가 그런 문제에 대해 이야기하는 것에 관심을 보일 때 첫 번째 단계는 치료자가 내담자의 영적 신념과 경험에 관심을 가지고 내담자가 삶의 의미를 어떻게 발견할 수 있는지에 신경을 쓰는 것이다. 하지만 명심할 점은 치료자의 영적 경험이나 내담자를 위해 다룰 내용이 아니라 내담자가 원하는 것이 무엇인지이다.

상담과정에서 실무자들은 내담자의 삶에 관해 많은 질문을 하지만, 때로는 무엇이 내담자의 삶에 의미를 주고 어떤 신념이 어려운 시기에 내담자에게 도움이 되는지에 관한 질문을 생략할 때가 있다. 영성에 대한 평가는 내담자가 영성과 종교와 어떻게 관련되어 있는지, 그리고 그것이 내담자에게 어떤 영향을 미칠 수 있는지에 대한 통찰을 제공한다(Dailey, 2012). 전문적 관계 초기에 내담자의 종교적이거나 영적인 배경에 관해 질문하는 것은 치료과정에 대한 잠재적인 타당성을 제공한다(Barnett & Johnson, 2011). 상담자가 평가 중에 내담자의 영적·종교적 가치관과 관심사에 관한 질문을 포함하지 않을 경우, 내담자는 상담과정에서 그런 관심사에 관한 이야기를 하는 것을 주저할 수 있다.

많은 내담자에게 영성이나 종교는 자신의 자기개념, 세계관, 가치관 체계의 핵심적이다. 종교적·영적 관심사는 치료를 추구하는 일부 내담자의 동기와 관련이 있을 수 있으며, 갈등을 일으키는 영역은 물론 치료과정을 강화할 수 있는 감정과 자원의 원천이 될 수도 있다(Barnett & Johnson, 2011). Francis(2016)는 내담자들의 핵심신념과 가치관을 힘들 때 대처자원이나 지지자원으로 활용할 수 있다고 주장한다. "그러한 신념과 가치관은 내담자의 문화적 배경을 구성하는 요소인데, 능숙하고 민감한 상담자는 내담자의 치유와 전인적 성장을 위한 상담과정을 이끄는 요소로 활용할 수 있다"(563쪽). 명상, 기도, 자연 속의 삶, 마음챙김, 사교활동, 예술활동, 요가는 영성이 자원으로 활용되는 방식들이다. 핵심은 내담자를 위해 적합한 활동을 찾는 것이다(Johnson, 2013). 어떤 내담자는 영성에 대해 명확하게 표현하지는 않지만 실존적 주제는 치료에서 드러내는 경향이 있다. 내담자가 의미나 가치관, 죽음, 존재와 관련된 관심사를 어떻게 표현하는지에 귀를 기울여야 한다. 내담자가 핵심 가치관과 내면의 지혜에 관해 지속적으로 생각하도록 돕는 요소를 정의하고 경험하면서 활용하는 방식에 주의를 기울이는 것이 중요하다.

## 평가와 치료에서 영적 · 종교적 가치관

평가는 현재 내담자의 기능수준에 대한 전인적 그림을 그리기 위해 내담자의 문제에 잠재적으로 영향을 미칠 수 있는 모든 요인을 살펴보는 과정이다. 영성과 종교적인 영향을 탐구하는 것은 가족의 영향을 탐구하는 것만큼 중요하다. 접수면접과 심리평가 과정에서 상담자는 내담자의 삶의 여러 측면에 대한 정보를 수집한다. 상담실무자는 내담자의 이야기와 그가 전문적인 도움을 받으려는 이유에 귀 기울여야 한다.

Frame(2003)은 상담에서 영성과 관련된 부분을 평가해야 하는 이유를 다음과 같이 제시한다. 그 이유는 세계관과 내담자가 살고 있는 주위환경을 이해해야 하기 때문에, 내담자가 삶의 목적이 무엇이고 그들이 무엇에 가장 가치를 두어야 하는지에 관한 질문에 반응하며 도와야 하기 때문에, 내담자의 자원으로서의 종교와 영성을 탐구해야 하기 때문에, 종교적이고 영적인 문제를 드러내야 하기 때문에, 적절한 중재방법을 결정해야 하기 때문이다. 평가는 상담자에게 영성이나 종교가 내담자의 문제에 미칠 수 있는 영향을 확인할 수 있는 기회를 제공한다. Francis(2016)는 "내담자의 종교적이거나 영적인 문제가 정신적 문제를 만들고 유지시키며 혹은 해결하는 데 영향을 미쳤다고 판단되는 경우, 그런 상호작용에 대한 심층적이고 포괄적인 평가가 이루어져야 한다"고 지적한다(561~562쪽). 종합적인 평가결과에 기초하여 치료과정의 한 부분으로 내담자의 종교적이고 영적인 신념과 실천을 포함하는 것이 적절한지를 결정할 수 있다.

내담자가 종교적 신념이나 영적 관심사 혹은 실천에 관해 걱정거리가 있다고 토로할 때, 치료자는 이 수준에 맞추어 작업할 수 있어야 한다. 상담자는 그런 주제가 치료과정에 어떻게 도입되는지 주의 깊게 관찰해야 한다. 종교와 영성이 내담자의 삶에 중요하지 않은데 그것을 탐색하라고 하는 것은 적절하지 않다. 내담자가 종교와 영성에 관해 탐색하는 것에 관심이 없다고 말했는데도 치료자가 그 문제를 제기하는 것은 내담자에게 부정적인 영향을 미칠 수 있다. Barnett과 Johnson(2011)은 "종교가 내담자의 관심사가 아닐 경우 상담실무자는 종교에 특히 중점을 두지 않도록 유의해야 한다"(153쪽)고 경고한다. 영적 평가에 대한 보다 자세한 내용은 Cashwell와 Young(2011b)의 저술을 참고하라.

## 비신앙인에 대한 윤리적 · 임상적 고려사항

자신이 종교를 믿지 않는다고 주장하는 사람들의 신념과 관심사도 존중해야 한다. Sahker(2016)는 미국 성인의 16~23%, 30세 미만 성인의 33%가 자신이 비신앙인이라 주장하면서 종교를 가지고 있지 않은 사람에게 치료를 제공하기 위해 윤리적이고 임상적인 고려사항에 초점을 맞추고 있다. 한 개인이 자신의 원가족이 믿고 있는 종교를 떠나려고 할 때 영적으로 어려움을 겪거나 심리치료를 받으려고 할 수 있다. 그런 내담자는 종교와 관련하여 내부 갈등과 의심, 스트레스를 피해 토의할 안전한 장소를 찾는다. 가족이 믿는 종교를 떠나는 사람들은 가족들로부터 거부당할 가능성이 있고, 내담자들은 자신이 선택한 결과 때문에 겪는 고충을 표현하고 탐색하기를 원할 수 있다. 이런 내담자들과 윤리적이면서 효과적으로 작업하기 위해 치료자는 이런 사람들을 평가하고 치료할 수 있는 능력을 계발해야 한다. 평가과정에서 그것이 긍정적이든 부정적이든 간에 개인의 종교적 · 영적 관심사를 확인하는 것은 매우 중요하다. 그것이 과거든 현재이든, 그에게 의미가 있고 스트레스로 작용할 수 있기 때문이다. 만약 내담자가 종교적 문제나 비종교적인 문제를 말하고 싶어 한다면, 그 관심사는 치료에서 다루어져야 한다. Sahker(2016)는 종교를 가지고 있는 않은 사람들을 치료하는 데 효과적인 임상적 도구가 될 수 있는 평가, 개념, 중재의 이론적 모델을 제시하였다.

## 종교적 가르침과 상담

종교적 신념과 수행은 인간이 경험하는 여러 방면에 긍정적인 영향과 부정적인 영향을 미친다. 종교와 상담은 자신을 수용하는 것을 배우고, 타인에게 베풀며, 타인과 자신을 용서하고, 자신의 약점을 인정하며, 개인적 책임을 수용하고, 상처받았던 것과 후회되는 것은 잊어 버리며, 죄의식을 처리하고, 자기패배적으로 사고하고 느끼며 행동하는 방식을 버리는 방법을 배움으로써 치유를 도모한다는 점에서 공통점이 있다.

종교와 상담은 공통점이 있지만 기본적인 면에서 중요한 차이가 있다. 예를 들어, 종교는 사람들에게 받아들이고 따라야 할 교리와 신념을 가르치지만 상담은 내담자에게 상담자의 가치관을 강요하지 않는다. 상담실무에서 당신의 가치관을 애매한 방식으로 강요하는 경향이 있는지 스스로 감시하는 것은 윤리적으로 중요하다. 예를 들어, 내담자에게 영적인 측면을 받아들이도록 영향력을 행사하거나 내담자에게 더 이상 도움이 되지 않는 것처럼 보이는 특정 신념을 버리도록 영향력을 행사할 수도 있다. 어떤 가치관을 보유하거나 대체하거나 수정할지 결정하는 것은 전적으로 내담자의 몫이라는 점을 명심하는 것이 중요하다.

## 상담자의 개인적 신념과 가치관

앞서 언급한 것처럼 정신건강실무자가 다양한 욕구를 가진 내담자에게 효과적이면서 윤리적으로 서비스를 제공하려고 한다면, 내담자에게 영성과 종교성이 중요한 영향을 미치고 있을 경우 그것을 살필 준비와 그것을 다룰 능력을 가지고 있어야 한다. Johnson(2013)은 치료자가 자신의 영적 정체성과 경험을 되돌아보는 것이 중요한데, 특히 그와 관련된 정서적인 측면과 강렬한 경험을 확인할 필요가 있다고 주장한다. 만약 치료자가 영성의 정서적 측면을 이해하는 작업을 한 적이 있다면, 너무 감정적으로 반응하거나 내담자에게 치료와 관련된 자신의 생각을 강요하지 않으면서 그의 영적 경험과 가치관, 실천에 귀를 기울일 수 있다.

**개인적 입장.** 상담 수행 중에 영적이고 종교적인 가치관에 대한 당신의 입장이 무엇인지 정리하는 의미에서 다음 질문들에 답해 보라.

- 어떤 것이든 간에 내담자의 영성과 종교, 그가 가진 문제 사이의 연결점을 발견한 적이 있는가?
- 당신은 치료자가 자신의 종교적 · 영적 가치관을 내담자에게 소개하거나 가르치며 자신의 가치관을 임상적 실무의 기반이 되도록 하는 것이 정당화될 수 있다고 생각하는가? 당신의 생각을 설명하라.
- 당신의 인생에서 종교나 영성이 어떤 영향을 미친다고 생각하는가? 이것이 당신의 상담실무와 어떤 관련이 있다고 생각하는가?
- 당신이 내담자와 종교나 영성과 관련된 신념이 상충하면 그 상황을 어떻게 관리할 것인가?
- 치료자가 무슨 주제를 토론할지 정하는 것은 내담자에게 치료자의 가치관을 강요하는 것인가? 당신의 생각을 설명하라.
- 만약 당신이 종교적 · 영적 신념이 특별히 없다면 종교적 확신이 강한 내담자를 어

떻게 상담하겠는가?

- 교회부속 상담소에서 상담실무를 수행하면서 교회의 가르침이나 교리를 제시한다면 윤리적으로 문제가 되는가? 당신의 생각을 설명하라.
- 만약 당신이 대답할 수 없는 분야에 관해 내담자가 질문을 한다면 성직자나 토착신앙 치료자와 협력할 의사는 어느 정도인가?
- 공립학교에 근무하는 상담자는 학생들이 언급하는 영적 · 종교적 문제를 어떻게 다루어야 하는가? 상담에서 영적 문제에 대해 논의하는 것을 부모에게 알려야 하는가?

## 윤리적 의사결정 과정 모델

Barnett과 Johnson(2011)은 종교적 · 영적 신념이 임상적으로 중요한지 여부를 판단하기 위한 윤리적 의사결정과정 모델을 제시하였는데, 이를 통해 어떤 과정을 거쳐야 하는지 결정하는 데 필요한 윤리적인 원칙과 기준을 확인할 수 있다. 이 모델의 핵심은 치료를 하는 중에 제기된 내담자의 종교적 · 영적 신념과 관심사와 관련된 윤리적 딜레마를 다루는 것이며, 다음과 같이 적용할 수 있다.

- 상담을 시작하면서 내담자의 종교적 · 영적 신념을 존중하여 평가한다. 이런 평가는 내담자 개인은 물론 심리치료 상황과 그런 관심사에 대한 내담자의 선호도를 바탕으로 맞춤형으로 이루어져야 한다.
- 내담자가 호소한 문제와 종교적 · 영적 신념의 관계를 신중하게 평가한다. 이론학습과 체험학습에 모두 참여하여 다양한 문화집단의 광범위한 종교적이고 영적인 신념과 실천에 관해 알고 있어야 한다.
- 초기 평가결과를 설명 후 받는 동의과정에 포함한다. 만약 종교적 · 영적 관심사를 치료에서 명백하게 다루어야 한다면, 치료계획을 세우고 그것을 치료에 통합할 것을 내담자에게 사전동의를 받아야 한다.
- 내담자의 종교적 신념과 실천에 대한 당신의 잠재적인 역전이를 정직하게 평가해본다. 만약 당신의 역전이가 치료의 성과를 약화하거나 내담자에게 해가 될 것 같다면 자문을 요청한다.
- 내담자의 종교적 관심사를 다루는 것과 관련된 문헌, 실무지침, 법률과 윤리기준을 검토하여 주어진 사례를 다룰 수 있는 자신의 역량을 평가한다.

- 심리치료 실무 시 종교와 영성 분야의 전문가에게 자문을 요청한다. 종교와 영성에 대한 많은 지식을 가진 동료도 당신이 내담자의 영성이나 종교와 관련된 역전이를 살피는 데 도움이 될 수 있다.
- 적절하고 임상적으로 도움이 된다고 판단되면, 내담자의 동의를 얻어 내담자가 속한 종교단체의 성직자에게 자문을 요청하는 것도 고려할 수 있다.
- 종교적 · 영적 개입을 치료에 통합함으로써 발생할 수 있는 유익과 위험을 평가하고 내담자를 치료할지 의뢰할지를 결정한다. 만약 의뢰해야 한다면 자신의 지식과 경험을 향상하기 위해 의뢰를 결정하게 된 논리와 의뢰하는 과정의 단계를 기록으로 남긴다.
- 성과를 평가하고 내담자에 대한 치료계획을 필요에 따라 조정한다.

## 영적 · 종교적 문제를 다루기 위한 수련

인생의 영적 · 종교적 측면은 성별, 인종, 문화와 마찬가지로 내담자가 제기하는 문제들 중 상당 부분을 차지할 수 있다. 한 조사에 따르면 치료자의 73%가 치료에서 영적인 문제를 다루는 것이 중요하다고 보고했지만, 응답자의 대부분이 자신이 그렇게 하기 위해 필요한 역량을 가지고 있지 않다고 믿고 있었다(Hickson, Housley, & Wages, 2011). 그것이 적절하다고 판단되고 문서화된 동의서가 있을 경우 실무자는 지역 종교단체 구성원이나 내담자가 속해 있는 문화에 존재하는 치료자와 접촉할 필요가 있다.

상담과영적윤리적종교적가치관학회(ASERVIC, 2009)는 영성을 다룰 수 있는 역량의 표준을 개발하였다. 그런 역량들은 상담자들이 자신의 영성과 종교적 삶에 대한 탐색과 내담자를 효과적으로 다루기 위해 계발해야 할 필요가 있는 지식과 기술들이 요약된 것이다(Robertson & Young, 2011).

학생들의 인식에 대한 전국적 조사에서 84%의 인턴 상담자들이 교육과정을 통해 상담교육프로그램인증평가원(CACREP)이 인증한 프로그램에서 영성과 종교와 관련된 사안에 대한 정보를 얻었다고 밝혔다(Dobmeier & Reiner, 2012). 그런 상담 인턴의 대부분이 자신들의 직무에서 영적인 문제를 다룰 준비가 되어 있다고 믿었다. 응답자 중 절반 이상이 웰빙, 삶의 의미, 믿음, 희망, 용서를 학과목에서 다룬 주제라고 보고했다. Dobmeier와 Reiner는 학생들이 내담자와 작업하면서 그런 능력을 적용할 준비가 되어 있는지를 평가할 수 있는 틀을 마련하기 위해 상담교육 프로그램에서 학생들에게

CACREP이 제시한 역량을 교육할 필요가 있다고 결론 지었다.

상담교육 프로그램에서는 학생들이 자신의 신념과 가치관 중 무엇이 어떻게 자신들의 작업에 영향을 미칠 수 있는지를 살피도록 해야 한다. 여러 문화의 모든 측면을 알 수 없는 것처럼 종교에 관해서도 마찬가지이다. 상담자가 모든 종교나 영적인 측면에 관해 알 수는 없지만 내담자들이 제시하는 종교적·영적 관심사를 효과적으로 다룰 수는 있다. 치료자는 내담자들이 자신에게 문제가 되는 영적·종교적인 관심사의 영역에 관해 설명하고 탐색하도록 장려할 수 있다.

## <Rory의 사례>

Fiona에게 얼마간 상담을 받은 Rory는 자신을 실패자로 생각하며 죄책감을 떨쳐버리지 못하고 있다. 그는 과거 행동 때문에 자신을 용서할 수 없다고 호소했다. 그는 매우 혼란스러워하며, 정도를 벗어난 행동으로 인해 자신을 호되게 비판하고 있다. 무신론자인 Fiona는 그가 매우 종교적이라는 것을 알고 있기에 한 상담회기에서 다음과 같은 질문을 했다. "당신과 비슷한 문제로 고민하는 사람이 있다면 그를 어떻게 생각하고 대하시겠어요? 당신이 믿고 있는 신은 어떤 분이시죠? 벌을 내리는 분입니까? 아니면 자애로운 분입니까? 당신이 믿는 종교에서는 죄의 용서에 관해 무엇이라고 가르치죠?" 그녀는 Rory의 종교적 신념을 통해 그의 사고를 재구성하려고 시도했다. 그가 자신의 행동을 종교적 시야를 통해 바라보기 시작하자 자신의 행동에 대한 태도가 극적으로 바뀌었다. 자애로운 신을 믿고 있는 그는 마침내 자신을 용서하는 방식을 배우게 되었다.

- Fiona가 Rory를 상담한 방식에 관해 어떻게 생각하는가?
- 당신이 치료자라면 Rory의 종교적 신념을 치료적 중재로 활용하겠는가? 그 이유는 무엇인가?
- 위와 같은 Fiona의 조치에 진실되지 않은 점이나 문화적으로 민감한 부분이 있다고 생각하는가? 설명해 보라.

**논평.** Fiona는 그가 종교적 신념과 자기 행동에 대한 평가가 불일치한다는 것을 주목했다. 그녀는 내담자의 신념체계를 이용하여 그가 자기평가를 재조정하도록 지원하고 그 과정에서 자신의 신념체계에 더 진솔할 수 있도록 도움을 주었다.

## 임종 결정과 관련된 가치관 갈등

인생을 마쳐야 할 시점이 다가오면 임종 때 영향을 미치는 결정뿐만 아니라 여러 가지를 고민해야 한다. 미국 사회가 고령화됨에 따라 많은 상담자들은 내담자의 죽음을 앞당기는 능동적 조치를 취하는 것을 포함해 임종 결정(end-of-life decision)을 내리는 것을 지원할 수밖에 없다. 미국민들의 지지율이 높아지고 주 정부들이 의사조력 자살(physician-assisted suicide)을 합법화하기 위한 노력을 지속하면서, 점점 더 많은 내담자들이 임종 결정을 내리는 데 전문적인 도움을 요청할 가능성이 아주 높아졌다.

Bevacqua와 Kurpius(2013)는 수련 중인 상담자도 가치 있는 임종 결정을 전문적으로 도울 준비가 되어 있어야 한다고 생각했다. 그들은 상담을 공부하는 학생들에 관한 연구에서 내담자의 연령, 수련생의 임상경험, 종교와 관련하여 흥미로운 결과를 얻었다. 25세의 내담자보다 77세의 내담자가 적극적으로 안락사를 원할 때 훨씬 더 많은 지원을 했다. 학생들의 임상경험은 내담자의 자율성 존중과 정적 상관관계가 있었다. 수련생들의 독실한 종교성은 안락사를 생각하는 내담자와 권리를 존중하는 것 사이에는 부적 상관관계가 있었다. 이런 발견들은 상담자의 종교적 가치관이 직접적이든 간접적으로든 내담자와의 치료작업에 영향을 미칠 수 있다는 것을 암시한다. Bevacqua와 Kurpius는 상담을 공부하는 학생들이 내담자의 임종 결정에 영향을 미치는 자신들의 가치관을 탐색하고 내담자의 자율성을 고취시키기 위한 방법으로 심층적인 임상 수련 감독을 권한다.

치료를 보류하고 철회하는 것은 미국의 50개 주 모두에서 합법이다. 따라서 우리는 자신의 죽음에 대해 선택을 할 수 있다. 1997년 오리건 주에서 존엄사법(尊嚴死法)을 제정한 이래로 의사조력 자살과 관련된 임종 결정(end-of-life decision)은 계속해서 논란의 대상이 되어 왔다. 2008년 워싱턴 주에서 주민투표를 하였고, 오리건 주에서 유사하게 2009년에 법제화되었고, 2013년 버몬트 주도 입법 과정을 통해 존엄사법을 통과시켰다. 몬태나 주도 법원판결로 의사조력 자살이 합법화되었다(*Baxter v. State of Montana*, 2009). 30개 이상의 주에는 의사조력 자살을 금지하는 특별법이 있으며, 4개 주에는 의사조력 자살관련 특별법이 없고(Kristen Dickens, 개인면담, 2016. 10. 15), 입법화를 고려하고 있는 주들도 있다. 2015년 10월 5일 법안으로 통과되고 2016년 6월 9일부터 시행되는 **캘리포니아의 임종 선택법**은 오리건 주의 **존엄사법**을 모델로

한 의사조력 자살법이다. 이와 관련된 입법 과정들에 관한 더 많은 정보는 웹사이트 https://www.deathwithdignity.org/take-action에서 얻을 수 있다.

만약 당신이 임종관리에 관해 걱정하는 내담자와 작업하게 된다면 당신이 거주하는 주의 법률을 알고 있어야 하며, 임종에 대한 개인의 자유와 관련하여 자신이 속한 전문가 단체의 윤리지침을 필수적으로 알고 있어야 한다. 내담자가 보다 더 확실한 지원을 요청해 죽음을 재촉할 경우, 법적 자문을 요청하는 것도 필수적이다. 주요 질문은 다음과 같다. 불치병에 걸렸거나 극도의 고통에 시달리는 사람은 타인의 조력을 통해 원하는 시기와 방법으로 죽을 수 있는 권리가 있는 것인가? 임종 결정을 내리는 내담자를 대할 때 상담자의 적절한 역할은 무엇인가? Werth와 Holdwick(2000)은 이 문제와 관련하여 주요 개념들을 다음과 같이 정의한다.

- **이성적 자살**(rational suicide)은 불치병 말기에 수반되는 극도의 고통 때문에 타인의 강압적 힘에 의해서가 아니라 스스로 의사결정과정을 거친 후 죽기로 결정하는 것을 의미한다.
- **죽음조력**(aid-in-dying)은 다른 사람에게 죽을 수 있는 수단을 제공함으로써 그 사람이 치명적인 약물과 같이 죽음을 야기하는 물질을 치사량 투입하여 스스로 생명을 끊는 것이다.
- **죽음재촉**(hastened death)은 개입하지 않았을 때 살 수 있는 기간보다 더 일찍 삶을 끝낸다는 뜻이다. 죽는 과정을 촉진하는 것으로 생명유지 장치를 보류하거나 떼어내는 방식을 주로 취한다.

임종 결정에 관여하는 정신건강전문가는 사전의료지시의 시사점과 그것이 내담자에게 끼치는 영향에 대해 잘 알고 있어야 한다. **사전의료지시**(advance directives)는 어떤 치료를 받을지 더 이상 결정할 수 없는 생의 마지막 시점에 자기가 원하는 치료를 받을 수 있도록 하기 위해 임종 치료방식을 미리 결정하는 것이다. 사전의료지시의 두 가지 주요 형태는 연명치료거부 의향(Living Will)과 장기요양계획의 의료 위임장(Durable Power of Attorney for Health Care)이다. 죽음선택 유언 혹은 연명치료거부 의향은 특정 치료를 받거나 생명을 유지하는 치료를 거부하거나 중단할 수 있는 조건을 의미한다. 장기요양계획의 의료 위임장은 자신이 말할 수 없는 상황이 될 경우 중병에 걸린 자신의 입장을 대신 이야기해 줄 수 있는 사람을 한 명 이상 세우는 것을 의미한다. 죽음에 임박한 사람들 중 자신을 대신해서 말할 누군가가 없다면, 연명치료거부 의향은 아주 비효율적일 수 있기 때문에 의료 위임장이 더 중요하다고 보는 이들도 있다. 연명치료거부 의향은 결정을 내리는 데 도움이 될 수 있지만, 질병에 걸린 사람의 바람을 다른 사람들에게 제공한다는 데 더 강력한 효과가 있다(James Werth, 개인면담, 2013. 5. 7).

저자들은 다양한 분야의 정신건강전문가들을 대상으로 열린 '임종 결정'이라는 제목의 워크숍에 참여한 적이 있다. 이 워크숍 프로그램의 패널들은 임상심리학, 철학, 의학, 정신의학, 사회복지학, 법학 등 다양한 학문 분야의 전문가들이었다. 우리가 놀란 점은 실제 현장에서 이 문제가 매우 복잡하다는 것이었다. 그러한 상황에 대한 정답을 찾으려고 노력하는 사람은 많지만 생사를 결정하는 문제와 관련해서는 간단한 해답이 거의 없다. 워크숍에 참석한 후 죽어 가고 있는 사람들을 상담하는 것이 힘들다는 생각을 더 많이 하게 되었다. 그런 인식을 통해 정신건강전문가가 임종기 의료(end-of-life care)와 관련된 일련의 문제들에 대해 가치관을 정립하는 것이 매우 중요하다는 우리의 신념은 강화되었다.

정신건강전문가는 내담자의 자율성과 죽음을 재촉할 수 있는 권리와 같은 임종 선택에 대한 자신의 가치관과 태도를 이해해야 한다. 게다가 상담자는 죽음을 재촉하는 선택을 하는 내담자의 의사결정과정에서 자신의 역할을 이해해야 한다(Bevka & Kurpius, 2013). 말기환자 치료와 관련된 질문에 답하기는 쉽지 않다. 하지만 정신건강전문가는 내담자와 그런 상황에 직면할 가능성이 높기 때문에, Gamino와 Bevins(2013)는 그러한 상황에서 상담자들이 고려해야 하는 윤리적 딜레마들을 다음과 같이 확인하였다. 그런 딜레마는 내담자 자율성 존중, 의사결정을 위한 개인의 능력평가, 사전의료지시 준수, 개인의 문화적 가치관 존중, 비밀보장, 의료적 무용성(無用性) 처리, 적절한 경계설정과 유지, 치료의 범위에 대한 가족의 의견 등이 포함된다. 그런 윤리적 문제를 해결할 때 상담실무자는 내담자가 자신의 신념과 가치관의 틀 안에서 결정을 내릴 수 있도록 도와야 한다. 상담자는 임종관리에 대한 윤리적이고 법적 책임의 충족과 내담자의 자율성과 자기결정의 권리를 보호할 필요성 간의 균형을 맞추기 위해 노력해야 한다. 상담자는 죽음이 임박한 사람은 물론 그 가족들과 작업할 준비가 되어 있어야 한다. 실제로 그들은 Gamino와 Riter(2012)가 제안한 용어인 **죽음을 다루는 역량**을 계발해야 한다. 이것은 "죽어가는 과정, 죽음, 사별과 관련된 내담자의 문제를 수용하고 관리하는 전문기술"(29~30쪽)을 의미한다.

이 시점에서 다음과 같은 질문들을 곰곰이 생각해 볼 필요가 있다.

- 생사와 관련된 문제를 결정할 수 있는 개인의 권리에 대한 당신의 입장은 어떠한가? 당신의 입장은 그 사람의 건강상태에 따라 달라지는가?
- 내담자가 자신의 임종기 의료에 관한 결정에 당신의 가치관이 도움을 주는가? 아니면 방해를 하는가?

내담자의 자기결정을 유지하고 증진하는 것은 생의 말기에 있는 사람에 대한 윤리적 중재의 기본이다. 사람들이 치료 관계를 처음 시작할 때 자신이 해야 하는 것과 자신에게 행해지는 것을 결정할 권리를 가지는데, 그것은 자율성 원칙의 핵심이다. 비서구권 사람들은 자신의 개인적 관심사보다 가족이나 공동체 내에서 개인의 역할에 더 많은 가치를 두어 자율성의 가치를 다르게 평가할 수 있다(Gamino & Bevins, 2013).

## 임종 결정에 관한 윤리규정

미국사회복지사협회(NASW, 2003)는 클라이언트가 스스로 임종 결정을 하는 것과 관련해 방침을 마련했다. 이 진술문은 클라이언트의 자기결정이라는 원칙에 기초하고 있으며, 말기환자가 연명치료를 받을지 안 받을지를 결정하는 것을 포함하여 삶과 죽음의 모든 측면에서 선택은 본질일 수밖에 없다는 것을 전제하고 있다. 미국사회복지사협회의 방침에 따르면, 임종을 결정하는 것은 불치병에 걸린 개인이 보살핌과 치료를 계속 받을 것인지를 선택하는 것이다. 그런 선택에는 계속해서 적극적으로 의료적 처치를 받을 것인지, 생명을 유지하는 처치를 받을 것인지, (치료가 아니라) 고통을 줄이기 위한 의료적 처치를 받을 것인지, 생명을 유지하는 처치를 보류하거나 중단할 것인지, 적극적으로 자발적인 안락사를 할 것인지, 의사가 돕는 자살을 시도할 것인지 등이 포함된다. 불치의 상태란 회복될 가능성이 없어 단지 임종만 연장할 뿐인 연명치료를 받고 있는 것을 말한다. 『완화 의료와 임종기 의료를 담당하는 사회복지사 직무에 관한 미국사회복지사협회의 기준』(NASW, 2004)에는 임종기 의료 문제를 가진 내담자를 상담하는 정신건강전문가에게 매우 유용하고 구체적인 지침이 있다.

미국심리학회(APA)는 임종기 의료 문제에 매우 적극적인 행보를 보였다. 임종 결정 문제를 조사하기 위한 네 개의 팀을 소집했고, 대중을 위한 간단한 보고서를 만들었으며, 이 주제에 관한 종합적인 보고서를 발행했고, 임종 결정 문제와 관련된 두 건의 결의를 통과시켰다. 또한 수년 동안 전국적인 학술대회에서 임종 결정 문제에 관한 연수 프로그램을 운영해 왔으며(Werth & Crow, 2009), 지금은 온라인으로 이 프로그램을 이용할 수 있다.

미국정신건강상담사협회(AMHCA, 2015) **윤리규정**은 불치병에 걸려 죽음을 앞둔 내담자를 보살피는 문제를 다루고 있다. 양질의 의료와 관련하여 미국정신건강상담사협회는 다음과 같은 지침을 제시한다.

> 정신건강상담사는 내담자의 신체적, 정서적, 사회적, 영적 요구에 맞는 양질의 임종기 의료 서비스를 보장한다. 여기에는 임종기 의료 서비스에 대한 정보를 제공하고 동의를 얻는 절차가 포함되어야 하는데, 자격 있는 임종기 의료전문가가 대신하여 내담자가 그런 결정을 내릴 수 능력이 있는지를 평가해야 한다(I.8.a).
>
> 정신건강상담사는 임종 결정과 관련하여 개인적이고 도덕적 측면과 역량 문제를 자각하고 있어야 한다. 정신건강상담자가 임종 선택을 탐색하는 것을 내담자와 함께 할 수 없다고 판단되면 내담자가 제대로 된 도움을 받을 수 있도록 적절히 의뢰해야 한다(I.8.b).

미국사회복지사협회의 방침(NASW, 2003)과 임종기 의료기준(NASW, 2004), 미국정신건강상담사협회의 임종기 의료기준(AMHCA, 2015)은 사회복지사나 정신건강상담사가 임종 결정과 관련된 윤리적 · 법적 문제를 검토할 수 있도록 일반적인 지침을 제시한다.

미국상담학회(2014)는 최근 **윤리규정**을 개정하는 과정에서 임종기 의료에 대해 구체적으로 언급한 내용을 삭제하였다. 이전 규정(ACA, 2005)에서는 상담자가 상담자의 도덕적 가치관의 갈등 등의 문제에 기초하여 내담자를 의뢰하는 것을 허용했었다. 미국상담학회(ACA, 2014)는 가치관의 충돌로 인해 내담자를 의뢰하는 것에 대한 금지사항(A.11.b)과 일관성을 유지하기 위해 그렇게 한 것이고, 그것은 상담자의 가치관보다 내담자의 요구를 우선으로 하기 위함이다(Francis, 2014). 이와 관련된 미국정신건강상담사협회(AMHCA, 2015) 규정은 조금 다른데 상담자가 자신의 개인적이거나 도덕적인 문제나 가치관에 근거하여 의뢰하는 것을 허용한다. 미국상담학회(ACA, 2014) 기준에는 전문상담사가 모든 내담자들과 작업할 때 자신이 가지고 있는 가치관을 자각하고 "강제하는 것을 회피"해야 한다고 명기되어 있다(A.4.b). 또한 각 주의 법률들은 이런 의미심장한 문제로 어려움을 겪고 있는 내담자에게 적절한 서비스를 제공할 때 어떻게 해야 하는지를 알려 준다(Perry Francis, 개인면담, 2016. 8. 15).

윤리적이고 법적인 관점에서 임종 결정과 관련된 상황에서는 평가가 매우 중요하다. 그 평가에서는 진단 가능한 정신장애, 고통을 유발할 수 있는 심리적 요인, 관계의 질, 영적 관심사와 같은 문제를 고려해야 한다(Werth & Crow, 2009). 미국사회복지사협회(NASW, 2004)의 『임종기 의료에 대한 기준』에는 죽어 가는 사람을 위해 개입법을 마련하고 치료계획을 구상하는 기초자료로 종합적인 평가를 수행하는 것이 중요하다고 나와 있다. 이 평가에서 고려해야 할 부분으로는 관련성 있는 과거와 현재의 건강상태, 가족의 구조와 역할, 인생주기 단계, 영성과 신앙, 문화적 가치관과 신념, 완화 의료에 대한 내담자와 가족의 목표, 사회적 지지, 정신건강 기능 등이 있다.

## 임종 결정을 내리는 내담자를 위한 정신건강전문가의 역할

상담자는 내담자가 임종 결정에 관한 화제를 꺼낸다면 기꺼이 그 문제에 관해 논의해야 한다. 만약 당신이 이런 주제에 대해 개인적으로 점검해 보지 않는다면, 내담자와의 대화를 중단하려고 하거나 내담자가 자신의 감정을 탐색하려는 것을 그만두게 하거나 당신의 가치관과 신념에 기초한 해결책을 제시하려고 할지 모른다.

어떤 임종 결정은 의사조력 자살보다 더 광범위하게 이루어진다. 그중 한 가지 방법은 생을 끝내는 선택으로 모든 치료를 거절하는 것이다. 이 선택은 죽음을 허용하기 위해 어떤 조치를 취하거나 취하지 않아야 하기 때문에 수동적 접근이라고 할 수 없다. 그렇다면 내담자가 치료 거절을 결정한 이유를 탐색할 윤리적 책임이 상담자에게 있는가? 치료를 거절하는 것이 법에 저촉되는 것은 아니지만 그렇게 결정한 것이 잘못된 정보나 오해 때문일 수도 있다. 그러므로 상담자는 내담자가 그런 결정을 내리도록 만든 정보의 본질을 평가하도록 도와야 한다. 내담자가 치료를 그만두려고 결정하는 것이 우울 때문인지를 평가하는 것도 매우 중요하다.

심리적 서비스는 미래의 자신을 어떻게 보호할 것인가를 계획할 수 있는 건강한 사람들에게 유용한 것이다. 정신건강전문가들은 죽음을 앞둔 사람에게 서비스를 제공할 때 심리적, 윤리적, 법적으로 고려해야 할 사항들을 잘 알고 있어야 한다. 또한 그들은 서비스를 제공받는 사람들이 어떻게 죽을 것인가를 선택하는 데 중요한 역할을 하기 때문에 죽음 선택과 관련된 윤리적 문제를 반드시 고려해야 한다(Kleespies, 2004). 상담자로서 당신은 성과에 대한 자신의 개인적 신념에 관계없이 정보에 입각한 의사결정 과정에서 내담자를 도울 의무가 있다(Werth & Crow, 2009). 임종 결정을 위해 이해하고 고려해야 하는 것은 상담자의 가치관과 신념이 아니라 내담자의 신념이다.

정신건강전문가는 죽을 권리와 관련하여 윤리적 지침을 세우고 절차상의 요령을 익혀야 할 필요성에 직면해 있으며, 특히 의학기술의 발전과 인구의 고령화는 필요성을 더욱 절실히 느끼게 한다. 더욱이 환자가 생명을 연장할 수 있는 처치를 선택하지 않을 수 있는 자유는 어느 주에나 있다. 이제 임종 결정 문제와 관련된 사례를 살펴보자.

## <Fernando의 사례>

어떤 상담자가 진행이 빠르고 심한 통증을 수반하는 암에 걸린 Fernando를 상담해 왔다. 그는 상담자에게 자신이 얼마간 화학요법과 진통제로 치료해 왔지만 차도가 없어 자신의 삶을 마감하기로 결정했다고 말했다. 이들은 여러 회기에 걸쳐 다각도로 검토하면서 그의 결정에 관해 논의했고, 그는 자신의 결정에 확신을 가지게 되었다. 그의 결정에 대한 각기 다른 상담자의 다섯 가지 반응은 다음과 같다.

**치료자 A:** 삶을 마무리하는 구체적인 방법에 관해 생각해 보셨나요? 그렇다면 저에게는 당신 이 실제로 자살을 실행하지 못하도록 방지해야 할 의무가 있습니다. 당신에게 입원하라고 권장하거나 자살하지 않겠다는 서면 계약서를 받는 방법이 있지요.

**치료자 B:** 한참을 생각해 봐도 저는 당신의 결정을 받아들이기 어렵군요. 우선 3주 동안은 아무런 시도를 하지 마시고 더 자세히 논의할 시간을 가져 보자고 부탁드리고 싶습니다. 고통이 심하겠지만 다시 한번 인생의 의미를 찾아볼 수 있는 길이 있지 않겠습니까?

**치료자 C:** 저희 관계는 두 사람 모두에게 큰 의미가 있지 않습니까? 특히 지금 시점에는 더욱 그렇습니다. 당신이 저를 찾아오는 한 저는 당신을 상담할 것이며, 제 능력이 닿는 한 당신이 통증에 잘 대처할 수 있도록 돕겠습니다.

**치료자 D:** 당신이 말씀하신 내용을 생각할 필요가 있네요. 이처럼 중요한 시점에 당신과의 상담을 이어 가고 싶습니다. 그러나 제가 법적인 의무와 윤리적인 책무를 잘 이행하고 있는지 확인하기 위해 변호사에게 자문을 요청하고 싶습니다.

**치료자 E:** 당신의 의학적 상태에 관해 의논하기 위해 당신의 주치의에게 연락해도 되겠습니까? 그렇게 하는 것을 동의하십니까?

각각의 접근방식에 대해 생각해 본 후 다음 질문들에 답하면서 이 상황에서 당신은 어떻게 대처할 것인지 정리해 보라.

- 각 상담자의 반응에 관해 어떻게 생각하는가? 어떤 반응이 당신의 생각과 가장 비슷한가?
- 당신이라면 Fernando에게 어떤 말을 하겠는가?
- 이 사례에서 Fernando에게 당신의 가치관을 강요하는 것이 윤리적이라고 생각하는가? 그 이유는 무엇인가?

- 당신은 불치병에 걸린 사람이 어떻게 죽을지 결정할 권리가 정부에 있다고 생각하는가?

**논평.** 저자들은 생명을 위협하는 장애를 가지고 있는 내담자가 자해사고를 표현할 때 정신건강전문가에게 보고할 의무를 부여하는 법령이 있다는 소리는 듣지 못했다. 그러나 자살위협의 경우 보고와 보호조치에 관한 주법령은 제각각 다르므로 당신이 살고 있는 곳의 법률을 숙지하는 것이 필수적이다. 보호의 의무에 관한 책을 공동집필한 James Werth에 의하면, 대부분의 주법률과 모든 윤리규정들은 자해의 위험에 대해 개입을 허용할 뿐 아직 요구하지는 않는다고 한다(개인면담, 2013. 5. 7). 말기환자인 내담자가 죽음을 재촉할 때 정신건강전문가가 제대로 보호조치를 취하지 못하더라도 대체로 의무태만이라는 판결을 받지 않을 것이다. 내담자가 심한 우울증을 앓고 있다면 생명을 위협하는 질병에 걸린 것은 아니지만 치료자는 자살이나 자해를 예방하기 위한 조치를 취할 의무를 질 수도 있다.

Fernando의 사례에서 상담자 A는 '자살금지' 계약서 작성을 제안했다. 이 계약서는 치료자가 Fernando를 보호하기 위해 충분히 노력했는지 여부를 평가하는 하나의 요소에 불과하다. 어떤 사람들은 이런 조치가 유용한 임상적 개입이라고 생각하지만, 이런 접근은 법적으로 문제가 된다. 법정에서 변호사들은 이런 계약에 의존하는 치료자의 행위를 직무태만으로 본다. 자살금지 계약에 의존하기보다 내담자와 안전을 계획하는 편이 훨씬 좋다. 상담자 D는 이 사례와 관련된 법적 · 윤리적 측면에 제대로 주의를 기울이는지 확인하기 위해 변호사에게 자문을 요청하고 싶다고 말했는데, 우리는 이것이 위험관리 개입법이라고 생각한다. 상담자 E는 Fernando에게 주치의에게 연락해 그의 의학적 상태에 관해 의논해도 되는지 물었는데, 이것도 유용한 전략으로 보인다.

당신이 이런 사례를 접하더라도 윤리적으로나 법적으로 적합한 조치가 항상 있는 것은 아니다. 당신이 기관에 보고하지 않는다면, 그것은 당신이 내담자의 자율성과 자기결정권과 안녕을 염두에 두고 있기 때문일 수 있다. 당신은 내담자가 건전한 정신을 가지고 있기에 극도의 통증을 겪으면서 살지 않겠다고 결정할 권리가 있다고 생각할 수도 있다. 그리고 내담자가 원하는 대로 그를 최대한 도와준다면 내담자에 대한 의무를 다한 것이라고 생각할 수도 있다. 그러나 당신이 그의 자살을 막으려고 시도하지 않아 내담자가 스스로 삶을 마감했다면 그의 가족이 직무위반을 이유로 당신을 고소할 수도 있다. 반면에 삶을 마감하려는 그의 시도를 막기 위해 조치를 취하고, 이로 인해 그가 다시는 상담을 받지 않겠다고 하면 당신은 그를 어떤 방식으로든 도울 수 없게 된다.

말기환자로 죽음재촉을 고민하는 내담자의 사례와 관련하여 윤리적으로, 법적으로, 임상 적으로 문제가 복잡하다는 것을 고려할 때 저자들은 당신이 말기환자를 상담할 계획이 있다면 임종 결정 문제를 다루는 역량을 개발하라고 권장한다. 또한 이런 문제가 직무를 수행하는 중에 발생하면 즉시 법률가나 동료에게 자문을 요청하고, 그 내용을 기록으로 남기도록 하라.

## <Bettina의 사례>

기숙학교에 다니는 Bettina는 여러 차례 자살 의도를 밝혔다. 그런 시도가 근본적으로 주의를 끌고 싶은 표현이라고 판단했기 때문에 상담자는 이 학생에게 조종당한다는 느낌을 받았고 부모에게 보고하지 않았다. 그러나 그녀가 마지막으로 자살 의도를 밝힌 후에는 자살을 시도하여 큰 상처를 입고 병원에 입원했다.

- 이 상황에서 윤리적 의무와 법적 의무 사이에 일치하지 않는 점이 있다고 생각하는가?
- 상담자와 내담자의 관계가 어느 수준에 이르러야 Bettina의 자해를 적법한 당국에 보고할 의무가 생기는가?
- 상담자가 '절박한 도움 요청'을 너무 가볍게 받아들였다고 생각하는가?
- Bettina의 시도가 심각한 것이 아니라 상담자를 조종하려고 하는 것이기 때문에 무시해야 한다고 결정한 것이 윤리적으로나 법적으로 문제가 없는가?
- 만약 상담자가 그런 자살 의도를 부모에게 알릴 것이라고 말했을 때 Bettina가 상담을 그만두겠다고 했다면, 상담자는 어떻게 해야 한다고 생각하는가?

**논평.** 내담자는 관심을 얻기 위한 수단으로 자살행동을 할 수 있고 그것이 임상적으로 문제를 복잡하게 만들 수 있지만, 그것이 치료자가 내담자의 위협과 행동을 심각하게 다루어야 할 책임의 무게를 경감하지는 못한다. 자살 시도가 단순히 관심을 끌려는 행동이라고 추측하는 것은 위험하다. 이 상담자는 내담자를 자해로부터 보호하기 위해 적극적인 조치를 취하지 않았다. 단 한 번의 자살 시도로도 내담자의 자살위험에 대한 종합적인 평가가 이루어져야 한다. 그렇게 하지 않았기에 내담자가 상해를 입고 입원하게 되었다. Bettina가 죽음에 이를 수도 있었기 때문에 상담자는 심각한 직무태만으로 고소를 당할 위험에 처해 있다.

임종 결정과 관련된 문제에 관한 보다 종합적인 논의를 보고 싶다면 Werth(2013a)의 책『임종을 앞두고 있는 내담자 상담하기: 정신건강전문가를 위한 실무지침』을 강력히 추천한다.

## 제3장 요약

본 장에서는 가치관과 관련하여 다양한 주제와 상황을 다루었다. 상담관계에 영향을 미칠 수 있는 상담자와 내담자의 가치관, 윤리규정, 법률체계에 중점을 두고 논의했다.

최근 법정에서는 상담전공 학생들이 자신의 내담자에게 개인적 가치관을 강요하는 것을 금지하는 요건을 강제하는 상담교육 프로그램의 권한을 지지했다. 일부 주에서는 신실한 종교적 신앙에 기초하여 내담자에게 서비스를 제공하는 것을 거부할 경우 정신건강전문가의 면허가 박탈되는 위험에 빠지지 않도록 하기 위한 양심의 자유 조항을 법률에 추가했다. 저자들은 학생들이 상담을 공부하기 위하여 입학 등록을 하기 전에 자신들에게 학문적으로나 개인적으로 무엇이 요구되는지를 그들에게 알릴 필요가 있음을 강조하였다. 우리는 자신의 개인적이고 도덕적인 가치관을 수용할 권리가 있지만, 상담을 공부하는 학생들이 내담자의 가치관을 평가할 때 그 기준으로 자신의 가치관을 적용하지 않게 하는 것이 중요하다. 수련 중인 상담자는 직무 윤리규정을 잘 이해하고 그것을 준수할 준비를 해야 한다.

임상전문가는 평가과정에서 영적이고 종교적인 관심사를 다루는 것이 중요하다. 상담을 받으러 오는 많은 사람들의 삶에서 영적·종교적 가치관이 매우 중요한 역할을 하고 있기 때문에 그것을 무시하기보다 심리치료에서 소중한 자원이 될 수 있다고 생각할 필요가 있다. 간단히 말해 영성은 많은 내담자에게 활력과 정신력의 주요 원천이고 치유와 웰빙을 촉진하는 중요한 요인이다. 내담자가 영적·종교적인 주제에 관심을 가질 때 그것을 다룰 수 있는 상담자의 기본적인 역량을 다지기 위해 상담교육 프로그램에는 영적이고 종교적 역량에 대한 정보가 통합되어 있어야 한다. 상담자의 역할은 영적 욕구를 충족시키기 위해 특정한 인생항로를 내담자에게 처방하는 것이 아니라 내담자가 자신의 길을 찾도록 돕는 것이다.

임종 결정은 상담자가 가치관을 정립해야 하는 또 다른 영역이다. 내담자가 자신의 신념과 가치체계에 기초해 결정을 내릴 수 있도록 돕기 위해 정신건강전문가들은 임종 결정과 관련된 자신의 신념과 가치관을 먼저 명료하게 해야 한다. 이 문제와 관련해 상담자가 해야 할 역할은 내담자가 자신의 가치관에 따라 최선의 결정을 하도록 지원하는 것이다. 그러나 상담전문가는 임종을 결정할 수 있는 개인의 자유와 관련된 주 법령과 전문가단체의 윤리규정을 반드시 숙지해야 한다.

## 추천 활동

1. 상담자가 내담자의 가치관을 존중하며 가치관 중립을 지킬 수 있는지에 대해 패널 토의를 하라. 또한 상담과정에 상담자의 가치관이 영향을 미칠 수 있는지도 토의해 보라.
2. 실무에 종사하는 여러 상담자를 연사로 초청하여 상담에서 가치관의 역할에 대한 특강을 들으라. 각기 다른 이론적 배경을 가진 상담자들을 초청하라. 예를 들어, 만약 가능하다면 같은 날 행동주의 치료자와 인본주의 치료자를 초청하여 가치관의 역할에 대해 특강을 듣고 함께 토의하라.
3. 두 사람씩 짝을 지어 상담하면서 가치관의 갈등이 생길 수 있는 상황에 관해 토의하라. 그런 후 역할 연기할 상황을 선정하여 한 학생은 내담자 역할을, 다른 학생은 상담자 역할을 수행하라. 경험을 되새기는 과정을 위해 끝부분에 충분한 시간을 가져라.
4. 본 장에서 소개한 사례들은 광범위하고 다양한 가치관을 다루고 있다. 조별로 그 사례 중 두세 가지를 골라 각 사례에 제기된 윤리적 문제에 관해 토의하라.
5. “상담자가 내담자에게 가장 이익이 되는 것처럼 보이는 가치관을 채택하도록 영향력

을 행사하는 것이 때로는 적절하다"는 진술에 관해 토의하라.

- 당신은 왜 이 진술에 동의하거나 동의하지 않는가?
- 상담에서 "내담자에게 최선의 이익"은 어떻게 결정되는가?
- 상담자가 내담자의 가치관에 영향을 미치는 것이 좋을 때는 어떤 상황인가?
- 상담자가 내담자의 가치관에 영향을 미치는 것이 해가 될 때는 어떤 상황인가?

**6.** 다음에 전제하는 내용을 바탕으로 한 사람은 찬성하는 쪽으로, 다른 한 사람은 반대하는 쪽이 되어 논쟁해 보라. "상담관계의 초기에 상담자는 자신의 가치관을 드러내 보여야 한다" 논쟁이 끝난 후 모두가 관찰자 입장에서 그 과정에서 나온 주장들 중에 설득력이 있는 것이 무엇인지 확인한다.

**7.** 상담과영적윤리적종교적가치관학회(ASERVIC)에서 출간한 『상담에서의 영적이고 종교적 문제를 다루는 역량』의 내용을 참고하라. 당신이 앞으로 만날 수 있는 내담자들의 영적이고 종교적인 관심사를 다룰 수 있도록 당신이 속한 상담교육 프로그램에서 무엇을 준비했으면 좋다고 생각하는가? 이와 관련하여 당신은 어떤 강점을 가지고 있는가? 또한 어떤 점을 더 계발할 필요가 있는가?

**8.** 어떤 상담자들은 불치병에 걸린 내담자에게는 언제 어떤 방법으로든 자신의 삶을 마감할 수 있는 기본적인 권리가 있다고 생각한다. 반면에 상황이 어떻든 간에 내담자가 삶의 의미를 찾도록 도와야 할 의무가 있다고 믿는 상담자들도 있다. 두 조로 나누어 윤리적 · 법적인 문제들을 제시하면서 이성적 자살에 관해 찬반 논쟁을 벌이도록 하라. (주: 이와 관련하여 다음 웹사이트를 참고하라. www.deathwithdignity.org/acts)

**9.** 한 학생은 상담자 역할을, 다른 학생은 내담자 역할을 하라. 상담자는 내담자의 권익을 최대한 보장하는 것에 관해 내담자를 설득하는 역할을 수행하라. 역할을 바꾸어 같은 과제를 수행한 후 그런 과정 속에서 무엇을 느끼고 생각했는지 토의하라. 각 역할에 대한 반응들에 관해 토의하라. 상담자의 입장에서 당신이 생각할 때 내담자에게 가장 이익이 될 것이라고 확신하여 내담자를 위한 자신의 상담계획을 강요하였을 때 잠재적으로 어떤 문제가 생길 수 있다고 생각하는가? 내담자의 입장에서 상담자가 특정한 행동을 따르라고 강요한다면 어떤 기분이 들겠는가?

제4장

# 다문화적 관점과 다양성 문제

## 학습목표

1. 다문화 및 다양성과 관련된 기본 용어를 이해한다.
2. 문화적으로 고립된 태도가 어떻게 윤리적 문제가 되는지 파악한다.
3. 다문화, 다양성, 사회정의의 관점에서 윤리규정을 검토한다.
4. 심리치료에서의 문화적 해석과 가치관의 범위를 평가한다.
5. 성적 지향과 관련된 윤리적 문제를 탐색한다.
6. 장애인을 상담할 때 생길 수 있는 윤리적 문제를 이해한다.
7. 내담자와 상담자의 동질성이 언제 중요한지 명확하게 이해한다.
8. 의도하지 않은 인종차별과 미묘한 차별이 내담자에게 어떤 영향을 미치는지는 이해한다.
9. 다문화 역량의 계발과 관련 있는 것이 무엇인지를 논의한다.

## 점검을 위한 자기평가

지침: 각 문장을 읽고 자신의 신념과 태도를 가장 잘 나타내고 있다고 생각되는 수준의 번호를 빈칸에 기록하시오.

5 = 강력히 동의한다.

4 = 대체로 동의한다.

3 = 결정하기 어렵다.

2 = 거의 동의할 수 없다.

1 = 절대로 동의할 수 없다.

____ **1.** 효과적으로 상담하기 위해서는 내담자와 같은 민족적 배경을 가지고 있어야 한다.
____ **2.** 기본적으로 모든 내담자들은 다문화적이라고 할 수 있다.
____ **3.** 문화적으로 역량을 쌓는다는 것은 평생 학습해야 하지만 모든 문화를 다 이해할 수는 없다.
____ **4.** 내담자에게 개입할 때 문화적 편견이 어느 정도로 영향을 미치는지 판단하기 위해 나의 행동과 태도를 점검할 수 있을 것이다.
____ **5.** 우리가 자각하는 것과는 상관없이, 문화는 우리의 삶에 영향을 미치고, 우리 각자의 현실을 분명히 보여 준다.
____ **6.** 상담자는 억압받은 내담자의 권리를 옹호해야 하고, 그들이 목소리를 낼 수 있도록 힘을 실어 주어야 한다.
____ **7.** 능력 있는 정신건강실무자는 다양한 문화적 배경을 가진 내담자가 사회에 동화되도록 돕는다.
____ **8.** 윤리적으로 직무를 수행하려면 상담자는 다양한 문화집단의 가치체계에 친숙해져야 한다.
____ **9.** 사람들은 차이점보다 유사점이 많기 때문에 나는 나와 문화적 배경이 크게 다른 사람을 별 문제 없이 상담할 수 있다.
____ **10.** 내담자에게 듣는 것만으로도 그의 문화적 배경을 충분히 이해할 수 있다.
____ **11.** 상담자가 상이한 문화권의 내담자와 신뢰관계를 구축하기는 쉽지 않다.
____ **12.** 정신건강실무자가 문화차에 관해 교육을 받지 않았다면 다양한 문화적 배경을 가진 내담자들을 상담할 수 있는 능력이 있다고 보기 힘들다.
____ **13.** 면허발급 조건으로 모든 상담자에게 다문화적 상담을 위한 특별수련 경력을 요구해야 한다.

____ **14.** 현재 교육 경력을 감안할 때 나는 다문화적 상담을 위해 준비가 잘되어 있다고 생각한다.

____ **15.** 모든 정신건강전문가들은 다양성이 상담관계와 상담과정에 어떻게 영향을 미치는지 제대로 인식할 필요가 있다.

## 서론

본 장에서는 정신건강전문가와 내담자의 문화적 가치관과 신념을 검토하고 그런 가치관이 치료성과에 어떤 영향을 주는지를 논의하고자 한다. 상담자가 자신의 가치관과 잠재된 편견을 인식함은 물론 내담자의 세계관을 이해하고 치료과정을 내담자의 문화적 배경에 맞게 구성하도록 윤리적인 차원을 강조할 것이다. 우리의 문화적 경험, 가치관, 전제는 우리의 세계관과 선입견의 바탕이 되므로 이것들이 상담 실무에 어떻게 영향을 미칠 수 있는지 아는 것이 중요하다. 또한 성적 지향과 성정체성과 이를 둘러싼 가치관에 관해서도 논의할 것이다.

정신건강전문가가 해야 할 주요 과제 중 하나는 그들의 직무에서 문화의 다양성과 유사성이 담당하는 복잡한 역할을 이해하는 것이다. 내담자와 상담자는 상담관계에서 매우 다양한 태도와 가치관, 문화적으로 학습된 신념과 선입견과 행동을 보인다. 상담에서 문화적 변인이 중요하지 않다고 생각하는 상담자들이 있는 반면, 문화차의 중요성을 너무 강조한 나머지 자연스럽게 접근하지 못하여 관계를 맺는 데 실패하는 상담자도 있다. 우리 각자는 유일무이한 존재이기 때문에 모든 상담의 상호작용은 다문화적 사건이라고 볼 수 있다. 치료과정에서 문화적 다양성에 효과적으로 대처하는 것은 윤리적인 직무수행에 필수적인 요소이다.

Duran, Firehammer와 Gonzalez(2008)는 문화가 영혼의 일부분이라고 주장한다. "어떤 사람들의 영혼 혹은 문화가 억압당할 때 우리 모두가 억압당하고 상처받는 것이다. 이러한 억압에서 해방되려면 치료가 필요하다. 이런 문제들을 논의할 때 우리는 삶의 상이한 시점마다 동전의 양면, 즉 압제자와 압제당하는 자 중 한 면에 속해 있다는 점을 깨닫는 것이 중요하다"(288쪽). 정신건강실무자는 다른 문화권 사람들의 행동을 적절히 평가하기 위해 자기가 속한 문화권을 잣대로 사용하지 말아야 한다. 더욱이 상이한 문화권보다 동일 문화권 안에서 더 큰 차이가 존재할 수도 있기 때문에, 다문화적 감수성도 개발해야 하지만 같은 문화권 안에서의 차이에도 민감해야 한다. 문화적 감수성이란 한 문화집단에 제한되는 것이 아니라 모든 문화에 적용된다. 문화적 편견으로부터 완전히 자유로울 수는 없다.

문화적 다양성뿐만 아니라 문화적 편견은 삶의 현실이다. 하지만 사람을 돕는 전문가들이 다양한 문화권의 사람들에게 서비스할 때 나타나는 절박한 문제를 더 이상 모른 척할 수 없음을 깨달은 것은 지난 이삼십 년의 일이다. 주류 문화의 가치관에 초점을 맞추고 집단과 개인의 다양한 가치관에 무감각할수록 비윤리적으로 직무를 수행할 위험이 높아진다. 윤리적이고 효과적인 직무수행을 원한다면 다양성이 모든 상담의 상호작용에서 어떤 역할을 하는지에 주의를 기울이는 것이 필수적이다.

저자들은 본 장에서 정신건강전문가들의 다문화적 관점과 그것이 부족했을 때 일어나는 윤리적인 문제에 초점을 맞추고자 한다. 본 장에서 사용하는 전문용어의 의미를 확실하게 하기 위해 용어의 정의를 글상자 '다문화 관련 용어'에 제시하였다.

## 다문화 관련 용어

**문화**(culture)라는 용어는 광의적으로 해석될 수 있기에 인종이나 민족뿐만 아니라 성별, 종교, 재정상태, 국적, 신체적 능력이나 장애, 성적 지향 등과도 연관될 수 있다. Pedersen(2000)은 문화에 연령 · 성별 · 거주지 등과 같은 인구통계학적(demographic) 변인, 사회적 지위 · 교육수준 · 경제적 배경 등과 같은 신분(status) 변인, 형식적 · 비형식적 관계(affiliations) 변인, 국적 · 민족 · 언어 · 종교 등과 같은 민족지학적(ethnographic) 변인을 포함했다. 이렇게 문화를 광의적 측면에서 생각하면 우리 각자는 동시에 서로 크게 다른 문화의 일원임을 이해할 수 있게 된다. 문화는 삶을 지각하는 렌즈의 구실을 한다고 볼 수 있다. 차이점과 유사점을 가진 각자의 문화를 통해 현상학적으로 현실에 대해 각기 다른 경험을 하게 된다 (Diller, 2015). Choudhuri, Santiago-Rivera와 Garrett(2012)은 "문화를 언어, 행동, 이념, 생계수단, 과학기술, 가치관, 사회적 관습에서 공통점을 공유하는 집단이 가지고 있는 총체적인 삶의 방식"(34쪽)이라고 정의한다.

**민족의식**(ethnicity)은 동일한 조상, 역사, 국적, 종교, 인종으로부터 유래되었다는 생각을 바탕으로 한 정체감이다. 이런 독특한 사회적이고 문화적인 전통을 통해 응집력과 추진력이 생긴다. 민족의식은 공통적인 유산에 근거한 소속감과 유대감을 주어 구성원들을 단결시키는 강력한 힘이다(Lum, 2004; Markus, 2008).

**억압받는 집단**(An oppressed group)이란 차별과 불평등한 대우를 받는 사람들과 스스로를 집단적인 차별의 대상이라고 간주하는 사람들의 집단을 가리킨다. 이런 집단은 종속적이고 지배를 당하며 권력이 없다는 특징이 있다.

**다문화성 혹은 다문화주의**(multiculturalism)는 둘 이상의 다양한 문화집단 사이 혹은 문화 집단 내에서의 관계를 포괄적으로 지칭하는 용어이다. 다문화적 관점에서는 내담자의 민족, 성별, 종교, 사회경제적 지위, 정치적 성향, 성적 지향, 신체적이고 지적・인지적인 능력, 출신지역, 주류문화와 관련된 역사적 경험 등에 따라 달라지는 특정한 가치관과 신념과 행위들이 고려된다. 다문화주의는 다원화된 사회의 복잡한 다양성을 인식하는 데 필요한 개념 틀인 동시에 상이한 문화적 배경을 가진 사람들을 한데 묶어 관심사를 공유하게 만들어 준다(Pedersen, 1991, 2000).

**다문화 상담**(multicultural counseling)은 조작적으로 상담자와 내담자의 개인적 역동을 두 사람이 속한 문화 간의 역동과 함께 고려하는 상담자와 내담자 간의 작업동맹으로 정의할 수 있다(Lee & Park, 2013, 5쪽). 그런 관점에서 상담은 평가, 진단, 치료에서 개인주의와 집단주의의 중요성을 조화롭게 인식하고 내담자의 인생경험, 문화적 가치관과 일치되는 맥락적인 목표를 정하고 그에 맞는 접근법을 사용하여 도와주는 역할과 과정을 일컫는다(Sue & Sue, 2013).

**문화적 다양성**(cultural diversity)은 한정되고 독특한 문화적 배경을 가진 사람들로 이뤄진 집단에 존재하는 차이의 스펙트럼을 가리킨다(Diller, 2015).

**다양성**(diversity)이란 연령, 성별, 성정체성, 인종, 민족, 문화, 국적, 종교, 성적 지향, 장애, 언어, 사회경제적 지위 같은 수많은 변인의 개인차를 가리키는데, 이런 변인에 근거하여 내담자는 잠재적으로 차별받을 위험에 놓일 수 있다. 미국에서 다문화성과 다양성이란 용어를 정치에서 다룰 때는 간혹 구분해 사용하지만, 이 두 용어는 동일하게 다원화된 사회의 긍정적인 측면을 나타낼 수 있다.

**문화적 다원주의**(cultural pluralism)는 문화의 복잡성을 인식하고 신념과 가치관의 다양성을 중요하게 생각하는 관점이다. Lee와 Park(2013)는 "인구통계적으로나 사회학적으로 큰 변화가 일어나고 있을 때 상담자는 사람들이 문제를 해결하거나 의사결정을 내리는 데 도움이 되는 서비스를 제공해야 한다"(5쪽)고 덧붙였다.

**문화적 다양성 역량**(cultural diversity competence)은 다원주의 사회에서 효과적으로 기능하고 다양한 배경을 가진 개인을 상담할 때 나타나는 상담실무자의 인식수준, 지식과 대인관계 기술을 가리킨다(Pedersen, Crethar, & Carlson, 2008).

**문화적 공감**(cultural empathy)은 내담자의 세계관에 대한 인식과 관련이 있으며, 치료자가 자신의 개인적 편견을 자각하는 것과도 관계가 있다(Pedersen, Crethar, & Carlson, 2008).

**문화중심 상담**(culture-centered counseling)은 다문화적 인식, 다문화적 지식과 이해, 다문화적 기술과 적용 세 단계에 걸쳐 전개된다. 개인이나 집단의 문화는 맥락 속의 행동을 이해하는 데 중요한 역할을 한다(Pedersen, 2000).

**문화적 자각**(cultural awareness)은 자신이 속한 문화 안에서 자신과 타인에 관한 이해에 기반을 둔 연민과 수용의 태도를 포함하는 것을 의미한다(Crethar & Winterowd, 2012).

**상담에서의 사회정의 실현**(social justice work in counseling)은 개인과 가족체계가 자신들의 필요를 더 잘 표현할 수 있는 역량을 길러 주고, 지역사회와 사회 전반에서 직면할 수 있는 불평등과 부당함을 해결하기 위해 내담자들을 대신해 그들을 옹호하는 것을 포함한다(Toporek, Lewis, & Crethar, 2009). 사회정의 관점에서 상담하는 것은 억압, 특권, 사회적 불평등의 현실을 인식하고 그것을 다루는 것을 포함한다.

**문화적 근시안**(cultural tunnel vision)은 매우 제한된 문화적 체험에 기초한 현실 인식을 의미한다. 문화적으로 우물 안 개구리 같은 상담자는 협소한 문화적 해석으로 현실을 정의하고, 다른 관점을 평가하지 못하며, 다른 행동을 이해하고 수용하려는 시도를 하지 않는다.

**국제 이해력이 있는 상담자**(globally literate counselors)는 새로운 문화체험에 대한 개방성을 가지고 문화적 호기심을 보인다. 국제 이해력은 다양한 문화와 세계관에 대한 수용을 넘어 상호 존중과 이해를 증진시킨다(Lee, 2013b).

**고정관념**(stereotypes)은 특정 집단에 속한 사람들을 과도하게 단순화하고 무비평적으로 일반화하는 것이다. 이러한 학습된 기대는 내담자를 보는 방식에 영향을 끼칠 수 있다.

**인종차별**(racism)이란 어떤 인종이나 문화집단의 구성원들에게 영구적으로 부여하는 기회와 특권을 단지 인종과 문화가 다르다는 이유만으로 특정 인종이나 문화집단의 구성원들에게는 부여하지 않는 행동방식이다(Ridley, 2005). 인종차별은 개인적인 수준뿐만 아니라 제도적인 수준에서도 이뤄지며, 의도적으로 혹은 비의도적으로도 일어날 수 있다.

**비의도적인 인종차별**(unintentional racism)은 파악하기 힘들고 간접적이며 의식적으로 자각할 수 없지만 큰 상처를 주는 잠행성(潛行性) 인종차별이다(Sue, 2005). 이것이 인종차별과 전혀 상관없다고 생각하는 상담실무자는 자신이 사회생활에서 발휘하는 부정적인 영향력을 과소평가하기 쉽다. 이런 편견의 태도가 의도적이든 비의도적이든 간에 그 결과는 개인에게나 사회에 해가 된다.

**문화적 인종차별**(cultural racism)은 한 문화집단의 역사, 삶의 방식, 종교, 가치관, 전통이 다른 문화집단보다 우월하다는 신념이다. 이것을 통해 불평등한 권력분배가 선험적으로 정당하다는 논리가 나온 다(Sue, 2005).

**미묘한 차별**(microaggressions)은 미묘하게 발생하고 식별하기 어려운 지속적인 언어적, 행동적, 상황적 학대, 모욕, 무시를 의미한다(Choudhuri et al., 2012). 그것은 보통 모욕적인 의미를 포함하는데, 그런 일은 인종, 성별, 성적 지향, 능력 혹은 지위를 기초로 다른 사람들에게 저지를 수 있는 것이다.

선호하는 호칭이 바뀌는 경향이 있기 때문에 특정 인종과 민족을 어떻게 부르는 것이 적절한지에 관한 문제가 존재한다. 예를 들어, Hispanic, Latino(Latina), Mexican American, Chicana(Chicano) 등은 한 집단을 가리키는 명칭들이다. 상담실무자는 호칭이 매우 중요하기에 신중히 내담자에게 어떤 호칭을 좋아하고 다른 사람들에게 어떻게 불리고 싶은지 질문할 수 있다.

저자들끼리 그리고 강의실에서 학생들과 특정한 문화를 파악하고 차이점의 문제를 다룬 사례를 포함하는 것에 관해 찬반 토론하였다. 독자들에게 세세한 문화적 부분을 고찰하도록 하는 것이 유용할 수도 있겠지만, 특정 문화적 집단에 대한 고정관념을 가지게 될 수 있다는 우려를 학생들과 나누기도 하였다. 우리는 이 책의 본문과 사례에 특정한 문화적 정체성을 포함한 것이 복잡한 윤리적, 법적, 임상적, 문화적 문제에 대한 의미 있는 반영을 촉진하는 데 도움이 되었으면 한다. 우리는 본 장이 임상전문가로서 발전하는 과정에서 문화가 우리의 삶, 내담자들의 삶, 우리가 확립해야 하는 치료동맹을 증진시키는 다양한 방법을 이해할 수 있는 영감을 주고 동기화할 수 있기를 바란다.

## 문화적 근시안의 문제점

문화적 다원주의는 **문화의 복잡성**을 인식하고 신념과 가치관의 다양성을 소중히 여기는 관점이다. 모든 내담자가 동일하다는 생각으로 행동하는 것은 너무 생각 없이 행동하는 것이며 비윤리적이고 비효과적인 실무로 이어질 수 있다. Lum(2011)은 문화적 역량을 얻기 위해서는 자신이 처한 개인적 문화와 직업 문화를 잘 이해하는 것에서 비롯된다고 믿고 있다. 우리의 개인적 가치관과 신념과 문화적 가치관에 대한 이해의 깊이를 더하고, 개인적인 해석과 편견, 가치관을 검토하는 것이 중요하다. 우리의 문화적 자기인식은 상담실무는 물론 내담자와의 관계에도 직접적으로 영향을 미칠 수 있다. 예를 들어, 우리가 자율성과 독립성을 중시하지만, 우리의 가치관, 통념, 편견에 관해 되돌아보고 검토한 적이 없다면 의도하지 않았더라도 그런 가치관을 집단주의와 상호의존을 중시하는 내담자에게 강요할 수 있다. Lum의 관점에서 볼 때 문화적 자기인식만으로는 충분하지 않고, 문화적 민감성과 문화적 역량을 갖추는 것이 첫 번째 단계로 해야 할 일이다.

문화와 관련된 문제들이 대부분 복잡하고 여러 층으로 이루어져 있어 치료자는 제기된 문제들을 무시하거나 지나치게 단순화하고 싶은 유혹에 빠질 수 있다. 그리고 이는 **문화적 근시안**(cultural tunnel vision), 즉 매우 제한된 문화적 경험에 기초하여 현실을 지각하는 문제로 이어질 수 있다. 수련생은 모든 사람이 자신과 동일한 가치관을 가지고 있다는 가정하에 상담자를 신뢰하는 내담자에게 자신의 가치관을 부지불식간에 강요할 수도 있다. 학생들은 자신의 태도와 자기와 다른 사람들에 대한 두려움을 탐색해야 하는 과제에 직면하게 된다. 주류 집단 출신의 수련생들은 인종이나 민족적 배경이 다른 내담자들이 변화에 대한 동기가 부족하기 때문에 전문적인 심리 서비스에 잘 반응하지 않는다는 식의 태도를 은근히 혹은 노골적으로 표현하면서 이런 동기부족을 '저항'이라고 치부해 버린다. 학생들은 자신들이 저항이라고 부르는 것이 상담자의 문화적이고 이론적인 편견에 대한 내담자의 정상적인 반응이지는 않은지 스스로 질문하도록 훈련받을 필요가 있다. 학생들만 문화적 근시안을 갖는 것은 아니다. 수련 중인 상담자나 정신건강전문가 모두 문화적 근시안의 가능성을 지속적으로 점검하는 것이 중요하다.

Sue, Capodilupo, Nadal과 Torino(2008)는 많은 백인들이 자신의 특권적 지위와 관련하여 불쾌한 죄책감이 야기되고, 도덕적이고 공정하며 품위 있는 인간으로서의 자아상을 위협받을 수 있기 때문에 인종차별을 인정하는 데 어려움을 겪는다고 설명한다. 이들이 지적한 것처럼 "불가피하게 [유색인종의] 인종적인 현실을 받아들이는 것이 의도한 것은 아니겠지만 인종차별이 계속되도록 하는 데 공범이 되는 것을 의미하는 것"(277쪽)일 수 있다. 마찬가지로 유색인종인 미국인은 모든 백인들이 특권의식을 가지고 세상을 조망한다고 가정할 수 있다. 우리는 집단 간 차이를 배제하는 일반화를 검토할 필요가 있다.

상담 분야의 선구자 중 한 명인 Gilbert Wrenn(1962)은 1960년대에 **문화적으로 고립된 상담자**(culturally encapsulated counselor)에게 다음과 같은 근시안적인 특성이 있다고 제시했다.

- 한 가지 문화적 통념에 근거하여 현실을 정의한다.
- 사람마다 다른 문화적 다양성에 민감하지 않다.
- 증거 없이 사리에 맞지 않는 추측을 하거나 자신의 추측에 맞지 않는 증거는 무시한다.
- 다른 사람의 관점을 제대로 평가하지 못하고 다른 사람의 행동을 융통성 있게 받아들이지 않는다.
- 적응에 저항하고, 대안을 거절하며, 일방적인 사고에 고착되어 있다.

수년이 지난 후에도 Wrenn(1985)은 문화적인 고립이 여전히 상담전문가의 문제로 남아 있다고 주장했는데, 우리는 수십 년 전에 제기된 주장이 지금도 유효하다고 보고 있다. 다문화적 관점을 발전시키기 위한 기본은 자기 자신이 문화적으로 학습된 통념을 제대로 인식하는 것인데, 그중 일부는 문화적으로 편향되어 있을 수 있다. 그런 과정은 다양한 문화가 어떤 부분은 공유하고 있다는 것을 이해할 수 있는 맥락을 제공하고, 유사성과 독특성을 어떻게 파악할 수 있는지를 알 수 있게 한다. Pedersen(2008)은 문화의 복잡성이 어려운 질문에 대해 쉬운 답을 찾는 것을 피할 수 있도록 도와주기 때문에 적보다는 친구로 여겨질 수 있다는 것을 상기시킨다. Pedersen은 유능한 상담자가 고립화를 통해 자신의 문화나 내담자의 문화를 무시하는 것은 더 이상 불가능하다고 계속 주장했다. 우리가 인식하고 있든 아니든 간에 문화는 우리의 삶을 통제하고 우리 각자를 위한 현실을 규정한다. 문화적 요인들은 정신건강실무에서 필수적이며, 그런 요인들은 우리가 내담자를 중재하는 데 많은 영향을 미친다.

**사회정의**(social justice)는 문화인식을 넘어 소외되고 억압된 집단의 평등과 정의를 실현하는 것을 포함하는 적극적인 지지와 변호에 초점을 맞춘다(Crethar & Winterowd, 2012). 문화적 역량이란 문화적으로 다양한 집단에 대한 대우와 관련하여 사회적 체계가 어떻게 작동하고 있는지에 관한 이해를 포함한다. 그것에는 인종차별주의, 성차별주의, 이성애주의, 계급주의, 능력주의와 같은 체계적인 힘이 개인의 심리사회적 발달에 미치는 영향을 이해하는 것이 포함된다(Lee & Park, 2013).

Lee(2013b)는 국제 이해력을 갖춘 사람이 되는 것을 지지하면서 "문화의 다양성을 핵심원칙으로 삼고 삶을 살아야겠다는 결심에 뿌리를 두고 행하는 일평생의 과정으로서 … 국제 이해력을 갖추는 것 또한 사회정의를 지키고 사회적 책임을 다하는 것과 관련이 있다"(311쪽)고 말한다. 국제 이해력을 갖춘 상담자는 그들의 경력을 통해 자신의 안전지대를 확보하게 된다. Lee는 국제 이해력이 강의실에서 배울 수 있는 것이 아니라 "문화의 다양성과 진정한 세계시민이 되기 위해 평생 학습해야 하는 학생으로서의 노력의 결과"(312쪽)라는 점을 강조한다.

## 다양한 유형의 내담자들에게 다가가기

다문화상담및발달학회(Association for Multicultural Counseling and Development)는 다양한 유형의 내담자들에게 효과적인 서비스를 제공하기 위한 체계로 **다문화와 사회정의 상담의 역량**을 제시하였다(AMCD, 2015). 또 다른 유용한 자원은 미국심리학회(APA, 1993a)의 『민족적 · 언어적 · 문화적 배경이 각기 다른 사람들에게 제공하는 심리적 서비스에 관한 지침』이다. 미국심리학회의 지침에는 상담실무자가 내담자가 속한 문화의 필수적인 부분인 가족구성원의 역할과 지역사회의 구조, 위계질서, 가치관과 신념을 존중해야 한다는 내용이 있다. 심리 서비스 제공자는 내담자의 가족 자원과 지역사회 자원을 파악하여 문화를 세심하게 고려한 서비스를 제공하는 데 활용해야 한다. 예를 들어, 미국 원주민 사회에서는 치유행위가 가족과 지역사회 중심으로 이뤄지는 경우가 많기 때문에 심한 스트레스에 힘겨워하는 미국 원주민을 위해 그의 가족 전부가 상담소에 오도록 할 수도 있다.

전통적으로 심리학은 인종적 · 문화적인 사회화의 영향을 고려하지 않은 서구의 관점에 기초해 발전되었다(APA, 2003a). 불평등이 존재했기 때문에 많은 내담자들이 지역사회시설과 사회복지기관에 소속된 상담자를 신뢰하지 않는 경향이 있다. 억압받은 집단의 내담자들은 상담자와 신뢰관계를 구축하는 데 많은 시간이 걸릴 수 있는데, 특히 정신건강전문가가 그러한 불신이 생기게 된 배경을 무시한다면 내담자를 파악하는 데 어려움을 겪게 될 것이다. 상담자들은 매우 다양한 문화권에서 성장하고 살아가고 있기 때문에 상담과정과 관련하여 자신들의 가설과 기대, 태도를 점검해 보아야 한다.

임상적 상담의 의학적 모델은 사회경제적 지위가 낮은 사람들에게는 대체로 잘 맞지 않는다. 상담을 받기 위해 아이를 맡기고 장거리를 오가야 하는 것만으로도 엄청난 경제적 장벽을 느끼는 이들이 많다. 더욱이 근무시간에 예약한 진료를 받는다는 것은 임금차감을 의미할 수도 있다. 치료자는 지역사회에 서비스를 제공하기 위해 기꺼이 상담실에서 나올 수 있어야만 한다. 가정방문치료는 소수인종의 내담자와 가족들이 많이 활용하고 있는데, 이는 지역사회 구성원들 중에는 전통적인 정신건강전문가를 신뢰하지 않는 이들이 많기 때문이다(Zur, 2008). Zur는 내담자 가정을 방문하는 것이 그의 가정, 가족의식, 이웃, 지역사회, 지지체계를 직접 볼 수 있는 방법일 수 있다고 언급한다. 상담실 밖에서 서비스를 제공함으로써 의구심은 줄이고 신뢰감은 높일 수 있다. 그러나 비전통적인 치료방식을 활용할 때는 윤리적 고려사항들을 따져 보는 것이 중요하다. 전통적이지 않은 방식으로 서비스를 제공하는 것에 관해서는 13장에 자세히 논의되어 있다.

다양한 집단의 내담자들이 전통적인 심리치료 서비스를 잘 이용하지 않는 이유는 문화전통 때문일 때도 있다. 문화적 신념과 규범이 문제에 직면했을 때 전문적인 정신건강서비스를 찾는 것을 막을 수도 있다. 예를 들어, 사랑하는 여성과 결혼하고 싶은데 부모가 고른 신붓감과 결혼하라는 부모의 요구 때문에 괴로워하는 Jiwoo의 경험을 한

번 생각해 보자. 처음에는 스스로 심사숙고하여 이 문제를 해결하려고 했다. 그는 자신이 그 문제를 해결하지 못할 것 같다고 생각되면 가족 중 한 사람이나 종교적 · 영적 조언자에게 도움을 요청할지도 모른다. 그런 다음, 어떤 것이 가장 좋은 선택인지 친구들에게 조언을 구할 수도 있다. 이런 모든 해결의 노력이 수포로 돌아가야 비로소 Jiwoo는 마지막 수단으로 자신의 문화권 밖에 있는 '외부 전문가'를 찾을지도 모른다. 그가 바로 상담 서비스를 받으려고 하지 않는 것이 저항을 의미하는 것은 아니며 상담자에게 문제가 있어서도 아니다. 단지 Jiwoo는 자신의 문화적 배경과 일치하는 방식을 따르는 것뿐이다.

상담 자원을 이용하는 소수민족의 내담자 중에 상담과정에서 자신의 문화적 가치관을 잃을 수 있다고 주장하는 이들도 있다. 문화적으로 고립된 일부 상담자들은 자기주장을 잘하지 못하는 모습을 바꿔야 할 역기능적 행동으로 잘못 추정할 수 있다. 어떤 행동을 역기능적이라고 명명하는 것에는 특정 가치관이 반영된 것일 수 있으며 미묘한 차별일 수도 있다. 상담실무자는 수동성을, 내담자가 문화적으로 학습한 관점에서 볼 때의 문제인지, 자기주장성이 내담자가 획득하고 싶어 하는 유용한 행동인지를 고려할 필요가 있다.

## 다양성과 윤리규정

정신건강전문가단체들의 윤리규정은 대부분 다양한 내담자들의 요구를 인식해야 하는 정신건강실무자의 책임에 관해 기술되어 있다. Gallardo, Johnson, Parham과 Carter (2009)는 정신건강전문가들이 서비스를 제공하는 다양한 내담자 층을 고려했을 때, 문화에 반응적인 실무를 전통적인 치료모델과 통합하는 것이 가장 중요하다고 보았다. 그리고 그들은 치료자가 윤리규정의 틀 안에서 단순히 그것을 실행하는 것만으로는 충분하지 않다고 덧붙였다. Gallardo 등은 "만약 우리가 처음부터 문화를 반영하는 틀에서 시작한다면, 우리의 윤리규정과 그것의 최소 기준을 보는 렌즈 또한 우리의 실무적 서비스에 내재된 문화적 현실을 더 정확하게 반영하는 방식으로 발전한다"(427쪽)는 입장을 취하고 있다. 문화는 우리 존재의 모든 측면에 영향을 미치므로 문화에 반응하는 실무는 우리가 하는 모든 작업에 중심이 되어야 한다.

시간을 내 한 곳 이상의 전문가단체의 윤리규정을 살펴보고 다문화적 측면을 얼마나 고려했는지 가늠해 보라. 그런 다음 윤리규정에서 제시한 것 이상의 다문화 역량을 어떻게 증진시킬 수 있는지 생각해 보라. 글상자 '다양성 다루기'에는 다양한 윤리규정들이 이 문제를 어떻게 다루는지가 개관되어 있다.

## 윤리규정: 다양성 다루기

**캐나다상담학회**(CCA, 2007) 윤리규정에는 다양성을 존중해야 한다고 강조되어 있다.

> 상담자는 함께 작업하는 내담자의 다양한 문화적 배경을 적극적으로 이해하려고 해야 한다. 그리고 상담자는 연령, 피부색, 문화, 민족, 장애, 성별, 종교, 성적 지향, 결혼상태 혹은 사회경제적 지위에 기초하여 차별하거나 그런 차별을 눈감아 주면 안 된다(B.9).

**재활상담사자격검정위원회**(CRCC, 2010) 직업윤리규정 서문에 다음과 같은 다양성의 가치가 제시되어 있다.

> 재활상담사는 장애를 가진 사람들의 개인적, 사회적, 경제적 독립성을 촉진하는 일에 전념해야 한다. 이를 이루기 위해 재활상담사는 다양성을 인지하고 장애를 가진 사람들이 그들의 사회적 · 문화적 맥락에서 자신들의 가치, 존엄성, 잠재력, 독특성을 지지하는 문화적 접근법을 채택해야 한다. 재활상담사는 윤리적인 책무를 실천하는 중요한 방법으로 전문가 가치에 유의해야 한다.

**미국학교상담사협회**(ASCA, 2016) 윤리기준에는 사회정의 실현과 관련된 내용이 다음과 같이 제시되어 있다.

> 학교상담사는 문화적으로 유능한 학교상담사가 되기 위해 개인적으로 다문화와 사회정의 옹호를 위한 인식능력, 지식, 기술을 함양해야 한다. 민족성, 인종, 연령, 경제적 위상, 능력 · 장애, 언어, 국적, 성적 지향, 성별, 성정체성, 가족형태, 종교적 · 영적 정체성, 외모와 생활환경(예: 위탁 양육, 노숙, 투옥)에 근거한 편견, 특권, 다양한 형태의 억압이 어떻게 학생과 이해관계자에게 영향을 미치는지 이해해야 한다(B.3.i).

**미국정신건강상담사협회**(AMHCA, 2015) 윤리규정은 상담자의 자기인식을 다음과 같이 강조한다.

> 정신건강상담사는 다른 인종, 신념, 정체성, 지향, 문화, 신체적 기능, 지적 능력에 대한 편견과 관련하여 스스로 공부할 책임이 있다. 그와 같은 편견이 상담과정에 방해가 되지 않도록 자문, 수련감독 혹은 상담을 받아야 한다(C.2.c).

**미국상담학회**(ACA, 2005)의 개정된 윤리규정에는 다문화성과 다양성의 내용이 여러 부분에 포함되어 있다. 문화를 고려하고 있는 규정들의 예로는 상담관계, 설명 후 받는 동의, 물물교환, 선물받기, 비밀보장, 사생활보호, 직업적 책임, 평가와 진단, 수련감독, 교육, 수련 프로그램 등이 있다.

다문화 · 다양성의 고려: 상담자는 비밀보장과 사생활의 문화적 의미에 관한 인식과 감수성을 유지해야 한다. 상담자는 정보공개에 대한 상이한 의견들을 존중해야 한다. 상담자는 정보공유의 방법, 시기, 대상에 관해 내담자와 계속 의논해야 한다(B.1.a).

## 심리치료에서의 문화적 가치관과 통념

문화적 갈등은 가끔 상담에 대한 전통적인 접근법에 내재된 가치관과 문화적으로 다양한 집단의 가치관 사이에서 발생한다. 정신건강에 대해 문화적으로 편향된 관점에서 상담하고 다양한 문화권 사람들의 가치관과는 어울리지 않는 개입 전략을 사용하는 상담자는 불공평과 제도적인 인종차별을 지속할 수 있다(Duran et al., 2008).

Chung과 Bemak(2012)은 임상전문가들이 자신의 전문가적 역할을 재정의하고 내담자의 세계관, 인생경험, 문화 정체성에 더 잘 맞도록 그들의 실무를 조정할 의사가 있어야 한다고 말한다. "서양의 기술, 중재기법, 모델, 이론은 문화적으로 민감하게 적용할 필요가 있다"(72쪽). Chung과 Bemak은 상담자는 내담자의 행복에 대한 인종차별주의, 성차별주의, 기타 형태의 차별과 억압의 영향을 무시하면 안 된다고 주장한다. 또한 그런 '~주의'가 가족이나 지역사회에 미칠 수 있는 부정적인 영향도 간과해서는 안 된다고 강조한다. Ivey, D'Andrea와 Ivey(2012)는 상담이론과 기법에 대한 전통적인 접근법이 일부 집단에는 부적절하고 비효율적일 수 있다고 말한다. 사회경제적 요인, 성차별주의, 이성애주의, 인종차별이 내담자의 세계관에 어떻게 영향을 미치는지 각별히 살펴야 한다. Ivey 등은 전통적인 상담전략이 문화를 좀 더 감안하는 방식으로 사용될 수 있도록 조정되고 있다고 지적한다. 다양한 내담자와 작업하는 정신건강전문가는 생각의 폭을 넓혀 가족, 친구, 지역사회, 자조(self-help) 프로그램과 직업 인맥 같은 지원체계를 정신건강 실무에 포함해야 한다.

문화적 차이는 실재적인 것이고 모든 인간의 상호작용에 영향을 미친다(Lee & Park, 2013). 임상전문가는 자신과 다른 성별, 인종, 민족성, 연령, 사회계층, 성적 지향을 지닌 내담자를 오해할 수 있다. 만약 정신건강실무자가 그런 다양성의 요인들을 자신의 직무에 통합하는 것에 실패한다면 내담자의 문화적 자율성과 인간의 기본권리를 침해하게 되어 도움이 될 능력이 제한받게 된다. 자기인식 없이는 도움이 되는 상담자의 능력은 제한적이다. 예를 들어, 어떤 임상전문가는 내담자의 대가족 구성원의 매우 친밀한 관계를 애로사항으로 보고 지나치게 의존적인 병리현상으로 잘못 해석할 수 있다. 윤리적으로 직무수행을 하려면 정신건강실무자가 치료에 영향을 주는 다양성의 요인들을 잘 다루도록 훈련받아야 한다. 다음 두 사례에서 치료자는 치료의 가치를 상당히 떨어뜨리는 방식으로 자신의 가치관을 강요하여 내담자에게 심각한 해를 끼쳤을지도 모른다. 두 사례에서 가치관 강요는 솔직한 모습이거나 자기도 모르게 할 수 있지만 이는 윤리적이지 못하다. 가치관의 강요가 이 두 사례처럼 확실한 것 같기도 하고 애매할 수 있지만 두 사례 모두 비윤리적이다.

## <Hanh의 사례>

Stacy는 고등학교 학교상담사이다. 베트남계 남학생 Hanh이 학업에 어려움을 겪고 있어 그녀에게 의뢰되었다. 그녀는 이 학생이 느리고 너무 조심스럽게 대화하는 유형이라는 것을 알고 바로 언어 치료 학급에 배정했다. Hanh은 아버지는 그가 대학에 지원하여 의예과를 전공하길 바라신다고 고백했다. 그는 대학에 정말 다니고 싶은지도 모르겠다고 말했다. Stacy는 대학에 갈 준비를 더 이상 하지 않고 이제부터는 하고 싶은 일을 하겠다고 아버지에게 이야기하라는 과제를 부여했다.

- Hanh이 느리고 조심스럽게 말하는 것이 언어치료가 필요하다는 표시라고 생각하는가? Hanh의 이런 모습에 대해 다르게 설명할 수 있는가?
- 당신이 치료자라면 Hanh의 목표와 그의 아버지의 기대 사이의 갈등을 어떻게 다루겠는가?
- Stacy가 아버지에게 솔직하게 이야기하라고 Hanh에게 요구한 것은 문화를 세심하게 고려한 것인가? 어떤 다른 대안이 있었겠는가?
- 교사가 Hanh을 학교상담사에게 보낸 점을 고려할 때 Stacy가 너무 섣불리 평가한 것은 아닌가? 그가 자발적으로 상담소를 찾았다면 상황이 달랐겠는가?
- 당신이라면 가족 상담을 권하겠는가? 그렇다면 이런 권고를 Hanh과 그 부모에게 어떻게 제시하겠는가?

**논평.** 상담자와 내담자가 문화차가 있을 때, 상담자는 상담에 대한 내담자의 이해와 내담자에게 자신의 세계관을 강요하지 않는 방법에 익숙해져야 한다. 저자들은 상담자가 Hanh을 상담할 때 대학 전공 선택과 학업, 진로계획에 대한 아버지와의 갈등을 탐색하기를 바라지만, 그렇다고 무엇을 하라고 내담자에게 말하는 것은 적절하지 못하다고 생각한다. Hanh이 직접 아버지에게 대항하는 것은 심각한 결과를 가져올 수 있는데, Hanh의 아버지는 그가 대항한다면 다시는 그와 말을 하지 않으려고 할 수 있다. 상담자의 평가에는 문화적 맥락과 상담자의 개입이 내담자의 삶에 끼칠 결과를 측정하는 것도 포함되어야 한다.

### <Cynthia의 사례>

Sage는 최근에 고소득층이면서 다양한 문화적 배경을 가진 사람들이 사는 지역에 상담소를 개설했다. Cynthia가 Sage에게 상담을 받으러 왔다. 그녀는 우울해하고 삶의 의미가 없다고 느끼며 자신이 남편과 어린 자녀들의 노예같이 느껴진다고 말했다. Sage는 그녀에게 우울하게 만드는 사건이 최근에 있었는지 물었다. 그러자 그녀는 얼마 전 남편에게 자신이 대학에서 공부를 더 하고 싶고 자신이 원하는 직업을 가지고 싶다고 이야기한 적이 있다고 말했다. 그런데 남편은 그렇게 하면 이혼하겠다고 위협했다. 남편과 말이 통하지 않자 그녀는 자신이 다니는 교회의 목사에게 자문했으나, 그 목사는 가정에 대한 그녀의 의무를 강조할 뿐이었다. 이런 이야기를 들으면서 Sage는 개인보다 가정에 더 헌신해야 하며 남자가 가장이라는 신념을 포함하여 자신의 문화적 편견을 인식하게 되었다. 그는 Cynthia가 겪는 어려움에 대해 공감을 나타내면서도 자녀가 성장할 때까지 그녀의 포부를 유보하라고 설득했다. 그녀는 자기의 욕구를 관철시키는 것에 대해 죄의식을 느끼고 혼자가 되는 것을 두려워하기 때문에 그의 권유를 받아들였다. 그런 다음 Sage는 그녀가 가정에 충격을 주지 않으면서 삶의 의미를 찾을 수 있는 다른 방법을 찾도록 도왔다.

- 이 사례에서 문화적 차원 혹은 성적 차원에서 문제가 될 수 있는 것들을 나열해 보라. 당신은 그런 문제를 어떻게 다룰 수 있는가?
- Sage는 Cynthia에게 포부를 포기하라고 설득한 뒤에야 그녀의 의미 없는 삶에 관해 탐색했다. 이는 어떤 윤리적 문제를 일으키는가?
- 만약 Sage와 Cynthia가 가정에 대한 가치관이 동일하다면 Sage가 그녀를 상담한 방식은 적절한 것인가?

**논평.** Cynthia는 자신의 포부에 대해 두 명의 주요 인물에게 이야기했지만 둘 다 그녀의 생각에 반대했다. 치료자도 그녀의 포부를 묵살했다. 치료자의 의도를 강요하지 않으면서 그녀의 갈등을 탐색하는 지지적인 환경을 제공하는 것이 보다 윤리적인 접근이라고 할 수 있다. Cynthia는 치료자의 가치관을 채택해야 한다는 압박감을 느끼지 말아야 하며 치료자를 만족시키고 싶은 욕구로 인해 행동방향을 정하면 안 된다. Sage의 윤리적 의무는 Cynthia의 포부를 판단하지 말고 경청하여 해답을 찾기 위한 그녀의 고된 여정을 존중하는 것이다.

## 개인주의 대 집단주의 문화적 가치관

다문화 상담 분야의 저술가들은 상담과 심리치료에 관한 현대이론들 대부분이 미국 주류 문화로 여겨지는 개인주의에 바탕을 두고 있다고 주장한다(Duran et al., 2008; Sue & Sue, 2013). 그런 가치관은 자율성, 독립성, 자기결정권, 자신만의 세상을 사는 것과 관계가 있다. Johnson, Barnett, Elman, Forrest와 Kaslow(2012)에 따르면, 서양문화는 개인의 통제력과 개인적 권리와 책임을 강조하는 독립적 자기모델을 지향하는 경향이 있다. 여성주의자들과 다문화 학자들은 이 모델을 비판하면서 도덕적인 삶을 영위하기 위해 상호의존, 타인과의 관계, 책임 공유, 정서적 교감이 중요하다고 강조한다. 독립적 자기보다 상호의존적 자기를 더 중요시하는 내담자에게는 가족, 집단, 지역사회와 같은 넓은 사회적 맥락이 중요할 때가 많다. Duran 등(2008)은 서양의 개인주의적 상담방법이 때로는 다양한 집단에 소속된 사람들의 심리적 안녕보다 사회를 통제하고 일치시키기 위해 사용됐다고 주장한다.

현대의 치료 모델들을 기초로 수련 받은 상담실무자는 그런 이론들이 지향하는 가치관들을 잘 반영할 것이다. 미국 주류 문화의 핵심 가치관을 반영하는 치료체계들이 많다. Hogan(2013)은 그런 기본 가치관은 가부장 중심의 핵가족, 바쁘게 일하는 것, 측정 가능하고 눈에 보이는 수행과 성취, 개인의 선택과 책임과 업적, 자기신뢰, 자기의지, 변화와 새롭고 기발한 아이디어, 경쟁, 직접소통, 물질주의, 격식을 차리지 않음, 평등과 공정성의 실천 등을 강조한다고 요약할 수 있다. 이런 가치관이 다른 문화권의 내담자에게 어느 정도 적합한지는 상담실무자들이 신중하게 생각해 보아야 한다.

## 고정관념과 문화적 편견에 대한 도전

상담자는 자신에게 문화적 편견이 없다고 생각하겠지만 많은 이들이 자신의 직무에 영향을 줄 수 있는 고정관념과 문화적 편견을 지니고 있을 가능성이 있다. 그런 고정관념의 예로는, '변화하는 데 실패하는 것은 동기 부족 때문이다', '사람들에게는 선택권이 있기 때문에 자신의 삶을 변화시키느냐는 자기 마음에 달려 있다' 같은 생각이 있다. 변화에 실패한 사람들이 모두 동기가 부족하다고 과잉 단순화해 판단한다면 그들이 힘들어하는 것에 관해 탐색하지 않게 된다. 더욱이 자신이 통제할 수 없는 환경적이고 다차원적인 요인들 때문에 선택의 폭이 넓지 않은 사람들도 많다.

자신이 가진 고정관념과 문화적 편견, 잘못된 통념에 대한 자각 없이 다양한 집단의 내담자를 상담하는 상담실무자는 내담자에게 해를 끼칠 가능성이 크다. 정신건강실무자가 다문화적인 환경에서 윤리적인 직무수행을 하려면 내담자의 독특한 문화적 실체에 대해 잘 알아야 한다. 유능한 다문화 상담자는 열정을 가지고 실무에 임하면서 다양한 내담자들과 효과적으로 작업할 수 있는 태도와 신념, 지식, 기술을 지속적으로 계발한다. 그리고 그들은 다문화 상담을 위한 모든 능력을 모두 갖추었다고 말할 일은 없을 것이라는 사실을 알고 있다.

## 흔히 갖는 통념의 점검

점검하지 않은 통념은 내담자에게 해가 될 수 있다. 특히 문화적 편견은 더욱 그렇다. 문화적으로 역량 있는 임상전문가가 되려면 우리가 내담자를 상담할 때 개인적인 문화적 편견과 선입관과 통념, 고정관념, 삶의 경험을 가지고 내담자와 작업에 임하게 된다는 점을 인식해야 한다. 학생들이 문화적 편견과 통념을 깨닫도록 도움을 받는다면 다양한 집단과 배경 출신의 내담자들의 이익에 반하는 행동을 할 확률이 줄어들 것이다. Crethar와 Winterowd(2012)는 사회정의를 지향하는 상담자가 자신의 통념을 자각하고 그 관점이 치료과정에 어떻게 영향을 미치는지를 인식해야 함을 다음과 같이 기술하고 있다.

> 상담자가 내담자들이 자신과 같은 요구, 욕망, 가치관, 관점을 가지고 있다는 통념으로 작업할 경우 문화와 환경의 차이로 인해 오류를 범하기 쉽다. 다문화 역량을 가진 상담자는 내담자와 그가 속한 지역사회를 고려하여 함께 치료목표를 세우는 데 시간을 투자하고, 내담자의 가치관, 문화, 환경을 우선시한다. 그런 협업의 결과로 얻은 목표와 치료적 접근이 궁극적으로 내담자에게 가장 적합하다(5~6쪽).

정신건강실무자는 특권이 치료적 관계에서 어떻게 작용하는지 검토할 필요가 있다. 특정 집단은 다른 집단보다 더 많은 특권과 권한을 누린다. 예를 들어, 백인, 남성, 중산층에게는 특권이 있다. 상담자로서 사회경제적 배경이 좋지 않은 내담자가 겪는 생활고와 그들이 가진 세계관을 완전히 이해하지 못하게 하는 경제적 특권을 가지고 있는지를 검토하는 것이 중요하다. 노숙자나 가난과 극심한 생활고를 겪고 있는 사람들은 강한 수치심을 느끼고 있을 가능성이 크고, 사회에서 좋지 못한 평가나 조롱과 비난을 받을 수 있다. 상담자의 경제적 여유가 다음과 같은 오해를 하게 만들 수 있다.

- 예약시간을 지키지 못하였거나 치료회기에 불참하거나 혹은 치료비용을 지불하지 않는 경우, 내담자가 내성적이거나 동기부여가 되지 않은 것으로 간주할 수 있다.
- 내담자가 사회복지 혜택을 받지 못하게 하는 사회문화적 제약을 검토해 보지도 않고 경제상황을 개선할 수 있는 조치를 취하도록 내담자에게 권유할 수 있다.
- 사회경제적 지위가 낮은 내담자는 지능이 낮고, 부모역할을 제대로 하지 못하며, 교육을 덜 받았다고 가정할 수 있다.

지역사회 현장에서 상담 수련생과 많은 작업을 했던 Gerald Monk(2013)는 "사회적 지위와 경제적 여건과 관련하여 내담자에게 영향을 미치는 제약이 되는 사회적 요인을 간과하기 쉽다"(105쪽)고 말한다. 수련생들은 특권이 될 수 있는 자신의 배경을 자각한 뒤 사회경제적 지위가 자신과 내담자와 어떻게 다른지 검토하고, 그 차이가 치료적 관계에 어떤 영향을 미치는지 파악하는 것이 중요하다. Monk는 경제적으로 혜택을 받은 학생들에게 특권이 잘못된 것은 아니라고 말한다. 중요한 것은 특권이 아니라 그 특권을 활용하는 방법이다. 그는 "상담 수련생은 자신이 속한 사회계층의 영향력을 인식할 수 있는 능력을 계발하고, 내담자가 가지고 있는 특정한 인생의 도전에 자신이 속한 사회계층의 통념을 강요하는 것을 삼가야 한다"(105쪽)고 말한다.

다음으로 다양한 문화적 배경을 가진 내담자들과 효과적으로 작업하는 데 영향을 미치는 치료적 환경에 대한 일반적인 신념과 통념을 검토하고자 한다.

**자기공개에 관한 통념.** 치료자는 내담자가 세세한 개인적인 문제를 이야기할 준비가 되어 있다거나 자기공개가 치료과정의 필수사항이라고 가정할지도 모른다. 대부분의 현대 심리치료에서는 마음속에 있는 개인적인 일을 공유할 수 있는 자기공개 능력에 가치를 둔다(Sue & Sue, 2013). 이는 자기공개가 건강한 성격의 특징이라는 통념 때문이다. 역으로 말하면 심리치료에서 자기공개를 하기 싫어하는 사람은 너무 조심스럽고 남을 믿지 못하는 부정적인 특성을 가지고 있다는 것이다. 그러나 개인적인 문제가 개인의 사적인 부분은 물론 가족의 문제를 반영하고 있기 때문에 그것을 공개하기를 꺼리는 문화권도 있다. 자기공개와 온정이 권위를 가진 인물과의 직업적인 관계에는 어울리지 않는다고 보는 내담자도 있다(Barnett & Johnson, 2015). 아시아계 미국인 내담자들 중에는 개인사를, 처음 보는 사람이나 잘 알지 못하는 사람에게 노출하지 말아야 한다는 중압감을 느끼는 이들이 많다. 다른 문화권의 내담자는 물론 라틴계 미국인, 미국 원주민, 아프리카계 미국인, 군인 내담자들도 이와 비슷한 중압감을 보고한다. 치료자는 내담자가 세세한 개인사를 잘 이야기하지 않으려고 할 때 문화적인 압력이 작용하고 있는지를 점검할 필요가 있다. 실제로 잘 모르는 심리치료전문가에게 개인사를 이야기하는 것을 낯설어하는 내담자도 많다. 이 점은 다음 사례에 나타나 있다.

### <Alberto의 사례>

라틴계 미국인인 Alberto는 주치의의 권고에 따라 대학상담센터를 방문했다. 주치의는 그가 보이는 우울증세와 만성적인 수면장애, 수업에서 낙제하는 것에 대한 심한 두려움에 대한 기질상의 원인을 찾지 못했다. 당신이 Alberto와 상담 첫 회기를 하는 날, 그는 극도로 경계하며 자기에 대해 혹은 자신의 느낌에 대해 거의 드러내려고 하지 않았다. 당신은 자기공개와 감정표현에 대한 개방성이 변화에 필수적이라고 믿고 있다. 당신은 Alberto를 돕는 과정에서 자기공개를 더 하라고 요구했다.

- 당신은 사생활에 대한 내담자의 생각과 문화적 가치관을 얼마나 민감하게 다루고 싶은가?
- 당신은 자기공개 때문에 Alberto의 생활에서 일어날 결과를 우선 고려하지 않고 자기공개를 더 하라고 장려하겠는가? 당신의 생각을 설명해 보라.
- 당신은 Alberto의 조심성이 부적응적이기보다 더 적응적일 수 있는 이유는 무엇이라고 생각하는가?
- 당신은 성별이나 자기공개와 관련하여 Alberto와의 작업을 용이하게 하거나 방해할 수 있는 어떤 문화적 규범을 가지고 있는가?

**논평.** 치료 초기에 조심스러운 태도를 보이는 내담자를 병자로 취급하지 않는 것이 중요하다. 신뢰를 구축하면서, 특히 치료관계 초기에 나타나는 상이한 문화의 차이점을 인식하고 존중하라. 라포가 먼저 형성되지 않은 상태에서 낯선 사람과 깊은 이야기를 하는 것을 매우 낯설게 생각하는 이들도 있다. 자신의 약한 모습을 보이기 전에 치료자와 관계를 형성하는 것이 더 시급한 내담자도 있다. Alberto가 주치의의 권고를 따랐다는 사실은 도움을 받을 마음이 있다는 표시이기에 당신의 임무는 그가 자기 문제를 표현해도 안전하다고 느낄 수 있도록 상담을 구조화하는 것이다. Alberto에게 치료과정이 어떻게 진행되는지 설명하는 것은 특히 유용할 것이다. 낯선 사람에게 마음을 여는 것이 얼마나 어려운지를 인정함으로써 Alberto가 당신이 자신을 이해하고 있다고 느낄 수 있을 것이다. Alberto의 사례를 통해 우리는 문화적으로 다른 내담자와 상담을 시작하기 전에 자신의 역량, 이 사례에서는 문화적 역량을 확보해야 한다는 점을 상기하게 된다.

## <Lily의 사례>

면허를 소지한 상담자 Lily는 많은 이민가정에게 서비스를 제공해야 하는 가정생활상담센터에서 일하게 되었다. 그녀는 내담자가 자기공개를 잘 하지 않으면 참지 못하는 편이다. Lily는 그런 내담자에게는 모본을 보이기로 결심했다. 어떤 과묵한 부부에게 그녀는 이렇게 말했다. "저와 제 남편은 자주 싸우고 서로 의견이 맞지 않을 때가 많아요. 그럴 때 저희는 서로의 감정에 대해 허심탄회하게 이야기합니다. 저는 힘든 시간을 이겨 내려면 화를 분출하고 제가 받은 마음의 상처를 표현해야 한다고 생각했답니다."

- 당신은 Lily의 자기공개를 어떻게 평가하는가? 당신이 만약 그녀의 내담자라면 자기공개가 도움이 될 것 같은가?
- 당신은 내담자에게 이와 유사한 유형의 자기공개를 할 생각이 있는가? 그 이유는 무엇인가?
- Lily는 내담자에게 어떤 가치관을 강요하고 있는가? 내담자가 그녀의 자기공개에 어떻게 반응

하고 해석할 수 있다고 생각하는가?

**논평.** 치료자의 자기공개는 치료목적으로 활용될 수 있으나, 내담자의 욕구와 관심사가 그런 공개보다 우선되어야 한다. 자기공개가 치료자의 이익을 위해 이뤄졌거나, 불필요한 정보로 인해 내담자에게 부담이 되거나, 내담자가 치료자를 위로해야 하는 역할 반전으로 이어질 경우 경계 위반으로 간주될 수 있다(Zur, 2009). 자기공개는 내담자의 치료에 필요한 부분을 희생하면서 임상전문가의 개인적인 욕구를 충족시키는 데 결코 사용되면 안 된다. 이 사례에서 Lily는 시간을 들여 내담자를 깊이 알기 위해 노력하지 않고 참을성 없이 자기공개를 하고 서둘러 해결책을 찾으려고 하는 과정에서 부담을 주었다. Lily의 자기공개는 이 부부를 돕기보다는 자기 행동을 정당화하기 위해 고안된 것 같다.

**솔직함과 존중에 관한 통념.** 전통적인 치료적 접근은 솔직함과 자기주장을 강조하는 경향이 있지만 솔직함을 무례하거나 교양 없는 것으로 간주하여 피하는 문화권도 존재한다. 미국인은 일반적으로 곧장 '핵심'을 알고 싶어 하기 때문에 핵심을 겉도는 것을 참지 못하는 경향이 있다. 노골적이지 않은 의사소통을 선호하는 문화권에 사는 사람들도 많다. 예를 들어, 라틴계 사람들은 문제를 다루기 전에 '플래티카(platica)', 즉 소소한 대화를 먼저 나누는데, 이런 대화는 치료적 서비스를 받으러 온 이유와는 아무 관계가 없다. 이런 솔직함의 결여를 존경의 표시보다는 병리적인 것으로 보거나 적어도 자기주장성의 결여로 생각하는 상담자도 있을 것이다. 많은 아시아계 미국인, 라틴계 미국인, 미국 원주민들은 특히 나이 든 사람이나 권위 있는 사람과 함께 있을 때는 말을 걸기 전까지는 말하지 말라고 교육받으며 양육되었다. 어떤 상담자는 말하는 것을 주저하는 것이 실제는 존경의 표시인데 그것을 저항으로 해석할 수도 있다.

치료자가 수련 받은 기법을 활용해도 내담자와 교감하지 못한다면 교감을 이룰 수 있는 다른 방법을 찾는 것이 당연하다. 간단히 말해 치료자가 내담자를 이해하고 상담하는 데 문제가 있다면 내담자의 문제가 아니다. 문제는 내담자가 자기 문제를 탐색하도록 촉진하는 방법을 찾아내지 못한 무능력에 있다. 그럴 때는 내담자의 문화에 익숙한 동료에게 자문을 요청하면 내담자가 말하지 않는 이유에 관한 새로운 관점을 이해할 수 있다. Miguel의 사례에서 솔직함에 대한 치료자 통념의 또 다른 예를 보게 된다.

### <Miguel의 사례>

미국에서 태어난 라틴계 Miguel은 박사학위를 마치고 인근 정신보건센터에서 가족치료를 하고 있다. 그는 수련과정에서 솔직함, 자기주장, 삼각관계(갈등을 겪는 두 사람이 그들과 정서적 관계를 맺고 있는 제3자를 끌어들여 스트레스를 경감시키려는 경향) 등에 관해 배웠다. Miguel은 삼각관계가 나타나지 않는지 주시했다. 그가 어떤 라틴계 가족을 상담하던 중에 아버지가 아들에게 이렇게 말했다. "네 엄마가 네게 지금보다 더 예의를 갖추고 순종하기를 기대하는구나." Miguel은 어머니에게 말했다. "남편이 대변인 역할을 하도록 하지 말고 아들에게 직접 말씀하실 수 있나요?" 순간 상담실에 정적이 흘렀고 분위기가 매우 불편해졌다.

- 이 상담실에 어색함이 왜 생기게 되었다고 생각하는가?
- Miguel은 이 상황을 어떤 다른 방식으로 다룰 수 있겠는가?
- Miguel의 통념은 무엇이었는가?

**논평.** 이 책에 나온 많은 사례로도 문화적 감수성의 필요성을 다 강조할 수 없다. '매우 불편한 분위기'는 뭔가 잘못됐다는 증거이다. 예의를 갖춰 도움이 되는 개입을 하기 위해 Miguel은 많은 라틴계 가족들에게 흔히 나타나는 가부장 중심의 의사소통방식을 인식함으로써 시작할 수 있었을 것이다. Miguel은 어머니에게 아들을 직접 대하라고 권유함으로써 문화적으로 부적절한 방식으로 아버지의 역할을 축소시켰다. Miguel은 솔직함과 삼각관계에 중점을 두다가 다른 측면들을 놓치고 말았다. 가족과 강한 교감이 형성되지 못한 상태에서 너무 빠르게 개입했기 때문이다. 이 상담회기에서 일어난 일에 대한 Miguel의 반응은 그 가족이 다음 회기에도 계속 올지를 좌우하는 요인일 수 있다.

임상전문가들은 자기주장을 안 하는 것보다 하는 것이 더 나으며 내담자가 자신의 생각과 소원을 사람들에게 직접 말할 수 있다면 더 건강해질 것이라고 가정할 수 있다. 그러나 문화권마다 대인관계 상황을 독특한 방식으로 다룬다. 솔직하고 자기주장을 하는 것의 가치에는 상이한 관점이 존재한다는 점을 인식하는 것이 중요하다. 치료자는 자기주장이 규범이며 모든 사람에게 바람직한 것이라고 가정하지 않도록 주의해야 한다.

**자기실현과 신뢰관계에 관한 통념.** 자기실현을 하는 사람이 되는 것이 중요하다고 가정하는 정신건강전문가가 많다. 상담자는 개인의 변화가 그 사람의 인생에서 중요한 사람들에게 어떤 영향을 주는지, 혹은 그런 중요한 사람들이 그 개인에게 어떤 영향을 주는지는 고려하지 않고 자기실현에만 초점을 맞출 수도 있다. 자기실현과 자신이 속한 집단에서 맡은 책임이 창조적으로 조화를 이루게 하는 것이 많은 내담자들에게는 보다 현실적인 목표일 수 있다.

대부분의 치료적 접근법들은 내담자와 상담자 관계의 중요성을 강조한다. 상담자는 내담자를 처음 대할 때 그의 문화를 고려하고 내담자의 관점에서 신뢰관계를 형성하는 방식이 무엇인지를 이해할 필요가 있다. 내담자와 상담자가 비슷한 배경을 가지고 있든 아니든 간에 라포와 신뢰관계를 맺는 과정은 문화적 규범이나 문화 차이에 따른 경험과 밀접하게 관련되어 있다. 상담에서 문화에 대한 대화를 하고 문화적 차이를 존중하는 방식으로 접근하는 것은 상담자의 책임이다.

**비언어적 행동에 관한 통념.** 적절한 사적 공간, 시선맞춤, 악수, 옷차림, 인사방식, 시간관념 등과 같은 수많은 문화적 표현들은 잘못 해석될 가능성이 있다. 서구 사람들은 침묵을 불편해하기 때문에 긴장을 없애기 위해 말을 거는 경향이 있다. 그러나 침묵이 말을 하기 싫다는 표현이기보다 존경이나 겸손함의 표시로 간주되는 문화권도 있다. 침묵은 두려움이나 혼란이 반영된 결과이거나 상담자가 내담자에게 원하는 것을 하지 않겠다는 경고의 표현일 수도 있다.

상담과 심리치료를 배우는 학생들은 주의집중하기, 열린 마음으로 의사소통하기, 관찰하기, 내담자로부터 정확한 정보를 얻어 내기, 감정에 주목하고 반영하기, 내담자 선별과 구조화하기 같은 일련의 세부기술을 체계적으로 훈련받는다(Ivey, Ivey, & Zalaquett, 2018). 비록 이런 행동들이 긍정적인 치료관계를 만들어 내기 위한 것이지만, 특정한 민족적 배경을 가진 사람들은 상담자의 태도나 행동의 의도를 잘 이해하지 못하고 긍정적으로 반응하는 데 어려움을 겪을 수도 있다. 다른 문화권의 내담자는 직접 시선을 맞추거나, 몸짓이 적극적이며, 개인사를 세세하게 묻는 상담자에 대해 공격적으로 밀어붙인다는 인상을 받을 수 있다.

앞서 언급하였듯이 어떤 문화에서는 시선을 맞추는 것이 관심과 예의의 표시이기 때문에 그렇게 하지 않을 경우 상대를 피하고 싶어 한다는 표현으로 받아들여진다. 그러나 이 문화권에서도 사람들은 말할 때보다 들을 때 더 많이 시선을 맞추려고 한다. 그에 반해 아프리카계 미국인들은 이야기를 들을 때보다 말을 할 때 조금 더 시선을 맞춘다는 것이 연구결과에서 밝혀졌다. 미국 원주민과 라틴계 미국인 사회에서는 어린 사람이 시선을 마주치는 것은 상대를 존경하지 않는다는 표시로 보고 예의에 벗어난 행동으로 간주한다. 어떤 문화권에서는 심각한 문제에 대해 이야기할 때는 서로 시선을 마주치려고 하지 않는다(Ivey et al., 2018). 임상전문가는 의사소통 문제, 진단오류, 행동에 대한 잘못된 해석의 가능성을 줄이기 위해 문화적 차이에 민감할 필요가 있다.

**저자가 상담한 사례.** 얼마 전 저자 Marianne Corey와 Jerry Corey는 멕시코의 상담자들을 위한 워크숍에서 강의한 적이 있다. 그런데 한 남성 참석자가 Marianne가 너무 솔직하고 자기주장이 강하다고 인식했다. 그는 그녀의 적극적인 리더십 스타일을 좋아하지 않았고 Jerry가 이끌어 나가도록 그녀가 자중해야 한다고 지적했다. 문화차를 인식하고 존중하면서 우리는 서로의 다른 가치관을 이해할 수 있게 되었다.

Jerry는 예정된 시간이 지나 방문하는 참석자들 때문에 어려움을 겪었지만 예정된 일정을 엄격히 따를 수 없다는 사실을 받아들일 수밖에 없었다. 통상 우리는 사람들이 모임이나 집단상담 시간에 늦거나 결석하면 집단응집력을 유지하기 힘들다고 생각했다. 그러나 그 상황에서 이 주제에 관해 열린 마음으로 토론했기 때문에 문제가 발생하지는 않았다. 우리는 곧바로 참석자들이 가진 시간관념을 감안해야 한다는 점을 알게 되었고 그들도 우리의 시간관념에 관해 이해하게 되었다. 그런 행동을 저항이라고 주장하는 것은 문화적 맥락을 무시하는 것이다.

## 성적 지향 다루기

다문화성에 관한 지금까지의 논의는 대부분 문화와 민족에 초점을 맞췄다. 그러나 인간의 다양성 개념에는 인종과 민족 외에도 더 많은 요소들이 포함된다. 연령, 성별, 능력, 종교, 성적 지향 등과 관련된 모든 종류의 압제와 차별과 편견이 이 개념에 포함된다. 1973년 미국정신의학회는 같은 성을 가진 사람들과 정서적이고 성적인 관계를 맺는 것을 정신질환의 한 형태인 **동성애**(homosexuality)로 분류하는 것을 그만두었다. 1975년 미국심리학회(APA)도 심리학자들이 동성애를 정신장애로 낙인찍는 일은 절대 없어야 한다고 권고하며 그 움직임에 동조했다. 이러한 변화와 함께 치료방향도 같은 관점으로 수정되었다. 마침내 정신건강전문가들도 동성애자, 양성애자, 성전환자들을 문제로 취급하기보다 그들이 겪고 있는 문제들을 다루기 시작했다.

미국상담학회(ACA, 2014), 미국심리학회(APA, 2010), 미국정신건강상담사협회(AMHCA, 2015), 미국부부및가족치료학회(AAMFT, 2015), 캐나다상담학회(CCA, 2007), 재활상담사자격검정위원회(CRCC, 2010), 미국사회복지사협회(NASW, 2008)의 윤리규정에는 **차별**(discrimination) 혹은 특정한 사람들에게 다르게 행동하고 공정하지 않게 대하는 것이 비윤리적이고 있어서는 안 되는 것으로 명시되어 있다. 불공정한 차별에 대한 윤리규정의 한 예로 다음과 같은 재활상담사직업윤리규정(CRCC, 2010)을 참고하라.

> 재활상담사는 연령, 피부색, 문화, 장애, 민족, 성별, 성정체성, 인종, 국적, 종교 · 영성, 성적 지향, 결혼상태, 언어, 사회경제적 지위, 그 밖에 법에서 금지하는 요인을 근거로 차별하거나 차별을 용인하지 말아야 한다(A.2.b).

2015년 미국 대법원에서는 50개 주에서 동성결혼을 합법화한다고 판결하였으나 오늘날까지 차별은 계속 존재한다. **동성애자**, **양성애자**, **성전환자**(LGBT)인 내담자를 상담하는 치료자는 다양한 형태의 임상적 · 윤리적 문제에 맞닥뜨리게 되는데, 그런 문제를 다루는 데에는 성적 지향이나 성정체성에 근거한 억압과 차별에 기여하는 사회적 요인을 인식하는 것이 포함되어야 한다.

상담자로서 동성애나 양성애에 대한 자신의 가치관과 직면하는 것도 우리가 다루어야 할 윤리적 주제 중 하나이다. LGBT를 상담하는 것은 성적 지향과 성정체성에 대해 확고한 개인적 가치관을 가진 정신건강실무자에게는 만만치 않은 과제이다. 현 시대의 사회정치적 풍조를 감안할 때 LGBT 내담자 중에는 자신의 성적 지향을 드러내는 것을 주저하는 사람이 있을 수밖에 없다. 그리고 LGBT에 대해 부정적으로 반응하는 정신건강전문가는 자신의 가치관과 태도를 강요하거나, 적어도 강한 반대의사를 전달할 가능성이 크다. 또한 그런 사람들을 다른 전문가에게 의뢰할 가능성이 크다.

상담자는 LGBT 내담자와 작업할 때 자신이 가지고 있는 편견을 더 잘 이해하고 그것을 적절하게 다루기 위해 이성애, 인종차별, 성차별에 관한 자신의 견해를 검토해야 한다(Ferguson, 2016). 정신건강실무자는 자신의 가치관과 역전이 가능성을 의식하지 못하면 자신의 오해와 두려움을 내담자에게 투사할 수도 있다. 치료자는 성적 지향과 관련된 자신의 개인적 편견, 두려움, 고정관념, 근거 없는 생각에 직면할 필요가 있다. 이것은 내담자가 치료관계를 형성하여 자신의 성적 지향을 편하게 털어놓을 수 있는 시점에 매우 중요하다. 이 상황에서는 치료자의 편견과 비평적인 태도가 내담자에게 심각한 해를 줄 것이다. 저자들은 이 주제가 가치관 강요와 연관된 윤리적 문제일 뿐만 아니라 LGBT 내담자의 정신건강을 효과적으로 다루는 문제와 관계가 있기 때문에 중요하게 다루고자 한다.

이성애주의는 LGBT의 성적 지향, 성정체성, 행동의 건강기능을 훼손할 수도 있는 세계관과 가치관 체계이다. 정신건강실무자들은 이성애주의가 여러 사회와 문화 기반에 퍼져 있으며, 이성애자가 아니거나 사회적으로 용인되는 전형적인 성역할과 성행동의 기준을 충족하지 못하는 사람들에 대해 간혹 부정적인 태도를 가지게 한다는 것을 이해할 필요가 있다.

LGBT와 작업하는 치료자는 그들의 문제와 관심사를 잘 이해해야 할 책임이 있고, 그들에게 양질의 서비스를 제공할 수 있는 지식을 습득하고 기술을 연마해야 할 윤리적 의무가 있다. 동성애자 · 양성애자 · 성전환자상담학회(Association for Lesbian, Gay, Bisexual, and Transgender Issues in Counseling; ALGBTIC, 2008)에서는 수련 중인 상담사가 성적 지향에 관한 자신의 편견과 가치관을 점검하는 데 도움을 주기 위해 일련의 역량기준을 개발했다. 그런 역량을 갖춘 상담자는 효과적인 서비스 제공을 보장하면서도 적합한 개입전략을 개발할 수 있다. 다음은 그런 역량들을 목록화한 것이다.

- 역량 있는 상담사는 LGBT들이 경험하는 사회적 선입견과 차별을 알고 있으며 그들의 내면에 자리 잡은 성정체성에 대한 부정적인 태도를 극복하도록 돕는다.
- 상담사는 그들의 성적 지향과 성정체성이 상담과정에 어떻게 영향을 주는지 이해하기 위해 노력한다.
- 상담사는 자신의 편견이나 지식부족이 LGBT 내담자와의 관계에 부정적인 영향을 주지 않도록 하기 위해 자문이나 수련감독을 요청한다.
- 상담사는 LGBT 내담자의 성적 지향이나 성정체성을 바꾸려는 시도는 연구를 통해 지지되지 않으므로 비윤리적이라는 것을 이해한다.

위 학회(ALGBTIC, 2009)는 성전환자 개인, 가족, 집단 또는 공동체와 협력하는 상담자를 위한 역량기준도 개발하였다. 그런 역량은 웰빙, 회복탄력성, 강점 기반의 접근방식에 기초한다. 성전환 내담자를 상담하기 위한 역량기준을 개발한 저자들은 상담자가 성전환을 한 사람들에게 더 안전한 환경을 제공할 수 있는 제도적 변화를 만들 수 있는 특별한 위치에 있다고 믿고 있다. 그런 변화는 성전환자와 그들이 사랑하는 사람들을 환영하고 안심시키는 환경을 조성하는 상담자로부터 시작한다. 상담자는 개개인을 존중하고 그들의 모든 것에 관심을 가져야 하며, 단순히 성정체성 문제에만 집중하는 것에 국한하면 안 된다. 성전환자와 작업하는 상담자는 자신의 내담자와 관련된 지식을 함양하고 상담기술을 향상하기 위해 전문적인 발전의 기회를 도모해야 한다. 성전환 내담자와 작업할 때의 특정 역량들의 전체 목록은 학회(ALGBTIC, 2009)에서 얻을 수 있다.

LGBT 내담자를 상담할 때 고려할 윤리적 · 치료적 사항들에 대한 인식을 높이는 한 가지 방법은 전국 규모나 지역 단위의 전문가단체에서 주관하는 연수나 워크숍을 활

## 동성애, 양성애, 성전환 내담자를 상담할 수 있는 역량 평가하기

동성애자 · 양성애자 · 성전환자상담학회(ALGBTIC, 2008)의 역량기준은 모든 정신건강전문가의 실무와 관련이 있다. 다음 질문들에 답해 보라.

- 당신은 동성애, 양성애, 성전환 내담자를 효과적으로 상담하는 것을 방해할 수 있는 어떤 특정한 태도, 신념, 통념이나 가치관을 가지고 있는가?
- 성적 지향과 성정체성 문제를 효과적으로 다루고자 할 때 당신에게 가장 필요한 역량은 무엇인가?
- 만약 당신은 치료를 시작하고 3개월 뒤에 내담자가 동성에게 연애감정을 느낀다는 것을 알게 된다면 어떻게 반응할 것인가?
- 친밀한 관계에서 어려움을 겪고 있는 문제에 관해 다루어 주기를 바라는 동성 커플에게 당신은 얼마나 개방적인가?
- 많은 동성애자, 양성애자, 성전환자들이 직면하고 있는 특정한 차별문제에 관해 당신은 어느 정도로 알고 있는가?
- LGBT 집단과 그들이 경험하는 건강문제에 관해 더 배우기 위해 당신은 어떤 조치를 취하겠는가?

용하는 것이다. 이러한 워크숍에 참석함으로써 당신은 의뢰하게 될 자원들에 관해 알게 될 뿐만 아니라 LGBT 내담자에게 적합한 특정 개입과 전략에 관해 배울 수 있다. 사회정의 옹호 관점에서는 지역사회의 LGBT에게 자원이 될 수 있는 것들을 잘 알고 있는 것이 중요하다. 치료관계가 어느 정도 발전하기 전에는 내담자의 성적 지향을 모르기 때문에 이 문제에 관한 자신의 가정과 태도와 가치관을 분명히 인식하고 있어야 한다. 잠시 시간을 내 '동성애, 양성애, 성전환 내담자를 상담할 수 있는 역량 평가하기'라는 제목의 글상자에 있는 질문에 답해 보라.

## '~주의'에 도전하기 위한 상담교육자와 치료의 역할

우리의 직무 특성상 치료자, 자문가, 교육자와 같은 여러 직업정체성을 갖는 것은 드문 일이 아니다. 가끔 우리는 그런 역할들을 한꺼번에 하기도 하고, 또 어떤 때는 한 번에 하나의 직업역할을 가진다. 사회변화의 주체로서 우리는 여러 종류의 편견을 없애거나 줄이기 위해 최선을 다해야 한다. 상담교육자로서 우리는 학생들을 좀 더 유능한 상담자로 만들기 위해 그들의 '~주의'에 대해 학생들이 도전하도록 하는 데 적극적인 역할을 한다.

그러나 임상전문가로서 인종차별주의, 성차별주의, 동성애 혐오 발언을 하는 내담자들을 만날 수 있지만, 우리는 자동적으로 그 진술에 이의를 제기하지는 않는다. 우리는 내담자의 신념에 대항하고 기분이 좋지 않다는 반응을 보이는 것이 상담자로서 우리의 역할 중 하나인지를 곰곰이 자문해 보아야 한다. 그것이 내담자의 문제가 아닌 우리 자신의 문제가 반영된 것은 아닌가? 역할들이 항상 완전히 분리되는 것을 기대할 수는 없지만, 상담자로서 우리의 의도와 행동, 그리고 그것이 내담자에게 미칠 영향을 매우 사려 깊게 검토할 책임이 있다.

내담자를 치료하는 과정에서 함께 작업하고 있는 문제의 맥락을 고려하여 내담자의 편견에 주의를 기울이는 것이 유익할 때가 있다. 예를 들어, 경직된 사고를 가지고 있으면서 그런 점을 탐색하기 원하는 한 여성을 상담할 때, 저자들은 세상과 타인을 흑백논리로 판단하고자 하는 경향과 그녀의 인종주의 발언을 연관 지어 생각해 볼 수 있었다. 그렇게 연결해 봄으로써 어떻게 그러한 것들이 그녀의 대인관계에 영향을 주었는지에 대한 그녀의 자각능력을 고취하는 데 도움이 될 수 있었다. 또 다른 예로 중학생을 상담할 때 우리는 그들의 차별적 발언을 기회로 삼아 차이, 공감, 권력을 주제로 토론을 시작할 수 있다. 가치관 충돌에 직면하게 될 경우 당신이 포기할 수 없을 것 같은 역할이나 전문가적 정체성으로는 어떤 것들이 있는가?

## 동성애, 양성애, 성전환 내담자의 가치관 문제

다른 소수자들처럼 LGBT도 직장이나 거주지를 구할 때 차별이나 압제의 대상이 된다. 그들도 다른 사람들처럼 스트레스에 직면하면 윤리적 문제나 사회정의 차원에서 특별한 상담이 필요하다는 것을 느끼게 된다. 그러나 동성애 혹은 양성애 내담자만이 갖는 특별한 상담 필요들도 있다.

상담을 받으러 온 동성애자가 성적 지향에 관한 문제를 탐색하고 싶다고 가정하는 것과 그들의 우울이 성적 지향과 관계가 있다고 가정하는 것은 실수이다. 성적 지향과 관련 없는 일련의 문제들이 일차적인 문제일 수도 있다. 요약하면, 치료자는 내담자의 말을 주의 깊게 들을 필요가 있고, 그가 토로하는 문제가 어떤 것이든 간에 그것을 살피려는 자세를 가져야 한다. 다음 사례에서 이에 대해 살펴보자.

## <Chandler와 Karlo의 사례>

레즈비언으로 확인된 독실한 천주교 신자인 26세 Chandler는 임상심리전문가인 Karlo를 찾아왔다. Chandler는 Karlo가 다양한 정체성에 관해 강의하는 내용을 수업에서 지속적으로 들었기 때문에 자신의 상황을 잘 이해할 것이라고 믿었다. Chandler는 Karlo가 "모든 내담자의 종교적 신념을 존중하라"고 언급하였을 뿐만 아니라 LGBT 집단을 옹호한다고 생각하였다. 첫 회기 동안 Chandler는 상담자로서 Karlo를 선택한 이유들을 이야기하였다. 또한 그녀는 자신이 이성애자로 살아가는 데 Karlo의 도움을 필요하다고 밝혔다. Chandler는 자신이 계속해서 동성애자로서 '죄를 지으며' 산다면 '좋은 천주교인'이 될 수 없다고 생각한다. 그녀는 Karlo가 개인이 자신의 정체성을 선택할 수 있는 것이 아니라고 믿고 있으며 그녀의 신념체계를 존중한다는 것도 느낄 수 있었다.

이 윤리적 딜레마를 해결하기 위해 다음과 같은 윤리적 의사결정을 위한 8단계를 활용하라(제1장 참고).

- 이 사례에서 볼 수 있는 문제나 딜레마 확인하기
- 법적, 윤리적, 임상적, 문화적 문제들이 잠재적으로 포함되어 있는지 확인하기
- 관련 윤리규정을 검토하고 확인하기
- 적용 가능한 법률과 규정을 검토하고 확인하기
- 자문을 요청하고 자기반성을 실천하기. 당신은 이 사례와 관련하여 수련감독자나 동료, 자신에게 어떤 질문을 하고 싶은가?
- 가능한 일련의 행동방침을 고려하기
- 다양한 결정이 양산할 결과들을 열거해 보기
- 최선의 행동방침으로 여겨지는 것을 선택하기

이 사례에 대해 어떻게 반응하고 처리할 것인가? 당신의 개인적 반응들이 어떤 식으로 당신의 직업적 책임의식과 일치하는지 혹은 반하는지를 검토하라.

- 만약 당신이 Karlo와 같은 세계관을 가지고 있는데, 다른 상담자가 Chandler를 당신에게 의뢰한다면 당신은 어떻게 반응할 것인가?
- 당신은 Chandler와 작업하는 것에 동의하는가? 만약 그렇다면, 어떤 과정을 밟을 것인가? 만약 당신이 동의하지 않는다면 그녀에게 그 이유를 말해 줄 것인가? 왜 그런가? 심지어 당신은 그녀와 의견이 같지 않더라도 그녀와 작업을 할 수 있는가?
- 당신이 Chandler와 작업하지 않기로 선택했다면, 왜 그럴 수밖에 없다고 그녀에게 설명하겠는가? 그리고 어디에 의뢰할 것인가? 만약 Chandler가 종교적 신앙상담을 통해 사람의 성적 지향에 변화를 줄 수 있다고 홍보하는 캠프에 가기로 선택한다면, 자신의 내담자로 그녀를 받아들이기를 거절한 것에 대해 당신은 어떤 생각이 들 것 같은가?

**논평.** Karlo의 개인적 신념과 직업윤리가 상충되었다. 그는 동성애가 큰 죄가 되는 것은 아니라는 것을 확신하고 있고, 인간의 성적 지향이 그렇지 쉽게 바뀌는 것이 아니라고 믿었다. 그러나 Karlo는 내담자의 신념체계를 존중하기 위해 노력했고, Chandler는 궁극적으로 자신의 양심에 따라 인생을 살아 갈 권리를 가지고 있다. Karlo는 Chandler가 궁극적으로 그녀의 행복을 해칠 수 있는 성정체성 전환치료를 실시하는 치료자를 찾을지도 모른다는 두려움 때문에 함께 작업하기로 선택했다. Karlo는 자신이 동성애자를 죄인으로 보거나 종교적 신앙에 맞지 않는 것은 아니라는 것을 솔직하게 표현하였다. 그들은 Karlo의 역할이 Chandler에게 특정한 결론을 강요하는 것이 아니라 그녀의 결정에 관해서 조금 더 심층적으로 비평가 차원에서 숙고하도록 돕는 일에 중점을 두는 것이라고 판단했다.

이 사례에서 검증된 것은 이 내담자가 견딜 수 없는 딜레마를 경험하고 있다는 것이다. 그녀는 동성애자이면서 종교적 신앙도 유지할 수 있는 방법을 찾을 수 없었다. 이 내담자는 Karlo 를 상담자로 선택하면서 의식적이든 무의식적이든 자신의 정신적 투쟁을 그에게 넘겼다. Chandler를 내담자로 수용하면서 Karlo는 내담자가 경험하고 있는 유사한 양가감정을 가지고 고군분투해야 했다. LGBT 집단의 옹호자인 그는 Chandler의 성정체성을 바꾸고자 하는 시도를 지지하는 꼴이 된 것에 대해 죄책감을 느꼈으나, 내담자가 가장 바라는 것을 존중해야 하는 실무자의 의무도 생각하게 되었다. Karlo는 Chandler에게 성정체성 전환치료가 내담자에게 해로울 수 있다는 것이 연구로 밝혀졌다고 설명할 수 있지도 모른다. 그는 전환치료를 시도하지도 않겠지만, 그렇게 하는 치료자를 추천하지도 않을 것이다. Karlo는 Chandler에게 유해 실무행위와 관련하여 미국상담학회(ACA, 2014)의 다음과 같은 윤리규정을 인식하게 할 수도 있다. "상담자는 내담자가 요청하더라도 해로울 수 있는 상당한 증거가 있는 경우 어떤 기법, 절차, 치료기구를 사용하면 안 된다"(C.7.c). 내담자와 치료자 모두 치료를 위한 동일한 목표를 가지고 있는지 확인할 필요가 있다.

## <동성애자 상담을 거부한 사건과 소송 사례>

Hermann과 Herlihy(2006)는 "동성애자 상담과 윤리적 · 법적인 문제"라는 제목의 글에서 Bruff와 북미시시피 보건서비스회사의 소송 사례를 기술하고 있다(*Bruff v. North Mississippi Health Services, Inc.*, 2001). 이 흥미로운 사례는 상담자의 가치관과 종교적 신념이 내담자의 문제와 상충될 때 상담자가 겪을 수 있는 복잡한 상황을 조명하고 있다. 이 부분은 거의 Hermann과 Herlihy가 소개하고 있는 충격적인 글의 내용을 그대로 옮긴 것이다.

북미시시피 병원에 고용된 상담자로서 직장인들에게 심리 서비스를 제공하는 Sandra Bruff는 1996년 Jane Doe를 상담하기 시작했다. 여러 회기가 지난 후 Doe는 자신이 레즈비언이고 파트너와의 관계에서 발생한 문제에 관해 상담을 받고 싶다고 말했다. Bruff는 자신의 종교적 신념 때문에 그 문제를 다룰 수 없다고 거절하고 다른 문제에 관해서만 상담했다. 그로 인해 이 내담자는 상담을 그만두었고, Doe의 고용주는 Bruff가 속한 기관에 이의를 제기했다. Bruff는 그 문제에 관해 Doe와 상담하기를 거절한 이유를 반복 설명하면서 자신의 종교적 신념과 상충되지 않는 내담자 문제만을 다루려고 한다는 점을 밝혔다.

마침내 Bruff의 고용주는 그녀를 직위해제했다. 그녀는 내담자와 상담할 수 없는 상황이 무엇인지 확실하게 설명해 달라고 요구하는 병원 행정책임자에게 반론을 제기했다. 그녀는 '자신이 믿는 종교에 반하는 주제와 관련해서는 어떤 사람과도 상담하지 않으려고 한다'(Hermann & Herlihy, 2006)는 입장을 재차 밝혔다. 그녀는 기독교상담센터로 직장을 옮겨 보라는 제안을 받았으나 그곳의 책임자가 너무 진보적이라는 이유로 그 제안을 거절했다. 그녀는 같은 직장에서 다른 부서로 옮길 수 있는 기회가 있었지만 다른 적임자가 지원하여 무산되었다. 같은 직장에 또 다른 기회가 있었지만 이번에는 그녀가 지원하지 않았고 마침내 해고당했다. 그녀는 소송을 제기했고 연방법원의 배심원들은 그녀의 손을 들어 주었다. 그러나 항소심에서 법정은 배심원들의 평결을 파기하고 그녀가 자신의 권리를 침해당한 증거가 없다고 판결했다. 연방법원은 고용주가 여러 방법을 통해 상황을 조정하려고 시도했지만 그녀가 융통성을 발휘하지 않았다고 덧붙였다.

Hermann과 Herlihy(2006)는 Bruff 판례의 법적인 측면을 다음과 같이 요약한다.

- 법원은 Bruff가 종교적 신념을 융통성 있게 적용하도록 설득하기 위해 고용주가 적절히 노력했다고 판결했다.
- Bruff의 융통성 없는 자세와 자신의 신념과 상충되는 신념을 가진 사람은 상담하지 않겠다는 태도는 법의 보호를 받지 못한다.
- LGBT 내담자와 상담하는 것을 거절하는 상담자는 그들에게 해를 끼칠 수 있다. LGBT 내담자의 관계 문제 상담을 거절하는 것은 대부분의 주에서는 차별로 여겨진다. 제3장에서 언급했듯이 논란이 많았지만 2016년에 법률을 통과시킨 테네시 주는 치료자가 종교적 자유를 이유로 LGBT에게 서비스를 거부하는 것을 허가했다.
- 상담자가 자신의 종교적 신념으로 성적 지향에 근거한 차별을 정당화할 수 없고, 고용주는 차별을 하는 상담자를 해고할 수 있다.

Hermann과 Herlihy는 Bruff의 판례가 중요하다고 생각한다. 그들은 이 소송에 대한 법원의 판결이 고용인의 종교적 신념을 적절하게 조절해야 하는 고용주의 책임을 규정한 연방대법원의 판례와 일치한다고 주장한다. 법적인 측면에서 이 법원의 판례는 동성애자의 애정관계 문제 상담을 거부하는 것은 치료자의 실업으로 이어질 수 있음을 보여 주었다. 성적 지향과 관련된 문제에 대해 상담을 거부하는 상담자를 고소하는 동성애 내담자는 배임행위에 대한 소송에서 승소할 가능성이 높은데, 이는 상담자가 치료의 의무기준을 위반한 것이라고 판결이 날 수 있기 때문이다.

Hermann과 Herlihy(2006)는 Bruff 판례의 함의를 논의하면서 상담자가 자신의 가치관과 관계없이 판단하지 않고 수용하는 태도를 개발하는 것이 중요하다고 강조한다. 요약하면, 성적 지향에 근거하여 차별하는 상담자는 윤리적 기준을 위반하는 것이다.

Bruff와 같은 상황에 처하지 않기 위해 상담자는 자신의 가치관과 조화되는 근무환경을 선택하고 상담 서비스의 고객이 될 수 있는 사람들에게 그 가치관에 대해 알릴 수 있다. 이렇게 조화되는 근무환경에서 일하는 것이 불가능하다면 상담자는 설명 후 받는 동의절차를 통해 상담자의 가치관에 관해 예비 내담자에게 충분한 정보를 제공함으로써 내담자에게 해를 끼치지 않아야 하는 윤리적 의무를 지게 된다.

이 사례와 관련된 문제들을 점검하기 위해 다음과 같은 질문들을 제기한다.

- 당신은 자신의 도덕적 신념과 상충되는 내담자의 문제를 어떻게 다루겠는가?
- 만약 상담자가 동성애가 잘못된 것이라는 자신의 종교적 신념을 숨긴다면 내담자에게 지속적으로 윤리적인 서비스를 제공할 수 있다고 생각하는가?
- 당신이 내담자와 확실히 다른 도덕적 신념을 가지고 있다는 것은 그 내담자와 효과적으로 상담할 역량이 없다는 의미인가? 주요 가치관이 서로 맞지 않아 내담자를 다른 전문가에게 의뢰하는 것이 정당화될 수 있는가?
- 내담자를 다른 전문가에게 의뢰하는 것이 내담자에게 득이 될지 아니면 해가 될지 어떻게 판단할 수 있는가?
- 상담자는 상담관계를 구축하기 전에 자신의 종교적 신념을 밝혀야 할 윤리적 책임이 있는가?
- 만약 당신이 자신의 한계를 완전히 공개하고 그것이 문제가 될 수 있다는 것을 인정한다면 윤리적이고 합법적인 행동을 한 것인가?
- 설명 후 받은 동의서가 윤리위반이나 법률위반으로부터 어느 정도까지 보호해 줄 수 있다고 생각하는가?
- 당신이라면 이 사례에서 윤리적 결정을 내릴 때 제1장에서 다룬 기본적인 도덕원칙을 어떻게 적용하겠는가?

**논평.** 이 사례는 해답이 간단하지 않고 많은 논의가 필요한 윤리적 문제를 보여 주기에 매우 난이도가 크다고 생각한다. 그 문제를 논의할 능력이 없으면 해결책을 찾을 수도 없다. Bruff 판례는 상담자와 내담자의 가치관 갈등과 가치관 강요와 관련된 윤리적 · 법적인 문제의 실례를 보여 주고 있다(제3장 참고). 상담관계에서 상담자의 가치관에 맞추는 것이 내담자의 역할이 아님에도 불구하고 이 상담자는 자신의 종교적 관점에 맞지 않는 신념을 가진 내담자와 상담할 수 없다는 점을 계속해서 고집했다. Bruff는 상담이 내담자의 가치관과 필요를 위해 있는 것이지 자신의 가치관과 필요를 위해 있는 것이 아니라는 점을 잘 이해하지 못했다.

저자들은 개인적인 가치관을 가질 수 있는 Bruff의 권리를 존중하지 않는 것이 아니라 이 사례와 관련하여 내담자를 다루는 그녀의 태도를 우려하는 것이다. 우리는 내담자가 생각하고 행동해야 한다고 판단하기 위한 기준으로 상담자의 개인적 가치관 체계를 적용하지 않기를 기대한다. 상담자는 자신의 가치관을 배제하고 진정한 전문가로서 내담자의 요구에 초점을 맞출 수 있는 능력을 개발해야 한다.

이 상담자가 다양한 종류의 내담자를 효과적으로 다룰 수 없다는 사실로 미뤄 볼 때 일반상담소에서 일하는 것이 적절한지도 의문이다. 이는 Bruff가 내담자를 다루는 방식이나 소속기관이 직위를 변경하면서까지 그녀의 가치관 문제를 해결하려는 노력에 대한 반응에서 융통성을 보이지 않았기 때문이다.

# 장애인의 문화[1)]

만성적으로 의학적, 신체적, 정신적 장애를 지닌 사람들은 미국에서 가장 큰 소수집단이고 사회적 약자에 해당된다. 장애는 자연스럽고 평범한 삶의 일부가 되어 버렸다(Smart, 2016). 하지만 장애를 가진 사람들을 아직 사회적으로 완전히 받아들이는 것은 아니며 정상의 기준, 미적 기준, 신체적 매력, 신체적 능력의 기준 때문에 잘못 이해된 문화의 일부이다.

그런데 수명을 다할 때까지 장애를 가지는 사람들의 수가 꾸준히 증가하고 있다. 이것은 자폐증, 주의력결핍과잉행동장애와 같은 아동기 장애의 증가와 비만, 당뇨병, 심장병, 암을 유발하는 누적된 생활양식 요인들을 보면 부분적으로 확인할 수 있다. 미국 사회에서 장애는 전 세계적으로 여러 지역에서 전쟁이 장기화되고 있는 가운데 지속적인 군사행동의 결과로 더 증가하고 있다. 그런 전쟁은 생명의 위험을 무릅쓴 남녀 군인들에게 뇌척수 손상, 만성통증, 절단 등과 같은 치명적인 신체적 부상과 외상 후 스트레스장애, 우울증, 약물남용, 중독 등과 같은 심각한 정신적 문제를 야기한다(Jackson, Thoman, Suris, & North, 2012; Stebnicki, 2016). 증가하는 장애인들에게 서비스를 제공하기 위해 상담자는 윤리적이고 다문화적으로 민감한 실무능력의 배양에 기초가 되는 고유한 문화적 속성을 습득해야 한다. 상담자는 **장애인 집단**에 속한 사람들을 상담하는 것과 관련된 기본적 자각과 지식을 습득해야 하며, 이들에게서 발생할 수 있는 독특하고 다양한 윤리적 딜레마와 관심사를 이해해야 한다.

## 장애인 집단

장애인 집단의 고유한 문화적 속성을 이해하는 것은 장애인 집단의 일부로 자신을 생각하거나 그렇게 생각하는 않는 사람들과 치료동맹을 맺는 데 필수적이다. 모든 범주의 장애에 대한 정확한 발병률과 유병률을 파악하기 힘들지만, 연구자들은 일반적으로 장애를 가진 미국인이 3,600만 명에서 5,400만 명 정도 된다고 추산한다. 장애인에는 의료적 장애, 신체장애, 정신건강 문제, 물질사용 장애와 정신과 장애를 가지고 있는 사람

1) 장애인 상담을 다룬 이 절의 작성에 기여한 이스트캐롤라이나대학교(East Carolina University) 중독재활학과의 교수이자 군외상담당 자격증 과정의 책임자인 Mark A. Stebnicki에게 감사를 표한다.

들이 포함된다.

장애를 가진 사람을 상담하는 기본원칙은 장애를 치료하기보다 먼저 그 사람을 치유하는 것이다. 또한 장애의 연속체 모델을 이해하는 것이 중요한데, 이는 세상에는 초인(슈퍼맨)이나 완벽한 존재가 없다는 것을 보여 준다. 오히려 우리는 이론적으로 연속체로서 서로 다른 능력을 가진 존재라고 할 수 있다. 연속체의 한쪽 끝은 이론적 초인이고 다른 쪽 끝은 죽음에 가까운 사람이다. 전문가는 장애의 연속체를 따라 어딘가에 놓여 있는 사람의 현재 기능과 역량에 대한 치료에 집중해야 한다. 역량에 기초하여 개인과 더불어 최적의 심리사회적 기능 수준을 성취하게 하는 것이야말로 장애를 가진 사람과 작업하는 것이 모범사례이다.

영국의 유명한 물리학 이론가 스티븐 호킹(Stephen Hawking) 박사의 질병은 전형적 진행과정과 예후를 넘어서는 비범하고 상이한 능력을 보이는 루게릭병 장애를 가진 실례이다. 그에 관해 모르는 사람은 그의 자태만 관찰하고 심각한 신체장애와 의사소통에 문제가 있는 휠체어를 탄 사람으로 볼 수 있다. 그에 관한 정보가 없다면 장애에 대한 전문가라도 그에게 장애인을 위한 일반적인 조치를 하고 결손된 부분을 빨리 채워주어야 한다고 생각할 수 있다. 그런 대응은 질병이나 장애에 대한 생의학적 모델에 근거한 것으로 간주할 수 있다. 윤리적으로 행동하고 문화적으로 능력이 있는 전문가라면 그가 가진 장애보다는 호킹(Hawking) 박사의 능력을 인정하고 받아들일 것이다. 건강과 웰빙을 위한 전인적 심리사회적 모델(Nosek, 2005)과 같은 장애에 대한 새로운 패러다임을 가지고 작업하는 것이 내담자가 가진 고유하고 다양한 문화적 속성을 인정하고 수용하는 치료적 접근을 하는 좋은 시발점이 될 수 있다. 개인의 문화적 정체성과 내담자가 자신의 능력을 어떻게 인식하는지를 이해하는 것이 핵심이다. 내담자가 장애의 경험을 표현하고, 그것이 그들의 일상적 기능을 어떻게 방해하는지 아니면 방해하지 않는지에 관해 소통할 수 있도록 하는 것도 긍정적으로 라포를 형성하고 최적의 작업동맹을 구축하기 위해 필수적인 것이다.

장애인 집단의 관점에서 장애를 이해하게 된 것은 Livneh(2012)뿐만 아니라 여러 다른 사람들이 평생 노력한 결과이다. Livneh의 심리사회적 재활에 대한 철저한 조사에 따르면, 장애인 집단 전체가 역사적으로 교육, 고용, 주택정책, 교통수단 등과 같은 다양한 생활영역에서 소외되어 왔다. 상담자가 이런 점을 이해하는 것이 중요하다. 왜냐하면 상담자가 자존감이 약해져 있는 내담자나 차별 경험으로 인해 만들어진 장애에 대한 특별한 사회적 고정관념을 가지고 있는 내담자와 작업할 수도 있기 때문이다. 실제로 장애가 있는 사람과 없는 사람은 뚜렷한 사고방식에 차이가 있다. 장애에 대한 치료와 개인적 반응에 영향을 미치는 주요 요인들은 (a) 우리의 사회문화적 상태, (b) 우리의 어린 시절의 영향, (c) 문화적 근시안을 형성하는 다양한 정신역동적 기제, (d) 장애가 죄에 대한 처벌이라는 인식, (e) 신체적 제한이나 '무엇이 정상인지'에 대한 실존적 불안과 신체변형에 대한 미적 혐오감, (f) 기타 장애와 관련된 것들에 대한 인식이다.

장애에 대한 윤리적이고 문화적인 이슈는 광범위하게 영향을 미치는데, 특히 인지적으로 문제가 있거나 의사소통 능력이 떨어져 자신의 어려운 점을 제대로 표현하지 못하는 사람과 심각한 정신장애를 가진 사람들에게는 가장 중요한 관심사이다. 미국에서 장애를 가지게 되면 훨씬 더 심각한 수준의 사회적 고립, 차별, 고정관념, 가난, 공공기관과 정부의 지원에 대한 의존으로 이어질 수 있다. 의료적 시술이나 정신건강 치료에 동의할 수 있을 정도의 정신적 능력이 되지 못하거나 재정능력이 안 되는 사람은 특히 취약하여 타인에게 쉽게 조종당한다. 장애가 있는 사람은 동등한 서비스를 제공 받지 못하거나 다른 사람들이 이용할 수 있는 서비스를 받으려고 할 때 거부되는 경우가 많다. 역사적으로 장애인 집단의 많은 사람들은 장애 그 자체보다 자신을 대하는 태도의 장벽을 넘는 것이 더 힘들다고 토로해 왔다(Hahn & Belt, 2004; McCarty, 2003; Nosek, 2005; Wright, 1983).

## 내담자를 옹호하는 역할에서의 윤리적 관심사

기능저하와 일부 장애의 심각성을 고려해 볼 때, 많은 상담자들은 자연스럽게 **내담자를 옹호하는** 역할을 할 수밖에 없다. 대부분의 상담자들은 유익하거나 해롭지 않은 방식으로 행동함으로써 자신의 행동을 정당화한다. 그들은 정말로 내담자의 최상의 이익을 위해 일하고 있다고 믿는다. 그렇기 때문에 내담자들과 함께 작업한다고 생각하기보다 그들을 위해 좋은 일을 한다고 생각하고 있다. 누군가는 내담자를 위한 모든 지식과 자원을 가지고 있는 전문가라는 이미지에 자족하고 있는지도 모른다. 하지만 상담자의 가장 중요한 역할은 내담자와 협력관계를 형성하는 것이다. 그와 관련하여 다음 질문에 대한 답변을 생각해 보라.

- 중증장애인을 위한 최선의 치료방식이라고 생각하게 되는 데 우리의 세계관은 어떤 영향을 미치는가?
- 내담자의 자율성을 보호하기 위한 전문적 역할을 하도록 우리는 내담자에게 어떤

조치를 취했는가?

- 우리는 중증장애를 가진 내담자를 건강하고 튼튼한 신체를 가졌다고 간주되는 내담자와 다르게 중재하고 있는가?

실제로 내담자의 옹호자로서의 역할은 우리 직무에 포함된 강력한 정서적 특성 때문에 잠재적으로 윤리적 문제를 발생시킬 수 있다. 특히 인지적 문제 혹은 의사소통에 문제가 있거나 정신장애로 인해 자신의 목소리를 내지 못하는 내담자를 다룰 때 그럴 수 있다. 장애인 집단은 다른 집단보다 사기나 범죄행위, 인권유린의 희생양이 될 가능성이 크다. 그렇기 때문에 내담자에 대한 옹호자 역할은 상담자에게 자연스러운 것이지만, 상담자들은 동정심을 보이는 것이 아니라 공감하면서 장애가 있는 내담자에게 접근하기 위해 노력해야 한다.

내담자의 옹호자 역할에는 내담자의 독립성을 보장하기 위해 필요한 역량을 강화하는 전략을 촉진하는 것이 포함되는데, 그것을 위해 다양한 전문적 활동들이 통합되어야 한다. 내담자를 옹호하는 역할을 하는 상담자는 사회적 의식이 있고 윤리적으로 책임을 져야 하는 실천 지향적 행동을 하게 될 수밖에 없다. 예를 들어, 어떤 상담자는 후천성면역결핍증(AIDS)과 같은 질병의 위험요소에 대한 인식 수준을 고양해 제도적, 태도적, 사회문화적인 장벽을 제거하는 일을 도울 수 있다. 또 다른 상담자들은 청소년의 약물남용이나 중독문제와 같은 위험한 것들을 예방하는 활동에 초점을 맞춘다. 또 어떤 상담자들은 정기적으로 고용, 교육, 주택, 대중교통 등과 같은 생활영역에서 차별을 경험하는 내담자들을 돕기 위해 지역사회 지원 서비스에 참여하기도 한다.

내담자의 옹호자로서 활동하는 유능하고 윤리적인 상담자는 내담자에게 제공되는 서비스의 연속선상에서 다양한 역할과 책임의 균형을 맞추는 방법들을 잘 알고 있다. 내담자가 독립적으로 행동하게 하는 것이 작업동맹을 강화하고 문제를 더 잘 해결되게 하며, 건전한 위험감수 행동을 하게 하고, 치료과정에서 과제를 더 잘 수행하게 하는 데 도움이 된다. 장애인 중 일부는 내담자의 옹호자 역할을 하는 상담자가 의존을 조장한다고 지적하기도 한다. 실제로 이 문제는 여러 우려사항이 있기 때문에 상담자는 자신을 돌아보고 자격을 갖춘 임상수련감독과 상의해야 한다. 덕행과 무해성의 원리를 주의 깊게 따져 보지 않는다면 실제로 내담자의 자율성이 손상될 수도 있다.

자문가나 조언자 혹은 문화이해 조력자로서의 역할을 조합한 것은 내담자를 옹호하기 위해 인간 중심적 접근에 전통적 상담방법과 심리치료 전략을 결합한 것이다. 그 역할의 조합은 상담자가 순전히 내담자를 옹호하는 역할에 맞게 행동하여 나타나는 결과를 개선하는 데 도움이 될 수 있다. 많은 상담전문가들이 이런 문제의 윤리적 복잡성을 인식하고 장애인을 위해 문화에 중점을 두는 치료관계 촉진의 잠재적 이점을 이해한다. 장애를 가진 사람들과 작업할 때 발생할 수 있는 문제의 윤리적인 복잡성을 생각하면서 다음의 Melvin 사례를 살펴보라.

### <Melvin의 사례>

23세의 육군 참전용사 Melvin은 아프가니스탄에 파병되어 있던 시절 폭발사고로 부상을 입었다. 소대원 세 명이 폭발로 사망했고, 다른 몇 명은 부상을 입었다. 응급상황에서 무릎 위를 절단해야 하는 치명적인 부상을 입었다. 그는 주요 수술 후에 재활을 위해 부대 안에 있는 육군병원에서 약 3개월을 보냈으며, 그의 고향에 있는 부상당한 병사를 위한 대대에 배치되었다. 당신은 접수면접에서 Melvin을 처음 만나 치료계획을 수립하기 시작하였다. Melvin에 대한 치료계획에는 일주일에 한 번의 개인상담이 포함되어 있으며, 절단수술 후 심리사회적 적응에 중점을 두었다. Melvin은 의족을 이용한 보행과 균형잡기, 힘 조절을 목표로 한 외래 물리치료를 계속할 것이다. Melvin의 상담자로서 두 번째 회기에서 당신은 그가 얼마나 정서적으로 고립되어 있는지 알게 됐다. 그는 아주 작은 소리로 말하고, 좀처럼 눈을 마주치지 않았으며, 때로 매우 불안해 보이고, 긴장하고 과민해 보였다. 게다가 Melvin은 군대에 있는 동안 있었던 전투경험과 해외 주둔지에서 있었던 일들에 관한 어떤 것도 밝히기를 꺼려하는 것 같아 보인다. 그러면서 그는 당신에게 육군병원 시스템과 물리치료 프로그램에 화가 난다고 다음과 같이 말했다. "난 이곳이 싫어요. 내 인생의 모든 것을 잃었습니다. 아무도 내가 겪은 일을 이해하지 못할 거예요... 그리고 이 새로운 다리가 잘 안 맞아요. 계속 아프다니까요... 사람들이 날 환자처럼 대하는 것도 싫고요... 어쩔 때는 내가 없으면 세상이 더 나아질 것 같다는 생각도 들어요."

- 당신은 "내가 없으면 세상이 더 나아질 것이다"라는 Melvin의 진술과 관련하여 자살을 평가할 윤리적 의무가 있다고 보는가? Melvin의 진술을 볼 때 자살위험 수준이 어느 정도라고 보는가?
- "이 새로운 다리가 잘 맞지 않아요... 계속 아프다니까요"라는 Melvin의 진술과 관련하여 당신은 어떻게 그를 옹호하고 지원할 수 있는가?
- Melvin과 치료적 상호작용을 하는 동안 어떤 특정한 문화적 속성(예: 군대와 장애인 문화)이 관심사가 되어야 하는가?
- Melvin의 외상에 의한 절단과 외상 후 스트레스 증상이 갑자기 장애인이 된 것에 대한 심리적 적응을 어떤 식으로 어렵게 한다고 보는가?

**논평.** Melvin의 자살사고의 수준이 어느 정도인지 평가하는 것은 매우 중요하다. 그런데 Melvin은 바로 다루어야 할 응급의 정신건강 문제 외에도 해결해야 할 여러 가지 문제들을 가지고 있다.

Melvin에게는 우선 두 개의 다른 문화집단, 다시 말해 군대문화(육군)와 장애인(외상에 의한 절단)의 일원이라는 것을 이해하는 것이 중요하다. 역량이 있는 상담자들은 Melvin과 같은 내담자들이 속한 독특한 문화적 특성을 잘 알고 있다. Melvin은 부상을 당하고 약 3, 4개월 동안 경험한 장애인으로서의 생활에 적응하고 있다. 그의 충격적인 신체적 장애는 폭발로 인한 심리적 외상으로 복잡해졌으며 외상 후 스트레스 장애 증상을 보이고 있다. Melvin과의 작업은 상담자가 정신건강 문제 이상의 것을 다루도록 요구한다. Melvin은 외상에 의해 절단수술을 받았고, 그가 경험하고 있는 신체적 상해와 관련된 심리사회적 적응문제가 외상 후 스트레스 장애의 복잡한 증상이 Melvin의 현역복무에 어떻게 영향을 미치는지를 함께 다루어야 한다. 결국 Melvin은 의료적 차원에서 현역복무를 계속할 수는 없고 육군 참전용사로서 시민으로 생활하게 될 것이다. 따라서 치료적 중재로 Melvin의 정신건강과 그의 심리사회적 적응 모두 고려되어야 한다.

# 내담자와 상담자의 동질성

다양성이란 문화, 종교, 인종, 능력, 연령, 성별, 성적 지향, 교육, 사회경제적 지위 등과 같은 요인들을 포함한다. 이런 다양한 측면에서 내담자와 상담자가 동질성을 갖는 것이 바람직한 것인가? 그리고 그것이 가능한 것인가? 내담자가 경험한 세계를 임상전문가가 공유하는 것이 치료의 효과성을 높여 주는가? 모든 다양한 측면마다 내담자와 치료자를 동질하게 연결하는 것은 불가능하다. 즉, 내담자와의 만남은 적어도 일정 부분 다양한 모습을 지닌다는 뜻이다. 집단 간의 장벽 때문에 성공적인 다문화 상담은 거의 불가능하다고 지적하는 이들도 있다. 반면에 내담자와 여러 면에서 차이가 있더라도 잘 훈련된 상담실무자는 효과적으로 상담할 수 있다고 주장하는 이들도 있다.

## 내담자와 공유하는 인생경험

상담자는 효과적으로 작업하기 위해 내담자와 유사한 인생경험을 가져야만 하는가? 상담자가 내담자를 효과적으로 상담하기 위해 내담자의 갈등과 역경을 꼭 모두 경험할 필요는 없다. 상담자와 내담자가 특정 수준에서 교감을 이룬다면 문화차와 연령차는 극복할 수 있다. 다음의 내담자들과 어느 정도로 효과적인 의사소통을 할 수 있을지 생각해 보라.

- 당신보다 훨씬 나이가 많거나 어린 사람
- 당신과 인종, 민족, 문화권이 다른 사람
- 장애인
- 범죄자
- 알코올이나 마약중독자
- 중독에서 회복 중인 사람
- 강한 정치적 신념을 가지고 있는 사람
- 자녀의 행동문제로 어려움을 겪는 부모

상대적으로 어린 임상전문가가 나이 많은 내담자를 효과적으로 상담하는 것은 가능하다. 예를 들어, 내담자는 상실감, 죄책감, 슬픔, 무망감 등을 경험할 수 있다. 나이 어린 상담자는 원인은 다를지라도 이런 감정에 공감할 수 있다. 그러나 상담자는 그 감정의 배경과 경험이 다를 수도 있다는 점에 유의하는 것이 중요하다.

내담자와 유사한 인생경험을 가져야 할지에 대한 생각을 심화하기 위해 다음 사례에 나오는 Sylvia와 건전한 상담관계를 어느 정도로 형성할 수 있는지 평가해 보라.

## <Sylvia의 사례>

정신보건센터에서 일하는 당신에게 38세인 Sylvia가 찾아와 자신이 알코올중독이라고 말했다. 접수면접 시간에 그녀는 이렇게 말했다. "술을 끊으려고 노력했지만 성공하지 못해 기분이 나빠요. 한동안 기분이 괜찮다가 더 잘할 수 있었다는 후회를 하기 시작했죠. 셀 수도 없는 많은 실수들이 떠오르기 시작했어요. 아이들을 실망시킨 일들, 아이들에게 저지른 실수들, 남편을 곤란하게 만든 일들. 그러면 의기소침해져 다시 술을 마시기 시작해요. 제가 스스로를 망치고 있다는 걸 알지만 멈추질 못하겠어요. 어떻게 해야 할지 조언을 해 주시면 참 좋겠어요."

- 알코올중독이나 그 치료와 관련하여 겪은 경험이 있는가? 그것이 얼마나 중요한가?
- 당신에게 물질중독을 다룰 역량이 없다면 이 분야에서 효과적으로 상담하기 위해 어떻게 지식과 기술을 배울 것인가?
- Sylvia의 성별이 그녀의 문제에 대한 당신의 견해에 어떤 영향을 미치는가?
- 당신은 입원 혹은 통원 물질중독 치료프로그램에 Sylvia를 의뢰할 것인가? 당신의 생각을 설명하라.
- Sylvia의 중독문제를 먼저 다루지 않고 심리적 문제만 다루는 것이 윤리적인가? 당신의 생각을 설명하라.

- Sylvia는 조언을 듣고 싶어 한다. 당신이라면 어떤 조언을 하겠는가? 이러한 상황에서 조언을 하는 행위에는 어떤 위험이 있는가?

**논평.** 저자들은 Sylvia의 다른 심리적 문제들을 다루기 전에 중독문제부터 치료해야 한다는 생각을 지지한다. 치료자가 내담자에게 조언하는 것이 적절한 때는 언제인가? 적어도 조언에는 두 종류가 있다. 하나는 치료법에 대한 조언이다. 예를 들어, 치료자는 Sylvia에게 의사에게 자문을 요청하라든지 익명의 알코올중독자모임에 참여하라고 제안할 수 있다. 이런 유형의 조언은 일반적이며 유용한 치료 보조수단일 수 있다. 실제로 어떤 인종 혹은 문화적 소수민족들은 가끔 치료자에게 확실한 '조언'을 구하는 경우가 많고 구체적인 제안에 목말라 있다는 것을 알게 돼 당황스러울 수 있다(Sue & Sue, 2013).

다른 하나는 Sylvia 같은 내담자에게 종교에 귀의하라든지, 운동을 시작하라든지, 다른 지방으로 이사 가라는 등의 구체적인 사항을 조언하는 것이다. 중요한 인생사건을 눈앞에 두고 구체적인 행동을 취하라고 내담자에게 말하는 것은 비생산적인 경우가 많기 때문에 대체로 피하는 것이 좋다. 이런 유형의 조언은 불리한 결과를 초래하는 경우가 가끔 있다. Sylvia가 조언을 따르거나 혹은 따르지 않는다면 치료받으러 돌아오지 않을지도 모른다. 상담자는 내담자의 문제를 해결할 수 있는 방법들에 관해 내담자와 의논하면서 도움을 줄 수 있지만, 조언을 주는 형태로 구체적인 조치를 제공하려는 유혹에는 저항해야 한다.

## 치료관계에서 차이점을 다루는 방법

문화적 차이는 주관적이고 복잡하며 역동적이다. 차이점을 다루어야 할지 아니면 다루지 말아야 할지, 만약 다룬다면 임상전문가와 내담자 중 누구와 먼저 논의를 시작해야 하는지에 대해 난감해하는 치료자들도 있다. 중요한 것은 치료과정에서 그 차이점에 대해 내담자가 어떻게 지각하는가이다. 특정한 문화적 배경을 가지고 있는 내담자를 상담하는 표준이 되는 방법이 있다고 가정하는 것은 실수이다. 대신에 상담자는 내담자가 문화적 차이를 보이는 것의 의미를 탐구할 필요가 있다. 치료관계에서 치료자의 권위적인 면이 작용하기 때문에 내담자가 문화차에 관해 이야기를 꺼내지 못한다고 지적하는 사람들이 있다. 그렇다면 치료자가 그러한 차이점을 다루는 데 대해 직접 책임을 져야 할 것이다. 그러나 어떤 사람들은 내담자가 문화 차이에 관해 이야기할 때까지 기다려야 한다는 입장을 취하고 있다. Lee(2013)는 "상담자와 내담자의 문화 차이가 충분히 이해되지 않을 경우 상담과정에 큰 장애가 될 수 있다"(14쪽)고 보았다. Lee는 상담자들에게 "상담자와 내담자 사이의 장벽을 이해하고 문화적 거리를 좁히라"(14쪽)고 조언한다.

저자는 임상전문가가 자신과 성, 인종, 문화, 종교, 사회경제적 배경, 신체적 능력,

연령 혹은 성적 지향이 다른 내담자들과 상담하는 것을 배울 수 있다고 본다. 하지만 거기에는 조건이 따른다. 첫째, 임상전문가는 학교와 실전 현장에서 다문화적이고 사회정의적 관점을 수련받아야 한다. 둘째, 어떤 상황의 상담이든 마찬가지이지만 내담자가 상담자와 치료관계를 수립하는 것에 동의해야 한다. 셋째, 특정 상황에 이론과 기법을 적용할 때 융통성이 있어야 한다. 개방적 태도를 가진 상담자는 한 가지 이론적 체계를 고집하는 상담자보다 성공할 가능성이 크다. 넷째, 정신건강전문가는 내담자의 시험과 검증을 열린 마음으로 받아들여야 한다. 다문화 상담을 할 때 내담자는 더 긴장하고 주의를 기울이며, 속마음과 감정을 감추는 등 생존전략의 일환으로 여러 가지 방어전략을 사용할 수 있다. 상담자는 권력의 상징으로 비춰질 가능성이 있다. 만약 그런 상황에서 상담자가 방어적인 태도를 취한다면, 내담자는 상담자의 가치관이나 해결책을 강요받는다고 느낄 수도 있으며 그로 인해 내담자에게 해를 끼치게 될 수도 있다. 일부 내담자들은 자기 문제의 해결책이 아닌 것을 제공하는 정신건강전문가가 자신에게 더 큰 문제라고 생각할 수 있다.

## 의도하지 않은 인종차별과 미묘한 차별 문제

다문화 상담에서는 상담자가 자신의 가치체계, 잠재적인 고정관념과 편견, 자신의 문화적 역전이를 자각하는 것이 매우 중요하다. 앞서 우리는 문화 차이를 다루는 상담자의 비의도적인 인종차별에 관해 설명한 적이 있다. 어떤 면에서는 의도하지 않은 인종차별을 하는 상담자는 자신의 편견을 보다 개방적으로 다루는 상담자보다 더 위험한 사람이다. 의도하지 않은 인종차별의 개념에는 인종, 성별, 성적 지향, 능력 등에 근거하여 내담자에게 행해진 모욕적인 표현들도 포함된다. Sue 등(2007)은 **미묘한 인종차별**이 "의도적이든 아니든, 적대적이든, 경멸적이든, 부정적인 인종에 대한 모욕이든, 다른 인종에 대한 모욕이든지 간에 일상적으로 흔히 이루어지는 언어적이거나 행동적으로 기분을 나쁘게 할 수 있는 것들"(271쪽)에 의해 발생한다고 설명한다. 이러한 차별을 저지르는 사람들은 그들이 무슨 말을 하는지 자각하지 못하기도 한다. Sue 등은 이러한 차별의 형태를 세 가지로 묘사한다. 미묘한 공격행위, 야릇한 모욕행위, 은근한 무시이다. 미묘한 공격행위는 욕설, 회피 또는 고의적 차별행위를 통해 피해자에게 상처를 입히는 언어적 공격이나 비언어적 공격이 특징인 노골적인 모욕을 의미한다. 야릇한 모욕은 상대방의 문화적 유산과 정체성을 경시하는 무례하고 무시하는 발언이다. 은근한 무시는 상대방의 생각이나 정서 혹은 현실을 부정하거나 배제 혹은 무효화하는 것으로 특징지을 수 있다.

상담관계에서 차별은 더 미묘할 수 있는데, 그런 예로 다음과 같은 것들이 있다.

- 커플상담사가 이성애자 커플의 여성 내담자의 경우 여성의 이름을 부르거나 쓰기보다는 누구의 아내로 지칭한다.
- 남성 치료자가 세 자녀를 둔 여성 내담자에게 직업이 있는지를 묻는다.
- 학교상담사가 자신의 유색인종 학생들이 대입 예비과정에 참여하는 것을 단념시키거나 가정의 경제형편이 어려운 학생에게 조금 더 '현실적'인 직업을 추천한다.
- 식사시간에 어떤 상담자가 아프리카계 미국인 남성 내담자에게 "영어를 너무 유창하게 말한다"고 언급한다.
- 식사를 하는 동안 어떤 상담자는 덩치가 큰 내담자에게 "당신의 체중은 분명히 문제"라고 말한다.
- 상담자가 내담자의 성적 지향을 모르면서 한 남성 내담자에게 여자친구나 아내가 있는지 묻는다.

비의도적인 인종차별을 고치기 위한 방법은 기본 통념을 점검하는 것이다. Ridley(2005)는 드러나지 않는 두 가지 인종차별의 형태로 피부색에 대한 색맹과 색깔 인식을 들었다. "저는 당신을 볼 때 흑인이 아니라 한 인간으로 보고 있습니다"라고 말하는 상담자는 그 말을 믿기 힘들어하는 내담자의 신임을 받지 못할 가능성이 있다. 마찬가지로 "만약 당신이 흑인이 아니었다면 그런 문제는 없었을 거예요"라고 말한다고 치료자가 신임을 얻을 가능성은 없다. 색맹과 색깔 인식에 관한 이 예들은 조금 극단적이긴 하지만 이와 관련해 미묘하고 다양한 상황들이 실제로 존재한다.

Sue와 Sue(2013)는 인종차별을 **색맹**과 같다고 표현한다. 한 여성 내담자가 자신이 직장 내에서 유일한 유색인종이라 소외감을 느낀다고 할 때, 색맹인 상담자는 그녀의 걱정을 무시하고 "내 생각에는 당신이 너무 편집증적인 것 같아요, 우리는 사람들의 차이점이 아닌 유사성에 집중할 필요가 있습니다"(Sue & Sue, 2013, 170쪽)라고 말할 수 있기 때문이다. 이런 진술은 인종이 인간의 삶에 영향을 미치는 중요한 변인이 아니며 사회정치적으로 관련이 없다는 메시지를 전달한다. 그런 의미에서 자신이 색맹이라고 말하는 사람들 대부분이 차별하지 않고 다른 사람들을 동등하게 대한다고 한다. 하지만 그렇게 함으로써 그들은 개인의 정체성의 중요한 부분을 무시하는 것이 된다. "색이 안 보인다"는 말은 "너의 색이 안 보인다"는 의미로 해석될 수 있다. 즉, 인종적 특권을 누리는 사람은 다른 사람의 경험에 눈을 감고 있다는 인상을 주며, 그들은 자동적으로 자기 인종이 받은 특권을 인정하지 않는다. 이러한 색맹의 개념은 인종 이외의 문화 차원으로도 확대될 수 있다. 결과적으로 그것이 내담자의 성별, 성적 지향, 민족성 혹은 개인 삶의 다른 중요한 차원을 무시하는 것이든 간에 **문화적 색맹**은 분명히 조력자로서의 효과성을 확실히 감소시킨다.

## 문화적 다양성에 대한 감수성 향상

다음의 질문들을 생각하면서 자신이 가진 통념들을 확인해 보라.

- 효과적인 상담을 위해 상담자가 내담자의 문화적 배경을 공유해야 한다고 생각하는가?
- 만약 당신과 문화적 배경이 다른 내담자가 당신이 믿을 만한지 '시험'하고 있다면 어떻게 대응하겠는가? 그런 내담자와 상담할 수 있는 좋은 방법이 있는가?
- 당신도 차별을 당한 경험이 있는가? 만약 그렇다면 그 경험이 차별을 경험한 내담자와 상담하는 데 도움이 될 것 같은가 아니면 방해가 될 것 같은가?
- 당신은 어떤 고정관념을 가지고 있는가?

상담자가 내담자의 '특이한 행동'을 확인했을 때, 그 행동이 내담자의 문화에서도 특이한 행동인지 판단하는 것이 중요하다. 내담자는 첫 만남부터 치료자가 이미 판단을 내렸다고 느끼면 치료자에 대해 의구심을 가지게 된다. 이런 내담자는 임상적인 편집증으로 고통받고 있다기보다 편견과 압제에 고통받는 환경에 반응하고 있는 것일지 모른다. 이 경우 내담자의 반응은 결코 불합리한 것이 아니다. 내담자가 그렇게 지각하는 배경을 인정하는 임상전문가는 내담자의 행동을 병리적으로 볼 가능성이 적고 그의 경험의 틀 안에서 내담자와 상담을 시작할 수 있다.

# 정신건강실무자를 위한 다문화성 훈련

다른 전문가에게 의뢰하는 것이 때로는 적절하겠지만 제대로 훈련받지 못한 정신건강실무자에 대한 근본적인 해결책이라고는 할 수 없다. 서비스 대상자들의 문화적 배경이 다양한 반면, 정신건강실무자들의 문화적 배경은 그만큼 다양하지 못한 것이 다수의 정신건강 관련 기관들의 현실이다. 저자들은 상담을 받으러 오는 사람들의 문화적 배경이 더 다양해지고 있으므로 인종이나 민족적 배경을 떠나 상담을 배우는 모든 학생을 다문화 상담과 심리치료(multicultural counseling and therapy, MCT)에 관한 훈련을 받으라고 추천한다. 이 교육적인 훈련은 학생들이 의도적으로 다른 문화에 몰입하도록 하는 것은 물론 경험적 학습을 할 수 있는 기회도 제공한다.

미국의 상담교육프로그램인증평가원(CACREP, 2016)이 마련한 기준에는 다문화적이고 다원주의적 추세에 맞춰 국내외 다양한 집단들의 특징에 대한 교육이 포함된 다문화 교육과정과 수련과정을 요구하고 있다. 이 의원회의 기준에는 수련생이 염두에 두고 준비하는 상담 분야의 내담자들을 대상으로 수련감독자의 지도하에 실습을 수행하도록 요구한다. 수련생은 다양한 민족, 하위문화, 변화된 여성의 역할, 성차별, 도시문화, 시골문화, 문화적 관행, 영적 문제, 다양한 삶의 양식 등의 교육을 받아야 한다. 재활교육위원회(Council on Rehabilitation Education, CORE, 2009)도 이 문제들을 다루는 인증기준을 가지고 있다. 모든 문화와 하위문화에 대한 전문지식을 갖추는 것은 비현실적이다. 그러나 수련생은 앞으로 서비스를 제공할 집단을 도와줄 수 있는 역량을 증진하기 위해 적극적인 조치를 취해야 한다(Barnett & Johnson, 2015).

## 문화에 정통한 상담자의 특성

다문화 역량에는 자신의 한계를 인식하는 것과 (1) 자문과 수련감독을 요청하며, (2) 보수교육에 참여하고, (3) 필요에 따라 특정한 문화적 배경을 가진 사람들을 상담하는 데 탁월한 전문가에게 내담자를 기꺼이 의뢰하는 것 등이 포함된다. 문화적 역량을 획득하는 것은 능동적으로 평생을 통해 이루어지는 학습과정이다. 그 과정에는 정식 수련과정, 비평적 자기평가와 다른 문화적 배경을 가진 사람들과의 치료관계에서 발생할 수 있는 것들에 관한 논의가 포함된다. Lee와 Park(2013)는 다문화 역량은 반드시 모든 상담자들이 습득하고 유지해야 한다고 강조한다. 문화적 역량이란 자기인식이나 지식 이상의 것을 의미하며, 효과적인 다문화 중재를 위한 기술이 수반되어야 한다. 문화적으로 역량을 갖춘 상담자는 각 내담자의 고유한 요구와 인생경험의 여러 측면을 다루기 위해 다양한 치료적 접근방식을 적용하고 통합할 수 있다. 그들은 또한 치료관계의 촉진을 위한 대인관계와 심리내적 요인들을 적절히 활용한다(Chu, Leino, Pflum, & Sue, 2016). Ivey 등(2018)은 우리가 행동을 취하지 않는 한, 자각과 지식, 기술은 아무 의미가 없다고 강조한다. 행동에 전념하는 상담자들은 지식과 실행의 차이를 줄이려고 작업하고 실무를 수행하고자 한다. Comas-Diaz와 Brown(2016)은 향후 수십 년 안에 "문화적 역량이 임상심리학자의 수련감독, 면허, 전문영역 인증을 위해 검증해야 할 필수 핵심역량이 될 것"(265쪽)이라고 예측하였다.

문화에 정통한 상담실무자에게 필수적인 지식과 기술인 **다문화 역량**(multicultural competencies)의 발전은 전문상담 영역에 크게 기여했다. 상담실무자는 내담자를 만나기 전에 역량들을 모두 숙달할 필요는 없다. 숙달은 평생 지속되는 과정이기 때문이다. 초기에 Sue 등(1982)이 처음 제안한 다문화 역량이란 개념은 나중에 그 범위가 확장되고 개정되었다(Sue, Arredondo, & McDavis, 1992). Arredondo 등(1996)이 이를 다시 한번 개정하여 적용했고, Sue 등(1998)이 다문화 상담 역량을 개인적 차원과 조직적 차원으로 확장했다. 다문화와 사회정의 상담 역량(MSJCC)은 다문화상담및발달학회(AMCD, 2015)에서 개발하였다. Ratts, Singh, Butler, Nassar-McMillan과 McCullough가 작업하여 만든 다문화와 사회정의 상담 역량(MSJCC)의 요약본을 다문화상담및발달학회(AMCD)와 미국상담학회(ACA)가 모두 승인하였다. 그런 승인은 상담의 여러 전문 실무영역에서 다문화 역량과 사회정의 역량의 통합을 지지한다. Ratts 등(2016)은 잘 인식하고 다루어져야 하는 정체성, 특권층이나 소외층, 문화적 가치관, 신념과 편견과 관련된 것들을 상담자와 내담자가 치료관계에 풀어놓는다고 설명한다. 다문화와 사회정의 상담 역량에서는 상담자들이 내담자에게 영향을 줄 수 있는 권위, 특권, 억압 등의 문제를 다룰 것을 요구한다. "다문화와 사회정의 상담 역량은 상담전문가가 문화적 맥락의 틀에서 내담자의 문제를 조망하고, 개인은 물론 체계 차원에서 이뤄지는 중재를 추천하는 것을 요구한다"(41쪽).

위에 인용한 자료를 참고하여 정리한 문화적 역량을 갖춘 상담자의 핵심 특징들은 글상자 '다문화 상담 역량'에 나와 있으니 참고하기 바란다.

## 다문화 상담 역량

### I. 자신의 문화적 가치관과 편견에 대한 상담자의 인식

A. 태도와 신념과 관련하여 문화적 역량이 있는 상담자는 …

- 자신의 문화적 유산과 정체성에 대한 자기인식으로 문화적 집단 간의 차이에 대한 감수성이 있다.
- 다른 문화집단의 사람들에 대한 자신의 개인적인 태도와 신념이 어떻게 효과적인 상담을 촉진하거나 방해하는지 자각할 수 있다.
- 자신의 인종차별주의, 성차별주의, 이성애 또는 다른 해로운 태도와 신념을 자각한다.
- 자신의 다문화 역량과 전문성의 한계를 인식할 수 있다.
- 자신과 내담자 간에 존재하는 인종, 민족, 문화, 성별, 성적 지향, 그리고 다른 사회 인구학적 변수의 차이점 때문에 생기는 불편함의 근원을 인식한다.

B. 지식과 관련하여 문화적 역량이 있는 상담자는 …

- 자신의 민족과 문화적 유산에 대해 구체적인 지식이 있고, 이런 지식이 개인적으로나 직무상으로 정상심리, 이상심리와 상담과정에 관한 자신의 정의와 편견에 어떻게 영향을 미치는지 잘 안다.
- 압제와 차별, 인종차별, 고정관념이 개인적으로나 직무상으로 어떤 영향을 미치는지 이해하고 있다.
- 다른 사람들에게 미치는 자신의 사회적 영향력에 관해 알고 있다. 또한 의사소통 방식의 차이에 관해 알고, 자신의 의사소통 방식이 다른 인종 혹은 여러 면에서 자신과 다른 내담자를 상담하는 데 어떤 면에서 방해가 되고 어떤 면에서 도움이 되는지를 이해하며, 그것이 다른 사람에게 어떤 영향을 미칠지 예견할 수 있다.
- 문화적 맥락에서 개인으로서 내담자를 생각한다.

C. 기술과 관련하여 문화적 역량이 있는 상담자는 …

- 문화적으로 다른 내담자들을 상담하면서 이해력과 효과를 증진하기 위해 교육, 자문, 수련할 수 있는 기회를 찾는다.
- 민족적이고 문화적 존재로서 끊임없이 자신을 이해하려고 하고, 비인종차별적 정체성을 찾으려고 능동적으로 노력한다.

### II. 내담자의 세계관에 관한 이해

A. 태도와 신념과 관련하여 문화적 역량이 있는 상담자는 …

- 상담관계에 도움이 되지 않을 수도 있는 다른 인종과 민족에 대한 자신의 부정적 · 긍정적인 정서반응을 자각한다. 자신의 신념과 태도와 문화적으로 자신과 다른 내담자의 신념과 태도를 무비판적인 자세로 기꺼이 비교하려고 한다.
- 다른 인종이나 소수민족에 대한 자신의 고정관념과 획일적 관점을 인식한다.

B. **지식과 관련하여 문화적 역량이 있는 상담자는 …**

- 자신이 상담하는 특정 내담자의 구체적인 정보와 지식을 보유하고 있다.
- 인종, 문화, 민족 등이 성격 형성, 직업 선택, 심리적 장애로의 발전, 도움 추구 행동, 상담에 대한 적절한 혹은 부적절한 접근에 어떻게 영향을 미치는지를 이해한다.
- 소수인종과 소수민족의 삶에 해를 가한 사회정치적 영향을 이해한다.

C. **기술과 관련하여 문화적 역량이 있는 상담자는 …**

- 다양한 인종 및 민족과 관련된 정신건강과 정신장애에 관한 연구와 최신 정보를 접하려고 노력한다. 효과적인 상담을 위해 자신의 지식, 이해력, 기술수준을 향상할 교육의 기회를 적극적으로 찾는다.
- 자신의 다문화적 관점의 발전을 위해 직무상의 경험은 물론 일상에서 소수자들을 접할 기회를 늘린다.

**III. 문화적으로 적절한 개입전략과 기법의 개발**

A. **태도와 신념과 관련하여 문화적 역량이 있는 상담자는 …**

- 귀인방식과 금기사항을 포함한 내담자의 종교적·영적 신념을 존중한다. 왜냐하면 이것이 세계관, 심리사회적 기능, 스트레스에 대한 표현 등에 영향을 미치기 때문이다.
- 지역 고유의 정신건강증진 활동을 인정하며, 다른 인종들이 가진 정신건강 네트워크를 존중한다.
- 이중언어 사용의 가치를 인정하고, 다른 언어를 사용하는 것이 상담에 방해가 된다고 생각하지 않는다.

B. **지식과 관련하여 문화적 역량이 있는 상담자는 …**

- 상담과 심리치료의 일반적 특성에 관해 명확하고 정확한 지식을 소유하되, 그 지식이 다양한 문화집단의 문화적 가치관과 어떻게 상충되는지 안다.
- 소수자들이 정신건강 서비스를 이용하는 데 방해가 되는 제도들을 안다.
- 심리평가 도구들에 포함되어 있는 잠재적인 편견을 알고, 내담자의 문화적·언어적 특징을 인식하면서 평가절차를 조절하고 평가결과를 해석한다.
- 다양한 문화적 견해로부터 나온 가족구조, 위계질서, 가치관, 신념 등에 관해 알고 있다. 특정한 문화집단이 거주하는 지역사회에 관한 정보를 가지고 있으며 그 지역사회의 자원들에 대해 안다.
- 서비스를 제공받는 사람들의 심리적 안녕에 영향을 미칠 수 있는 일반사회와 지역사회 수준에서의 차별에 대해 인식한다.

C. **기술과 관련하여 문화적 역량이 있는 상담자는 …**

- 언어적·비언어적으로 다양하게 도와주는 반응을 할 수 있고, 언어적·비언어적인 메시지를 정확하고 적절하게 보내고 받을 수 있다. 또한 정신건강 서비스를 제공하면서 한 가지 방법이나 접근법에 얽매이지 않고 서비스 제공방식과 접근법이 문화와 관련된다는 것을 인식한다.

- 내담자의 생활경험과 문화적 가치에 부합하는 기술을 습득한다.
- 내담자를 위해 사회제도와 관련된 개입방식을 활용한다. 내담자가 문제의 원인을 스스로에게 돌리지 않도록 하기 위해 그 문제가 인종차별이나 다른 사람의 편견에 기인한 것인지를 판단하도록 도울 수 있다.
- 다른 문화적 배경을 가진 내담자를 치료하면서 필요에 따라 전통신앙 치료자나 종교적·영적 지도자에게 자문을 요청하는 것을 반대하지 않는다.
- 내담자가 원하는 언어로 상호작용을 할 책임을 가지며, 만약 그렇게 할 수 없다면 적절한 전문가에게 의뢰한다.
- 전통적인 평가와 검사도구를 사용하는 훈련을 받으면서 계속 전문성을 키운다.
- 평가를 수행하고 치료를 제공하는 중에 편견과 선입견과 차별적 환경을 제거하기 위해 노력하고 압제, 성차별, 이성애주의, 엘리트주의, 인종차별과 같은 주제에 대한 감수성을 개발한다.
- 목표, 기대, 법적 권리와 상담자가 지향하는 것 등과 같은 심리적 개입과정에 관해 내담자에게 설명할 책임을 인식한다.

주: 다문화 상담 역량에 관한 더 자세한 설명을 원한다면 Sue와 Sue(2013)의 책 제2장을 참고하라.

## <Talib의 사례>

중동에서 이민 온 Talib는 상담을 전공하는 대학원생이다. 수업시간에 토론하면서 성역할에 대한 그의 관점은 명확해졌지만, 독단적이지 않고 공손하게 자신의 신념을 표현했다. 성역할에 대한 그의 태도와 신념은 남성이 가정을 부양하고 가정의 수장이 되어야 하며, 여성은 전업주부로서 자녀양육을 책임져야 한다는 것이다. 학교에 다니는 동료 여학생들을 직접 비난하지는 않았지만 그는 그 학생들이 대학원에 다니기 때문에 가정에서의 책무를 소홀히 할 수도 있다고 염려했다. 그의 관점은 자신의 문화적 배경뿐만 아니라 가정에서의 여성의 부재가 가족의 위기와 붕괴의 중요한 원인이라고 말하는 일부 미국 전문가들의 의견에도 영향을 받은 것이다. 성역할에 대해 다른 태도를 가진 학생들과 이 주제로 많은 토론을 벌였다.

학기 중간 즈음에 담당교수인 Berny 박사는 수업을 마친 후 Talib를 자신의 사무실로 불렀다. 그녀는 Talib가 그런 신념을 가지면 미국에서 상담전문가가 되기 쉽지 않다는 점을 이야기했다. 그녀는 Talib가 여성의 역할에 관해 '편견이 섞인 신념'에 변화를 줄 수 없다면 다른 직업을 생각해 보는 것이 낫겠다고 조언했다. 만약 그가 현대사회의 관점에 마음을 더 열지 못한다면 내담자는 물론 다른 전문가들과의 관계에서 심각한 문제를 경험할 것이 분명하다고 말했다.

- 만약 당신이 Talib와 같은 수업을 듣는 학생이라면 그에게 무슨 말을 하고 싶은가?
- Talib에게 한 Berny 박사의 조언은 어떤 통념에 기초한 것인가?
- 만약 당신이 교수라면 가치관 때문에 대학원 프로그램에 적합하지 않은 학생을 판별해 내기 위해 어떤 기준을 적용할 것인가?

- 당신과 너무 다른 관점을 가진 사람에게 어떤 방식으로 접근할 것인가? Talib에게는 어떻게 반응하겠는가?

**논평.** Berny 박사는 Talib가 그의 가치관에 강한 확신을 보였기 때문에 내담자에게 그의 가치관을 강요할 것이라고 가정한 것 같다. 그녀는 Talib가 그의 가치관을 내담자에게 강요할지도 모른다는 걱정만 표현했지, 그의 가치체계를 존중한다는 의사는 전달하지 않았다. 하지만 그녀는 이 상황을 수업시간에 가치관 강요의 주제를 탐구하는 방편으로 활용하지는 않았다.

Berny 박사는 교수로서 Talib가 정신건강전문가로서의 역량과 성품을 소유하고 있는지 평가할 책임이 있다. Talib의 태도에 대한 그녀의 염려가 정당할지 모르겠으나, 그녀의 수련감독은 Talib가 내담자를 상담할 때 그의 태도를 어떻게 관리하는가에 대한 가정에 근거한 것 같다. 역설적이게도 Berny 박사는 Talib에게 드러내면 안 된다고 나무라는 바로 그 문화 차이에 대해 경시하는 경향을 보인다. 우리는 Talib가 그의 가치체계를 내담자에게 반드시 강요할 것이라고 가정할 수 없다.

Talib과 같이 가치관을 강하게 표현하는 학생들은 특정 내담자를 상담하면 안 된다는 말을 자주 듣게 된다. 그 결과, 이 학생들은 자신의 관점이 '수용 가능한 기준'에서 벗어난 것이라고 생각되면 이를 표출하는 데 주저할 수 있다. 저자들은 다문화 상담과 심리치료의 중요한 부분이 수련생들의 개인적 발전을 도모하는 것이라고 생각하는데, 여기에는 다양한 문화권의 내담자를 상담할 때 효과적으로 기능을 발휘할 수 있는 기회의 폭을 넓히는 문화와 관련된 일련의 가치관과 신념들을 명료화하도록 돕는 것이 포함된다. 저자들은 강한 신념을 가진 것과 그것을 다른 사람들에게 강요하는 것은 별개라는 점을 학생들에게 가르치기를 원한다. 학생들이 자신의 가치관을 인식하고 이를 탐색하는 데 열린 자세를 가지도록 장려해야 한다. 그러나 그들의 역할은 그러한 가치관을 타인에게 강요하는 것은 아니며, 그들의 문화적 가치관에 대한 우월성을 선언하는 것도 아니다. 만약 수련생이 자신의 문화적 배경과는 상관없이 사람이 살아 가는 방식과 관련하여 어떤 강력한 입장을 표명하고 있다면 교육자는 이 문제를 수련생과 다룰 준비가 되어 있어야 한다.

## 다문화성 훈련에 대한 저자들의 관점

저자들은 다문화 상담 훈련에서 네 가지 차원을 권장한다. (1) 자기탐색, (2) 수업식 교과과정, (3) 인턴과정, (4) 체험식 접근. 다문화 상담 기술을 획득하는 과정의 첫 번째 단계는 스스로 잘 보지 못하는 부분을 파악할 수 있도록 학생들이 **자기탐색의 여정**(self-exploratory journey)에 참여하게 하는 것이다. 정신건강전문가가 되기 위한 수련생이라면 이 교육과정에 모두 참여하고 다문화 주제를 다뤄 본 경험자가 지도하는 것이 이상적이다.

학생들은 이런 자기탐색 과정 외에도 다문화적 문제와 다양한 문화집단의 문제만을 다루는 수업을 들을 수 있다. **교과과정**(coursework)은 상담에서 문화라는 주제를 이해하고 적용하기 위해 필수적이다. 다문화 주제를 단지 한 과목에 국한할 것이 아니라 교과과정 전반에 걸쳐 통합해야 한다는 것이 우리의 입장이다.

Bemak, Chung, Talleyrand, Jones와 Daquin(2011)은 조지메이슨대학교(George Mason University)의 상담과 인간발달 교육 프로그램이 다문화 사회정의를 강조하기 위해 어떻게 개편되었는지를 설명하면서 교과과정의 98%를 재설계해야 했다고 말한다. 사회정의를 핵심가치로 채택한 그들의 정신과 부합해야 하기 때문에 이 교육 프로그램을 위해 유색인종 교수를 채용하고 유색인종 학생을 유치하는 데 역점을 두었다. 저자들이 지적했듯이 교수진은 이 교육 프로그램의 성공을 위해 입학한 학생들을 지원하는 데 전념하고 있다. 따라서 이 프로그램에서는 학생들에게 그들이 검토하여 확인할 수 있고 문화적으로 관련이 있는 정보와 자료들을 제공한다.

다양성을 핵심가치로 여기는 수련 프로그램에서는 수련감독을 받는 중에 현장경험과 인턴과정을 거치는 것이 특징이다. 수련생들은 다문화적 경험을 할 수 있거나 다문화적 관점에서 그들의 경험을 재구성해 볼 수 있는 **인턴과정**(internship)을 적어도 한 학기 이상 이수해야 한다. 수련생들은 성 문제, 문화적 문제, 발달상의 문제, 기타 다양성의 문제를 다루는 데 도전할 것이며 수련감독을 제공하는 현장실습기관과 인턴 수련기관을 선택하라는 지도를 받을 것이다. 제대로 선택한 인턴경험을 통하여 수련생은 자의식이 발달될 뿐만 아니라 다양한 집단들에 대한 지식을 늘리고 상담기술을 획득할 수 있다.

**수련에 대한 체험적 접근.** 다문화 역량을 위해 지식과 기술을 획득하는 수업식 접근과 더불어, 저자들은 자기인식 수준을 높이고 다양성을 이해하는 능력과 관련된 태도를 파악하고 점검하기 위한 방법으로 **체험적 접근**(experiential approaches)을 매우 중요하게 생각한다. 체험적 접근을 통해 수련생은 자신의 세계관을 탐구하면서 자신의 사고, 감정, 행동에 집중할 수 있는 기회를 가진다.

교과과정과 체험적 학습은 학생들이 자기인식과 지식은 물론 문화적으로 유능한 상담자가 되는 것의 일부인 기술들을 개발하는 데 도움을 줄 수 있다. 특정 문화권의 내담자들을 광범위하게 상담하는 상담자는 다양한 문헌, 문화행사, 워크숍, 수련감독을 통해 그 문화집단에 대한 정보와 접근방법을 획득하도록 노력해야 한다. 조지메이슨대학교의 교수진이 채택한 모델을 들여다보면, 이 대학교의 수련생들은 소외계층에게 봉사하는 것을 포함하는 지역사회 주도형 사회정의 프로젝트에 참여한다(Bemak et al.,

2011).

Chung과 Bemak(2012)는 '다문화 상담' 과목과 '상담과 사회정의' 과목을 수강하는 조지메이슨대학교 대학원생들의 반응에 관해『사회정의 상담』이라는 저서의 한 장을 할애하고 있다. 상담과 인간발달 교육 프로그램은 미래에 다문화 상담과 사회정의 상담을 하게 될 학생들을 위한 수련과정이 핵심이다. 학생들의 반응은 그들의 삶의 변화, 가치관과 삶의 경험을 비판적으로 평가할 때의 위험, 그들이 사회적 불평등에 대해 말하고 행동할 때 가졌던 용기는 학생들이 보인 반응의 예라 할 수 있다. Rita Chung은 학생들이 자신과 다른 성별, 계급, 성적 지향, 인종 또는 민족집단의 개인을 가상으로 떠올려 보고 인물들을 묘사하도록 요구하였다. 각각의 인물들을 묘사하며 특정한 문제들에 대해 옹호하게 된다.

이러한 활동은 많은 학생들의 삶을 변화시키는 사건이었다. 일부 학생들은 이 프로그램에 참여하면서 배울 것이 그리 많지 않을 것이라고 생각했다. 교수가 만든 안전장치 덕분에 학생들은 어려운 대화에 참여할 수 있었고 학생들의 태도가 크게 바뀔 수 있었다. 학생들은 독서 프로그램에 참여하여 그들에게 중요한 전환점은 언제였고 능동성과 사회변화를 통해 어떠한 전환을 경험했는지를 기록했다. 백인의 특권의식 때문에 고민하던 한 학생은 Janet Helms(2008)의 책『인종은 갖고 싶은 좋은 것이다(*A Race Is a Nice Thing to Have*)』가 그녀가 자신에 대한 분노를 없애고 백인으로서의 정체성을 발전시키는 데 도움을 주었다는 것을 알게 되었다. Helms는 백인들이 인종차별을 종식시키는 책임을 지고 인종차별이 다른 사람들뿐만 아니라 백인들에게 어떤 영향을 미치는지 이해하고 인종차별을 분석하여 다문화 사회에서 살기 위한 긍정적인 대안을 발견하도록 돕기 위해 이 책을 썼다. 또 다른 백인 여학생은 Helms의 책을 읽을 때 분노, 죄책감, 당혹감, 수치심을 경험했다고 말했다. 그녀는 인종차별주의 시각을 통해 세상을 바라보는 가족들과 함께 성장하는 것이 어떤 영향을 주는지를 깨닫게 되었다.

**수련과정에서 많은 것을 얻는 방법.** 수련과정에서 많은 것을 얻으려면 자신의 한계를 인정하고 받아들이며 인내심을 가지고 문화적 요인들이 현재 자신에게 어떻게 계속 영향을 미치고 있는지 자각하는 능력을 키워야 한다. 자신이 알지 못하는 것들 때문에 주눅이 드는 것은 아무 도움이 되지 않는다. 내담자의 문화적 배경과 관련된 정보를 모두 알려고 한다든지, 확실한 기술들을 모두 획득하리라고 생각한다든지, 혹은 완벽을 추구한다고 해서 다문화 상담에서 더 유능해지는 것은 아니다. 내담자를 상담할 때 문화 차이의 미묘한 뉘앙스를 모두 이해해야 한다는 생각을 갖기보다 내담자의 다른 점과 낯선 행동을 발견할 때 이를 존중하면서도 흥미와 호기심을 가지고 대하는 태도를 개발해야 한다. 내담자의 문화적 배경에 관해 배워야 한다. 문화의 모든 측면에 관한 정보를 제공하는 것은 당신의 내담자가 할 일은 아니지만, 당신은 내담자에게 특정한 문화적 관습이 개인적으로 어떻게 중요한지 묻고 싶을 것이다. 유능한 상담자가 되기 위해 노력하면서 다문화 역량을 갖춘 상담자가 되는 것은 지속적인 과정이라는 것을 잊지 말아야 한다. 이 과정 중에 중요하지 않은 단계는 없으며 모든 단계가 다양한 종류의 내담자들을 상담하는 데 새로운 방향을 제시할 것이다.

## 제4장 요약

지난 수십 년 동안 정신건강전문가들은 자신이 속한 문화에 관해 배우고 자신의 경험이 문화적 배경이 다른 사람을 상담할 때 어떤 방식으로 영향을 미치는지 자각하기 위해 노력했다. 다양한 부류의 내담자들의 가치관과 태도를 무시한다면 무능한 치료자로 전락하면서 비판의 포화에 자신이 노출되는 결과를 가져올 것이다. 우리는 모두 일정 부분 문화에 예속되어 있기 때문에 자신의 긍정적・부정적 편견을 점검하여 상담관계를 수립하는 데 방해받지 않도록 하려면 협력이 필요하다. 자신의 세계관을 내담자에게 강요하는 것은 부정적인 치료 결과를 가져올 뿐만 아니라 비윤리적인 직무수행을 하게 된다는 것이 저자들의 생각이다.

문화는 광범위하게는 인종과 민족을 포함하지만 성, 연령, 종교, 재정상태, 국적, 신체적 능력이나 장애, 성적 지향 등도 포함하는 개념이다. 우리는 다양한 집단을 대하는 경험에 한계가 있지만 직접 다양한 집단을 접하고 문헌과 특별 교육과정, 전문가를 위한 워크숍 등을 통해 우리의 인식능력이 향상될 수 있다. 우리에게는 상담하는 내담자에게 정확하고 적절하며 무례하지 않고 의미 있는 서비스를 제공해야 할 의무가 있다. 그러기 위해서는 우리가 가진 이론들에 관해 다시 한번 생각해 봐야 하고 내담자의 필요에 맞게 우리가 가진 기법들을 수정 적용해야 하며, 융통성 없이 모든 내담자에게 같은 방식으로 개입하면 안 된다. 당신의 통념, 태도, 가치관이 당신의 직무수행에 어떤 영향을 미치는지를 알 수 있도록 그것들을 계속 검토하기 바란다.

## 추천 활동

1. 당신이 속한 문화와 상이한 문화 혹은 민족을 세 개 정도 선택하라. 성장하면서 이 문화에 대해 어떤 태도와 가치관을 가지고 있었는가? 어떤 방식으로든 당신의 태도가 변한 적이 있는가? 무엇이 그런 변화를 만들었는가?
2. 어떤 가치관이 당신의 문화에서 비롯된 것이라고 생각하는가? 당신의 가치관이 계속해서 변한 적이 있는가? 만약 그렇다면 어떻게 변했는가? 그러한 가치관이 당신이 자신과 다른 문화적 배경을 가진 내담자를 상담하는 방식에 어떠한 영향을 미쳤는가?
3. 당신과 민족이나 문화가 다르다고 생각하는 학생이나 교수를 면담해 보라. 면담을 통해 상담자로서 당신이 문화적 배경이 다른 사람들을 효과적으로 상담하는 데 도움이 될 수 있는 차이점에 대해 무엇을 배울 수 있었는가?
4. 당신은 다른 문화권의 사람들이 당신을 어떻게 인지하는지를 잘 알고 있는가? 다른 사람들이 당신에 대해 어떤 인식을 가지고 있다고 생각하는가? 그런 인식이 스스로를 보는 방식에 어떻게 반영된다고 생각하는가? 그것이 문화적으로 당신과 다른 내담자와 상담하면서 어떻게 작용할 것 같은가? 구체적으로 설명하라.
5. 교육과정과 현장경험이 다른 문화권의 사람들을 효과적으로 상담할 수 있는 능력에 어느 정도 기여한다고 생각하는가? 다문화 상담을 잘 준비하기 위해 어떤 수련경험을 하고 싶은가?
6. 당신이 다니는 프로그램에 참가한 학생들이 차이의 문제에 대해 어려운 대화에 참여할 기회가 얼마나 자주 있는가? 당신은 교수들이 학생들을 위해 이것을 모델화하고 차이점에 대한 당신의 견해를 기꺼이 공유할 수 있는 환경을 조성한다고 생각하는가?
7. 소수자들은 주류 문화의 규범과 관습을 채택하고 자신들의 가치관과 신념을 포기하라는 무언의 압력을 받는다. 그런 압력을 받고 있는 내담자에게 당신은 어떻게 접근하겠는가? 자신의 민족과 문화적 유산을 극복해야 할 불이익으로 보는 내담자를 어떻게 상담하겠는가?
8. 본 장을 읽으면서 당신은 어떤 '내면의 대화'를 했는가? 그런 내면의 대화를 조별 토의에서 나눠 보라. 본 장에 실린 내용 중 어떤 것에 도전을 받은 적이 있는가? 어떤 아이디어들이 당신에게 가장 설득력이 있었고, 어떤 아이디어들이 당신에게 강한 반응을 불러일으켰는가? 어떻게 하면 본 장에서 제시한 정보를 중심으로 자기반성 과정을 계속할 수 있는가?
9. 조별로 모여 다른 사람을 상담하는 데 영향을 주는 당신의 통념 두세 가지를 가지고 토의하라. 본 장에서 다룬 통념들의 목록을 읽어 보고 그중 당신에게 가장 잘 적용되는 통념을 하나 선택하라. 당신의 태도를 탐구하고 그것을 주제로 토의하라.

- 내담자의 자기공개에 대한 당신의 통념은 무엇인가?
- 자율성, 독립성, 자기결정과 관련된 당신의 통념은 무엇인가?
- 당신은 자기주장을 잘하는 것이 못하는 것보다 얼마나 낫다고 생각하는가?
- 진정성 있는 사람(authentic person)이란 어떤 사람이라고 생각하는가?
- 당신이 다양한 종류의 내담자들을 상담하는 데 도움이 되거나 장해가 되는 다른 종류의 통념으로 어떤 것들이 있는가?

**10.** 조별로 모여 동성애, 양성애, 성전환 내담자를 상담할 때 생길 수 있는 윤리적 문제들에 관해 탐구하라. Bruff 대 북미시시피 보건서비스 회사의 소송 사례에 관한 논의를 살펴보라. 이 사례에서 윤리적인 문제는 무엇인가? 사례에서 상담자는 자신의 가치관을 내담자에게 어느 정도 강요했다고 생각하는가? 상담자의 개인적 신념 때문에 동성애 내담자에게 서비스 제공을 거부할 권리가 상담자에게 있다고 생각하는가?

**11.** 본 장에서 소개하고 있는 여러 사례들 중 하나를 선택하여 당신이라면 윤리적 관점에서 그 사례를 어떻게 다룰 것인지 생각해 보라. 가장 흥미 있는 사례를 선택하여 제1장에서 다루었던 윤리적 의사결정 과정의 단계를 적용해 보라.

**12.** 조별로 모여 문화적 근시안을 보이는 문화적으로 고립된 상담자의 특성 목록을 살펴보라. 만약 당신에게서 고립된 상담자의 특성을 보게 된다면 어떻게 하겠는가?

**13.** Lee Mun Wah가 제작, 감독한 영화 〈공포의 색깔(*The Color of Fear*)〉은 미국 내의 인종차별에 관해 정서와 통찰력을 보여 주는 작품이다. 이 영화의 목표는 평등과 신뢰에 바탕을 둔 진정한 다문화 사회를 수립하려고 할 때 필요한 대화와 관계의 유형들을 예증하는 것이다. 수업시간에 이 영화를 함께 본 후 토의하라.

**14.** 본 장에서 탐구한 주제에 대한 흥미로운 자료는 Teaching Tolerance 웹사이트(www.tolerance.org)에서 얻을 수 있다. 이 웹사이트에서는 소집단이나 수업에서 토론의 주제가 될 수 있는 다양한 이슈와 관련된 정보들을 제공한다.

**15.** 문화적 차이에 근거하여 타인에 대해 가지고 있던 선입견들을 자각하고 있는가? 당신은 편견이나 차별의 대상이 되어 왔는가? 편견과 차별은 물론 많은 사회와 많은 내담자들의 삶을 계속해서 파괴하는 '~주의'에 대항하는 방법에 대해 같은 학과 학생들과 정직, 용기와 타인 존중을 전제로 한 대화에 참여하라.

**16.** Rita Chung 박사의 인물묘사 연습을 차용하여 자신과 성별, 계급, 인종 혹은 민족이 다른 사람의 정체성을 가정해 보라. 그리고 소집단에서 그 사람들이 사회에서 직면할 수 있는 몇 가지 어려움에 대해 토론하라. 마치 그 사람이 된 것처럼 상상해 보고 그것에 관해 토론하라.

제 5 장

# 내담자의 권리와 상담자의 책임

## 학습목표

1. 설명 후 받는 동의과정과 관련된 사항을 설명한다.
2. 사전 동의서의 기본 내용을 기술한다.
3. 기록보관 시 상담자의 책임을 이해한다.
4. 온라인 상담과 관련된 윤리적 문제를 탐구한다.
5. 온라인 상담을 제공하기 위한 법적 문제와 위험관리 전략을 파악한다.
6. 미성년자와의 상담에서 윤리적 문제에 대해 논의한다.
7. 의심되는 동료의 비윤리적 행동에 관한 문제를 다룬다.
8. 배임행위의 개념과 관련된 것을 명확히 한다.
9. 치료를 하는 전문직의 배임에 대한 책임의 근거를 검토한다.
10. 위험관리 실천전략을 수립한다.
11. 배임행위에 대한 제보를 다루는 적절한 행동방침을 이해한다.

## 점검을 위한 자기평가

지침: 각 문장을 읽고 자신의 신념과 태도를 가장 잘 나타내고 있다고 생각되는 수준의 번호를 빈칸에 기록하시오.

5 = 강력히 동의한다.

4 = 대체로 동의한다.

3 = 결정하기 어렵다.

2 = 거의 동의할 수 없다.

1 = 절대로 동의할 수 없다.

____ **1.** 법적 기준과 윤리적 기준이 상충될 때 치료자는 항상 윤리적 기준을 고수해야 한다.

____ **2.** 설명 후 받는 동의(informed consent)절차를 밟지 않는 정신건강실무자는 전문가 자질이 떨어지는 것은 물론이고 비윤리적이라고 할 수 있다.

____ **3.** 윤리적으로 직무수행을 하기 위해 치료자는 자신의 직무와 관련된 법률에 관해 잘 알고 있어야 한다.

____ **4.** 심리치료를 받는 내담자가 자신에 관한 임상기록을 열람할 수 없도록 해야 한다.

____ **5.** 내담자는 치료관계를 시작하면서부터 그들의 권리를 인식해야 한다.

____ **6.** 치료자에게는 지역사회의 자원에 관해 알고 있어야 하는 윤리적 책임이 있다.

____ **7.** 치료를 시작하기 전에 내담자는 목적과 목표, 기법, 방침, 관련 절차들에 관해 인지해야 한다.

____ **8.** 특정한 상황에서는 상담 첫 회기에 비밀보장의 한계를 내담자에게 알리는 것이 필수적이지 않거나 적절하지 않을 때도 있다.

____ **9.** 설명 후 받는 동의는 계속되는 과정이다.

____ **10.** 치료자는 대부분의 내담자를 위해 치료의 적절한 종료시기를 정해야 하는 기본적인 책임이 있다.

____ **11.** 내담자에게 확실히 이익이 될 경우 치료관계를 유지해야 한다.

____ **12.** 상담자는 자세한 임상기록을 하고 내담자가 기록내용을 알고 싶어 하면 보여 주어야 한다.

____ **13.** 아동을 심리치료할 때 치료자는 부모가 요구하는 정보를 모두 제공할 윤리적 · 법적인 의무가 있다.

____ **14.** 미성년자는 부모에게 알리지 않거나 부모의 동의 없이도 임신과 낙태 상담에 대

한 심리적 지원을 받을 수 있어야 한다.

_____ **15.** 임상전문가는 치료를 종료할 가능성이 있는 상황들에 관해 내담자와 주기적으로 논의해야 하는 윤리적 책임이 있다.

## 서론

윤리적이고 합법적인 직무수행을 위해서는 내담자의 권리가 가장 중요하다. 본 장에서는 치료과정의 협력자인 내담자의 권리와 책임을 내담자에게 어떻게 알릴지에 대해 다룰 것이다. 설명 후 받는 동의의 역할뿐만 아니라 치료자가 충분히 설명한 뒤 동의를 구하지 않고 직무수행을 했을 때 발생할 수 있는 윤리적·법적인 문제를 특히 중요하게 다룰 것이다. 또한 아동과 청소년 그리고 비자발적 내담자를 상담할 때 일어날 수 있는 윤리적·법적 문제들도 다룰 것이다.

윤리적인 직무수행에는 내담자에게 그의 권리에 관해 이야기하는 것이 포함된다. 내담자는 자신의 권리를 언제나 인식하고 있는 것은 아니며, 치료과정을 이해하기 힘들어 할 수도 있다. 내담자는 취약한 상태에서 도움을 받는 것에 너무 급급한 나머지 치료자의 말과 행동을 의심 없이 그대로 받아들일 수 있다. 내담자는 의사를 대하는 것과 똑같이 치료자를 바라보고 '올바른' 의견이나 해답을 줄 것이라고 기대할 수 있다. 대부분의 사람들은 치료 상황이 낯설기 때문에 치료자의 의무가 내담자가 스스로 해답을 찾도록 돕는 것이라는 점을 알지 못할 수도 있다. 치료과정은 내담자가 선택한 목표를 달성하기 위해 치료자와 내담자가 협력하여 노력하는 것이다. 따라서 치료자는 내담자의 권리를 지켜 주고 그 권리를 내담자에게 알릴 책임이 있다.

대부분의 정신건강전문가단체의 윤리규정에는 내담자가 치료를 시작할 것인지 혹은 계속할 것인지에 관해 내담자가 충분히 설명을 듣고 선택할 수 있도록 적절한 정보를 제공해야 한다고 명시되어 있다(글상자 '내담자의 권리와 설명 후 받는 동의' 참고). 정신건강실무자는 내담자에게 그들의 권리와 책임을 강조하여 자율성을 높이고 개인의 능력이 향상되도록 도와줘야 한다. 또한 치료자는 내담자에게 권리와 의무에 대해 알려 줌으로써 윤리적 문제로 제소되는 것으로부터 보호받을 수 있다.

임상에서는 내담자의 권리를 보장하는 윤리적 측면 외에 법적인 문제나 실무적인

## 윤리규정: 내담자의 권리와 설명 후 받는 동의

**미국심리학회(APA, 2010)**

(a) 행동기준 3.10, 설명 후 받는 동의의 기준에 따라 치료에 대해 설명하고 동의서를 받을 때 심리학자는 치료관계를 형성하면서 최대한 빨리 내담자 혹은 환자에게 치료의 본질과 예상되는 치료절차, 치료비, 제3자 관련 문제, 그리고 비밀보장의 한계에 대해 알려 주고 내담자 혹은 환자에게 질문을 하고 답변을 들을 수 있는 기회를 충분히 제공해야 한다.

(b) 일반적으로 알려져 있지 않은 기법과 절차로 이루어진 개입방법에 관해 설명하고 동의서를 받을 때 심리학자는 내담자 혹은 환자에게 그 개입방법이 어떻게 개발되었는지, 잠재되어 있는 위험요소나 대체할 수 있는 개입방법은 무엇인지, 그리고 참여가 자발적이어야 한다는 점을 알려야 한다(10.01).

**미국사회복지사협회(NASW, 2008)**

사회복지사는 설명 후 받는 동의에 근거하는 직업적 관계에서만 클라이언트에게 서비스를 제공해야 한다. 사회복지사는 클라이언트에게 확실하게 이해할 수 있는 언어와 전달방식으로 서비스의 목적, 서비스와 관련된 위험요소, 비용을 부담하는 제3자의 요구에 의한 서비스의 제한, 관련비용, 대체 서비스, 동의하지 않고 거절하거나 동의를 철회할 수 있는 클라이언트의 권리와 동의 적용기간에 관해 설명해야 한다. 사회복지사는 클라이언트에게 질문할 수 있는 기회를 줘야 한다(1.03.a).

**미국상담학회(ACA, 2014)**

상담자는 제공하는 모든 서비스에 관해 내담자에게 자세히 설명해야 한다. 상담자는 목적, 목표, 기법, 절차, 한계점, 잠재적 위험요소, 서비스로 얻을 수 있는 이익, 상담자의 자격, 자격증, 경력, 상담자의 자격상실이나 사망으로 인한 상담종결, 그외에 적절한 정보에 관해 설명해야 한다.

상담자는 진단의 의미, 계획된 심리검사나 보고서, 상담료 및 상담료 체납과 관련된 절차를 포함한 지불방식 등을 내담자가 확실히 이해할 수 있도록 조치해야 한다. 내담자는 비밀보장의 권리가 있으며, 그것의 한계(수련감독자가 있거나 전문가팀이 함께 치료할 때)에 관해 설명을 들을 권리가 있다. 내담자는 상담기록에 관한 확실한 정보를 제공받고 계속해서 진행되는 상담에 참여할 권리가 있고 서비스나 변경된 방식에 대해 거절할 권리가 있으며, 그 거절의 결과에 관해 조언을 받을 권리가 있다(A.2.b).

**재활상담사자격검정위원회(CRCC, 2010)**

재활상담사는 상담관계의 시작이나 유지 여부를 선택할 자유가 내담자에게 있다는 점을 인식해야 한다. 재활상담사는 지속되는 재활상담을 계획하는 데 참여하고 서비스나 치료방식의 변화를 거부할 수 있는 내담자의 권리를 존중하는 반면, 내담자가 거부한 결과에 대해서도 분명히 알려 줘야 한다. 재활상담사는 내담자가 서비스에 관한 사전동의를 할 때 정보가 필요하며, 설명 후 받는 동의가 지속적인 재활상담 과정의 일부분이 되도록 하기 위해 정보공개가 필요하다는 점을 알아야 한다. 재활상담사는 재활상담 관계가 지속되는 내내 정보공개와 설명 후 받는 동의에 관한 내용을 적절하게 기록해야 한다(A.3.b).

**미국정신건강상담사협회(AMHCA, 2015)**

정신건강상담사는 내담자가 서비스 제공자를 선택할 때 정보에 입각하여 선택을 할 수 있도록 해야 한다. 이 정보는 상담사의 자격증, 비밀보장과 관련된 사안, 검사 사용, 진단, 보고서 작성, 상담료 청구, 치료과정을 포함하는데, 이것에 국한하지는 않는다. 그리고 내담자의 자율성을 제한하는 제약들을 충분히 설명해야 한다(I.B.2.a).

**미국부부및가족치료학회(AAMFT, 2015)**

부부 · 가족치료사는 치료나 관련 절차에 대해 적절한 정보에 입각하여 동의를 얻어야 하고, 내담자가 논리적으로 이해할 수 있는 용어를 사용해야 한다. 연령이나 정신상태로 인해 내담자가 법적으로 정보에 근거한 동의를 할 수 없을 때, 법적으로 대리인의 동의가 허용될 경우 부부 · 가족치료사는 법적 대리인으로부터 정보에 입각하여 허락을 받는다. 설명 후 받는 동의 내용은 내담자와 치료계획에 따라 다를 수 있지만, 일반적으로 설명 후 받는 동의에는 다음의 내용이 필수적이다. 내담자가 (a) 동의할 수 있는 능력이 있고, (b) 치료과정과 절차에 관한 중요한 정보를 충분히 숙지하고 있으며, (c) 일반적으로 인정되는 표준이 아직 존재하지 않는 치료의 잠재적 위험과 이익에 관해서도 충분한 정보를 제공받았고, (d) 어떤 부당한 영향력에 의한 것이 아니고 자유롭게 동의 의사를 표현할 수 있으며, (e) 적절하게 문서화된 동의서가 제공되어야 한다(1.2).

관행이 관심의 대상이 될 때가 많다. 임상수련 중에 참석하는 윤리교육 워크숍은 대개 법적인 문제와 위험관리에 초점을 맞춘다. 정신건강실무자들은 소송에 대한 두려움을 표현하며 업무상 배임으로부터 보호받을 수 있는 위험관리 전략을 배우고 싶어 한다. 이러한 우려와 바람은 현실적이기는 하지만 이상적인 것은 아니다. 우리가 강조하는 것은 내담자에게 해를 주지 말아야 한다는 무해성의 원칙과 내담에게 이익이 되어야 한다는 덕행의 원칙이 충족되어야 한다는 점이다. Pope(2015)는 그 아이디어를 특히 기록보관과 연결지었다. 그는 방어적 차원에서의 기록보관, 즉 기록보관과 다른 상담업무를 할 때 위험관리에만 초점을 맞춘다면 임상전문가는 윤리적이고 임상적인 책임의 본질을 간과할 수 있다고 주장한다. 우리는 내담자의 이익과 안녕을 위해 일한다는 것을 상담과 문서를 통해 증명할 수 있는데, 그것으로 윤리위반이나 법률위반으로 인한 제재를 받을 가능성을 낮출 수 있다.

상담은 위험한 모험이 될 수 있기 때문에 상담자는 법적 문제를 피할 수 있는 실무적 관행을 숙지해야 한다. 하지만 우리는 당신이 합법적인 실무에만 너무 치중하여 내담자에 대한 윤리적이고 임상적인 부분을 간과하는 실수를 범하지 않기를 바란다. 당신은 분명 법적으로 자신을 보호하고 싶을 것이다. 하지만 당신이 그것에 너무 신경을 써서 행동의 입지가 좁아지거나 당신의 전문적인 능력을 발휘할 수 없을 정도가 되면 안 된다.

# 설명 후 받는 동의에 대한 내담자의 권리

내담자의 권리를 보호하는 첫 번째 조치는 설명 후 받는 동의서 작성이다. **설명 후 받는 동의**(informed consent)는 심리치료에 관한 설명을 듣고 치료여부에 관해 자율적으로 결정할 수 있는 권리를 수반한다. 설명 후 받는 동의는 상담실무자가 적합한 정보를 제공하여 예비 내담자가 충분한 정보를 가지고 상담관계에 참여할지를 결정할 수 있도록 하는 공동 의사결정 과정이다(Barnett, Wise, Johnson-Greene, & Bucky, 2007). 설명 후 받는 동의는 임상가의 윤리적이고 법적인 의무이며, 내담자에게 정보를 제공하는 것도 상담자의 전문성이 질적으로 향상되는 전략이다. 설명 후 받는 동의는 법적 의무와 윤리적 기준을 충족시킬 뿐만 아니라 임상적으로도 매우 중요한 일이다(Knapp et al., 2015). 치료에서 설명 후 받는 동의는 임상적, 법적 · 윤리적으로 강력한 도구이다(Wheeler & Bertram, 2015).

정신건강전문가는 윤리규정에 명시된 대로 수행하려는 치료의 위험성, 유익, 대체방안에 관해 내담자에게 알려야 한다. **설명 후 받는 동의서**(informed consent document)의 취지는 경계를 정하고 상담자와 내담자의 기본적인 상담관계의 본질을 명확하게 하는 데 있다. 설명 후 받는 동의의 한 가지 이점은 내담자가 평가와 치료과정에 적극적으로 참여하고 교육받는 자발적인 참여자가 될 가능성을 높인다는 것이다. 내담자가 치료를 통해 어떤 긍정적 결과가 기대되는지를 이해할 때 치료적 동맹이 강화된다. 내담자의 정서상태 때문에 첫 회기에 동의를 위한 설명내용을 매우 상세하게 논의하는 것이 불가능하거나 임상적으로 적절하지 않을 수도 있다. 내담자의 위기를 다루는 것이 설명 후 받는 동의에 대한 논의보다 우선되어야 할 때도 있지만, 설명 후 받는 동의는 임상적으로 적절하게 가능한 빨리 이루어져야 한다. 위기상황에서도 비밀보장의 한계와 같은 주제를 첫 회기에 설명하는 것은 매우 중요하다. 만약 설명이 이루어지지 않고 내담자가 언급한 문제를 제3자에게 공개한다면, 치료자는 법적 · 윤리적인 문제에 직면할 수 있다.

비록 치료관계에 관한 정보를 내담자에게 제공하는 것이 중요하다는 윤리적 원칙에는 대부분의 전문가들이 동의하지만 이를 실제 현장에 적용하는 방식은 치료자에 따라 천차만별이다. 한 번에 너무 많은 정보를 주어 내담자를 당황하게 하는 것은 분명 실수이지만 치료방식을 현명하게 선택해야 하는 상황에서 내담자에게 필요하고 중요한 정보를 전하지 않는 것도 큰 실수이다. 상담자는 내담자에게 필요한 정보를 제공할 때 내담자의 정서상태를 감안하여 균형을 맞춰야 한다.

정신건강전문가는 내담자에게 모든 중요한 사실, 치료과정의 본질, 일어날 수 있는 결과와 어려움을 적절히 설명할 책임이 있다. 내담자는 치료에 관해 설명을 들을 권리가 있다. 예를 들어, 대부분의 숙박형 중독치료 프로그램에서는 환자에게 자기보다 위대한 힘이 존재한다는 점을 수용하라고 요구한다. 이 '위대한 힘'은 치료 프로그램이 아니라 환자에 의해 정의된다. 환자는 치료 프로그램에 참여하기로 동의하기 전에 이 필수요건을 알 권리가 있다. 내담자가 이해한 뒤에 동의하는 것이 중요하다. 전문가는 내담자가 자유롭게 동의하지 못한 채 치료 프로그램에 참여하도록 미묘하게 강요하는 것은 피해야 한다. 내담자의 이해수준을 평가하고 그의 자유로운 선택을 유도하는 것은 전문가의 책임이다. 그렇게 함으로써 치료자는 내담자를 위한 사회정의 관점을 실제로 수행하는 모습을 보이게 되는데, 내담자 중 다수가 억압과 차별의 경험이 있기 때문에 효과가 있을 수 있다. 설명 후 받는 동의절차를 적절하게 시행하면 치료자와 내담자의 개방적인 교류가 촉진되고, 협력이 강화되며, 의사결정을 효율적으로 도울 수 있다(Knapp & VandeCreek, 2012). 내담자는 치료과정에서 자신의 권리와 책임에 관해 교육을 받으면 역량이 강화된다.

## 설명 후 받는 동의의 법적 측면

일반적으로 설명 후 받는 동의를 위해 내담자는 제시된 정보를 이해하고, 자발적으로 동의하며, 치료에 동의할 능력이 있어야 한다(Wheeler & Bertram, 2015). 치료자는 내담자에게 정확하고 확실한 정보를 제공하고 그가 잘 이해하는지 점검해야 한다. 정보공개는 문화적인 측면을 고려하여 알기 쉬운 말로 제공해야 하며, 내담자가 이해할 수 있어야 한다. 효력 있는 동의를 얻어 내려면 치료과정과 그 결과에 대해 적절한 정보를 내담자에게 제공해야 한다.

## 설명 후 받는 동의에 관한 내담자 교육

평가나 치료에 관해 내담자가 질문을 하도록 하고 치료과정을 진행하면서 유용한 피드백을 제공하는 교육적인 접근은 치료동맹의 훌륭한 기반이 된다. 치료자와 내담자가 치료적 관계에서 처음에 다루어야 하는 몇 가지 내용을 질문으로 소개하면 다음과 같다.

- 치료를 위해 노력하면서 성취해야 할 목표는 무엇인가?
- 상담의 잠재적 위험성과 이익은 무엇인가?
- 상담자는 어떤 서비스를 제공하는가?
- 제공하는 서비스의 기법, 절차, 잠재적인 이익과 위험은 무엇인가?
- 내담자에게 무엇을 기대하는가?
- 정신건강실무자의 상담 접근법은 무엇인가?
- 서비스를 제공하는 사람은 어떤 자격을 가지고 있는가?
- 상담자가 내담자의 문제에 대해 어떤 전문적인 경험을 가지고 있는가?
- 치료를 받으려면 어느 정도의 비용이 드는가?
- 회기의 간격은 어느 정도까지 가능한가?
- 내담자가 알리지 않고 예약시간을 지키지 못하면 어떻게 하는가?
- 예상되는 치료기간은 어느 정도인가?
- 근무시간 이후에 위기나 심한 정서적 어려움이 발생할 때 관리절차는 무엇인가?
- 비밀보장은 어디까지 되는가?
- 정신건강실무자는 어떤 상황에서 강제적으로 신고해야 할 의무가 있는가?

내담자에게 질문할 수 있는 기회와 상담에 대한 기대를 깊이 생각할 수 있는 기회를 주는 것은 설명 후 받는 동의과정에서 기본적인 부분이다. 저자들은 치료의 모든 측면에 가급적 많이 관여한다는 의미에서 내담자를 치료자의 협력자로 보기를 권장한다. 상담실무자는 시작할 때 치료과정에 관해 말해 주었다고 해서 내담자가 확실하게 모두 이해했을 것이라고 추정하면 안 된다. 더욱이 첫 회기에 동의서에 서명을 요구하듯 쉽게 이뤄질 것이라 생각해도 안 된다. 캐나다심리학회(CPA, 2015) 윤리규정에는 설명 후 동의를 받는 것은 단순히 서명을 받는 것이 아니라 협력해서 작업하겠다는 동의를 얻는 과정으로 명시되어 있다(1.17).

내담자와 치료자의 역할을 포함하여 치료에 관해 내담자가 더 많이 알면 알수록 치료경험에서 더 많은 이익을 얻을 수 있다. 대부분의 윤리규정은 치료과정에 관해 내담자를 교육시키는 데 지속적인 노력이 필요하다는 것을 명확히 밝힌다. 설명 후 받는 동의는 일회성 사건이 아니라 문제와 의문점이 생기는 한 상담관계 동안 지속되는 과정으로 보는 것이 좋다(Barnett & Johnson, 2015; Pope & Vasquez, 2016; Wheeler & Bertram, 2015).

내담자는 문화적 신념, 권위에 대한 태도 또는 위협을 느껴 특히 치료의 시작단계에서 상담자에게 자기주장을 못 할 수도 있다. 설명 후 받는 동의절차를 시작할 때, 치료자는 그런 절차를 밟는 과정에서 내담자와 협력하고 작업동맹을 맺을 수 있는 기회를 가진다. 그때가 내담자에게 어떻게 자신의 삶에 전문가가 될 수 있는지, 그리고 그것이 모든 치료단계에서 어떤 영향을 미치는지를 설명할 수 있는 시간이다.

특히 피해를 당한 내담자의 경우 힘과 통제력은 치료에서 다루어야 할 핵심 주제이다. 설명 후 동의를 받는 과정은 차이의 영향력을 최소화하는 데 도움이 될 수 있다. 치료에 관해 내담자에게 알리는 과정에서 효과적인 치료의 기초가 되는 내담자와 치료자의 협력적인 파트너 관계를 구축하는 데 중점을 두어야 한다.

## 설명 후 받는 동의와 관리의료체계

정신건강실무자는 가능하면 윤리적으로 질 높은 서비스를 제공할 의무가 있고, 내담자는 가능하면 비용에 초점을 맞춰 의료의 질에 영향을 줄 수 있는 관리의료 프로그램(managed care program)에 관한 정보를 획득할 권리가 있다. 임상전문가는 예비 내담자에게 그들이 얻을 권리가 있는 이득과 치료의 한계에 관해 확실한 정보를 제공해야 한다. 설명 후 받는 동의서에는 관리의료회사가 내담자의 진단, 검사결과, 기타 다양한 임상정보, 치료계획, 그리고 경우에 따라 내담자의 모든 임상정보까지도 요청할 수 있음을 명시해야 한다. 관리의료체계하에서 일하는 임상전문가는 치료관계를 맺기 전에 내담자에게 영향을 미칠 수 있는 정책에 관해 미리 알려 주어야 할 윤리적 책임이 있다.

Braun과 Cox(2005)는 임상전문가들이 비밀보장의 한계와 건강보험회사에 개인정보 제공의 잠재적인 영향에 관해 내담자에게 알려 줄 것을 권고한다. 내담자는 일부 서비스가 건강보험이 적용되지 않을 수 있으며, "건강보험 계약내용의 적용을 받을 수 있는 치료의 종류와 기간을 알려 주는데, 치료비 지원이 내담자나 상담자가 치료 목표가 달성되었다고 여겨지기 전에 중단될 수 있다"(430쪽)는 점을 이해할 필요가 있다. 관리의료체계의 계약하에 있는 상담자는 자신의 의무를 인식하고, 설명 후 동의를 받는 과정에서 내담자에게 가능한 대안을 제시해야 한다(Nancy Wheeler, 개인면담, 2016. 6. 28). 상담자는 제공되는 서비스에 보험이 적용되지 않는 경우에 대비하여 치료비 지불의 책임은 내담자에게 있음을 반드시 알려야 한다(Maureen Kenny, 개인면담, 2016. 9. 25).

## 사립 및 공립 기관에서 설명 후 받는 동의

정신건강실무자는 내담자가 설명을 듣고 동의한 협력자가 되도록 어떻게 도울 수 있는가? Pomerantz와 Handelsman(2004)은 내담자가 전문가로부터 서비스를 구매하기 때문에 치료과정에 수반되는 것을 알 권리가 있다고 말한다. 그들이 개발한 동의서에는 치료란 무엇이고 어떻게 진행되는지에 관한 안내, 임상전문가의 접근법, 치료의 대체방안, 시간약속, 비밀보장, 비용, 보험청구 절차, 관리의료체계 관련정책 등에 관한 일련의 질문이 제시되어 있다. 그들은 치료과정에 대해 폭넓게 개방적으로 논의함으로써 치료동맹을 강화하고 정보공유를 통해 권한을 부여하여 관계의 기초가 놓인다고 생각한다.

최선의 방법은 치료과정에 대한 정보를 내담자에게 구두와 서면으로 제공하는 것이다. 문서형태의 동의서는 동의에 관한 구두 논의를 촉진할 수 있다. 많은 기관에서 내담자는 설명 후 받는 동의서를 읽고 서명한다. 임상전문가가 내담자와 설명문을 검토하고 내담자의 질문에 응답한 내용을 문서에 기록하는 것은 좋은 실무적 관행이라고 할 수 있다. 일반적으로 설명 후 동의를 받는 과정에서 내담자는 오해의 여지를 줄인다. 따라서 설명 후 받는 동의절차는 법적으로 고소당할 가능성을 줄인다. 치료자가 내담자에게 설명 후 받는 동의에 관해 알려 주고 치료과정에 관해 많은 질문을 하라고 독려하는 것이 매우 중요하다. 이런 일반적인 개념을 염두에 두고 상담자의 입장에서 다음 사례를 생각해 보라. 이 사례에서 주요 윤리적 문제를 파악하고 이 상황에서 당신이라면 어떻게 할지 생각해 보라.

### <Kiara의 사례>

치료자인 Kiara는 접수면접에서 문서로 된 동의서를 사용하지 않고 치료과정에 관해 간단히 구두로 설명했다. 비밀보장에 관해 설명하면서 그녀는 상담실에서 이야기한 내용은 아무에게도 말하지 않을 것이라고 약속했지만 비밀보장의 한계에 관해서는 아무 말도 하지 않았다. 석 달 동안 치료가 이어지던 어느 날, 이 내담자는 자살하고 싶다는 생각을 내비쳤다. Kiara는 최근에 어떤 학술대회에 참여했는데, 거기에서 다뤄진 주제 중 하나가 치료적 배임행위였다. 그녀는 비밀보장과 그것의 한계를 포함하여 자신의 서비스에 관해 적절하고 충분한 정보를 내담자에게 제공하는 일에 태만했다는 생각이 들어 걱정이 되었다. 그래서 학술대회에서 받은 것을 참고하여 급하게 동의서를 만들어 다음 회기에 그 내담자에게 서명해 달라고 요청했다. 이런 과정으로 인해 내담자는 많은 혼란을 느꼈고, 더 이상 자살에 대해 언급하지 않았다. 그로부터 몇 번의 회기가 지나고 내담자는 약속을 취소했고 더 이상 상담을 예약하지 않았다. 그녀도 더 이상 그 내담자에게 연락하지 않았다.

- 이 치료자의 직무수행에는 어떤 윤리적 · 법적인 문제가 있는가? 당신의 생각을 설명하라.
- 만약 당신이 Kiara의 입장에 처한다면 어떻게 했겠는가?
- 당신이라면 그 내담자가 약속을 취소한 후에 다시 연락하겠는가? 그 이유는 무엇인가? Kiara가 연락하지 않는 것에 대해 어떻게 생각하는가?

**논평.** 이 사례에는 치료를 시작할 때부터 설명 후 받는 동의과정을 거치는 것이 절대적으로 중요하다는 사실이 잘 드러나 있다. 중대한 문제가 발생했을 때 다루기 시작한다면 내담자의 항의는 정당화될 수 있으며 치료관계가 위기에 처할 수도 있다. 불행하게도 Kiara는 이 사례에서 자신의 관심사에만 초점을 맞추었고, 그녀의 행동이 그녀를 법적 소송의 위험에 빠뜨렸을지도 모른다. 설명 후 받는 동의서 양식을 뒤늦게 사용한 점과 내담자가 상담을 갑자기 그만두도록 방치한 점은 내담자의 안녕과 복지를 증진시키지 못하고 내담자를 해로부터 보호하지 못한 것과 다름없다. 이 내담자가 상담 약속을 취소했을 때 Kiara는 설명 후 받는 동의과정에 뒤늦게 주의를 기울인 것 때문에 치료를 종결한 것은 아닌지 분별하기 위해 이 문제를 숙고할 윤리적 책임을 져야 했다.

설명 후 받는 동의서에 당신의 개인적인 신념과 가치관에 관해 무엇이라고 적을지 생각하면서 다음 사례를 읽어 보라.

## <Derik의 사례>

Derik은 종교적 신념이 강한 상담자로서 지역사회 공립상담소에서 일한다. 그는 직무에 대한 소개 글에서 종교적 신념이 자신의 개인적 · 직업적 생활에서 중요한 역할을 한다고 적음으로써 이 점에 대해 공개했다. Aida는 부부관계를 끝내려고 하는 자신의 생각에 대해 상담을 받기 위해 Derik에게 왔다. Derik은 가족관계를 유지하는 것을 찬성하는 신념이 강하다. 설명 후 받는 동의서를 설명한 후에 Derik은 치료의 성공적인 결과와 가족의 유지를 위해 함께 기도할 수 있겠냐고 Aida에게 물었다. 그런 다음 Derik은 과거의 성공담을 들려주며 모든 것이 잘될 것이라고 장담했다. 그는 Aida 남편도 상담에 오도록 부탁하고 싶다고도 말했다. Aida은 첫 회기 이후 다시는 오지 않았다.

- 당신은 Derik이 윤리적인 위반을 했다고 보는가?
- Derik이 당신에게 자문을 요청한다면 무엇이라고 말하겠는가?
- 당신의 개인적인 가치관과 신념을 설명 후 받는 동의과정에 포함하는 것이 적절한가? 내담자는 당신의 개인적인 가치관을 알 권리가 있는가? 내담자가 당신의 가치관이나 신념에 관해 물어온다면 어떻게 대답하겠는가? 당신의 가치관을 알리는 것이 내담자 상담에 도움이 되는가 아니면 방해가 되는가?

**논평.** 우리는 Aida에게 접근하는 Derik의 방식에 관심을 가질 필요가 있다. Derik은 내담자의 마음 상태와 종교적 신념, 그리고 종교가 있다면 신념의 강도나 그의 접근법에 대해 불편한 정도를 평가하지 않았다. Aida는 첫 회기에 그에게 동의해야 할 것 같은 압박감을 느꼈거나 솔직하게 반대할 만한 힘이 없었을지도 모른다. 우리는 이 상황에서 Aida가 진심으로 동의할 수 있었는지에 대해서도 의문이 든다. 치료자가 신앙생활이 자신의 철학의 일부라고 말했을지라도 상담회기 중에 기도하자고 하는 것은 적절하지 않다. 윤리적인 문제는 이 질문에 요약되어 있다. "Derik은 내담자의 필요를 돌봤는가 아니면 Aida의 필요를 희생하고 자신의 필요를 채우려고 했는가?" 상담자가 자신의 신념에 관해 명료하게 설명하고 동의를 얻는 것만으로는 내담자의 문화적 전통을 존중하고 내담자에게 자신의 가치관을 강요하지 말아야 하는 금지사항을 지켜야 할 의무에서 면제되지 않는다는 것을 기억해야 한다.

## 설명 후 받는 동의서의 내용

첫 만남의 주요 목적에는 라포(rapport), 즉 촉진적 관계를 형성하고 치료가 안전하다는 분위기를 조성하는 것이 포함된다. 설명 후 받는 동의가 지속적인 과정이라는 점을 깨달았다면, 이제 관건은 내담자가 첫 회기 때 설명을 듣고 선택하기에 적당한 양의 정보를 제공하는 것이다. 정보의 양과 유형, 동의서에 포함할 구체적인 내용, 정보를 전달하는 방식과 정보를 소개하는 시점은 주 면허의 요건, 직무환경, 기관의 정책, 서비스를 받는 특정 집단, 내담자 문제의 본질 등의 맥락을 고려해 결정해야 한다. 온라인으로 실습하는 상담자들은 설명 후 받는 동의서에 주의해야 한다. 기술과 소셜 미디어의 역할과 위상은 치료의 가장 이른 단계에서 논의해야 한다(Wilcoxon, 2015). 정신건강실무자가 문서로 된 동의서를 받았다고 하더라도 법적인 절차에서 완전히 자유로울 수는 없다는 점도 부언해야겠다. 법적인 면에 초점을 맞춘 동의서를 준비하기보다는 내담자의 이해를 돕고 치료적 협력관계에 관해 내담자와 상담자가 많은 대화를 나눌 수 있는 과정이 되기를 제안한다.

상담 초기에 논의해야 한다고 선택한 주제들은 내담자가 걱정하는 것, 관심을 가지는 것, 혹은 알고 싶어 하는 것들에 기초해야 한다. 상담 초기에는 내담자와 설명 후 받는 동의서를 검토하는 것이 필수적이지만, 그때만 그렇게 하는 것은 적절치 않다. 내담자는 대개 첫 회기에는 불안해하기 때문에 중요한 세부사항들을 놓치기 쉽다. 치료하면서 관심이 생기면 내담자는 설명 후 받는 동의서의 주요 내용을 다시 듣고 그것에 관해 논의할 수 있다. 내담자에게 알려야 하는 몇 가지 주제를 더 자세히 살펴보자.

## 치료과정

내담자에게 치료에서 무슨 일이 생길 것이라고 자세히 설명하기란 쉽지 않지만 몇 가지 아이디어를 발휘할 수는 있다. 상담이 자각수준을 높이지만 그로 인해 고통과 불안을 유발할 수도 있다는 것을 내담자에게 알려 주면 좋겠다. 장기치료가 필요한 내담자는 자신이 변화를 경험할 것이라는 것과 그로 인해 삶이 혼란해질 수도 있다는 것을 알아야 한다. 어떤 내담자는 이런 혼란을 감수하기보다 자신에 대해 잘 모르는 상태로 살아 가기로 선택하기도 하는데, 그 또한 탐색한 후에는 존중해야 한다. 첫 회기에는 변화가 어떻게 이뤄지는지에 관해 솔직하게 토론하는 시간을 할애하면 좋다. 내담자는 치료의 과정과 목적을 이해해야 하며 특정 치료기법을 거절할 수 있는 권리도 있다는 것을 알아야 한다.

치료에서의 변화과정에 관한 추가적인 정보와 지식을 얻으려면 실증적 연구를 바탕으로 한 관점에서 Duncan, Miller, Wampold와 Hubble(2010)이 저술한 『변화의 정신(*The Heart & Soul of Change: Delivering What Works in Therapy*)』을 참고하기 바란다.

## 내담자의 배경에 대한 평가

내담자에게 평가과정에 대해 설명해 주는 것이 좋다. 치료자는 접수면접 회기와 평가과정 중에 내담자에게 많은 질문을 하고, 내담자가 왜 그런 질문들을 받는지 알고 있다면 더 정직하고 의미 있는 정보들을 제공할 가능성이 크다. 첫 회기는 내담자로부터 질적인 정보를 얻기 위해 상담자가 평소보다 더 많은 질문을 한다는 점에서 다른 회기와는 다르다. 그 평가에는 원가족, 문화, 결혼, 이혼, 약물남용, 이민, 충격적인 사건, 종교적 · 정신적인 배경 등과 같이 삶의 질에 일반적으로 영향을 미치는 것들이 포함된다. 이러한 질문들을 통해 현재 문제에 영향을 준 내담자의 삶의 영역이 드러나고 치료과정에서 탐색해 볼 영역도 파악하게 된다.

## 치료자의 배경

치료자는 자신의 학력, 수련경력, 자격, 면허, 전문기술, 이론적 지향, 역량을 넘어서는 문제 유형에 관한 정보를 내담자에게 제공할 수 있다. 주 면허관리청은 가끔 이런 정보의 제공을 법적인 의무사항으로 부과한다. 인턴 혹은 준전문가가 상담을 진행하는 것이라면 내담자는 이 점에 관해 알고 있어야 한다. 마찬가지로 서비스 제공자가 수련감독자와 작업한다면 그 사실을 내담자도 알고 있어야 한다. 상담실무자의 자격에 관한 설명은 내담자가 치료과정에 관해 질문하는 것에 답하려는 의지와 함께 내담자가 치료에 대해 가질 수 있는 비현실적인 기대를 줄인다. 그것은 면허관리청에 대한 불만접수와 치료적 배임행위를 할 가능성도 감소시킨다(Nancy Wheeler, 개인면담, 2016. 6. 28).

## 치료 관련 비용

상담과 심리 서비스를 제공하기 시작하면서 지불방법을 포함해 서비스의 총비용에 관한 정보를 내담자에게 제공해야 한다. 진료예약을 하지 않거나 뒤늦게 취소하는 데 대한 치료자의 방침을 분명히 명시한다. 보험이 어떻게 적용되고 치료비와 관련하여 의료보험의 한계가 어디까지인지를 내담자에게 알려야 한다. 치료비에 변화가 생길 수 있는 여지가 있다면 치료를 시작할 때 구두나 서면으로 분명히 언급한다.

대부분의 윤리규정에는 비용을 정하는 것과 관련된 기준이 있다. 재정문제는 민감한 것이어서 서툴게 다루면 내담자와 치료자에게 문제가 생기게 된다. Clark과 Sims(2014)는 치료비 책정과 수납이라는 주제는 일부 상담실무자, 특히 자존감이 낮고 자신의 역량이나 자신이 제공하는 치료 서비스의 가치에 관해 자신감이 없는 상담자에게는 고민거리일 수밖에 없다고 지적한다. 상담 직업을 처음 행하게 되는 실무자는 상담료를 받을 자격이 있는지를 의심하는 경험을 하곤 한다. 원가족의 문제도 상담비용 논의에 대해 불편하게 느끼는 정도를 결정하는 데 영향을 미칠 수 있다. Clark과 Sims는 어린 시절부터 자신의 요구보다 타인의 요구에 더 신경을 쓰도록 훈육받았거나, 남에게 돈 얘기를 먼저 꺼내는 것은 무례한 행동이라고 가르침을 받은 치료자는 그렇게 하는 것이 부담스럽고 불편하기 때문에 치료비용을 말하는 데 주저할 수도 있다고 지적한다.

상담실무자는 치료비를 정할 때 지역사회에서 일반적으로 받아들여지는 비용범위를 고려할 수 있다. 전문적인 관계 초기에 치료비에 대한 합의를 보는 것이 가장 좋다. 치료비는 내담자의 기록에 반영해야 한다. 정신건강실무자는 지불계획에 대해 의논하지 않은 채 내담자에게 큰 금액의 체납을 허용한다면 스스로는 물론 치료관계도 위험에 빠질 수 있다. 치료자가 치료비 체납 때문에 내담자에게 소송을 걸 수 있지만, 이로 인해 치료관계가 손상될 가능성이 있다. 그것은 일반적으로 내담자가 상담가에게 이의제기를 신청하는 결과를 가져올 수 있기 때문에 법적으로도 권장하지 않는다. 비용을 처리하는 방식은 치료적 협력관계의 분위기에 큰 영향을 미친다.

더욱이 대부분의 윤리규정에는 서비스 비용을 지불할 여력이 없는 사람들을 위해 상담실무자가 전문지식을 나눠 줄 것을 권장하는 무료상담에 대한 지침도 있다. 혼자 상담실을 운영하는 상담실무자는 무료상담에 대한 상이한 기준을 원하겠지만, 보험지원이 중단되자마자 내담자에게 필요한 서비스를 외면한다면 윤리적 직무수행과 치료기준의 문제가 생기게 된다. 이상적 윤리정신에 입각하여 상담자는 이 경우 치료비를 조금 할인해 주는 것도 좋다. 임상전문가는 내담자가 필요로 하는 서비스를 받고 있는지 확인해야 한다.

## 치료기간과 종결

내담자는 언제든지 치료를 종결할 수 있다는 점을 알아야 하지만, 종결문제는 치료자와 의논하는 것이 중요하다. 설명 후 받는 동의과정에는 치료기간과 종결에 관한 정보제공이 포함된다. 치료기간에 관계없이 종결단계를 위해 내담자가 준비하도록 배려하는 것은 매우 중요하다. 종결은 상담관계를 시작할 때부터 언급해야 하고, 특히 종결이 예상되면 치료하는 과정에서 주기적으로 종결에 관해 논의해야 한다. 효과적인 종결과정은 치료과정 전반에 대한 신뢰를 확보하는 동시에 증상의 재발이나 착취당한 기분을 최소화하는 데 중요하다. 종결은 모든 내담자 치료에서 핵심적인 단계이기 때문에 치료자는 내담자가 종결을 계획하고 준비하고 과정을 밟아 가는 데 도움을 줘야 한다(Younggren, Fisher, Foote, & Hjelt, 2011).

내담자에게 제공하는 상담회기 수를 제한하는 방침을 가진 기관이 많다. 이 경우 시작할 때 장기치료를 받지 못한다는 사실을 내담자에게 알려야 한다. 관리의료체계하에서는 대개 한 번 상담을 시작하면 6회기 이내에 마치든지, 가령 연 20회 같이 1년 동안 받을 수 있는 회기 수가 정해져 있다. 회기 수가 제한되어 있다는 사실을 내담자에게 여러 번 주지해야 한다. 더욱이 내담자에게는 초기에 치료를 받으려는 자신의 문제가 무엇이든 계속 탐구하기 위해 다른 치료자를 찾을 권리가 있다. 다른 전문가에게 보낼 수 없는 경우인데 내담자가 치료를 더 원한다면 치료자는 대체 가능한 치료방안을 소개해야 한다.

장기치료를 지향하는지 혹은 단기치료를 지향하는지는 상담실무자에 따라 다르기 때문에 어떤 것을 선호하는지 내담자에게 알릴 필요가 있다. 관리의료 현장에서 상담실무자는 내담자의 심리적 문제를 빠르게 평가하고 각 내담자에게 가장 적절한 개입방법을 찾아내는 데 전문가가 되어야 한다. 또한 상담실무자는 간결한 개입방법을 적용하는 역량을 길러야 한다.

내담자에게 치료과정을 설명할 때 간결한 개입방식이 내담자의 필요를 충족시키지 못할 가능성이 있음을 알려야 한다. 내담자는 자신의 의료보험회사에서 치료회기를 제한할 뿐만 아니라 치료방식에도 영향을 미친다는 것을 알 권리가 있다. 관리의료와 관련된 격언은 "짧을수록 좋다"이다. 내담자는 치료기간과 특성, 사용하는 기법, 치료회기의 내용과 관련하여 건강보험회사 같은 타인의 판단에 좌우된다. 저자들이 생각하기에 가장 좋은 치료기간은 효율적인 시간을 투자하여 내담자의 치유와 성장을 이끌어 낼 수 있는 기간이다.

내담자에게는 자신이 최고의 이익을 얻었다고 생각될 때, 혹은 치료를 시작하면서 바라던 것을 획득했을 때 치료가 끝날 것이라고 기대할 권리가 있다. 치료자와 내담자는 치료과정의 초기에 치료종결에 관한 상황을 따져 볼 필요가 있다. 설명 후 받는 동의 절차의 일환으로 치료자는 내담자가 무엇을 기대하는지, 그리고 그런 기대들이 치료의 종결과 어떻게 관련되는지 논의해야 한다. 내담자가 상담에서 진전이 없거나, 치료의 기본적인 부분에 협력하지 않거나, 치료비를 지불하지 않거나 하는 종결의 몇 가지 임상적 상황들은 치료과정 초기에 솔직히 논의해야 한다(Knapp et al., 2015). 관리의료체계의 개입 여부와는 상관없이 치료의 종결은 치료관계에서 매우 중요한 사안이다. 종결할 때도 전문적 치료관계를 시작할 때 기울여야 하는 주의와 관심 이상의 것이 요구된다.

## 동료의 자문

학생 신분으로 수련 중인 상담자는 자신에게 얼마나 진전이 있는지 평가받고, 상담하면서 생긴 문제들에 관해 의논하기 위해 수련감독자와 동료 학생들을 만나게 된다. 이런 경우 상담자는 자신이 상담내용으로 수련감독을 받을 수 있다는 것을 내담자에게 알려야 한다. 경험이 많은 임상전문가라도 필요할 때는 동료에게 자문을 요청한다. 임상전문가가 자신의 상담사례에 관해 다른 전문가들과 논의하는 것이 윤리적일지라도 그런 점을 내담자에게 알리는 것이 현명하다. 그렇게 해야 치료자가 자신과의 관계에서 신의를 저버리지 않았다고 생각하게 될 것이다. 동료에게 자문을 요청할 때 대부분의 상황에서 내담자의 이름이나 기타 구체적인 신원정보를 공개하면 안 된다.

## 치료 중지

대부분의 윤리규정에는 치료를 중지하거나 종결해야 할 때 내담자의 안녕과 복지를 고려해야 한다는 점이 강조되어 있다. 치료를 하다 보면 의도적이든 비의도적이든 간에 치료를 중지해야 하는 상황이 발생할 수 있다는 점과 그것을 어떻게 처리하는 것이 최선인지 내담자를 처음 만났을 때 알리는 것이 좋다. 치료자의 결근이나 다른 이유로 인한 부재를 잘 처리하지 못할 경우 자신을 버린 것으로 간주하는 내담자도 있다. 치료자는 휴가나 장기결근 등으로 인한 치료 일시중지를 어떻게 다룰 것인지 계획을 세워야 한다. 정신건강실무자가 휴가를 계획한다면 필요에 따라 다른 치료자가 서비스를 제공하는 것이 윤리적일 때도 있다. 내담자는 치료 안내를 받을 때 치료자가 응급상황을 어떻게 다룰 것인지 정보를 알고 싶어 한다. 상담실무자는 자신을 대체할 치료자에 대한 정보가 포함되어 있는 동의서를 내담자로부터 받아야 한다. 치료자가 사고를 당해 부상을 입거나 사망하여 직무를 수행할 수 없는 응급상황에서 자신을 대신하여 전문적인 서비스의 책임을 질 수 있는 한 사람 이상의 다른 동료 전문가의 이름을 설명 후 받는 동의서에 포함해야 한다(McGee, 2003). 또한 치료자의 기록을 관리하는 사람이나 응급대응팀의 연락처도 사전동의 문서에 포함할 수 있다. 이 주제에 관한 더 많은 정보를 원한다면『개업 준비: 은퇴, 사망, 장애로 인한 폐업에 대비한 건강관련 직종 가이드(*Private Practice Preparedness: The Health Care Professional's Guide to Closing a Practice Due to Retirement, Death or Disability*)』(Wheeler & Reinhardt, 2014)을 추천한다.

## 치료의 유익과 위험성

내담자는 치료 프로그램을 통해 얻을 수 있는 이익과 그것으로 인해 생길 수 있는 위험요소에 관해 알아야 한다. 내담자가 치료성과를 좌우한다는 사실을 고려하면 내담자의 책임 있는 태도를 강조하는 것이 현명한 방법이다. 내담자는 특정한 결과가 보장되지 않는다는 점을 알 필요가 있다. 다시 말해, 윤리적인 상담실무자는 내담자에게 반드시 치유된다고 장담하지 않는다. 치료자가 잘 알려지지 않은 기법을 사용할 때는 그러한 치료법의 잠재적인 위험과 대체방안을 내담자에게 알려야 한다. 예를 들어, 온라인 서비스를 선택한 내담자에게는 그런 형태의 서비스 제공의 장단점에 관한 정보를 제공해야 한다. 그래야만 내담자가 그 치료법이 자신에게 적합한지 여부를 판단할 수 있다.

## 통신기술을 이용한 심리서비스에서 설명 후 받는 동의

내담자들에게는 통신기술을 활용한 심리서비스 제공에 관한 기본적인 정보를 알 권리가 있다. 그런 기술을 이용한 전달방식으로는 e-치료(원격치료), 화상회의, 문자메시지 등이 있다. 내담자는 설명 후 받는 동의절차에서 전자통신으로 상담자에게 연락할 수 있는 방법에 관한 정보를 얻을 필요가 있다. 내담자가 원격치료에 참여하는 것에 대해 정보를 이해하고 결정을 내릴 수 있도록 직접적인 서비스와 통신기술을 활용한 서비스의 차이에 대한 정보를 제공해야 한다. Murphy와 Pomerantz(2016)는 양방향 화상회의, 이메일, 전화, 문자, 인터넷 등의 기술에 걸맞은 설명 후 받는 동의절차를 더 용의하고 강화하는 틀을 제시한다. 그들은 e-치료를 받은 내담자들이 서비스 비용을 지불할 때 다음과 같은 질문을 할 권리가 있다고 지적한다.

- 대면치료와 비교하여 e-치료의 잠재적 유익과 위험성은 무엇인가?
- 대면 서비스로 이루어지는 치료가 자신에게 적절한지 어떻게 알 수 있는가?
- e-치료에 참여하려면 전자통신기술에 대해 얼마나 알아야 하는가?
- 전자통신을 통해 당신과 소통할 때 방법이나 시간에 제한이 있는가?
- 만약 e-치료를 시작한다면 나중에 대면치료로 전환할 수 있는가?
- 다양한 형태의 전자통신 서비스의 비용은 얼마인가?
- e-치료에 건강보험이 적용되는가?

Drum과 Littleton(2014)은 전자통신 서비스를 제공할 때 치료적이고 전문적인 경계를 설정하는 데 우리가 거의 관심이 없었던 점을 지적한다. 전자통신기술을 이용하는 실무자는 피해를 예방하고 치료를 최적화하기 위해 적절하게 경계를 유지하는 방법을 고안해야 한다고 그들은 조언한다. 임상전문가는 전자통신을 활용한 서비스를 제공하기 위해 상호 잠재적인 경계선이 있어야 함을 인식하고 치료적 소통을 할 때 경계선의 역할을 내담자에게 교육할 필요가 있다. 그리고 임상전문가는 디지털 기술을 통한 서비스가 윤리적이고 효율적인 방식으로 수행되도록 해야 한다.

## 전통적 치료에 대한 대체방안

일부 정신건강전문가단체의 윤리규정에 따르면 내담자는 대체 치료방안들에 관해 알아야 한다. 그러므로 치료자는 내담자에게 대체 치료방안들을 제시하기 위해 지역사회의 자원 정보를 수집하는 것이 바람직하다. 심리치료를 대체할 수 있는 방안으로는 자조 프로그램, 스트레스 관리, 개인 효율성 훈련, 동료 자조집단, 토착적 치유방식, 독서치료, 12단계 프로그램, 지지집단, 위기개입센터 등이 있다.

심리치료와 대체 치료방안에 관한 정보는 접수면접에서 소개하거나 서면 혹은 녹음테이프나 녹화테이프를 통해 제시할 수 있다. 물론 심리치료와 대체 치료방안을 논의하다 보면 내담자가 심리치료가 아닌 대체방안을 선택할 수도 있다. 내담자에게 대체 치료방안도 생각해 보라고 권유하면 심리치료 서비스를 제공하는 상담실무자는 생계 문제 때문에 경제적인 면에서 불안을 느낄 수도 있다. 하지만 심리치료와 대체 치료방안을 열린 마음으로 논의함으로써 대부분의 내담자는 계속 심리치료를 계속 받겠다고 결정할 가능성이 높다. 내담자에게는 특정 내담자의 상황에 효과가 있다고 알려진 대체 치료방안(가령 다른 이론적 접근이나 약물치료)에 관해 알 권리가 있다.

## 상담회기의 녹음과 실시간 관찰

대부분의 정신건강 관련기관에서는 수련과 수련감독을 위한 목적으로 면접과 상담과정을 녹음하거나 녹화하도록 요구한다. 치료자나 수련생들이 상담회기를 녹음하거나 녹화하는 것에 내담자가 동의해야 하고, 그 동의는 임상기록으로 문서화해야 한다(Nagy, 2011). 치료자는 상담내용을 다시 듣거나 보게 되면 도움이 되고, 다른 동료들에게 상담하는 장면을 보여 준 뒤 피드백을 받기 위해 상담회기를 녹음하거나 녹화한다. 일부 기관은 녹음을 허용하지만 건강보험양도와책임에관한법률(HIPAA)과 비밀보장 때문에 그렇게 하지 않는 곳이 증가하고 있다. 이 경우 실시간 관찰은 수련감독이나 교육 프로그램에 참여하는 학생들에게 선택사항이 될 수 있다. 내담자에게는 녹음이나 녹화를 거부할 권리가 있다. 녹음이나 녹화가 이루어지는 이유, 방법, 이 자료에 누가 접근할 수 있는지, 자료를 어떻게 저장하는지, 언제 그 자료가 파기될지 내담자가 이해할 수 있어야 한다는 점이 매우 중요하다.

## 본인 자료를 열람할 수 있는 내담자의 권리

임상적 기록은 내담자의 이익을 위한 것이다. 내담자에게는 전문가가 내담자를 위해 기록, 보관하고 있는 임상기록을 열람하고 복사본을 가질 수 있는 법적 권리가 있다(Remley & Herlihy, 2016). 내담자에게는 자신의 건강관리와 관련된 결정을 할 기본적인 책임이 있을 뿐만 아니라 대부분의 경우 자신의 건강상태와 제공받는 치료에 관한 모든 정보를 열람할 수 있는 권리도 있다. 전문가는 내담자가 언젠가는 그 자료를 볼 수 있을 것이라고 예상하고 무비판적으로 기술하는 형태로 기록해야 한다. 이렇게 전문적인 방식으로 직무를 수행한 임상전문가라면 자신의 기록이 대중이나 내담자에게 공개되는 것을 두려워할 필요가 없다.

내담자와 상담기록을 공유하는 일이 잘하는 것인지 의문을 제기하는 임상전문가들도 있다. 그들은 내담자가 진단과 임상기록을 이해할 만큼 학식이 풍부하지 않거나 그런 정보를 내담자에게 공개하는 것이 이익보다 해가 된다고 추정할 수도 있다. 일부 치료자들은 기록내용을 그대로 내담자가 열람하도록 하기보다 진단에 대해 설명하고 전반적인 기록내용을 요약해 제공한다. 일부 임상전문가는 내담자가 특정 정보를 요구할 경우 보관하고 있는 상담기록의 정보에 접근하는 것을 기꺼이 허락하기도 한다. Knapp와 VandeCreek(2012)은 내담자에게 임상기록을 보여 주기로 결정했다면 임상전문가가 반드시 참여할 것을 권고한다. 내담자는 치료자가 없으면 자료에 포함된 용어를 이해하지 못해 내용을 잘못 해석할 수 있다.

내담자에게 본인의 기록물을 열람할 수 있도록 하는 것은 소비자권리보호운동과 맥락을 같이 하는 것이다. 소비자권리보호운동은 정신건강, 상담, 재활, 교육현장에도 영향을 미쳤다. 치료적 배임행위에 대한 법적 고소와 다른 법적인 문제가 발생하는 것을 예방하는 한 가지 방법은 내담자, 심지어 입원환자에게도 자신의 의료기록을 볼 수 있게 허용하는 것이다. 자신의 자료를 열람하고자 요청하는 내담자는 깊은 염려를 표명하기도 한다. 상담자는 내담자의 요청을 승인하기 전에 이를 깊이 탐색해 보아야 한다. 임상전문가는 내담자가 기록을 열람하는 것이 오히려 역효과를 일으키는 때가 언제인지 전문적으로 판단해야 한다. 이 장 후반부에 기록을 보관하는 과정에 대해 더 자세히 논의한다.

## 진단 분류와 관련된 권리

치료자가 내담자와 임상기록을 공유하는 것을 꺼리는 가장 큰 이유는 심리 서비스 비용을 부담하는 제3자의 요청으로 적어 놓은 진단내용을 내담자에게 알려야 하기 때문이다. 자신이 어떻게 진단되었고 그 진단이 무슨 의미인지에 대해 설명을 듣지 못하거나 진단내용과 그 외의 비밀정보가 보험회사에 제공되는 것을 모르는 내담자도 있다. 내담자는 그런 정보를 누가 제공받든 통제할 수도 없다. 예를 들어, 관리의료기관의 직원은 내담자의 진단내용과 같은 정보를 열람할 수 있다. 윤리적인 수행을 위해 진단된 내용이 임상기록에 영구적으로 남게 된다는 사실을 내담자에게 알려야 한다. Remley와 Herliy(2016)는 진단과 관련된 문구를 설명 후 받는 동의서에 포함할 것을 추천한다. 상담자가 진단내용을 내담자의 임상기록에 포함할 때 이를 내담자에게 공개해야 한다는 것이다. 만약 초기진단이 이후 내담자에 대한 재평가를 통해 변경되면 그 내용을 내담자와 논의해야 한다.

직장이나 학교에서 낙인이 붙을 가능성이 있는 문서화된 진단의 위험을 내담자에게 공개해야 한다(Kress, Hoffman, Adamson, & Eriksen, 2013). "단기적으로, 요구되는 것처럼 보이는 서비스를 받을 수 있도록 내담자 정보를 제공하는 것이 더 유익해 보일 수도 있으나, 일부 내담자들에게는 진단의 장기적 결과가 치료의 혜택을 능가할 수도 있다"(18쪽). 예를 들어, 미래의 고용주나 건강보험회사가 개인의 영구적 기록에 근거하여 고용이나 보험적용을 거부할 수 있다. 게다가 고용주가 내담자를 "정신건강에 대한 요구가 심해지거나 고용보험료를 인상할 것이라는 두려움 때문에"(20쪽) 문제가 있는 직원으로 분류할 수도 있다. Kress 등은 내담자에게 진단과정에 대한 다음과 같은 정보를 제공할 것을 권고한다: (a) 내담자의 보험회사에서 진단을 필요로 하는지 여부, (b) 진단과 관련된 일반적인 문제, (c) 진단을 받았을 때의 이점, (d) 내담자가 진단을 받지 않거나 보험회사에 알리지 않기로 선택할 경우 내담자가 고려할 수 있는 대체방안에 관해 설명한다.

## 비밀보장의 본질과 목적

내담자는 비밀보장, 면책특권정보보호, 사생활보호와 관련된 내용을 알고 있어야 한다(제6장 참고). 모든 직업윤리규정에는 치료관계를 시작할 때부터 내담자에게는 비밀보장의 한계에 관해 알 권리가 있다는 문구가 포함되어 있다. 예를 들어, 미국정신건강상담사협회(AMHCA, 2015) 윤리규정에는 다음과 같은 원칙이 있다.

> 비밀보장은 정신건강상담 서비스의 모든 내담자에게 부여된 권리이다. 상담관계를 시작할 때부터 정신건강상담사는 법률상의 한계와 예외 등을 포함하여 그런 권리를 내담자에게 알려야 한다(I.A.2.a).

이러한 원칙을 적용함으로써 내담자에 설명을 제공할 뿐만 아니라 신뢰수준을 높이게 된다. 효과적인 내담자와 치료자의 관계는 신뢰를 바탕으로 형성된다. 만약 치료자에 대한 신뢰가 부족하다면 내담자가 자기를 공개하고 자기탐색을 할 가능성이 낮아진다.

신뢰를 형성하는 작업에는 특정 정보가 어떻게 사용되고, 그 정보가 비용을 부담하는 제3자에게 전달되는지의 여부를 내담자에게 알리는 것도 포함된다. Pomerantz와 Handelsman(2004)은 다음과 같은 질문에 대한 대답을 치료자로부터 들을 권리가 내담자에게 있다고 지적한다. "건강보험양도및책임에관한법률(HIPAA)과 같은 정부의 규정은 임상기록의 비밀보장에 어떤 영향을 미치는가? 보험회사는 심리치료 회기에 관해 얼마나 많은 정보와 어떤 종류의 정보를 치료자에게 요구하는가?"

전통적으로 비밀보장은 내담자의 정보가 공개되는 것을 방지하기 위해 치료자에게 부과되는 윤리적이고 법적인 의무이다. 관리의료체계하에서는 비밀보장이 치료관계에서 더 이상 가능하지 않을 수 있다. 관리의료형 치료 프로그램에서 내담자는 의사소통에 대한 비밀보장이 훼손될 수 있다는 점을 인지할 필요가 있다. 내담자는 관리의료체계의 계약에 따라 치료자가 초기 치료나 추가적인 치료를 허가하는 위치에 있는 제3자, 즉 관리의료보험회사가 민감한 내담자 정보를 공개하도록 요구할 수 있다는 점을 알아야 한다. 임상전문가는 일단 진료실을 떠나면 비밀정보에 대해 관리할 수 없으며, 많은 관리의료회사들은 실무자에게 비용지급이 이루어지기 전에 모든 진전사항의 기록을 제출하도록 요구하고 있다. 임상전문가는 비밀이 보장되는 어떤 치료도 내담자에게 더 이상 확신을 가지고 제공할 수 없다.

임상실무자가 제3자 지불인과 계약할 때, 내담자의 기록은 지급 시스템에서 정밀한 검토와 조사를 받는다. Pope(2015)은 "임상기록의 성격, 목적, 내용, 사용과 오용, 위험, 의도하지 않은 효과 등에 관한 논의에서 제3자 문제의 중요성과 복잡성은 과대평가할 수 없을 정도"(352쪽)라고 주장한다. 일부 내담자는 제3자의 보험청구가 배제된 치료를 받음으로써 사생활과 비밀을 보장받으려고 할 수도 있다. 내담자는 잠재적인 영향을 온전히 이해한 뒤에 관리의료체계를 이용하지 않고 치료비를 직접 부담하기로 선택할 수도 있다. 이는 관리의료 계약하에 있는 치료자에게는 윤리적 딜레마이다.

제6장에서도 다루겠지만 비밀보장이 절대적인 것은 아니다. 사적인 심리치료 회기에서 나눈 이야기나 상담기록을 치료자가 공개할 수밖에 없는 특별한 상황들이 존재한다. Fisher(2008, 2016)는 상담관계 시작에 동의하기 전에 상담대화의 임상적 결과와 관계없이 존재하는 비밀보장의 조건과 한계에 관한 정보를 들을 권리가 내담자에게 있다

고 생각한다. 공개될 수도 있는 정보의 내용과 범위에 관한 대화가 이뤄지지 않는다면 내담자는 상담관계를 시작하고 비밀보장의 잠재된 위험을 수용하는 것에 대해 자율적인 선택의 권리가 박탈된다. Fisher(2016)는 내담자가 동의서에 서명한 것에 머물지 않고 진정한 의미에서 설명 후 받는 동의과정을 거치는 것이 중요하다고 강조한다.

## 기록보관에 대한 전문가의 책임

윤리적, 법적, 임상적 견지에서 보면 정신건강실무자에게는 내담자의 기록을 적절하게 관리해야 할 중요한 책임이 있다. 모든 정신건강전문가들의 직무기준에 따르면, 직무상 접촉한 일에 대한 최근 기록들을 모두 보관해야 한다. 여러 주의 면허법률과 규정에는 내담자 기록관리에 대해 최소한의 지침이 있지만, 기록내용을 결정하는 것은 임상전문가의 재량에 달려 있는 경우가 많다(Knapp & Vande-Creek, 2012).

Pope(2015)은 "임상기록에는 인생을 바꿀 만한 힘이 있다"(348쪽)고 말한다. 그는 임상기록에 있는 사실, 결론 내린 것, 추론한 것, 오점, 차이점, 신중하게 기술한 자구와 어조 모두가 한 사람이 보안허가를 받을 수 있는지, 자녀 양육권이 주어지는지, 위기상황에서 생명을 보장받을 수 있는지, 또는 직장에서 장애에 대한 지원을 받을 수 있는지의 여부에 영향을 줄 수 있다고 덧붙인다. 기록보관을 하는 데는 여러 가지 목적이 있다. 기록보관의 1차적인 목적은 내담자에게 고품질의 서비스를 제공하고 다른 전문가들이 참여할 경우를 대비해 서비스의 지속성을 유지하는 것이다. 부적절한 치료를 했다고 의심을 받아 제소되는 상황에 놓이더라도 제대로 된 기록을 보관하고 있다면 적절하게 치료했다는 것을 보여 줄 수 있기 때문에 상담자는 보호받을 수 있다. 그렇기 때문에 상담자는 자신이 내린 결정과 취한 조치를 기록으로 남길 필요가 있다(Remley & Herlihy, 2016). 임상적인 측면에서 기록보관은 치료자가 치료과정을 재검토할 수 있는 사료(史料)가 된다. 기록은 윤리적인 측면에서 상담실무자가 내담자에게 양질의 치료를 제공하는 데 도움이 될 수 있다. 법적인 측면에서 보면 주 혹은 연방법에서 기록보관을 요구하기도 하고, 많은 상담실무자들이 정확하고 자세한 임상기록이 치료적 배임행위 고소에 대한 좋은 방어수단이 될 수 있다고 믿는다. 위험관리 측면에서 적합한 기록보관은 치료기준을 세우는 데 도움이 될 수 있다(Welfel, 2016; Wheeler &

Bertram, 2015). 적당한 시기에 이루어진 정확하고 타당한 기록은 위험관리 전략으로 유용하다.

## 임상적 관점에서 본 기록보관

임상기록을 보관하는 데는 두 가지 목적이 있다. 한 가지는 내담자에게 양질의 서비스를 제공하기 위함이고, 또 한 가지는 전문적 수준에 상응하는 서비스를 제공했다는 증거를 남기기 위함이다. 기록보관은 상담자의 직무수행에 기본이지만, Remley와 Herlihy(2016)는 그것에 너무 많은 시간과 에너지를 소비하지 말라고 충고한다. 그들은 상담자가 윤리적이거나 법적인 의무를 수행하는 행동들을 기록하는 것은 현명하지만, 기본적으로 자기보호를 위해 과도하게 많은 문서를 남기고자 내담자를 돕는 일에 게을리하면 안 된다는 것을 강조한다. 상담실무자는 기록보관에 대한 법적 · 윤리적 필수요건과 내담자 치료에서 균형을 맞춰야 한다.

경과기록과 과정기록을 구분하는 것이 중요하다. **경과기록**(progress notes)은 내담자 치료 측면을 기록하는 수단이며 내담자의 임상기록으로 보관된다. 이 기록은 내담자의 치료와 관련된 중요한 문제나 관심사를 기록하는 데 사용될 수 있다. 상담경과를 기록하는 것은 간단하고 쉬운 과정이며, 대부분의 회기는 간단하게 효율적으로 문서화할 수 있다. 경과기록은 행동적인 면에 초점을 맞추기 때문에 내담자가 무엇을 말하고 행동하는지 기록된다. 경과기록에는 진단, 기능수준, 증상, 치료계획, 예후, 내담자의 호전 양상 등의 정보가 포함된다. 다음은 내담자의 경과기록에 적혀 있는 내용의 예다.

> 내담자가 이번 주에는 불안감이 덜하다고 보고했다. 내담자는 지남력이 있어 보이고 정신적으로 문제가 없어 보였으며, 심각한 고통의 징후도 관찰되지 않았다. 내담자는 '1'은 전혀 불안하지 않은 것이고 '10'은 참을 수 없을 정도로 불안감을 느끼는 정도로 여겨 매일 불안의 수준을 기록하고 있다. 이전 회기에서 내담자는 그 주일 중에 대부분이 '7' 정도의 불안감을 경험했다고 보고했다. 그런데 이번 주에 그녀는 '4~5' 정도의 불안을 경험했다고 보고했다. 내담자는 명상, 친구들과 대화, 산책, 카페인 섭취 줄이기 등과 같은 활동이 전반적으로 불안감을 낮추는 데 도움이 되었다고 말했다. 그녀는 '3' 정도의 불안수준이 자신의 목표이고, 그렇게 되면 치료에서 좋은 결과를 얻었다고 느끼게 될 것 같다고 말했다. 그리고 치료자와 내담자는 다음 회기에서 지시적 심상훈련을 하기로 합의하였다.

**과정기록**(process notes) 혹은 심리치료기록(psychotherapy notes)은 경과기록과 동의어가 아니다. 과정기록에는 전이 같은 내담자의 반응과 내담자에 대한 치료자의 주관적인 느낌이 기록된다. 과정기록에는 이외에도 내담자에 대한 자세한 내용, 꿈이나 환상의 세부사항, 내담자의 개인사와 관련된 민감한 정보, 내담자에 대한 치료자 자신의 생각과 느낌과 반응 등이 포함될 수 있다. 과정기록은 다른 사람들에게 쉽게 공개하면 안 된다. 과정기록은 그것을 기록한 정신건강실무자가 사용하기 위해 만든 것이다. 과정기록(심리치료기록)에 또 다른 목적 중 하나로 자기점검을 하고 수련감독을 위한 아이디어를 정리하는 것도 생각해 볼 수 있다. 일반적으로 진단, 치료계획, 증상, 예후, 치료경과와 관련된 문제는 과정기록에서 제외하는 것이 좋다.

법은 임상전문가가 모든 내담자의 임상기록(경과기록)을 보관하도록 요구하지만 심리치료기록(과정기록)은 보관하도록 요구하지 않는다. 건강보험양도및책임에관한법률(HIPAA)의 사생활에 관한 규정을 보면 두 가지 기록을 모두 보관하는 것은 사적인 자유이지 강제사항이 아니다. HIPAA 조항은 "정신건강실무자에게 주요 혜택으로 알려져 있는데"(DeLettre & Sobell, 2010, 160쪽), 연구에서 이용률이 낮게 나타난 것은 의외이다. 연구자들은 464명의 박사급 심리학자들의 79% 정도가 사적인 부분은 별도로 기록을 보관할 수 있는 HIPAA의 규정을 알고 있었지만, 그들 중 단지 46%만이 그런 기록을 사용한다는 것을 발견하였다. 두 가지 방식의 기록 중 하나(경과기록)는 일반적이고 사적인 측면이 결여되어 있어 보험회사 직원이나 내담자에게 쉽게 공개할 수 있고, 다른 하나(과정기록)는 사적인 부분이 많고 치료자만 활용하기 위한 것이다. 심리치료 기록에는 치료자의 임상적 직관, 수련감독을 받아야 할 문제, 내담자에 대한 개인적 반응 혹은 더 탐구해야 하는 가설들이 포함될 수 있다. 치료자가 과정기록을 관리하고 있다면 임상기록과는 다른 곳에 보관해야 한다. 소송 중에 법원에서 기록물을 요구할 때 경과기록뿐만 아니라 과정기록도 포함될 수 있으므로 과정기록이 언젠가는 법원의 조사 대상이 될 수도 있음을 신중히 고려한다. 다음은 경과기록의 예이다.

> 내담자는 상담자와 눈 맞추기를 피하고, 대부분의 회기에 조용히 앉아 있었다. 왜 그렇게 있느냐는 질문에 내담자는 상담자가 자신의 치료에 적극적이지 않다고 지적한 것 때문에 화가 났다고 진술했다. 치료자는 자신의 감정을 드러낸 내담자의 용기에 칭찬해 주고, 이전 회기에 내담자가 조금 더 적극적이었으면 좋겠다고 했을 때 무엇이 그런 감정을 가지게 했는지를 함께 검토하였다. 치료과정이 더 진행된 후에 내담

자는 그러한 감정이 어린 시절에 경험한 부적절한 감정과 자신의 어머니에게 나쁜 감정을 가지고 있는 것과 관련이 있다는 것을 깨닫게 되었다. 치료자는 이와 관련하여 남아 있는 잔여 감정이 있는지 확인하기 위해 다음 회기에 내담자와 함께 탐색해 볼 것이다.

내담자의 임상기록에는 내담자에 대한 치료자의 개인 의견이나 반응을 포함하면 안 되고, 기록보관에도 전문성이 반영되어야 한다. 미국심리학회는 당초 1993년에 발간된 **기록보관에관한지침**(APA, 2007)을 개정하여 심리학자들이 임상적 문서의 적절한 작성, 유지, 공개, 보호, 폐기방법을 결정하는 데 도움이 되도록 하였다(Drogin, Connell, Foote, & Sturm, 2010). Drogin 등에 의하면, "기록은 치료의 필요성과 치료계획, 치료과정, 종결의 과정을 문서한 것으로 치료에 유용한 지침이 된다"(237쪽).

우리가 제공하고자 하는 기록보관에 대한 실무적 지침은 다음과 같다.

- 내담자가 상담회기에 오지 않은 경우, 그 이유를 기록하는 것이 좋다.
- 과정기록을 작성할 때는 명확한 행동적 언어를 사용한다. 분명하고 구체적인 행동을 기술하는 데 초점을 맞추고, 특정 분야에 사용되는 전문용어는 피한다.
- 임상기록 내용이 언젠가 내담자가 배석한 가운데 법정에서 읽힐 가능성도 고려한다.
- 전문적인 문서라서 자세할 것이라고 예상하겠지만, 기록은 가능한 간결한 것이 최상이다.
- 이 격언을 명심하라. "기록하지 않은 것은 있었던 일이 아니다".
- 임상기록은 임상적으로 관련이 있는 내담자와 치료자의 행동을 다룬다. 임상기록에는 사용된 개입방법, 치료전략에 대한 내담자의 반응, 개선된 치료계획과 수행된 후속평가 등이 포함된다.

일부 치료자는 경과기록이나 과정기록을 적기보다 내담자에게 서비스를 제공하는 데 시간을 더 투자하기로 선택한다. 그러나 이 기록은 직무수행에 중요한 부분이다. 가끔 치료자는 임상기록을 하는 일이 제한된 업무시간을 효율적으로 사용하는 것이 아니라는 가정하에 일하곤 한다. 이러한 치료자는 최소한의 기록만 보관하는 방식을 채택할 가능성이 높다. 임상전문가는 내담자가 말한 것을 기억할 수 있다고 생각하기 때문에, 내담자의 비밀과 사생활을 침해할까봐 염려하기 때문에, 상담실무에서 형식주의에 얽매이는 것을 원치 않기 때문에, 혹은 내담자에 관한 기록을 남길 시간이 없다고 생각하기 때문에 기록을 보관하지 않을 수도 있다. 기록보관을 하지 않는 이유야 어떻든 오늘날의 환경에서는 변명의 이유가 되지 못하며 공통된 직무기준을 위반하는 것이다. 기록을 남기는 것은 이제 더 이상 선택사항이 아니고 현 시대에서는 윤리적, 임상적, 법적 필수사항이 되었다.

앞서 언급했듯이 내담자에게 본인의 자료와 기록에 접근할 수 있는 권한을 제공하는 것은 휴먼 서비스 직종에 큰 영향력을 발휘하는 소비자권리운동과 같은 선상에서 생각해 볼 수 있다. 이러한 차원에서 다음 질문의 답변을 한 번 생각해 보라.

- 내담자에게 정보를 제공하는 것에 대해 어떻게 생각하는가?
- 내담자와 어떤 정보를 공유하고 싶은가?
- 내담자에게 정보를 어떤 방식으로 제공할 것인가?
- 자신을 고용한 기관의 정책과 당신의 견해가 충돌할 경우 어떻게 할 것인가?

### <Maxim의 사례>

Maxim은 비교적 기능수준이 좋은 내담자들을 주로 심리치료하고 있다. 그는 기본적으로 내담자의 치료과정을 기록할 필요가 없다고 생각한다. 그는 자신의 입장을 이렇게 밝혔다. "내담자가 한 시간 동안 나에게 말을 해 대는데 무엇을 적으란 말입니까? 무엇을 위해 그래야 합니까? 만약 제가 위험한 수준에 있는 내담자를 본다면 기록을 관리해야겠지요. 아니면 제가 정신분석가라면 내담자가 말하는 모든 것이 중요하다고 생각할 테니까 그렇게 할 것이고요." 그의 내담자 중에 Lucia라는 여성이 상담자가 당연히 기록을 보관할 것이라 생각해 어느 날 자신의 기록을 볼 수 있냐고 그에게 물었다. Maxim은 Lucia에게 자신은 기록을 잘 하지 않는다고 설명할 수밖에 없었다.

- 기록보관에 대한 Maxim의 태도를 어떻게 생각하는가? 비윤리적이라고 생각하는가? 그 이유는 무엇인가?
- 그가 만나는 내담자의 특징을 고려할 경우 그의 행동이 정당화될 수 있는가? 만약 그렇지 않다고 생각한다면 이런 상황에서 어떤 것을 기록해야 할지 판단할 수 있는 기준이 있는가?
- 만약 Lucia를 상담하는 동안이나 그 이후에 법적 문제가 발생하면 어떻게 되겠는가? 각 회기의 내용을 기록했다면 내담자와 치료자에게 어떤 도움이 되겠는가?
- 만약 그의 내담자들 중 몇 명이 다른 지역으로 이주해 다른 치료자를 찾아야 한다면, 새로운 치료자에게 전달할 기록이 전혀 없을 경우 윤리적으로 어떤 의미가 있는가?
- 만약 기록보관이 의무가 아니라면, 당신은 기록을 보관할 것인가? 그 이유는 무엇인가?

**논평.** 임상기록을 적절히 보관하는 것은 내담자의 기능수준과 상관없이 법적·윤리적 필수요건이다. 기록보관은 제3자의 치료비 지급을 위해서도 필요하다. 기록은 치료의 중요한 요소로 치료자가 관련 정보를 기억하는 데 도움이 될 수 있고 내담자에게 사용한 임상절차를 되짚어 보는 데 유용하다. 해당 회기에 나눈 모든 이야기를 오랜 시간 기억할 수 있는 치료자는 거의 없다. Maxim은 임상기록을 하지 않는 결정이 내담자를 위한 치료기준에 어떤 영향을 끼쳤는지에 대한 정당성을 법정에서 입증해야 할지도 모른다. Bennett 등(2006)은 임상기록 보관에 대한 법적 필수요건에는 임의적인 일련의 규칙을 따르는 것 이상이 포함되어 있다는 점을 상기시킨다. "잘 작성된 기록을 통해 당신이 사례 개념화, 상담계획, 치료 적용 측면에서 타당한 치료기준을 활용했음을 입증하게 된다"(34쪽). 잘 작성된 기록은 또한 기관에서 일하는 임상전문가에게 매우 중요하다. 한 내담자가 응급상황일 때 기관을 찾아올 수 있는데, 이때 담당 임상전문가를 만나지 못하는 일이 생길 수 있다. 그런데 그곳에 있는 다른 임상전문가가 이 내담자의 담당 임상전문가가 작성한 문서를 검토할 수 있다면 이 내담자가 필요로 하는 것을 적절히 이해하고 개념화하여 내담자를 도울 수 있을 것이다.

## 법률적 관점에서 본 기록보관

Rivas-Vazquez 등(2001)에 따르면, "기록하지 않은 것은 있었던 일이 아니다"라는 금언은 오늘날처럼 잠재적인 법적 책임에 대한 인식이 높아진 환경에서 전례 없이 부각되었다. 그들은 종합적인 문서 실무에 필요한 구체적인 영역들을 개괄한다. 전문가 윤리규정에도 적절하게 기록을 보관해야 한다고 명시되어 있다(글상자 '기록보관' 참고). 그리고 앞서 말한 것처럼 미국심리학회는 기록보관에 관한 지침을 개정하였다(APA, 2007).

### 윤리규정: 기록보관

**재활상담사자격검정위원회(CRCC, 2010)**
재활상담사는 필요한 서비스의 전달과 지속을 촉진하기 위해 내담자에 관해 기록할 때는 제때 충분히 기록한 문서를 포함해야 한다. 재활상담사는 기록문서에 상담경과와 내담자에게 제공한 서비스가 정확하게 반영되도록 타당한 조치를 취해야 한다. 기록에 오류가 있다면 재활상담사는 기관 혹은 단체의 규정에 따라 그러한 오류를 수정하는 데 적절한 주의를 기울여야 한다(B.6.a).

**미국정신건강상담사협회(AMHCA, 2015)**
정신건강상담사들은 적절한 임상기록과 재무기록을 작성하고 유지해야 한다.

(a) 정신건강상담사는 비밀을 지키며 해당 규정이나 법률에 따라 내담자 기록을 작성하고, 유지하며, 저장하고, 전송하거나 폐기해야 한다.

(b) 정신건강상담사는 비밀을 유지하고 내담자의 안녕을 보장하며, 퇴직하거나 사망할 경우를 대비해 내담자 기록을 전송하고 저장하며 폐기하기 위한 계획을 수립해야 한다(E.1).

**미국사회복지사협회(NASW, 2008)**

(a) 사회복지사는 문서기록이 정확하도록, 제공한 서비스를 제대로 반영하도록 타당한 조치를 취해야 한다.

(b) 사회복지사는 양질의 서비스를 제공하고 추후 클라이언트에게 지속적인 서비스를 제공하기 위해 제때 충분히 기록한 문서를 기록에 포함해야 한다.

(c) 사회복지사가 기록한 문서는 클라이언트의 사생활을 최대한 적절하게 보호해야 하고 제공되는 서비스와 직접 관련이 있는 정보만 포함해야 한다.

(d) 사회복지사는 미래에 사용할 수 있도록 서비스가 종결된 이후에도 기록을 보관해야 한다. 기록은 주 법령이나 계약상 정해진 기간 동안 보관해야 한다(3.04)

**미국심리학회(APA, 2010)**

심리학자는 (1) 자신이나 다른 전문가의 추후 서비스를 손쉽게 하고, (2) 연구설계나 분석을 따라 할 수 있게 하며, (3) 기관의 요구를 충족시키고, (4) 비용지불과 지출을 확실하게 하며, (5) 법정의 요구를 따르기 위해 전문적이고 과학적인 직무수행과 관련된 기록과 자료를 작성하고, 더 나아가 그것의 통제, 유지, 유포, 저장, 보유, 폐기를 제대로 할 수 있어야 한다(6.01).

**폭력적이거나 공격적인 내담자의 기록을 위한 지침.** 상담자가 자신이나 타인 혹은 물질적 재산에 잠재적으로 해가 될 수 있는 위기상황에서 자신의 행동을 기록하는 것은 매우 현명한 대처법이다. Reeves(2011)는 폭력적이고 공격적인 환자들의 신체적 통제를 기록하는 데 유용한 지침을 간호사들에게 제공하였다. 이 지침은 특별히 아동과 청소년 입원환자들에게 적용하도록 고안되었지만, 내담자가 공격성을 드러내는 다른 임상적 환경에서도 광범위하게 적용될 수 있다. Reeves는 사건발생 후 24시간 이내에 사건기록을 입수할 수 있도록 해야 한다고 말한다. 이때 다음의 내용을 문서에 기록해야 한다.

- 내담자의 행동과 그 행동에 대한 다른 사람들의 반응을 포함해 그 문제의 발단이 된 주요 사건들
- 시도된 대안적 전략과 치료계획으로부터 벗어난 것들
- 사용된 신체적 개입과 관련 위험요소들에 대한 논리적 근거
- 사용된 통제방법과 지속기간
- 내담자의 신체적 안녕을 점검하는 과정에서 직면하는 어려움, 그리고 그 어려움의 결과로 취한 조치들
- 어떻게 통제가 끝나게 되었는지

**적절한 임상기록 유지에 관한 지침.** Wheeler와 Bertram(2015)은 적절한 임상기록을 남기지 않는 상담실무자는 정신건강실무자에게 기대하는 치료기준을 따르지 않는 것이기 때문에 직업적 배임행위소송에 취약하다고 말한다. 그들은 기준에 부합하는 기록보관은 면허관리청의 이의제기나 배임행위소송에 성공적으로 대응하기 위해 상담자가 갖출 수 있는 가장 효과적인 도구 중 하나라고 주장한다. 정신건강 서비스 제공자가 아무리 정당하게 행동하고 기록을 적절히 관리해도 법적 고소를 당하지 않는다는 보장은 없다. 경우에 따라 역량 있는 실무자도 손해배상을 해야 할 입장에 처하게 된다.

사례기록은 일단 내담자의 기록으로 문서화한 이후에는 변경하거나 함부로 고치면 안 된다. 나중에 임상기록을 고친 행위는 법정에서 치료자가 자신의 결백을 주장하는 데 큰 약점으로 작용할 수 있다. 치료회기가 끝난 후 가능한 빨리 임상기록지에 내용을 쓰고 날짜와 서명을 하라. 만약 내담자의 기록을 컴퓨터로 관리할 경우 임상기록을 증거물로 제출해야 할 때 사후 첨삭에 대한 의심의 여지를 없애기 위해 작성 일시를 입력하면 변경되지 않는 프로그램을 사용할 필요가 있다.

내담자의 임상기록에 대한 내용과 작성방식은 소속기관의 정책, 주 상담자 면허법, 혹은 다른 관리기관의 지시에 의해 결정된다. 상황과 치료자의 선호도에 따라 자세한 기록작성 여부가 결정될 수 있다. 미국심리학회(APA, 2007)는 기록보관을 할 때 포함해야 할 내용들을 다음과 같이 제시한다.

- 신상 정보
- 상담비용 정보
- 설명 후 받는 동의서
- 비밀정보 제공 동의서
- 내담자의 호소 문제와 진단
- 서비스 계획
- 전문가의 개입에 대한 내담자의 반응
- 현재 내담자나 타인에게 위험할 수 있는 요소들
- 미래의 개입계획
- 평가 혹은 요약정보
- 다른 전문가에게 자문을 요청하거나 의뢰한 내용
- 관련된 문화, 사회정치적 요소

**커플, 가족, 집단의 기록보관에 관한 지침.** 기록보관에 관한 지침(APA, 2007)에는 또한 커플, 가족, 집단치료에서 다수의 사람들을 상담하는 상담실무자를 위한 절차가 문서화되어 있다. 치료자가 다수의 내담자들을 상담할 때 기록보관과 관련된 문제는 복잡해질 수 있다(Drogin et al., 2010). 한 내담자의 정보를 다른 내담자에게 공개하면 비밀보장이 훼손될 수도 있다. 집단치료의 경우 참석자 각각의 기록을 따로 만들어 관리하는 것이 유용할 수 있다. Drogin 등은 개별 집단원과 관련된 중요한 문제들을 각자의 개별 자료에 기록해야 한다고 제안한다.

커플이나 가족을 상담할 때는 주 내담자가 가족체계일 수도 있으며, 그럴 경우 상담실무자는 커플이나 가족을 묶어 한곳에 기록하고 관리할 수도 있다. 커플상담 기록이 개인별로 보관되는지 아니면 결합된 형태의 기록으로 유지되는지 여부는 여러 요인들에 따라 달라진다. 각기 다른 사법관할권역에 따라 다양한 기록보관요건들이 있다. 이 문제는 또한 커플이 내담자인지 아니면 각각 별도의 내담자인지에 따라서도 결정된다. 커플이 내담자라면 단일기록이 기준이 된다(Harway, Kadin, Gottlieb, Nutt, & Celano, 2012). Drogin 등(2010)은 "경험 많은 심리학자들은 대체로 자신의 치료 모델과 직무환경에 맞는 커플과 가족 심리치료의 문서화에 관한 철학이 있다"(241쪽)고 설명한다. 그들은 단순히 개별 내담자들의 특정된 임상정보가 아니라 내담자 기록에 '관계적 자료'를 문서화하는 것이 중요할 수 있다는 것을 인정한다. 그들은 집단치료나 커플치료 또는 가족치료와 상관없이 다수의 내담자를 치료할 때, "기록유지를 하는 각 기관과 누가 정보에 접근할 것인지에 관해 알려야 할 의무가 있다"(241쪽)고 믿는다. 그런 논의는 서비스 초기에 이루어져야 한다.

## 관리의료 프로그램과 기록보관

관리의료체계에서 일하는 상담실무자는 치료 서비스에 대해 적합한 문서 기록을 관리해야 한다. 관리의료 프로그램에서 실무자의 기록을 언제 검사할지 모른다. 법률에 따라 관리의료체계에서 일하는 상담실무자는 정확한 차트와 기록을 관리하도록 규정되어 있으며, 차트를 검토하도록 임명된 사람에게 그 정보를 제공해야 한다.

판례법, 면허관리청의 법령과 규칙, 메디케어/메디케이드(Medicare/Medicaid) 보험청구규정 등은 모두 관리의료체계하에서 정신건강 관련 기록들에 포함해야 하는 최소한의 정보를 규정하는 데 기여한다. 이 정보에는 내담자의 신상정보, 개인사를 포함한 내담자의 주요 고충, 최근 건강검진 결과, 접수용지 내용, 필요할 경우 다른 전문가에게 의뢰한 사실을 적은 서류, 자문내용과 다른 전문가로부터의 의견, 진단과정과 검사결과, 서명한 치료 동의서, 확정된 진단내용, 문제와 상태가 계속되는지와 관련된 예후, 치료 계획, 치료하려는 문제와 목표, 날짜와 서명이 기입된 경과기록, 제공된 서비스 유형, 상담예약과 진행일시, 상담종결 요약서, 퇴원 요약서, 공개했던 정보 등이 있다. 제공한 모든 서비스에 대한 완전한 설명이 기록에 포함되어 있지 않으면 상담자가 제공한 서비스에 대해 지불했던 금액을 돌려 달라고 관리의료회사에서 요구할지 모른다.

## 학교상담사와 기록보관

일부 상담 현장에서는 기록을 관리하기 어려울 수 있다. 예를 들어, 학교에서는 상담자 한 명이 담당해야 할 학생이 400명 이상인 경우가 다반사이다. 이러한 상황에서 학교상담사가 매번 학생들을 만날 때마다 자세한 기록을 남기도록 기대하는 것이 현실적인가? 기록을 잘 관리하면 제공한 상담수준이 공인된 치료기준에 부합한다는 점을 입증하는 데 유리할 수 있다(Birdsall & Hubert, 2000). 학생이 중간수준이나 심각한 수준의 사회적·정서적 문제를 보이거나 자살위험군에 속할 경우에는 기록보관이 특히 중요하다(Remley, 2009). 학부모를 만났을 때도 반드시 기록하고 관리해야 한다. 학교상담사도 기록을 보관할 때 비밀보장을 중요하게 생각해야 한다. 여러 학교에서는 학교상담사가 별다른 세부사항을 기록하지 않고도 손쉽게 일지를 기록할 수 있는 컴퓨터시스템을 가지고 있다(Maureen Kenny, 개인면담, 2016. 9. 25).

학교상담사를 위한 윤리적 기준(ASCA, 2016)은 다음과 같이 학생생활기록부 문제를 다룬다.

> 학교상담사는 누가 학생의 교육관련 기록에 접근할 수 있는지를 규정하고, 부모에게 자녀의 성적에서 부정확한 것이 있는지를 검토할 수 있는 권리를 허용하는 가족교육권리및사생활보호법(FERPA)을 준수한다(A.12a).

학교상담사는 1974년에 제정된 가족교육권리및사생활보호법(FERPA)을 이해해야 한다. 이 연방법에는 미연방 기금의 지원을 받는 모든 학교에서 18세 미만의 학생은 학부모에게, 18세가 되면 학생에게 모든 기록을 열람할 수 있도록 규정되어 있다. 이 법에는 내담자에게 기록을 공개하는 방법도 명시되어 있다. 학생에 관한 기록은 미성년자의 부모나 성인인 학생의 동의 없이 제3자에게 공개하면 안 된다(Remley & Hermann, 2000).

## 안전한 기록보관

내담자의 기록은 비밀이 보장되는 방식으로 다뤄야 한다. 미국상담학회(ACA, 2014) 윤리규정에는 임상기록을 저장, 전송, 공유, 폐기에 관한 지침이 있다(B.6.g와B.6.h 참고). 상담자에게는 내담자의 기록을 안전한 장소에 저장하고 우편이나 전자우편 등의 수단으로 다른 사람에게 보낼 때 주의를 기울여야 할 책임이 있다. 지난 몇 년간 디지털 정보의 생산, 저장, 보호, 검색에 대한 기술혁신으로 인하여 단순한 문제가 점점 더 복잡해졌다. Pope(2015)는 "임상기록에 대한 적절한 접근방식을 구축하기 위해 실무자가 비밀보장에 대한 위험을 인식하고 사전대응을 더 잘해야 한다"(348쪽)고 생각한다. 그는 "이러한 위협은 임상정보의 기록, 저장, 소통에 이용되는 급속도로 발전하는 기술에서 비롯될 수 있다"(348쪽)라는 견해를 다시 강조한다. 그는 비밀보장에 대한 위협은 광고주, 기업체, 신용회사, 정부기관, 자신의 이익을 위해 사용할 비밀정보에 접근하고자 하는 정보 절도범을 포함해 많은 대상에서 비롯된다고 덧붙인다. Pope는 그러한 위협이 임상기록을 적절히 보관하지 못한 데서 기인될 수 있다고 경고한다.

'클라우드 컴퓨팅(cloud computing)'과 같은 기술적 진보가 최근 몇 년 동안 빠른 속도로 이뤄지고 있다. 비록 상담자들이 향상된 서비스 제공 기술의 혜택을 누릴지라도 클라우드를 외부저장 장치로 활용하게 되면 상담자와 내담자가 예기치 못한 위험에 노출될 수 있다. "기록이 클라우드로 옮겨 가면 심리학자나 상담실무자의 기록에 대한 통제력이 알 수 없을 정도로 감소될 수도 있다. … 더욱이 그런 대규모 센터에 민감한 자료들이 취합되면 잠재적인 사이버 범죄자들이 정보를 빼내고 싶은 유혹을 느낄 수 있다"(Devereaux & Gottlieb, 2012, 629쪽). 이러한 위험을 줄이기 위해 자료를 암호화할 수 있지만, 클라우드 서비스 제공업체에서 일하는 기술자가 은밀히 내담자의 자료에 접근이 가능하고 또한 기술적으로 어쩔 수 없는 부분이 존재한다. 클라우드에 기록을 보관하는 방식과 클라우드 컴퓨팅과 관련된 위협을 감소시킬 수 있는 조치에 관해 자세히 알고 싶다면 Deveraux와 Gottlieb(2012)의 저술을 참고하기 바란다.

내담자의 기록에 있는 정보들은 내담자의 것이며 내담자가 언제든지 사본을 요구할 수 있다는 것을 명심하라. 내담자를 정직하고 품위 있게 대해야 하는 것은 상담자의 의무이며, 정확한 기록을 잘 보관해야 한다. 정신건강실무자는 자신이 기록한 내용, 저장하고 열람하는 방법, 기록의 사용, 기록 폐기의 시기와 방법 등에 대해 궁극적인 책임이 있다(Nagy, 2005). 임상전문가에게는 안전한 방법으로 기록을 보관하고 내담자의 비밀을 보장해야 할 윤리적 · 법적 책임이 있다. 임상전문가는 자신이 제공하는 서비스나 자신에게 수련감독을 받는 사람이 제공하는 서비스에서 얻은 정보에 대한 비밀을 유지하기 위해 타당한 조치를 취할 책임이 있다.

상담실무자는 내담자의 기록을 언제까지 보관해야 할지 결정할 때 관련된 주 법령, 연방법, 직장규정을 고려해야 한다. 당신이 일하는 관할권에서 요구하는 대로 특정 기록 보존기간을 결정하는 것이 중요하다. 기록이 활성 또는 비활성 중이든 상담자는 언제라도 열람하여 사용할 수 있도록 안전하게 보관해야 한다. 정보가 컴퓨터에 저장되어 있다면 특히 신경 써서 보관해야 한다.

만약 치료자가 사망하거나 상담을 할 수 없게 될 경우, 임상기록을 어떻게 할 것인지 생각해 보는 것이 좋다. 치료자가 사망했을 때 임상기록의 처리방법은 법으로 정해져 있지 않지만 의사결정을 하는 데 너무 늦지 않도록 자신의 임상기록들이 어떻게 처리되면 좋을지 생각해 봐야 한다. 당신이 죽거나 다른 이유로 상담할 수 없게 될 경우, 당신의 기록과 내담자를 대신 맡아 처리해 줄 다른 전문가의 이름 등이 포함된 직무인계서를 작성할 것을 고려해 보라. 다음 질문을 숙고해 보라.

- 당신이 사망할 경우, 당신의 임상기록을 누가 열람하거나 이용할 것인가?
- 당신이 사망할 경우, 당신의 직무를 기꺼이 대신해 줄 전문가가 주위에 있는가?

상담자가 사망한 후에 내담자의 손해배상청구소송으로부터 상담자의 유산을 보호하고 싶다면 위의 질문에 대한 해답을 찾아야 한다. 심지어 죽음도 배임행위소송으로부터 우리를 자유롭게 하지 못한다! (Wheeler & Reinhardt, 2014 참고)

## 온라인 상담과 윤리적 문제

이 절에서는 온라인 상담이나 인터넷을 통해 제공되는 다양한 형태의 정신건강 서비스와 관련해 중요한 윤리적 문제들을 다루려고 한다. 정신건강전문가들은 이제 다양한 디지털시스템과 전자장치를 통해 내담자와 소통하고 내담자에게 다양한 임상 서비스를 제공할 수 있는데, 그 방식에는 오디오 녹음, 이메일 채팅, 비디오 채팅, SNS, 문자메시지, 웹기반 자조치료, 스마트폰 앱 등이 포함된다(Reamer, 2017).

Haberstroh, Barney, Foster와 Duffey(2014)는 주요 정신건강전문가들을 위한 온라인 심리치료의 윤리적 · 법적인 실무의 범위를 탐구했다. 그들은 온라인 치료를 치료방식으로 승인하는 주 정부와 전문가가 증가하고 있는 추세를 관찰했다. 자격관련위원회에서 주 법령이나 윤리규정을 통해 온라인 임상실무를 다루고 있는 주가 일부 있지만, Haberstroh 등은 실제로 그것을 금지하는 주는 없다는 사실을 발견하였다. 다른 새로운 직무수행 영역처럼 빠르게 발전하고 있는 이 영역에도 잠재적인 이익과 위험성은 공존한다. 상담실무자에게는 내담자의 권익을 최대한 보장하고 해를 끼치지 않으려고 노력해야 하며, 법이 요구하는 부분을 충족해야 하는 기본적인 의무가 있다. 정신건강전문가에게는 원거리에 있는 개인에게 상담이나 행동과학 서비스를 제공할 때 이와 관련된 윤리적, 법적, 임상적 문제들을 평가할 책임이 있다(Mallen, Vogel, & Rochlen, 2005). 인터넷 기술이 포함된 경우, 설명 후 받는 동의, 비밀보장, 사생활, 상담자와 내담자의 경계, 다중관계 등과 같은 윤리적 문제는 특별한 의미를 가질 수 있다. 중요한 윤리적 문제는 원격상담 서비스를 제공할 때 실제로 상대방이 누구인지와 관련 있다. 정신건강전문가들은 그들이 속한 전문 학회나 협회들의 규정과 기준에 따라 그런 기술을 도입하고자 하는 결정을 설명해야 한다.

## 윤리규정과 과학기술

미국정신건강상담사협회 윤리규정(AMHCA, 2015)에는 비밀보장, 내담자와 상담자의 신원확인, 내담자의 정보제공 동의, 온라인 상담관계의 구축, 상담자의 자격요건, 법률적인 사항 등 온라인 상담에 대한 지침이 있다. 미국심리학회(APA, 2010) 윤리규정에는 온라인 서비스를 제공하는 심리학자는 내담자에게 사생활 노출의 위험과 비밀보장의 한계에 대해 알려야 한다고 기술되어 있다. 미국상담학회(ACA, 2014) 윤리규정에는 상담과정에서 과학기술의 산물을 사용할 때의 이익과 한계점을 내담자에게 알리도록 명시되어 있다.

미국부부및가족치료학회(AAMFT, 2015)의 윤리규정에는 전자기술을 활용한 치료에 관한 지침이 있다.

> 전자장치(전화와 인터넷은 물론 다양한 장치)를 통해 치료 서비스를 시작하기 전에 부부 · 가족치료사는 그런 서비스 제공과 관련된 모든 법규를 준수하는지 명확히 해야 한다. 또한 부부 · 가족치료사는 (a) 전문적, 지적, 정서적, 신체적 필요를 고려하여 전자장치를 활용한 치료가 내담자에게 적합하다고 판단해야 하며, (b) 내담자나 수련생에게 전자기술이 도움이 된 서비스와 관련된 잠재적 위험과 이익을 알려야 하며, (c) 그들이 사용하는 통신매체의 보안을 확인해야 하고, (d) 적절한 교육이나 수련 또는 관련 기술 사용에 대한 수련감독을 받은 후 그런 전자장치를 활용한 치료나 서비스를 시작해야 한다(6.1).

## 온라인 상담에 관한 논쟁점

온라인 치료 윤리는 현재 상담 직종에서 활발하게 논쟁을 벌이는 주제이다. 특히 심각한 심리적 고통, 정신병리의 재발, 자살 혹은 살인 충동을 경험하는 내담자에게 온라인 치료가 효과가 있는지에 대해 관심이 쏠려 있다. 내담자가 이메일이나 다른 전자매체를 통해 자신이나 타인을 해하겠다는 위협을 공개할 때, **보호의무**의 기준을 어떻게 적용할 것인지는 상당히 주의를 요하는 문제이다(Welfel, 2009). Rummell과 Joyce(2010)는 위기관리 면에서 온라인 상담을 시행하는 임상전문가는 위에서 언급한 것 같은 응급상황에 대비하여 내담자의 실제 신분과 사는 곳을 알고 있어야 한다고 지적한다. 그들은 온라인 상담의 이점을 인정하기는 하지만 온라인 상담을 시행할 때 고려해야 하는 윤리적 문제들을 다수 제시했다. 온라인 상담을 제공하는 역량은 윤리적 고려사항 중 근본적인 것이다. 상담실무자는 온라인을 이용해 의미 있고 생동감 있는 치료관계를 촉진하는 데 필요한 기술과 역량을 개발해야 한다. "사회복지 [및 여타 다른 조력 전문직]에서 제기되고 있는 도전은, 치료적 이점이 있는 유용한 기술혁신과 취약한 내담자에게 해롭거나 때로는 착취적일 수 있는 치료법에서 균형을 이루어 나아가는 일이다"(Reamer, 2013, 171쪽).

Reamer(2013)는 온라인 서비스를 전달하는 과정에서 생기는 윤리적 실수들은 의무에 소홀하거나 과실을 범할 때 발생할 수 있다고 강조한다. 상담자가 **의무에 소홀해서 생기는 실수**의 예는 다음과 같다.

- 온라인 서비스를 제공하기 전에 내담자에게 사전동의를 받지 않음.
- SNS에 올린 개인정보에 내담자가 접근하지 못하도록 제한함.

- 내담자가 거주하는 주에서 일하는 데 필요한 자격을 취득하지 않음.
- 전자매체 소통과 관련된 건강보험양도및책임에관한법률(HIPAA) 규정에 순응하지 않음.
- 내담자의 문자나 이메일 메시지를 받고 제시간에 답장하지 않음.

상담자의 과오로 생기는 실수의 예는 다음과 같다.

- 내담자를 위한 온라인 서비스를 갑자기 종결함.
- 상담자의 교육과 훈련범위를 벗어난 온라인 서비스를 제공하는 데 전문성이 있다고 주장함.
- 임상적인 상태가 심각해 대면 서비스가 필요한 내담자에게 온라인 서비스만 제공함.

## 온라인 상담의 장단점

대부분의 전문가들이 최근 인터넷을 통해 이뤄지는 상담은 전통적인 심리치료로 간주할 수 없다는 데 동의한다. 하지만 이런 형태로 제공되는 서비스는 전통적인 치료방식을 꺼리는 사람들에게 도움이 될 것이라고 생각하는 사람들도 많다. 수많은 사람들에게 서비스를 제공하는 일이 가능하기 때문에 인터넷을 통해 얻을 수 있는 이득은 어마어마하다. Reamer(2017)는 다양한 종류의 사람들과 각기 다른 조건을 가진 사람들에 대한 원격상담 효과를 연구하여 그 결과를 제시한다. 지지자들은 정신적으로 취약한 사람들에게 디지털 기술이 서비스 제공 가능성을 높인다는 사례를 제시한다. 예를 들어, 웹을 기반으로 한 치료 개입을 통해 집에서만 전문적 지원을 받을 수 있는 사람들에게 정신건강실무자가 맞춤형으로 특정한 행동적 개입을 제공하는 기회를 주게 된다. 움직임이 자유롭지 못한 특정 장애나 만성질환을 가진 내담자는 온라인 상담이 유익하다는 것을 발견하였다. Kolmes(2017)는 "SNS문화가 폭발적으로 발전함으로써 심리치료사와 내담자에게 새로운 연결방식의 기회가 열렸다"(193쪽)고 주장한다. Rummell과 Joyce(2010)는 "가장 일반적으로 설명되는 온라인 상담의 이점 중 하나는 상담소로 이동이 어렵거나 불가능한 외지 시골지방이나 원거리 환경에 임상전문가가 접근할 수 있다는 것이다"(48쪽)라고 기술한다. 한 연구에서 호주 청소년들 중 16%만이 정신건강서비스를 받는 방식으로 온라인 치료를 선호하는 것으로 나타났는데, 그런 방식을 선호했던 청소년들은 익명성, 온라인의 정보수집 용이성, 채팅방에서 유사한 경험을 한 사람과의 만남 등의 이득을 강조하였다(Bradford & Rickwood, 2014). Glasheen, Shochet와 Campbell(2016)이 호주 중고등학생들을 대상으로 연구한 결과, 그들 중 80% 이상이 성적인 문제처럼 민감하고 개인적인 내용의 관심사를 다루기 위해 학교상담사가 제공하는 온라인 서비스를 사용했거나 사용할 것이라고 보고하였다. 온라인으로 개인의 문제를 논의할 때 가질 수 있는 이점은 성적인 문제가 관심사인 학생들이 자신의 가시성을 통제할 수 있다는 것이다.

Ravis(2007)는 원격상담의 이익이 위험요소보다 더 크다고 주장한다. 적절한 준비와 자원을 갖춘다면 상담자는 원격상담으로 인한 문제가 생각보다 크지 않다는 것을 알게 될 것이다. Ravis는 온라인 상담을 염두에 두고 있는 상담자들에게 다음과 같은 것들을 제안한다.

- 원격상담을 시작하기 전에 발전 중인 이 분야와 관련하여 적합한 자격요건을 취득하라.
- 원격상담의 효과적인 적용을 위해 전통방식을 조정하는 방법을 배우라.
- 당신이 염두에 두고 있는 특정 원격 서비스에 부합되는 내담자를 선별하라.
- 설명 후 받는 동의의 일부분으로 원격상담 중에 일어날 수도 있는 문제 상황에 대해 내담자를 교육하라.
- 현재까지 발전한 윤리지침을 숙지하여 당신의 직무범위를 구체적으로 알리라.
- 온라인 상담을 제공할 때 당신의 직무를 좌우하는 법적인 문제와 주 면허관리청의 규정을 숙지하라.

단순히 과학기술을 이용할 수 있다고 해서 모든 내담자에게 적절하다는 뜻은 아니며 어떤 내담자에게는 도움이 될 수도 있다는 의미이다. 상담을 목적으로 여러 형태의 과학기술을 활용하려고 할 때, 잠재적인 이득이 잠재적인 위험보다 더 많아야 윤리적으로 정당화될 수 있다. 온라인 상담과 원격상담의 **단점**은 다음과 같다.

- 행동단서가 부족하고 비언어적 정보가 부족하기 때문에 진단이 부정확하거나 치료가 비효과적일 수 있다.
- 비밀유지와 사생활 보장이 되지 않는다. 디지털 기술로 인해 내담자의 사생활과 비밀보장이 침해될 가능성이 높아졌다(Reamer, 2017).
- 다른 사람들에게 경고하고 그들을 보호할 수 있는 치료자의 의무가 제한된다.

- 자살의도가 있는 사람, 심각한 불안이나 우울로 고통을 받는 사람 혹은 위기상황에 처한 사람에 대해 신속하게 주의를 기울이기 힘들다.
- 온라인 서비스를 제공하는 일부 상담자는 능숙하게 이러한 서비스를 제공할 자격을 갖추지 못하였거나 자신의 능력을 잘 발휘하지 못할 수 있다.
- 임상전문가가 디지털 기술을 활용할 경우 치료의 경계가 무너질 때가 있는데, 특히 다중관계 등과 같은 복잡한 문제가 생길 수 있다(Reamer, 2017).
- 익명성 때문에 미성년자가 성인인 것처럼 가장하고 치료를 받으려 할 수 있고, 어떤 내담자들은 자신의 신상을 허위로 기재할 수 있다.
- 내담자가 아닌 사람이 로그인하고 마치 내담자인 것처럼 상담회기에 임할 수 있다.
- 전이와 역전이 문제를 제대로 다룰 수 없다.
- 전통적인 대면상담을 받아 본 적이 없는 사람과는 효과적인 치료동맹을 맺기 힘들 수 있다.
- 원격상담 서비스는 복잡한 심리적 문제가 있거나 장기적으로 문제가 있는 내담자에게는 적합하지 않을 수 있다(Reamer, 2017).

Shaw와 Shaw(2006)는 온라인 상담의 유용성에 관한 논쟁은 이 매체의 효과성을 입증하는 적절한 자료가 등장하기 전까지 계속될 것이라고 지적한다. 그들은 설명 후 받는 동의서에 온라인 상담이 전통적인 대면상담을 대신할 수 없으며, 상담서비스 제공의 전통적인 방법을 보완하는 정도라는 문구를 넣을 것을 제안한다.

## 온라인 상담과 관련된 법적인 문제

인터넷(원격 서비스 또는 원격상담으로 알려짐)을 통해 상담 서비스를 제공하는 것이 비교적 생소하고 아직 논쟁의 대상이기 때문에, 상담실무에서 인터넷의 사용 혹은 오용과 관련된 법적 소송이 일어나기 전까지는 법률적인 현안들이 제기되지 않을 것이다. 원격 건강 서비스나 인터넷 상담과 관련하여 가장 자주 제기되는 문제는 특정 주에서 면허를 받은 정신건강실무자가 다른 주의 내담자에게 전화나 인터넷을 통해 서비스를 제공하는 것이 합법적인지에 관한 것이다.

임상전문가의 면허는 그것을 취득한 주에서 일하도록 마련된 것이다. 일부 주는 다른 주에서 면허를 받은 정신건강전문가들이 면허를 받지 못한 주에서 온라인 상담을 실행할 수 없다고 판결하였다. 그러나 그것은 복잡한 문제이며, 일부 주 면허법은 구시대적이고 현대의 디지털 현실을 인식하지 못한 것이라고 본다(Zur, 2016). 상담자는 주의 모든 상담과 관련된 법률의 변화에 관해 숙지하여 최신 정보를 알고 있을 필요가 있다. 상담자는 자신이 일하고 있는 주와 내담자가 거주하는 주의 모든 법률을 점검할 필요가 있다. 다른 주에 거주하는 내담자를 대상으로 온라인 상담이나 전화상담을 하기 전에 법률상담을 해 보고 면허관리청에 문의해야 한다. 상담자가 이 서비스를 제공할 계획이 있다면 자신이 관계된 보험사에 확인하는 것도 좋은 방법이다. Zur에 따르면, 내담자가 거주하는 주에서는 해당 주의 면허가 없는 치료사가 법을 위반했는지가 더 큰 관심거리가 될 가능성이 있다. 면허관리청은 소비자들을 보호하기 위한 법적 권한을 가지고 있지만, 해당 주에 거주하지 않는 소비자들에게는 어떤 의무도 없다.

주 경계를 넘어간 내담자는 치료자에게 어떤 위험 가능성 없이 그들이 논의하고 싶은 일이 생겼을 때 전화나 화상으로 전문적인 상담 서비스를 받을 수 있을까? Leslie (2016)에 따르면, 내담자는 특히 위기상황이나 힘든 시기에, 심지어 일시적으로 주를 벗어나 있더라도 상담관계가 진행되는 동안에는 치료자가 계속 상담할 것이라고 기대할 권리를 가지고 있다. Leslie는 다른 주를 여행 중일 때 캘리포니아 면허를 가진 치료자와 전화나 온라인으로 상담하기를 원하면, 치료자는 이것이 허용되는지 알기 위해 내담자가 일시적으로 머물고 있는 주에 확인이 필요하다고 하는 안내문을 소비자들에게 보낸 캘리포니아 면허관리청을 비난하였다. Leslie는 이 안내가 내담자의 최고 이익이 우선되고, 치료자에게 지속적으로 보호 받으려는 기대와 관련하여 전국적으로 수십 년간 적용되어 온 안전과 윤리적 실무의 원칙에 반하는 것이라고 주장한다.

지리적 경계를 넘어 심리적 서비스 제공의 장벽을 해소하기 위해 심리학자 임상면허를 50개 주에서 모두 통용 가능하게 하여 유효하게 하자는 운동이 시작되었다. 이와 관련해 약간의 진전이 있다. 2012년 7월 주및지방심리학실무위원회(ASPPB)는 연방정부로부터 ASPPB 심리학 면허 보편화 시스템(PLUS)의 개발과 시행을 위해 면허 통용에 대한 허가를 받았다고 발표하였다. 일단 관할권 문제가 주 면허관리청에 의해 조정되면, 온라인으로 전문적인 서비스를 제공하기로 선택한 치료자는 자신의 법적 책임을 제한하고 그들의 내담자에 대한 잠재적인 피해를 줄이는 방법에 대해 신중하게 생각해야 할 것이다.

Harris와 Younggren(2011)은 다수의 문헌에서 전자시대가 건강진료 서비스 제공 방법을 새롭게 향상시켰는지를 다루고 있다고 소개하였다. 그들은 대면치료가 원격치료보다 더 뛰어나다는 가정에 도전하는 연구들을 인용하였다. 그러나 심리학계가 전자통신이 발달한 세상에서 이 기술을 최대한 활용하려면 정신건강실무자들이 수많은 윤리적이고 법적인 문제를 해결하고 전자기기를 통한 서비스 제공과 관련된 위험요인들을 평가해야 한다. Harris와 Younggren은 원격 서비스에 의존하는 사례가 발생하지 않는 한 위험관리에 관심을 가진 임상실무자는 대면상담 서비스를 제공하는 것을 선택할 것이라고 생각한다. 그들은 법적 기준에 부합하고 윤리적 실무에 맞는 원격 서비스를 정당화하는 상황들을 다음과 같이 제시한다.

- 기존에 하던 치료관계와 관계하여 서비스가 제공되는 경우
- 내담자가 원거리에 거주하고 있어 대면치료가 어렵거나 접근이 불가능한 경우
- 원격 서비스가 대면치료보다 실질적인 이점을 제공할 때(예: 내담자의 바쁜 일정으로 원격상담 회기가 더 효율적일 경우)
- 내담자가 원격상담 회기를 원하고, 치료자가 이것이 합리적이고 정보에 근거한 결정인지 판단하는 데 필요한 내담자에 관한 정보를 충분히 가지고 있는 경우

Harris와 Younggren(2011)은 만약 내담자가 치료자가 처음이고, 유사한 기술을 가진 치료자가 있는 지역에 거주할 경우 지역사회 자원에 의뢰하는 것이 전문적인 자세와 위험관리 측면에서 신중한 접근이라고 주장한다. "위험에 대한 적절한 분석은 윤리적으로 건전하고 전문적 실무기준에 부합하며 법을 존중하는 서비스 모델로 이어진다"(416쪽).

## 스마트폰 사용

스마트폰은 지난 몇 년 동안 정신건강 서비스 제공자들에 의해 점점 더 많이 활용되고 있다. 내담자가 그들의 임상증상, 기분, 행동에 대한 정보를 기록하는 용도로 스마트폰 앱을 다운로드 하도록 장려하거나 심지어 요구하는 임상 프로그램이 증가하고 있다. 그런 앱을 통해 심리교육 정보나 임상전문가로부터의 자동문자(예: 지지적 문자)를 받거나 근거리에서 진행되는 12단계 모임의 장소와 같은 지역자원과 연계된 정보를 얻을 수 있다(Reamer, 2015).

윤리적 관점에서 보면 스마트폰 사용은 의도하지 않은 결과를 초래할 수 있기 때문에, 심리치료사는 스마트폰이 내담자별로 치료에 유용하고 적절한 보조도구인지의 여부를 평가해야 한다. 일부 내담자들은 스마트폰에 지나치게 의존하게 되어 기기가 없을 경우 불안감이 커지게 된다.

Eonta 등(2011)은 과학기술이 접근성이 좋은 양질의 내담자 치료로 이어질 수 있는 방법에 대한 사례를 제시하였다. 스마트폰은 내담자 치료를 개인 맞춤형으로 진행하고, 각 내담자의 요구와 선호도에 맞게 평가와 치료전략을 조정하도록 널리 이용 가능한 기술의 한 예에 불과하다. 그들은 다음과 같은 문제를 제기하였다. "우리의 개입과 평가가 내담자에게 가장 적합하도록 하기 위해 심리치료사로서 유연하고 창의적인 자세를 유지하는 것이 중요한데, 우리는 내담자 치료에 '널리 적용되도록 만든(one size fits all)' 접근방식을 사용하지 않으려고 하고 있다." 과학기술은 치료를 개별화하고 우리가 사용하는 치료 접근법의 효율성을 증대하는 한 가지 방법이다"(519쪽).

## 역량을 갖춘 온라인 상담

역량은 정신건강실무자가 원격 서비스를 제공할 때 기본적인 윤리적 문제이다. 만약 불만이 제기된다면, 원격 서비스를 제공하는 전문가는 제공하는 서비스와 서비스를 제공하기 위해 사용하고 있는 기술 모두에서 역량을 보여 줘야 할 것이다. 정신건강실무자는 자신이 원격으로 서비스를 제공할 수 있는 역량이 어느 정도 되는지 생각해 보고, 제공할 수 있는 서비스와 제공할 수 없는 서비스가 무엇인지 결정하며, 그러한 방식으로 서비스를 제공했을 때의 이득과 위험성을 평가할 필요가 있다. 온라인상에서 내담자를 상담하려고 하는 치료자는 인터넷 상담과 관련하여 역량을 갖추기 위해 특별한 수련을 받아야 한다. Kolmes(2012)는 기술적 역량을 획득하는 것 외에도 임상전문가는 내담자가 SNS를 어떻게 사용하고 경험하는지에 관해 더 깊이 이해해야 한다고 주장한다. 그녀는 다음과 같은 점에 주목한다.

> 디지털 원주민(digital natives)과 디지털 이민자(digital immigrants)의 문화적 차이로 인해 일부 임상전문가들은 온라인 공간에서 사회적, 전문적, 지지적 네트워크의 융합을 다루고자 하는 사람을 이해하기가 더 어려워질 수 있다(610쪽).

온라인 상담을 하는 치료자는 디지털 기술을 잘 모르는 내담자가 가질 수 있는 문제들을 예상해야 한다. 예를 들어, 치료자는 비밀보장의 한계를 다루어야 하고 비밀보장이 훼손된 경우 어떤 조치를 취할 수 있는지 논의해야 한다. 또한 치료자는 기술적 장애와 같은 이유로 서비스 중단사태가 발생했을 때 그동안 무엇을 해야 하는지 내담자와 사전에 논의할 수 있다. 특히 원격치료가 올바른 선택인지의 여부를 상담자와 내담자가 평가하고 있는 경우에는 위와 같은 주제들을 논의하는 것이 설명 후 받는 동의절차의 기본적인 부분이 되어야 한다(Harris & Younggren, 2011).

## 온라인 상담에 관한 저자들의 관점

치료자는 온라인 상담과 전통적인 대면상담을 두고 고민할 필요가 없다. 내담자에게 서비스를 제공하기 위해 과학기술을 활용할 수 있다. 특히 치료자가 원격치료와 대면치료를 병행한다면 내담자의 특별한 요구를 충족시킬 수 있다. 예를 들어, 온라인 상담에 내담자가 적합한지 판단하고 효과적인 치료관계를 형성하기 위해 가능하다면 치료자는 한 번에서 세 번 정도의 대면회기를 가질 수 있다. 그렇게 함으로써 온라인 서비스의 효과를 증대할 수 있다. 우리는 이것이 온라인 서비스가 효과적일 가능성을 높일 것이라고 생각한다. 대면회기 동안 내담자에게 상담과정에 관해 설명하고, 사전동의를 받으며, 내담자의 과거력을 묻고, 평가를 실시하며, 진단적 인상을 파악하고, 상담목표를 공동으로 수립하며, 일반적인 치료계획을 개발하고, 구체적인 행동계획을 세우는 데 시간을 할애할 수 있다. 행동계획은 상담 초기 이후에 시행되기 때문에 온라인 상담회기는 특정 숙제를 검토하는 데 활용할 수 있다. 내담자의 요구와 상황에 따라 온라인 상담회기 중간에 대면회기를 포함할 수 있다. 이렇게 직접적인 치료에 원격치료를 통합함으로써 경제적 사정이나 먼 거리를 이동해야 하기 때문에 어쩔 수 없이 대면상담 서비스를 계속 이용할 수 없는 소비자들에게 편의를 제공할 수 있다.

다른 수단보다 원격 서비스를 통해 상담하는 것이 더 적합한 현장이 있는 것 같다. 예를 들어, 진로상담이나 교육상담은 정보를 수집하고 처리하는 과정이 중요하다. 그 과정에서 과학기술의 활용은 큰 도움이 된다. 원활한 직무수행을 위해 일부 과학기술의 활용이 유용할 수 있다. 저자들은 심각한 개인적인 문제나 대인관계 문제를 가진 내담자를 온라인으로 상담하는 것이 얼마나 효과적일지에 대해서는 의문을 가진다. 대부분의 임상적 문제는 사람 간에 상호작용이 필요한 변수들이 복잡하게 얽혀 있다. 현재로서는 온라인 상담을 서비스를 제공하는 독립적인 수단 혹은 1차적인 수단으로 사용하면 안 되며, 일부 사례에서 대면상담을 보완하는 중요한 역할을 할 수 있다고 생각한다. 당신이 온라인 상담을 상담실무에 사용한다면 어떤 윤리적 고려사항을 생각해야 하는가? 당신이 생각하기에 이 분야에서 가장 시급히 다뤄야 할 난제는 무엇인가?

# 아동과 청소년 상담

미성년자에 대한 정의는 주마다 다양하다(Barnett & Johnson, 2015). 일부 주는 16세부터 특정 상황에서 보건 서비스에 대해 동의할 수 있도록 권한을 부여하지만, 대체로 18~21세까지를 미성년의 나이로 본다. 전반적으로 아동의 권리에 관한 관심이 증가하는 것과 일맥상통하게 설명 후 받는 동의와 관련된 미성년자 권리에도 관심이 집중되고 있다. 치료자는 부모나 보호자가 치료에 동의했을지라도 설명 후 받는 동의의 일부분으로 비밀보장의 한계에 대해 미성년자와 분명히 의논해야 한다.

아동이나 청소년에게 서비스를 제공하는 사람들이 직면하는 윤리적 · 법적인 의문점은 다음과 같다.

- 치료의 목표를 정하고 동의를 받는 과정에 미성년자를 어느 정도 참여하도록 하는가?
- 미성년자를 상담할 때 비밀보장의 한계는 어디까지인가? 부모나 보호자가 미성년자의 치료에 동의했을지라도 비밀보장의 한계에 대해 미성년 내담자와 의논하겠는가?
- 미성년자를 상담할 때 설명 후 받는 동의서에는 어떤 내용이 포함되어야 하는가?

이 절에서는 위의 의문점들에 관해 논의하고 내담자인 아동과 청소년의 권리에 초점을 맞출 것이다.

## 미성년자 치료정보에 대한 부모의 권리

아동과 청소년을 상담하는 임상전문가에게 지침이 되는 구체적인 법령과 규정이 각 주마다 있다. 상담실무자는 미성년자와 관련하여 자신이 거주하는 주의 법률에 정통해야 한다. 대부분의 주에서는 미성년자와 상담관계를 맺으려면 부모나 보호자에게 충분히 설명한 후 동의서를 받거나 법원의 명령에 따라야 한다. 하지만 일반적인 규정에도 예외는 있다. 부모나 보호자는 일반적으로 자녀와의 상담내용을 알 수 있는 법적 권리가 있다(Remley & Herlihy, 2016).

미성년자가 마약, 성병, 임신이나 피임, 혹은 성폭력 피해로 추정되는 12세 이상의 미성년자에 대한 검사 때문에 상담을 받으려고 할 때는 법적으로 부모나 보호자로부터 동의서를 받지 않아도 된다(Lawrence & Kurpius, 2000). 부모의 동의 없이 아동이나 청소년이 치료를 받는 것이 정당화되려면, 그렇게 하지 않으면 미성년자가 필요한 치료를 받을 수 없을 경우라야 한다. 독자적으로 도움을 요청하는 일부 아동과 청소년은 사생활이 보장되지 않으면 치료를 받지 않으려고 할 수도 있다. 학교상담사나 학교 심리학자라면 현행법에 대해 자신이 일하는 주의 관할기관에 확인하는 것이 중요하다. 부부 · 가족치료사, 임상사회복지사, 면허를 가진 임상정신건강상담사와 심리학자들에게는 각기 다른 법률이 적용될 수 있다. 예를 들어, 최근 캘리포니아 법은 정신건강실무자가 보기에 미성년자가 치료에 참여할 수 있을 정도로 지적으로 충분히 성장하였다고 판단되면 12세 이상의 미성년자에게 상담 서비스를 제공할 수 있도록 허용하고 있다(California Board of Behavioral Sciences, 2017).

## 학교상담과 부모의 동의

미성년자를 상담하는 상담자는 자신이 살고 있는 주의 법률을 알고 근무하는 직장의 규정을 이해해야 한다. 학교상담사는 특별히 주 법령에 규정되어 있지 않다면 부모의 동의를 얻을 법적인 의무가 없다. 학생에게 상담 서비스를 제공한다는 점을 학교 요람에 명시한 학교가 많다. 학교의 규칙과 정책에 관한 정보뿐만 아니라 학교가 제공하는 다양한 서비스의 전반적인 정보를 부모들에게 제공하기 위해 학교에서는 이 요람을 학년 초에 학생들의 가정에 보낸다. 전형적으로 요람의 마지막 쪽에는 학교에서 제공하는 서비스를 자녀가 이용하는 것에 동의하는지를 묻고 부모가 서명하는 부분이 있다. 이런 과정은 포괄적인 동의를 확보하기 위한 수단이다. 만약 부모가 어떤 종류의 상담 서비스든 자녀가 받지 않기를 원한다면 요람 마지막 쪽의 서명하는 부분에 그런 의향을 밝히면 된다.

요람에 상담 서비스를 설명하는 부분에는 개인상담과 집단상담 활동이 예시되어 있다. 예를 들어, 상담회기는 학습습관 향상, 시간관리, 올바른 선택, 마약중독 예방, 분노관리, 진로 발달, 그 외에 개인적 · 사회적 문제 같은 주제에 초점을 맞출 수 있다고 적혀 있다. 아동이 이혼가정 자녀 집단상담 같은 특별한 상담에 참여하길 원한다면 특별히 승인이 필요할 때도 있다. 부모가 상담활동에 관해 질문이 있을 때 연락할 담당자의 이름이 요람에 기재된다. 부모에게는 자녀가 상담에 참여하는 것을 반대할 수 있는 권리가 있다. 만약 당신이 치료를 위해 부모의 동의를 얻도록 법적 요구사항이 없더라도, 부모에게 허락을 구했고 거절하였다면 그 자녀를 상담할 수 없다. 플로리다 주와 다른 몇몇 주는 상담자가 부모의 동의 없이 위기에 처한 아이들을 일정 기간 동안 만날 수 있도록 허용하고 있다.

## 부모의 동의 없이 미성년자를 상담하는 문제

부모의 동의 없이 미성년자를 상담하는 상황을 맞닥뜨린 상담자는 여러 가지 요인을 고려해야 한다. 미성년자의 역량은 어느 정도인가? 치료를 거절했을 때 어떤 위험부담과 결과가 생기는가? 미성년자가 도움을 요청하지 않거나 도움이 필요하지만 부모로부터 동의를 얻지 못할 가능성은 얼마나 되는가? 내담자의 문제는 얼마나 심각한가? 부모의 동의 없이 미성년자를 치료하는 것에 대한 법률적 해석은 어떠한가? 만약 상담실무자가 부모의 동의 없이 미성년자에게 정신건강 서비스를 제공할지 결정해야 할 경우 주정부의 입장이 어떤지를 알고 있어야 한다. 또한 각 사례의 윤리적인 면을 점검하기 위해 다른 전문가들에게 자문을 요청하는 것이 현명하다.

캘리포니아 주는 2011년 정신건강전문가가 보기에 미성년자가 외래진료나 정신건강상담에 지적으로 참여할 수 있을 만큼 성숙되었다고 판단하면, 12세 이상의 미성년자를 치료할 수 있도록 하는 법을 제정하였다. 하지만 이 법은 치료자가 미성년자와 상의한 후 부모나 보호자의 관여가 해당 상황에서 부적절하다는 것이 발견되지 않는 한, 치료에 부모나 보호자가 관여하게 할 것을 요구하고 있다. 치료자는 내담자의 기록에 자신이 미성년자의 부모나 보호자와 접촉을 시도했는지, 그러한 시도가 성공적이었는지 혹은 실패했는지, 또는 왜 그런 접촉을 하는 것이 부적절하다고 판단했는지 기재할 책임이 있다. 이 법률은 이민자 가족, 노숙자 청소년, 동성애자, 정신건강 서비스를 받는 것을 용납하지 않는 문화권에 속한 청소년 등 특정 청소년들이 치료를 받을 수 있는 권리를 보장한다(Leslie, 2010).

## 미성년자와 설명 후 받는 동의과정

미성년자가 언제나 동의서를 작성할 수 있는 것은 아니다. 이 주제와 관련된 미국심리학회(APA, 2010)의 지침은 다음과 같다.

> 만약 대신 동의하는 것이 허가되거나 법적으로 그렇게 해야 한다면 법적으로 동의서를 작성할 수 없는 사람에게라도 심리학자는 (1) 적절한 설명을 하고, (2) 개인적으로 동의를 구하며, (3) 그 사람이 선호하는 것이 무엇이고, 그에게 가장 이익이 되는 것이 무엇인지를 생각하고, (4) 법적인 권리를 가진 사람으로부터 허가를 얻어야 한다. 법적인 권리가 있는 사람에게 동의를 받는 것을 허가하지 않거나 법에 규정되어 있지 않다면 심리학자는 개인의 권리와 복지를 보호하기 위해 합리적인 조치를 취해야 한다(3.10.b).

이 주제를 미국상담학회(ACA, 2014)에서는 이렇게 다룬다.

> 미성년자나 자발적으로 동의할 수 없는 사람을 상담할 때도 상담자는 내담자가 서비스를 받는 것에 동의하도록 해야 하고 경우에 따라 의사결정과정에 참여시켜야 한다. 상담자는 선택할 수 있는 내담자의 권리, 즉 동의하거나 서비스를 받는 데 찬성할 수 있는 내담자의 능력과 이런 내담자를 보호하고, 그를 위해 최선의 선택을 해야 하는 부모와 가족의 법적 책임과 권리의 균형을 맞춰야 할 필요성을 인식해야 한다(A.2.d).

아동과 청소년을 상담하는 치료자에게는 미성년 내담자가 치료에 적극 참여하는 데 도움이 될 정보를 제공할 책임이 있다. 아동이 위험과 이익을 저울질하기에 미숙하고 설명 후 받는 동의를 완전히 수행할 수 없더라도 치료자는 치료과정과 일반적인 치료절차를 설명하기 위해 노력해야 한다. 대체로 미성년자가 치료에 대해 설명 후 받는 동의를 수행할 수는 없지만 상담받는 것을 찬성할 수는 있다. 치료에 찬성한다는 것은 상담자가 미성년자 스스로 치료의 결정에 참여하도록 한다는 의미이고, 확대해석한다면 상담과정에 참여하기로 동의한다는 의미이다(Welfel, 2016).

미성년자가 자신의 치료에 참여하도록 하는 데에는 윤리적 및 치료적인 이유가 있다. 치료관계에서 최대한 자율성을 부여함으로써 치료자는 존중을 표하게 된다. 또한 미성년자에게 치료과정에 대해 알려 주고 그들의 참여를 이끌어 낼 때 치료를 통해 변화가 촉진될 가능성이 높다. 일반적으로 아동의 나이가 많고 성숙할수록 계속되는 설명 후 받는 동의과정에 더 많이 참여할 수 있다. 고려해야 할 요소는, 아동이 무엇을 이해하고 이해하지 못하는지 파악하는 것과 아동이 설명 후 받는 동의과정을 이해하고 이에 참여하여 유익을 얻는 정도이다.

## 미성년자 상담과정 중 부모의 참여

미성년자를 효과적으로 상담하기 위해 부모나 보호자가 치료과정에 참여하는 것이 필요할 때가 자주 있다. 가능한 범위 내에서 부모에게 제공하게 될 정보의 특징과 범위에 대해 부모가 확실히 이해하고 합의하도록 하기 위해 상담자는 첫 만남 때 아동과 함께 부모나 보호자를 참여시키는 것이 현명하다. 이를 통해 치료자는 아동이 부모 곁에서 어떻게 행동하고 부모는 어떻게 반응하는지 관찰할 기회도 얻게 된다. 이런 방침은 정보를 공유하는 경계를 정하고 삼자 간의 신뢰를 구축하는 데 도움이 된다(Lawrence & Kurpius, 2000). 미국정신의학회(2013b)는 다음과 같은 지침을 제시하고 있다.

> 미성년자 치료에 부모나 보호자를 포함시키려면 정신과 의사가 세심한 판단을 해야 한다. 동시에 정신과 의사도 미성년자의 비밀을 적절하게 보장해야 한다(4.7).

학교상담을 위한 윤리기준(ASCA, 2016)은 학부모에 대한 학교상담사의 책임에 관한 사항을 다루고 있다.

> 학교상담사는 학교 현장에서 미성년자들에게 서비스를 제공하려면 학교상담사가 학생들의 부모나 보호자와 적절하게 협력해야 한다는 것을 인식해야 한다(B.1.a).

## 미성년자의 비밀보장에 관한 윤리적 · 법적 문제

정신건강전문가는 미성년자의 권리를 보호하기 위해 특별히 신경 써야 하지만 아동과 청소년을 상담할 때 윤리규정지침을 적용하는 데 어려움을 경험하곤 한다. 호주 심리학자들의 연구에서는 위험한 행동을 하는 청소년의 경우 부모에게 비밀을 알릴 수 있는 시기에 대해 큰 의견 차이를 발견하였다(Duncan, Williams, & Knowles, 2013). Benitez (2004)에 따르면, 미성년자를 상담하는 상담자는 비밀보장에 대한 미성년자의 요구와 자녀의 상담 정보를 얻고 싶어 하는 부모의 요구 사이에서 균형을 맞추는 데 간혹 어려움을 겪는다. 이 경우 효과적인 상담을 위해 치료자를 신뢰하는 것의 중요성을 미성년자의 부모가 알게 해야 한다. 치료를 시작할 때 아동이나 청소년과 부모나 보호자가 동석한 자리에서 부모나 보호자에게 공개하거나 공개하지 않는 정보가 무엇인지 논의해야 한다. 비밀보장에 대해 당사자 모두와 명료하게 탐색하지 않는다면 치료과정에서 문제가 발생하리라 예상할 수 있다.

치료자는 미성년자에게 무조건적인 비밀보장을 장담할 수 없다. 미성년자의 부모나 보호자가 상담경과에 관한 정보를 요청한다면 치료자는 응답을 제공할 수밖에 없을 것이다. 상담자는 미성년자의 부모나 보호자를 위한 법적 의무가 있고, 미성년 내담자가 상담회기에서 공개한 정보를 부모나 보호자에게 제공해야 한다고 결정할 상황들이 존재한다(Remley & Herlihy, 2016). 예를 들어, 미성년 내담자가 본인이나 타인에게 해를 끼칠 위험이 있다고 판단되면 상담자는 미성년자 부모나 보호자에게 알려야 한다. 그러나 미성년자가 제3자에게 위해를 가한다고 협박한 경우, 내담자의 부모나 보호자에게 통보하는 것만으로는 상담자의 법적 책임을 면하기 어려울 수 있다. 주 법률에 따라 예상 피해자, 예상 피해자의 부모나 보호자 또는 경찰에 통보할 의무가 있을 수도 있다(Nancy Wheeler, 개인면담, 2016. 6. 28). 상담자가 관련된 정보를 알고 있음에도 불구하고 적절한 조치를 취하지 않아 미성년 내담자가 본인이나 타인에게 해를 끼치는 것을 막지 못했다면 법적인 책임을 지게 될 수도 있다.

자해행동을 하는 미성년자는 비밀보장의 한계와 관련해 복잡한 문제를 일으킨다. Wester(2009)는 자해행동을 하는 미성년자의 경우 비밀보장을 이행하지 않아도 되는 시점이 언제인지 결정하는 데 도움이 되는 조항이 미국상담학회(ACA)나 미국심리학회(APA)의 윤리규정에는 거의 없다고 지적한다. 상담관계를 시작할 때 자해행동과 관련하여 비밀보장의 한계를 구체적으로 정하는 것이 중요하다. Wester는 상담자가 필요할 경우 수련감독과 자문의 도움을 받으면서 자신의 역량범위 내에서 상담해야 한다고 덧붙인다.

자해와 자살은 상관관계가 높기 때문에(Whitlocket et al., 2013), 상담자는 자해와 자살행동의 차이를 이해할 필요가 있다. 더욱이 상담자는 상담에서 내담자의 자해 징후를 판별할 수 있는 전문지식을 갖춰야 한다. 평가도구는 자해와 자살의 가능성을 확인하기 위해 내담자에게 자해의 기능이 무엇인지를 다루는 데 사용된다. 최근 몇 년 동안 많은 연구자들이 이 복잡한 주제에 시간과 관심을 쏟았지만(Evans & Hurrell, 2016; Hawton et al., 2016; Kress, Newgent, Whitlock, & Mease, 2015; Lewis, Heath, Michal, & Duggan, 2012; Nock, 2014; Plener, Schumacher, Munz, & Groschwitz, 2015; Victor, Styer, & Washburn, 2015; Wialsh & Muehlenkamp, 2013; Wester, Ivers, Villalba, Trepal, & Henson, 2016; Whitlock, Prussien, & Pietrusza, 2015), 이러한 현상을 완벽히 이해하기 위해 추가적인 연구가 필요하다. 정신건강실무자와 학교상담사는 자해와 자살행위 관련 문헌들에 정통해야 한다.

미성년 내담자에게도 상담관계에서 사생활을 보호받고 비밀을 보장받을 윤리적 권리가 있지만 법은 자녀에 관한 부모의 권리를 여전히 지지하는 편이다. 그러나 일부 민감한 정보의 경우 밝혀지거나 공개되면 치료과정에 해로울 수도 있다. 미성년자의 개인정보를 공개하면 미성년자는 더 이상 치료자를 신뢰하지 않게 되고 이 개인정보가 부모에게 알려질 것이라 두려워하게 된다. 이 내용을 설명 후 받는 동의과정에서 부모나 보호자에게 설명해야 한다.

법정에서는 특정 주의 법률에 근거하여 다른 방식으로 해석하기도 하지만 대개의 경우 아동의 상담 관련 정보에 대한 법적 권리는 부모나 보호자에게 있다(Remley & Herlihy, 2016). 부모나 법적 보호자가 상담과정에 관여할 경우 상담자는 미성년 자녀에 대한 그들의 권리를 인정해야 한다. Marion의 사례는 상담자가 부모에게 개인정보를 전달하는 방식을 결정할 때 해결해야 할 문제를 잘 보여 준다.

## <Marion의 사례>

Marion은 15세이고 우수 학생이다. 그녀는 자신이 임신한 사실을 깨닫고 10대 미혼모가 되느니 차라리 죽는 게 낫다고 생각했다. Marion도 10대 부모에게서 태어났기 때문에 부모님이 결코 낙태를 허용하지 않으리라는 것을 알고 있다. Marion은 학교상담사를 찾아가 사정을 이야기했다. 상담자는 취할 수 있는 상이한 선택사항들에 관해 Marion에게 말했다. Marion은 임신중절을 하고 싶다고 말했다. Marion은 부모가 낙태를 허락하지 않는다면 자살할 것이라고 말했다. 학교상담사는 Marion을 설득하여 부모와 함께 가족 상담사를 만나기로 했다. 가족 상담 시간에 Marion의 아버지는 낙태하겠다는 말은 듣고 싶지도 않다고 말했다. 그러자 Marion은 죽을 거라며 맞섰다. 가족 상담사는 Marion이 자살하겠다는 위협을 실행에 옮길 위험이 높다고 판단했다.

- 낙태에는 부모의 동의가 필요하다고 주 법령에 나와 있다면 이는 당신이 이 사례에서 개입방법을 결정할 때 어떤 영향을 끼치겠는가?
- 당신이 Marion을 상담한다면 윤리와 법을 두고 갈등이 생길 수도 있겠는가? 자살하겠다는 그녀의 위협에 어떻게 대처하겠는가?
- Marion이 자기 부모의 가치관에 대해 말한 것을 알고 있는 상태에서 부모를 상담에 참여시키겠는가? 그 이유는 무엇인가?
- 당신이라면 Marion의 자살위협을 부모를 설득하는 데 이용하겠는가? 아니면 자살위협을 무시하겠는가? 이유를 설명해 보라.
- 그 외에 떠오르는 다른 대안이 있는가?

**논평.** 가족 상담사는 자살위협을 근거로 72시간 입원을 시킬 수 있다. 이것은 치료자의 법적인 책무이지만 이렇게 한다고 해서 Marion의 자살위협 문제가 해결되는 것은 아니다. 이 사례를 통해 자살위협이 있을 때 이용할 수 있는 자원을 알고 있는 것이 중요하며, 자문과 문서화가 필수적이라는 점을 확인하게 된다. Marion이 퇴원한 뒤에 가족치료사는 가족을 계속 상담해야 할 것이다.

Marion의 사례를 통해 다양한 유형의 내담자를 상담할 수 있는 역량을 갖추는 것이 얼마나 중요한지 확인하게 된다. 이 사례에서 상담자는 위기에 처한 미성년자와 그 가족을 상담할 수 있는 역량을 보유해야 한다.

미성년자에게 상담 서비스를 제공하면서 법적·윤리적으로 고려해야 할 사항은 다음과 같다.

- 자녀와 관련된 문제에 관해 알 권리를 주장하는 부모들이 많다. 예를 들어, 부모로서 자녀의 낙태 결정에 관여할 권리가 있다고 주장한다. 당신의 입장은 어떠한가?
- 만약에 당신이 일하고 있는 주에서 미성년자가 낙태하는 데 부모의 동의서가 필요하다면 그것이 낙태를 생각하고 있는 미성년자를 상담하고 있는 당신에게 어떤 영향을 미치겠는가?
- 다른 방식으로는 필요한 치료를 받지 못하게 될 상황에 처한 미성년자에게는 부모가 모르는 상태 혹은 부모의 동의 없이 치료받을 권리가 있다고 주장하는 사람들도 있다. 그런 경우가 생긴다면 당신은 부모가 모르는 상태 혹은 부모의 동의 없이 미성년자를 상담하겠는가?
- 치료관계를 형성하기 전에 아동이나 청소년에게 어떤 종류의 정보를 제공해야 하는가?
- 만약 치료자가 충분히 알고 선택하는 데 필요한 정보를 미성년자에게 주지 않았다면 비윤리적인 것인가? 그 이유는 무엇인가?

## 상담받기 싫어하는 아동과 청소년의 상담

일부 젊은이들은 선택의 여지 없이 심리치료를 받게 되면 원망한다. 청소년은 자신이 '지목된 환자'가 되어 자신을 변화시키는 데 관심이 쏠리기 때문에 심리치료를 받지 않으려고 한다. 이런 청소년들은 자신이 가족 문제에서 일부분에 불과하다고 생각하는 경우가 대부분이다. 많은 미성년자들이 치료받을 것을 결정하는 데 참여하고 싶어 하지만 체계적으로 참여할 기회가 드물다. 만약 미성년자가 치료받지 않으려는 이유를 시간을 내 탐구한다면 치료에 대한 저항을 최소화할 수 있다.

## <Kody의 사례>

본인의 말에 의하면 Kody는 학생들 앞에서 창피를 준 교사에게 격렬하게 화를 내고 욕했기 때문에 고등학교에서 퇴학당했다. Kody는 심리치료를 받지 않으면 학교에 재입학할 수 없다는 말을 들었다. 그의 어머니는 심리치료전문가에 전화하여 상황을 설명했고 치료자는 그를 치료 하는 데 동의했다. 치료자를 만나야 한다는 것이 Kody에게는 불편하고 당황스러운 일이지만 그럼에도 불구하고 자신의 심경을 토로하고 싶었다. 그는 자신이 교사에게 화를 내고 욕한 것이 잘못된 행동이라는 것을 알고 있지만 교사가 먼저 자신을 화 나게 만들었다고 했다. 그는 대부분의 경우 자신의 감정을 속에 묻어 두는 편이지만 그때는 "자제력을 잃었다"고 말했다.

몇 회기를 만나면서 치료자는 Kody의 가정에 많은 문제가 있다는 것을 알았다. 그는 가정에서 엄청난 스트레스를 받고 있었는데, 효과적으로 상담하기 위해 가족을 만나야 한다. 그에게 문제가 있었지만 그의 존재가 문제인 것은 아니었다. 그는 의붓아버지가 언어적 학대를 일삼고 어머니는 알코올중독자라는 가족의 비밀을 털어놓았다. 그는 처음에는 주저했지만 심리치료에 가족이 참여하는 것이 좋겠다고 동의했다. 치료자가 부모에게 연락하자 그들은 가족치료를 완강하게 반대했다. Kody의 어머니는 문제가 그에게 있으니 그를 치료하는 데나 집중하라고 했다. 다음 치료 예정일 며칠 전에 Kody의 어머니가 전화하여 Kody에게 재택학습을 시킬 계획이라 더 이상 심리치료를 받을 필요가 없다고 말하고 치료 약속을 취소해 버렸다.

- 이 상황에서 치료자의 윤리적 책임은 무엇이라고 생각하는가?
- 학교에 복귀하는 선행조건으로 Kody를 상담해야 한다고 생각하는가?
- 치료자는 어떤 다른 전략을 사용할 수 있겠는가?
- 당신이라면 어떤 점에서 다르게 대처하겠는가? 그렇게 하려는 이유는 무엇인가?
- 치료자가 Kody와 함께 그 교사를 만나야 했다고 생각하는가?
- Kody의 가족이 가족치료를 거절했더라도 치료자는 Kody가 치료를 계속 받도록 해야 하는가?
- Kody의 가족이 치료회기에 참여하기를 거부하면 치료자가 Kody와 상담을 계속하는 것을 거부하는 것은 윤리적인가?

**논평.** 이 사례에서 한 가지 고려해야 할 윤리적 문제는 가족치료를 하느냐 개인치료를 하느냐에 관한 것이다. 이 사례를 통해 설명 후 받는 동의를 철저하게 시행하는 것이 얼마나 중요한지가 확인된다. 치료자가 개인치료에서 부부치료나 가족치료로 변경한다면 내담자는 치료자가 이런 역할변경을 권하게 된 배경을 이해해야 한다.

이 가족의 어머니에게는 알코올중독 문제가 있다. Kody가 학교에서 퇴학당한 것은 그의 문제라기보다 가족의 역기능이 증상으로 드러난 것이라고 볼 수 있다. Kody의 어머니와 학교의 주장대로 Kody가 분노를 어떻게 관리하는지에 관해 배워야겠지만 그보다 그의 가정 내의 문제에 주의를 더 기울일 필요가 있다. 이런 경우 치료자가 처음에 확신을 가졌던 것처럼 가족치료를 선택하도록 하는 것이 최선책이다. 부모가 동의하지 않는다면 Kody를 개인치료할 다른 전문가를 소개할 수 있다. 대부분의 주에서 언어적 · 정서적인 학대가 의심된다면 아동보호기관에 아동학대로 신고할 의무가 치료자에게 있다.

### 아동과 청소년 상담을 위한 특별수련

주요 정신건강전문가단체들의 윤리규정에는 수련받지 않은 영역에서 직무를 수행하는 것은 비윤리적이라고 명시되어 있다. 필수 교과과정을 배우고 이 분야의 전문가에게 수련감독을 받은 다음 상담을 시작하는 것이 중요하다. 심리 서비스를 제공하는 전문가는 대개 '언어를 통한 치료'에 대해 수련받고 수련감독을 받지만, 이 치료적 개입을 아동에게 적용하기에는 무리가 있다. 아동을 상담하고자 하는 상담실무자는 놀이치료, 미술치료, 음악치료, 레크리에이션치료 등에 관해 수련받은 임상경험을 가지고 있어야 한다. 또한 이러한 상담실무자는 상담할 내담자의 연령대가 보이는 인간발달에 대해 이해해야 한다. 그리고 미성년자 관련 법률에 정통해야 하고, 능력의 한계를 자각해야 하며, 다른 전문가에게 언제 어떻게 의뢰해야 적절한지 알고 있어야 한다. 아동보호기관과 같은 지역사회기관의 정보도 가지고 있어야 한다.

## 비윤리적으로 보이는 동료의 행동 다루기

이 책을 통해 전문적 행동과 윤리적 방식의 실무에 초점을 맞추어 왔다. 이 절에서는 동료의 비윤리적인 행동을 알게 된다면 어떻게 해야 하는지에 대한 난해한 문제를 제기하려고 한다. 아마 당신은 다른 임상전문가들의 직무를 판단할 자격이 있는지 궁금할 것이다. 심지어 상황이 명백한 윤리적 위반과 관련이 있다고 확신하더라도, 그것을 다루는 최선의 방법에 대해 의문을 가질 수 있다. 먼저 그 사람과 문제에 대해 상의해야 하는가? 당신이 그렇게 했는데 그 사람이 방어적이라면 당신은 어떤 다른 행동을 고려해야 하는가? 직업윤리 관련 지방, 주 또는 국가의 위원회가 관심을 가져야 한다고 느낄 정도로 심각하게 위반한 때는 언제인가?

대부분의 전문가단체의 윤리규정은 그 단체의 구성원인 동료의 역량이나 비윤리적인 행동의 문제를 다루지만, Johnson 등(2012)은 정신건강전문가가 그 문제를 다루기를 꺼려한다고 기술하고 있다. 전문가들은 그 상황을 다룰 윤리적 의무가 있음에도 불구하고 비윤리적으로 행동하고 있다고 믿는 동료에게 직접적으로 접근하지 않을 수도 있다는 것을 인정한다. 동료의 위법행위에 대한 증거를 무시하는 것 자체가 윤리위반이다(글상자 '동료의 비윤리적인 행동' 참고).

## 윤리규정: 동료의 비윤리적인 행동

**재활상담사자격검증위원회(CRCC, 2010)**
재활상담사는 다른 재활상담사가 윤리기준을 위반하고 있거나 위반했다고 믿을 만한 이유가 있을 때, 관련될 수 있는 비밀보장 권리를 침해하지 않는다면, 우선 그 재활상담사와 비공식적으로 문제를 해결하려고 시도한다(L.3.a).

**미국사회복지사협회(NASW, 2008)**
사회복지사는 동료들의 비윤리적인 행동에 대한 억제, 예방, 공개, 교정을 위해 적절한 조치를 취해야 한다(2.11.a).

**미국휴먼서비스기구(NOHS, 2015)**
휴먼 서비스 전문가는 동료들의 비윤리적 행위와 문제행동에 적절하게 대응해야 한다. 그러한 대응은 일반적으로 먼저 그 동료와 직접 대화하고, 해결되지 않을 경우 동료의 행동을 수련감독이나 행정직원에게 보고하는 것을 의미한다(지침 21).

전문가는 비윤리적으로 의심되는 행동을 하는 동료들을 다룰 의무가 있다. Koocher와 Keith-Spiegel(2016)은 서로를 경계하는 책임을 지는 한 가지 방법으로 비공식적인 동료 관찰을 추천한다. 비공식적으로 동료를 관찰하는 것은 윤리적으로 의심스러운 행동을 바로잡는 기회가 된다. 다른 전문가의 행동이 우려스러울 때, 동료와 직접 대면하여 해결하거나 내담자에게 대처하는 방식을 조언하는 것처럼 간접적으로 조치를 취할 수 있다. 동료의 비윤리적인 행동이 비공식적으로 만족스럽게 해결되지 않았을 경우, 당신은 정식으로 문제를 제기해야 할 윤리적 의무가 있다.

일반적으로 동료의 행동이 우려될 때 최선의 방법은 내담자의 비밀을 보장하는 선에서 동료와 그 문제를 직접 다루는 것이다. 내담자에 대한 성추행이나 직무상 무능력과 같은 중대한 위반의 경우 이 같은 비공식적인 조치로는 충분하지 않다. 제기된 문제의 본질과 논의의 결과에 따라 전문영역의 윤리위원회에 제보하는 것도 여러 선택사항 중 하나이다.

## <Melanee의 사례>

대학 구내식당에서 점심식사를 하던 Melanee는 바로 뒷자리에서 들려오는 대화 때문에 식사를 중단했다. 처음에는 어렴풋이 익숙한 목소리라는 정도만 느껴졌지만, 그 목소리의 주인공이 누군가의 극심한 사회불안에 대해 함께 식사하는 여성에게 이야기하는 것이었다. Melanee가 구내식당을 둘러보니 몇 사람들이 그녀처럼 그들의 토론을 엿듣고 있으며 큰 소리로 이야기하고 있는 치료사를 흘깃 쳐다보기도 했다. Melanee가 들어 보니 그 남자가 정신건강 문제로 내담한 사람에 관해 언급하고 있는 것이 분명했다. 그 남자는 내담자가 이야기한 구체적인 경험들과 그날 아침 내담자에게 제시한 노출치료 과제의 내용 중 일부를 설명하고 있었다. Melanee는 지난 주 집단 수련감독 시간에 그 자료의 일부를 설명 들었기 때문에 그 내담자에 관한 정보와 몇 가지 구체적인 이야기들이 익숙하게 여겨졌다. 마침내 그녀는 그것은 대학 학생상담센터의 상담인턴 동료 중 한 명인 Lonny의 목소리라는 것을 알게 되었다.

Lonny의 미숙한 판단과 행동으로 그의 친구가 내담자에 대해 알게 되고 다른 사람들이 Lonny의 대화를 엿들었을지 몰라 걱정됐으나 과민반응은 하지 않기로 했고, Melanee는 자신의 생각들을 정리하는 데 최선을 다했다. Melanee는 Lonny가 자신의 행동이 내담자의 비밀보장을 손상했을지도 모른다는 것을 이해할 수 있을 것이기에 그녀가 목격한 것을 Lonny에게 이야기하기로 결심했다. 비난하거나 위협하기보다 Melanee의 어조와 표정에는 우려와 배려가 담겨 있었지만 그럼에도 불구하고 단호했다.

Melanee가 그와 그의 내담자의 최선의 이익을 모두 마음에 두고 있다는 것을 감지한 Lonny는 재빨리 자신의 실수를 인정하고 당황해하며 후회했다. 그는 일을 완전히 망쳐 버렸음을 인정하였고 Melanee에게 솔직하게 이야기한 것을 고마워하였다. 남은 인턴기간 동안 Lonny는 여러 번 Melanee에게 감사를 표했고, 상담회기 안팎에서 내담자들에 대한 그의 의무에 관해 이해의 전환점으로 그 경험을 이야기했다.

- Melanee가 이 상황을 처리한 것에 대해 어떻게 생각하는가?
- Melanee가 바로 인턴 프로그램 책임자에게 Lonny의 행동을 보고했어야 하는가?
- Melanee는 대학이나 주 상담윤리위원회에 신고를 해야 했는가?
- Melanee와 같은 장소에 있었다면 당신은 어떻게 했을 것 같은가?
- 만약 그녀가 Lonny와 그의 행동에 맞설 권리가 없다고 결정했다면, 당신은 Melanee를 어떻게 생각할 것인가?

**논평.** 정신건강전문가의 윤리적 지침과 기준에는 실무자로서 동료의 기능에 대해 인지하고 대응할 것을 요구한다. 가능하면 동료의 역량 저하나 비윤리적 행동에 대한 우려에 관해 그 동료와 직접 비공식적으로 소통하려고 노력해야 한다. 상대를 존중하며 위협을 느끼지 않도록 최선을 다하되 당신의 우려와 윤리적 요구사항을 분명히 전달해야 한다. Melanee는 효과적으로 Lonny를 대했고, 그가 어떻게 문제에 봉착하게 되었고, 왜 그것이 심각한지를 이해하는 데 도움을 주었다. 그녀는 Lonny를 궁지로 몰거나 불필요하게 문제를 크게 만드는 것을 자제하였다.

Johnson 등(2012)은 미국심리학회 윤리규정(APA, 2010)에 있는 일반적인 원칙에는 보호와 연민의 정신이 부족하다고 설명한다. 그들은 개인 심리학자와 전문가단체의 구성원 보호와 연민에 초점을 맞춰야 한다고 생각한다. 타인에 대한 인본주의적 배려는 전문성의 기본요소이고, 동료들에 대한 배려는 윤리규정에서 더 많은 주의를 기울여야 하는 부분이라고 주장한다.

## 치료적 배임행위에 대한 책임

정신건강전문가에게 있어서 치료적 배임행위의 가능성은 얼마나 되는가? 법적 고소를 당하지 않을 수 있는 비결은 무엇인가? 여기서 우리는 이런 질문들을 검토해 보고 독자가 직무수행 중에 어떻게 위험 관리를 할지 신중하게 생각해 보는 기회를 제공하고자 한다.

### 치료적 배임행위란 무엇인가?

**치료적 배임행위**(malpractice)라는 단어는 '잘못된 직무수행'을 의미한다. 치료적 배임행위는 전문적인 서비스를 제공하지 못했거나 유사한 상황에서 보통 다른 전문가에게 기대할 수 있는 수준의 기술을 발휘하는 데 실패한 것이다. 치료적 배임행위는 내담자에게 피해나 손실을 주는 과실과 관련된 법적 개념이다. **직업적 과실**(professional negligence)은 통상적인 직무수행에서 비정상적으로 이탈된 결과이거나 자신의 책임을 이행하는 중에 적절한 치료를 하지 못한 결과일 수 있다.

정신건강실무자는 내담자에게 서비스를 제공하면서 법을 준수하고 윤리규정을 따라야 한다. 상담실무자가 적절하게 치료하지 않고 정직하게 행동하지 않았다면 법이 정한 대로 자신의 의무를 다하지 않았기 때문에 민사소송에 휘말릴 수도 있다. 치료적 배임행위소송에서는 전문적 책임이나 의무를 이행하지 않은 태만을 문제시한다. 고소인은 상담전문가의 행동 또는 행동을 취하지 않은 것이 허용 가능한 범위를 벗어나 내담자에게 직접 해를 입혔다고 주장할 수 있다(Knapp & VandeCreek, 2012). 과실에 대한 법적 소송의 주요 초점은 내담자에 대한 의무를 위반했는지를 판단하는 데 적용할 치료기준(standards of care)이 무엇인지 정하는 것이다. 임상전문가는 그 직종에서 일반적으로 수용되는 기준에 따라 판단을 받는다. 다시 말해 합리적이고 분별력 있는 상담자라면 유사한 상황에서 해당 상담자와 동일한 방식으로 행동하겠는가를 따진다는 것이다(Wheeler & Bertram, 2015).

Remley와 Herlihy(2016)는 "지난 10년간 정신건강전문가들을 상대로 한 치료적 배임행위소송이 급격히 증가했지만, 이러한 소송의 총 건수는 비교적 적었다"(189쪽)는 것을 강조하였다. 그러나 윤리수업을 받은 학생들은 실수를 저지르고 치료적 배임행위소송에 연루되는 것에 특히 불안해한다. 상담실무자가 실수하지 않는 완벽한 사람일 수는 없지만, 같은 직종에 몸 담고 있는 다른 사람들의 지식 수준, 기술, 판단력을 소유하고 발휘할 수 있어야 한다. 위험성이 높은 내담자를 다룰 때 상담실무자가 현실적인 관점을 유지하는 것이 법적 소송을 예방하는 좋은 비결이다. 당신이 아무리 윤리적이고 신중하게 직무를 수행하려고 노력해도 치료적 배임행위로 고소를 당할 수 있다. 그러나 윤리적이고 신중하려고 노력하면 할수록 배임행위로 고소당할 가능성은 줄어든다. 배임행위로 인해 법정 소송에 휘말리지 않거나 면허위원회에 고발당하지 않는 최선의 방어는 내담자에게 양질의 치료 서비스를 제공하고 내담자와의 좋은 관계를 형성하여 유지하는 것이다. Younggren, Harris와 Martin(2016)은 임상전문가에게 "내담자와 관계를 잘 맺어 발전시켜야 하는데, 그것은 심리치료를 효과적이게 만들 뿐만 아니라 위험관리를 위해서도 좋다"(405~406쪽)고 조언한다.

치료적 배임행위소송에서 내담자가 승소하기 위해 다음과 같은 네 가지 배임행위 요소가 충족되어야 한다. 첫째로 치료자와 내담자 사이에 직업적 관계가 존재해야 하고, 둘째로 그러한 관계에 근거한 법적 의무가 위반되었음이 확실해야 한다. 치료자가 태만 혹은 부적절한 태도를 보였거나 지역사회에서 표준이 되는 서비스를 제공하지 않아 '치료기준'이 충족되지 못했어야 하며, 셋째로 내담자가 정서적 고통이나 신체적 손상과 같은 피해나 손해를 입어 고통을 받았다는 것이 증명되어야 하고, 넷째로 실무자의 직무태만이나 의무위반이 내담자가 주장하는 손해를 입혔다는 인과관계가 증명되어야 한다. 이런 점들이 의심되면 언제든지 누구라도 당신을 고소할지 모른다. 그런 법적 소송에서 패하지 않더라도 당신은 소송 때문에 시간과 돈, 정서적 스트레스 측면에서 큰 피해를 입을 수 있다. 문서를 준비하고 보내며 정보 요청에 응하느라 많은 시간을 소비해야 할지도 모른다. 그러나 피해를 입었다는 것을 증명해야 하는 것은 내담자의 몫이므로 고소인 측은 위에 기술한 네 가지 요건들이 자신의 상황에서 성립하는지를 증명해야 한다.

예를 들어, 자살의 경우 예측 가능했는지 그리고 타당하게 개입했는지 이 두 가지 요인으로 정신건강실무자의 책임이 결정된다. 가장 중요한 것은 **예측 가능성**(foreseeability)으로 위험수준이 어느 정도인지를 평가하는 것이다. 종합적으로 위험을 평가하지 않았거나 평가내용을 문서로 남기지 않았다면 치료자로서 큰 실수를 한 것이다. 만약 당신에게 평가를 할 능력이 없다면 그것이 가능한 전문가에게 내담자를 보내야 한다. 상담실무자는 자신의 판단이 관찰자료에 기초한 것이고 타당한 판단이라는 점을 증명해야 한다. 책임의 또 다른 요인은 **적정한 치료**(reasonable care)가 제공되었는지의 여부이다. 위험성이 있다고 평가되었다면 내담자의 자살을 막을 수 있는 적절한 예방책을 사용했다는 내용을 문서에 기록하는 것이 매우 중요하다.

## 치료적 배임행위를 고소하는 이유

치료적 배임행위는 통상적으로 다음과 같은 상황에서 일어난다. 첫째, 정신건강실무자가 공인된 범위를 벗어나 직무수행을 한 경우이다. 둘째, 실무자가 수련을 받지 않은 기법을 적용한 경우이다. 셋째, 전문가가 상담절차의 기준을 따르지 않아 내담자가 피해를 입은 경우이다. 넷째, 폭력적인 내담자에 관해 다른 사람들에게 경고하지 않거나 그들을 보호하지 못한 경우이다. 다섯째, 설명 후 받는 동의과정을 거치지 않거나 그 과정을 문서로 남기지 못한 경우이다. 여섯째, 전문가가 예상되는 치료결과를 설명하지 않은 경우이다(Wheeler & Bertram, 2015). 사회복지 분야에서의 배임행위는 일반적으로 내담자 권리에 대한 임상실무자의 적극적 위반으로 발생한다(Reamer, 2015).

치료자 직무수행 중에 다양한 부분에서 법적 문제가 유발될 수 있지만, 우리는 치료자가 스스로를 법적으로 위험한 상태에 노출시키는 직무태만의 유형에 초점을 맞추려고 한다. Wheeler와 Bertram(2015, 69쪽)은 상담자와 기타 정신건강실무자를 상대로 주 면허청에 제기된 일반적인 불만사항에는 치료하고 있는 내담자나 내담자의 가족과의 성행위나 애정행각, 역량범위 내에서 직무를 수행하지 않은 행위, 내담자의 동의나 법적 정당성 없이 비밀보장이 되어야 하는 정보의 부적절한 공유, 부당한 상담료 청구, 잘못된 자격증명, 기록의 변경, 허위광고는 손상을 입은 채로 직무를 수행한 행위 등이 포함된다고 보고하였다.

Knapp과 VandeCreek(2012)은 심리학자들이 범하는 가장 일반적인 윤리위반에 관한 표준화된 데이터가 존재하지 않는다고 지적하였다. 그렇더라도 공통적으로 심리학자들에게 제기되는 윤리적 문제들은 다음과 같이 분류된다. 성적인 부분과 그렇지 않은 부분에서의 다중관계, 진단과 치료에 대한 무능, 양육권 평가에서 발생하는 논쟁, 조기종결, 치료비 분쟁 등이 윤리적 문제로 제기되고 있다. 기타 문제로 제기된 사항으로는 부적절한 수련감독, 부적절한 기록보관, 손상, 비밀보장 위반 등이 있다. 전문학술지에 상담자의 손상을 유발하는 알코올과 약물남용에 대한 인용이 늘어나고 있다.

심리학자와 내담자를 대상으로 한 윤리조사연구에서 Wierzbicki, Siderits와 Kuchan(2012)은 위스콘신심리학회가 윤리적인 심리 서비스에 관해 알고 싶어 하는 심리학자와 내담자를 지원하는 체계를 가지고 있다는 점에 주목했다. 심리학자들이 자주 제기하는 직무에 관한 질문들은 자기노출, 다중관계, 비밀보장 등에 관한 것이다. 내담자들이 제기하는 질문들로는 성적 문제, 비밀보장, 윤리위반 신고 등에 관한 것이다. 내담자들이 가장 자주 제기하는 우려 중에는 치료비, 결제 시스템, 종결과정과 관련된 것 등이 있다. Wierzbicki 등은 정기적으로 동료들과 회의를 하고 자문을 요청하라고 권고하고 있다. 또한 그들은 심리적 서비스에 대한 만족 수준에 대해 내담자로부터 정기적으로 피드백 받을 것을 제안하였다.

앞으로 논의할 이러한 위험의 범주는 배임행위의 책임과 법적 소송을 예방하는 전략들에 관한 여러 학자들의 의견을 참조한 것이다(Bennett et al., 2006; Calfee, 1997; Kennedy, Vandehey, Norman, & Diekhoff, 2003: Kirkland, Kirkland, & Reaves, 2004; Knapp & VandeCreek, 2012; VandeCreek & Knapp, 2001; Wheeler & Bertram, 2015: Younggren et al., 2016).

**동의서를 받지 못한 경우.** 치료자가 아무리 임상적인 측면에서 내담자를 훌륭하게 치료했더라도 그 이전에 설명 후 받는 동의과정을 거치지 않았다면 그 책임을 져야 한다는 것을 알아야 한다. 비록 설명 후 동의과정이 법적으로는 의무사항이 아닐지라도 제안된 치료를 받기로 동의한 것을 시인하는 문서에 서명하게 하는 것은 현명한 일이다. 문서로 남기지 않으면 상담자가 내담자에게 치료과정에 대해 제대로 전달했는지 확인하기 힘들고 내담자가 제공할 정보를 잘 이해했는지 알기 어렵다.

**가치관 차이에 기인한 내담자 상담 거부.** Bruff 사례(제4장 참고)에서 볼 수 있듯이 가치관 충돌로 인해 내담자와 상담하기를 거부하는 치료자는 법적 조치와 배임행위소송의 책임을 질 수 있다. 대부분의 전문가단체의 윤리규정에는 임상전문가가 특정 범주의 사람들을 차별하지 말라고 명시되어 있다. 상담자가 가치관 갈등 때문에 내담자를 상담하는 것을 거부하거나 상담자가 내담자에게 자신의 가치관을 강요하려고 할 경우, 내담자는 법적이고 윤리적 근거를 가지고 법적 조치를 취할 수 있다.

**내담자 유기와 조기종결.** Younggren과 Gottlieb(2008)는 **종결**(termination)을 '직업적 관계를 마무리 짓기 위해 윤리적 · 임상적으로 적절하게 거치는 과정'(500쪽)이라고 정의한다. 또한 **유기**(abandonment)를 '심리학자가 직업적 관계를 종결하기 위해 임상적으로 바람직하고 윤리적으로 적절한 조치를 취하는 데 실패한 것'(500쪽)이라고 정의한다. 종결과 관련된 중요한 문제는 내담자 유기를 피하는 것이다. 임상기록에는 부적절하게 종결되지 않았다는 증거가 있어야 한다. 누가 종결을 제안했고, 이를 어떻게 다뤘으며, 처음에 설정한 목표를 어느 정도 이뤘고, 필요할 때 의뢰를 제공했는지 등의 내용을 포함하여 내담자 종결의 특징을 문서로 남기는 것이 유용하다.

전문가 단체의 윤리규정은 정신건강전문가가 내담자를 포기하면 안 된다고 명시하고 있다. 심리학자가 심사숙고 끝에 내담자와의 전문적 관계를 일방적으로 종료할 경우, 내담자는 이를 포기라고 여길 수 있다(Wierzbicki et al., 2012). 이상적인 치료 종결은 내담자와 치료자가 참여하는 협력적인 노력의 결과여야 한다. 내담자는 종결에 관해 이야기를 들어야 하며 치료를 언제 마칠지 결정할 때 가능한 많이 참여해야 한다. 내담자와 치료자가 치료목표가 달성되어 더 이상 치료가 필요하지 않다는 데 동의한다면 내담자가 치료적 배임행위소송을 제기할 위험이 매우 낮다. 그런데 관리의료체계에서는 일반적으로 상담종결은 협력과정의 결과가 아니라 회사정책의 결과이다. 관리의료체계에서 치료자들이 내담자의 치료에 대한 요구보다는 할당된 상담회기의 수에 기초하여 치료를 종결하면 내담자 유기 혐의로 제소될 수도 있다. 이 경우 추가 상담회기 요청이 관리의료 서비스 제공자에 의해 허가되거나 허가되지 않을 수도 있다는 것을 내담자에게 알리거나 대안을 모색하기 위해 내담자와 상담하는 것이 치료자의 책임이다.

상담 서비스 비용을 기준으로 일하는 임상실무자는 원래의 보수계약이 지켜지지 않아 상담 서비스 비용을 받지 못할 경우 대부분 치료를 종결한다. 치료자는 무료 심리서비스를 제공할 법적 의무가 없으며, 내담자가 서비스에 대한 비용을 지불하지 않았을 때 치료를 중단할 수 있다(Younggren et al., 2011). 상담종결을 다루는 방법은 중요하며, 최소한 내담자에게 의뢰하는 대안이 주어져야 한다. 치료에서 조기종결은 중요한 문제이며, 치료를 완료하지 못한 내담자뿐만 아니라 서비스 제공자와 그들이 일하는 기관에도 부정적인 영향을 미친다. 모든 내담자의 약 20%가 조기종결하는데, 특정 유형의 내담자나 특정 상황에서 더 높은 비율의 조기종결이 이루어진다(Swift, Greenberg, Whipple, & Kominiak, 2012).

법정에서는 입원한 내담자의 치료경과를 지속적으로 파악하지 못했거나, 다음 회기 전까지 계속 연락이 닿지 않았거나, 응급상황에서 치료 요청에 응하지 못했거나 혹은 휴가 중에 대체할 수 있는 치료자를 연결해 주지 않았을 경우 내담자 유기로 규정할 수 있다. 지속적인 치료가 필요한 내담자에게 상담을 종결하는 것은 배임행위 제소에 충분한 근거가 될 수 있다(Knapp & VandeCreek, 2012). 치료자가 일방적으로 치료를 종결하고 이 상담종결이 어떤 형태의 해를 초래했다는 사실이 드러나면 내담자 유기 소송사건이 될 수 있다. 그러나 Younggren 등(2011)이 지적하였듯이 치료에 진전이 없거나 내담자가 치료에 협조하지 않는 등 전문적인 관계를 종결할 수 있는 정당한 근거가 있을 수 있다. 그런 상황에서의 종결은 적절한 조치일 수 있으며, 그렇지 않을 경우 상담실무자는 위험에 처할 수 있다.

**내담자와의 성적 부정행위.** 불건전한 전이관계의 주제인 성적인 경계위반은 치료적 배임행위 중 가장 흔하게 고소당하는 문제이다. 내담자와 밀접하거나 성적인 관계를 맺는 것은 변명의 여지 없이 부적절한 것이다. (이 주제는 제7장에서 자세히 다룰 것이다.) 판례들을 살펴보면 치료자가 내담자와 성적 관계에 연루되는 것만큼 법적인 문제를 일으킬 가능성이 큰 행위는 없을 것이다. 더욱이 이 경우 내담자가 처음에는 동의했더라도 배임행위에 대한 소송으로부터 자유로울 수 없다. 심지어 치료자가 이전 내담자와 성관계를 맺은 경우에도 법원은 치료가 아직 끝난 것이 아니라며 쉽게 용납하지 않는다.

**기존의 치료적 직무수행에서 크게 벗어난 경우.** 통상적이지 않은 치료방식을 취하는 상담자는 위험에 노출된다. 상담자에게는 자신이 사용하는 기법의 원리를 증명해야 할 의무가 있다. 대부분의 전문가가 사용하는 통상적인 방법에서 벗어난 치료과정을 택하는 사람은 배임행위에 대한 법적 고소에 취약할 수밖에 없다. 근거에 기반한 치료를 적절하게 활용하는 것은 치료 표준으로부터의 일탈에 대해 전반적인 보호수단이 된다.

**직무수행이 역량 범위를 벗어난 경우.** 치료기준 이하의 서비스를 제공하여 발생한 피해에 대해 책임을 진 정신건강실무자가 존재한다. 전문가가 제시하는 치료를 받고 내담자가 피해를 입었다면 민사소송을 제기할 수 있다. 정신건강 서비스 제공자는 자신의 역량에 맞는 내담자를 상담하고 자신의 역량범위 내에서만 서비스를 제공해야 한다. 상담자가 받은 교육과 수련의 범위를 벗어난 문제를 지닌 사람을 내담자로 받아들이는 것은 윤리위반일 뿐만 아니라 치료적 배임행위로 고소당할 수도 있다.

정신건강전문가에게는 의학적 상태나 약의 부작용이 심리적 증상을 일으킨 원인이 아닌지 확인하기 위해 의사와 밀접하게 협력해야 할 의무가 있다. 의학적 평가를 받도록 내담자를 의뢰해야 할 경우도 있기 때문에 의뢰뿐만 아니라 협력이 필요할 수도 있다.

특정 내담자를 상담하는 데 자신의 역량수준에 의구심이 생긴다면 동료나 다른 전문가에게 자문을 요청해야 한다. 상담자가 비윤리적 직무수행을 했다고 고발할 경우 자신이 그 영역의 직무수행을 위해 충분히 준비되었음을 증명해야 한다(Chauvin & Remley, 1996). 임상전문가는 보수교육에 참여하거나 대학원 수업을 듣거나 관련된 임상경험이 있는 동료에게 직접 수련감독을 받음으로써 기술을 다듬을 수 있다.

**부주의한 평가와 오진.** 부주의한 평가는 주 면허청과 윤리위원회에 문제로 제기되는 근거나 배임행위의 근거가 될 수 있다. 그럴 가능성이 높은 위험 분야에는 양육권평가와 고용평가가 있다(Knapp & VandeCreek, 2012). 진단능력이 부족하여 오진이나 진단이라고 판명될 경우 상담실무자는 치료적 배임행위라는 주장에 취약해질 수밖에 없다(Wheeler & Bertram, 2015). 치료자의 진단에 의문을 제기하는 것은 일반적으로 법원의 몫이 아니다. 그러나 치료자의 기록에서 진단이 발견되지 않거나 치료기준에 맞지 않다는 것이 분명하게 밝혀지면 치료적 배임행위소송에서 고소인 측이 승소할 가능성이 크다. 법정에서 증인으로 채택된 전문가는 치료자가 적절한 평가과정을 거쳐 타당하게 진단을 내렸는지에 대해 자주 질문을 받는다. 정신건강실무자가 예비 내담자에게 종합건강검진을 받도록 요구하는 것이 현명한 대처인 이유는 그런 검사결과가 내담자를 진단하고 치료하는 데 영향을 줄 수 있기 때문이다(Calfee, 1997).

**억압되었거나 잘못된 기억.** 내담자의 기억은 치료자의 검증되지 않은 개입기법에 의해 실제 기억이 아닌 잘못된 기억으로 왜곡될 수 있다. 이렇게 기억을 유도함으로써 고소당해 유죄판결을 받은 치료자도 있다. 미네소타 주에서는 정신과 의사가 성학대를 받은 것처럼 기억을 유도해 피해를 받았다고 고소한 한 여성에게 배심원들과 판사는 260만 달러를 배상하라고 판결했다. 그 정신과 의사는 그녀가 친척들로부터 성폭행을 당했기 때문에 다중인격장애를 앓게 되었다고 결론 지었다(Wheeler & Bertram, 2015). 치료자가 질문하는 방식에 따라 내담자의 기억이 영향을 받을 수 있으며 내담자가 어린 아동일 때는 더욱 그렇다. 반복해서 질문하면 일어나지도 않은 일을 '기억'이라고 착각할 수 있다. 믿을 만한 치료자가 이전에 학대받은 경험이 문제나 증상의 원인이 될 수 있다고 설명하는 것은 내담자에게 큰 영향을 미칠 수 있다.

내담자가 지금 겪고 있는 문제와 관련이 있는 과거의 성폭행 피해경험을 감지하게 되었다면 어떻게 하는 것이 가장 좋은 방법인가? 불필요하게 배임행위로 고소당하는 일 없이 어떻게 내담자, 학대자로 추정되는 사람, 그리고 다른 가족들을 보호할 수 있겠는가? 이와 관련된 임상적 · 윤리적인 기본원칙은 다음과 같다(Wheeler & Bertram, 2015).

- 내담자에게 묻는 질문의 종류에 주의를 기울인다.
- 내담자에게 학대경험 가능성에 관해 말할 때 무비판적이고 공감하는 태도를 보인다.
- 내담자가 이야기하는 것의 진실 여부를 미리 판단하지 않는다.
- 내담자가 기억나는 일을 말하면 함께 탐색한다.
- 표준이 되는 평가방식과 치료기법을 사용한다.
- 실제로 발생하지도 않은 사건을 내담자가 사실인 양 믿도록 압력을 가하지 않는다.
- 내담자가 보고한 기억들을 축소하지 않는다.
- 내담자에게 치료종결을 경솔하게 제안하지 않는다.
- 특별히 아동학대평가와 치료에 대해 수련을 받지 않은 경우, 이 분야에 대한 전문지식을 갖춘 수련감독자나 전문가에게 자문을 요청하거나 임상평가를 위해 내담자를 의뢰한다(81쪽).

Wheeler와 Bertram(2015)은 협의, 기억이 공개된 상황, 기억의 진실성을 평가하는 데 사용된 기법, 다른 전문가 동료에게 의뢰하거나 자문을 요청하는 것을 포함한 치료적 선택사항을 내담자의 임상기록에 자세하게 문서화할 것을 제안한다.

**불건전한 전이관계.** 전이와 역전이가 치료관계에 어떤 영향을 미치는지 이해하는 것이 중요하다는 점은 제2장에서 다루었다. 단순히 역전이 감정만으로는 윤리적 · 법적으로 문제가 되지 않는다. 그러나 내담자에 대한 치료자의 개인적 반응을 효과적으로 관리하지 못하면 권력남용 가능성이 높아져 윤리적 · 법적으로 파급효과를 일으킬 수 있다. 내담자의 전이나 상담자의 역전이를 잘못 처리한 사례들을 보면 내담자와 성적으로 연루되거나, 내담자와 부적절한 관계를 형성하거나, 금전관계를 맺거나, 상담자의 개인문제가 내담자에게 짐이 되었다는 혐의가 제기되었다. 치료자가 다중관계를 맺으면 권력의 불균형 때문에 권력남용에 취약한 쪽은 언제나 내담자이다.

의뢰에 대한 정당성을 찾거나 내담자를 위한 최선의 이익이 무엇인지 결정하기 전에 수련감독을 받거나 동료에게 자문을 요청하는 것이 이 문제를 다루기 위한 가장 좋은 방법이다. 수련 중인 상담자를 교육할 때 우리는 내담자가 상담자를 자극하는 가장 훌륭한 교사가 될 수 있다고 가르친다. 우리는 상담자의 자기계발을 위해 내담자가 희생하는 것은 원치 않지만, 개인적으로 불편하게 만들 수도 있는 내담자와도 작업하도록 스스로를 독려할 필요가 있다.

**위험한 내담자 평가와 관리에 실패한 경우.** 치료자는 자신이나 타인에게 예사롭지 않은 위험행동을 하려고 하는 내담자에게 개입할 의무가 있다. 하지만 내담자가 본인이나 타인에게 실제로 위험한 행동을 하려고 하는지 판단하는 것은 쉬운 일이 아니다. 이 주제는 제6장에서 자세히 다룰 것이다.

타인에게 잠재적으로 위협이 될 수 있는 내담자에 대해 반드시 실행해야 하거나, 실행해서는 안 되거나, 실행할 수도 있는 사항에 대해 실무자에게 제시된 경고의무 혹은 보호의무에 관한 법령이 있는 주가 여럿 있다(Knapp & VandeCreek, 2012). 타인과 사회가 위험에 처했다는 것을 알리기 위해 내담자의 비밀정보를 공개한 정신건강전문가를 보호하는 법령이 공포되어 있다. 캘리포니아 주 법령은 위험성을 보고할 것을 요구하고 있으며, 위험한 내담자와 관련된 경우에는 별다른 특권이 없다(Leslie, 2010). 이러한 경고를 법적 의무로 규정하지 않은 주에서도 윤리적으로 직무수행을 하려면 치료자는 적절한 조치를 취해야 한다.

## 위험관리 전략

**위험관리**(risk management)란 내담자에게 해를 주어 윤리적인 문제로 제소되거나 배임행위로 법적 소송에 휘말리게 되는 문제들을 파악하고 평가하며 처리하는 것에 초점을 맞춘 업무를 의미한다. 치료적 배임행위에 대한 가장 좋은 예방책은 개인적으로나 직무상으로 내담자를 솔직하고 개방적으로 대하는 것이다. 내담자에게 양질의 서비스를 제공하는 것이 예방차원에서 당신이 할 수 있는 최상의 방법이다. 비록 모든 상황에서 '올바른 선택'을 하지는 못하겠지만, 치료자가 자신의 한계를 자각하고 어려운 사례를 접할 때는 자문을 요청하려는 자세를 취해야 한다. 치료자와 내담자 사이에 생긴 오해는 두 사람이 충분히 이야기한다면 오히려 강력한 작업동맹으로 이어질 수 있다. 그러나 사소한 실책도 심각해질 수 있으며, 이것이 반복되는데도 치료자가 이를 인식하지 못한다면 치료적 배임행위소송으로 이어질 수 있다. 임상전문가는 발생할 수도 있는 오해를 알아차리지 못하거나 서투르게 다룬다면 치료파행이나 조기종결로 이어질 수 있음을 알고 경계하는 것이 중요하다.

위험관리역량 증진을 위한 또 다른 조언은 다음과 같다.

- 당신이 속한 기관의 정책 외에도 자신의 직무수행과 관련된 주 법령 혹은 지역사회 법규를 숙지하고 있어야 한다. 정신건강전문가단체에 적극적으로 관여하고 위험관리 워크숍에 참여함으로써 변화하는 법과 윤리규정에 적응한다.
- 비밀보장 문제, 내담자가 집에 있을 때 연락해야 할 상황, 치료비와 지불방식, 종결과 관련된 방침, 자살과 관련된 조항 등이 포함된 치료계약서를 활용한다(Kennedy et al., 2003). 내담자와 이러한 정보들을 검토하고 동의서에 서명하도록 한 뒤 보관한다. 전문가 정보 공개서를 통해 당신과 내담자 사이에 계약이 성립된다는 점을 인식한다(Chauvin & Remley, 1996).
- 내담자에게 정확한 표현으로 정보를 전달하고 그가 확실히 이해했는지 점검한다.
- 최신 평가기법을 활용하고 당신의 결정을 문서에 기록한다(Werth, Welfel, Benjamin, & Sales, 2009).
- 진단내용, 치료계획과 치료의 위험과 이득에 관해 자세히 설명하여 내담자가 이해할 수 있도록 한 뒤 그 내용을 문서에 기록한다. 문서화는 훌륭한 위험관리와 양질의 치료관리의 근간이 된다(Werth et al., 2009). 내담자의 치료과정을 면밀히 기록으로 남긴다.
- 원하는 시기에 치료를 종결할 수 있는 권리가 내담자에게 있다는 것을 알린다. 단, 법원명령으로 치료받는 내담자의 경우는 예외이다. 위임받은 내담자가 상담을 일찍 종결할 수 있지만, 그 결과는 책임져야 한다. 내담자의 종결 이유를 문서에 기록해야 한다.
- 당신이 교육이나 수련경험을 통해 자격을 갖춰 잘 다룰 수 있는 내담자에게만 서비스를 제공한다. 당신의 역량으로는 다루기 어려운 상태의 내담자는 다른 전문가에

게 의뢰한다.

- 특정 사례에서 당신이 무엇을 왜 했는지는 물론, 무엇을 왜 하지 않기로 결정했는지도 문서에 기록한다(Werth et al., 2009).
- 재무기록과 임상기록을 잘 보관하며 내담자의 기록을 함부로 공개하지 말아야 할 윤리적, 직업적, 법적 책임이 자신에게 있다는 것을 명심해야 한다.
- 당신의 실무행동을 평가할 때 내담자의 기록에 충분한 정보가 없을 경우 문제가 될 수 있음을 명심해야 한다(Younggren et al., 2016).
- 내담자 기록의 시작, 관리, 전송, 폐기와 관련된 명확하고 일관성 있는 방침과 절차를 개발한다(Remley & Herlihy, 2016).
- 아동학대나 노인학대 혹은 피부양 성인 학대로 의심된다면 법에서 요구하는 대로 신고한다.
- 당신이 개인생활에서 경계를 얼마나 잘 지키는지 평가한다. 개인생활에서 명료성과 책임감을 가지고 있다면 직업생활에서도 동일할 가능성이 높다.
- 이중관계나 다중관계를 맺기 전에 그런 관계의 영향에 관해 다른 전문가에게 자문을 요청하고 내담자와 논의한다. 그러한 관계는 당신과 내담자 모두에게 문제가 될 수 있음을 알아야 한다.
- 고위험군 내담자와 다중관계를 맺게 되거나 경계를 넘어서게 될 경우 설명 후 받는 동의, 문서기록, 자문이 철저히 이루어져야 한다.
- 선물수령 여부나 물물교환 여부를 결정할 때 문화적 · 임상적인 측면을 고려한다.
- 현재나 이전의 내담자, 현재의 수련생이나 학생과 성관계를 맺는 일은 절대로 없어야 한다.
- 약속시간을 어기면 내담자는 버림받았다고 느낄 수 있다. 만약 약속된 치료회기를 연기해야 한다면 미리 내담자에게 전화로 알린다. 당신이 출타 중일 경우, 응급상황과 같이 만날 수 없는 경우에 대한 대비책을 마련한다.
- 미심쩍은 면이 있으면 다른 전문가에게 자문을 요청하고 그 내용을 문서에 기록한다. 특정 내담자에 관해 다른 사람들에게 자문을 요청하기 전에 정보 공유에 대해 내담자의 동의를 받는다. 자문을 요청한다는 것은 당신이 건실한 직무수행에 전념한다는 것과 내담자의 권익을 최대한 보장하기 위해 다른 전문가에게 기꺼이 배우고자 한다는 것을 나타낸다.
- 당신에게 반드시 무엇을 하라고 말해 주지는 않더라도 대안을 생각하는 데 도움을

줄 수 있는 자문가 인맥을 만든다(Werth et al., 2009).

- 본인이나 타인에게 위험한 행동을 할 가능성이 있는 내담자를 평가하는 방법을 배운다. 당신이 그런 내담자를 다룰 수 없다면 능력 있고 경험 많은 치료자에게 내담자를 의뢰한다.
- 자살 의도를 가진 내담자를 상담할 때는 자문절차를 거치고 자문의 특성을 문서에 기록한다.
- 내담자가 위험하다는 전문적인 판단이 서면 내담자나 타인이 해를 입지 않도록 필요한 조치를 취한다.
- 정신건강전문가는 내담자의 분노 혹은 전이의 표적이 될 수도 있다는 것을 명심한다. 당신이 내담자에게 어떻게 반응하는지 주의를 기울이고 자신의 역전이를 점검한다.
- 내담자를 대할 때 언어와 행동에 주의를 기울여 존중하는 태도를 보인다.
- 치료동맹을 촉진하고 치료과정 전반에 걸쳐 치료의 진전사항과 만족도를 평가하고 논의한다(Swift et al., 2012).
- 치료적 배임행위소송에 휘말리지 않는 최고의 방어법은 양질의 치료를 제공하는 것이 최우선책이고 위험을 줄이기 위한 노력을 기울이는 것이 차선책이다(Werth et al., 2009).
- 당신이 채택한 기법들은 이론적 배경이 튼튼해야 한다.
- 가능하다면 근거 기반 절차를 활용하여 상담실무를 발전시켜야 한다.

위의 위험관리 전략들을 따라야 한다는 생각 때문에 부담스러울지도 모르겠다. 본 장에서 논의했거나 다른 장에서 다루게 될 많은 것들이 요약되어 있다. 저자들의 의도는 적절한 행동을 상기시키고 윤리적 · 전문적인 행동에 대해 독자가 인식을 확장하도록 점검목록을 제공한다. 윤리적으로 직무수행을 하는 상담실무자는 이미 이러한 조치들을 취하고 있다. 법률에 호소하는 사례가 증가함에 따라 치료자는 고소당하지나 않을까 걱정하여 과도하게 경계할 수도 있다. 고소당할 가능성을 낮추는 가장 좋은 방법은 윤리적 · 법적 기준을 잘 알고 따르는 것이다.

윤리적 맥락에 적용할 수 있는 법률이 언어로 명시화되어 있는 것이 가장 필요하지만, 그렇게 되면 법이 위험관리의 중심이 될 수 있다(Fisher, 2008). Fisher는 위험관리 관점을 취하면 상담실무자가 불안감이 증폭될 수 있고, 그로 인해 내담자에게 윤리적 의무를 다하고 잠재적인 위험을 고려하기보다는 스스로에 대한 위험 가능성을 낮추는 데 중점을 둘 수 있다고 지적한다. Zur(2010)는 현재의 위험관리정책이 임상적 효과에 몇 가지 심각한 문제를 초래한다고 주장한다. 위험관리정책은 치유의 기반을 흔들고 치료동맹을 손상하며 창의성을 억제할 수 있다. Zur는 위험관리에 대한 조언을 따르는 데 집중하면 치료자가 내담자를 이용하여 자신을 보호하려 할 수도 있다고 생각한다. 그는 최근 위험관리 실무에 대해 강조함으로써 치료자들이 임상적 진솔성은 뒤로 하고 공포-기반(fear-based) 중재를 지향하게 되었다고 주장한다.

## 배임행위소송에 대한 대처

신중하게 직무를 수행하고 앞서 제시한 지침들을 모두 따른다고 해도 고소당할 가능성은 여전히 있다. 배임행위소송이 무책임한 상담실무자에게만 국한된 것은 아니다. 상담자가 윤리적으로 적절하게 행동했을지라도, 내담자는 비윤리적 행위를 주장하거나 과실로 인한 법적 청구를 할 수도 있다. 만약 당신이 고소당하게 되면 다음의 내용을 참고하여 행동하기 바란다(Bennett et al., 1990).

- 법적 소송에 진지하게 대처하라. 당신을 처벌하고 조정하려는 내담자의 시도일지라도 그렇게 한다.
- 그 문제를 내담자와 직접 해결하려고 하지 마라. 왜냐하면 당신의 행동이 법정에서 불리하게 작용할 수 있기 때문이다.
- 당신의 정신건강전문가단체의 윤리적 위험관리서비스 담당자에게 연락하라. 변호사에게 자문을 요청하려고 한다면 그 사례와 관련된 사건들을 요약해 준비하라.
- 보험적용 한도 등 배상책임보험규정을 숙지한 뒤 보험회사에 곧바로 연락하라.
- 내담자 사례와 관련된 파일이나 보고서를 파기하거나 수정하지 마라.
- 그 사례에 관해 변호사 외에 다른 사람과는 논의하지 마라. 내담자나 내담자의 변호사, 언론매체에 당신에게 실책이 있다는 말을 하지 마라.
- 당신이 속한 정신건강전문가단체로부터 받을 수 있는 지원이 어떤 것인지 정확히 파악하라.
- 당신을 고소한 내담자와는 더 이상 직업적인 관계를 유지하지 마라.

면허관리청이 조사에 착수했다면 법적인 지원을 받는 것은 필수사항이다. 이런 조사는 대개 배임행위에 대한 고소 이전에 이뤄지지만 법적 소송만큼이나 곤혹스러운 경험일 수 있다. 만약 당신이 법정에 서야 한다면, 변호사와 상의하고 준비를 위해 만반의 조치를 취하는 것이 좋다. 이상적인 방법은 어떤 법적 조치를 하는 것보다 먼저 정신건강전문가단체와 상의하는 것이다. 자신이 행동한 것이나 행동을 하지 않은 것이 소송으로 이어질 것이 우려된다면, 가능한 한 빨리 법률자문을 요청하는 것이 현명하다.

## 윤리적 관점에서 본 법적 책임

법적 책임과 윤리적 직무수행이 반드시 일치하는 것은 아니지만 대체로 중복된다. 법적인 문제는 윤리적인 측면이 발전하는 데 필요한 방향과 내용을 제시한다. 만약 당신이 치료적 배임행위에 연루되면 사례분석전문가가 당신의 직무수행이 치료기준에 적합했는지 판단하기 위해 임상기록을 평가할 것이다. 임상기록은 치료과정을 검토하는 데 중요한 역할을 한다. 당신이 치료과정을 문서로 남긴 방식이 소송결과를 좌우할 가능성이 크다. 사례분석가는 당신이 기준에서 크게 벗어났는지를 판단하기 위해 추론과정과 지식을 적용하는 과정 중의 일탈 정도를 살필 것이다. 상담실무자로서 결과를 보장할 수는 없지만 내담자가 가진 문제에 타당하고 과학적인 방식으로 접근했다는 것을 입증할 필요가 있다. 당신이 완벽해야 하는 것은 아니지만, 당신이 어떻게 직무수행을 하며 왜 그렇게 하는지 평가하는 것이 유익하다. 자기성찰을 하거나 동료들과 대화를 하는 것이 법적 책임의 수준을 낮추고 윤리적인 상담실무자가 되는 데 큰 도움이 될 수 있다.

배임행위와 위험관리 전략에 대한 이런 논의는 당신을 두렵게 하거나 지나치게 신중하도록 하기 위한 것은 아니다. 고소당할 가능성에 불안을 느끼기 쉽지만, 그런 불안은 상담실무자로서 당신에게 있는 최고의 능력을 끄집어내지 못하게 만들 수 있다. 배임행위에 대한 이런 논의가 전문가로서 책임의 범위에 대한 인식수준을 높이고, 당신이 윤리적인 방식으로 책임을 다할 수 있는 방법을 찾는 데 도움이 되기를 기대한다.

# 제5장 요약

모든 정신건강전문가단체의 윤리규정에는 설명 후 받는 동의가 가장 중요하게 명시되어 있다. 내담자의 권리는 내담자가 충분히 설명을 듣고 선택하는 데 도움이 되는 절차를 치료자가 개발할 때 가장 잘 지켜질 수 있다. 법률적으로, 설명 후 받는 동의에는 자유롭고 합리적으로 결정 내릴 수 있는 내담자의 능력이 수반된다. 설명 후 받는 동의과정에서 치료자와 내담자의 권리와 책임뿐 아니라 치료의 본질에 관한 정보도 제공해야 한다. 이 과정에서 치료자가 신경 써야 할 점은 정확하고 충분한 정보를 제공하는 동시에 너무 빨리 너무 많은 정보를 제공하여 내담자가 당황하게 만들지 말아야 한다는 것이다. 잘만 하면 설명 후 받는 동의는 선택의 범위를 넓히고 적극적인 치료의 협력자로서 내담자의 책임감을 높이는 것을 목표로 하는 지속적인 과정으로 비춰질 수 있다.

본 장에서는 내담자의 권리에 관한 논의 외에도 전문가 책임의 범위에 대해 다루었다. 치료자에게는 내담자, 자신이 속한 기관, 자신의 직업영역, 지역사회, 내담자의 가족구성원, 자신에 대한 책임이 있다. 이러한 책임들 간에 갈등이 생기면 윤리적 딜레마를 겪을 수 있다. 예를 들어, 자신이 속한 기관이 기대하는 것과 내담자의 관심사나 바라는 점에 차이가 있다면 치료자는 윤리적으로 딜레마를 경험할 수밖에 없다. 사람을 돕는 전문가는 자신이 속한 정신건강전문가단체의 윤리규정을 숙지할 필요가 있고, 수용 가능한 수준의 직무수행을 하면서 적절한 판단을 내려야 한다. 저자들은 독자가 '옳다고 느껴져서'가 아니라 더 나은 것을 바탕으로 판단할 수 있도록 특정 윤리적 문제에 관해 생각해 보고, 직업적 윤리감각을 키우며, 주 법령에 관한 지식을 늘려 나가기 바란다.

직업적 의무와 관련된 것이 직업적 책임이다. 전문가들이 소비자에게 서비스를 제공할 때 생길 수 있는 위험요소들을 제거할 수는 없다. 하지만 적절한 위험관리 실무를 통해 위험요소들에 대한 평가, 통제, 최소화, 관리가 이루어질 수 있다(Younggren et al., 2016). 만약 정신건강실무자가 윤리적 · 법적인 기준을 무시하거나 기대되는 치료기준 이하로 직무수행을 한다면 법적으로 고소당할 수 있다. 치료과정을 적절히 기록하지 못한 상담실무자는 법적인 책임을 져야 할 수도 있다. 기록보관을 잘하는 상담실무자는 법적 분쟁을 피할 수 있고 내담자에 대한 서비스의 질을 높일 수 있다. 치료적 배임행위와 윤리문제로 면허청에 제소되는 것을 염려하겠지만, 본 장에서 설명한 전문적인 직무수행지침을 따른다면 그러한 위험을 줄일 수 있다. 그러나 정신건강실무자가 실수할까봐 너무 두려워하고 자기보호 전략에만 신경을 쓴 나머지 임상전문가로서 비효율적인 사람으로 전락하지 않았으면 하는 것이 우리의 바람이다. 내담자의 권익을 최대한 보장하는 데 전념하는 것이야말로 매우 효과적인 위험관리 전략이다.

## 추천 활동

1. 조별로 모여 설명 후 받는 동의서 양식을 만들어 보라. 당신이 속한 조는 치료를 시작하기 전과 시작하고 몇 회기 동안 계속 내담자에게 말해야 하는 것은 무엇이라고 생각하는가? 어떻게 하면 내담자를 당황시키지 않고 설명 후 받는 동의를 진행할 수 있는가? 이에 관해 논의한 뒤, 관찰자를 포함하여 내담자 역할을 맡은 상대와 함께 설명 후 동의를 받는 과정을 역할극으로 해 보고, 돌아가면서 각각의 역할을 해 보는 기회를 가져라.
2. 다른 학생과 역할극을 하기 위해 본 장에 제시된 개방형 사례들 중 하나를 선택하라. 한 명은 내담자를 맡고 다른 한 명은 상담자 역할을 한다. 상담을 위한 면접을 수행하라. 그런 후 면접을 하는 동안 각자가 어떻게 느꼈는지 이야기하고, 취할 수 있는 대안적인 행동방침을 논의하라. 역할극에 관찰자로서 제3자를 포함할 수도 있다.
3. 미성년자에게 정신건강 서비스를 제공하는 주의 법률을 공부하라. 미성년자와 설명 후 받는 동의 같은 토의주제를 찾아라. 예를 들어, 부모나 보호자 동의 없이 치료할 수 있는지, 미성년자의 비밀보장은 어디까지 가능한지, 미성년자를 상담할 때 고려해야 할 법적 문제로는 어떤 것들이 있는지 등이 있다.
4. 상담 직무수행과 관련하여 법적인 측면을 잘 알고 있는 변호사에게 특강을 부탁하는 것을 고려해 보라. 생각해 볼 질문들은 다음과 같다. 심리치료에서 내담자의 법적 권리는 무엇인가? 치료자의 주요한 법적 책임은 무엇인가? 상담과 관련된 법률에 정통할 수 있는 가장 좋은 비결은 무엇인가? 법적인 소송에 왜 휘말리게 되는가? 상담자가 법적으로 고소당했을 때 자신을 보호할 수 있는 비결은 무엇인가?
5. 상담전문가와 면담을 통해 직무를 수행하면서 가장 윤리적으로 염려하는 부분은 어떤 것인지 질문하라. 그들은 그런 윤리적 문제에 어떻게 대처하고 있는가? 클라우드 서비스를 이용한 상담이나 온라인 상담과 같은 기술혁신으로 인해 생길 수 있는 새로운 윤리적 문제로는 어떤 것들이 있는가? 이와 관련하여 법적으로 고려해야 할 것은 무엇이라고 생각하는가? 그와 관련하여 치료적 배임행위에 대한 법적 소송이 우려되는 부분은 어떤 것인가?
6. 온라인 상담의 장단점을 토의하라. 상담과정에서 전자기술을 활용할 때 발생하는 윤리적 고려사항으로 어떤 것들이 있는가?
7. 소집단으로 나누어 다음 질문을 탐색하라. 상담자에 대한 치료적 배임행위소송에 대한 일반적인 이유들을 검토할 때 어떤 것이 당신을 가장 놀라게 하였는가?
8. 전문가적 책임과 관련하여 염려되는 부분들에 관해 토의하라. 기준이하로 직무를 수행하여 고소당할 수 있는 가능성을 줄이기 위해 당신은 무엇을 할 수 있는가?

# 제6장

# 비밀보장과 윤리적 · 법적 문제

## 학습목표

1. 비밀보장, 사생활보호, 면책특권정보보호를 구분한다.
2. 비밀보장의 목적과 제한을 명료하게 설명한다.
3. 통신장비와 관련된 사생활보호 문제를 파악한다.
4. 건강보험양도및책임에관한법률(HIPAA)이 정신건강 서비스 제공자에게 의미하는 바를 이해한다.
5. 경고의무와 보호의무의 차이점을 설명한다.
6. 유명한 판례의 내용과 실무에 대한 함의를 인식한다.
7. 위험한 내담자를 다루는 지침을 기술한다.
8. 경고의무와 보호의무가 학교상담자에게 의미하는 바를 설명한다.
9. 자살과 관련된 윤리적 · 법적 의무를 평가한다.
10. 자살행동을 평가하는 지침을 기술한다.
11. 아동, 부양대상자, 노인을 상해, 학대, 배임행위로부터 보호해야 할 의무를 이해한다.
12. HIV/AIDS 상담과 관련된 비밀보장 문제들을 토의한다.

## 점검을 위한 자기평가

지침: 각 문장을 읽고 자신의 신념과 태도를 가장 잘 나타내고 있다고 생각되는 수준의 번호를 빈칸에 기록하시오.

5 = 강력히 동의한다.

4 = 대체로 동의한다.

3 = 결정하기 어렵다.

2 = 거의 동의할 수 없다.

1 = 절대로 동의할 수 없다.

____ **1.** 내담자에게 비밀보장에 관해 어느 정도까지 이야기해야 할지 확신이 없다.

____ **2.** 내담자의 허락 없이 내담자가 내게 말한 내용을 공개해야 할 상황은 존재하지 않는다.

____ **3.** 절대적인 비밀보장은 심리치료를 효과적으로 진행하는 데 필수적이다.

____ **4.** 다른 사람에게 위해를 끼칠 가능성이 있다고 평가한 내담자를 상담할 경우 예상 피해자에게 경고할 의무가 있다.

____ **5.** 내담자가 자살할 위험이 있다고 일단 평가를 내렸다면 적절한 조치를 취하는 것이 나의 윤리적 · 법적 의무이다.

____ **6.** 사람을 돕는 전문가로서 발생시기와 관계없이 아동학대 혐의를 신고하는 것은 나의 책임이다.

____ **7.** 노인과 부양대상자 학대 신고는 치료자의 책임이 아니라고 생각한다.

____ **8.** 노인과 기타 취약한 성인학대는 아동학대와 동일하게 주목할 필요가 있는 문제이다.

____ **9.** 내담자 비밀보장과 공공을 보호하는 것의 균형은 정신건강전문가들에게 중요한 윤리적 과제이다.

____ **10.** 자해는 자살의 전조일 수 있지만, 자해하는 사람 대부분이 자살을 생각한다고 추측하는 것은 실수이다.

____ **11.** 보호의 의무를 이행해야 하는 상황에서 무슨 조치를 취해야 할지 몰라 당황할까봐 염려된다.

____ **12.** 고위험 내담자와 상담할 때는 안전계획을 문서로 갖고 있는 것이 효과적이다.

____ **13.** 상담자는 이메일을 소통수단으로 사용할 때의 문제점과 보호장치에 대해 내담자와 의논해야 한다.

____ **14.** 내담자의 비밀을 밝힐 필요가 생긴다면 나는 이런 의도를 내담자에게 알릴 것이다.

____ **15.** 고의가 아니더라도 내담자의 사생활을 침해하는 일은 쉽사리 일어난다고 생각한다.

## 서론

아마도 내담자의 주된 권리는 상담시간에 공개하는 이야기가 보호될 것이라는 보장일 것이다. 그러나 상담자는 내담자가 말한 모든 내용이 항상 비밀로 남아 있을 것이라고 약속할 수는 없다. 본 장에서 우리는 비밀보장에 관한 윤리적 · 법적 결과를 고려하고, 비밀보장에 한계가 있는 상황에 관해 치료를 시작할 때부터 내담자에게 알려 주는 것은 물론 그 과정과 영향을 살펴볼 것이다.

비밀보장에 관한 법적인 세부사항들을 고려하다 보면 대부분의 문제가 산뜻하게 정의되어 있지 않다는 점을 분명하게 느끼게 된다. 치료자가 자신의 직무수행을 좌우하는 지방 및 주 법령에 정통하더라도 법에 관한 지식만으로 건전한 결정을 내리는 것에 부족함을 느낄 것이다. 각각의 사례가 독특한 이유는, 법에는 난해한 부분이 많으며 시대에 따라 법을 해석하는 방식들이 상충되기 때문이다. 윤리적 · 법적인 견지에서 전문적으로 내리는 판단은 문제를 해결하는 데 항상 중요한 역할을 담당한다.

## 비밀보장, 면책특권정보보호, 사생활보호

비밀보장은 법적 · 윤리적 함의를 가지고 있는 복합적인 책임이다. 정신건강실무자가 내담자와의 관계에서 비밀보장을 유지해야 하는 의무에 대한 구체적인 지침들은 글상자 '임상실무에서의 비밀보장'을 참고하라. 치료자는 비밀보장, 면책특권정보보호, 사생활보호라는 개념뿐만 아니라 내담자에 대한 면책특권정보에 수반되는 법적인 보호와 이 보호의 한계에도 정통해야 한다.

## 윤리규정: 임상실무에서의 비밀보장

**미국상담학회(ACA, 2014)**

상담 개시시점과 상담과정 동안 상담자는 비밀보장의 한계를 내담자에게 알려 주고 비밀보장을 이행하지 못하는 예측 가능한 상황들을 파악해야 한다(B.1.d).

**미국정신의학회(2013b)**

환자의 신원을 포함한 정신과 기록은 극도의 주의를 기울여 보호해야 한다. 비밀보장은 정신과 치료에 필수적이다. 이것은 부분적으로 정신과 치료의 특수성과 의사와 환자의 전통적인 윤리적 관계에 기반을 두고 있다. 환자의 시민권은 물론 전산화, 복제장비, 데이터 뱅크의 역효과 가능성에 대한 우려가 커지면서 비밀정보의 유포위험이 증가하고 있다. 정신과 의사가 다루는 민감하고 사적인 정보의 특성 때문에 환자에 대해 다른 사람에게 공개하기로 선택한 정보에 신중해야 한다. 환자의 복지는 지속해서 고려해야 하는 주제이다(4.1).

**미국심리학회(APA, 2010)**

심리학자는 비밀보장의 범위와 한계가 법으로 규정되거나 기관의 규칙이나 직업적 혹은 학술적 관계로 인해 정해질 수 있음을 인식하여, 어떤 매체를 통해 얻거나 저장한 비밀정보를 보호하기 위해 일차적인 책임을 지고 합리적인 예방조치를 취해야 한다(4.01).

**미국학교상담사협회(ASCA, 2016)**

앞으로 학생들이 하게 될 상담의 목적, 목표, 기법, 절차상의 규칙들을 알려야 한다. 공개할 내용에는 설명 후 받는 동의와 비밀보장의 한계에 대해 명확한 설명이 포함된다. 설명 후 받는 동의 과정에서 비밀보장의 한계를 이해하려면 학생의 역량, 자발성, 지식이 필요한데 특정 발달수준의 학생이나 영어를 배우고 있는 학생, 특수한 필요가 있는 학생에게는 얻기 어려울 수 있다. 학교상담사가 비밀정보를 공유하기 전에 학생이 동의할 수 있는 경우에는 학생의 동의를 받기 위해 시도해야 한다(A.2.b).

**캐나다상담학회(CCA, 2007)**

상담관계와 그로 인해 얻은 정보는 비밀을 유지해야 한다. 그러나 비밀보장에는 다음과 같은 예외가 있다.

- 내담자나 타인에게 명백하고 절박한 피해가 생기는 것을 막기 위해 정보공개가 필요할 때
- 비밀자료를 공개하도록 법원에서 요구할 때
- 아동을 보호할 필요가 있을 때(B.2).

**미국부부및가족치료학회(AAMFT, 2015)**

부부 · 가족치료사는 서비스 초기에 내담자와 기타 이해 당사자에게 비밀보장의 특성과 내담자의 비밀보장 권리의 제한 가능성을 공개해야 한다. 치료사는 비밀정보가 요청될 수 있는 상황과 비밀정보 공개가 법적으로 요구될 수 있는 상황을 내담자와 검토해야 한다. 상황에 따라 반복적인 공개가 필요할 수도 있다(2.1).

**미국사회복지사협회(NASW, 2008)**
사회복지사는 어쩔 수 없는 직업상의 이유가 없는 한 전문적인 서비스를 제공하면서 얻은 모든 정보의 기밀을 보장해야 한다. 신원확인이 가능한 다른 사람에게 가해질 심각하고 예측 가능하고 절박한 피해를 막기 위해 공개가 필수 불가결할 때는 사회복지사의 정보 비밀보장이 적용되지 않는다. 모든 경우에서 사회복지사는 바람직한 목적을 성취하는 데 필요하더라도 비밀정보를 최소한으로 공개해야 하며 공개되는 목적에 직접 부합되는 정보만 알려야 한다(1.07.c).

**미국정신건강상담사협회(AMHCA, 2015)**
정신건강상담사에게는 상담실무, 강의, 연구 중에 얻게 된 개인정보를 보호할 일차적인 의무가 있다. 개인정보는 본인의 서면동의가 있거나 주 법률에 규정된 상황에서만 다른 사람에게 전달된다. 상담정보는 필수적인 것, 부합되는 것, 입증할 수 있는 것에 한해 공개해야 한다(원칙 2).

## 비밀보장

비밀보장, 면책특권정보보호, 사생활보호는 상호 연관된 개념들이지만 중요한 차이점이 있다. **비밀보장**(confidentiality)은 내담자의 사생활보호 권리에 근거한 것으로써 효과적인 치료의 핵심이며, "내담자와 사적으로 나눈 대화내용을 보호하는 것은 상담자의 윤리적 의무"이다(Wheeler & Bertram, 2015, 104쪽). 정신건강전문가는 치료관계에서 얻은 정보가 승인 없이 폭로되는 위험에서 내담자를 보호할 윤리적 책임뿐만 아니라 법적 · 직업적인 의무가 있다. 전문가는 내담자나 법이 승인한 경우 외에는 정보를 절대 공개하면 안 된다. 따라서 비밀보장에 관한 약속에는 한계가 있다. 예를 들어, 법원 판결들은 비밀보장을 지키지 못한다 할지라도 치료자가 내담자나 다른 사람들에게 경고하고 그들을 보호하는 의무를 지는 상황이 있다는 점을 강조해 왔다. 또한 비밀보장은 내담자의 권리이기 때문에 내담자가 이 권리를 위임할 경우 상담자가 내담자의 비밀정보를 공개해도 윤리적으로나 법적으로 문제되지 않는다. 비밀보장은 내담자의 권한이며, 내담자의 요청으로 상담자가 정보를 공개할 때는 일반적으로 문제가 되지 않는다.

Fisher(2008, 2016)는 비밀보장 권리를 보호하기 위해 법의 명령을 윤리적 맥락에 적용한 6단계의 윤리적 직무수행 모델을 고안했다. 6단계는 다음과 같다.

1. 준비하라. 비밀보장의 한계에 관해 내담자에게 알려 주기 위해 당신이 먼저 그 한계를 이해해야 한다. 그러려면 법률을 공부하고 당신의 도덕원칙에 관해 개인적으로 탐색해야 한다. 비밀보장과 그 한계에 대한 당신의 윤리적 입장을 명료하게 하

고, 이러한 당신의 의도와 방침이 반영된 동의서를 고안하라. 내담자와 명확한 언어로 비밀보장과 그 한계에 대해 의논하고 그 내용을 기록하라. 치료를 시작할 때 내담자에게 비밀보장에 관해 어떤 질문이든 물어볼 기회를 제공하고, 필요할 때마다 비밀보장의 한계에 대해 이야기하라. 사전동의가 지속적인 과정이듯, 내담자는 상담관계가 지속되는 동안 비밀보장에 한계가 있음을 이해해야 한다.

2. **내담자에게 진실을 말하라.** 비밀보장 조항에 담겨 있는 한계에 관해 내담자에 알려 준 뒤, 상담관계를 시작하는 조건으로 이 한계를 수용한다는 내담자의 동의를 얻으라. 당신이 맡은 역할 가운데 비밀보장에 영향을 끼칠 수 있는 것이 있다면 설명하라.

3. **임의로 공개하기 전에 충분히 설명한 후 동의서를 받으라.** 법적으로 불가피한 경우에만 비밀정보를 공개하라. 이 정보를 공개하기 전에 내담자가 서명한 동의서를 받고 문서로 보관하라.

4. **정보에 대한 법적 요청에 윤리적으로 대응하라.** 내담자의 동의 없이도 정보를 공개해야 하는 법적인 요구를 받았다는 사실을 내담자에게 알리라. 비밀정보의 공개는 법적으로 가능한 범위까지로 제한하라.

5. **막을 수 있는 비밀정보 침해는 피하라.** 비밀보장규칙에 비윤리적인 예외를 두는 것을 피하라. 비밀보장을 목표로 한 방침을 수립하고 유지하라. 당신의 필기와 기록 보관방식을 점검하라. 법정에서 이해상충을 야기하는 이중 역할을 피하라. 법적 요구사항과 이에 대한 당신의 대응을 예상하라. 내담자가 스스로를 위해 보호행동을 하도록 힘을 실어 주라. 정보공개를 허용하는 법률과 정보공개를 명령하는 법률을 혼동하지 마라.

6. **비밀보장에 관해 이야기를 나누라.** 윤리적인 행동과 직무수행의 모범을 보여라. 필요한 경우 비밀보장에 관한 대화에 내담자를 참여시키라. 학생과 수련생에게 윤리적인 직무수행을 가르쳐라. 변호사, 판사, 소비자들에게 정보를 제공하라.

Fisher(2008)의 모델은 정신건강전문가가 윤리적인 질문들을 보다 명료하게 고안하고 자문과정에서 탐색해야 할 질문들을 확인하는 데 도움이 될 수 있다. "요약하면, 심리학자는 몸 담고 있는 직업의 비밀보장 윤리와 관련하여 위의 실무 모델을 이용하여 전문가로서의 지위를 보완할 수 있다"(12쪽).

## 면책특권정보보호

**면책특권정보보호**(privileged communication)란 심리치료사가 들은 비밀정보의 공개를 사법절차나 법원에서 전반적으로 금지하는 법률 개념이다(Knapp & VandeCreek, 2012). 모든 주에서 심리치료사와 내담자의 특권을 법제화했지만, 이 특권의 세부사항은 주마다 다르다. 임상전문가는 거주하고 있는 주의 면책특권정보보호 법률을 알고 있어야 한다. 법률이 허용하는 최대한의 범위 내에서 내담자와 상담자의 관계를 보호하는 면책특권정보보호 법령을 가진 곳도 있지만, 매우 약한 법령을 가진 곳도 있다(Remley & Herlihy, 2016), 내담자와 상담자의 관계가 법규에 의해 면책특권정보로 보호된다면 임상전문가는 비밀정보를 공개하지 않을 수도 있다. 치료자는 법정에서 질문에 대해 대답을 거부하거나 내담자 기록을 법원에 제출하는 것을 거부할 수 있다. 이 법은 내담자가 털어놓은 개인적이고 민감한 정보가 사법절차에서 공개되지 못하도록 치료자에 의해 보호될 것임을 보장한다.

이 특권 역시 내담자에게 속해 있으며 상담전문가를 보호하기보다 내담자를 보호하기 위해 고안된 것이다. 내담자가 이 특권을 알면서도 의도적으로 위임한다면 전문가는 비밀정보 공개를 보류할 하등의 법적 근거가 없다. 전문가는 내담자가 요청할 때 필수적이고 충분한 정보를 공개할 의무가 있지만, 구체적으로 요청받은 정보만 내담자가 구체적으로 명시한 개인이나 기관에 한정하여 공개해야 한다. 내담자가 자신의 특권을 위임할 경우, 치료자는 모든 또는 일부 비밀정보의 공개를 보류하기로 임상적인 결정을 내릴 수 있는 상황도 존재한다. 예를 들어, 치료자가 내담자에게 그러한 결정을 내릴 정신능력이 없다고 생각한다면, 치료자는 특권을 위임한다는 내담자의 요청에 따르지 않을 수도 있다.

**집단상담, 커플 · 가족치료 혹은 아동과 청소년 치료에서의 면책특권정보보호.** 일반적으로 면책특권정보보호라는 법률 개념은 집단상담, 커플상담, 가족치료 혹은 아동과 청소년 치료에는 적용되지 않는다. 그러나 치료자는 소송절차와 무관한 상황에서도 비밀보장의 의무가 있다. 제3자 앞에서 말한 진술은 소송과정에서 보호받지 못할 수도 있다. 집단상담 참가자들은 법적인 예외가 없는 한, 집단상담 회기 중에 알게 된 특정 정보에 관해 법정에서 증언하도록 요청받을 수도 있다. 집단치료에서의 비밀보장을 다루는 법이 전혀 존재하지 않는 주의 법정에서는 비밀보장과 관련하여 전문직의 윤리규정을 사용할 가능성이 높다. 윤리적인 문제가 생길 경우 치료자는 집단원들의 안전을 보장하기 위해 사용한 방법을 입증해야 할지도 모른다. 이를 위해 집단에서 무슨 일이 있더라도 비밀보장을 지켜야 하는 집단원의 책임을 명시한 집단 계약서를 사용할 수 있다.

이와 유사하게 부부치료와 가족치료도 면책특권정보보호 법령에 해당되지 않는다고 보는 주들이 많다. 아동과 청소년 내담자의 경우, 상담관계에서 이야기한 내용에 관한 비밀보장의 특성에 제한이 있다. 제3자가 있는 가운데 이뤄진 의사소통에 대해 명확한 사법적 경향이 나타나지 않았다. 내담자는 집단상담, 아동과 청소년 치료, 커플·가족치료에서 비밀보장의 한계에 관해 정보를 얻을 권리가 있다. 커플이나 가족을 상담할 때 내담자가 누구이고, 치료목표의 구체적인 성격에 대해 모호할 수 있다. 한 번에 한 명 이상의 내담자가 상담실에 있으면 비밀보장 의무가 복잡해질 수 있다. 비밀보장과 그 예외사항은 치료를 시작할 때는 물론이고 치료 중에라도 비밀보장 문제가 두드러지게 나타나면 언제든지 해결해야 한다. 더욱이 커플이나 가족을 상담하는 치료사는 상담을 시작하기 전에 파트너 또는 가족구성원 중 한 명이 공개한 비밀을 유지하거나 유지하지 않는 것에 대한 방침을 명확하게 전달해야 한다(Barnett & Johnson, 2015). 내담자에게 이런 방침을 서면으로 제공하여 충분한 정보를 제공하는 방법을 선택하는 치료자도 있을 것이다. 이 주제에 대해서는 제11장에서 더 자세히 논의한다.

**Jaffee 판례와 면책특권정보보호.** 면책특권정보보호의 기본원리는 판례법을 통해 재확인되었다. 1996년 6월 13일, 미국 연방대법원은 면허를 가진 심리치료사와 그 내담자의 진단이나 치료 중의 대화는 면책특권이 있기 때문에 연방법의 범위에서 생기는 사례에서 강압적인 정보공개로부터 보호받는다고 판결했다. Jaffee와 Redmond의 소송사건에 대한 연방대법원의 판결문(1996)에서 John Paul Stevens 판사는 이렇게 진술했다. "심리치료의 효과는 환자가 사실과 감정, 기억과 두려움에 대해 솔직하고 온전히 자발적으로 공개할 수 있는 비밀과 신뢰가 보장되는 분위기에 달려 있다." 이 판례의 7-2항 판결은 비밀보장 특권이 확장되었기 때문에 정신건강 전문가단체의 승리를 의미한다.

Jaffe 판례의 배경은 이렇다. 당직 경찰관 Mary Lu Redmond는 체포과정에서 발포하여 용의자를 사살하고 말았다. 피해자 가족은 연방법원에 소송을 걸어 헌법에서 보장하는 피해자의 권리가 침해당했다고 주장했다. 법원은 면허를 소지한 임상사회복지사 Karen Beyer에게 총격사건 이후 Redmond의 상담 중에 적은 기록을 제출하라고 명령했다. Beyer는 Redmond와의 대화내용은 심리치료사와 내담자의 특권에 따라 비자발적인 공개로부터 보호받는다고 주장하며 명령에 불복했다. 법원은 그녀의 심리치료사와 내담자 사이의 특권에 대한 주장을 각하했고 배심원은 545,000달러를 그 가족에게 지급하라고 판결했다.

제7순회항소법원에서는 이 판결을 뒤집어 1심 공판이 Redmond와 Beyer 사이의 비밀 의사소통에 대한 보호를 거절함으로써 오류를 범했다고 결론 내렸다. 피해자의 재산관리인 Jaffee는 이 판결에 대해 대법원에 항소했다.

연방대법원은 항소법원의 판결을 확정하고 민사든 형사든 모든 연방법원 사건에서 그 특권의 존재를 명확하게 했다. 연방대법원은 광범위하게 정의된 심리치료사와 내담자 사이의 특권을 인정하고 더 나아가 이 특권이 매 사건마다 판사의 판결대상이 아님을 분명히 했다. 이미 심리학자와 정신과 의사에게 적용되고 있던 연방 특권을 면허소지 사회복지사에 확대하기로 한 연방대법원의 판결은 다른 면허를 소지한 심리치료사들, 가령 면허를 소지한 부부 · 가족치료사, 면허를 소지한 전문상담가, 정신건강상담사들도 특권을 누릴 수 있도록 문을 열어 둔 셈이다.

Jaffee와 Redmond의 소송 판례가 법에 미친 영향을 논의하며 그 판례가 헌법에 근거한 것이 아니라는 주장도 있다(Shuman & Foote, 1999). Jaffee 판례는 연방법원에서 심리된 소송에 적용하는 증언에 관한 연방규정의 해석이라는 것이다. 따라서 Jaffee 판례는 민사와 형사 소송 모두 증언에 관한 연방규정이 적용되는 연방사건에만 적용된다는 주장이다.

## 사생활보호

법률상 **사생활보호**(privacy)란 개인이 간섭을 받지 않고 자신의 개인정보를 통제할 수 있는 헌법상의 권리를 가리킨다(Wheeler & Bertram, 2015). 사생활보호는 다른 사람의 시야, 접근 또는 침입으로부터 보호받을 권리이다(Fisher, 2016). 상담실무자는 내담자의 개인정보 보호와 관련하여 주의를 기울여야 한다. 이는 고의가 아니더라도 내담자의 사생활을 침범하기 쉽기 때문이다. 개인정보 보호가 쟁점으로 부각되는 절박한 실례로는 고용주가 입사지원자 혹은 직원의 심리검사 결과를 열람하는 일, 부모가 자녀의 성적과 건강기록부를 열람하는 일, 치료비를 보조하는 제3자가 내담자의 진단과 예후에 관한 정보를 열람하는 일 등이 있다.

상담자는 직무현장이 아닌 곳에서 내담자를 만나게 될 경우 내담자의 사생활을 침범하지 않는 것이 매우 중요하다. 이런 사적인 만남을 예측할 수 있는 작은 마을이라면 더욱 그렇다. 치료하는 동안, 당신과 내담자가 같은 교회에 다니거나, 각자의 자녀가 같은 학교에 다니거나, 각자의 자녀가 같은 축구팀에서 뛰고 있다는 것을 알게 될지도 모른다. 내담자에게 이런 만남이 발생할 수 있음을 알리고, 만날 때 당신이 어떻게 대할지에 대해 의논하는 것이 좋다. 다음 사례에서 당신이라면 어떻게 대처할지 생각해 보라.

### <Erica의 사례>

Helena는 한 전문대학의 학생 서비스 부서에서 일하는 상담자이다. 그녀는 신체상과 섭식행동과 관련된 다양한 문제 때문에 Erica와 여러 달 상담했다. 어느 날 저녁 Helena는 친구와 가볍게 식사와 커피를 즐기기 위해 인근 카페에 갔다. 그녀는 종업원이 다가와 반갑게 인사를 하길래 흠칫 놀라 누군가 하고 올려다봤더니 다름 아닌 Erica였다. Erica는 그녀와 담소를 나눈 뒤 주문을 받고는 다른 손님의 시중을 들기 위해 자리를 떴다. 이윽고 Helena의 친구가 Erica가 누구며 어떻게 아는 사이냐고 물었다.

- 당신이 상담자라면 Erica를 친구에게 소개하겠는가? 소개한다면 어떻게 하겠는가?
- 당신이 상담자라면 친구의 질문에 어떻게 대답하겠는가?
- Erica가 당신에게 상담받고 있다고 친구에게 말한다면 당신은 그녀에게 어떻게 반응하겠는가?
- Erica가 그 자리에서 상담회기에 관해 의논하려 한다면 어떻게 하겠는가?

**논평.** 이러한 우연한 만남이 불가피한 경우가 가끔 있다. Helena가 Erica를 모른 척했다면 무례하게 보일 뿐 아니라 Erica는 상처를 받았을지도 모른다. Helena가 친구에게 Erica를 내담자라고 알려 주는 것은 부적절하다. Erica가 상담회기와 관련된 문제를 의논하려 한다면 Helena는 그 대화의 방향을 일상 대화로 돌릴 수 있는 방법을 찾아야 한다. Helena의 딜레마를 통해 내담자가 상담실 밖에서 상담자를 우연히 만날 경우 어떻게 처신하면 좋을지 설명 후 받는 동의과정에서 의논하는 것이 좋다는 것을 확인하게 된다. 이는 작은 동네나 대학 교정에서 상담활동을 할 경우 특히 중요하다.

대부분의 직업윤리규정에는 내담자의 사생활을 보호하기 위한 지침이 포함되어 있다. 사생활 침해를 최소화하기 위해 고안된 사생활보호기준의 예로 미국심리학회(APA, 2010) 윤리규정이 있다.

> 심리학자는 법적 의무사항일 때 혹은 다음과 같은 타당한 목적을 위해 법으로 허용될 때만 당사자의 동의 없이 비밀정보를 공개할 수 있다. (1) 필요로 하는 직업적인 서비스를 제공할 때, (2) 적법한 전문가에게 자문을 요청할 때, (3) 내담자, 환자, 심리학자, 다른 사람이 피해받지 않도록 보호할 때, (4) 내담자나 환자에게 서비스 비

용을 받을 때. 다만 정보는 목적 성취에 필요한 범위 내에서 제한적으로 최소한만 공개해야 한다(4.05.b).

수업을 가르치고, 워크숍을 운영하고, 책과 논문을 작성하고, 강연을 하는 상담실무자는 내담자의 사생활보호를 보장해야 한다. 상담실무자가 임상 사례를 사용할 때 내담자의 신원을 적절히 위장하는 조치를 취하는 것은 매우 중요하며, 현재 상담 중인 사례를 예로 들지 않는 것이 현명하다. Sperry와 Pies(2010)는 내담자에 대한 글을 쓸 때의 윤리적 고려사항에 대해 논의한다. 그들은 사례 자료를 제시할 때 고려해야 할 세 가지를 밝히고 있다. (1) 출판에 대해 내담자의 허락을 구한다. 왜냐하면 내담자의 치료에는 임상전문가의 전문적 의제를 삽입해야 하기 때문에 윤리적으로 의문의 여지가 있기 때문이다. (2) 출판을 위해 사례내용을 각색한다. 이렇게 할 때 치료자는 내담자의 허락을 받는 의무에서 자유로울 수도 있다. (3) 두 명 이상의 내담자의 상담내용을 섞어 각색한 사례를 개발한다. 이 책에 포함된 대부분의 사례와 논평은 저자들이 만든 가상의 사례이다. 몇 가지 실제 임상 사례에서는 식별 가능한 세부사항을 각색하는 데 주의를 기울였다.

학생들이 보고서 과제를 제출할 때 내담자의 신원을 적절히 숨기도록 설명해야 한다. 물론 강의시간에 발언한 학생들의 개인적인 의견도 비밀로 보장해야 한다.

## 학교에서의 비밀보장과 사생활보호

비밀유지는 대부분의 학교상담사가 직면하는 어려운 문제 중 하나이다. 학교상담사는 세 집단, 즉 서비스 대상인 학생과 그 학생의 부모 혹은 보호자와 학교 사이에서 윤리적·법적 책임의 균형을 이뤄야 한다. 미성년자가 설명 후 받는 동의서에 서명할 수 없는 상황일 경우 학부모나 보호자가 동의해야 하며 그들을 상담과정에 참석시켜야 할 수도 있다. 상담자는 가능한 범위 내에서 미성년자의 비밀을 보장할 윤리적 의무가 있지만, 대부분의 주는 상담자와 학생의 대화는 면책특권정보가 아니다(Stone & Dahir, 2016).

학교상담사는 윤리적으로 미성년 내담자의 사생활을 존중하고 비밀을 유지해야 할 의무가 있지만, 이 의무는 치료 진행의 정보를 듣고 무엇이 자녀를 위한 최상의 길인지 결정할 수 있는 부모의 권리에 관한 법률과 상충될 수도 있다. 미국학교상담사협회(ASCA, 2016)의 윤리규정에는 학교상담사가 다음의 사실을 인식해야 한다고 제시되어 있다. "비밀보장의 일차적인 의무는 학생에 대한 것이지만, 그 의무는 학부모나 보호자가 자녀의 인생에서 길잡이 역할을 담당한다는 천부적 · 법적 권리에 관한 이해와 균형을 이뤄야 한다"(A.2.f).

학교상담사는 비밀정보를 공개할 경우 내담자에게 허락을 구해야 할 윤리적 책임이 있으며, 학생에게 비밀보장의 한계는 무엇이며 비밀정보가 언제 그리고 어떻게 공개될 수 있는지 분명히 알려야 한다. 학부모와 관련된 미국학교상담사협회(ASCA, 2016)의 지침은 다음과 같다. 학교상담사는 "학교상담사와 학생의 상담관계는 비밀을 보장하는 특성이 있다는 점과 상담자의 역할을 학부모나 보호자에게 알려야 한다"(B.1.f). 학교상담사가 학부모와 교직원에게 특정 정보를 제공해야 할 경우, 아동이나 청소년의 사생활 침해를 최소화하고 내담자를 존중하는 방식으로 제공해야 한다. 가능하다면 학교상담사는 학부모와 교직원과 협력관계를 수립하기 위해 최대한 노력해야 한다.

학교상담 분야에서 비밀보장과 관련된 법률들은 상이하다. 어떤 주에서는 개업한 치료자의 경우 16세 미만의 내담자 아동의 부모와 연락하려고 시도했음을 입증해야 하지만, 학교상담사는 그렇게 하지 않아도 된다. 연방정부의 지원금을 받는 학교는 일반적으로 1994년에 제정된 가족교육권리및사생활보호법률(FERPA, Family Educational Rights and Privacy Act)의 조항을 따라야 한다. 학교상담사는 아동에 관해 학부모나 보호자에게 알리는 정보의 종류와 범위를 정할 때 분별력을 발휘해야 한다.

교직원과 학교행정자는 비밀보장과 관련하여 다른 방침에 따라 일할 수도 있고, 정신건강전문가의 필수요건을 이해하지 못할 수도 있다. 학교상담사가 상담받는 학생에 관한 정보, 특히 위험행동에 관한 정보를 교직원과 학교행정자에게 알리지 않는다면, 학교상담사는 "같은 팀에 속해 있지 않는 것처럼 보일 수도 있다(즉, 학교행정자는 학생의 비밀을 보장하려는 학교상담사의 행동을 불복종이라고 여길 수도 있다)"(Moyer, Sullivan, & Growcock, 2012, 99쪽). 이것은 신중하게 고려해야 하는 복잡한 문제이다. 다음의 사례들에서 이를 확인해 보자.

### <Serena의 사례>

학교상담사인 Serena는 개업상담을 하다가 일자리를 옮겨 초등학교 상담교사로 일하게 되었다. 그녀는 비밀보장 문제에 있어서 개업상담과 학교상담의 차이점들로 인해 놀랐다. 그녀는 교사들이 던지는 다음과 같은 질문들을 끊임없이 처리했다고 말했다. "그 집단상담에 누구누구 참석하나요?" "Alex는 어때요?" "이 여자애에게 문제가 있는 것은 당연해요. 그 애 부모를 만나 보셨나요?”

Serena는 상담에서 학생들을 위해 안전하고 비밀이 보장되는 환경을 유지하는 것이 중요하다고 교장과 교사들에게 이야기했지만, 교사들로부터 상담받느라 수업시간에 들어오지 않은 일부 학생에 대한 질문을 여전히 받곤 했다. 교사들의 질문 외에도 Serena는 학교 사무원과 직원들의 문의도 처리해야 했는데, 이들은 학교에서 일어나는 모든 일을 알고 있는 것처럼 보였다. 그들은 그녀가 당연히 대답하고 싶지 않은 학생들에 관한 질문을 꼬치꼬치 묻곤 했다. 예를 들어, 그녀는 누구를 상담하는지 행정직원에게 말하지 않았지만 어떤 교사가 자기 학생을 Serena가 상담한다고 말한 경우도 있었다.

Serena는 교장과 학부모도 자신이 상담하는 학생들의 구체적인 정보를 요청하는 것을 알게 되었다. 그녀는 사생활 존중의 필요성에 대해 모두에게 이야기하는 것이 중요하다는 것을 깨달았다. 조심하지 않았다면 교사와 직원과 학부모에게 윤리기준을 어기고 편하게 많은 이야기를 했을 것이다. 또한 상담하는 학생들에게 쉬운 말로 비밀보장과 개인정보보호 문제에 관해 이야기하는 것이 얼마나 중요한지도 깨닫게 되었다.

- Serena가 받았던 질문들을 당신이 받는다면 어떻게 대답하겠는가?
- 어떻게 하면 학생의 사생활을 보호하는 동시에 교사와 직원들과의 관계를 유지할 수 있겠는가?
- 교사에게 비밀보장과 사생활보호의 의미를 어떻게 설명하겠는가? 직원에게는? 학부모에게는? 교육행정자에게는? 학생에게는?
- 당신의 내담자(들)에 관한 정보를 수집하기 위해 교직원의 말을 경청하겠는가? 그 이유는 무엇인가?
- 내담자를 위한 특정한 치료를 제공하기 위해 교직원과의 협력을 고려하겠는가? 그 이유는 무엇인가?

**논평.** 이 사례는 미성년 내담자의 사생활을 존중하고 비밀보호의 필요성에 관하여 학교상담사가 부모, 학교행정자, 교직원을 교육하기 위해 적극적인 노력을 기울이는 것이 중요하다는 점을 보여 준다. Serena는 상담에서 비밀보장의 중요성에 관하여 모든 관련된 사람들을 교육함으로써 아동의 사생활을 보호하는 조치를 취했다. Serena가 취할 수 있는 추가 조치는 비밀보장의 중요성과 상담과정을 모든 교직원에게 현장교육을 제공하는 것이다. Serena는 지역의 의학전문 변호사를 초빙하여 학교에서 교육을 제공하는 것도 고려할 수 있다. 학교상담사는 교육 공동체의 일원이므로 가끔 부모, 교사, 학교행정자와 상의하는 과정에서 학생의 비밀정보를 공개하라는 요청을 받을 수도 있다. Moyer, Sullivan과 Growcock(2012)은 학교상담사가 학생에 대한 비밀정보, 특히 학생의 위험행동에 관한 정보를 열람할 윤리적 권리를 학교행정자가 언제 가지게 되는지 결정할 수 있어야 한다고 지적한다. 더욱이 “학교행정자가 학교상담사의 직속상관인 경우가 많기 때문에 문제가 복잡해진다”(99쪽).

## <Jeremy의 사례>

초등학교 3학년 남학생인 Jeremy는 어머니가 가게에서 옷을 훔칠 때 함께 있었다고 학교상담사에게 말했다. Jeremy는 그 가게에서 나온 뒤 어머니가 구입할 돈이 없어서 때로는 식료품을 훔친다고 말한 사실도 이야기했다. 그는 어머니가 직장이 없어 매우 의기소침해 있기 때문에 어머니에게 아무 말도 하지 말라고 부탁했다. 그는 상담자에게 어머니에 관해 이야기했다는 사실을 어머니가 알면 어떻게 할지 걱정했다. 상담회기가 끝난 뒤 상담자는 그 어머니의 절도에 관한 Jeremy의 진술을 더 자세히 조사하기 위해 같은 학교 4학년인 Jeremy의 누나와 대화를 나눴다.

- 이 학교상담사가 절도에 관해 더 자세히 조사하기 위해 내담자의 누나와 대화를 나눈 것은 부적절한 행동인가?
- 이 사례에서 상담자인 당신에게 법률상의 의무가 있는가?
- Jeremy의 어머니에게 전화하여 면담 일정을 잡는 것을 고려하겠는가? 그 이유는 무엇인가?
- 어머니의 절도가 재정적인 어려움과 자원의 부족을 드러내는 것이라면, 어떤 지역사회 기관이나 자원이 이 가족에게 도움이 되겠는가?
- 당신은 상담사가 '형사' 역할을 하는 것에 대해 윤리적, 법적, 임상적으로 문제가 있다고 보는가?
- 당신이 Jeremy를 상담한다면 어떻게 하겠는가?

**논평.** 치료자가 Jeremy의 이야기를 확인하려고 한 것이든, 추가정보를 얻으려고 한 것이든 관계없이 Jeremy의 누나에게 이야기한 것은 비밀보장을 위반한 것이다. 어머니가 정말로 가게에서 물건을 훔친다면 체포될 수도 있을 것이고 그렇다면 자녀들에게 큰 상처가 될 수도 있다. 학교상담자의 일차적 의무는 Jeremy의 두려움과 안녕과 복지를 다루는 것이다. 치료자는 Jeremy가 어머니에게 함께 상담에 참여해 달라고 부탁하라고 제안할 수도 있다. 그러면 Jeremy는 같이 있는 자리에서 자신의 두려움을 표현할 기회를 갖게 될 것이다. 학교상담사는 부모를 범죄 용의자로 신고해야 할 윤리적·법적 책임을 가지게 될지도 모른다. 특히 집에서 마약을 취급하거나, 아동을 태우고 음주운전을 하거나, 장시간 동안 자녀를 집에 홀로 내버려 두는 등 미성년자에게 해가 될 위험이 있을 때 더욱 그렇다. 그러나 아동의 안전을 위협하지 않는 범죄는 신고하지 않아도 된다. 이러한 신고가 필요한 경우에도 미성년 내담자가 상담을 계속 받도록 노력하는 것이 중요하다. 상담자의 역할은 형사가 되거나 범죄혐의의 세부사항을 조사하는 것이 아니라, 미성년 내담자의 임상적 필요성과 안전에 중점을 두는 것이다.

이 사례에서 중요한 임상적인 문제는 어머니 행동의 의미를 이해하는 것이다. 절도는 이상적인 선택은 아니지만, Jeremy의 어머니가 자녀를 부양하기 위해 그렇게 해야 한다면 그녀에게는 추가 지원이 필요하다. 치료자가 개입할 수 있는 한 가지 방법은 가족의 재정적 도움을 줄 수 있는 자원을 찾아 그 정보를 어머니에게 제공하는 것이다.

### <시험 부정행위 사례>

고등학교 상담교사인 Miles는 Tess라는 여학생으로부터 친구 몇 명과 함께 화학 기말고사 시험지를 훔쳤다는 이야기를 들었다. Tess는 Miles에게 화학에서 낙제를 받을 가능성이 높기 때문에 고등학교를 졸업하기 위해 기말고사를 잘 봐서 그 과목을 이수해야 하니 그 사실을 누구에게도 말하지 말라고 부탁했다. Miles는 비밀을 유지해 달라는 학생 내담자의 요청을 존중하여 어떤 비밀정보도 공개하지 않기로 마음먹었다.

- Miles의 결정에 대해 어떻게 생각하는가?
- Miles의 딜레마를 통해 비밀보장의 한계에 대해 어떤 의문을 제기할 수 있는가?
- Miles는 비밀을 보장하면서 Tess에게 어떤 개입을 할 수 있는가? 그는 그녀가 다른 선택을 하도록 격려할 수 있는가? 어떤 선택이 가능한가?
- 당신이 상담자라면 이 상황에서 어떻게 하겠는가?
- 학교상담사로서 학생에게 비밀보장의 한계를 설명할 때 학교 방침도 설명에 포함될 수 있는가? 그 이유는 무엇인가?

**논평.** 생명의 위협이 없기 때문에 상담자는 비밀정보를 공개해야 할 의무가 없다. 이 문제를 보고해야 한다는 학교규정이 있다면 설명 후 받는 동의서에 이 규정이 명료하게 적혀 있어야 한다. 탐색할 만한 임상적 문제는 이 학생이 왜 Miles에게 부정행위에 대해 말했는지에 관한 것이다.

## 비밀보장과 면책특권정보보호의 윤리적 · 법적 효과

상담받는 내담자는 긴밀한 대인관계에 대해 논의한 내용의 비밀이 유지될 것을 기대할 수 있는 권리가 있다. 비밀보장은 내담자가 완전한 공개와 다른 치료작업에 필수적인 신뢰감을 형성하는 데 필요하다는 점에서 정당성을 갖는다. 예를 들어, 학교상담사는 상담관계가 견고해지도록 안전하고 신뢰할 수 있는 환경을 제공해야 한다. 학생이 상담사와의 대화내용이 비밀보장이 될 것이라고 믿지 못한다면 상담 서비스에 참여하지 않을 수도 있다(Stone & Dahir, 2016). 내담자는 비밀이 상담실 밖으로 새어 나갈지도 모른다는 두려움 없이 자기 삶의 모든 측면을 마음껏 탐색해야 한다. 상담자는 내담자가 이해할 수 있는 언어로 비밀보장을 설명하고 내담자의 문화적 경험을 존중하는 자세를 취함으로써 내담자가 비밀보장의 의미를 이해하도록 도와야 할 윤리적인 의무가 있다(Barnett & Johnson, 2015). 비밀보장의 의미는 내담자의 문화에 따라 다르게 해석될 수도 있다. 언제, 누구와 어떻게 정보를 공유할 것인지에 대한 지속적인 대화를 권유함으로써 상담사는 내담자와의 관계에서 협력정신을 확립하게 된다(Wheeler & Bertram, 2015).

비밀보장을 지키지 못할 상황에 처하게 된다면, 이런 조치를 취하려는 의도를 내담자에게 알리고 내담자도 그 과정에 참여하도록 권유하는 것이 현명하다. 예를 들면, 현재 미국의 모든 주는 어떤 형태로든 아동학대가 의심될 경우, 내담자와 비밀보장이 되는 의사소통을 통해 정보를 얻었더라도 전문가는 이를 관련 정부기관에 신고해야 한다. 선의에서 아동학대가 의심된다고 신고한 전문가는 신고의무자이기 때문에 비밀정보 공개에 대한 민사상의 책임과 형법상의 기소에서 면제된다(Jensen, 2006).

**비밀보장과 면책특권정보보호의 예외.** 상담자는 내담자가 비밀보장의 한계를 이해하도록 돕고 내담자가 맞닥뜨릴 수도 있는 비밀보장의 예외사항을 언급해야 한다. 비밀보장이 안 되는 상황에 대해 윤리기준 지침이 있지만, 치료자는 특정 상황에서 자신의 직업적 판단력을 활용해야 한다. 말하는 내용이 통상 비밀유지가 된다고 내담자에게 보장하더라도 치료자는 타인에 대한 의무도 있음을 지적해야 한다. 치료자는 법률과 윤리규정상 타인을 피해로부터 보호할 의무가 있다. 대부분의 주요 정신건강전문가단체는 어느 개인이나 사회에 심각하고도 예측 가능한 위험요소가 존재할 경우 상담실무자가 특정 정보를 공개해야 할 수도 있다는 입장을 취하고 있다. 미국학교상담사협회(ASCA, 2016)의 윤리기준에는 이 점이 명백하게 제시되어 있다.

> 학교상담사는 내담자 학생에게 닥칠 심각하고도 예측 가능한 위험을 막기 위해 공개가 필요하거나 법률상 비밀정보를 알리도록 규정되어 있는 상황이 아니라면 내담자의 정보를 비밀로 해야 한다. 심각하고도 예측 가능한 위험은 각급 학교의 미성년자에 따라 다르며, 학생의 발달과 생활 나이, 환경, 부모의 권리, 위험의 특성에 따라 결정된다. 학교상담사는 예외 상황의 타당성에 의문이 생기면 적합한 전문가에게 자문을 요청해야 한다(A.2.e).

비밀보장에 관한 윤리적 · 법적 한계를 명료하게 밝히는 것이 치료자의 책임이다. 상담실무자는 절대적인 비밀보장을 제공하지 못하기 때문에 비밀을 보장할 수 없는 상황에 관해 내담자에게 알려야 한다(Fisher, 2016). 이러한 예외를 사전동의서에 포함하고 내담자와 구두로 의논하는 것이 가장 좋다. 내담자에게 적합한 서비스를 제공하기 위해 다른 사람과 정보를 공유하는 것이 허용되는 다음의 예외적 상황들을 생각해 보라.

- 내담자가 비밀정보 공개를 요청하는 경우
- 보험사나 법규에서 공개를 요구하는 경우
- 관리의료체계의 사무원이 비밀정보를 취급하는 경우
- 상담자가 전문가나 동료에게 자문을 요청하는 경우
- 상담자가 수련감독을 받는 중에 상담하는 경우
- 다른 정신건강전문가가 정보를 요청하고 내담자가 정보공유에 동의하는 경우
- 다른 전문가가 치료팀에 참여하여 내담자의 치료에 협력하는 경우

Remley와 Herlihy(2016)는 비밀보장과 면책특권정보보호에 대한 열다섯 가지 예외를 밝히면서 상담실무자가 비밀보장 또는 면책특권정보보호에 관한 의무에 대해 의구심이 들 때마다 자문을 요청하고 그 내용을 문서로 남기는 것이 중요하다고 강조한다. 비밀보장과 면책특권정보보호에서 다음과 같이 법률상 의무에 해당되는 예외들은 상담관계에서 나눈 비밀정보를 공개하는 일이 정당한 상황에 속한다.

- 법원에서 비밀정보의 공개를 명령하는 경우
- 내담자가 권리를 위임하는 경우
- 내담자가 상담자를 상대로 불만과 소송을 제기하는 경우
- 소송에서 내담자가 심리적인 장애를 입었다고 주장하는 경우
- 민사구류소송이 개시되는 경우
- 아동학대나 노인학대와 관련하여 법률상 의무적으로 공개해야 하는 경우
- 내담자가 본인이나 타인에게 위협이 되는 경우

다른 곳에 비해 비밀보장의 한계가 더 큰 환경과 기관도 있다. 더욱이 비밀보장의 예외는 사법관할권에 따라 다양하기 때문에 상담자는 본인이 일하는 지역의 법을 잘 알아야 한다. 비밀보장 원칙을 양보할 수도 있는 조건에 관한 정보를 내담자가 듣는다면 상담 시작 여부를 결정하는 데 더 유리한 입장에 놓이게 된다. 내담자가 비자발적으로 상담을 받게 되더라도 상담회기에 무슨 내용을 털어놓을지 선택할 수 있다. 일반적으로 치료자가 내담자의 정보를 제3자에게 알려야 하거나 알려도 되는 상황에 대해 내담자가 미리 알 권리가 있다는 점이 인정된다. 비밀보장의 예외를 알지 못한다면 치료에 대한 내담자의 동의는 의문의 여지가 있다고 할 수 있다.

어떤 중독치료센터에는 "직원 한 명에게 말한 것은 모든 직원에게 말한 것과 다름없

다"라는 규정이 있다고 한다. 이렇게 하는 한 가지 이유는 환자에게 해로운 직원간의 삼각관계를 피하기 위한 것일 수도 있다. 이 규정 덕분에 치료 담당직원 전체가 치료과정의 일부분으로 환자의 정보를 자유롭게 공유하고 비밀을 지키지 못할 것에 대해 염려하지 않아도 된다. 또한 위기상황이 발생했는데 치료자가 없을 경우 다른 직원이 상황을 처리하기 위해 개입할 수 있다. 물론 환자는 이 규정을 잘 알고 있어야 한다. 환자가 중독치료 과정에서 재발을 경험하고 공공의 안전이 위협받는다면 상담자는 보고할 의무가 있다. 가령 항공기 조종사나 버스운전사인 내담자가 근무시간에 중독상태가 지속되어 다른 사람들의 생명에 심각한 위협이 된다면, 상담자에게는 이를 공개할 의무가 있다.

상담자가 인정되는 예외가 아닌 상황에서 전문가답지 못한 방식으로 비밀정보를 공개한다면, 전문가협회에서의 제명, 자격상실, 면허취소, 배임행위소송을 포함하여 윤리적 · 법적 제재에 스스로를 노출하게 된다. 이러한 책임에서 스스로를 보호하기 위해 주의 면책법규와 그 예외, 아동, 노인과 장애인 학대의 신고요건, 거주하는 주에서 지정한 위험경고의 의무 예외 요소 등 비밀보장과 관련된 적용 가능한 모든 윤리적 · 법적 지침에 정통하도록 하라.

### <Lorenzo의 사례>

16세인 Lorenzo는 부모가 보내 가족상담소에 오게 됐다. 첫 회기에 상담자는 Lorenzo와 그 부모를 함께 만났다. 여성 상담자는 자신과 Lorenzo가 나누는 내용을 비밀로 할 것이며 Lorenzo의 허락 없이 상담회기에 얻은 정보를 마음대로 공개하지 않을 것이라고 부모에게 말했다. 부모는 아들과 상담자의 신뢰감을 형성하기 위해 비밀보장이 필수적이라는 점을 이해하는 것 같았다.

처음에는 Lorenzo가 상담받으러 오는 것을 꺼려했었다. 그러다가 회기가 이어지던 어느 날 심각한 마약문제가 있다고 털어놓았다. 그의 부모는 그가 마약을 한때 복용했던 것으로만 알고 있고, 그도 부모에게 더 이상 복용하지 않는다고 말했다. 상담자는 Lorenzo의 "매일 학교에서 마약하는" 방법과 마약을 한 상태에서 두세 번 죽을 뻔했던 일화들을 경청했다. 결국 상담자는 그가 시험 삼아 마약하는 것을 알고 있다는 것이 부담되기 때문에 마약 복용을 그만두지 않으면 상담관계를 지속하는 것에 동의하지 않을 것이라고 그에게 말했다. 그 시점에 그녀는 Lorenzo가 마약 복용을 그만둔다는 조건하에 부모에게 알리지 않기로 동의했지만, 이 상황에 관해 동료 상담자와 의논할 것이라고 말했다.

그가 몇 주 동안 마약 복용을 중단한 것은 확실했다. 그러나 어느 날 밤 필로폰을 한 채로 운전하다 큰 사고를 당했다. 사고로 인해 그는 평생 불구가 되고 말았다. 그의 부모는 분개하여 아들이 마약에 심각하게 빠져 있었다는 사실을 전해 들을 법적 권리가 자신들에게 있었다고 주장하며 상담자와 상담소를 상대로 소송을 제기했다.

- Lorenzo의 상담자가 이 사례를 다룬 방식에 대해 당신이 전반적으로 받은 인상은 무엇인가?
- 상담자가 내담자에게 책임감 있는 방식으로 행동했다고 생각하는가? 부모에 대해서는? 상담소에 대해서는?
- 당신은 Lorenzo가 마약 사용과 불안한 정서 때문에 본인이나 타인에게 위해를 입힐 것 같다는 확신이 든다면, 그가 상담을 그만둘지도 모르는 위험을 무릅쓰고라도 그의 부모에게 이를 알리겠는가? 그 이유는 무엇인가?
- 당신이 Lorenzo의 상담자였다면 다음 중 어떤 조치를 취했을 것 같은가? 적절하다고 생각하는 조치를 모두 표시해 보라.

  _____ 상담 첫 회기에 치료자에게 부과되는 법률상의 제한점을 언급한다.

  _____ 상담소의 수련감독자는 물론이고 동료들에게 자문을 요청한다.

  _____ 정서장애 정도를 판단하기 위해 Lorenzo가 심리검사를 받도록 의뢰한다.

  _____ 치료를 위해 그를 정신과전문의에게 의뢰한다.

  _____ 어떠한 조건 없이 그를 계속 만난다.

  _____ 상담을 지속하는 조건으로 그에게 부모와 함께 상담을 한 회기 하도록 종용한다.

  _____ 경찰이나 다른 당국에 신고한다.

  _____ 관련된 연구내용과 함께 의사결정 과정을 문서로 남긴다.

- 이 사례에는 어떤 잠재적인 윤리위반이 있다고 생각하는가?

**논평.** 이 사례를 통해 내담자를 철저하게 평가하는 것의 중요성을 환기하게 된다. Lorenzo가 "마약을 한 상태에서 두세 번 죽을 뻔했던 일화"를 이야기했을 때 그가 스스로에게 위협이 된다는 점이 분명히 드러났으므로 이에 근거해 상담자는 즉시 조치를 취했어야 했다. 이 치료자는 Lorenzo의 이야기를 믿었지만 내담자에게 일어난 불행한 결과를 예방하기 위해 필요한 조치를 취하는 데 실패했다. 이 사례는 내담자가 본인이나 타인에게 위협이 되는지 상담자가 평가한 뒤 비밀보장의 한계를 정하는 것과 설명 후 받는 동의가 얼마나 중요한지 보여 준다. 상담자가 상담을 시작할 때 비밀보장을 약속했지만 여러 정황과 법률의 요구를 고려할 때 공공기관과 부모 혹은 법적 보호자 모두에게 비밀정보를 공개했어야 했다. 미성년자와 자주 상담하는 상담자라면 동의받는 과정에서 설명할 때 미성년 내담자가 이해할 수 있는 언어로 다양한 비밀보장의 예외에 관해 명료하게 설명해야 한다.

**생각해 볼 만한 추가 사례.** 저자들은 윤리적 딜레마가 포함된 다수의 사례에 대해 논평했다. 이제까지 배운 내용과 당신의 숙고에 근거하여 다음의 사례들에서 가장 윤리적인 행동방침을 선택해 보라.

**1.** 당신은 상담수련을 받는 학생이다. 수련을 위해 교내에서 대학생을 상담하고 있다. 수련생 집단은 사례를 논의하기 위해 매주 수련감독자와 함께 모임을 갖는다. 어느 날 수련생 세 명과 구내식당에서 점심식사를 하는데 수련생들이 내담자의 실명까지 거론하며 사례를 자세하게 논의하기 시작했다. 만나고 있는 일부 내담자에 대한 농담도 곁들이는데, 근처에 앉은 다른 학생들이 이 대화를 엿들을 수도 있는 상황이었다. 당신은 이 상황에서 어떻게 대처하겠는가?

_____ 수련생들에게 다른 학생들이 엿들을 수 있는 곳에서 내담자에 관해 이야기하는 것을 멈추고 사석에서 대화하라고 말하겠다.

_____ 수련감독자와 만나는 다음 실습모임에서 이 문제를 거론하겠다.

_____ 아무런 조치도 취하지 않겠다.

**2.** 당신은 어떤 고등학교에서 집단상담을 진행하고 있다. 집단원들은 자원하여 참가하게 되었다. 어느 날 상담 중에 여러 학생이 교내에서의 마약 사용에 관해 이야기했는데, 이때 집단원 두 명이 친구들에게 불법 마약을 판매한 사실을 털어놓았다. 그들과 이 문제에 관해 이야기를 나눠 보니, 그들은 마약을 사용하는 것이 잘못이 아니라고 주장하며 많은 사람들이 마리화나 합법화를 지지한다고 강조했다. 그들은 당신이 별것 아닌 일을 크게 만들고 있다고 생각한다. 그들은 대부분의 재학생들이 마약을 사용하지만 아무도 해를 입은 사람이 없으며 마약 사용이 불법인지는 알고 있지만 알코올 섭취와 다를 바 없다고 주장했다. 당신은 이 상황에서 어떻게 대처하겠는가?

_____ 그들의 행동이 불법이기 때문에 경찰이나 학교 당국에 신고하겠다.

_____ 나에 대한 그들의 신뢰를 무너뜨리고 싶지 않기 때문에 아무런 조치를 취하지 않겠다.

_____ 학교 당국에 이 상황을 보고할 것이지만 그 학생들의 신분은 비밀로 하겠다.

_____ 내가 학교 당국에 학생들의 행동과 이름을 보고할 계획이라는 점을 그들에게 알리겠다.

_____ 그 학생들이 이 사실을 공개한 이유를 탐색하겠다.

_____ 마약중독에 관한 교육 프로그램을 시작하겠다.

**3.** 당신은 어떤 초등학교에서 아동들을 상담하고 있다. Miriana는 점점 위축되는 태도를 보이기 때문에 담임교사가 의뢰한 학생이다. 여러 회기 후에 그녀는 아버지가 자기를 죽일지도 몰라 두려우며 아버지가 자주 때린다고 말했다. 여태까지는 눈에 띄는 몸의 상처들은 자전거를 타다가 넘어져서 다친 것이라고 거짓말을 했던 것이다. 그 아이는 팔과 등에 매 맞은 자국을 보여 줬지만, 이 사실을 누군가에게 말하면 더 심하게 때릴 것이라고 아버지가 위협했기 때문에 아무에게도 말하지 말라고 부탁했다. 당신은 이 상황에 어떻게 대처하겠는가?

_____ Miriana의 생각을 존중하여 알고 있는 것을 아무에게도 말하지 않겠다.

_____ 이 상황을 교장과 양호교사에게 보고하겠다.

_____ 곧바로 그녀와 함께 집에 가서 그 아이의 부모와 이야기하겠다.

_____ 이 문제를 경찰과 아동보호국에 신고하겠다.

_____ 당국에 이 상황을 알려야 하는 법적 의무가 있지만, 함께 움직일 것이고 두려움 속에 혼자 내버려 두지 않을 것이라고 그녀에게 말하겠다.

## 통신기기와 사생활보호 문제

사람을 돕는 직업 세계에서 디지털 기술은 광범위하게 사용되고 있다. 이메일과 온라인 채팅을 포함한 컴퓨터, 스마트폰, 태블릿과 기타 전자기기는 내담자에게 서비스를 제공하고, 내담자와 소통하며, 비밀보장이 필요한 사례기록을 관리하고, 내담자 정보 접근에 사용된다(Reamer, 2015). 전화기, 자동응답기, 음성메시지, 팩스, 스마트폰, 문자메시지, 이메일 등의 사용은 내담자의 사생활보호와 관련하여 많은 윤리적 문제를 일으킬 가능성이 있다. 개업 상담사는 내담자와의 문자메시지가 저렴하고 편리한 도구라는 점을 알게 되겠지만, 이 기술의 사용으로 인해 발생할 수 있는 윤리적 문제를 염두에 두어야 한다. 사생활보호, 비밀보장, 문서기록, 적절한 사용, 상담자의 역량, 경계문제, 잘못된 해석과 관련된 잠재적인 문제를 고려해야 한다(Sude, 2013).

Barros-Bailey와 Saunders(2010)는 "대화내용이 문자(예: 이메일, 문자메시지), 사

진이나 비디오(예: 스마트폰 카메라, Skype 같은 VoIP 기술) 혹은 구술(예: 휴대전화에서 MP3 플레이어 또는 녹음기에 이르기까지 모든 종류의 휴대용 미디어의 녹음장치) 형태로 쉽게 갈무리, 복사, 전송, 유포, 저장된다면 비밀보장을 위반할 위험성이 상당히 커진다"(256쪽). Rummell과 Joyce(2010)는 내담자 정보의 비밀보장 강화를 위해 "암호 보호, 데이터 암호화, 심리치료사와 내담자 컴퓨터 간의 인터넷 트래픽에 대한 보안 소켓 계층 암호화 사용, 방화벽 사용"을 권장한다(488쪽). 하지만 그들은 이러한 조치조차도 비밀유지를 보장할 수 없음을 인정한다. 우발적인 가로채기, 무단 이메일 액세스, 이메일 스누핑은 발생 가능성이 있는 사고이다. Reamer(2015)는 상담실무자에게 그들이 사용하는 인터넷 사이트와 전자도구가 당연히 암호화되어 있다고 가정하지 말라고 조언한다. 소프트웨어 공급업체의 설명서와 보증서를 신중하게 검토하여 신뢰할 수 있는 암호화가 되어 있는지 확인하는 것은 임상전문가의 윤리적인 책임이다.

Brenes, Ingram과 Danhauer(2011)는 다른 형태의 전자기술과 비교하면 전화가 심리 서비스를 제공하는 데 선호되는 방법일 수 있다고 제안한다. 치료자나 내담자 모두 전화 사용방법에 대한 지침이 따로 필요하지 않기 때문에 서비스 장벽이 낮아진다. 내담자가 중병에 걸려 상담실에 올 수 없는 경우 몇 차례 전화상담을 하는 것이 적절할 수 있다. 그러나 전화상담을 통해 가장 혜택을 많이 받을 수 있는 사람은 누구인지, 그리고 어떤 상황에서 전화상담이 적절한지 결정하기 위해 더 많은 연구가 필요하다. Brenes 등은 전화상담의 여러 가지 문제를 지적한다. 정신건강실무자는 전화상으로 비밀정보나 면책특권정보를 이야기할 때, 특히 디지털과 모바일 기술을 이용할 때 유의해야 한다. 치료자는 처음부터 내담자와 확고한 경계를 설정하고 방해 최소화와 사생활보호 같은 문제를 다뤄야 한다. 무선전화를 사용하는 경우 내담자에게 비밀보장의 한계를 밝히는 것이 중요하다. Brenes 등은 내담자의 사생활보호와 비밀보장을 위해 유선전화를 권장한다.

치료자는 설명 후 받는 동의과정은 물론 치료회기 전반에 걸쳐 필요에 따라 기술 사용과 데이터 보안, 보호와 처리방법에 대해 내담자와 의논해야 한다. 사전동의서에 데이터 저장과 통신에 대한 위험요소를 명확하게 제시, 설명하고 의혹을 없애는 것이 중요하다(Lustgarten, 2015).

팩스기와 이메일을 사용하여 비밀자료를 보내는 것도 내담자의 사생활을 침해할 가능성이 있다. 팩스와 이메일 전송이 비밀정보가 보호되는 안전한 환경에서 전달되는지 확인하는 것은 상담자의 책임이다. Tran-Lien(2012)은 내담자와 이메일을 교환할 계확인 치료자가 내담자에게 이메일 사용에 대한 치료자의 지침과 제한사항, 비밀보장에 대한 잠재적 위험, 답장 예상시간 등을 상세히 기록한 서류를 내담자에게 제공하는 것을 설명 후 받는 동의과정에 포함하라라고 권장한다. 그녀는 "이메일을 통해 내담자와 소통할 수 있지만 지침과 관련 법률과 윤리적 문제를 신중하게 고려해야 한다"(22쪽)고 언급한다. 이메일을 통신수단으로 사용하는 데 따른 문제와 안전장치 모두를 명확하게 설명해야 한다.

치료자와 내담자는 이메일 메시지를 내담자의 직장이나 집으로 보내는 데 동의하기 전에 사생활보호 문제를 신중하게 고려해야 한다. 이메일이 스마트폰으로 직접 전송되면 사생활보호와 비밀보장이 위협받을 가능성이 증가한다. 이메일과 문자메시지 교환은 약속시간과 같은 기본 정보를 전달하는 용도로 제한하는 것이 좋은 방법이다. 법원은 직원이 사용하는 컴퓨터에서 보내거나 받은 이메일이 회사의 자산으로 간주된다고 판결했기 때문에, 사생활보호와 비밀보장이 이뤄질 수 없다. 이메일을 사용할 때 사생활과 보안을 보호하기 위해 적절한 조치를 취하는 것이 중요하다. Tran-Lien(2012)은 치료자에게 이메일과 관련된 몇 가지 요령을 제공한다.

- 이메일을 통해 내담자에게 전송된 모든 것은 결국 내담자 소유가 되며 재량에 따라 제3자와 공유될 수 있음을 기억하라.
- 이메일에 있는 정보는 기밀이며 발신자의 승인 없이 다른 사람과 공유하면 안 된다는 비밀보장 면책 고지를 발신내용에 포함하는 것을 고려하라.
- 사생활보호와 보안상의 이유로 공용 컴퓨터에서는 내담자에게 이메일을 보내지 마라.

사생활보호에 관한 이런 논의가 단지 상식 문제로 보일지도 모르겠지만, 우리는 과학기술에 의존하는 데 너무 익숙해진 나머지 사생활이 침해될 수 있는 미묘한 방식에 주의를 잘 기울이지 못하는 것 같다. 다양한 형태의 통신기술을 사용할 때 의도하지 않아도 내담자의 사생활을 침해할 수 있는 경우들을 조심하고 유의하도록 하라. 광범위한 통신기술과 관련하여 일어날 수 있는 사생활보호 문제를 내담자에게 알리고, 내담자가 회기 상담 이외 시간에 연락을 취할 수 있는 최선의 방법과 상담자가 메시지를 남길 수 있는 방법에 관해 의논하도록 하라. 미리 조치를 취하여 상담자와 내담자가 이 중요한 문제에 대해 이해하고 동의서에 서명하도록 하라. 전자통신의 시대에 사생활보호와 비밀보장 위반으로 인해 법적 문제에 직면할 수 있으므로, 당신이 가입한 책임보험이 내담자와의 이메일과 기타 전자통신에 적용되는지 여부를 결정하는 것이 중요하다(Bradley, Hendricks, Lock, Whiting, & Parr, 2011).

## HIPAA가 정신건강 서비스 제공자에게 미치는 영향

**건강보험양도와책임에관한법률**(Health Insurance Portability and Accountability Act, 이하 HIPAA)은 보건 서비스업의 표준화와 효율성을 증진하고 환자에게 의료정보에 대한 권리와 통제권을 더 부여하기 위해 1996년 미국 국회에서 통과되었다. HIPAA는 고객의 사생활보호, 설명 후 받는 동의, 기록 이전에 대한 세부조항이 포함된 연방법이다. HIPAA 규정은 HIPAA의 적용을 받는 건강보험 관련 기관의 의료인에게 의료정보의 사용, 공개, 보관 방법에 대한 명확한 서면 설명을 예비 고객에게 제공할 것을 요구한다(Fisher, 2016). HIPAA에는 의료정보의 전산처리를 촉진하기 위해 고안된 조항이 포함되어 있고 의료정보의 보안과 기밀성을 보장하기 위한 몇 가지 안전장치가 새롭게 규정되어 있다. **HIPAA 사생활보호법규**(HIPAA Privacy Rule)는 연방 차원에서 규격화된 사생활보호와 보안수준을 제공하기 위해 고안되었다. 이 사생활보호 법규는 건강보험 관련 기관이 보호하는 의료정보의 문서와 전자 전송에 적용되는 것으로, 전자매체를 통한 의료정보 전송이 내담자의 비밀보장 문제를 양산할 수 있다는 염려 때문에 제정되었다. 사생활보호 법규는 건강보험과 기타 해당 주체가 환자에 대한 의료정보의 비밀보장을 위한 정책과 절차를 수립하도록 요구한다. 또한 전자 의료정보의 보안을 위해 기술적, 관리적, 물리적 보호장치를 요구한다(Wheeler & Bertram, 2015). HIPAA 사생활보호 법규는 HIPAA의 적용을 받는 보건 서비스 제공자가 환자의 의료정보를 사용하고 공개하는 방법에 관한 권리를 환자에게 제공한다.

보건 서비스 제공자는 HIPAA의 적용을 받는 건강보험 관련 기관 대상인지의 여부를 확인해야 한다. 보건 서비스 제공자가 보관 중인 의료정보를 전자서식 형태로 전송한다면(가령 보건 서비스 보험청구서, 건강보험 등록증 혹은 보험금 수령 중복 조정서), 혹은 보관 중인 의료정보를 전자서식 형태로 전송하도록 누군가를 고용한다면, 적용되는 모든 HIPAA 규정을 따라야 한다(Wheeler & Bertram, 2015). 당신이 단 한 번이라도 전자서식 청구서를 제출한다면 HIPAA의 목적에 부합되는 건강보험 관련 기관으로 구분될 가능성이 높다.

Jensen(2003b)은 **건강보험 관련 기관**(covered entities)의 세 가지 유형으로 건강보험회사(health plans), 보건 서비스 정보처리자(health care clearinghouses), 전자매체를 통해 의료정보를 전송하는 보건 서비스 제공자(health care providers)가 있다고 설명한다. 당신이 '건강보험 관련 기관'에 포함되는지 알아보기 위해 다음 세 가지 질문에 모두 '예'라고 대답해야 한다.

1. 당신은 보건 서비스 제공자인가?
2. 당신은 의료정보를 전자매체를 통해 전송하는가?
3. 당신은 건강보험이 적용되는 거래를 하는가?

Jensen에 따르면, 위의 세 가지 질문에 모두 '예'라고 대답하지 못하거나 건강보험 전산처리를 위해 누군가를 고용한 상태가 아니라면 당신은 건강보험 관련 기관에 포함되지 않으며, 따라서 HIPAA의 적용대상에서 제외된다.

건강보험 관련 기관이 되는 것을 피하고 싶다면 다음의 제안들을 고려해 보라(Jensen, 2003e).

- 표준 거래 혹은 건강보험 적용 거래를 위해 컴퓨터를 사용하지 마라.
- 전화와 우편과 팩스만 사용하라.
- 내담자에게 청구 서비스를 제공하기 위해 표준 거래 혹은 건강보험 적용 거래를 전산으로 하는 사람을 고용하지 마라.
- 건강보험회사가 당신에게 전자수단으로 연락하도록 허용하지 마라.
- 건강보험회사가 내담자에 관해 전화, 우편, 팩스만으로 당신에게 연락하도록 확실하게 조치하라.

"HIPAA 개관"이라는 기사에서 Jensen(2003b)은 HIPAA의 네 가지 기준을 설명한다. (1) 사생활보호 요건, (2) 의료정보의 전산처리, (3) 보안 요건, (4) 전국 식별번호 요건. 각각을 더 자세하게 살펴보자.

1. 사생활보호 요건. HIPAA 사생활보호 규정에는 환자의 정보를 보호하기 위해 정신건강실무자가 타당한 예방조치를 취해야 한다고 제시되어 있다. 면허를 소지한 보건 서비스 제공자는 정보공개, 보건 서비스 업무, 보호되는 의료정보의 공개제한,

지불문제, 보호되는 의료정보, 심리치료기록과 환자의 의료기록, 치료활동 등에 관한 실무지식을 갖추고 환자의 사생활보호 권리를 보장해야 한다.

2. 의료정보의 전산처리. HIPAA의 목표는 국가적으로 단일 의사소통방식 혹은 '언어'를 만들어 보건 서비스 제공자들이 이 공통 언어를 가지고 전자수단으로 서로 의사소통할 수 있도록 하는 것이다.

3. 보안 요건. 비밀정보를 보호하고 관계자 아닌 사람이 환자의 의료정보에 접근하는 것을 방지하기 위해 고안된 보안의 최소 요건이 HIPAA에 요약되어 있다. 전자기록보관을 포함한 기술의 발전은 보안을 유지해야 하는 상담실무자의 능력 향상을 요구한다(Lustgarten, 2015).

4. 전국 식별번호 요건. 건강보험 관련 기관들 간의 효율적으로 의사소통은 매우 중요하다. 보건 서비스 제공자와 건강보험회사는 표준 거래를 할 때 신원을 확인하는 전국 식별번호를 갖추도록 규정되어 있다.

건강보험 관련 기관의 정의에 해당되는 정신건강 서비스 제공자에게만 HIPAA 요건이 적용된다. 이런 실무 영역에 해당되지 않는 제공자는 선택하지 않는 한 HIPAA 요건을 따를 필요가 없다(Jensen, 2003e). 상담실무자가 기술적으로 건강보험 관련 기관이 아닐지라도 위험관리 측면에서 볼 때 일부 HIPAA 요건은 건전한 상담실무에 필요한 것일 수 있다(Wheeler & Bertram, 2015).

HIPAA의 사생활보호 요건에는 정보저장 형태와 관계없이 환자의 비밀정보를 보호해야 한다는 함의가 담겨 있다(Handerscheid, Henderson, & Chalk, 2002). 이를 따르기 위해 건강보험 관련 기관은 우선 환자의 정보가 부적절한 공개로부터 얼마나 잘 보호되고 있는지 평가하는 차원에서 일상적인 실무를 검토해야 하며 방침과 절차가 마련되어 있어야 한다. 두 번째 단계에서는 일단 어떤 문제가 발견되면 사업방침이나 관행을 수정한다. 세 번째 단계에서는 고객과 협력하여 고객의 권리를 알리고, 비밀정보 공개를 위한 위임 문서를 제공하는 것에 관해 조언하며, 내담자가 자신의 사생활이 침해됐다고 생각될 경우 신청할 수 있는 고충 처리절차를 설명한다.

# 위험경고와 보호의 의무

정신건강전문가들은 법원의 지적을 통해 직업적 책임을 이중으로 지고 있음을 깨달았다. 그것은 바로 위험인물이 될 가능성이 있는 내담자로부터 다른 사람을 보호하는 책임과 자신으로부터 내담자를 보호하는 책임이다. 내담자의 비밀보장과 공공보호의 균형을 맞추는 일은 정신건강전문가가 상충되는 두 가지 이해를 고려할 때 평가해야 하는 주요 윤리적 문제이다. 미국정신의학회(American Psychiatric Association, 2013b)는 다음과 같은 기준을 제공한다. "치료하는 정신과 의사의 임상적 판단에 따라 위험도가 심각하다고 보이면, 정신과 의사는 환자가 이야기한 비밀정보를 공개할 수 있다"(4.8). 이 절에서는 예상되는 피해자를 폭력으로부터 보호할 치료자의 책임을 우선 알아본 뒤 자살하려는 내담자로 인해 생기는 문제들을 살펴보도록 하겠다.

## 예상되는 피해자를 보호할 의무

치료자가 감당하기 가장 힘든 업무 중 하나는 특정 내담자가 위험한지 여부를 결정하는 것이다. 비밀정보의 공개로 예상되는 피해자에게 경고하고 보호하는 것이 정당화되는 경우는 언제인지 판단하는 것은 참으로 어려운 일이다. 일반적으로 상담실무자가 내담자의 폭력행위에 관해 완벽한 예측을 하지 못했다고 해서 법적으로 책임을 지지는 않지만, 전문가로서 내담자의 위험성을 부적절하게 평가함으로 인해 책임 추궁을 당하고 제3자에게 피해를 주며 비밀보장을 지키지 못하게 된다. 위험인물이 될 가능성이 있는 내담자를 대면한 치료자는 대중을 보호하고 자신의 책임을 최소화하기 위해 특정 조치를 취해야 한다. 신중하게 진행상황을 문서로 남기고, 비밀보장의 한계를 내담자에게 알리며, 내담자의 위협이나 다른 언급을 정확하게 기록하고, 여러 번 자문을 요청하며, 다른 사람을 보호하기 위해 취한 조치들을 문서로 남겨야 한다. 상담실무자는 위험에 처한 사람에게 경고하지 못한 것에 대해 책임을 질 수도 있기 때문에 수련감독자나 변호사에게 자문을 요청해야 한다. 어떤 사람이 신원확인이 가능한 제3자를 해할 위험이 높다는 판단이 선다면, 정신건강실무자는 개입계획을 수립하여 실행에 옮겨야 한다.

Mossman(2009)은 "폭력 예측만으로는 폭력을 줄이는 데 도움이 되지 못할 수도 있다"고 언급한다(137쪽). Mossman은 미국에서 발생하는 난폭한 총격사건들을 언급하면서 우리가 실제보다 사건이 일어난 다음 비극을 더 쉽게 예측할 수 있었던 것처럼 인식한다고 지적한다. Mossman은 우리가 가지고 있는 위험요소가 미래의 실제 폭력행위에 대한 불완전한 지표라고 지적한다. 그는 위험 예측보다 위험 예방에 임상적 주의를 기울여야 하며, 사회는 정신건강 문제가 있는 사람들과 없는 사람들 가운데 폭력행동의 위험 징후를 찾아내기 위한 광범위한 조치를 모색해야 한다고 생각한다.

거의 모든 지역마다 위험경고의 의무와 보호의 의무에 대해 상이한 해석을 하고 있어 이 문제와 관련된 법령이나 판례법이 전혀 없는 곳도 있고 매우 구체적인 법적 지침이 있는 곳도 있다(Welfel, Werth, & Benjamin, 2009). 대부분의 주에서 피해자에게 경고하거나 피해자를 보호하기 위해 치료자가 비밀정보를 공개하는 것을 의무로 규정하지 않더라도 이를 허용한다. 일부 주는 해당 의무를 이행하는 방법을 구체적으로 규정하고 있다. 일부 주는 치료자가 제3자에게 알리거나 제3자를 보호해야 한다는 타당한 확신으로 행동했음을 입증할 수 있다면 비밀정보를 공개한 것 때문에 소송을 당해도 면책되거나 보호받는 특혜를 누린다. 두세 개의 주에는 제3자에게 위험을 경고하거나 제3자를 보호해야 할 강제의무가 없기 때문에, 치료자는 비밀정보를 공개한 것 때문에 민사소송을 당해도 면책되는 특혜를 받지 못한다. 일부 상담실무자들은 법률이 경고조치를 허용하기보다 의무로 규정한 것은 잠재적으로 폭력적인 개인이 치료를 받으러 오지 않거나 폭력 의도를 완전히 드러내지 않도록 만들 수 있으며, 폭력적인 행동을 예측하는 능력이 부족하다고 생각되는 치료자가 잠재적인 책임에 부담을 느껴 폭력적인 내담자를 치료하는 것을 거부할 수도 있다고 우려한다(Widgery & Winterfeld, 2013). 이러한 우려에도 불구하고 상담사는 이러한 비밀정보 공개를 다룰 준비가 되어 있어야만 한다.

1999년 Thapar와 Zezulka의 소송사건에서 텍사스 대법원은 정신건강 종사자는 내담자가 폭력을 가할 것이라고 말한 피해자들에게 경고하고 그들을 보호할 의무가 없다고 판결했다. 법원은 내담자의 비밀을 보장해야 하는 정신건강전문가의 법적 의무를 규율하는 텍사스 법령에 근거하여, 정신건강실무자에게 경고의 의무를 부과하는 것은 현명하지 않다고 판단했다. 이 결정은 판사들이 기존의 비밀보장에 관한 주 법령 위반을 꺼려한다는 점을 반영한 것이다. 주마다 위험경고와 보호의무에 대한 해석이 다르기 때문에 가장 중요한 메시지는 당신이 거주하는 주의 법을 알아야 한다는 것이다.

위험경고의 의무와 보호의 의무에는 차이점이 있다(Welfel, Werth, & Benjamin, 2009). **위험경고의 의무**(duty to warn)는 내담자에게 심각한 상해를 입을지도 모르는 신원이 확인된 예상 피해자에게 연락하거나 공권력에 이러한 위협을 신고하기 위해 타당한 노력을 기울이도록 판례법이나 법령에 정신건강전문가에게 요구하는 상황일 때 적용된다. **보호의 의무**(duty to protect)는 정신건강전문가가 위협을 받고 있는 신원이 확인된 예상 피해자를 보호해야 할 법적인 의무가 있는 상황에 적용된다. 이 경우 일반적으로 예상 피해자에게 경고하는 것 외에 다른 대안들도 치료자에게 있다. 보호의 의무를 이행하면서도 내담자의 비밀보장을 유지할 수 있는 반면에 위험경고의 의무는 위협을 받는 대상에게 비밀정보를 공개해야 한다.

경고의무를 수행하면 부적절한 비밀정보 공개가 이뤄져 치료관계가 손상되고 치료가 종료될 수 있다. 또한 이러한 행동방침이 다른 사람의 안전을 보장하지 못할 수도 있다. 대부분의 정신건강실무자는 내담자가 어떤 피해자에게 해를 입히려는 의도가 있다고 말하면, 예측 가능하고 피해가 임박한 신원이 확인된 사람에게 경고하기 위해 합리적인 조치를 취해야 한다고 가정한다. 그러나 경고가 유일한 대안이거나 따라야 할 최선의 방법이 아닌 경우가 많다. 다른 적절한 조치에는 내담자 입원, 치료회기 빈도 증가, 경찰 신고, 정신과 상담이나 약물처방을 위한 내담자 의뢰 등이 포함된다(DeMers & Siegel, 2016). 경고와 보호의무를 규정하는 특정 주법이 없기 때문에, Wheeler와 Bertram(2015)은 "내담자나 다른 사람에게 명백하고 임박한 위험을 방지하기 위해" 필요한 때에는 정신건강전문가가 비밀정보를 공개해야 할 윤리적 의무를 지게 될 수도 있다고 생각한다(145쪽). 그들은 숙고해야 할 질문을 상담자에게 던진다. "인간의 생명을 보호하고, 내담자의 최선의 이익을 위해 행동하며, 잠재적인 사고의 책임으로부터 보호받기 위해 법적 · 윤리적 의무를 어떻게 수행할 수 있는가?"(145쪽).

## 중요한 법원 판례들의 의의

폭력적인 내담자의 위험행동으로부터 공공을 보호할 책임에는 상담실무자가 다음과 같은 의무를 소홀히 할 때 생기는 민간인의 피해에 대한 책임도 수반된다. (1) 위험 여부를 진단하거나 예측하지 못함, (2) 예상되는 피해자에게 폭력행위에 관해 경고하지 못함, (3) 위험한 개인을 입원시키지 못함, (4) 위험한 내담자를 병원에서 너무 빨리 퇴원시킴(APA, 1985). 법에 규정된 앞의 두 가지 의무는 Tarasoff와 캘리포니아 대학교 평의원회의 소송사건(1976)에 예증되어 있는데, 이 판례는 심리학 문헌에서 광범위하게 분석된 사건이다. Bersoff(2014)가 언급한 바와 같이 "최근에 발생한 대량 총격사건의 확산, 총기 사용을 통제하는 법안의 지속적인 추진, 정신질환과 폭력의 연관성 때문에 Tarasoff와 캘리포니아 대학교 평의원회의 소송사건을 재검토하는 것은 시의적절한 일일 것이다"(461쪽). 나머지 두 개의 의무도 또 다른 중요한 판례를 통해 예증되어 있다. 이러한 판례들은 판결을 내린 주에서만 경고의 의무를 규율하는 판례법을 제공할 뿐이다. 이 문제와 관련하여 연방 차원의 포괄적인 틀은 없다.

**Tarasoff 판례.** 1969년 8월, Prosenjit Poddar는 버클리에 있는 캘리포니아 대학교 학생보건 서비스센터에서 자원해 치료받던 외래환자로서 Moore라는 심리학자와 상담하고 있었다. Poddar는 무명의 여성(이후 Tatiana Tarasoff라고 밝혀짐)이 긴 여행을 마치고 브라질에서 돌아오면 그녀를 죽이고 싶다고 Moore에게 털어놓았다. 다른 상담자들에게 자문을 요청한 끝에 Moore는 Poddar가 위험인물이며, 감시하기 위해 정신병원에 입원시켜야 한다는 결정을 내렸다. 이후 Moore는 캠퍼스 경찰을 불러 Poddar의 살해위협과 그가 위험하다는 자신의 판단을 말해 주었다. 캠퍼스 경찰은 심문하기 위해 Poddar를 구류했지만 그가 자신이 "이성적인" 사람이라는 증거를 내밀자 Tarasoff 근처에 가지 않겠다는 다짐을 받은 후에 그를 풀어 주었다. 그는 치료시설에 구금되지 않았다. Moore는 통화 이후에도 캠퍼스 경찰서장에게 도움을 요청하는 공문도 보냈다. 후에 Moore의 수련감독자는 답장이 왔는지 물어본 뒤, 그 편지와 Moore의 사례기록을 파기하라고 명령하고 그 사례와 관련하여 더 이상 조치를 취하지 말라고 했다. Tarasoff와 그녀의 가족은 도사리고 있는 위협을 전혀 알지 못했다.

Tarasoff가 브라질에서 돌아온 직후 Poddar는 그녀를 살해했다. 그녀의 부모는 예상되는 피해자에게 위협을 알리지 않은 것에 대해 평의원회와 교직원들을 상대로 소송을 제기했다. 하급법원이 이 소송을 1974년에 기각했지만 그의 부모는 항소했고, 1976년 캘리포니아 주 대법원은 부모의 손을 들어 주었으며 예상되는 피해자에게 경고하지 않은 것은 전문가로서 무책임한 것이라고 판결했다. 법원은 판결을 통해 다른 사람의 전반적인 복지와 안전이 관련된 경우에 치료자가 비밀정보를 공개해야 한다고 요구한 것이다. 이것은 캘리포니아 주의 판례이기에 다른 주의 법원에서 유사한 사건에 대해 똑같이 결정할 필요는 없다.

Tarasoff 판례에 따라 치료자는 우선 내담자가 타인에게 위험한 행동을 할 경향이 있는지 정확하게 진단해야 한다. 이 의무는 전문가의 부주의의 기준에 의해 판단된다. 이 사례에서 치료자는 이 의무이행에 부족함이 없었다. 치료자는 한 걸음 더 나아가 캠퍼스 경찰이 그 위험한 사람을 구류하도록 요청하기까지 했다. 하지만 법원에서는 경찰에게 단순히 신고한 것만으로는 신원확인이 가능한 피해자를 보호하는 데 부족했다고 판결했다.

1974년의 첫 번째 판결에서 하급법원은 **위험경고의 의무**를 인용하긴 했지만 이 의무는 1976년 캘리포니아 주 대법원의 판결에서 다음과 같이 확장되었다. "치료자는 스스로 혹은 직업기준에 따라 환자가 다른 사람에게 심각한 폭력을 행사할 위험이 있다고 판단되면 그러한 위험으로부터 예상되는 피해자를 보호하기 위해 타당한 보호조치를 취해야 할 의무가 있다." Richard Leslie(2008)는 Tarasoff 판례에서 캘리포니아 주 대법원이 만들어 낸 '의무'는 '위험경고의 의무'가 아니다라고 말한다. Leslie에 따르면, 법원에서는 그 의무를 단순히 심각한 폭력위험에 노출된 "예상되는 피해자를 보호하기 위해 타당한 보호조치를 취해야 할 의무"라고 기술했다는 것이다.

Jensen(2012)에 따르면 보호의 의무는 자발적 혹은 비자발적 입원을 포함하여 다양한 방법으로 이행될 수 있다. 치료자는 재평가, 약품변경, 의뢰와 같은 전통적인 임상적 개입을 통해 다른 사람을 보호할 수 있다. 치료자가 취할 수 있는 다른 조치에는 잠재적 피해자에게 경고하거나, 경찰에 신고하거나, 주립아동보호기관에 알리는 것 등이 있다. 과실은 일어날지도 모르는 폭력을 예측하지 못한 것이 아니라 상담실무자가 잠재적인 폭력에 대한 평가를 수행하지 않은 것과 임박한 위험을 제3자에게 경고하지 않은 것에 있다. 위험평가를 수행하는 목표는 다른 사람을 심각하게 해치거나 죽일 수 있는 내담자의 능력에 대해 합리적이고 정보에 입각한 판단을 내리는 것이다. "다시 말해, 무슨 일이 일어날지 예측하는 데 완벽할 필요는 없지만, 무슨 일이 일어날 수 있는지 평가할 정도로 유능해야 한다"(46쪽).

Tarasoff 판례를 통해 내담자의 비밀보장은 쉽게 침해될 수 있다는 점이 분명해졌다. "보호 특권은 대중이 위험해질 때 중단된다"(Perlin, 1997)는 말이 맞다. 정신건강전문가는 내담자에 대해 윤리적 · 법적 책임을 지는 동시에 사회에 대한 법적 의무가 있다. 이런 이중책임은 때로는 충돌하여 치료관계에서 모호한 상황을 만들어 낼 수 있다. Welfel(2016)은 법원이 위험경고와 보호의 의무가 있는 치료자가 위험에 대해 미리 알아차려야 한다는 의미가 포함된 것으로 해석한다고 지적한다. 위험한 상황에 대한 무지가 무능하거나 부주의한 상담실무의 결과라면 전문가는 이 의무를 소홀히 한 것이다. 주 법원과 입법부는 Tarasoff 판례를 다양하게 해석하기 때문에 상담실무자들은 위험경고와 보호의무의 특성에 대해 여전히 모호한 상태이다. 그러나 대부분의 정신건강전문직의 윤리규정에는 이 개념이 포함되어 있으며, 일반적으로 위험경고와 보호의무를 연방 법률의 요구사항으로 가정한다. 주의 법들은 예상되는 피해자에게 알리는 세부사항은 다르지만, 대부분의 경우 심리치료사는 내담자가 다른 사람을 해치려는 심각한 의도를 드러낼 때 사전조치를 취해야 한다(Knapp & VandeCreek, 2012). "콜로라도 주 오로라의 한 영화관에서 12명을 살해하고 수십 명에게 상해를 입힌 환자의 정신과 의사를 상대로 이 의무를 위반했다는 내용의 소송이 제기되었다"(Widgery & Winterfeld, 2013, 7쪽).

의무신고법은 앞으로 있을 폭력위협에만 적용된다. 내담자가 과거에 있었던 폭력에 대해 말한 것은 신고되지 않을 수 있으며 비밀정보로 보호된다(Barnett & Johnson, 2015). Walfish, Barnett, Marlyere와 Zielke(2010)가 수행한 연구에서 기소되지 않은 폭력범죄를 치료자에게 공개하는 내담자의 빈도를 조사했다. 살인, 성폭행, 신체폭행 등의 범죄가 드러났다. 연구결과에 근거하여 그들은 이렇게 언급했다. "임상전문가로 근무하는 동안 내담자가 누군가를 신체적으로 폭행했다고 말할 가능성은 매우 높으며(69%), 누군가를 성폭행했다고 말할 가능성도 어느 정도 있고(33%), 군 복무 또는 치안 업무 중에 사람을 살해한 경우를 제외하고 누군가를 살해했는데 적법한 당국에 보고되거나 기소되지 않을 가능성은 적긴 하지만(13%) 극히 희박하지는 않다"(319쪽).

정신건강전문가는 폭력의 징후와 위험요인과 행동화의 잠재요인에 정통해야 한다. 치료자는 폭력에 대한 경고신호를 보이는 모든 내담자를 대상으로 공식적인 위험평가를 수행해야 한다. 또한 활동지역에서 고위험 내담자를 관리하기 위한 치료방안과 자원들을 잘 알고 있어야 한다(Barnett & Johnson, 2015). Tarasoff 판례를 적용하는 첫 번째 주요 단계는 위험성을 평가하는 것이다. 이 평가를 통해 내담자가 다른 사람을 죽이거나 신체적으로 다치게 할 심각한 위험이 있다는 결론에 도달할 수도 있다. 이러한 판단을 내리게 된다면 기록에 내담자가 폭력을 저지를 가능성이 있다고 생각하는 이유가 반영되어야 한다. Bersoff(2014)는 다음과 같이 말한다.

> Tarasoff 판례와 그 주장을 채택한 사례들은 치료자에게 미묘한 결정이 필요한 복잡한 문제를 제시한다. 치료자는 비밀보장과 예상되는 피해자 보호 사이에서 미세한 균형을 맞춰야 한다. 둘 중 한쪽에 오류가 생기면 비합리적으로 비밀정보를 공개한 과실 또는 실제 위협에 직면했음에도 경고하지 않아 발생한 억울한 사망에 대한 책임을 져야 할 수 있다. 그러나 이러한 사건은 사적 이익을 넘어 사생활보호 침해라는

보다 근본적인 문제를 제기한다(466쪽).

치료자는 예상 피해자의 신원이 미상일 때 법적인 책임에 대해 염려하는 경우가 가끔 있다. VandeCreek과 Knapp(2001)은 위험인물이 될 가능성이 있는 사람을 다루는데 전문지식이 있는 다른 전문가에게 자문을 요청하고, 이행한 조치들을 문서로 남기라고 권고한다. 그들은 치료자가 위험한 내담자를 다룰 때 위험관리 전략을 고수하는 것이 좋다고 부언한다. 특히 치료자는 내담자 유기, 자문이나 의뢰의 부재, 의사와의 협력치료 부재와 같이 책임추궁을 당하게 될 행동에 조심할 뿐만 아니라 적절한 문서를 남기고, 소송이 제기될 경우 적절하게 대응해야 한다.

Ewing과 Goldstein의 소송사건(2004)에서 법원은 내담자의 가족에게 내담자가 다른 사람에게 심각한 상해를 입힐 의도를 가지고 있다는 정보를 들었다면 치료자는 비밀정보를 공개해야 한다고 판결함으로써 상담실무자의 위험경고의 의무를 확대했다(Negy, 2011). 이 법원 판결의 의미는 캘리포니아 주의 면허를 가진 치료자는 내담자의 위험에 관한 정보를 내담자가 아닌 내담자의 가족에게 들었더라도 Tarasoff 경고를 발하지 않는다면 이에 대해 책임을 질 수 있다는 것이다. "궁극적으로 Tarasoff 판례는 두 가지 책임, 즉 폭력에 대한 평가와 평가결과 폭력 가능성이 밝혀지면 보호의무를 이행하는 것으로 귀결된다"(Jensen, 2012, 50쪽).

**Bradley 판례.** 두 번째 판례는 위험한 내담자를 부주의하게 퇴원시키지 말아야 할 의무에 관한 예증이다. Bradley Center와 Wessner의 소송사건(1982)에서 환자인 Wessner는 정신병 치료를 위해 조지아 주에 있는 시설에 자발적으로 입원했다. 그 후 Wessner는 부인의 외도 때문에 혼란에 빠졌다. 그는 아내와 정부(情夫)를 살해하겠다는 계속 위협했으며 살해 목적으로 무기를 차에 가지고 다닌다고 치료자에게 고백하기까지 했다. 그는 임시 외출 허가를 받아 아내와 살고 있는 자녀를 방문했다. 집에서 아내와 정부를 맞닥뜨린 그는 그들을 총으로 살해하고 말았다. 그의 자녀들은 부당한 사망이라며 소송을 제기하고는 정신병 치료시설이 Wessner를 통제해야 할 의무를 위반했다고 주장했다. 조지아 주 대법원은 잠재적으로 위험한 환자가 상해를 가하는 것을 막기 위해 타당한 보호를 해야 할 의무가 의사에게 있다고 판결했다(Laughran & Bakken, 1984).

**Jablonski 판례.** 세 번째 법적 판결은 위험한 개인을 입원시켜야 할 의무를 강조한다. 예상되는 피해자가 위협을 안다고 해서 치료자가 보호의 의무에서 벗어나는 것은 아니라는 점을 Jablonski와 미합중국의 소송사건(1983)의 판결에서 볼 수 있다. Meghan Jablonski는 어머니 Melinda Kimball이 부당하게 사망했다며 소송을 제기했는데, 그 어머니는 전에 함께 살았던 Philip Jablonski라는 남성에게 살해당했다. 이전에 Philip Jablonski는 병원에서 정신과 검사를 받는 데 동의했었다. 의사는 응급상황이 전혀 아니기에 강제로 입원시킬 이유가 없다고 결정했다. 후에 Kimball이 Jablonski와 병원에 동행하여 자기 신변에 두려움을 느낀다고 표현했다. 그녀는 의사에게 "남편과 떨어져 지내는 것을 고려하셔야겠어요"라는 말을 들었다. 하지만 그 의사는 강제로 입원시킬 이유가 없다며 또 다시 남편을 보내 주었다. 그 직후 Jablonski는 Kimball을 살해했다. 제9순회항소법원에서는 의사가 Jablonski의 이전 의료기록을 확보하지 못했기에 치료적 배임행위가 일어났다고 판결했다. Jablonski 판례의 핵심은 의사의 부주의로 환자를 입원시키지 못했다는 점이다(Laughran & Bakken, 1984).

**Hedlund 판례.** Hedlund와 상급법원의 소송사건(1983)의 판결로 인해 위험경고 의무의 범위는 목표 대상인 피해자 근처에 사는 지인, 즉 위협이 실행될 때 똑같이 위험에 처할 것이라고 예상할 수 있고 신원확인이 된 사람에게까지 확대된다. LaNita Wilson과 Stephen Wilson은 심리 고문인 Bonnie Hedlund에게 심리치료를 받았다. 치료시간에 Stephen Wilson은 LaNita Wilson에게 위해를 가할 작정이라고 치료자에게 말했다. 결국 그는 자녀가 보는 앞에서 그녀를 폭행했다. 진술문에 의하면, 그 아이는 "심각한 정서적 상처와 심리적 외상"을 입었다고 한다.

Tarasoff 판결과 동일선상에서 캘리포니아 주 대법원은 다음과 같이 판결했다. 첫째, 내담자가 타인에게 위험한 행동을 할 가능성이 예측될 때, "유사한 상황에서 전문가 단체 회원이라면 통상적으로 소유하고 발휘하기에 타당한 정도의 기술과 지식과 보호조치"를 행사할 의무가 치료자에게 있다. 둘째, 치료자는 "예측 가능한 피해자를 그 위험으로부터 보호하기 위해 타당한 보호조치를 행사"해야 한다. 피해자를 보호하기 위한 방법 중 하나는 위험에 관해 경고하는 것이다. 법원은 제3자에 대해서도 이러한 의무를 이행하지 못한 것이 '직업상 과실'에 해당된다고 판결했다(Laughran & Bakken, 1984).

Hedlund의 판례에서 잠재적 위험행위를 경고해야 할 대상은 어머니이지 위협 대상에 포함되지 않은 자녀는 아니었다. 그러나 법원은 폭력행위가 자행되었다면 목표 대상인 피해자의 자녀가 견뎌야 할 상처에 대해서도 치료자가 책임을 질 수 있다고 보았다.

법원은 치료자가 예상되는 피해자를 보호하는 최선의 방법을 결정할 때 목표 대상인 피해자의 안녕뿐만 아니라 그와 밀접한 관계를 맺고 있는 사람들도 고려해야 한다고 판결했다.

## 위험한 내담자를 다루기 위한 지침

현재 대부분의 상담소와 지역 정신보건센터에는 타인의 안녕이 위험에 처할 경우 경고하고 보호할 의무에 관한 지침이 있다. 일반적으로 이런 지침에는 정서적 혼란을 겪는 개인, 폭력행동, 협박, 자살 가능성 등 상담자가 윤리적 · 법적으로 비밀을 보장할 수 없는 상황을 어떻게 다뤄야 하는지 구체적으로 나와 있다. 2007년 4월 16일 33명이 사망한 버지니아 공대 캠퍼스 총기난사 사건이 발생한 이후, 여러 주에서 대책위원회를 구성해 대학상담센터와 캠퍼스 경찰서의 방침과 절차를 상당히 개정하였다(Davenport, 2009). Davenport에 따르면, "대학 캠퍼스에서 '위험'을 구성하는 요인은 지속적으로 변하고 강화되고 있기"(181쪽) 때문에 대학 상담사들은 점점 더 위험관리자의 역할을 채택하고 있다. 중등 · 고등교육기관에서 이러한 위기상황에 대처하기 위해 준비한 조치에도 불구하고 파괴적인 폭력행위와 대규모 총격사건이 계속 미국을 괴롭히고 있다. 2012년 12월 14일에 코네티컷 주 뉴타운의 샌디훅(Sandy Hook) 초등학교에서 아동 20명과 성인 6명을 학살한 사건 이후, 미국에서는 215건의 학교 총기난사 사건이 발생했다(Everytown for Gun Safety, 2015).

임상전문가로서 우리는 폭력의 가능성에 대한 조각들을 붙여 퍼즐을 완성할 때 문제점 중 하나는 잠재적으로 폭력적인 내담자와 또는 그를 대신하여 일하는 모든 당사자 간의 의사소통 부족이라고 생각한다. 잠재적 고위험 내담자와 작업하는 상담자는 내담자의 기능수준에 대한 보다 완전한 그림을 가늠할 수 있도록 비밀정보를 적절히 공개해야 한다. 위험한 행동이나 경고신호가 하나 이상의 상황에서 목격될 수도 있음에도 불구하고 주요 보건 종사자들은 서로 이야기할 권한이 없는 경우가 간혹 있다.

내담자가 타인에게 심각한 위협이 되는 때를 예측하는 것이 힘들다고 생각하는 상담자가 많다는 점은 이해할 만하다. 내담자는 치료관계에서 개방적인 대화에 참여하도록 독려받기에 다른 사람에게 상해를 입히는 것에 관한 느낌이나 생각을 표현하는 경우가 많다. 그렇다고 이러한 위협이 실제로 실행된다는 뜻은 아니기 때문에 말로 표현된 모든 위협을 천편일률적으로 공개하도록 상담자에게 요구하는 것은 비현실적이다. 위협의 대상인 제3자에게 알리는 일은 상대적으로 드물다. 비밀정보를 공개하는 것은 내담자와 치료자의 관계뿐 아니라 위협하는 내담자와 '위협 대상인' 사람과의 관계에도 심각한 손상을 줄 수 있다. 이러한 공개는 신중하게 검토되어야 한다. 상담자는 언제 위험을 경고할지 결정할 때 자문을 요청하고, 타당한 전문적 판단력을 활용하며, 전문가들이 공통적으로 받아들이는 상담방법을 적용해야 한다. 대부분의 경우 치료자는 내담자가 위험하다는 조짐을 미리 파악하지 못할 것이다. 그러므로 치료자는 이런 사태에 대비해야 한다. 저자들은 다음과 같이 제안한다.

- 설명 후 받는 동의서를 검토하라. 자신이나 타인에 대한 폭력위협 때문에 비밀보장 특권이 상실되는 것에 관해 명료하게 적혀 있는가?
- 도움을 받기 위해 정신건강전문가단체에 연락하는 방법을 알고 있으라. 예를 들어, 미국상담학회의 윤리적 위험관리 서비스는 회원이라면 이용 가능하다. 지역 보건 전문변호사에게 자문을 요청하는 것도 고려할 수 있다.
- 당신의 상담실무에 적용 가능한 문제들에 대해 소속 전문가단체의 윤리규정을 살펴보라.
- 폭력을 다뤄 본 경험이 있는 전문가와 친분을 맺고 그들의 연락처를 가지고 있으라.
- 초기면접에서 내담자의 이력 가운데 폭력 징후가 조금이라도 있다면 전임(前任) 치료자에게 임상기록을 요청하라.
- 위험한 내담자에 대한 평가와 관리방법을 다루는 워크숍에 적어도 한 번 이상 참석하라.
- 당신의 배상책임보험의 제한사항이 적절한지 판단하라.

위험경고와 보호의 의무가 적용되는 상황을 다룰 때 필요한 실용적인 위험관리 지침은 다음과 같다(Wheeler & Bertram, 2015).

- 동료 상담사나 수련감독자에게 자문을 요청하라.
- 법적 의무에 관해 잘 모르겠다면 변호사에게 자문을 요청하라.
- 당신이 거주하는 주의 법을 숙지하고, 법에서 구체적으로 식별 가능한 피해자에게 전달된 위협을 요구하는지 또는 보다 광범위한 의무를 포함하고 있는지 파악하라.
- 이전의 의료와 행동 기록을 확보하라.
- 내담자에게 무기가 있는지, 살인을 생각해 본 적이 있는지, 특정 피해자가 있는지

를 포함하여 살해의도가 있는지 물어보라.

- 내담자가 즉각적인 위협을 가하는 경우, 내담자와의 관계가 단절될 가능성이 있더라도 자신에게 해가 되지 않도록 주저하지 말고 조치를 취하라.
- 적절한 경우 내담자를 다른 전문가에게 의뢰하라.
- 취할 수 있는 모든 적절한 조치와 각각의 결과를 고려하라.
- 당신이 속한 기관의 규정을 숙지한 뒤 따르라.
- 당신이 자문을 요청한 사람의 명단, 실행한 모든 조치, 선택하지 않은 방안, 각각 그렇게 결정한 이유를 문서에 기록하라.

위험한 내담자가 생기는 사태에 대비한다면 이러한 상황에서 어떻게 해야 하는지 더 나은 감각을 가지게 될 것이다. 더불어 당신이 신중한 조치를 따르고 유능한 정신건강전문가에게 요구되는 치료기준대로 행동했음을 입증할 수 있다면 책임을 지는 일이 줄어들 것이다.

다음의 사례를 생각해 보면서 Isaac의 위험도를 어떻게 평가할지 스스로에게 질문해 보라. 이 사례에서 당신이 치료자라면 어떻게 하겠는가?

### <Isaac의 사례>

Issac은 여러 달 동안 여성 상담자 Schultz 박사를 만났다. 어느 날 만취 상태로 치료받으러 온 그는 매우 격분해 있었다. 그는 자기 애인이 친한 친구와 외도한 사실을 방금 알게 됐다고 말했다. 그는 이 사건으로 깊은 상처를 받았다. 또한 매우 흥분한 나머지 배신한 친구를 죽이겠다는 말까지 했다. 그는 이렇게 말했다. "화가 나 미치겠어요. 총으로 쏴 죽이고 싶어요." Issac은 이 회기에서 격렬한 감정을 경험했다. Schultz 박사는 회기를 마치기 전까지 격분을 가라앉히고 그를 진정시키기 위해 최선을 다했다. 그 회기는 약 2시간(평상시보다 긴 시간임)이나 지속되었고, 그녀는 그에게 확인차 매일 두 번 자기에게 전화하라고 요청했다. 그가 상담실을 떠나기 전, 상담자는 그가 친구 집에 가지 않을 것이며 충동대로 행동하지 않을 것이라는 약속이 담긴 안전계획을 수립했다. 치료관계가 견고했기에 그녀는 Issac이 폭력을 행사하지 않을 것이라고 평가하고는 위험 경고의 의무를 이행하지 않기로 결정했다. 그는 잘 견뎠고 매일 그녀에게 전화도 걸었다. 그 다음 주 상담회기에 왔을 때 그는 애인의 외도 사실로 인해 아직도 큰 고통을 받고 있지만 더 이상 격분하지는 않는다고 고백했다. 그는 이렇게 말했다. "이 미련한 사람 때문에 감옥에 가진 않을 겁니다!" 그는 지난 회기가 가슴에서 많은 것을 드러내는 데 얼마나 큰 도움이 되었는지 Schultz 박사에게 말했다.

- Schultz 박사가 이 사례에서 적절한 윤리적 · 법적 방침을 따랐다고 생각하는가?

- 그녀는 Issac이 하루 두 번 전화를 걸도록 하고 그와 함께 안전계획을 수립함으로써 책임을 다 한 것인가? 그 이유는 무엇인가?
- 그녀가 비밀을 보장하지 말고 예정된 희생자에게 경고해야 한다고 말할 사람도 있을 것이다. 당신은 어떻게 생각하는가? 당신의 생각을 설명하라.
- 예상 피해자에게 경고할 만큼 상황이 위험한지 여부를 판단하기 위해 어떤 기준을 적용할 수 있겠는가? 이런 종류의 사례에서 과도하게 반응하는 것과 적절하게 반응하지 못하는 것의 적절한 균형은 무엇인가?
- 이 사례에서 Issac이 친구를 죽이고 싶다고 이야기를 한 회기 직후에 Schultz가 당신에게 자문을 요청하겠다고 한다면, 그녀에게 뭐라고 조언하겠는가?
- Schultz 박사가 어떤 식으로든 부주의하게 행동했다는 증거가 있는가?

**논평.** Schultz 박사는 위험도를 평가했고 Issac에게 행동을 자제하겠다는 다짐을 여러 번 받았다. 다른 사람을 해하고 싶다는 언어 위협은 중요한 요소이지만, 고려해야 할 다른 요소로는 위협을 표현한 맥락, 의도, Issac의 폭력 이력, 마약과 알코올 사용, 기회의 유무 등이 있다. Issac이 위험하지 않다는 Schultz 박사의 평가는 다섯 달 동안의 상담관계와 그가 약속을 지킬 것이라는 신뢰에 근거한 것이었다. 그녀가 Issac과 함께 안전계획을 실행하여 위험을 줄이고 위험한 행동을 완화하기 위해 단계적으로 대안 행동을 찾아낼 수 있었던 것은 칭찬할 만한 일이다. 윤리와 법의 관점에서는 Schultz 박사가 Issac의 위협을 다루는 방법을 결정하는 과정에서 자문을 요청하는 것이 중요하다. Issac이 실제로 폭력적이더라도 Schultz 박사는 Issac과의 치료관계 때문에 그를 덜 폭력적이라고 볼 가능성이 있다. 동료에게 자문을 요청하지 않았기 때문에 Schultz 박사는 자신과 그녀의 내담자와 타인을 위험에 빠뜨릴 가능성도 있다.

## 위험경고와 보호의무가 학교상담사에게 미치는 영향

학교상담사에 대한 기본 관리기준은 명확하다. 법원은 교직원이 예측 가능한 피해로부터 학생을 보호할 의무가 있다고 일관되게 판결했다(Hermann & Remley, 2000). 취약한 아동을 보호해야 할 의무는 심리학 분야에서도 잘 알려진 표준이다. 교직원은 어떤 학생이 폭력을 행사하려는 동급생의 계획을 알려올 때 조치를 취해야 할 수도 있다. 교직원은 어떤 학생의 과제물에 폭력을 행사할 계획이 적혀 있다면 책임을 질 수도 있다.

Hermann과 Finn(2002)은 학교상담사는 학교폭력을 예방하기 위해 노력해야 할 윤리적 · 법적인 의무가 있다고 주장한다. 상담사는 어떤 학생이 다른 사람에게 위해를 끼칠 우려가 있는지 판단하고, 이 학생에 대해 적절한 개입을 결정해야 하는 역할 때문에 자신이 법적으로 공격 받기 쉬운 처지에 있음을 알게 될 수도 있다고 언급한다. 최근 판례법을 보면 잠재적 폭력의 모든 지표를 심각하게 다뤄야 한다는 점을 알 수 있다.

Moyer 등(2012)은 윤리규정에 "무엇이 잠재적으로 파괴적 혹은 해로운 행동을 구성하는지에 대한 설명이 제공되어 있지 않기 때문에, 개별 학교상담사는 이를 서로 다르게 해석할 가능성이 있다"고 시사한다(98쪽). 윤리규정 지침이 부족하긴 하지만, 학생이 다른 학생에게 피해를 주지 못하도록 막는 것은 교직원의 의무에 내포되어 있는 것 같다. 법원은 예측 가능한 피해로부터 학생들을 보호하기 위해 타당한 조치를 실행해야 할 의무가 학교상담사에게 있다고 일관성 있게 판결했으며, 학교상담사는 타당한 조치를 실행하지 못한 경우 법적으로 책임을 지게 된다(Hermann & Remley, 2000).

학교상담사는 학생들이 개인적인 문제를 공개할 수 있는 안전한 장소를 제공하기 위해 노력하지만, 이러한 상담사도 신고의무가 있는 경우도 많다. 학교상담사는 학생에게 폭력행위를 실행하려는 계획과 이를 실행에 옮길 능력이 있는지 검토하여 학생의 위험도를 평가해야 한다. Moyer 등(2012)은 위험한 학생의 행동에 대해 언제 학교행정자에게 알리는 것이 윤리적이라고 생각하는지 학교상담사들을 대상으로 조사했다. 이 연구에서 상담사는 학생이 보고하거나 교정에서 수업시간에 위험행동이 발생했을 때보다 그런 행동을 직접 관찰했을 때 비밀정보를 공개하는 것이 더 윤리적이라고 생각하는 것으로 나타났다. 이 상담사들은 중재에 관해 지침을 제공하는 학교 규정의 지지를 받았을 때 비밀정보를 공개하려는 의지를 보였다. 판례법이 새로 생겨나고 오늘날 학교의 폭력적인 분위기로 볼 때 학교상담사는 폭력의 위협을 심각하게 처리하는 것이 현명한 대처법일 것이다. 이 문제를 둘러싼 중심적인 윤리적 문제는 학교폭력에 대응하여 조직적인 예방 노력을 개발하려는 정신건강전문가의 헌신과 관련이 있다.

학교상담사와 정신건강전문가는 위기가 발생했을 때 대응할 준비가 되어 있어야 한다. 오늘날 학교폭력 발생률이 높은 것을 감안하면 학교상담사는 공식 훈련의 범위를 넘어 책임을 지고 이끌 준비가 되어 있어야 한다(Fein, Carlisle, & Isaacson, 2008). 학교상담사는 학생, 교직원, 학교행정자의 필요와 요구에 응하여 여러 역할을 도맡아야 할 수 있는데, 이로 인해 필연적인 역할 갈등이 발생할 수도 있다.

다음 사례에는 다른 사람에게 위협을 가하려는 학생을 다룰 때 학교상담사가 맞닥뜨릴 수 있는 어려운 점이 예시되어 있다.

### <Blaise의 사례>

Blaise는 폭력을 행사할 잠재성이 있어 보이는 고등학생이다. 그는 상담받는 동안 다른 사람과 스스로에게 해를 가하고 싶은 충동에 관해 이야기했고 여자 친구인 Lucy를 실제로 때렸던 사건도 고백했다. 그는 여자 친구가 자신에게 더욱 잔인하게 맞을까봐 떠나기를 두려워한다고 말했다. 너무 화가 나면 그녀를 죽이고 싶을 때도 가끔 있다고도 이야기했다. 당신은 Blaise가 중상을 입히거나 어쩌면 Lucy를 죽일 수도 있겠다고 생각한다. 다음 중 당신이 따르고 싶은 대처방법은 무엇인가? 이용하고 싶은 것은 모두 표시하라.

_____ 1. Blaise의 여자 친구의 신원을 안다면 그녀에게 심각한 위험에 빠질 수도 있다고 알리겠다.

_____ 2. 경찰이나 다른 관련 당국에 신고하겠다.

_____ 3. 그가 위협을 실행에 옮길지 확신하지 못하기 때문에 혼자만 알고 있겠다.

_____ 4. 동료에게 의견을 물어보겠다.

_____ 5. 상관이나 수련감독자에게 알리겠다.

_____ 6. Blaise를 다른 치료자에게 의뢰하겠다.

_____ 7. Blaise를 입원시키는 조치를 취하겠다.

Blaise가 치료에서 진실한 약속을 하고 자기 행동을 진심으로 바꾸기 원하는 것처럼 보인다면 당신의 답은 달라지겠는가?

**논평.** Blaise가 자원해 치료자를 만나고 있고 자신의 충동과 행동을 공개하기 때문에 변하고 싶은 마음이 있을지도 모른다. 그러나 적절한 조치가 무엇인지 판단할 때 Blaise의 구체적인 행동이나 표현, 위협을 고려해야 한다. 그는 Lucy를 심하게 때린 적이 있고 그녀는 그를 떠나기를 두려워한다. 또한 그는 때로는 너무 화가 나 그녀를 죽이고 싶을 때가 있다고 말했고, 당신은 그에게 폭력을 실행에 옮길 가능성이 있다고 생각한다. Blaise의 행동이 심각한 이유는 다른 사람에게 분명히 위협이 되기 때문이며, 당신은 윤리적으로나 법적으로 이를 간과할 수 없다. Blaise의 여자 친구가 경찰에 신고하지 못하기 때문에 상담자가 경찰에 신고하는 것은 합당할 수 있다. Blaise가 동의한다면 경찰에 신고한 후에도 치료를 계속할 수도 있다. 또는 분노관리 프로그램 같은 다른 적절한 방안을 찾도록 도와줄 수 있다.

## 자살하려는 내담자를 보호할 의무

앞선 논의에서는 위험한 개인으로부터 다른 사람을 보호할 치료자의 책무를 강조했다. 앞에서 개괄한 지침과 원칙이 스스로에게 위협적인 태도를 취하는 내담자에게 적용되는 경우가 가끔 있다. 설명 후 받는 동의과정의 일부로 치료자는 자살행동을 의심할 만한 근거가 있을 때 비밀정보를 공개해야 할 윤리적 · 법적 책무가 있다고 내담자에게 알려야 한다. 내담자가 목숨을 끊든 말든 자기 생명이니 자기 맘대로 할 수 있다고 우길지라도, 법적으로 치료자에게는 자살하려는 내담자를 **보호해야 할 법적 의무**가 있다. 이

쟁점의 핵심은 내담자의 징후를 심각하게 받아들여 상황을 신고해야 할 때가 언제인가이다. 자살하고 싶다는 생각이나 느낌을 말했다고 해서 특별한 방책이 언제나 정당화되는 것은 아니다.

자살위험의 평가와 관리는 치료자에게 대단한 스트레스의 원인이 될 수 있다. 임상실무자는 실무자의 영향력 정도, 역량, 내담자의 삶에 연루된 수준, 책임, 법적 책무, 생사의 결정을 내리는 능력 등 수많은 골치 아픈 문제에 직면하게 된다. 내담자가 자살로 죽었을지라도 치료자가 타당한 평가와 개입과정을 거쳤고, 전문가에게 자문을 요청했으며, 적절한 때 임상 의뢰를 했고, 철저하게 현재까지 문서기록을 남겼음을 입증할 수 있다면 치료적 배임행위의 위험은 크게 줄어들 것이다(Jobes & O'Connor, 2009). 내담자가 자살할 위험이 있는데도 예방조치를 취하는 데 부주의할 경우 상담자는 치료적 배임행위로 고소될 수 있고, 정당한 근거 없이 내담자의 사생활을 침해하는 과도한 조치를 취할 때도 상담자는 책임을 져야 한다(Remley & Herlihy, 2016).

상담실무자가 자살위험에 관해 항상 정확한 평가를 내려야 한다고 법률에 규정되어 있지는 않지만, 치료자는 정보를 근거로 평가를 내리고 다른 합리적인 전문가가 유사한 상황에서 취했을 법한 조치에 필적하는 책무를 다할 법적인 의무가 치료자에게 있다. 내담자가 자살할 위험이 있다는 판단을 했다면 상담자는 그 위해를 예방하기 위해 최소한의 개입절차를 밟아야 한다(Remley & Herlihy, 2016). 자해의 위험이 있는 내담자를 대할 때는 경험이 많은 동료에게 자문을 요청하고 동료와 상의한 내용을 문서로 남겨라.

## 비자살적 자해 평가와 치료의 윤리

자해가 자살을 예측하는 요인이기는 하지만, 자해를 하는 사람들 대부분이 자살할 것이라고 가정하는 것은 실수이다. 그러나 자해하는 내담자와 작업하는 상담사는 안전, 경고의무, 보호의무에 관한 윤리적 딜레마를 다룰 가능성이 높다. Whisenhunt, Stargell과 Perjessy(2016)는 "비자살적 자해는 안전하고 효과적인 치료를 제공하기 전에 상담자가 자신의 가정과 편견을 재평가할 필요가 있는 복잡하고 가끔 오해를 일으키는 문제"(40쪽)라고 언급한다. 그들은 자해하는 내담자를 효과적으로 중재하는 방법에 대한 교육과 훈련이 상담자에게 필요하다고 제안한다. Whisenhunt 등은 상담실무자들이 자해하는 개인의 행동변화를 희망한다면 행동을 멈추는 데 주로 초점을 맞추기보다 자해행동의 근본적인 역동을 다룰 필요가 있다고 생각한다. 자해는 정서적 고통을 육체적 고통으로 바꾸는 방법일 수 있는데, 이는 많은 사람들이 육체적 고통을 더 대처하기 쉬운 것으로 여기기 때문이다. 자해하는 사람을 가르치는 것은 변화에 대한 준비로 이어지지 않는 반면, 내담자가 자신의 이야기를 나누도록 지원하는 것은 치료에 효과적일 수 있다.

심각한 피해의 위험과 자살 가능성을 검토하고 지속적으로 평가하는 것은 특히 미성년자와 상담할 때 중요하다. 자해를 하면 의무적으로 보고가 가능하다는 점을 포함하여 설명 후 받는 동의과정에서 비밀보장과 사생활보호에 대해 설명해야 한다.

## 학생 자살에 대한 학교상담사의 책임

학생의 자살은 아마도 교내에서 일어나는 최악의 비극이자 학교 전체에 큰 충격을 안겨 주는 사건일 것이다. 자살의 징후를 알아차리고 자살을 예방하는 것은 학교상담사가 직면하는 과제 중 가장 중요한 것이어야 한다. 학교상담사는 자살행동의 징후를 알아차리고 학생의 자살위험을 평가하는 데 필요한 기술을 갖춰야 한다(Capuzzi & Gross, 2008). 학교상담사는 직무와 관련된 법적인 위험을 관리하기 위해 학생이 자살할 위험이 있지는 않은지 판별할 준비가 되어 있어야 한다(Capuzzi, 2009). Evans와 Hurrell (2016)은 아동의 자해와 자살과 관련해 학교의 역할에 대한 체계적인 문헌고찰 연구를 통해 교직원들이 가장 심각한 형태의 자해만을 자해로 규정한다는 사실을 발견했다. 따라서 많은 문제행동들이 가려지게 된다. 이 문제는 교직원이 제한된 시간 동안만 개별 학생과 함께 보내는 같은 구조적 장벽으로 인해 더욱 악화되어 찾아내고 공개할 기회가 줄어들게 된다.

자살을 생각하는 학생을 판별하고 관리할 수 있는 역량을 갖추지 못한 학교상담사는 이 문제에 대한 전문지식을 가진 상담자에게 수련감독, 자문, 지도를 받아야 한다(Remley, 2009). 학교상담사가 모든 자살징후나 시도를 예측할 것이라고 기대하지는 않지만, 임상 결정을 내릴 때 건전한 판단력을 사용하고 그들의 추론을 문서에 기록해야 한다. 학교상담사가 어떤 학생이 자살할 위험이 있다고 평가한 경우, 그 학생의 부모나 보호자는 그러한 평가가 있었다는 점을 반드시 통지받아야 한다. 부모나 보호자에게는 자녀가 위험에 처해 있음을 알 법적 권리가 있다.

**판례.** 일부 법원은 학교 교직원과 학생 사이에는 특별한 관계가 존재한다고 판결했다. 이것은 Hermann(2001)의 저술을 근거로 논의하도록 하겠다. 학생 자살에 대한 학교상담사의 책임을 다룬 최초의 판례 중 하나가 Eisel과 교육위원회의 소송사건(1991)이다. 이 사건은 악마 숭배에 빠진 13세 소녀 Nicole과 관련된 것이다. Nicole은 다른 여학생과 자살계약을 맺었는데, 그 여학생은 총으로 Nicole을 먼저 쏜 뒤 자살했다. 동급생들은 전에 학교상담사에게 Nicole이 목숨을 끊고 싶어 한다고 말한 적이 있었다. 학교상담사가 Nicole에게 직접 자살 의도에 관해 묻자 그녀는 그런 말을 한 적이 없다고 부인했다. 그 상담자는 Nicole의 부모에게 연락하지는 않았다. Eisel 판례에서 법원은 학교상담사가 학생의 자살 의도를 알게 되었다면 자살을 예방하기 위해 타당한 수단을 활용할 의무가 있다고 판결했다. 법원은 청소년이 자살에 관한 생각을 학교상담사나 교사, 부모보다는 친구에게 이야기할 확률이 높다고 추론했다. 법원은 타당한 보호조치 가운데 Nicole의 부모에게 딸이 자살할 위험이 있다고 알리는 것이 포함되어야 했다고 판결했다. 자살이 학교 밖에서 일어났지만 법원은 법률상 학교가 예측 가능한 위해를 예방하는 데 타당한 보호조치를 취하지 못한 것에 책임을 질 수 있다고 판결했다.

학생이 자살을 실제로 감행할 위험이 희박하더라도 자살 가능성을 부모나 보호자에게 연락하여 자살의 잠재성을 알릴 의무가 성립될 수 있다. 법원은 전화를 걸어야 하는 부담감이 자살을 생각하는 학생에게 놓여 있는 위험을 고려하면 아무것도 아니라고 판결했다. 요약하면, 교직원은 모든 자살의 위협을 심각하게 받아들여 관련 학생을 보호할 예방조치를 최대한 강구하도록 권고받는다.

법원은 교직원에게 자살예방 훈련의 필요성도 지적했다. Wyke와 Polk 군 교육위원회의 소송사건(1997)은 Shawn이라는 13세 소녀가 학교에서 두 차례의 자살을 시도한 끝에 집에서 죽은 사건과 관련된 것이다. 교직원들은 자살 시도를 알고 있었지만 Shawn의 어머니에게 알리지 않았다. 재판이 진행되는 동안 자살예방 분야의 여러 전문가들은 자살예방 훈련이 학교에 필요하다고 증언하면서, 학부모 통지를 의무로 규정하는 문서로 된 방침, 학생의 보호구금, 상담 서비스 제공 등도 필요하다고 말했다. 이 재판에서 증언했던 전문가들은 교육위원회가 교직원을 위해 적절한 훈련을 제공하지 못했다고 생각했다. 훈련을 받지 않는다면 교직원은 자살하고 싶다는 생각과 언급, 그리고 자살 시도의 치명성을 십중팔구 과소평가할 것이다. 이런 전문가 증언의 결론은 교직원들이 적절한 훈련을 받았다면 Shawn이 자살하지 못했을 것이라는 점이었다. 이런 정보에 설득된 법원은 사망자의 어머니에게 알리지 못한 것은 학교 측의 부주의로 판단할 수 있다고 판결했다.

학교상담사가 되려는 목표를 가지고 있다면 학생이 자신이나 타인에게 위험을 초래할 수 있는 상황에서 전문적인 방식으로 반응해야 하는 윤리적·법적 책무에 관해 기초 이상의 지식이 필요할 것이다. 자살하려는 내담자를 다루는 데 대한 학군의 방침을 아는 것도 중요하다. 보수교육도 매우 중요하며, 위험에 노출된 학생을 알게 됐을 때 적절한 자문을 기꺼이 요청하려는 자세도 중요하다.

## <Vijay의 사례>

16세 남고생인 Vijay는 부모의 요청으로 학교심리사인 Roshawn 박사와 만났다. 그는 성적이 저조해졌고 사회적으로 위축되었으며, 구체적인 계획을 세우지는 않았지만 자살을 생각한 적이 있다고 부모에게 말한 적이 있다. 그가 몇 주 동안 개인상담을 받은 후에 근심에 찬 그의 부모는 심리사에게 전화하여 상태가 어떠냐고 문의했다. 부모는 일어날지도 모르는 자살 시도에 주의해야 하는지 궁금하다고 했다. 그의 부모는 비밀보장을 존중하기에 자세한 대화내용에는 관심이 없지만 걱정해야 할 내용이 있는지 알고 싶다고 Roshawn 박사에게 말했다. 자세한 내용은 말하지 않은 Roshawn 박사는 걱정할 필요가 없다고 그들을 안심시켰다.

- Roshawn 박사의 행동은 윤리적인가? Vijay가 25세였다면 상황이 달라지겠는가?
- 부모와의 대화를 Vijay에게 알려야 할 윤리적인 의무가 Roshawn 박사에게 있는가?
- 부모가 정보를 더 알고 싶다고 고집한다면 더 말해야 할 의무가 Roshawn 박사에게 있는가?
- 부모에게 걱정할 필요가 전혀 없다고 정당하게 말할 만큼 충분한 정보가 Roshawn 박사에게 있었는가?
- Roshawn 박사가 부모에게 자세한 내용을 제공하려고 한다면 부모에게 이야기하기 전에 Vijay에게 알려야 할 의무가 있는가?
- Roshawn 박사가 Vijay에게 비밀보장의 한계를 알리지 않았다면 직무태만이라고 볼 수 있는가?
- 이 학교심리사가 행한 방법 외에 떠오르는 다른 조치가 있는가?
- Vijay가 실제로 자살하려고 한다면 Roshawn 박사는 그 부모에게 어떤 윤리적·법적 책무를 지게 되는가? 학교장에게 이를 알려야 하는가?

**논평.** 이 사례는 미성년자를 상담할 때의 비밀보장과 관련하여 당신이 거주하는 주나 사법관할권의 법규를 아는 것이 중요하다는 점을 보여 준다. 부모나 보호자의 권리는 무엇인가? 미성년 내담자의 권리는 무엇인가? 추후에 오해가 생기지 않도록 치료과정의 어떤 세부사항을 공유할 수도 있는지에 관해 미성년 내담자와 부모나 보호자와 초기에 대화를 나누는 것이 좋다. 비밀보장의 한계에 관한 논의도 이어져야 한다. 부모와 치료자 사이의 의논 후에는 미성년 내담자에게 이를 알리는 것도 좋다. Vijay의 부모가 치료자에게 정보를 요청했을 때, 아들이 허락한다면 아들과 함께 상담회기에 참석하여 현재 가지고 있는 우려를 표현할 수도 있을 것이다. 이를 통해 Vijay는 논의에 참여할 수 있고 상담자의 도움을 받아 부모에게 무엇을 직접 공개할지 선택할 수 있게 된다.

## 자살행동평가를 위한 지침

정신건강전문가는 모든 내담자의 자살을 예측하거나 예방하지는 못하지만, 자살 시도를 촉발할 수 있는 일반적인 위기가 있는지 알아내고 이를 경험한 사람들에게 다가가는 방법을 배울 수 있다. 상담자는 '도와 달라는 외침'을 진지하게 받아들여야 한다. 정신건강전문가는 내담자, 특히 스스로에게 위협을 가하려고 하는 내담자에 대한 종합적인 평가를 완료해야 한다. 자살위험평가에서 임상전문가는 내담자의 위험요소와 경고신호뿐만 아니라 위험을 완화하는 데 작용할 수 있는 보호요소를 식별해야 한다. 이러한 경고신호와 위험요소에 대해 배우는 것이 자살행동을 평가하는 핵심 구성요소이다(Granello, 2010).

내담자에 대해 적절한 평가를 수행하지 못한 치료자는 치료적 배임행위소송에 취약하다(Wheeler & Bertram, 2015). 내담자가 자살 의도를 부인하면서도 심각한 우울증상을 보인다면 치료자는 더 자세히 물어보고 가능하다면 심화평가를 위해 정신과의사에게 의뢰해야 한다. 평가면접에서 우울증, 자살사고, 자살 의도, 자살계획, 자살과 관련된 기타 위험요소 등을 평가하는 데 중점을 두는 것이 중요하다. Granello(2010)는 자살하려는 개인의 숫자만큼 자살에 대한 이유가 존재하기 때문에 내담자의 근원적인 메시지를 발견하는 것이 중요하다고 언급한다. 근원적인 메시지를 이해하면 상담 개입방법을 결정하는 데 크게 도움이 된다. 평가에서 내담자의 과거 치료에 관한 정보를 얻는 것도 유용하다. 위기 상담에서는 치료 초기에 내담자의 자살위험도를 평가한 뒤 치료과정 동안 이 문제에 주의를 기울여야 한다. 다음과 같은 위험 징후들을 평가해야 한다.

- 직접 말로 표현한 징후를 진지하게 받아들여야 하는 이유는 그것이 자살을 예측하는 단일요소 중 가장 유용하기 때문이다. 당신이 취한 조치를 문서에 분명하게 남기도록 하라.
- 이전에 자살을 시도했는지 살펴야 하는 이유는 치명성을 가장 잘 예측하는 요소이기 때문이다.
- 내담자가 모든 자살 피해자의 공통적 특징인 우울증으로 고통받고 있는지 확인하라. 우울증이 심화될 수 있는 수면장애는 중요한 징후이다. 임상적으로 우울증을 가진 사람들의 자살률은 일반인보다 20배나 높다.
- 자살 의도와 밀접하게 연관된 것으로 보이는 무망감과 무력감에 유의하라. 내담자의 관념과 기분을 조사하라. 이런 사람들은 절망적이고 죄책감에 사로잡혀 자신이

무가치하다고 느낄 수 있다.

- 계획된 자살과 계획되지 않은 자살의 위험성이 높아질 수 있는 내담자의 충동성 수준을 고려하라. 이는 특히 청소년과 청장년에게 해당될 수도 있다.
- 내담자의 문제해결 능력을 고려하라. 제한된 문제해결 능력은 위험을 악화시킬 수 있는 반면, 종합적인 문제해결 능력은 자살위험을 차단하는 데 도움이 될 수 있다(예: 힘든 일이 생겼을 때 해결 대안을 찾는 내담자의 능력).
- 관계 불화나 사랑하는 사람의 죽음 등, 상실과 헤어짐에서 비롯된 대인관계 스트레스 요인을 신중하게 조사하라.
- 격렬한 불안과 공황발작이 일어나는지 확인하라.
- 최근에 건강 상태가 심각하거나 치명적이라고 진단받았는지 확인해 보라.
- 내담자에게 자살계획이 있는지 판별하라. 그 계획이 뚜렷할수록 상황은 더욱 심각하다. 자살하려는 사람에게 계획에 관해 묻고 자살과 관련된 공상을 탐색하도록 권장해야 한다.
- 내담자에게 심각한 알코올이나 마약중독 이력이 있는지 확인해야 하는 이유는 그런 사람들이 일반인보다 더 위험하기 때문이다. 알코올은 모든 자살사건의 1/4~1/3에 해당되는 촉발요인이다.
- 상장이나 상패를 버리거나, 사업을 정리하거나, 유언을 고치는 등의 내담자의 행동에 유의하라.
- 내담자에게 정신과 치료나 입원 이력이 있는지 물어보라. 정서장애로 입원했던 내담자는 자살하고 싶어 할 가능성이 높다.
- 내담자가 치명적인 수단, 특히 총기에 접근할 수 있는지 확인하고, 이러한 접근을 제한하기 위한 조치를 취하라. 여기에는 가족이나 사랑하는 사람과 함께 집에서 치명적인 수단을 제거하는 작업이 포함될 수 있다.
- 내담자의 지원망을 평가하라. 지원망이 전혀 없다면 내담자는 더 큰 위험에 처해 있는 것이다.
- 가족 중에 자살사건이 있었는지 확인하라. 특히 부모가 자살로 사망한 경우 위험성이 높아진다.
- 내담자가 자살 생각을 말로 표현할 경우, 죽기를 원하는지 아니면 고통이 끝나기를 원하는지에 대해 그 사람과 이야기하라. 후자는 치료적 개입으로 수정될 가능성이 더 높다.

합리적으로 자살을 예측할 수 있다면 자살을 예방해야 할 책임이 치료자에 있다. 내담자가 스스로에게 심각한 위해를 가할 위험에 처해 있다고 판단했다면, 전문가는 법적으로나 윤리적으로 그 사람을 보호하는 데 초점을 맞춰 적절한 조치를 취해야 한다. 상담자가 자살을 예방하는 조치를 취하지 못하거나 상담자가 자살에 영향을 끼칠 수도 있는 행동을 한 경우에는 일반적으로 이에 대해 법적인 책임을 지게 된다. 지식이 풍부한 동료 또는 임상 수련감독자에게 자문을 요청하라(Wheeler & Bertram, 2015). 자살 평가 경험이 제한적인 상담사는 자신의 임상적 판단에 의존하지 말고 이 분야에 경험이 있는 전문가의 자문과 수련감독을 받아야 한다. 정신건강전문가는 정보에 입각한 입장에서 평가를 내리고 전문적인 방식으로 행동함으로써 내담자에 대한 의무를 이행해야 한다(Remley & Herlihy, 2016). 수년간의 경험을 가진 임상전문가라도 자살 가능성이 있는 개인을 다룰 때 평가와 결정에 대한 자문을 통해 도움을 받을 수 있다. 치료자는 임상적 결정과 추론을 문서로 남겨야 한다.

자살 위험도에 관한 최종 결정은 전문적인 판단을 요하는 주관적인 것이다. 법원은 책임여부를 평가할 때 자살하려는 사람에 대한 전문적인 판단이 얼마나 합리적인지를 평가한다. 내담자가 자살 의도를 내비치는데 치료자가 타당한 예방조치를 취하지 않는다면 법적인 책임을 지게 될 여지를 주게 된다. 내담자가 자신의 삶을 끝내겠다고 진지하게 공언할 경우, 치료자의 자발적인 입원이나 내담자를 보호하기 위한 다른 조치로 신속하게 개입하는 것이 정당화된다(Knapp & VandeCreek, 2012).

**자살예방의 단계.** 자살하려는 사람들은 누군가가 자신들의 외침을 들어 주기를 바란다. 단기적인 위기로 어려움을 겪고 있는 사람이 많은데, 당면한 문제에 대처하는 방법을 배우는 데 도움을 받을 수 있다면 자살 가능성이 크게 줄어들 수 있다.

자살하려는 내담자를 다루는 정신건강전문가의 행동에 대한 기대치는 상황에 따라 다르다. 법은 학교 환경에서 자살할 가능성이 있는 학생을 보호하기 위해 예방조치를 취해야 할 의무를 부과한다. 유사한 표준이 병원 환경에도 존재한다. 그러나 외래치료 환경에서 자살하려는 환자를 다루는 것에 관해서는 법적 의견이 일관되지 않는다. 내담자의 생명을 보호하기 위한 표준절차를 따르지 않은 치료자를 상대로 한 소송에서 승소했다는 점에 유의해야 한다(Austin, Moline, & Williams, 1990).

**안전계획.** 안전계획서 작성은 고위험 내담자의 자살예방에 대해 일반적인 개입방법이 되었다. 안전계획에는 다양한 형태가 있다. 내담자가 자살 생각과 충동의 폭풍우를 헤쳐 나가도록 돕기 위해 치료자와 내담자는 개인화된 안전계획을 개발하는 데 협력한다. 안전계획에는 일반적으로 내담자에게 희망을 심어 주기 위해 고안된 소개 단락이 있는데, 여기에서는 대부분의 자살 생각은 일시적이며 대안 행동을 할 때 감소한다는 점이 강조되어 있다. 그런 다음 내담자에게 살아야 할 이유를 나열하도록 요청한다. 그들이 살아야 할 이유를 생각할 수 없다면 이것은 더 높은 수준의 치료가 필요하다는 진단과 표시일 수 있다. 그 후, 내담자에게 실행할 수 있는 자기위로 행동(예: 음악감상, 목욕, 산책)을 찾아보라고 요청한다. 그런 다음 도움을 요청하거나 자살충동을 피하기 위해 대화를 나눌 수 있는 두 사람의 이름과 전화번호를 적도록 한다. 다시 말하지만, 내담자가 전화할 한 사람을 찾지 못할 경우 더 높은 수준의 치료가 필요하다는 징표일 수 있다. 내담자에게는 응급 자살예방 자원(직통전화, 모바일 위기 개입팀)의 전화번호가 제공되며, 안전계획에 따라 모든 것을 시도했지만 여전히 자살충동이 느껴진다면 가장 가까운 응급실로 가라는 조언을 한다. 안전계획은 상담실 밖에서 이용되는 중재이며, 자살위기에 처한 내담자는 치료회기에서 권장받은 모든 내용을 기억하지 못하기 때문에 안전계획은 서면으로 제공한다.

안전계획은 내담자의 자해와 관련된 경우에도 유용하게 적용될 수 있다. 자살 생각이 없는 내담자라도 고뇌와 정서적 고통을 경험할 때 안전계획을 이용할 수 있다. 자살하지 않겠다는 서약에는 많은 제한사항이 있는 반면, 안전계획은 치료관계를 강화하고 심각한 위해의 위험을 최소화하는 효과적인 방법이다. Whisenhunt 등(2016)은 자해를 하는 내담자와 함께 접수면접 시, 주기적으로 자살위험평가를 수행하는 것의 중요성을 강조한다. 내담자가 정서적 고통에 대해 이야기하고 자해가 아닌 스트레스에 대처할 다른 대안을 모색하도록 격려하는 안전하고 비판단적인 분위기를 조성하는 것이 중요하다. 안전계획은 스트레스에 대처하는 건강한 방법을 탐색하기 위한 기회를 제공할 수 있다. "최소한 안전계획에는 경고신호 식별, 내부 대처 전략, 긍정적인 주의전환, 도움을 요청할 사람, 도움을 요청할 전문가 · 기관과 환경을 더 안전하게 만드는 방법이 포함되어 있다"(44쪽).

**자살하려는 내담자 관리하기.** 다음의 자살행동을 관리하기 위한 권고들은 다양한 출처에서 수집한 것이다. (참조 Austin et al., 1990; Barnett & Johnson, 2008, 2015; Bednar, Bednar, Lambert, & Waite, 1991; Bennett et al., 1990, 2006; Bonger, 2013; Granello, 2010; Peruzzi & Bongar, 1999; Pope & Vasquez, 2016; Remley, 2004, 2009; Remley

& Herlihy, 2016; Rosenberg, 1999; Sommers-Flanagan & Sommers-Flanagan, 1995; Wheeler & Bertram, 2015).

- 내담자가 자살을 시도할 위험이 있는지 평가하는 방법을 익히라.
- 상담을 받으려는 이유와 관계없이 새로운 내담자마다 자살 생각이 있는지 평가하라.
- 비밀보장, 면책특권정보보호, 사생활보호 문제를 솔직하게 다루라.
- 당신이 거주하는 사법관할권에 비밀보장의 한계와 자살하려는 내담자를 의무적으로 신고해야 한다는 법적인 요구가 있는지에 관해 알아보라.
- 내담자가 자해할 위험이 있다면 취해야 할 조치와 비밀보장의 한계에 관해 간단명료하게 정리하라.
- 자살위험도 평가, 자살예방과 위기개입 방법에 대해 교육과 수련과 수련감독을 받으라.
- 자살예방과 관련된 연구, 이론, 실무와 관련된 최신정보를 익히라.
- 자살하려는 내담자와 협력하여 지지적인 환경을 만들라.
- 정기적으로 동료들과 협력하면서 내담자의 상태에 대한 의견을 물어보라. 어려운 판단을 내릴 때 가능한 많은 동료에게 자문을 요청하고 그러한 논의를 문서로 남기라. 이러한 협력은 위험수준을 이해하는 데 중요할 수 있다.
- 적절한 경우, 가족과 중요한 사람들과 상의하고 그들을 참여시킨다.
- 자살위험을 줄이기 위해 취할 수 있는 조치를 설명하는 안전계획서를 개발할 때 내담자와 협력한다. 내담자에게 개인적인 강점과 삶의 이유를 상기시키라. 응급 자살예방 서비스(직통전화, 모바일 위기팀) 연락처 정보를 제공하고, 다른 모든 전략이 실패할 경우 가장 가까운 응급실을 찾아가는 방법을 설명한다.
- 상담시간에 관해 내담자에게 상세하게 말하고, 당신이 부재시에 연락할 수 있는 방법을 알려 줘라.
- 자살행동을 예측할 수 있는 상황이라면 자살예방의 책임이 당신에게 부과될 수 있음을 깨달으라.
- 당신의 역량의 한계를 깨닫고 언제 그리고 어떻게 다른 전문가에게 의뢰해야 하는지 파악하라.
- 과거에 자살 시도를 했거나 현재 자살 의도를 가진 내담자와의 상담을 종결하거나

다른 전문가에게 의뢰할 때 감수성과 신중함을 활용하라. 이런 전환이 별탈 없이 진행되는지 확인하고 그 과정에서 내담자가 버림받았다고 느끼지 않도록 주의하라.

- 입원치료를 고려할 때 장점과 단점을 가늠해 보라.
- 진료소나 상담소에서 제공되는 서비스의 경우, 책임에 대한 선명하고 적절한 경계를 명시하고 모두가 이를 온전히 이해하도록 확실하게 조치하라.
- 내담자와 협력하여 위험한 도구를 손쉽게 쓰지 못하도록 조치하라. 내담자에게 무기가 있다면 그 무기를 제3자에게 맡기도록 하라.
- 상담회기를 더 자주 가져야 할지 고려하라.
- 내담자의 장점과 살고 싶은 욕구를 활용하라.
- 현실적인 희망을 전달하도록 시도하라.
- 당신의 관심을 기꺼이 전달하라.
- 결정하고 조치를 취할 때 가능하다면 내담자를 참여시키라. 궁극적인 결정에 대한 책임을 내담자와 분담하는 것이 중요하다.
- 내담자의 정신상태, 지속적인 위험도 평가, 치료계획에 대한 결정 등을 기록에 적으라. 고려한 대안, 배제한 대안, 취한 조치, 개입결과와 후속조치를 문서에 남기라. "법에 따르면 문서에 기록되지 않은 자살위험평가는 하지 않은 것이나 마찬가지이다"(Granello, 2010, 368쪽).
- 당신의 한계와 자살하려는 내담자를 상담할 때 일어나는 당신의 반응을 파악하라. 이런 작업을 할 때 당신이 개인적으로나 직업적으로 느끼는 부담과 스트레스를 인식하라.
- 내담자가 어려운 문제에 맞서는 데 도움이 되도록 가족과 친구로 이뤄진 지원망을 개발하려고 노력하라. 이것을 내담자와 논의하고, 돌봐 주는 사람들의 자원을 확립하기 위해 그들의 도움을 얻으라.

상담자가 자기 파괴적인 행동을 예방하기 위해 합리적으로 취할 수 있는 조치란 위에 나온 것들이 최선이며, 내담자의 행동에 대한 궁극적인 책임은 내담자에게 있다는 점을 기억하라. 자살할 가능성을 줄이기 위해 특정 조치들을 취할지라도 여전히 내담자는 최후의 걸음을 내딛을 수 있다. 법원은 모든 자살을 예방할 수 있는 것은 아니라는 점을 인식하고 있으며, 내담자를 보호하기 위해 일관되고 체계적인 노력을 기울이는 정신건강실무자를 지지하는 경향이 있다(Granello, 2010).

잠재적으로 자살하려는 내담자를 알아보고 평가, 개입하는 윤리적 책무에 대한 당신의 입장은 무엇인가? 본 장에서 논의한 지침들에 어느 정도 동의하는가? 어떤 지침이 가장 이치에 맞는다고 생각하는가? 자살을 평가하고 예방하는 전문가 역할의 기초가 되는 당신의 가치관을 명료하게 정리한 후, 다음에 나오는 자살 의도를 가진 내담자의 사례를 숙고해 보라.

## <Emmanuel의 사례>

상처(喪妻)한 중년남성 Emmanuel은 삶의 허무함과 외로움을 느끼고 의기소침해져 더 이상 살아 갈 의지를 잃었다며 하소연했다. 그는 여성 심리학자에게 7개월 동안 개인치료를 받았다. 심리진단 절차를 활용한 그녀는 Emmanuel에게 심각한 우울 성향이 있기에 자해 가능성이 있다고 평가했다. 상담시간에 그는 자신의 실패 이력, 고립감, 삶의 무의미함, 무가치함과 우울증을 이야기했다. 치료자의 권유로 그는 살아야 할 이유를 발견할 것이라는 희망을 품고 새로운 방식으로 행동해 보는 시도를 했다. 7개월간의 탐색 끝에 결국 그는 목숨을 끊고 싶다고 결정했다. 그는 자기 인생에서 무언가 나아질 것이라 잠시 착각했으며 이제는 삶을 마감하는 것이 좋게 느껴진다고 치료자에게 말했다. 그는 치료자에게 다시 찾아오지 않을 것이라고 알렸다.

치료자는 그가 당장이라도 목숨을 끊을 수 있을 것이라는 우려를 나타냈다. 그녀는 자살로 삶을 마감하려는 결정이 갑작스러운 것이 아니라는 점을 인정했지만, 한 번만 더 치료에 희망을 걸어 봤으면 좋겠다고 말했다. 그는 자기를 도와줘서 진심으로 고맙다고 대답했다. 그는 자기 계획을 어떤 식으로든 방해하려는 시도를 하지 않기를 바란다고 확고하게 말했다. 그녀는 한 주일만 결정을 연기하여 다음 시간에 더 깊이 이 문제를 의논하자고 요청했다. 그는 그 약속을 지킬지 확답하지 못하겠지만 고려해 보기로 동의했다.

치료자는 더 이상의 조치는 취하지 않았다. 다음 주에 그녀는 한 친구로부터 그가 자살했다는 소식을 들었다.

- 치료자가 내담자를 다룬 방식에 대해 어떻게 생각하는가?
- 당신이 Emmanuel의 치료자였다면 어떤 점에서 다르게 대처했겠는가?
- 자살에 대한 당신의 견해가 그에 대한 접근법에 어떤 영향을 끼칠 것이라 생각하는가?
- 이 사례로 인해 활성화되는 당신의 개인적인 가치나 문제가 있는가?
- 내담자의 자살 이후에 발생할 수 있는 문제를 해결하기 위해 어떤 조치를 취할 수 있겠는가?
- 당신은 다음 중 어떤 조치를 취하겠는가?

_____ 그의 의지에 반할지라도 감시하기 위해 그를 72시간 동안 정신병원에 입원시키겠다.

_____ 그가 자살을 선택방안으로 논의하기 시작하자마자 다른 전문가에게 자문을 요청하겠다.

_____ 자살에 동의하지는 않지만 자살하려는 그의 선택을 존중하겠다.

_____ 경찰에 신고하여 그의 위협이 심각하다는 점을 알리겠다.

_____ 그가 원하지 않을지라도 가족에게 그의 의도를 알리겠다.

_____ 삶에서 의미를 발견하도록 계속 노력하라고 설득하기 위해 모든 가능한 방법을 동원하여 그와 자살하지 않겠다는 계약을 하겠다.

이 사례에서 취할 수 있는 다른 조치를 수업 중에 토의해 보라.

**논평.** 자신과 타인에 대한 위험을 예측하는 것이 어렵지만 법원은 부정확하게 예측한 치료자에게 책임을 부과할 수도 있다. 위험한 내담자처럼 자살하려는 내담자는 치료자에게 큰 위험을 안겨 준다. Emmanuel의 경우, 저자들은 그가 거주하는 사법관할권에서 가장 적절한 당국(정신건강평가팀이나 경찰서)에 내담자의 자살 의도를 신고할 것이다. Emmanuel이 말기 환자가 아니라 우울증 환자라는 사실로 볼 때 이런 조치가 윤리적·법적으로 필요하다. 이런 경우 우리는 비밀정보를 공개하고 친한 친구나 가족에게 연락하여 Emmannuel의 지원망을 강화할 것이다.

## 아동, 노인 및 피부양 성인 보호

정신건강 서비스 제공자에게는 아동, 노인, 피부양 성인을 학대와 방치로부터 보호할 윤리적·법적 의무가 있다. 상담실무 중에는 아동을 상담하든 성인을 상담하든 관계없이 잠재적 학대를 평가하고 이를 적시에 신고하는 방법을 알아야 한다. 아동학대나 방치, 노인과 피부양 성인 학대의 경우에는 비밀보장이 적용되지 않는다. 이러한 문제는 **신고 가능한 학대**(reportable abuse)가 있는 상황이다. 아동, 노인 혹은 기타 피부양 성인이 학대받거나 방치되고 있다고 고백한다면 정신건강전문가는 신고하도록 규정되어 있으며, 이를 어길 시에는 벌금형과 감금형을 받게 된다. 성인이 자녀를 학대하고 있거나 학대했다고 치료회기 중에 밝혔다면 이 문제를 신고해야 한다. 치료자가 학대가 일어나고 있다고 믿을 만한 이유가 있다고 할 경우 대부분의 주에서 보고를 요구한다. **의무 신고**(mandatory reporting)는 아동, 노인 혹은 피부양 성인 학대 의심 사례에 대한 신고를 장려하기 위해 고안된 것이다. 따라서 치료자는 불확실한 상황일지라도 신고하는 것이 신고하지 않는 것보다 낫다(Benitez, 2004). 신고의 목표는 학대받는 아동이나 노인을 보호하는 것이다. 상담전문가에게는 스스로를 옹호하지 못하는 사람들을 보호할 의무가 있다.

1974년 미국 국회에서는 전국 아동학대예방과 치료법안(PL 93-247)을 법제화했는데, 이 법령에는 아동학대와 방치가 다음과 같이 정의되어 있다.

> 아동의 건강이나 복지가 피해를 입거나 위협받는다는 징후가 있는 상황하에서, 아동의 복지에 책임을 진 사람이 18세 혹은 해당 주의 아동보호법에서 정한 연령 이하의 아동에게 가하는 신체적 혹은 정신적 상해, 성학대나 성적 착취, 소홀한 대우 혹은 괴롭힘.

현재 모든 주에서는 정신건강전문가와 교직원에게 아동학대 사건이나 아동학대 의심 사례를 신고하라고 요구한다. 대부분의 주는 아동, 노인과 기타 피부양 성인 학대 또는 방치를 보고하지 않는 전문가에게 책임을 부과하는 법률을 제정했다. 또한 성심껏 신고했다면 아동학대나 방치 혹은 노인이나 기타 피부양 성인의 학대 혐의 신고와 관련한 민사소송이나 형사소송에서의 면제를 법으로 보장받는다. 면허 부여 혹은 면허 갱신의 조건으로 학대평가와 적절한 신고에 관한 보수교육 워크숍을 이수하도록 전문가에게 요구하는 주들도 있다.

보고기준, 처벌기준, 보고 의무자가 주마다 다르기 때문에 해당 주의 법률을 숙지해야 한다. 당신이 거주하는 주의 특정 법률을 대체할 수 있는 것은 없다(Bennett et al., 2006; Welfel, 2016). 예를 들어, 펜실베이니아 주에서 치료자는 내담자가 학대의 피해자로 보이는 경우 신고해야 한다. 뉴욕에서는 치료자가 치료 중인 아동, 치료 중인 학대자 또는 친척에게서 상황을 듣게 되더라도 학대를 신고해야 한다. 이제는 성인 내담자가 치료받기 수년 전에 겪은 아동 성학대를 공개했다면 치료자가 이를 신고하도록 요구하는 주들도 있다. 이미 신고된 것 같더라도 신고하는 것이 좋다(Maureen Kenny, 개인 서신, 2016. 9. 25).

노인과 기타 취약한 성인학대는 아동학대만큼 동일한 관심을 기울일 가치가 있는 문제이다. 그러나 Zeranski와 Halgin(2011)은 노인학대가 연구문헌에서 거의 관심을 받지 못했다고 말한다. 극적인 구타와 유기는 쉽게 인식하고 신고할 수 있지만, 노인학대의 경우 가정 내에서 배우자나 성인 자녀의 손에 의해 발생하는 경우가 많다. Knapp과 VandeCreek(2012)은 노인학대 신고요건이 주마다 다르다는 점에 주목한다. 치료자가 비밀정보를 공개하고 신고할 수 있도록 허용하는 주도 있고 이를 의무로 부과하는 주도 있다. 일반적으로 노인을 위험으로부터 보호해야 할 의무는 내담자의 비밀을 보장해야 하는 상담실무자의 의무보다 더 강력하다.

## 노인학대의 유형

**신체학대**(physical abuse)는 자주 몸에 상처가 나거나 신체적 고통이나 장애로 이어지게 만드는 무력 사용과 관련된다.

**성학대**(sexual abuse)는 어떤 종류든 합의되지 않은 노인과의 성 접촉을 말한다.

**심리적 혹은 정서적 학대**(psychological or emotional abuse)는 언어 혹은 비언어 행동을 통해 괴로움이나 상처, 고통을 주는 행위와 관련된다. 이러한 학대의 종류로는 언어공격, 모욕, 위협, 협박, 굴욕, 희롱 등이 있다.

**방치**(neglect)는 보호자가 기본적이고 필수적인 것을 노인에게 제공할 책임을 이행하지 않는 것이다. 방치는 의도적이거나 의도적이지 않을 수 있으며, 스스로 자초하거나 타인이 초래할 수 있다.

**유기**(abandonment)는 보호책임을 맡은 사람이 노인을 버리고 도망가는 것과 관련된다.

**재산 혹은 물건 착취**(financial or material exploitation)는 노인의 자금, 소유물, 자산을 불법적으로 혹은 부적절하게 사용하는 것이다.

미국의 모든 50개 주에는 노인학대와 관련된 법규가 있으며, 45개 주에서는 정신건강전문가가 피부양 노인의 방치 혹은 학대를 의무적으로 신고하게 되어 있다(Welfel, 2016). Zeranski와 Halgin(2011)은 정신건강 서비스 제공자가 노인이 학대나 방치로 고통받고 있다고 믿을 만한 합리적인 근거가 있을 때 신고해야 한다고 말한다. 그들은 노인학대 신고의 미래 방향을 다루면서 "노인학대는 스스로를 보호할 수 없는 사람들을 보호해야 할 법적 · 윤리적 의무가 있는 전문 심리학자들이 여전히 우려하는 문제"라고 주장한다(299쪽).

노인학대의 주요 유형으로는 신체학대, 성학대, 심리적 학대, 방치, 유기, 재산 혹은 물건 착취가 있다(글상자 '노인학대의 유형' 참고).

미국노인학대센터(National Center on Elder Abuse, NCEA)는 노인학대, 방치, 착취와 그것의 비극적 결과에 관해 대중을 교육하는 데 전념하고 있다. 미국노인학대연구센터는 정책지도자, 상담실무자, 예방전문가, 학자, 변호사, 가족, 관심 있는 시민을 위해 일하는 국제적으로 공인된 자원이다. 노인이 의지하거나 접촉하는 사람이라면 누구나 노인학대자가 될 가능성이 있다.

윤리적 · 법적인 관점에서 볼 때, 정신건강실무자는 학대 사례를 신고해야 하는 의무와 관련된 비밀보장의 한계를 내담자에게 알려야 한다. 치료자는 무고한 아동, 노인과 피부양 성인을 신체적 · 정서적 학대로부터 보호할 직업적인 책임은 수용하려고 하겠지만 어느 선까지 신고해야 할지 몰라 어려움을 겪을 수도 있다. 윤리적 책임과 법적 책무를 조화하기 어려울 때가 가끔 있다. 치료자는 비윤리적인 행동(신고함으로 치료관계를 손상시킴) 아니면 불법행동(아동이나 노인학대 의심 사례를 모두 신고할 의무를 무시함)을 저지를 수밖에 없는 곤경에 처해 있다고 생각할지도 모른다. 임상전문가는 아동, 노인과 피부양 성인의 학대를 평가하고 신고에 대해 분명한 입장을 수립해야 한다. 신고가 의무인 경우도 있지만 자유재량인 경우 있다. 노인 내담자의 허락을 요구하는 주도 있지만 그렇지 않은 주도 있다.따라서 당신이 거주하는 주의 학대 신고에 관한 법을 살펴보라.

학대를 신고할 만큼 정보나 혐의가 충분한지 의구심을 품는 치료자들도 많다. 아무 조치도 취해지지 않을 것이라는 염려 때문에 의무신고를 하지 않거나, 신고하면 문제가 악화될 수 있다고 두려워하거나, 혐의가 타당한지 확신하지 못하는 정신건강전문가는 대부분의 전문가단체의 윤리규정과 법을 위반할 가능성이 높다(Barnett & Johnson, 2015). 다행스럽게도 전문가협회에서 치료자가 학대 신고의 여부와 시기에 관한 결정을 도와주는 법률 지원을 제공하는 주들도 있다. 아동보호국도 언제 신고할지를 결정하는 데 유용한 도움을 주고 있다. 학대가 있었는지 확신이 서지 않는다면 동료에게 자문을 요청하라. 그 문제를 신고하는 것이 내담자와 의무 신고자인 당신을 보호하는 최선의 조치이다.

아동, 노인과 기타 피부양 성인을 학대나 방치로부터 보호해야 할 의무를 수행할 준비가 어느 정도 되어 있는가? 다음 질문들에 답하면서 당신의 준비도를 평가해 보라.

- 아동, 노인과 피부양 성인 학대 혐의를 신고할지 여부를 판단하는 데 스스로 얼마나 잘 준비되어 있다고 생각하는가?
- 학대를 평가할 때 문화 차이를 어떻게 설명하겠는가?
- 내담자를 성인 학대자로 신고한 뒤 그 내담자와 계속 치료작업을 할 수 있는 방법을 생각해 낼 수 있는가?
- 아동, 노인과 피부양 성인 학대 신고와 관련된 법규를 따르는 중에 맞닥뜨렸던 갈등이 있었다면 어떤 것이었는가?
- 모든 사례에서 법을 따른다면 윤리방침도 따르는 것인가? 법에 따라 행동하는 것과 윤리적으로 행동으로 인한 갈등으로는 어떤 것이 있는가?

- 어떤 성인이 아동을 학대한다고 고백했다. 당국에 학대 신고를 하지 못한다 할지라도 내담자가 계속 치료받도록 하는 것이 이 문제를 극복하는 최선의 방법이라고 주장하는 치료자가 있다. 이런 주장에 대해 어떻게 생각하는가?
- 치료자가 언제 신고하는 것이 최선일지 결정할 때 융통성을 발휘해야 한다고 생각하는가? 그 이유는 무엇인가?
- 지금까지 살면서 아동학대와 신고 문제를 처리함으로써 촉발되었던 개인적인 경험이 있다면 어떤 것이 있는가?
- 당신이 아동보호국에 본인이나 자신의 배우자를 신고했다는 이유로 화가 나 찾아온 부모를 어떻게 대하겠는가?

아동, 노인, 피부양 성인 학대와 관련된 문제에 대한 입장을 명료화하기 위해 다음의 세 가지 사례를 숙고해 보라. 첫 번째 사례에서 어느 선까지 학대 혐의를 신고해야 할지 스스로에게 물어보라. 신고만 하면 윤리적 · 법적 책임이 끝나는 것인가? 두 번째 사례에서 윤리적인 실무수행과 법을 준수하는 실무수행을 구분하는 방법을 찾아보라. 윤리와 법을 두고 갈등할 경우 당신은 어떻게 하려는 경향이 있는지 스스로에게 질문해 보라. 세 번째 사례에서 혐의에 대해 현실적 근거가 없다고 가정하기보다 신중을 기하다 실수하는 것이 더 나은지 자문해 보라. 사실과 환상을 구분하기 위해 어떤 조치를 취할 수 있는가?

## <Martina의 사례>

고등학교상담사인 Martina에게는 학생 중 한 명이 신체학대를 당한다고 믿을 만한 근거가 있다. 그 학생이 중요한 약품을 받지 못하는 것이 학대의 징후였다. 그녀는 이 사건을 아동보호국에 신고하고 가지고 있는 모든 정보를 사례담당자에게 건네주었다. 그녀는 신고서를 제출한 데 이어 사례담당자와 통화도 했다. 일주일 후 그 학생은 아무런 조치도 취해지지 않았다고 그녀에게 말했다.

- Martina는 신고함으로써 자신의 책무를 적절하게 이행했는가? 아무 조치도 취해지지 않은 점에 대해 그 기관을 신고할 책임이 그녀에게 있는가?
- 그 기관에서 적절한 조치를 취하지 않는다면 다른 수단을 강구해야 할 책임이 그녀에게 있는가?
- 그녀가 이 문제를 떠맡아 가족 상담을 요구하거나 집에 전화를 건다면, 특히 학생이 이를 요청하여 그렇게 했다면 윤리적이라고 할 수 있는가?

- 학교 당국에 알릴 의무가 그녀에게 있는가? 조치가 취해지는지 살필 책임이 학교에 있는가?

**논평.** 신체학대 혐의가 있고 아동에게 중요한 약품 주는 것을 거부한다면 이는 즉시 신고해야 할 사안이다. 치료자가 이 문제를 아동보호국에 신고함으로써 아동을 보호할 법적 의무를 이행했지만, 이 문제가 공식적으로 조사되고 조치가 취해지기 전까지 신고내용이 잘 처리되는지 확인할 윤리적 책무도 져야 한다. Martina는 처음 통화했던 사례담당자와 다시 통화할 수도 있다. 이런 조치가 만족스러운 결과를 얻지 못한다면 그녀는 사례담당자의 상관에게 연락하여 긴급한 의료문제임을 강조할 수 있다. Martina는 이런 노력뿐만 아니라 사례를 다루면서 받은 자문내용도 문서로 남겨야 한다.

## <노인 내담자를 보호하는 사례>

나이 많은 내담자 Rose는 자신의 자립심과 스스로를 돌보는 능력과 가족에게 짐이 되지 않는다는 점을 매우 자랑스러워했다. 그녀의 치료자인 Arman은 그녀의 자립정신에 감동을 받았다. 그런데 어느 날 그녀는 부엌 가스 불을 끄지 않았던 여러 사건을 Arman에게 밝혔다. 그녀는 웃어 넘기며 "나도 완벽하진 않은가 보우"라고 말했다. 이따금 그녀는 이와 유사하지만 치명적인 결과를 가져올 수도 있는 건망증 사건들을 털어놓았다. Arman은 점점 걱정이 되어 이 문제에 가족을 참여시키자고 제안했다. 그녀는 가족이 자신을 노인요양원으로 보내고 싶어 하기 때문에 가족 참여를 원치 않는다고 말했다. 그녀는 가족의 계획을 따르지 않겠다며 완강하게 거절했다. 그녀는 Arman에게 이렇게 말했다. "당신이 날 집에서 떠나게 만든다면 살아야 할 의미가 없어지는 거예요."

- 당신이 Rose의 상담자라면 어떤 조치를 취하겠는가?
- 이 사례에서 어떤 윤리적, 법적, 의학적 쟁점을 찾아낼 수 있는가?
- 위험경고의 의무가 이 상황과 관련 있는가?

**논평.** 치료자는 걱정할 필요가 없다는 Rose의 주장이나 Rose의 자살 징후를 무시함으로써 문제를 회피하면 안 된다. 내담자가 치료자를 좋아하게 만드는 것보다 내담자를 돕기 위해 조치를 취하는 것이 더 중요한 일이다. Arman이 제안한 것처럼 가족과의 만남이 당사자 모두에게 큰 도움이 될 수 있다. 저자들이 보기에 인지적 손상의 결과로 Rose가 우발적으로 스스로나 타인에게 상해를 입힐 위험에서 보호해야 할 의무가 치료자에게 있다. Rose와 그녀의 가족 그리고 관련 당국과 긴밀히 협조함으로써 치료자는 안전하고 수용이 가능한 곳에 정착할 수 있도록 Rose를 도울 수 있을 것이다. 상담자는 Rose가 집을 떠나 요양원에 가면 걱정이 줄어들고 유용한 도움을 받을 수 있는 긍정적인 요소를 인식하도록 도울 수 있다.

### <피부양 성인을 보호하는 사례>

당신은 주로 시설에 수용된 정신장애인들을 위해 일하고 있다. 내담자 가운데 중증 정신장애로 수용시설에 살고 있는 Carlos는 자신이 적어도 한 명 이상의 직원에게 성학대를 당했다는 점을 당신에게 수긍시키기 위해 애썼다. 다른 주제로 그와 이야기했을 때 그가 현실과 환상을 구분하기 힘들어하기 때문에 그의 말을 확신하지 못하는 상황이다.

- 당신이 성인보호국에 신고하여 그 주장의 타당성을 판정할 수 있도록 해야 한다는 규정이 있는가?
- 보호국에 신고하지 않으면 법적으로 책임을 지게 될 수 있는가?

**논평.** 이와 같은 사례에서 Carlos가 주장하는 혐의가 없다고 추측하기보다 신중하게 신고했지만 실수로 판명되는 것이 더 낫다. 타당한 학대나 방치 혐의가 있다면 지방 법률에 구체적으로 명시된 시한 내에 적합한 기관에 신고해야 한다(Barnett & Johnson, 2015). 더 정확한 평가로 Carlos에 대한 조치를 결정하기 위해 다방면의 전문가로 구성된 팀을 만나면 소중한 정보들을 찾을 수 있을 것이다.

## 비밀보장과 HIV/AIDS 관련 문제

에이즈(AIDS, 후천성면역결핍증)는 다양한 배경을 가진 많은 사람들에게 영향을 미치며 공중보건과 사회문제로 계속 이목이 집중되고 있다. 대부분의 정신건강실무자는 에이즈 환자, 에이즈 바이러스 보균자로서 양성반응을 보인 사람, 혹은 이들과 친한 사람들을 만날 수밖에 없을 것이다.

HIV(역주: 에이즈 바이러스) 양성반응을 보인 사람은 대개 단기간의 도움을 필요로 한다. 그들은 견뎌 나가야 할 고통스러운 여생 동안 자신의 지원망을 만들 필요가 있다. HIV 양성반응자들은 에이즈 진단 여부나 시기를 모르기 때문에 불안해하며 살아가곤 한다. 이들 중에는 에이즈에 따라붙는 불명예로 괴로워하는 이들도 많다. 그들은 생명을 위협하는 질병이 진행 중이라는 두려움뿐 아니라 사회와 친구들과 사랑하는 사람들이 감염 사실을 알고 떠날지 모른다는 불안 속에서 살아 간다. 특이하게 취급 받고 낙인찍힌 느낌 외에도 그들은 대개 굉장한 분노를 품고 있는데 다른 사람, 특히 바이러스를 옮긴 사람을 향해 분노를 품고 있는 경우가 많다. 이러한 내담자는 차별로 고통받고 있기 때문에 전문가는 그의 상황을 존중하고 충분히 설명한 후 동의서를 받은 다음 그들의 권리와 책임에 대해 교육해야 한다.

치료자는 비밀보장의 한계, 신고 문제, 제3자에 대한 경고와 보호의 의무에 관해 매우 명료하게 정리해야 하며, 상담을 시작할 때부터 직업적인 책임에 대해 내담자에게 전달할 필요가 있다. 치료자가 HIV 감염 환자에게 적절한 서비스를 제공하지 못하겠다고 결정한다면 도움을 줄 수 있는 다른 전문가에게 이 내담자를 의뢰하는 것이 윤리적으로 적합하다. 저자들은 치료자의 보호의무에 관해 본 장 앞부분에서 논의한 내용이 에이즈 환자나 HIV 양성반응자에게도 적용되기 때문에 이를 복습하라고 당부하고 싶다. 그 의무가 에이즈 환자나 HIV 양성반응자에게 어떻게 적용되는지 생각해 보라.

상담자로서 당신은 HIV 양성반응을 보이는 내담자를 상담할지도 모른다. 치료관계를 확립하고 몇 개월이 지나서야 내담자가 최근에 양성반응자로 판명됐음을 알게 될 수도 있다. 이런 경우라면 당신은 다음 질문들에 어떻게 대답하겠는가?

- 상담관계를 종료하고 다른 전문가에게 의뢰하는 것이 윤리적일 수 있는 이유는 무엇이라고 생각하는가?
- 이 문제에 관하여 누구에게 자문을 요청하겠는가?
- HIV 양성반응자가 보호장치 없이 성관계를 맺거나 주사바늘을 나눠 써 다른 사람을 위험에 빠뜨리는 경우, 당신은 제3자에 대한 경고와 보호라는 윤리적 책무를 지게 되는가?
- 내담자가 HIV 양성반응 사실을 배우자에게 털어놓으라고 최선을 다해 설득했지만 내담자가 이 정보를 말하지 않으려고 한다면 상담자로서 어떤 조치를 취할 수 있는가?
- 당신의 가치나 인생경험 중에 HIV 양성인 내담자를 상담하는 방식에 영향을 미칠 수 있는 것이 있는가?

발생할지도 모르는 어려운 상황과 맞닥뜨리기 전에 이 사람들에게 반응해야 하는 윤리적 책임을 먼저 고려해 봐야 한다. 다음 사례는 에이즈 환자나 HIV 양성반응자를 상담할 때 고려할 윤리적 차원에 관해 당신의 입장을 정리하도록 돕기 위해 고안되었다.

### <Levi와 Makena의 사례>

Levi와 Makena는 Sarina에게 부부상담을 받고 있다. 여러 회기 후에 Makena는 개인상담을 요청해 외도 때문에 HIV 양성반응자가 됐다고 털어놓았다. Sarina는 자신이 딜레마에 빠졌음을 알게 되었다. 부부의 복지와 Levi를 보호해야 하는 의무 때문에 걱정되지만, Makena의 고통스러운 처지도 걱정되었다.

- Sarina에게는 Levi에게 경고할 의무가 있는가? 그 이유는 무엇인가?
- Levi를 보호하기 위해 경고하는 것 외에 다른 대안은 없는가?
- Levi에게 경고할 의무는 개별회기의 암묵적인 비밀보장보다 우선시되는가?
- Sarina가 직접 책임지고 비밀정보를 공개하는 것보다 Makena가 Levi에게 털어놓도록 설득하는 것이 더 치료적인가?
- Makena가 남편에게 알리기를 거부한다면 Sarina는 이 부부와의 치료를 중단해야 하는가? 그들과 작업을 중단한다면 그 결정을 부부에게 어떻게 윤리적으로 설명할 수 있겠는가?
- Sarina가 이 부부와 치료를 계속해야겠다는 의무감을 느낀다면 그 비밀을 어떻게 다뤄야 하며, 비밀을 지키게 되면 어떤 윤리적인 문제가 발생하겠는가?
- 이 상황에서 Sarina가 Makena의 비밀을 부부치료의 다른 중요한 비밀들과는 다르게 다뤄야 할 요소가 있는가?

**논평.** HIV 감염과 관련된 사례들에서 위험경고의 의무에 대한 법 규정은 명료하지 않다. 당신이 활동하는 사법관할권의 관련 법규를 파악하고 신고의무에 대해 경험이 있는 동료에게 자문을 요청하는 것이 매우 중요하다. 일부 주에서는 치료자가 HIV 감염과 관련된 상황에서 경고의 의무를 이행하면서 비밀정보를 공개했다면 면허를 잃게 될 수도 있다. 이와 유사한 딜레마에 직면했던 수많은 동료들은 HIV 양성반응자인 사람이 자신의 건강상태를 공개하도록 설득하는 데 대체로 성공했다고 보고한다. 특히 치료자가 공개 이후에도 파트너인 두 사람 모두에게 기꺼이 지원을 아끼지 않을 경우 성공 가능성이 높다. 비밀을 다루지 않고 부부상담을 성공적으로 진행하기란 상상하기 어렵다. 임상전문가는 감염된 개인에게 중점을 두면서 환자에게 발생될 수많은 문제를 탐색할 수 있도록 돕는 것이 중요하다. HIV와 AIDS에 대한 두려움과 편견 때문에, 상담자로서 너무 지나치게 '타인'을 보호하는 데 관심을 기울인 나머지 우리 앞에 앉아 있는 사람을 돕는 것을 놓칠 수 있다.

## AIDS 관련 사례와 윤리적 · 법적 고려사항

지난 몇 년간 에이즈와 관련된 치료상황에서 비밀이 보장될 수 없는 조건에 대한 문헌이 많아졌다. 법원은 HIV 감염과 관련하여 정신건강전문가에게 위험경고의 의무를 적용하지 않았다. 따라서 HIV 양성반응 내담자의 성관계 파트너를 보호하는 문제에서 치료자의 법적인 책무가 불분명한 채로 남아 있다.

법적인 관점에서 내담자의 HIV 감염 때문에 비밀정보를 공개하는 것은 비밀보장의 예외조항이 아니다. 획기적인 판례에서 선례를 결정하기 전까지 정신건강전문가는 법적 보호에 대한 보장 없이 도덕적 · 윤리적으로 옳다고 여기는 일을 하는 데 계속 애써야 할 것이다. 법률 자문은 법적 조치에 대한 보호장치를 제공하는 데 중요할 수 있다.

**보호의 의무 대 비밀보장.** 본 장 앞부분에서 치료자가 무고한 피해자에 대해 보호의 의무를 질 수도 있는 상황과 관련된 원칙들을 논의했다. HIV 양성반응 내담자가 신원확인이 가능하지만 감염에 관해 전혀 모르는 제3자와 보호장치 없이 성관계를 계속하거나 주사바늘을 공유하려고 한다고 생각할 만한 근거가 있을 경우 위험경고의 의무가 적용될 수도 있다.

보호의 의무를 HIV 양성반응 내담자에 적용할지에 관한 결정은 상담실무자가 직면할 수 있는 가장 논쟁의 여지가 많고 감정적인 문제이다. HIV 양성반응 내담자를 상담하는 상담실무자는 내담자와 치료자의 관계를 보호하는 것과 위험에 처한 사람들을 보호하기 위해 비밀을 보장하지 않는 것 중에서 선택해야 한다. 이런 상황에서 상담실무자는 도덕적, 윤리적, 법적, 직업적 딜레마에 처할 수 있다.

전염성 있고 생명을 위협하는 질병이 있는 내담자를 대할 경우 주의 법을 아는 것이 중요하다. 미국상담학회의 이전 윤리규정에는 상담가가 위험에 처한 사람에게 이 정보를 공개하기 전에 내담자가 HIV 또는 다른 생명을 위협하는 전염성 질병이 있는지 확인하도록 규정되어 있었다. 2014년 미국상담학회 **윤리규정**은 이 요구사항을 관련 법률을 따르는 것으로 대체했다(Kaplan et al., 2017). 각 주의 법은 HIV와 비밀보장의 한계와 관련하여 상이하며, 의료전문가를 위한 법과 면허를 소지한 심리치료사를 위한 법이 다른 경우도 가끔 있다. 현재 모든 주에는 공중보건 당국에 HIV와 에이즈 신고와 관련된 비밀보장 의무를 관장하는 법이 있지만, 신고를 허용하거나 요구하는 다수의 법들도 의사의 신고에 국한되어 있다(Wheeler & Bertram, 2015). HIV와 관련된 정보공개를 전혀 금하는 주도 있으며, 위험에 처한 제3자에게 일부 공개를 허용하되 의사와 정신과의사만 경고할 수 있고 다른 정신건강전문가는 하지 못하도록 하는 주도 있다. 심리치료사가 HIV 양성인 사람에게 감염될 수 있는 신원확인이 가능한 피해자에게 경고하는 것을 금지하는 주도 있다. 일부 주에서는 먼저 진단을 확인하지 않고 내담자의 질병 상태를 공개하거나 다른 사람을 보호하기 위해 내담자와 합의에 도달하려고 노력하지 않는 치료자는 윤리적 · 법적 위반에 취약하다(Barnett & Johnson, 2015). 반면에 이 문제를 아직 법령으로 제시하지 않은 주들도 있다. 따라서 치료자는 HIV나 에이즈 사례 신고와 관련하여 취해야 할 조치에 관해 법에 규정한 내용을 알고 있어야 하며 그런 법의 의무조항을 따라야 한다. HIV 또는 AIDS 사례 신고를 진행하는 방법에 대해 확신이 없다면, 주 공중보건 부서에서 당신의 의무에 관한 정보를 제공해 줄 수 있다. 윤리적 의사결정에 정통한 변호사, 전문가협회와 동료에게 조언을 구할 수도 있다(Wheeler & Bertram, 2015).

HIV 양성반응 내담자가 다른 사람을 위험에 놓이게 할 수 있으므로 비밀정보 공개를 주의 깊게 고려해야 한다. 치료자를 위한 다음의 권장사항들은 이러한 결정을 내리는 데 도움이 될 수 있다.

- 치료를 시작할 때 모든 비밀보장의 한계를 내담자와 논의해야 한다. 이를 치료관계에서 초기에 다룬다면 치료자가 비밀정보 공개와 관련하여 딜레마에 빠질 가능성이 낮아진다. 비밀정보 공개뿐만 아니라 다른 대안들의 영향을 HIV 양성반응 내담자와 상담시간에 탐색할 수 있다.
- 치료자는 HIV 감염과 관련된 최신 의학정보에 계속 관심을 가지고 어떤 성행위가 안전한지 혹은 안전하지 않은지 파악하며, 안전한 성관계를 가지도록 내담자에게 권장해야 한다.
- 치료자는 특정 행동의 위험성과 제3자에 대한 위험과 관련하여 내담자에게 직접 솔직하게 이야기해야 한다. 치료자는 치료과정을 통해 내담자의 행동이 타인에게 미치는 영향을 내담자에게 알리고, 안전한 성행위를 가르치며, 성관계 파트너에게 알리겠다는 내담자의 다짐을 얻을 수 있고, 상대에게 정보를 전달하는 데 도움을 제공할 수 있다.
- 내담자가 안전한 성행위를 계속 거부하거나 파트너에게 알리기를 거부하면 치료사는 따라야 할 행동지침을 결정할 필요가 있다. 상담실무자는 공중보건기관, 지식이 풍부한 동료 또는 변호사와 상의하여 시행하려는 조치가 윤리적 · 법적으로 건전한지 여부를 결정해야 한다.
- HIV 관련 정보를 공개할 때 치료자는 법령의 지침을 따르고 가능하다면 내담자의 사생활을 최대한 보호해야 한다.

Bennett 등(2006)은 이러한 상황들에 관해 임상적 관점에서 생각하라고 제안한다. 내담자가 자신의 HIV 상태를 공개하지 않으려는 이유를 이해하기 위해 노력하라. 이것은 가정폭력에 대한 두려움 때문인가? 버림받을 것에 대한 두려움 때문인가? 사람들에게 거절당할 것 같아서인가? 아니면 다른 인간관계 문제 때문에 공개하지 않으려는 것인가? 내담자가 처한 상황의 임상적 측면을 탐색한다면 다른 사람에게 위험을 경고하거나 다른 사람을 보호하는 조치를 반드시 취할 필요가 없을지도 모른다.

VandeCreek과 Knapp(2001)은 신원확인이 가능한 피해자에게 경고하는 것은 최후의 수단으로 여겨야 한다고 주장한다. 제3자에게 위험을 경고하면서 비밀정보를 공개하는 방법 외에도 많은 조치들이 상담실무자들 앞에 놓여 있다. 심리치료가 영향력을 발휘하도록 노력한다면 내담자가 이러한 정보를 함께 사는 파트너에게 자발적으로 공개하게 될 기회가 생길 것이다.

요약하자면, 딜레마를 책임감 있게 다루기 위해 HIV나 에이즈에 걸린 내담자를 상담하는 것과 관련되는 윤리적, 법적, 임상적 문제들을 인식할 필요가 있다. 상담실무자가 직면할 수 있는 수많은 복잡한 문제들에 대한 간단한 해결책은 없지만 이 주제는 분명 한층 더 어려운 문제 중 하나이다.

## 제6장 요약

치료자에게는 내담자에 대한 의무와 함께 상담기관, 전문직종, 지역사회, 내담자의 가족, 그리고 스스로에 대한 책임도 있다. 비밀보장과 관련된 윤리적 딜레마는 책임들이 상충할 때 일어난다. 사람을 돕는 전문가는 자신이 속한 전문가단체의 윤리규정을 알고 준수하며 허용 가능한 실무라는 테두리 안에서 건전한 판단을 내려야 한다. 저자들은 독자가 판단력을 잘 갖추기 위해 구체적인 윤리적 쟁점들에 관해 생각하고 직업적 윤리에 대한 감각과 주의 법에 대한 지식을 개발하라고 장려한다.

학교상담사의 역할은 점점 더 복잡해지고 있다. 새로운 판례법의 등장과 오늘날 학교의 폭력적인 분위기를 고려할 때 학교상담사가 모든 폭력위협을 진지하게 받아들일 필요가 있다. 학교 공동체가 모든 학생에게 더 안전하도록 만들기 위한 예방전략을 개발하는 것은 어려운 일이다. 학교상담사는 자신에게 위험을 줄 수 있는 학생도 보호할 법적 의무가 있으며, 생명을 구하고 법적 책임을 제한하는 데 도움이 되도록 학생 자살 분야의 진보된 지식에 대한 보수교육을 받는 데 주도적으로 참여하는 것이 좋다.

법원의 결정을 통해 대중을 보호할 치료자의 의무에 관해 확장된 견해를 얻게 되었다. Tarasoff 판례와 후속 법률과 판례법의 결과, 현재 치료자들은 내담자가 폭력행동을 가할 것으로 예상되는 피해자에 대한 책임을 인식하게 되었다. 이 의무는 위협받는 개인에 대한 경고부터 내담자의 강제입원까지 다양한 개입을 통해 이행하게 된다. 치료자에게는 자해하거나 자살할 가능성이 있는 내담자를 보호할 윤리적 · 법적 의무가 있다.

여러 주에서 전문가가 직무활동 중 학대로 의심되거나 학대를 발견할 때마다 아동, 노인과 피부양 성인 학대를 신고하도록 규정하는 법령을 만들었다. 아동, 노인과 피부양 성인 학대와 관련된 상황에서 치료자는 윤리적으로나 법적으로 비밀을 보장받지 못한다는 점을 알 권리가 내담자에게 있다. 그러므로 이 내용을 설명 후 받는 동의서에 포함해야 한다.

예상 피해자에게 경고하거나 보호하기 위해 내담자의 HIV 감염에 관한 비밀정보를 공개하는 것에 대해 주 법률들이 서로 다르기 때문에, 상담실무자는 내담자의 HIV 감염을 위험에 처한 사람에게 공개하는 것과 관련된 조치를 취하기 전에 주 법률을 확인하고 전문가 동료나 변호사에게 자문을 요청하는 것이 좋다. 비밀정보 공개는 덜 강력한 조치들이 실패한 후 공개가 주 법과 충돌하지 않는 경우에만 시행되는 최후의 수단이어야 한다.

보호의 의무는 HIV와 에이즈 사례에도 적용되었다. HIV에 감염된 내담자로 인해 피해를 입을 사람에게 경고하기 위해 내담자의 HIV 감염에 대한 비밀정보를 공개하는 것에 대해 주마다 법이 다양하기 때문에, 상담실무자는 조치를 취하기 전에 자신이 속한 주의 법을 숙지하고 동료 전문가에게, 때에 따라서는 변호사에게 자문을 요청하는 것이 좋다. 비밀정보를 공개하는 것은 강제성이 약한 수단이 실패한 후에만 이행되어야 하며, 정보공개가 주의 법과 상충되지 않을 경우 선택할 수 있는 마지막 수단이어야 한다.

## 추천 활동

1. 조별로 폭력적인 내담자나 학생으로부터 피해자를 보호할 의무에 대해 본 장에서 다룬 사례와 지침들을 토의하라. 위험 가능성이 있는 내담자나 학생을 당신이 직접 맞닥뜨린다면 이 의무를 이행하기 위해 어떤 구체적인 조치들을 취할 수 있겠는가?
2. 자살예방에 관한 찬반 논증을 중심으로 수업시간에 찬반토론을 해 보라. 불치병에 걸려 고통 때문에, 그리고 호전될 가망이 없기 때문에 목숨을 거두고 싶다고 결정한 내담자의 사례를 가지고 토의할 것을 고려해 보라.
3. 비밀보장과 면책특권정보보호와 관련하여 당신이 거주하는 주의 법을 조사하고, 그 결과를 수업시간에 발표하도록 여러 학생에게 부탁하라. 당신이 거주하는 주에서는 어떤 유형의 정신건강 서비스 제공자들이 내담자에게 면책특권정보를 보호해 줄 수

있는가? 이 특권의 예외는 무엇인가? 어떤 상황하에서 법적으로 비밀을 보장하지 못하도록 규정되어 있는가? 소수자 상담에서의 비밀보장과 관련하여 주의 법 가운데 어떤 부분을 알아야 하는가?

**4.** 조별로 비밀을 보장하지 못할 구체적인 상황들을 토의하고 전반적인 지침에 동의할 수 있는지 살펴보라.

**5.** 비밀보장과 관련된 문제에 내담자가 준비할 수 있는 방법들을 토의하라. 내담자에게 비밀보장과 법적 제한의 목적을 교육하기 위해 무엇을 할 수 있는가? 학교상담, 집단상담, 부부와 가족상담, 소수자 상담 같이 다양한 상황에서 어떻게 교육할지 검토해 보라.

**6.** 수업시간에 두 편으로 나눠 토의하라. 한 편은 내담자의 온전한 자기공개를 장려하기 위해 절대적인 비밀보장이 필요하다는 입장을 취하도록 하라. 다른 편은 효과적인 치료를 여전히 촉진할 수 있는 제한적인 비밀보장을 찬성하는 논점을 제시하도록 하라.

**7.** 수업시간에 서로에 대해 인터넷 검색을 하여 내담자가 당신에 대해 어떤 유형의 정보를 찾을 수 있는지 확인하라. 내담자에게 보여 주고 싶지 않은 정보를 소셜 네트워킹 사이트에 게시하고 있지는 않은가?

# 제 7 장

# 경계와 다중관계 관리

## 학습목표

1. 이중 또는 다중관계에 대한 윤리적 지침을 설명한다.
2. 다중관계에 대한 다양한 관점을 이해한다.
3. 다중관계에 들어가기 전에 고려해야 할 요소를 확인한다.
4. 경계횡단과 경계위반을 구분한다.
5. 경계 문제에 대한 논쟁들을 비판적으로 평가한다.
6. 작은 마을에서 다중관계를 관리하는 것과 관련된 윤리적인 문제를 이해한다.
7. 전문 서비스에 대한 물물교환의 장점과 단점을 알아본다.
8. 내담자에게 선물 받는 것에 관한 지침을 마련한다.
9. 현재 또는 이전 내담자와의 사회적 관계 형성과 관련된 윤리적 문제를 기술한다.
10. 치료관계에서 성적 끌림을 다루기 위한 지침을 설명한다.
11. 성적 비행의 윤리적 · 법적 측면을 인식한다.
12. 치료관계에서 신체접촉에 대한 지침을 수립한다.

## 점검을 위한 자기평가

지침: 각 문장을 읽고 자신의 신념과 태도를 가장 잘 나타내고 있다고 생각되는 수준의 번호를 빈칸에 기록하시오.

5 = 강력히 동의한다.

4 = 대체로 동의한다.

3 = 결정하기 어렵다.

2 = 거의 동의할 수 없다.

1 = 절대로 동의할 수 없다.

____ **1.** 훌륭한 치료자는 감정적으로 내담자에게 휩쓸리지 않으면서 내담자의 사례에 몰두한다.

____ **2.** 접촉은 성적이지 않더라도 내담자가 쉽게 오해할 수 있기 때문에 상담 시에 최대한 피해야 한다.

____ **3.** 성적이지 않은 접촉은 내담자에게 유익할 수 있다.

____ **4.** 상담하는 동안 내담자와 사교적 관계를 맺는 것이 지혜롭지 못할 수도 있지만, 그러한 관계는 상담이 종료된 후에는 허용된다.

____ **5.** 진정 윤리적인 전문가라면 절대로 내담자에게 성적으로 유혹되면 안 된다.

____ **6.** 성적으로 매혹적인 내담자를 상담한다면 이 내담자를 다른 상담자에게 의뢰할 것이다.

____ **7.** 내담자가 상담비를 낼 만한 여유가 없다면 치료 서비스를 다른 물품과 교환할 의향이 있다.

____ **8.** 내담자가 상담비 지불 대신 서비스 교환의 가능성을 제안한다면 물물교환을 선택방안 중 하나로 고려할 것이다.

____ **9.** 치료 중의 성적 끌림에 대처하는 주제는 상담자 교육 프로그램에서 계속 다뤄야 한다.

____ **10.** 물물교환, 선물 수령, 내담자와의 다중관계가 적절한지에 대한 판단은 문화적 맥락에서 고려해야 한다.

____ **11.** 이중관계와 다중관계를 모든 상황에서 부적절하거나 비윤리적이라고 여기지 말고 사례별로 판단을 달리해야 한다.

____ **12.** 친구와 내가 직업적인 관계와 개인적인 관계의 구분이 명확하다면 친한 친구를 내담자로 받아들이는 데 아무런 어려움이 없을 것이다.

____ **13.** 내담자와 명료하고 확고한 경계를 정하는 것은 내게 비교적 쉬운 일이다.
____ **14.** 이중관계를 맺기 전에 일어날 수 있는 문제에 관해 내담자와 의논하고 의사결정 과정에 내담자를 적극적으로 참여시킬 것이다.
____ **15.** 다중관계는 잠재적으로 내담자에게 유익할 수 있다.

# 서론

이중관계(dual relationship)와 다중관계(multiple relationship)라는 용어는 다양한 직업 윤리규정에서 동의어처럼 서로 바꿔서 사용되는데, 미국상담학회(2014)에서는 비직업적인 관계(nonprofessional relationship)라는 용어를 사용한다. 본 장에서는 보다 광범위한 용어인 다중관계를 사용하여 이중관계와 비전문적인 관계의 의미까지 포괄하기로 하겠다.

미국심리학회(APA, 2010) 윤리규정에는 상담실무자가 동일인 혹은 동일인과 친밀한 사람과의 관계에서 담당한 하나의 역할 외에 직업적인 역할까지 맡게 될 때 **다중관계**(multiple relationship)가 존재하는 것으로 정의되어 있다. 임상전문가가 내담자와의 직업적인 관계를 비직업적인 관계와 혼합할 때 윤리적 문제가 자주 일어난다. 이런 상황에서는 무엇이 내담자에게 최선의 유익이 되는지 판단하기 어려울 때도 있다.

다중관계는 전문가가 한 내담자와 동시에 혹은 순차적으로 두 개 이상의 역할을 맡을 때 일어난다. 둘 이상의 직업적인 역할을 맡거나(가령 교사와 치료사) 직업적인 관계와 비직업적인 관계가 혼합되는 경우(가령 상담자와 친구 혹은 상담자와 동업자)도 포함될 수 있다. 다중관계에는 친척이나 친구의 친척에게 치료를 제공하는 것, 내담자와 사교적 관계를 맺는 것, 현재 혹은 이전 내담자에게 정서적으로나 성적으로 연루되는 것, 수련감독자와 치료자의 역할을 결합하는 것, 내담자와 사업관계를 맺는 것, 내담자에게 돈을 빌리는 것, 혹은 내담자에게 돈을 빌려 주는 것 등도 포함된다. 경계횡단이나 다중관계는 치료자가 내담자를 희생시켜 자신의 이익을 추구하기 위해 자신의 권력을 남용하여 내담자를 좌우하고 착취할 가능성이 높아진다(Zur, 2007). 직무를 수행할 때 경계를 넘거나 다중관계에 참여하는 것을 삼가는 것이 좋다고 제안하는 사람들도 있지만 항상 가능한 것은 아니다.

정신건강전문가는 대부분의 직업적 관계의 일부인 권력의 불균형을 다루고 경계 문제를 관리하며, 권력남용을 피하기 위해 노력하는 등 다중관계를 효과적이고 윤리적으로 다루는 방법을 배워야 한다(Herlihy & Corey, 2015b). 일부 윤리규정 지침이 있지만, 훌륭한 판단과 자신의 실무를 숙고하려는 자발성, 그리고 자신의 동기에 대한 인식이야말로 윤리적인 상담실무자의 중요한 측면이다. 정신건강전문가가 내담자와의 관계에서 위험 징후를 주의하지 못하는 경우도 있다. 직업적인 경계를 형성하고 유지하는 것과 관련하여 잠재된 문제에 충분히 주의를 기울이지 못할 수도 있다. 상담실무자는 자신의 행동으로 인한 영향을 인식하지 못할 수도 있고 비전문적인 혹은 문제행동을 저질렀다는 사실을 눈치 채지 못할 수도 있다.

본 장의 기초가 되는 주제는 상담자가 자신의 행동이 내담자에게 미치는 영향을 판단할 때 솔직한 태도와 스스로를 탐구하려는 자세가 필요하다는 것이다. 모호한 사례에서 당신의 행동과 그 행동이 내담자에게 미치는 영향을 솔직하게 평가하고 믿을 만한 동료에게 자문을 요청하는 것이 특히 중요하다. 내담자에게 미치는 자기 행동의 영향에 관해 인식이나 관심을 가지지 않는 행동이 비윤리적인 것이다. 자신의 사적인 필요를 내담자의 필요보다 우위에 두고, 자신의 재정적, 사회적, 정서적 필요를 충족하기 위해 내담자와의 관계에서 두 개 이상의 역할을 맡는 상담자가 존재할 수도 있다.

본 장에서는 상담실무와 경계문제, 적절한 경계설정, 경계횡단과 경계위반 사이의 차이점, 다중관계, 역할 혼합, 성애와 무관한 다양한 다중관계, 치료에서의 성 문제에 초점을 두고 있다. 심리치료를 할 때 성적 끌림과 권력남용 등, 성 문제의 보다 난해한 측면도 검토하고 있다. 다중관계 문제는 규정만으로는 해결할 수 없다. 치료자는 광범위한 경계 문제에 포함된 윤리적 · 임상적 측면을 철저히 고려한다.

## 다중관계의 윤리

대부분의 정신건강전문가단체의 윤리규정에는 다중관계의 잠재적 문제에 관해 경고하고 있다(글상자 '다중관계에 관한 기준' 참고). 이 규정들에는 전문가의 판단력과 객관성에 손상을 가하거나, 효과적인 서비스 제공 능력에 영향을 미치거나, 내담자에게 위해나 착취할 수 있는 내담자와의 관계설정에 주의하라고 되어 있다. 성애와 무관한 다중관계는 본질상 비윤리적이지 않으며, 대다수의 윤리규정에는 일부 다중관계는 불가피하다는 점을 인정하고 있다. 그러나 다중관계가 내담자를 착취하거나 내담자에게 심각한 해를 입힐 가능성이 있다면 비윤리적인 것이다.

## 윤리규정: 다중관계에 관한 기준

**미국부부및가족치료학회(AAMFT, 2015)**

부부 · 가족치료사는 내담자에 대한 자신의 영향력 있는 위치를 인식하여 내담자의 신뢰와 의지하는 마음을 이용하는 일을 피해야 한다. 따라서 치료자는 직업적인 판단력에 손상을 가하거나 착취의 위험이 높아질 수 있는 상황이나 내담자와의 다중관계를 피하기 위해 최선을 다해야 한다. 그러한 관계에는 내담자 혹은 내담자 직계가족과의 사업관계나 가까운 개인적 관계가 포함되지만 이에 국한되지는 않는다. 상황이나 다중역할 때문에 손상이나 착취의 위험이 있다면 치료자는 적절한 예방조치를 문서로 남겨야 한다(1.3).

**미국정신건강상담사협회(AMHCA, 2015)**

정신건강상담사는 내담자에게 영향력을 미치는 자신의 위치를 인식하고 내담자의 신뢰와 의존성을 악용하지 않아야 한다(원칙 3).

**미국사회복지사협회(NASW, 2008)**

사회복지사는 클라이언트를 착취하거나 잠재적인 피해를 줄 위험이 있는 이중 혹은 다중관계를 현재 혹은 이전 클라이언트와 맺으면 안 된다. 이중 혹은 다중관계가 불가피한 경우, 사회복지사는 클라이언트를 보호하기 위해 조치를 취하고, 명백하고 적절하며 문화적인 면을 고려한 경계를 설정할 책임을 져야 한다(이중 또는 다중관계는 사회복지사가 직업적, 사회적, 사업적으로 두 가지 이상의 관계를 클라이언트와 맺을 때 발생한다. 이중 또는 다중관계는 동시에 혹은 연속하여 발생할 수 있다.)(1.06.c).

**캐나다심리학회(CPA, 2015)**

편견, 객관성 부족, 착취 또는 피해의 위험이 최소화하는 방식으로 이중 혹은 다중관계 또는 발생한 기타 이해충돌 상황을 관리해야 한다. 경계와 기대치를 명확히 하는 데 영향을 받는 당사자(들) 참여, 관계기간 제한, 이중 혹은 다중관계가 이어지는 동안의 지속적인 수련감독이나 자문 혹은 동의과정에 제3자 참여 등으로 관리할 수 있다(예: 연구 참여자가 되어 달라고 내담자나 동료 직원에게 부탁하기)(3.34).

**미국학교상담사협회(ASCA, 2016)**

학교상담사는 항상 학생들과 적절한 직업적 관계를 구축하고 유지해야 한다. 학교상담사는 거리가 먼 학생의 운동경기에 참석하는 것과 같이 기존의 한계를 넘어 현재의 학교상담 관계를 확장하는 것의 위험과 이점을 고려해야 한다. 이러한 경계를 확장할 때 학교상담사는 설명 후 받는 동의, 자문, 수련감독과 같은 적절한 직업적 예방조치를 취해야 한다. 학교상담사는 상호작용의 근거, 잠재적 이점, 학생과 학교상담사에 일어날 수 있는 긍정적 · 부정적 결과를 포함하여 기존의 한계를 뛰어넘는 확장된 상호작용의 특성을 문서로 남겨야 한다(A.5.b).

**미국상담학회(ACA, 2014)**
상담자가 객관적인 관계를 유지할 수 없는 친구나 가족과 상담관계를 맺는 것을 금지한다(A.5.d).

상담자가 현재 상담관계를 맺고 있는 개인과 개인적으로 가상관계를 가지는 것을 금지한다(예: 소셜, 기타 미디어를 통한 가상관계)(A.5.e).

상담자는 이전에 관계가 있었던 사람을 내담자로 받아들일 때의 위험과 이점을 고려해야 한다. 이러한 예비 내담자로는 상담자가 평범한 관계나 먼 관계 혹은 과거에 관계를 맺은 개인이 포함된다. 예를 들면, 같은 전문가협회, 조직 또는 공동체에 현재 혹은 과거에 회원이었던 경우가 해당된다. 상담자는 이러한 내담자를 받아들일 때 판단력이 훼손되지 않고 착취가 발생하지 않도록 설명 후 받는 동의, 자문, 수련감독, 문서기록 등의 적절한 전문적인 주의를 기울인다(A.6.a).

**미국심리학회(APA, 2010)**
(a) 다중관계는 심리학자가 어떤 사람과 직업적인 역할관계에 있으면서 (1) 동시에 동일인과 다른 역할관계에 있거나, (2) 동시에 심리학자가 직업적인 관계를 맺은 사람과 매우 가깝거나 연관된 사람과 관계를 맺거나 (3) 그 사람과 혹은 그 사람과 매우 가깝거나 연관된 사람과 미래에 또 다른 관계에 들어가기로 약속할 때 발생한다.

심리학자는 심리학자로서의 기능을 수행할 때 다중관계가 자신의 객관성, 역량, 유능성을 손상시킬 것이 명백하다면 다중관계 맺는 것을 삼가야 한다. 그렇게 하지 않으면 직업적인 관계를 맺은 사람에게 착취나 피해를 줄 수도 있다.

손상을 주지 않거나 착취나 피해를 주지 않을 것이 명백한 다중관계는 비윤리적이지는 않다.

(b) 예측하지 못한 요인 때문에 잠재적으로 피해를 끼칠 다중관계가 형성됐음을 발견한다면 심리학자는 영향을 받는 사람의 유익과 최대한의 윤리규정 준수를 생각하여 다중관계를 해결하기 위해 타당한 조치를 취한다.

(c) 심리학자가 법이나 기관의 방침이나 특별한 상황으로 인해 법정 혹은 행정절차에서 두 개 이상의 역할을 수행해야 한다면, 역할 기대와 비밀보장의 범위를 서비스를 시작할 때뿐만 아니라 그 이후 변화가 생길 때마다 명료하게 설명한다.

## 다중관계에 관한 상이한 관점들

다중관계에 대해 광범위한 견해가 존재한다. 이 문제에 대한 당신의 입장을 명료화하려고 노력하다 보면 상충되는 조언들을 직면하게 될 것이다. 다중관계에 내재된 문제, 특히 다중관계의 법적인 결과에 초점을 맞추는 저자들이 있다. 내담자가 다중관계로 인해 피해를 입거나 착취를 당하는 경우, 내담자는 정신건강 서비스 제공자를 상대로 의료과실소송을 제기할 수 있다. 다중관계에 관한 논의 전체를 미묘하고 복잡한 것으로 보고 단순한 해결책이나 절대적인 답변을 무시하는 이들도 있다. 특정한 임상적, 윤리적 · 법적 위험에도 불구하고 일부 역할 혼합이 불가피한 경우가 많다. 예를 들어, 군대환경에서는 다중관계가 일반적이며 공동생활의 건강한 부분일 수 있다. 이러한 관계는 사기를 진작하고, 심리적 지원을 찾는 데 따르는 낙인을 줄이며, 치료에 대한 접근성을 높일 수 있다(Johnson & Johnson, 2017).

대부분의 전문가단체의 윤리규정에는 성애와 무관한 다중관계를 맺는 것에 반대하는 경고가 있지만, 다중관계가 반드시 피해를 주는 것은 아니며 유익한 경우도 있다(Herlihy & Corey, 2015b). 예를 들어, '멘토링(mentoring)'을 할 때 역할이 혼합되지만 멘토(mentor)와 학습자는 이러한 관계에서 분명히 유익한 면이 있다. Casto, Caldwell과 Salazar(2005)는 멘토가 교사, 상담자, 역할 모델, 인도자, 친구 같은 중복된 역할을 가끔 수행하면서도 균형을 잃지 않는다고 지적한다. 그들은 멘토링 관계가 개인적인 관계이지만 멘토와 멘티(mentee) 모두 상대를 개인적으로나 직업적으로 알고 지내도 유익할 수 있다고 첨언한다. Casto 등은 멘토링 관계와 우정의 경계를 유지하는 것이 중요하며, 이를 위해 권력 차이와 그것이 멘티에게 어떤 영향을 끼치는지 유의해야 한다고 강조한다. 그들은 멘토링의 중점은 언제나 멘티의 개인적이고 직업적인 발달에 있다고 주장한다.

다중관계 주제에 관한 문헌들을 고찰해 보면 상담에서 성애와 무관한 다중관계에 대해 명백한 의견일치가 이뤄지지 않았다(Herlihy & Corey, 2015b). 다중관계를 고려할 때, 상담실무자는 자신의 동기를 살펴보고 이 관계가 적절한지 판단하기 위해 다른 전문가에게 자문을 요청해야 한다. 다중관계를 맺는 건전한 임상적 이유가 없다면 상담실무자는 내담자와 두 개 이상의 역할을 맺는 것에 주의하고 내담자에게 해가 될 가능성을 최소화하기 위한 조치를 취해야 한다. 그러한 관계가 불가피한 경우 상담실무자는 내담자를 보호하기 위해 취하는 예방조치를 문서로 남기는 것이 좋다.

## 다중관계를 맺기 전에 고려할 사항들

Moleski와 Kiselica(2005)는 다중관계가 파괴적인 것부터 치료적인 것에 이르기까지 다양한 형태가 존재한다고 생각한다. 일부 다중관계가 피해를 주는 것은 사실이지만, 상담관계를 보완하고, 촉진시키며, 강화해 주는 이차적 관계도 존재한다. Moeski와 Kiselica는 이차적 관계가 일차적 상담관계에 미칠 가능성이 있는 긍정적인 결과와 부정적인 결과를 검토해 보라고 상담자에게 권고한다. 그들은 내담자의 유익을 위한 것이라는 점이 명백할 때만 다중관계 형성을 고려해야 한다고 당부한다.

Younggren과 Gottlieb(2004)는 상담실무자가 다중관계의 이해득실이 혼재된 상황을 분석할 때 윤리에 근거한 위험관리 의사결정 모델을 적용하라고 당부한다. 그들은 "이러한 유형의 관계가 반드시 전문가 행동강령이나 법을 위반하는 것은 아니라는 점을 인정하지만, 반드시 피할 수는 없더라도 적극적이고 철저하게 분석하고 다뤄야 한다는 점을 인정한다"(260쪽). 그들은 상담실무자가 다중관계에 대해 건전한 판단을 내릴 때 다음 질문들에 답해 보라고 권장한다.

- 직업적인 관계 외에 다른 관계를 또 맺는 것이 필요한가, 아니면 이를 피해야 하는가?
- 다중관계로 인해 내담자에게 피해를 줄 수 있는가?
- 피해가 있을 것 같지 않을 경우, 또 다른 관계가 유익하다고 입증할 수 있겠는가? 유익하다면 내담자에게 더 유익한가, 상담자에게 더 유익한가, 아니면 양자 모두에게 유익한가?
- 다중관계가 치료관계를 방해할 위험이 있는가?
- 이 문제를 객관적으로 평가할 수 있는가? (256~257쪽)

이 질문들에 답하면서 상담실무자는 이해관계가 상충될 위험, 객관성이 상실될 가능성과 치료관계에 미치는 영향을 조심스럽게 평가해야 한다. 다중관계와 관련된 잠재적 문제들을 내담자와 의논하고 의사결정 과정에 내담자를 적극적으로 참여시키는 것은 현명한 조치이다.

다중관계가 적절하고 허용될 수 있다고 판단되면 설명 후 받는 동의서에 내담자가 서명하는 것을 포함하여 전 과정을 문서로 남긴다. 더욱이 치료자는 문제에 대해 위험관리 접근법을 채택하는 편이 나을 것이다. 여기에는 진단, 기능수준, 치료방향, 지역사회의 기준과 직무수행 실태와 결정을 지지하는 전문가의 자문 같은 다양한 문제를 신중하게 검토하는 것이 포함된다. Younggren과 Gottlieb는 다음의 조언으로 마무리를 짓는다. "이런 조치들을 모두 취한 후에야 전문가는 다중관계 맺는 것을 고려할 수 있으며, 고려한 뒤에도 최대한 신중히 진행한다"(260쪽).

내담자에게 최선의 이익이 돌아갈 가능성을 높이는 지침은 다음과 같다(Barnett, Lazarus, et al., 2007).

- 치료자는 자신의 욕구보다 내담자의 욕구에 의해 동기부여가 된다.
- 경계횡단이 내담자 치료계획과 일관성을 갖는다.
- 내담자의 이력, 문화, 가치관, 진단을 고려한다.
- 경계횡단의 이유가 내담자 기록에 남아 있다.
- 오해를 방지하기 위해 미리 내담자와 경계횡단에 관해 의논한다.
- 권력 차이에 대해 제대로 인지하며 내담자의 신뢰가 보장된다.
- 동료의 자문이 치료자의 결정에 지침이 된다.

## 경계횡단 대 경계위반

전문가의 행동 가운데 다중관계로 발전될 잠재성이 있긴 하지만 본질상 다중관계로 보지 않는 것들이 있다. 이런 행동의 예를 들면 내담자의 졸업식 같은 특별한 행사의 초청을 수락하는 것, 전문 서비스에 대한 대가를 물품이나 다른 서비스로 받는 것, 내담자가 주는 작은 선물을 받는 것, 내담자와 동일한 사교, 문화 혹은 종교활동에 참석하는 것, 힘든 상담회기가 끝나고 격려 차원으로 안아 주는 것 등이 있다. Gutheil과 Gabbard(1993)는 경계를 넘으면 경계위반에 이르게 되고 복잡한 다중관계에 얽히게 된다고 경고한다. Gutheil과 Gabbard(1993)는 경계횡단(역할의 변화)과 경계위반(내담자를 일정 수준 이상 착취함)을 구분한다. **경계횡단**(boundary crossing)은 잠재적으로 내담자에게 유익할 수 있지만, 공인된 직무로부터의 이탈이라면 **경계위반**(boundary violation)은 내담자에게 피해를 주는 심각한 위반으로 비윤리적이다. 그들은 경계횡단을 모두 경계위반으로 여기지 말아야 한다고 지적한다. 대인관계의 경계는 유동적이기에 시간이 지나면서 변할 수도 있고 치료자와 내담자가 계속 공동작업하는 중에 재설정될 수도 있다. 하지만 경계를 이탈하는 행동은 문제가 될 수 있으며 경계횡단은 직업적 역할을 흐리게 만드는 지경까지 이를 수 있다. 요점은 경계횡단이 경계위반이 되는 것을 막기 위해 조치를 취하는 것이다.

Johnson과 Johnson(2017)은 군 정신건강 서비스 제공자가 일상적인 경계횡단과 상담실 밖에서 내담자와의 접촉에 대한 내성을 높여야 한다고 주장한다. 군 상담사가 자신의 다양한 역할과 관계를 침착하게 받아들인다면 내담자도 이러한 피할 수 없는 다중관계에 대해 더 침착해질 것이다. 군 상담사는 상담 외의 시간에 내담자와 상호작용할 때 내담자의 비밀보장을 염두에 두어야 하며, 다중역할이 내담자 또는 치료관계로 인한 역효과에 대해 경계해야 한다.

흔한 경계횡단 유형으로는 치료자의 자기공개가 있다. 상담자가 길게 자기공개를 한다면 내담자는 상담시간에 자기 이야기가 다뤄지고 있는 것인지 의아해할 수도 있다. 치료자의 적합하고 시기적절한 자기공개를 장려하는 상담이론들이 많지만, 그러한 자기공개는 내담자를 위한 것이어야 한다. 치료자의 자기공개는 내담자에게 부담을 줄 수 있고 내담자가 치료자를 돌볼 필요성을 느끼게 하면 안 된다. 상담자는 내담자의 과거력, 내담자의 호소문제, 문화적 요인 같은 다양한 요인과 치료자의 공개를 내담자가 편하게 여기는지, 치료자도 공개를 편하게 여기는지를 고려한다. 치료자는 상담시간에 개인적인 경험이나 반응을 공유하려는 자신의 동기를 이해하는 것이 중요하다.

Hartley와 Cartwright(2015)는 2006년부터 2013년까지 재활상담사자격검정위원회(CRCC)가 접수한 불만과 위반사항을 조사한 결과, 경계위반이 가장 만연한 주제임을 발견했다. 선량한 의도를 가진 임상전문가라 해도 경계횡단이 언제 경계위반으로 이어지는지 판단하기 위해 신중한 숙고가 필요하다(Barnett, Lazarus, et al., 2007). 치료자의 행동이 내담자에게 해가 된다면 이는 경계위반이다. 널리 알려진 지역사회의 기준뿐만 아니라 내담자의 진단, 이력, 가치관, 문화의 역할 같은 다른 요인들과 조화를 이루며 상담실무를 수행하는 데 실패한다면 선량한 의도를 가진 행동도 경계위반으로 인식되어 버릴 수 있다. Pope와 Vasquez(2016)는 경계를 넘는 것은 위험이 따른다며 이렇게 경고한다. "잘못된 상황이나 잘못된 시간에 또는 잘못된 사람과 함께하면 치료가 중단되고 치료계획이 방해받으며 환자의 기분을 상하게 하거나 착취하거나 심지어 해를 끼칠 수도 있다"(253쪽). Barnett(2017a)은 "내담자 한 사람의 경계횡단이 다른 내담자의 경계위반이 될 수도 있다"(27쪽)고 언급하며, 치료자가 설명 후 받는 동의과정의 일부로 내담자와 다중관계에 관한 문제를 열린 마음으로 토의하라고 권장한다. Barnett은 경계횡단이 임상적으로 시의적절한 사례도 있을지 모르며 경계를 넘지 않으려는 것이 치료관계의 목표에 어긋나는 것일 수도 있다고 덧붙인다. Pope와 Vasquez(2016)는 경계횡단을 거부하는 것이 기회를 놓침으로써 치료동맹을 손상시킬 수 있다고 지적한다. 내담자가 감사의 표시로 그린 작은 그림을 치료자에게 주었는데 치료자가 그 선물을 거절한다면, 내담자는 직접 선물을 만들었기 때문에 거절당했다고 느낄 수 있다. 또한 선물을 주는 것이 내담자의 문화적 전통상 중요한 것이라면 기분이 상할 수도 있다.

일관성 있되 유연한 경계는 때로는 치료적이고, 내담자가 치료관계의 신뢰를 굳건히 하는 데 도움이 될 수 있다. Smith(2011)는 너무 빡빡하지도 너무 느슨하지도 않은 균형 잡힌 치료관계 구조를 찾으라고 권장한다. Smith는 적절한 경계가 "환자와 치료자 모두에게 과거와 현재, 의식과 무의식, 사실과 환상을 탐색할 자유를 준다. 경계는 충동과 욕망에 의해 지배하는 일이 생기지 않도록 안전을 제공한다"(63쪽)고 말한다.

**가정방문 치료와 적절한 경계 설정.** 최근 몇 년 동안 정신보건 법률과 실무의 변화로 인해 현장출장 심리치료사에 대한 수요가 증가했다(Rogers, 2014). 교통수단이 없거나 신체적 제약으로 인해 상담실에 오는 데 어려움을 겪는 내담자도 있다. 빈곤과 상담실 접근을 제한하는 많은 문제 때문에 힘들어하는 내담자도 있을지 모른다. 내담자의 집에서 치료를 제공하는 것은 치료관계를 구축하는 데 도움이 될 수 있고 임상전문가가 내담자의 일상 경험을 직접 관찰할 수 있는 기회가 될 수도 있다. 현장출장 심리치료의 이점에도 불구하고 대학원 프로그램은 여전히 상담실 기반 훈련만 강조하고 있으므로, 내담자를 가정에서 만나거나 지역사회에서 활동할 때 직면하게 되는 문제에 대해 학생들을 적절하게 준비시키지 못하고 있다. 학생에게 현장출장 치료 경험을 제공하고 싶지만 해당 대학의 과실보험 한도 때문에 제공하지 못하는 교육 프로그램도 있다. Rogers(2014)는 가정에서 내담자에게 서비스를 제공할 때 직면할 수 있는 몇 가지 문제로 심각한 정신건강 문제, 안전 문제, 주의를 산만하게 하는 환경 문제, 현장에서 동료의 지원과 수련감독의 부족, 역할혼동, 고립감, 역전이, 흐릿한 경계 등을 나열한다. 이러한 문제는 상담실 환경에서 경험하는 것과 다르므로 가정환경에서는 경계횡단 문제를 다뤄야 할 것이다.

Hartley와 Cartwright(2015)는 내담자의 가정과 자연환경에서 재활상담 서비스를 제공하는 경향이 커지고 있다고 기술한다. 이러한 경향에 수반되는 문제 중 하나는 상담실무자가 심부름을 하거나 내담자 집에 오는 방문자를 돌보는 것과 같은 상담 역할 이외의 작업을 수행하도록 요청받을 수도 있다는 것이다. Hartley와 Cartwright는 "성애와 무관한 경계위반의 가능성을 줄이기 위해 서비스를 제공할 때 내담자와의 적절한 역할과 관계를 유지하는 방법에 대한 지속적인 토론이 필요하다"고 생각한다(161쪽).

Zur(2008)도 직업적인 관계를 상담실 밖으로 가져가는 것의 정당성을 주장한다. 그는 가정방문, 내담자의 기념행사 참석, 탐험 혹은 야외 치료, 그 외에 내담자와의 만남같이 상담실 밖 경험의 장점에 관해 기록한다. 예를 들어, 그는 자녀의 죽음에도 애도하지 않던 여성을 데리고 그 자녀의 묘에 방문했던 일을 묘사한다. 이 기법은 Zur와 치료를 시작하기 전에 수년 동안 우울증을 앓았던 여성에게 치료효과가 있었다.

상담실 밖 접촉이 정기적으로 필요한 상황도 있다. 운동선수나 코치와 일하는 심리학자는 팀과 함께 여행하고, 연습과 대회에 참석하고, 내담자(선수)들과 식사하고, 코치와 같은 호텔 방에 묵을 수도 있다(Moles, Petrie, & Watkins, 2016). 스포츠 심리학 컨설턴트는 일반적으로 정신건강 상황과 관련된 경계를 넘는 행동을 자주 한다. 신뢰하고 신용할 수 있는 관계로 발전시키려면 스포츠 심리학자는 스포츠를 연습하는 운동선수를 만나야 하는데, 이러한 관계는 스포츠 환경과 스포츠 문화의 맥락 때문에 적절한 것으로 간주된다(Haberl & Peterson, 2006; Moles et al., 2016).

저자들은 과감하게 상담실 밖으로 나가 상담을 하거나 내담자와 전통적이지 않은 활동을 하는 치료자는 치료를 시작할 때 설명 후 받는 동의과정에서 이 점을 밝혀야 한다고 권장한다. 더욱이 치료자는 이러한 활동이 배상책임을 져야 하는 결과를 가져올 수도 있기 때문에 보험 담당자에게 자문을 요청해야 한다.

**경계에 대한 문화적 관점.** Speight(2012)는 치료관계에서 경계 재고의 필요성을 주장하면서 경계, 경계횡단, 상담자의 역할과 상담관계에 대한 전통적인 관점을 재검토할 필요가 있다고 제안한다. 그녀는 많은 아프리카계 미국인 내담자들이 따뜻하고, 교감하며, 이해하는 관계를 기대하기 때문에 치료자가 객관적으로 거리를 유지하는 모습을 무심하고 연루되지 않으려는 태도로 인식한다는 것을 발견했다. Speight는 문화적으로 어울리도록 경계를 이해하고 정의하며 관리하는 방법으로 사람들을 하나로 묶어 주는 사회 내의 유대감에 뿌리를 둔 연대의 개념을 제안한다. "나와 내담자 사이의 연대를 통해 나는 나답게 되고, 실제 인간관계에 우선순위를 두며, 친밀한 경계를 설정하고, 내담자에게 최선의 이익이 돌아가게 행동할 수 있었고 그렇게 행동해야만 했다"(147쪽). 경계에 대한 더 넓은 이해를 받아들인 Speight는 부적절하고 착취적인 행동을 피하면서도 치료관계에서 진실하고 친밀할 수 있었다. "나는 내담자와의 경계에서 유연하게 대처했는데, 이러한 태도는 문화적으로 완전히 조화된다고 느껴졌지만 이전의 훈련과 교육에서 배운 것과는 일치되지 않는 것이었다. "나는 더 이상 거리를 두는 전문가가 아니라 관계를 맺고 참여하는 상담심리학자였으며, 이것이야말로 내가 원하던 심리학자의 모습"(141쪽). Speight는 복잡함을 감내하는 방법을 배우고 치료상황에서 역할의 유연성을 개발하는 것을 지지한다. 그녀는 임상전문가는 너무 가까운 경계와 너무 먼 경계 사이에서 균형을 잡는 데 유의하라고 권한다.

**역할 혼합.** 전문가가 맡는 역할들 중에는 본래부터 역할이 중복된 것도 포함된다. **역할 혼합**(role blending) 혹은 역할과 책임의 결합은 일부 직종에서는 매우 흔한 것이다.

예를 들어, 상담교육자는 교사로서 일하지만 학생 개인의 발달을 위해 치료 중재자로 일할 때도 있다. 상담교육자는 각기 상이한 상황에서 교사, 치료 중재자, 멘토, 평가자 혹은 수련감독자의 역할을 수행할 수도 있다. 학교상담사는 상담자, 교사, 보호자 같이 여러 역할을 맡아야 할 때가 가끔 있다.

역할 혼합이 반드시 비윤리적인 것은 아니지만 전문가 입장에서는 착취하는 일이 없도록 보장하는 직분에 유의해야 한다. 역할 혼합은 수련생을 교육하고 수련감독하는 과정에서 불가피한 것이지만, 이런 역할 혼합으로 인해 객관성 손실이나 이해관계 상충 등의 윤리적 딜레마에 빠질 수도 있다(Herlihy & Corey, 2015b). 두 가지 이상의 역할을 담당하려면 잠재적 문제가 일어나기 전에 이를 철저히 고려하고 보호조치를 만들어 직무수행에 적용하는 것이 필요하다. 부정적인 결과가 생길 가능성이 존재할 때마다 전문가에게는 피해의 가능성을 줄이기 위한 보호조치를 고안해야 할 책임이 있다.

**미끄러운 비탈 피하기.** 경계를 허술하게 설정하고 직업적 역할과 사회적 역할 같이 잘 어울리지 않는 역할들을 혼합하려고 하다가 문제에 봉착하는 전문가들이 가끔 있다. 경계침해를 점점 허용하다 보면 내담자에게 피해를 주는 매우 골치 아픈 다중관계에 얽힐 수 있다. Gutheil과 Gabbard(1993) 그리고 Gabbard(1994)는 심리치료에서 경계를 유의해 주시해야 하는 의무에 대한 가장 강력한 논증으로 **미끄러운 비탈현상**(slippery slope phenomenon)을 인용한다. 상담실무자가 경계를 넘으면 점점 더 심각한 경계위반에 빠져드는 경향을 보이고 결국은 윤리적 행동의 점진적인 악화로 이어질 수 있다. 더욱이 전문가가 굳건한 표준을 고수하지 않는다면 내담자에게 해로운 관계를 조장할 수도 있다.

미끄러운 비탈 논증으로 인해 치료자가 지나치게 조심스럽게 상담하게 되어 오히려 내담자에게 해를 끼칠 수 있다고 말하는 상담실무자들도 많다(Lazarus & Zur, 2002; Pope & Vasquez, 2016; Speight, 2012; Zur, 2007). Gottlieb와 Younggren(2009)은 미끄러운 비탈이 존재하지만 많은 이들이 두려워하는 만큼 가파르거나 미끄럽지 않다고 생각한다. 그들은 대부분의 경계횡단이 치료 맥락에 적절하고 내담자에게 최소한의 위험부담만 주는 사려 깊은 방식으로 수행된다고 말한다. Gottlieb와 Younggren은 경계를 유지할 때 유연성이 커지는 것은 청신호이지만 내담자와의 관계가 복잡해지므로 보다 신중한 관리와 사려 깊은 의사결정이 필요하다고 결론 지었다.

다중역할과 관계를 관리하는 것은 극도로 복잡할 수 있으며 능숙한 전문가일지라도 경계횡단에 대해서는 가장 윤리적인 방침을 따르기가 만만치 않을 때가 가끔 있다. 다중관계의 관리는 학생, 수련생, 초보 전문가에게는 더 버거울 수 있다. 상대적으로 임상경험이 적은 사람들은 가능하면 다중관계를 맺지 않는 것이 좋다. 한편, Dallesasse (2010)가 지적한 바와 같이 대학원생은 공부하는 동안 학생, 강사, 상담자, 연구원, 자문가 같은 여러 직책에서 봉사하는 경우가 흔하다. 이런 고학력 학생들은 성애와 무관한 다중관계의 딜레마에 직면할 수 있기 때문에, 상이한 행동조치를 구분하기 위한 판단의 틀이 필요하다.

다음의 미끄러운 비탈상황들을 읽고 이러한 경계횡단들 가운데 당신이 '예'라고 말하는 상황이 있는지 생각해 보라.

- 내담자가 페이스북에서 당신에게 '친구'를 요청하거나 인스타그램 또는 트위터에서 귀하를 팔로우하고 싶다고 요청한다.
- 내담자가 졸업식에 당신을 초대한다.
- 내담자가 상담 받으러 정오에 올 때 당신의 점심식사를 사 올지 묻는다.
- 내담자가 때때로 자녀 사진을 문자로 보낸다.
- 좋은 의사를 찾고 있는 내담자가 당신에게 어떤 개업의에게 진료받는지 묻는다.

이러한 상황에 처한다면 어떤 반응을 보이겠는가? 당신이 '예'나 '아니오' 중 어떤 대답을 하는 경향이 있음을 발견했는가? 이러한 상황에 대한 반응은 당신이 상담할 때 활용하는 이론을 어떻게 반영하는가?

**다중관계를 다룰 때 고려할 문제들.** 『상담에서의 경계 문제: 다중관계와 책임(*Boundary Issues in Counseling: Multiple Roles and Responsibilities*)』에서 Herlihy와 Corey (2015b)는 상담에서의 다중관계를 둘러싼 여러 주요 주제를 밝히고 있는데, 그중 일부는 다음과 같다.

1. 다중관계 문제는 근무환경이나 내담자와 관계없이 대부분의 정신건강실무자에게 영향을 끼친다.
2. 대부분의 직업윤리규정에는 다중관계에서의 잠재적 착취에 관한 경고가 포함되어 있으며, 최신 규정에는 이런 관계의 복잡한 본질이 비교적 잘 나와 있다.
3. 다중관계와 경계횡단을 모두 피할 수는 없지만, 항상 다중관계가 반드시 피해를 주는 것도 아니다. 다중관계가 유익할 수도 있다.

4. 다중역할 관계를 통해 우리는 스스로를 점검하고 상담을 하려는 동기를 검토하라는 도전을 받는다.
5. 다중관계를 맺으려고 생각할 때마다 믿을 만한 동료, 수련감독자, 전문가협회에 자문을 요청하라. 자문의 특성을 문서로 남기는 것이 좋다.
6. 다중관계 딜레마를 산뜻하게 해결할 절대적 해답이란 존재하지 않는다.
7. 다중관계를 맺는 것에 신중을 기하는 것은 질책으로부터 우리를 보호하기 위해서라기보다 내담자에게 유익을 주기 위해서이다.
8. 다중관계를 진행할지 여부를 결정할 때 잠재적 유익이 잠재적 피해보다 더 가치가 있는지를 고려하라. 가능하다면 내담자를 의사결정 과정에 참여시켜라.

## 성애와 무관한 다중관계에 대한 관점의 변화

Zur(2007)는 신중하게 저술한 『심리치료에서의 경계(*Boundaries in Psychotherapy*)』라는 책에서 직업경계에 대한 관점의 변화를 다루고 있다. 치료경계에 관한 관심은 1960~1970년대에 수면 위로 떠올랐는데, 이는 당시에 많은 정신건강전문가들이 경계의 개념이 부족하여 내담자를 착취하는 일이 발생했기 때문이다. 정신건강전문가들은 물론이고 문화 전반에 걸쳐 심리치료 직무에서 적절하고 윤리적인 행동에 대한 구체적인 지침을 제공해야 한다는 압력이 있었다. 1980년대에는 경계횡단을 금지하는 경향이 늘고 위험관리 중심의 상담실무가 강조되었다. 대부분의 경계횡단과 이중관계는 위험관리 관점에서 피해야 할 위험요소로 간주되었다.

1990년대에는 심리치료 경계에 대해 생각의 전환이 일어나기 시작했다. 치료자의 자기공개나 성애와 무관한 접촉 같은 경계횡단이 임상적으로 가치가 있다는 인식이 높아졌다. 적절한 치료경계, 잠재적인 이해충돌, 윤리적이고 효과적인 다중관계 관리의 주제들이 일부 윤리규정에 언급되었다.

다중관계에 대한 무차별적인 금지는 치료관계에서 권력 차이를 이용하여 내담자를 착취하는 행동을 하지 말도록 주의를 주는 동시에 일부 경계횡단은 유익할 수 있음을 인정하는 태도로 바뀌었다. 이제는 유연한 경계를 윤리적으로 적용할 때 임상적으로 도움이 될 수 있으며 경계횡단은 사례별로 평가해야 한다는 데 동의하는 전문가들이 많다(Herlihy & Corey, 2015b).

유연한 경계를 결정할 수 있는 상황에 관해 생각해 보라. 당신이 생각할 때 어떤 다중관계가 불가피하며, 이러한 상황에서는 무엇을 할 수 있는가? 어떤 종류의 관계를 맺을 때 직업상 위험에 봉착할 수 있는가? 예를 들어, 내담자의 사교행사 초대를 거부한다면 치료관계가 어떻게 복잡해지게 될지 고려해 보라. 적절한 경계를 어떻게 설정할지 고민하다 보면 때로는 역할 혼합이 부득이하다는 점을 발견하게 될 가능성이 높다. 그러므로 경계를 관리하는 방법, 경계횡단이 경계위반으로 탈바꿈되는 것을 예방하는 방법, 내담자에 대한 피해나 착취를 예방할 보호조치를 개발하는 방법을 배우는 것이 중요하다.

## 경계 문제에 대한 관점들

Arnold Lazarus(1998, 2001)는 이중 · 다중관계에 대한 전반적인 금지로 인해 주 면허관리청에서 불공정하고 일관성 없는 결정이 이뤄지고, 피해를 전혀 주지 않은 상담실무자에게 제재가 가해지는가 하면, 때로는 내담자와 최적의 작업을 수행하는 치료자의 능력이 방해받는다고 언급한다. Lazarus는 고착된 경계 뒤에 숨는 전문가는 내담자에게 진정한 도움을 주지 못하는 경우가 있다고 주장한다. 그는 이차 관계를 맺을지 결정할 때 경계의 의문사항에 대해 유연한 평가를 내리는 것에 찬성한다.

> 제 생각에는 다음과 같은 것들이 정말 중요합니다. 라포를 발전시키고, 내담자의 신뢰를 얻으며, 비밀보장을 존중하고 중시하며, 진심으로 따뜻함과 보살핌을 나타내며, 모든 형태의 비방, 착취, 학대, 괴롭힘, 무관심, 성적 접촉을 엄격히 피하십시오. 무엇보다도 내담자에게 피해를 주지 말고 항상 내담자의 이익을 최우선으로 생각하십시오(개인면담, 2013. 4. 6).

### 경계횡단의 이점

경직된 태도로 경계 문제에서 위험 회피만 하는 것은 긍정적인 치료동맹 구축을 저해하는 무익한 관계를 만들어 내담자에게 해로울 수 있다(Barnett, 2017a). 예를 들어, 어떤 상황에서도 내담자를 만지지 않거나, 작은 선물일지라도 모두 거절하거나, 어떠한 이유에서든 상담시간을 초과하지 않으려 하는 것 등이 그렇다. 임상전문가가 긍정적인 경계위반과 경계횡단의 차이점을 쉽게 분간하기 어려운 상황이 많다.

특정 상황에서는 경계횡단이 유익할 때도 있다. 학생의 연극발표회나 음악회, 스포츠 행사에 참석함으로써 상담자는 학생과의 관계를 수립하는 데 많은 도움을 얻을 수 있다. 그러나 저자들은 상담자에게 이런 질문을 해 보라고 권한다. "이 내담자가 다른 활동에 참여해 달라고 계속 부탁하면 어떻게 반응할 것인가?" "비슷한 요청을 하는 다른 학생들에게는 어떻게 반응할 것인가?" "이런 과외의 업무가 나의 시간에 미치는 영향을 어떻게 다룰 것인가?"

당신이 상담하게 될 내담자 계층을 고려해 보라. 모든 내담자가 똑같지 않다. 연령, 진단명, 학대 같은 인생경험과 문화는 경계를 설정할 때 고려해야 할 주요 요소들이다. 중요한 또 다른 요소는 치료자의 인품이다. 우리는 치료자의 인품과 가치관이 훈련과 이론적 지향보다 더 영향력이 있다고 본다. 당신의 원가족 안에서 경계가 어떻게 존중되었는지, 당신의 개인생활에서 경계를 어떻게 관리하는지 생각해 보라. 당신은 개인생활에서 다른 사람의 경계에 대해 얼마나 민감한가? 개인생활에서 적절한 경계를 설정하고 유지한다면 직업생활에서 경계에 무관심하거나 뜻하지 않게 무시할 가능성이 적다.

**경계횡단에 대한 당신의 의견.** 치료자가 직면할 수 있는 다양한 형태의 다중관계에 대해 읽기 전에 다음 질문들을 읽고 생각을 정리하라.

- 일부 다중관계와 경계횡단은 치료성과를 높이는 경향이 있다는 주장을 어떻게 생각하는가?
- 성애와 무관한 다중관계가 반드시 착취나 성관계의 피해로 이어진다고 생각하는가? 미끄러운 비탈 논증에 대한 당신의 생각은 무엇인가?
- 경계 문제, 비직업적인 관계와 다중관계와 관련하여 다양한 전문가단체들의 윤리규정이 합리적이라고 생각하는가?
- 개인생활에서 경계를 설정하고 유지하는 데 어떤 어려움이 있는가?
- 다중관계가 당신과 내담자의 권력 차이를 더 나은 건강과 치료를 촉진하는 방향으로 바꿀 수 있는가?
- 배임행위소송에 대한 두려움으로 인해 내담자와의 경계를 다루는 방식을 바꾸겠는가? 그렇다면 당신은 비윤리적으로 보일 수 있는 행동을 하는 것은 아닌가?
- 경계관리, 다중역할과 다중관계와 관련된 주제들 중 어떤 것을 첫 회기부터 내담자와 다루고 싶은가?

본 장의 나머지 부분을 읽으면서 다중관계를 관리할 때 어떤 도전에 직면하게 될지 생각해 보라.

## 작은 마을에서의 다중관계 관리

다중관계 관리방법을 배우는 것은 작은 마을에서 일하는 상담실무자에게 필수적이다. 시골 지역에서 일하는 상담실무자는 임상전문가, 이웃, 친구, 영적 지도자의 역할을 유지하기 때문에 종종 다중관계를 맺고 있음을 알수 있다(Barnett, 2017b). 다른 문제로는 직업상 고립되는 경향이 있고, 공동체에서 눈에 띄기 쉬우며, 업무 약속을 위해 이동하는 데 시간을 많이 할애하고, 다중관계의 불가피성에 대처하는 것 등이 있다(Bray, 2016). 작은 마을에서 일하는 상담실무자는 자주 자신의 직업적 역할을 종교단체의 구성원, 다양한 위원회의 구성원, 교육 컨설턴트 또는 스포츠 코치 같은 다양한 지역사회 내의 역할과 혼합해야 한다(Bradley, Werth, & Hastings, 2012). 임상전문가는 서비스 대상인 내담자와 같은 교회나 지역사회 활동에 참석할 수도 있다. 알코올중독에서 회복 중인 치료자가 익명의 알코올중독자 모임(Alcoholics Anonymous)에 참석했는데 그곳에서 내담자를 만날 수도 있다. 외딴 지역의 성직자는 마을의 유일한 상담가이자 공교롭게도 같은 교인이기도 한 사람에게 개인적인 위기 문제 때문에 상담을 요청할 수도 있다. 경계와 다중관계를 관리하는 것은 작은 마을에 살면서 직무를 수행하는 모든 치료자가 직면한 현실이다.

### 시골에서 상담할 때 발생하는 어려움에 대처하기

시골 지역에서 일하는 상담사가 어려움을 경험하는 것은 사실이지만, Bray(2016)는 이러한 문제를 창의적으로 접근하고 내담자와 지역주민들과 기꺼이 협력함으로써 가장 잘 해결할 수 있다고 생각한다. “농촌 상담은 상담실무자가 같은 상담실에서 일주일에 한 시간씩 개별 내담자를 상담하는 간단명료한 모델이 아니다”(33~34쪽). 치료자가 일반적으로 다중역할의 균형을 유지해야 하는 작고 밀접하게 연결된 공동체에서 내담자의 비밀을 보장하려면, 경계 문제에 대한 잠재적 우려와 내담자의 사생활을 보호하는 최선의 방법에 대한 상담관계를 시작할 때 의논해야 한다. 농촌에서 일하는 상담자의 목표는 다중역할과 관계를 모두 피하는 것이 아니라 이러한 관계를 윤리적이고 사려 깊은 방식으로 관리하는 것이다(Barnett, 2017b).

시골 지역 지역사회센터에서 근무했던 어떤 상담자가 내담자 중 한 사람과 비밀보장 문제를 어떻게 다뤘는지 다음과 같이 설명했다.

> 내담자 중 한 명이 첫 회기에 자신이 동성애자라고 밝혔지만, 같은 교회에 다니는 지역사회센터장이 이 사실을 알게 되는 것을 원하지 않았다. 그 내담자는 인생에서 중요한 사람들에게 커밍아웃을 하는 중이었기 때문에, 이 정보의 공개에 대해 통제감을 느끼는 것이 중요했다. 첫 회기 초반에 그와 설명 후 받는 동의에 대해 의논할 때, 나는 센터장이 임상수련감독자이기 때문에 내 모든 사례를 센터장과 의논하는 것이 관례라고 밝혔다. 내담자의 우려사항을 공유한 후, 우리는 그가 편안하게 느끼면서도 내가 수련감독을 받기 위해 어떻게 협력할 수 있을지 브레인스토밍을 했다. 내담자는 내가 공개하지 않으면 좋겠다고 생각하는 특정 문제만 아니라면 기본적인 딜레마에 대해 센터장과 공유해도 좋다고 허락했다. 센터장은 이해심이 많은 사람이라 내담자의 경계와 비밀을 존중하기를 원했다. 센터장은 이 사례에 대해서는 직원 가운데 다른 치료사에게 수련감독을 받아도 좋다고 허락했다. 내담자는 이 해결책에 만족했으며 우리는 생산적인 치료관계를 유지했다.

작은 마을에서 심리치료를 수행하는 것의 또 다른 어려움은 Henry의 사례에 묘사되어 있다. Henry는 미국 중서부 마을에서 농업용품점을 운영했다. 아내로부터 치료를 받지 않으면 이혼하겠다는 최후통첩을 받은 헨리는 마지못해 분노관리를 해결하기 위해 인근에 있는 치료자와 만나기로 동의했다. 그에게 스트레스와 분노를 일으키는 주요 요인은 최근 인근에 다른 농업용품점이 개업하여 자신의 사업에 부담을 주었다는 것이다. 치료자는 그녀의 아들이 최근에 이 가게에 고용되었기 때문에 새로운 농업용품점에 대해 잘 알고 있었다. 치료자는 자기 아들이 그곳에서 일한다는 사실을 밝히기로 결정했다. 그녀가 헨리에게 이 정보를 숨겼다가 나중에 그가 알게 된다면 배신감을 느낄 것이다.

Henry는 사람들이 자신이 치료받는다는 사실을 알게 될까봐 걱정했기 때문에, 치료자는 첫 회기에 비밀을 보장하기 위해 어떤 예방조치를 취할 수 있는지 Henry와 의논하는 시간을 가졌다. 치료자는 분노의 원인과 분노를 건설적으로 관리하는 방법을 설명하고 Henry가 소상공인을 지원하는 자원을 찾을 수 있도록 도왔다. 치료자는 그가 매달 만나는 지역 소상공인 지원단체에 가입하도록 권했는데, Henry는 이 단체가 도움이 된다는 것을 알게 되었다.

시골 지역에서 상담하는 것에는 장점도 있고 어려움도 있다. 덜 복잡한 교통과 낮은 범죄율, 여유로운 시골의 생활방식의 장점으로 인해 상담실무자는 매력을 느끼게 된다. 반면 Fifield와 Oliver(2016)는 "농촌 상담의 어려움은 문헌에 잘 정리되어 있는데, 전문역량, 비밀보장, 다중관계 방지와 관리에 관한 윤리적 문제를 중심으로 집중되는 경향이 있다"라고 언급한다(77쪽). 상담실무자가 인근 지역사회로부터 스스로를 고립한다면 예비 내담자를 멀리하고 효율성이 감소될 가능성이 높아진다. 상담실무자는 농촌 상담의 고유한 윤리적 딜레마에 직면할 준비가 되어 있어야 한다. 예를 들어, 치료자가 새 제설기를 구입하려고 하는데 그 마을에서 제설기를 판매하는 유일한 사람이 공교롭게도 내담자일 경우, 윤리규정의 자의(字意)를 위반하는 위험을 무릅쓰게 된다. 그러나 치료자가 다른 곳에서 제설기를 구입한다면, 마을 상인에 대한 의리를 중시하는 시골의 가치관 때문에 지역사회 내의 인간관계에 긴장감이 감돌 수 있다. 또는 상담 서비스를 물품이나 다른 서비스와 교환하기를 원하는 내담자가 있다고 생각해 보라. 실제로 현금거래보다 물물교환으로 움직이는 지역사회도 있다. 물물교환이 반드시 문제가 되는 것은 아니지만, 물물교환 계약이 잘 이행되지 않으면 치료관계에 갈등이 생길 가능성도 있다.

## 작은 마을에서 상담할 때 발생하는 위험 줄이기

시골 지역에서 일하는 상담실무자는 도시 지역에서 일할 때보다 눈에 띌 가능성이 더 큰데, 이런 특성은 치료자가 스스로를 돌보는 방식과 개인생활과 직업생활의 균형을 유지하는 방법에 영향을 미친다. 작은 마을에서 일하는 상담실무자는 다음의 단계를 따를 경우 위험을 최소화하고 윤리적이고 전문적으로 일할 수 있다(Schank, Helbok, Haldeman, & Gallardo, 2010).

- 사전동의를 얻는다.
- 철저하게 문서에 기록한다.
- 자신과 내담자의 명확한 경계와 기대치를 설정한다.
- 비밀보장 문제에 주의한다.
- 지속적인 자문이나 동료 수련감독 집단에 참여한다.

Fifield와 Oliver(2016)는 농촌에서 일하는 상담실무자가 역량을 높이는 방법을 밝혀 내기 위해 욕구조사를 실시했다. 설문에 응답한 사람들은 농촌 상담에 초점을 맞춘 훈련이 역량을 강화하는 데 도움이 될 것이라고 보고했다. 설문조사 참가자들은 워크숍, 컨퍼런스 외에도 온라인 커뮤니티, 온라인 동호회 네트워크, 전문가협회 웹사이트에 있는 지역별 자원안내 등을 잠재적인 자원으로 언급했다.

### <작은 마을에서의 다중관계 사례>

Millie는 작은 마을에서 일하는 치료자인데, 어느 날 심장에 통증을 느꼈다. 소방서에 연락이 닿았는데 알고 보니 구조대의 응급구조사가 그녀의 내담자인 Andres였다. 적절한 치료를 시행하기 위해 Andres는 그녀의 상의를 벗겨야 했다. 그 후 이뤄진 회기에서 Andres나 Millie는 그 사건을 언급하지 않았지만 둘 다 서로에 대한 불편함을 어느 정도 내비쳤다. 몇 회기가 지난 후 Andres는 그녀와의 치료를 중단했다.

- 이 사례는 불가피한 이중관계라고 생각할 수 있는가? 그 이유는 무엇인가?
- Millie가 이러한 결과를 방지하기 위해 무엇을 할 수 있었겠는가?
- Millie는 그 사건 이후에 치료시간에 그녀의 불편함에 관해 의논해야 했는가?
- 당신이 Millie의 상황에 처했다면 어떻게 했겠는가?

**논평.** 이 사례에는 특히 작은 마을에서 역할들이 어떻게 바뀔 수 있고, 어떻게 해서 다중관계를 피할 수 없는지 나타나 있다. 작은 마을에서 치료자는 내담자와의 경계횡단이 자주 생길 것이라고 예상해야 한다. 저자들은 Millie는 설명 후 받는 동의과정에서 마을을 지나는 길에 만나면 어떻게 하고 싶은지 Andres와 의논했어야 한다고 생각한다. 그렇게 했을지라도 Millie가 Andres와 이런 어색한 경계횡단을 경험하게 되리라고 예측하기 힘들었을 것이다. 임상적으로 볼 때 Millie는 자신의 불편함을 동료에게 털어놓은 다음 Andres와 그 사건에 관해 이야기를 나눴다면 치료관계를 지킬 수 있었을 것이다. 불편함을 숨김으로써 Millie는 내담자의 최선의 이익을 위한 직무를 수행하는 데 실패했다. 이 치료관계에서 Millie나 Andres의 욕구가 모두 충족되지 못했다.

## 작은 마을에서 윤리적으로 상담하기

나(Marianne Schneider Corey)는 작은 마을에서 다년간 부부 · 가족치료사로 활동했다. 따라서 내담자의 사생활보호와 관련하여 윤리적으로 고려해야 할 것들이 많았다. 도시에서도 치료자는 상담 외의 상황에서 내담자를 간혹 마주칠 것이다. 그러나 시골에서는 이러한 만남이 더 자주 일어난다.

나는 작은 마을에서 비밀을 보장하는 것과 관련된 독특한 변수들에 대해 내담자와 의논했다. 나는 내담자에게 식료품점이나 우체국에서 만나더라도 직업적인 관심사를 논하지 않을 것이라고 알려 줬고, 상담실 밖에서의 상호작용에 관해서는 그들의 요구사항을 존중했다. 내가 마을에서 많은 사람을 만난다는 점을 내담자가 의식할 수 있으므로 직접 질문을 받더라도 누가 내담자로 있는지 아무에게도 말하지 않을 것이라고 안심시켰다. 내담자의 사생활을 보호한 다른 예로는 인근 은행에 내담자가 상담비로 지불한 개인수표를 입금하는 방식이다. 은행 직원이 내 직업을 알기 때문에 개인수표의 정보를 보고 나와 만나는 내담자의 신원을 알아보기 쉬웠을 것이다. 이 문제에 대해서도 내담자의 요구사항을 중심으로 이야기를 나눴다. 내담자가 인근 은행에 자신의 개인수표가 입금되는 것에 불편함을 느낀다면 나는 다른 은행에 입금하도록 조치하겠다.

작은 마을에서 상담활동을 한다는 것은 필연적으로 내담자를 여러 장소에서 만날 수 있다는 뜻일 것이다. 예를 들어, 식료품점의 현금출납원이 내담자일 수도 있고, 그 가게에서 내 앞에 서 있는 사람이 지난주에 있었던 일을 이야기하고 싶어 하는 내담자일 수도 있으며, 교회에서 내담자나 이전 내담자가 같은 성경연구반에 있을지도 모르고, 식당에서 내담자의 가족이 내 가족이 식사하는 옆자리에 앉을 수도 있으며, 내담자가 식당의 종업원일 수도 있고, 하이킹 행사에서 내담자와 그의 연인과 같은 조에 속할 수도 있다. 어느 날 미용실에서 나오려고 하는데 수년 전에 상담했던 사람이 아주 반갑게 인사하며 다가왔다. 나도 그녀를 알아보고 인사했다. 그런데 그녀가 미용사에게 아주 자세하게 이야기를 하는 것이었다. "제가 이혼 때문에 너무 고통스러워할 때 이분이 제 생명을 구해 주셨어요." 나는 캐묻는 질문을 하거나 상담했던 문제들을 들춰 내지 않았다. 대신 일상적인 대화를 나눴다. 만약 그녀를 알아보지 못했더라면 아마도 그녀에게 큰 상처를 줬을 것이다. 이 모든 예들에는 치료자에게 일어날 문제들이 도사리고 있다. 내담자나 나는 이러한 만남의 가능성에 대해 미리 이야기했기 때문에 별 문제가 없었다. 작은 마을에서 상담실무자로 일하려면 유연성과 정직성은 물론 감수성도 필요하다. 다중역할과 관계를 관리할 때 경직된 규칙과 방침에 의존하는 것은 썩 유용하지 못하며, 어떤 상황에 부딪혔을 때 창의적으로 적응할 준비가 되어 있어야만 한다.

내가 다룬 예들을 보면, 도시에서는 분명 권장하지 않을 것이 시골에서는 불가피한 것일 수도 있다는 점이 입증되었다. 그렇다고 시골에서 일하는 정신건강전문가가 하고 싶은 대로 다 할 수 있다는 뜻은 아니다. 시골에서 경계를 관리하는 임무가 더 어려우며, 무엇이 내담자에게 최선인지 검토해야 하는 상담실무자에 대한 요구도 오히려 더 크다.

이제 다음 질문들을 생각해 보라.

- 당신이 시골에서 상담활동을 한다면 어떤 윤리적 딜레마에 직면하게 될 것이라 생각하는가?
- 외부에서 만날 가능성에 관해 내담자와 미리 논의하는 것에 부담이 없는가? 내담자와 지침을 정할 수 있겠는가?
- 작은 마을에서 상담활동 하는 것의 장점과 단점은 무엇인가?
- 작은 마을에서는 내담자와의 사회적 관계와 사업상 만남에 관한 지침을 정할 때 유연성을 발휘할 여지가 더 많은가?

## 직업적 서비스에 대한 물물교환

내담자가 치료비를 낼 여력이 없을 때 치료비 대신 물품이나 서비스를 교환하자는 **물물교환**(bartering) 계약을 제안할 수도 있다. 예를 들어, 정비사는 치료자의 차를 수리해 주고 상담 서비스를 교환할 수도 있다. 그러나 내담자가 한 회기 치료비 대신 치료자의 차를 수리하는 데 여러 시간의 서비스를 제공해야 한다면 이 내담자는 불공평한 물물교환 때문에 화가 날 수도 있다. 치료자의 차가 제대로 수리되지 않았다면 치료자가 내담자에게 화를 낼 수도 있고 치료관계가 손상될 것이다. 더욱이 내담자가 집을 청소해 주거나, 비서 업무를 수행해 주거나, 치료자를 위해 사무를 봐 줄 경우 이중관계와 관련된 다른 종류의 문제도 발생할 수 있다. 내담자가 치료자의 개인적인 자료를 알게 될 경우 난처한 입장에 빠질 수도 있다. 내담자는 치료자에게 이용당한다고 느낄 수도 있으므로 치료에 타격을 입을 수도 있다. 이런 종류의 교환으로 인해 치료자와 내담자 모두에게 많은 문제가 일어날 수 있다.

### 물물교환에 관한 윤리기준

현재 대부분의 윤리규정에는 물물교환의 복잡한 특성이 다뤄져 있다(글상자 '물물교환' 참고). 저자들은 이 기준들의 전반적인 어조에는 동의하지만, 물물교환을 문화적 맥락 내에서 평가해야 한다는 점을 첨언하고 싶다. 일부 문화권, 특히 시골 지역에서는 물물교환은 허용되는 관행이며 흔히 지역사회의 일반적인 표준을 따른다(Barnett, 2017b). 미국심리학회, 미국사회복지사협회, 미국부부및가족치료학회, 미국정신건강상담사협회, 미국상담학회의 윤리규정은 현재 물물교환에 대해 현실적인 입장을 취하고 있으며, 대부분의 전문기관은 현재 윤리적인 물물교환 수행에 대한 지침을 제공하고 있다.

## 윤리규정: 물물교환

**미국심리학회(APA, 2010)**

물물교환은 심리 서비스에 대한 대가로 내담자나 환자에게 물품, 서비스, 화폐 이외의 보상을 받는 것이다. 심리학자는 (1) 임상적으로 금기시되지 않을 경우, (2) 물물교환 계약에 착취가 포함되지 않을 경우에만 물물교환을 할 수 있다(6.05).

**미국상담학회(ACA, 2014)**

상담자가 물물교환을 할 수도 있는 상황으로는 물물교환이 착취나 피해로 이어지지 않는 경우, 내담자가 이를 요청한 경우, 그런 계약이 지역사회의 전문가들 사이에 허용된 활동인 경우이다. 상담자는 물물교환에 대한 문화적 함의를 고려하고 내담자와 관련된 관심사를 논의하며 계약사항을 명확하게 계약서에 기록해야 한다(A.10.e).

**미국부부및가족치료학회(AAMFT, 2015)**

통상적으로 부부 · 가족치료사는 제공한 서비스에 대한 대가로 내담자에게 물품이나 서비스를 받는 것을 삼가야 한다. 전문 서비스에 대한 물물교환이 이뤄질 수도 있는 상황은 (a) 수련생이나 내담자가 이를 요청할 경우, (b) 그 관계에 착취가 포함되지 않은 경우, (c) 직업적 관계가 왜곡되지 않은 경우, (d) 계약서가 명확하게 작성된 경우이다(8.5).

**미국정신건강상담사협회(AMHCA, 2015)**

정신건강상담사는 일반적으로 상담 서비스의 대가로 내담자로부터 상품이나 서비스를 받는 것을 삼가야 하는데, 이는 그러한 계약이 갈등, 착취, 직업적 관계의 왜곡을 유발할 수 있기 때문이다. 그러나 내담자가 요청하는 경우 착취가 없고 그러한 관행의 문화적 영향과 기타 우려 사항을 내담자와 의논하고 서면으로 동의한다면 물물교환을 할 수도 있다(E.2.b).

**미국사회복지사협회(NASW, 2008)**

사회복지사는 직업적 서비스에 대한 보수로 클라이언트에게 물품이나 서비스를 받는 일을 피해야 한다. 물물교환 계약, 특히 서비스가 포함되는 물물교환으로 인해 클라이언트와 사회복지사의 관계에서 이해관계 충돌, 착취, 부적절한 경계 문제가 일어날 가능성이 있다. 사회복지사는 매우 제한된 상황에서만 물물교환을 검토한 뒤 허용할 수도 있는데, 이런 상황으로는 물물교환 계약이 지역사회의 전문가들 사이에서 허용된 활동이라는 점이 입증될 경우, 서비스 공급에 불가결하다고 생각하는 경우, 강요 없이 협상으로 이뤄지되 클라이언트의 제안과 설명 후 받는 동의를 통해 이뤄진 경우가 있다. 전문 서비스에 대한 보수로 클라이언트에게 물품이나 서비스를 받은 사회복지사는 이 계약이 클라이언트나 직업적 관계에 유해하지 않을 것이라는 점을 입증해야 할 전적인 책임을 져야 한다(1.13.b).

물물교환을 하기 전에 양 당사자는 계약과 교환에 대해 이야기하고 분명히 이해한 뒤에 합의해야 한다. 발생할 수 있는 문제를 논의하고 대안을 검토하는 것도 중요하다. 상담비에 대해 변동요금제를 이용하거나 다른 상담자에게 의뢰하는 것은 유익할 수 있는 대안이다. 우리는 물물교환이 상담실무자가 내담자와 협력하면서 건전한 판단력을 사용하고 그 상황의 문화적 맥락을 고려할 여지가 있는 직무수행의 실례라고 생각한다. Zur(2011a)는 물물교환이 현금이 아닌 다른 면에서 재능 있는 사람들에게 품위 있고 명예로운 지불방식이 될 수 있다고 주장한다. 그는 물물교환이 많은 문화권에서 건전한 규범이라고 덧붙인다. 물물교환은 명확하게 설명된 치료계획의 일부가 될 수 있으며, 다른 중재와 마찬가지로 내담자의 요구, 욕구, 상황과 문화적 배경에 비추어 물물교환을 고려해야 한다. 물물교환이 신중하고 협력적인 방식으로 이뤄지면 많은 내담자에게 유익할 수 있고 치료결과가 향상될 수 있다.

내담자와 수립한 물물교환 계약은, 심리 서비스는 필요한데 보험 적용이 안 되거나 재정적으로 어려울 때 활용할 수 있는 합리적이고도 박애주의적인 방법일 수 있다(Barnett & Johnson, 2008; Koocher & Keith-spiegel, 2016). Barnett과 Johnson(2008)은 물물교환 계약은 양 당사자 모두가 만족하면서 문화적으로 민감하고 임상적으로 바람직한 결정일 수 있다고 시사한다. 그러나 물물교환에는 위험이 따르기 때문에 그들은 계약을 하기 전에 물물교환 계약을 신중하게 평가하는 것이 중요하다고 강조한다. 임상전문가는 형평성, 임상적인 적합성, 해로운 다중관계의 위험 가능성의 관점에서 제안된 계약을 객관적으로 평가해 줄 수 있는 믿을 만한 동료에게 자문을 요청해야 한다.

내담자가 심리 서비스 비용을 낼 돈이 없을 경우 물물교환이 유익할 수 있다(Forester-Miller, 2015; Thomas, 2002). Forester-Miller(2015)는 시골 지역에서 중복관계를 피하기가 어렵다고 언급하며, 도시 거주자와 시골 거주자는 가치관과 신념이 상당히 다를 수 있다는 점을 상기시킨다. 그녀는 상담자가 내담자의 문화관과 다른 관점에서 비롯된 가치관을 강요하지는 않는지 점검해야 한다고 당부한다. 일부 지역에서는 상담비를 감당할 여력이 없는 개인에게 상담 서비스를 제공하는 방법의 일례로 물물교환을 사용한다. Forester-Miller는 사랑하는 이들과 본인을 위해 자급자족할 수 있는 점을 자랑스러워하는 애팔래치아 문화권에서 치료를 제공했던 경험을 이야기한다. 그녀가 한 번은 어떤 청소년 여학생을 상담했는데, 그녀의 한부모 어머니는 정규 상담비나 할인된 상담비를 낼 돈이 없기 때문에 아무리 적은 비용이라도 이 가족의 재원이 고갈될 형편이었다. 그녀가 그 어머니에게 딸아이를 기꺼이 무료로 상담하고 싶다고 하자 그 어머니는 그렇게 할 수는 없다고 말했다. 그 어머니는 딸을 상담해 주는 대가로 자기가 만든 퀼트 수공품을 받을 의향이 있는지 상담자에게 문의했다. 어머니와 상담자는 퀼트 수공품의 금전적 가치를 의논한 뒤 수공품 하나당 몇 번의 상담비로 책정할 것인지 결정했다. 청소년 여학생은 상담을 받을 수 있었고 어머니는 자신의 방식대로 상담비를 지불했다는 점에서 체면을 유지할 수 있었기 때문에 물물교환은 훌륭한 해결책이었다고 그녀는 이야기했다.

Thomas(2002)는 물물교환이 한정된 재원을 가진 사람들이 심리 서비스를 이용할 수 있는 합법적인 수단이라고 생각한다. 그는 단지 내담자가 치료자에 대해 소송을 제기할지도 모른다는 희박한 확률 때문에 물물교환을 금지해서는 안 된다고 주장한다. 그의 견해는 우리가 심리치료 전문가로서 기꺼이 위험을 감수하려고 하지 않는다면 직책에 어울리지 않는 사람이라는 것이다. 그는 위험 감수와 함께 어떠한 다중관계를 감행할 때도 신중한 생각과 판단이 필요하다고 생각한다. 물물교환을 결정할 때 가장 큰 쟁점은 '더 높은 기준'으로 내담자의 안녕을 고려해야 한다는 것이다. Thomas는 치료자와 내담자 간 계약의 성격을 상세히 설명한 계약서를 권장하며 이를 정기적으로 검토해야 한다고 당부한다. 계약을 문서로 남김으로써 명료화할 수 있고 전문가는 필요할 때 스스로를 방어하는 데 도움을 얻을 수 있다. 그는 물물교환이 다루기 힘든 주제라는 점은 인정하지만 전문가의 역할은 더 높은 기준, 곧 내담자에게 최상의 유익이 무엇인지에 초점을 맞추는 것이라고 강조한다.

## 물물교환 결정

Barnett과 Johnson(2008)은 일반적으로 치료받는 내담자와 물물교환을 하는 것은 지혜롭지 못하다고 주장한다. 그들은 전문적인 서비스의 대가로 물품이나 서비스를 받게 되면 오해, 가상 혹은 실제 착취, 경계위반, 임상전문가의 효능성 감소의 가능성이 있다고 덧붙여 말한다. 물물교환이 윤리나 법에 금지되어 있지는 않지만 대부분의 법률전문가는 물물교환을 찬성하지 않는다. 심리학자이자 변호사인 Woody(1998)는 심리 서비스에서 물물교환을 활용하는 것에 대해 반론을 편다. 그는 물물교환이 행동강령의 최소 기준에도 미치지 못하는 결정으로 드러날 수 있다고 말한다. Woody는 내담자와 물물교환 계약을 맺게 되면 물물교환 합의가 (a) 내담자의 유익을 위해 최선의 방법인지, (b) 합리적이고 공정하게 그리고 부당한 영향을 받지 않고 약속한 것인지, (c) 내담자에게 양질의 심리 서비스를 제공하는 데 방해되지 않는지를 증명해야 하는 부담을 지게 될 것이라고 말한다. 물물교환이 내담자와 치료자 모두에게 위험천만한 것이기 때문에 Woody는 이것이 최후의 방책이어야 한다는 신중론을 지지한다.

Zur(2011a)는 물물교환에 반대하는 많은 사람들이 이러한 관행을 내담자에게 해를 끼치는 미끄러운 비탈의 첫 번째 단계로 보고 있다고 지적한다. Zur는 내담자의 이익을 위해 의도적이고 신중하게 이뤄지는 물물교환에 대한 논의가 문헌에 누락되어 있다고 생각한다. Zur는 '해를 끼치지 않는' 접근법보다 '선한 일을 하는 것' 또는 내담자의 정신건강이 개선될 가능성이 높은 일에 중점을 둔다.

최근의 경제위기로 인해 치료자는 물물교환 제안을 더 자주 받을지도 모른다. 물물교환 계약을 위한 몇 가지 지침은 다음과 같다.

- 물물교환 계약을 할 때 내담자와 함께 협력하여 물품이나 서비스의 가치를 결정하라.
- 물물교환 계약기간을 결정하라.
- 물품이나 서비스의 가치, 계약종료 시점 등 물물교환 계약내용을 문서로 남기라.

이 권고 외에 저자들은 치료비 대신 특정 형태의 물물교환을 고려할 경우 경험 많은 동료, 수련감독자 혹은 정신건강전문가단체에 자문을 요청하는 것이 중요하다는 점을 첨언하고 싶다.

내담자는 물물교환과 관련된 잠재적인 갈등과 문제를 깨닫지 못할 수 있다. 물물교환의 잠재적인 문제와 위험을 알리는 것은 상담자의 책임이다. 우리는 특정 상황, 특히 물물교환이 지역사회의 기준에 부합될 때 물물교환의 장단점을 내담자와 솔직하게 의논하라고 적극 권장한다. 공정한 시장교환의 가치에 대해 제3자와 상의하는 것이 현명할 수도 있다. 또한 각 당사자가 투자하는 시간과 계약의 모든 항목을 상세히 기록한 계약서를 만들라고 권고한 Thomas(2002)의 의견에도 동의한다. 계약에 관해 여전히 의문이 남아 있다면 계약전담 변호사에게 자문을 요청하라. 일단 잠재적인 문제점이 확인되면 당신과 내담자가 고려하지 못했을지도 모르는 대안에 관해 동료에게 자문을 요청하라. 특히 경계와 이중역할과 관련하여 지속적인 자문과 사례 토의에 참여한다면 특정 직무수행의 영향을 더 잘 이해하게 될 것이다. 물론 자문받은 내용도 문서에 기록해야 한다.

**물물교환에 대한 당신의 입장.** 할인된 상담비도 지불할 돈이 없는 내담자를 상담하는 상황을 생각해 보라. 당신의 서비스에 대해 물물교환을 할 의향이 있는가? 물물교환 계약에 합의하기 전에 내담자와 함께 이해해야 할 것은 무엇이겠는가? 대도시나 시골 어디에서 상담활동을 하느냐에 따라 당신의 결정이 달라지겠는가? 당신은 결정할 때 문화적 맥락을 어떻게 고려할 수 있는가?

내담자와 어떤 서비스를 교환할 의향이 있는가? 당신이 다음 상황에서 왜 편하거나 편하지 않을지 생각해 보라. 상담비 대신 다음의 각 서비스를 받을 의향이 있는지 생각하고 '예', '아니오' 또는 '잘 모르겠다'로 대답하라.

- 내담자가 내 집이나 사무실을 청소한다.
- 내가 휴가를 보내는 동안 내담자가 내 반려동물을 돌본다.
- 내담자의 예술작품을 받는다.
- 내담자에게 헤어나 매니큐어 서비스를 받는다.
- 내담자에게 요가를 배운다.
- 내담자가 내 아이에게 과외수업을 지도한다.

당신의 답변은 당신의 개인적 · 직업적 경계에 대해 무엇을 말하는가? 답변을 바꾸게 만드는 문화적 요인이나 상황적 요인이 있는가?

다음의 사례들을 분석할 때 우리가 요약한 윤리기준을 적용해 보라. 각 사례에는 어떤 윤리적인 문제가 있는가? 각 사례에서 어떤 잠재적인 문제점이 나타나는가? 물물교환에 대한 어떤 대안을 생각할 수 있는가?

## <Macy의 사례>

20세 여성인 Macy는 Sidney에게 1년 넘게 치료를 받고 있다. 그녀는 아버지처럼 보이는 치료자에게 존경심과 다정함을 느꼈다. 그녀는 일자리를 잃어 상담비를 낼 방도가 없기 때문에 치료를 중단할 생각이라고 말했다. 그녀는 상담관계를 끝낸다는 생각 때문에 눈에 띄게 걱정했지만 다른 대안을 찾지 못했다. Sidney는 그녀가 상담비를 내지 못할지라도 치료를 계속하고 싶다고 말했다. 그는 서비스에 대한 물물교환의 방도로 자신의 세 자녀를 돌봐 줄 수 있다고 제안했다. 그러나 몇 달 후에 그녀는 상황이 안 좋아지고 있음을 감지했다. 결국 그녀는 Sidney의 부인과 자녀에 대한 자신의 반응을 감당하지 못하겠다는 내용의 편지를 Sidney에게 전달했다. 그녀는 자기 가족에게 받지 못했던 모든 것을 떠올리게 된 것이었다. 그녀는 이 주제를 상담시간에 내놓기가 어렵다는 것을 느꼈기에 서비스와 치료를 그만둘 계획이라고 편지에 적었다.

- 이 사례에 대해 어떤 의문을 제기하겠는가?
- 당신이라면 이 상황을 어떻게 다루었겠는가?
- 치료자가 Macy에게 자녀를 돌봐 달라고 제안한 것에 대해 어떻게 생각하는가?
- 당신은 Sidney가 내담자와의 전이관계의 특성을 적절하게 고려했다고 생각하는가?

**논평.** 이 사례에는 치료자가 선량한 의도로 내담자와 다중관계를 맺었지만, 그것이 결국 어떻게 문제가 되는지 나타나 있다. 더욱이 Sidney는 치료의 대가로 Macy가 대인 서비스를 수행하는 물물교환 계약을 제안했는데, 치료자가 내담자와의 물물교환에서 가족들을 포함하는 것은 바람직한 생각이 아니다. Sidney는 자신을 향한 Macy의 전이 감정을 탐색하지 않았고 그녀가 자녀들을 돌볼 때 느낄 수도 있는 어려움을 예측하지 못했다. Sidney의 역전이로 인해 경계혼란이 야기되고 말았다. 미국상담학회(2014), 미국심리학회(2010), 미국사회복지사협회(2008), 미국정신건강상담사협회(2015), 미국부부및가족치료학회(2015)의 윤리규정에는 다음과 같은 상황에서만 물물교환이 윤리적일 수 있다고 명시되어 있다. 첫째 내담자가 요청해야 하고, 둘째 임상적으로 금기시되지 않는 것이어야 하며, 셋째 착취가 없어야 하고, 넷째 계약이 설명 후 받는 동의과정을 전적으로 거쳐야 한다. 이 사례는 이 기준들 중 충족되는 것이 아무것도 없다. Sidney는 무료상담, 상담비 할인, 다른 기관으로의 의뢰라는 대안을 탐색했어야 한다.

## <Thai의 사례>

Thai는 마을의 마사지 치료사이다. 많은 전문가들이 그녀의 서비스를 요청하는데, 그중에는 인근에서 일하는 심리학자 Giovani도 있었다. 마사지 시간에 그녀는 Giovani에게 장기간 연애하고 있는 사람과의 관계에서 어려움을 겪고 있다고 털어놓았다. 그녀는 직업 서비스를 교환하는 것이 가능한지 의논하고 싶어 했다. 그녀는 커플치료의 대가로 Giovani와 파트너에게 마사지 치료를 해 주겠다고 제안했다. 요금 체계에 근거한 공정한 계약이 이뤄질 수 있는 상황이다. Giovani는 다음 중 한 가지 대답을 할 수 있을 것이다.

대답 1: 나도 좋아요, Thai. 좋은 제안 같아요. 우리 둘 다 이것 때문에 재정적으로 어려움을 겪지 않을 것이고 각자의 전문기술로 서로에게 유익을 줄 수 있겠네요.

대답 2: 글쎄요, Thai. 그런 서비스 교환이 괜찮을 것 같기도 하지만 이중관계 때문에 염려되네요.

대답 3: 우리 관계가 성애와 무관하긴 하지만, Thai 당신을 커플치료의 내담자로 만나는 것은 불편할 것 같아요. 당신을 유능한 전문치료사에게 의뢰해 줄 수는 있어요.

위의 대답들에 대한 당신의 생각을 고려해 보라.

- 어느 대답이 윤리적이라고 생각하는가? 비윤리적인 것은?
- Thai의 제안이 실용적이라고 생각하는가?
- 이 사례의 윤리적인 함의는 무엇인가?

- 당신은 서비스 교환에 대한 Thai의 제안에 그녀의 문화권에서는 적절한 기준이라는 생각이 반영되어 있다고 생각하는가? 그렇다면 이것이 당신의 응답에 어떤 영향을 미치는가?
- 당신이 이러한 상황에 처한다면 Thai에게 어떻게 대답하겠는가?

**논평.** 신체가 서로 닿을 수밖에 없는 마사지의 특성상 어떤 상담자든 이런 유형의 물물교환을 하지 말라고 권하고 싶다. Thai와 Giovani가 이런 개인적인 서비스를 교환하는 데 따르는 잠재적인 위험을 제대로 평가했다는 증거가 보이지 않는다. 더욱이 Thai는 상담비를 지불할 수 없다는 암시를 언급하지 않았다. 앞의 사례처럼 물물교환 외의 다른 대안들을 고려했다면 좋았을 것이다.

## <치료에 대한 서비스 교환 사례>

Vidar는 개업상담가인데 한 내담자를 두세 달 동안 만나고 있다. Jana는 열심히 노력하였고 개인적인 성장에 전념하여 치료성과가 있었다. 지난 회기에 그녀는 상담비를 계속 지불할 능력에 대해 걱정했다. 그녀는 상담을 계속하는 대가로 자기 남편이 운영하는 수영장 관리회사에서 5월부터 8월까지 여름에 Vidar 집의 수영장 청소 서비스를 제공하면 어떻겠냐고 제안했다. 기본적으로 요금에 형평성이 있기에 Vidar는 그녀가 상담을 계속 받도록 도와주기 위해 이 계약을 신중하게 고려하고 있다.

- 이 계약이 합리적인 것처럼 보이는가?
- 이 상황과 관련하여 혹시 어떤 윤리적인 문제가 생길 우려가 있겠는가?
- 어떤 윤리기준이 이 상황에 해당되는가?

**논평.** Vidar와 Jana의 사례는 더욱 명쾌하지 못하다. Vidar가 아니라 Jana가 물물교환을 제안했다는 것이 중요하다. Vidar는 결정을 내리기 전에 이 제안의 장단점을 검토하는 자문을 요청하는 것을 고려해 보는 것이 유익할 것이다. 또한 Vidar는 물물교환이 인근 지역에서 일상적으로 허용되는 것인지 고려해야 한다. 그가 이 물물교환에 합의하기로 결정한다면 교환조건에 대한 동의사항이 명시된 계약서를 작성해야 한다. 복잡한 특성 때문에 치료에 대한 서비스 교환은 내담자에게 물품을 받는 것보다 본질적으로 문제가 더 많이 내포되어 있다. Vidar는 직접적인 교환보다 서로 동의한 어떤 대의를 위하거나 비영리단체를 위해 지역사회 봉사를 수행하도록 Jana에게 요청하는 것과 같은 다른 형태의 물물교환을 제안할 수도 있다(Zur, 2007).

# 선물을 주고받는 문제

미국부부및가족치료학회, 미국정신건강상담사협회, 미국상담학회의 윤리규정에는 치료관계에서 선물을 주고받는 주제가 구체적으로 제시되어 있다. 이 단체들의 구체적인 기준을 확인하고 싶다면 글상자 '선물 주고받기'을 참고하라.

지나치게 비싼 선물을 주고받으면 분명히 윤리적 문제가 있겠지만, 윤리적인 행동에 너무 집착하다 보면 오히려 치료관계를 해칠 수도 있다. 설명 후 받는 동의서에 내담자가 주는 선물 항목을 포함해 방침을 명료하게 전달하는 치료자들도 있다. 저자들은 완강하고 고정된 규칙을 세우기보다 사례별로 각 상황을 평가하는 것을 선호한다. 평가해야 할 요소들 중 몇 가지를 자세하게 살펴보자.

- **선물의 금전적 가치는 어느 정도인가?** 대부분의 정신건강전문가는 매우 비싼 선물을 받는 것은 문제가 있고 비윤리적일 가능성이 높다는 데 동의할 것이다. 내담자가 극장이나 스포츠 행사 입장권을 주고 동행하기를 원하는 것도 문제가 된다. 『카우치에 누워서(*Lying on the Couch: A Novel*)』(Yalom, 1997)라는 소설에서 몇 회기 만에 인생이 바뀌게 된 것에 감사를 표하는 뜻으로 부유한 내담자는 치료자에게 1,600달러의 보너스를 건네주었다. 치료자는 이 선물을 사양하느라 진땀을 흘리며 내담자에게 금전을 선물로 받는 것은 비윤리적이라고 말했다. 내담자는 화를 내며 자기의 선물을 거절하는 것은 상담시간에 얻은 효과가 사라지게 할 수 있다고 항변하면서 빚지는 일이 없게 해달라고 강권했다. 그러나 치료자도 물러서지 않고 그 선물을 받을 수 없다고 했고 내담자가 도움받는 것을 불편해하는 것이 치료시간에 논의하지 못한 주제 중 하나라는 점을 깨닫게 되었다.

- **선물을 받거나 사양하는 것의 임상적인 의미는 무엇인가?** 내담자에게 선물을 받는 것이 임상적으로 언제 금지되는지, 그리고 당신이 이 문제를 내담자와 기꺼이 탐색하려고 하는지를 인식하는 것이 중요하다. 선물을 주려는 내담자의 동기를 알아야 결정을 내릴 때 중요하다는 점은 두말할 필요가 없다. 예를 들어, 어떤 내담자가 당신에게 인정받길 원한다면, 이것은 선물을 주는 주요 동기는 당신에게 호감을 사려는 것이다. 적절한 의논 없이 선물을 받는 것은 장기적으로 내담자에게 도움이 되지 않을 것이다. 상담실무자는 작은 선물이라도 내담자에게 어떤 의미가 있는지 묻고 싶을 수도 있다. Zur (2011b)는 모든 선물이 전달되는 맥락 내에서 이해되고 평가되어야 한다고 제안한다. 그는 내담자든 치료자든 부적절하게 비싼 선물이나 빚까지 지며 구입한 선물은 경계위반이라고 언급한다. 그러나 적절한 선물을 주는 것은 치료자와 내담자 관계의 건강한 측면이 될 수 있으며 치료효과를 높일 수 있다(Zur, 2011b).

- 치료과정에서 선물을 주는 일은 언제 이루어지는가? 치료과정 초기인가? 상담관계가 마무리될 때인가? 상담관계 초기에 선물을 받는 것은 애매한 경계를 형성하는 전조일 수 있기 때문에 더욱 문제가 될 수 있다. 치료를 종결할 때 선물을 주는 것은 내담자에게 문화적이고 상징적인 가치를 지닌 관습일 수 있다. 치료자는 내담자에게 선물 받는 것이 적절한지 평가해야 한다.

- 당신이 내담자의 선물을 받거나 사양하는 동기는 무엇인가? 선물을 주고받는 것은 탐색해야 할 여러 가지 의미를 가지고 있다. 선물을 받음으로써 누구의 욕구가 충족되는지 인식해야 한다. 개인적으로 편하지 않지만 단지 내담자의 감정에 상처를 주고 싶지 않아 선물을 받는 상담자도 있을 것이다. 굳건하고 선명한 경계를 형성하지 못했기 때문에 선물을 받을 수도 있다. 내담자가 주는 선물을 진정 원하기 때문에 받을 상담자가 있을지도 모른다. 적절한 상황에서 선물은 치료에 도움이 될 수도 있지만, 선물의 의미를 고려하는 것은 치료자의 책임이다.

- 선물을 주는 문화적인 의미는 무엇인가? 문화적 맥락은 내담자에게 선물 받는 것의 적절성을 평가하는 데 중요한 역할을 한다. 아시아 문화권에서 선물을 주는 것은 존경과 감사를 표시하고 관계를 강화하는 일반적인 관습이다(Sue & Capodilupo, 2015). 이러한 행동이 문화적으로 적절할지라도, 서구에서 훈련받은 전문가는 선물을 받으면 경계가 왜곡되고, 관계의 본질이 변하며, 이해관계가 충돌하게 될 것이라고 생각할 수도 있다. 그러나 상담실무자가 내담자의 선물을 거절한다면 내담자는 모욕이나 굴욕감을 느끼고, 그러한 거절로 인해 내담자와의 치료관계가 손상될 수도 있다. Zur(2011b)는 대부분의 상담실무자가 금전적 가치는 적어도 관계의 가치가 높아 적절한 선물을 거부하는 것이 내담자에게 불쾌감을 줄 수 있고 치료적 동맹에 부정적인 영향을 줄 수 있다는 데 동의한다고 언급한다. Neukrug와 Milliken(2011)은 선물의 가치가 상담자의 결정에서 중요하다는 것을 발견했다. 조사에 응한 상담사 중 88.3%는 내담자에게 25달러 이상의 선물을 받는 것은 비윤리적이라고 생각했으며, 94.7%는 25달러 이상의 선물을 내담자에게 주는 것은 비윤리적이라고 생각했다. 당신이 선물 받는 것을 반대하고 이를 경계횡단이라고 본다면, 이 문제를 설명 후 받는 동의서에 언급할 필요가 있을 것이다.

이 책의 감수자 중에는 학생이 학교상담사에게 선물을 주는 경우가 가끔 있다고 언급한 이가 있다. 이러한 선물은 구입한 것이라도 대개 저렴하거나 미술이나 작업시간에 직접 만든 것이다. 그 감수자는 선물을 받아 사무실에 전시해 둘 수 있다고 지적한다. 당신이 학교상담사라면 비싸지 않은 선물을 받고 싶겠는가? 선물을 사무실에 전시해 두겠는가? 다른 학생들(내담자)이나 교사들이 전시된 그 선물을 누가 만들었냐고 묻는다면 어떻게 대답하겠는가? 혹시 어떤 상황에서 학생에게 선물을 주고 싶을 수도 있겠는가? 당신이 받은 선물을 기록에 남기거나 동료에게 말하는 것을 어느 정도로 편하게 느끼는가?

## 윤리규정: 선물 주고받기

**미국부부및가족치료학회(AAMFT, 2015)**

부부 · 가족치료사는 내담자에게 선물을 받을지 줄지의 여부를 고려할 때 문화규범에 주의를 기울여야 한다. 부부 · 가족치료사는 선물을 주고받는 것이 내담자와 치료관계의 청렴성과 효능에 미칠 수 있는 잠재적 영향을 고려해야 한다(3.9).

**미국상담학회(ACA, 2014)**

선물 수령. 상담자는 내담자에게 선물을 받았을 때의 문제에 관해 이해하되, 일부 문화권에서는 작은 선물이 존경과 감사의 표시라는 점도 인식해야 한다. 내담자에게 선물을 받을지 여부를 결정할 때 상담자는 치료관계, 선물의 금전적 가치, 선물을 주는 내담자의 동기, 선물을 원하거나 사절하는 자신의 동기를 살펴봐야 한다(A.10.f).

**미국정신건강상담사협회(AMHCA, 2015)**

선물을 받을 때 정신건강상담사는 치료관계, 주는 동기, 받거나 거절하는 상담자의 동기, 문화규범과 선물의 가치를 고려해야 한다(E.2.d).

## <Suki의 사례>

치료가 종결될 즈음에 일본인 내담자 Suki는 상담자인 Joaquin에게 보석이 박힌 비싼 장신구 하나를 선물했다. 그녀는 상담자가 자기를 위해 해 준 모든 것에 감사하며 오랫동안 가족의 소유였던 선물을 받아 주기를 진심으로 원한다고 말했다. 이야기를 나누는 중에 그녀는 선물 주기가 일본 문화의 일부라고 했다. Joaquin은 선물을 받고 싶지만 내담자에게 선물을 받지 않는다는 방침이 있다고 그녀에게 말하며 자신이 처한 딜레마에 관해 의논했다. 그는 치료관계 초기에 그녀가 서명했던 설명 후 받는 동의서에 적혀 있던 방침을 상기시켰다. 그러나 그녀는 굽히지 않았고 선물을 받지 않는다면 거절당한 기분일 것이라고 말했다. 그녀는 Joaquin이 자기를 위해 해 준 것에 매우 고마워했기에 이 선물은 그녀가 감사를 표시하는 방식이라고 할 수 있다. Joaquin은 Suki가 일본 문화에서는 선물을 주면 다음에 선물 받을 것을 기대한다고 했던 말을 떠올렸다. 며칠 뒤에 Joaquin은 Suki에게 그녀의 가족이 참석하는 딸의 생일잔치에 참석해 달라는 초청장을 받았다.

당신이 그녀와 상담한다고 가정해 보라. 선물을 받건 받지 않건 그 전에 내담자와 탐색하고 싶은 측면은 무엇인가?

- 선물을 치료 도중에 받는 것과 치료가 끝날 즈음에 받는 것에 차이점이 있는가?
- 선물 수령 여부와 관련하여 내담자의 문화적 배경을 고려하는 것이 중요하겠는가?
- 그녀가 감사의 표시를 받아들이고 딸의 생일잔치 초대에 응하라며 고집을 꺾지 않는다면 어떻게 대처하겠는가?
- 내담자가 선물을 자주 주고 싶어 한다는 점을 알게 된다면 당신의 어떤 태도가 이런 행동양식을 조장하지는 않았는지 반성할 필요가 있겠는가? 당신의 생각을 설명하라.

**논평.** Joaquin은 선물에 대한 방침이 분명했고, 이를 설명 후 받는 동의서에도 포함했으며 Suki가 이 지침을 받아들인 것으로 이해했다. Joaquin이 이런 행동의 의미를 평가하고 선물을 받았으면 좋겠다는 Suki의 마음을 오해할 가능성을 피하기 위해, Joaquin은 선물이 어떤 중요성과 의미가 있는지 그녀와 의논할 수 있었다. 또한 그녀가 이 선물을 주는 것에는 어떤 문화적 함의가 있는지 탐색할 수 있었다. 상담자는 상담관계에 미치는 문화의 영향과 함의를 가늠해야만 하지만, 아무리 문화의 영향을 받았다 해도 내담자나 상담관계에 궁극적으로 해를 끼칠 수도 있는 요청에 굴복하면 안 된다. Joaquin은 선물 받는 것이 올바르게 보이지 않는다면 선물을 받으라는 압박에 대처해야만 한다. 딸의 생일잔치 초청장에 관해 언급하자면, Joaquin은 이 내담자가 앞으로 또 다른 요청을 할 경우뿐만 아니라 다른 내담자들이 요청할 경우에 어떻게 대처할지 깊이 생각하는 것이 좋을 것이다.

## 내담자와의 사교적 관계

내담자와의 사교적 관계는 필연적으로 치료관계를 방해하는가? 아니라고 대답하고는 상담자와 내담자가 우선순위를 분명히하는 한 그 관계를 감당할 수 있다고 주장하는 이들도 있다. 그들은 불안이 심하지 않고 개인의 성장을 추구하는 내담자와의 사교적 접촉은 적절하다고 본다. 예를 들어, 일부 또래 상담가들은 상담 이전이나 중간에 맺는 우정이 신뢰를 형성하는 데 긍정적인 요소라고 주장한다.

상담과 우정을 혼동하면 안 된다는 입장을 취하는 상담실무자들도 있다. 그들은 사교적 관계와 직업적 관계를 동시에 관리하려다 치료과정이나 우정 혹은 모두에 부정적인 영향을 끼칠 수 있다고 주장한다. 친구를 내담자로 받아들이거나 내담자와 사교적인 관계를 맺는 것에 반대하는 이유는 다음과 같다. (1) 치료자는 내담자에게 호감과 인정을 받고 싶은 욕구 때문에 사교적 관계를 맺은 내담자에게 필요한 만큼 직면하지 못할 수 있음, (2) 상담자의 욕구가 객관성을 상실할 정도로 내담자의 욕구와 뒤엉킬 수 있음, (3) 치료관계에서의 권력 차이 때문에 상담자가 내담자를 착취할 위험이 높아짐.

## 문화적 고려사항

문화적 맥락은 치료 상황에서 우정이 수반되는 이중관계의 적절성을 평가하는 데 중요한 역할을 할 수 있다. Parham과 Caldwell(2015)은 이중관계와 다중관계를 저지하는 서구의 윤리기준에 의문을 제기하면서 이러한 기준이 아프리카계 미국인 내담자를 상담할 때 방해 혹은 장애가 된다는 점을 입증할 수 있다고 주장한다. 아프리카인의 맥락에서 상담실무자의 사무실에서 치료하는 50분간의 회기에 국한되지 않는다. 대신 치료에는 일상대화, 즐거운 활동, 웃음, 함께 식사하고 요리하는 경험, 여행, 의식과 예식, 노래하기나 북 치기, 이야기 들려 주기, 글쓰기, 신체접촉 등 다양한 활동이 포함된다. Parham과 Caldwell은 이런 활동 하나하나가 치료 경험에 "치유의 구심점"을 제공할 수 있는 잠재력이 있는 것으로 본다.

비슷한 의미에서 Sue와 Capodilupo(2015)는 사람을 돕는 전문가와의 다중관계를 소중하게 여기는 문화권도 있다는 점을 분명히 밝혔다. 다중관계가 언제 허용될 수 있는지 판단할 때 다음과 같은 문화차를 고려하라.

- 일부 아시아 문화권에서는 개인의 문제를 친척이나 친구와 의논하는 것이 최고라고 믿는다. 낯선 사람(상담자)에게 자기공개를 하는 것은 금기사항이자 가족과 문화의 가치관을 위반하는 것으로 여긴다. 따라서 일부 아시아권 내담자들은 전통적인 상담의 역할이 보다 인격적인 역할로 진전되기를 선호할 수도 있다.
- 여러 문화권의 내담자들은 전문가로부터 조언과 제언을 받고 싶어 한다. 그들은 상담자를 전문가로서 보다 높은 지위와 더 훌륭한 지식을 가지고 있는 것으로 인식한다. 이런 내담자들을 효과적으로 상담하기 위해 상담자는 옹호자, 조언자, 변화의 매개자, 토착적인 지원체계의 촉진자와 같이 상이한 많은 역할을 맡을 수도 있다. 하지만 상담자들은 이런 역할 가운데 두 개 이상을 담당하는 것을 이중 혹은 다중관계를 맺는 것으로 볼 수도 있다.

## 이전 내담자와 사교적 관계를 맺는 문제

정신건강전문가는 치료 종결 후 내담자와 성애와 무관한 관계를 맺는 것에 대해 법적으로나 윤리적으로 제재받지 않는다. 그러나 이전 내담자와 우정을 맺는 것은 내담자와 치료자 모두가 곤란해질 수도 있다. 예를 들어, 이전 내담자가 이용당한다는 느낌이 들어 치료자를 고소하는 지경에 이를 수도 있다. 치료자는 이러한 관계를 맺는 데 대해 영향평가하는 것이 자신의 책임이라는 점을 알 필요가 있다.

이전 내담자와 우정을 맺는 것이 비윤리적이거나 불법은 아닐지 몰라도 문제를 유발할 수는 있다. 가장 안전한 방침은 이전 내담자와 사교적 관계로 발전하는 일을 피하는 것이다. 장기적으로 볼 때 이전 내담자는 미래 어느 시점에 당신을 친구보다는 치료자로서 만나길 더 원할 수도 있다. 이전 내담자와 우정을 맺게 되면 그 내담자는 미래에 당신의 전문 서비스를 받을 자격을 잃게 된다. 사교적 관계에서도 권력 불균형은 변하지 않아, 당신은 치료자로 비쳐지거나 치료자로서 행동하게 된다. 정신건강실무자는 비록 치료가 종결된 이후라도 직업적인 관계가 개인적인 관계로 발전하도록 허용할 때 내담자의 동기는 물론이고 자신의 동기도 의식해야 한다. 저자들은 사교적 욕구를 충족하는 방법으로 전문가의 위치를 이용하는 상담자들의 동기에 의구심이 든다. 더욱이 이전 내담자와 관계를 맺는 습관이 있는 치료자는 관계망이 지나치게 확장되어 그토록 추구하거나 동의했던 관계를 원망하게 될 수도 있다. 어쩌면 치료자가 스스로 무엇을 하길 원하는지에 대해 선명한 경계를 세울 수 있느냐가 핵심인 것 같다.

**현재 혹은 이전 내담자와의 사교에 대한 당신의 입장.** 사교의 유형은 내담자와 사교 행사에 참석하거나 함께 차나 커피를 마시는 것까지 다양하다. 사교적인 관계를 내담자가 시작하는 것과 치료자가 시작하는 것에는 차이점이 있다. 고려해야 할 또 다른 요인은 사회적 접촉이 지속적이냐 단속적이냐이다. 친밀도 역시 한 요인이다. 내담자를 만나 커피 마시는 것과 촛불 밝힌 식탁에서 식사하는 것에는 차이가 있다. 내담자와 이중관계를 맺는 것에 관한 당신의 입장을 숙고할 때 사회적 기능의 특성, 내담자 문제의 본질, 내담자 계층, 당신이 일하는 직무환경, 채택한 치료의 종류, 당신의 이론적 접근을 고려하라. 예를 들어, 당신이 정신분석적 접근을 한다면 보다 엄격한 경계를 채택할 가능성이 높을 것이고, 어떠한 교제 형태를 치료에 활용한다면 전이관계에 영향을 끼치는 것에 관심을 가질 것이다. 다양한 요인을 평가하고 내담자의 관점과 치료자의 관점에서 이 문제를 고려하라.

직업적 관계와 사교적 관계가 혼합될 때 치료자의 정직과 자각이 크게 요구된다. 현재 혹은 이전 내담자와의 사교적 관계를 고려하는 이유를 스스로에게 물어보라. 치료자가 아무리 경계에 대해 분명하게 대처하더라도, 내담자가 사교적 관계를 이해하지 못하거나 감당하지 못한다면 현재 혹은 이전 내담자와 이러한 관계를 맺으면 안 된다. 선명한 경계가 유지되지 못한다면 직업적 관계와 사교적 관계 모두 불쾌해질 수 있다. 내담자는 치료자와 소원해질지 모른다는 두려움 때문에 치료받는 동안 매우 조심할 수도 있다. 또한 우정을 맺은 치료자의 관심을 잃을까봐 두려워할 수도 있다. 사교적 관계에 위협이 되지 않도록 자기공개를 할 때 스스로 검열할지도 모른다.

이 주제에 관한 당신의 생각은 무엇인가? 이전 내담자에 대한 치료자의 책무는 무엇인가? 이런 관계가 어떤 상황에서 부적절하거나 심지어 비윤리적일 수 있는가? 이러한 관계를 윤리적이라고 볼 수 있는 것은 언제라고 생각하는가? 어떻게 진행해야 할지 막막할 때는 자문을 요청하는 것이 좋다.

## 내담자와 치료자 관계에서의 성적 끌림

치료 중에 성적 끌림이 가능하다고 생각하는가? 오래 전이지만 선구적인 연구에서 Pope, Keith-Spiegel과 Tabachnick(1986)은 치료자가 내담자에게 성적으로 끌리는 것에 대한 체계적인 연구가 부족하다고 언급한다. Pope 등은 응답자 585명을 대상으로 연구했는데, 77명만이 어떤 내담자에게도 유혹을 느끼지 않았다고 답했다. 대다수(82%)가 내담자와 실제 성관계를 심각하게 생각해 본 적이 전혀 없다고 응답했다. 더 많은 숫자(93.5%)가 내담자와 성관계를 가진 적이 결코 없다고 답했다. 치료자들은 직업적 가치를 따라야 할 필요, 내담자의 복지에 대한 관심, 개인의 가치관을 따르려는 욕구 등 유혹을 행동으로 옮기지 않은 여러 가지 이유를 언급했다. 부정적인 결과에 대한 두려움도 있지만, 내담자의 복지와 관련된 가치보다 적게 언급되었다. 대학원에서 이 주제에 관한 훈련을 받은 이들(66%)이 훈련을 받지 않은 이들보다 자문을 요청하는 비율이 더 높았다.

성적인 감정을 금기인 것처럼 다루는 경향 때문에 치료자는 내담자에게 끌리더라도 받아들이기 힘들어한다(Pope, Sonne, & Holroyd, 1993). 행동으로 옮기지 않고 단순히 내담자에게 성적으로 끌리는 경험으로 대부분의 치료자는 죄책감과 불안과 혼란을 느낀다. 이러한 반응을 고려할 때, 동료에게 자문을 요청하거나 이 문제를 개인상담을 받을 때 성적 감정을 인정하고 다루기보다는 이러한 감정을 숨기고 싶어 하는 치료자가 많다는 것은 놀라운 일이 아니다. 대다수의 치료자가 일부 내담자에게 성적 매력을 느낀다는 보고도 있고 대부분 자신의 감정이 불편하다고 호소하지만, 이 주제에 대한 적절한 훈련은 상대적으로 드물다(Pope & Wedding, 2014). Neukrug와 Milliken(2011)이 실시한 설문조사에서 상담사의 10.3%는 성적으로 끌린다고 내담자에게 공개하는 것이 윤리적이라고 생각한 반면에 89.7%는 이것이 비윤리적이라고 생각했다.

전문 분야인 스포츠 심리학 컨설팅의 경우, 컨설턴트 가운데 자신의 성적 끌림을 인식하거나 관리하거나 행동으로 옮기는 비율이 어느 정도인지 거의 알려져 있지 않았다. 이러한 지식의 부족에서 영감을 받은 어느 연구팀은 이 현상을 조사하게 되었다. Moles 등(2016)은 연구에 참여한 스포츠 심리학 컨설턴트(SPC)의 대다수(78.3%)가 대학원 재학 당시 이 문제에 대한 윤리교육을 받았고 일부는 대학원 학위를 취득한 후 교육을 받았다고 보고했다. 조사에 응한 SPC 275명 중 112명(40.7%)이 적어도 한 명의 고객인 운동선수에게 성적으로 끌렸다고 대답했다. 대다수는 1~2명의 고객인 선수에게 끌렸고, 28.6%는 3~5명, 8.9%는 6~10명, 6.3%는 11명 이상에게 끌렸다고 응답했다. 성적 끌림을 경험했다고 인정한 112명의 응답자 중 88명만이 성행위 실행 여부에 응답했는데, 13.6%가 "주로 컨설팅 내용과는 무관한 성적인 주제로 대화를 함"으로써 성적 경계를 넘었다고 인정했으며, "고객인 선수와 키스, 데이트, 성교를 했다고 보고한 SPC는 아무도 없다"(93쪽).

내담자에게 성적으로 끌리는 것과 이런 끌림에 마음을 빼앗기는 것은 구분해야 한다. 성적 끌림 문제를 의논하기 위해 수련감독을 요청한 SPC들은 수련감독이 당혹스럽고 약간 불편하지만 도움이 되고, 계몽되며, 안심되고, 지지를 받으며, 매력적이고, 치료적이며, 기운이 되살아나고, 정상으로 돌아오게 되었다고 말했다(Moles et al., 2016). 내담자에게 성적으로 끌리는 것을 인식하게 되면 이 감정을 살피는 것이 중요하다. 자주 유혹을 느낀다면 이 문제를 개인치료나 수련감독 시간에 점검할 필요가 있다. 우리는 치료자와 내담자 사이의 성적 끌림이라는 미끄러운 비탈에 관해 흥미로운 담화가 실려 있는 Yalom의 책『카우치에 누워서』(1997)를 읽어 보기를 권한다.

## 상담 수련생 교육

교육 프로그램에는 학생들이 상담 실습에서 성적 딜레마에 관한 문제를 식별하고 공개적으로 토의하도록 도울 윤리적인 책임이 있다. 성적 비행 예방교육은 교정교육보다 더 나은 방법이다. 훈련에서 이 주제를 간과한다면 학생들은 이 주제를 입 밖으로 꺼내면 안 된다는 메시지로 여겨, 상담 중에 성적 딜레마에 빠지게 될 때 자문을 요청하고 싶은 마음을 억누르게 될 것이다. 공동 치료에서의 성적 끌림에 대한 Harris와 Harriger(2009)의 연구결과에 따르면, 신규 부부 · 가족치료사들은 성적 끌림 문제에 직면했을 때 어떤 조치를 취해야 할지 자신감이 없다. 이 연구자들은 교육 프로그램 중 이 주제를 다루고 훈련 중인 치료자에게 다양한 환경에서 성적 끌림을 관리할 수 있는 기술을 갖추도록 하는 것이 시급하다고 주장한다.

Pope, Sonne와 Holroyd(1993)는 내담자에 대한 성적 감정의 탐색은 다른 사람의 도움과 지지와 격려 속에서 가장 잘 이뤄진다고 생각한다. 그들은 실습, 수련과정, 동료 수련감독 집단은 이 문제들에 관해 이야기할 수 있는 이상적인 환경이지만 이 문제는 거의 제기되지 않는다고 주장한다. 성 윤리와 관련된 훈련이 '내담자와 성행위를 하지 말라'는 명령에 국한된다면 치료자와 내담자에게 해를 끼치는 것이다. Young(2010)은 이 주제를 확대하여 성적 끌림, 성적 환상, 내담자의 성적인 접근, 이전 내담자와의 연인 관계, 치료 도중 성에 대한 토의와 등 섬세하고 복잡한 일련의 성적인 문제들을 다룬다. 이러한 주제들은 교육 프로그램에 포함되어야 한다.

## 성적 끌림 대처법에 관한 제언

수련생뿐만 아니라 노련한 상담자도 성적 끌림을 느낄 때 경계를 어떻게 설정하는지 스스로에게 물어볼 필요가 있다. 개인생활에서 명확한 경계를 수립하는 데 어려움을 겪는 상담실무자는 내담자와 적절한 경계를 설정하는 데 문제가 생길 가능성이 더 크다. 성적인 감정이 치료를 방해하지 못하도록 막기 위해 치료자가 자신의 역전이 반응을 인식하고 이를 다루고 관리하는 것이 중요하다. Burwell-Pender와 Halinski(2008)는 "성적 잘못과 성적 비행의 가능성은 관리되지 않은 역전이로 인해 높아진다"(43쪽)고 지적한다. 고통스러운 기억을 공개할 때 내담자가 보이는 취약성은 매우 강력하고 호소력이 있다. 따뜻한 치료자가 보이는 관심과 반응 역시 강력하고 호소력이 있다. 이러한 환경으로 인해 서로 끌리게 될 가능성이 있는 것이다. 이 감정들이 수련감독자 혹은 믿을 만한 동료와 함께 안전한 환경에서 인식할 경우, 치료자는 그 감정들을 보다 생산적으로 관리할 가능성이 높아질 것이다.

아마도 내담자에게 성적 끌림을 경험하거나 성적 비행을 저지르고 싶은 유혹에 대한 두려움 때문에, 첫 회기에 설명 후 받는 동의를 의논하는 동안 이 주제를 끄집어 내어 이 문제를 적극적으로 다루는 임상전문가들도 있다. Knapp, Handelsman, Gottlieb와 Vandecreek(2013)은 특정 규칙을 과도하게 강조함으로써 해를 끼칠 수 있다고 지적하면서, 어떤 임상전문가의 사전동의서에 적혀 있는 다음의 문구를 소개했다. "나는 상담받을 목적으로 아무개 박사를 만나러 여기 왔고, 나는 그에게 성적 관심이 없으며, 그와 성적 관계로 얽히거나 그에 대해 환상을 가지려고 시도하지 않을 것입니다"(375쪽). 이런 임상실무자의 방식은 "성적 비행에 대한 책임을 환자에게 지우고 대부분의 환자가 결코 생각하지 않았을 문제를 매우 중요한 수준으로 끌어올린 것으로 나타났다. 또한 이러한 진술문으로 인해 어떤 환자들은 이 심리학자가 개인적으로 충동을 통제하는 데 문제가 있는 것은 아닌지 궁금해질 수 있다"(375쪽). 가능한 한 가장 명예롭고 윤리적인 방식으로 행동하는 것이 중요하지만, 그러한 노력 때문에 문제가 악화되고 전문가로서 우리의 효율성이 떨어지게 만들면 안 된다.

## <내담자에 대한 성적 끌림 사례>

당신이 어떤 내담자에게 성적으로 끌리는 것을 인식했다고 상상해 보라. 당신은 내담자도 당신에게 비슷한 감정을 가지고 더 가까워지고 싶어 할지도 모른다고 생각한다. 당신은 이러한 끌림 때문에 상담시간에 집중하는 데 가끔 어려움을 느낀다. 다음 방안들 중 가장 윤리적인 것은 무엇이라고 생각하는가? 다음 중 비윤리적인 것이라고 생각하는 방침은 무엇인가?

- 내담자에 대한 나의 감정과 나에 대한 내담자의 감정을 무시하고 관계의 다른 측면에 증점을 둔다.
- 끌리는 감정을 내담자에게 털어놓고 직업적인 관계를 그만둔 뒤 개인적인 관계를 시작하겠다.
- 내담자에 대한 나의 감정을 솔직하게 표현하면서 이렇게 말하겠다. "당신이 나를 매력적인 사람으로 본다니 감사합니다. 저도 당신에게 매력을 느낀답니다. 하지만 상담관계는 각자에게 매력을 느끼는 관계가 아니며, 당신도 그것 때문에 여기 오신 것은 아니라고 확신합니다."
- 내담자에 대한 감정의 강도가 바뀌지 않는다면 다른 치료자에게 의뢰하겠다.
- 동료에게 자문을 요청하거나 전문가에게 수련감독을 요청하겠다.
- 당신이 따르고자 하는 다른 방침이 있는가? 그 방침의 내용은 무엇이고, 왜 그렇게 하겠는가?

**논평.** 당신이 내담자에게 성적으로 끌린다면 내담자도 이를 의식할 것이기 때문에 치료과정을 쉽게 방해할 수 있다고 주장하는 이들도 있을 것이다. 치료자로서 우리는 감정을 얼어붙게 하지 않으면서도 정서적인 에너지를 통제해야 한다. 우리가 내담자에게 보내는 메시지를 숙고해 봄으로써 스스로를 점검하는 것은 좋은 습관이다. 내담자에게 부담을 주지 않는 방식으로 자신의 감정을 인식하고 다룰 책임이 우리에게 있다. Fisher(2004)가 언급한 것처럼, 치료자에게는 자신의 감정을 직업적・윤리적으로 관리하기 위해 적절한 조치를 명확하게 취할 책임이 있다.

치료자는 내담자에게 끌리는 감정을 다른 치료자나 믿을 수 있고 경험 많은 동료나 인근의 수련감독자와 의논하는 것이 좋다(Koocher & Keith-Spiegel, 2016). 그렇게 함으로써 치료자는 위험요소를 명료화하고, 성적 끌림에 대한 본인의 취약성을 인식하게 되며, 어떻게 진행할지에 대한 제안을 듣고, 이 상황에 대한 신선한 관점을 얻는 데 도움을 받을 수 있다. 치료자는 내담자에 대한 자신의 감정을 관리할 책임을 항상 져야 하며, 내담자에게 책임을 떠넘기거나 내담자 탓을 하는 것은 비전문적이거나 비윤리적인 행위에 대한 변명이 결코 될 수 없다. 저자들은 당신의 끌리는 감정을 내담자에게 직접 이야기하는 것에 반대한다. 공개로 인해 치료작업이 손상되고 내담자에게 혼란스러운 짐을 안길 수 있기 때문이다.

## <Adriana의 사례>

Adriana의 남편은 경찰관으로 근무하던 중에 살해당하여 아내와 학령기의 아들 셋을 두고 세상을 떠났다. Adriana는 학교사회복지사인 Clint에게 전문적인 도움을 구하여, 애도 문제와 학교에서 문제행동을 보이는 아들의 문제를 탐색했다. 그녀는 사회복지사를 자기 아들을 같이 후원하는 파트너로 생각하고 기대는 것 같았다. 2년이 지나 그 아들이 고등학교에 진학할 때가 되었다. 그녀는 Clint에게 더 이상 만나지 못한다고 생각하니 점점 힘들어진다고 고백했다. 감정이 발전하여 그를 사랑하기에 이른 것이었다. 그녀는 친구로 어쩌면 더 나아가 연인으로 계속 만날 수 있는지 궁금해했다.

처음에 Clint는 주춤했다. 하지만 관계를 유지하는 내내 자신도 그녀를 사모하고 존중하게 됐다는 것을 깨닫고 그녀에 대한 애정을 밝혔다. 그는 직업적인 관계 때문에 학부모와 친구관계나 연인관계를 맺으면 안 된다는 윤리지침을 지켜야 한다고 그녀에게 설명했다. 그는 1년 동안 만나지 말자고 제안했다. 그래도 감정이 유지된다면 개인적인 관계를 시작하는 것을 고려하겠다고 말했다.

- 이 상황을 다룬 Clint의 방식에 대해 어떻게 생각하는가?
- Adriana와 그 아들에게 어떤 부정적인 영향이 생길 가능성이 있는가?
- Clint는 어떤 식으로든 스스로를 직업상 위법행위에 취약하도록 만든 것인가?
- 당신이 유사한 상황에 처했는데 그 관계를 계속하고 싶지 않다면 클라이언트의 고백을 어떻게 다루겠는가?
- 이 사례에 대처하는 방식에 영향을 미칠 수 있는 개인적인 가치나 인생경험은 무엇인가?

**논평.** 저자들은 당장 Adriana와 연인관계를 시작하는 것을 거절한 Clint의 결정에 동의한다. Clint는 이전 내담자나 내담자의 가족과의 연인관계나 성관계와 관련된 윤리적인 책무를 신중하게 생각해 봐야 한다. 미국상담학회(ACA, 2014) 윤리규정에는 상담 종결 후 5년 동안 이러한 관계는 명백히 금지되어 있다. 미국심리학회(APA, 2010) 윤리규정에는 2년의 유예기간이 구체적으로 나와 있고, 미국부부및가족치료학회(AAMFT, 2015) 윤리규정에는 경과기간과 관계없이 이전 내담자와의 성적 정교(情交)가 금지되어 있다. Clint가 미래에 Adriana와 연인관계를 시작한다면, 이런 역할의 변화가 그녀에게 상처가 되지 않는다는 점을 입증해야 하는 부담을 지게 될 것이다. 만약 그들의 관계가 끝난 후, Adriana가 그를 직업적 위법행위로 신고하더라도 Clint는 보호받지 못할 것이다.

치료관계의 경계가 설명 후 받는 동의서에 나와 있다면, 이와 같은 상황은 덜 복잡하게 전개될 가능성이 높다. 서로에 대한 애정이 싹트는 것이 윤리위반은 아니지만, 내담자에 대한 우리의 감정을 어떻게 처리하느냐가 윤리적 · 직업적 행동의 수위를 좌우하게 된다.

# 치료에서의 성관계와 윤리적 · 법적 문제

치료자와 내담자의 관계에는 다양한 정도의 성적 문제가 포함될 수 있음을 인식하는 것이 중요하다. 치료자가 성적 환상을 가질 수도 있고, 내담자를 유혹하는 행동을 보일 수도 있으며, 내담자가 자신에 대한 성적인 느낌에 집중하도록 영향을 미칠 수도 있으며, 주로 자신의 욕구를 충족할 의도로 신체적 접촉을 시도할 수도 있다. 치료에서 성애적 접촉은 단순히 내담자와 성교를 했는지 여부의 문제가 아니다. 상담실무자는 성적인 감정과 이를 행동으로 옮기는 것을 구분해야 한다. 성적인 연상은 치료관계를 왜곡하여 실제로 상담회기의 초점으로 부각될 수 있다. 성과 관련된 교제 유형이 어떤 효력을 발휘하며 잠재적인 역전이 반응에 어떻게 영향을 끼칠 수 있는지 인식할 필요가 있다.

내담자와의 성관계로 유발될 수 있는 피해에 관한 연구가 많이 보고되었다. 교육자와 수련감독자가 학생, 수련생과 성관계를 맺을 경우의 피해를 조명한 연구들도 있다(제9장 참고). 본 장 말미에 내담자와 치료자의 관계가 성적인 특성을 띠게 될 때 전형적으로 일어나는 부정적인 영향에 관해 논의한다.

## 내담자와의 성적 접촉에 관한 윤리기준

치료자와 내담자의 성관계 문제는 전문 문헌에서 지속적으로 상당한 관심을 받고 있다.

내담자와의 성관계는 분명히 비윤리적이며, 모든 주요 직업윤리 규정에도 이를 명확하게 금지하는 내용이 있다(글상자 '성적인 접촉과 치료관계' 참고). 더욱이 대부분의 주에서는 이러한 관계가 법률위반임을 공언했다. 치료자가 어떤 사람과 전에 성관계를 가졌다면, 그 사람을 내담자로 받아들이는 것을 금지하는 윤리규정도 많다. 이 원칙이 내담자와의 성관계를 단순히 정죄하는 것 이상의 의미를 담고 있다는 점은 주요 정신건강 전문가단체들의 성명서를 보면 분명해진다. 현존하는 윤리규정에는 내담자, 학생과 수련생에 대한 성희롱과 성관계와 관련하여 명백한 입장이 표명되어 있다. 그러나 성 문제가 상담관계에 스며들 수 있는 보다 난해한 상황들에 대해서는 규정되어 있지 않으며 어쩌면 규정되지 못할 수도 있다.

## 윤리규정: 성적인 접촉과 치료관계

**미국부부및가족치료학회(AAMFT, 2015)**

현재 내담자나 알려진 내담자의 가족과의 성적 정교(情交)를 금지한다(1.4).

**미국상담학회(ACA, 2014)**

현재 내담자, 내담자의 연인, 내담자의 가족과 성적 혹은 연인관계나 상호작용을 금지한다. 이 금지는 실제와 전자 상호작용 혹은 관계 모두에 적용된다(A.5.a).

**미국정신건강상담사협회(AMHCA, 2015)**

내담자와의 연인 혹은 성적 관계를 엄격하게 금지한다. 정신건강상담사는 이전에 성적 관계를 맺었던 사람을 상담하지 말아야 한다(A.4.a).

**미국심리학회(APA, 2010)**

심리학자는 현재 내담자나 환자와 성적 정교를 맺으면 안 된다(10.05).

심리학자는 현재 내담자나 환자의 가까운 친인척이나 보호자나 중요한 사람이라고 알고 있는 사람과 성적 정교를 맺어서는 안 된다(10.06). 심리학자는 예전에 성적 정교를 나눴던 사람을 내담자나 환자로 받아들이면 안 된다(10.07).

**미국사회복지사협회(NASW, 2008)**

사회복지사는 서로 동의했든 강제로 했든 관계없이 어떤 상황에서도 현재 클라이언트와 성행위나 성적 접촉을 가지면 안 된다(1.09.a).

사회복지사는 예전에 성관계를 가졌던 사람에게 임상 서비스를 제공하면 안 된다. 예전의 성관계 상대에게 임상 서비스를 제공하게 되면 그 사람에게 피해를 줄 소지가 있으며, 사회복지사와 그 사람이 적절한 직업적 경계를 유지하기가 어려워질 가능성이 높아진다(1.09.d).

**미국정신의학회(2013b)**

의사가 자신의 직업과 삶의 모든 행동에서 적절하게 행동해야 한다는 요구사항은 정신과 의사의 경우 특히 중요한데, 이는 환자가 동일시한 정신과 의사의 행동을 본보기로 삼는 경향이 있

> 기 때문이다. 더욱이 필수적인 치료관계의 친밀도는 환자와 정신과 의사의 성적, 기타 욕구와 환상을 활성화하는 경향이 있는 반면 통제에 필요한 객관성은 약화시킬 수 있다. 또한 의사와 환자관계에 내재된 불평등으로 인해 환자를 착취하게 될 수도 있다. 현재 또는 이전 환자와의 성행위는 비윤리적이다(2.1).

성적 비행은 치료자의 윤리적 위반 중 가장 심각한 것으로 간주되며, 배임행위소송에서 가장 흔한 혐의에 해당된다(APA, 2003b). Grenyer와 Lewis(2012)는 4년 동안 뉴사우스웨일즈 심리학자등록위원회에 보고된 모든 형태의 심리학자 위법행위의 비율을 조사했다. 등록된 심리학자 9,489명 중 224명에 대한 고소가 접수되었고, 그 결과 개별 위법행위 통지가 248건 있었다(일부는 두 개 이상의 고소가 접수됨). 이러한 고소 중 24건은 경계위반과 관련된 것이었는데, 경계위반 고소 중 10건은 성관계 관련이고 4건은 성행위와 관련된 것이었다.

## 문제의 범위

많은 전문학술지에서 윤리적 · 법적 기준을 위반한 치료자에게 가해진 징계조치를 다루었는데, 대부분의 사례를 보면 성적 부정행위가 포함되어 있었다. 이 사례들 중 몇 가지를 간략하게 요약하여 치료자가 자신의 성적 · 정서적 욕구를 충족하기 위해 내담자를 어떻게 조종할 수 있는지 묘사하고자 한다.

- 어떤 임상사회복지사가 한 클라이언트와 연애 감정을 가지고 입맞춤을 함으로써 전문가답지 못한 행위를 저질렀다. 이 임상전문가는 자신의 개인적, 종교적, 정치적, 사업상의 이익을 얻기 위해 또 다른 클라이언트와의 관계도 이용했다. 그는 직업적 관계 종료 후 3년이 안 되어 이전 클라이언트와 성관계를 가졌다(California Association of Marriage and Family Therapists[CAMFT], 2004b, 49쪽).

- 면허를 소지한 어떤 부부 · 가족치료사가 한 내담자와 부적절한 토의를 하고 성관계를 가졌다. 이 치료자는 개인생활의 사사로운 측면을 내담자와 의논했고, 내담자와 다중관계를 맺었으며, 노골적인 성적 묘사가 나오는 영화를 그녀와 함께 봤고, 내담자의 나체 사진을 받았다. 적절한 시간보다 저녁시간에 내담자와 약속을 잡는 문제도 있었다. 또한 그녀를 다른 치료자에게 의뢰하지 않았다(CAMFT, 2004c, 50쪽).

- 면허가 있는 부부·가족치료사가 성적 비행과 중과실을 저질렀다는 혐의를 받았다. 알코올 의존 이력이 있고 남성과 심리적으로 학대관계를 맺었던 여성이 이 치료사에게 성적 끌림을 드러냈을 때, 그도 그녀에게 자기도 끌렸노라고 고백했고, 그녀의 감정을 전환하거나 전이 문제에 대해 의논하려고 시도하지 않았다. 그는 상담시간에 자신의 성적 환상에 대해 이야기했고 자신들에게 성관계가 금지된 것에 대해 아쉬움을 표현했다. 그는 자신의 정보를 상세히 털어놓았고, 밤과 주말에 통화할 때 때로는 들떠서 이야기했다. 내담자는 익명의 알코올중독자 후원자와 이야기를 나눈 뒤에야 치료사가 자신에게 해를 끼치고 있음을 이해하기 시작했다. 내담자는 치료사에게 자신들의 관계에 대해 혼란스럽다고 이야기했지만 치료사의 반응이 신통치 않아 심란해졌다. 치료사는 그녀를 상담하거나 다른 치료사에게 의뢰하려는 시도를 하지 않았다(CAMFT, 2010, 55~57쪽).

- 면허가 있는 임상사회복지사가 중과실 형태의 비전문적 행위로 인해 기소되었다. 그녀는 병원에서 불과 2개월 전에 직접 돌봤던 환자와 같은 집으로 이사했다. 그녀는 그와 영적 교감을 느꼈다고 보고했고, 추가 조사에서 그와 친밀하게 데이트했다는 사실이 밝혀졌다. 그 환자는 두 가지 회복 프로그램에서 중도 탈락했고, 사회복지사는 몇 달 만에 그의 집에서 다른 곳으로 이사했다. 그녀는 병원 고용이 종료되었고 무분별하게 클라이언트에게 정서적 피해를 입힌 혐의로 추가 징계조치를 받았다(CAMFT, 2011b, 40~41쪽).

## 내담자와의 성적 접촉이 끼치는 해로운 영향

성적 부정행위의 피해자인 내담자들이 비참한 결과로 인해 고통받는다는 사실을 입증하는 연구들이 계속 나오고 있다. 성애적 접촉은 전적으로 부적절한 것이고, 이유불문하고 비윤리적인 것이며, 치료자가 관계를 이용하여 자행하는 착취이다. 치료자와 내담자의 성적 접촉은 잠재적으로 가장 큰 피해를 주는 경계위반이다. 정신건강전문가는 내담자가 자신을 유혹했다고 주장할 수 없다. 내담자가 유혹하는 행동을 하더라도 적절한 경계를 설정하고 유지하는 것은 분명히 전문가의 책임이다. 이러한 경우에 내담자를 비난하는 것은 강간사건에서 피해자를 비난하는 것만큼 부적절하다.

심리치료에서의 성적 접촉에 관해 수행한 선구적인 연구에서 Bouhoutsos 등(1983)은 성교를 하게 되면 사람을 돕는 과정의 치료는 끝난 것이라고 역설한다. 치료관계에 성이 수반되면 치료자는 치료과정에 대한 통제력을 잃게 된다. 그들의 연구에서 치료자와 성적으로 연루된 내담자 559명 중 90%가 해로운 영향을 받았다. 그 이성과의 관계에 불신을 가지게 되는 것은 물론이고 입원, 일부 사례에서는 자살에 이르기까지 피해가 다양했다. 성적 정교가 내담자의 정서적, 사회적, 성적 적응에 끼친 다른 영향으로는 그 경험에 대한 부정적인 느낌, 성격에 미치는 부정적인 영향, 배우자와의 성관계 악화 등이 있었다. 그들은 치료 중의 성적 접촉의 위해성을 통해 그러한 행위를 막는 윤리규정의 유효성이 입증됐고 이를 금지하는 법안을 법제화하는 근거를 마련했다고 결론 내렸다.

이 선구적인 연구가 수행되고 수십 년이 지났지만 그들의 연구결과는 오늘날도 여전히 유효하다. Eichenberg, Becker-Fischer와 Fischer(2010)는 치료환자에 대한 성적 비행의 결과가 "모든 국제 문헌에서 일관된다. 현재까지 이용 가능한 모든 경험적 연구는 피해자에게 매우 부정적인 결과를 보인다"(1,019쪽)고 언급한다. 이 연구자들은 연구 참가자의 86.5%가 치료자와의 성적 접촉의 결과로 부정적인 영향을 경험했다고 보고했다. 이 중 93.3%는 고립, 강한 불신, 두려움, 우울, 수치심과 죄책감, 자살 경향, 분노, 외상 후 스트레스 장애와 같은 부정적인 증상을 경험했다.

## 성적 경계위반자에 대한 법적 제재

치료관계에서 성적 부정행위가 일어날 경우, 이를 형사상 범죄로 보고 법적 제재를 법제화한 주가 많다. 치료자에 대한 부정적인 결과로는 피소(被訴), 중범죄 선고, 주 정부의 면허 취소 혹은 정지, 정신건강전문가단체에서의 제명, 보험보장의 상실, 일자리 상실 등이 있다. 또한 보호관찰 대상이 되고 심리치료를 받아야 할 수도 있으며, 직무수행을 다시 시작해도 된다고 허락받더라도 면밀한 검토와 수련감독을 받으며 직무를 수행해야 할 수도 있다. 또한 그들의 평판이 동료와 다른 실무자들에 의해 훼손될 가능성이 있다.

형사상 책임이 정신건강전문가의 직무수행과 관련되는 경우는 드물다. 그러나 체포, 투옥될 수 있는 행위도 있으며 최근 정신건강전문가에 대한 형사기소가 증가하고 있다. 형사상 책임을 지게 되는 가장 주요한 두 가지 이유는 내담자(및 이전 내담자)와의 성관계와 부정한 비용청구 문제이다(Reaves, 2003).

캘리포니아 주에서는 다음 두 가지 상황일 때 치료에서의 성행위를 금하는 법률이 적용된다. (1) 치료자가 치료시간에 내담자와 성적 접촉을 했을 경우, (2) 치료자가 내담자와의 성관계를 시작하려는 이유 때문에 직업적 관계를 종결지을 경우, 내담자와 성관계를 가진 치료자는 금고형과 벌금형을 모두 받게 된다. 한 명의 피해자에게 범죄를 저지른 초범일 경우, 죄 지은 치료자는 경범죄로 고발되어 군(君) 교도소에서 최고 1년 형을 살고 최고 1,000달러의 벌금을 내게 될 것이다. 두 번 이상 범죄를 저지른 경우, 치료자는 경범죄나 중범죄로 고발될 수도 있다. 중범죄 고발의 경우, 범죄자는 최고 3년 형이나 최고 10,000달러의 벌금 혹은 두 가지 모두를 구형받게 된다. 성적 부정행위를 저지른 치료자에게 형사소송 외에 민사소송이 제기될 수 있다. 내담자는 고통 중에 받은 손해나 상처에 대한 배상금과 앞으로 받게 될 치료에 대한 비용을 청구하는 민사소송을 제기할 수 있다(California Department of Consumer Affairs, 2011).

## 피해자의 고충 처리 과정

각 정신건강전문가단체에는 윤리적 · 직업적 부정행위를 신고하고 처리하는 구체적인 방침과 절차가 있다(제1장에 이 단체들의 목록과 연락처를 적어 두었다). 정신건강전문가에게는 성적 부정행위의 특성과 범위에 관한 대중의 인식을 높이고, 취할 수 있는 조치에 관해 대중을 교육할 책무가 있다. 캘리포니아 주 소비자사무국(2011)에서 출판한 소책자 『전문적인 치료에는 성관계가 결코 포함되지 않는다(*Professional Therapy Never Includes Sex*)』에는 전문가의 비행으로 피해를 입은 사람을 위한 윤리적, 법적, 행정적 선택방안이 기술되어 있다.

치료자의 성적 부정행위 고충에 대한접수가 증가하고 있지만 사람들은 치료자, 교사, 수련감독자를 징계 처분해 달라는 고충 진술은 여전히 꺼려한다. Eichenberg 등(2010)에 따르면, 연구 응답자의 3분의 2가 법적 조치를 취하는 것에 대해 생각한 적이 없다고 말했으며, 그렇게 말한 응답자 중 많은 사람들이 법적 조치를 하지 않기로 결정했다. 내담자들이 고충 진술을 할 수 있다는 점을 모르는 경우도 있으며, 성적 부정행위를 다룰 수 있는 방도를 모르는 경우는 더욱 많다. 다음의 각 선택방안에는 장단점이 모두 있기에 최선의 조치를 선택하는 것은 전적으로 내담자의 몫이다.

내담자는 치료자가 소속된 주 면허관리청에 윤리위반 고충을 진술할 수 있다. 사례를 살펴본 뒤 그 혐의가 입증되면 행정법 절차에 따라 치료자를 징계할 권력이 위원회에 있다. 위반에 따라 위원회는 면허를 취소하거나 정지할 수도 있다. 면허가 취소되면 그 치료자는 합법적으로는 직무수행을 하지 못한다. 성적 부정행위가 인정되거나 입증되는 경우, 대부분의 면허관리청은 치료자의 면허를 취소할 것이다. 위원회의 조치는 치료자가 속한 전문가단체의 학술지에 게재되는 경우도 종종 있을 것이다.

법적 대안에는 민사소송이나 형사소송이 포함된다. 민사상 배임행위소송에서 치료자는 고통과 관련된 치료비용을 내담자에게 배상하라는 요구를 받는다. 형사고소는 주 법과 연방법에 근거하여 진행된다.

## 이전 내담자와의 성관계

대부분의 정신건강전문가단체에서는 잠재적인 피해 때문에 이전 내담자와 성관계를 가지는 것을 금지하고 있다. 금지기간을 명시하는 전문가단체도 있지만 그렇지 않은 곳도 있다. 이전 내담자와의 성관계라는 예외적인 상황이라면 2~5년이 지났더라도 아무런 착취가 없음을 증명해야 하는 부담이 치료자에게 있다고 분명히 진술하는 곳이 대부분이다(글상자 '이전 내담자와의 성관계' 참고).

### 윤리규정: 이전 내담자와의 성관계

**미국심리학회(APA, 2010)**

(a) 심리학자는 치료 중지 혹은 종료 후 최소 2년 동안 이전 내담자나 환자와 성적 정교를 시작하지 말아야 한다.

(b) 심리학자는 매우 이례적인 상황 외에는 2년이 지났을지라도 이전 내담자나 환자와 성적 정교를 시작하지 말아야 한다. 치료 중지 혹은 종결 후 2년 동안 이전 내담자나 환자와 아무런 성적 접촉을 하지 않다가 성행위를 시작하는 심리학자는 관련된 모든 요인들에 의거해 아무런 착취가 없음을 입증할 책임이 있는데, 다음과 같은 것들이 그 요인에 포함된다. (1) 치료 종료 후 지난 기간, (2) 치료의 본질, 기간과 강도, (3) 종결 당시의 상황, (4) 내담자나 환자의 개인적 내력, (5) 내담자나 환자의 현재 정신상태, (6) 내담자나 환자에게 역효과를 줄 가능성, (7) 치료자가 종결 후에 내담자나 환자와 성관계 혹은 연인관계를 가질 가능성에 관해 치료과정 중에 말이나 행동으로 시사했거나 권유했는지 여부(10.08).

**미국상담학회(ACA, 2014)**

이전 내담자, 내담자의 연인이나 가족과의 성관계나 연인관계는 마지막 직업적인 만남 이후 5년 동안 금한다. 이 금지사항은 대면, 전자적 상호작용 혹은 관계 모두에 적용된다. 상담자는 내담자 혹은 내담자의 연인이나 가족과의 성관계나 연인관계를 시작하려고 한다면, 그 전에 그러한 상호작용이나 관계가 어떤 식으로든 착취적으로 보일 수 있는지, 이전 내담자에게 피해를 줄 가능성이 여전히 있지는 않은지 고려했음을 증명하고 이를 (문서 형태로) 기록에 남기도록 한다. 착취나 피해의 가능성이 있는 경우, 상담자는 그러한 상호작용이나 관계를 시작하는 것을 피해야 한다(A.5.c).

**미국정신건강상담사협회(ACA, 2015)**
정신건강상담사는 이전 내담자와 연인관계나 성관계를 가지는 것을 강력히 권장하지 않는다. 상담사는 상담 종결 후 5년 또는 주 규정에 명시된 그 이상의 시기까지 친밀한 관계를 맺으면 안 된다. 착취의 위험을 검토하기 위해 받은 수련감독이나 자문내용은 문서로 남길 것을 강력히 권장한다(A.4.b).

**재활상담사자격검정위원회(CRCC, 2010)**
재활상담사가 이전 내담자, 이전 내담자의 연인, 이전 내담자의 직계가족과의 성관계나 연인관계를 시작하는 것은 직업적 마지막 만남 이후 5년 동안 금지한다. 5년이 지난 후에도 재활상담사는 성관계나 연인관계가 이전 내담자에게 해를 끼칠 가능성을 신중하게 고려해야 한다. 착취나 피해가 있다면 재활상담사는 이 상호작용이나 관계를 시작하지 말아야 한다(A.5.b).

**미국사회복지사협회(NASW, 2008)**
사회복지사는 피해를 입힐 가능성이 있기 때문에 이전 클라이언트와의 성행위나 성적 접촉을 하면 안 된다. 사회복지사가 이러한 금지에 반하는 행동을 하거나 특별한 상황 때문에 금지의 예외가 정당화될 수 있다고 주장한다면, 이전 클라이언트가 의도적이든 의도적이지 않든 착취나 억압, 조종을 당하지 않았음을 입증할 책임이 있는 사람은 클라이언트가 아니라 바로 사회복지사이다(1.09.c).

**미국부부및가족치료학회(AAMFT, 2015)**
이전 내담자나 알려진 내담자의 가족구성원의 성관계를 금지한다(1.5).

## 직업적 관계를 개인적 관계로 전환하는 문제

치료자는 직업적 관계를 개인적 관계로 전환하려는 동기와 이로 인해 발생할 수 있는 결과를 검토하기 위해 자문이나 개인치료를 받아야 한다. 이러한 관계를 시작하려고 생각할 때는 많은 요소를 평가해야 한다. 그 요소로는 치료종결 후 이전 기간, 치료의 본질과 기간, 전문가와 내담자의 관계를 종결할 당시의 상황, 내담자의 개인 내력, 내담자의 능력과 정신상태, 내담자나 타인에게 피해가 생길 가능성, 종결 후 내담자와 성관계를 하기 위해 치료자가 말이나 행동으로 어떤 계획을 제안했는지 여부 등이 있다. Koocher와 Keith-Spiegel(2016)은 이전 내담자와의 성관계는 이처럼 수많은 위험요소가 발생할 가능성이 높기 때문에 윤리규정에 명기된 시간경과와 관계없이 강력하게 반대한다고 언급한다.

"한 번 내담자였다면 계속 내담자로 남는다"라고 단언하는 상담자도 있다. 종결 후 흘러간 시간에 관계없이 포괄적으로 성적 정교를 금지한다면 쟁점이 명확해질 수는 있지만, 이 방책은 너무 극단적이라고 주장하는 이들도 있다(Shavit & Bucky, 2004). 집중적이고 장기간에 걸친 치료관계와 깊지 않고 단기간인 치료관계에는 중요한 차이점이 있다고 지적하는 이들도 있다. 이 문제에 대한 합의 부족을 드러내듯이, Neukrug와 Milliken(2011)이 조사한 결과를 보면 미국상담학회 회원의 42.9%는 상담관계가 종료된 후 최소 5년이 지난 다음에는 이전 내담자와 성행위를 하는 것이 윤리적이라고 답한 반면, 나머지 57.1%는 이를 비윤리적 행위라고 답했다.

**당신의 입장을 검토하라.** 이 시점에서 치료가 일단 마무리된 다음 성관계를 맺는 쟁점에 대해 당신의 입장을 숙고해 보라. 다음의 질문들을 생각하면서 당신의 입장을 정리해 보라.

- 이전 내담자와 성관계를 맺는 데 상담자가 자신만의 직무수행 방법을 만들어 낼 자유가 있어야 하는가? 그렇게 대답한 이유를 제시하라.
- 치료관계의 기간과 특징이 이러한 개인적 관계에 수반되는 윤리와 관계가 있는가? 집중적인 전이관계를 경험하면서 장기치료를 받는 내담자와 6주 동안 개인성장 문제로 작업하며 단기치료를 받는 내담자에게 동일한 기준을 적용할 것인가?
- 경과된 시간에 관계없이 상담종결 후 성관계를 절대로 금지하는 내용을 윤리규정에 포함하는 변경안에 찬성하겠는가? 그 이유는 무엇인가?
- 이전 내담자와의 친밀한 관계에 관하여 어떤 윤리지침을 제안하겠는가?
- 당신이 거주하는 주에서는 불법이 아닐 수 있지만 이전 내담자와의 성관계로 인한 잠재적인 결과는 무엇인가? 당신의 생각을 설명하라.
- "한 번 내담자였다면 계속 내담자로 남는다"라는 말에 대한 생각을 적어 보라.

## 성애와 무관한 신체접촉

저자들은 성애와 무관한 신체접촉이 경계횡단에서 논쟁이 된 주제 중 하나이기 때문에 이 주제를 본 장에 포함했다. 성애와 무관한 접촉도 결국 성적 착취로 이어질 수 있다고 염려하는 이들도 있지만, 성애와 무관한 접촉은 적절하고 상당한 치료적 가치를 지닐 수 있다. 치료자의 접촉은 진정한 관심과 동정심의 표현일 수 있고, 적절한 접촉은 안정감을 주므로 치유과정의 일부가 될 수 있다. 그러나 이러한 접촉은 오로지 치료자의 욕구를 만족하기 위한 표현일 수도 있기 때문에, 치료자는 내담자를 접촉하는 것이 적절한지 신중하게 평가해야 한다(Koocher & Keith-Spiegel, 2016). 특정 상황에 처한 일부 내담자의 경우 접촉하는 것은 부적절하다. Zur(2007)와 Zur와 Nordmarken(2009)은 내담자 요인, 직업적 환경, 치료자의 이론적 지향, 치료관계 가치의 맥락에서 접촉을 평가해야 한다고 말한다. 내담자 요인에는 성별, 연령, 문화, 계층, 접촉과 관련된 개인의 이력, 호소 문제, 진단과 성격 등이 포함된다. 접촉을 적절하고 치료적으로 보는 내담자도 있는 반면, 같은 접촉이라도 부적절하고 해로운 것으로 보는 내담자도 있을지 모른다. Zur와 Nordmarken에 따르면, 성애와 무관한 접촉이 대화치료의 보조수단으로써 임상적 가치를 가질 가능성이 있음을 지적하는 연구가 늘어나고 있다. 임상적으로 적절한 접촉은 내담자의 신뢰와 치료에 대한 편안함을 극대화할 수 있으며 치료동맹을 강화하는 데 효과적일 수 있다.

성애와 무관한 접촉 문제에는 또 다른 측면이 있다. 신체적 접촉의 위험성을 경고하는 임상전문가들도 있고, 상담자와 내담자는 어떤 형태의 신체적 접촉도 반대하는 전문가들도 있다. 이들은 접촉이 의존심을 조장하고, 전이관계를 방해하며, 내담자가 그릇되게 해석하고, 성적인 것으로 변질될 수 있다는 점을 들어 반대한다. Pope와 Wedding(2014)은 다른 위험에 대해 다음과 같이 언급한다. “임상적 필요성, 맥락, 역량 또는 동의 내용과 일치하지 않을 경우 선의에서 비롯되었더라도 성애와 무관한 신체접촉은 공격적이거나 무섭거나 협박하거나 비하하거나 거만하거나 탐탁지 않거나 둔감하거나 위협적이거나 강요하는 것처럼 느껴질 수도 있다”(585쪽). Gutheil과 Brodsky(2008)는 치료에서 접촉은 임상적 이해를 가지고 접근해야 한다고 주장한다. 그들은 “치료자가 환자와 포옹을 하는 것이 적절한 상황은 말 그대로 없다”라고 말하면서, 치료자가 깊은 슬픔에 빠져 치료자에게 손을 뻗는 내담자나 기나긴 치료과정이 끝난 내담자의 경우에만 내담자의 포옹을 받아들일 수 있다고 생각한다(167쪽).

저자들의 견해로는 접촉을 할 때 누구의 욕구가 충족될지 평가하는 것이 중요하다. 치료관계의 맥락이 아니라 치료자에게만 접촉하려는 생각이 든다면 접촉을 피해야 한다. 접촉을 하려고 한다면, 성애와 무관해야 하고, 치료자의 감정에 대한 자발적이고도 솔직한 표현이어야 하며, 언제나 내담자의 유익을 위한 것이어야 한다. 접촉이 기법의 일환으로 이뤄지면 안 된다. 치료자의 접촉행동이 치료자의 감정과 일치하지 않는다면 내담자와의 신체접촉은 지혜롭지 못하다. 진심이 아닌 접촉은 내담자가 알아차리게 되어 관계의 신뢰도가 깎일 수도 있다.

접촉은 내담자가 느끼는 것을 경험하지 못하게 방해하거나 내담자가 만지기를 원하지 않을 때는 역효과가 생길 수 있다. 과거의 역기능적인 관계에서 경험한 것을 기반으로 모든 신체적 접촉을 해석하는 내담자들도 있다. 치료자는 내담자가 접촉에 대해 어떻게 해석하거나 반응할지 알 수 없으므로 모든 접촉에 주의해서 접근해야 한다. 학대를 받으면서 자란 내담자는 치료자의 신체적 접촉을 지배의 표현이나 해를 입히는 것으로 혼동할 수도 있다. 이러한 내담자에게는 모든 종류의 접촉이 성적인 의미로 비춰질 수도 있다(Gutheil & Brodsky, 2008).

내담자와의 신체적 접촉은 상황에 따라 신중하게 고려해야 하는데, 이는 적기에 이뤄진 접촉이 말보다 더 깊은 공감을 전달할 수 있기 때문이다. 치료자는 자기의 동기를 인식하고 신체접촉의 의미에 대해 스스로에게 솔직할 필요가 있다. 또한 내담자는 신체적 친밀감에 대한 준비의 일환으로 접촉에 대한 내담자의 문화적 이해, 내담자의 반응, 이러한 접촉이 내담자에게 끼치는 영향, 내담자와 쌓아 온 신뢰수준 요인들에 민감할 필요가 있다.

## 치료에서 성애와 무관한 접촉의 윤리적 · 임상적 고려사항

상담실무자는 접촉에 관해 분명한 지침을 공식화하고 적절한 경계를 고려할 필요가 있다. Neukrug와 Milliken의 연구(2011)에서 설문에 응한 상담사의 83.9%는 어깨를 만지는 것과 같은 성애와 무관한 접촉을 통해 내담자를 위로하는 것은 윤리적이라는 생각을 지지했고, 66.7%는 내담자를 포옹하는 것이 윤리적이라고 생각했다. 다음 질문에 대답하면서 내담자와 치료자 관계의 일부로서 접촉활동의 윤리적 영향에 대한 당신의 입장을 생각해 보라.

- 내담자와 신체접촉을 하는 것이 치료적인지 역효과인지 판단하기 위해 당신은 어떤 표준을 사용할 수 있는가?
- 당신은 사생활에서 일상적으로 사람들을 안아 주는가? 그렇지 않다면 전문가로서 안아 주려는 동기는 무엇인가?
- 접촉이 적절하고 치료적인 경우는 언제인지 판단하도록 준비시키는 데 어느 정도

의 전문적 훈련이 필요하다고 생각하는가?

- 내담자 접촉의 적절성을 판단할 때 어떤 요소들을 고려해야 하는가? (예를 들면, 연령, 성별, 내담자 유형, 내담자 문제의 본질, 치료하는 환경)
- 내담자가 안아 주기를 원하는데 당신은 이에 대한 거부감이 있다면 어떻게 하겠는가? 포옹을 주저하는 이유를 내담자에게 어떻게 설명하겠는가?

Zur와 Nordmarken(2009)은 치료에서의 접촉은 본질적으로 비윤리적인 요소는 아니며 전문가단체의 윤리규정 가운데 접촉을 비윤리적이라고 보는 견해는 하나도 없다는 점을 지적한다. 그들은 위험관리 차원에서 경직된 태도로 접촉을 피하는 것이 비윤리적일 수도 있다고 말한다. 그들은 치료자가 복잡하고 민감한 사례에서 접촉을 사용하려면 자문을 요청하라고 당부한다. 접촉의 유형과 빈도와 더불어 접촉을 사용한 임상적 근거를 문서에 남기는 것은 윤리적인 직무수행에서 중요한 측면이다. 그들은 치료에서 성애와 무관한 접촉을 위한 윤리적 · 임상적 지침을 다음과 같이 밝히고 있다.

- 접촉은 긍정적인 치료효과의 가능성이 있을 때만 사용해야 한다.
- 접촉은 치료자의 훈련과 역량에 조화되는 방식으로 사용해야 한다.
- 치료자는 접촉을 사용하기 전에 내담자의 안전과 역량강화의 기초를 마련하는 것이 중요하다.
- 접촉을 결정할 때 내담자가 이를 어떻게 인식하고 해석할지 신중하게 고려하는 것이 중요하다.
- 폭행, 방치, 애착 문제, 강간, 학대, 성중독, 친밀감 문제를 경험한 사람에게 접촉을 사용할 때는 특별한 주의가 요구된다.
- 접촉과 관련된 개인의 문제를 탐색하고 치료에서 적절한 접촉에 관한 교육과 자문을 받는 것은 치료자의 책임이다.
- 치료자는 면허관리청을 두려워하거나 소송을 무서워해 접촉을 피하면 안 된다.
- 임상적으로 적절한 접촉은 성별, 문화, 문제, 상황, 이력, 진단 같은 내담자 요인에 유의하면서 사용해야 한다.

Zur와 Nordmarken은 치료자는 치료관계에서 신임과 권력을 오용하지 않도록 유의하는 것이 중요하다고 강조한다. 그들은 권력 그 자체가 부패한 것이 아니라 치료자의 청렴성이 부족할 때 부패하게 된다는 점을 상기시킨다.

## <Sienna의 사례>

Austin은 남성이든 여성이든 내담자를 일상적으로 안아 주는 따뜻하고 친절한 남성 상담자이다. 그의 내담자인 Sienna는 인생에서 어려움을 겪고 있고, 남성과의 관계 유지에 성공한 적이 없으며, 40세 생일이 다가오고 있고, 영원히 혼자일 것 같아 두려워 상담 받으러 왔다. 그녀는 상담자의 우호적인 인사방식을 오해하고 사적으로 호감의 메시지를 전달하는 것이라고 추측했다. 어느 회기 말미에 상담자가 평상시처럼 안아 주며 인사하자 그녀는 그를 세게 포옹하며 곧장 놓아 주지 않았다. 그를 쳐다보며 그녀는 이렇게 말했다. "참 특별한 순간이에요. 저는 일주일 내내 이 시간을 고대한답니다." 상담자는 놀라 당황했다. 그는 그녀가 자기의 몸짓을 오해했고, 이것은 모든 내담자와 나누는 인사방식이라고 설명하며 자기가 오해하게 만들었다면 진심으로 미안하다고 말했다. 그녀는 풀이 죽은 채로 상담실에서 급히 나갔다. 그녀는 다음 상담 약속을 취소했다.

- 이 상담자가 내담자와 신체접촉을 한 방식에 대해 어떻게 생각하는가?
- 치료회기를 마칠 무렵 Austin이 안아 줘도 되냐고 Sienna에게 물어봤다면 오해의 소지가 없었겠는가?
- Sienna가 먼저 포옹했다면 이 사례에 대해 다른 느낌이 들겠는가?
- 상담자가 Sienna의 포옹을 다룬 방식은 윤리적으로 건전한 것인가?
- 당신이라면 상담 약속을 취소한 것에 대해 추후에 그녀에게 이야기하겠는가?

**논평.** 저자들은 이 사례가 상담자가 내담자보다 자신이 처한 곤란함에 더 관심을 기울인 실례라고 생각한다. 치료자 업무의 본질은 먼저 내담자의 어려움을 보살피는 것이다. Austin은 Sienna의 메시지를 정확하게 이해했다고 가정했고, 그의 반응은 Sienna보다 자신의 정서적 욕구를 충족하는 것이었다. Austin이 내담자의 욕구를 우선시했다면 Sienna에게 그녀의 포옹이 무슨 의미인지 이야기하도록 배려했을 것이다. Austin은 자신에게 있을지 모르는 역전이와 그것이 Sienna의 말을 해석하는 방식에 어떻게 영향을 미칠 수 있는지 마음을 써야 한다. 상담자는 상담에서 다루는 내담자의 특별한 관심사는 물론이고 내담자와의 독특한 관계를 고려하지 않고 '일상적인' 관행을 적용할 때 주의해야 한다. 내담자의 경계를 존중하고 신중히 접촉해야 한다.

# 제7장 요약

본 장에서는 다중관계에 관한 윤리적 문제를 살펴보고자 노력했다. 이중・다중관계가 그 자체로 비윤리적이거나 항상 문제가 되는 것은 아님을 강조했다. 그러나 다중관계가 내담자에게 착취나 피해를 준다면 비윤리적인 것이다. 우리는 규정하는 일은 피하고자 노력하면서 경계횡단과 경계위반의 위험을 줄이기 위해 다른 사람들이 제시한 다양한 권고들, 내담자와 치료자를 보호할 확률을 높일 것이라 기대하는 권고들을 요약해 제시했다.

윤리규정에 전반적인 지침이 있지만 직업적 관계에서 어떤 경계를 형성할 필요가 있는지 결정을 내릴 때는 많은 특수한 변수들을 고려할 필요가 있다. 본 장의 강조점은 성애와 무관한 다중관계에 대한 윤리적 결정을 내리는 데 필요한 지침이다. 성애와 무관한 다중관계는 종종 복잡하여 단순한 해결책을 무력하게 만든다. 내담자의 복지를 증진시키기 위해 최선을 다하여 내담자를 돕는 방법을 선택할 때, 임상전문가는 자신의 가치관과 경험, 윤리규정의 균형을 이뤄야 하는 도전에 직면한다(Moleski & Kiselica, 2005).

내담자와의 성관계는 명백히 비윤리적이고 내담자의 안녕을 저해한다. 내담자와 성적으로 연루되는 것은 지혜롭지 못하고 비전문적이며 비윤리적일 뿐만 아니라 많은 주에서 불법에 해당된다. 그러나 장기적으로 내담자에게 심각한 손상을 야기할지 모르는 치료자의 교묘하고 교활한 일부 행동들을 간과하지 않는 것도 중요하다. 치료자가 특정 내담자에게 결코 끌리지 않으리라고 생각하는 것은 비현실적이다. 이러한 감정을 품지 말아야 한다고 믿거나, 어떤 내담자에 대해 다른 내담자들보다 감정을 더 느끼지 말아야 한다고 믿는다면 스스로에게 불필요한 부담을 지우는 격이 된다. 중요한 점은 이러한 감정이 치료관계에 영향을 주기 때문에 이를 어떻게 다루기로 결정하는가이다. 특정 내담자를 더 이상 효과적으로 도와줄 수 없는 상황에 봉착하지 않는 한, 다른 치료자에게 의뢰하는 것이 반드시 최상의 해결책은 아니다. 그보다 자문 혹은 최소한 동료와 솔직한 대화가 필요하다고 판단할 수도 있다. 무슨 이유로든 끌리는 당신의 감정이 내담자가 알게 될 경우 그 감정을 행동으로 옮기지 않을 것이라고 내담자를 안심시켜야 한다. 이로 인해 내담자에게 문제가 야기된다면 의뢰에 대해 의논해야 한다.

저자들은 당신이 무엇을 하고 있으며, 누구의 욕구가 우선인지 숙고하는 습관의 중요성을 강조하고 싶다. 자기점검을 할 때 솔직하고자 하는 마음은 윤리적인 상담실무자가 되기 위한 최고의 자산이다. 앞에서 언급했듯이 동료가 당신을 지켜보고 있다면 다르게 행동할지의 여부를 염두에 두는 것이 좋다.

## 추천 활동

**1.** 당신의 특정 직업적 관심사 영역에 적용되는 다중관계의 윤리적 · 법적 측면을 조사하라. 최근의 추세, 특별한 문제와 대안들을 찾아보라. 자료와 생각들을 어느 정도 정리했다면 조사결과를 수업시간에 발표하라.

**2.** 다중관계란 부득이하고 피할 수 없고 만연한 것이며, 이로울 수도 있고 해로울 가능성이 있다고 말하는 이들이 있다. 두 편으로 나누어 핵심 쟁점들을 토의하라. 한 편은 다

중관계의 잠재적 유익에 초점을 맞춰 간단한 법률이나 윤리적 의무로 다룰 수 없다고 주장하도록 하라. 다른 편은 다중관계가 비윤리적이라는 입장을 주장하고 그 이유를 제시하도록 하라.

**3.** 상담에서의 다중관계에 대한 당신의 입장을 간단한 논술문 형태로 작성하라. 다중관계 문제의 세부측면들을 취하여 그에 대한 뚜렷한 입장을 다듬어 당신만의 견해를 제시하라.

**4.** 내담자와의 물물교환에 대해 어떻게 생각하는가? 내담자와 물물교환에 동의할 수 있는 상황과 동의하지 않을 상황에 대해 토의하라. 어떤 지침을 설정해야 하는가? 관련된 윤리적 문제는 무엇인가?

**5.** 상담에서 성적 끌림 문제에 대해 조별로 토의하라. 내담자에게 매력을 느낀다면 어떻게 반응할지 생각해 보라. 당신에게 매력적으로 보이는 내담자에게 어떻게 반응하겠는가?

**6.** 당신과 상담 중인 내담자와 사교적 관계를 맺는 것에 관한 당신의 견해는 무엇인가? 내담자가 상담을 종결한 후에는 어떠한가? 여러 문화적 틀에서 이 주제를 고려해 보라.

**7.** 성애와 무관한 접촉이 치료적인지 역효과를 내는지 판단하기 위해 당신은 어떤 지침을 채택하겠는가? 상담을 받는 계층에 따라 달라지겠는가? 상담하는 환경에 따라 달라지겠는가? 당신은 성애와 무관한 접촉을 당할 때와 접촉을 할 때 마음이 어느 정도로 편한가? 접촉에 관한 당신의 윤리적 관심사는 무엇인가?

**8.** 다음의 두 가지 영역에 적용되는 다양한 전문가단체의 윤리규정들을 차분히 살펴보라. (a) 일반적인 다중관계, (b) 현재 혹은 이전 내담자와의 성적 정교. 학생들을 조별로 나누고 상이한 윤리규정들을 분석하여 수업시간에 간단하게 발표하게 한 뒤 규정에 내포된 가치관에 관해 토의하라.

**9.** 조별로 본 장에 나온 일부 사례와 관련된 핵심 쟁점들을 탐색하라. 그 사례를 단막극으로 시연한 뒤 함의에 관해 토의하라. 치료자와 내담자 역을 연기하면 토의에 활력이 생기고 그 사례에 대해 상이한 견해를 얻게 된다.

제8장

# 전문가 자격과 훈련

## 학습목표

1. 치료자의 역량이 어떻게 윤리적으로 문제가 되는지 밝힌다.
2. 역량평가에 무엇이 포함되는지 기술한다.
3. 의뢰하는 시기와 방법을 규명한다.
4. 치료자 훈련과 관련된 윤리적 문제를 검토한다.
5. 교육 프로그램에서 지원자를 선별하는 기준을 이해한다.
6. 교육생의 지식, 기술과 개인 기능을 평가하는 방법을 파악한다.
7. 역량을 증진시키는 교수진의 문지기 역할을 설명한다.
8. 학업과 무관한 이유로 학생을 퇴학시키는 것과 관련된 문제를 살펴본다.
9. 면허와 자격의 목적을 제시한다.
10. 보수교육이 역량을 유지하는 데 기여하는 역할에 대해 더 잘 이해한다.

## 점검을 위한 자기평가

지침: 각 문장을 읽고 자신의 신념과 태도를 가장 잘 나타내고 있다고 생각되는 수준의 번호를 빈칸에 기록하시오.

5 = 강력히 동의한다.

4 = 대체로 동의한다.

3 = 결정하기 어렵다.

2 = 거의 동의할 수 없다.

1 = 절대로 동의할 수 없다.

____ **1.** 내담자와의 상담범위가 자신이 받았던 직업적 훈련을 넘어서는 것이라면 다른 치료자에게 내담자를 의뢰할 윤리적 의무가 상담자에게 있다.

____ **2.** 내담자의 성적 지향을 근거로 내담자를 의뢰하는 것은 부적절하고 비윤리적이다.

____ **3.** 주 검정위원회로부터 받은 면허나 자격을 소지함으로써 치료기술을 보유하고 있고 심리치료를 수행할 역량이 있음이 입증된다.

____ **4.** 전문가 면허를 통해 면허 소지자에 대한 최소한의 준비 기준을 설정하여 대중을 보호하게 된다.

____ **5.** 우리 중 모든 환경, 모든 내담자, 모든 치료방식, 모든 기술과 기법에 유능한 사람은 아무도 없다.

____ **6.** 보수교육 과정은 심리치료사 면허 갱신의 필수요건이 되어야 한다.

____ **7.** 지식과 기술을 유능하게 적용하려면 신체적, 정서적, 정신적, 사회적, 영적 웰빙에 주의를 기울여야 한다.

____ **8.** 상담자 훈련기관에서는 학업성적과 유능한 치료자의 인격적 특징을 고려하여 교육생을 선발해야 한다.

____ **9.** 심리치료사 면허제를 찬성하는 논증이 이를 반대하는 논증보다 우세하다.

____ **10.** 교육 프로그램에 지원한 지원자에게는 교육생 선발기준을 알 권리가 있다.

____ **11.** 학생이 대학원 교육 프로그램에 입학하면, 그 프로그램에서는 학위 이수 적부를 판단하기 위해 여러 번에 걸쳐 학생을 평가해야 한다.

____ **12.** 인간행동에 대해 경직되고 독단적인 견해를 보이고 교정에 순응하지 않는 교육생은 교육 프로그램에서 퇴학시켜야 한다.

____ **13.** 온라인 치료를 시행하려고 계획하는 사람들에게는 전문교육이 필요하다.

____ **14.** 평생학습은 전문역량의 중요한 구성요소이다.

____ **15.** 보수교육이 상담활동에 필요한 면허유지 필수요건이 아니라면 워크숍, 세미나, 연수 등 졸업 후 학습활동을 찾아다니지 않을 수도 있다.

## 서론

본 장에서는 전문가의 자격과 정신건강전문가들에게 요구되는 지속적인 교육과 훈련의 윤리적 · 법적 측면에 초점을 두고 있다. 전문가 면허와 자격 관련 문제뿐만 아니라 보수교육에 대한 접근들을 논의하고자 한다.

능력평가가 쉬운 문제는 아니지만 역량은 정신건강전문가들의 주요 관심사이다. 역량을 갖추기 위해 평생의 노력이 필요하다. 우리는 역량을 개발하고 갖추며 유지하고 강화하는 데 평생의 경력을 쏟아부어야 한다는 소명을 가지고 있다. 경력의 한 시점에서 갖췄던 역량이 이후의 역량을 보장하지는 못한다. 최신 경향을 따라가려면 우리는 지식과 기술을 유지하기 위해 적극적인 노력을 기울여야만 한다. 특히 보수교육은 최근 등장한 상담실무를 익히는 데 중요하다.

우리는 스스로의 역량범위를 고려해야 한다(Barnett & Johnson, 2015). 상담의 한 분야에서 역량을 갖췄다고 해서 다른 분야의 역량도 갖췄다거나 다른 분야의 내담자 문제를 익숙하게 다룬다는 뜻은 아니다. 역량을 보증하기 위해 우리가 하는 각 실무 영역을 정확하게 평가하는 것이 중요하다. 영성과 관련된 학생 문제를 다루기 위해 학교상담사의 긴장도와 인지된 역량을 조사한 한 연구에서 참가자의 80%는 이러한 문제에 긴장하지 않는다고 말하면서도 역량수준을 향상할 필요가 있다고 느꼈다(Smith-Augustine, 2011). 상담실무자와 학생은 일반실무자이자 전문실무자로서 역량을 모두 개발할 수 있다. 일반실무자는 광범위한 문제를 다루면서 폭넓은 내담자 계층과 작업할 수 있는 실무자이다. 전문실무자는 진로발달, 중독상담, 섭식장애, 가족치료 같은 특정 직무수행 영역에서의 역량을 개발한 인력이다.

역량의 정의는 특정 작업과 역할을 적절하고 효과적으로 수행하는 상담실무자의 능력을 중심으로 규정된다(Johnson et al., 2008). 유능한 실무자는 효과적인 서비스를 제공하는 데 필요한 자기인식, 지식, 기술, 능력을 갖추고 있다. 지식과 기술을 역량 있게 적용하기 위해 우리는 신체적, 정서적, 정신적, 영적 웰빙에 지속적으로 주의를 기울여야 한다. 제2장에서 살펴본 것처럼 자기돌봄과 건강은 우리의 직무 분야에서 기능을 역량 있게 발휘하는 데 기본이고 윤리적인 문제로도 간주된다.

정신건강전문가의 교육과 훈련은 독특한 윤리적 문제들이 수반되기 때문에 특히 주목을 받는다. 실제로 윤리적 문제들은 맨 처음, 즉 대학원 교육 프로그램의 입학과 선발절차부터 고려한다. 주요 문제 중 하나는 교육생에게 직업적 기능을 저해할 것 같은 문제가 있다는 점이 분명할 때 대중을 안전하게 보호해야 하는 교육 프로그램의 역할이다.

## 치료자 역량의 윤리적 · 법적 측면

본 절에서는 **치료자 역량**(therapist competence) 혹은 직무수행의 특정 영역에서 내담자를 효과적이고 적합하게 다루는 데 필수적인 기술과 훈련을 검토하고자 한다. 저자들은 치료자의 역량이란 무엇이고, 이를 어떻게 평가할 수 있으며, 이것의 윤리적 · 법적 차원들이 무엇인지 논의하려고 한다. 탐색하고자 하는 질문들은 다음과 같다. 역량을 결정하는 데 지침을 제공하는 윤리기준은 무엇인가? 치료자 훈련에는 어떤 윤리적 문제들이 수반되는가? 전문가 면허제도는 어느 정도로 정확하고 타당한 역량 측정법인가? 정신건강전문가는 자신의 지식과 기술을 향상하기 위해 어떠한 윤리적 책임을 지는가?

역량은 무능력과 고도의 유능성의 연속선상에서 생각하는 것이 좋다. **역량**(competence)은 윤리적 개념인 동시에 법률적 개념이다. 윤리적 관점에서 역량은 선행과 무해성의 원칙에 근거를 두고 있다(Knapp, Gottlieb, & Handelsman, 2015). 윤리적인 상담 실무자는 내담자들을 보호하고 그들에게 서비스를 제공한다. 정신건강전문가가 내담자에게 해를 입히려는 의도가 없을지라도, 무능력은 가끔 그 주요 요인이 된다. 법률적 관점에서 무능한 실무자는 배임행위소송에 취약하다.

### 역량에 관한 견해들

저자들은 다양한 전문가단체의 구체적인 지침들을 개관하면서 역량에 관한 논의를 이

## 윤리규정: 전문가의 역량

**미국정신건강상담사협회(AMHCA, 2015)**
정신건강상담사는 자신의 특정 역량의 범위과 전문성의 한계를 인식해야 한다(C.1.a).

**미국부부및가족치료학회(AAMFT, 2015)**
부부 · 가족치료사는 인정된 역량의 범위를 벗어난 문제를 진단, 치료하거나 그에 관해 조언하지 않아야 한다(3.10).

**미국심리학회(APA, 2010)**
심리학자는 자신의 교육, 훈련, 수련감독 경험, 자문, 연구, 직업 경험에 근거하여 서비스를 제공하고 가르치고 연구를 수행하되, 자신의 역량범위에 속하는 계층과 영역이어야 한다(2.01.a).

**미국상담학회(ACA, 2014)**
상담사는 교육, 훈련, 수련감독 경험, 주 · 국가 전문자격, 적절한 직업 경험을 바탕으로 자신의 역량범위 내에서 상담해야 한다. 다문화상담 역량은 모든 상담전문 분야에서 요구된다는 사실에 비추어, 다양한 내담자 계층과 협력하면서 문화적으로 유능한 상담사가 되는 데 필요한 지식, 개인적 인식, 감수성, 성향, 기술을 습득해야 한다(C.2.a).

**미국정신의학회(2013b)**
전문자격 영역 밖에서 정규적으로 치료활동을 하는 정신과 의사는 비윤리적인 전문가로 여겨야 한다. 전문가 자격의 소멸은 심사위원회나 다른 적법한 기관에서 결정해야 한다(2.3).

**미국학교상담사협회(ASCA, 2016)**
학교상담사는 최적의 전문적 효율성을 보장받기 위해 정서적 · 신체적 건강을 점검하고 건강한 생활을 실천해야 한다. 학교상담사는 전문적인 능력을 보장하기 위해 필요할 경우, 신체적 · 정신적 건강 지원을 요청해야 한다(B.3.f).

어 가고자 한다. 이 지침들은 글상자 '전문가의 역량'에 요약되어 있다.

이 지침들은 몇 가지 질문을 남긴다. 역량의 한계란 무엇이며, 전문가는 그 한계를 넘어섰다는 것을 어떻게 알게 되는가? 상담실무자는 자신의 경험과 훈련이 적합한지 의문이 들 때, 내담자를 받아야 할지 말아야 할지 어떻게 결정할 수 있는가? 전문상담 입문 수준이 되기 위해 필요한 최소 학위는 무엇으로 정해야 하는가? 다양한 내담자 계층에게 직무를 수행할 역량을 갖추기 위해 상담자는 일반실무자와 전문실무자 모두가 되어야 할 수도 있다. 물질중독상담사 중에는 일반실무자로 면허를 취득한다고 해서 중독치료 분야에서 일할 수 있는 자격이 생기는 것은 아니라고 주장하는 이들이 많다. 물질중독상담사의 자격과 관련하여 상담교육프로그램인증평가원(CACREP,

2016)의 기준에는 기초지식, 맥락 차원, 상담과 예방과 개입, 다양성 이해와 옹호, 심리평가, 연구와 평가, 진단 등의 분야에 관한 구체적인 지식, 기술, 직무가 명시되어 있다.

정신건강전문가로서 우리는 역량의 최소 기준을 충족시키는지 확인하기 위해 적절한 조치를 취해야 할 책임이 있다. 지속적인 자기평가와 자기반성의 과정을 경력기간 동안 이어 가는 것이 필요하다. 상담실무 중 특정 분야에서 서비스를 제공할 역량을 갖추고 있는지 불확실하다면 동료에게 자문을 요청해야 한다(Barnett & Johnson, 2015). 현재와 이전 내담자로부터 익명의 피드백을 수집한다면 내담자가 경험한 우리의 유능 정도를 평가하는 데 도움이 될 수 있다. 상담에서 무엇이 효과가 있었는지, 그리고 치료자로서 우리를 어떻게 보는지에 대한 피드백을 내담자에게 정기적으로 요청하는 것이 좋다. 상담자는 긍정적인 개입과 도움이 되지 않는 개입에 관해 반성함으로써 내담자가 자신의 비판을 안전하게 공유할 수 있도록 할 수 있다. 일상적인 자기평가와 우리의 기술에 대한 정직한 평가는 우리의 역량을 높이고 미래의 내담자에게 혜택을 줄 긍정적인 변화와 지속적인 성장의 토대를 제공한다.

## 역량평가

역량평가는 매우 어려운 작업이다. 박사과정을 마쳤지만 특정 치료작업을 수행하는 데 필요한 기술이나 지식이 부족한 이들도 있다. 내담자를 실습이나 인턴십의 일부로만 보는 상담 전공생이 자신의 역량을 평가하는 방법을 배우는 것은 특히 중요하다. 미래의 전문가로서 당신은 자신의 역량을 검토하고 효과적인 상담실무에 필요한 지식과 기술을 습득하기 위한 조치를 취해야 한다. 평가방법은 형성평가와 총괄평가를 통합할 때 가장 효과적이다(Kaslow et al., 2007). **형성평가**(formative assessment)란 훈련기간과 직업경력 동안 유용한 피드백을 제공하며 발달정보를 설명해 주는 과정이다. **총괄평가**(summative assessment)란 전문가 교육 프로그램이 종결될 때 혹은 면허 발급을 신청할 때 통상 마무리되는 최종 평가이다. 이 두 가지 평가를 통해 상담실무자 개인의 장점을 다루고 역량을 평가받는 사람에게 필요할 경우 보수교육 계획을 세우는 데 유용한 정보를 얻게 된다. Johnson 등(2012)은 교육생에 대한 형성평가와 총괄평가가 공정하고 효율적이라는 것은 인정하지만 자기평가와 관련된 몇 가지 문제를 지적한다. 임상전문가는 가끔 자신의 역량 문제를 인식하지 못하기도 하고, 일부는 이러한 문제가 있다는 증거가 있음에도 동료의 역량 문제를 다루는 것을 꺼릴 수도 있다.

정신건강전문가의 교육과 훈련을 담당하는 사람들에게는 교육생의 옹호자와 멘토로서의 역할과 교육생을 선별하는 문지기 역할에서 균형을 유지해야 하는 윤리적·직업적 책무가 있다(Johnson et al., 2008). 때때로 상충하는 두 가지 역할들을 관리하는 한 가지 방법은 교육생들에게 정기적으로 형성평가와 총괄평가를 철저하고도 정확하게 실시하여 그 평가내용을 신중하게 기록으로 남기되 여러 전문가들이 각 교육생을 각자 평가하도록 하는 것이다. 훈련을 담당하는 교수진은 프로그램 이수과정 중인 모든 교육생들에게 정확하고 타당하고 시의적절한 피드백을 제공해야 할 윤리적인 책임이 있다. Jacobs 등(2011)은 교육생에게 제공되는 형성과 총괄 피드백이 효과가 없을 경우 부담이 되지만 이에 관해 교육생과 대화를 나누는 것이 중요하다고 언급한다.

초보 상담자가 독립적으로 상담할 준비가 되어 있는지 어떻게 평가할 수 있는가? 수련감독을 받으면 상담시간이 충분한 기준이 되는가 아니면 다른 기준이 필요한가? 특정 상담 영역에서 서비스를 제공하는 능력이 확실하지 않은 경우, 동료에게 자문을 요청해야 한다. 내담자의 상담 요구내용이 당신의 역량을 넘어선다는 것이 분명할 경우, 당신은 내담자를 효과적으로 치료하는 데 필요한 역량을 개발하거나 이 내담자를 다른 유능한 전문가에게 의뢰해야 한다. 의뢰 결정은 상담자의 편안함보다 내담자의 이익을 위한 것이어야 한다. 자기성찰과 동료의 자문은 이러한 결정을 내리는 데 중요한 조치이다.

초보 상담자가 상담하기에 어려워 보이는 내담자를 모두 다른 전문가에게 의뢰해야 한다면 내담자를 거의 잃게 될 것이다. 어느 선까지 안전하게 내담자와 상담할 수 있는지 객관적이고도 솔직하게 평가하고, 내담자를 언제 다른 치료자에게 의뢰할지 혹은 다른 전문가에게 언제 자문을 요청할지 알아야 한다. 매우 숙련된 치료자일지라도 때로는 특정 내담자를 상담할 때 필요한 개인적·직업적 능력이 있는지 의문을 품는 것은 전혀 이상한 일이 아니다. Thériault와 Gazzola(2005)는 "다년간의 경험에도 불구하고 자신의 역량에 대해 계속해서 걱정하는 치료자들이 많으며"(11쪽) "자신의 역량에 의문을 제기하는 것은 치료자로 성장하는 데 중요한 측면"(16쪽)이라고 시사한다. 자신의 자격에 거의 의문을 품지 않는 치료자가 오히려 더 문제이다. 따라서 특정 내담자를 상담할 때 부딪히는 난관 그 자체가 역량이 없다는 의미는 아니며 어려움이 없다고 해서 역량이 있다는 의미도 아니다.

기술을 개발하거나 향상하기 위한 한 가지 방법은 경험 많은 동료나 전문가와 협력하는 것이며, 새로운 상담실무 분야에 들어갈 때 특히 필요하다. 교육과 훈련을 받지 않은 분야에서 상담하기 전에 자문을 요청하고, 해당 분야의 역량을 개발하는 과정에서 계속 수련감독을 받으라. Doll(Barnett, Doll, Younggren, & Rubin, 2007에서 인용)은 상담실무자들이 교육 프로그램을 이수한 후에도 새로운 지식, 기술, 직무에 대한 역량을 지속적으로 구축해야 한다고 주장한다. Doll은 치료자가 상담의 범위를 넓히거나 전문역량이 필요한 영역으로 확장할 때 동료에게 자문을 요청하거나 인정받은 전문가에게 전문적인 수련감독을 받아야 한다고 언급한다. 지속적인 훈련과 보수교육을 경력기간에 받으려고 노력해야 한다.

학술대회와 집회에 참석하고, 책과 전문학술지 논문을 읽으며, 잘 모르는 분야와 별로 끌리지는 않는 이론에 대한 강좌를 수강하고, 강의와 수련감독을 제공하는 실습을 결합한 워크숍에 참여함으로써 새로운 기술들을 배울 수 있다. 피드백을 통해 특정 치료 과업에 대한 준비 정도를 평가하는 데 필요한 부가적인 자원을 얻을 수 있다.

## 의뢰

당신이 어떤 분야에 역량이 있을지라도 당신이 일하는 곳에 자원이 제한되어 있거나 당신의 전문역할의 경계로 인해 내담자가 필요로 하는 서비스를 효과적으로 전달하는 데 제한이 있다면 의뢰해야 할 수도 있다. 예를 들어, 학교상담사는 개인 심리치료를 필요로 하는 학생에게 학교 외부에 있는 정신건강전문가에게 의뢰할 수 있다. 학교상담사는 이러한 서비스를 학교 맥락에서 제공할 수 없기 때문에 더 집중적인 서비스를 위해 학생을 의뢰함으로써 윤리적으로 직무를 이행한다. 당신의 근무지에서 내담자의 상담회기 횟수를 제한한다면, 적합한 자격을 갖춘 인근 지역의 의뢰 자원을 목록으로 만들어 놓으라.

상담과정이 때로는 예측 불가일 수 있기 때문에, 윤리적 방침에 따라 내담자를 다른 전문가에게 의뢰해야 할 상황이 생길 수도 있다. 예를 들어, 학업에서 성공을 거두는 것과 관련하여 불안을 겪는 Quan이라는 대학생의 사례를 생각해 보자. 이 문제는 학교상담사가 훈련받은 범위에 해당되었다. 그러나 상담자는 몇 번 상담을 한 이후 이 학생이 매우 의기소침해졌고 자해와는 다른 형태의 자기파괴 행동을 저질렀다는 사실을 알게 되었다. 상담자는 이러한 증상과 행동들이 자신의 전문영역에서 벗어나는 문제임을 인식하게 되었다. 윤리적으로 직무를 수행하려면 상담자는 Quan의 문제를 다룰 자격이 있는 다른 전문가에 의뢰해야 한다.

내담자의 문제를 효과적으로 다루는 전문기술을 소유하는 것이 하나의 기준이겠지만 의뢰가 합당한지 의문을 가질 수 있는 상황도 존재한다. 그러나 제3장에서 살펴본 것처럼, 가치관의 충돌 때문에 내담자를 의뢰하는 것은 윤리적으로 용인되는 의뢰 사유가 아니다. Wise 등(2015)은 다양한 대중을 상담할 수 있는 역량을 획득하는 것이 선택사항이 아니라는 메시지를 설득력 있게 전달한다. "학생에게는 자신의 태도, 신념 또는 가치와 충돌하기 때문에 특정 내담자 계층과의 상담을 피하거나 전문역량 개발을 거부할 수 있는 선택권이 없다"(268쪽). Linde(2016)는 상담하는 내담자에 대한 지식이 부족한 경우 상담자는 이러한 내담자를 상담할 수 있는 지식과 기술을 습득하기 위해 추가 교육, 자문 또는 수련감독을 받아야 할 의무가 있다고 말한다. Linde는 어떤 상황에서는 의뢰하는 것이 윤리적이라는 점도 인정한다. "상담자가 제공할 수 있는 것보다 더 높은 수준의 보살핌이 내담자에게 필요한 경우, 상담자는 내담자를 의뢰할 수도 있다"(20쪽).

상담자는 언제 내담자를 다른 전문가에게 의뢰할지 평가하기 위한 틀을 개발해야 한다. 당신의 역량이 한계에 이르렀을 때 능숙하게 다른 전문가에게 의뢰하는 것은 의무사항이다. 내담자는 의뢰 이유를 듣고 이해할 권리가 있으며, 내담자가 거절당하거나 버림받았다고 여기지 않고 열린 자세로 제안을 수용하도록 현명하게 의뢰하는 방법을 배울 필요가 있다.

다만 상담하기 어려운 내담자를 의뢰하는 것을 만병통치약으로 보지 않기를 바란다. 자주 의뢰하는 경향이 있는 경우, 이러한 개인들을 상담할 의사가 없거나 상담할 수 없는 이유를 탐색하라. 추가로 도움이 필요하다면 스스로를 상담에 의뢰할 수도 있다! 대부분의 윤리규정에는 다른 전문가에게 의뢰하는 조건에 관한 지침이 있으며, 사회복지사 윤리규정의 예는 다음과 같다.

> 사회복지사는 클라이언트에게 온전한 서비스를 제공하기 위해 다른 전문가의 전문 지식이나 기술이 필요하거나, 자신이 클라이언트에게 효과적이지 못하거나 합당한 진전이 없어 추가 서비스가 필요하다고 생각된다면 클라이언트를 다른 전문가에게 의뢰해야 한다(NASW, 2008, 2.06.a).

## <Binh의 사례>

Binh은 45세 여성으로 인근 정신보건센터에서 6회기 동안 상담을 받았다. 그녀는 우울증 주기에 접어들면 괴로워하고 아침마다 일어나는 것이 얼마나 힘든지 자주 이야기했다. Binh은 자신의 느낌을 표현하는 데 매우 어려움을 겪었다. 그녀는 상담받는 시간 동안 거의 조용히 앉아 있었다. 상담자는 그녀의 문제가 장기치료 대상에 해당되기 때문에 자신에게 다룰 역량이 없다고 판단했다. 더욱이 그 센터에는 장기치료가 필요한 내담자를 개업 치료자에게 의뢰하라는 지침이 있다. 따라서 상담자는 그녀에게 다음과 같이 의뢰 제안을 했다.

**상담자:** Binh, 접수면접 때 말씀드렸지만 우리 기관에서는 일반적으로 상담회기 횟수를 여섯 번으로 제한하고 있습니다. 오늘이 여섯 번째 회기라서 당신을 다른 치료자에게 의뢰하는 문제에 관해 의논하고 싶군요.

**Binh:** 예, 기관에서 일반적으로 상담횟수를 6회로 제한한다고 말씀하셨죠. 그런데 예외는 없나요? 무슨 말씀이냐면, 전 상담을 이제 막 시작한 것 같거든요. 제가 잘 모르거나 신뢰하지 못하는 누군가와 또다시 처음부터 시작하고 싶지는 않아요.

**상담자:** 그 점은 이해가 갑니다만, 다시 처음부터 시작하지 않아도 될지 모릅니다. 제가 당신과 계속 상담할 치료자를 만나 지난 여러 주 동안 논의했던 내용을 이야기해 줄 것이기 때문이죠.

**Binh:** 그래도 의뢰는 맘에 들지 않는군요. 당신이 저랑 상담을 계속하지 않는다면 다른 치료자를 보러 갈지 안 갈지 모르겠어요. 당신이랑 왜 계속하면 안 되는 거죠?

**상담자:** 제가 훈련받은 범위보다 더 집중적인 치료가 당신에게 필요하다고 생각하기 때문이고, 방금 설명 드렸듯이 우리 기관에서는 단기상담만 하도록 되어 있기 때문이죠.

**Binh:** 집중적인 치료요! 제 문제가 그 정도로 심각하다는 말씀이세요?

**상담자:** 당신에게 심각한 문제가 있다는 의미만은 아닙니다. 오래 지속되고 있는 당신의 우울증이 염려돼요. 또 당신의 자살 공상에 대한 저의 염려도 말씀드렸고요. 당신이 우울증 치료를 훈련받은 전문가와 상담한다면 당신에게 크게 유익이 될 것이라 생각해요.

**Binh:** 당신은 저와 상담을 잘하셨다고 생각해요. 당신과 상담하지 못하게 된다면 전 그냥 상담을 그만둘 거예요.

다음 질문들에 답하면서 Binh의 사례에 포함된 윤리적 문제들을 생각해 보라.

- Binh의 상담자가 접근한 방식에 대해 어떻게 생각하는가? 당신이라면 다르게 접근하겠는가?
- 상담자가 자신의 직무범위를 벗어나는 문제를 상담한 것인가 아니면 Binh이 치료과정에 대해 잘 이해하지 못한 것인가?
- 상담자가 여섯 회기라는 제한에 관해 분명하게 설명하지 않았을 가능성이 있는가?
- 당신이라면 6회기 제한에 관해 어느 시점에 Bihn과 의논하겠는가?

- 당신이 Binh의 상담자이고 그녀를 치료할 역량이 없다고 생각하는데 그녀가 다른 치료자에게 가는 것을 거절한다면 계속 만나기로 동의하겠는가? 그 이유는 무엇인가?

**논평.** 이 대화에는 흔히 발생하는 문제가 반영되어 있다. 그것은 바로 상담자와 내담자가 종결과 의뢰 문제에 관해 상이한 견해를 보인다는 것이다. Binh이 이 치료자와의 치료종결에 반대할지라도, 이 치료자가 그녀를 계속 상담하는 것은 비윤리적이다. 치료자의 자격범위를 벗어나는 내담자의 문제를 계속 치료하는 것은 치료기준을 심각하게 위반하는 것이다(Younggren & Gottlieb, 2008). 치료자가 종결과 의뢰가 적절한 조치라고 판단했는데도 그렇게 하지 않는 것은 내담자에 대한 수탁자의 의무와 불필요한 치료회기를 제공하는 것을 금지하는 윤리규정을 위반하는 것이다. 상담자에게는 내담자의 인식과 희망과 관계없이 종료할 의무가 지워질 수도 있다. 극단적인 경우 내담자의 반대에도 불구하고 종료될 수 있지만, 이러한 반대가 종료를 부적절하게 만들지는 않는다(Younggren et al., 2011).

상담자가 의뢰를 제안하는 방법이 중요하다. 이 상담자가 마지막 회기 이전에 의뢰를 제안했더라면 지혜롭게 대처한 사례였을 것이다. 거의 예외 없이 치료자는 첫 회기 면담 말미에 찾아온 내담자를 치료할 자격이 본인에게 있는지 판단할 수 있어야 한다. 이 상담자는 첫 회기의 설명 후 받는 동의과정에서 자신이 자격을 갖추고 제공할 수 있는 단기적인 도움을 강조했어야 한다. 의뢰를 받아들일지 거부할지는 궁극적으로 내담자의 선택에 달려 있다. 이 상담자가 Binh에게 의뢰가 가장 유익한 방법이라는 점을 입증할 수 있다면, 내담자가 의뢰를 받아들일 가능성이 커질 것이다. 이 사례에서 상담자는 Binh같이 장기치료를 통해 더 잘 해결될 것이 분명한 내담자를 받아들이지 않기로 했다면 더 나았을 것이다.

# 치료자 훈련과 윤리적 문제

훈련은 정신건강실무자가 자격을 갖추기 위한 기본요소이다. 당신의 교육과 훈련의 가치에 영향을 미치는 방침에 관해 기본지식이 있다면 교육 프로그램에서 적극적인 역할을 맡을 수 있을 것이다. 적합한 훈련을 제공하는 것은 프로그램 교수진의 일차적 책임이지만, 훈련이 유능한 상담실무자가 되는 데 필요한 경험을 제공하는지 확인하는 역할과 책임은 당신에게도 있다. 본 절은 훈련의 중심이 되는 윤리적 · 직업적 문제에 관한 교육생 선발과 교육 프로그램의 내용을 중심으로 구성되어 있다.

## 교육생 선발

핵심적인 윤리적 · 직업적 문제에는 교육 프로그램에 적합한 후보를 선발하는 방침과 절차를 명확하게 하는 일이 포함된다. 교육 프로그램 교수진이 고려해야 할 문제는 다음과 같다.

- 교육 프로그램 입학을 위해 어떤 기준을 사용해야 하는가?
- 교육생 선발이 전통적인 학사기준을 근거로만 이뤄져야 하는가, 아니면 개인의 특성과 품성, 심리적 적합성 같은 요소들도 고려해야 하는가?
- 지원자와 교육 프로그램 사이에 적합도가 좋은가?
- 지원자는 새로운 관점을 학습하고 고려하는 데 어느 정도로 개방적인가?
- 훈련과 심리치료 실무에 방해가 될 것 같은 문제가 지원자에게 있는가?
- 다양한 집단의 지원자들이 교육 프로그램에 많이 지원하도록 유도하는 방법으로는 무엇이 있는가?

교육 프로그램에는 명백한 선발기준을 확립할 윤리적 책임이 있으며, 지원자는 지원할 때 이런 기준의 특성을 알 권리가 있다. 총평점(GPA), 대학원입학학력시험(GRE) 점수, 추천서를 선발과정에서 고려할 때도 있지만, 이런 심사방법에 의존하는 것만으로는 지원자에 대한 종합적인 모습을 파악하지 못한다.

윤리적으로 직무를 수행하기 위해 지원자가 교육 프로그램에 등록하면 어떤 절차를 밟게 되는지 선발과정에서 정보제공을 해야 한다. 예비 내담자에게 설명을 듣고 동의할 권리가 있는 것처럼, 교육 프로그램에 지원하는 학생도 배우게 될 내용, 교육과 훈련이 이뤄지는 방식에 관해 알 권리가 있다. 대부분의 교육 프로그램은 학생이 적절한 자기공개를 하고 다양한 자기성장 활동에 참여하게 되어 있다. 프로그램에서는 지원자들이 이런 필수요건을 이해했는지 확인해야 한다. 설명 후 받는 동의서에 기록된 언어가 명쾌해야 하듯이, 교육 프로그램의 성공적인 이수를 위한 기준도 모든 당사자가 쉽게 이해할 수 있어야 한다.

선발과정은 양방향 과정으로 볼 수 있다. 교수진이 지원자를 심사하여 누구를 입학시킬지 결정할 때, 지원자도 자기에게 맞는지 판단하기 위해 교육 프로그램과 교수진을 심사한다. 학생들이 프로그램을 이수하면서 일부는 상담직업이 자신에게 맞지 않음을 깨닫게 될 수도 있다. 프로그램을 계속 이수할지 의문이 든다면 신뢰하는 교수진과 문제를 의논하라. 실제로는 당신이 잠시 단순한 실망감을 느꼈을 뿐인데 감정에 압도된 나머지 상담직업에 부적합하다고 성급하게 자기평가를 내리기 쉽다.

## <Leo의 사례>

Julius는 대학원 상담 프로그램의 검토위원회 위원이다. Leo는 대학원에서 여러 개론 과목을 수강했고 이번 학기에 Julius가 가르치는 윤리 과목을 배웠다. Julius는 수업을 통해 Leo가 인간 문제, 특히 인종간 결혼, 동성관계, 낙태라는 주제에 대해 경직된 입장을 가지고 있다는 점을 알게 되었다. 학기 내내 그는 자기의 신념에 이의를 제기하지 않으려 하거나 하지 못하는 것 같았다. 그는 자신의 견해에 대해 수업시간에 다른 학생들이 이의를 제기하면 이중으로 결박당한 느낌이 든다고 응답했다. 그의 신앙은 어떤 것이 교회의 가르침에 따라 수용할 만한 행동인지 매우 분명한 지침을 주었다. 동시에 수련감독 수업에서는 그러한 가치를 위반하라고 요청을 받으니, 어떤 결정을 내려도 갈등에서 벗어나지 못한다고 느끼는 것이다. 아무도 그에게 해결책을 제시하지 못했다. 만약 그가 가치관 갈등이 드러난 미래의 내담자를 다른 전문가에게 의뢰한다면 비윤리적으로 행동하는 것이고, 그러한 내담자를 받아들여 상담한다면 교회의 가르침을 위반하는 것이 될 것이다. 학생을 교육 프로그램에서 진급시켜야 하는지 결정할 책임을 맡은 위원회 모임에서 Julius는 Leo를 교육 프로그램에 잔류하도록 하는 데 대해 강한 우려를 드러냈고 동료들도 이러한 우려에 동감했다.

- 이 사례에 대한 당신의 반응은 무엇인가? Leo의 딜레마에 당신은 어떻게 반응하겠는가?
- Leo가 교육 프로그램에서 자신의 가치를 공개적으로 표현하면 어떤 이점이 있는가?
- Leo를 프로그램에서 탈락시키는 것 외에 열려 있는 다른 방안은 없는가?
- Leo의 가치관이 그의 문화적 배경을 반영한다면 사정이 달라지겠는가? 그의 진급을 취소한 것은 위원회가 문화적으로 둔감해서이겠는가?
- 그가 면허를 취득하면 자신과 동일한 문화적, 종교적 배경을 가진 사람들만 상대로 일할 것이라고 말했다면 어떻겠는가? 그의 직업적 목표가 자신과 견해나 가치관을 공유하는 특정 계층을 상담하는 것인데도 상담 학위를 취득할 기회에서 제외되어야 하는가?
- 당신이 그 위원회에 속해 있다면 인종차별, 동성애 혐오, 경직된 사고를 보인다고 여겨지는 지원자를 어떻게 다루겠는가?
- 이와 같은 사례에서 대학원생과 관련하여 다뤄야 할 사전동의 문제가 있는가? 있다면 어떤 것들인가?

**논평.** Leo의 사례에는 미래의 내담자에게 자신의 가치관을 강요할 가능성이 있는 교육생에 대해 상담교육자들이 심각하게 염려할 때 맞닥뜨리게 되는 딜레마가 나타나 있다. 윤리적으로 볼 때, 내담자의 문제는 치료자의 가치관이 아니라 내담자의 가치관에 어울리는 방식으로 탐색되고 해결되어야 한다. Leo는 내담자가 치료에서 말하는 문제를 이해하고 해결할 수 있도록 도와야 할 의무가 있다. Leo가 현재 내담자를 만나지는 않지만 자신의 경직된 가치관을 직면하지 않는다면 내담자에게 해를 입힐 가능성이 있다. 자신의 신념에 대해 Leo가 개방적인 태도를 취한다면 교수진과 그의 수련감독자는 그와 협력할 수 있는 여지를 가질 수 있다. 더 큰 우려는 Leo가 자신의 신념이 자신과 가치를 공유하지 않는 내담자와 상담하는 데 어떻게 방해가 될 수 있는지 살펴보는 것을 꺼려하는 것 같다는 것이다.

교육자와 수련감독자에게는 손상을 입었거나 자격이 부족한 학생과 수련생에 대해 몇 가지 윤리적 책무가 있다. 적어도 교수진 중 대표자 한 명이 Leo를 만나 그의 종교적 가치관이 내담자와의 상담에 어떤 영향을 미칠 수 있는지 탐색해야 한다. Leo는 자신의 가치에 대한 권리가 있지만, 내담자에게 그것을 강요하는 것은 비윤리적이다. Leo는 상담시간에 자신의 가치를 괄호로 묶는 법을 배워야 하며, 모의 내담자를 대상으로 자신의 가치를 괄호로 묶는 연습을 수련감독 받으면서 해 볼 기회를 가져야 한다. 그 교수진은 Leo를 프로그램에서 퇴교시키기로 결정하기 전에 일관성 있고 분명한 형성평가를 기록하여 Leo에게 보내고 교정이나 개인적 발달을 촉진하기 위한 노력도 제시해야 한다.

교육자가 예비 학생과 재학생에게 프로그램의 기대와 평가절차에 대해 적절하게 안내해 주지 않는다면 정보를 잘못 알고 있는 학생과 갈등을 일으킬 위험이 높아진다(Barnett & Johnson, 2015). Leo는 문화가 다른 내담자와 협력하여 상담하는 것과 가치관 강요나 침해를 하지 않는 것 같은 최소한의 자격요건을 포함하여 대학원 프로그램에서 학생에게 기대하는 내용을 분명하게 안내받았어야 했다.

## 교육 프로그램의 내용

교육 프로그램의 내용을 질문하고 학습할 때 가능하면 적극적으로 참여할 수 있는 방법을 모색하는 것이 중요하다. 윤리적 관점에서 상담교육자와 훈련가는 다양한 이론적 입장을 다루어야 한다. 교육 프로그램에서도 다양한 내담자의 광범위한 문제에 적용될 수 있는 다양한 치료기법과 전략을 학생들에게 제공하는 것이 좋다.

당신이 소속된 프로그램을 살펴보고 다음 질문들로 평가해 보라.

- 교육과정에 많은 문화권이 포함되어 있는가 아니면 교육과정이 문화적으로 편향되어 있는가?
- 당신이 소속된 프로그램은 내담자에게 당신의 가치를 강요하는 것에 대해 무엇이라고 말하는가? 혹은 가치관 충돌이 있는 내담자를 의뢰하는 것에 대해서는?
- 교육과정이 직업윤리에 중점을 두고 있는가?
- 교육 프로그램에서 어떤 핵심 지식을 가르치고 있는가?

다양한 정신건강전문가를 위한 교육 프로그램들이 가지고 있는 일반적인 내용 영역은 미국의 상담교육프로그램인증평가원(CACREP, 2016) 기준에 포괄적으로 개관된 핵심 교육과정의 일부이다. 상담교육 프로그램에 다니는 모든 학생에게 전형적으로 요구되는 영역에는 전문상담 오리엔테이션과 윤리적 직무수행, 사회적 · 문화적 다양성, 인간의 성장과 발달, 진로발달, 상담과 사람을 돕는 관계, 집단상담과 집단작업, 평가와 검사, 연구와 프로그램 평가 등이 있다.

효과적인 교육 프로그램은 학생이 자신에 대해 보다 철저하게 이해할 뿐만 아니라 이론적 지식도 습득하고 임상적 기술도 개발하는 것을 돕도록 고안되어 있다. 학생이 다양한 내용의 영역들을 소개받고, 다양한 내담자를 상담할 때 활용할 수 있는 일련의 기술들을 습득하며, 수련감독하의 현장경험을 통해 이론을 실제에 적용하는 법을 배우고, 자신에 대해 개인적으로 많이 배우고, 심신의 건강을 지키거나 강화하기로 결심하도록 만든다면 이상적일 것이다. 훌륭한 교육 프로그램은 사람을 돕는 과정에 필수적인 지식과 기술을 전하는 것 이상의 역할을 한다. 지지와 도전이 공존하는 교육 프로그램에서 학생은 자신의 태도와 신념을 점검하라는 도전을 받고, 자신의 인생경험과 자신의 장점을 확립하도록 자극을 받으며, 자신과 타인에 대한 인식을 확장할 기회를 부여받는다. 효과적인 교육 프로그램에서는 자기돌봄의 중요성을 학생에게 인식시켜 주고 프로그램 전반에 걸쳐 심신의 건강을 강조한다.

윤리에 관한 내용은 수많은 필수과목, 세미나, 수련감독, 실습, 수련경험에 섞여 있겠지만, 저자들은 윤리적 문제에 대한 체계적인 학습 부족은 현재는 수련생이지만 후에는 전문가가 될 학생에게 걸림돌이 될 것이라고 생각한다. 본서와 같은 책에서 다루는 주제는 별도의 강좌뿐 아니라 모든 과정과 수련감독하의 현장경험 전반에 걸쳐 배울 가치가 있다.

효과적인 교육 프로그램에는 학문적인 학습과 개인적인 학습이 결합되어 있고, 강의식 접근과 경험적 접근이 섞여 있으며, 연구와 실무가 통합되어 있다. 학문을 가르치는 것으로만 체계화된 교육 프로그램에서는 내담자와 어떻게 상호작용하는지에 대해 중요한 피드백을 얻지 못한다. 경험적 학습과 현장학습에서 수련생은 문제행동을 발견하여 개선할 수 있게 될 것이다. 이 과정은 평가가 중요한 요소이므로 교육에 관한 마지막 내용만 다루고 곧 이 주제로 넘어갈 것이다.

## 디지털 문화에서 활동하는 상담실무자 교육

기술이 엄청난 속도로 발전하면서 상담 서비스를 개념화하고 전달할 수 있는 방법을 다양화하고 있다. 소셜 미디어가 사회에서 의사소통 플랫폼으로 인기를 얻으면서 온라인 상담은 수많은 연구자들의 관심을 받았다(예: Bradford & Rickwood, 2014; Glasheen et al., 2016; Richards, 2013; Steele, Jacokes, & Stone, 2014/2015). 온라인 상담 서비스는 점점 보편화되고 있기 때문에, 상담교육 프로그램에서는 학생들이 디지털 문화에서 일할 수 있도록 교육해야 하는 도전에 응해야 하다. Anthony(2015)는 대면기술을 온라인 환경으로 전환하는 훈련은 수년 동안 선도적인 전문가 조직에서는 바람직할 뿐만 아니라 필수적인 것으로 인식하고 있다고 언급한다. 이 분야의 훈련은 "상담 영역에서 비교적 역사가 짧고, 온라인 치료 자체보다도 확실히 역사가 짧다 보니 … 이에 대한 문헌이 거의 없다"(37쪽). 온라인 개입의 사용이 확대됨에 따라 이 분야에 관한 연구가 계속 증가할 것이라고 예상된다.

교육 중인 상담사는 온라인으로 내담자와 상담할 때 적용될 수 있는 복잡한 윤리적 · 법적 고려사항에 대해 알고 있어야 한다. Anthony(2015)는 다른 국가에 거주하는 내담자와의 온라인 상담의 복잡성을 설명하면서 각 국가에서 허용되는 사항을 설명하는 중앙 데이터베이스의 필요성을 지적한다. 온라인 서비스를 규제하지 않는 나라도 있고, 엄격한 규제를 적용하는 나라도 있을 것이다. "한때 핵심교육의 일환으로 우리가 사는 지리적 장벽 내에서 법률과 윤리에 대한 지식을 신뢰할 수 있었지만, 이제는 다른 나라의 내담자가 접근할 것이기 때문에 우리는 전 세계 모든 국가의 지식을 알아야 한다"(39쪽). 세계화는 미래 세대의 상담사가 대처해야 할 새로운 도전을 만들고 있는 가운데 모든 국가의 윤리규정과 법률의 복잡성을 암기하는 것은 벅찬 작업일 것이다. 그 대신 교육생과 경험 많은 상담사가 여러 나라의 내담자들과 상담하는 데 필요할 수 있는 관련 사실들을 검색하는 과정에 대해 배워야 한다.

## 지식, 기술과 개인의 기능평가

상담교육 프로그램의 학생으로서 당신에게는 학문적인 면과 개인적인 면에서 어떻게 평가받게 될지 알 권리가 있다. 평가기준과 절차를 잘 안다면 교육 프로그램에 대한 당신의 만족도와 참여도에 영향을 미치는 중요한 질문을 던질 수 있는 보다 나은 위치에 서게 된다.

## 평가기준과 절차

모든 교육기관에는 지원자를 선발 심사할 윤리적 책임이 있기에 대중은 자격미달인 정신건강실무자의 악영향으로부터 보호받게 될 것이다. 교육 프로그램에는 명백하게 이중의 책임이 있다. 하나는 입학을 허락한 학생들에게 책임을 다하는 것이요, 다른 하나는 졸업생들의 서비스를 받을 미래의 내담자들을 보호하는 것이다. 교육 프로그램에 들어오는 지원자 선발을 위한 기준이 분명해야 하는 것처럼, 성공적인 수료의 기준과 평가과정의 특성도 가능한 명백하고 객관적으로 제시될 필요가 있다. 학생을 퇴학시키는 기준도 동일하게 명백하고 객관적이어야 한다. 학사 프로그램에는 프로그램에 대한 오리엔테이션의 일환으로 학생들에게 제시할 수 있는 문서로 기록된 규정이 있어야 한다.

학생은 자신의 지식과 기술, 임상 수행능력, 대인관계 행동이 교육 프로그램 중 상이한 시기에 평가받을 것이라는 점을 알 필요가 있다. 상담 전공생에 대한 지속적인 평가는 학생이 교육 프로그램의 모든 영역에서 만족스러운 진보를 보이는지 판별하는 데 중요하다(Wilkerson, 2006). 지식과 기술역량을 평가하는 것 외에도 자기인식, 자기반성 능력 같은 개인 역량과 대인관계 역량은 매우 중요하다(Orlinsky, Geller, & Norcross, 2005). 심리치료의 성과에 관한 기존의 연구와 일관되게 Orlinsky 등은 대인 친밀 능력(interpersonal relatedness)은 치료과정에서 핵심적인 측면이라고 언급한다. 그들은 정서적 공명(emotional resonance)과 반응성, 사회적 지각력, 측은지심, 돕고 싶은 마음, 자기이해와 자기통제를 포함하여 치료자의 개인적인 자질을 강조한다. 저자들은 이러한 개인적 특성들을 소유하는 것이 전문역량의 기초를 이룬다고 생각한다.

학생이 장점을 기초로 더욱 건실해지거나 문제 영역을 개선하기 위해 자신의 진보에 대한 피드백이 필요하다. 학생은 교육 프로그램에 자신이 '적합한지', 교육 프로그램이 본인에게 잘 맞는지 판단하기 위해 자기평가를 실시하는 것이 중요하다. 학생 평가의 첫 번째 목표는 경과를 평가하고 문제를 교정하는 것이다. 적기에 교육생에게 단점을 조심스럽게 지적한다면 이를 교정하여 프로그램에 남을 수 있다.

이상적으로 말해서 저자들은 학생의 성공적인 교육 프로그램 이수와 관련된 구체적인 지침을 각 정신건강전문가단체, 즉 사회복지학과 학생들을 위해 미국사회복지사협회에서, 부부 · 가족치료 프로그램에 재학 중인 학생들을 위해 미국부부및가족치료학회에서, 임상 및 상담심리학과 학생들을 위해 미국심리학회에서, 상담교육 과정에 있는 학생들을 위해 미국상담학회에서 개발하는 것을 보고 싶다. 그렇게 된다면 이런 각각의 전문가 교육 프로그램에서 일하는 교수진은 학생을 잔류 혹은 퇴학시키는 등의 결정을 내리는 데 사용하는 학교만의 평가절차를 결정할 때 전문가단체의 지원을 얻게 될 것이다.

저자들은 미국상담학회, 미국사회복지사협회, 미국심리학회의 수행평가에 대한 기준들을 적극 지지한다(글상자 '학생 수행능력 평가' 참고). 교육 프로그램 지원자를 평가하는 것 외에도 교육생을 잔류시킬지 결정하기 위한 정규적인 심사도 찬성한다.

### 윤리규정: 학생 수행능력 평가

**미국상담학회(ACA, 2014)**

상담교육자는 교육 프로그램이 시작되기 전부터 과정 기간에 이론과 임상 역량에 대한 기대수준, 평가방법, 평가시기를 학생들에게 분명히 언급해야 한다. 상담교육자는 교육 프로그램 기간에 학생들에게 수행능력에 관한 피드백을 지속적으로 제공해야 한다(F.9.a).

**미국사회복지사협회(NASW, 2008)**

다른 사람의 수행능력을 평가할 책무를 맡은 사회복지사는 공정하고 사려 깊게, 명시된 기준에 근거하여 책임을 이행해야 한다(3.03).

**미국심리학회(APA, 2010)**

심리학자는 학생과 수련생과의 관계에서 피드백을 제공할 때 알맞고 구체적인 과정을 수립해야 한다. 그 과정에 관한 정보는 수련감독을 시작할 때 수련생에게 제공해야 한다(7.06.a).

심리학자는 프로그램에서 이미 마련한 관련 필수요건을 실제로 얼마나 수행할 능력이 있느냐를 근거로 학생과 수련생을 평가해야 한다(7.06.b).

## 대인관계 행동과 개인적 특성에 대한 평가

상담교육 프로그램에서, 미래의 상담전문가로서의 성공은 학문적으로 잘 수행하는 것보다 훨씬 더 많은 것을 포함한다. 학생이 어떤 사람인지와 교육 프로그램에서 효과적인 대인관계를 개발하고 유지하는 능력은 매우 중요하다. 실습에서 내담자를 만나게 되면 지식과 도움 기술뿐만 아니라 내담자와 관계를 맺는 능력도 긍정적인 성과와 직접적인 관련이 있다. 대인관계 스타일, 내담자와 관계 맺는 능력, 내담자와 협력하는 데 도움이 되거나 방해가 되는 특성을 반성하려는 의지가 주요 변수이다.

교수진이 직업적 행동과 임상 수행을 평가하고 정신건강 서비스를 효과적으로 제공하는 능력에 영향을 줄 가능성이 높은 교육생의 대인관계 행동과 성격의 특성을 밝히는 것은 매우 중요하다. 개인의 특성을 근거로 한 교육생 평가가 만만치 않을 때가 가끔 있다. 교육생의 대인관계 행동은 임상적 효율성에 직접 영향을 주므로, 이러한 요인도 평가과정에서 고려해야 한다. Sofronoff, Helmes와 Pachana(2011)에 따르면, 교육 프로그램에서 직무 적합성(fitness to practice, FTP)을 평가하려면 학생이 진로 홍미를 추구할 권리와 미래 내담자의 권리에서 균형을 유지해야 한다.

각 교육 프로그램의 교수진에게는 교육생의 인성과 심리적 적합성을 평가하기 위해 명확한 정의와 평가기준을 개발할 책임이 있다. 저자들은 본 장의 뒷부분에 수행이나 행동이 전문적이고 윤리적인 기준에 맞지 않는 학생을 평가하는 몇 가지 방법을 제시하였다.

여러 분야의 학자들이 교육생의 심리적 적합성을 논의했는데(Wilkerson, 2006), 이와 관련하여 문제 학생, 부적절한, 불만족스러운, 불충분한 혹은 기준 이하의 행동, 학생의 문제행동이라는 다양한 명칭을 사용한다. Elman과 Forrest(2007)는 보다 명료한 정의를 가진 더 나은 용어를 사용하라고 권장하면서, '장애(impairment)'라는 용어는 미국장애인법(Americans With Disabilities Act, ADA)상 특정 법률적 의미와 중복되기 때문에 교육 프로그램에 법적인 위험부담을 줄 수도 있다고 말한다. 그들은 교수진이 최소한의 전문역량 기준을 충족하지 못하는 교육생을 가리키기 위해 장애라는 용어를 사용하지 말고, 대신 그러한 교육생을 전문역량에 문제가 있는 학생으로 표현하라고 권한다. Kress와 Protivnak(2009)은 상담전공 학생의 문제행동이라는 용어를 선호한다. 그들은 '문제'라는 표현이 자격이 없거나 장애가 있다는 낙인을 찍지 않으면서 학생의 행동에 초점을 맞추는 용어라고 지적한다. 문제행동에는 미숙한 임상기술, 교수진, 수련감독자 · 동료와의 미숙한 상호작용, 내담자에 대한 부적절한 자기공개, 필요와 염려에 관해 임상 수련감독자나 교수진과의 의사소통 실패 등이 포함된다.

이따금 학생들에게 효과적인 역할을 감당할 능력을 방해하는 개인적인 특성이나 문제가 나타나지만, 이를 지적할 경우 그들은 그런 피드백을 부인할 수도 있다. 사람을 돕는 전문가들은 내담자의 정신적 역기능을 분류하기 위해 DSM-5의 기준을 자주 사용하지만, 교육 프로그램에 입학한 학생들에게 요구하는 정신적, 정서적, 개인적 특성을 규정하는 데는 명료성을 보이지 못한다. 교육 프로그램은 심각한 학업적 · 개인적 문제를 지닌 학생을 그냥 통과시키지 말고 조치를 취해야 할 윤리적 책임이 있다. 그러나 대학 행정자들은 높은 졸업률과 이수율을 선호하고 소송을 두려워하기 때문에 교수진이 학생을 통과시키도록 압력을 가할 수 있다(Maureen Kenny, 개인면담, 2016. 9. 25). 정서, 행동, 대인관계의 문제를 보이는 학생에게 교내 학생상담센터에서 상담 서비스를 받아 보라고 권할 수 있다. Elman과 Forrest(2004)는 교육 프로그램이 학생 문제를 교정하기 위해 언제 어떻게 개인 심리치료를 권장하거나 요구할 수 있는지 기술된 규정문을 가지고 있어야 한다고 생각한다.

> 교육 프로그램에서 교정을 위해 개인 심리치료를 사용하려면 치료 참여에 대한 모호성을 줄여야 한다. 안전한 학습환경에서 발달상 적절한 교육경험을 교육생에게 제공하는 동시에 유능한 전문가가 졸업하도록 공공을 보호하는 것은 어려운 과제이다(129쪽).

학생의 대인관계 문제해결에 대한 정보를 학생 핸드북에 기재하여 프로그램 입학 전 오리엔테이션에서 학생들에게 제공할 수 있다. 그러나 오리엔테이션 때 이러한 규정과 절차를 다루는 것만으로는 충분하지 않다. 교수진은 신입생들에게 유능한 상담사가 되는 것에는 지식과 기술습득 이상의 것이 포함된다는 점을 분명히 해야 한다. 효과적인 상담의 중요한 변수는 교육생이 내담자와 작업동맹을 맺을 수 있는 능력인데, 이는 주로 자신의 성격 특성과 행동 특성에 달려 있다. 교육 프로그램 전반에 걸쳐 이 문제에 대한 지속적인 토론은 전문역량과 관련하여 잠재적으로 나누기 어려운 대화를 위해 학생들이 준비하는 데 필요하다(Jacobs et al., 2011).

Letourneau(2016)는 상담 전공생의 문제행동을 다루기 위한 협력적 의사결정 모델을 설명한다. 다양성과 문화적 영향을 다루기 위해 고안된 이 모델에서 학생들은 의사결정 과정에 참여함으로써 과정에 대한 신뢰를 구축하는 데 도움을 받을 수 있다. Letourneau는 의사결정 과정의 어느 시점에 학생이 참여하든 결정한 조치에 대한 학생의 헌신을 촉진할 수 있고 권한 부여에 기여할 수도 있다는 점에 주목한다.

## 학생 수행평가의 체계적인 절차

학생은 자신의 수행을 평가하는 데 사용될 절차를 명료하게 설명을 들을 권리가 있다. 설명 후 받는 동의과정의 핵심적인 부분은 개인적 · 직업적 발달이 프로그램에서 담당하는 역할에 관한 규정을 아는 것이다. 설명 후 받는 동의에는 언제, 왜 학생이 프로그램을 그만둬야 하는지 등을 포함하여 어떤 점이 문제가 되는지는 명료한 진술이 포함되어 있어야 한다(Wilkerson, 2006). Brown-Rice와 Furr(2013)는 학생의 퇴학을 초래하는 문제유형은 부적절한 학업 또는 임상기술 수준, 심리적, 성격 부적합, 부적절한 도덕성이라는 세 가지 범주로 분류된다고 지적한다. 교수진에게는 교육생이 졸업 후 상담직업을 할 자격이 있는지 확인해야 할 윤리적 책임이 있다. 그들의 궁극적인 윤리적 의무는 직업의 문지기 역할을 효과적으로 수행하여 미래에 상담하게 될 내담자를 보호하는 것이다.

Kress와 Protivnak(2009)은 교정이 필요한 문제 영역을 가진 학생을 도와주는 체계적인 계획에 관해 설명한다. 그들이 고안한 직업발달계획(Professional Development Plans, PDPs)은 학생의 문제행동을 다루기 위해 사용될 수 있는 세부적인 계약서이다. PDPs에는 학생에 대한 교수진의 기대, 학생에게 요구하는 구체적인 행동, 학생이 수행해야 하는 과업, 구체적인 과업과 요구받은 행동을 성공적으로 실행하지 못한 경우 학생에게 주어지는 결과 등이 체계적으로 기록되고 제시되어 있다. 이렇게 구체적이고 간략하면서도 명백한 계획은 프로그램의 교정, 검토, 퇴학, 잔류 규정에 통합될 수 있다.

시애틀대학교(Seattle University) 상담・학교심리학과에서는 교육 프로그램 중 여러 시기에 학생의 개인과 전문역량을 평가하는 데 사용하는 훌륭한 평가도구를 개발했다. 이 교육 프로그램의 교수진과 학장의 허가로 이 평가양식을 이 책에 실었는데, 이 양식은 학생들에게 교육 프로그램의 기대치에 대한 정보를 주고 개인적・직업적 발달에 대한 정규적인 피드백을 학생들에게 제공하기 위한 훌륭한 모델이다(글상자 '개인과 전문역량' 참고).

## 개인과 전문역량

시애틀대학교(Seattle University) 교육대 상담・학교심리학과의 상담학 교수진은 상담 전공생이 기본 상담기술을 보유하고 있음을 입증할 수 있어야 하고 다양한 상담이론에 대해 식견이 있어야 한다고 생각한다. 또한 학습한 기술을 자신이 개발한 철학적, 이론적 구성개념과 통합할 수 있어야 한다. 교수진은 학교상담사, 정신건강상담사, 대학교 상담사의 역할이 무엇인지 잘 알기에 학생이 다음의 **개인과 전문역량**을 충족하기를 기대한다. 각 학생은 인턴십 후보일 때, 인턴십을 시작하기 전, 그리고 3학기 동안의 인턴십 중 매 학기말에 평가를 받는다. 학생은 입학할 때 **개인과 전문역량** 도구에 관해 듣게 되고, 다음의 자격을 충족하든 충족하지 못하든 평가받게 될 것이라는 점을 알게 된다. 인턴십이 끝날 때 학생은 다음의 각 자격을 갖추어야 한다.

학생 성명 ______________________________ 일자 ______________

____ 학교상담 전공 ____ 정신건강상담 전공 ____ 대학상담 전공 ____ 자격과정

____ 중간평가(선택) ____ 인턴십 후보 평가(필수) ____ 인턴십 전 평가(필수)

**MC** = 자격 충족 **NM** = 자격미달 **NO** = 관찰한 적 없음/기록이 없음

음영 있는 칸 = 중간평가나 인턴십 후보 음영 없는 칸 = 인턴십 전

| **A. 상담기술과 능력** | **MC** | | **NM** | | **NO** | |
|---|---|---|---|---|---|---|
| 1. 학생 상담자는 직업관계, 약속시간과 장소 같은 문제에 적절한 경계를 정하여 안전한 임상환경을 만든다. | | | | | | |
| 2. 학생 상담자는 내담자의 이야기를 경청하여 내담자 이야기의 주요 요소를 전달한다. | | | | | | |
| 3. 학생 상담자는 적절한 상담 반응을 사용하여 내담자의 느낌, 생각, 행동에 대하여 치료적 방식으로 응답한다. | | | | | | |
| 4. 학생 상담자는 적절한 때 내담자의 관점을 표현함으로써 공감을 전달한다. | | | | | | |
| 5. 학생 상담자는 적절한 때 지금 여기에 머문다. | | | | | | |
| 6. 학생 상담자는 치료목적에 대한 분명한 이해를 가지고 반응하려는 의도를 보인다. | | | | | | |
| **B. 직업적 책임** | **MC** | | **NM** | | **NO** | |
| 7. 학생 상담자는 직업윤리규정, 시애틀대 학생정직규정과 민법을 따르고, 윤리적 문제에 대한 분석과 해결을 설명하며, 직업기준에 따라 동료, 교수, 내담자와 관계를 맺는다. | | | | | | |
| 8. 학생 상담자는 내담자와 상담자 역할의 실제와 기대 차이에 대해 감수성을 보이고 역할 차이를 치료적으로 관리한다. | | | | | | |
| 9. 학생 상담자는 이론적인 일관성을 가지고 임상 프로파일에 어울리는 개입을 찾아내는 능력을 보이고, 자격을 갖춘 서비스와 기법만을 제공, 적용하거나 교육, 훈련과 경험을 통해 자격을 갖춰 가는 과정 중에 있다. | | | | | | |
| 10. 학생 상담자는 사회정의에 대한 책임감이 있고 연령, 성별, 인종, 민족, 문화, 국적, 종교, 성적 지향, 장애, 언어, 사회경제 지위 등과 관련된 개인차를 존중하는 모습을 보인다. | | | | | | |
| 11. 학생 상담자는 상담자가 언제, 어떻게 지도자 역할을 맡을 수도 있는지에 대한 이해를 분명히 한다. | | | | | | |
| 12. 학생 상담자는 지역, 국내·국제 문제가 상담자의 역할에 어떻게 영향을 주는지 분명한 입장을 표명한다. | | | | | | |

| C. 개인적 책임 | MC | | NM | | NO | |
|---|---|---|---|---|---|---|
| 13. 학생 상담자는 자신의 신념체계, 가치, 욕구, 한계뿐만 아니라 이것들이 개인과 직업행동에 미치는 영향에 대해 인식한다. | | | | | | |
| 14. 학생 상담자는 동료, 교수진, 강의조교, 수련감독자의 피드백을 받아들이고 통합하여 활용하는 능력을 보인다. | | | | | | |
| 15. 학생 상담자는 강의실 안팎에서 적절한 행동을 보이며 과제, 출석, 마감시간 준수에 있어서 신뢰할 수 있다. | | | | | | |
| 16. 학생 상담자는 개인과 직업 행동에 대한 책임을 진다. | | | | | | |
| 17. 학생은 자신의 개인과 전문역량에 대해 정확히 평가한다. | | | | | | |
| 18. 학생은 적절한 수준의 자기확신과 자신감을 나타낸다. | | | | | | |
| 19. 학생 상담자는 말과 글로 생각과 느낌을 효과적으로 표현한다. | | | | | | |
| 20. 학생 상담자는 직업적·개인적 지원망 등과 같은 효과적인 적응기술을 개발하여 과도한 직무로 인해 발생하는 스트레스를 관리하는 능력을 보인다. | | | | | | |

**논평(특별한 역량을 언급함):**

**오리엔테이션**(신입생 오리엔테이션 때 서명하시오)

아래에 서명함으로써 학생이 다음 사항을 이해했음을 증명합니다. 1) 위에 기록된 개인과 전문역량, 2) 학생이 이 역량들을 충족해야 한다는 점, 3) 학생이 이 양식을 통해 언제든 평가받을 수도 있고, 인턴십 후보와 인턴십 전에 평가받을 것이라는 점.

학생 ______________________ 일자 __________

교수 ______________________ 일자 __________

**(학생기록부에 사본 보관)**

**인턴십 후보** (인턴십 후보일 때 지도교수와의 만남에서 서명하시오)

아래에 서명함으로써 학생이 지도교수와 만나 1) 학생의 인턴십 후보 신분에 관해 의논했고 2) 충족되지 않은 역량에 대해 이해했으며, 3) 미흡한 기준을 충족하기 위한 전략을 세웠고, 4) 미흡한 역량을 교육 프로그램이 끝나기 전까지 충족해야 한다는 것을 이해했음을 증명합니다.

학생 ______________________ 일자 __________

교수 ______________________ 일자 __________

**처리내용이나 권고사항:**

**인턴십 전**(인턴십 전에 학생이나 지도교수의 결정으로 지도교수와의 만남에서 서명하시오)

아래에 서명함으로써 학생이 지도교수와 만나 1) 학생의 인턴십 전 신분에 관해 의논했고, 2) 충족되지 않은 역량에 대해 이해했으며, 3) 미흡한 기준을 충족하기 위한 전략을 세웠고, 4) 미흡한 역량을 교육 프로그램이 끝나기 전까지 충족해야 한다는 것을 이해했음을 증명합니다.

______________________________ ____________

학생 일자

______________________________ ____________

교수 일자

**처리내용이나 권고사항:**

이 양식을 실을 수 있도록 허가해 준 시애틀대학교 교육대 상담 · 학교심리학과의 상담관련 교수진에게 감사를 표한다.

## 역량 증진을 위한 교수진의 문지기 역할

임상훈련 담당 교수진은 학생의 역량과 직업적 행동을 장려하고 촉진시키는 중요한 역할을 한다. 이런 교육 프로그램에서 일하는 교육자가 마주하는 주요 문제는 전문가 역량을 갖추는 데 만족스러운 진보를 보이지 못하는 학생을 찾아 문제를 다루고 필요한 경우 퇴학 조치하는 것이다(Oliver et al., 2004).

전문가 과정의 학사담당 교수진은 문제행동을 보이거나 직무수행에 문제를 보이는 대학원생을 찾아 개입함으로써 내담자를 보호하는 **문지기 역할**(gatekeeper's role)을 일반적으로 담당한다(Johnson et al., 2008; Letoumeau, 2016; Vacha-Haase, Davenport, & Kerewsky, 2004). 상담교육자는 교육생이 상담 분야에 입문하거나 활동할 적합성을 평가하여 상담계의 문지기 역할을 한다(ACA, 2014; APA, 2015). 상담사 양성의 윤리적 문제에 관해 Herlihy와 Dufrene(2011)이 수행한 델파이 연구에 따르면, 문지기 역할이 2위를 차지했으며 연구 참가자의 89%가 이것이 훈련을 맡은 교수진에 대한 중요하고 새로 주목받는 윤리적 문제라고 말했다. 이 문지기 역할은 대부분의 전문가단체의 윤리규정에 언급되어 있다.

임상훈련 교수진에게는 전문역량 문제로 씨름하는 교육생으로부터 프로그램의 다른 대학원생들을 보호할 책임이 있다. Brown-Rice와 Furr(2013)가 상담교육프로그램인증평가원(CACREP)의 인증을 받은 프로그램에서 공부하는 석사생 389명을 대상으로 한 연구에 따르면, 대다수(74%)의 교육생이 전문역량 문제를 겪고 있는 동료 학생을 알고 있었고, 이러한 문제를 해결하지 못한 교수진에게 불만을 느꼈다. 역량 문제가 있는 동료를 관찰한 응답자의 50% 이상이 "문제 있는 동료의 영향을 받았다"고 말했다(227쪽). 교수이기도 한 저자들이 발견한 한 가지 문제는, 교수진이 아무런 조치를 취하지 않는 것으로 보여 학생들이 불만을 표현할 수 있지만, 비밀보장 문제로 인해 교수진은 특정 학생의 문제행동을 교정하기 위해 진행하고 있는 일들을 공유하는 것이 허용되지 않는 경우가 가끔 있다는 것이다. 교수진은 학생의 문제 있는 행동이나 성향이 어느 정도인지 인식하지 못할 때가 있는데, 이때 동료 학생들이 교정이나 퇴학해야 할 수도 있는 학생을 식별하는 데 도움을 줄 수 있다. 교육기관이 소송에 대한 두려움으로 인해 교정 또는 퇴학을 결정하려는 교수진을 지원하기보다 방해하여 문제 있는 학생에게 너무 많은 권한을 부여하는 경우도 있다.

역사적으로 문제 있는 학생의 행동에 관한 조사나 전문 프로그램에서 이뤄지는 학생평가와 퇴학에 대한 조사는 거의 없었지만, 현재는 바뀌고 있다. 효과적인 상담실무에 필요한 개인적 자질을 갖추지 못한 정신건강전문가가 야기할 수 있는 피해에 대한 인식이 높아짐에 따라, 훈련을 맡은 교수진에게 상담계의 문지기 역할을 해야 하는 윤리적 의무가 부과된다(Johnson et al., 2008). 2014년 미국상담학회(ACA)의 윤리규정 개정과 윤리기준을 위반한 태도와 행동 때문에 최근에 퇴학당한 학생들이 제기한 소송사건으로 인해 문지기 역할이 큰 주목을 받았고(Francis & Dugger, 2014), 문지기로서 상담교육자의 역할이 확대되고 있다. 상담교육자에게는 상담 전공생에 대해 윤리규정을 해석, 적용과 시행할 때 문화와 발달과정을 세심하게 고려해야 할 책임이 있다(Letourneau, 2016).

교수진은 유능한 임상전문가의 필수적인 성격 특성이 없는 학생을 찾기 위해 입학과정의 선발심사 절차에만 의존할 수는 없다(Kerl, Garcia, McCullough, & Maxwell, 2002). 교육 프로그램은 학생의 효과적인 직무수행을 방해할 것 같은 성격 특성을 조작적으로 정의해야 할 의무가 있다. 모든 학생을 공평하게 대우한다는 차원에서 교수진은 대인관계 행동과 임상수행과 관련하여 장점과 향상이 필요한 영역 모두를 학생에게 전달하기 위해 객관적인 평가절차와 과정을 개발할 필요가 있다. 적기에 개입하면 문제를 해결하고 학생을 제대로 도울 수 있기 때문에, 프로그램에서 이러한 과정을 빠르게 개발할수록 좋다. 어떤 학생이 자신의 직업적 수행능력과 관련하여 법률상 이의를 제기한다면, 교수진과 교육 프로그램 행정자들은 학생의 역량미달을 입증하는 문서를 보여 줄 수 있어야 한다(Kerl et al., 2002).

Gaubatz와 Vera(2002)는 공식화된 문지기 절차와 프로그램의 훈련기준이 문제 있는 교육생의 상담교육 프로그램 졸업 비율에 영향을 미치는지를 조사했다. 연구결과, 공식화된 기준과 절차를 가진 교육 프로그램에서는 문제 있는 학생의 졸업 비율이 감소했다. 추후 연구에서 Gaubatz와 Vera(2006)는 "잘 고안된 문지기 절차는 [역량이 부족한 학생이] 누구인지 찾아내고, 그가 교정되지 않은 채로 상담 현장에 진출하는 것을 막는 업무의 효율성을 높이는 것으로 나타난다"는 점을 발견했다. Gaubatz와 Vera가 자격이 부족한 교육생 문제를 다루기 위해 교육 프로그램들이 개별적으로 노력하는 것을 지지하지만, 이런 노력들은 "전체 상담교육 분야를 지도하는 직업적 기준으로 통합되어야 한다"(41쪽)고 덧붙인다.

### <낙담한 교수의 사례>

Karmella는 졸업학점이 48학점인 상담학 석사과정을 공부하는 여학생이다. 수련감독하의 필수 수련시간을 채우고 필수 48학점과 두세 개의 강좌를 추가로 이수하면 대학원생은 전문상담사 면허시험에 지원할 자격을 얻게 된다. 교수진은 그녀가 심각한 공감부족이라는 용어로 지칭되는 수준의 정서를 가진 것으로 평가했다. 2인 1조 상담연습, 집단과정 경험, 수업활동 등에서 그녀가 공감적 유대를 형성하지 못한다는 점이 명백히 드러났다. 학업 면에서 그녀는 좋은 성적을 받았다. 독서 보고도 완료했고, 만족할 만한 보고서도 작성했으며, 시험점수도 좋았다. 기술부족으로 지적받은 부분은 반영적 경청, 내담자와 촉진적 관계를 형성하는 능력, 공감적 이해 표명 같은 행동 차원이었다.

Karmella는 대학원 과정의 대부분을 이수한 상태에서 필수과목인 집중 집단과정 강좌를 수강하게 되었다. 이러한 교육적 훈련환경에서 담당교수는 효과적인 상담관계를 형성하는 면에서 그녀에게 문제가 있음을 주목하고 두세 가지의 개입을 시도했다. 이 개입에는 그녀와의 직접 토의뿐만 아니라 개인상담에 대한 권고와 의뢰가 포함됐다. 학기말에도 그녀의 행동과 기술은 향상되지 못했고, 여러 측정결과 실제로는 더 저하된 것으로 나타났다. 집단과정 강좌의 성적은 그녀가 학위를 마치는 데 필요한 학점들 중 마지막으로 남은 것이다. 장시간의 고민 끝에 그 교수는 2인 1조 상담연습에서 나타난 그녀의 공감적 이해의 부족과 일상적인 기괴한 반응을 고려한다면 미래의 상담전문가로서 타인에게 위험할 수 있다고 보고 진급하는 것을 허용하지 말아야겠다고 결정했다. 그는 그녀에게 낙제점을 주었는데, 이는 이 집단과정 강좌를 성공적으로 재수강하지 않고는 학위를 받을 수 없다는 의미였다.

이에 대한 반응으로 Karmella는 그 교수와 대학을 상대로 소송을 제기했다. 대학 교무위원회에서도 조사를 수행했다. 당사자인 교수와 그 학생 외에도 여러 명의 교수들과 다수의 집단과정 강좌 수강생이 증인으로 소환되었다. 교무위원회에서는 그 교수의 성적을 번복하여 그녀에게 상담학 석사학위를 수여했다. 현재 그녀는 면허를 소지한 전문상담사이다.

대학으로부터 지지를 받지 못해 낙담한 그 교수는 강의를 줄여 시간제 교수로 전환한 뒤 기회가 되자 은퇴해 버렸다. 이 사례를 숙고하면서 어떤 함의를 이끌어 낼 수 있는가?

- 집단과정 강좌 한 과목만을 근거로 Karmella의 석사학위 취득을 막은 그 교수는 정당한 조치를 취한 것인가?
- Karmella의 공감과 친밀감 부족이 내담자에게 피해를 입힐 가능성이 있는가?
- Karmella의 공감과 친밀감 부족은 필연적으로 그녀가 유능하지 못하다는 뜻인가? 그녀의 행동을 다르게 설명할 수도 있는가?
- Karmella의 적합성을 판별할 때 어떤 기준을 사용했는가?
- 대학 행정부에서 취한 조치에 대해 어떻게 생각하는가?
- 이와 같은 상황에 개입하는 것이 인증평가기관의 책임인가?
- Karmella의 공감부족을 주목했던 다른 교수들에게도 그녀의 대학원 과정 초기에 이 문제를 다룰 윤리적 책임이 있었는가?

**논평.** 문지기 역할은 상담 프로그램에 소속된 교수진에게 계속해서 많은 난제를 제시한다. 법적인 문제 외에도 학업과 무관한 이유로 학생을 퇴학시키는 프로그램의 결정에 대해 행정적인 뒷받침이 부족할 수도 있다. 성격 문제 때문에 역량미달로 보이는 학생을 평가할 때는 미래 내담자의 복지를 매우 중요하게 생각해야 한다. 더욱이 학생이 문제행동을 보인다면 면허관리청이나 취업기관에 보내야 하는 교수진의 승인을 얻지 못할 것이라는 점을 알아야 한다. 학생의 행동에 문제가 있는 경우 가능한 한 빨리 학생에게 조언하고 문제 영역을 개선할 수 있는 방향과 기회를 제공해야 한다. 학생들이 프로그램 과정 후반까지 교수진의 우려사항을 전달받지 못한다면, 이의를 제기할 만한 명분을 가지게 된다.

상담교육 프로그램에서 공부하는 학생들은 전문성 개발의 일환으로 개인적인 문제를 해결하도록 요청받는 경우가 가끔 있다. 이로 인해 학생이 부정적인 평가에 더 취약해질 수 있는 사생활의 일부가 노출될 수 있다. 교수진은 개인적으로나 직업적으로 학생이 성장할 여지를 제공해야 하지만, 학생의 개인적 특성이 미래의 내담자에게 해를 끼칠 수 있는 경우라면 문제제기를 해야 한다. 이를 위해 관련된 모든 사람의 노력이 필요하며, 개입과 교정이 학생에게 유익하도록 고안되어야 한다.

학생이 임상수행 능력에 부정적으로 영향을 미칠 수 있는 개인적 혹은 대인관계 문제를 성공적으로 교정하지 못한다면 대학원 프로그램을 수료할 수 없어야 한다. Karmella는 많은 내담자들이 치료를 통해 유익을 얻는 정서적 결속을 제공하지 못했다. 저자들은 이 교수가 명료한 피드백 과정과 교정을 제시하는 역할과 공공을 보호하는 문지기 역할에 대한 책무에 충실했다고 생각한다. 윤리적 책무와 기관의 방침 사이에 갈등이 있을 때(예를 들어, 자격 없는 학생을 졸업시킴), 우리는 기관에 갈등이 있음을 알리고 윤리적 의무에 충실해야 한다.

# 학업과 무관한 이유로 시행하는 퇴학

저자들은 상담자 교육 업무에 종사하는 교수진이라면 효과적인 상담에 역효과를 일으키는 성격 특성에 대하여 정확한 인식과 관찰력을 소유한 사람이라는 신뢰를 받아야 한다고 생각한다. 어떤 학생이 성적은 좋지만 표준 이하의 대인관계 행동을 보인다면 즉각 조치를 취할 필요가 있다. 임상작업에 필요한 정서적 성숙이나 대인관계 기술을 가지고 있지 않지만 상담에 유용할 수 있는 다른 기술을 가지고 있는 학생들도 있다. 우리는 연구나 글쓰기 같은 상담계의 다른 영역이 학생의 강점인 경우 그 능력에 집중하도록 조언한다. 학생들이 자신의 강점 영역을 강조하는 경로를 따르도록 지원하면 유익할 수 있다. 교육 프로그램에서 퇴학은 일종의 최후 수단이기에 다른 교정의 시도가 모두 통하지 않았을 때 채택해야 한다.

## 학생 퇴학에 대한 법적 장애물

학생을 교육 프로그램에서 퇴학시키는 조치를 취하는 데에는 퇴학 결정을 뒷받침하는 명백한 증거 제시의 어려움, 퇴학 결정을 뒷받침하는 적절한 절차의 부재, 교수진과 학생들이 겪을 심리적 고통에 대한 염려, 해당 교육생의 격렬한 저항과 방어에 대한 우려, 해당 교육생의 교정에 관여하지 않았던 다른 교수나 수련감독자에게 비난받을 가능성, 행정적 뒷받침의 부족 등이 포함된다(Forrest, Elman, Gizara, & Vacha-Haase, 1999). 아마도 학생을 퇴학시키는 데 장애물은 학생이 법적으로 보복할 것에 대한 두려움일 것이다. 교육 프로그램의 교수진이 '학업과 무관한' 이유라고 생각하는 점을 근거로 어떤 학생을 교육 프로그램에서 퇴학시키기로 결정한다면 자신의 법률적 입지에 관해 염려하는 것이 일반적이다(Bernard & Goodyear, 2014). 때로는 상담교육자와 행정자가 대인관계 혹은 임상기술에 결함이 있는 학생을 퇴학시키기를 꺼려하기도 한다. 해당 학생의 적합성 부족과 관련하여 교수진이 동의하더라도 관심사가 개인적 특성이나 문제행동에 대한 것일 경우 더욱 꺼려한다.

교육 프로그램에서 어떤 학생을 적절하게 훈련시키지 못했다는 점이 입증될 경우, 해당 대학은 그 졸업생이 내담자에게 입힌 피해에 대해 책임을 질 수도 있다(Custer, 1994; Kerl et al., 2002). Custer(1994)는 루이지애나 공과대학교(Louisiana Tech) 교육대에서 석사학위를 취득한 상담자와 관련된 소송을 설명한다. 한 여성 내담자가 루이지애나 공과대를 상대로 소송을 제기하면서 해당 교육 프로그램이 자격미달인 상담실무자를 졸업시켰다고 주장했다. 그 내담자는 역량미달인 상담자의 치료로 인해 자신의 삶이 파괴됐다고 주장했다. 이 주장은 상담자를 적절하게 준비시키지 못했다는 점에서 그 교육 프로그램 자체가 부적절하다는 것이었다. 그 상담자는 수련감독자와 해당 대학과 함께 배임행위로 고소당했다. 1차 소송은 1994년에 170만 달러 배상으로 해결되었다. 이와 같은 사례를 통해 상담 전공생을 잔류시키거나 졸업시키기 위한 구체적인 자격기준은 유용할 뿐만 아니라 필수적이라는 점이 명확해진다.

## 학생 퇴학과 관련된 판례

Mary Hermann은 학업과 무관한 이유로 학생을 퇴학시키는 것과 관련된 판례를 요약했다(Remley et al., 2002에서 인용). 미주리대학교 평의회와 Horowitz의 소송사건(1978)에서 미연방대법원은 뛰어난 성적에도 불구하고 의대에서 퇴학당한 어떤 여학생이 제기한 사건을 검토했다. 그 학생을 퇴학시킨 결정은 그녀가 임상 수행과 대인관계 기술에서 결함이 있다는 교수진의 결정에 근거한 것이었다. 퇴학 전에 교수진은 여러 차례 그녀의 임상업무에 불만족을 표시하고 명백한 향상을 보이지 못한다면 퇴학당할 것이라고 고지했다. 그 학생은 임상업무에서 계속 부적격 평가를 받았다. 의대에서 퇴학당하기 전, 그녀는 지역사회의 의사 일곱 명에게 각각 평가를 받았는데 그들도 그녀의 임상기술이 부적격이라는 의대 교수들의 평가에 모두 동의했다.

교육 프로그램에서 퇴학당하자, 그 학생은 의대에서 퇴학당한 것이 자신의 헌법상의 권리를 침해한 것이라고 주장하며 소송을 제기했다. 이 사건을 검토한 대법원에서는 그 학생이 임상 수행에 대해 교수진으로부터 불만족 고지를 받았고, 그 학생이 이 분야에서 상당한 향상을 이루지 못한다면 교육 프로그램에서 퇴학당하리라는 것을 알았다는 점을 고려했다. 법원에서는 그 학생을 의대에서 퇴학시킨 결정은 교수진의 신중한 평가에 근거한 것이므로 그 학생의 퇴학은 헌법상의 권리침해가 아니라고 판결했다.

의대생 사례에 기술된 모델은 사람들을 효과적으로 돕는 사람이 되는 데 필수적인 자격요건이 부족하다고 판명된 학생을 다룰 때 상담교육 프로그램에서 채택할 만한 훌륭한 모델일 것이다. 이 모델을 사용하게 되면 문제 있는 학생은 대학과 지역사회의 평가를 받을 것이고, 지역사회의 다수의 상담실무자들은 교수진과 행정부서의 소견을 검토할 것이다.

Kerl 등(2002)은 교육 프로그램에서 학생의 직업 수행능력을 평가하기 위한 체계적인 절차 고안의 중요성을 설명한다. 그들은 교육 프로그램에서의 퇴학이 대인관계나 임상에서의 역량미달에 근거한 것이라면, 철저한 학업평가와 절차상 적법하고 명문화된 절차를 고수하는 것이 중요하다고 강조한다. 저자들은 상담교육 프로그램에서 학생의 대인관계와 임상기술에 대한 평가가 학업 수행의 전반적인 평가에 포함된다고 주장한다. 그들은 법원이 개인의 특성이나 행동을 학업 수행의 기본으로 일관되게 보았으므로 이를 학업 문제로 볼 수 있다고 결론 내렸다. 그들은 직업기준을 충족해 나가는 진행상황에 대해 학생에게 피드백을 제공하고 교육 프로그램에서 퇴학을 거론할 만큼 심각한 결함을 기록으로 남기기 위해서 사우스웨스트 텍사스 주립대학교(Southwest Texas State University)의 상담전공 교수진이 고안한 전문상담수행평가(Professional Counseling Performance Evaluation, PCPE)라는 평가도구를 소개한다.

PCPE는 입학절차의 일부로 모든 학생에게 제공되며 교육 프로그램 오리엔테이션 기간에 논의된다. PCPE는 매 실습강좌마다 학생 개개인을 대상으로 작성된다. 학생은 평가 사본을 받게 되며 각 과정 말미에 교수진과 평점에 대해 의논할 기회를 가지게 된다. Kerl 등은 교육 프로그램 기간에 PCPE를 사용함으로써 교육 프로그램 후반부에 이르렀을 때 문제행동이 발견되는 학생들과 교육 프로그램에서 퇴학당하는 학생들이 상당히 줄었다고 언급한다.

Kerl 등은 사우스웨스트 텍사스 주립대학교 상담 프로그램에서 퇴학당한 어떤 학생의 법적 이의제기에 관해 설명한다. 그 학생은 충동과 분노의 미숙한 통제, 비윤리적 행위, 부적합한 상담기술 등의 문제를 보였다. 이 학생은 직업수행 능력과 관련된 PCPE에서 교수진으로부터 보류판정을 세 번이나 받았다. PCPE를 같이 보고 의논할 때마다 학생은 향상을 위한 제언도 받았다. 그 학생은 결국 교정계획을 이행하는 데 실패하여 퇴학당했고, 대학교와 상담교육 프로그램을 상대로 소송을 제기했다. Kerl 등은 이 사례의 결과를 이렇게 기술했다.

> 법원에서는 학생에게 적법한 절차가 제공됐고, 대학에는 직업기준을 유지할 의무가

있으며, 대학의 방침과 절차가 대학 요람과 기타 학과 문서에 분명히 나와 있고, 교수진은 이 절차를 따랐다고 판결했다(330~331쪽).

법원의 결정을 보면 직업수행 능력이 학업 문제와 동일시되었다. 교수진이 개발한 분명한 기준, 방침, 절차와 더불어 PCPE의 사용은 모든 점에서 대학에 유리하게 판결한 법원의 결정에 중요한 역할을 담당했다(Kerl et al., 2002).

상담교육 프로그램이 직업수행 능력의 부족 때문에 상담 교육생을 퇴학시킨 일로 인해 연방법원에서의 공방을 통해 경험하고 깨달은 바를 소개한 문헌이 있다(McAdams, Foster, & Ward, 2007; McAdams & Foster, 2007). 퇴학당한 학생은 임상실습을 하는 동안 비윤리적인 행동을 범했고 프로그램의 교수진이 요구한 교정 프로그램에도 협조하지 않았다. 그 학생을 퇴학시키기로 한 결정이 이뤄지기 전에 체계적인 절차가 여러 번 시행되었다. 퇴학당한 학생은 결국 상담교육 프로그램 교수진과 대학을 대상으로 소송을 제기했다. 고소내용 중 하나는 프로그램과 대학이 적법한 절차에 대한 그 학생의 헌법상의 권리를 위반했다는 것이었다. 어떤 교수가 프로그램에 소속된 학생들을 체계적으로 평가하기 위해 세부적인 기준을 제시한 직업수행 능력 검토 규정(Professional Performance Review Policy Standards, PPRP) 문서가 프로그램에 도움이 되었다.

이 프로그램의 법률적 입장을 강화해 준 중요한 요소는 교수진이 그 학생을 대하면서 취한 모든 교정조치를 공식적으로 문서에 기록한 점이다. 연방 배심원 재판에서 법원은 퇴학 결정을 내린 상담 프로그램과 대학의 손을 들어주는 판결을 했다. 이 판례는 상담 전공생이 직업수행 능력에서 부족하다고 판명되면 교육 프로그램은 공정하고 공평한 교정조치계획을 마련할 법적인 책무가 있다는 점을 보여 준다(McAdams & Foster, 2007). 교수진이 승소했지만 그 학생과 프로그램의 교수진 모두에게 큰 충격을 준 고통스럽고 기나긴 소송과정의 영향을 생각하면 승리는 무의미한 것이었다.

## 전문가의 면허와 자격

대부분의 주에서는 임상사회복지, 임상심리 혹은 상담심리, 재활상담, 임상정신건강상담, 커플 · 가족치료 같은 분야에서 면허와 자격을 얻기 위해 석사나 박사학위 취득 후 수련감독하에서 직무를 수행하는 것에 대한 구체적인 요건을 확립해 놓았다. 면허와 규정이 존재하지 않아 개인이 스스로를 상담사라고 부르고 상담실을 설립할 수 있는 국가들도 있다. 예를 들어, 아일랜드에는 상담사 면허를 부여하는 제도가 없다(O'Morain, McAuliffe, Conroy, Johnson, & Michel, 2012). 미국의 50개 주는 모두 면허를 필요로 하지만, 개인이 개업상담소를 설립하기 전에 면허를 취득해야 하는 전문적인 치료범위가 없는 주들도 있다. 개업상담을 시작하기 전에, 전문적인 치료범위에 관한 해당 주의 법률을 검토하라.

## 직무수행에 관한 법규의 목적

Sweeney(1995)는 자격부여를 최소한 세 가지 방법, 즉 등록, 자격, 면허를 포함하여 개인의 신원을 직업군으로 나타내는 접근법이라고 기술한다. 가장 단순한 형태인 **등록**(registry)은 일반적으로 어떤 직함을 사용하거나 어떤 서비스를 제공하는 개인의 자발적인 등재이다. 등록은 가장 낮은 수준의 직무수행에 관한 법규이다. 자격과 면허는 직무수행을 규제하기 위해 고안된 장치를 보다 많이 가지고 있다.

면허와 자격이 목적은 다르지만 어느 정도 공통점도 있다. 지원자에게 교육과 훈련, 활동 중인 직업인들의 수용이라는 견지에서 구체적인 요건을 충족하도록 규정하며, 일반적으로 시험을 통해 지원자가 기준을 충족하고 자격을 수여받을 만한지 결정한다.

**자격**(certification)이란 직업적 정체성을 촉진시키기 위해 한 집단이 기울이는 자발적인 시도이다. 자격을 통해 정신건강실무자가 자격수여 기관이 정한 일련의 최소 기준을 충족했다는 점을 확인할 수 있다. 특정 환경에서 활동하도록 규정한 형태의 자격도 있다. 예를 들면, 대부분의 주에서 학교상담사로 활동하기 위해 자격을 취득해야 한다.

자격과는 달리 **면허법**(licensure statutes)은 직무수행을 결정하고 관장한다. 때로는 실무법이라고도 불리는 면허법령에는 면허를 소지한 자는 할 수 있지만 다른 사람은 하지 못하는 것이 자세하게 기술되어 있다(Remley, 1995). "면허는 일반상담 서비스에 대해 제3자와 개인 지불인이 법적으로 상환할 수 있는 전문가를 규제하는 정부 승인 자격이다"(Tarvydas, Hartley, & Gerald, 2016, 17쪽).

면허와 자격을 통해 정신건강실무자가 최소한의 교육 프로그램을 이수했고, 수련감독하에 특정 시간 동안 훈련을 받았으며, 일종의 평가와 심사를 거쳤음이 공적으로 보장된다. 그러나 면허와 자격은 실무자가 자격취득으로 허가받은 활동을 유능하게 수행하도록 보장하지 않거나 아마도 보장하지 못할 것이다. 학위나 면허만으로는 사람들에게 모든 심리 서비스를 제공할 수 있는 능력이 보장되지 않는다. 예를 들어, 임상전문가는 가족치료를 윤리적으로 하기 위해 전문지식과 기술을 습득해야 한다. 면허와 자격의 주요 장점은 총체적으로 자격미달이고 훈련받지 않은 실무자로부터 공공을 보호하고 실무자가 확립된 직업단체의 일원임을 공공에게 공식적으로 나타내는 것이다. 자격증명은 전문기술과 지식의 최소 기준을 설정하여 서비스 대상자를 보호한다(Tarvydas et al., 2016). 그러나 면허로 역량을 보장하는 데에는 한계가 있으며, 면허가 일반 역량을 보장하는지, 소비자를 보호하는지, 아니면 더 높은 수준의 직무수행을 촉진하는지에 대해 의문을 제기하는 이들도 있다(Remley & Herlihy, 2016).

면허는 어떤 직업의 직함과 직무수행의 사용을 모두 제한한다. 대부분의 면허는 특성상 포괄적이며, 면허를 소지한 자에게 전반적인 상담이나 임상 직무를 수행할 최소한의 역량이 있다는 것을 의미한다. 면허에는 대개 정신건강실무자가 유능하게 상담할 수 있는 내담자 혹은 문제, 그리고 유능하게 사용할 수 있는 기법이 구체적으로 기록되어 있지 않다. 예를 들어, 면허를 소지한 전문상담사는 성인과 작업할 때 필요한 전문기술을 가지고 있지만 아동과 작업하는 데 필수적인 훈련은 부족할 수도 있다. 동일한 상담사가 개인 심리치료를 할 자격은 있지만 가족 상담이나 집단치료에 필요한 경험이나 기술은 없을 수도 있다. 대부분의 면허법에는 면허 소지자가 적절한 훈련을 받은 치료업무만 할 것이라고 기록되어 있지만, 이 규칙을 실행하는 것은 면허 소지자에게 달려 있다. 다른 많은 직군에서도 직무수행에 대해 이렇게 폭넓게 정의한다.

## 보수교육과 역량 입증

전문가는 직무 영역에서 지속적인 연구, 교육, 수련, 자문을 추구해야 한다. 상담실무자의 역량수준은 시간이 흐를수록 감소할 수 있는 반면, 정신건강과 관련된 법률의 변화, 진화하는 윤리기준, 전문적이고 근거에 기반한 치료라는 새로운 경향 등이 계속 이뤄지고 있다. 대부분의 정신건강전문가단체는 보수교육을 면허갱신의 필수조건으로 만들려는 노력을 지지한다(글상자 '보수교육 요건' 참고).

## 윤리규정: 보수교육 요건

**미국상담학회(ACA, 2014)**

상담자는 자신의 활동 분야에서 과학과 직업과 관련된 최신 정보를 타당한 수준에서 습득하고 유지하기 위해 보수교육의 필요성을 인식해야 한다. 상담자는 자신이 사용하는 기술에서 역량을 유지하고, 새로운 발전을 개방적으로 받아들이며, 다양한 계층과 상담하는 최고의 방법에 관해 잘 알고 있어야 한다(C.2.f).

**미국학교상담사협회(ASCA, 2016)**

학교상담사는 경력 전반에 걸쳐 전문성 개발과 개인적 성장에 노력을 기울여야 한다. 전문성 개발에는 주 단위나 전국 단위의 학회 참석과 학술지 논문 읽기 등이 포함된다. 학교상담사는 현재 학교상담사의 법적 · 윤리적 책임에 대한 교육에 정기적으로 참석해야 한다(B.3.e).

**미국사회복지사협회(NASW, 2008)**

사회복지 행정자와 수련감독자는 자신이 책임지고 있는 모든 직원을 위해 보수교육과 직원연수를 제공하거나 계획하기 위해 타당한 조치를 취해야 한다. 보수교육과 직원연수에서는 사회복지 직무수행 및 윤리와 관련하여 최신 정보와 새로운 발전상을 다뤄야 한다(3.08).

**미국부부및가족치료학회(AAMFT, 2015)**

부부 · 가족치료사는 새롭게 발전하는 지식을 추구하고 교육, 훈련, 수련감독하의 경험을 통해 부부 · 가족치료사로서의 역량을 유지해야 한다(3.1).

**미국정신건강상담사협회(AMHCA, 2015)**

정신건강상담사는 지속적인 교육의 중요성을 인식하고 동료의 검토를 거친 과학적인 전문 문헌에 실린 새로운 상담 접근법과 절차를 개방적으로 받아들여야 한다(C.1.f).

**미국정신의학회(2013b)**

정신과 의사는 자신의 보수교육에 책임을 지며, 이는 평생교육이어야 한다는 사실에 유의해야 한다(5.1).

대부분의 정신건강전문가는 면허나 자격갱신의 기본요건으로서 최소 시간 보수교육을 이수했음을 입증해야 한다. 사회복지사, 심리학자, 임상정신건강상담사, 부부 · 가족치료사의 면허갱신 조건으로 대부분의 주에서 현재 특별 과정과 보수교육 최소 시간을 요구한다. 의무 보수교육의 가장 일반적인 영역은 직업윤리이며, 현재 32개 주에서 지속적인 전문성 개발의 구성요소로 윤리교육을 요구하고 있다(Taylor & Neimeyer, 2016). 면허청은 면허 소지자를 대상으로 보수교육을 이수했는지 가끔 무작위 조사를 실시한다. 캘리포니아에서는 면허 소지자가 갱신기간 내에 보수교육 필수시간을 이수하지 않거나 법률과 윤리교육 과정을 이수하지 않는 등 보수교육 이수 조사를 통과하지 못하면 소환장과 벌금형을 받게 된다(California Board of Behavioral Science, 2017).

## 역량 유지를 위한 평생의 노력

평생학습을 위한 노력은 역량을 유지하고 향상하는 방법으로 대부분의 정신건강 전문직의 윤리규정에 언급되는 공통 주제이다. Johnson 등(2012)은 초보 정신건강전문가가 평생 동안 끊임없이 변화하는 직업 세계의 요구, 삶의 스트레스 요인, 개인적 문제, 노화로 인한 능력저하 등에 대해 스스로의 역량을 정확하게 평가하는 능력이나 결심을 가지게 될지 의문이 든다고 언급한다. 그들은 지속적으로 동료에게 자문을 요청하라고 권하면서 "정기적인 역량갱신은 면허갱신의 요건이 되어야 한다"(566쪽)고 말한다. 보수교육의 초점은 단순히 면허를 유지하기 위해 필요한 시간을 쓰는 것이 아니라 역량을 유지하기 위함이어야 한다.

우리의 기술이 결코 저하되지 않는다거나 졸업하면 알아야 할 모든 것을 다 익힌 것이라고 가정하는 것은 순진한 생각이다. 정신건강실무자가 평생학습에 참여하지 않는다면, 경력 초기단계이더라도 전문지식이 급격히 줄어들 수도 있다(Neimeyer, Taylor, & Cox, 2012; Taylor & Neimeyer, 2016). 지식의 퇴보를 막고 역량을 유지하는 유용한 방법은 경력 전반에 걸쳐 기꺼이 다른 전문가에게 자문을 요청하고, 동료 자문집단에 참여하며, 자기주도학습을 실시하고, 전문학회에 참석하는 것이다. 배움은 결코 멈추지 않는다. 새로운 내담자는 곧 새로운 도전이다. 최근 졸업생들조차 미래의 워크숍이나 과정을 수강해 보충해야 할 교육상의 중대한 틈새가 있을지도 모른다. 관련 보건 분야의 연구는 평생학습이 전문역량의 핵심요소라는 개념을 뒷받침한다, Taylor와 Neimeyer(2015)는 훈련시키는 교수진이 "대학원에서 평생학습에 대한 사랑을 심어 주면서 평생학습이 졸업 후에도 계속 추구해야만 하는 지속적인 노력이라는 관념을 강화시킬"(388쪽) 것을 권장한다. 새로운 지식과 실무의 분야는 지속적인 교육을 요구한다. 온라인 과정이 점점 인기를 얻고 있는 이유는 이러한 형태의 보수교육 제공이 편리하고 경제적이기 때문이다. 온라인 서비스는 향후 몇 년간 증가할 것이다(Taylor & Neimeyer, 2016).

또한 다양한 내담자 계층과 상담하거나 특정 치료방식에 대한 기술을 습득하기 위해 수련감독과 자문을 거쳐야 할 수도 있다. 예를 들어, 직무상 집단상담을 수행해야 하는데 교육과정에는 단 하나의 집단상담 강좌도 포함되지 않았을 수도 있다. 보수교육이 상담자의 개인적 · 직업적 필요에 잘 맞는다면 이를 통해 상담 분야의 최첨단에 서게 될 수 있다.

**당신의 입장 명료화하기.** 경력을 쌓아 가면서 역량을 유지하고 강화하는 방법을 찾는 것이 중요하다. 여기서 다뤘던 문제들에 대한 당신의 생각을 명료화하기 위해 다음 질문들을 사용하라. 유능한 직업인으로 역량을 유지하기 위한 당신의 전략은 무엇인가?

- 책무가 증가하는 경향이 정신건강실무자 개개인에게 미칠 영향은 무엇일 것 같은가? 이 경향은 당신에게 어떻게 영향을 미칠 수 있는가?
- 보수교육을 받지 않고 직무를 계속 수행하는 것이 윤리적이라고 생각하는가? 그 이유는 무엇인가?
- 역량 유지는 평생에 걸친 노력이라고 말하는 근거는 무엇인가?
- 면허갱신의 근거로 보수교육 과정에만 집중하는 것의 장점과 단점은 무엇인가? 보수교육만으로 충분한가?
- 입문 수준의 지원자와 면허갱신의 근거를 위한 자격시험(구술과 필답)에 대한 당신의 생각은 무엇인가? 어떤 유형의 시험이 유용하겠는가?
- 온라인 평생교육을 통해 지식을 향상하는 것에 대해 어떻게 생각하는가? 보수교육을 온라인으로 이수하는 기회에 참여할 의향이 있는가?
- 보수교육 참석 확인이 자격이나 면허갱신 요건으로 규정(혹은 강력하게 권장)되어야 하는가?
- 의무 보수교육을 지지한다면 이 교육의 본질은 누가 결정해야 하는가? 이런 결정을 할 때 어떤 기준을 사용할 수 있는가?
- 당신은 어떤 유형의 보수교육을 원하는가? 어떤 방법을 통해 새로운 지식과 기술을 효과적으로 습득하고 당신이 몸 담고 있는 분야의 최신 정보를 따라잡을 수 있다고 생각하는가?

## 동료의 검토, 자문, 수련감독

**동료 검토**(peer review)는 같은 직종에 속한 정신건강실무자들이 서로의 서비스를 평가하는 조직적인 체계이다. 동료 검토로 인해 서비스 대상자들은 유능한 서비스를 받을 것이라는 확신을 얻게 된다. 서로 검토해 주는 것 외에도 동료는 직무를 수행하다 맞닥뜨리는 문제에 대해 신선한 관점을 채택하도록 서로에게 자극을 줄 수 있다. 그 자체가 목적보다는 수단으로 여겨지는 동료 검토에는 상담실무자의 직업활동이 적절한지의 판단뿐 아니라 미래의 서비스가 기준에 부합할 것인지 보장하려는 궁극적인 목표가 있다. 동료 검토는 자기조절이라는 전통의 명맥을 이어 가는 것이다.

동료 수련감독은 교육생에서 독립적인 상담실무자로의 전환을 지속할 수 있는 경로가 된다. 동료 수련감독은 지지라는 요소를 수반하며 전문역량이 향상하는 또 다른 유용한 경로이다. 동료 수련감독의 목표는 전문가가 직무와 기능에 대한 피드백을 얻고 사례에 대한 반응을 검토하도록 돕는 것이다(Shah & Rodolfa, 2016). 동료 수련감독 집단은 모든 수준의 경력 상담자에게 유용하다. 교육생의 경우, 동료 수련감독 집단을 통해 지지적인 분위기를 제공받고 자기 혼자만 염려하는 것이 아니라는 점을 알게 된다. 직무를 수행하는 상담자의 경우, 동료 집단을 통해 지속적으로 직업적 성장의 기회를 가지게 된다. 상담실무자의 경우, 동료 수련감독 집단을 통해 지속적인 직업적 성장의 기회를 가지게 된다. Shah와 Rodolfa(2016)에 따르면, 동료 수련감독 집단을 통해 대리학습이 일어난다. "동료들이 서로 의논하고 피드백을 제공하고 경험의 공유를 통해 학습한 내용은 미래의 직업적인 상황이 발생했을 때 적용할 수 있다"(204쪽). 동료 수련감독 집단은 치료자에게 소중한 이유가 많이 있는데, 어려운 사례에 대한 지속적인 자문과 지원, 네트워크와 직업적 고립과 소진 가능성을 타파하는 것 등이 이에 해당된다(Counselman & Weber, 2004). 임상전문가는 추가 훈련을 필요로 하기 때문에, 치료를 수행할 때 느끼는 정서적 강도 때문에, 직업활동과 연관되는 스트레스 때문에 경력을 쌓아도 수련감독에 대한 새로운 필요성을 느낄 때가 있다.

## 제8장 요약

내담자의 복지는 전문면허와 자격이 역량의 적절한 척도인가에 대한 논쟁과 치료자의 훈련에 포함된 윤리적 문제의 영향을 직접 받는다. 지식과 기술의 퇴보를 막기 위해 상담자로 활동하는 동안 새로운 지식과 기술을 습득해야만 한다. 특히 상담실무자는 특정 내담자 계층이나 문제를 다루는 전문 분야를 개발하기를 원한다.

훈련에서 핵심이 되는 윤리적 · 직업적 문제는 다양한 정신건강 전문직에 가장 적합한 지원자를 선발하기 위한 방침과 절차의 개발방법에 대한 질문이다. 도전과제는 상담하게 될 다양한 범주의 내담자를 이해하는 데 도움이 되는 인생경험을 가진 사람을 선택하는 기준을 채택하는 것이다. 태도, 신념, 인성, 심리적 적합성 같은 교육생의 개인 특성은 다양한 가치를 가진 내담자를 상담할 때 객관적인 태도를 유지하는 능력과 마찬가지로 상담자로서 성공하는 데 중요하다. 내담자를 포함하여 다른 사람들과 관계를 효과적으로 맺는 교육생의 능력을 프로그램에 참여하는 동안 계속 평가해야 하며, 대인관계 요건에 문제가 있는 학생에 대한 교정작업은 교수진이 관여해야 한다. 평가과정은 지식, 기술, 대인관계 차원에 걸쳐 이뤄진다. 교육 프로그램은 학생에게 직업적 자격에 방해가 되는 개인적 · 대인관계적 문제가 있을 때 개입하는 윤리적 책임을 져야 한다.

보수교육에 대한 지속적인 노력은 전문가가 역량을 유지하는 데 필요하며, 상담실무자에게는 자기주도학습(전문 문헌 읽기)을 실시하고, 동료 자문에 참여하며, 학회와 워크숍에 참가하거나, 자기 분야의 새로운 발전상에 관해 정보를 얻는 다른 방법을 모색할 윤리적 책임이 있다. 평생에 걸쳐 보수교육에 힘쓰라는 것은 대부분의 정신건강 전문직 윤리규정의 특징이다.

## 추천 활동

**1.** 조별로 언제 그리고 어떻게 다른 전문가에게 의뢰할 수 있는지에 대한 주제를 탐구하라. 한 학생이 내담자, 다른 학생이 상담자 역할을 맡아 내담자를 다른 전문가에게 의뢰하는 상황을 단막극으로 꾸며 보라. 단막극을 한 후에 내담자 역을 맡은 학생과 다른 학생들이 상담자 역을 맡은 학생에게 그 상황을 어떻게 다뤘는지에 대한 피드백을 줄 수 있다.

**2.** 조별로 치료자가 역량이 있는지 판단하기 위해 어떤 기준이 있어야 된다고 생각하는지 탐구하라. 구체적인 기준 목록을 만들어 다른 조와 의견을 나눠 보라. 수강생 전체가 역량을 판별하기 위한 공통적인 기준을 마련할 수 있는가? 역량미달을 판별하는 것이 더 쉬운가?

**3.** 수업 프로젝트의 일환으로, 학생들은 심리치료 실무에 적용되는 주요 지역과 주 법률의 일부를 조사하는 위원회를 만들 수 있다. 법률과 직무에서 경험한 주요 갈등은 무엇이었는지 정신건강전문가들에게 질문하고 싶을 수도 있을 것이다. 당신이 거주하는 주에서 주요 정신건강 전문분야의 면허 또는 자격에 대한 요건을 찾아보라. 공통 요소로는 어떤 것이 있는가?

**4.** 당신이 입사시험이나 개업상담소에 낼 이력서를 쓴다고 가정해 보라. 한두 쪽 분량의 자기소개서를 작성하라. 수업시간에 동료들에게 소개서의 검토를 부탁하라. 동료들

이 당신을 면접하고 예비 내담자들과 이야기하면서 연습경험을 쌓을 수 있다. 이 활동을 통해 당신은 자신의 입장을 명료화하고 소중한 입사면접 연습을 할 수 있다.

**5.** 당신이 대학원생으로서 교육 프로그램 지원자를 면담하는 팀의 일원이라고 가정해 보라. 모든 지원자에게 물어볼 여섯 가지 질문을 만들어 보라. 질문을 통해 지원자에 관해 무엇을 알고 싶은가?

**6.** 당신이 관심을 가지는 학교, 기관, 근무환경에서 일하는 교수나 상담실무자를 면담하라. 가장 기억에 남는 교육 프로그램이 무엇인지 질문해 보라. 그들에게 가장 유용한 것은 무엇이었는가? 그들이 더 배웠으면 좋았을 것이라고 생각하는 훈련은 무엇이고, 좀 줄였으면 좋았겠다고 생각하는 것은 무엇인가? 그들은 대학원 교육 프로그램을 통해 지금 하고 있는 업무에 얼마나 적절히 준비되었다고 생각하는가? 그들이 가장 소중하게 생각하는 보수교육 경험은 무엇인가?

**7.** 본 장에 실린 개인과 전문역량 평가양식을 검토하라. 각 영역에서 귀하의 현재 역량수준을 어떻게 평가하는지에 근거하여 이 평가서를 작성하라. 노력을 더 기울일 분야로 어떤 것을 목표로 삼겠는가? 이러한 개인과 전문역량을 개발하는 데 도움이 되는 행동계획을 간략하게 세워 보라.

**8.** 같은 과목 수강생들로 동료 지지 집단을 형성하는 것의 장점을 고려해 보라. 여러 학생이 훈련과 교육을 통해 최고의 것을 얻을 방법을 탐색하기 위해 만나기로 약속할 수 있다. 동료 지지 집단에서 다룰 수 있는 유용한 주제 목록을 만들어 보라.

제9장

# 수련감독과 윤리적 문제

## 학습목표

1. 임상 수련감독과 관련된 윤리 문제를 밝힌다.
2. 수련생의 책임을 설명한다.
3. 수련감독자의 역할과 책임을 설명한다.
4. 윤리적이고 효과적인 수련감독 방법을 파악한다.
5. 유능한 수련감독자가 되는 의미를 명료하게 이해한다.
6. 임상 수련감독의 법적 문제를 논의한다.
7. 온라인 수련감독 고유의 윤리 문제를 이해한다.
8. 학교상담사를 수련감독할 때 발생하는 특별한 문제를 설명한다.
9. 수련감독과 관련된 다문화와 다양성 문제를 검토한다.
10. 성 역할 사회화가 임상 수련감독에 어떻게 영향을 미치는지 이해한다.
11. 수련감독 과정에 나타나는 다양한 역할과 관계를 파악한다.
12. 수련감독과 상담을 결합하는 것의 윤리적 측면을 다룬다.

## 점검을 위한 자기평가

지침: 각 문장을 읽고 자신의 신념과 태도를 가장 잘 나타내고 있다고 생각되는 수준의 번호를 빈칸에 기록하시오.

5 = 강력히 동의한다.

4 = 대체로 동의한다.

3 = 결정하기 어렵다.

2 = 거의 동의할 수 없다.

1 = 절대로 동의할 수 없다.

____ **1.** 수련감독자, 수련생, 내담자를 보호하기 위한 임상 수련감독 윤리지침이 필요하다.

____ **2.** 수련감독자는 자신이 수련감독하는 수련생의 모든 행동에 대해 법적으로 책임을 져야 한다.

____ **3.** 수련감독자는 수련생의 수행을 일관되게 검토하고 평가할 책임이 있다.

____ **4.** 수련감독하에 상담하는 것은 유능한 상담실무자로 발전하기 위한 가장 중요한 요소 중 하나이다.

____ **5.** 수련감독자는 수련생이 비밀보장의 한계에 대해 내담자에게 온전하게 알려 주는지 확인해야 한다.

____ **6.** 수련감독은 최대한 내담자의 복지를 보호하고 수련생의 역량을 증진시키는 것이다.

____ **7.** 설명 후 받는 동의는 치료관계처럼 수련감독관계에서도 기본적인 것이다.

____ **8.** 수련감독자에게 다문화와 다양성 역량이 부족하면 수련감독이 비효율적일 가능성이 높다.

____ **9.** 수련감독자는 자신의 수련감독의 수준에 대한 정기적인 피드백을 받고 해당 피드백을 활용하여 수련감독 역량을 향상해야 한다.

____ **10.** 수련생에게는 수련감독관계가 시작될 때부터 무엇을 해야 하고, 어떻게 평가받게 될지 알 권리가 있다.

____ **11.** 상담 수련감독자가 멘토, 지도교수, 교사, 평가자 같이 다중의 역할을 수행하는 것은 비윤리적이다.

____ **12.** 윤리적으로 수련감독자는 자신의 역할을 명료하게 하고 경계가 흐려질 때 발생할 수 있는 잠재적 문제들에 대해 인식할 필요가 있다.

____ **13.** 수련감독자나 상담교육자가 재학생이나 수련생에게 치료를 제공하는 것은 비윤리적으로 행동하는 것이다.

____ **14.** 수련생이 수련감독 시간에 말한 개인정보는 비밀이 보장되어야 하며 다른 교수진과 공유하면 안 된다.

____ **15.** 수련감독자는 자신이 활동하는 교육과 훈련환경 내에서 수련생과 내담자를 옹호하는 역할을 맡는다.

# 서론

**수련감독**(supervision)이란 전문가 훈련에서 반드시 필요한 부분으로, 수련생이 직업적 책무를 완수하는 데 필요한 역량을 획득할 수 있는 방법 중 하나이다. 교과서 지식만으로는 충분하지 않으며, 지식을 실무에 적용하기 위해 지침이 필요하다. 수련감독을 통해 내담자와 치료과정에 영향을 미치는 신념, 태도, 성격 특성, 행동을 점검할 수 있는 환경이 주어진다. Remley와 Herlihy(2016)는 관리감독과 임상 수련감독을 구분한다. 관리감독(administrative supervision)에는 직속 관리자가 직원에게 제공하는 지시가 포함된다. 관리감독의 목적은 고용된 상담사가 자신의 업무를 유능하게 수행하고 있는지 확인하는 것이다. 관리감독자는 일반적으로 자신이 감독하는 사람들을 직접 통제하고 권한을 갖는다. 임상 수련감독(clinical supervision)은 수련감독자가 다음의 네 가지 주요 목표를 가지고 수련생의 직무를 감독하는 것이다. (1) 내담자의 안녕과 복지를 보호함, (2) 수련생의 성장과 발달을 촉진시킴, (3) 수련생의 수행을 검토하고 상담계를 위해 문지기 역할을 수행함, (4) 수련생이 스스로를 감독하고 독립된 전문가로서 이 목표를 이루도록 역량을 확대하도록 함(Corey, Haynes, Moulton, & Muratori, 2010; Falender, 2017). 본 장에서는 주로 임상 수련감독에 대해 논의할 것이다.

미래의 상담실무자로서 당신은 모든 것을 결코 다 알 수 없으며, 모든 내담자 계층이나 모든 유형의 문제에 효과적으로 개입하는 데 필요한 모든 기술을 획득할 수도 없다. 이러한 사실 때문에 수련감독과 자문과정이 필요하며 수련감독은 당신의 경력 기간에 유의미한 과정으로 존재하게 된다. 제8장에서 언급했듯이, 전문가 역량은 개발해 나가는 과정이다. 역량 있는 전문가가 되려면 보수교육뿐만 아니라 윤리적 · 임상적 딜레마에 직면할 때 정기적인 수련감독을 받으려는 자발성도 필요하다. 전문가에게 자문을 요청함으로써 경력수준과 관계없이 모든 상담실무자는 내담자를 위해 최고의 치료를 제공하는 데 필요한 도움을 얻으려는 책임감 있는 모습을 보이게 된다.

임상 수련감독을 위한 윤리적·직업적 기준과 지침은 유능한 수련감독에서 필수적이다. 본 장에서는 임상 수련감독에서 자주 맞닥뜨리는 딜레마들을 탐색하고 윤리적·법적인 직무수행을 위한 지침을 제공하고자 한다. 수련감독은 교육 프로그램의 필수 구성요소이며, 수련생이 수련감독의 역할, 기능, 책임을 이해한다면 수련감독 과정에서 얻는 유익을 극대화할 수 있게 될 것이다. 수련감독에서 적극적인 역할을 맡을 준비를 하고 수련감독자와 협력관계를 발전시키라. 윤리적, 법적, 직업적 문제는 수련감독에서 가장 중요하다. 수련생으로서의 권리와 책임을 인식하고 수련감독자에게 무엇을 기대할 수 있는지 파악하라.

본 장에서는 수련감독자와 수련생의 관점을 논의할 것이다. 윤리적이고 유능한 수련감독자가 되기 위해 무엇이 필요한지, 적극적인 수련감독자가 되려면 무엇이 필요한지, 학생들이 현장에서 경험과 능력을 얻었을 때 직면하게 될 윤리적 문제를 다루게 될 것이다.

## 임상 수련감독과 윤리적 문제

효과적이고 윤리적인 수련감독을 위해 수련감독자는 내담자의 복지 보호와 수련생에게 훈련 제공에서의 정교한 균형을 이루려는 노력이 필요하다. Falender와 Shafranske (2014)는 효과적인 수련감독을 "수련생의 발전과 자율성을 장려하고, 수련감독관계를 촉진하며, 내담자를 보호하고, 내담자와 수련생의 성과를 모두 향상시키는 직무수행"이라고 정의한다(1031~1032쪽). 수련감독자는 수련생이 치료 실무의 예술과 기술을 익히도록 돕는 동시에 내담자에 대한 치료의 질을 검토해야 할 윤리적이고 법적인 책임이 있다. 수련감독을 통해 수련생은 독립적인 전문가가 되는 데 필요한 경험을 얻게 된다.

미국정신건강상담사협회(2015)의 윤리규정에는 임상 수련감독에 대한 책임이 제시되어 있다.

임상 수련감독은 정신건강 치료과정의 중요한 부분으로서 두 가지 목적을 가지고 있다. 첫째는 임상적, 윤리적, 법적 문제에 관한 수련감독자의 지도와 지시를 통해 내담자에게 가능한 최상의 치료를 제공하도록 수련생을 지원하는 것이고, 둘째는 상담자 교육의 필수인 수련생에게 훈련을 제공하는 것이다. 또한 수련감독은 내담자, 상담계, 수련생의 안전을 보장하기 위한 문지기 과정이다(III.B).

수련생의 종속적 위치와 수련감독관계와 치료관계의 유사성을 고려해 보면, 수련생의 권리와 수련감독자의 책임을 기술하는 지침의 필요성이 자명해진다. 상담자교육및수련감독학회는 초기에 '상담 수련감독자를 위한 윤리적 지침'(ACES, 1993, 1995)과 최근 '임상 수련감독의 모범사례'(ACES, 2011)에서 이 문제를 다루었다. 상담자교육및수련감독학회(ACES)는 현재 설명 후 받는 동의, 목표 설정, 수련생을 위한 지속적인 피드백, 효과적인 수련감독, 수련감독관계, 다양성과 옹호에 대한 고려사항, 문서 기록, 수련감독의 형식과 수련감독의 역할에 대한 포괄적인 토론을 제공한다. 이러한 모범사례 지침은 수련감독자의 업무를 지원하고 수련감독 과정의 대부분을 명료하게 한다. 본 장은 미국심리학회(APA, 2015)의 '보건 서비스 심리학에서의 임상 수련감독 지침'을 참조하였다.

## 수련감독에서의 설명 후 받는 동의

내담자와 치료자의 관계와 관련된 윤리기준 중 다수가 수련감독자와 수련생의 관계에도 적용된다. **수련감독에서 설명 후 받는 동의**(informed consent in supervision)는 상담에서 설명 후 받는 동의(참조 제5장)만큼 중요하다. 수련생에게 명료한 설명 후 받는 동의를 구두와 서류를 통해 받는 것이 이제는 직무기준으로 여겨진다. 더욱이 수련생이 상담관계를 시작하기 전에 설명 후 받는 동의과정을 수행하는지 확인하는 것은 수련감독자의 책임이다.

치료과정 초기에 내담자의 권리를 다루는 것과 마찬가지로 수련감독관계가 시작될 때부터 수련생의 권리를 논의하는 것이 유익하다. 수련감독자는 수련감독 첫 회기에 건전한 설명 후 받는 동의과정을 실시하고 수련감독 수행의 특성을 명확하게 설명해야 한다(ACES, 2011). 수련생이 수련감독 전 과정에서 무엇을 기대해야 하고 무엇을 성취해야 하는지 알게 된다면, 기대를 표현하고 결정을 내리며 수련감독 과정에서 적극적인 참여자가 되는 데 역량이 확대될 것이다. 더욱이 오해가 최소화되고 양 당사자가 상대방의 역할에 대해 만족할 가능성이 높아질 것이다. Glosoff, Renfro-Michel과 Nagarajan(2016)은 강력한 수련감독 작업동맹을 수립하고 유지하는 한 가지 방법은 수련감독자가 수련감독관계에서 건전한 설명 후 받는 동의과정을 실시하는 것이라고 말한다. 수련감독자는 "설명 후 받는 동의 초기나 진행과정 중의 목표는 단순히 정보를 수련생에게 알리는 것이 아니라 수련감독자가 협조적이고 평등한 수련감독 작업동맹을 촉진하는 것"(37쪽)임을 기억해야 한다. 수련생을 파트너로 대화에 참여시키는 것은 협력정신을 촉진하고 자율성을 구축하는 데 도움이 된다.

## 수련생의 책임

수련생은 권리 외에도 책임이 있는데, 그중 일부는 다음과 같다.

- 각 수련감독 회기를 준비하고 참석하라. 파일과 메모는 물론 수련감독자에게 물어볼 질문 목록도 가져오라.
- 적극적인 참여자가 되어 수련감독에 협력하라. 교육생이자 학습자로서 가지고 있는 힘을 인지하라.
- 수련감독자에게 필요한 것을 주도적으로 요청하라.
- 상담 이외의 시간에 관련 조사와 독서를 통해 내담자와의 작업을 향상해라.
- 내담자, 수련감독자와의 상호작용에 주의를 기울이고 우려하는 것이 있으면 주저말고 언급하라.
- 동료나 동료 수련생과 문제가 있다면 수련감독 시간에 이에 관한 이야기를 꺼내라.
- 당신의 강점과 개선해야 할 부분에 대한 피드백을 요청하라.
- 수련감독자, 동료 수련생, 내담자의 피드백을 열린 마음으로 받아들이라.
- 건설적이지 않다고 느끼는 피드백을 비평적으로 평가하라.
- 내담자와 수련감독자가 요구하는 사항과 관련하여 스스로 건강한 경계를 설정하라.
- 내담자를 상담할 때 압도당하는 느낌이 든다면 수련감독자에게 알리라.
- 실시간 수련감독과 비디오 촬영을 포함한 다양한 형태의 수련감독을 열린 마음으로 받아들이라.
- 일에 대해 당신이 가지고 있는 불확신과 불안에 대해 이야기하라.
- 수련감독관계에서 도움이 되거나 도움이 되지 않는 사항에 대해 수련감독자에게 피드백을 제공하라.

- 잠재적인 역전이의 원인에 주의를 기울이고, 수련감독 시간에 이러한 반응이 내담자를 상담할 때 어떤 영향을 미치는지 탐색하라.
- 적절한 수련감독을 받지 못하고 수련감독자와 소통하려는 노력이 효과가 없다면 교수나 다른 신뢰할 수 있는 조언자에게 연락하라.

## 수련감독자의 역할과 책임

수련생으로서 당신을 수련감독하는 사람들의 역할과 책임을 이해한다면 수련감독을 통해 많은 것을 얻을 수 있다. 수련감독자는 수련생이 윤리적이고 효과적인 서비스를 할 수 있도록 훈련과 수련감독 경험을 제공한다. 효과적인 임상 수련감독을 제공하기 위해 수련감독자는 수련감독 실무뿐 아니라 수련감독하는 상담 분야에서 역량을 갖춰야 한다. 수련감독자는 수련감독자의 역량을 확보하기 위해 필요한 교육과 수련을 받은 후에 그리고 적합한 감독을 제공하는 데 필요한 시간을 낼 수 있을 때 수련감독을 제공해야 한다(Barnett & Johnson, 2015).

수련감독자는 수련생의 행동에 대해 궁극적인 **윤리적 · 법적 책임을 모두** 진다. 그러므로 한 번에 책임지고 관리할 수 있는 숫자 이상의 수련생을 수련감독하지 않도록 주의한다. 수련감독자는 수련생들의 경과를 확인하고 그들이 맡은 사례 건수를 알고 있어야 한다. 상담실무자가 내담자의 경과에 관해 사례 기록을 적는 것처럼, 수련감독자도 수련생과의 작업에 관련된 기록을 보관해야 한다.

**임상 수련감독자**(clinical supervisor)는 수련생에게 영향을 주는 위치에 있으며, 교사, 멘토, 자문가, 상담자, 지도교수, 행정자, 평가자, 기록자 같이 많은 역할을 감당한다. 수련감독자는 수련감독한 회기 동안 상이한 기능들을 담당할 수도 있다. 임상적 접근법을 수련생에게 가르치고, 내담자에게 개입하는 방법에 관해 자문가 역할을 하며, 역전이가 내담자를 상담할 때 어떻게 영향을 미치는지 수련생이 이해하도록 돕기 위해 상담자 역할을 하고, 임상전문가로서의 발전에 대해 수련생에게 평가 피드백을 줄 수도 있다. Falender(2017)는 "숙련된 수련감독자는 여러 역할 사이의 균형을 유지하며 긍정적인 피드백과 교정적인 피드백을 지속적으로 주는 동시에 수련생의 발전을 지원하고 권한 차이가 명확하도록 보장한다"고 언급한다(213쪽). 유능한 수련감독자는 당면한 상황에서 담당해야 할 역할, 그 역할을 맡아야 하는 이유, 그리고 수련생과 성취하고 싶은 것이 무엇인지에 대해 명확히 이해하고 있다(Corey et al., 2010). 수련감독자가 수련감독관계에 내재된 권력을 오용하지 않기 위해 본인의 행동을 감시하는 것이 중요하다. 수련감독자는 수련감독관계에 내재된 권력 차이를 인식하고 수련생과 이러한 관계의 권력역학에 대해 토의한다. 수련감독자는 협력관계를 구축하고 공개 토의를 장려하여 권력 차이를 최소화하기 위해 노력하는 동시에 적절한 권위도 유지해야 한다(ACES, 2011). 수련감독관계의 복잡성과 수련감독의 다중역할, 내재된 권력 차이로 인해 임상 수련감독에 대한 전문교육이 필요하다(Falender, 2017). 윤리적인 수련감독자는 복잡한 수련감독 문제에 직면할 때 다른 전문가에게 수퍼비전이나 자문을 요청한다.

수련감독자는 수련생의 임상 직무수행이 타당한 법적, 윤리적 · 직업적 기준에 순응하는 것인지 보장할 책임이 있다(ACES, 2011). 임상 수련감독에 대한 윤리기준의 주요 목적은 수련감독자에게 행동지침을 제공하고, 수련생을 부당한 피해나 태만으로부터 보호하며, 양질의 내담자 치료를 보장하는 것이다(Bernard & Goodyear, 2014). 수련감독자는 수련감독관계에서 솔선수범하는 행동을 통해 이 윤리지침에 관한 지식을 입증할 수 있다.

## 수련생과 내담자에 대한 수련감독자의 책임

수련감독자는 내담자의 복지가 자신의 주요 책임이자 최고의 책임임을 이해해야 한다(ACES, 2011; APA, 2015). 수련감독자는 각 수련생의 행동과 역량을 검토할 책임이 있다. 수련감독자는 수련생에게 적시에 피드백을 주고, 수련생의 행동과 결정을 검토하며, 수련생에게 적법한 절차와 권리에 관해 가르치고, 임상적 역량과 관련하여 개인적 발전을 하도록 지도해야 할 윤리적 · 법적인 책무가 있다(ACES, 2011). 수련감독자는 평가과정에서 공정해야 하며, 성과가 예상기준에 미치지 못할 경우 수련생이 시정조치를 취할 수 있는 기회를 제공해야 한다.

이따금 수련감독자가 수련생의 발전 상황에 관해 교수진과 의논할 수도 있지만, 수련생이 수련감독 시간에 나눈 개인정보는 일반적으로 비밀보장이 되어야 한다. 수련생은 최소한 다른 교수진에게 무엇이 알려지고 무엇이 알려지지 않을지를 알 권리가 있다. 수련감독자는 윤리를 수련감독 실무 전면에 배치해야 하는데, 이는 수련생을 존중하고 전문적 · 윤리적인 방법으로 대할 때 가장 잘 실현될 수 있다. 수련감독자가 수련생에게 모범을 보이는 전문적 행동의 최선의 방법 중 하나는 수련생과 관련된 비밀보장 문제를 적절히 다루는 것이다.

## 수련감독의 방법

미국심리학회(APA, 2010), 미국사회복지사협회(NASW, 1994, 2008), 미국상담학회(ACA, 2014), 상담교육및수련감독학회(ACES, 1993, 1995)의 윤리기준에는 수련감독자가 수련감독 방법과 기법에 관한 개념적 지식을 설명하고 수련생의 발전을 촉진시키기 위해 이 지식을 사용하는 데 능숙해야 한다고 규정되어 있다. 윤리적인 관점에서 보면 수련감독자는 명료하게 정립한 수련감독의 체제와 채택하는 방법에 관한 이론적 근거를 가지고 있어야 한다. 수련감독은 일반적으로 다양한 평가방법을 사용한다. 자기보고는 가장 널리 사용되는 수련감독 방법 중 하나이지만 학생의 성과를 가장 잘 나타내는 방법은 아니다. 디지털 녹음은 수련생의 사례 개념화와 관찰능력에 의해 제한되는 자기보고를 보완할 수 있다. 구두면담과 직접관찰은 가장 일반적으로 사용되는 수련감독 형식이다. 구두면담에서 수련감독자와 수련생은 사례, 윤리적 · 법적 문제와 개인의 발전을 토의한다. 직접관찰 방법은 수련감독자가 수련생의 직무수행을 실제로 관찰하는 것이다. 시간과 노력이 많이 들지만 직접관찰을 통해 수련생의 기술과 능력에 관해 고유한 의견을 가지게 된다.

수련감독관계의 질은 수련감독의 성과를 좌우하는 중요한 요소이다(Falender & Shafranske, 2014). 수련감독자가 사용하는 방법과 기법은 수련생과의 효과적이고 협동적인 작업관계가 확립됐을 때 더욱 유효하다. 유능한 치료자가 내담자가 자신의 선택을 탐색할 수 있는 환경을 만들어 주는 것과 마찬가지로, 수련감독자는 수련생이 자신의 모습을 숙고하도록 장려하는 긍정적인 관계를 수립해야 한다.

## 수련감독의 철학과 유형

수련생은 직업적 발달의 다양한 단계에서 상이한 유형의 수련감독을 필요로 하고 이를 통해 유익을 얻을 수도 있다. 수련생이 훈련을 시작할 때는 지시를 더 필요로 할 수 있지만 스스로 발견하도록 반영적 접근과 질문식 접근을 장려하는 것이 좋다. 유능한 수련감독자는 수련생을 압도하지 않으면서도 자율성을 증진시킬 것이다.

저자들은 수련감독을 할 때 우리와 수련생 사이의 역동뿐만 아니라 수련생과 수련생의 내담자 사이의 역동에도 초점을 둔다. 여기서 상담 모델과 수련감독 모델 사이에 작용하는 병렬과정을 보게 된다. 수련생은 수련감독관계에서 대인관계의 역동에 관해 무엇을 배우고 있는지 숙고함으로써 자신이 내담자와 무엇을 하고 있는지 개념화하는 방법을 배울 수 있다. 내담자의 문제를 평가하고 치료하는 수련생의 능력도 중요하지만, 우리는 수련감독 시간에 나타나는 대인관계 측면에도 동일한 관심을 가진다.

저자들은 수련감독자로서 수련생의 작업을 감독하고 그들이 통찰력과 임상적 직감을 다듬도록 도와준다. 우리는 수련생이 자신의 직감과 통찰, 갈등을 확인하는 것을 돕고자 노력한다. 수련생의 내담자에게 우리 이야기를 건네기보다는 수련생이 자신의 이야기를 찾고 자신의 목소리를 발달시키기를 바란다. 우리의 수련감독 유형은 우리가 탐색하는 다음 질문에 반영되어 있다.

- 내담자를 인도할 가장 적절한 방향은 무엇이라고 생각하는가?
- 내담자에게 어떻게 반응하는가? 당신의 행동이 내담자에게 어떻게 영향을 미치는가?
- 어떤 내담자의 문제가 당신에게 역전이를 일으키는가?
- 수련감독관계는 당신과 내담자의 관계를 어떻게 반영할 것 같은가?
- 내담자와 겪는 어려움을 수련감독 시간에 자유롭게 털어놓는 편인가?

## 임상 수련감독자의 윤리적이고 효과적인 직무수행

강력한 작업동맹을 특징으로 하는 협조적인 수련감독관계는 효과적인 수련감독의 핵심 구성요소이다(ACES, 2011; APA, 2015; Falender, Shafrartske, & Ofek, 2014; Shafranske & Falender, 2016). 수련감독자는 수련생을 만날 때 윤리에 관한 건설적인 피드백을 정기적으로 포함해야 하고, 임상 수련감독 실무 훈련이 잘되어 있고, 박식하며, 능숙한 기술을 보유하고 있어야 한다. 유능한 수련감독자는 수련생에게 역할 모델이 되고 수련감독관계에서 윤리적으로 행동해야 할 책임을 인식한다(Barnett, Cornish, et al., 2007). 수련감독자는 정기적으로 수련생에게 자신이 제공하는 수련감독의 특징에 대한 피드백을 요청하고 이 피드백을 사용하여 수련감독 방법을 개선해야 한다(APA, 2015).

문화적으로 유능한 수련감독의 평가에 대한 연구에서 상담 교육생들은 수련감독자가 수련감독관계의 권력역학에 대한 토의를 진행했을 때 도움이 되었다고 밝혔다(Ancis & Marshall, 2010). 동일한 연구에 따르면, 안전하고 개방적인 수련감독 환경을 조성하기 위해 노력하는 수련감독자 덕분에 수련생들을 취약하게 만들거나 다양한 개인과 직업 문제에 대한 토의로 이어지는 위험을 받아들였다는 점이 밝혀졌다. 이 상담 교육생들 중 많은 이들이 수련감독 경험 전반에 걸쳐 수련감독자를 개방적이고 수용적이며 융통성 있는 사람으로 여겼는데, 이는 수련감독관계와 수련생의 내담자와의 관계를 모두 향상시켰다.

## 수련감독자의 역량

임상 수련감독자는 윤리적 · 법적 책임에서 점점 취약해지고 위험에 처할 우려가 더욱 커지고 있다. 하지만 최근에는 임상 수련감독자 자격에 대한 기준에 공식 교육과정과 수련감독 작업이 포함되었다. 최근에 대부분의 심리학과 상담교육 프로그램에서 박사과정에 수련감독 강좌를 개설했지만 석사과정에서 수련감독자 훈련을 제공하는 곳은 부족하다. 수련감독에 관한 교육과 훈련이 부족한 수련감독자들이 많다. 그들은 수련생 시절에 수련감독을 받은 경험과 수련감독자의 실무를 알려 주는 임상적 지식에만 의존할 수도 있다(Bernard & Goodyear, 2014; Shafranske & Falender, 2016).

윤리적 · 법적 견지에서 볼 때, 수련감독자는 자신의 역할을 적절하게 수행하는 데 필요한 역량을 갖춰야 한다. 수련감독자는 적절한 훈련과 경험을 쌓은 분야에 해당되는 수련생과 내담자에게만 수련감독을 제공해야 한다(ACES, 2011). 여러 주의 상담자 면허법에는 면허를 소지하고 수련감독 활동을 하는 전문상담사는 수련감독에 관한 강좌 수강과 훈련경험이 필요하다는 점이 명기되어 있다.

유능한 수련감독자는 문제행동을 보이는 수련생을 효과적으로 다루어야 한다. Jacobs 등(2011)은 수련생이 직업역량의 문제를 나타내는 사례들을 검토한 결과, 수련감독자가 가끔 이러한 상황을 효과적으로 관리하지 않는다는 것을 발견했다. 그들은 직업역량에 문제가 있는 수련생과의 대화가 부담스럽겠지만 꼭 필요하며 윤리적 책무라고 주장한다.

수련감독 방법에 관한 전문화된 훈련 외에, 수련감독자는 수련감독을 제공할 전문 분야에 심도 있는 지식을 갖출 필요가 있다. 수련감독자가 자신의 직무수행 범위를 벗어나는 영역에 대해 수련감독을 제공하는 것은 비윤리적이다. 수련감독자의 자격 영역 밖에서 수련생이 작업한다면 문제되는 사례에 대해 유능한 임상 수련감독자를 배정해 주는 것도 수련감독자의 책임이다. 수련감독자가 자신의 한계를 알고 정확하게 평가하는 것이 매우 중요하다. 그러한 자기평가는 자신의 메타 능력을 반영한다(Falendar & Shafranske, 2007). 수련감독의 모범사례에 대한 통찰력 있는 논문에서 Borders(2014)는 수련감독자의 전문성이 "다년간의 실무를 통해 구축되었으며, 전문 수련감독자의 주요 특성인 지속적인 자기인식, 자기평가, 자기검열, 자기반성에 의존하는" 성찰적 지식을 필요로 한다고 강조한다(161쪽).

저자들은 수련감독자의 역량이 개인적인 자질과 관련 있다고 확신한다. 유능한 수련감독자는 만나기 쉽고, 접근이 용이하며, 친절하고, 유능한 경향이 있다. 일반적으로 훌륭한 수련감독자는 탁월한 인간관계 기술과 효과적인 조직과 관리기술을 갖추고 있으며 기술 면에서 역량 있는 전문가이다(Corey et al., 2010).

## 수련감독자의 무능 문제

본 절은 수련감독자의 무능을 고려하지 않고는 마무리되지 않을 것이다. 이따금 수련감독자는 개인적 혹은 외부 요인 때문이거나 신체적 · 심리적 결핍 때문에 수련감독 역할을 효과적으로 수행하지 못할 수도 있다. 제2장에서 논의한 문제 있는 치료자의 사례와 마찬가지로 무능한 수련감독자도 수련생에게 피해를 줄 수 있다.

매우 해로울 가능성이 있는 수련감독자의 행동과 태도에는 경계위반, 권력오용, 수련생과의 성적 접촉, 물질남용, 극도의 소진, 임상 판단력의 감소 등이 있다. 수련감독자의 무능은 수련감독 역할에 대한 경험부족의 결과인 경우도 있는데, 이는 지도감독으로 개선될 수 있다. 수련감독자의 수련감독 임무를 유능하게 수행하는 능력을 방해하는 개인적인 문제나 정신건강 문제와 같이 더 심각한 문제가 나타난 사례들도 있다.

Muratori(2001)에 따르면, 수련감독자는 평가하는 위치에 있기 때문에 수련생이 무능한 수련감독 상황에서 선택할 수 있는 방안이 제한된다는 현실을 인식하는 것이 중요하다. 수련생은 수련감독관계에 내재된 권력의 차이, 수련감독자와 수련생의 성격, 상담 수련생으로서의 발달수준과 그 수준이 수련감독자의 역량을 인식하는 데 미치는 영향력을 고려할 필요가 있다. 수련생은 수련감독자의 권력남용과 연관되어 일어날 수 있는 결과들 때문에 무능한 수련감독자에 대한 조치방안을 신중하게 고려해야 한다.

문제 있는 수련감독자를 상대해야 한다면 어떻게 할지 생각해 본 적이 있는가? 다음 사례에서 Melinda의 입장에서 생각해 보라.

### <Melinda의 사례>

석사 2년 차 학생인 Melinda는 대학 상담센터에서 1년 동안 인턴으로 일하게 됐다는 소식을 듣고 매우 기뻐했다. 그녀는 이 경험을 통해 졸업 후 대학 상담사의 경력을 시작하는 데 도움이 될 것이라고 기대했다. 그러나 불행하게도 학기가 시작되고 몇 주가 지난 후 그녀는 현장 수련감독자인 Kathy에게 문제가 있지 않나 의심하게 되었다. Kathy는 정서적으로 불안정했다. Kathy가 때로는 품위 있지만 기분이 들쑥날쑥 요동치는 것 같았다. Kathy는 수련감독 시간에 자신의 지시를 따르지 않았다며 Melinda를 여러 번 호되게 꾸짖었다. Melinda는 상담자로서 자율성이 발달하기 시작했고, 이는 훈련과정상 이 시점에서 당연한 것이었다. 그렇지만 그녀가 자신의 생각을 표명할 때마다 Kathy는 위협받는 것처럼 느꼈는지 화를 냈다. Melinda가 자제능력에 의문을 품기 시작하고 수련감독 시간에 자신의 사례를 솔직하게 이야기하는 것을 꺼리는 것도 당연했다. 용인될 수 있는 수준의 치료를 내담자에게 제공할 윤리적 책임을 인식한 그녀는 Kathy의 부적절한 수련감독으로 인해 내담자에게 적절한 서비스를 제공해야 하는 자신의 능력이 손상될 수도 있다고 걱정하기 시작했다. 그녀는 스스로에게 물었다. "Kathy에게 대놓고 나에게 지도편달을 더 많이 해 달라고 말해야 할까? 그렇게 한다면 Kathy가 날 낙제시킬 권력을 가졌기 때문에 프로그램을 이수할 기회를 잃어버리게 되지는 않을까? 지금 겪는 일을 누군가에게 말한다면 내가 힘들고 반항적인 수련생이라고 생각하지는 않을까?" 마침내 그녀는 위험을 무릅쓰고 교육 프로그램에 있는 한 교수에게 자문을 요청하여 새로운 수련감독자를 배정받았다. Kathy에게 부실한 수련감독을 받았다는 데 화가 났지만, 교수에게 사실에 입각한 정보를 보고하고는 부정적인 감정을 쏟아 내지는 않았다. 이 경험의 부수적인 결과에도 불구하고 그녀는 교육 프로그램을 이수하고 대학 상담사로서의 경력을 추구할 수 있었다.

- Melinda가 이 상황에 대처한 방법에 대해 어떻게 생각하는가?
- 수련감독자가 정서적으로 불안정하거나 무능한지 어떻게 판별하겠는가?
- 수련감독자가 무능한 것 같다면 무엇을 하겠는가? 그 사람에게 직접 직면하겠는가, 이 문제를 다른 수련감독자나 교수와 의논하겠는가? 아니면 이를 무시하고 상황이 안 좋지만 최선을 다하려고 노력하겠는가? 당신의 생각을 설명하라.
- 조치를 취한다면 문제 있는 수련감독자가 보복할 것이라는 두려움을 가지지 않겠는가? 조치를 취하는 것에 대한 위험을 어떻게 최소화할 수 있겠는가?

**논평.** 이 사례에는 수련생의 취약성이 잘 나타나 있다. Melinda가 수련감독 문제를 해결하기 위해 취한 조치 가운데 과실을 찾아보긴 힘들다. 그녀가 교육 프로그램의 교수에게 자문을 요청하게 되면서 조치를 취해야 하는 책임이 교수에게도 지워졌다. Melinda는 Kathy에게 직접 논의할 수도 있었지만, Kathy를 대해 본 경험을 통해 그렇게 직면해도 만족스러운 결과가 나올 가능성이 낮다는 것을 알고 있었다. 저자들은 Melinda가 이 딜레마를 잘 다뤘다고 생각한다. Kathy가 Melinda를 최종 평가한 내용이 명백히 불공정하거나 처벌에 가깝다면, Melinda는 교육 프로그램에 정식으로 불만을 접수할 수 있다.

무능한 수련감독자를 만난 수련생은 일반적으로 무능한 상담자를 만난 내담자보다 선택의 폭이 좁다. 상담교육자와 프로그램 수련감독자는 이 사례와 같은 수련감독자를 만날 때 취할 수 있는 조치에 관해 학생들에게 알려야 할 책임이 있다. 무능하거나 무력한 수련감독자에 대해 털어놓고 얘기하는 것은 어려울 수 있으며, 그렇게 하는 것이 쉬운 결정은 아니다. 비슷한 상황에 처한 경우 수련감독 교수에게 조언을 구하라. 이 교수를 만날 수 없는 경우, 처한 상황에서 가장 적합한 결정을 내리는 데 도움을 줄 수 있는 믿을 만한 교수나 지도교수와 상의하라. 모든 윤리적 딜레마와 마찬가지로 단독으로 이런 결정을 내리지 마라.

## 수련감독의 법적 측면

수련감독관계에 관한 세 가지 법적 고려사항은 설명 후 받는 동의, 비밀보장과 그 한계, 그리고 법적 책임이다. 첫째, 수련감독자는 수련생이 설명한 후에 선택하도록 할 필요가 있는 정보를 내담자에게 제공하는지 살펴봐야 한다. 내담자는 자신이 만나는 상담자가 수련생이고, 정규적으로 수련감독 시간을 가지며, 자신의 이야기가 다른 수련생들과 만나는 집단 수련감독 시간에 토의될 수도 있고 상담회기가 녹음, 녹화, 관찰될 수도 있다는 점을 잘 알고 있어야 한다.

책임을 지려면 수련감독에서 사용하는 모델, 수련감독의 목적과 세부목표, 검사와 평가방법을 개략적으로 설명한 전문가 소개서와 계약서로 이뤄진 합의가 필요하다(Corey et al., 2010). 수련감독자가 수련감독 계약을 통해 설명 후 받는 동의를 활용하면 수련생은 잠재적인 유익과 위험, 그리고 수련감독관계에서 기대할 수 있는 것에 관해 설명을 듣게 된다. **수련감독 계약**(supervision contract)은 수련감독자와 수련생 사이의 명백한 합의로 일어날 수도 있는 문제를 예방할 수 있다(Westefeld, 2009). 계약서는 단순한 점검표가 아니라, 수련의 특성에 대해 중요하고 지속적인 상호 이해과정을 나타내는 것이다(Shafranske & Falender, 2016). "계약은 수련감독으로 인한 권력의 차이를 명확히 설명함에 있어 수련감독자가 존중하고, 협력하고, 공감하고, 진실하고, 명시적인 수련감독관계의 결과이다"(Falender, 2017, 213쪽).

수련감독 계약은 수련감독동맹을 수립하고 유지하는 데 중요한 역할을 한다. 이것은 수련감독 모범사례의 표준이며, 효과적인 수련감독 경험의 토대가 된다. 계약에 포함될 수 있는 주제에는 법적·윤리적 요구사항, 수련감독에서 사용하는 방법, 수련감독과 훈련경험에 대한 기대와 한계, 작업성과의 평가절차, 피드백 절차, 수련감독자와 수련생의 역할과 책임, 수련감독에서의 비밀보장의 한계, 수련감독의 문서 기록, 수련생 공개에 대한 기대치 등이 포함된다(Falender, Shafranske, & Ofek, 2014; Shafranske & Falender, 2016). Falender와 Shafranske(2014)는 "계약에는 수련감독자의 의무가 명시되는데 내담자 보호를 최우선으로 한다는 설명, 내담자 보호와 상담계의 문지기 역할이라는 다중적이고 잠재적으로 상충되는 수련감독자의 역할과 이와 균형을 이루는 수련생의 역량 성장과 개발을 강화하고 촉진하는 역할에 대한 설명 등이 포함된다"(1,036쪽).

둘째, 수련감독자는 내담자의 의사소통에 대한 비밀보장을 존중해야 할 윤리적·법적 책무가 있다. 수련감독에는 내담자 문제에 대한 논의와 내담자 관련 자료의 검토가 포함되지만, 수련생은 수련감독 시간 이외에는 내담자의 이야기를 하지 않음으로써 내담자의 사생활을 존중해야 한다. 수련감독자는 자신의 행동을 통해, 내담자에 관해 이야기하거나 정보를 보호하며 수련감독 맥락에서만 정보를 사용하는 모습을 수련생에게 모범으로 보여 준다(Bernard & Goodyear, 2014). 수련감독자는 자신이 경고나 보호의 의무가 있다는 것을 포함하여 비밀보장의 한계를 수련생과 수련생의 내담자가 온전히 안내를 받았는지 확인해야 한다. 설명 후 받는 동의절차에는 내담자와 수련생을 보호하기 위한 보호조치뿐만 아니라 사용될 수 있는 모든 기술장치에 대한 정보도 포함해야 한다(Glosoff et al., 2016).

셋째, 수련감독자는 수련생이 상담하는 내담자의 복지에 대해 법적으로 궁극적인 책임이 있다. 수련감독자는 윤리적으로 취약하다는 것 외에 수련감독하는 수련생들이 수행하는 상담에 대해 법적으로도 취약한 위치이다. 수련감독자는 수련감독 작업의 법적인 결과를 이해해야 한다. 윤리적·법적 책임을 감당하기 위해서 수련감독자는 모든 수련생의 각 사례에 익숙해야 한다. 그렇게 하지 않는 것은 법적인 조치를 초래하는 것과 다름없다. 수련감독자가 매 사례의 모든 세부사항을 파악하지 못하더라도 각 사례의 진행방향은 알고 있어야 한다.

Remley(2017)는 임상 수련감독자가 법적 책임을 줄이기 위해 취할 수 있는 여러 단계를 밝혀 냈다.

- 수련감독자는 수련생과의 관계를 통제하는 것보다는 교육적인 것으로 간주한다.
- 수련감독자는 수련생과 다른 수련감독자들에게 자신의 역할을 명확히 설명한다.
- 수련감독자는 서면 계약서를 제공하고 수련생과 의논한다.
- 수련감독자는 모든 우려사항에 관해 수련생과 소통한다.
- 수련감독자는 수련생의 작업을 검토한다.
- 수련감독자는 수련생에게 작업감독자의 지시를 따르도록 가르친다.
- 수련감독자는 지시를 내리기보다 개선을 위한 제안을 한다.
- 수련감독자는 현장감독자의 권한을 존중한다.

수련감독자는 직접책임과 대리책임을 진다(Bernard & Goodyear, 2014). **직접책임**(direct liability)은 수련감독자의 행동이 피해를 초래할 때이다. 예를 들면, 수련감독자가 수련생에게 치료에 관해 부적절한 조언을 하거나 능력 밖의 업무를 수련생에게 부과하는 경우이다. **대리책임**(vicarious liability)은 수련생의 행동을 감독해야 하는 수련감독자의 책임에 관한 것이다. 수련감독자는 수련생과의 전문적인 관계로 인해 수련생의 행동에 대해 책임을 진다. 윤리적 · 법률적 관점으로 볼 때 수련생은 내담자에 대한 최종 책임을 떠맡지 않도록 되어 있다. 오히려 수련감독자가 법적으로 의사결정 책무와 법적 책임을 감당해야 한다.

Polychronis와 Brown(2016)은 임상 수련감독에 적용되는 엄격한 책임의 법률적 원칙을 다루면서 대리책임의 개념을 확장한다. **엄격한 책임**(strict liability)의 원칙은 수련감독자가 태만하거나 부주의하다는 것을 입증할 필요 없이 전문영역에서 수련생의 행동에 대해 임상 수련감독자가 책임을 지도록 한다. “엄격한 책임기준에서 문제가 되는 것은 수련생이 수련감독자에게 의도적으로 숨겼는데도 예측할 수 없고 전문적으로 변호할 수 없는 수련생의 행동에 대해 임상 수련감독자가 책임을 지게 된다는 것이다”(141쪽). 모범적인 수련감독을 하는 수련감독자라도 수련생의 잘못에 대해 법적 책임을 질 수도 있다. 이러한 수준의 책임은 일부 전문가가 수련감독자가 되기를 꺼려하는 원인이 될 수도 있다. 엄격한 책임기준을 임상 수련감독에 적용하는 관할권에서 근무하는 수련감독자는 특히 취약하기 때문에 자신을 보호하기 위해 적극적인 위험관리 전략을 시행해야 한다.

Corey 등(2010)은 수련감독 과정의 다양한 업무를 관리하기 위해 조직적인 접근방식을 제안한다. 그들은 수련감독자를 위한 위험관리 활동을 다음과 같이 밝혔다.

- 역량을 넘어서는 수련감독을 하지 마라.
- 수련생의 역량을 평가하고 검토하라.
- 일관되게 수련감독을 받을 수 있는 여건을 조성하라.
- 건전한 수련감독 계약을 체결하라.
- 문서로 만든 방침을 간수하라.
- 모든 수련감독 활동을 문서에 기록하라.
- 적합한 전문가에게 자문을 요청하라.
- 윤리규정, 법규, 면허 법규에 관한 실용적인 지식을 보유하라.
- 다양한 수련감독 방법을 사용하라.
- 피드백과 평가에 관한 계획을 세워라.
- 당신의 배상책임보험이 수련감독 활동을 보상해 주는지 확인하라.
- 수련생이 돌보는 모든 내담자를 평가하고 심사하라.
- 비밀보장에 관한 방침을 확립하라.
- 설명 후 받는 동의를 직무수행에 반영하라.

수련감독자는 수련생이 내담자의 경과와 관련 임상 문제에 대해 명확하고 진실한 보고를 제공하리라고 믿을 수밖에 없다. 치료자가 배임행위소송을 밀어붙이기로 결정할 수 있는 내담자에게 취약한 것처럼, 수련감독자는 수련생의 내담자가 제기하는 배임행위소송에 노출되어 있다. 수련감독 활동을 문서에 기록하는 것이 가장 중요하다. 수련감독자가 법적 조치에 연루된다면, 수련감독자의 변호를 위해 정확하게 기록된 문서가 필요하다. 미국심리학회(APA, 2015)의 지침에는 "수련감독자는 역량과 전문성 개발에 대한 기대치와 관련된 수련생의 성과에 관해 정확하게 기록한 문서를 관리해야 한다"(지침 5)라고 명시되어 있다. 수련감독자는 직접 내담자와 상담할 때와 마찬가지로 수련감독에서도 위험관리를 시행해야 한다.

## 온라인 수련감독과 윤리적 문제

최근의 기술 확산이 사람들이 서로 상호작용하고 의사소통하는 방식을 진정으로 변화시켰다는 것에 이의를 제기할 사람은 거의 없다. 임상 수련감독 분야가 이러한 기술 발전과 추세의 영향을 받는 것은 놀라운 일이 아니다. 임상 수련감독에 사용되는 기술 혁신은 지난 10년 동안 폭발적으로 증가했다. 전 세계적으로 기술을 임상 수련감독에 통합하려는 국제적 움직임으로 인해 수련감독자들이 수련생과 내담자에게 제공되는 서비스의 폭과 깊이를 개선하기 위해 기술 사용을 독립적으로 실험하고 있다(Renfro-Michel, Rousmaniere, & Spinella, 2016). 사이버 수련감독과 전자 미디어를 사용하는 수련감독이 더 보편화됨에 따라 비밀보장, 설명 후 받는 동의와 수련감독관계에 관한 윤리적 문제가 추가되었다. 많은 저자들이 이 문제를 상담과 수련감독과 연결 지어 다뤘다(Barros-Bailey & Saunders, 2010; Chapman, Baker, Nassar-McMillan, & Gerler, 2011; Glosoff et al., 2016; Gordon & Luke, 2012; Haberstroh & Duffey, 2016; McAdams & Wyatt, 2010; Renfro-Michel et al., 2016; Rousmaniere, Abbass, & Frederickson, 2014).

온라인 수련감독에서의 비밀보장은 수련감독자와 수련생의 기밀통신을 해킹할 가능성과 기밀내용이 다른 사람에게 잘못 전송될 수 있는 잠재적인 위험성을 수반한다. 암호화 소프트웨어나 VPN(가상 사설망)과 같은 전자교환을 보호하기 위한 장치가 설치된 경우가 많지만, 이 기술이 확실하게 안전을 보호하고 비밀이 절대적으로 보장될 수 있다고 가정할 수는 없다. "기술전문가들은 암호화로 보호된 통신 시스템조차도 침입에 매우 취약하며 사이버 절도가 전염병 수준에 이르렀다고 경고한다"(McAdams & Wyatt, 2010, 180쪽). 온라인으로 수련감독자와 작업하는 치료자나 수련생은 의도하지 않은 비밀보장 위반 가능성이 있다고 내담자에게 명확하게 전달해야 한다. 상담과 임상 수련감독 분야에서 기술을 활용한 실무수행의 정당성에 대한 철학적 논쟁이 지속되고 있지만, 이러한 새로운 기술이 상담계의 미래와 불가분의 관계에 있을 수밖에 없다(McAdams & Wyatt, 2010). Rousmaniere 등(2014)이 지적했듯이, "'오래된 방법이 최고다'라고 가정한다면 새로운 기회에 대해 우리는 눈이 멀게 되고, 삶의 모든 부분에 통합되는 기술과 일체감을 가지는 젊은 세대의 수련생을 소외시킴으로써 현장에 해를 줄 수도 있다"(1,092쪽).

Haberstroh와 Duffey(2016)는 효과적인 수련감독은 수련감독자와 수련생이 피드백을 서로 통합하고 갈등을 해결하는 것을 포함한다고 강조한다. 수련생과 수련감독자의 성숙도는 수련감독관계의 질과 수련감독 경험의 성공에 크게 영향을 준다. Haberstroh와 Duffey는 원격 기술이 효과적인 수련감독관계를 촉진할 수 있다고 생각한다. "수련감독자가 원격 커뮤니케이션에 대한 명확한 지침을 수립하고, 정직하고 동정심을 가지려고 노력하며, 위험을 감수한다면, 그 과정에 투입된 수련생은 원격 수련감독관계의 이점을 확실히 누릴 수 있다"(99쪽).

## 학교상담 수련감독의 특별한 문제

학교 교정에서 증가하는 폭력의 위협과 사회경제적 배경이 열악한 학생들에게 불균형한 영향을 미치는 성취 격차 문제에 직면해 있는 오늘날의 학교상담사는 아동과 청소년의 학업적, 사회적, 정서적 요구를 충족시켜야 하는 책임이 그 어느 때보다 크다. 기존의 임상/정신건강 수련감독 모델은 학교상담 수련생의 요구를 충족하지 못하는데, 그 이유는 이러한 모델이 리더십과 옹호를 비롯해 학교상담사에게 필요한 모든 작업을 다루지 않기 때문이다(Wood & Rayle, 2006). 학교는 효과적인 임상 수련감독 프로그램을 개발하는 방법을 신중하게 검토해야 한다. 학교상담사의 수련감독자 역할을 할 관리자를 고용하는 학교들이 많지만, 이러한 관리자는 상담을 전공한 배경이 없다. 학교상담사를 위한 임상 수련감독자는 임상전문가이자 임상 수련감독자로서 적절한 훈련을 받아야 한다.

학교 환경에서 수련감독의 기회를 마련하는 한 가지 좋은 방법은 인근의 학교들과 대학 교수진이 지역사회 연계망을 구축하는 것이다. 상담자를 준비시키는 교육 프로그램의 교수진은 학교에 적용될 수 있는 상담계의 혁신에 관해 학교상담사에게 조언하고 교육할 수 있는 좋은 위치에 있다. 상담자 교육 프로그램은 학교가 수련감독과 평가의 차이점을 이해할 수 있도록 도울 수 있는 위치에 있다(Swank & Tyson, 2012). 이 프로그램은 수련감독이 장래의 취업 후보자인 학교상담 수련생과 현장 수련감독자인 실제 학교상담사의 전문성 개발, 정체성, 역량을 향상시킬 수 있는 방법을 설명해 줄 수 있다.

학교상담사 가운데 공식적인 수련감독 준비과정을 배운 사람은 거의 없는데, 현장 수련감독자 역할을 하는 사람들에게 정보를 제공하기 위해 현재 웹 기반 수련감독 교육

모듈이 고안되고 있다(Swank & Tyson, 2012). 임상 수련감독자가 적절한 준비를 갖춘 경우라 하더라도, 수련감독을 받는 상담자와 동일한 장소에서 일하지 않을 수도 있다. 이러한 상황에서는 상담자의 수행을 직접 관찰하지 못한다. 대부분의 학교에는 상담자가 단 한 명뿐이거나 시간제 상담자밖에 없으므로, 이 경우 상담 수련감독자를 고용하는 데 현실적인 문제가 발생한다.

학교상담사는 대개 임상 수련감독자를 선택하지 못한다. 법률적 측면에서 수련감독자가 학령기 아동에 관한 정보를 교사나 학교행정자에게 부적절하게 공개했다고 해서 학교상담사가 책임을 질 확률은 없을 것이다. 그러나 학교상담사는 이러한 상황에서 수련감독자의 행동에 관한 염려를 제기할 윤리적 책임이 있다. 상담자에 대해 평가를 내리는 권한이 수련감독자에게 있다면 상담자는 취약한 입장에 처할 수 있다.

수련감독관계에서 경계 문제를 고려할 필요가 있다. 다중관계의 예로 임상 수련감독자가 학교상담사의 관리감독을 겸하는 경우가 있다. 또 다른 경계 문제로는 수련감독 시간에 수련생의 개인적인 염려에 대해 의논하는 것이 있다. 때로는 수련생의 개인 문제를 다루는 것이 필요할 수도 있으며, 이런 문제가 내담자를 효과적으로 상담하는 능력에 영향을 줄 경우 더욱 필요하다. 수련생이 자신의 개인적인 문제가 효과적으로 서비스를 제공하는 데 어떻게 방해가 될 수 있는지 밝혀 내고 이를 이해하도록 도와주려고 할 때, 수련감독관계를 치료관계로 바꾸지 않으면서도 적절한 경계를 유지하는 것은 어려운 과제이다.

## 수련감독과 다문화와 다양성 문제

다문화와 다양성 역량은 임상 수련감독에서 윤리적 필수요소이다(APA, 2015; Falender, Shafranske, & Falicov, 2014). 다양성 역량의 부족은 비효과적인 수련감독을 초래할 가능성이 높다(Falender, Shafranske, & Ofek, 2014). 다양성 역량은 수련감독과 분리할 수 없는 기본 구성요소로 관련 지식, 기술과 가치/태도가 포함된다(APA, 2015). 수련감독자는 수련감독 계약에 문화와 옹호 역량을 포함하고 수련감독 과정에서 이 주제를 의도적으로 다루어야 한다. 더욱이 수련감독자는 수련생이 내담자와 상담할 때 다양성과 옹호에 대해 고려하도록 권장해야 한다(ACES, 2011). Barnett(Barnett, Cornish, et al., 2007에서 인용)은 다음의 세 가지 핵심을 언급한다.

- 수련감독 과정에서 다양성 문제에 주의를 기울이는 것은 매우 중요하다.
- 유능한 수련감독자는 자신이 수련생의 태도와 신념에 영향을 준다는 점을 인식하고, 서비스를 제공하는 대상의 다양성의 범위에 주목하여 이를 존중하는 태도를 촉진하기 위해 수련감독관계를 활용한다.
- 수련감독자는 모든 내담자에게 다양성이 어떻게 하나의 요인이 되는지에 관해 수련생의 인식을 높이기 위해 노력해야 한다. 이때 다양성 문제는 수련감독 회기에서 논의의 중점이 된다.

**다문화 수련감독**(multicultural supervision)에는 인종, 민족, 사회경제적 지위, 능력 상태, 특권, 성적 지향, 영성과 종교, 가치, 성별, 가족 특성과 역동, 출신 국가, 언어와 연령 등을 비롯한 광범위한 문화요인들이 내포되어 있다(ACES, 2011). 수련감독자에게는 다문화 사회의 복합적인 특성을 인식할 윤리적 책임이 있다(참조 제4장). 윤리적이고 역량 있는 수련감독에는 다문화 수련감독에 적용되는 현저한 문제들을 인식하고 다루는 것이 포함된다. 수련감독에는 내재된 권력 차이가 포함되기 때문에 수련감독자는 수련생과 권력, 특권에 대해 다뤄야 한다. 수련감독관계에서 작동하는 권력, 특권, 다양성 문제와 다중 정체성에 대한 수련감독자의 인식부족은 수련감독 과정에 부정적인 영향을 미칠 가능성이 높다(Falender, Shafranske, & Falicov, 2014).

Ancis와 Marshall(2010)은 수련감독관계에서 문화적 변인에 대해 토의하고 관심을 기울일 경우 수련감독에 대한 만족도가 높아지고 수련감독자와 수련생의 작업동맹이 강화된다는 것을 발견했다. 그들은 수련감독자가 수련감독 회기에 다문화 문제를 포함하는 경우 수련생이 다문화 역량을 개발할 수 있는 기반을 가지게 될 것이라고 주장한다. 더욱이 수련생은 그러한 토의가 내담자를 상담할 때 긍정적인 영향을 미치는 것으로 보는 경향이 있다. 수련감독자의 모델링은 수련생이 내담자를 상담할 때 문화적 변인에 주의를 기울이는 것의 진가를 알 수 있는 가장 좋은 방법 중 하나이다.

수련감독자는 모든 평가, 진단형식, 상담 개입과 수련감독 과정이 수련생이 마주치게 될 다양성의 범위에 들어가는지 확인해야 한다(Barnett & Johnson, 2015). 본 절에서는 이 문제들 중 수련감독과 관련된 것들을 면밀히 살펴보고자 한다.

## 인종과 민족 문제

수련감독을 할 때 인종과 민족 요소를 무시한다면 대가가 뒤따를 수도 있다. 수련감독자가 인종과 민족 문제를 다루도록 수련생을 도와주지 않는다면, 수련생의 내담자는 치료에서 이 문제들을 탐색할 기회를 얻지 못할 수도 있다. 인종 문제에 대한 수련감독자의 인식은 수련생에게 상담관계의 모범이 될 수 있다. 수련감독을 할 때 인종 간의 상호작용에 관해 살핀다면, 수련생은 상담실무에 포함하도록 인지적 틀을 얻게 된다.

수련감독자가 상이한 민족적·문화적 배경을 가진 수련생과 작업할 때, 문화적으로 어울리는 수련감독의 방법과 양식에 대해 지식과 기술을 획득하는 것이 중요하다. 수련감독자는 문화적으로 적절한 사회적 상호작용 방식을 사용해야 하고, 자신의 지위가 수련감독관계에서 어떻게 작용하는지 인식해야 한다.

**수련감독과 다문화 역량.** Westefeld(2009)는 수련감독 과정에서 다문화 역량에 관심을 가지라고 수련감독자들에게 촉구한다. 그는 수련생이 상담실무에서 진정한 다문화 역량을 성취하도록 돕는 방법으로 다문화 문제를 직접 다룰 것을 장려한다. 학생들이 다양성에 관한 수업을 하나라도 듣는다면 필요한 기술을 배우게 될 것이라고 가정하는 것은 실수이다. 수련감독자는 다양성 문제의 이해와 감수성을 모든 수련감독 회기와 수련활동에 통합해야 한다.

다문화 상담에서 효과적으로 작업하기 위한 지식과 기술을 개발하기 위해 수련생은 자신의 인종과 문화 정체성의 수준을 이해할 필요가 있다. 더욱이 자신의 태도와 행동이 내담자에게 어떻게 영향을 끼치는지 깨달을 필요가 있다. 훌륭한 수련감독을 통해 수련생은 다양성 문제가 자신의 상담 형식에 미칠 수 있는 영향을 탐색할 수 있을 것이다. Ancis와 Marshall(2010)은 수련감독자가 개방적이고 진정성 있게 자신의 문화적 배경, 경험, 편견을 주도적으로 공유할 때 상담 수련생도 자신의 문화적 배경과 가치에 대한 자기공개와 토의에 참여할 가능성이 더 높다는 것을 발견했다. 개방적이고 수용적이며 융통성이 있으면 수련생과 긍정적인 관계가 형성된다. 또한 수련감독 시간에 다문화에 관해 토의하는 것은 내담자의 성과에 긍정적인 영향을 미친다.

Butler-Byrd(2010)는 다문화 상담사로서의 역량 개발을 위한 지식의 중요성을 강조한다. 그녀는 자기지식이 자신의 역사적 및 현재의 문화적 맥락과 민족, 사회적 위치, 계층, 성별, 능력과 같은 정체성의 다양한 측면에 대한 이해로 구성된다고 본다. 또한 자신의 행동이 다른 사람에게 미치는 영향과 더 이상 성장이나 건강한 관계를 촉진하지 않는 행동을 바꿀 필요성을 인식하는 것도 포함한다. 그녀는 수련생이 지식을 높이고 다문화 역량을 개발하도록 돕기 위해 학생들이 "신중하게 강점을 기반으로 다문화 상담 기술을 준비하고 중요한 사회정의 문제에 대해 의식을 높이는 것"(12쪽)을 지지한다.

이 모든 것은 내담자를 위한 유능하고 윤리적인 상담과 수련생의 성장과 발전의 균형을 맞추는 맥락에서 발생한다. 수련감독자가 해결해야 할 문제는 문화적으로 파생된 수련생의 학습 또는 의사소통 방식과 위기에 처한 내담자에 대한 직접개입의 필요성 사이에 갈등이 발생할 때 복잡성이 증가한다. 수련감독자는 수련생의 개별 요구사항에 민감하려고 노력하지만 긴급한 위기상황에서는 내담자의 복지와 안전이 최우선이다.

## 영적 문제

문화의 한 측면인 영성은 일부 내담자와 수련생의 삶에서 중요한 역할을 한다. 내담자는 다양한 인생의 단계를 지나거나, 상실을 경험하거나, 만성통증이나 장애가 발생했을 때 영적인 문제를 마주하게 되는 경우가 많다. 수련감독자는 영성이나 종교적인 문제가 수련생이나 내담자에게 중요할 때 그 문화에 유의하는 방식으로 이 문제를 다뤄야 한다. 그러나 수련감독자는 이 영역에 대한 교육을 거의 받지 못하기 때문에 가끔 문제가 생길 수 있다. Shafranske(2016)가 언급한 바와 같이 "내담자의 영적 세계관의 역할을 이해하기 위해 그것에 대한 동의까지 필요하지는 않지만, 문화적 겸손은 수련생의 신념과 존재론적 헌신, 상이한 내담자의 관점을 수용하는 데 필요하다"(19쪽). 수련감독자는 자신의 영적·종교적 신념과 가치를 염두에 두되 이를 수련생이나 내담자에게 강요하지 않도록 조심해야 한다. 정신건강전문가는 영성과 종교적 다양성을 이해하고 존중하며 다룰 준비를 할 윤리적 책무가 있다.

## 성별 문제

수련생과 수련감독자의 성별 편견은 자주 간과된다. 문화, 민족, 종교, 연령, 성별, 성적 지향의 차이를 이해하고 통합하지 않으면 수련감독관계에 부정적인 영향을 미칠 수 있다(Russell-Chapin & Chapin, 2012).

**남성 수련생에 대한 페미니스트 수련감독 이론의 함의.** MacKinnon, Bhatia, Sunderani, Affleck과 Smith(2011)는 페미니스트 수련감독 이론과 남성 심리학의 교차점에 대해 기록하면서, 수련감독자는 성별이 수련감독 과정에 미치는 영향에 관한 대화를 열어야 한다고 언급한다. 더 구체적으로 말하면, MacKinnon 등은 남성 심리학에 대한 인식이 부족한 수련감독자가 남성 수련생에게 비효율적인 수련감독을 제공할 위험이 있는데, 이는 그들의 전문성 개발에 해로운 영향을 미칠 수 있다고 생각한다. 개인의 성취와 개인적인 성공에 높은 가치를 부여하는 남성들이 많기 때문에 수련감독 토의 중에 남성 수련생은 성공적으로 진행되는 사례에 집중할 가능성이 높다. 이러한 경향으로 인해 남성 수련생은 내담자와 씨름하는 사례를 탐색할 기회를 잃을 수 있다. 자신의 권력을 포기한다고 생각하는 남성 수련생은 임상과 관계 문제에 대해 수련감독자와 대화를 하지 않으려고 하거나 수련감독자의 피드백을 받아들이려고 하지 않을 수 있다.

이러한 원칙과 아이디어는 여성 수련생에게도 동일하게 적용된다. 모든 수련생은 수련감독관계에서의 성별 차이, 권력 문제, 성역할의 사회화가 수련감독 과정에 적극적으로 참여하는 능력에 미치는 영향에 대해 우려를 제기하는 것이 적절하다고 느껴야 한다. 수련감독자가 사용하는 이론적 모델과 관계없이 수련생이 임상 수련감독에서 최대한 유익을 얻을 수 있도록 수련감독관계를 안전하게 만드는 것이 중요하다. 그 방법 중 하나는 수련감독자가 수련감독관계에 작용하는 성별 문제의 토의를 주도하는 것이다.

## 수련감독 과정에서의 다중역할과 관계

상담교육및수련감독학회(ACES, 2011)의 '임상 수련감독의 모범사례'에는 임상 수련감독자가 다중역할을 감당하기 위해 개인적으로나 직업적으로 성숙해야 한다고 언급되어 있다. **수련감독에서의 다중역할 관계**(multiple-role relationships in supervision)는 수련감독자가 수련감독관계 외의 수련생과 동시에 혹은 연속하여 직업적 · 비직업적인 관계를 가질 때 생긴다. 예를 들어, 수련감독자는 수련생이 속한 훈련기관의 임상전문가일 수 있으며, 채용 결정을 내리는 관리직이거나 리더십을 가지고 있을 수도 있다. 미국정신건강상담사협회(AMHCA, 2015) 윤리기준에는 "수련감독자의 전문적인 판단력을 방해하거나 수련생을 착취할 수 있는 모든 이중관계를 피하라"(III.B.2.i)는 경고가 적혀 있다. 미국부부및가족치료학회(AAMFT, 2015)의 윤리규정에는 착취 문제를 다루고 있다. "따라서 치료사는 전문적인 객관성을 손상하거나 착취의 위험을 높일 수 있는 조건과 다중관계를 피하기 위해 모든 노력을 기울여야 한다"(IV.4.1).

임상 수련감독에서는 다중역할과 관계가 일반적인데, 피할 수 없는 것도 있고 대부분은 유익할 수 있다(Falender, 2017). 그러나 이러한 관계는 문제가 될 소지가 있기 때문에 신중하게 관리해 수련생에게 해를 끼치거나 수련생을 착취하는 일이 생기지 않도록 하는 것이 수련감독자의 윤리적 책임이다. 수련감독자는 적절한 경계를 설정하고 유지하는 데 효과적인 역할 모델이 되기 위해 개인적·직업적 성숙도를 모두 갖추는 것이 중요하다(Austin, Austin, Muratori, & Corey, 2017). 교수진과 수련감독자는 상담 수련생이 다중역할들의 균형을 유지하고 다중관계를 관리하는 방법을 이해하도록 돕는 데 중요한 역할을 담당한다. Dickens, Ebrahim과 Herlihy(2016)는 다중역할과 관계에 대한 박사과정생들의 경험을 조사했다. 연구에 참여한 모든 박사과정생은 다중역할과 관계가 상담사 교육에서 불가피한 부분이라는 점을 인정했다. 참가자들은 개인과 직업 수준에서 다중역할과 관계의 긍정적인 효과와 부정적인 영향을 모두 인식했다. 많은 참가자들이 역할 혼란으로 어려움을 겪고 있다고 보고했으며 교수진과의 지속적이고 열린 대화를 바란다고 강조했다. 이 연구는 학생들이 다중역할과 관계에 참여하도록 요청받기 전에 명료한 설명을 제공하는 교수진과 수련감독자의 중요성을 강조한다.

모든 비직업적인 관계(다중관계)를 너무 피하다 보면 수련생, 학생과 적절한 관계를 수립할 기회마저도 제한될 수 있다(Barnett & Johnson, 2015). 엄격한 경계를 유지하는 수련감독자는 수련생이 더 깊은 멘토링 관계와 수련감독자의 치료방법을 배우는 데 도움이 될 수 있는 진정한 정서적 관계를 맺을 기회를 잃을 위험이 있다(Kozlowski, Pruitt, DeWalt, & Knox, 2014). 역할 혼동을 피하기 위한 조치를 취해야 하지만, 일부 긍정적 경계횡단(positive boundary crossing, PBC)은 수련감독관계가 향상될 수 있다(Kozlowski et al., 2014). 한 연구에 따르면, 수련감독관계의 맥락에서 긍정적 경계횡단을 경험한 수련생들은 편안함과 동료애가 좋아졌고 이해와 보살핌을 받는다고 느꼈다(Kozlowski et al., 2014). 또한 이 연구의 참가자들은 긍정적 경계횡단으로 수련이 향상됐다고 보고했다.

수련감독자는 자신의 역할을 명확하게 하고 유연한 경계와 경직된 경계를 구별해야 한다. 수련감독관계의 특성이 분명하게 정의되지 않는다면 수련감독자와 수련생은 관계가 지속되는 어느 시점에서 힘든 상황에 처하게 될 수도 있다(Herlihy & Corey, 2015b). 훈련과 수련감독 과정에서 다중역할 관계로 인해 생기는 핵심문제는 권력남용의 가능성이다. 치료받는 내담자처럼 학생과 수련생은 취약한 위치에 있으며, 착취하거나 권력을 남용하거나 적절한 경계를 넘는 교육자나 수련감독자에게 피해를 입을 수도 있다. 여성주의 수련감독과 다문화 수련감독 모두 수련감독관계의 권력의 역동에 주의를 기울이고 그 영향력을 줄이기 위해 노력한다. 예를 들면, 수련감독자는 수련생에게 무엇을 하라고 말하기보다 수련생이 내담자에 관해 새로운 방식으로 생각하고, 자기만의 해석을 공식화하며, 스스로 개입을 고안하도록 도울 수 있다.

## 수련기간에 일어나는 성적 정교

상담교육과 수련감독 중에 일어나는 성적 정교에 관한 전국적인 조사에서, 수련기간에 수련감독자나 교육자와 성관계를 맺은 상담전문가들은 실제로 성관계를 가진 시점보다 시간이 지난 후에 이 경험을 강압적이고 작업관계에 피해를 준 경험으로 더 많이 생각한다는 점이 발견되었다(Miler & Larrabee, 1995). 학생이 훈련교육을 하는 사람과 성관계를 맺음으로 인해 어떤 영향을 받았는지에 대해  시간이 지나면서 인식이변했다. 이러한 성관계에 자유롭게 동의하려는 학생의 의지와 이러한 성적 정교의 윤리에 대처할 준비가 되었는지에 대한 의문이 제기된다. 더욱이 교육자와 수련감독자는 직접 훈련을 시키는 기간이 끝난 뒤에도 오랫동안 직업상의 권력과 권위를 가진다는 점은 분명하다.

수련생들은 처음 상담을 시작할 때, 치료의 복합적인 특성과 관련하여 미숙하여 어떻게 해야 할지 잘 모르는 경우가 대부분이다. 그들은 수련감독자를 전문가로 여기기도 하는데, 수련감독자에 대한 의존으로 인해 성적 접근에 저항하기 힘들 수도 있다. 수련생은 치료 상황과 매우 유사하게 수련감독 시간에 개인적인 문제와 강렬한 감정을 공개할 수도 있다. 수련생의 개방과 수련감독자에 대한 신뢰는 수련생을 희생하면서까지 자신의 심리적, 성적 욕구를 충족하기로 마음 먹은 수련감독자에 의해 악용될 수 있다. 수련감독관계가 낭만적인 관계로 발전하면, 수련감독 과정의 효율이 떨어지고, 조만간 수련생은 착취당했다고 주장하게 될 것이다.

McMurtery, Webb와 Arnold(2011)는 면허를 발급받는 세 가지 전문 분야의 종사자, 즉 상담사, 사회복지사, 심리학자들이 임상 수련감독 중에 나타나는 친밀한 행동에 대해 어떤 인식과 태도를 가지고 있는지 조사했다. 이 자기보고식 연구의 참가자 중 누구도 수련감독관계 중에 수련감독자나 수련생과 성관계를 맺었다고 인정하지 않았지만, 소수의 응답자는 잠재적으로 성적 행동으로 귀결되는 미끄러운 비탈로 이어질 수 있는 고위험 행동을 지지했다. 학생, 수련생과 성행위를 하는 것은 다양한 전문가단체와 교육기관의 윤리규정에 위배된다(글상자 '수련감독자와 수련생 사이의 성관계 금지' 참고).

## 윤리규정: 수련감독자와 수련생 사이의 성관계 금지

**미국상담학회(ACA, 2014)**
현재 수련생과의 성적 혹은 애정적 상호작용이나 관계를 금지한다. 이 금지는 대면과 전자 상호작용이나 관계 모두에 적용된다(F.3.b).

**재활상담사자격검정위원회(CRCC, 2010)**
재활상담사는 현재 수련생이나 교육생과 성적 혹은 애정적 상호작용이나 관계를 맺지 말아야 한다(H.3.b).

**미국부부및가족치료학회(AAMFT, 2015)**
부부·가족치료사는 학생이나 수련생과 평가 혹은 훈련관계를 유지하는 동안 학생이나 수련생과 성적 정교를 맺지 말아야 한다(4.3).

**미국정신건강상담사협회(AMHCA, 2015)**
어떤 형태이든 수련생, 학생, 피고용인과의 성행위는 모두 비윤리적이다(III.A.3).

**미국심리학회(APA, 2010)**
심리학자는 자신의 학과, 기관, 훈련센터에 있거나, 자신이 평가하거나 평가할 가능성이 있는 학생이나 수련생과 성관계를 맺으면 안 된다(7.07).

**미국정신의학회(2013b)**
권력을 남용할 수 있는 상황에서 교수나 수련감독자, 수련생이나 학생의 성관계는 작업관계에서의 불평등을 이용하는 경우가 흔하고 비윤리적일 수도 있는데, 그 이유는

a. 수련생의 환자 치료에 해로운 영향을 줄 수 있거나
b. 교사와 학생의 신뢰관계에 손상이 생길 수 있거나
c. 교사는 수련생에게 중요한 직업역할 모델로서 수련생의 미래 직업 행동에 영향을 미치기 때문이다(4.14).

수련감독관계에서의 성행위는 윤리규정에 위배될 뿐만 아니라 수련생이 내담자 또는 미래의 수련생에 대해 자신의 행동위반을 정당화할 수 있는 풍토를 조성하게 된다. 상담자가 내담자와의 관계에서 성적 경계를 넘는 것이 금지된 것처럼, 수련감독자는 수련생에게 적절한 행동과 경계의 모범을 보여야만 한다. 수련감독자는 권력의 위치에 있기 때문에 수련생을 향한 성적 끌림대로 행동한다면 개인적으로나 직업적으로 수련생

에게 많은 부정적인 결과를 초래할 수 있다. 수련감독관계는 교사와 학생, 치료자와 내담자 관계의 공통점이 있다. 이 모든 직업적 관계에서 권력을 쥐고 있는 사람은 전문가이다. 따라서 적절한 경계를 수립하고 유지하며 경계 문제와 관련된 잠재적 문제를 예방하는 방법을 교육생(학생, 수련생, 내담자)과 탐색하는 것이 전문가의 책임이다. 문제가 발생할 경우 전문가는 윤리적으로 이를 해결해야 할 책임이 있다.

당신이 수련생이라고 가정해 보라. 개인 수련감독 시간에 수련감독자가 당신에게 자주 성적인 농을 건다. 당신은 그 유혹에 긍정적으로 반응하면 평가가 더 호의적일 것이라는 뚜렷한 인상을 받는다. 이러한 상황에서 어떤 조치를 취할 수 있겠는가? 성희롱과 합의에 의한 성관계에는 차이점이 있는가, 아니면 불평등한 권력 관계에서의 모든 성적 유혹은 일종의 성희롱인가? 이 상황에서 합의에 의한 성관계가 존재할 수 있는가? 당신의 대답을 설명해 보라.

## <Augustus의 사례>

Augustus는 수련감독자인 Amy와 개인 수련감독으로 매주 만난다. 학기말이 3주밖에 남지 않았을 때, 그는 Amy 교수에게 강하게 끌린다고 고백하며 그녀와 직업적 거리감을 유지하기 힘들다고 말했다. Amy는 자기도 매력을 느꼈다고 공개했다. 하지만 그녀는 그 관계를 좌우하는 직업적 경계에 민감했기에, 학기가 끝나기 전까지 어떤 다른 관계를 가지는 것은 부적절하다고 말했다. 그녀는 학기가 끝난 다음에 연인관계에 대해 더 자세한 이야기를 나누는 것은 괜찮을 것이라고 말했다. 그가 여전히 교육 프로그램을 하고 있지만, Amy는 더 이상 그에게 수련감독자 역할을 하지 않거나 교육 프로그램에서의 그의 신분을 평가하지 않을 것이라고 말했다.

- Amy가 Augustus에 대한 끌림을 가장 윤리적인 방법으로 다루었다고 생각하는가? 이유를 설명해 보라.
- 당신이 Amy의 동료로서 다른 학생에게 이 상황을 전해 들었다면 어떻게 하겠는가?
- Amy가 Augustus를 더 이상 수련감독하지 않을 것이라는 사실로 인해 그 관계에 내재된 권력 불균형이 사라지는가?
- Augustus가 여전히 교육 프로그램의 학생으로 있는데 그들이 서로 사귀는 것이 적절하다고 생각하는가? 그가 졸업한 후에는 어떠한가? 그 이유는 무엇인가?

**논평.** Augustus에 대한 Amy의 성적 끌림이 이러한 감정을 인정하기 전부터 수련감독에 영향을 주지 않았는지 의문이 든다. 또한 그 사실을 공개한 그녀의 동기가 의문스럽다. 우리가 보기에 치료자가 내담자에게 성적인 감정을 공개하는 것이 적절하지 않듯이, 수련감독자가 수련생에게 성적 끌림을 밝히는 것은, 특히 역할 모델을 하는 입장에서 그렇게 하는 것은 부적절하다.

Amy는 자신의 성적 끌림을 인식했을 때 자문을 요청해야 했다. Amy가 현재의 수련감독관계가 끝나자마자 Augustus와 연인관계를 시작하고 싶은 마음은 교육생이 대학원 프로그램에 등록한 기간 동안 교수와 교육생의 성관계를 금지하는 대부분의 윤리규정 지침에 부합되지 않는다. Augustus가 졸업한 이후에도 Amy는 연인관계가 어떤 방식으로든 Augustus에게 피해를 주거나 착취를 일으키지 않을 것임을 입증해야 할 것이다.

이 사례에는 수련감독자가 수련감독 회기에 모델이 되어 줌으로써 수련생에게 무엇을 가르칠 수 있는지에 대한 교훈이 담겨 있다. 교육생은 내담자에 대해 느낄 수 있는 성적 끌림을 토의할 수 있는 안전한 환경이 필요하다. 그들은 내면의 감정이 인간적인 것이고 무해한 것이지만, 이를 실행에 옮기는 것은 언제나 부적절하고 비윤리적이라는 점을 재확인할 필요가 있다. 명확한 개인적 · 직업적 경계를 모델로 보여 준 수련감독자는 수련생과 성적 끌림과 경계 문제를 유능하게 다룰 수 있다. 수련생이 내담자에 대한 반응을 믿을 만한 동료와 논의하는 것도 권장한다. 동료에게 자문을 요청하는 것은 경력 초기부터 시작하여 직업생활 기간에 지속해도 좋은 습관이다.

## <Chun Hei의 사례>

상담심리학과 학생인 Chun Hei는 심리학자가 되기 위해 미국 대학원에 진학한다. 한국에 있는 가족은 그녀가 미국 명문대 박사과정에 합격한 것을 자랑스럽게 생각한다. 경쟁이 치열한 교육환경에서 Chun Hei는 프로그램에서 잘해야 한다는 압박감을 느낀다.

Chun Hei는 최근 그녀의 임상 수련감독자와 상호작용하면서 불안감이 커졌다. 지난 몇 주 동안 그녀의 실습을 감독하는 나이 많은 남성 교수이자 Chun Hei의 수련감독자가 그녀에게 성적으로 부적절한 발언을 했다. Chun Hei는 권위에 순종하라고 배웠기 때문에 수련감독자의 발언을 처리하는 방법에 대해 혼란스러워했다. 처음에 Chun Hei는 자신에 대한 관심에 감사했다. 그녀는 수련감독자가 자신을 좋아한다고 생각했고, 임상기술을 개발하는 데 진전이 있어 만족했다. 그녀는 자기가 다른 문화권에서 왔기 때문에 수련감독자의 행동을 오해하고 있는 것은 아닐까 고민한다. 하지만 수련감독자가 점점 공공연하게 성적으로 노골적으로 말해 매우 불편해졌다. Chun Hei는 이 상황에 대처할 수 있는 대안이 무엇인지 궁금하게 생각한다. 그녀는 프로그램에서 대학원생이라는 지위가 위태로워지는 것을 두려워하면서도 자신의 수련감독자가 부적절하고 윤리적인 경계를 넘는다는 사실을 인지하게 되었다.

- 당신이 Chun Hei의 입장이라면 이 상황을 어떻게 처리하겠는가?
- Chun Hei가 수련감독자에게 성희롱을 당했다고 신고하기로 결정한다면, 어떤 결과가 생길 수 있겠는가?
- Chun Hei가 아무런 조치도 취하지 않기로 결정한다면, 그녀의 결정으로 인해 어떤 결과가 초래하겠는가?
- 당신이 Chun Hei와 같은 실습과목을 등록했고 수련감독자가 그녀에게 성적으로 부적절한 발언을 하는 것을 목격했다면 어떻게 할 것 같은가? 목격자이자 동료로서 당신의 윤리적 책임은 무엇인가?

**논평.** 의심의 여지 없이 이 박사과정생은 어려운 결정에 직면해 있다. Chun Hei는 자신이 믿고 존경해야 할 사람에게 배신당하는 고통을 견뎌야 한다. 그녀는 내담자의 자기탐색을 위해 안전한 공간을 만드는 방법을 배우는 중이며, 그녀의 멘토이자 모범이 되어야 할 사람은 신뢰하기 힘든 행동을 하면서 가르치고 있다. Chun Hei는 수련감독자의 비윤리적인 행동에 혼란스럽고 환멸을 느끼고 있다.

저자들은 Chun Hei가 보복이 두려워 이러한 학대행위를 묵인하고 성희롱에 대해 아무 말도 하지 않을까봐 염려된다. 수련감독자와 수련생의 권력 차이는 중요한 요소이다.

저자들은 Chun Hei가 안전하다고 생각하고 신뢰관계를 구축한 사람들에게 다가가기를 바란다. Chun Hei가 압박감 없이 대응방법에 대한 결정을 내릴 수 있는 힘이 자신에게 있다고 여기는 것이 중요하다. Chun Hei가 수련감독자를 신고하기로 결정한다면, 도움을 받아 수련감독자를 신고하고 그녀가 두려워하는 잠재적인 영향에 대처하기 위한 계획을 세울 수 있다.

## 수련감독과 상담을 결합할 때의 윤리적 문제

수련감독자는 수련감독 과정에서 다중역할을 담당하기 때문에 치료와 수련감독 사이의 경계가 항상 선명한 것은 아니다. 수련감독에 관한 문헌들을 보면, 수련감독 과정은 개인의 관심사보다 수련생의 직업적 발달에 집중되어야 하며 수련감독과 상담은 상이한 목적을 가진다는 점에 기본적으로 동의하는 것 같다. 그러나 수련감독자가 수련생 개인의 문제를 어느 정도 다룰 수 있는지는 합의점과 명료성이 부족하다. 수련감독관계는 직업적, 교육적, 치료적 측면이 복합적으로 혼합되어 있다. 이 복합적인 과정은 수련감독자가 수련생과의 관계에서 특정한 다중역할을 맡을 때 더욱 복잡해질 수 있다. 수련생의 개인적인 역동이 내담자와의 작업에 어떻게 영향을 끼칠 수 있는지 밝히도록 돕는 것이 수련감독자의 책임이지만, 수련생의 개인 상담자로 도움을 주는 것은 수련감독자의 적절한 역할이 아니다. 수련감독자는 수련생의 직무수행에 영향을 미칠 수 있는 개인적 요인(신념, 태도, 인생경험, 성격, 대인관계 스타일, 역전이)을 모델링하는 데 핵심 역할을 한다. 이러한 개인적 요인에 대한 인식을 개발하는 것을 수련감독 계약에 포함해야 하고(Falender & Shafranske, 2014), 수련생의 개인적 반응성 또는 역전이를 탐색하는 것은 내담자를 상담할 때 미치는 영향에 초점을 두어야 한다(Shafranske & Falender, 2016).

일반적으로 수련감독 시간에는 내담자와의 작업관계에 부정적인 영향을 줄 수 있는 제한사항이나 미해결 문제를 인식하도록 연수생 개인의 역동을 다루어야 한다. 수련감독회기를 치료회기로 전환하는 것은 부적절하지만, 수련감독 과정은 내담자가 해를 입지 않도록 수련생 개인의 한계를 다루는 것을 포함한다는 점에서 치료적일 수 있다(Austin et al., 2017). 수련감독에는 수련생이 개인적 요인들을 밝힘으로써 그 문제가 내담자의 문제가 되지 않도록 도와주는 일이 포함될 수 있다. 이것은 내담자와 성공적으로 작업하는 수련생의 능력을 촉진하는 것이 목적이다. 역전이 반응과 같은 개인적인 문제를 수련감독 시간에 토의할 때, 목표는 수련생의 문제해결이 아니라 역전이를 인식하도록 수련생의 노력을 강화하는 것이다. 역전이의 역동에 대한 보다 심층적인 탐구는 수련감독의 범위를 벗어나기 때문에 개인치료에서 해야 한다. 수련생이 역전이의 역동을 탐구하기 위해 개인치료를 필요로 하거나 원하는 경우, 수련감독자가 해야 할 가장 좋은 조치는 다른 전문가에게 의뢰하는 것이다. 수련감독자는 이 과정이 정상적이고 초보 상담자에게 흔히 있는 일이라고 설명할 수도 있다. 이제 두 가지 특정 사례를 생각해 보자.

## <Hartley의 사례>

수련감독 시간에 Hartley는 5년간 이어 온 사적 관계가 끝나 매우 큰 고통 속에 있다고 수련감독자에게 털어놓았다. 그는 무슨 일이 있었는지 약간 자세하게 묘사하면서 매우 감정이 고조되었다. 그는 내담자, 특히 관계 문제로 갈등을 겪는 이들과 작업할 수 있는지 자신의 능력에 관해 우려했다. 수련감독 시간에 Hartley의 염려를 다루는 다섯 가지의 반응은 다음과 같다.

수련감독자 A: 상처받았다니 유감이네요. 이 시간을 활용해 당신이 내담자를 상담할 수 있도록 도와줘야겠다는 필요성을 느껴요. 현재 내담자에게 심각한 영향을 주지 않기 때문에 내담자를 다른 전문가에게 의뢰할 필요는 없다고 봐요.

수련감독자 B: *(어느 정도 Hartley의 이야기를 듣고 그의 고통을 인정한 다음)* 내담자를 상담하는 것이 힘들다는 것을 알아요. 현재 치료받고 있다고 알고 있는데, 고통을 다룰 기회를 스스로에게 준다 생각하고 회기 횟수를 늘리는 것을 고려해 보면 어떨까 제안합니다.

수련감독자 C: 매우 고통스럽겠어요. 더 이야기하고 싶나요? 당신에게 일어나는 일이 내담자를 상담하는 능력에 방해가 되기 때문에 당신의 고통을 다뤄야 해요. *(수련감독자가 Hartley의 고통을 다룰수록 그의 삶의 다른 문제들에 점점 빠져들어갔다. 3주 후에도 여전히 수련감독 시간에 Hartley의 상처와 위기를 다루고 있다.)*

수련감독자 D: 삶의 변화로 인해 마음이 심란한 것 같군요. 이 문제가 내담자를 상담하는 데 영향을 미칠 수도 있음을 볼 수 있다니 다행입니다. 당신의 경험이 내담자를 상담하는 데 어떻게 영향을 미치는지 시간을 약간 할애하여 토의해 볼까요? 유사한 문제를 지닌 내담자를 도울 때 구체적으로 어떤 일이 일어날 것이라고 두려워하는 거죠?

- 위의 다섯 가지 반응 중 당신의 반응과 가장 가까운 것은 무엇이며, 그 이유는 무엇인가?

- 당신이라면 Hartley에게 어떻게 응답하겠는가?
- 위의 다섯 가지 반응 중에 수련감독과 개인치료의 경계를 넘어선 것이 있다고 생각하는가? 있다면 그 이유를 설명하라.

**논평.** 모든 수련감독자는 Hartley가 고투를 벌이고 있다고 인정하지만, 그들의 전략은 수련감독 시간에 그의 정서적 고통을 다루는 방법에 차이가 있다. 수련감독자 B는 수련감독을 치료로 대처하지 않으면서도 Hartley가 개인치료 시간에 그의 문제를 다루도록 당부한다. 수련감독자 D는 수련감독을 치료로 전환하지 않으면서도 Hartley의 투쟁이 그의 임상작업에 어떻게 영향을 미칠 수 있는지 알아보기 위해 수련감독 시간을 할애한다. 저자들은 Hartley 문제의 뿌리를 과거로부터 탐구하지는 않고 그의 고통에 주의를 기울일 것 같다. 이 경우 수련감독자는 수련감독 시간에 Hartley의 임상작업을 계속 주의 깊게 검토하되, Hartley의 정서 상태가 내담자를 효과적으로 상담하는 능력에 영향을 미치기 시작하면 적절한 조치를 취해야 한다.

우리는 때때로 개인적인 문제와 위기상황을 경험한다. 우리는 개인생활의 여러 측면들을 인식하고 관리하여 이러한 문제가 내담자를 효과적으로 상담하는 능력에 영향을 주지 않도록 해야 한다. 수련생이 관계청산 같은 개인적인 문제를 경험할지라도, 이에 효과적으로 대처할 수 있도록 도와주는 자원을 찾는 것이 수련생의 의무이다. 문제를 가진 것이 문제가 아니라, 문제를 다루지 않는 것이 문제이다.

## <Greta의 사례>

Ken은 심리치료사인 동시에 상담교육 프로그램의 시간제 수련감독자이다. 그의 수련생인 Greta는 어머니가 말기 암 진단을 받았다는 것을 안 뒤로 개인적인 위기를 겪고 있었다. 그녀가 수련하는 곳의 대부분의 업무는 호스피스 환자와 관련된 일이었다. 그녀는 Ken을 찾아와 이 업무를 더 이상 못 하겠다고 말했다. Ken은 그녀의 치료기술에 강한 인상을 받았기에 이 시점에서 교육을 중단하는 것은 그녀에게 큰 불운이라고 생각했다. 또한 Ken은 신뢰관계 때문에 자신이 그녀 개인의 위기를 더욱 효과적으로 다룰 수 있다고 생각했다. 이어지는 네 번의 수련감독 회기에 Ken은 Greta의 개인적인 문제에만 거의 초점을 맞추었다. 그의 도움으로 Greta는 안정을 되찾았고 별다른 부작용 없이 호스피스 환자들과 계속 일할 수 있게 되었다.

- 이 문제와 Ken이 선택한 해결책에 대한 당신의 생각은 무엇인가?
- 수련감독자와 상담자의 역할을 결합한 Ken에 대한 당신의 반응은 무엇인가?
- Ken이 Greta에게 일시적으로 현장실습을 중단하고 자신의 개업상담소에서 치료받으라고 제안했다면 어떤 윤리적 문제가 생길 수 있다고 보는가?
- Ken이 Greta에게 개인치료를 위해 다른 치료자를 만나라고 제안했는데 그녀가 Ken만큼 자신을 잘 아는 사람은 없다는 이유로 거절했다면 상황이 달라지겠는가?
- 이 상황을 다루는 다른 방법을 알고 있는가?

- 수련감독자와 치료자의 역할을 결합하는 것은 항상 적절한가? 그 이유는 무엇인가?

**논평.** 수련생의 개인적인 역동에 주의를 기울이는 것은 수련감독의 일부이고, 역전이를 다루는 것도 수련감독의 주요 업무에 속한다. Greta는 현재 내담자를 계속 만나기에는 역전이에 취약해진 상태이다. 역전이를 인식하지 못하고 관리하지 못한다면 치료관계와 수련감독관계에 해로운 영향이 미칠 것이다. 수련감독자는 개인적인 요소를 고려하도록 장려하고 모범으로 보이는 견고한 수련감독관계를 기반으로 할 때 역전이 탐색이 가장 잘 이뤄진다. 상담자는 그녀의 업무로 촉발되는 고통에 주의를 기울이되, 그녀가 어머니와의 관계에서 가지고 있을지 모르는 미해결 과제를 탐색하지는 말아야 한다. 수련감독은 일반적으로 지금 여기에 중점을 둔다. 과거사는 개인치료에서 더 적절하게 탐색할 수 있다.

수련감독 회기는 대개 시간이 정해져 있고 행정적, 법적, 윤리적, 임상적 문제들을 자주 다뤄야 한다. 이러한 시간적 제약으로 인해 수련생에게 해결하기 원하는 개인적인 문제를 다뤄 달라는 부탁을 받은 수련감독자는 난처해지게 된다. Ken이 Greta가 개인적인 위기를 다룰 수 있도록 도와주기 위해 몇 회기 동안 통상적인 시간경계를 변경하기로 결심했지만, Greta의 업무를 수련감독하는 임무를 소홀히하지 않으면서 그렇게 했다. 저자들은 Ken이 그녀가 그 위기를 충분히 다룰 수 있도록 개인치료를 받으라고 장려했더라면 좋았을 것 같다고 생각한다.

## 학생을 상담하는 교육자와 수련감독자

교육자와 수련감독자가 상담 서비스를 현재 학생과 수련생에게 제공하는 것은 현명하지 않다고 언급하는 많은 윤리규정이 있다. 예를 들면, 미국정신건강상담사협회(AMHCA, 2015) 규정에는 "정신건강상담사는 현재 수련생, 학생 혹은 피고용인과 지속적인 상담관계를 맺지 말아야 한다"(III.A.2)라고 되어 있다. 미국상담학회(ACA, 2014) 규정에는 "상담교육자는 권력과 권위를 행사할 수 있는 상담교육 관련 프로그램에 등록한 현재 학생에게 상담자로서 서비스를 제공하지 말아야 한다"(F.10.e)라고 되어 있다. 교수가 현재 학생에게 유료로 상담을 제공하는 것은 비윤리적이지만 분명하지 않은 상황도 존재한다. 예를 들어, 학생이 교육 프로그램을 졸업했다면 심리학 교수가 이전 학생을 내담자로 받아들이는 것은 윤리적으로 어떤가? 교육자로서의 이전 역할이 치료자로서의 현재 역할에 부정적인 영향을 미칠 수도 있다고 여전히 주장할 수 있는가? 이전 학생과 교수 겸 치료자가 전혀 문제가 없다는 데 동의한다면 치료관계는 윤리적으로 정당화되는가? 이 문제에 관한 당신의 입장을 명료화하기 위해 다음의 두 가지 사례를 생각해 보라.

## <Brent의 사례>

심리학과 교수인 Hilda는 상담 강좌를 가르치고, 수련생을 수련감독하며, 대학상담센터에서 개인상담도 한다. 대학원생인 Brent가 찾아와 그녀에게 개인상담을 요청했다. 그녀가 역할 결합에 대해 염려했지만, 그는 그녀를 신뢰하기 때문에 학생 겸 내담자가 되는 것은 아무런 문제가 되지 않는다고 말하며 설득했다.

- Brent의 요청에 대한 당신의 반응은 무엇인가?
- 이 사례에서 어떤 윤리적 혹은 다른 문제가 보이는가?
- Brent가 그녀의 수업을 이수한 후에 찾아와 상담을 요청했다면 상황이 달라지겠는가?
- 그 교수가 개업상담을 통해 Brent에게 상담비를 부과했다면 이 상황이 다른 차원의 문제가 되었겠는가?
- 그녀가 학기 중에 치료집단을 진행하는데 Brent가 그 집단에 참여하고 싶다고 가정해 보자. 집단의 내담자가 되는 것은 개인치료의 내담자가 되는 것과 다른가?
- 이 사례에서 착취의 가능성이 보이는가?
- 인근 지역에 이용 가능한 다른 상담자원이 부족하다면 상황이 달라지겠는가?

**논평.** 미국상담학회(ACA, 2014)와 미국심리학회(APA, 2010)의 윤리규정에는 교육자 혹은 평가 역할을 맡은 사람은 훈련경험과 관련하여 단시간 동안의 역할이 아닌 이상 현재 학생이나 수련생에게 상담 서비스를 제공하지 말라고 분명하게 제시했다. 학생 혹은 수련생이 교육자 혹은 수련감독자에게 개인치료를 해 달라고 아무리 설득력을 발휘해 요청하더라도, 전문가는 이런 압박에 굴복하지 않아야 할 책임이 있다. Brent의 사례에서 교수가 개인상담을 제공하기로 동의한다면 비윤리적으로 행동하는 것이 된다.

## <Laura의 사례>

상담교육 프로그램의 석사생인 Laura는 매우 개인적인 주제를 다루고 자기고찰과 일기쓰기를 많이 요구한 "상담의 사회적 · 문화적 기초"라는 강좌를 이수했다. 이 과정 중에 그녀는 15년 동안 개방적이면서도 서로에게 헌신하며 살아 온 두 명의 레즈비언 여성과 대화를 나눌 기회가 있었다. 이 사람들을 만난 그녀는 자신도 '커밍아웃'을 할 때가 되었다고 결심했다. 그녀를 평생 알고 지낸 가까운 친구부터 시작했지만 일이 잘 풀리지 않았다. 그녀의 친구는 충격을 받고 불가하다고 말했고, 공개한 후로는 서로 이야기도 하지 않게 되었다. 그녀는 자기가 사는 작은 마을에서 그 친구가 누군가에게 말할지 모른다며 두려워했고, 어차피 부모 귀에 들어갈 것이기 때문에 부모에게 이제 말해야 되지 않을까 망설이고 있다.

Laura는 이 문제로 갈등하느라 수업에 많이 빠졌기 때문에 '연구방법론' 강좌에서 낙제할 위기에 처했다. 그녀는 진도를 따라잡으려면 시간과 도움이 더 필요했지만, 담당교수에게 동정심이 없었다. 그녀는 교수의 반응이 두려웠기 때문에 자신에게 무슨 일이 있는지 말하고 싶지 않았다. Laura는 다른 교수에게 고민을 털어놓았는데 그는 면허를 소지한 전문상담자이며 그녀의 실습 수련감독자이자 수업을 가르치는 교수였다. 그 교수는 Laura가 부모와 다른 사람에게 고백하는 것에 대해 직면해 있는 결정이 얼마나 힘든지 공감받고 싶거나, 친절하게 들어주는 귀가 필요하다면 언제든지 자기에게 와서 이야기해도 좋다고 말했다. 또한 인근에서 개업상담을 하고 있는 동성연애자인 상담자에 대해서도 말해 주었다. Laura는 모르는 사람을 만날 준비가 되어 있지 않았고, 동성연애자로 알려진 상담자에게 가는 것을 망설이기도 했다.

이 교수는 Laura에게 다르게 살라고 설득하려고 시도하지 않고 언제든지 자기를 만나러 와도 좋다는 말을 거듭 해 줬다. 또한 자기가 연구방법론 교수에게 찾아가 Laura가 지금 힘든 시간을 보내고 있다는 사실 외에는 공개하지 않고 이해와 도움을 받을 수 있는지 말해 주면 좋겠냐고 물어봤다. Laura는 이 제안을 받아들였다.

- 이 교수가 Laura를 도와준 방법에 찬성하는가, 아니면 반대하는가?
- 이 사례는 어떤 다중관계 문제가 연관되어 있으며, 이를 어떻게 해결하겠는가?
- 교수 겸 상담자가 적절한 사회적 실천을 했다고 보는가, 아니면 경계위반을 범했다고 생각하는가?
- 이 사례에서 어떤 윤리적인 문제가 제기되는가?
- Laura가 당신의 학생이라면 이 상황을 어떻게 다루겠는가?

**논평.** 수련생에게 개인상담이 필요하다면 수련감독자는 적절한 의뢰자원을 제공해야 한다. 저자들은 Laura의 사례에서 이 교수가 그녀를 내담자로 받아들이는 데 동의하지 않으면서도 공감과 후원, 실제적인 도움을 준 점이 맘에 든다. 그렇게 하지 않았다면 교수와 학생의 관계는 손상되었을 것이다. 학생이나 수련생이 사제관계나 수련감독관계에 해당되지 않는 전문가에게 개인치료를 받을 필요가 있을 때, 그 근거를 제시하고 적절한 의뢰자원을 찾도록 도와주는 것은 상담교육자와 수련감독자의 몫이다.

## 제9장 요약

상담자는 수련감독자의 역할을 맡아 달라는 부탁을 자주 받는다. 이런 활동에 필요한 많은 수련감독 기능을 효과적으로 수행하기 위해 분명히 특별한 훈련이 필요하다. 수련감독과 관련된 주요 윤리적 문제들에는 전문가의 역할과 책임을 수행하는 것, 역할들의 경계를 명백히 유지하는 것, 이중 혹은 다중관계로 인해 야기되는 문제를 피하는 것 등이 있다.

수련감독은 수련생이 자신의 지식과 기술을 특정 임상 상황에 적용하는 법을 배우는 한 가지 방법이다. 수련생이 기술연마의 기초로 삼기 위해 정규적으로 피드백을 받는 것은 중요하다. 효과적인 수련감독에서는 전문가를 사람인 동시에 상담실무자로 대한다. 수련생의 기술에만 초점을 두는 것으로는 충분하지 않다. 수련감독관계는 개인적인 과정이기에 수련생의 역동도 이 과정에서 동일하게 중요하다. 수련감독이 수련생의 기술연마에 목표를 두더라도, 수련생의 서비스 대상인 내담자의 복지를 우선적으로 고려한다. 수련감독자는 내담자의 복지보호와 수련생의 능력향상과 전문성 개발이라는 이차적 책임의 균형을 유지해야 한다(APA, 2015). 수련감독자는 수련생의 훈련수준에 관계없이 역량 있는 서비스를 받을 권리가 있는 내담자에 대해 윤리적 · 법적 책임이 있다(Welfel, 2016).

수련감독자는 학생과 수련생을 착취하거나 훈련이라는 맥락에 존재하는 권력 차이를 불공정하게 이용하지 말아야 한다. 다중역할을 윤리적으로 관리하는 것은 수련감독자의 책임이다. 수련감독자가 개인의 삶에서 경계를 잘 다룬다면 업무에서도 경계를 유지할 가능성이 크다. 적절한 개인적 · 직업적 경계를 수립할 수 있는 수련감독자는 적절한 경계를 수립하는 방법에 관해 학생들에게 가르칠 수 있는 유리한 위치에 서게 된다.

## 추천 활동

1. 수련감독자가 수련생들에게 그들의 훈련과 경험의 범위를 넘어서는 치료상황에 참여하도록 요청하는 상황을 단막극으로 꾸며 보라. 한 학생이 '물에 밀어 넣어야 수영하는 법을 배운다' 식으로 해야 학생들이 가장 잘 배운다고 생각하며 설득하는 수련감독자의 역할을 맡을 수 있다. 수련감독자가 수련생들에게 가족 상담을 하거나, 치료집단을 혼자 진행하거나, 학대받은 아동을 상담하도록 요청하는 상황을 재연할 수도 있다. 단막극 후에 부적절한 수련감독을 다루는 방법에 관한 윤리적 · 임상적 문제를 토의하라.
2. 다른 단막극을 만들어라. 이번에는 수련감독자가 연락이 잘 안 되고 수련생과 약속을 거의 지키지 않는다. 한 학생이 연락 불가능한 수련감독자 역할을 하고, 다른 사람들은 어려운 사례를 논의하기 위해 수련감독자를 만날 필요가 있는 학생 역할을 맡을 수 있다. 이런 유형의 수련감독자에 대처하는 방법으로는 어떤 것이 있는가?
3. 수련생과 신입 상담실무자에게 어떤 수련감독을 제공하는지 알아보기 위해 인근의 여러 지역사회 기관들을 조사하라. 여러 학생이 결과를 공유하기 위해 패널을 구성할 수 있다.
4. 수련감독을 다루는 두 가지 사례를 검토하기 위해 강의시간에 윤리위원회를 구성하라.

   - 어떤 수련감독자가 여러 수련생들에게 성적인 제안을 했다.
   - 어떤 수련감독자가 수련생들을 자신의 개업상담소의 내담자로 받아들였다.

- 어떤 수련감독자가 수련감독 약속을 자주 취소한다.
- 어떤 수련감독자가 수련감독 시간에 여러 번 술에 취한 상태로 나타났다.

윤리위원회는 사례와 함께 각 문제별로 적절한 행동방침을 강의시간에 제시할 수 있다.

**5.** 두세 명씩 조를 짜 다음 상황에서 제기되는 윤리적 문제에 관한 생각들을 조사하라. 이러한 상황에서 어떻게 반응하겠는가?

- 당신은 어떤 임상 수련감독자가 여러 수련생들과 습관적으로 성관계를 맺는 것을 알게 되었다. 이 학생들 중에는 당신의 친구도 있는데, 그들은 취약한 위치에 있기 때문에 순응해야 할 것 같은 압력을 느낀다고 말한다. 당신은 어떤 조치를 취하겠는가?
- 대학교에 있는 어떤 임상 수련감독자가 이전 수련생들과 습관적으로 연애한다고 여러 친구들이 당신에게 말했다. 과거의 동료들이 그 수련감독자와 마주하자 그는 이 수련생들은 성인이고, 연애할 당시 수련을 마쳤으며, 사생활은 엄격한 의미에서 남이 상관할 일이 아니라고 주장했다. 그의 행동에 대한 당신의 견해는 무엇인가?
- 당신이 어떤 지역사회 기관에서 인턴으로 일하는 수련생이라고 상상해 보라. 이 기관의 수련감독자가 당신을 부적절하게 유혹한다. 당신은 어떻게 반응하겠는가? 어떤 조치를 취하겠는가?
- 당신은 당신의 수련감독자가 역량이 부족하다고 판단하였다. 이 상황을 어떻게 대처할 수 있겠는가?
- 수련감독자는 어떤 수련생이 내담자에 대한 개입에 대해 사실대로 말하지 않고, 내담자가 제시하는 문제를 별것 아닌 것으로 취급하며, 수련감독 피드백에 응답하지 않아 교육기관의 기대를 충족하지 못한다고 판단했다. 수련감독자는 수련생의 이러한 문제를 잘 다루려면 어떻게 접근해야 하는가?

**6.** 당신이 상담 수련생으로서 어떤 지역사회 기관에 배정되었다고 가정해 보라. 행정자들은 당신이 학생 인턴이라고 내담자에게 알리지 않기를 바란다고 말했다. 그들은 내담자가 당신이 훈련 중이라는 점을 알게 된다면 이류 서비스를 받고 있다고 느낄지도 모른다고 설명했다. 당신이라면 이 행정자들에게 무엇이라고 말하겠는가? 다른 현장실습 장소를 찾지 못했다면 앞서 말한 조건하에서 인턴의 임무를 수용할 수 있겠는가?

**7.** 한두 명의 임상 수련감독자를 면담한 후, 수련감독관계에서 가장 절박한 윤리적 · 법적 문제가 무엇인지 판별해 보라. 수련감독자에게 물어볼 수 있는 질문들은 다음과 같다. 수련생의 권리는 무엇인가? 수련감독자의 주요 책임은 무엇인가? 수련감독자는 수련생이 상담하는 내담자의 복지에 대해 어느 정도까지 책임을 져야 하는가? 수련감독 영역에서 어떤 유형의 전문화된 훈련을 받았는가? 수련감독의 주요 초점은 누구인

가? 내담자인가? 수련생인가? 수련감독자가 의무를 효과적으로 수행할 때 흔히 직면하게 되는 문제들은 무엇인가?

**8.** 온라인으로 임상 수련감독을 제공하는 것과 관련된 윤리적 문제는 무엇인가? 수련생으로서 수련감독자를 직접 만나지 못한다면 어떤 기분이 들겠는가?

**9.** 다음의 간단한 시나리오에서 제기된 잠재적인 윤리적 · 법적 문제를 찾아 어떻게 대처할 것인지 생각해 보라.

- 당신의 수련감독자는 당신이 생각하기에 적절한 수련감독을 제공하지 않는다. 그는 때때로 수련감독 약속을 취소하기도 한다. 당신은 어려운 사례를 주로 홀로 처리해야 한다. 당신이 일하는 곳의 다른 직원들도 과중한 사례를 맡고 있다. 수련감독자와 시간을 보낼 때 보면 그도 과중한 책임에 눌려 있는 것처럼 보인다. 따라서 당신의 사례를 토의할 시간이 충분하지 않다. 어떻게 하겠는가?
- 내담자를 대하는 가장 윤리적인 방법에 대해 수련감독자와 갈등이 있다. 어떻게 하겠는가?
- 수련생으로서 상담 성과에 대해 적절한 피드백을 받지 못한다. 학기말에 당신의 수련감독자는 당신에게 부정적인 평가를 주었다. 어떤 잠재적인 윤리적 · 법적 문제가 관련될 수 있겠는가? 이 상황을 어떻게 처리하겠는가?
- 수련생이 졸업하여 수련감독자가 수련생에 대한 직업적인 의무가 사라졌을 때 수련생과 사회적 관계나 연인관계를 시작하는 것이 비윤리적이라고 생각하는가? 귀하의 입장을 설명하라.
- 수련감독 과정에서 당신의 개인적인 문제가 내담자를 효과적으로 상담하는 능력을 방해한다는 것을 알게 된다면, 그 문제에 대한 해결책은 무엇이겠는가?
- 수련감독에서 다중관계의 주요 문제는 무엇인가? 어떤 잠재적인 문제가 있으며, 어떻게 해결할 수 있겠는가? 수련감독에서 그러한 모든 관계를 최소화하거나 아예 피해야 한다고 생각하는가?
- 수련감독자가 교사, 멘토, 상담가, 자문가, 평가자, 수련감독자 같은 다양한 역할을 결합할 때 혹시 어떤 이점이 있다고 보는가?

# 제 10 장

# 이론과 실제의 문제

## 학습목표

1. 상담 방식을 개발하는 것이 윤리적 직무수행과 어떤 관련이 있는지 설명한다.
2. 기법 사용과 관련된 윤리적 문제를 이해한다.
3. 평가와 진단에서 윤리적, 임상적, 문화적 문제를 파악한다.
4. 평가와 진단에 대한 이론적 관점을 설명한다.
5. 진단에 찬성하는 주장을 설명한다.
6. 진단에 반대하는 주장을 명확하게 설명한다.
7. 진단에서의 윤리적 · 법적 문제를 찾아낸다.
8. 평가와 진단에서 문화적 문제를 검토한다.
9. 상담에서 검사를 사용하는 실무를 이해한다.
10. 근거기반치료와 관련된 윤리적 문제를 이해한다.

## 점검을 위한 자기평가

지침: 각 문장을 읽고 자신의 신념과 태도를 가장 잘 나타내고 있다고 생각되는 수준의 번호를 빈칸에 기록하시오.

5 = 강력히 동의한다.

4 = 대체로 동의한다.

3 = 결정하기 어렵다.

2 = 거의 동의할 수 없다.

1 = 절대로 동의할 수 없다.

____ **1.** 나는 상담실무를 단일 모델에 근거하기보다는 상담에 대한 다양한 이론적 접근들로부터 통찰과 기법들을 끌어내어 결합하고 싶다.

____ **2.** 사람들은 근본적으로 자기 문제에 대한 해답을 찾을 수 있고 책임을 진다.

____ **3.** 나는 상담에 적절하지 않다고 생각하는 기능을 기관에서 수행하라고 요구한다면 그곳에서 일하기 힘들 것이라고 본다.

____ **4.** 나는 정신건강실무자로서 나의 역할과 직업적 정체성을 규정할 힘이 있어야 한다.

____ **5.** 내담자가 항상 상담의 목표를 선택해야 한다.

____ **6.** 나는 상담 받으러 온 분명한 목표나 이유가 없어 보이는 내담자를 기꺼이 상담할 것이다.

____ **7.** 유능하게 내린 진단은 적절한 치료를 계획하는 데 필수적이다.

____ **8.** 상담에서 진단의 단점은 진단의 유익보다 더 중요하다.

____ **9.** 검사는 상담에 매우 유용한 보조도구가 될 수 있다.

____ **10.** 정신건강의 의학적 모델을 상담과 심리치료에도 효과적으로 적용할 수 있다.

____ **11.** 다양한 기법들을 사용하는 기술은 치료자의 가장 중요한 자질에 속한다.

____ **12.** 상담자는 직무를 수행할 때 자신만의 상담이론을 개발하고 수정해 나가야 한다.

____ **13.** 대부분의 현대 상담이론을 다양한 민족과 문화집단에 적용하기에는 중대한 결함이 있다.

____ **14.** 정신건강실무자가 특히 고위험(자살 의도가 있거나 위험한) 내담자에 대해 특정 유형의 평가와 진단을 내리지 못한 것은 비윤리적일 수 있다.

____ **15.** 치료자가 정확한 정보를 수집하여 타당한 관점으로 내담자를 바라보기 원한다면 평가와 진단을 할 때 문화적 요소들을 고려하는 것이 중요하다.

# 서론

윤리적인 직무수행에는 확실한 이론적 틀이 필요하다. 치료자의 이론적 입장과 개념적 견해는 실제 직무수행에 영향을 미친다. 이상적으로 말하자면 이론은 상담실무자가 상담시간에 듣는 내용을 이해하는 데 도움이 된다. 본 장에는 이론에 실제적 · 윤리적 함의가 들어 있는 이유, 이론적 지향에 근거한 목표와 기법, 치료과정에서 평가와 진단의 역할, 심리검사와 관련된 문제, 근거기반치료(evidence-based practices, EBPs)를 둘러싼 문제 등과 같이 상호 관련된 다양한 윤리적 문제들을 다루고 있다.

임상전문가는 상담시간에 무엇을 하고 있는지, 그리고 왜 그렇게 하는지 개념적으로 설명할 수 있어야 한다. 이따금 상담실무자는 특정 상담 개입을 왜 사용하는지 설명하는 데 어려움을 겪는다. 예를 들어, 새로운 내담자를 처음으로 만날 때, 내담자가 말하는 내용을 이론적 관점에 맞춰 이해하기 위해 어떤 지침을 사용하겠는가? 첫 회기에서 성취하고 싶은 것은 무엇인가? 사람들이 어떻게 변하는지 이론적 이해를 명확하고 직관적으로 설명할 수 있는가? 당신의 이론적 견해가 다음과 같은 질문에 대한 대답에 어떻게 영향을 미치는지 생각해 보라.

- 상담의 목표는 무엇인가?
- 목표에 도달하기 위해 어떤 기법과 개입을 사용하려고 하는가?
- 근거기반치료에 어떤 가치를 부여하는가?
- 상담과정에서 진단과 검사의 역할은 무엇인가?
- 평가를 하고 치료계획을 수립할 때 어떻게 문화적 다양성에 대비하는가?
- 내담자의 당면 문제가 당신이 사용하기로 선택한 특정 평가에 영향을 미치는가?
- 당신의 이론적 견해가 내담자에게 사용하기로 선택한 특정 평가측정에 어떻게 영향을 미치는가?
- 당신의 접근방식은 얼마나 유연한가?
- 이론과 실제는 어떤 연관성이 있다고 보는가?
- 이론과 실제의 문제에 대해 동료에게 자문을 요청하는가?

# 상담방식의 개발

상담이론은 세계관에 기초하며, 각 이론은 치료과정에서 어떻게 하면 최상의 변화를 이끌어 내는지에 관한 가치관, 선입관, 가정으로 이뤄져 있다. 현대 심리치료 이론들은 개인의 변화를 지향하는 경향이 있으며 선택, 개인의 고유성, 자기주장과 자아강도를 강조하는 가치관에 뿌리를 두고 있다(제4장 참고). 이 가정들 중에는 상호의존에 초점을 두고, 개별성을 경시하며, 세계와 조화를 이루는 것을 강조하는 문화권의 내담자를 평가하는 데 부적절한 것이 많다. 기본적인 삶의 가치가 내면의 경험과 환경의 수용에 초점을 맞추고 있는 문화권도 있다. 개인의 발달보다 사회의 틀에 더 중점을 두는 문화권에서는 전통적인 치료 모델이 한계에 부딪히게 된다. 더욱이 많은 내담자 계층은 전문적인 도움을 구하는 것이 관습이 아니며, 그들은 대개 가족, 친구, 지역사회 같은 비공식 체계에 먼저 눈을 돌린다.

자신만의 상담방식을 개발하는 것은 이론의 가르침을 단순히 받아들이는 것보다 더 복잡하다. 이상적으로 말하면, 당신이 상담실무의 방향을 잡기 위해 사용하는 이론적 접근은 집중적인 연구와 심사숙고, 임상경험의 결과이다. 더욱이 상담이론은 이론가와 치료자 성격의 표현인 경우도 대부분이기 때문에, 이론을 개발한 사람과 그 이론이 왜 당신에게 매력적인지 비평적으로 살펴보는 것도 가치가 있다. 어떤 단일 이론을 비평 없이 따른다면 당신의 삶과 일을 통해 나타나는 통찰들을 무시하게 될 수도 있다. 물론 이것은 우리의 편견이며, 효과적인 치료 제공은 한 가지 이론을 따르는 것에 좌우된다고 주장하는 이들도 많다. 궁극적으로 당신의 상담 지향점과 방식은 당신의 상담유형과 내담자의 독특한 욕구에 적합해야 한다. 상담에 대한 접근방식을 개발하는 것은 지속적이고 유동적인 과정이다. 훈련 중인 상담가가 처음에는 특정 이론에 끌렸다가, 더 많은 경험을 쌓고 내담자에게 무엇이 효과가 있고 무엇이 효과가 없는지 평가하면서 이론을 수정하게 되는 것이 일반적이다.

이론을 개발하거나 평가할 때 중요하게 생각해야 할 점은 당신이 이 관점을 통해 내담자와의 상담을 이해하고 체계화하는 데 도움을 받는 정도이다. 당신의 이론적 틀에는 다양한 내담자와 상이한 방법으로 상담하기 위한 광범위한 토대가 있는가, 아니면 그 틀로 인해 관점이 제한되고 이론에 어울리지 않는 변수들을 무시하게 되는가? 당신의 이론은 모든 유형의 문제들을 다루는가? 당신의 이론은 문화차가 어떻게 작용하는지 고려하는가? 당신이 상담작업에서 강조하는 것을 평가하는 것이 중요하다. 다음 질문들은 이러한 평가를 하는 데 도움이 될 수도 있다.

- 훈련받고 있는 지금 시점에서 당신의 이론을 어떻게 기술하겠는가?
- 당신은 임상경험이 쌓이면서 이론적 접근방식이 바뀔 것이라고 예상하는가?
- 당신의 접근방식은 무엇을 강조하며, 무엇을 강조하지 않는가? 이런 접근방식이 당신에게 매력적인 이유는 무엇인가?
- 당신의 이론적 접근방식과 관련된 기법에는 어떤 것이 있는가?
- 당신의 이론은 다문화와 다양성의 요인을 어느 정도 다루는가?
- 당신의 이론은 효과를 뒷받침하는 연구가 있는가?
- 당신의 이론은 당신이 상담하는 지역사회의 표준에 잘 부합하는가?
- 설명 후 받는 동의서에 당신의 이론적 모델을 어떻게 제시하겠는가?
- 인생경험으로 인해 어떤 식으로든 당신의 이론적 관점을 수정한 적이 있는가?
- 당신의 이론은 변화가 어떻게 일어나는지 설명하는가?
- 당신의 이론은 내담자의 문제를 개별적인 것으로 보는가, 아니면 체계에 기초한 것으로 보는가?
- 당신의 이론은 상담시간과 상담관계에서 권력이 사용되는 방법에 어떤 영향을 미치는가?
- 당신의 이론은 상담자와 내담자의 역할을 보는 방식에 어떤 영향을 미치는가?

상담의 본질과 사람의 본질에 관한 가정은 직무수행방식에 직접 영향을 미친다. 당신이 생각하기에 치료에서 중요한 목표, 이 목표에 도달하기 위해 채택하는 기법과 방법, 내담자와 치료자의 관계에서 책임분담을 이해하는 방식, 상담자로서의 역할과 기능에 관한 당신의 견해, 치료과정에서 평가와 진단의 위상에 관한 당신의 견해는 당신의 이론적 지향에 따라 대부분 결정되며, 이 모든 요소는 윤리적 직무수행에 영향을 미친다.

뚜렷한 이론적 근거 없이 상담직무를 수행하는 것은 방향타 없이 배를 몰고 항해하는 것과 같다. 훌륭한 선원이 바람의 움직임에 맞춰 조정하듯이, 훌륭한 치료자는 내담자의 움직임을 따라간다. 이론적 지향은 상담 상황에서 무엇을 해야 한다고 구체적인 절차를 규정한 고정된 체계가 아니며, 상담자가 듣는 내용이 무엇이고 무엇을 변화시킬 필요가 있는지 이해하기 위해 사용할 수 있는 일련의 포괄적인 지침이다. 일부 상담실무자들은 단 하나의 이론적 모델에 의존하기보다 통합적인 접근법을 선호한다(Corey, 2013a, 2017). 통합적 접근방식은 '다 잡아넣는' 방식이 아니라 당신이 공감하는 이론적 모델들을 목적에 따라 의도적으로 통합한 것이다(Kristin Vincenzes, 개인면담, 2016. 10. 14).

## 치료의 책임 분담

초보 정신건강실무자는 내담자의 치료성과에 대해 너무 많은 책임을 스스로에게 부과할 때가 가끔 있다. 그는 충분히 알지 못하거나, 필요한 기술과 경험이 없거나, 충분히 민감하지 못한 것에 대해 자책할지도 모른다. 지나치게 불안해하는 상담자는 치료과정과 성과에 내담자를 참여시키지 못하고, 상담시간에 내담자와 지금 여기에 머물기보다는 개입, 치료계획과 목표에 너무 집중하는 경우가 많다(Kristin Vincenzes, 개인면담, 2016. 10. 14).

책임 문제는 첫 회기에 필수적인 부분으로 내담자가 치료에서 자신의 역할에 관해 생각하도록 한다. 치료관계에서 책임감 공유를 명료화하는 한 가지 방법은 치료관계를 규정하기 위해 내담자와 치료자가 맺은 협상에 근거하여 **계약**(contract)을 체결하는 것이다. 계약은 제5장에서 논의한 설명 후 받는 동의과정의 연장일 수 있는데, 내담자와 치료자가 치료의 목표와 이 목표를 이루기 위해 채택할 수 있는 방법들을 구체화하는 데 기여한다. 상담과정에 대한 지식이 거의 또는 전혀 없는 내담자의 경우 계약에 관한 의논이 제한될 수 있다. 계약과 치료계획을 고안할 때 법적·윤리적 고려사항을 유념해야 하며, 특히 아동, 노인, 장애인 내담자와 같은 취약 계층을 상담할 때 더 잘해야 한다. 계약은 문서로 작성할 수도 있고 치료목표, 경과, 성과에 대한 치료자와 내담자의 지속적인 토의의 일부일 수도 있다. 관리의료체계 맥락에서 일하는 치료자는 관리의료가 종합건강관리기구(HMO), 내담자, 치료자의 책임분담에 어떻게 영향을 미치게 될지 내담자와 의논할 필요가 있다. 이러한 서비스 제공자들은 어떤 유형의 문제가 치료조건에 맞고, 얼마 동안 치료가 지속될 것이며, 회기횟수와 작업의 초점을 어떻게 조절할지 결정할 수도 있다. 이러한 체계하에 상담실무자는 구체적인 목표에 도달했음을 입증함으로써 관리의료회사에 대한 책임을 다해야 한다.

저자들은 치료를 내담자와 치료자가 협력하는 모험이라고 본다. 양자 모두 치료의 방향에 대해 막중한 책임이 있기 때문에 상담을 시작할 때부터 명료하게 할 필요가 있다. Lambert(2013)는 "협동과정에 내담자를 참여시키는 방법을 배우는 것이 어떤 과정(변화이론)을 제공하는지보다 긍정적인 성과에 더 중요하다"(202쪽)고 말한다. 대부분의 경우 치료 초기에는 치료자가 더 큰 책임을 지며, 특히 제기된 문제를 탐색하고 치료계획을 고안하는 데 책임이 있다. 본질적으로 치료자는 변화가 일어날 여지가 있는 환경을 조성할 책임이 있다. 그러나 일반적으로 치료가 진행되면서 책임은 내담자에게로 더 많이 옮겨 간다.

일반적으로 무엇을 논의할지 결정하고 과도하게 지시하는 임상전문가는 자신의 견해를 강요하고 내담자의 의존성을 지속시킬 우려가 있다. 내담자는 상담을 시작할 때부터 책임을 지도록 격려받아야 한다. 이는 내담자가 변화에 대한 약속을 성취할 수 있는 방법으로, 내담자가 제안한 계약서와 과제를 강조하는 인지행동 접근에서 특히 더 그렇다. 이 장치는 치료에서 무엇을 원하며, 원하는 것을 얻기 위해 기꺼이 무엇을 할 것인지 결정하도록 내담자를 독려하여 책임이 내담자에게 있다는 것을 느끼게 한다. 이는 치료자가 과정에 더 적극적으로 임하도록 자극하기도 한다.

치료에서의 책임분담에 관한 일련의 견해들을 고려할 때, 이 문제에 관한 당신의 입장을 생각해 보라. 당신의 입장은 시간이 지남에 따라 변했는가? 치료과정의 방향에 대한 책임을 지는 것에는 어떤 윤리적 함의가 있는가?

## 상담목표 결정

목표 없는 심리치료는 효과를 보기 어려운데도 내담자에 대한 자신의 목표와 자신에 대한 내담자의 목표를 생각하는 데 충분한 시간을 할애하지 못하는 상담실무자가 있다. 치료 초기의 과제는 내담자의 문제와 우려를 찾는 것이며, 이는 내담자와 목표를 세우는 것으로 이어진다. 치료자의 이론은 설정된 목표의 유형뿐 아니라 그 목표에 도달하는 데 사용되는 방법에도 큰 영향을 미칠 것이다. 치료자와 내담자는 상담목표와 상담관계의 바람직한 성과를 함께 명료하게 이해해야 한다. 본 절에서는 실현 가능한 치료목표가 무엇인지, 목표를 어떻게 결정하는지, 누가 목표를 정하는지를 논의하고자 한다.

치료목표를 고려할 때 치료의 문화적 결정요소들을 염두에 두는 것이 중요하다. 치료목표는 심리적 건강에 대한 특정 문화의 정의에 따라 달라질 수 있다. 효과적인 이론은 사람을 돕는 과정의 적절한 목표를 개발하는 데 관계 속의 인간과 문화적 맥락을 본질적인 측면으로 여긴다(제4장 참고).

임상전문가는 목표를 강요하면 안 되는데, 특정 목표를 받아들이라고 내담자를 설득하는 상담실무자도 있다. 상담의 구체적인 목표를 내담자가 전적으로 결정해야 한다고 확신하는 이들도 있다. 상담의 목표를 누가 정하느냐는 상담자가 주축으로 삼는 이론과 제공하는 상담의 유형, 상담자가 일하는 환경, 내담자의 문제, 내담자의 특성에 비춰 볼 때 가장 잘 이해된다. 당신의 이론적 지향은 통찰이 우선인가, 행동변화가 우선인가와 같은 전반적인 목표에 영향을 미친다. 전반적인 목표가 명료하지 않으면 당신의 기법과 접근방식은 무작위적이고 임의적일 수 있다.

목표 결정에 영향을 미칠 수 있는 다른 요소들도 있다. 예를 들면, 관리의료체계 내에서 내담자를 상담한다면, 목표를 세울 때 매우 구체적으로 기록하고, 문제 증상 감소에 한정하여 정하며, 간혹 대처기술을 가르치는 것도 포함할 필요가 있다. 위기에 개입하는 것이라면, 단기간에 기능적인 목표를 정하고 보다 지시적으로 상담하게 될 가능성이 높다. 학교에서 아동을 상담한다면, 교육적인 목표와 치료적인 목표를 결합할 수도 있다. 노인보호시설에 사는 노인들을 위해 일하는 상담사라면, 이러한 환경에 필요한 대처기술과 다른 사람과 관계 맺는 방법을 강조할 수도 있다. 퇴역군인을 상담한다면, 진로상담, 심리교육, 치료목표를 결합할 수도 있다. 당신의 목표가 무엇이고, 목표를 결정할 때 내담자를 얼마나 적극적으로 참여시키느냐는 제공하는 상담유형과 만나는 내담자의 유형에 따라 크게 좌우될 것이다.

### <Leon의 사례>

45세 항공 기술자인 Leon은 한 회사에서 20년 동안 일하다가 해고되었다. 그는 파트너와 10년째 같이 살고 있고 세 자녀가 있다. 그는 우울증 징후를 보이며 체중이 줄었는데, 처음 진찰한 의사가 그를 당신에게 의뢰했다. 이전에 우울증 병력이 없긴 하지만, 그의 아버지가 50세에 자살한 내력이 있었다. Leon은 어머니나 형제자매와 가깝지 않으며, 파트너와의 관계는 좋게 말해 활력이 없다고 묘사했다. 그는 헌신적으로 오랫동안 일하다가 해고됐기 때문에 버림받은 느낌이 든다는 말을 별 감정의 동요 없이 표현했다. Leon이 당신의 내담자라면 어떻게 평가하고 상담하겠는가? 다음 질문들을 고려해 보라.

- Leon을 위한 치료계획을 수립할 때 어떤 구체적인 목표를 염두에 두겠는가?
- 어떤 이론적 접근을 사용하겠는가? 그 이유는 무엇인가?
- 당신의 접근방식에 자살평가를 포함할 것인가? 그 이유는 무엇인가?
- 의료검사를 권장하겠는가? 그 이유는 무엇인가?
- Leon이 알코올이나 다른 마약을 사용하는지 평가하겠는가?
- Leon의 지원망을 탐색하겠는가? 그리고 그것이 목표 설정에서 얼마나 중요하겠는가? 설명하라.
- 부부상담 시간을 가지고자 Leon의 파트너를 초청하는 것을 고려하겠는가? 그 이유는 무엇인가?
- 목표를 고안하는 데 Leon을 어느 정도 참여시키겠는가?
- 이 사례에서 Leon의 실업 상태를 중요한 요소로 고려하겠는가? 이 현실에 대처하는 방법을 당신의 목표에 포함하겠는가?
- Leon을 상담한 성과를 어떻게 평가하겠는가? Leon과의 상담이 성공했다고 평하려면 무엇을 변화시켜야 하겠는가? 성과평가에 Leon을 어떤 방식으로 참여시킬 수 있겠는가?

**논평.** Leon은 충분히 표현하지 않았지만 심각한 정서적 문제가 있다는 징후를 보인다. 그런 징후로는 활기 없는 인간관계, 우울, 아버지의 자살, 기분저하 등이 있다. Leon의 사례에서 평가는 치료목표를 확립하는 과정에서 중요하다. 첫 목표는 치료 받으러 온 Leon의 목적을 알아내는 것이다. 저자들은 자살사고가 잠재되어 있는지 평가하는 것을 즉각적인 목표로 설정할 것인데, 이는 그의 아버지가 자살하였기 때문이다. 우리는 Leon의 저하된 기분은 표현하지 못한 커다란 정서적 고통의 표시라고 추측하기 때문에 이 부분을 그와 함께 살펴보길 원할 것이다. 평가과정의 일환으로 그의 알코올이나 마약 사용 여부에 대해 질문하여 이러한 행동이 그의 현재 문제를 조장하거나 악화시키지 않는지 평가할 것이다. 의사가 Leon을 의뢰했으므로, 우리는 문제의 요인이 될 수 있는 의학적 상태에 대해 알아보기 위해 정보공개를 요청할 수도 있다. 우리의 이론적 지향은 Leon의 사례와 그에 대한 개입을 개념화하는 데 지침이 될 것이다.

## 상담에서의 기법 사용

상담에서의 기법 사용은 당신의 이론적 모델과 밀접한 관련이 있다. 당신은 어떤 기법, 절차, 개입을 사용할 것이며, 그것을 언제 그리고 왜 사용하려고 하는가? 불안한 상담자는 무차별적으로 기법을 연이어 시도할지도 모른다. 상담실무자는 자신이 사용하는 기법과 그 기법을 사용하는 이유를 명확히 이해해야 한다. 윤리적 관점에서 상담실무자는 특정 개입을 사용하는 근거를 가지고 있어야 하고 사용하는 기법에 대한 훈련을 받아야 한다. 법적 절차에서 상담자는 특정 내담자에게 사용한 중재를 입증하기 위해 명확한 근거와 증거에 기반한 문서를 제공해야 할 수도 있다.

경험적 연구는 심리치료 성과에 기여하는 주요 요인으로 치료관계의 중추적인 역할을 일관되게 지지한다(Angus, Watson, Elliott, Schneider, & Timulak, 2015; Cain, 2016; Crits-Christoph, Gibbons, & Mukherjee, 2013; Elkins, 2016; Lambert, 2011, 2013; Norcross, 2010). 치료동맹을 통해 업무관계의 질이 향상되는데, 이 동맹은 내담자와 치료자가 협력하여 만든 노력의 산물이다(Cain, 2016; Keenan & Rubin, 2016). 연구자들은 긍정적인 동맹과 협력적 치료관계가 긍정적인 치료성과를 예측하는 최고의 변인임을 거듭 확인했다(Elkins, 2016; Keenan & Rubin, 2016; Kottler & Balkin, 2017; Miller, Hubble, Duncan, & Wampold, 2010). 상담실무자는 높은 수준의 공감, 존중과 협력을 제공하면서 내담자와 상호작용하는 방식과 내담자가 치료에 참여하는 방식에 주의를 기울이는 것이 좋다. Lambert(2013)는 때로는 인간으로서의 치료자와 내담자와의 상호작용에 중점을 두기보다 기법을 연구하는 데 너무 많은 관심을 쏟는다고 생각한다. 상담자가 채택하는 기법이 중요하지만 내담자와 상담자 관계에 작용하는 대인관계 요소보다 치료성과에서 덜 중요한 것 같다.

기법은 상담자의 성격은 물론 상담관계와 분리될 수 없다. 상담실무자가 기계적으로 기법을 채택하는 경향에 빠진다면, 상담하고 있는 특정 개인에게 제대로 반응하지 못하게 된다. 이러한 함정을 피하기 위해 기법을 사용하는 방식에 주의를 기울여야 한다. 기법을 사용하는 목적은 변화의 움직임을 촉진하는 것이다. 다른 사람이 능숙하게 사용하던 기법을 그대로 시도했다 그 기법이 당신에게 잘 어울리지 않았던 경험이 있을지도 모르겠다. 본질적으로 당신이 사용하는 기법은 당신의 치료방식과 훈련수준에 어울리고 내담자의 특정한 필요에 맞춰야 한다. 다양한 문화적 배경을 가진 내담자 계층을 상담할 때, 내담자의 가치관과 조화되는 개입을 사용하는 것이 임상적 · 윤리적으로 필수사항이다. 어떤 내담자와 상담하든, 내담자가 당신의 기법에 맞추기를 기대하기보다 내담자의 필요에 당신의 기법을 맞추는 것이 최선의 방도이다.

## 직업적 문제로서의 평가와 진단

평가와 진단은 정신건강상담, 심리치료에서 실제로 반드시 필요한 요소이다. 이론적 지향이 무엇이든 관계없이 유능한 모든 정신건강실무자는 내담자를 진단하기 위한 목적으로 몇 가지 유형의 평가를 사용한다. 이 평가는 치료회기 동안 임상전문가가 심화된 자료를 수집하게 되면 개정될 수 있기 때문에, 평가는 치료과정에서 지속적으로 이뤄지는 부분이다.

**평가**(assessment)는 심화 탐색을 위한 주제를 알아내기 위해 내담자의 인생과 관련된 요소들을 평정하는 것이다. 때로는 평가과정에 속하기도 하는 **진단**(diagnosis)은 정신장애 분류체계에 대한 공식지침으로, 일반적으로 DSM-5라고 불리는『정신장애의 진단 및 통계 편람』(American Psychiatric Association, 2013a)에 기술된 특정 진단에 부합되는 증상의 유형에 근거하여 특정 정신장애를 찾아내는 것이다. 평가와 진단 모두 치료과정에 방향을 부여하기 위해 실시된다.

**심리진단**(psychodiagnosis) 혹은 **심리적 진단**(psychological diagnosis)은 정서나 행동문제를 알아내는 과정을 통칭하는 것으로 내담자의 현재 상태를 진술하는 포괄적인 용어이다. 심리진단에는 DSM-5 같은 진단체계에 부합되는 증후군을 알아내는 것도 포함될 수 있다. 이 과정에는 개인의 정서적, 인지적, 생리적, 행동적 문제의 원인들을 파악하고, 알아낸 문제를 고치기 위해 일종의 치료계획을 수립하는 것도 포함된다. 임상전문가는 내담자의 현재 증상을 신중하게 평가하고, 이 특정 증상군이 일상생활에서 보이는 내담자의 기능을 어떻게 손상시키는지에 관해 비평적으로 생각해야 한다. 상담실무자는 임상면접, 관찰, 심리측정검사, 척도 등 다양한 도구를 사용하여 이 과정에서 내담자를 조력한다. 또한 의료검사를 위해 의뢰를 할 수도 있다.

**감별진단**(differential diagnosis)은 유사한 증상을 가진 두 가지(혹은 그 이상) 장애 중 어느 것이 그 사람이 겪고 있는 문제인지 결정함으로써 특정 정신장애를 다른 정신장애와 구별하는 과정이다. DSM-5는 정신장애를 구분하는 표준 참고서이므로 정서와 행동장애를 분류하는 특정 범주와 다양한 장애의 차이점이 제시되어 있다. DSM-5에는 발달단계, 학습과 인지, 외상, 성격, 물질남용, 기분, 불안, 성과 성정체성, 섭식, 수면, 충동조절, 적응 등과 관련된 다양한 장애들이 나와 있다.

진단을 심리치료 과정의 일부분으로만 보는 이들이 있는가 하면, 치료계획을 수립하기 위해 필수적인 단계로 보는 이들도 있다. 일부 접근법에서는 내담자에 대한 종합적인 평가를 수행하는 것이 중요하다고 강조하면서 이를 치료과정의 첫 단계로 보기도 한다. 이러한 접근의 근거는 내담자의 과거와 현재의 기능에 대한 그림을 철저하게 파악해야 비로소 구체적인 상담목표를 수립하고 적합한 전략을 고안할 수 있다는 것이다. 더욱이 진보, 변화, 향상, 성공에 대한 평가는 초기 평가 없이는 불가능할 수밖에 없다. 진단 모델에 반대하는 이들은 DSM이 사람들을 낙인찍고 오명을 씌운다고 주장한다.

어떤 유형의 심리진단을 수행하더라도, 임상전문가는 문화적 요인은 물론 이것이 내담자의 현재 행동, 감정, 사고, 증상 발현에 어떠한 영향을 끼칠 수 있는지 고려해야 한다. Dadlani, Overtree와 Perry-Jenkins(2012)는 진단평가의 기본으로 특권과 억압에 대한 임상전문가와 내담자의 경험을 다루는 것의 중요성을 강조한다. 그들은 문화를 평가과정의 중심에 두는 진단평가의 재구성을 요구한다. 평가와 치료에 대한 다문화, 사회정의 관점은 문화적 · 역사적 틀에서 내담자의 강점에 초점을 맞춘다. 본 장의 뒷부분에서 진단의 문화적 측면을 더 자세히 다룰 것이다.

임상면접은 정보를 조직하는 체계를 제공하기 때문에 평가와 진단과정에서 사용할 수 있는 유용한 도구이다(Nystul, 2006). 임상면접을 시행하는 목적은 여러 가지가 있는데, 내담자의 현재 문제에 관한 정보를 얻고, 내담자의 현재 상태에 영향을 줬을지도 모르는 과거의 요소를 살펴보며, 내담자가 특정 정신장애로 고통받고 있는지 여부를 판별하기 위해 감별진단을 할 때 틀을 제공해 주는 것 등이 이에 해당된다. 대부분의 치료환경에서 임상면접을 필요로 하기 때문에, 이러한 형태의 평가에 익숙해지는 것이 중요하다. Nystul은 임상면접이 상담자의 이론적 지향과 내담자의 독특한 욕구에 어울리도록 구조화될 수 있다고 주장한다.

## 평가와 진단에 관한 이론적 관점

당신이 활용하는 이론에 따라, 진단적 틀은 당신의 치료실무에서 중요한 역할을 담당할 수도 있고 최소한의 역할만 할 수도 있다. 인지행동적 접근과 의학적 모델을 사용하는 상담실무자들은 치료과정의 도입부로 평가의 역할을 매우 강조할 수도 있다. 관계 지향적 접근을 사용하는 상담실무자들 중 다수는 평가와 진단과정을 내담자와 상담자 관계의 즉시성에 비해 외면적인 것으로 본다. 그들은 평가와 진단이 내담자의 주관적 세계에 중점을 두려는 치료자를 방해한다고 생각한다.

발달적, 다문화적, 사회정의 이론 모델에서는 내담자의 강점이 강조한다(Ivey, Ivey, Meyers, & Sweeney, 2005; Zalaquett et al., 2008). 개인은 지역사회와 문화 맥락의 가족 내에서 발달하는데, 이 모델은 환경과 맥락 문제에 보다 많은 주의를 기울인다. 평등한 치료관계를 수립함으로써 내담자는 진단과 사례 개념화에 적극적으로 참여하여 심리적인 해방을 이루려는 목표를 향해 나아갈 수 있다(Crethar, Torres Rivera, & Nash, 2008; Duran et al., 2008).

진단방식이 이론적 기초에 달려 있기 때문에 이론적 모델들의 차이점을 이해하는 것은 윤리적인 직무수행과 관련이 있다. 치료자가 신봉하는 특정 이론과 관계없이 평가와 진단절차를 치료계획의 일부로 사용하는 것은 임상적 · 윤리적 문제와 연관된다. 동일한 이론적 모델을 사용하는 상담실무자라 하더라도 진단적 틀을 임상실무에서 사용하는 정도가 다른 경우도 있다. 글상자 '평가와 진단과 현대 상담이론들'에는 각 모델이 평가와 진단을 다루는 방식들이 요약되어 있다.

## 평가 및 진단과 현대 상담이론들

**정신분석적 치료**

정신분석적 치료자들 모두는 아니지만 심리진단을 선호하는 이들이 있다. 이는 부분적으로 미국에서 오랫동안 정신분석적 직무수행이 대부분 의학훈련을 받은 사람들에게만 한정됐기 때문이다.

**Adler 치료**

평가는 Adler 치료에서 기본적인 부분이다. 첫 회기에는 개인이 제기한 문제에 관한 깊은 이해에 근거하여 관계를 개발하는 데 역점을 둔다. 종합적인 평가에는 내담자의 생활양식 검사가 포함된다. 치료자는 내담자가 치료 상황에서 호소하는 문제행동의 유형을 유지하면서 본인, 타인, 인생에 대한 잘못된 자기패배에 젖어 있게 만드는 신념과 통념들을 알아내고자 노력한다.

**실존치료**

실존적 임상평가의 주요 목적은 내담자가 자기 존재를 체계화하는 데 사용하는 개인적인 의미와 가정들을 이해하는 것이다. 이 접근방식은 외부 관점에서 개인을 이해하는 것이 아니라 내담자의 내면세계를 이해하는 데 중점을 둔다는 점에서 전통적인 진단 틀과 다르다.

**인간중심치료**

실존치료자와 마찬가지로 인간중심 상담실무자는 다른 사람을 이해하기 위한 최고의 관점은 그 사람의 주관적인 세계를 통해 보는 것이라고 주장한다. 그들은 전통적인 평가와 진단은 내담자를 이해하는 외부방식이기 때문에 이롭지 못하다고 생각한다.

### 게슈탈트 치료

게슈탈트 치료자는 내담자가 지금-여기를 인식하는 것을 방해하는 것에 주의를 기울이고 내담자가 현재 경험하고 있는 것을 탐색하도록 장려한다. 현재 시점에 대한 강조를 해석이나 진단보다 더 중요하게 본다.

### 행동치료

행동적 접근은 현재의 행동양상과 관련되는 과거의 학습경험을 겨냥한 질문들과 함께 내담자의 현재 기능에 관한 종합적인 평가로 시작된다. 행동주의적 상담실무자는 대개 진단을 선호하며 내담자의 특정 증상과 역기능을 야기한 요인 모두를 객관적으로 평가하는 수단들과 관찰을 소중하게 여긴다. 그들은 이러한 평가를 통해 특정 장애에 적합한 기법을 사용하고 치료 프로그램의 효과를 평가할 수 있게 된다고 역설한다.

### 인지행동적 접근

인지행동치료에서 사용되는 평가는 내담자의 사고방식을 알아보는 목표에 기반한 것이다. 일단 자기패배적 신념이 파악되면 치료과정에서는 특정 사고방식에 대한 검토와 건설적인 사고방식으로 대체하는 작업이 수반된다.

### 현실치료

현실치료자는 심리검사와 전통적인 진단을 사용하지 않는다. 대신, 기술적인 질문들을 사용하여 내담자가 현재의 행동을 평가하도록 돕는다. 이 비공식적인 평가를 통해 내담자가 인생에서 무엇을 원하는지에 초점을 맞추고 지금 하는 행동이 그 소원을 위한 것인지 판단하도록 고무시킨다.

### 여성주의 치료

여성주의 치료자는 DSM 분류체계를 비판하면서, 이 체계에서는 개인의 증상만 강조되고 역기능적 행동을 유발하는 사회적 요인은 무시된다고 주장한다. 여성주의자의 평가과정에서는 내담자 문제의 문화적 맥락, 특히 내담자가 권력을 소유한 정도나 억압받은 정도를 강조한다. 여성주의자는 전통적으로 실무에 사용되는 DSM 같은 진단체계에는 심리와 건강에 관한 주류문화의 정의가 반영되어 있다고 주장한다. 사회정치적 요소들이 경시되거나 무시될 때 오진과 피해자에 대한 책임을 전가할 수도 있다.

### 포스트모던 접근

해결중심 단기치료와 이야기 치료는 개인에 대한 공식적인 진단이나 범주화를 강조하지 않는 포스트모던 치료의 두 가지 예이다. 포스트모던 접근에서는 내담자의 결함, 문제, 실패, 그리고 무엇이 잘못되었나 등은 강조하지 않는다. 대신, 개인의 능력, 성취, 기술, 장점, 성공을 강조한다. 치료자의 평가와 잠정적인 진단은 대부분 내담자와 협력하며 대화를 통해 이뤄진다.

**체계치료**

가족체계 치료사는 많은 증상이 개인이 아니라 체계 내의 문제에서 비롯된다고 생각한다. 대부분의 체계적인 접근에서 치료자와 내담자 모두 평가과정에 참여한다. 일부 체계 치료사들은 내담자가 가족력의 주요 사건을 추적하고 원가족 내의 문제를 찾도록 돕는다. 평가과정의 일부로 개인은 부모와의 상호작용을 통해 부모의 상호작용을 관찰하면서, 부모 각자가 각각의 형제자매와 어떻게 상호작용하는지 관찰하면서 무엇을 알게 되었는지 말하도록 요청받을 수도 있다.

출처: Case Approach to Counseling and Psychotherapy (Corey, 2013b).

## DSM-5 평가

당신은 아직까지 내담자를 진단하는 실제 업무를 접해 보지 못했을 수도 있지만, 상담을 하다 보면 언젠가 진단의 현실을 따라야 할 것이다. 다수의 주 면허관리청에서는 면허 지원자에게 DSM-5를 포함하여 진단 도구를 사용할 역량이 있는지 입증하라고 요구한다. 이론적 지향과 관계없이 정신보건센터나 보험회사가 내담자의 서비스 비용을 지원하는 기관에서 직무수행을 한다면, DSM의 틀 안에서 활동하도록 요구받을 확률이 높다. 내담자의 평가와 진단이라는 틀에서 생각해야 할 것이기 때문에 DSM-5의 진단 범주와 구조에 익숙해지는 것이 중요하다. 상담교육프로그램인증평가원(CACREP, 2016)은 상담실무에서 DSM-5를 효과적으로 사용하도록 상담전공 학생들이 역량을 습득할 필요가 있다고 강조한다.

지난 20년 동안 신경학, 유전학, 행동과학의 중요한 발전으로 정신질환에 대한 이해가 높아졌다. DSM-5에서는 발달 문제, 현재 시스템에 존재하는 격차, 장애와 손상, 신경과학, 교차문화 문제에 상당히 주의를 기울였다(American Psychiatric Association, 2012a, 2013a). 16개 질문으로 구성된 반구조화 면담 도구인 문화적 개념화 면담(Cultural Formulation Interview)을 사용하여 문화적 요인을 평가에 포함한다. Comas-Diaz와 Brown(2016)은 "미국정신의학회의 문화적 개념화는 의학 지향적이어서 결과적으로 내담자의 강점과 회복탄력성에 초점을 맞추는 대신 내담자의 결핍과 정신병리에 기초한 것"(250쪽)이기 때문에 문화적 개념화가 제한적이라고 주장한다.

DSM-5는 이전 개정판들과 마찬가지로 광범위한 비판과 논쟁을 불러일으켰다

(Pickersgill, 2014). Vanheule와 Devisch(2014)는 DSM-5가 정신장애를 진단할 때 고통을 평가하기 위한 조작적 틀이 부족하다고 지적한다. DSM-5의 내용에 대해 비판하는 학자들도 있지만, Cosgrove와 Wheeler(2013)는 DSM-5 패널 구성원이 제약산업과 연결되었다는 주장을 둘러싼 맹렬한 논쟁에 중점을 둔다. 개정된 매뉴얼의 개발을 감독한 특별위원회 구성원의 69%가 제약산업과 관련이 있는 것으로 보고되었는데, 이는 그와 관련이 있는 선행 개정판의 특별위원회 구성원의 비율보다 21% 증가한 수치이다(Cosgrove & Krimsky, 2012). Blumenthal-Barby(2014)는 이러한 강조로 인해 이전에는 "임상적으로 중요하지 않은"(531쪽) 것으로 여겨지던 현상이 이제는 정신장애로 분류되고 약물치료 대상이 될 가능성이 높다고 생각한다.

"DSM-IV의 저자들은 확장으로 인해 치료현장에서 과잉진단과 오탐이 생겨 해를 끼칠 것이라며 DSM-5의 저자들을 비판했다"(Blumenthal-Barby, 2014, 531~532쪽). 매뉴얼의 선행 개정판의 저자들은 개정작업에서 배운 교훈을 떠올리며, 예를 들어 DSM-IV에 추가된 아스퍼거증후군과 제2형 양극성 장애 같은 진단이 결국 "의도하지 않았지만 광범위하게 오용"(532쪽)된 것을 언급했다. 그들은 DSM-5가 잠재적으로 몇 가지 유행병을 더 유발할 수 있다는 우려를 표명했다.

DSM-5가 발표되기 전에 미국국립정신보건연구원(National Institute of Mental Health, NIMH)은 세포, 유전자, 신경회로, 행동의 기능을 분석한 것을 바탕으로 정신장애를 분류하는 정신질병 분류체계인 '연구 영역 기준(Research Domain Criteria, RDoC)'을 자체 개발할 계획을 발표했을 때 또 다른 논란이 불거졌다(Pickersgill, 2014; Sisti, Young, & Caplan, 2013). DSM의 향후 개정판과 널리 사용되는 또 다른 분류 시스템인 국제질병분류(International Classification of Diseases, ICD)를 향해 정보를 제공한다는 목적으로, RDoC는 장애를 분류하는 유일한 객관적인 방법이 생물학에서 시작해 증상으로 돌아가 작업하는 것이라는 전제를 기반으로 하고 있다. 미국국립정신보건연구원(NIMH)은 정신상태의 생체지표 만들기를 희망하며, RDoC 제작을 통해 유전학, 영상촬영법, 신경과학의 가치 중립적인 조합을 통해 정신장애를 설명할 수 있다고 제안한다.

생물의학 모델만 배타적으로 옹호하는 이들은 정신상태의 분류에서 가치의 역할을 최소화하기 위해 노력하지만, 가치가 다양한 방식으로 의학 범주에 들어 있다고 주장하는 이들도 있다.

가치는 이미 합의된 증상의 집합을 나눌 위치와 방법을 위한 실제적인 고려사항을 좌우할 수 있다. 또는 더 근본적인 수준에 작용하여 맨 먼저 어떤 행동을 역기능 혹은 장애행동으로 볼 수 있는지 결정하는 데 영향을 미칠 수도 있다(Sisti et al., 2013, 2쪽)

Sisti 등(2013)은 많은 정신과 사례에서 볼 수 있듯이 가치와 객관성이 양립 가능하다고 결론 지었다. RDoC 분류체계가 "행동 대신 유전자로 시작하기 때문에, 어쨌든 가치 중립적이고 객관적일 것이라는 생각은 DSM-5의 지면에서 볼 수 있는 것보다 더 많은 객관성으로 유도하지 못하는 조잡한 환원주의에 가치를 부여하는 것이다"(4쪽).

## 심리진단에 대한 찬성

진단절차 사용을 선호하는 상담실무자는 이러한 절차를 통해 특정한 정서, 행동장애를 알아내 적절한 치료계획을 고안하는 데 도움을 받을 수 있다고 주장한다. 이들은 진단은 정신건강의 의학적 모델에서 비롯되었고 생물학적 요인을 포함하여 상이한 근본적인 원인들이 상이한 유형의 장애를 일으킨다고 주장한다. 전통적인 진단을 지지하는 이들은 다음과 같이 주장하곤 한다.

- 치료자는 내담자가 타인이나 스스로에게 위험을 초래하지 않을지 평가할 법적, 직업적, 윤리적 책무가 있다. 또한 약물과 심리치료를 병행할 때 가장 큰 효과가 있는 장애인지 조사해야 한다. 진단을 통해 치료자는 의학적 진단을 받기 위해 혹은 신경정신 문제의 치료를 위해 의사나 정신과 의사에게 의뢰할 필요가 있는지 주의를 기울일 수도 있다.
- 대부분의 정신건강기관에서 효과적으로 역할을 수행하기 위해 상담실무자는 진단절차의 이해와 활용에 능숙해야 한다.
- 전문가들로 구성된 팀과 협력할 때 모든 팀원의 공통적인 언어와 참조틀을 공유하기 위해 진단이 필수적이다.
- 진단은 내담자에 관해 다른 치료자에게 자문을 요청하기 원하는 치료자에게 유용할 수 있다.
- 진단은 사례를 개념화하는 데 도움이 될 수 있다.
- 다룰 필요가 있는 특정 문제를 분명하게 정의하지 않으면 의미 있는 치료계획을 세

우는 것이 힘들 수도 있다. 진단을 통해 내담자가 경험하는 특정 증상과 어려움을 명료하게 구체화할 수 있기 때문에 임상전문가는 치료 대안들을 수월하게 찾을 수 있다.

- 진단을 통해 상이한 유형의 정신장애와 연관될 수 있는 원인들에 관한 정보를 얻을 수 있다.
- 진단을 통해 진단범주와 다양한 치료 접근에 관한 연구의 틀을 얻을 수 있다.
- 진단은 치료성과를 결정하는 데 중요할 수 있다. 이는 치료성과가 치료를 받은 결과 증상이 줄거나 장애가 사라지는 것으로 정의될 수 있기 때문이다.
- 기관에서 일하는 상담실무자는 진단에 다른 대안이 거의 없다. 진단을 내리라고 요구받는 경우가 많으며 첫 회기에 진단하라는 곳도 가끔 있다.
- 진단은 면허를 소지한 일부 전문가에게는 최소한의 치료기준일 수도 있다. 진단을 내리는 데 실패한다면 법률은 물론 자격의 문제가 생길 수도 있다.
- 기준에 맞는 진단 없이는 보험수가를 받을 수 없다.
- 진단은 내담자의 상황을 정상화하는 데 도움을 줄 수 있다. 일부 내담자는 자신이 외톨이가 아니며 자신의 상태를 일컫는 진단명이 있다는 것으로 인해 안심한다.

## 심리진단에 대한 반대

일부 정신건강전문가들은 DSM 진단은 단점이 많으며 내담자에게 유해할 수 있다고 생각한다. 현장에는 이 진단과 의학 모델 이면에 있는 광범위한 철학에 대해 비판하는 목소리가 존재하기 때문에, 우리는 그들의 우려를 여기에 포함했다. Carl Rogers(1961)는 진단으로 인해 내담자가 스스로를 내면에서 주관적으로 경험하지 못하고 자신에 대한 외면적이고 객관적인 개념을 가지게 되기 때문에 진단이 상담에 유해하다고 지속적으로 주장했다. 진단을 받은 내담자는 의존하려는 경향이 높아져 행동변화에 대한 책임이 자신이 아니라 전문가에게 있는 것처럼 행동하게 된다.

여성주의 치료사들은 DSM 체계에 반대하면서 의미 있는 평가를 내릴 수 있는 대안을 제안했다. 전통적인 진단의 유용성에 대해 의문을 제기하는 치료자들은 다음과 같이 관찰한 내용을 제시한다.

- 진단은 대개 한 사람의 행동과 경험을 외부의 관점으로 관찰하는 전문가에 의해 이뤄지지만, 그것이 내담자에게 어떤 의미인지는 언급이 없다.

- 진단범주로 인해 내담자의 독특성이 최소화될 수 있다. 내담자를 범주로 묶게 되면 그의 복합적인 면이나 개성을 보지 못한 채 낙인찍을 수 있다.
- 사람을 증상의 총합으로 한정 짓는 것은 타고난 자기치유 능력을 무시하는 처사이다.
- DSM 모델은 병리학, 결함, 한계, 문제, 증상을 강조할 뿐, 개인의 장점, 역량, 능력을 발견하고 활용하라고 장려하지 않는다.
- 진단으로 인해 사람들은 자성예언을 받아들이거나 자신의 상태에 대해 절망하게 될 수 있다.
- 진단은 특정 질병범주에 들어맞는 행동만 찾아보게 만들기 때문에 치료자의 시야가 좁아질 수 있다. 진단적 틀은 많은 상담자의 핵심가치와 신념과 어울리지 않는 의학적 모델에 근거를 둔 것이다(Zalaquett et al., 2008).
- DSM 진단은 상황적, 사회적, 문화적 요인을 적합하게 고려하지 않는다.
- DSM 진단은 가족이나 사회적 맥락에서의 고통이 개인 병리의 결과라는 가정에 근거하는 반면, 체계적 접근에서는 고통의 근원이 체계 전체에 있다고 본다.
- 다른 사람을 이해하는 최고의 관점은 일반적인 분류체계가 아니라 당사자의 주관적인 세계를 통해 보는 것이다.
- 일부 장애, 특히 아동과 관련된 장애의 진단은 아동을 통제하거나 성인 스스로를 보호하려는 이기적인 차원에서 주관적인 보고를 하는 가정과 학교의 성인에 의해 좌우된다.
- 고객에게 할당된 진단은 고용과 향후 고용 가능성 상태에 영향을 미칠 수 있다.
- 진단 경고 중에는 사회정의 문제에 관한 것이 많다. 가끔 가장 힘이 약한 사람이 낙인찍힌 사람이 되며, 이로 인해 억압받는 내담자와 공동체는 더욱 침묵하게 될 수 있다.

상담교육자인 Carlos Zalaquett는 진단명을 알면 특정인을 이해하는 것이라고 가정하는 전문가들도 있다고 주장한다(개인면담, 2009. 1. 29). 현실에서 DSM 진단은 개인의 독특성을 포착하지 못한다. 진단은 인간의 전체성을 설명할 길이 없는 명칭에 불과하다. 그러므로 특정 진단이 특정 내담자의 모습에서 어떻게 표현되는지 아는 것이 중요하다. Zalaquett는 한번 진단이 내려지면 그 진단이 그 사람에게 더 이상 해당되지 않더라도 계속 따라다닐 수 있다고 말한다. 예를 들어, 대학생활의 어려움으로 인해 주요 우울장애로 진단받은 대학생은 이후에 직장에 취직하기 힘들지도 모른다. 그 사람이 더 이상 우울증이 아니더라도 우울증이라는 낙인이 여전히 따라다니며 장기적인 영향을 줄 수도 있다.

## 평가와 심리진단에 대한 저자들의 입장

광범위하게 해석되면 평가와 진단은 모두 치료과정에서 적법한 부분이다. 저자들이 이상적으로 생각하는 진단은 내담자와 치료자가 협동작업한 결과이므로 공동진단(co-diagnosis)이라고 부르기로 하자. 양자 모두 내담자 문제의 특징을 발견하는 데 참여해야 하며, 이는 첫 회기부터 치료가 종결되기까지 지속되는 과정이다. 관습적인 진단절차와 용어를 반대하는 상담실무자라도 불가피하게 다음과 같은 질문들에 의거하여 내담자를 평가한다.

- 내담자는 무엇 때문에 치료 받으러 왔는가?
- 내담자의 변화를 위한 자원으로는 무엇이 있는가?
- 내담자의 강점과 취약점은 무엇인가?
- 내담자는 이전에 유사한 문제를 성공적으로 해결한 적이 있는가?
- 내담자는 치료에서 무엇을 원하며, 그것을 어떻게 하면 최대한 이룰 수 있는가?
- 회기의 초점은 무엇이 되어야 하는가?
- 내담자 문제에 기여한 환경요소는 무엇이고, 이런 외부요인을 경감하기 위해 무엇을 할 수 있는가?
- 내담자의 문화적 배경에 관한 이해가 문제해결 계획을 개발하기 위해 어떤 방식으로 희망을 줄 수 있는가?
- 내담자의 영성은 문제평가와 치료에서 어떤 역할을 담당하는가?
- 어떤 특정한 가족 역동이 현재 내담자의 갈등이나 대인관계와 관련이 있겠는가?
- 내담자에게 어떤 유형의 지원망이 있는가?
- 의미 있는 변화에 대한 전망은 무엇인가?

저자들의 관점은 평가와 진단이 공식적이든 비공식적이든, 상담실무자가 사례를 개념화하고 치료를 시행하며 결과를 평가하는 데 도움이 된다는 것이다. 임상전문가와 내담자는 치료과정의 일부로 주요 질문들을 토의할 수 있다. 임상전문가는 내담자에 관한 가설을 수립하고 이 가정을 내담자와 이야기할 수 있다. 진단한다고 해서 꼭 내담자를 범주화할 필요는 없다. 오히려 상담실무자는 더 넓게 생각하면서 행동을 기술하고 그 의미를 생각할 수 있다. 이 방식으로 할 경우 진단은 내담자와 함께 내담자에 관해 생각하는 과정이 된다. 진단은 내담자의 기능양식을 밝히는 포괄적인 기술적 진술로 볼 수 있다. 치료자는 내담자의 행동양식에 대한 직감이 생기고, 치료과정의 일부로 이 관찰을 내담자와 나눌 수도 있다.

Comas-Diaz와 Brown(2016)은 과정 중심의 임상평가가 문화적으로 다양한 내담자에게 적합할 수 있다고 제안한다. 이 평가의 첫 번째 과제는 내담자가 이야기를 이야기하도록 요청함으로써 그들을 치료에 참여시키는 것이다. Comas-Diaz와 Brown은 "문화적 유사점과 차이점을 평가 초기단계에 탐색한 다음에도 치료 전반에 걸쳐 지속적으로 탐색하라"(249쪽)고 권장한다.

앞서 강조했듯, 저자들은 평가에 대한 협력적인 접근, 곧 내담자를 치료의 동반자로 참여시키는 접근방식을 선호한다. 내담자에 관한 초기 평가가 완료된 후에 내담자를 대안적·추가적인 치료를 위해 다른 전문가에게 의뢰해야 할지 결정을 내릴 수도 있다. 평가정보는 내담자가 생각, 감정, 행동에서 나타내는 문제를 탐색하고 치료목표를 수립하는 데 사용될 수 있다. 평가와 진단은 치료과정에 직접 연결되어 치료자의 절차가 내담자의 목표를 성취하는 데 얼마나 효과적인지 평가하는 도구를 개발할 때 기초가 될 수도 있다.

진단 명명법의 사용은 정신건강실무자가 대부분의 경우, 특히 관리의료체계나 제3자 보험청구체계에서 활동한다면 반드시 받아들여야 하는 현실이다. 진단적 틀에서 작업해야 하는 치료자에게는 치료를 정당화하려는 목표보다 내담자에 대한 양질의 서비스를 제공하려는 목표에 이르는 수단으로써 진단을 사용해야 하는 것이 큰 과제일 것이다. 저자들은 윤리적인 동시에 다양성을 고려하는 방식으로 진단적 틀 안에서 작업할 수 있다는 Herlihy, Watson과 Patureau-Hatchett(2008)의 주장에 동의한다. 그들은 다음과 같이 다양성을 고려한 진단을 제안한다. 그들의 제안을 고려하는 것은 진단실무를 위해 편견을 없애는 유용한 방법이 될 수 있다.

- 상담자의 자기인식은 문화적 요소를 고려하는 진단의 출발점이다.
- 행동상의 증상만 평가하기보다 내담자가 살아가는 맥락과 그의 인생경험의 의미에 관한 정보도 모으기 위해 노력하라.

- 상담자와 내담자의 차이점이 효과적인 상담에 반드시 장애가 될 것이라는 추측은 하지 마라.
- 증상을 알게 되면 병리의 징후가 아니라 적응기제라는 관점에서 다시 생각해 보라.
- 협력하여 진단하는 과정의 유익을 생각해 보라.

Herlihy, Watson과 Patureau-Hatchett은 DSM 체계가 적어도 예측 가능한 미래까지는 유지될 것이라고 결론 지었다. 정신건강실무자가 던져야 할 질문은 DSM 체계 사용 여부가 아니라 내담자에게 혜택을 줄 수 있게 문화적으로 민감하면서 어떻게 DSM 체계를 활용할 것인가이다.

**당신의 입장 명료화하기.** 진단에 대한 당신의 입장은 무엇인가? 다음 질문들은 이 문제에 관한 당신의 생각을 명료화하는 데 도움이 될 수도 있다.

- 심리진단에 대한 찬반양론을 검토해 본 결과, 어떤 입장이 더 합당하다고 여겨지는가? 그 이유는 무엇인가?
- 설명 후 받는 동의의 일부로서 내담자는 진단내용을 알아야 할 권리가 있다고 주장하는 이들도 있다. 이렇게 하는 것에 대해 어떻게 생각하는가? 내담자와 진단에 관해 토의할 때 어떤 내담자 요인을 고려하겠는가?
- 자성예언대로 살 가능성이 있기 때문에 내담자에게 진단내용을 말하지 말아야 한다고 주장하는 이들도 있다. 이 문제에 관한 당신의 생각은 무엇인가?
- 관리의료체계에 속해 있는 기관에서 일하고 있다면 일반적으로 첫 회기에 진단과 치료계획을 신속하게 수립해야 하는 요건에 어떻게 대처하겠는가? 최대 6회기까지 내담자를 만날 수 있는 한계에서 어떻게 작업하겠는가?
- 정보를 제3자 지급인에게 전달해도 되는지 결정할 수 있는 내담자의 권리에 관해 어떻게 생각하는가?
- 의학적 모델을 수용하지 않지만 제3자 지급을 이유로 진단내용을 제공하는 치료자는 도덕성을 타협하는 것이라는 말에 동의하는가, 동의하지 않는가?
- 진단과 관련하여 어떤 윤리적, 법적, 직업적 문제가 일어날 수 있는가? 당신의 견해로 볼 때 가장 중요한 문제는 무엇인가?
- 내담자를 진단해야 하는 진단체계와 치료자에 관해 어떤 문화적 비판을 할 수 있는가?

## 보험 맥락에서의 진단

보험수가 때문에 진단을 엄격하게 적용하여 내담자를 진단 분류에 임의로 배정하거나, 때로는 제3자 지급자격에 맞추기 위해 배정할 때 윤리적인 딜레마가 가끔 생기곤 한다. 진단적 틀에 반대하는 상담실무자 중에는 저항을 최소화하는 길을 택하여 모든 내담자에게 동일한 진단을 내리는 이들도 있다. '질병' 범주의 기준에 부합되지 않는 문제를 치료자에게 자문을 요청하는 내담자는 심리치료에 대해 보험청구를 하지 못할 수도 있다. 부부 또는 가족을 상담하는 데 동의하지만 수용 가능한 DSM 진단을 사용하여 한 사람만 '지목된 환자'로 청구하는 치료자가 있을지도 모른다. 임상전문가가 '수용 가능'하나 정확하지 않은 진단을 내리고 싶은 유혹을 느낄 수도 있지만, 이는 비윤리적일 뿐만 아니라 남을 속이는 것이다. Braun과 Cox(2005)는 보험상환을 목적으로 정신장애를 의도적으로 오진하는 것은 의료사기에 해당되며, 이는 지역, 주와 연방 수준에서 법적 징계와 소송으로 이어질 수 있다고 언급한다.

의학적으로 치료가 필요한 '질병(illness)'으로 규정되지 않은 사례의 경우 보험수가를 지불하지 않으려고 하는 보험업체가 많다. 치료자가 결혼생활 문제를 호소한 부부를 치료한 뒤 관리의료기관에 부부치료에 대한 보험청구를 한다면, 그 청구는 거부될 확률이 높다. 일부 커플 · 가족상담사들은 역기능 행동이 잘못된 가족체계의 징후라고 믿기 때문에 특정 진단을 내리는 것을 자신의 직무수행방법에 역행한다고 볼 수도 있지만, "이용 검토는 일반적으로 관계보다 개인에 대한 DSM 진단을 필요로 한다"는 점을 인식하고 있다(Braun & Cox, 2005, 428쪽). 상담실무자는 항상 윤리적 책임을 인식하고 진단과 관련된 결정을 내릴 때 최선의 임상적 판단을 사용해야 한다.

일부 관리의료 정신건강보험회사의 경우 치료자가 진단 문제로 회사에 전화를 걸 수도 있다. 이 경우 기술자가 식별된 문제를 다루는 '적합한' 치료전략을 찾아 준다. 물론 진단이 보험청구 기준에 적합했을 경우에는 그렇다. 이는 내담자를 본 적도 없고 정신건강 문제에 대해 깊은 이해가 부족한 비전문가가 치료에 관한 중요한 결정을 내릴 수도 있다는 점에서 중대한 윤리적인 문제가 제기된다.

## 진단의 윤리적 · 법적 문제

임상전문가는 어떤 경우에도 보험회사가 받아들이는 기준에 '맞추기' 위해 진단의 정확성을 스스로 타협하면 안 된다. 치료자가 일종의 진단적, 평가적 틀 내에서 작업하는 방법을 알지 못한다면, 그리고 내담자 문제에 대해 전반적인 이해가 없다면, 내담자에게 도움이 되지 못할 가능성이 있다. 저자들은 의학적 평가가 필요한 경우가 많다는 점에 주의를 기울이는 것이 치료자의 윤리적 (때로는 법적) 책무라고도 생각한다. 치매, 조현병, 양극성장애, 자살 의도가 있는 우울증 문제를 다룰 때 특히 그렇다. 상담전공 학생은 진단적 사고의 일환으로 이러한 유형의 선별검사와 의뢰하는 데 필요한 임상기술을 배워야 한다.

상담실무자는 증상 유형에 근거하여 진단했기 때문에 그 범주 내에서 내담자를 상담한다면 해를 끼칠 수도 있다. 실제로 치료자는 내담자가 변화하기 매우 어렵게 만드는 행동을 할 수도 있다. 만약 상담실무자에게 DSM 진단을 사용하는 역량이 없다면 윤리적인 문제가 생긴다. DSM-5를 사용하는 상담실무자는 사용법 훈련을 반드시 받아야 한다. 이런 훈련에는 진단범주 이상의 학습이 필요하며, 성격이론과 정신병리학을 익히는 것뿐만 아니라 이것이 치료실무와 어떻게 연관되는지 보는 법이 포함된다. Zalaquett 등(2008)은 상담자가 DSM 모델 사용법 훈련을 받는 방식을 재구성해야 할 필요성을 언급한다. 그들은 내담자와 협력적인 관계를 맺을 경우의 의미 있는 사례의 개념화, 진단과 치료계획을 수립하는 것이 유익하다고 말한다.

진단과 치료방안을 평가해야 하는 두 가지 구체적인 사례를 살펴보도록 하자.

## <Irma의 사례>

Irma는 관리의료체계에 속해 있는 지역사회 기관의 상담자로서 첫 번째 일자리 제안을 막 수락했다. 이 기관의 방침에는 각 내담자에 대해 접수면접을 실시하고 진단을 결정하여 치료계획을 수립하는 일을 첫 회기에 하도록 규정되어 있다. 일단 진단이 수립되면 임상전문가는 내담자와 최대 다섯 회기를 더 만나게 된다. 3주 후 그녀는 이런 규정 때문에 어려움을 겪고 있다고 동료에게 말했다. 그 동료는 그렇게 하는 것이 기준에 맞다라고 안심시켰고 기관의 목표는 종합건강관리기구의 요건을 충족하는 것이라고 했다. 그녀는 안심할 수 없었고 그렇게 짧은 시간에 평가를 한다는 것을 수긍할 수 없었다.

- Irma의 염려에 대해 어떻게 반응하는가? 이 기관의 방침에 윤리적인 문제가 있는가?
- 제3자 지급을 받기 위한 목적으로 어떤 사람에게 진단을 제공하는 것은 정당화되는가? 이유를 설명해 보라.
- Irma가 자신의 확신을 굽히지 않는다면 이 기관을 그만두는 것이 윤리적인가? 그녀의 상황에서 혹시 어떤 다른 대안이 있다고 보는가?
- 내담자 치료과정에서 원래의 진단이 더 이상 유효하지 않는데도 내담자가 당신을 보기 원한

다는 이유만으로 그 진단을 계속 사용하겠는가?

**논평.** Irma는 일자리를 수락하기 전에 기관의 기대가 사람을 돕는 과정에 관한 자신의 신념과 조화되는지 미리 알아보고 평가했어야 한다. Irma는 동료의 의견이 문제해결 방안이라고 단순히 받아들일 수 없기에, 추가 회기를 요청하는 등의 다른 대안이 있는지 알아보기 위해 종합건강관리기구 담당자에게 연락해야 한다. Irma는 모든 내담자에게 진단을 내려야 한다는 요건에 대해 이의를 제기할 수도 있지만, 어떤 개입을 시도하기 전에 내담자를 신중하게 평가하고 정확하게 진단해야 한다는 윤리적 · 법적 기준과 자신의 이론적 관심사의 균형을 맞춰야 할 것이다.

일부 사례에서 진단과 치료에 시간이 더 필요하다고 내담자를 옹호하는 것 외에도 Irma는 자신의 역량에 한계가 있음을 인식해야 할 책임이 있다. 비교적 초보 상담자로서 Irma는 정확한 진단을 내리는 데 시간이 더 필요할 수도 있다. 그녀는 수련감독을 적극적으로 요청하거나, 선배 임상전문가들이 접수와 진단면접을 수행하도록 하거나, 다른 기관에서 일하는 것을 고려해야 한다.

## <Bob의 사례>

Bob은 불면증, 슬픔, 무기력, 무망감 등의 증상을 보인다. 또한 물질남용장애로 진단받기도 했다. 치료를 시작한 지 12주 후에 Felicita는 내담자에게 주요 우울증의 증상이 모두 있으나 전혀 진전이 없다는 점을 깨달았다. 그녀는 내담자의 진전을 배가시키기 위해 주당 회기 수를 두 배로 늘리고 싶어 한다.

- Felicita의 계획을 어떻게 생각하는가? 이것은 정당화되는가?
- 치료 초기에 보다 철저한 평가를 해야 했는가? 어떤 평가전략을 사용해야 했는가? 결과적으로 대안적 치료에 대한 필요성이 드러난 것일 수도 있는가?
- Felicita는 항우울제가 필요한지 판단하기 위해 정신과 평가를 받도록 Bob을 의뢰해야 하는가? 그가 그렇게 하기를 바란다면 그를 의뢰해야 하는가? 이유를 설명해 보라.
- 그가 정신과 의사와 만나기를 거부한다면 그녀의 윤리적 책무는 무엇인가?
- 이 사례에서 다른 윤리적 문제가 보이는가?

**논평.** Felicita는 상담실무의 범위에 있어 제약이 있는데 Bob은 그녀가 제공할 수 있는 것 이상의 도움이 필요할 수도 있다. 그녀는 이 사례에서 필요한 것으로 보이는 약을 처방하지 못한다. Bob에게 심각한 우울증이 있다는 그녀의 평가 때문에 자살 가능성에 대한 평가를 수행하는 것이 중요하다. 또한 Felicita는 의학적, 정신과 검사를 위해 다른 전문가에게 의뢰해야 한다. 물질남용과 우울증 문제 때문에 Bob은 집중적인 외래환자 치료 프로그램에 참여하면 유익을 얻을 수 있다. Felicita는 Bob과 함께 다른 치료 대안들을 탐색해 보고, 임상적으로 필요한 의뢰를 하는 것이 최선의 도움을 주는 것일 수도 있다.

## 진단과 평가에서의 문화적 문제

DSM 체계는 내담자를 병리화하는 경향이 있어 다양한 집단의 내담자에 대한 억압을 영속화한다(Remley & Herlihy, 2016). Durodoye(2013)는 "정신건강 치료의 편견 때문에 다양한 계층이 정신의학적으로 잘못 분류되고, 무엇이 정상인지에 대한 주류의 정의를 기반으로 치료를 받았다"라고 언급한다(299~300쪽). La Roche, Fuentes와 Hinton (2015)은 DSM이 상이한 문화집단 사이의 유용성을 제한하는 서양 미국인의 가정, 가령 개인주의와 보편주의에 기초하고 있다고 주장한다. 그들은 또한 증상의 의미를 잘못 해석하는 것을 방지하기 위해 내담자의 문화적 맥락이 평가과정에 포함되어야 한다고 주장한다. 예를 들어, 결혼할 때까지 부모님과 함께 사는 멕시코계 미국인 여성을 가족과 밀착되어 있다고 가정하는 것은 실수이다. 오히려 그녀의 주거상황은 가족의 성역할 기대의 결과일 수 있다. Zalaquett 등(2008)은 문화적 편견이 전통적인 조력 모델과 DSM 모델에 모두 존재한다는 점을 인지하지만, 상담자의 실무에서 어느 것도 버릴 수 없다고 말한다. 대신 그들은 이 모델들을 문화적으로 역량 있게 사용해야 하는 상담자의 책임을 강조한다. 문화적 감수성은 적절한 진단을 내리기 위해 필수적이며 평가과정을 해석할 때도 일련의 요소들을 고려할 필요가 있다. 문화를 고려하는 진단과 관련된 일부 정신건강전문가단체의 지침들은 글상자 '평가와 문화적 감수성'을 참고하라.

### 윤리규정: 평가와 문화적 감수성

**미국상담학회(ACA, 2014)**

상담자는 내담자의 문제가 규정되는 방식에 문화가 영향을 미친다는 점을 인식해야 한다. 정신장애를 진단할 때 내담자의 사회경제적 · 문화적 경험을 고려해야 한다(E.5.b).

**미국정신건강상담사협회(AMHCA, 2015)**

정신건강상담사는 검사해석, 진단, 예후, 치료 권장사항을 개념화할 때, 다문화 요인(성별, 인종, 종교, 연령, 능력, 문화, 계급, 민족, 성적 취향을 포함하되 이에 국한하지 않음)을 고려한다(I.D.2c).

**미국심리학회(APA, 2010)**

전산자동해석(automated interpretation)을 포함하여 평가결과를 해석할 때, 심리학자는 평가의 목적뿐만 아니라 여러 검사요소, 검사수행 능력, 심리학자의 판단력에 영향을 미치거나 해석의 정확도를 떨어뜨릴지도 모르는 상황적, 개인적, 언어적, 문화적 차이점 같이 평가받는 사람의 다른 특성들도 고려해야 한다. 심리학자는 자신의 해석에 중요한 한계를 느낀다면 이를 보고해야 한다(9.06).

**재활상담사자격검정위원회(CRCC, 2010)**
적절한 진단. 만약 자신의 직업적 · 개인적 상담실무 범위에 속한다면, 재활상담사는 적합한 정신장애 진단을 내리는 데 특별히 주의를 기울여야 한다. 내담자의 치료(예를 들어, 치료의 초점, 치료유형 혹은 추후 모임 추천)를 결정하기 위해 사용되는 평가기법(개인면담을 포함)을 신중하게 선택하고 적절하게 사용해야 한다(G.3.a).

문화적 감수성. 재활상담사는 문화가 내담자의 장애가 규정되는 방식에 영향을 미친다는 점을 인식해야 한다. 진단을 내릴 때 내담자의 사회경제적 · 문화적 경험을 고려한다(G.3.b).

평가와 진단과정에서 문화요인과 다른 다양성의 요인들을 고려하는 것은 매우 중요하다. 임상전문가가 특정 행동방식에 드러나는 민족적 · 문화적 요인을 고려하지 못한다면 내담자는 잘못된 평가와 진단을 받을 가능성이 있다. 문화적 요인에 적절한 비중을 두지 않으면 인종, 민족, 성별과 성적 취향에 근거한 고정관념이 굳어지는 잘못된 진단을 초래할 수 있다(Comas-Diaz & Brown, 2016). 문화적으로 다양한 내담자는 평가과정에서 조기에 치료를 중단할 수도 있다. Comas-Diaz와 Brown은 평가단계에서 병리학에 초점을 맞추기보다 치료에 대한 상호 만족스러운 목표를 협상하고, 치료에 내담자를 참여시키는 것을 목표로 첫 회기를 회의시간으로 사용할 것을 제안한다. 목표는 내담자의 역량을 강화하고 협력적인 치료관계를 육성하는 것이어야 한다. Nystul (2016)은 치료자가 정신건강과 정신질환을 변별할 때 언어의 문화적 맥락에 유의하는 것이 중요하다고 생각한다. 건강하다는 의미는 문화권마다 크게 다를 수 있다. Nystul은 종합적인 평가를 통해 치료자는 문화, 성별, 종교나 영성과 다양성의 다른 측면들에 의거하여 내담자를 더 잘 이해하게 된다고 주장한다.

Barnett와 Johnson(2015)은 상담실무자는 진단을 내리기 전에 한 번 더 생각하라고 당부한다. 그들은 정확한 평가와 진단에는 사회는 물론 정신건강 분야에 존재하는 차별, 압제와 인종차별이라는 현실에 대한 고려가 포함되어야 한다고 지적한다. Barnet과 Johnson은 전통적으로 정신건강체계에서 불이익을 받은 특정 문화집단을 오진하고 병자 취급을 하는 잘못을 피하기 위해 더욱 주의해야 한다고 당부한다. 그들은 내담자의 사회경제적 · 문화적 경험이 증상의 발현을 포함하여 행동에 어떻게 영향을 미치는 신중하게 고려해야 한다고 강조한다.

임상전문가는 문화적으로 다양한 계층의 내담자를 평가할 때마다 의도적이지 않은 편견에 주의하고, 독특한 민족과 문화적 유형의 가능성에 대해 개방적인 태도를 취해야 한다. Kress, Eriksen, Rayle와 Ford(2005)는 임상전문가가 문화를 고려한 진단실무를 위해 노력해야 하는 이유는 그렇게 하는 것이 윤리적인 필수사항이고 다양한 내담자 집단에 효과적으로 서비스를 제공하는 데 필요한 요소이기 때문이라고 주장한다. 그들은 상담자에게 내담자의 문화적 현실에 대해 철저한 평가를 수행하고 DSM-5의 복합적인 특성에 관한 이해를 높이라고 권장한다. La Roche 등(2015)은 우리가 세상에서 존재하는 방식을 형성하는 문화적 맥락에서 살고 있으므로 문화적 의미와 맥락적 변수를 평가하고 다루는 것이 필수적이라고 지적한다.

## 상담에서의 검사 활용

검사가 평가과정에서 사용되기는 하지만 검사는 평가와 다르다. 검사를 하면 특정일에 표본의 행동을 대표하는 점수가 산출된다. 평가는 여러 환경에서 다양한 측정도구를 사용하여 내담자의 기능에 대한 종합적인 그림을 얻는 통합된 과정이다. 임상전문가는 검사 점수를 해석하기보다 상담 의뢰 문제와 관련된 내담자의 심리적 기능에 대해 종합적이고 전인적인 그림을 그리기 위해 평가도구들을 해석한다. 당신이 상담할 때 평가도구를 사용하지 않기로 선택하더라도, 상담에서 사용하는 일반적인 평가도구를 이해하는 것이 중요하다.

진단과 평가처럼 상담과 심리치료에서도 심리검사의 적절한 사용은 논쟁거리이다. 일반적으로 상담에 관한 객관적인 견해를 강조하는 치료적 접근을 사용하는 이들은, 검사절차를 내담자에 관한 정보를 얻는 도구나 내담자가 의사결정을 할 때 도움을 얻기 위해 사용할 수 있는 자원으로 사용하는 경향이 있다. 인간중심적 접근과 실존적 접근을 채택하는 치료자는 진단을 바라보는 방식이 검사와 매우 유사하기에 상담 상황에서는 거의 사용하지 않고 외부의 참조틀로만 여기는 경향이 있다.

저자들은 검사 사용 여부가 아니라 어떤 상황에서 어떤 목적으로 사용하느냐가 핵심문제라고 생각한다. 적성, 능력, 성취, 지능, 가치관과 태도, 직업 홍미, 성격 특성 등을 측정하는 검사들을 이용할 수 있다. 불행하게도 이런 검사들은 자주 오용되기에 윤리적인 문제가 생기게 된다. 검사가 형식적으로 제공되거나, 내담자에게 피드백 없이 제공되거나, 잘못된 목적으로 사용되거나, 문화적 요인을 고려하지 않고 해석하거나, 무자격 검사자에 의해 시행될 수도 있다. 임상전문가는 상담 의뢰 문제를 다루거나 애초부터 검사목적에 부합되는 최고의 정보를 제공하는 도구가 아니라, 이용하기 쉽거나 시행하기 쉬운 기준에 의해 도구를 선택할 수도 있다. 상담을 위해 검사를 사용하는 상황과 검사를 윤리적으로 사용하는 방법을 고찰하는 데 도움이 되는 지침은 다음과 같다.

- 임상전문가는 자신이 사용하는 검사를 숙달하고 가급적 스스로 검사를 받아 보는 것이 중요하다. 상담자는 각 검사의 목적과 검사가 측정하고자 하는 바를 어떻게 측정하는지를 알아야 한다. 이따금 정신건강 분야의 종사자는 검사 실시와 해석을 기본 업무로 감당해야 한다는 것을 알게 된다. 이 분야에서 적절한 훈련을 받지 못했다면 윤리적으로 곤경에 처한 것이다. 연수교육과 보수교육 프로그램은 일부 심리평가 도구를 사용하는 역량을 익힐 수 있는 방법 중 하나이다.
- 직업윤리에 기록된 검사기준을 숙지하라. 검사를 사용하고 해석하는 당신의 역량에 한계가 있는지 인식하라. 검사전문가에게 내담자를 언제 의뢰하는 것이 좋은지 알아야 한다.
- 해당 내담자의 독특한 문화적, 사회적, 인지적 요인에 적합한 검사를 선택하라. 인구통계학적 요소로 볼 때 내담자와 비슷한 사람들이 선택한 검사도구의 표준화 과정 표본에 포함되지 않았다면, 그 검사가 내담자에게 부적합할 가능성이 매우 높다.
- 다양한 문화권 출신의 내담자는 과거 학교나 직장에서 검사가 자신을 차별하는 데 사용된 적이 있다면 검사에 대해 경계하는 반응을 보일 수도 있다. 이러한 부정적인 반응을 최소화하기 위해 검사에 대한 내담자의 견해와 기대를 탐색하고 내담자와 협력하여 검사결과에 영향을 미칠 수 있는 부정적인 태도를 해소하는 것은 좋은 방법이다.
- 검사를 선택할 때 내담자를 참여시키라. 내담자는 검사가 어떤 정보를 제공하기 위해 고안되었는지 이해해야 한다. 검사를 시행하기 전에 설명 후 받는 동의를 내담자에게 받으라.
- 당신이 특정 검사를 왜 사용하려고 하는지 알아야 한다. 기관에서 특정 검사를 시행하도록 요구하는가? 내담자를 더 잘 이해하는 데 도움이 되기 때문에 검사를 시행하는가? 내담자가 요청할 때만 검사를 시행하는가?
- 당신이 사용하려고 하는 검사를 비평적으로 평가하는 입장을 취하라. 사용하려는 검사의 한계를 알고, 검사가 유용하고 타당한 상황도 있지만 그렇지 않은 상황도 있음을 기억하라.

- 내담자가 검사를 왜 받고 싶어 하는지 탐색하고, 검사의 가치와 한계를 내담자에게 알려라. 그렇게 하면 기계적으로 검사에 응하거나 타당하지 않은 중요성이 검사 결과에 부여될 가능성이 줄어들 것이다. 내담자는 검사란 상담회기에 탐색할 수 있는 유용한 정보를 제공하는 도구에 불과하다는 점을 알아야 한다.
- 일반적으로 검사**점수**만 제시하지 말고 검사**결과**를 설명하는 것이 최선이다. 달리 말하면, 내담자와 함께 결과가 지니는 의미를 탐색하라는 것이다. 검사결과를 발달적, 사회적, 의학적 내력 같은 내담자에 관한 다른 정보와 통합하라. 특정 정보를 받아 수용하는 내담자의 준비도를 평가하고, 내담자가 제공된 정보에 반응하는 방식을 민감하게 관찰하라.
- 내담자가 자신의 주관적인 경험을 보고한 내용과 평가결과가 얼마나 잘 어울리는가? 당신은 현재의 평가과정에서 내담자 인생에서 두드러진 모든 영역을 충분히 조사했는가?
- 검사결과의 비밀을 보장하는 것이 중요하다. 각 검사의 목적과 유형에 따라 혹은 당신이 일하는 기관의 요건에 따라 결과를 상이하게 취급할 수도 있다. 그렇지만 내담자는 당신을 신뢰할 수 있으며, 검사결과가 자신에게 불리하게 사용되거나 이 정보를 볼 권리가 없는 사람들에게 공개되는 일이 없을 것이라는 점을 확신할 필요가 있다.

검사를 시행하거나 해석할 때 위의 사항을 주의하는 것은 문화적으로 민감한 방식으로 상담할 가능성을 높이는 한 가지 방법이다. 사회정의 관점에서 임상전문가는 평가의 오용과 부정확한 적용에 희망을 주도록 자신의 권력을 사용할 수 있으며, 특히 서비스가 부족하고 억압받는 지역사회 출신의 내담자와 상담할 때 더욱 그렇다.

검사받는 내담자는 검사가 무엇을 발견하기 위한 것인지, 검사가 자신의 상황과 어떻게 관련되는지, 결과가 어떻게 사용되는지 알아야 한다. 아마도 검사 사용에 대한 가장 기본적인 윤리지침은 검사가 고안된 주요 목적에 유념하여 내담자가 더 나은 결정을 내리는 데 사용할 수 있는 객관적이고 기술적인 측정을 제공하는 것이다. 더욱이 검사가 내담자를 위한 서비스 차원에서 사용되어야 하는 도구임을 기억한다.

## 근거기반치료의 실제

정신건강실무자는 특정 내담자에게 어떤 것이 최상의 치료적 접근이나 개입이라고 생각하는지 결정해야 하는 도전과 자주 마주한다. 임상실무는 특정 내담자의 맥락 안에서 실무자의 전문지식과 통합된 최고의 연구결과에 근거를 두어야 한다(Norcross, Hogan, & Koocher, 2008). 자신의 이론적 지향에 기초하여 상담실무에 사용하는 개입을 선택하는 치료자가 많다. 그러나 최근 20년 사이에 경험적으로 입증된 치료법에 기초하여 특정 문제나 진단에 대해 특정 개입의 사용을 장려하는 방향으로 전환하고 있다(APA Presidential Task Force, 2006; Cukrowicz et al., 2005; Deegear & Lawson, 2003; Edwards, Dattilio, & Bromley, 2004; Lazarus & Rego, 2013; McCloskey, 2011; Tarvydas, Addy, & Fleming, 2010). 광범위한 정신장애에 대한 치료 매뉴얼들이 개발되었고 이를 통해 인상적인 연구결과를 얻었다. 이러한 성공이 경험적으로 입증된 치료와 근거기반치료로의 움직임을 이끌었다(Lazarus & Rego, 2013).

행동적 의료체계 내에서 직무수행을 하는 임상전문가가 근거기반치료라는 개념을 접하는 일이 많아지고 있다(Bride, Kintzle, Abraham, & Roman, 2012; Norcross et al., 2008). **근거기반치료**(evidence-based practice, EBP)란 "환자의 특성, 문화와 선호라는 맥락에서 임상적 전문지식과 최고의 연구결과를 통합한 것"(APA Presidential Task Force, 2006, 273쪽)이다. 이 아이디어는 단순히 연구에 근거한 개입만 사용하는 것 이상을 포함한다. Norcross 등(2008)은 근거기반치료의 세 기둥, 즉 최고의 연구결과, 임상전문가의 전문지식, 내담자의 특성을 통합한 포괄적인 근거기반치료를 제안한다.

근거기반치료는 가끔 인지행동 접근법들과 연결된다. 이러한 접근법들은 가장 광범위하게 연구된 심리치료이며, 수백 건의 연구가 광범위한 정서와 행동문제에 대한 효과를 뒷받침한다(Antony, 2014). 인지행동 개입이 우울증, 불안장애, 공황장애, 사회공포증, 외상 후 스트레스 장애, 섭식장애, 약물남용, 성격장애, 아동기 우울증과 불안장애를 치료하는 데 성공적이라는 강력한 증거들이 나왔다(Hollon & Beck, 2013). 인지행동치료에 대한 수많은 연구가 수행되었지만, 이러한 접근법이 근거기반치료를 독점하고 있다고 결론 짓는 것은 실수이다.

1990년부터 2015년까지의 인본주의 심리치료 연구를 광범위하게 검토한 Angus 등(2015)은 "인본주의 심리치료 연구자들이 지난 25년 동안 심리치료방법과 연구결과 분야에서 혁신적인 발전에 상당히 기여했다"고 결론 내렸다(338쪽). Angus 등은 인본주의 심리치료가 "여러 가지 과학적 증거에 의해 뒷받침되므로 임상지침과 근거기반 심리치료 목록에 포함되어야 한다"고도 주장한다(339쪽). 인본주의적 · 경험적 심리치료에 대해 포괄적인 검토를 한 결과 우울증, 관계 문제, 불안장애, 섭식장애, 만성질환 대처, 정신병적 장애와 물질남용 등을 포함한 광범위한 내담자 문제들에 대해 이 접근법을 사용하는 것을 지지하는 데이터가 상당하고 빠르게 증가하고 있다(Elliott, Greenberg, Watson, Timulak, & Freire, 2013).

심리치료를 과학적인 토대 위에 세우려는 움직임은 **경험적으로 입증된 치료**(empirically supported treatment, EST)의 개념으로 이어졌다. "EST의 지지자들은 각 형태의 치료법은 통제된 실험연구에서 신중하게 검증되어야 한다고 생각한다. 이러한 연구의 결과는 어떤 치료법이 실제로 효과가 있었고, 어떤 치료법은 의도는 좋았지만 환자에게 도움이 되지 않았거나 오히려 해를 끼치는지 보여 준다"(Pope & Wedding, 2014, 576쪽).

관리의료회사와 기타 제3자 보험회사는 EST의 개념을 수용하여 효과적이고 효율적이라는 증거를 보이는 치료법에만 지불을 제한하는 경향이 있다(Pope & Wedding, 2014). EST의 가용성과 사용을 늘리는 것이 공공 정책의 중점이 되었으며, 이러한 치료법 사용에 대해 상담실무자를 훈련하고 이 정보를 전파하는 가장 좋은 방법을 찾는 데 노력을 집중하는 이들도 있다(Godley, Garner, Smith, Meyers, & Godley, 2011; McCloskey, 2011; Vismara, Young, Stahmer, Griffith, & Rogers, 2009).

그러나 EST 문제에는 또 다른 측면이 있다. 심리치료의 효능과 효과에 대한 문헌을 광범위하게 검토한 Lambert(2013)는 특정 장애에 대해 경험적으로 입증된 치료법 목록을 밝히는 것은 논란의 여지가 있고, 특정 치료와 관련된 성과의 작은 차이를 너무 강조하는 것이라고 말한다. Lambert는 "경험적으로 입증된 치료법을 다른 치료법보다 바람직하거나 우월하다고 옹호하는 것은 시기상조일 것"(205쪽)이라고 결론 지었다.

경험적으로 타당한 개입에 기초하여 심리치료 직무를 수행하는 것을 마땅히 택해야 할 윤리적인 경로로 볼 수 있지만, 사업상의 이유가 있는 것도 사실이다. 의료보험회사는 특정 진단에 적합한 치료에 대해 가능한 정확하게 기술하려고 노력하면서 효과적으로 보이는 치료의 최소치를 결정하는 데 관심을 가졌다. EST는 단기화와 표준화라는 압력을 받는다. 치료는 각 회기에 무엇을 해야 하고, 얼마나 많은 회기가 필요한지 기술되어 있는 치료 매뉴얼에 근거하여 운용된다(Edwards et al., 2004). Bolen과 Hall(2007)은 관리의료 계약을 놓고 경쟁하는 조직들은 프로그램과 비용을 관리할 수 있는 능력뿐 아니라 집중적이고 간단한 방법론을 구현하는 기술에 의해 평가받는다는 점에 주목한다.

이 접근법이 기계적이며 심리치료 과정의 관계적 차원을 충분히 고려하지 못한다고 생각하는 상담실무자들도 있다. 실제로, 특정 문제에 대해 표준화된 치료에만 의존하면 일련의 다른 윤리적 문제들을 일으킬 수도 있다. 경험적인 결과에 근거한 기법들의 신뢰도와 타당도 문제가 그중 하나이다. 연구자가 변화라는 개념을 변화가 무의미할 수도 있을 정도로 단순한 수준에서 조작적으로 정의하지 않는다면 인간의 변화는 측정하기 복잡하고 힘든 것이다. 모든 내담자가 명확하게 정의된 심리적 장애로 치료를 받는 것은 아니다. 어떤 진단범주에도 맞지 않고 명확하게 지정된 증상 기반 성과에도 적합하지 않은 실존적인 문제를 가지고 있는 내담자도 많다. 근거기반치료는 삶의 의미와 성취를 추구하고자 하는 사람을 상담하는 상담실무자에게 상당한 제약이 있다. Lazarus와 Rego(2013)는 다음과 같은 핵심 질문을 제기한다. 내담자가 매뉴얼대로 실시한 치료에 반응하지 않거나 치료 매뉴얼에 없는 문제를 가지고 오면 치료자는 무엇을 해야 하는가?

치료 매뉴얼은 방법과 절차에 초점을 맞추지만, 치료의 기본요소인 내담자와 치료자 관계에 대한 고려가 부족하다. 내담자와 치료자의 진정한 만남이 필요한 작업동맹이 없다면, 경험적으로 확립된 방법과 최상의 매뉴얼을 적용한 효과가 사라지거나 희석될 것이다(Lazarus & Rego, 2013).

치료의 여러 측면들, 즉 치료관계, 치료자의 성격과 치료양식, 내담자와 환경적 요인은 심리치료의 성공에 영향을 미치기 때문에 치료과정에서 고려해야 한다(Norcross, Beutler, & Levant, 2006). 공통요인 접근법의 지지자들은 근거기반치료가 이것들 중에 단 한 가지 측면, 즉 최고의 연구결과를 기반으로 개입만 강조하는 경향이 있다고 지적한다. Bohart와 Wade(2013)는 상당수의 연구가 상담관계나 채택한 방법보다 내담자 요인이 치료성과를 더 많이 설명한다는 입장을 지지한다고 주장한다. "내담자가 성과에 기여하는 가장 강력한 단일요인이라는 증거가 있다"(219쪽).

Norcross 등(2006)은 정신건강전문가들이 제공하는 서비스의 효력, 효율과 안전을 입증하라는 요구에 직면한다는 점에 동의한다. 근거기반치료의 목표가 내담자에 대한 서비스의 효율성 강화와 공중보건의 증진이지만, Norcross 등은 근거기반치료에 대해서 논쟁과 불일치가 상당히 많다는 점을 입증한다. 그들은 명료성을 확보하고 진보를 이루는 방법으로 정보를 전달하는 대화와 서로를 존중하는 논쟁의 가치를 강조한다.

Elmore(2016)는 EST가 많은 분야에서 인정받은 치료의 표준을 대표하고 있지만 EST 운동은 시작 이후부터 많은 논란의 근원이기도 했다고 보고한다. 공통요인 접근의 지지자들은 EST운동의 편협한 시각이 치료동맹에 대한 강조와 내담자가 제시하는 어려움에 대한 정확한 설명을 포함한 효과적인 심리치료의 핵심 측면을 무시한다고 주장했다. Miller, Duncn과 Hubble(2004)은 상담 분야의 통합을 위한 최고의 희망은 치료 중에 생성되는 자료를 사용하여 과정과 치료성과를 알려 주는 것에 초점을 맞추는 것이라고 역설한다. "내담자 유지와 치료성과에서의 중요한 향상은 내담자가 치료 중에 협력과 진보와 관련하여 경험한 내용을 치료자에게 피드백해 줄 때 나타났다. 근거기반치료보다 치료자는 실무 중심의 근거를 통해 자신의 상담을 조정해야 한다"(2쪽). 어떤 개업상담사가 45년 동안 행한 상담효과에 대한 자료를 수집했다. Clement(2013)는 1,599개의 사례에 대한 성과 자료를 분석하여 자신의 효과성이 수년 동안 향상되지 않음을 보여 주었다. 또한 그는 "환자 사례가 가장 많은 해와 관리의료보험에 가입한 환자의 비율이 가장 높은 해가 가장 저조한 성과를 나타내는 경향이 있음"(23쪽)을 발견했다. 자신의 실무기반 증거를 출판한 Clement의 목표는 동료들이 이를 따르도록 격려하는 것이었다. 그는 이렇게 말했다. "나는 당신에게 나의 실천기반 증거를 보여 주었다. 이제 당신이 증거를 보여 줄 차례이다"(42쪽).

근거기반치료에는 단순히 최고의 연구결과에 근거한 개입만 채택하는 것을 능가하는 내용이 들어 있다. 심리치료는 내담자와 임상전문가가 긍정적인 성과의 가능성을 높일 수 있는 방법을 함께 노력하여 만들어 내는 협동모험이다(APA Presidential Task Force, 2006). 내담자가 설명을 충분히 듣고 적극적으로 참여하는 것이 치료 서비스의 성공을 위해 중요하다. 치료자는 임상 전문지식에 근거하여 특정 개입을 사용할지에 대해 궁극적으로 판단하며, 내담자의 가치와 선호라는 맥락을 고려하여 결정을 내린다. Bohart와 Wade(2013)는 내담자의 관점에 대한 연구가 치료과정에서 내담자가 능동적 행위자라는 생각을 지지한다는 것을 발견했다.

근거기반치료 주제에 관해 더 읽고 싶다면 다음 문헌들을 추천한다. APA Presidential Task Force(2006), Duncan, Miller, Wampold, & Hubble(2010), Norcross, Beutler, & Levant(2006), Norcross, Hogan, & Koocher(2008).

## 심리치료에 관한 연구결과

임상전문가들이 가끔 이론을 과소평가하는 것처럼, 심리치료 연구가 그들의 직무수행 능력을 향상할 수 있는 방법을 이해하는 것의 실질적인 가치를 보지 못하는 이들도 있다. 최근의 연구결과를 자신의 직무수행 능력으로 변환하는 방법을 이해하지 못한다면, 치료자는 내담자를 도울 수 있는 능력을 스스로 제한하는 것이다. 임상전문가는 이론과 연구가 더 효과적이고 윤리적인 직무수행에 어떻게 기여하는지 이해할 필요가 있다.

본 장에서 제기한 질문 대부분이 치료자의 치료적 접근과 직접 관계 있는 것이다. 전문화된 기법, 내담자와 치료자 관계에서 책임의 균형, 치료자의 기능, 치료목표 등은 모두 치료자의 이론적 지향과 관련된 것들이다. 하지만 언젠가 당신은 이 질문을 하게 될 것이다. '나의 심리치료 접근 혹은 기법은 효과가 있는가?' 이 질문에 대답하기 위해 심리치료 연구결과에 의지할 필요가 있다.

Boisvert와 Faust(2003)는 심리치료 성과 연구에 관한 국제적인 주요 심리치료 연구자들의 견해를 조사하였다. 이 연구의 참가자들은 심리치료 과정과 성과에 관한 다양한 주장들에 찬성하거나 반대하는 연구 증거들의 수준을 평가하였다. 그들의 연구를 통해 흥미로운 결론들이 드러났다.

전문가들은 연구를 통해 다음의 주장들이 **지지받았다는** 점에 강력하게 동의했다.

- 심리치료는 대다수의 내담자에게 도움이 된다.
- 대부분의 사람들은 치료를 통해 상대적으로 빠르게 변화를 이룬다.
- 사람들은 치료법과 관련된 '특정 요인'보다 '공통요인' 때문에 더 많이 변화된다.
- 일반적으로 치료 접근법은 다양하지만 모두 유사한 성과를 거둔다.
- 치료자와 내담자의 관계는 치료성과를 가장 잘 예측할 수 있는 요소이다.
- 대부분의 치료자는 연구보다는 경험을 통해 효과적인 치료기법에 관해 더 많이 배운다.
- 약 10%의 내담자는 치료를 받은 결과 더 악화된다.

전문가들은 연구를 통해 다음의 주장들은 **지지받지 못했다는** 점에 강력하게 동의했다.

- 위약효과 통제집단과 대기 통제집단도 심리치료와 유사한 효과를 나타낸다.
- 치료자의 경험은 치료성과의 강력한 예측요소이다.
- 장기치료가 대부분의 내담자에게는 단기치료보다 더 효과적이다(511쪽).

심리치료의 효과에 대해 검토한 Lambert(2013)는 Boisvert와 Faust 연구의 결론을 대부분 지지한다. Lambert는 심리치료 연구의 메타분석에서 파생된 주제가 "심리치료가 매우 유익한 것으로 입증"(176쪽)되었음을 분명하게 보여 준다고 언급한다.

심리치료의 효과를 결정짓는 주요 요인은 무엇인가? Elkins(2012, 2016)는 개인과 대인관계 요인이 효율성의 주요 결정요인임을 보여 주는 증거를 인용한다. 내담자, 치료자, 치료동맹을 포함한 심리치료의 인본주의적 요소는 심리치료 성과의 강력한 요인이다. 특정 이론과 기법이 중요하지만 성과를 설명하는 핵심요소는 아니다. 대부분의 심리치료 연구, 훈련, 직무수행은 개인과 대인관계 요인이 아니라 치료자의 이론과 기법이 변화의 주요 도구라는 가정에 기반하고 있다. Elkins(2012)는 학생 교육의 초점을 달리하여 이론과 기법을 덜 강조하고 인간으로서의 치료자를 더 강조하자고 제안한다. 이 교육의 목적은 내담자가 이해와 지지, 그리고 수용되는 느낌을 받을 수 있도록 내담자의 깊은 수준에서 연결하는 수련생의 능력을 배양하는 것이다. 요컨대, Elkins는 임상연구, 교육, 직무수행 대한 다수의 가정과 신념을 재고해야 하며 상담계를 현대 과학의 발견과 일치시키기 위해 이러한 영역들에서 중대한 변화를 일으킬 필요가 있다고 주장한다. 또한 Angus 등(2015)은 치료자의 인격과 "공감적 의사소통 기술, 내담자의 정서표현과 자기조절을 향상하는 능력, 치료시간에 내담자의 내러티브 공개와 생산적인 의미 형성을 촉진하기 위한 안전하고 생산적인 치료동맹의 개발"(340쪽) 치료 훈련에서 강조해야 함을 시사하는 증거를 풍부하게 제시한다. Angus 등은 치료관계의 협력적 성격이 치료 전개과정의 핵심이라고 강조한다. 진정성 있는 인간관계가 효과적인 치료의 핵심임이 분명하다.

## 제10장 요약

이론과 실무 문제들은 필연적으로 상호 연관되어 있다. 윤리적 관점에서 치료자는 자신의 실무를 이론에 뿌리 내릴 필요가 있다. 이론적 토대가 없다면 치료목표를 수립하거나 이 목표를 이루기 위해 기법을 전개할 근거도 없는 것이다. 실무를 좌우하는 이론을 명확히 표현할 때가 되면 조급해하는 상담실무자가 가끔 있다. 내담자가 제시할 수 있는 모든 문제를 다루기 위해 제한된 숫자의 기법에만 의존하는 이들도 있다. 그러나 훌륭한 이론을 통해 임상전문가는 자신이 하는 일을 이해하는 데 도움을 얻게 된다.

저자들은 확립된 한 가지 이론에만 찬동하라고 주장하는 것은 아니다. 수많은 이론적 접근의 치료기법들은 상담실무에 유용할 수 있다. 상담실무에 대해 통합적인 접근을 개발함으로써 당신의 접근법을 내담자의 필요에 맞춰 조정할 수 있다. 이상적으로 말하면, 이론적 지향은 상담의 목표, 이 목표를 이루기 위한 내담자와 상담자 사이의 책임분담, 다양한 문제를 해결하기 위한 특정 내담자에게 가장 적절한 기법, 내담자에게 가장 유익한 접근법의 문제들을 숙고하기 위한 기초로 이바지해야 한다.

상담에서 평가, 진단, 검사를 사용하는 것은 상담실무자의 이론적 지향과 관련되어 있다. 치료자가 상담실무의 기본골격으로 채택하는 이론이 무엇이든지 간에 평가와 진단은 꼭 다뤄야 할 문제다. 평가를 시행하고, 진단을 내리며, 어떤 검사가 적합한지 결정할 때 문화를 고려한다.

상담실무자는 근거기반치료라는 구조 안에서 서비스를 제공해야 하는 현실에 점점 직면해 가고 있다. 광범위하게 해석하자면 근거기반치료의 세 가지 기둥은 최고의 연구결과를 찾아보고, 임상적 경험에 의존하며, 내담자의 특성과 문화와 선호를 고려하는 것이다. 이러한 추세에도 불구하고 개인과 대인관계의 요인은 심리치료 성과의 가장 강력한 결정요인으로 남아 있다. 치료자의 이론적 지향과 기법의 사용이 중요하지만 성과 면에서 중요하다고 입증되지는 않았다.

## 추천 활동

**1.** 2인 1조로 당신의 이론적 입장을 설명하라. 당신의 이론은 당신이 상담하는 방식에 어떻게 영향을 미친다고 보는가? 이론을 선택하는 과정에 있다면, 상이한 이론들 중에 가장 매력적인 것과 가장 매력이 없는 것은 무엇이고 그 이유는 무엇인지 이야기 나누라.

**2.** 다양한 계층에게 평가와 검사를 사용하는 것의 장점과 단점 목록을 만들고 소집단으로 토의하거나, 수업시간에 평가와 진단을 찬성하는 팀과 반대하는 팀으로 나눠 토론해 보라.

**3.** 상담자 모집공고에 지원했는데, 면접에서 "내담자를 위해 무엇을 가장 중요한 목표로 삼겠습니까?"라는 질문을 받는다면 어떻게 대답하겠는가? "우리 기관에 관해 질문이 있습니까?"라는 질문을 받는다면 어떻게 대답하겠는가?

**4.** 내담자가 찾아와 일련의 흥미, 능력, 직업 검사를 실시해 달라고 부탁했다고 가정해 보라. 어떻게 반응하겠는가? 검사시행 약속을 하기 전에 내담자에게 무슨 질문을 하겠는가?

**5.** 상담직무를 수행하고 있는 치료자를 적어도 한 명 면담하여 그의 이론적 지향이 직무

수행에 어떤 영향을 주는지에 관해 토의하라. 본 장에서 제기된 질문들을 치료자에게 물어보라. 면담 보고서를 수업시간에 가져오라.

**6.** 2~3인 1조로 모여 철저한 평가와 진단이 효과적인 상담실무에 필수적인 조치라는 입장에 관해 토의하라. 또한 보험청구만을 목적으로 진단을 사용하는 것의 윤리적 측면에 관해서도 토의하라. 내담자를 진단하고 평가할 때 어떤 요인들을 고려해야 하는가?

**7.** 조별 활동으로 각자 첫 만남에서 내담자를 알기 위해 어떻게 힘쓸지 탐색하라. 미래의 상담회기를 어떻게 구축하겠는가? 다음 질문들을 살펴보라.

- 검사는 상담의 선행조건으로 중요한가? 검사 여부를 당신이 결정하겠는가 아니면 내담자가 결정을 내리도록 허용하겠는가?
- 내담자가 당신으로부터 무엇을 기대할 수 있고 상담에서 무엇을 얻기를 원하는지 구체적으로 기술하는 계약서를 내담자와 작성하겠는가? 그 이유는 무엇인가?
- 과제 부여 같은 지시적이고 실행 중심적인 기법들을 사용하고 싶은가? 그 이유는 무엇인가?

**8.** 소집단으로 근거기반치료의 장점과 한계에 대해 토론하거나, 수업시간에 EBP를 찬성하는 팀과 반대하는 팀으로 나눠 토론해 보라.

**9.** 모의재판을 열어 한 학생이 내담자의 치료계획에 대해 의논하기 위해 소환된 치료자 역할을 하도록 부탁하라.

# 제 11 장

# 커플 · 가족치료와 윤리적 문제

## 학습목표

**1.** 체계이론과 관련된 기본 전제를 이해한다.

**2.** 커플 · 가족을 상담할 때의 핵심 윤리기준을 확인한다.

**3.** 커플 · 가족치료에서 설명 후 받는 동의의 역할을 이해한다.

**4.** 커플 · 가족치료와 관련하여 최신의 전문적인 문제들을 설명한다.

**5.** 치료자의 가치관이 커플 · 가족치료에서 어떻게 윤리적인 문제가 될 수 있는지 밝힌다.

**6.** 성인지 감수성을 고려한 커플 · 가족치료와 관련된 주제를 설명한다.

**7.** 커플 · 가족치료사의 책임을 인식하고 이해한다.

**8.** 가족치료에서는 비밀보장이 복잡하다는 점을 인식한다.

## 점검을 위한 자기평가

지침: 각 문장을 읽고 자신의 신념과 태도를 가장 잘 나타내고 있다고 생각되는 수준의 번호를 빈칸에 기록하시오.

5 = 강력히 동의한다.

4 = 대체로 동의한다.

3 = 결정하기 어렵다.

2 = 거의 동의할 수 없다.

1 = 절대로 동의할 수 없다.

____ **1.** 역기능적인 가족 배경을 가진 사람은 대체로 훌륭한 가족치료사가 될 확률이 낮다.

____ **2.** 커플이나 가족을 상담할 때, 나는 시작할 때부터 '비밀 없음' 방침이 무슨 의미인지, 그리고 그렇게 하는 이유를 설명하겠다.

____ **3.** 커플 상담을 할 때, 공동 치료시간 외에 각자를 위한 개별 치료시간을 원한다.

____ **4.** 상담자는 신체적 · 심리적으로 학대하는 배우자에게서 떠나라고 다른 배우자에게 권할 윤리적 책임이 있다.

____ **5.** 커플 중 한 쪽이 혼외정사한 것을 알게 되면 커플을 상담하지 않을 것이다.

____ **6.** 가족치료사가 참석을 꺼리는 내담자를 가족치료에 참석시키기 위해서 압력 혹은 더 나아가 강압을 사용하는 것은 윤리적이다.

____ **7.** 커플이나 가족에게 자신의 가치관을 강요하는 것이 정당하다고 느끼는 치료자는 상당한 피해를 줄 수 있다.

____ **8.** 커플 · 가족치료에서 비밀보장 문제는 시작할 때부터 철저히 다뤄야 한다.

____ **9.** 대부분의 가족치료사는 의식적이든 무의식적이든 가족을 하나로 묶기 위해 작업한다.

____ **10.** 가족 중 한 명만 치료하는 것에는 윤리적인 문제가 있다.

____ **11.** 가족 중 단 한 명이더라도 상담을 시작할 것이지만, 결국 전 가족이 치료에 오도록 노력할 것이다.

____ **12.** 본격적으로 가족치료를 하기 전에 가족치료 분야에서 수련감독하의 훈련을 받을 것이다.

____ **13.** 가족을 상담하기 전에 나의 원가족과의 갈등 문제를 알 필요가 있다.

____ **14.** 가족치료에서 사용하는 기술은 이 분야에서 성공하기 위해 나의 개인적인 역동을 아는 것보다 훨씬 더 중요하다.

____ **15.** 커플 · 가족치료 분야에서 면허갱신의 조건으로 그 분야에 관한 보수교육을 요구하는 것에 찬성한다.

## 서론

본 장에서 논의하는 다수의 윤리적 문제들은 치료자가 두 명 이상의 내담자를 상담할 때 특별한 의미가 있다. 체계 관점에서 고유한 윤리적, 법적, 직업적 문제가 강조되면서 커플 · 가족치료 전공이 있는 대부분의 대학원 프로그램은 현재 이 전문분야와 관련된 별도의 윤리와 법률 수업을 필수과목으로 개설하고 있다. 커플 · 가족치료[1]의 직무수행은 주 법, 전문가 지침, 동료 검토, 보수교육, 관리의료, 자문 등에 의해 규제되며 윤리 규정을 통해서도 자체 규제하고 있다(Goldenberg, Stanton, & Goldenberg, 2017). 가족치료의 효능을 입증하는 연구가 점점 활발해지고 있다(Lebow & Stroud, 2016). 본 장에서 논의하는 커플 · 가족치료사에 대한 윤리적 관심의 특정 영역에는 직무수행의 윤리적 기준, 치료자의 가치관, 성인지 감수성, 치료자의 역할과 책임, 비밀보장, 설명 후 받는 동의, 치료 거부권 등이 포함된다.

## 체계이론

다수의 커플 · 가족치료는 **체계이론**(systems theory)에 근거하고 있는데, 이 이론에서는 심리와 관계 문제를 개인의 현재 환경과 세대의 가족체계 내에서 발생하는 것으로 본다. 수 세대에 걸쳐 전해 내려와서 체계 내에 존재하는 역기능이 표출된 것을 증상으로 본다. 체계 관점을 사용하여 문제는 상호작용적인 것으로 정의되며, 가족치료를 수행하는 전문가는 일반적으로 상담실무의 기초로 체계 관점을 채택한다. 심리치료는 전통적으로 개인에 초점을 맞추었지만, 가족치료는 이 범위를 확장하여 가족과 더 큰 사회체

1) 역주: 현대 사회의 다양성을 고려하여 'couple and family therapy'는 '커플 · 가족치료'로, 'marriage and family therapy'는 '부부 · 가족치료'로 번역함.

계도 포함했다(Lebow & Stroud, 2016).

체계 관점에서는 가족을 구성원의 총합이라기보다 기능하는 총체(functioning entity)로 본다. 가족은 개인이 어떻게 행동하는지 이해하기 위한 맥락을 제공한다. 어떤 일원의 행동은 다른 구성원 모두에게 영향을 주며, 다른 구성원들의 반응은 그 개인에게 상호작용의 효과를 준다. 예를 들어, 행동화(acting-out)를 보이는 아동은 부모의 깊은 갈등에 대한 표명일 수도 있으며 전 가족의 고통을 실제로 표현하는 것일지도 모른다. 가족치료사는 체계 전체에 영향을 주는 패턴을 잘 이해하고 변화전략을 개발하기 위해 개인은 물론 커플, 부모와 아동과 함께 작업하는 경우가 대부분이다. 개인에게 중점을 둘지라도, 개인의 행동이 그 개인이 어떻게 관계체계의 다른 구성원에게 영향을 미치는가 외에 다른 구성원의 행동이 상호작용을 통해 어떻게 그 개인에게 영향을 주고 그 개인을 형성하는가의 입장에서 분석된다(Wilcoxon, Remley, & Gladding, 2012). 가족관계의 관점에서 상담하는 치료사는 주로 가족이나 커플이 표현하는 교류 패턴에 관심을 가진다.

지목된 내담자(identified client)의 문제는 그 체계가 어떻게 작동하는지에 대한 징후이지 개인의 부적응이나 심리사회적 발달 측면의 증상이 아니라는 생각은 혁명적인 개념이다. 서구의 문화적 관념에 익숙한 치료자에게 가족체계 관점은 개인주의, 자율성, 독립성과 연관된 가치로부터 커다란 패러다임 전환을 하도록 요구한다(Bitter, 2014). 집단주의, 상호의존성, 가족의 배태성과 연대성, 관계의 위계구조, 다세대 관점 등은 비서구 문화에 더 친숙한 개념들이다. Harway 등(2012)은 변화하는 서비스 수혜자의 요구에 맞추기 위해 심리학 분야의 패러다임 전환을 지지한다. 집단주의적인 문화집단이 많기 때문에 체계 접근을 개인주의적 접근과 동시에 가르쳐야 한다.

Goldenberg 등(2017)은 개인이 드러내는 증상을 포함하여 모든 행동을 가족과 사회라는 맥락에서 보라고 치료자들에게 촉구한다. 개인을 치료하는 전통적 접근법들이 장점이 있지만 내담자를 가족, 지역사회, 사회의 일원으로 고려하도록 관점을 확장한다면 치료자의 이해는 더욱 심화될 수 있다. 체계이론을 지향하는 가족치료사는 무슨 일이 일어나고 있는지(예를 들어, 개인 간의 갈등), 그것이 어떻게 발생하는지(반복적인 행동 패턴 주목), 언제 발생하는지(권력과 통제가 발생하는 경우)를 이해하는 데 관심이 있다. 체계이론을 지향하는 치료사는 이러한 교류에서 내용보다 과정에 중점을 둔다. 체계이론은 개인을 다루는 것을 배제하지 않지만, 개인이 가족 내에서 담당하는 역할을 다루기 위해 전통적인 강조를 확장한다.

# 커플 · 가족치료의 윤리기준

미국부부및가족치료학회(AAMFT, 2015) 윤리규정에는 본 장에서 살펴볼 다수의 윤리적 문제들을 위한 틀이 제시되어 있지만, 상담실무자는 커플 · 가족치료와 관련된 문제는 본인이 속한 전문가협회의 윤리규정을 숙지하고 따라야 한다. 또한 커플 · 가족치료의 실무에 대한 윤리적 기준을 제시한 자체 전문가 조직을 가진 주들도 많다.

논의를 시작하면서 아홉 개의 핵심 분야별로 미국부부및가족치료학회(AAMFT, 2015)의 규정을 고찰하고, 치료자에게 어떤 의미가 있는지 간략하게 토의하고자 한다.

## 내담자에 대한 책임

> 부부 · 가족치료사는 가족과 개인의 복지를 증진하고, 가족체계 내의 상충하는 목표들의 적절한 균형을 이루도록 합당한 노력을 기울여야 한다(지침 I).

치료의 초점이 개인에서 가족체계로 전환되기 때문에 일련의 새로운 윤리적 질문들이 제기된다. 가족치료사는 누구의 이익에 이바지하는가? 치료자는 누구에게 일차적으로 성심을 다하고, 누구에 대해 책임을 지는가? 문제가 있다고 지목된 내담자인가? 가족 구성원 각자인가? 가족 전체인가? 일반적으로 가족 구성원들은 가족치료에 참여하기로 동의함으로써 개인의 목표보다 단일체로서의 가족의 목표에 우선순위를 둘 것이라고 기대할 수 있다. 개인의 권리와 안녕을 전체로서의 가족과 균형을 맞추는 것은 윤리적인 가족치료를 위해 가장 만만치 않은 과제 중 하나이다.

## 비밀보장

> 부부 · 가족치료사는 치료관계에 있는 내담자가 두 명 이상일 수도 있기 때문에 독특한 비밀보장 문제가 있다. 치료자는 각 개별 내담자의 비밀정보를 존중하고 보호해야 한다(지침 II).

커플 · 가족치료사에 적용되는 비밀보장의 원리에는 상담실무자가 다음의 경우를 제외하면 직업적 관계를 통해 알게 된 내용을 공개하지 않도록 규정되어 있다. (1) 신체적 · 심리적 아동학대, 근친성폭력, 아동방치, 노인학대, 장애인학대 같이 법의 명령에 따라야 할 경우, (2) 내담자를 자해로부터 보호하거나 타인에게 분명하고 즉각적인 위해를 가하는 것을 예방하기 위해 필요한 경우, (3) 가족치료사가 치료로 인해 겪게 되는 민사소송, 형사소송, 징계조치의 피고인 경우, (4) 이전에 문서상으로 포기 의사를 받은 경우. 치료자가 상담한 내용을 교수, 강연, 저술 작업에 사용한다면 내담자의 익명성을 보장하기 위해 신경 써야 한다. 가족을 상담하는 치료자는 정보를 공개하려면 모든 구성원에게 동의를 받아야 한다. 그러나 치료자가 가족 중 한 명이 자해하거나 다른 사람에게 위해를 가할 것 같다고 생각될 경우 예외가 인정되기도 한다. 법에서 신고를 요구하는 경우도 예외에 해당된다.

상담 중인 커플이나 가족에게 비밀보장과 그 한계를 어떻게 설명하겠는가? 커플과 가족과 상담하면서 비밀보장 문제를 다룰 때 어떤 어려움에 직면할 수 있는가?

## 전문가의 역량과 청렴성

부부 · 가족치료사는 높은 수준의 전문가 역량과 청렴성을 유지해야 한다(지침 III).

책임감 있는 임상전문가는 보수교육과 임상경험을 통해 자기 분야의 최신 동향과 발전을 따라잡아야 한다. 대학원 상담교육 프로그램에서 들은 한두 과목을 통해 커플 · 가족치료사로서 윤리적이고 효과적으로 기능을 발휘할 준비를 갖췄다고 말하기는 힘들다. 커플 · 가족을 상담하는 역량은 수년간의 훈련과 수퍼비전을 통해 갖춰진다. 가족치료사는 다른 치료사와의 상호작용과 지속적인 보수교육을 통해 기술을 끊임없이 향상해야 한다. 커플 · 가족치료를 전문으로 하고자 하는 상담실무자는 가능한 한 가족치료기관 또는 미국부부및가족치료학회(AAMFT)와 같은 관련 전문기관이 후원하는 워크숍이나 학회에서 좀 더 고급 교육을 받을 수 있는 대학원 졸업 후 교육 기회를 찾는 것이 좋다.

당신이 개인 혹은 원가족 문제가 커플과 가족과의 전문적인 상담을 방해할 시점을 인식할 가능성은 얼마나 되는가? 이러한 문제를 발견하면 무엇을 할 수 있는가? 학위를 취득한 후 커플 · 가족치료의 역량수준을 유지하기 위해 어떤 조치를 취할 수 있는가?

## 학생과 수련생에 대한 책임

부부 · 가족치료사는 학생과 수련생의 신뢰와 의존을 악용하면 안 된다(지침 IV).

상담실무자는 임상적 판단력이 손상될 가능성이 있는 다중관계를 피하라는 경고를 받는다. 제7장과 제9장에서 보았듯 이중관계에 대처하고 내담자, 학생과 수련생의 신뢰와 의존을 악용하는 것을 피하는 최선의 방법에 대한 견해들이 분분하다. 대부분의 가족치료 교육 프로그램에서는 학생들이 자신의 원가족 문제를 살펴보도록 고안한 가계도 그리기 같은 작업들을 장려한다. 이러한 프로그램에서 간혹 훈련자는 학생에게 치료적 개입을 하기도 한다. 교수진은 사전에 프로그램 요구사항에 대한 정보를 명확하게 제공하여 학생들이 교육 프로그램에 개인적으로 참여해야 한다는 것을 알 수 있도록 해야 한다.

## 연구와 출판

> 부부 · 가족치료사는 연구 참여자들의 존엄성을 존중하고, 그들의 복지를 보호하며, 연구행위를 관장하는 법률, 규정, 전문가 기준을 인지해야 한다(지침 V).

연구자는 어떠한 연구계획에서도 윤리적인 측면을 신중하게 고려하고, 설명 후 받는 동의절차를 활용하며, 연구계획에 어떤 내용이 포함되는지 참여자들에게 설명해야 한다. 대학과 임상환경에서 연구자는 건강보험양도및책임에관한법률(HIPAA)의 요구사항을 충족하는 절차를 포함하여 특정 규칙과 규정을 따라야 한다. 대학이나 임상환경이 아닌 곳에서 역할을 수행하더라도, 부부 · 가족치료사는 커플이나 가족과 작업할 때 윤리적인 연구의 기준을 충족해야만 한다.

## 과학기술을 이용한 전문 서비스

> 부부 · 가족치료사가 참여하는 치료, 수련감독, 기타 전문 서비스가 과학기술을 이용한 많은 플랫폼에서 이루어지고 있다. 전통적인 치료, 수련감독 맥락뿐만 아니라 과학기술을 이용한 전문 서비스 활용에도 큰 이점과 책임이 있다. 이 기준은 전자수단을 사용하여 치료, 수련감독과 관련 전문 서비스를 제공하는 것에 관한 기본적인 윤리적 요구사항을 다룬다(지침 VI).

부부 · 가족치료사는 과학기술을 이용한 전문 서비스가 있는 경우 내담자 또는 수련생에게 적합한지 결정해야 한다. 내담자와 수련생은 과학기술을 이용한 전문 서비스와 관련된 위험과 책임을 인식해야 한다. 게다가 Wilcoxon(2015)은 커플 · 가족치료사는 내담자 혹은 스스로가 과학기술을 사용과 오용할 가능성에 대해 생각할 필요가 있다고 말한다. 비밀보장과 과학기술 사용의 제한과 보호는 치료 또는 수련감독 서비스를 시작할 때 다뤄야 한다. 부부・가족치료사는 이러한 서비스에 참여하기 전에 선택한 모든 과학기술을 이용한 전문 서비스를 사용할 역량이 있어야만 한다.

내담자나 수련생과의 작업에서 어떤 형태의 과학기술을 사용하는 것이 적절한지 어떻게 결정하겠는가? 과학기술 사용 역량수준을 어떻게 평가할 수 있겠는가? 과학기술 사용에 관한 설명 후 받는 동의절차에 무엇을 포함하고 싶은가? 과학기술을 이용한 서비스 사용에 내재된 주요 이점과 단점은 무엇인가?

## 전문가 평가

> 부부・가족치료사는 법률 체계 내의 다양한 상황에서 증언할 때 가장 높은 기준을 추구해야 한다(지침 VII).

설명 후 받는 동의는 법정 서비스를 수행하는 데 필수적이다. 여기에는 평가 대상자로부터 서면 동의를 받는 것이 포함된다. 부부・가족치료사는 법정 절차에서 역할 갈등을 피하고 잠재적인 상충을 공개해야 한다. 법률 체계가 관련된 상황에서 치료가 시작되면 역할과 비밀보장의 범위를 명확히 하는 것이 중요하다. 또한 치료사가 양육권 평가자 역할을 원하지 않는 경우, 설명 후 받는 동의서에 이를 명시하여 내담자가 서비스 시작 전에 이를 인지하도록 하는 것이 중요하다.

## 재정적 합의

> 부부・가족치료사는 내담자, 제3자 지급인 혹은 수련생과 합리적으로 이해할 수 있고 공인된 직무수행에 어울리는 재정적 합의를 해야 한다(지침 VIII).

커플・가족치료사는 의뢰비용을 받으면 안 되며, 서비스를 위해 내담자를 재정적으로 착취하면 안 된다. 제공된 서비스를 내담자와 제3자에게 사실을 제시할 때 진실해야 한다. 윤리적으로 직무를 수행하려면 치료를 시작할 때 비용방침을 공개해야 한다.

## 홍보

> 부부・가족치료사는 대중, 의뢰자원 혹은 다른 사람들이 정보에 근거하여 전문 서

비스를 선택할 수 있도록 적절한 정보제공 활동을 해야 한다(지침 IX).

윤리적으로 직무를 수행하려면 정신건강실무자는 커플 · 가족치료에서 자신의 자격, 교육, 훈련, 경험을 정확하게 제시해야 한다. 당신의 서비스를 어떻게 홍보하겠는가? 당신은 어떻게 스스로를 커플 · 가족 상담실무자라고 홍보할 수 있겠는가?

## 커플 · 가족치료의 특별한 윤리적 고려사항

커플 · 가족치료에만 존재하는 독특한 윤리적 고려사항이 많다. 대부분의 커플 · 가족치료사가 가족체계에 초점을 맞추기 때문에 첫 회기부터 즉시 명료화해야 하는 잠재된 윤리적 딜레마에 빠질 수 있다. 예를 들어, 동거하는 커플이나 여러 명의 가족을 상담하는 치료사는 한 구성원의 이익을 희생하여 다른 구성원의 이익에 이바지하는 데 따르는 딜레마에 직면하는 경우가 있다. 커플이나 가족을 상담할 때 치료사는 한 개인의 이익이 아니라 관계의 이익을 위해 우선적으로 일한다는 점을 염두에 두어야 한다.

치료자는 한 개인보다 커플이나 가족체계를 '내담자'로 지목함으로써 여러 개인의 이해상충으로 인한 윤리적 딜레마에 대응할 수 있다(Kleist & Bitter, 2014; Wilcoxon et al., 2012). 체계의 옹호자 역할을 하는 치료자는 배우자 한 사람이나 가족 한 사람의 대리인이 되는 것을 피하게 된다. '누가 내담자인가?'라고 질문하기를 멈추고, 이 질문을 관련된 모든 사람에 대한 윤리적 책임감을 고려하는 방식으로 재구성해야 한다(Fisher, 2009). 변화를 모든 가족이 영향을 주고받는 것으로 개념화하는 틀 내에서 작업하는 상담실무자는 가족체계와 모든 구성원이라는 맥락에서 문제를 정의하고 변화계획을 고려할 수 있다.

Wilcoxon 등(2012, 103쪽)은 커플 · 가족 상담사가 직면할 수도 있는 윤리적 질문을 여러 개 묻는다.

- 부부 · 가족치료 실무에서 윤리적 원리들이 어떤 면에서 독특한가?
- 치료자는 커플과 가족이 제기하는 문제를 자신의 치료적 지향대로 규정할 권리를 자동적으로 얻을 수 있는가?
- 치료자는 가족치료를 위해 중요한 모든 가족을 소집하기 위해 어느 정도의 협력을

끌어낼 수 있는가?

- 치료자가 부부와 가족에게 통제력을 강제해야 할 상황이 있다면 어떤 상황이 있겠는가? 그렇다면 관계체계에서 변화를 추구하려면 어느 정도로 강제해야 하는가?
- 전통적이지 않은 가족구조는 부부 · 가족치료사에게 어떤 독특한 윤리적 문제를 고려하게 하는가?

## 커플 · 가족치료와 설명 후 받는 동의

설명 후 받는 동의는 개인 심리치료에서 중요한 윤리적 문제이며(제5장 참고), 커플 · 가족치료 실무에서도 필수적인 부분이다. 각자가 가족치료에 참여하기로 동의하기 전에, 치료의 목적, 전형적인 절차, 부정적인 결과가 생길 위험, 잠재적 유익, 요금체계, 비밀보장의 한계, 내담자의 권리와 책임, 어느 누구라도 언제든지 참석하지 않을 수 있는 선택사항, 치료자에게 무엇을 기대할 수 있는지, 비밀보장의 한계 등에 관한 정보를 가족 상담 실무자가 제공해야 한다. 그러면 가족 구성원은 치료에 참여할지 여부와 치료사에게 얼마나 공개할 것인지를 결정할 수 있는 위치에 서게 된다.

커플 · 가족치료사는 처음부터 자신의 작업을 설명하고 새로운 개입을 시도할 경우 이후 회기에서도 정보를 재검토할 의무가 있다(Shaw, 2015). 비밀보장과 그 한계의 구체적인 적용 문제를 가족치료 과정 초기에 자주 토의해야 한다(Kleist & Bitter, 2014; Goldenberg et al., 2017). 가족치료사와 가족 구성원들은 법에 명시된 비밀보장의 구체적인 한계뿐만 아니라 효과적인 치료를 위해 치료사가 설정할 수 있는 한계에도 동의해야 한다.

설명 후 받는 동의는 보기보다 더 복잡할 수 있다. 가족이 상담에 임할 때 가족 중 한 사람이 문제를 지닌 사람 혹은 '지목된 환자(identified patient)'로 인식되는 경우가 많다. 그러나 치료가 시작되면 가족 전체가 치료자의 관심 대상이 된다. 가족 구성원들은 의문을 제기할 기회를 가져야 하고 가족치료에 임할 때 가능한 어떤 일에 참여하는지 분명하게 알아야 한다. 치료자는 다음의 윤리 질문을 고려해 본다. '이 사례에서 각각의 당사자에 대한 나의 윤리적 책임은 무엇인가?'

설명 후 받는 동의서에는 가족치료를 시작하기 위한 조건이 포함되어야 한다. 예를 들면, 특정 구성원이 참석하지 않더라도 가족치료를 시행할 치료사도 있다. 가족 모두가 치료과정에 참여하는 것을 요구하는 가족치료사도 있다. 도움을 간절히 바라는 가족 구성원이 다른 구성원 한 명이 참여하기를 거부한다는 이유로 가족치료를 받지 못해야 하는가? 이것은 가족체계의 모든 구성원이 치료에 참여하지 않으면 가족에게 치료하기를 거부하는 치료자가 가장 자주 직면하는 윤리적 문제 중 하나이다(Wilcoxon et al., 2012). 가족치료에 어떤 잠재적 가치가 있는지 판단하기 위해 한두 회기를 참석해 보기를 꺼려하는 가족 구성원에게 강력하게 권고하는 치료자들이 많다. 자기가 상담회기의 주요 초점이 될 것이라는 느낌 때문에 혹은 특정 정보를 공개함으로 인해 부정적인 결과에 직면할 것이라는 느낌 때문에 협조가 잘 안 될 수도 있다.

치료하기 위해 모든 가족을 만날 필요가 있는지는 전문가들 사이에 합의된 바가 없지만, 저자들은 아동을 치료할 때만큼은 모두 참여하는 것이 중요하다고 생각한다. 아동이 치료 받으러 오는 첫 번째 가족 구성원이기에 아동에게 과도한 짐이 부과될 수 있는 경우가 너무 많다. 가족 전체가 치료에 참여하면 아동은 더 많은 보호를 받게 되고, 전체 체계가 스스로 교정하면서 가족은 아동의 지지기반이 될 수 있다. 더욱이 아동이 겪는 어려움에 영향을 미쳤을 수도 있는 가족체계 문제를 탐색할 수 있다.

## 최근에 대두되는 문제들

본 절에서는 커플 · 가족치료 수행에서 최근에 직업적 문제로 대두되고 있는 몇 가지를 밝히고자 한다. 이 분야에서 활동하는 데 필요한 개인적, 학술적, 경험적 자질이 여기에 포함되어 있다.

### 가족치료사의 개인적 특성

치료자의 개인적 특성은 효과적인 치료동맹 결성의 주요 요인이다(참조 제2장). 유능한 가족치료사의 개인적 특성과 태도는 다음과 같다(Bitter, 2009). 존재함, 수용과 관심, 보살핌, 자기주장과 자신감, 용기와 위험감수, 적응력, 다양성의 영향을 인지함, 가족과의 단합에 관심이 있음, 가족 상담에 참여하고 종사하며 만족감을 느낌.

자기인식, 특별히 원가족 문제와 관련된 자기인식은 가족치료사에게 매우 중요하다. 커플치료의 역동에는 간혹 외도, 별거와 이혼, 성 불평등, 정서적 학대, 문화적 편견과 양육태도 등과 같은 문제가 포함된다(Harway et al., 2012). 치료사는 치료과정에 영향을 줄 수 있는 맹점을 가지고 있을지도 모른다. 정서적 반응을 인식하고 관리하려면 전문교육, 지속적인 자기반성과 수련감독이 필요하다.

치료자가 커플이나 가족 혹은 원가족 문제를 가진 것으로 분류된 개인을 상담할 때, 치료자의 지각과 반응은 자신의 원가족 문제의 영향을 받을 가능성이 높다. 자신의 취약성을 인식하지 못하는 치료자는 내담자를 오해하거나 자신에게 불안이 생기지 않는 방향으로 내담자를 몰고 갈 가능성이 있다. 자신의 정서적 문제를 인식하는 치료자는 내담자의 문제에 덜 휩쓸리게 되어 내담자를 객관적이고 효율적으로 상담할 수 있는 더 좋은 기회를 가지게 된다. 커플 · 가족치료사는 많은 정서적 문제를 관리해야 하기 때문에 정서적 역량이 효과적인 상담실무를 위해 중요하다(Shaw, 2015).

가족치료사 훈련가들 중에는 원가족과의 관계에 영향을 받는 상담실무자의 정신건강에 직업훈련을 위한 시사점이 있다고 믿는 이들이 많다. 수련생은 자신의 원가족의 역동을 탐색함으로써 유익을 얻을 수 있는데, 이는 임상실무에서 만나게 될 가족들과 더욱 효과적으로 관계를 맺는 데 도움을 얻기 때문이라고 추정된다. 윤리적 관점에서 볼 때, 입학 전에 학생들에게 개인과 관련된 훈련의 본질을 알려야 한다.

## 가족치료의 교육요건

가족치료 실무자는 개인적 맥락에서 체계를 중시하는 사고방식으로 패러다임을 전환해야 한다. 인간관계 상담이나 커플 · 가족치료를 전공한 상담석사 프로그램이 많다. 교육 프로그램의 구성요소에는 체계이론에 대한 학습, 원가족 점검, 커플 · 가족 상담에만 독특하게 나타나는 윤리적 · 직업적 문제에 대한 강조 등이 포함된다. 개인 심리치료를 훈련받은 임상전문가는 추가 훈련 없이 체계 관점에서 중재를 유능하게 수행하기 힘들다(Harway et al., 2012). 부부 · 가족 상담을 위한 체계이론 개입의 효과는 문헌에서 점점 더 주목받고 있다. 모든 커플 · 가족 상담교육 프로그램은 개념적 지식, 임상기술, 윤리적이고 전문적인 문제에 대한 이해가 유능한 가족치료사가 되기 위해 필요하다는 것을 인정한다. Scher와 Kozlowska(2012)에 따르면, 사람들을 돕는 다른 전문가들과 마찬가지로 많은 가족치료사는 "어떤 다른 전문가도 실제로 어떤 일이 일어나는지 알아차릴 수 없는 폐쇄적이고 사적인 환경에서 내담자와 상호작용 한다. … 이런 유형의 환경에서 윤리적인 직업적 행동을 촉진하는 가장 좋은 방법이며 유일한 방법은 치료사가 적절하게 훈련받고 선의로 성실하게 행동하기 위해 가능한 최선을 다하는 것이다"(103쪽).

교육 프로그램이 진보하면서 중요한 강의식, 체험적 요소가 무엇인지 밝혀졌다. 가족치료 교육 프로그램에서는 세 가지 주요 훈련방법을 사용한다. 가족을 상담할 계획이라면, 상이한 민족적 · 사회경제적 배경을 가진 여러 종류의 문제를 제기하는 다양한 가족들과의 상담경험을 쌓아야 한다. 교육 프로그램에서 종합적인 교육과정과 임상적 수련감독 모두를 제공한다면 이상적인 학습환경이라 볼 수 있다.

## 가족치료에 필요한 경험적 자격

커플 · 가족치료사 훈련 가운데 양질의 수련감독하의 실무수행과 임상경험을 일차적으로 강조해야 한다. 수련감독하의 실습과 인턴경험을 통해 학술적 지식은 산지식이 되며 수련생은 개입 기술의 사용과 적용방법을 배우게 된다. 가족을 상담한 임상경험은 정규적으로 수련감독을 받아야 진가를 발휘하게 되는데, 이는 교육 초기단계에서 더욱 그렇다. 수련생은 면밀한 수련감독하의 임상현장에서 가족과 직접 만남을 통해 가족과 상호작용하는 자신만의 방식을 개발하게 된다.

체험적 방법에는 개인치료와 자신의 원가족 문제가 모두 포함된다. 학생들은 가끔 가족치료 프로그램 과정의 일부로 자신의 가계도를 제출해야 한다. 개인치료를 경험해야 할 근거는 이러한 탐색을 통해 수련생이 전이와 역전이에 관한 인식을 높일 수 있다는 것인데, 이를 통해 수련생은 임상실무에서 만나게 될 가족들과 더욱 효과적으로 관계를 맺는 데 도움을 얻게 된다.

임상전문가가 업무상 가족을 만나는데 교육 프로그램을 통해 가족에 개입하는 역량을 갖추지 못했다면, 역량을 벗어나 활동한 것에 대한 배임행위소송에 취약해지게 된다. 교육 프로그램에서 전문훈련을 받지 못한 상담실무자는 대학원 졸업 후 연수교육이나 수련을 받아야 한다.

미국부부및가족치료학회(AAMFT, 2015) 윤리규정에는 다음과 같은 역량의 지침이 있다.

> 부부 · 가족치료사는 새로운 발전에 대한 지식을 추구하고 교육, 훈련 및/또는 수련

경험을 통해 부부 · 가족치료의 역량을 유지해야 한다(3.1).

전문 분야에서 새로운 기술을 개발하는 동시에 부부 · 가족치료사는 작업역량을 보장하고 가능한 피해로부터 내담자를 보호하기 위한 조치를 취해야 한다. 부부 · 가족치료사는 적절한 교육, 훈련 및/또는 수련경험을 이수한 후에 새로운 전문 분야에서 상담해야 한다(3.6).

가족치료사로서 이제 막 입문했든, 경험이 풍부하든 관계없이 보수교육을 통해 주기적으로 기술을 향상해야 한다. 가족 상담실무자에게 요구되는 평생학습의 길은 여러 가지가 있다.

## <Ludwig의 사례>

Ludwig는 개인상담만 배우고 훈련받은 상담자이다. Ella와 10회기 이상 상담해 본 그는 문제의 큰 부분이 그녀뿐만 아니라 가족체계 전체에 있음을 깨닫게 되었다. 현재 그는 Ella와 강력한 작업관계를 수립한 상태이다. 그는 가족치료 경험이 전혀 없기 때문에 가족치료 훈련을 잘 받은 동료에게 그녀를 의뢰하는 것을 생각해 봤지만, 그렇게 하면 오히려 그녀에게 유해한 영향을 끼칠 수 있음을 깨달았다. 그녀의 문제 중 하나가 부모에게 버림받았다는 느낌이기 때문이다. 그도 그녀를 버린다는 인상을 주는 것을 피하고 싶었다. 그는 그녀를 다른 전문가에게 의뢰하지 않고 계속 개인상담하기로 결정했다. 참여하지 못한 가족의 역동을 이해하고자 노력하는 데 많은 시간이 할애되었다.

- Ludwig의 임상적 결정에 동의하는가? 그의 논점에도 동의하는가?
- 당신의 견해로 볼 때, 그가 가족치료에 관해 Ella와 의논했다면 달라졌을 것 같은가? 동료의 자문이나 수련감독을 거쳤다면 달라졌겠는가?
- Ludwig가 가족치료사 훈련을 받지 않았음에도 불구하고 내담자의 유익을 위해 가족 전체를 만나 가족치료를 하고자 시도하는 것은 윤리적이라고 할 수 있는가?
- Ludwig가 가족체계 접근을 훈련받았지만 가족치료를 제안했을 때 Ella가 거절한다면 어떻겠는가?

**논평.** Ludwig가 Ella에게 가족치료가 필요하다고 판단한 이상, 그에게 가족치료를 제공할 자격이 없으므로 가족치료를 위해 다른 전문가에게 그녀를 의뢰해야 하는 윤리적인 책임을 지게 된다. 치료자가 의뢰를 할 때마다 내담자 때문에 어려움이 생겨서가 아니라 치료자의 한계 때문에 의뢰한다는 점을 내담자에게 알리는 것이 중요하다. Ludwig가 Ella가 의뢰를 거절이나 유기로 볼 수 있다는 우려를 Ella와 공유한다면, Ella는 Ludwig의 의도가 그녀에게 가장 좋은 것을 원하는 데서 비롯된 것임을 알 수도 있을 것이다. Ludwig는 Ella가 원한다면 가족을 부르지 않고 개인치료를 위해 그녀를 계속 만날 수 있다고 제안할 수 있다. 이렇게 Ella를 지지해 줌으로써 버림받는다는 느낌이 누그러질 수도 있다. 다른 대안으로 Ludwig는 가능하다면 개인치료 시간에 가족치료사가 참여하도록 제안할 수도 있다. 이 방법은 Ella가 새로운 치료사와 함께 안전함을 느끼면서도 버림받은 느낌을 줄이는 데 도움이 될 수 있다.

## 커플 · 가족치료와 가치관

제3장에서 치료자의 가치관이 치료과정의 목표와 방향에 미치는 영향을 논의하였다. 이제 커플과 가족을 상담할 때 가치관이 어떻게 특별한 의미를 가지게 되는지 생각해 보자. 심리사회적 기능장애의 기준을 설정하고, 가족 맥락에서 지목된 환자의 문제를 평가하고, 치료전략을 고안할 때 윤리적 문제가 제기된다. 결혼, 가족 보전, 이혼, 동성 결혼, 가족 내의 성역할과 책임분담, 자녀양육, 동성커플의 자녀 입양, 혼외정사 등과 관련된 가치는 모두 치료자의 개입에 영향을 줄 수 있다. 치료자는 가족 중 한 사람을 등지면서 다른 사람을 편들 수도 있고, 자신의 가치관을 가족에게 강요할 수도 있으며, 가족 구성원보다 가족을 그대로 보전하는 데 더 마음을 쓸 수도 있다. 역으로 치료자는 가족보다 가족해체를 더 적극적으로 주도할 수도 있다.

치료자의 가치체계는 치료자가 가족에게서 보게 되는 문제의 조직화와 정의, 치료의 목표와 계획, 치료의 방향에 중대한 영향을 미친다. 치료자의 가치관이 업무에 어떤 영향을 미치는지 인식하는 것은 치료자의 윤리적 의무이다. 캘리포니아부부및가족치료사협회(CAMFT, 2011a) 윤리규정에는 다음과 같이 명시되어 있다.

> 부부 · 가족치료사는 자신의 문화적 · 인종적 · 민족적 정체성, 가치관과 신념이 치료과정에서 어떻게 영향을 미치는지 인식하기 위해 지속적으로 노력해야 한다. 부부 · 가족치료사는 그러한 자신의 정체성, 가치, 신념에 근거하여 치료 선택이나 성과에 과도한 영향을 주지 말아야 한다(3.7).

의도적이든 의도적이지 않든, 커플이나 가족에게 자신의 가치관을 강요하는 상담자는 상당한 피해를 끼칠 수 있다. 가족 구성원들이 어떻게 변해야 하는지 결정하는 것은 커플 · 가족을 상담하는 가족치료사의 기능이 아니다. 저자들은 가족 구성원들이 자신들의 행동을 보다 명료하게 바라보도록 돕고, 현재의 패턴이 가족을 위해 얼마나 잘 작동하는지 솔직하게 평가하도록 도우며, 필요하다고 생각되는 변화를 실천하도록 격려하는 것이 치료자의 역할이라고 생각한다. 커플 · 가족치료사는 커플과 가족이 유지하거나 조정하거나 버리고 싶어 하는 가치를 협상하도록 돕는 역할을 담당한다.

당신의 어떤 가치관과 경험이 커플 · 가족을 상담하는 방식에 영향을 미칠 수 있겠는가? 다음 두 가지 사례를 공부하면서 성적 태도와 가치가 개입에 어떤 영향을 미칠 수 있는지 생각해 보라. 그런 다음 사람을 돕는 다양한 직종의 윤리규정을 참조하여 이 사례에서 상담사가 제공한 응답이 타당한지 기준들을 확인하라.

## <Virginia와 Tom의 사례>

Virginia와 Tom은 부부인데, 결혼생활 동안 Tom이 여러 번 외도했다는 사실을 Virginia가 알게 되면서 결혼이 위기에 처하게 됐다. Tom은 부부상담사를 만나기로 동의했다. Tom은 결혼생활이 자신에게 의미 있었던 적이 전혀 없었는데 어떻게 자신의 외도가 아내와의 관계에 필연적으로 방해가 되었는지 이해할 수 없다고 말한다. 그는 이미 벌어진 일은 어쩔 수 없으며 과거의 잘못에 연연하는 것은 무의미하다고 생각한다. 그는 자신의 외도를 알게 된 아내의 반응에 화가 나 있다. 그는 아내를 사랑하며 결혼생활을 끝내고 싶지 않다고 말한다. 다른 여성들과의 관계는 헌신적인 사랑의 관계라기보다는 특성상 단지 성적 관계에 불과하다고 말한다. Virginia는 남편을 용서하고 싶지만, 남편의 외도가 과거사임에도 불구하고 남편과 계속 동거하는 것이 너무 고통스럽다고 말한다. 그녀는 과거 외도에 대한 Tome의 반응에 안심하지 못하고 그가 외도를 계속 합리화할지 모른다고 두려워한다.

**상담자 A.** 이 여성 상담자는 첫 회기의 경험으로 볼 때 혼외정사는 결혼생활에 많은 부담을 주고, 사람들은 그러한 상황에서 상처를 받으며, 외도는 상담하러 온 부부에게 문제가 된다고 말한다. 그러나 외도가 때로는 아내와 남편 모두에게 긍정적인 유익을 줄 때도 있다고 덧붙인다. 그녀는 부부가 받아들일 수 있는 것이 무엇인지 스스로 찾도록 할 방침이라고 말한다. 그녀는 Virginia와 Tom을 내담자로 받아들이고 어려움을 해결하기 위해 가능한 한 많은 대안을 생각하라고 요청한다.

- 이 상담자는 중립적인가 아니면 편향적인가? 당신의 생각을 설명하라.
- 이 상담자는 첫 회기에 혼외정사에 대한 자신의 입장을 언급함으로써 자신의 가치를 강요하고 있는가? 당신의 생각을 설명하라.
- 당신이 보기에 이 상담의 접근법은 얼마나 실용적이고 현실적인가? 당신의 생각을 설명하라.

**상담자 B.** 처음부터 이 여성 상담자는 모든 결혼이나 헌신적인 관계에서 외도는 파괴적이라고 생각한다는 점을 분명히 한다. 그녀는 외도는 일반적으로 결혼생활의 강한 불만 때문에 시작되고 다른 실제 갈등의 징후라고 주장한다. 상담자는 Tom과 Virginia가 부부치료에서 이러한 갈등을 발견하도록 도울 수 있다고 말한다. 또한 그녀는 Tom이 Virginia와의 관계를 회복하기 위해 필요한 일을 하는 데 전념하지 않는 한 상담은 효과적이지 않을 것이라고 확신하기 때문에, Tom의 외도가 정말로 과거사가 아니라면 그들을 상담하지 않을 것이라고 말한다.

- 이 상담자는 자신의 가치를 강요하고 있는가? 당신의 생각을 설명하라.
- 상담자가 시작할 때부터 자신의 조건과 가치를 공개적으로 진술하는 것이 적절한가? 그 이유는?
- 이 상담자의 생각과 접근방식에 어느 정도로 동의하거나 동의하지 않는가?

**상담자 C.** 이 여성 상담자는 Tom과 같은 방식으로 외도를 바라본다. 그녀는 부부가 기본적으로 건전한 결혼생활을 하고 있는 것 같다고 지적하며, Virginia가 개인상담을 통해 외도 문제를 극복하는 방법을 배울 수 있다고 제안한다.

- 이런 견해를 가진 상담자가 이 부부를 상담으로 받아들이는 것은 윤리적인가? 그녀는 다른 전문가에게 의뢰를 제안해야 하는가? 당신의 생각을 설명하라.
- Virginia가 표현한 명백한 고통에 상담자가 더 주의를 기울여야 했는가?
- 상담자는 이 부부의 결정에 영향을 덜 미치도록 자신의 가치와 태도를 표명하지 말아야 하는가?

**논평.** 세 치료자의 반응에는 헌신하는 관계에서 일어나는 부정에 대한 명확한 가치관이 각각 드러나 있다. Virginia와 Tom에게 개인적 가치관을 말함으로써 세 치료자 모두 불안정한 윤리적 기반에 서 있다. 치료자가 자신의 개인적 가치관을 인식하는 것은 중요하지만, 자신의 가치관을 직간접적으로 강요하면 안 된다. 치료자는 헌신하는 관계에 관한 자신의 가치관이 업무에 어떻게 영향을 미칠 수 있는지를 인식해야 할 뿐만 아니라, 외도로 인해 유발되는 역전이도 인식할 필요가 있다. 치료자의 임무는 이 부부가 상담을 통해 무엇을 이루기를 원하는지 그리고 그들의 관계에 얼마나 헌신할지 결정할 수 있게 자신들의 가치관을 탐색하도록 돕는 것이다. 치료자는 이 부부가 외도에 대한 서로 다른 견해를 조화할 수 있는지 고민해 봐야 할 것이다.

## <Emily와 Lois의 사례>

동성 커플인 Emily와 Lois는 결혼했지만 이웃 사람들이 그들을 멸시하고 차별하고 있다. 더욱이 Emily가 체외수정을 통해 아이를 낳자, Emily의 부모는 그 아이의 양육권을 얻기 위해 법원에 청원을 접수했다. 그 부모는 두 여성이 그들의 성적 지향 때문에 자녀를 양육하기에 부적합하다고 생각한다. Emily와 Lois는 자신들을 위해 도와주는 지원망이 필요하다고 느끼고, 상담자가 가족을 위해 무엇이 최선인지 판단하는 데 도와줄 수 있기를 희망한다.

**상담자 A.** 이 여성 상담자는 매일 이웃의 반응과 Emily 부모를 접하는 고통은 상상도 하기 힘들다고 말했다. 그녀는 그들을 지지하기 위해 모든 노력을 기울일 것이며, 그 상황을 타계하는 일에 협조하겠다고 언급했다.

- 이 상담자의 접근에 대한 당신의 반응은 무엇인가?
- 이 사례에서 상담자가 제공하는 지지가 충분하다고 생각하는가?

**상담자 B.** 이 남성 상담자는 동성애에 반대하는 편견이 매우 강한 동네로 이사 온 것에 내재된 문제를 봐야 한다고 Emily와 Lois에게 말했다. 그는 적어도 아이를 위해서라기보다 개방적인 동네로 이사하는 것이 이 문제에 대한 최선의 해결책이라고 말했다.

- 혹시 이 상담자의 반응에는 어떤 윤리적인 문제가 있는가? 이 상담자는 자신의 가치관을 강요하고 있는 것인가?
- 상담자가 도입한 개입 중 당신이 동의하는 것은 무엇인가? 동의하지 않는 것은 무엇인가?
- 상담자의 개입은 그가 문제를 정의하는 방법에 대해 무엇을 시사하는가?

**상담자 C.** 이 상담자는 특히 문제를 규명하는 중에 약간 당황스러워졌다. 이것은 결혼생활 문제인가? 성적 지향에 관한 문제인가? 동네의 문제인가? 아니면 억압과 차별의 문제인가?

- 이 상담자의 질문을 읽으면서 어떤 반응이 생기는가?
- 상담자가 당황한 것은 그가 무능하다는 신호인가 아니면 복잡성과 씨름하는 기술이나 능력이 부족하다는 신호인가?
- 당신도 이 상황이 당황스럽게 느껴진다면 어떻게 대처하겠는가?

**논평.** 이 사례에는 상담자가 복잡한 상황에 대처할 수 있는 준비가 되어 있어야 할 필요성을 보여 준다. 상담자는 미리 자문관계를 수립하고 어떤 자원을 이용할 수 있는지 미리 알고 있어야 한다. 상담자 A의 접근방식에는 공감, 인정, 지원을 표현하는 것이 포함되어 있다. 상담사 B의 조언에는 차별의 희생자가 되는 것이 어떤 느낌인지 탐색하기보다 내담자에게 변화의 부담을 지워주고 있다. 상담사 C는 몇 가지 매우 중요한 질문과 씨름하고 있으며 적절한 치료계획을 세우는 데 도움이 되도록 내담자와 함께 토의할 수 있다.

이 커플을 상담할 때, 저자들은 사례가 복잡하다는 점을 인식하고 곤란한 상황에 빠진 Emily와 Lois에게 지지를 표명하면서 상담을 시작하겠다. 우리는 그 부부가 과거에 비슷한 상황을 어떻게 헤쳐 왔는지 살펴보기로 선택할 수도 있다. 우리는 더 잘 도와주기 위해 법, 윤리와 임상 분야의 전문가들에게 자문을 요청하는 것을 허락해 달라고 요청할 것이다. 또한 Emily와 Lois에게 각자의 확대가족과 가족치료를 함께 하는 것에 대해 어떻게 생각하는지 물어볼 것이다. 만약 Emily와 Lois가 가족치료에 관심을 보인다면 다른 전문가에게 적절하게 의뢰하겠다.

동성 결혼은 모든 주에서 합법화되어 있음에도 정치와 사생활 영역에서 계속해서 뜨거운 논쟁이 벌어지고 있지만, 정신건강상담사는 차별을 피하고 모든 커플에게 유능한 서비스를 제공해야 한다. 동성관계에 있는 내담자를 이해하고 유능하게 협력하도록 상담사를 교육하기 위해 아직 갈 길이 멀다. 당신이 동성 커플을 상담하기 위해 얼마나 잘 준비되어 있는지 평가하고, 다음 질문들을 생각해 보라.

- 동성 결혼에 관한 최근의 논쟁에 대해 얼마나 잘 알고 있는가?
- 동성 결혼 문제에 대해 당신의 입장은 무엇인가? 동성 커플을 상담하는 데 방해가 되거나 도움이 될 수 있는 개인적인 경험이나 가치가 있는가?
- 동성 커플이 자주 직면하는 주요 문제를 해결하는 데 당신이 다니는 대학원 프로그램은 얼마나 도움이 되는가?
- 귀하는 이성애 특권에 대해 어느 정도 인식하고 있으며, 이것이 동성 커플에게 어떻게 영향을 미친다고 생각하는가?
- 당신은 신체적 친밀감과 관련된 문제를 다루고 있는 동성 커플과 성이나 성행위에 대해 토의하는 것을 얼마나 편하게 느끼는가?
- 당신은 이성 커플과 성이나 성행위에 대해 토의하는 데 어느 정도 자신이 있는가?

## 성인지 감수성을 고려한 커플 · 가족치료

**성인지 감수성을 고려한**(gender-sensitive) **커플 · 가족치료**는 여성과 남성 모두가 고정관념화된 성역할을 넘어설 수 있도록 돕는다. 이 접근에서는 성차별주의자의 태도와 가부장적 통념이 가족관계에 미친 영향을 검토한다. 이 접근을 취하는 가족치료는 평등주의(egalitarian) 방식으로 치료가 진행되며, 치료자와 내담자 모두 성역할 사회화의 수동적인 수령자가 되기보다 각 개인이 능동적으로 역할을 선택하도록 역량을 확대하기 위해 협력하여 작업한다.

모든 치료자는 성에 관한 자신의 가치관과 신념을 인식해야 한다. 제4장에서 상담자가 문화가 자신의 성격에 어떻게 영향을 미치는지 인식하는 것의 중요성을 논의했다. 마찬가지로 사람들이 성을 정의하는 방식도 문화적 배경과 큰 관련이 있다. 모든 가족치료사가 직면하는 도전은 문화적으로 민감하고, 성인지 감수성을 가지며, 자신의 가치관을 개인, 커플과 가족에게 강요하는 일을 피하는 것이다. Lebow와 Stroud(2016)는 문화와 성을 가족치료 실무의 중심으로 본다. "오늘날 대부분의 가족치료 방법은 성에 대한 이해, 내담자 문화에 대한 적응, 모든 가족형태에서 완전히 평등한 존중을 강조한다"(341쪽).

커플과 가족과 작업하는 상담자가 문화의 역사, 이성애주의의 영향, 자신의 가족을 포함하여 가족의 사회화 과정에 반영된 성 고정관념의 영향을 인식한다면 더욱 윤리적으로 활동할 수 있다. 모든 상담실무자는 적절한 가족의 역할과 책임, 자녀양육 활동, 성적 지향, 다중역할, 그리고 남녀의 비전통적 직업에 관한 자신의 신념을 계속 평가해야 한다. 상담자는 내담자들이 전에는 꿈꿀 수 없다고 여겼던 교육적, 직업적, 정서적 목표를 탐색하도록 돕기 위해 지식을 갖춰야 한다. 성인지 감수성 치료의 원리는 내담자가 스스로를 제한하던 성 개념을 알아내고 훈습하도록 도와주기 때문에 상담자에게 매우 중요한 의미가 있다.

## 가족치료에 대한 여성주의 관점

일부 여성주의 치료자들은 가족치료의 임상실무가 시대에 뒤떨어진 가부장적 통념으로 가득 차 있고, 가족 내에서의 성역할과 성별 규정적 기능이 남성 편향적 관점에 근거하고 있다고 비판했다. 여성주의자들은 가부장적 사회에서 여성은 종속되고, 부적절한 양육에 대해 책임추궁을 당한다고 주장한다. 여성주의자들은 가부장제가 여성과 남성 모두에게 부정적인 영향을 미쳤다는 점을 상기시킨다. 그들은 가족치료를 할 때와 윤리적 결정을 내릴 때 성과 문화 문제를 고려해야 한다고 주장한다(Kleist & Bitter, 2014).

**가족치료에 대한 여성주의 견해**는 관계 속의 성과 권력에 초점이 맞춰져 있고, 성 불평등에 도전하는 일에 개인적으로 헌신하도록 장려한다. 여성주의자들은 남녀 간의 평등을 존중하는 미래 사회에 대한 전망을 신봉한다. 관계 속의 권력 차이를 검토함으로써 부부의 차이점에 대한 수수께끼를 푸는 데 도움을 받는 경우가 자주 있다. 여성주의 가족치료사들은 많은 역할을 공유하며 각각의 역할은 특정한 가치관에 근거한 것이다. 그들은 자신의 가치관과 신념을 명시하여 치료과정이 분명히 이해되도록 하고, 내담자와 평등주의적 역할을 수립하기 위해 애쓰며, 내담자의 자율성과 내담자의 역량을 확대하는 방향으로 상담하고, 여성의 공통점을 강조한다.

여성주의 치료자들은 모든 치료자에게 가치관이 있기에 이 가치관에 관하여 내담자에게 명확하게 설명하는 것이 중요하다고 주장한다. 그러나 이것은 내담자에게 가치관을 강요하는 것과는 다르다. 가치관의 강요는 내담자를 자기 삶의 최고의 전문가로 보는 견해와 일치하지 않는다. 내담자 스스로가 선택하도록 장려해야 하고 치료자는 그들의 선택에 도전하지만 지지해 줘야 한다. 여성주의 치료자들이 성역할과 관계의 권력에 대해 중립적인 입장을 취하지 않는다는 점은 분명하다. 그들은 확실한 사회구조의 변화를 주창하는데, 특히 평등, 관계에서의 권력, 자기결정권, 가사 외에 자유롭게 직업을 추구할 수 있는 권리, 교육을 받을 권리와 모든 인종과 문화 · 성적 지향을 아우르는 사회정의 분야에서의 변화를 추구한다.

이러한 여성주의자의 가치는 다른 문화권의 사람들이 보유하는 가치와 일치하지 않을 수 있다. 일부 문화에서는 평등과 자기결정과 같은 가치를 확대하여 가족을 존중하고 개인의 의제보다 가족의 복지를 우선시하는 것만큼 중요하게 여기지 않을 수 있다. 무엇보다도 치료자는 내담자의 가치체계를 존중해야 한다.

## 가족치료에 대한 비성차별주의 관점

특정한 이론적 지향과 관계없이 상담실무를 수행할 때, 가족치료사는 성 문제를 설명하는 데 필요한 조치는 무엇이든 취하고 성차별을 하지 않는 치료자가 되어야만 한다. 오래된 한 논문에서 Margolin(1982)은 비성차별주의 가족치료사가 되는 방법과 가족 내의 고정관념화된 역할과 기대가 낳은 억압에 도전하는 치료과정을 활용하는 방법에 관해 많은 제안을 했는데, 그 제안은 오늘날에도 여전히 유효하다. 그중 한 가지는 가족치료사 자신이 여성과 남성이 특정 역할을 수행하고 특정 지위를 점해야 한다는 암시의 언급이나 질문을 하는지 검토하는 것이다. 예를 들어, 치료자가 자녀양육을 이야기할 때 여성을 쳐다본다든지, 어떤 중요한 결정을 내릴 필요가 있을 경우 남성에게 말을 거는, 미묘하고 비언어적인 방식으로 편견을 내비칠 수 있다. 더욱이 Margolin은 가족치료사가 다음과 같은 편견에 특히 취약하다고 주장한다. (1) 이혼하지 않는 것이 여성에게 최선의 선택일 것이라고 가정함, (2) 남성의 경력보다 여성의 경력에 관심을 덜 보임, (3) 자녀양육은 어머니의 책임이라는 신념을 부부가 받아들이도록 장려함, (4) 부인의 외도에 대해 남편의 외도와는 다른 반응을 보임, (5) 부인의 욕구보다 남편의 욕구를 충족시키는 데 초점을 맞춤. 그녀는 커플 · 가족치료와 관련된 윤리를 다루면서 다음의 두 가지 중요한 질문을 제기한다.

- (치료자가 보기에) 가족 구성원들이 특성상 성차별적인 목표를 향해 작업하기 원하는 것 같을 때 치료자는 어떻게 반응해야 하는가?

- 치료자의 문화적 감수성은 어느 정도인가? 특히 성역할 정체감에 관한 가족의 정의가 치료자의 견해와 다를 때 어떠한가?

다음의 사례들을 읽으면서 당신의 가치관을 생각해 보라. 성에 관한 견해는 무엇이며, 당신의 견해는 다른 사람을 상담하는 방식에 어떻게 영향을 미치겠는가?

## <Marge와 Al의 사례>

Marge와 Al은 청소년인 두 아들을 키우면서 겪는 스트레스를 해결하기 위해 부부상담을 받으러 왔다. 이 부부는 아들들이 가족을 위해 하는 일이 거의 없다는 점에 치료의 초점을 돌렸다. 치료과정 중에 상담자는 부부 모두 전일제 직업을 가진 것을 알게 되었다. 더욱이 Marge는 가사와 가계를 홀로 책임졌지만 남편은 어떤 가사도 분담하기를 거부했다. Marge는 자신의 이중 직무에 의문을 제기하지 않았다. 부부는 관계에서 책임분담을 탐색하는 데 많은 관심을 보이지 않았다. 대신 그들은 상담시간에 아들들과의 문제를 다루는 방법에 관해 충고를 얻는 데 집중했다.

- 그들이 제시한 문제, 즉 아들들과의 불화를 어떻게 다루겠는가? 아들들의 행동이 암시하는 것은 무엇이겠는가?
- 치료자로서 Marge와 Al이 표명한 관심사에만 초점을 두는 것은 윤리적인가? 이 부부가 성역할에 대한 통념을 통해 스스로와 관계를 어떻게 규정하는지 살펴보라고 도전할 책임이 치료자에게 있는가? 그들의 가치관이 아들들의 행동에 어떻게 영향을 미칠 수도 있는가?
- 당신이 이 부부를 상담한다면 어떻게 하겠는가? 이 사례에서 당신의 개입에는 어떤 가치관이 반영될 것 같은가?

**논평.** 이 사례는 가족치료사가 꽤 자주 마주치는 딜레마를 대표한다. 이렇게 일이 넘치는 부모에게는 자녀에게 할애할 시간이 거의 없을지도 모른다. 자녀는 문제아로 보인다. 이 부분을 탐색하되 부모에게 탓을 돌리지 말아야 한다. 가족 전체를 상담함으로써 문제의 본질을 정확하게 평가할 수 있다. 개입이 필요한 대상은 자녀나 부모만이 아니라 가족체계인 경우가 많다. 우리는 '문제아'가 가족체계의 문제를 반영한다는 체계 관점에 동의한다.

이 사례에는 치료자가 성적 편견을 인식할 뿐만 아니라 성과 관련된 가치관을 명료하게 인식하는 것이 얼마나 중요한지 나타나 있다. 예를 들어, 보다 평등한 관계를 지향하는 치료자는 부부간의 가사분담에 관해 자신의 가치관을 강요하지 않도록 주의해야 한다. 특히 강력한 문화적·종교적 가치관이 부부의 생활방식의 기저에 깔려 있을 때는 더욱 그렇다. 치료자는 부부가 자신들의 관계를 정의한 방식에 얼마나 만족하는지 살펴보고 그들만의 해결책을 찾도록 도전할 수 있다. 그들이 부부관계에서 자신의 역할에 대해 무엇이든 바꿀 수 있다면 그것은 어떤 모습이겠는가?

위의 사례와 다음 두 사례를 생각하면서 전통적인 아내와 어머니에 관한 당신의 가치관이 Melody와 Naomi 같은 내담자와의 관계에 어떻게 영향을 미칠 수 있는지 스스로에게 질문해 보라.

## <Melody의 사례>

38세인 Melody는 기혼 여성으로 교사자격을 취득하기 위해 대학교에 재입학했다. 접수면접 때 그녀는 자기 삶에서 중요한 변화를 계획하고 있지만 상충되는 느낌을 경험하고 있다고 상담자에게 말했다. 그녀는 학교뿐만 아니라 자신의 여러 삶의 측면에 대해 관심과 열정을 공유하는 한 남성을 만났다. 그녀는 변화를 주기 위해 남편과 자녀를 떠나 자신만의 이익을 추구할까 고려 중이다.

다음의 반응들 중 당신의 생각을 반영하는 것은 있는가? 당신이 Melody의 상담자라면 다음과 같은 반응들을 내담자에게 보일 것 같은가?

- "이것은 아마도 당신이 거쳐 가는 한 단계인 것 같아요. 대학교에 재입학하는 많은 여성에게 이런 일이 일어난답니다. 발걸음을 늦추고 생각해 보셔야 할 것 같아요."
- "이렇게 충동적으로 자녀를 떠난다면 후회하시게 될 거예요."
- "당신과 같은 처지에 있는 여성 가운데는 당신이 하려고 계획한 것을 결행하기 두려워하는 사람이 많을 것입니다."
- "당신 부부가 모두 이혼을 원하는지 판단하기 위해 부부상담을 해 보지 않은 채로 이혼하게 되는 것을 바라지 않습니다."
- "어쩌면 잠시 혼자 살게 될 가능성을 생각해 봐야 할 것 같아요. 남편과의 관계에서 벗어나자마자 다른 남성과 새로운 관계를 맺으려는 생각 때문에 걱정되네요."

당신의 어떤 가치관이 Melody에 대한 상담 개입에 영향을 미치겠는가?

**논평.** 치료자의 역할은 Melody가 스스로의 답, 즉 자신의 가치관에 어울리는 해답에 이르는 기회를 제공하는 과정을 촉진하는 것이다. 위에 나온 치료자들의 진술들은 모두 Melody와 함께 탐색해 볼 만한 문제들을 담고 있지만, 진술들은 치료자의 가정에서 나온 것으로 치료자의 가치관을 반영한다. 위의 진술은 Melody가 스스로 길을 찾도록 도와주는 것이라기보다 조언을 주는 범주에 속한다. 이러한 결정을 내리는 Melody를 돕기 위해 다음과 같은 질문들을 할 수 있다. "이 결정을 고려할 때 어떤 느낌이 드십니까?", "행동 방향에 대해 생각할 때 가장 두렵거나 가장 흥분되는 것은 무엇입니까?", "당신의 결정에 대해 더 자세히 살펴보고 싶은 부분이 있습니까?" 치료자는 중요한 인생의 결정이 어떤 결과를 가져올지 신중하게 탐색하여 내담자가 장기적인 목표를 이루도록 도와야 한다. 이 사례에서 여성과 가족에 대한 문화적 · 사회적 기대를 탐색하는 것도 적합할 수 있다.

## <Naomi의 사례>

부부, 네 명의 자녀, 부인의 친정 부모로 이뤄진 White씨 가족은 여러 달 동안 가족치료에 참여했다. 한 회기에서 Naomi(부인)는 운동 코치 일을 하고 싶다는 소망을 표현했다. 이 소원을 들은 다른 모든 가족은 크게 반대했다. 남편은 그녀의 의욕은 존중하지만 그녀가 계속 내조해 주기를 원하며, 둘다 직장을 다니면 가족 전체에 너무 많은 무리가 따르게 될 것 같다고 말했다. Naomi의 친정 부모도 딸의 소망을 듣고는 충격을 받아, 그런 생각은 이기적인 것이니 가족을 우선순위로 삼으라고 설득했다. 자녀들도 어머니가 전업주부로 남기를 바란다고 표현했다. Naomi는 모두에게서 큰 압박을 받았지만, 자신의 직업계획을 따르기로 다짐한 것 같았다. 그녀는 자신이 직장으로 돌아가면 발생하게 될 희생도 인식했지만, 직업적인 꿈을 이룰 수 있도록 가족 모두가 맞춰 달라고 부탁했다. 그녀는 자신의 계획이 가족에게 손해를 끼치지 않을 것이라고 확신했다. 치료자는 그녀의 포부에 대해 전혀 지지하지도 않고 기본적인 조정을 고려해 보자고 가족에게 요청하지도 않는 모습을 통해 명백한 편견을 내비쳤다.

- 이 치료자에게 성역할 고정관념을 조장한 책임이 있다고 생각하는가?
- 치료자의 개입에 가족 전체의 복지에 대한 관심이 나타나 있는가?
- 이 사례에 잠재되어 있는 다른 윤리적 문제들은 무엇인가?
- 당신은 성역할에 관한 자신의 편견을 인식하고 이 가족과 어떻게 작업하겠는가?
- 치료자의 목표는 가족 모두가 구체적인 결정에 만족하도록 돕는 것이어야 하는가, 아니면 정해진 결과에 초점을 맞추지 않고 의사결정 과정을 탐색하도록 돕는 것이어야 하는가?
- 치료자에게 Naomi의 계획을 찬성하는 명백한 편견이 있어 그녀의 결정을 받아들이는 법을 배우도록 가족에게 조언한다고 가정해 보라. 이 접근에서 일어날 수 있는 윤리적 문제들이 있는가? 이런 종류의 사례에서 치료자가 중립을 유지할 수 있다고 생각하는가? 당신의 입장을 설명하라.

**논평.** 이 치료자의 가치관은 가족의 문제를 알아내고 탐색하는 데 영향을 미친다. 이 사례에는 치료자가 자신의 개인적인 신념과 가치관을 이해하고 내담자를 상담할 때 이를 강요하지 않도록 주의하는 것이 얼마나 중요한지 나타나 있다. Naomi의 포부를 지지하지 않는 것이 이 가족을 치료할 때 탐색해야 할 핵심이어야 한다. 그런데 Naomi는 남편과 자녀들과 부모에게 지지를 받지 못한 것처럼 치료자에게도 지지를 받지 못했다. 치료자는 Naomi의 관심사를 경청하지 않았다. 그 대신 치료자는 Naomi가 그녀의 계획을 따르지 못하도록 미묘하게 좌절시키면서 가족들과 은밀히 결탁했다.

커플은 역할과 책임에 대해 습관대로 하기 때문에, 역할이 어떻게 협상되었는지, 그리고 책임의 변화에 따라 역할을 재평가하고 싶은지 여부를 묻는 것은 유용할 수 있다. 한 파트너가 자신의 의무에 대해 분개하는 반면 다른 파트너는 현상 유지가 용인될 수 있다고 느끼는 것은 드문 일이 아니다. 방침을 강요하지 않으면서도 부부에게 질문할 수 있다. 질문의 목표는 치료사의 가치에 의해 영향을 받아 특정한 결과에 도달하기보다는 부부가 그들의 위치에 대해 더 큰 통찰력을 얻도록 돕는 것이어야 한다.

# 커플 · 가족치료사의 책임

Margolin(1982)은 자신의 획기적인 논문에서 개인치료에서 맞닥뜨리는 난해한 윤리적 문제들이 가족 구성원들을 한꺼번에 만날 때는 더욱 복잡해진다는 점을 설득력 있게 역설한다. 그녀는 복수의 내담자들과 작업할 때 자주 겪게 되는 딜레마는 한 사람의 최상의 이익에 이바지하는 개입이 다른 가족에게 부담을 주거나 치료에 역행할 수 있는 경우라고 진술한다. 치료자는 모든 가족이 가족 전체의 문제에 기여한다고 생각하기에 어느 한 가족 구성원의 대리인이 되는 것을 피한다. 윤리적으로 직무를 수행하려면 치료자는 가족 각자에 대한 헌신을 분명히 해야 한다.

## 커플 치료자의 책임

치료자의 책임은 커플 상담에서도 매우 중요한 문제이다. 이는 부부에게 상담을 받으려는 공통의 목적이 없을 경우에 더욱 그렇다. 한쪽은 이혼상담을 위해 오고 다른 한쪽은 결혼생활을 유지하기 위해 상담받기를 원할 때, 치료자는 윤리적 책무를 어떻게 이행해야 하는가?

주요 고려사항은 부부의 갈등과 관계 문제를 개별치료에서 다룰지 아니면 결합치료에서 다룰지 결정하는 것이다. 개별치료가 일반적이지만, Chambers, Solomon과 Gurman(2016)은 결합치료가 커플이 직면하는 문제를 해결할 때 선택하는 치료법이라고 언급한다. 커플치료는 광범위한 가족치료 분야에서 주요 상담실무가 되었으며, 커플치료의 효능은 수백 건의 실험-대조군 실험에서 잘 입증되었다. "특히 연구에 따르면 커플의 70%가 커플치료를 통해 개선된 것으로 나타났다"(321쪽). 결합치료를 수행하는 치료자는 커플치료에 대한 교육을 받고 윤리적으로 실천해야 할 전문적인 책임이 있다. 그들은 커플을 상담하는 것과 관련된 특별한 고려사항들을 다루는 데 유능해야 한다.

## 친밀한 관계에서의 폭력과 치료자의 책임

친밀한 관계에서의 폭력은 잘 알려진 바와 같이 모든 인종과 사회경제적 배경을 가진 사람들에게 영향을 미치는 정신건강 문제이다. 여성이 가정폭력의 표적이 되는 경우가 더 많지만 남성도 피해자일 수 있다. 친밀한 관계에서의 폭력은 동성관계와 이성애 관계 모두에서 발생한다. 현행법에 따르면, 정신건강 서비스 제공자는 일반적으로 친밀한 관계에서의 폭력은 신고할 의무가 없다. 내담자가 신고된다면 피해자나 가해자로서 자신의 학대에 대해 앞으로 나서지 않을 것임을 추측할 수 있다. 친밀한 관계에서의 폭력을 경험하는 내담자를 상담하는 상담자는 신고가 되지 않은 경우 개입방법에 대해 어려운 결정을 내려야 한다. 치료자의 목표는 커플과 함께 집에 있을지도 모르는 자녀를 보호하는 것을 포함하여 추가 피해로부터 피해자를 보호하는 것이다. 대부분의 주는 아동이 정신적으로 피해를 입었을 수 있기 때문에 아동이 가정폭력을 목격한 것으로 알려진 경우 상담자는 아동학대 상황을 신고해야 한다.

이 어려운 주제를 탐구하기 시작할 때, 다음 질문에 답하여 친밀한 관계에서의 폭력과 관련된 복잡한 문제에 대한 자신의 반응을 검토하라.

- 상담자가 내담자에게 발생한 모든 친밀한 관계에서의 학대 사례를 보고할 의무가 없다는 법률에 동의하는가? 그 이유는 무엇인가?
- 어떤 관계에 존재하는 가정폭력을 의무적으로 신고하지 않아도 될 경우, 잠재적으로 임상적인 이점은 무엇인가?
- 친밀한 관계에서의 폭력을 신고하지 않으면 상담자, 가해자, 피해자에게 어떤 단점이나 위험이 발생하게 되는가?
- 상담자는 의무 보고자가 아니기 때문에 문제의 일부인가?
- 친밀한 관계에서의 폭력 가해자 또는 피해자인 내담자를 상담할 때 촉발될 수 있는 개인적인 경험이 있는가? 이러한 경험은 내담자를 효과적으로 상담하는 능력에 어떤 영향을 미칠 수 있겠는가?

가정폭력의 경우, 임상전문가는 가정폭력이 지속되는 동안에도 커플치료를 수행한다면 학대 피해자가 잠재적으로 위험할 뿐만 아니라 비윤리적인 직무수행이라는 점에 동의한다. 가정폭력을 인식하지 못하면 가족과 치료사 모두에게 비참한 결과를 초래할 수 있다. 가족폭력이나 갈등이 심한 경우, 가족치료나 결합치료를 위해 가족을 모으는 것이 안전하지 않을 수도 있다(Lebow & Stroud, 2016). 치료자는 신체적 · 정서적 위험이 발생할 수 있는 시기를 결정할 책임이 있다. 학대 가해자가 일련의 치료를 마쳤다면 치료시설에서 제공하는 평가에 따라 커플치료를 받게 될 가능성이 있다. 가정폭력이 수반되는 상황에서 고려해야 할 윤리적 · 법적 문제들이 모두 있다. 상담실무를 하는 도

중 윤리적 · 법적 차원에서 불일치할 경우, 커플치료사는 자문을 요청하는 것이 특히 중요하다.

## <Willa의 사례>

경험 많은 학교상담사인 Roselle은 16세 여학생 Willa를 상담하고 있는데, 그 학생은 최근에 17세 남자 친구 Sawyer와 '학대' 관계에 있다고 털어놓았다. Willa는 Roselle이 신고하거나 Willa의 부모에게 알리면 모든 것을 부인할 것이라고 말했다. 설상가상으로 Willa의 어머니는 학교 체육 교사여서 Roselle은 회의와 교직원 휴게실에서 그녀와 자주 마주쳤다. Willa의 어머니는 Roselle이 딸을 만나는 데 동의했고 냉소적인 어조로 "딸이 선생님에게 끔찍한 말을 한다 해도, 전 별로 알고 싶지 않아요!"라고 말했다. Willa가 타박상을 입은 채로 상담시간에 나타나 Sawyer와의 관계에 대한 정보공유를 중단했기 때문에 내담자에 대한 Roselle의 우려가 커지고 있다. Roselle은 이 시점에서 비밀보장을 어기지 않기로 결정한다. Roselle은 Willa의 신뢰를 얻기 위해 계속 상담하고 있으며, 십대들 사이에서 발생하는 '학대'의 종류에 대해 더 많이 알고 싶어 한다.

- 이 상황에서 학교상담사는 어떤 법적 · 윤리적 의무가 있는가?
- 이 사례는 아동학대나 가정폭력인가 아니면 둘 다인가? 당신의 답변에 기초한다면 보고와 관련하여 당신의 의무는 무엇인가?
- Willa의 어머니에게 알리거나 신고하는 경우, Willa를 상담하는 데 어떤 임상적 우려가 있겠는가?
- Willa와 그녀의 어머니를 같이 만나는 것을 고려하겠는가? 그 이유는 무엇인가?
- Sawyer를 상담시간에 참석시키는 것을 고려하겠는가? 그 이유는 무엇인가?

**논평.** 저자들은 Roselle이 Willa의 어머니를 상담에 참여시킬 필요가 있는지 여부를 결정하기 전에 Willa로부터 더 많은 정보를 수집해야 한다는 데 동의한다. Willa의 어머니가 같은 학교에서 일한다는 이유로 Roselle이 다른 내담자의 부모와 이야기하는 것보다 그녀와 더 공개적으로 이야기할 권리가 생기지는 않는다. 그러나 Willa는 미성년자이기 때문에 부모가 요청할 경우 Willa의 상담 정보를 얻을 수 있는 권리가 있다.

저자들은 초기에 Sawyer나 Willa의 부모를 상담시간에 참석시키지 않을 것이다. 우리는 Willa와 긴밀히 협력하여 그녀의 상황을 더 잘 파악하고, 그녀 또는 그녀의 파트너가 위험에 처해 있는지 확인하는 데 집중할 것이다. 우리는 Sawyer가 같은 학교 학생인지 아니면 다른 학교 학생인지, 그리고 그가 실제로 17살인지 알아내려고 노력할 것이다. 그가 Willa보다 훨씬 나이가 많다면, 이것은 친밀한 관계에서의 학대가 아니라 아동학대일 수도 있다. Willa가 피해자인 경우 위험이 높아질 수 있으므로 이 시점에는 Sawyer를 상담시간에 참석시키지 않을 것이다. 우리는 또한 미성년자 간의 학대에 관한 주 법률을 확인하여 진행방법을 결정할 것이다.

# 커플 · 가족치료와 비밀보장

비밀보장은 커플 · 가족치료에서 독특한 의미가 있다. Kleist와 Bitter(2014)는 상담실무자가 여러 사람을 한 공간에서 상담할 때, 비밀보장에 대한 문제가 기하급수적으로 증가한다고 말한다. 그들은 비밀보장과 관련된 윤리적 문제가 가족치료에서는 더 복잡해지고 극도로 어려워진다고 언급한다. 이러한 윤리적 문제들 중에는 누가 서비스를 받는 내담자인지 개념화하는 문제, 설명 후 받는 동의를 제공하는 문제, 개인적인 맥락에서 인간관계 문제를 다루는 것이 포함된다.

온라인 요소를 추가하면 커플 · 가족치료의 경우 어려운 상황이 훨씬 더 복잡해진다(Wilcoxon, 2015). 온라인 치료의 경우 대면으로 만나는 치료에 비해 비밀보장에 대한 신뢰가 떨어지는 경향이 있다. 온라인 교환 중에 발생할 수 있는 해커, 온라인 바이러스와 기타 문제는 비밀보장을 위협한다. 글상자 '커플 · 가족상담과 비밀보장'에는 최고의 상담실무를 위한 지침이 있다.

## 윤리규정: 커플 · 가족 상담과 비밀보장

**미국부부및가족치료학회(AAMFT, 2015)**

부부 · 가족치료사는 서비스 초기에 내담자와 기타 이해 당사자에게 비밀보장의 특성과 내담자의 비밀보장 권리제한에 관해 공개해야 한다. 치료사는 비밀정보가 요청될 수 있는 상황과 비밀정보의 공개가 법적으로 요구될 수 있는 상황을 내담자와 검토해야 한다. 상황에 따라 반복적인 공개가 필요할 수도 있다(2.1).

**미국상담학회(ACA, 2014)**

커플 · 가족 상담에서 상담자는 누구를 '내담자'로 보는지 명료하게 규정하고 비밀보장의 기대와 한계에 관해 토의해야 한다. 상담자는 정보의 기밀성에 관해 모든 관련 당사자에게 동의를 구하고 그러한 동의를 문서로 남겨야 한다. 반대한다는 합의가 없는 경우, 커플 또는 가족을 내담자로 간주한다(B.4.b).

**국제부부및가족 상담사협회(IAMFC, 2011)**

부부 · 가족 상담사는 가족 구성원 각자가 개인상담, 자문 혹은 부수적인 접촉을 했을 때 상담자에게 말한 내용을 비밀정보로 취급할 것이라고 내담자에게 알려야 한다. 이러한 진술은 말한 당사자의 허락 없이는 다른 가족에게 공개되지 않을 것이다. 그러나 부부 · 가족 상담사는 상담의 내담자가 누구인지 명료하게 밝혀야 하며, 내담자는 부부나 가족체계가 될 수도 있고, 누가 내담자인지 문서로 내담자에게 알려야 한다. 부부 · 가족 상담사는 가족의 비밀을 옹호하지 않으며 가족 중 일부에 대항하기 위해 다른 가족과 공모하지 않을 것이라고 내담자에게 알려야 한다. 그렇게 하지 않으면 역기능적인 가족체계 역동을 부추기게 된다. 내담자가 개별 만남에서 말한 정보를 공유하지 않는 것이 협의된 상담목표를 방해한다면, 상담사는 치료를 종결하고 내담자를 다른 상담사에게 의뢰할 수도 있다. 부부 · 가족 상담사 중에는 개인을 따로 만나지 않고 가족체계에 서비스를 제공하는 것을 선호하는 이들도 있다(B항).

## 복수의 내담자와 비밀보장에 관한 상이한 관점들

커플 · 가족치료사는 비밀정보가 커플 또는 가족에게 어떤 의미이며 어떻게 보장될 것인지 명확히 한다. 내담자의 비밀보장 문제는 비밀정보를 다루는 것과 관련하여 발생하는 경향이 있다(Wilcoxon et al., 2012). 치료자는 가족이 모든 비밀을 탐색하도록 시도해야 하는가? 가족의 비밀이 드러날 경우 가족 중 일부가 극심한 불편을 겪을 우려가 있을 경우, 비밀정보를 공개하는 것의 장점과 단점은 무엇인가? 일부 커플치료사는 외도를 하고 있는데 이를 멈출 생각을 하지 않는다면 부부를 상담하지 않거나 상담을 중단한다.

커플이나 가족을 상담할 때의 비밀보장의 역할에 관해 치료자들은 상이한 견해가 있다. 치료자가 가족 구성원 개별상담 시간에 얻은 정보를 가족 상담시간에 공개하면 안 된다고 보는 견해가 있다. 커플 상담의 경우 각자를 개별상담으로 만나고자 하는 상담실무자도 있는데, 이 경우 배우자 중 한 명이 알려준 정보는 비밀이 보장된다. 어떤 치료자는 가족 구성원을 개별적으로 만나려고 하지 않는데, 이는 그렇게 하면 비생산적인 동맹이 맺어져 비밀유지를 조장하게 되기 때문이라고 주장한다. 일부 치료자는 개별상담시간에 들은 내용 중 무엇을 커플 · 가족 상담시간에 공개할지는 자신의 판단력을 활용하여 결정할 것이라고 가족 구성원들에게 말한다.

커플이나 가족 전체를 상담하는 치료자 중에는 한 걸음 더 나아간 이들도 있다. 그들의 방침은 개인적으로 나눈 정보라 해도 비밀로 간직하기를 거부하는 것이다. 그들의 견해는 비밀이 효과적인 커플 · 가족치료에 역효과를 준다는 것이다. 그래서 '숨겨진 의제'를 커플 · 가족 상담시간에 공개해야 할 내용으로 보는 것이다. 개별상담 시간에 얻은 정보가 커플이나 가족의 최대 유익에 부합된다고 판단될 때만 공개할 것이라는 점을 내담자에게 알리는 치료자도 있다. Benitez(2004)는 '비밀 없음(no secrets)' 방침은 커플

상담을 제공하는 치료자에게 필수적이라는 입장을 취한다. Benitez에 의하면, 이 방침에는 다른 배우자가 없는 상황에서 한 배우자가 나눈 정보가 치료자의 재량에 따라 다른 배우자에게 공개될 수도 있다는 내용도 언급되어 있어야 한다. 그렇게 함으로써 치료자는 커플 상담시간에 내담자의 비밀을 지켜야 하는 입장에 처하지 않게 된다. 그러나 각 당사자가 이 방침을 미리 충분히 설명을 듣고 동의해야 한다. 커플에게 이 방침을 자주 상기해 주는 것이 필요할 수도 있다. 비밀보장을 약속하지 않은 치료자라고 해서 문제에서 자유로운 것은 아니기 때문에 자신의 행동이 치료에 어떤 파급효과가 있는지 신중하게 고려한다.

이와 관련하여 잠재된 문제를 보여 주는 한 가지 좋은 예가 있다. 커플 중 한 사람이 개별 상담시간에 혼외정사 중이라고 치료자에게 고백했다. 그 사람은 치료자에게 '비밀'을 공개하지 말라고 부탁하고 심지어 요구까지 했다. Shaw(2015)는 치료자와 커플 중 한 명이 비밀을 가지고 있다면 공모를 한 셈이라고 주장한다. 이와 같은 비밀은 "안정 애착이라는 치료목표가 약화될 수 있으며, 모든 당사자에게 평등한 옹호를 제공할 의무가 손상될 수 있다"(513쪽). 유명한 가족치료사였던 고(故) Jay Haley도 다른 파트너가 모르는 비밀을 치료자가 일단 알게 되면 "이미 그 사람과 공모한 것"이라고 말하곤 했다. 커플이나 가족을 항상 같이 만나는 것을 방침으로 삼는 일부 가족상담실무자들은 이 점을 근거로 삼는다.

치료사는 치료를 시작할 때부터 서비스의 조건을 설명하고, 협상하고, 설정해야 한다. 여기에는 커플치료 시스템 내에서 모든 당사자가 기밀유지의 제한에 동의하도록 하고 이를 서면으로 작성하는 것이 포함된다(Butler, Seedall, & Harper, 2008). 이러한 견해를 반영하듯 변호사인 Richard Leslie(Riemersma, 2007에서 인용)에 의하면, 치료자는 상담관계가 시작될 때부터 내담자에게 비밀보장의 한계를 알려야 한다. Leslie는 이때 구두와 문서로 '비밀 없음' 방침과 왜 그런 방침이 필요한지 설명해야 한다고 주장한다. 이 방침을 고수하는 주요 이유는, 치료자의 일차적 책무가 커플이나 가족 전체를 적절하고 효과적으로 대하는 것이라는 점을 상담 참여자들에게 분명하게 알리기 위해서이다. 내담자는 이 방침이 치료를 받는 개별 참여자와 커플이나 가족 전체의 갈등을 방지하기 위해 고안된 것이라는 점을 알아야 한다. Leslie에 따르면, 치료자는 효과적인 치료가 이뤄지도록 하기 위해 내담자와 무엇을 공유하는 것이 필요한지에 대해 최선의 임상적 판단력을 활용할 수 있는 권리가 치료자에게 있음을 확인하는 것이 핵심이다.

## <궁지에 몰린 치료자의 사례>

어떤 남성이 여러 개인적인 갈등을 해결하기 위해 개인치료를 받고 있었는데, 관계 문제는 그 여러 갈등 중 하나에 불과했다. 후에 그의 여자친구가 결합상담에 참여하게 되었다. 결합상담에서 남자친구가 과거에 바람 핀 사실을 여자친구가 알게 됐을 때 느꼈던 배신감에 대한 이야기에 많은 시간을 할애했다. 그녀는 상처받고 분노했지만, 남자친구가 과거의 외도관계를 다시 시작하거나 새로 외도를 하지 않기로 한다면, 관계를 유지하고 치료회기에 올 것이라는 데 동의했다. 남자친구도 그녀의 요구에 동의했다. 여성 치료자는 비밀보장에 관한 자신의 견해를 뚜렷하게 언급하지 않았고 '비밀 없음' 방침을 설명하지도 않았지만, 남자친구는 치료자가 자신과 여자친구의 개별상담 시간에 들은 내용을 서로에게 비밀로 할 것이라고 추측했다. 어느 날 결합상담 시간에 치료자는 두 사람이 관계 향상을 위해 작업하기 원한다면, 외도를 유지하거나 시작하는 것이 역효과를 불러온다고 언급했다.

이후 개별 상담시간에 남자친구는 새로 외도를 시작했다고 말했다. 그는 동의한 대로 살지 못한 점에 죄책감이 들어 치료자와 개별적으로 만났을 때 이 문제를 꺼냈다. 하지만 그는 외도가 여자친구와의 관계에 부정적인 영향을 주지 않았고 오히려 연인관계에서 경험하는 많은 어려움을 참는 데 도움이 되었다고 주장했다. 또한 그는 이 문제를 결합상담 시간에 언급하지 말라고 부탁했는데, 이는 자기가 또 다른 여성과 관계를 맺었다는 사실을 여자친구가 알게 되면 떠날지 모를까봐 두렵기 때문이라고 했다. 윤리적인 행동방침을 결정하기 위해 다음의 질문들을 생각해 보라.

- 치료자가 비밀보장에 관한 자신의 견해를 뚜렷하게 언급하지 않았고 '비밀 없음' 방침에 대해서 토의하지도 않았다. 치료자가 결합상담 시간에 남자친구가 새로 외도한 사실을 꺼내는 것은 윤리적인가?
- 남자친구가 외도로 인해 연인관계가 방해받은 것이 아니라 실제로 강화된다고 말한 사실에 비추어 볼 때, 치료자는 외도에 관한 자신의 신념을 어떻게 다뤄야 하는가?
- 치료자는 남자친구가 외도를 그만두도록 설득하는 시도를 해야 하는가? 남자친구에게 이 문제를 직접 결합상담 시간에 꺼내도록 설득해야 하는가? 치료자가 이 문제를 꺼내지 않는다면 여자친구에게 등을 돌리고 남자친구와 은밀히 공모하게 되는 것인가?
- 치료자는 자신의 강한 편견 때문에 이 커플과의 치료를 중단해야 하는가? 치료자가 종결과 다른 전문가에게 의뢰를 제안한다면, 그렇게 하는 이유가 뭐라고 하겠는가? 여자친구가 의뢰 제안에 당황해하며 그 이유를 알기 원한다면 치료자는 무엇이라고 말해야겠는가?
- 치료자는 이미 남자친구의 개인치료자의 역할을 수행하고 있는데 커플치료를 시작해야 했는가?

**논평.** 이 치료자는 커플상담을 시작할 때 비밀에 관한 입장, 특히 외도와 관련된 비밀을 어떻게 다룰지에 대한 입장을 분명히 밝혀야 한다. 이 사례는 치료자가 상담을 시작할 때부터 비밀보장의 한계에 관해 명확하게 알리지 못했을 때 일어날 수 있는 일을 보여 주는 좋은 예이다. '비밀 없음' 방침을 규정하는 설명 후 받는 동의를 제공하지 못했기 때문에, 이 치료자는 이 커플의 치료에 도움이 되도록 상담하는 능력이 한계에 부딪히게 됐다.

윤리적 기준에는 외도를 공개해야 한다는 의무는 없다. 그러나 임상적인 문제로서 이러한 비밀은 치료자의 상담에 큰 어려움을 주며 커플 상담의 성과에 영향을 미칠 수도 있다. Shaw(2015)는 이 문제를 적절하게 설명한다. "비밀공개에 대한 실무적인 방침은 중요하지만 동시에 관계 상담에서 상충되는 책임으로 인한 긴장도 유발한다"(513쪽). 치료자가 파트너 중 한 사람이 비밀을 밝힐 경우 이 비밀을 어떻게 다룰지에 대해 커플에게 명료하게 설명하지 못한다면, 이 문제는 윤리적인 차원으로 넘어가게 된다. 비밀이 표면화되고 탐색되어야 치료회기에 진전될 가능성이 높아진다.

# 제11장 요약

복수의 내담자가 요구하는 사항을 충족하는 데 어려움이 있을 수 있지만 큰 보상을 얻을 수도 있다. 치료에 대한 체계접근은 내담자는 물론 그에게 중요한 관계에 더 큰 성장을 촉진할 수 있다. 커플 · 가족치료 분야는 급속도로 확장되고 개발되고 있다. 교육 프로그램의 확장과 함께 전문화된 훈련과 경험의 필요성이 대두된다. 윤리적 문제에 관한 철저한 논의가 이러한 모든 교육 프로그램에 포함되어야 한다. 논의될 주제로는 주요 내담자가 누구인지 정하기, 비밀보장 다루기, 비밀취급 방침, 설명 후 받는 동의서 제공하기, 미성년자와의 상담, 가족치료에서 가치관의 역할 탐색하기 등이 있다.

치료자의 과업은 커플이나 가족이 자신들의 가치관을 탐색하고 명료화하도록 돕는 것이지 치료자의 가치관을 받아들이도록 영향력을 행사하는 것이 아니다. 마찬가지로 중요한 윤리적 문제는 치료자의 인생경험이 효과적이고 객관적으로 상담직무를 수행하는 능력에 미치는 영향이다. 모든 윤리적 문제에서처럼 건전하고 윤리적인 상담실무와 임상적 의사결정에는 중요한 관계가 있다. 예를 들면, 가족치료사는 누가 가족 상담회기에 참석할지 결정하는 문제의 윤리적 측면과 관련하여 이따금 혼란을 경험할 수도 있다. 그러나 이러한 결정이 임상적 이론과 방법론을 토대로 하는 견고한 기초 없이 이뤄질 수 없다는 점은 분명하다. 늘어난 지식과 실제 경험을 통해 치료자는 더욱 강한 확신을 가지고 이러한 윤리적 결정을 내릴 수 있다. 정기적인 수련감독을 순순히 받고, 필요할 때 자문을 요청하고, 자신을 위한 치료에 기꺼이 임하려고 하는 것은 커플 · 가족치료사가 자신의 임상기술을 다듬고 역량을 유지할 수 있는 방법들이다.

## 추천 활동

1. 커플 · 가족치료를 수행할 때 설명 후 받는 동의는 특히 중요하다. 수업 토의 주제로 다음의 문제들을 탐구해 보라. 가족 모두가 가족치료에 참여해야 한다고 주장하는 것의 윤리적 함의는 무엇인가? 가족치료사가 상담을 시작할 때 참여한 모든 사람에게 어떤 종류의 정보를 제시해야 하는가? 가족 구성원 한 명의 최상의 이익보다는 가족 전체의 복지에 중점을 둘 경우 어떤 윤리적 갈등이 있는가?
2. 당신이 사는 주에서 커플 · 가족치료의 직무수행을 규정하는 현황을 조사하라. 혹시 이 분야의 자격증이나 면허증을 얻기 위해 어떤 학력과 훈련요건이 필요한가?
3. 조별로 커플 · 가족치료사가 마주치게 되는 주요 윤리적 문제들을 토의하라. 비밀보장, 모든 가족을 참여시키는 치료 강행, 유능한 가족치료사의 자격요건, 가족 구성원에 대한 치료 거부, 치료자의 가치관을 가족에게 강요하기, 역량을 넘어서는 직무수행 같은 문제들을 생각해 보라.
4. 당신의 원가족을 탐구하기 위한 과제를 고안하라. 친척들을 가능한 많이 면담하라. 당신이 현재 고민하고 있는 문제를 포함하여 원가족에서 비롯된 것일지도 모르는 관계의 유형을 찾아보라. 가족을 상담하기 위해 스스로 준비하는 방법의 일환으로 당신의 가족을 탐구할 경우 어떤 장점이 있는가?
5. 이 활동은『가족치료와 상담의 이론과 실제(*Theory and Practice of Family Thearpy and Counsleing*)』(Bitter, 2014)에서 발췌한 것이다. 당신의 원가족에 대해 생각해 보라. 당신이 자라나는 과정에 포함되었던 가족, 문화, 성에 관한 관점은 무엇인가? 당신은 평생 얼마나 많은 유형의 가족과 문화의 관점에 노출되었는가? 당신의 원가족이 문화적 차이로 인해 차별이나 압제를 당해 본 적이 있다면 어떤 경험을 하였는가?
6. 가족치료사를 위한 개인적, 학구적, 경험적 기준을 수립하는 위원회에 참여하고 있다고 상상해 보라. 유능한 가족치료사의 필수조건으로 어떤 자격을 삼으려고 하겠는가? 가족과 작업하기 위해 수련생이 갖춰야 할 최소한의 요건은 무엇이라고 생각하는가? 커플 · 가족치료사를 위한 이상적인 교육 프로그램은 어떤 것인가?
7. 본 장에 수록된 사례들을 검토하고 가장 흥미로운 사례를 하나 선택하라. 당신이 이 특별한 사례에 등장하는 커플 · 가족치료사라고 상상해 보라. 제1장에서 소개한 윤리적 의사결정 모델을 이 사례에 적용하여 관련 문제(윤리적, 임상적, 문화적, 법적)를 해결하기 위해 거치는 단계들을 제시하라.
8. 2~3인이 한 조로 커플 · 가족치료에서 비밀을 다루는 문제를 어떻게 헤쳐 나갈 것인지 토의하라.

# 제 12 장

# 집단작업과 윤리적 문제

## 학습목표

1. 집단지도자의 교육과 수련감독의 핵심적인 윤리적 측면을 파악한다.
2. 집단작업자를 위한 다양성 교육의 윤리적 문제를 설명한다.
3. 집단작업에서 다문화와 사회정의 역량에 대한 지침을 설명한다
4. 집단의 공동 지도와 관련된 윤리적 고려사항들을 인식한다.
5. 집단 구성과 관련된 윤리적 문제를 토의한다.
6. 집단원 선별과 선정과 관련된 윤리적 문제를 파악한다.
7. 비자발적 집단원 상담과 관련된 윤리적 문제를 명확히 한다.
8. 집단 참여와 관련된 심리적 위험요소를 파악한다.
9. 집단에서 비밀보장의 역할과 한계를 이해한다.
10. 집단작업에서 소셜 미디어와 관련된 사생활보호와 비밀보장 문제를 요약한다.
11. 집단작업에서 윤리적이고 효과적인 종결에 포함되어야 할 요소를 설명한다.
12. 집단작업에서 근거기반치료와 실무기반치료의 차이점을 구분한다.

## 점검을 위한 자기평가

지침: 각 문장을 읽고 자신의 신념과 태도를 가장 잘 나타내고 있다고 생각되는 수준의 번호를 빈칸에 기록하시오.

5 = 강력히 동의한다.

4 = 대체로 동의한다.

3 = 결정하기 어렵다.

2 = 거의 동의할 수 없다.

1 = 절대로 동의할 수 없다.

_____ **1.** 내가 개인 심리치료를 할 자격이 있다면, 집단 심리치료도 효과적으로 수행할 수 있다.

_____ **2.** 윤리적으로 직무를 수행하려면, 예비 집단원을 신중하게 심사하여 선발해야 한다.

_____ **3.** 집단을 통해 최상의 유익을 얻을 수 있도록 구성원들을 준비시키는 것이 중요하다.

_____ **4.** 치료집단에 참여하도록 사람들에게 요구하는 것은 특별한 윤리적인 문제를 일으킨다.

_____ **5.** 집단이 구성원 중 한 사람에게 압력을 행사하도록 허용하는 것은 비윤리적이다.

_____ **6.** 비밀보장은 개인치료보다 집단치료에서 덜 중요하다.

_____ **7.** 집단원간의 교제는 언제나 바람직하지 못하다.

_____ **8.** 집단 참가자가 심리적 위험에 직면하는 경우를 최소화시키는 한 가지 방법은 구성원들과 계약협상을 하는 것이다.

_____ **9.** 집단지도자는 집단에서 배운 것을 집단 밖의 삶에 적용하는 방법을 구성원들에게 가르칠 책임이 있다.

_____ **10.** 상담교육자가 교육 중인 학생들의 집단을 이끄는 것은 비윤리적이다.

_____ **11.** 집단 심리치료는 매우 제한적인 상황 외에는 온라인을 통해 윤리적으로 수행될 수 없다.

_____ **12.** 예비 집단원들에게 그들의 권리와 책임을 인식시키고 집단과정의 신비감을 제거하는 것이 집단지도자의 책임이다.

_____ **13.** 집단원은 언제든지 집단을 떠날 권리가 자신에게 있음을 알아야 한다.

_____ **14.** 사람들이 집단에 임하기 전에 관련된 개인적인 위험, 특히 잠재적인 삶의 변화

에 관해 논의하고 이러한 위험에 직면할 준비에 대해 탐색하도록 돕는 것이 집단지도자의 책임이다.

____ **15.** 집단원들에게 사전에 윤리 지침서를 제공하여 첫 회기에 이를 토의하는 것은 건전한 직무수행 방법이다.

## 서론

상담실무자는 학교와 지역사회 정신건강 기관에서 다양한 내담자의 요구에 맞게 다양한 집단을 만들고 있다. 집단작업은 많은 기관과 단체에서 치료의 기본형태이며, 집단 유형을 고안하는 것은 상상에 의해서만 제한될 뿐이다. 집단작업은 이류 방식이 아니라, 많은 내담자들이 선택하는 치료법이다(M. Corey, Corey, & Corey, 2018). 집단치료의 활용이 증가함에 따라 윤리의식도 높아지고 있다. 집단을 상담하는 상담실무자는 개인치료에서 직면하는 것과는 다른 다양한 윤리적 어려움에 부딪힌다. 우리는 커플 · 가족치료와 마찬가지로 집단작업에 특별히 주의를 기울이고 있는데, 이는 고유한 윤리적 문제가 발생하기 때문이다.

본 장의 중요한 윤리적 고려사항에 관한 실례들은 치료집단, 상담집단, 자기성장집단, 심리교육집단 등 광범위한 집단형태에서 끌어온 것이다. 이 집단들이 구성원 계층, 목적, 초점, 절차뿐 아니라 집단 촉진자에게 요구되는 훈련수준 측면에서 분명히 다르다. 이 구분이 중요하지만 리더의 가치, 집단원 선발, 오리엔테이션, 설명 후 받는 동의, 자발적 · 비자발적 집단참여, 집단지도자 훈련, 비밀보장, 집단작업에서의 다중관계, 다양성과 다문화주의, 종결과 추후 모임절차 등은 모든 집단이 마주하는 공통적인 윤리적 문제들이다.

# 집단지도자의 훈련과 수련감독의 윤리적 문제

역량 있는 집단지도자로 발전하기 위해 교육 프로그램에서 집단작업에 우선순위를 두어야 한다. 적절한 훈련을 받고 집단상담에 집단원으로 참여함으로써 당신은 다양한 집단을 촉진할 수 있는 역량을 습득할 기회를 얻게 될 것이다. 집단작업자는 최신 동향을 알고 보수교육, 수련감독, 개인적 · 직업적 발달을 도모하는 다양한 활동에 참여해 지식과 기술을 연마해야 한다(ASGW, 2008). 의뢰 자원을 숙지하고 자신의 역량수준을 넘어서는 특별한 지원이 필요한 내담자 계층을 상담하는 일은 삼가라.

Barlow(2008)는 집단이 예방과 교육 측면에서 모두 효과적으로 활용될 수 있다고 주장한다. Barlow는 집단상담 수행에 관심이 있는 상담실무자가 독특한 집단의 특성을 효과적이고도 윤리적으로 극대화하려면 적합한 훈련이 중요하다고 강조한다.

## 집단작업자의 윤리적 훈련에 관한 저자들의 견해

전문가 규정, 법률의 명령, 기관의 방침만으로는 유능한 집단지도력을 보장하지 못할 것이다. 집단상담 수련생은 실무를 수행하면서 맞닥뜨릴 전형적인 딜레마를 직시하고 이 문제들에 관해 자신의 견해를 명료화하는 방법을 배워야 한다. 이는 교육생의 학업 프로그램에 윤리 과목을 포함하고 실습, 인턴십, 현장학습을 하면서 겪은 윤리적 문제들을 토의할 때 가장 잘 배울 수 있다. 윤리적 의사결정을 가르치는 효과적인 방법 중 한 가지는 집단상담 상황에서 일어나는 전형적인 문제들에 관한 사례를 교육생들에게 제시하고 윤리적 문제와 타당한 지침에 관한 토론을 장려하는 것이다. 저자들은 진행하고 있는 워크숍에 참석한 학생과 전문가에게 집단에서 맞닥뜨리는 딜레마에 대한 해답을 항상 찾을 수는 없을 것이라고 말한다. 윤리적 의사결정은 상담실무자가 경험을 쌓으면서 새로운 모습과 폭넓은 의미를 더해 가는 지속적인 과정이다. 집단지도자는 역량 있는 윤리적인 집단상담실무자가 되기를 바란다면 스스로를 점검하고 자신의 집단 직무수행의 전문성에 의문을 제기하는 데 수용적이어야 한다.

집단작업을 할 때 생길 수 있는 딜레마에 관해 윤리적인 결정을 내리는 방법을 배우는 것 외에, 교육 프로그램을 보완하는 의미로 다음의 네 가지 경험을 집단작업자에게 강력하게 권장한다. (1) 체험집단에 참여한 경험, (2) 개인 심리치료, (3) 집단 수련감독, (4) 집단치료 회기 관찰.

**자기탐색과 체험집단.** 상담교육프로그램인증평가원(CACREP, 2016) 표준에는 학생은 소집단의 집단원으로서 최소 10시간의 경험을 쌓도록 규정되어 있다. 학생은 일반적으로 집단상담 수업에서 체험집단에 참여함으로써 이 요구사항이 충족된다. 그러나 이해상충을 피하기 위해 일부 프로그램에서는 학생에게 외부 집단에 참여하고 시간을 기록하도록 요청한다. 체험집단에서 학생은 집단의 일원이 되는 경험과 때로는 이 집단의 과정을 촉진할 기회도 가진다. 광범위한 자기공개와 교수와 학생의 이중관계를 포함하는 체험학습 환경에서 학생들은 교수의 기술, 윤리와 전문성을 신뢰할 수 있음을 알아야 한다.

체험훈련에 참여하는 학생들은 기꺼이 자기공개를 시도하고, 대인관계 집단에 적극적으로 참여하며, 인지적 수준뿐만 아니라 정서적 수준에서도 참여해야 한다. 교수는 비밀보장 위반을 피하는 방법을 설명함으로써 집단원들이 안전감과 신뢰감을 조성하는 데 큰 역할을 한다. 다른 집단원의 신원이나 자기공개 내용을 드러내지 않고 집단 외부인들에게 상담에 관해 이야기하는 방법을 과정 전반에 걸쳐 학생들에게 명료하게 설명하는 것이 중요하다(Corey, Corey, Muratori, Austin, & Austin, 2017). McCarthy, Falco와 Villalba(2014)는 "성장을 지원하되 잠재적인 윤리적 위험은 최소화"하는 방식으로 체험적 성장집단을 구성하는 것의 중요성을 강조한다(188쪽). 교수가 학생 참가자의 위험을 최소화하기 위해 취할 수 있는 조치에는 맥락에 적합한 자기공개 수준에 대한 토의, 학생을 불편하게 만드는 질문에 답변을 거부할 권리 설명, 체험집단 외의 시간에 지속적으로 정서적 지원을 받을 수 있는 대안 제공 등이 있다(Julia Whisenhunt, 개인면담, 2016. 10. 5).

집단지도자는 집단원들이 하기를 바라는 것, 즉 자신과 타인에게 미치는 영향에 관한 인식의 확장을 몸소 경험하려는 자발성을 보여야 한다. 공식적인 교육과정과 수련생의 훈련을 보완하는 의미에서 치료집단에 참여하는 것은 매우 소중한 경험이다. 고민하는 집단원을 돕는 방법을 가장 잘 배우는 것 중 하나는 당신이 직접 집단원이 되어 보는 것이다. 집단상담을 교육과정과 강의식 교육만으로 배우는 것은 충분하지 않다. 석사 수준의 상담 프로그램 82개를 조사한 결과, 체험집단 훈련은 여전히 시행되며 진화하고 있고 집단지도자 훈련방법으로 받아들여지고 있었다(Shumaker, Ortiz, & Brennink-meyer, 2011). 이러한 견해를 뒷받침하는 McCarthy 등(2014)은 상담 수련생을 위한 체험집단 활용에 관한 내용을 미국상담학회(ACA, 2014) 윤리규정과 집단작업전문가협회(ASGW, 2008) '모범사례 지침'에서 찾을 수 있다고 지적한다. 개인의 성장 향상 외에도, 이러한 훈련이 참가자들에게 집단작업의 단계, 집단역동, 의미 있는 상호작용을 촉진하는 집단기술에 대한 확실한 이해를 제공한다는 점에 주목한다.

자기탐색집단과 체험집단이 교육 프로그램의 필수요건이라면, 학생들이 입학 과정 중 또는 프로그램에 등록하기 전 오리엔테이션에서 이 요건을 인지하도록 하는 것은 윤리적으로 중요하다. 체험집단 참여가 프로그램의 일부인 경우, 경계를 관리하고 학생들에게 해를 끼칠 위험을 줄이기 위한 보호장치를 마련해야 한다. 상담석사 프로그램의 체험집단 교육에 대한 조사연구에서 Shumaker 등(2011)은 교수의 체계적인 자기성찰, 학생을 위한 설명 후 받는 동의, 자기공개 훈련을 "긍정적 체험집단을 촉진하는 데 전념하는 가장 유망하고 중요한 보호요소"라고 추천했다(127쪽).

Goodrich와 Luke(2012)는 체험집단에서 문제행동을 보이는 학생을 다룰 때의 윤리적인 문제를 설명했다. 이러한 상황이 발생하면 집단상담교육자는 문제행동을 보이는 학생, 체험집단의 다른 학생들, 교육 프로그램 등에 대해 복합적인 책임을 지게 된다. 집단원은 자신의 행동이 다른 사람에게 미치는 영향을 이해하는 것이 중요하며, 집단형식을 통해 문제행동을 다루는 방법을 배울 수 있는 많은 기회를 가지게 된다. 한 가지 효과적인 개입은 문제행동을 보이는 집단원에게 다른 집단원들이 지금 여기에서 피드백을 제공하도록 장려하는 것이다. 교수 혹은 집단 촉진자는 비생산적인 상호작용을 차단하는 동시에 집단원이 부정적인 피드백에 희생되거나 압도되는 것을 방지하기 위해 이 피드백을 전달해야 할 책임이 있다. 그 순간에는 부담일 수 있지만 모든 집단원은 어려운 상황을 성공적으로 이겨 낸 경험을 통해 혜택을 볼 수 있다. 학생들이 체험집단에서 배운 것은 학교나 지역사회 환경에서 집단을 이끌 때 매우 귀중한 경험이 된다.

**개인 심리치료.** 개인적 치료에서 더 적절하게 다뤄질 수도 있는 문제들이 이따금 집단에 등장하기도 한다. 저자들은 윤리적인 직무수행에 필수적인 자신과 타인을 이해하는 수련생이 능력을 강화하는 방법으로 개인치료를 장려한다. 개인치료를 통해 특정 집단원에게 느낄 수 있는 역전이를 찾아 탐색하고, 자신의 맹점과 편견을 깨달으며, 개인적인 속성을 집단 촉진자로서 집단에 효과적으로 사용할 수 있게 된다. 심리치료는 우리 삶에 균형감을 유지하도록 도와주기 때문에 자기돌봄 프로그램의 중요한 부분이 될 수 있다.

**집단수련감독.** 수련감독은 집단지도자 훈련의 중요한 요소이다. 집단수련감독은 운영

중인 집단과정을 관찰하는 데 고유한 이점을 제공하며, 여러 집단지도자를 동시에 수련감독할 수 있다는 점에서 효율적인 수련감독 모델이기도 하다. 집단수련감독이 수련생의 기술개발 향상과 관련하여 가치가 있음을 확인한 연구들도 있다(Riva, 2010, 2014). 집단수련감독은 집단지도자를 훈련시킬 뿐만 아니라 집단원들에게 양질의 치료가 이뤄지는지 검토하기 위해 매우 중요하다(Riva, 2014). 집단수련감독을 통해 수련생은 집단의 과정과 발달에 관해 체험적으로 배울 기회가 많아지면 미래의 윤리적 직무수행의 기반을 다지게 된다.수련감독을 제공하는 워크숍을 통해서도 집단 수련생은 효과적이고 윤리적인 개입에 필요한 기술을 개발하는 데 도움을 얻는다. 또한 이런 워크숍을 통해 수련생은 주변 비평에 대한 반응, 경쟁심, 인정받고 싶은 욕구, 자격을 갖추는 것에 대한 염려, 권력투쟁 등에 관해 배우게 된다. 수련감독 집단에 참여함으로 인해 수련생은 집단을 지도하는 수련감독자뿐 아니라 질의응답을 주고받으면서 다른 집단원에게도 배우게 된다.

**집단치료 회기 관찰.** 집단상담에 대한 글을 읽는 것도 도움이 되지만, 집단상담 회기를 녹화한 영상을 보거나 직접 집단상담을 관찰함으로써 학문적 학습을 더욱 의미 있게 만든다. Weiss와 Rutan(2016)은 집단상담실 한쪽에 앉아 집단치료 참가자들을 관찰하는 수련생들을 조사했다. 수련생들은 집단을 직접 관찰하고 집단 리더와 집단상담 시간을 지도했던 기회가 최고의 훈련경험 중 하나라고 일관되게 말했다. 교수법의 일환으로 집단치료를 관찰하면 많은 이점이 있다. 수련생이 개인과 커플을 상담할 때 적용할 수 있는 교훈은 다음과 같다.

- 강렬한 감정을 견디고 집단과정을 신뢰하는 방법
- 집단 주제, 은유, 집단의 역동을 파악하고 활용하는 방법
- 전이와 역전이를 다루는 방법
- 집단에서 부각되는 주제를 강조하는 기술을 사용하는 방법
- 즉시성을 촉진하고 지금 여기에서 작업하는 것의 가치를 소개하는 방법

Weiss와 Rutan은 5년 동안 정신역동 치료집단을 이끌면서 관찰을 병행했는데, 이러한 경험을 통해 치료집단을 이끌고자 하는 수련생의 욕구가 강해졌다고 언급했다. Weiss와 Rutan은 다음과 같이 결론 지었다. "진행 중인 치료를 관찰하는 것은 학생들에게 매우 효과적인 학습방식이며 상급 지도자에게도 지속적인 학습과 자극을 제공한다"(257쪽).

## 집단작업자의 다양성 훈련과 윤리적 문제

"세계의 4분의 3이 집단주의를 지향하는 문화권 출신이다"라고 말한 Bemak과 Chung (2015)은 "세계화가 확대됨에 따라 집단상담은 국제적으로 치유와 심리적 개입의 주요 대안이 될 수밖에 없다"고 주장한다(6쪽). 집단상담과 기타 집단작업이 미국에서 활발하게 이뤄지고 있으며, 집단작업은 국제적으로도 정착되고 있다(Hohenshil, Amundson, & Niles, 2013). 집단 리더 훈련의 필수적인 부분은 모든 형태의 집단작업에서 다양성을 다루기 위해 감수성과 역량을 증진하는 것이다.

집단 심리치료사를 위한 다문화와 비교문화 역량의 개발이 윤리적 필수요소로 부상한 것은 놀라운 일이 아니다. 문화적 역량은 모든 문화 간 만남에서 효과적으로 일하는 데 필요한 지식과 기술을 말하다(Comas-Diaz, 2014). 필요한 지식과 기술이 필수적이지만, 이를 보유하는 것만으로는 효과적인 집단작업에 충분하지 않다. 다양성 역량을 지닌 집단작업자가 되려면 지도자 입장에서 집단에서 발생하는 다양성 문제에 대해 자기인식과 열린 입장을 가져야 한다. 이러한 다양성 문제를 해결하지 못하면 집단원은 실망하게 된다(Debiak, 2007). 다양성에 관심을 가지고 이를 다루는 것은 윤리적 의무일 뿐만 아니라 보다 효과적인 집단작업으로 가는 지름길이기도 하다. 교육생의 문화적 자기탐색을 위한 안전한 기회를 만드는 것은 교육 프로그램의 책임이다.

당신이 문화적 근시안(제4장 참고)을 가지고 있다면, 당신과 문화적으로 다른 집단원이 보이는 행동 패턴을 잘못 해석할 가능성이 높다. 자신의 문화적 가치는 명확히 인식하는데 다른 문화의 가치는 이해하지 못하면 다양한 배경을 가진 내담자를 오해할 수도 있다. 집단원이 말하거나 행동하는 것에 의문이 생기면 그 사람에게 설명을 요청하라. 저명한 다문화 학자들이 지지하는 한 가지 기법은 인종, 민족, 문화라는 주제가 내담자와 어떤 관계가 있는지 살펴보는 것(broaching, 브로칭)이다(Cardemil & Battle, 2003; Day-Vines et al., 2007). Day-Vines 등(2007)은 "고급 수준의 브로칭을 보이고 수준 높은 인종 정체성 기능을 소유한 상담자는 내담자와 다양한 사회적, 문화적 경험을 수용하는 믿을 만하고 열린 관계를 촉진할 가능성이 높다"(408쪽). 문화적 차이를 이해할 수 있다면 당신이 속한 집단에 존재하는 다양한 형태의 다양성과 효과적으로 협력하는 데 이 지식을 사용할 기회를 가지게 된다.

효과적인 집단 개입은 집단원을 지도자의 일반적인 개입에 맞추려고 하기보다 개별 집단원의 필요에 맞게 조정된다. 문화적으로 다양한 내담자 계층과 협력할 때 리더는 내담자의 문화적, 민족적 배경에 맞게 중재를 수정해야 할 수도 있다. 리더는 집단원의 문화적 가치를 존중하는 동시에 이러한 가치와 그들의 성장이 어떻게 그들의 행동에 지속적으로 영향을 미치는지 생각하도록 격려할 수 있다(Corey, Corey, Callanan, & Russell, 2015).

## 집단작업에서의 사회정의 실무와 훈련

**사회정의**(social justice)는 "인종, 성별, 능력, 지위, 성적 취향, 종교적 · 영적 배경에 관계없이 모든 사람에 대한 권력, 자원, 사회적 의무의 공정하고 공평한 분배"를 의미한다(Hage, Mason, & Kim, 2010, 103쪽). 다문화주의와 사회정의 개념은 때로는 복잡하게 연결된다(제4장 참고). 집단작업전문가협회(ASGW, 2012)는 집단작업자 훈련, 연구수행, 다문화주의와 사회정의가 집단과정에 미치는 영향 이해, 다양한 환경의 집단작업자가 다문화 문제를 다루는 역량을 개발하는 데 필요한 지식과 기술을 향상하도록 지원하기 위한 지침에서 다문화주의와 사회정의 개념을 다룬다. 이 지침은 집단 리더가 집단의 다양성과 함께 윤리적이고 효과적으로 작업하는 데 필요한 인식, 지식과 기술의 습득을 강조한다. 수련생과 상담자는 집단에서 개인과 상호작용할 때 다문화와 사회정의 주제를 항상 염두에 둘 필요가 있다. 또한 Bemak과 Chung(2015)은 국제적 맥락에서 일할 때 상담가가 윤리와 경계를 재정의해야 할 필요성을 강조한다. 서구의 전통적인 집단상담에서 말하는 적응, 수정, 변화를 다시 고려해야 할 수도 있다. 예를 들어, "많은 사회에서 명절이나 특별한 기념일에 선물을 주고받는 것"을 좋은 예절로 간주한다. "개인적으로 정성스럽게 준비한 새해 축하 선물을 집단상담사가 거부하는 것은 무례하고 결례를 범하는 것으로 간주될 것이다"(14쪽).

사회정의에 관한 실무, 훈련, 연구는 상호의존적이다. 집단작업자가 사회정의 집단작업과 관련하여 여러 겹으로 이뤄진 복잡성을 이해하고 다루기를 원한다면 효과적인 훈련이 필요하다(Hays, Arredondo, Gladding, & Toporek, 2010). 수련생이 역량을 개발하기 위해 사회정의 원칙에 대한 개념적 이해 이상이 필요하다. 집단지도자는 "자신의 작업에 사회정의를 주입하기 위한 구체적인 전략"(181쪽)이 필요하다. Hayes 등이 추천하는 전략에는 가치의 명료화, 성별과 민족적 지위의 권한 부여, 의식고취, 자기공개, 사회적 · 성적 역할 분석, 집단 응집력 극대화를 위한 구조, 독서치료 등이 있다. 해외에서 집단작업 촉진자로 활동하는 데 관심이 있는 사람은 국제 집단상담 전략에 대한 추가 교육이 필요할 수도 있다.

집단작업은 다른 상담 개입보다 사회정의 의제가 발전할 가능성이 높다(Hage et al., 2010). Hayes 등(2010)에 따르면, "사회정의 운동과 집단작업은 과거에도 그랬고 지금도 자연결혼(natural marriage) 같은 관계이다. … 집단의 정교한 사용 없이 사회정의가 사회에 퍼지는 것을 보기는 어려울 것이다"(195~196쪽). 다양한 배경을 가진 사람들이 집단에 참여하면 집단원들이 사회적으로 부당한 대우를 받았던 경험의 이야기가 나올 수밖에 없다. MacNair-Semands(2007)는 집단작업자가 삶의 질에 영향을 미치는 인종차별, 성차별, 사회경제적 차별, 성적 지향 차별, 장애인 차별과 기타 형태의 차별같이 집단에서 어김없이 등장하는 사회정의 문제를 다루는 역량을 확장하는 방법을 모색해야 한다고 주장한다. 집단원들은 그들이 겪었던 사회적 불공정으로 인한 고통에 대해 이야기하도록 요청받을 수 있다. 집단실무자는 잠재적으로 유해한 상호작용이 발생하도록 허용하기보다는 집단 내에서 치유경험이 일어나도록 노력해야 한다.

권력과 특권 역동은 더 넓은 세계와 마찬가지로 집단에서도 작동하기 때문에 집단작업에서 권력의 불균형을 다루고 탐색할 수 있다. 어떤 집단이든 권력을 가진 사람도 있고 권력이 없는 사람도 존재할 수 있으므로, 이런 권력역동의 문제가 집단에 발생할 경우 논의해야 한다. 사회적 불평등은 차별, 억압, 편견, 때로는 대인폭력을 초래하는 차이에 대한 편협함에서 자주 발생한다. 이러한 문제를 다루지 않으면 집단원은 문화적 가치와 편견을 탐색하거나, 이러한 불의에 대한 인식을 높이고 직면하는 방법을 배울 수 있는 기회를 잃게 된다.

## 다문화와 사회정의 역량을 위한 지침

현재 대부분의 전문가단체의 윤리규정에는 다양한 내담자 계층과 작업할 때 문화적 관점을 적용하는 것에 더 많은 관심을 두고 있다(제4장 참고). 미국상담학회(ACA, 2014) 윤리규정은 모든 항목에서 다문화적 관점을 다루고 있고, 집단작업전문가협회(ASGW, 2012)의 역량 원칙은 인종, 민족, 사회경제적 계층, 연령, 성별, 성적 취향, 종교와 영성 등 광범위한 영역을 다루고 있다. 다문화상담및발달학회(AMCD, 2015)는 사회정의를 증진하기 위한 조치를 부각하여 드러내고 내담자에게 자신을 옹호하는 방법을 가르치는 것을 강조한다. 다음에 다루게 될 집단상담에서 다양성과 다문화 역량을 획득하기 위한 윤리지침은 규정들에서 찾을 수 있다.

- 집단상담자는 자신의 다문화 정체성과 함께 자신의 삶의 경험과 역사가 인종, 민족, 사회경제적 계층, 이민 신분, 능력, 나이, 성정체성과 표현, 성적 지향, 종교와 영성에 어떻게 영향을 미치는에 대한 인식을 높이기 위해 노력한다.
- 집단상담자는 당면 문제의 맥락에서 각 집단원에 대한 문화적 평가를 수행한다. 집단상담자는 집단원의 문화적 정체성, 문화 적응 수준, 그리고 증상의 발달과 평가에 기여한 억압과 문화의 역할을 평가한다.
- 집단상담자는 문제를 평가하고 개입방법을 고안하기 위해 사회적, 환경적, 정치적 요소의 역효과를 고려한다. 집단상담자는 개인의 문제를 사회적 맥락과 따로 분리할 수 없다는 것을 깨달아야 한다.
- 집단상담자는 집단작업 촉진과정에서 발생하는 지위, 특권, 억압 문제를 다룬다.
- 집단상담자는 사회생활을 통해 배운 통념, 고정관념과 가정이 집단을 촉진하는 작업에 어떻게 영향을 미치는지에 대한 인식을 높인다.
- 집단상담자는 학교, 기관, 지역사회센터, 교회, 사원, 회당, 쉼터, 정치적 환경으로 서비스를 확장하여 집단을 개발하고 구성원을 식별하여 형평성, 접근성, 조화와 참여를 증진하는 새로운 방법을 만드는 데 전념한다.
- 집단상담자는 다양한 범주의 집단원들을 효과적으로 상담하는 데 필요한 지식과 기술을 습득한다. 부족한 면을 채우고 문화적으로 편향된 상담을 잘 파악하기 위해 자문, 수련감독, 보수교육을 받는다.
- 집단상담자는 집단을 계획, 수행, 운영하는 동시에 다문화 집단원 간의 연결을 설정하고 유지하는 데 기초가 되는 관계 기술의 모범 역할을 한다.
- 집단상담자는 문화의 차이를 받아들이고, 소중하게 여기며, 존중하는 규범을 수립한다. 집단지도자는 집단 초기에 문화적 문제와 관련된 역동에 대한 공개 토의를 장려한다.
- 집단상담자는 내담자의 문화권 내에서 가족과 지역사회 위계질서의 역할을 존중한다.
- 사회정의 지향적인 집단상담자는 개인의 변화가 사회의 변화를 통해 이루어진다는 것을 인식하고, 내담자와 함께 그리고 내담자를 대신하여 집단 내에서 그리고 다른 체계 전반에 걸쳐 옹호한다.

- 집단상담자는 사회정의와 옹호 문제가 집단에서 중요한 이유와 이러한 문제가 집단작업의 실행과 성과에 어떻게 영향을 미치는지 토의한다.
- 집단상담자는 집단과정에 내재된 기본 가치관, 가령 자기공개, 삶의 반성, 위험감수에 관해 집단원들에게 알린다.
- 집단상담자는 변화를 검토할 때 체계와 지역사회를 포함하도록 내담자라는 개념을 확장한다.

집단상담자가 자신의 문화적 배경이 사고와 행동에 어떻게 영향을 미치는지 이해하지 못한다면, 문화적 사고와 행동에 대해 집단원들에게 가르칠 가능성이 거의 없다. 제4장에 논의한 바대로, 문화적인 역량을 갖춘 상담자의 특성은 집단작업을 하는 상담 실무자에게도 동일하게 적용된다. 집단지도자가 모든 문화의 지식을 가지고 있다고 가정하는 것은 현실적이지 않지만, 상담자는 각 집단원이 자신의 고유한 관점을 가지고 집단에 참여한다는 것을 이해하는 것이 중요하다.

집단작업에 적용할 수 있는 사회정의 옹호 역량에 관해 더 자세히 보려면『미국상담학회 옹호 역량: 상담자와 사회정의 구조(*ACA Advocacy Competencies: A Social Justice Framework for Counselors*)』(Ratts, Toporek, & Lewis, 2010)를 참고하라.

다음 사례를 읽고 당신과 다른 문화집단의 개인에 대한 감수성을 어떻게 높일 수 있는지 생각해 보라.

### <John의 사례>

John은 동부 도시의 빈곤층 출신으로 대학을 졸업하는데 어려움이 많았지만 결국은 상담 분야의 석사학위를 취득했다. 그는 자신의 성취를 자랑스러워하지만, 자신의 배경이나 유사한 문제로 씨름하는 사람들에게 스스로 민감하게 반응하는 것을 알게 되었다. 그는 서해안 쪽으로 이사가서 다양한 문화권 출신의 학생들이 있는 고등학교에 고용되었다.

고등학교 상담사로서 John은 위기 청소년을 위한 집단상담을 시작했다. 집단을 운영하는 그의 목표는 다음과 같다. (1) 자부심을 불어넣어 집단원들이 현재의 환경을 고통스러운 것이 아니라 넘어서야 할 장애물로 보도록 도와줌, (2) 자존감을 높이고 가정과 학교에서 맞닥뜨릴 수도 있는 회의론에 맞서 싸우도록 집단원들에게 도전을 제시함, (3) 보다 큰 공동체와 비교해 차이점을 최소화하는 방법을 집단원들에게 가르침(예를 들어, 집단원의 말투나 표현이 어떻게 대다수와 구분되어 차이점과 고정관념을 강화하는지 말해 줌), (4) 지지가 없는 환경에서 장애물을 넘어서는 방법을 집단원들에게 가르침.

John은 교사, 학교행정자, 같은 학군의 다른 학교상담사들과 밀접하게 협력하지 않았다.

John은 그들이 정치에 더 관심이 있고 형식에 얽매여 있어서 실제로 학교에서 개인상담을 하는 데는 에너지를 거의 쏟지 않는 사람들이라고 보았다. 청소년들의 가족에게도 별다른 관여를 하지 않았는데, 그 이유는 그들이 기부 물품과 복지혜택만 받으려고 하지 독립적이고 자족하는 삶을 사는 데는 관심이 없다고 생각하기 때문이었다. 그는 집단원들에게 이렇게 말했다. "너희가 집에서 가족과 했던 노력은 분명 효과가 없었을 거야. 너희가 이 집단에 참여한 것은 변화의 기회란다."

- John의 배경과 경험을 고려할 때, 그에게는 문화적 역량을 갖춘 집단상담자의 자격이 있는가? 그 이유는 무엇인가?
- John이 집단원들을 위해 문제를 정의한 것은 도움이 된다고 생각하는가 아니면 해가 된다고 생각하는가?
- John이 욕구평가를 하는 대신 전문가로서 곧장 집단상담을 시작함으로써 놓칠 수도 있는 것은 무엇인가?
- John이 이 특정 집단의 환경에 익숙해진 후에도 동일한 목표를 표현할 것 같은가?
- 당신이 John의 수련감독자라면 그와 어떻게 작업하겠는가?
- 당신이 집단원이라면 John에 대해 어떻게 느끼겠는가?

**논평.** 저자들은 John이 어려운 환경을 딛고 석사학위를 취득했기 때문에 누구든지 똑같이 성공할 수 있다는 그의 금언에 동의하지 않는다. John은 좋은 의도를 가진 학교상담사이지만 학교와 집단에 속한 학생들의 특정 욕구를 무시해 버렸다. 그는 집단원들의 욕구평가를 수행하지 않았다. 대신에 그는 언어와 신분상승에 대한 개인적인 의제를 부과했다. 이것은 하나의 치수가 모든 사람에게 맞지 않는 상황과 같다. 여러 면에서 John은 집단에 대해 문화적으로 고립된 관점을 가지고 있으며 집단원의 관점과 세계관을 고려하지 않고 있다.

John은 그가 근무하는 학교의 고등학생들의 독특한 갈등이나 가치관을 알아보려고 시도하지도 않았다. 그는 매우 간접적이지만 강력한 방식으로 집단원의 부모들에 대한 고정관념을 가지고 집단원들과 그들의 가족에게 갈등의 소지를 만들어 주었다. John은 집단원의 가족들에 대해 둔감하게 행동했다. 대부분의 윤리규정에는 치료자가 공동체와 가족의 전통을 존중하고, 적절할 경우 이를 치료의 잠재적 자원으로 활용하라는 요구가 있다. John은 변화를 위해 강력한 치료적 힘이 될 수 있는 공동체의 치유력에 주의를 기울이지 못했다.

John은 집단작업자로서 다문화 역량을 개발하는 데 필요한 구체적인 훈련이 부족한 것처럼 보인다. 다양성이 특징인 집단과 작업할 때, John은 다양한 민족과 문화 집단의 사람들에 대해 가지고 있는 가정들을 인식하고 윤리적인 관점에서 집단원들의 필요에 맞게 직무를 수행하는 것이 중요하다. John은 집단의 목표와 과정이 집단원들의 개인적 목표와 문화적 가치관에 어울리는지 확인해야 한다. 집단원들의 고유한 문화적 배경에 적합한 개입을 마련하려면 John은 다양성이 집단과정에 미치는 영향에 대해 이해해야 한다. John은 자신의 문화적 편견을 인식하고 자신의 방법과 직무에 내재되어 있는 가정들을 기꺼이 숙고할 필요가 있다.

## 공동 지도의 윤리적 고려사항

집단을 이끌다 보면 공동 지도자와 함께 일할 때도 있을 것이다. 공동 지도자 관계는 집단과정을 강화할 수도 있고 복잡하게 만들 수도 있는데, 이로 인해 잠재된 윤리적 문제가 배가 되어 나타난다. 집단은 두 명의 집단지도자의 통찰력과 피드백을 통해 유익을 얻을 수 있다. 서로 보완이 되고 균형을 이루는 공동 지도자는 집단원들에게 유용한 모범을 보일 수 있다. 또한 공동 지도자는 책임을 분담하고 상호지지를 해 줄 수 있다.

공동 지도의 장점과 더불어 윤리적 문제를 일으킬 수 있는 단점도 있다. 중요한 단점 중 하나는 지도자의 관계 문제인데, 어떤 지도자가 인정받고 싶은 욕구가 과다한 경우를 예로 들 수 있다(Luke & Hackney, 2007). 공동 지도 모델의 다른 단점으로는 비효과적인 의사소통, 지도자들의 경쟁, 다른 지도자에 대한 과도한 의존 등이 있다. 집단원들은 공동 지도자끼리 싸우게 만들어 삼각관계를 형성하려고 시도할 수도 있다. 지도자들 사이의 갈등은 집단 내의 분열로 이어질 수 있다. Luke와 Hackney는 공동 지도자들이 각자 개인의 발달, 공동으로 지도하는 팀으로서의 발달, 그리고 지도하고 있는 집단의 발달에 주의를 기울일 필요가 있다고 강조한다. 집단지도자들이 이러한 여러 발달 영역에 시간을 할애하는 것이 만만치는 않겠지만, 그렇게 하는 것이 집단의 성공적인 운영에 필수적이다.

지도자들의 차이로 갈등이 초래되면 구성원과 리더 모두에게 불안의 원인이 될 수 있다. 비효율적으로 관리되는 갈등은 집단원들에게 부당한 부담을 주게 되며, 집단과정과 성과에 해를 끼칠 수 있다. 지도자가 집단원을 위해 건전한 갈등해결의 모본을 보이고 방어적이지 않은 태도로 도전하고 도전받으려는 의지를 보인다면, 이 갈등은 귀중한 학습 기회가 될 수 있다. 현재의 문제가 집단원들과 가장 잘 해결되는지 아니면 지도자들 사이에서 비공개로 해결되는지 여부를 결정하는 것은 지도자의 몫이다. 이 두 가지 접근방식에는 장단점이 있다. 만약 집단원들이 갈등을 목격했다면, 저자들은 집단에서 그것을 다루는 것을 선호한다.

이제 집단작업에서의 공동 지도에 대한 당신의 입장을 명료하게 정리해 보라.

- 공동 지도자에게 가장 바라는 개인적인 특성은 무엇인가?
- 당신은 집단을 공동 지도하는 것보다 혼자 지도하는 것을 선호하는가? 그 이유는

무엇인가?

- 공동 지도자들이 특정 문제에서 부딪히거나 집단 촉진방법이 매우 다른 집단에 속해 본 적이 있는가? 만약 있다면, 그로 인해 당신이 집단 참석하는 데 어떤 영향을 받았는가?
- 공동 지도자들 사이에 권력투쟁과 갈등이 공공연하게 일어난다면 어떤 윤리적 함의가 연관될 수 있는가?
- 당신은 어떤 면에서 공동 지도자에게 가장 도움이 될 수 있는가?
- 공동 지도자가 협력하기 힘들게 만드는 당신의 모습은 어떤 것이 있는지 알고 있는가?
- 공동 지도자들이 높은 수준으로 기능을 발휘하는 집단에 속해 본 적이 있는가? 만약 있다면, 그들의 모습 중에 당신이 특히 높이 평가하는 것은 무엇인가?

## 집단 구성과 유지의 윤리적 문제

집단지도자는 자신이 제공하는 서비스에 관해 예비 집단원에게 어떻게 알릴 수 있는가? 내담자가 집단에 참여하기 전에 들을 권리가 있는 정보에는 어떤 것이 있는가? **설명 후 받는 동의**는 집단치료에 관한 기본 정보를 예비 집단원에게 알려서 집단 참여 여부를 결정하도록 도와주는 과정이다. 지도자는 구성원들이 집단 참여자로서의 권리뿐 아니라 책임을 잘 알고 있는지 확인할 책임이 있다.

집단의 특성에 관한 다양한 주제와 정보가 기록된 전문가 소개서를 제공하는 것은 좋은 방침이며, 여기에는 치료자의 자격, 집단에서 자주 사용하는 기법, 집단원의 권리와 책임, 집단 참여의 위험과 유익 등이 적혀 있다. 비밀보장의 특성과 한계와 비밀보장 위반이 필요한 특정 상황에 특별히 주의해야 한다. 설명 후 받는 동의는 윤리적 · 법적 의무이지만, 집단원은 한 번에 너무 많은 정보에 압도되면 안 된다. 설명 후 받는 동의는 지속되는 과정이고 집단의 여러 단계에서 동의과정의 다양한 측면을 다시 검토할 것임을 처음부터 집단원에게 알리는 것이 좋다. 설명 후 받는 동의를 효과적으로 처리하면, 개인의 자율성이 증진되고 집단원이 협력과정에 참여하며 착취 또는 피해 가능성이 줄어든다(Barnett, Wise, et al., 2007; Wheeler & Bertram, 2015). 제5장의 설명 후 받는 동의내용은 개인상담과 집단상담 모두에 적용된다. 더 자세한 논의를 보려면 제5장을 참고하라.

## 집단원 사전심사와 선발

모든 사람이 집단경험에서 유익을 얻는 것은 아니며, 집단경험 때문에 심리적으로 피해를 입는 사람이 있을지도 모른다. 그러므로 집단 지도자는 집단에 누구를 참여시키고 누구를 참여시키지 말아야 하는지 결정하는 어려운 과업에 직면하게 된다.

Yalom(2005)은 신중한 선발기준이 채택되지 않는다면 집단치료 내담자가 결국 좌절할 수도 있고 도움을 받지 못할 수도 있다고 주장한다. 그는 참여시켜야 할 사람보다 배제시켜야 할 사람을 찾는 것이 더 쉽다고 말한다. 그는 임상연구들을 인용하면서 다양한 문제를 가진 외래환자 집중치료집단에 적절하지 못한 후보들로 외상으로 뇌가 손상된 사람, 편집증을 가진 사람, 건강염려증 환자, 급성 정신증 환자, 반사회적 성격장애인 등을 꼽는다. 그는 참여기준과 관련해 작업하려는 내담자의 동기 수준이 가장 중요한 변수라고 주장한다. 그는 집단이 외로움, 친밀한 접촉을 하지 못하거나 유지하지 못함, 사랑받지 못한다는 느낌, 자기주장에 대한 두려움, 의존성 문제 같이 대인관계 문제를 가진 사람들에게 유용하다고 생각한다. 생의 의미를 느끼지 못하거나, 범불안장애로 고통을 겪거나, 정체성을 찾거나, 성공을 두려워하거나, 강박감에 사로잡혀 일하는 내담자도 집단경험을 통해 유익을 얻을 수 있다.

미국상담학회(ACA, 2014)는 예비 집단원을 사전심사할 상담자의 책임을 다음과 같이 규정한다.

> 상담자는 집단상담과 심리치료에 참가할 지원자를 사전심사해야 한다. 가능하다면 상담자는 집단의 목표에 상응하는 필요와 목표를 가진 사람, 집단과정을 방해하지 않을 사람, 그리고 집단경험으로 인해 안녕에 위협받지 않을 사람을 선발해야 한다 (A.9.a).

전반적인 윤리지침으로, 저자들은 적합한 구성원을 선택하기 위해 예비 집단원을 면담하고 평가하는 일종의 사전심사를 채택해야 한다고 생각한다. 집단유형에 따라 허용되는 집단원의 유형이 결정된다. 더욱이 무엇이 집단 전체에 최선인지 집단원을 선택할 때 고려해야 한다. 따라서 더 구체적으로 질문을 이렇게 구성할 수 있다. 이 사람이 지금 이 상담자와 이런 유형의 집단에 참여하는 것이 적절한가? 사전심사는 집단지도자의 편의를 위하거나, 특정 구성원을 불공정하게 차별하기 위해 임의대로 하면 안 된다(M. Corey et al., 2018).

여러 가지 이유로 참가자를 사전심사하지 않는 집단지도자가 많다. 집단에 적합한 사람을 결정하는 방법으로 사전심사를 사용한다는 개념에 이론적으로 반대하는 상담 실무자도 있고, 단순히 효과적인 사전심사를 수행할 시간이 없거나 업무환경에서 그렇게 하는 것이 현실적이지 않다고 주장하는 이들도 있다. 모든 이론적 지향에서 사전심사 개념에 찬성 혹은 동의하지 않거나 사전심사를 윤리적인 의무로 보지 않는다. 예를 들면, 일부 아들러식 치료자들은 사전심사가 해당 이론의 민주정신에 어울리지 않는다고 생각한다. 사전심사가 내담자의 유익보다 집단지도자의 편의를 위해 이뤄진다고 주장하는 이들도 있다.

윤리적으로 직무를 수행하려면 모든 예비 참가자에 대한 신중한 사전심사와 준비가 필요하다고 생각하는 상담실무자도 있다. 저자들은 집단원의 적합성을 평가하지 않을 경우 다른 집단원들에게 피해를 줄 수 있다는 점을 우려한다. 최소한의 검사만으로도 집단원에 대한 잠재적인 피해를 줄일 수 있다. 집단원 사전심사의 필요성은 부분적으로 당신이 구성하는 집단유형에 따라 다르다. 사회적 기술을 가르치도록 고안한 심리교육 집단에서 잘하는 사람이 집중치료 집단에 들어갈 준비가 되어 있지 않을 수 있다. 심각한 정서적 외상을 가진 개인은 대인관계 과정 집단에서 제외될 수 있지만, 정신건강센터의 외래환자 주간 집단에서 혜택을 볼 수 있다. 심리교육 집단의 경우 사전심사가 덜 중요하지만, 예비 집단원은 이러한 종류의 집단의 목적과 그들에게 기대되는 바에 대해 명확하게 정보를 얻어야 한다.

### <Angela의 사례>

Angela는 지역사회 기관에서 일하는 상담자인데, 그녀가 일하는 기관은 직원이 부족해 바쁜 나날을 보낸다. 그래서 기관을 방문하는 내담자들의 다양한 필요에 부응하기 위한 방법으로 집단을 조직하도록 상담자에게 요청하는 경우가 증가하고 있다. Angela는 개인성장 집단을 조직하기로 결정하고 동료들에게 예비 집단원 모집을 도와 달라는 회람을 돌렸다. 예비 집단원을 개별적으로 사전심사해야 한다는 규정이 없고, 집단의 목적과 목표를 집단원에게 설명해 주는 공문도 없었으며, 신청하는 집단원에 대한 준비도 없었다. 지도자의 배경, 사용할 수 있는 기법, 참여에 대한 기대사항 혹은 집단경험에서 최대한 유익을 얻는 방법 등에 관한 정보 중 아무것도 집단원에게 전달되지 않았다. Angela는 신청하는 순서대로 열 명을 명단에 올려 달라고 접수원에게 부탁했는데, 이는 사람들이 관심을 보인다는 것은 집단경험을 할 준비가 되었다는 징조로 가정했기 때문이다. 접수원은 신청자들이 가진 문제의 본질은 고려하지 않고 문의하는 순서대로 사람들을 집단에 참여시켰고 첫 회기가 언제라는 안내만 했다.

- Angela가 집단원을 사전심사하지 않은 것은 윤리적 · 임상적인 근거에서 정당화될 수 있는가?
- 사전심사하는 것이 비현실적이라면 어떤 다른 대안이 있는가?
- Angela가 집단을 조직한 방식에는 어떤 문제가 도사리고 있다고 보는가?
- 집단을 시작하기 전에 Angela가 설명 후 받는 동의와 관련하여 어떤 문제를 다뤄야 한다고 생각하는가?

**논평.** 저자들은 집단을 조직하기 전에 집단원을 사전심사하는 것이 비현실적인 환경도 있다고 생각한다. 사전심사 면담을 수행하기가 불가능한 Angela의 기관에서는 한 가지 대안이 있는데, 그것은 첫 회기를 활용하여 참여자들에게 오리엔테이션을 하고 설명 후 받는 동의에 관한 지침을 전달하는 것이다. 저자들은 지원자가 이런 유형의 집단경험을 할 준비가 되어 있는지 판별하기 위해 사전심사를 하지 않는 것은 Angela가 태만했기 때문이라고 생각한다. 단순히 참여하고 싶은 사람 열 명을 선착순으로 뽑아 집단을 채운 것은 집단을 조직하는 효과적인 방법이 아니며, 예비 집단원의 적합도와 준비성에 관한 우려를 높인다. 최소한 Angela는 예비 집단원이 짧게라도 자기를 만나 집단에 관해 질문할 수 있도록 조치를 취할 수도 있었다. 또한 Angela는 새로운 예비 집단원이 집단이 자신에게 적합한지 여부를 결정하는 데 도움이 되는 정보가 포함된 서면 문서를 만들 수 있었다.

## 집단원의 준비

집단상담자는 참여자가 집단경험으로부터 유익을 얻도록 돕는 데 어느 정도까지 책임을 지는가? 집단을 위해 집단원이 준비하도록 노력을 거의 하지 않고 집단의 자발성과 자율성에 방해가 될 수 있다는 이유로 그러한 준비에 반대하는 상담실무자가 많다. 집단원이 최대한의 유익을 얻기 위해 일종의 구조가 필요하다는 입장을 취하는 이들도 있다(M. Corey et al., 2018).

Yalom(2005)은 집단원의 오해와 기대를 탐색하고, 초기 문제를 예측하며, 효과적인 집단의 행동지침을 포함한 개념적 틀을 제공하는 것을 찬성한다. 그는 이 준비과정이 정보제공 이상의 의미가 있다고 생각한다. 그는 준비과정을 통해 내담자에 대한 치료자의 존중이 강화되고, 치료가 협동적인 모험임을 입증하며, 치료자가 자신의 지식을 내담자에게 기꺼이 나눠 주고자 한다는 점이 드러나게 된다고 주장한다. 준비에 관한 이런 인지적인 접근에는 집단과정에 대한 합리적인 설명을 제공하고, 집단원이 어떻게 잘 참여할 수 있는지 명료화하며, 집단을 통해 무엇을 이룰 수 있는지 기대를 높인다는 목표가 있다.

## <Elida의 사례>

Elida는 집단과정에 관한 정보를 집단원에게 더 많이 알려 줄수록, 집단원이 그녀를 만족시키기 위해 노력할 것이라고 가정한다. 이를 피하기 위해 Elida는 집단원을 실제로 만나기 전까지 구두나 문서로 어떤 정보도 주지 않으며, 집단의 규칙이나 규범도 세우지 않는다. 이 지도자는 설명 후 받는 동의란 실제로 불가능하다고 확신하기 때문에, 집단시간에 집단원이 이치에 닿는 규칙들을 알아서 정하도록 허용하는 열린 토의시간을 갖는 것을 선호한다. 집단원이 목표를 규정하는 데 힘겨워하더라도, Elida는 이것도 집단과정의 일부이므로 집단원이 집단 참여를 이끄는 구체적인 목표를 세울 것이라고 기대하지 않는다. Elida는 집단 지도자로부터 집단규범이나 기대되는 집단행동에 대해 배우기보다 자발적인 접근을 따라야 한다고 생각한다.

- 예비 집단원이 집단에 참여하기로 결정하기 전까지 아무런 정보를 주지 않는 방침에는 논쟁거리가 있다고 생각하는가? 당신의 생각을 설명하라.
- 집단원과 함께 집단의 규칙과 규범을 수립하는 Elida의 접근법에 관해 어떻게 생각하는가?
- 당신이 집단을 조직한다면 설명 후 받는 동의과정을 어떻게 진행하겠는가?

**논평.** 서로 다른 지도자는 상이한 지도력 유형을 가진다. 구조화된 접근을 선호하는 지도자가 있는 반면에, 집단원에게 최대한의 자유를 주어 집단으로서 어떻게 기능할지를 정하도록 허용하는 것을 선호하는 지도자도 있다. Elida의 접근법은 집단이 스스로 방향을 규정하도록 허용한다. 그녀는 집단원이 집단에서의 행동을 관장할 규범을 수립할 수 있다고 가정한다. 저자들은 Elida가 집단원에게 집단을 위한 규칙과 규범을 수립하라고 허용한 것이 비윤리적인 행동이라고 생각하지 않는다. 그러나 집단이 시작되기 전에 어떤 정보도 제공하지 않음으로써 Elida는 설명 후 받는 동의과정에 주의를 기울이지 않았다. 대부분의 윤리규정들은 내담자가 전념을 하기 전에 무엇에 동의하는지 알도록 하기 위해 설명 후 받는 동의를 하는 것이 중요하다는 점에 동의한다. 우리는 규범을 벗어난 창의성과 사고를 지지하지만 윤리적인 요건 내에서 직무를 수행해야 한다.

저자들은 집단과 작업한 경험을 통해 집단과정에 관한 기본 정보를 집단원에게 제공하면 통상 집단 초기에 맞닥뜨릴 수 있는 어려움들이 일부 사라지는 경향이 있음을 발견했다. 준비절차는 약간 수정만 하면 대부분의 집단유형에 적용할 수 있다. 사전심사 회기와 첫 집단 회기에서 우리는 집단원의 기대를 탐색하고, 목적과 목표를 명료화하며, 절차상 세부사항을 논의하고, 집단 참여의 잠재적인 위험과 가치를 탐색하며, 집단경험에서 최상의 것을 얻기 위한 지침을 의논한다.

우리는 집단의 가치와 한계에 대한 논의, 집단 참여에 수반되는 심리적 위험, 이 위험을 최소화하는 방법 등을 집단원 준비과정에 포함한다. 또한 집단에 대한 사람들의 오해를 다루고 집단원이 가지고 있을지 모르는 두려움이나 걱정을 탐색하는 데 시간을 할애한다. 우리가 이끄는 대부분의 집단에서 집단원들은 무엇을 경험하게 될지 약간 두려워한다. 이러한 두려움을 감지하고 이에 관해 이야기를 나눠야 생산적인 작업이 이뤄지게 된다. 또한 집단에 오기 전에 무엇을 가장 이루고 싶은지, 그리고 집단 참여를 유도해 줄 개인적인 목표를 수립해 보라고 집단원에게 요청한다.

집단을 위해 사람들이 준비하도록 당신이 할 수 있는 것들을 적어 보라. 준비와 관련하여 어떤 윤리적 문제가 있는가? 당신이 집단원이 준비하도록 노력을 거의 하지 않는다면 어떤 일이 일어나리라고 생각하는가?

## 비자발적인 참여

자발적인 참여가 성공적인 집단경험의 중요한 출발점이라는 점은 명백하다. 집단원은 스스로 무엇인가를 적극적으로 추구하는 만큼 의미 있는 변화가 있을 것이다. 불행하게도 모든 집단이 참여를 자발적으로 선택한 내담자로만 구성되지는 않는다. 사람들에게 집단에 참여하도록 요구하거나 강요하는 것이 윤리적인 경우가 존재하는가? 의무적으로 참석하는 집단에서 설명 후 받는 동의는 어떤 면에서 특별히 중요한가? 비자발적인 집단이 성공할 수 있는가?

의무적인 집단 참여는 일련의 상이한 윤리적 문제들을 일으킨다. 일부 집단원의 부정적인 태도는 전체 집단경험을 오염시킬 수 있다. 숙련된 지도자는 일부 비자발적 집단원의 부정적인 태도를 집단경험에서 얻을 수 있는 이점을 알림으로써 바꿀 수 있다(M. Corey et al., 2018). 집단 참여가 의무일 때는 집단의 본질과 목표, 사용하는 절차, 특정 활동을 거부할 수 있는 권리, 비밀보장의 한계뿐만 아니라 집단에 참여하는 수준이 집단 밖에서 자신에 대한 중요한 결정을 내리는 데 얼마나 영향을 미치는지 충분히 알리는 방향으로 더 많은 노력을 기울여야 한다. 집단지도자는 비자발적 집단원이 자신의 선택과 치료 프로그램 규칙 불응의 결과를 이해하도록 돕기 위해 노력해야 한다(Rapin, 2014). 집단 회기 출석이 의무일 경우, 집단지도자는 집단원이 스스로의 권리와 책임을 이해하는지 확인해야 한다. 상담자는 이렇게 의무 때문에 참석하는 집단원을 언제나 존중해야 한다.

비자발적인 참여와 관련된 윤리에 대한 다음의 질문들을 생각해 보라.

- 집단원이 출석을 명령받을지라도 집단경험을 통해 유익을 얻을 수 있다고 생각하는가? 그 이유는 무엇인가?
- 윤리적인 관점에서 비자발적인 집단원의 동의가 필요한가? 집단원은 집단 참여의 수준에 따른 결과에 관해 어느 정도의 정보를 얻어야 하는가?

## 집단 탈퇴의 자유

집단원들이 집단의 일원이 되기로 결심했다면 언제든지 원할 때 떠날 권리도 그들에게 있는가? 집단 탈퇴절차를 첫 회기에 모든 집단원에게 설명해야 한다. 저자들은 집단원들에게 모든 상담회기에 출석하고, 탈퇴하기로 결정하면 고지할 의무가 있다고 말한다. 집단지도자와 집단원이 집단경험이 생산적인지 비생산적인지 판단하기 위해 협력하는 것이 이상적이다. 우리는 왜 탈퇴하고 싶은지를 지도자와 다른 집단원에게 설명할 책임이 내담자에게 있다는 입장을 취한다. 이 방침을 유지하는 이유가 몇 가지 있다. 집단경험에서 무엇이 위협적이었거나 부정적이었는지 토의하지 못한 채 탈퇴하는 것은 탈퇴자에게 심리적으로 해로울 수 있다. 더욱이 자신이 받은 것에 대한 오해 때문에 탈퇴하는 것은 불행한 일이다. 이러한 종결은 집단 응집력에도 해로운데 남아 있는 집단원이 자신 때문에 특정 구성원이 떠났다고 생각할지도 모른다. 집단원에게 탈퇴할 권리는 있지만, 남아 있는 집단원의 필요와 스스로의 안전과 웰빙을 존중하는 마음으로 탈퇴에 관해 이야기하도록 요청한다. 그러나 우리는 이 집단원이 남도록 부당한 압력을 사용하는 것이 윤리적이라고 생각하지 않으며, 다른 사람에게 남도록 압력을 행사하는 집단원에게도 경고한다.

## 심리적 위험

집단이 개인의 변화를 위한 강력한 촉매제일 수 있다는 것은 위험하다는 뜻이기도 하다. 윤리적으로 직무를 수행하려면 집단상담실무자는 집단경험에 수반될 수 있는 잠재적인 위험에 관해 예비 참여자에게 알려야 한다. 저자들의 목표는 집단원이 위험을 감수하고 불편감을 탐색할 수 있는 안전한 환경을 창조하는 것이다. 집단지도자는 불필요한 심리적 위험을 줄이기 위해 경계조치를 취할 윤리적인 책임이 있다. 미국정신건강상담사협회(AMHCA, 2015)의 지침에는 이 책임이 강화되어 있다. "집단 환경에서 정신건강상담사는 신체적, 정서적, 심리적 피해 또는 외상으로부터 내담자를 보호하기 위해 합리적인 예방조치를 취해야 한다"(1B.3f).

집단지도자는 집단경험을 손상하는 행위를 막아야 하는 중요한 역할이 있다. Smokowski, Rose와 Bacallao(2001)는 집단지도자는 집단 안에서 굉장한 권력과 위신과 지위를 가지고 있다는 점을 상기시키며 "그들의 권력과 영향력을 책임감 있게 관리하지 못하거나 심지어 인식하지도 못하는 집단지도자가 많다"(228쪽)고 경고한다. 집단의 성과는 집단지도자가 집단과 그의 행동에 무엇을 제시했는지와 깊은 관련이 있다. Smokowski 등은 치료집단에서 피해를 일으키는 경험을 연구하여 집단원이 부정적인 집단경험을 하게 만드는 다양한 요인과 사건을 밝혀 냈다. 그중에는 지도자의 지지부족, 공격적이고 모질게 직면하는 지도력, 준비가 안 되었는데 공개하라고 압박하는 행동, 수동적인 지도력, 지도자의 권력과 영향력의 남용, 다양한 관점에 대한 수용부족, 집단규범에 대한 명확성 부족, 참여를 강요하거나 과도한 직면을 장려하는 부정적인 규범 등이 포함된다. 집단원은 집단에서 지지받을 것이라는 사실을 알고 있을 때 더 기꺼이 도전을 받아들인다.

모든 위험요소를 다 제거할 수는 없지만 비참한 결과를 피하기 위해 집단과정 중에 특정 안전장치를 강구할 수 있다. 참여자가 알아야 할 위험들은 다음과 같다(M. Corey et al., 2018).

- 집단원은 집단작업을 한 결과 삶이 혼란스러워지는 경험을 할 수도 있다.
- 집단 참여자는 완전히 개방하도록 권장받는 경우가 일반적이다. 자기폭로를 일삼다 사생활이 희생되는 때도 있다.
- 집단 압력도 관련된 위험 중 하나이다. 특정 문제를 탐색하지 않거나 특정 지점에서 멈추고자 하는 참여자의 권리가 존중되어야 한다. 또한 집단원에게 활동에 참여하도록 강요하면 안 된다.
- 희생양 만들기는 집단에서 일어날 수 있는 또 다른 위험이다. 투사와 책임전가는 직면하지 않으면 표적 인물에게 나쁜 영향을 미칠 수 있으며 집단의 진보에도 부정적인 영향을 미칠 수 있다.
- 직면은 집단에서 선용될 수도 있고 오용될 수도 있다. 타인에게 상처를 주는 공격이 허용되면 안 된다.

- 집단에 안전조치가 부족할 경우, 사회적 부당함으로 피해를 받았던 집단원이 집단 내에서 자신의 경험을 탐색할 때 유사한 부당함을 당하면 재피해를 입을 수도 있다.
- 상담자가 집단에서 일어나는 일을 외부인과 논의하지 말아야 할 필요성을 계속 강조하더라도, 모든 집단원이 나누었던 이야기와 관련된 비밀보장의 특성을 존중하리라는 보장은 전혀 없다.

집단에서의 심리적 위험을 최소화하는 한 가지 방법은 계약서를 사용하여 집단지도자가 자신의 책임이 무엇인지 구체적으로 적고 집단원이 무엇을 하고자 하는지 천명함으로써 집단에 대한 헌신을 명시하는 것이다. 집단원과 집단지도자가 기대치를 명료화한 계약에 따라 활동한다면 집단원이 집단경험을 통해 착취당하거나 피해받을 가능성이 줄어든다.

물론 계약이 잠재적 위험을 줄이는 유일한 방법도 아니며 그렇게 하는 것만으로 충분한 것도 아니다. 가장 중요한 안전조치 중에는 집단과정에 대한 집단지도자의 훈련 정도가 포함된다. 집단상담자는 불필요한 위해로부터 집단원을 보호할 우선적인 책임이 있다. 이 역할을 수행하기 위해 집단지도자는 자신의 역량한도를 분명히 파악해야 한다. 일반적으로 집단지도자는 자신이 충분히 준비된 유형의 집단만 이끌어야 한다. 노련한 공동 지도자, 수련감독자와 함께 작업하는 것은 훌륭한 배움의 수단이자 잠재적 위험을 줄이는 길이기도 하다.

집단지도자의 행동은 집단의 건설적인 분위기를 조성하는 데 큰 영향을 미친다. 지도자의 행동은 부정적인 성과의 위험을 최소화할 수 있다. 지도자는 다음과 같은 조치들을 통해 집단 내에서 유해한 분위기를 조성할 가능성을 줄일 수 있다.

(a) 집단원에 대해 비판단적인 입장을 취함.
(b) 비꼬는 말에 비꼬는 말로 대응하는 것을 피함.
(c) 숨겨진 의제를 마음에 품지 말고 집단원들에게 정직함.
(d) 집단원에 대한 판단과 낙인을 피하고, 대신 집단원의 행동을 설명함.
(e) 독단적이 아니라 잠정적인 방식으로 관찰과 예감을 진술함.
(f) 문제를 일으키는 집단원이 집단에 어떤 영향을 미치는지 알리되 비난하는 투로 말하지 않음.
(g) 자신의 역전이를 감지하고 이러한 반응을 관리함.
(h) 권력의 오용을 방지함.

(i) 지지와 진심어린 직면을 모두 제공함.

(j) 집단원을 희생시키면서 자신의 필요를 충족하는 것을 피함(M. Corey et al., 2018).

## 집단에서의 비밀보장

비밀보장의 윤리적, 법적, 직업적 측면(제6장에서 논의함)이 집단 상황에서는 상이하게 적용된다. 집단원은 다른 집단원의 신분이나 집단에서 공유한 내용을 공개하지 말아야 한다는 점에서 집단지도자와 동일한 윤리적 · 법적 책무하에 있는가? 면책특권정보보호의 법적 측면은 법령상 예외가 있지 않는 한, 집단 환경에는 대체로 적용되지 않는다. 그러나 집단원의 비밀을 보호하는 것은 윤리적인 명령이며, 집단이 시작할 때 이 점을 제시하는 것은 상담자의 책임이다. 집단치료자는 현명하게 집단원의 신분과 비밀보장이 되어야 할 정보를 보호함으로써 집단원의 사생활을 보호해야 한다. 집단지도자는 집단 상황에서 비밀보장의 한계, 다른 집단원들에 대한 책임, 집단에서 이야기 나눈 내용에 대해 법적인 면책이 없다는 점을 집단원에게 알려야 할 윤리적인 책임이 있다(Wheeler & Bertram, 2015).

저자들은 집단을 시작할 때부터 비밀보장의 목적과 한계에 관해 집단원들과 의논한다. 여러 전문가협회의 윤리규정에는 집단 환경에서 비밀을 보장하는 집단상담실무자의 역할이 규정되어 있다. 집단작업전문가협회(ASGW, 2008)의 '모범사례 지침'에는 비밀보장과 관련하여 다음과 같이 언급되어 있다.

> 집단작업자는 비밀보장과 그 한계를 규정해야 한다(예를 들면, 윤리적 · 법적 기대와 예외, 치료계획과 서류, 보험 사용에 암시된 권리이양). 집단작업자는 비밀보장의 필요성과 비밀보장 불이행의 잠재적 결과에 관해 모든 집단 참여자에게 알릴 책임이 있다. 집단작업자는 (주 법령에서 면책을 제공하지 않는 한) 법적 면책이 집단토의에 적용되지 않는다는 점을 설명해야 한다(A.7.d).

개인 심리치료에서 치료자는 내담자의 비밀을 보장할 수 있지만, 집단치료 지도자는 어떤 집단원에 관한 개인정보를 다른 집단원이 공개하는 것을 항상 막을 수 있는 것은 아니다. 집단지도자는 비밀보장을 유지해야 할 윤리적 · 법적 책임이 있지만, 다른 집단원의 비밀정보를 공개한 집단원은 법적인 책임을 지지 않는다(Lasky & Riva, 2006). 집단에서 비밀을 보장하지는 못하지만, 집단지도자는 의도치 않게 비밀보장 위반이 얼마나 쉬운지에 대해, 그리고 집단과 관련된 정보를 비공개로 유지하는 것의 중요성과 이점에 대해 집단원을 교육할 책임이 있다(Rapin, 2014).

당신이 집단을 지도한다면, 다음 중 비밀을 보장하기 위해 어떤 방책을 채택할 수 있겠는가? 채택할 만한 문항에 표시하라.

____ 1. 집단 모임에서 비밀보장의 중요성을 정기적으로 강조하겠다.

____ 2. 집단원에게 집단의 비밀을 지키겠다는 약속을 충분히 이해한다는 내용의 서류에 서명하도록 요구하겠다.

____ 3. 집단원들에게 비밀보장을 위반하면 탈퇴를 요청받게 될 것임을 알린다.

____ 4. 나는 집단에서의 비밀보장 문제를 어떻게 다룰지 결정하는 일을 집단원에게 맡기겠다.

____ 5. 나는 집단원과 서로의 비밀을 보장하는 역할에 대해 이야기할 것이다.

## <Pierre의 사례>

Pierre는 집단상담 첫 번째 회기에서 비밀보장에 관해 간략하게 의논하면서 이렇게 말했다. "여기에서 일어난 일은 밖으로 새어 나가지 말아야 합니다." 그는 집단원에게 비밀보장에 관해 상세하게 이야기하는 것은 불필요하다며 "그 이유는 여기 계신 모든 분들은 비밀보장에 대해 이미 알고 있기 때문이죠"라고 말했다. Pierre는 집단에서 비밀이 보장되지 않을 수도 있다는 점을 집단원에게 알리지 않았고, 집단 맥락에서 비밀보장의 한계에 대해서도 알리지 않았다. Pierre는 당장 집단이 작업을 시작하기를 간절히 원했기 때문에 비밀보장에 대해 질문하라고 묻지도 않았다.

- Pierre가 집단에서 비밀보장에 관해 설명한 방식이 윤리적으로 적절한지 어떻게 평가하겠는가?
- 당신이라면 비밀보장의 구체적인 측면 가운데 집단원에게 가장 알리고 싶은 것은 무엇이겠는가?
- Pierre가 집단원에게 비밀보장에 관해 설명한 방식에 문제점이 잠재해 있다면 어떤 것이겠는가?
- 집단에서 비밀을 보장할 수 없다는 점을 감안할 때, 비밀보장을 위해 집단지도자로서 어떤 지침을 설정할 수 있는가?

**논평.** 저자들은 Pierre가 비밀보장은 이미 알려진 것이어서 집단원이 그 중요성을 익히 안다고 말함으로써 과잉 단순화라는 잘못을 범했다고 생각한다. 집단원은 집단 환경에서 비밀보장이 될 수 있다는 잘못된 가정을 할 수도 있다. 집단이 진행되는 도중에 아무 때라도 비밀보장에 관해 의문이 있으면 물어보라고 Pierre가 집단원에게 장려한다면 현명할 조치일 것이다. 집단에서 비밀보장의 중요성에 관해 의논할 때, Pierre는 비밀보장이 어떻게 미묘한 방식으로 위반될 수 있으며 비밀이 어떻게 악의 없이도 공개되는 경우가 있는지 지적할 수 있다. 대부분의 사람들은 타인에게 악의적으로 상처를 주려고 특정 집단원에 관해 외부인에게 이야기하지는 않는다. 그러나 집단원은 다른 사람에게 자신의 경험을 나누고 싶은 유혹을 느낀 나머지 부적절한 폭로를 할 때도 있다. 우리는 외부인과 공유하고 싶은 이런 경향 때문에 집단의 비밀보장이 얼마나 쉽사리 그리고 무심결에 손상될 수 있는지에 관해 집단 참가자들에게 주의를 준다. 우리는 자신이 깨달은 통찰만 이야기한다면 비밀정보를 공개할 일이 거의 없을 것이라고 집단원에게 말해 준다.

집단지도자는 집단에서 일어난 일을 외부인과 의논하지 않는 것이 얼마나 중요한지를 집단원에게 정기적으로 재확인해야 한다는 것이 우리들의 입장이다. 우리는 참가자들이 중요한 이야기를 고백하려고 할 때 필수적인 신뢰와 응집력을 수립하기 위해 비밀보장이 필요하다는 점을 예비 집단원 각자에게 이야기한다. 우리는 사전심사 면접 때 한 번, 사전 집단이나 첫 회기에 또 한 번, 집단 과정 중에도 적절하다고 판단될 때 수시로, 그리고 종결 때 다시 한번 이 점을 의논한다.

**집단상담 비밀보장의 예외.** 집단상담자는 비밀보장의 중요성을 강조하고 표준을 정해야 하지만, 그 한계에 관해서도 집단원에게 알려야 한다. 예를 들면, 집단원이 자신이나 타인에게 위험한 의도를 가지고 있다면 집단치료자는 집단원들과 사회를 보호하기 위해 적절한 조치를 취해야 할 윤리적 · 법적인 의무가 있다(AGPA, 2006). 제6장에서 논의한 비밀보장의 다른 한계들도 집단작업에 적용된다.

집단을 이끄는 치료자는 직무수행에 영향을 미치는 주 법규를 숙지해야 한다. 예를 들어, 모든 주에서 1967년 이후 아동학대 신고법이 의무화되었고, 대부분의 주에서 노인학대와 피부양 성인학대 신고법도 의무화되었다. 최근 대다수의 주에는 내담자가 자신이나 타인에게 위해를 가하려는 위협을 신고하도록 상담자에게 요구하는 법이 존재한다.

교정기관이나 정신병원에서 집단을 지도할 경우, 집단원이 집단에서 보이는 특정 행동이나 말의 표현을 당사자의 서류에 기록해야 할 수도 있다. 동시에 내담자의 표현과 행동을 문서에 기록하며 이 정보는 다른 직원이 볼 수 있다는 점을 내담자에 대한 책임의 일환으로 당사자에게 알릴 필요가 있다.

**미성년자와 비밀보장.** 비밀보장을 장려하는 것은 학교 환경에서 아동과 청소년에게 집단 서비스를 제공하는 상담자에게는 특별히 어려운 문제이다. 이 문제는 미국학교상담사협회(ASCA, 2016) 윤리기준에 중요한 지침이 있다.

> 학교상담사는 비밀보장이라는 목표를 집단 규범으로 전달하는 동시에 학교에서 미성년자의 비밀이 보장될 수 없음을 인식하고 보호적인 자세로 작업해야 한다 (A.7.e).

집단지도자는 아동과 청소년이 속한 집단에서 비밀보장이 유지될 가능성을 높이는 방책을 마련할 책임이 있다. 학부모와 법적 보호자와의 협력은 물론이고 어린 집단원의 신뢰를 얻는 것도 중요하다. 또한 미성년자에게 그들이 이해하는 어휘를 사용하여 비밀보장의 본질, 목적, 한계를 가르치면 좋다. 비밀보장이 문제가 될 때마다 이에 관해 집단원이 토의하도록 장려하는 것도 훌륭한 생각이다.

자녀가 집단에서 공개한 정보를 알 권리가 학부모나 법적 보호자에게 있는가? 이 질문에 대한 대답은 이를 법적, 윤리적, 직업적 관점 중 어떤 관점으로 보느냐에 달려 있다. 미성년자 상담과 관련된 주 법규들도 상이하다. 집단지도자가 미성년자를 상담할 때는 활동하고 있는 주의 법규가 무엇인지 알아야 한다. 미성년자가 부모의 동의 없이 전문적 도움을 받을 수 있는 상황, 부모의 구속을 받지 않는 미성년자(emancipated minor)에 대한 정의, 전문적인 도움을 받은 미성년 자녀와 관련된 기록을 볼 수 있는 학부모나 법적 보호자의 권리 등은 주 법규에 따라 다양하다.

미성년자가 집단에 참여하기 전에 학부모에게 동의서를 받는 것이 좋다. 이러한 진술문에는 집단의 목적, 이 목적을 성취하는 데 선행요건인 비밀보장의 중요성, 신뢰를 깨뜨리지 않겠다는 상담자의 의도에 관한 간략한 기술이 포함되어야 한다. 자녀의 정보를 학부모에게 주는 것이 유용할 수도 있지만, 신뢰를 깨드리지 않는 선에서 해야 한다. 첫 회기에 미성년자와 함께 비밀보장에 관한 관심사와 비밀이 어떻게 유지될지를 알리고 의논하는 것이 도움이 된다. 이를 통해 상담자에 대한 아동의 신뢰가 두터워질 수 있다.

## 집단작업과 소셜 미디어: 비밀보장과 사생활보호에 관한 고려사항

집단원과 치료자가 온라인 집단상담에서 상호작용할 때와 집단원이 소셜 미디어를 통해 의사소통할 때, 비밀보장과 사생활보호 문제는 차원이 더해지게 된다. 페이스북, 트위터, 인스타그램과 같은 온라인 플랫폼이 널리 사용되면서 인기가 높아지고 있다. Kozlowski와 Holmes(2014)는 "현장에서 집단상담에 대해 이해하는 것의 대부분은 대면 집단 환경에서 진행된 집단에서 배운 것이다. … 집단원이 온라인 집단상담에서 경험하는 것은 문헌과 차이가 있다"(276쪽). 집단상담과 심리치료를 위해 온라인 소셜 네트워킹 사이트를 사용하는 것에 관해 학자와 연구자들이 더 큰 관심을 가질 필요가 있다.

집단상담의 집단원이 소셜 미디어에 참여할 때 비밀보장 위반의 위험이 증가한다(Wheeler & Bertram, 2015). 집단상담자는 설명 후 받는 동의를 통해 온라인 행동의 요건을 다루어야 하며 사진, 댓글 또는 다른 회원에 대한 모든 유형의 비밀정보를 온라인에 게시하지 않겠다는 집단원의 약속에 관한 기본 규칙을 설정해야 한다. 이러한 규칙을 개발하는 것은 집단을 관장하는 규범에 대한 토론의 일부가 되어야 한다. 집단원이 집단 외부의 다른 사람과 경험을 공유하는 한 가지 방법은 다른 회원을 설명하거나 집단의 다른 사람의 이름을 언급하지 않고 자신의 경험, 반응, 통찰력에 대해 이야기하는 것이다. 집단원은 다른 집단원에 대한 이야기를 하기보다 자신에 대해 이야기하도록 교육받을 수 있다.

집단원이 온라인에서 자신의 정보를 공유할 때 비밀보장 또는 사생활보호 위반이 발생할 수 있다. 특히 미숙한 경계로 갈등을 겪고 있을 때 더욱 그렇다. 비공개로 유지하려는 정보를 보호하기 위한 기술적 기술과 지식이 부족한 사람도 있다. Zur와 Zur(2011)는 Facebook을 이용하는 치료자 중에는 개인정보를 보호하기 위해 개인정보 설정을 사용하는 이들도 있지만 그렇지 않은 치료자들도 있다고 지적한다. 그들은 "개인정보 설정을 사용하지 않는 사람들은 이러한 옵션에 대해 모르거나, 방법을 모르거나, 다른 사람들이 자신의 프로필에서 무엇을 보거나 볼 수 없는지 알지 못하기 때문에 사용하지 않는다"(12쪽)고 덧붙인다. 집단원도 마찬가지이다. 소규모 연구에 따르면, 온라인(화상회의) 집단의 일원이었던 상담 석사생은 다른 집단원에 대한 신뢰부족을 경험했고, 이는 기술에 대한 신뢰부족으로 인해 악화되었다고 보고했다(Kozlowski & Holmes, 2014). 연구자에 따르면, "집단원의 안전감은 기술능력에 대한 인식에 반비례하는 것으로 나타났다. 기술에 정통한 것으로 보이는 집단원이 기술이 비밀정보를 캐내는 데 사용될 수 있다고 생각하며 더 불신했다"(Kozlowski & Holmes, 2014, 292쪽). 일부 집단원은 다른 집단원이 스크린샷과 동영상을 찍는 것을 과도하게 인식한다고 보고했다.

Wilson, Gosling과 Graham(2012)은 "[페이스북에서] 신고된 개인정보 보호 문제와 관찰된 개인정보 위반에는 차이가 있지만"(212쪽), "페이스북의 전적인 온라인 편재성은 놀랍다. 2012년 2월 기준으로 Facebook은 8억 4,500만 명 이상의 사용자(유럽 인구보다 많음)를 보유하고 있으며 이들은 사이트에서 하루 97억 분 이상을 보냈다"(203쪽). 2016년 12월, 페이스북은 일일 활성 사용자가 12억 3,000만 명이고 월간 활성 사용자가 18억 6천만 명이었다고 보고했다(Facebook Newsroom, 2017). 정신건강전문가와 내담자가 페이스북 사용자 중 하나인 것은 불가피한 것으로 보이며, 그들은 소셜 미디어의 다른 사용자가 접하는 동일한 문제와 씨름할 것이다.

Spotts-De Lazzer(2012)는 상담실무자들이 소셜 미디어와 관련하여 전통적인 윤리를 번역하고 유지해야 한다고 언급한다. 예를 들어, "캘리포니아에는 현재 치료사의 소셜 네트워킹 사이트 사용에 관한 명시적인 윤리나 규정이 없다"(19쪽). Spotts-De Lazzer는 치료사가 경계 문제를 다루고, 이중관계를 평가하며, 치료사로서 공정성과 판단을 유지하고, 자신의 전문상담을 홍보하거나 마케팅하기 위해 페이스북을 이용하는 것과 관련하여 윤리적 문제를 다루어야 한다고 생각한다. Spotts-De Lazzer는 페이스북에서 당신의 존재를 관리하는 데 도움이 될 다음 권장사항을 제안한다.

- 온라인 공유를 제한하라.
- 개인정보보호 정책을 숙지한 후 개인정보 설정 수준을 최고로 높이고 자동 설정이 아닌 사용자 설정을 하라.
- 설명 후 받는 동의절차에 명확하고 철저한 소셜 네트워킹 정책을 포함하라.
- 페이스북의 개인정보 옵션은 계속 변경되므로 보호 설정을 정기적으로 업데이트하라.

집단작업자는 자신이 지도하는 집단의 현재 또는 이전 집단원으로부터 '친구 요청'을 받을 경우에 대비해야 한다. Zur와 Zur(2011)는 치료자가 이러한 요청에 응답하기 전에 숙고해야 할 여러 질문을 다음과 같이 정리했다.

- Facebook 프로필에는 무엇이 있는가?

- 심리치료사는 Facebook 페이지가 있는가 아니면 Facebook 프로필만 있는가?
- 개인정보 제어를 사용하여 접근을 통제하는가?
- 내담자는 치료자의 프로필에서 무엇을 볼 수 있는가?
- 심리치료의 맥락은 무엇인가?
- 내담자는 누구인가?
- 내담자가 친구 요청을 한 이유는 무엇인가?
- 그 요청의 의미는 무엇인가?
- 치료관계의 특성은 무엇인가?
- 심리치료는 어디에서 하는가? 치료가 진행되는 커뮤니티는 어떤 곳인가?
- 이 내담자와 '친구'가 된다는 것은 치료자에게 무엇을 의미하는가?
- 다른 예비 내담자(또는 집단원)에게 미칠 수 있는 영향은 무엇인가?
- 비밀보장, 개인정보보호, 기록보관과 HIPAA 준수를 위해 내담자의 친구 요청을 수락하면 어떤 결과가 발생하는가?
- 내담자의 친구 요청을 수락하면 이중관계가 형성되는 것인가?
- 요청을 수락하면 치료와 치료관계에 어떤 영향을 미치는가?

이 광범위한 질문 목록을 검토로 추측할 수 있듯이, 겉보기에 간단해 보이는 요청(내담자 또는 집단원의 친구 요청을 수락할지 여부)은 매우 복잡하고 많은 숙고를 필요로 한다. 이 주제에 대한 자세한 내용을 보려면 Zur Institute 웹사이트(www.zurinstitute.com)를 방문하라.

## 종결과 윤리적 문제

집단상담 주기의 마지막 단계는 집단원들이 학습한 내용을 굳건하게 다지는 과업을 하는 시기이기 때문에 중요하다. 이때 집단원들은 집단경험이 자신에게 어떤 의미였는지 표현하고 앞으로 어디를 향해 나아가고 싶은지 언급할 수 있어야 한다. 종결과정을 무시하게 되면 집단원들이 미해결 과제를 떠안게 되고 집단경험을 통해 배운 내용을 개념화할 기회를 가지는 데 제한받게 될 것이다. 집단원 가운데는 집단에서 보낼 시간이 얼마 남지 않았음을 깨닫고 종결을 힘들어하는 이들이 많다. 집단원 중에는 집단의 종결로 인해 전에 경험했던 다른 상실감이 촉발되는 경우도 많다. 따라서 집단 종결에는 애도하는 과정이 수반될 수도 있다. 집단지도자는 집단원의 이러한 상실감을 완전히 없애지는 못하더라도 찾아내고 탐색하는 것이 중요하다. 집단원은 종결이라는 현실을 직면하고 작별하는 방법을 배워야 한다. 집단이 진정으로 치료에 도움이 되었다면, 집단원들은 집단이 끝날 때 슬픔과 상실감을 경험하게 되더라도 학습한 내용을 집단 밖에서 확대 적용할 수 있을 것이다.

## 폐쇄집단의 종결단계

일반적으로 폐쇄집단은 시간제한이 있어서 미리 정해진 횟수만큼만 집단으로 모인다. 집단원은 일반적으로 끝날 때까지 집단에 남아 있어야 하며 새 구성원은 추가되지 않는다. 폐쇄집단에서 집단지도자의 과업은 집단원들이 각자의 작업과 첫 회기부터 마지막 회기까지 진보한 모습을 살펴보도록 돕는 것이다. 설명 후 받는 동의에는 집단경험을 시작할 때부터 종결과 생산적으로 종결하는 방법에 관해 집단원에게 설명하는 내용이 포함된다.

집단의 종결단계에서 집단원은 집단경험의 의미를 명료화하고, 유익한 결과를 통합하여 정리하며, 집단에서 배운 것 중 일상생활에 적용하고 싶은 새로운 행동이 무엇인지 결정할 기회를 가지게 된다. 다음 질문들은 집단의 종결 시 집단지도자의 책임과 관련된 것이다.

- 참여자가 집단에서 배운 내용을 인식, 통합하고 굳건하게 해 줄 개념적 틀을 개발하도록 돕는 데 집단지도자는 어떤 책임을 지는가?
- 집단 종료 시에 집단원에게 미해결 과제가 과도하게 남지 않도록 보장하는 집단지도자의 책임의 범위는 어디까지인가?
- 집단지도자는 참여자들이 집단경험의 결과로 배운 내용을 일상생활에 적용하도록 어떻게 도와줄 수 있는가?
- 집단지도자는 집단원들이 상실과 애도를 다루는 방법으로 집단 종결을 이용하도록 어떻게 도울 수 있는가?
- 집단지도자는 종결과정에서 집단원의 문화적 신념과 관행을 어떤 방법으로 통합할 수 있는가?

전형적으로 집단작업의 마지막 단계는 집단지도자가 가장 부적절하게 다루는 것일 수 있는데, 이는 아마도 훈련부족 때문이거나 부분적으로 종결에 대한 저항 때문일 것이다. 집단의 종결을 인정하지 못하는 것은 집단지도자가 종료와 이별을 다루는 데 불편해한다는 점이 반영된 것일 수도 있다. 상실이나 종료와 관련하여 자신에게 취약점이 있는지 분명하게 인식하지 못하는 집단촉진자는 종결에 대한 집단원의 감정 표현을 용이하게 하는 데 어려움을 느낄 가능성이 있다. 종결이 다뤄지지 않는다면 집단은 많은 집단원에게 영향을 미칠 수도 있는 문제를 탐색할 기회를 잃게 되어 집단원의 치료가 크게 위협을 받게 될 수도 있다. 학습이 개념화되지 않는다면 경험의 의미를 실생활에 적용하는 능력이 극도로 줄어들게 된다. 따라서 종결에 관한 논의는 적절한 종료를 위해 중요하다.

## 개방집단의 종결단계

개방집단은 집단원이 집단을 떠나고 새로운 집단원이 여러 시기에 집단에 합류한다. 다음은 집단상담자가 개방집단을 떠나는 사람과 함께 성취해야 할 과제들이다.

- 개방집단에서는 집단원이 종결할 때가 되었다고 결정하면 적절하게 알려야 한다는 점을 가르쳐야 한다. 이 방침을 따른다면 떠나려는 집단원이 본인이나 다른 집단원과 미해결된 과제가 남아 있더라도 다룰 수 있는 시간을 확보하게 될 것이다.
- 이상적인 종결은 집단원과 집단지도자가 상호 동의하에 이뤄지며, 상실과 이별의 과정을 다룰 시간이 충분하다는 특징이 있다(Fieldsteel, 2005).
- 남아 있는 집단원들은 한 명의 집단원을 떠나보내는 것에 대해 가끔 반응을 하는데, 그들에게 생각과 감정을 표현할 기회를 주는 것이 중요하다.
- 떠나려는 집단원이 집단에서 무엇을 배웠고 구체적으로 배운 내용을 어떻게 활용하려는지 검토해 보도록 도와주는 것이 좋다.

## 추후 모임과 평가

집단작업의 이 단계는 집단원의 관점에서 집단경험의 가치에 대한 유용한 피드백을 제공할 수 있으며 다양한 방법으로 수행할 수 있다. 집단의 주기 동안 집단지도자는 집단원이 자신의 진보를 평가하고 모델링 방식을 검토하도록 돕는다. 이러한 점에서 평가는 집단이 개인의 목표를 달성하는 데 도움이 됐는지 판단하는 방법을 집단원에게 가르쳐 주는 지속적인 과정이다. 하지만 집단상담자는 집단의 과정과 성과 모두를 평가해야 한다. 일단 집단이 끝나면 추후 집단 회기를 통해 평가할 수 있는 기회를 가진다. 저자들은 추후 활동이 집단원뿐 아니라 집단상담자에게도 유용하며, 책무성을 측정하는 소중한 척도가 될 수 있다고 생각한다.

# 집단상담의 효과 판별법

집단 심리치료가 얼마나 효과적인지 평가하는 것은 쉬운 일이 아니다. 집단상담실무자는 다양한 이론적 모델을 토대로 상담하며 고유한 개인 특성과 치료양식을 가지고 있다. 또한 집단원 자체는 모든 집단의 치료성과와 많은 관련이 있다. 동일한 접근법을 고수하는 상담실무자라도 상이한 방식으로 기술을 사용할 가능성이 높다.

## 집단작업과 근거기반치료

치료가 효과가 있다는 것은 분명하지만, 그것이 어떻게 효과를 발휘하는지에 대한 간단한 설명이 없다. 심리치료 연구들을 살펴본 Lambert(2011, 2013)는 이론적 모델 간의 차이점보다 유사점이 심리치료의 효과를 설명한다고 명료하게 말한다. 임상실무는 특정 내담자의 맥락 안에서 상담실무자의 전문지식과 이용 가능한 최상의 연구를 통합한 내용을 기반으로 해야 한다(제10장 참고). 그러나 기관 환경에서 일하는 집단상담실무자에게는 집단 절차의 효율성을 입증해야 할 요구가 점점 많아진다. 이를 수행하는 한 가지 방법은 근거기반치료(EBP) 접근법에 전적으로 의존하는 것인데, 이는 치료자와 내담자 요인에 비추어 보면 최고의 연구 증거를 고려한 것이다(APA Presidential Task Force on Evidence-Based Practice, 2006).

Norcross, Hogan과 Koocher(2008)는 현존하는 최고의 증거, 임상전문가의 전문성과 내담자의 특성이라는 세 가지 기둥을 통합하는 포괄적인 근거기반치료를 옹호한다. 활동적이고 정보에 입각한 집단원의 참여가 치료집단의 성공에 결정적이기 때문에 집단작업 실무에서 근거기반치료 모델을 사용하는 것은 어려울 수 있다. 임상적 전문성을 바탕으로 집단치료사는 집단원의 가치, 필요와 선호도를 고려하는 맥락에서 특정 개입에 대한 궁극적인 판단을 내린다. 집단지도자가 경험적으로 검증된 중재에만 기반을 두고 직무를 수행하는 것이 윤리적이고 유능한 경로를 따르는 것처럼 보일 수 있지만, 이 모델을 기계론적이며 치료과정의 관계적 차원을 충분히 고려하는 데 실패한 것으로 보는 이들도 있다.

## 대안: 집단작업에 대한 치료기반 접근

특정 문제에 대해 경험적으로 검증된 기술을 연결하는 것이 집단원이 제시한 문제를 해결하는 의미 있는 방법이라고 생각하지 않는 집단상담실무자가 많다. Duncan, Miller와 Sparks(2004)는 근거기반치료의 대안으로 치료과정과 성과를 알리기 위해 치료 중 내담자로부터 생성된 정보를 사용하는 치료기반근거(practice-based evidence, PBE) 접근법을 제안한다.

인간중심치료와 실존치료와 같은 관계 지향적 접근방식을 사용하는 집단상담실무자는 집단원의 세계를 이해하고 치료관계를 통한 치유를 강조한다. Norcross, Beutler와 Levant(2006)는 치료의 많은 측면, 즉 치료관계, 치료자의 성격과 치료양식, 내담자, 환경요인이 심리치료의 성공에 기여하기에 모든 평가에서 고려되어야 한다고 상기시킨다. Duncan 등(2004)은 치료자가 정기적 · 의도적으로 내담자의 동맹 경험과 치료경과에 대한 데이터를 수집할 때 내담자 유지와 성과 측면에서 가장 중요한 개선점이 있었다고 주장한다.

Miller, Hubble, Duncan과 Wampold(2010)는 치료 여정에서 내담자의 적극적인 참여의 중요성을 강조한다. 그들은 주어진 진단에 어떠한 접근방식을 사용할지 미리 알 필요가 없다고 주장한다. 가장 중요한 것은 공식적인 내담자 피드백을 체계적으로 수집하고 사용하여 치료를 알리고, 안내하고, 평가하는 것이다. 집단원들은 각 집단상담 시간이 끝날 때 익명으로 양식을 작성할 수 있는데, 특정 항목에 대한 그들의 평가를 집계하여 집단 전체의 진행상황을 파악할 수 있다. 이상적으로 말하면, 평가는 집단원과 집단 전체의 진행상황을 살펴보는 집단의 주기 동안 지속되는 과정이다. 각 집단원의 정보를 수집하여 집단 진행상황을 검토하면 지도자가 개입을 조정하고 집단 과정을 향상하는 데 도움이 될 수 있다(Corey & Corey, 2016).

집단원들의 집단경험에 대한 피드백을 받는 것이 가장 중요하다. **피드백 통보 치료**

(feedback-informed treatment, FIT)는 내담자의 변화를 검토하고 치료 노력을 향상시키는 데 필요한 수정을 파악하는 근거기반치료이다(Miller, Hubble, & Seidel, 2015). 피드백 통보 치료는 치료관계와 임상경과에 관해 내담자로부터 지속적으로 피드백을 받는 것을 포함하며, 이는 내담자의 고유한 요구에 맞게 치료를 조정하는 데 사용된다. 집단지도자가 집단의 모든 단계에서 집단원의 피드백을 듣는 법을 배운다면, 집단원은 치료의 모든 측면에서 완전하고 평등한 참여자가 될 수 있다(Miller et al., 2015).

Jensen 등(2012)은 집단 임상전문가가 치료기반근거를 치료집단에 통합할 것을 권장한다. 그들은 임상적 판단을 보완하기 위해 내담자가 생성한 정보를 수집하는 체계적인 조치에 의존함으로써 집단의 흐름을 제대로 파악할 수 있는 이점이 있다고 지적한다. "치료기반근거 도구를 통해 임상전문가는 주기적으로 집단의 '활력 징후'를 확인하고 필요한 조정을 수행할 수 있다"(389쪽). Jensen 등은 집단경험에 대해 집단원들로부터 직접 정보를 수집하는 것은 근거기반 집단치료 실무를 개발하는 데 중요한 부분이라고 주장한다. "집단심리치료사는 집단원과 함께 자신이 어떻게 지내는지 확인할 뿐만 아니라 심리치료 집단의 효능을 전 세계적으로 입증할 수 있는 구조화된 방법의 이점을 얻을 수 있다"(391쪽).

치료기반근거 접근법은 치료자가 집단의 주기 동안 집단원을 위한 집단의 가치를 평가하는 데 도움을 줄 뿐만 아니라 종결단계에서 집단경험의 평가를 돕는 도구를 제공한다. 집단상담실무자는 집단이 얼마나 잘 운영되는지 결정할 윤리적 책임이 있으며 개입을 개선하기 위해 집단 참가자로부터 받은 피드백을 기꺼이 사용할 필요가 있다.

## 제12장 요약

정신건강 서비스에 대한 요구가 증가하면서 집단상담은 개인상담의 근거기반치료적 대안으로 자리 잡고 있다. 상담과 치료에 대한 집단 접근방식의 인기가 높아짐에 따라 집단을 지도하는 이들을 위한 윤리적 · 직업적 지침의 필요성이 절실해졌다. 집단은 유형도 많고 다양한 환경에서 활용될 가능성도 많다. 본 장에서 대부분의 집단과 관련된 윤리적 문제들을 일부 논의했다. 유능한 집단지도자가 되기 위한 상담자는 적합한 교육과 수련감독을 받아야 하고 집단촉진자로서의 경험이 필요하다. 집단작업자의 직업적 훈련기준을 충족하는 것이 중요하다. 다른 형태의 상담에서도 마찬가지이지만, 다문화와 다양성 역량을 갖추는 것이 윤리적이고 효과적인 집단작업자가 되기 위한 기초이다.

또한 우리는 집단작업에서 공동 지도의 장단점을 살펴봤다. 공동 지도는 집단원이 집단에서 학습하는 바를 강화해 줄 수 있다. 공동 지도자가 팀으로서 잘 협력하고 존경하는 관계를 모범으로 보이는 것이 중요하다.

집단을 운영하려면 다수의 윤리적 문제에 주의를 기울여야 하는데, 설명 후 받는 동의의 제공, 집단원의 사전심사와 선별, 그리고 의미 있는 집단경험을 위해 집단원이 준비를 갖추게 하는 것 등이 이에 포함된다. 비자발적인 집단을 상담하는 집단지도자는 집단을 떠나고 싶어 하는 집단원을 위한 절차를 수립하고, 집단 참여에 수반되는 심리적 위험을 다루며, 비밀보장에 관한 집단원들의 관심을 탐색해야 하는 과제가 있다. 또한 우리는 집단상담에서 가치관을 다루는 것에 관한 윤리적 문제들을 토의했고, 집단상담 실무에서 소셜미디어 사용을 다뤘으며, 폐쇄집단과 개방집단에서 집단원의 종결을 윤리적이고도 효과적으로 다루는 것에 관해 논의했다. 집단경험을 평가하는 데는 다양한 접근방식이 있지만, 상담실무자는 어느 한 모델의 효율성에 동의하지 않는다. 근거기반치료 모델은 간혹 치료경험을 평가하기 위한 표준으로 간주되지만, 우리는 집단 평가에 대한 대안적 접근법인 치료기반근거 접근법을 제시했다. 집단원으로부터 지속적으로 피드백을 받음으로써 집단상담실무자는 모든 집단의 단계에서 집단원에게 유익한 성과를 극대화하도록 조정하고 수용할 수 있다.

이러한 문제와 다른 문제들과 관련하여, 우리는 당신이 속한 전문가협회의 윤리규정들을 신중하게 고려하여 집단을 윤리적으로 이끄는 직무에 관한 당신의 견해를 형성하는 것이 중요하다고 강조했다. 당신은 다음과 같은 문서에서 유능한 집단작업자가 되기 위한 지침을 찾을 수 있다. '모범사례 지침'(ASGW, 2008), 집단작업자를 위한 다문화와 사회정의 역량 원칙(ASGW, 2012), 다문화와 사회정의 상담 역량(AMCD, 2015).

## 추천 활동

**1.** 집단의 첫 회기를 모사해 보라. 학생 두 명이 자원하여 공동 지도자가 되고, 약 여덟 명의 학생이 집단원으로 참여할 수 있다. 이 집단이 만나는 횟수를 미리 정하여 만나게 될 자기성장 집단이라고 가정하라. 공동 지도자의 과업은 집단의 목적을 기술하고, 집단 과정 개념을 개관하며, 효과적인 집단 참여를 위한 규칙에 대해 안내하고 집단원이 준비하도록 하는 것이다. 시간이 넉넉할 경우 집단원은 집단 참여에 대한 두려움과 기대를 표현할 수 있고 탐색하고 싶은 질문을 할 수도 있다. 경험을 정리하고 공동 지도자들에게 피드백을 제공하기 위해 마지막 부분에 충분한 시간을 할애하라.

2. 예비 집단원과 사전심사 면담을 연습해 보라. 한 사람이 자원하여 면담을 진행하고 다른 학생이 예비 집단원 역할을 맡을 수 있다. 면담에 10분을 할애하라. 면담 후 예비 내담자는 면담하는 것이 어떠했는지 이야기하고 집단지도자도 자신의 경험을 나눌 수 있다.
3. 업무의 일부로 비자발적인 집단원으로 구성된 집단을 이끌어야 한다고 가정해 보라. 이 사실이 당신의 접근법에 영향을 미치겠는가? 자발적인 집단원으로 구성된 집단과 비교하여 어떤 점에서 다르게 이 집단을 다루겠는가? 여러 학생에게 마지못해 참여하는 집단원 역할을 맡기고 다른 학생들에게는 이들과 상호작용을 하는 연습을 하게 하라.
4. 당신은 고등학생으로 구성된 상담집단을 이끌고 있다. 한 집단원이 명백하게 사리가 맞지 않고 파괴적인 태도로 집단에 참여한다. 그를 어떻게 다루겠는가? 이 상황에 어떻게 대처할지 수업시간에 토의하거나, 동료 학생이 파괴적인 태도를 가진 청소년 역할을 하도록 하여 당신이라면 어떻게 대응할지 보여 주도록 하라.
5. 다시 한번 당신이 고등학생 상담집단을 이끈다고 가정해 보라. 아들의 참여에 동의서를 보냈던 어떤 아버지가 화가 난 채로 당신 사무실에 찾아와 집단에서 무슨 일이 진행되는지 알아야겠다고 요구한다. 그는 자기 아들이 집단에 참여함으로써 가족의 사생활이 침해받았다고 확신하고 있다. 집단지도자로서 그의 분노에 어떻게 대처하겠는가?
6. 잘 맞는 공동 지도자를 선택하는 것이 중요한 이유는 모든 공동 지도자가 생산적이지는 않기 때문이다. 2인 1조가 되어 함께 집단을 이끌게 될 경우 효과적일지 판단하기 위해 조원과 토의해 보라. 서로 다른 상담방식과 이것이 어떻게 서로에게 보완이 되거나 방해가 되는지 토의하고, 한 팀으로서 작업하는 능력과 관련된다고 생각되는 다른 문제들을 논의할 수도 있다.
7. 사회정의 주제를 집단 맥락에서 어떻게 탐구할 수 있는지 토의하라. 어떻게 문화적으로 유능한 사회정의 집단작업자가 될 수 있는가?
8. 집단상담의 구성원이 소셜 미디어를 사용한다면 특정 위험이 생길 수 있다. 온라인 사이트를 사용하여 서로 의사소통하는 집단원의 잠재적인 위험에 대해 수업시간에 토의하라. 지도자로서 이러한 위험에 어떻게 대처할 수 있겠는가?

# 제 13 장

# 지역사회와 사회정의 관점

## 학습목표

1. 서비스 대상으로서의 지역사회 개념을 정의한다.
2. 지역사회 관점이 상담자에게 왜 중요한지 설명한다.
3. 지역사회와 서비스 대상 개입의 유형을 설명한다.
4. 사회정의 관점에서 필수적으로 여기는 것이 무엇인지 설명한다.
5. 사회정의 관점의 목표를 이해한다.
6. 옹호역량을 열거한다.
7. 지역사회 환경에서 사람을 돕는 전문가의 주요 책임을 인식한다.
8. 지역사회 관점에서 대체역할을 파악한다.
9. 지역사회에 참여하고 변화를 촉진하는 방법을 검토한다.
10. 체계 내에서 작업하는 방법을 탐색한다.
11. 체계의 변화를 옹호하는 방법을 명료화한다.
12. 지역사회 활동가와 기관의 관계를 이해한다.

## 점검을 위한 자기평가

지침: 각 문장을 읽고 자신의 신념과 태도를 가장 잘 나타내고 있다고 생각되는 수준의 번호를 빈칸에 기록하시오.

5 = 강력히 동의한다.

4 = 대체로 동의한다.

3 = 결정하기 어렵다.

2 = 거의 동의할 수 없다.

1 = 절대로 동의할 수 없다.

____ **1.** 치료할 때 내담자의 주변 인물들을 포함하는 것이 중요하다.

____ **2.** 지역사회 활동가는 인간의 고통과 관련된 사회적 · 정치적 상황에 대한 해결책을 찾는 데 적극적인 역할을 맡아야 한다.

____ **3.** 정신건강전문가는 정서와 행동장애를 치료하는 데 그치기보다 예방하는 데 더 많은 힘을 기울여야 한다.

____ **4.** 면허를 소지하지 않은 활동가를 활용하는 것은 사람을 돕는 전문가의 부족과 예산 압박에 대처하기 위해 가치 있고 비용효율이 높으면서도 윤리적인 방법이다.

____ **5.** 나는 지역사회 구성원들에게 정신건강전문가가 하는 일에 관해 교육하고 싶다.

____ **6.** 지역사회 활동가는 변화촉진자와 대외활동 같은 대외적 전략과 역할에 능숙해야 한다.

____ **7.** 체계의 틀 안에서 일하면서 여전히 효과적인 활동을 하는 것이 가능하다.

____ **8.** 나는 괜찮은 아이디어와 계획을 자주 떠올리며, 이 계획을 실행에 옮기는 데 필요한 업무를 기꺼이 하려고 한다.

____ **9.** 윤리적으로 직무를 수행하려면 문제를 확인하고 해결책을 찾기 위해 지역사회의 자원과 자산 유치를 유도하고 움직이게 만드는 방법을 찾아야 한다.

____ **10.** 동료들과 의미 있는 접촉을 하면 생각이 지나치게 편협해지는 것을 방지할 수 있다.

____ **11.** 지역사회 활동가가 동의할 수 없는 상담목표를 가지고 있는 기관의 일자리를 받아들이는 것은 비윤리적이다.

____ **12.** 휴먼서비스 활동가는 지역사회의 토착 지도자들이 누군지 확인하고 지역사회의 상황을 향상하기 위해 그들과 협동해야 한다.

____ **13.** 휴먼서비스의 중심역할은 지역사회 구성원들의 지도력 개발이다.

____ **14.** 지역사회에서 일하는 전문가의 주요 목표 중 하나는 지역사회 구성원들의 역량을 확대하여 자립하게 만드는 것이다.

____ **15.** 상담자는 체계의 일부이기 때문에 체계에서 비효율적이고 내담자에게 해가 되는 부분이 변화하도록 할 윤리적인 책임이 있다.

## 서론

지역사회 정신건강운동의 붐이 일면서 제11장에서 논의한 가족체계 관점에서 한발 더 나아가 지역사회 전체를 치료의 초점에 포함하게 되었다. 지역사회 전체를 살펴봄으로써 지역사회 내에서 강점을 발견하고 이 강점이 지역사회와 개인을 위해 작용하는 방법을 개발하는 것이 가능하다. 여성주의 치료자도 한 사람을 이해하고 도와주기 위해 그 사람의 문제에 기여한 사회적, 문화적, 정치적, 경제적 맥락을 고려해야 할 필요성을 제기한다. 개인치료, 커플치료, 가족치료, 집단치료는 전문가들이 정신적 · 정서적 건강을 증진시키는 주요 방법이다. 지역사회에서 활동하려면 사람들의 삶의 총체적인 환경을 포용하고 지속되는 진정한 지역사회의 변화를 촉진하려는 확장된 시각을 가져야 한다.

### 지역사회에 변화 일으키기

효과적이고 윤리적으로 직무를 수행하려면 어떤 근무환경을 선택하든 인간 문제에 더 광범위한 맥락을 인식해야 한다. 가족치료사가 아동은 물론 가족 전체의 필요와 강점에 대해 생각하는 것과 마찬가지로, 우리는 개인의 필요는 물론이고 지역사회 전체의 필요와 강점에 대해 생각해야 한다. 불편함을 감수하더라도 지역사회의 더 큰 맥락에서 체계 문제를 조사하다 보면, 직업과 역할의 변화와 관련하여 어려운 선택에 직면하게 될 것이다.

Chung과 Bemak(2012)은 두려움에 대처하는 용기를 다문화 사회정의 활동의 초석으로 보고 "개인이 위험을 감수하지 않고 사회변화와 인권개선이 이루어진 적은 없다"(164쪽)고 지적한다. Waller(2013)는 사회변혁을 위해서라면 기꺼이 상담실을 나와 지역사회에 참여해야 한다고 생각한다. "나의 사회정의 활동은 개인이 아닌 지역사회에 영향을 미치는 체계의 정책변경에 초점을 맞추는 경향이 있다"(93쪽). Bemak과 Conyne(2018)은 『전문가의 수월성으로의 여정: 용기, 혁신, 위험감수에 관한 이야기(*Journey to Professional Excellence: Stories of Courage, Innovation, and Risk-taking*)』에서 역할변환 문제에 대해 논의한다. 저자들은 잘 알려진 정신건강전문가의 삶에서 혁신, 위험감수, 용기 통합의 중요성과 도전에 관해 기록했다.

상담사가 개별 내담자를 상담하면서 동시에 개인 문제를 악화하는 사회적 요인을 다룰 수 있는지 설명하기 위해 다음 시나리오를 생각해 보라.

> 학교상담사는 우울증과 자살충동 때문에 고민하는 어린 십대를 상담하기 시작한다. 추가 질문을 통해 그의 불안은 친구와 가족에게 '커밍아웃'하는 것과 관련 있음이 분명해졌다. 차별과 따돌림에 대한 그의 두려움은 절망감과 고립감으로 표현되고 있다. 상담사는 이 십대의 정서와 자살충동에 관해 상담하면서 모든 LGBTQ 십대가 보복이나 따돌림에 대한 두려움 없이 더 안전하게 지낼 수 있는 학교의 환경을 조성하기 위해 노력한다. 이러한 지원환경을 조성하기 위해 상담사는 열린 대화를 위한 안전한 공간을 만들고, 정보를 전달하며, 학교 내 LGBTQ 모임에 의견을 전달하고, 다양한 수업에 초청 연사를 초대한다.

## 서비스 대상인 지역사회

모든 윤리적인 직무수행의 기본은 내담자의 복지를 증진하는 것이다. 지역사회 내의 능력과 강점과 자원을 간과하는 것은 서비스 대상인 개인에게 큰 해를 끼치는 것이다. Homan(2016)은 개인과 지역사회에 중대한 변화를 일으키기를 희망한다면, 이러한 조건에 영향을 받는 사람들을 바꾸기보다 사람들에게 영향을 미치는 조건을 바꿔야 한다고 생각한다.

많은 노숙자 참전용사들이 고정 PTSD 증상, 약물남용과 열악한 사회적 지원으로 인해 사회에서 제대로 기능하는 데 어려움을 겪는다. 그들은 군복무 중 전투로 인한 외상을 경험했을 뿐만 아니라 군대 밖에서도 계속해서 외상을 경험했다(Carlson, Garvert, Macia, Ruzek, & Burling, 2013). Tommy의 상황을 생각해 보라.

> 다리를 절단한 후 극도의 스트레스를 경험하고 있는 Tommy는 아프가니스탄에서 친구가 전사하는 것을 목격한 후, 생존자로서 죄책감과 악몽에 시달리고 있다. 집에

돌아온 Tommy는 과음하였으며 가족에게 화를 표출하지 않고는 하루하루를 버티기 어렵다는 것을 알게 되었다. 그의 분노가 거세지자 겁을 먹은 Tommy의 아내는 두 어린 자녀를 데리고 이혼소송을 제기했는데, 그에게 엄청난 충격을 안겨 주었다. Tommy는 도움이 필요하다는 것을 알았지만, 지역 보훈병원에서 절실히 필요한 정신건강 서비스를 받을 수 없게 되었을 때 환멸과 실망과 좌절감을 느꼈을 법하다. 정신건강은 악화되고 PTSD 증상은 통제불능 상태에 이르렀기 때문에, Tommy는 간단한 일조차 처리할 수 없어 결국 노숙자가 되고 말았다.

재향군인과 배우자와 자녀가 지역사회에서 지원과 수용을 받는 데 도움이 될 수 있는 지역사회 수준의 개입은 무엇인가? 살아남기 위해 애쓰는 사람들을 돕기 위해 지역사회의 어떠한 변화가 필요한가? 중재의 주요 대상이 아니더라도 지역사회 주민은 이러한 중재로부터 어떤 유익을 얻을 수 있는가?

여기서 논의하는 윤리적 문제들은 지역사회 기관에서 일하는 다수의 활동가들이 직면하는 것이다. 저자들은 공립이든 사립이든, 비영리든 영리든, 지역사회에 광범위한 사회적 · 심리적 서비스를 제공하기 위해 마련된 기관을 모두 포함하기 위해 **지역사회 기관**(community agency)이라는 용어를 두루 사용한다. 마찬가지로 우리가 **지역사회 활동가**(community worker)라고 칭하는 이들은 지역사회 내의 다양한 집단에 속한 개인들에게 서비스 하는 일이 최우선의 임무인 다양한 휴먼 서비스 종사자들이다. 지역사회 활동가에는 사회복지사, 지역사회 조직운동가, 개발자, 임상 정신건강상담사, 심리학자, 정신과 의사, 간호사, 상담사, 커플 · 가족치료사, 예술가, 사회운동가, 성직자, 다양한 교육과 훈련 배경을 가진 휴먼 서비스 종사자, 지역사회에 참여하는 구성원 등이 포함된다. 다음 질문을 생각하면서 지역사회에서 일하는 것에 대한 당신의 결심 정도를 검토해 보라.

- 당신이 속한 공동체 가운데 어떤 것이 당신에게 가장 중요한가? 이 공동체를 특별하거나 의미 있는 것으로 여기는 이유는 무엇인가?
- 당신이 속한 각 공동체가 직면한 주요 문제와 쟁점은 무엇인가? 개인과 집단이 겪고 있는 문제를 악화하는 공동체 내부 또는 주변의 세력은 무엇인가?
- 이 공동체 구성원들에게 권한을 부여하는 데 사용할 수 있는 자원에는 어떤 것이 있는가?
- 역사적 또는 현재의 억압, 차별, 빈곤이 이 공동체에 어떠한 영향을 미쳤는가?

- 이 각 공동체에서 누가 권력을 쥐고 있는가? 결정권자는 누구인가? 변화를 지지할 것 같은 사람과 방해할 것 같은 사람은 누구인가?

본 장에서는 체계가 상담자와 직무의 윤리적 측면에 영향을 미치는 방식과 체계 안에서 일하면서 생존하여 성공하는 방법을 검토하고자 한다. 상담실무자는 자신의 역할을 지역사회의 필요에 맞추는 능력에 한계가 있을 경우, 도움을 가장 필요로 하는 사람들에게 효과적으로 다가갈 가능성이 낮아질 것이다. 마찬가지로 지역사회가 지역사회 정신건강활동가가 무엇을 할 수 있는지 알지 못한다면, 그들의 서비스를 이용할 가능성이 낮아질 것이다.

## 지역사회 관점이 상담자의 관심사가 되어야 하는 이유

Chung과 Bemak(2012)은 상담실무자가 전통적인 역할을 고수함으로써 현상을 유지하고 강화하면 특정 집단에 대한 사회적 불공정, 불평등, 차별대우를 소극적으로 지지하게 된다고 시사한다. Chung과 Bemak은 옹호가 유능한 정신건강전문가의 윤리적 · 도덕적 의무라고 주장한다. 지역사회 접근방식은 모든 지역사회와 관련이 있지만, 특히 서비스가 부족한 지역사회와 관련성이 높다. 지역사회에서 문제의 원인을 해결함으로써 우리는 다음 이야기가 보여 주는 것처럼 상담실이나 진료소에 앉아 있는 한 사람이 아니라 많은 개인의 삶이 변화하는 데 도움을 주는 사람이 될 수 있다.

**상류로 올라가 보라**

강둑을 따라 걷던 한 행인이 물에 빠져 허우적대는 사람을 발견한다. 구조자는 그 사람을 육지로 끌어 올리고 보니, 강에는 도움이 필요한 다른 사람이 또 있었다. 오래지 않아 강에는 빠진 사람들로 가득 찼고, 첫 번째 구조자를 돕기 위해 더 많은 구조자가 필요하게 된다. 불행히도 구조되지 못한 사람도 있고, 구조되었다가 다시 강으로 떨어지는 사람도 있다. 이때 구조자 중 한 명이 상류로 걷기 시작한다. "어디 가세요?" 다른 구조자들이 당황한 듯 물었다. 상류로 가는 구조자는 "왜 이렇게 많은 사람들이 계속 강물에 빠지는지 상류로 가 봐야겠습니다"라고 대답한다. 알고 보니 강 상류를 가로지르는 다리에 구멍이 나 있어 그리로 사람들이 떨어지고 있었다. 상류로 간 구조자는 다리를 보수하면 많은 사람들이 강물에 빠지는 것을 미연에 방지할 수 있다는 사실을 깨달았다(Cohen & Chehimi, 2010, 5쪽).

우리는 지역사회와 체계가 내담자의 문제에 어떻게 기여하는지 조사할 때 개인을 넘어서는 경우가 드물며, 이러한 개별적인 초점이 우리의 효율성을 제한할 수도 있다. 다음 질문에 어떻게 답하겠는가?

- 당신이 경험하는 어려움은 어떤 면에서 사회적 병폐의 부산물인가?
- 어떠한 사회정의 문제에 대해 열정을 느끼거나 지지하는 데 특별한 관심이 있는가?
- 당신이 영향력을 발휘하는 영역은 무엇인가? 당신은 어느 집단 또는 공동체에 속해 있으며, 그곳에서 어떤 힘이나 영향력을 가지고 있는가?
- 지역사회를 개선하기 위해 무슨 역할을 하고 싶은가? 사회변화의 촉진자로서 취할 수 있는 첫 번째 조치는 무엇인가?

상담사가 의미하는 바를 좁게 정의한다면, 스스로뿐만 아니라 내담자에게 제공할 수 있는 지원을 제한하게 된다. 체계변화를 옹호하면 내담자의 삶에 긍정적인 변화를 가져올 수 있다. 사회정의 옹호자이자 상담전문가인 어떤 동료가 초등학교에서 일어나는 공공연하거나 은밀한 인종차별 행위를 자주 목격했다. 그녀는 동일한 소수의 아프리카계 미국인 소년들이 징계사유 때문에 계속해서 교장실로 불려 가는 것을 알아차렸다. 그녀는 이 문제를 발견하고 학교 심리학자에게 알렸다. 그녀는 학교 공동체의 일원이 되는 것과 함께 임상전문가로서 자신의 지식을 사용하여 대화에 참여해 체계의 변화, 인식 향상과 보다 효과적인 개입으로 이어지는 대화에 참여했다. 이것은 우리의 전문지식과 기술을 사용하여 지역사회의 다른 사람들을 돕는 변화를 옹호하는 방법이다.

## 지역사회 활동과 윤리적인 직무수행

직무수행에 관한 윤리규정을 통해 지역사회와 사회 전반에 대한 상담실무자의 책임이 강화된다(글상자 '지역사회와 사회 전반에 대한 책임' 참고). 지역사회에 대한 반응을 강화하는 전략을 알아내는 것은 지역사회 활동가의 몫이다.

## 윤리규정: 지역사회와 사회 전반에 대한 책임

**미국휴먼서비스기구(NOHS, 2015)**

휴먼 서비스 전문가가 최근 사회의 쟁점이 무엇인지 알고 있어야 하는 이유는 그 쟁점이 내담자와 지역사회에 영향을 미치기 때문이다. 휴먼 서비스 전문가는 업무의 일환으로 이 정보를 내담자, 집단, 지역사회와 공유해야 한다(지침 13).

휴먼 서비스 전문가는 충족되지 못한 내담자의 필요를 알아내고, 이러한 필요에 대해 주의를 환기시키며, 관계의 목표에 적절하다면 개인, 지역사회, 사회 전반의 수준에서 이 필요를 옹호하기 위해 계획하고 동원하는 것을 조력하는 기제를 마련해야 한다(지침 15).

휴먼 서비스 전문가는 사회정의를 옹호하고 억압을 제거하기 위해 노력해야 한다. 또한 지역사회와 입법체계에서 소외된 계층에 대한 인식을 높여야 한다(지침 16).

**미국정신건강상담사협회(AMHCA, 2015)**

정신건강상담사는 자신에게 지역사회와 일반대중에 대한 도덕적, 법적, 윤리적 책임이 있음을 인식해야 한다. 정신건강상담사는 널리 퍼져 있는 지역사회와 문화의 가치, 전문적 기준이 지역사회에 미치는 영향을 인식해야 한다(V).

**미국학교상담사협회(ASCA, 2016)**

학교상담사는 학생들에게 최상의 서비스를 제공하기 위해 외부 서비스 제공자와 협력관계를 구축하기 위해 시도해야 한다. 학교상담사는 학생의 외부 서비스 제공자와 협력을 시도하기 전에 학생 및/또는 학부모/보호자가 서명한 정보공개동의서를 요청해야 한다(A.6.f).

지역사회 직무수행의 주요 목표 중 하나는 서비스 수혜자의 자기결정이다. 지역사회의 조직운동가는 우선 자신이 개입할 주요 수혜자를 정해야 한다. 내담자나 서비스 수혜자는 개인, 집단 혹은 사회 전반인가? 상담실무자는 지역사회 활동의 고유한 윤리적 도전을 효과적으로 다루기 위해 적합한 기술을 습득해야 한다. 예를 들어, 열악한 배경을 가졌지만 명석한 학생들의 능력을 키워 명문대에 진학할 수 있도록 지원하는 프로그램이 설치되어 있다고 가정해 보자. 간단해 보이지만 명시된 목표의 기저에는 여러 가정이 깔려 있다. 기부자들은 일류 학교 합격을 중요시해, 먼 도시로 이동하는 불편함이 학생과 그 가족에게 피해를 줄 수도 있음을 사소한 것으로 여겨 무시한다. 학생과 그 가족은 가족과의 관계를 유지하는 데 높은 가치를 두어 학생이 가까운 대학에 다니면서 집에서 계속 살기를 원할 수도 있다. 지역사회 활동가는 가족과 멀리 떨어진 대학에 다니기 위해 집을 떠나도록 권하는 것은 특정 학생의 최고의 이익에 부합하지 못한다고 우려할 수도 있다. 잘 적응하는 학생도 있겠지만 여러 가지 이유로 적응하지 못하는 학생도 있을지 모른다. 이로 인해 학교를 그만두고 집으로 돌아갈 수도 있다. 반면에 지역사회 활동가는 학생들이 일류 대학에서 공부할 기회를 포기하면 기부자들이 프로그램 자금지원을 중단할까봐 걱정할 수도 있다. 자금이 없으면 프로그램의 도움을 받을 수 있는 학생들이 기회를 놓칠 것이다. 당신이 이 지역사회 활동가의 입장이라면, 이 윤리적 딜레마를 어떻게 헤쳐 나가겠는가?

사회정의, 지역사회 활동과 대외활동에 대해 이야기하면, 학생들은 어디서부터 시작해야 하는지 또는 어떻게 변화를 일으킬 수 있는지 잘 모르는 경우가 있다. 좋은 출발점은 당신이 속한 공동체나 지역사회를 나열하고 이 다양한 체계 내에서 당신의 영향력의 범위를 가늠해 보는 것이다. 예를 들어, 당신은 종교단체, 독서모임, 운동팀, 창작예술 동아리의 회원일 수 있다. 당신이 속한 조직에서 발생하는 문제에 주의를 기울이고 스스로에게 이러한 질문을 해 보라.

- 당신이 속해 있거나 자주 접촉하는 체계, 조직, 집단, 지역사회 내에서 어떤 사회문화적 문제를 찾을 수 있는가? (예를 들면, 차별 관행, 빈곤, 지원 부족, 다양성 부족, 미디어의 부정적인 영향, 범죄, 권력이나 자원에 대한 접근 부족)
- 당신은 이러한 문제에 대한 인식, 변화 또는 입증을 하는 데 어떤 역할을 할 수 있는가?
- 인식을 높이거나 변화하기 위한 잠재적인 장애물은 무엇이라고 생각하는가?
- 이러한 지역사회의 구성원에게 피해를 주는 문제의 인식을 제고하기 위해 거시적 혹은 미시적 수준에서 적극적으로 할 수 있는 한 가지는 무엇인가? 얼마나 기꺼이 이 일을 하겠는가?
- 변화촉진자 역할에 대해 망설일 때 스스로에게 무엇이라고 말하는가?

우리 학생 중 한 명이 고등학교 미식축구 코치로 일하면서 다문화 교육이 코치와 팀 선수들이 사용하는 언어가 필요한 변화를 식별하는 데 어떻게 도움이 되었는지 이야기했다. 대학 동급생들로부터 이성애주의에 대해 직접 배운 후, 이 학생은 코치라는 직위를 사용하여 탈의실에서 성차별과 동성애 혐오와 관련된 언어를 덜 사용하는 모범을 보였다. 그의 목표는 게이일 수도 있는 선수가 끊임없는 언어폭력과 일상적인 미묘한 공격의 대상이 되지 않는 환경을 만드는 것이었다. 이러한 작은 변화를 통해 선수들에게 다른 중요한 대화의 문이 열리게 되었다. 언어 사용에서 시작된 변화는 학교 직원과 운동팀의 문화 감수성 훈련에 통합되었다.

# 지역사회 정신건강 접근법

지역사회 접근법은 개인보다 지역사회 자체가 가장 적절한 관심의 초점이며 지역사회가 해결을 위한 가장 강력한 자원이라는 전제를 기반으로 한다. 개인을 상담할 때에도 이러한 개인이 지역사회의 영향을 받은 방식, 목표 달성을 위해 지역사회 자원을 활용할 수 있는 방법, 지역사회가 현재 영향을 미치는 방식을 고려하라. Homan(2016)은 우리에게 이와 같이 상기시킨다. “개인이나 가족과 마찬가지로 지역사회에는 자원과 한계가 있다. 지역사회에도 문제를 처리하기 위한 대처 기제가 확립되어 있다. 지역사회의 변화를 촉진하려면, 지역사회가 변화할 수 있는 스스로의 능력을 믿고, 스스로의 행동이나 나태에 책임을 져야 한다”(27쪽).

다양하고 즉시 이용 가능한 심리치료 프로그램의 필요성은 지역사회 정신건강 접근법이 발달하게 된 중요한 요인이었다. 환경요소는 사회에서 많은 집단의 문제를 초래하거나 원인이 되기 때문에, 개인과 환경을 고려하는 치료과정이 모두에게 유익할 가능성이 높다. 지역사회 활동은 문제의 치료보다 예방에 중점을 둔다.

## 내담자와 지역사회 개입의 유형

**지역사회 상담**(community counseling)은 “다문화 역량에 뿌리를 두고 사회정의를 지향하는 종합적인 조력의 틀”이다(Lewis, Lewis, Daniels, & D’Andrea, 2011, 9쪽). Lewis 등이 설명한 종합적인 지역사회 상담 모델은 두 가지 활동에 기초하고 있다.

- 인간 발달 촉진: 내담자와 지역사회 구성원에게 직접 개입을 제공함
- 지역사회 발달 촉진: 내담자의 웰빙을 저해하는 외부 장벽을 무너뜨리는 옹호 개입

인간 발달 촉진 활동에는 집중전략(예: 대외활동)과 광범위한 전략(예: 지역사회 구성원 교육을 겨냥한 예방과 발달 프로그램)이 모두 포함된다. 지역사회 발달 촉진 활동에는 집중전략(예: 내담자를 옹호하고 내담자가 스스로의 옹호자가 되도록 준비)과 광범위한 전략(예: 상담자가 사회적 · 정치적 옹호를 통해 체계변화의 촉진자 역할을 함)이 모두 포함된다.

지역사회 상담 모델을 개념화하는 또 다른 방법은 직접적인 내담자 서비스, 간접

적인 내담자 서비스, 직접적인 지역사회 서비스와 간접적인 지역사회 서비스와 같이 내담자나 서비스 대상에게 제공되는 다양한 형태의 서비스로 나누는 것이다(Lewis et al., 2011).

**직접적인 내담자 서비스(direct client services).** 이 서비스는 정신건강 문제가 발생할 위험이 있는 계층에 대한 대외활동에 중점을 두고 있다. 지역사회 상담가는 내담자가 위기에 대처하고 내담자의 적응능력이 손상되는 지속적인 스트레스 요인을 다룰 수 있도록 도움을 준다. 도움을 잘 받아들일 학교와 지역사회에 손길을 내밂으로써 지역사회 활동가는 위험에 노출된 집단에게 다양한 개인, 진로, 가족, 상담 서비스를 제공할 수 있다. 이런 계층 중에는 법원, 교회, 사원, 회당, 보호관찰소, 보훈지청, 마약과 알코올 치료센터의 의뢰 대상자가 포함된다. 직접적인 내담자 서비스 제공자는 내담자에게 기술과 정보, 외부의 스트레스원에 대응하는 데 도움이 되는 지식을 제공한다(Toporek et al., 2009).

**간접적인 내담자 서비스(indirect client services).** 내담자 옹호와 자문은 이러한 서비스의 핵심이며, 지역사회 활동가는 단순히 집단에게 서비스를 제공하기보다는 협력적인 방식으로 집단과 협력하여 동반자 관계를 구축한다. 상담자는 내담자에게 부정적인 영향을 미치는 요소를 식별하고 필요한 변화를 이루기 위해 자주 다른 사람들과 협력하여 조치를 취한다(Lewis et al., 2011). 수행할 수 있는 작업에서 계속 배제되는 신체장애를 가진 내담자를 대신하여 옹호하는 경우, 지역사회 활동가는 고용주를 교육하고 신체장애인에 대한 인식을 높이기 위한 캠페인을 조직할 수 있다. 내담자 공동체가 조사를 수행하고, 배포할 자료를 준비하며, 발표에 참여하고, 캠페인의 성공을 평가하면, 그들의 능력과 강점이 고용주의 눈에 띄게 될 것이다. 또한 내담자 계층은 스스로의 옹호에 참여함으로써 권한을 부여받게 될 것이다.

**직접적인 지역사회 서비스(direct community services).** 지역사회 상담가는 주민 전체를 겨냥한 예방교육 프로그램을 제공하여 지역사회를 위해 일한다. 이런 프로그램의 예로는 인생설계 워크숍, 가치관 명료화 세미나, 대인관계 기술 훈련, 법적 권리와 책임에 관한 부모교육 등이 있다. 예방을 강조하기 때문에 사람들은 이 프로그램을 통해 광범위한 역량을 개발하는 데 도움을 얻는다. 예방 프로그램은 효과적인 삶의 역량과 문제해결 역량을 가르치는 데 중점을 둔다.

**간접적인 지역사회 서비스(indirect community services).** 지역사회 활동가는 공공 정책에 영향을 미쳐 주민 전체의 심신건강 문제가 감소하도록 사회환경으로 변화시키기 위해 노력한다. 공공 정책을 개발하는 지역사회 구성원들과 밀접하게 협력하여 체계적인 변화를 증진시키는 데 초점을 맞춘다. 예를 들어, 지역사회 활동가는 장애인이 만족스러운 고용을 찾을 수 있도록 지원하고 직장에서 그들의 권리를 보호하는 지역, 주 또는 국가 차원의 정책을 수립하는 데 집중할 수 있다. 또한 지역사회 촉진자는 이해관계자와 긴밀히 협력하여 아편중독으로 고통받는 사람들이 회복에 필요한 치료를 받을 수 있도록 효과적인 지역사회의 개입과 새로운 공공정책을 개발할 수 있다.

지역사회 활동은 쉽지 않으며, 의미 있는 작업을 수행하는 데 제도적 장애물도 존재한다. Bemak(2013)은 "지역사회 활동을 효과적으로 하려면 활동 목표에 대한 정밀한 시각과 이러한 목표를 달성하는 과정이 도전과 복잡성으로 점철될 수도 있다는 깊은 이해가 필요하다"(193쪽)라고 언급한다. 그는 상담가에게 가장 중요한 과제는 세상을 더 나은 곳으로 만들기 위한 열정과 헌신을 바탕으로 목표를 달성하는 데 필요한 조치를 취하고 수행하는 것이라고 생각한다.

## 사회정의 관점

광범위하게 개념화하자면, "사회정의(social justice)에는 특히 인종・민족, 성별, 연령, 신체 혹은 정신장애, 학력, 성적 지향, 사회경제적 지위, 또는 배경이나 집단구성원의 기타 특성을 근거로 체계적으로 배제된 사람들이 사회생활에 참여할 수 있도록 충분히 보장하기 위한 접근과 형평성이 포함된다"(Lee, 2013a, 16쪽). 사회정의 관점에서 상담에는 억압, 특권과 사회적 불평등의 현실을 다루는 것이 포함된다.

사회정의 옹호는 모든 상담가의 주요 관심 영역이 되었으며, 실제로 사회정의는 개인을 넘어서는 패러다임 전환을 수반하는 **제5 세력**으로도 언급된다. 제5 세력은 옹호와 사회변화에 대한 적극적인 관심을 나타내며 여러 수준에서 체계와 정책을 바꾸는 데 중점을 둔다(Chung & Bemak, 2012). "우리 사회에서 소외된 집단을 위한 사회정의 상담은 (a) 정신건강전문가가 개인과 체계의 세계관이 임상실무를 형성하는 방법을 이해할 수 있고 (b) 조직과 체계와 관련된 지식, 전문성과 기술을 갖추고 있을 때 크게 향상된다"(Sue & Sue, 2013, 108~109쪽). 이러한 관점에서 사람을 돕는 전문가의 역할에는 옹호자, 자문가, 심리교육자, 변화촉진자, 지역사회 활동가가 포함된다.

지역사회를 지향하는 상담가는 체계 내의 불평등에 이의를 제기하여 사회를 더 나은 곳으로 만들기 위해 전념한다. 모든 상담가가 중요한 제도의 변화를 일으킬 시간이나 에너지가 있는 것은 아니지만, 모두에게는 일종의 사회변화를 위해 노력할 수 있는 능력은 있다. 예를 들어, 상담자는 소외된 내담자 계층에 대해 잘못된 가정을 한 동료에게 문제제기를 함으로써 사회변화를 위해 노력할 수 있다. Hogan(2013)은 우리의 문화적 틀이 우리가 세상에 참여하는 방법의 출발점임을 인식해야 한다고 생각한다. 우리 자신을 문화적 존재로 이해하는 것은 우리의 인식뿐만 아니라 직무에서 사용하는 방법에 강력한 영향을 미친다.

## 윤리적 의무인 사회정의 옹호

이상적 윤리에 기반을 둔 상담가는 모든 형태의 차별과 억압에 반대한다. 일부 윤리규정에는 사회정의를 옹호하는 역할이 윤리적인 의무라고 제시되어 있다(글상자 '사회정의 옹호' 참고).

### 윤리규정: 사회정의 옹호

**미국사회복지사협회(NASW, 2008)**

(a) 사회복지사는 기본적인 인간의 욕구를 충족하고 온전히 발달하기 위해 필요한 자원, 채용, 서비스, 기회를 모든 사람이 공평하게 가질 수 있는지 확인하기 위해 사회적 · 정치적 조치를 취해야 한다. 사회복지사는 정치계가 직무수행에 미치는 영향을 잘 알고, 기본적인 인간의 욕구를 충족하고 사회정의를 실현하기 위해 사회의 제반조건이 향상되도록 정책과 입법과정의 변화를 찬성해야 한다.

(b) 사회복지사는 모든 사람을 위해, 특히 취약하고 불리한 조건에서 살면서 억압받고 착취당하는 사람과 집단을 위해 기회와 선택의 폭을 넓히는 활동을 해야 한다.

(c) 사회복지사는 미국뿐만 아니라 국제적으로 문화적 · 사회적 다양성에 대한 존중을 장려하는 사회환경을 만들어야 한다. 사회복지사는 차이점을 존중하는 방침과 실무를 장려하고, 문화적 지식과 자원의 확장을 지지하며, 문화적 역량을 보이는 프로그램과 기관을 옹호하고, 모든 사람의 권리를 보호하고 모든 사람을 위한 평등과 사회정의를 증진하는 방침을 장려해야 한다.

(d) 사회복지사는 인종, 민족, 국적, 피부색, 성, 성적 지향, 성정체성 혹은 성별 표현, 나이, 결혼

상태, 정치적 신념, 종교, 이민 상태, 정신 혹은 신체장애 등을 이유로 어떠한 개인, 집단 혹은 계층을 지배하거나 착취하거나 차별하는 행위를 막고 철폐하기 위한 활동을 해야 한다(6.04).

**미국정신건강상담사협회(AMHCA, 2015)**
정신건강상담사는 내담자 또는 지역사회의 요구를 충족시키는 사회정치적 변화를 촉진하기 위해 개인, 기관 및/또는 사회적 수준에서 옹호자 역할을 할 수도 있다.

지역사회의 문화적 가치관이 지역사회 활동가의 가치관과 일치하지 않을 때 윤리적 딜레마가 생길 수도 있다. 상담실무자는 일하고 있는 지역사회의 문화적 가치관이 무엇인지, 그리고 사용하는 개입전략을 통해 지역사회에서 내담자의 정신건강이 향상될 가능성이 어느 정도인지 생각해야 한다(Pack-Brown, Thomas, & Seymour, 2008). 지역사회 기관의 프로그램과 상담실무자의 개인적 가치관이 상충될 경우 상담실무자는 무엇을 할 수 있는가? 다음 사례에서 조언을 구하는 사회복지사의 이야기를 생각해 보자.

## <Lupe의 사례>

Lupe는 HIV 감염 예방을 목적으로 하는 워크숍을 지원하는 지역사회 정신건강센터에서 일하는 여성 사회복지사이다. 이 기관은 지역사회에 있는 교회들이 이 워크숍에 참여하도록 노력하였다. 그런데 이 워크숍이 HIV 감염을 예방하기 위해 '안전한' 성관계, 즉 콘돔 사용을 권장한다는 이유로 한 교회가 지원을 철회하였다. 교회의 직원은 콘돔 사용이 교회의 가르침에 맞지 않는다고 주장하였다. 교회의 일원인 Lupe는 가치관 갈등으로 힘들어하고 있다. 그녀는 자신이 속한 교회의 가르침을 믿고 있으며 교회 행정부가 이 워크숍에 대한 지원을 철회할 권리가 있다고도 생각한다. 그러나 그녀는 자신이 서비스를 제공하는 지역사회의 주민들이 마약 사용과 난잡한 성생활로 HIV 감염위험에 노출되어 있다는 것도 알고 있다. 이러한 가치관의 갈등을 해결하기 위해 그녀는 여러 동료에게 자문을 요청했는데, 각 반응은 다음과 같이 다양하였다.

**동료 A:** 나는 자네가 일하는 기관에서 직무와 종교적 신념에 맞지 않아 자진해서 사직하겠다는 것을 내담자들과 지역사회 주민들에게 말하면 좋겠네.

**동료 B:** 나는 자네가 자네 가치관에 관해 이야기하고 적절한 의뢰 통로들을 제시하여 그 질병의 예방과 관련된 정보를 얻을 수 있도록 접촉하는 사람들에게 도움을 주기 바라네. 하지만 자네가 원하는 방향을 선택하도록 그들을 조정하면 절대로 안 되네.

**동료 C:** 나는 자네가 자네의 가치관을 공개하지 않거나 자네가 그 교회의 관점에 동의한다는 것을 내담자들에게 알리지 않는 것이 최선이라고 생각하네. 대신 행동의 근본적인 원인에 초점을 맞추고 내담자가 자기파괴적인 행동에 빠져드는 방식을 더 잘 인식하도록 돕기 위해 노력해 보게.

만약 Lupe가 당신을 찾아와 조언을 구한다면 무슨 말을 해 주고 싶은가? 당신의 입장을 명확하게 정리해 보는 의미에서 다음 질문에 답해 보라.

- Lupe의 동료들의 조언 중에 당신의 생각과 가장 가까운 것은 무엇인가? 그 이유는 무엇인가?
- 그녀의 동료들의 조언 중에 당신의 생각과 가장 다른 것은 무엇인가? 그 이유는 무엇인가?
- Lupe가 내담자에게 자신의 가치관을 공개하지 않는 것이 윤리적이라고 생각하는가? 그 이유는 무엇인가?
- Lupe가 서비스 대상자들에게 자신의 도덕적 신념을 강요했다면 어떤 결과가 나타나겠는가? 그녀가 HIV 감염 예방을 목표로 하는 프로그램을 개발하는 것이 지역사회에 대한 윤리적 · 도덕적 의무인가? 이유를 설명해 보라.

**논평.** 이 사례에는 지역사회 맥락에서 사회복지사의 개인적인 가치관과 그녀가 일하는 기관의 요구사항의 갈등이 잘 드러나 있다. Lupe는 피해를 주지 말고 내담자의 최상의 유익을 촉진해야 하는 윤리적 의무와 교회의 가르침이 상충되는지 확인한 뒤 윤리적 의무를 따라야 한다. 저자들은 개인상담과 마찬가지로 그녀의 내담자, 이 사례에서는 지역사회 전체의 최상의 유익을 위해 일하는 데 전념해야 한다고 Lupe에게 상기시켜 주겠다. Lupe가 지역사회 구성원들에게 필수적인 정보를 제공하지 못함으로 인해 지역사회가 피해를 당할 위험에 처할 수도 있다. 교회의 가르침으로 인해 협력관계가 어려워졌기 때문에, Lupe는 안전한 성관계 방법에 관해 알리는 외부활동을 벌이는 노력을 이어 가기 위해 다른 지역사회 집단의 도움을 구해야 할 수도 있다. Lupe의 가치관이 교회의 입장과 일치하지만, 윤리적으로 그녀는 지역사회의 가치관을 자신의 가치관으로 대체할 수는 없다. 돌봄과 연민의 특성을 통합하기 위해 선행의 원칙을 수정하고 확대할 필요가 있다(Johnson, Barnett, Elman, Forrest, & Kaslow, 2012). 이 사례는 상담실무자가 지역사회에서 일할 때 돌봄과 연민을 보여야 할 필요성을 보여 준다.

## 사회정의 옹호의 목표

옹호는 개인 내담자는 물론이고 더 나은 세상을 만드는 데 도움이 될 수 있다(Chung & Bemak, 2012). 사회정의 관점에서 상담의 목표는 사회에서 소외되고 억압받는 사람들에 대한 권한부여를 촉진하는 것이다(Herlihy & Watson, 2007). Stone과 Dahir(2016)는 "옹호의 기본원칙은 사회적으로 평가절하된 집단이 억압에서 벗어나기 위해 필요한 도구, 자신감, 정치적 영향력, 기술을 얻도록 돕는 것"이라고 주장한다(125쪽). Chung과 Bemak(2012)은 "옹호자가 되기 위해 핵심 상담기술과 다문화 역량뿐만 아니라, 에너지, 헌신, 동기, 열정, 끈기, 고집, 유연성, 인내, 자기주장, 조직력, 수완, 창의성, 다중체계와 다학제 관점, 갈등을 처리하고 체계에 접근하고 협상하는 능력도 필요하다" (175쪽).

상담자는 인간이 최적의 기능을 발휘하는 데 방해가 되는 사회적 장벽을 낮추기 위해 전통적인 학교와 기관 외부에서 기꺼이 활동해야 한다(Steele, 2008; Stone & Dahir, 2016). 이러한 사회적 장벽에는 보건 서비스와 양질의 교육에 대한 접근성 제한, 빈곤, 격리, 인종차별, 성차별, 차별 등이 포함되며, 이 모두는 사회에 완전히 참여하는 데 장벽이 되는 조건들이다. 사회적 불공정과 관련된 미국 사회에는 최근 몇 년 동안 긴장이 고조되었다. 약간의 진전도 있었지만 사회는 여전히 양극화되어 있다. 흑인 남성을 향한 경찰의 잔혹행위, 미국 국내와 해외에서의 대규모 총기난사, 테러 행위, 외국인 혐오, LGBTQ 집단, 소수 종교와 기타 취약한 계층에 대한 무관용에 대한 이야기가 넘쳐난다. 테러, 전쟁, 급진화, 정치분열, 경제 불안정과 같은 세계적 문제는 상상하지 못할 방식으로 우리와 내담자의 삶에 영향을 미칠 수도 있다. 오늘날 유비쿼터스 기술과 소셜미디어를 통해 세상 어디에든 뉴스가 발생하자마자 접근할 수 있으므로 확실히 세상이 더 작게 보이게 되었다. 이용 가능한 정보의 양이 너무 많아 스트레스를 받는 사람들도 있다.

이 세계화 시대에 상담사와 사람을 돕는 여러 전문가들은 이전에는 교육의 범위를 넘어서는 것처럼 보였던 요구사항에 대처할 준비가 되어 있어야 한다. 예를 들어, 전쟁으로 폐허가 되어 상상조차 하기 힘든 국가에서 탈출한 난민을 상담하는 상담자는 출신 국가에서 잔학행위를 경험했거나 목격으로 인한 트라우마뿐만 아니라 고향 집과 사랑하는 사람을 남겨 두고 떠난 트라우마, 적절한 집과 일자리를 찾는 어려움, 새로운 언어를 배우고 새로운 문화에 적응하는 문제, 지역사회 주민들이 보이는 외국인 혐오 태도에 대처하는 문제 등을 다뤄야 할 수도 있다. 자기실현을 주제로 다루는 것은 필연적으로 이러한 주제들에 비해 뒤로 밀려난다.

억압을 받았던 난민과 다른 내담자들은 다양한 상황에서 도움이 필요할 수 있기 때문에, 상담자와 내담자가 협력하여 목표를 설정하는 것이 필수적이다. 지역사회 지향적 상담자는 유연한 접근방식을 채택해야 하며, 내담자가 긍정적인 적응을 하기 위한 자원을 찾도록 기꺼이 도움을 주어야 한다. 저자 중 Cindy는 수단 난민들을 상담할 당시에 가정방문을 수시로 하였다. Cindy가 정신건강 서비스를 제공하긴 했지만, 내담자들은 때로는 운전면허증취득법, 대학 수강신청법, 직업찾기 방법, 주방가전제품 사용법, 우편물 중에 중요한 것과 '불필요한 것'을 분류하는 방법과 같은 기본정보가 필요했다. 비록 이것이 상담처럼 보이지 않을 수도 있지만, 신뢰를 구축하는 기본적인 부분이었고 내담자들이 입국하는 과정에서 형성된 깊은 상처에 대해 이야기를 해도 괜찮겠다고 느끼기 위해 필요했다.

사회정의 옹호역량은 상담가가 체계적 수준에서 유능하게 일하기 위해 필요하다. 상담사 교육 프로그램에는 개인과 지역사회 수준 모두에서 효과적으로 개입할 수 있는 기술훈련이 포함되어야 한다. "점점 더 많은 상담자가 직무를 수행할 때 광각 렌즈를 사용하기 시작했다. 상담계는 옹호전략과 사회정의 관점이 유능한 직무수행의 핵심에 속한다는 생각을 받아들이게 되었다"(Lewis, Toporek, & Ratts, 2010, 243).

## 옹호하는 역량

상담자는 내담자가 개인적, 사회적, 학업적, 직업적 목표를 방해하는 제도적 장애물에 도전하도록 도와주는 기술을 활용할 때 **옹호자**(advocates)의 역할을 한다(Lee & Hipolito-Delgado, 2007). 사회정의 옹호 관점을 가진 상담자는 지도력을 발휘해 개인, 가족, 지역사회에 권한을 부여하기 위해 목소리를 내는 것이 중요하다는 점을 이해한다(Ratts & Hutchins, 2009). 옹호 역할을 견지하는 학교상담사가 중점을 둘 것은 교육의 기회가 부족한 학생들의 목소리를 내는 것이다. 모든 학생은 양질의 교육을 동등하게 받을 자격이 있다(Stone & Dahir, 2016). Lee와 Rodgers(2009)는 학교상담사 옹호자의 경우 위험을 감수하며 인기가 없는 대의를 위해 일하는 경우가 많다고 지적한다. 그들은 "내담자의 삶은 물론 개별 내담자의 이익과 모든 사람을 위한 사회정의를 촉진하기 위해 보다 넓은 사회적 · 정치적 영역에 개입하는"(286쪽) 용기가 필요하다고 주장한다.

윤리적으로 직무수행을 하려면 상담자는 여론, 공공정책, 입법절차에 영향을 미치기 위해 초점을 맞추는 옹호자 역할을 맡아야 한다(ACA, 2014; Lee & Rodgers, 2009). 상담실무자는 사회문제와 소외계층을 바라보는 자신의 신념과 태도에 대한 인식, 자신의 지식 범위, 그리고 상이한 옹호 영역에서 개입하는 자신의 기술을 개발해야 한다. 마지막으로, 상담자가 자신의 태도와 신념을 소속된 지역사회의 사회정치적 역사에 대입할 때 문화적 연관성과 옹호 개입의 적합성을 이해하는 데 다문화 역량이 중요하다. 다양한 내담자 계층과 작업할 때 적용되는 사회정의와 체계변화의 종합적인 논의를 보려면 『미국상담학회 옹호역량: 상담자를 위한 사회정의의 구조(*ACA Advocacy Competencies: A Social Justice Framework for Counselors*)』(Ratts et al., 2010)와 『사회정의 상담:

다문화주의의 다음 단계(*Social Justice Counseling: The Next Steps Beyond Multiculturalism)*』(Chung & Bemak, 2012)를 참고하라.

### 학교상담과 사회정의 옹호

학교상담사의 역할은 더 넓은 범위에서 사회정의를 옹호하는 것을 포함하도록 확장되었다(Lee & Rodgers, 2009). Stone과 Dahir(2016)는 저서에서 '옹호자로서의 학교상담사'라는 주제로 한 장(chapter)을 할애하여 그들의 생각을 표현한다. 희망과 기대치를 높이고 학생들에게 권한을 부여하는 것은 학교상담사가 학생들의 더 나은 미래를 지원하는 데 중요한 역할을 한다. 그러나 적극적인 입장은 개별 학생 상담은 물론이고 불평등과 차별의 관행이 발견될 때 학교체계 전반에 걸쳐 변화를 옹호하는 것이다. Stone과 Dahir는 효과적인 옹호를 위한 몇 가지 기본 원칙을 다음과 같이 나열한다.

- 상담사는 학생들이 목소리를 찾도록 돕는 열정적인 옹호자와 모험가가 되려는 의지를 보여 준다.
- 상담사는 협력을 통해 끈기 있게 옹호 역할을 추구함으로써 상당한 변화를 일으킬 수 있다고 믿는다. 그들은 변화에 영향을 줄 수 있음을 인식하고 작은 성공을 받아들이고 축하한다.
- 상담사는 학생들을 믿으며 다른 사람들이 부정적인 태도로 그들을 곁길로 유혹하는 것을 허용하지 않는다. 학교상담사는 모든 학생이 높은 이상을 품을 것이라는 비전과 믿음을 키우는 데 도움을 줄 수 있다.

## 지역사회에서 사람을 돕는 전문가의 역할

제4장에서 지적한 것처럼, 민족과 문화의 측면에서 다양한 내담자의 필요에 부응하기 위해 전통적인 상담자는 전과는 다른 전망을 가지고 상이한 기술들을 숙달해야 한다. 상담실 밖이라는 비전통적인 환경에서 서비스를 제공하는 것은 임상적으로나 윤리적으로 권장이 가능하며 내담자에게 매우 유익할 수도 있다.

## 대외활동 개입

대외활동 접근방식에는 기술훈련, 스트레스 관리, 자문 같은 발달적 · 교육적 활동이 모두 포함될 수 있다. 대외활동에는 가정에서 아동의 안전을 지키기 위해 가족과 함께 치료계획을 개발하는 것을 목표로 하는 가족보호 서비스도 포함된다. 예를 들어, 대처기술이 미숙한 부모를 일련의 가정방문을 통해 만나는 대외활동 담당자는 문제 있는 부모-자녀의 상호작용을 효과적으로 지도하는 데 사용할 수 있는 양육전략을 가르치고 모본을 보이고 강화한다. 지역사회 상담가는 개인, 가족, 지역사회의 문제를 양산하는 역기능적 체계를 변화시키려는 시도를 하기도 한다. 개인의 내면 문제만 다루기보다 지역사회 맥락에서 살펴보는 데 중점을 둔다.

MacLeod와 McMullen(2016)은 상담가가 해당 지역의 비영리단체에서 자원봉사를 함으로써 상담실이 아닌 지역사회에 다가갈 수도 있다고 제안한다. 상담실 환경 외에도 지원을 제공하는 것은 정신건강 문제에 대한 낙인과 고정관념을 퇴치하는 한 가지 방법이다. 대외활동 개입을 통해 사람들에게 건강과 상담의 이점에 대해 가르칠 수 있다. “대외활동과 자원봉사 활동을 통해 상담사는 새롭고 유용한 방식으로 자신의 기술을 사용할 수 있는 동시에, 상담사가 하는 일과 가치를 두는 일에 대한 경험을 대중에게 제공할 수 있다”(78쪽).

## 대안적인 상담자의 역할

지역사회를 지향하는 상담에서는 다양한 민족으로 구성된 내담자 집단에서 자주 문제가 되는 환경조건들을 인식하고 다룰 필요성을 강조한다. 이러한 심리사회적 접근에서 지역사회 활동가는 내담자 권한 부여를 목표로 하는 사회정의와 활동주의의 기본 원칙을 구현하도록 내담자를 돕는 대안적인 방법에 중점을 둔다. Atkinson(2004)은 옹호자, 변화촉진자, 자문가, 조언자, 토착적 지원체계의 촉진자, 토착적 치유방법의 촉진자를 지역사회에서 일하는 상담자의 대안적인 역할로 제안한다. 이러한 대안적인 역할을 채택한 상담사는 서비스 접근법이 아니라 발달적 접근을 기반으로 활동한다. 옹호자와 변화촉진자로서의 지역사회 활동가의 역할은 이미 설명하였으니, 이제 다른 대안적인 상담사의 역할을 살펴보겠다.

**자문가(consultant).** **자문가**로 활동하는 상담자는 지역사회 내의 다양한 세력과 성공적으로 상호작용하는 기술을 배우도록 다양한 문화권 출신의 내담자에게 장려한다. 이 역할을 통해 상담자와 내담자는 체계 내의 불건전한 세력을 다루기 위해 협력하게 된다. 자문가는 인종차별과 억압의 부정적인 영향을 줄이는 것을 목표로 하는 예방 프로그램을 고안하기 위해 다양한 인종, 민족, 문화적 배경을 가진 내담자와 협동한다. 자문가의 역할은 교사의 역할로 보일 수 있다.

**조언자(adviser).** **조언자**로서 상담자는 내담자의 개인적인 문제에 기여한 환경 문제를 다루는 방법에 관해 내담자와 논의를 시작한다. 여러 면에서 볼 때, 이것은 단순히 개인 내면의 문제만 다루는 관점이 아니라 환경 속의 사람을 고려하는 사회복지 접근법이다. 예를 들면, 최근에 이민 온 사람은 이민 서류작성 외에도 인력시장에서 직면할 문제나 자녀가 학교에서 맞닥뜨릴 수 있는 문제의 대처에 대한 조언이 필요할 수도 있다. 군에서 전역하는 재향군인도 일자리를 찾고, 교육혜택을 받으며, 살 곳을 찾고, 가족을 위한 지역 지원을 파악하는 데 도움이 필요할 수 있다.

**토착적 지지체계의 촉진자(facilitator of indigenous support systems).** 다양한 민족 출신의 내담자, 시골에 사는 사람들, 나이 많은 사람들은 전통적인 의미에서 전문가의 도움을 구하는 것을 고려하지 않을 것이다. 그러나 그들은 가족이나 친한 친구, 지역사회 내의 사회적 지지체계에는 기꺼이 의지할 수도 있다. 지역사회 활동가는 내담자의 문제에 기여할 수도 있는 문화적 요소나 내담자의 문제를 완화하거나 해결하는 데 도움이 될 수도 있는 자원을 인식해야 한다. 상담자는 내담자가 자신의 지역사회 내의 **토착적 지지체계**(가령 가족이나 친구)를 충분히 사용하도록 장려함으로써 중요한 역할을 담당할 수 있다.

**토착적 치유체계의 촉진자(facilitator of indigenous healing systems).** 정신건강 실무자는 내담자의 문화권에서 어떤 종류의 치유자원이 존재하는지 알아야 한다. 다수의 문화권에서 문제에 봉착한 개인은 전통적인 치유자를 신뢰할 가능성이 더 높다. 이러한 이유 때문에 상담자는 **토착적 치유체계**(가령 종교지도자, 종교기관, 기(氣) 치유자, 존경받는 지역사회 지도자)를 알고 있어야 하고, 내담자에게 유익이 된다면 그 체계와 기꺼이 협력할 필요가 있다. 이런 토착적 자원을 무시하면 내담자의 복지에 부정적인 영향을 미칠 수 있으므로 윤리적인 의미가 있다고 하겠다.

요약하면, 내담자에게 유익을 주고 최적의 혹은 대안적인 치료를 제공하기 위해 필요하다면 여기에 기술된 대안적 역할들 중 일부 혹은 전부를 담당하는 것은 지역사회에서 일하는 정신건강실무자에게 윤리적인 의무이다. 그렇다고 개인상담을 주로 하는 상담실무자들의 노력을 폄하하는 것은 아니다. 왜냐하면 이러한 상담자도 보다 향상된 지역사회를 만드는 데 중요한 공헌을 하기 때문이다.

## 지역사회 교육

사람들이 주변의 정신건강 자원을 충분히 이용하지 않는 이유는 많다. 내담자가 자원의 존재를 모르거나, 이런 서비스를 받을 돈이 없거나, 상담의 특성과 목적에 관해 오해하거나, 자신의 문제를 인정하기 꺼려하거나, 자신의 문제를 스스로 해결해야 한다는 태도를 가지고 있거나, 전문적인 도움을 구하는 것에 따라다니는 사회적 낙인을 느끼거나, 서비스가 문화적으로 민감하지 못한 방식으로 행해지기 때문에 이러한 자원이 스스로를 위한 것이 아니라고 인식할 수도 있다. 서비스에 항상 쉽게 다가갈 수 있는 것은 아니므로 지역사회에서 자원을 이용하지 못하는 이들도 있다. 내담자가 만나는 주요 장벽은 사회적 · 심리적 서비스에 대한 접근이 혼란스러울 수 있고, 서비스 제공자들이 수용적이지 않거나 우호적이지 않을 수 있다는 것이다.

지역사회 접근법의 목표 중 하나는 대중을 교육해 정신건강에 관한 지역사회의 태도와 정신건강 서비스 제공자에 대한 태도를 변화시키는 것이다. 정신질환에 관한 매우 협소한 정의를 고수하는 사람들이 아직도 많다. 널리 알려진 오해로는 어떤 종류의 정서적 장애이든 일단 걸리면 결코 치유되지 못한다는 관념, 정서와 행동장애를 지닌 사람들은 단지 '의지'가 부족하다는 생각, 정신질환은 언제나 위험하기에 다른 사람들에게 '전염시키거나' 위해를 가하지 못하도록 지역사회에서 격리해야 한다는 신념 등이 있다. 전문가들은 이러한 오해와 씨름하면서 큰 어려움에 직면하지만, 이렇게 하지 않는 한 많은 이들이 전문적인 도움을 찾지 않을 것이다. 상담실무자는 이해하기 쉽고 지역사회 전체를 존중하는 방향으로 정신건강 서비스를 제시하는 활동을 적극적으로 해야 하는 윤리적 의무가 있다. 상담자는 대중과 예비 내담자에게 심리 서비스에 대해 알려 상담계를 옹호하는 역할을 맡을 수 있다. 지역사회 교육을 통해 정신건강 직업에 대한 오해나 선입견 때문에 이전에는 이러한 서비스를 찾지 않았을 사람들에게 문이 열릴 수 있다(MacLeod & McMullen, 2016).

## 정책 입안자에 대한 영향력

지역사회 활동가가 직면하는 도전들은 가끔 숨통을 조이는데, 특히 최근의 자금 조달에 대한 제약과 관료주의 문제로 인해 더욱 그렇다. 헌신적인 지역사회 활동가가 프로그램이 중지되거나 취소될 가능성에 지속적으로 직면한다면, 어떻게 사회 프로그램을 계속 개발할 수 있겠는가? 기관이 생존에만 매달린다면, 직원들이 혁신적인 사회 프로그램을 생각해 낼 여지가 거의 없다.

지역사회 활동가가 변화에 착수할 수 있는 한 가지 방법은 기관 내 혹은 여러 기관들과 힘을 합쳐 공동의 목소리를 내는 것이다. 상담실무자는 정치적 활동을 조직하도록 지역사회의 역량을 증대시킴으로써 주 정부와 연방정부가 그들의 책무를 다하도록 영향력을 행사할 수 있다. 이러한 활동으로는 자금지원, 기술지원, 법적보호 제공, 소규모 지역사회가 번창하는 데 필요한 기타 지원 등이 있다(Homan, 2016).

### <지역사회 교육을 위해 조직된 비영리 기관의 사례>

아동, 청소년, 부모 연맹(Coalition for Children, Adolescents, and Parents, CCAP)은 청소년 임신 예방을 목표로 하는 지역사회 기관이다. 캘리포니아 주 오렌지 군의 이 작은 기관에서는 대외활동 전략을 활용하여 지역사회의 중대한 필요에 부응하는 방법으로 지역사회를 교육한다(Hogan-Garcia & Scheinberg, 2000). CCAP는 지역사회를 강화하는 계획에 지역사회가 참여하도록 방법을 보여 줌으로써 모델 역할을 했다. 시작할 때부터 이 기관은 지역사회를 위해 일하고 지역사회를 반영할 수 있는 다양한 민족 출신의 직원을 고용하는 데 우선순위가 있었다. 직원들은 차이점으로 인해 분열이 일어나는 것을 방관하기보다 서로를 이해하기 위해 성심을 다했으며 자주 만나 문화 교류를 했다. 이 기관에서 일하는 사람들은 세상과 지역사회에 대한 자민족중심적 통념을 비평적으로 검토할 기회를 가졌다. 기관의 모든 직원은 개인의 가치관, 신념과 행동을 명료화하고 이해하는 데 전념했다.

CCAP가 고안한 초기 계획 중 하나는 HIV 감염 확대를 예방하기 위해 라틴계 지역사회에서 대외활동과 교육을 펼친 일이었다. 한 라틴계 직원이 HIV, 인간의 성, 십대 임신에 관해 지역사회에 사는 어머니 30명과 면담했다. 이 어머니들과의 만남을 시작으로 지역사회를 교육하기 위해 일단의 지도자들(대모라는 뜻의 일명 comadres)이 구성되었다. 지도자로 봉사하는 여성들은 인근 센터에서 열리는 월례회에서 만났다. 마침내 이 여성들은 남편들을 강좌에 초대했다. 이 프로젝트는 외부로부터 자금지원을 받았기에 기관에서는 자금지원자에게 사업성과를 보고해야 했다. Hogan-Garcia와 Scheinberg(2000)는 이 사업의 성과를 다음과 같이 요약했다.

> 계약 연도 말미에 이르자 그 기관이 이 사업에서 거둔 결과는 자금지원자의 기대치를 넘어섰고 '코마드레스 프로젝트(Comadres Project)'를 통해 HIV 예방에 관한 이야기가 친구와

이웃과 가족에게 퍼져 나갔다. 특권을 누리지 못하는 남녀의 역량을 확대해 주는 일은 계약 기간 후에도 계속되었다. CCAP 직원들은 이 특별한 친구집단을 계속 만나 사후관리를 했다. 여성 세 명이 학교에 복학했고, 일단의 여성들이 스페인어 구사 학부모-교사회를 조직했으며, 한 명은 학교운영위원이 되었다(28쪽).

2000년에 이 기관은 12,000명 이상의 서비스 수혜자를 위해 일하면서 방과 후 레크리에이션 서비스, 개인교습, 학력강화 프로그램, 신체검사, 부모교육, 갈등해결, 문화적 다양성 훈련, 학교 기반 집단상담, 노숙자 쉼터, 마약남용 예방, 육아훈련 등을 제공했다.

**논평.** 이 기관은 지역사회 서비스의 본질을 결정하는 데 주민의 목소리를 충분히 반영하는 일에 전념하여 효과를 거둔 협력사업의 좋은 예이다. 직원들이 문화적 다양성을 이해하는 것의 가치를 믿었기 때문에, 그들은 주류 공동체와 소수 공동체의 가교역할 서비스를 할 수 있었다. 또한 이것은 단순히 지도력을 제공하기보다 지도력을 개발한 좋은 사례이다.

## 지역사회의 변화 촉진

유능한 지역사회 활동가는 지역사회 구성원들이 자신의 강점을 발견하고 이러한 자원을 발판으로 삼도록 장려한다. Homan(2016)은 지역사회 활동에서 중요한 의미가 있는 질문 하나를 던진다. '당신은 프로젝트가 누구의 것인지 솔직하게 검토하는가?' Homan의 관점에서 보면, 사람들이 책임져야 할 그들의 프로젝트로 만들기보다 사람들을 위해 적합하다고 생각하는 일을 한다면, 좀 더 공손하게 사회적 통제를 가하는 것에 지나지 않을 수도 있다. 일부 내담자나 주민집단에게는 당장 기술이 없거나 변화를 위한 프로젝트의 모든 측면을 신경 쓸 시간조차 없지만, 여전히 자신의 활동에 필요한 기술을 배우고 지원을 받을 수 있다. 따라서 프로젝트가 '누구의 것인가'의 문제는 중요한 윤리적 관심사이다.

**발달적 접근법 대 서비스 접근법.** Homan(2016)은 발달적 접근법으로 일하는 활동가와 서비스 지향적인 활동가의 기능을 비교한다. **발달적 접근**(developmental approach)은 장점에 뿌리를 두고, 자산과 능력에 초점을 두며, 역량과 힘을 증진하고, 조건을 변화시키며, 예방을 목표로 한다. 이 접근법은 개인, 집단, 지역사회에 있는 자원을 찾아 보다 완전하게 활성화할 수 있다는 점에 의거하고 있다. 대조적으로 **서비스 접근법**(service approach)은 해결해야 할 문제와 채워야 할 부분에 초점을 맞춘다. 이 접근법에서는 조건을 변화시키기보다 조건을 유지하는 것에 더 관심을 가지며, 문제 예방보다 문제 교정을 지향한다. 서비스 접근법은 전문가에게 의지하기 때문에 권력 불균형이 강화되는 반면, 발달적 접근법은 협력관계에 의지하기 때문에 권력관계가 동등해진다.

## 지역사회에 참여하는 방법

지역사회 안에서 변화를 일으키고 싶다면 기꺼이 참여할 필요가 있다. 다음은 주민들을 그들이 살고 있는 환경과 연결해 줄 수 있는 활동 목록이다. 각 활동을 다음의 기호를 사용하여 평가해 보라.

A = 이것을 정규적으로 하겠다.

B = 이것을 가끔 하겠다.

C = 이것을 거의 하지 않겠다.

____ 1. 나는 지역사회의 필요를 평가하기 위해 기관과 협력하겠다.

____ 2. 세부적인 도움을 줄 적절한 자원에 사람들을 의뢰하기 위해 주변의 지역사회 자원들을 잘 익히겠다.

____ 3. 내담자의 허락하에 그의 삶에 직접 영향을 미치는 사람들에게 협력을 구하겠다.

____ 4. 지역사회에 이미 있는 지지체계와 자원에 내담자를 연결해 주겠다.

____ 5. 지역사회에 변화를 일으키고자 성심을 다하는 집단과 적극적으로 협력하겠다.

____ 6. 어떤 동일한 조건의 영향을 받는 내담자들을 한데 모아 그들에게 영향을 주는 조건을 바꾸기 위해 전략을 실행하도록 돕겠다.

____ 7. 지역사회의 조력 연락망이 보다 능동적으로 작동되도록 만들려는 노력을 장려하겠다.

____ 8. 다양한 문화집단의 주요 인사들에게 동료 상담기술 훈련을 제공하여 그들이 기관의 전문적인 서비스를 찾지 않을 수도 있는 사람들을 상담할 수 있도록 하겠다.

____ 9. 지역사회를 돕는 일에 적극적으로 참여하는 정치인과 지역사회 투자자들과 협력하겠다.

정신건강 관련 직업 중 하나를 진로로 삼을 계획이라면, 지역사회 기관에서 일정 시간 일하면서 지역사회의 상이한 모습들을 다루게 될 가능성이 있다. 지금 이런 환경에서 일한다고 가정하고 다음의 질문들을 생각해 보라.

- 지역사회 변화에 적용할 수 있는 기술을 이미 가지고 있는가?
- 지역사회에서 일하는 것과 관련하여 염려하는 것이 있는가?
- 당신의 생각을 지역사회 변화를 목표로 하는 일련의 실용적인 전략으로 어떻게 바꾸겠는가?
- 당신이 돕는 사람들에 대한 신념과 태도에 관해 얼마나 알고 있으며, 이것이 당신이 일하는 방식에 어떻게 영향을 미칠 수 있는가?

지역사회 관점에서 행하는 우수한 개입에 관해 더 알고 싶다면, 『지역사회 변화 촉진: 현실 세계에서의 실현(*Promoting Community Change: Making It Happen in the Real World*)』(Homan, 2016)을 참고하라.

## 체계 안에서 활동하기

지역사회에서 활동하는 상담자에게 어려운 과제 중 하나는 체계를 서비스 대상인 내담자에게 도움이 되도록, 그리고 부차적으로 자신에게 도움이 되도록 만드는 법을 배워 상담과정 중에 내담자를 효과적으로 도와주는 능력을 상실하지 않는 것이다. 체계 안에서 활동하는 것은 지속적인 자금지원의 정당성을 증명하는 데 필요한 엄청난 양의 서류와 과중한 담당 사례, 그리고 여러 가지 방침들 때문에 상담자에게 부가적인 부담을 더해 줄 수 있다. 긴장의 또 다른 근원은 기관이나 단체의 행정을 담당하는 이들과 상담자와의 관계이다. 내담자를 직접 대하는 상담실무자는 프로그램을 유지하고 자금을 조달하기 위해 경쟁하면서 복잡한 업무를 감당하는 행정자에게 거의 감사를 표시하지 않을 수도 있다. 의사소통과 문제해결이 부적절하면 늘 그렇듯 불가피하게 긴장과 문제가 발생한다. 궁극적인 과제는 지역사회가 스스로의 문제를 다루도록 역량을 키우도록 하는 것이다.

## 기관에서의 진실성 유지 문제

체계 안에서 일하면서도 진실성과 활력을 유지하는 방법에 대한 문제로 씨름하는 전문가가 많다. 단체에서 일하는 것이 실망스러울 때도 있지만 상담자는 문제의 일부일 수도 있는 자신의 태도도 검토해야 한다. 다른 사람에게 책임을 전가하면 변화하지 못한다. 변화할 수 있는 것에 초점을 맞출 때 진보가 가능하도록 개인의 통제감이 촉진된다.

Homan(2016)은 지역사회 활동가가 체계 안의 문제를 단순히 참아 넘기는 것으로는 거의 만족하지 못하며, 긍정적인 변화를 촉진하는 조치를 적극적으로 취함으로써 직업적 만족을 얻는다고 시사한다. 행동의 필요성을 인식하는 것은 수용할 수 없는 환경에 반응하는 첫 단계이다. 일단 문제가 확인되면, 당신에게는 네 가지 대안이 있을 것이다.

- 상황을 수용 가능한 것으로 여기고 당신의 인식을 바꿀 수 있다.
- 정서적으로 철회하든 물리적으로 떠나든 하여 상황에서 벗어날 수 있다.
- 상황을 수용할 수 없는 것으로 인식한 뒤, 상황에 맞추기로 결정할 수 있다.
- 상황을 수용할 수 없는 것으로 인식한 뒤, 이를 변화시키기 위해 할 수 있는 일을 한다(108~109쪽).

위의 각 반응마다 당신과 내담자 모두에게 일정한 결과가 생긴다. 수용할 수 없는 상황에 어떻게 반응할지 선택할 수 있음을 깨닫는다면 이러한 환경을 변화시키기 위해 조치를 취하라는 도전을 느낄 수도 있다. 윤리적인 관점에서 볼 때, 내담자를 도와주는 당신의 능력에 손상을 줄 수도 있는 환경에 대해 당신의 고용주에게 그 위험을 경고해야 한다.

지지집단을 만들고 참여함으로써 기관에서 일하는 사람들은 자신들이 속한 체계 안의 문제를 공동으로 다루는 방법을 발견할 수도 있다. 기관이라는 근무환경에서 지지집단의 가치를 입증하는 사례를 만들 수 있다. 이 집단을 통해 관료주의의 압력을 다루고 상호 지지를 제공하는 내부의 하위문화가 생겨난다. 혼자 큰 단체를 변화시키기에는 어려움이 있겠지만 지역사회 활동가들이 연합한다면 변화를 일으킬 가능성이 높아진다.

### <Toni의 사례>

19년 동안 Toni는 보조금으로 운영되는 지역사회 기관에서 회복 중인 여성들과 함께 작업했다. 소진을 예방하기 위해 그녀와 동료들은 기관 내의 지역사회 활동가들의 지지집단을 조직했다. 이 집단은 15명으로 구성되었는데 이들 중에는 사례관리자, 치료담당 상담자, 간호사, 사회복지사, 수련감독자가 있었다. 그들은 월 2회 근무시간에 기관에서 만나 2시간 정도 집단모임을 가졌다. 이 시간에 그들은 인력감축과 업무량 증가라는 개인의 삶에서 직면하는 스트레스가 큰 상황이나 어려운 내담자에 관해 이야기할 기회를 가졌다. 개인적인 문제는 때때로 전문가의 소임을 감당하는 능력에 영향을 미치기에 구성원들은 개인 문제를 다루는 방법으로 집단 내의 지지를 이용할 수 있었다.

- 당신이 이 기관에서 일한다면 이 지지집단에 참여하기를 원하겠는가?
- 이 집단의 구성원들이 기관의 변화에 어느 정도 영향을 줄 수 있다고 생각하는가?
- 당신이라면 해고로 인한 업무량 증가에 어떻게 대처할 수 있겠는가?

**논평.** Toni의 사례는 정신건강전문가가 기관에서 효과적으로 일할 때 직면할 가능성이 높은 친숙한 장면이다. 지역사회 기관의 직원들은 줄어든 동료와 자원으로 인해 부과된 업무를 감당해야 한다는 요구에 점점 더 많이 부응해야 할 것이다. 필요한 것이 많은 내담자 계층을 위해 일하는 직원들은 연민으로 인한 피로감에 빨리 소진할 수 있다. 이 상황에서는 자기돌봄이 너무나도 중요하다. Toni가 스스로를 돌볼 수 있는 한 가지 방법은 기관의 동료들과 만나 그들은 업무 부담을 어떻게 다루는지 의논하는 방법을 찾는 것이다.

## 옹호자가 되어 체계에서 활동하기

상담사는 형평성, 정의, 공정성이라는 대의 지지와 직업 유지의 균형을 잘 맞춰야 한다. Bemak과 Chung(2008) 그리고 Chung과 Bemak(2012)은 상담사가 체계 내, 특히 교육 환경에서 유능한 옹호자가 되기 위해 사용할 수 있는 몇 가지 전략과 기술을 다음과 같이 밝히고 있다.

- 당신의 역할을 정의한다.
- 평등한 기회를 강조한다.
- 개입전략을 가지고 더 큰 공동체에 접근한다.
- 건설적인 변화를 촉진할 도구를 내담자들에게 제공한다.
- 자기옹호 기술이 부족할 수 있는 내담자와 협력관계를 형성한다.
- 조직체계에 대해 알아본다.
- 사회변화를 위해 일할 것 같은 체계 안의 개인들과 협력한다.
- 다른 정신건강전문가와 협력관계를 형성한다.
- 사회정치적 맥락 내에서 사회적 행동을 촉진한다.
- 지역사회 기관들과 협력하여 지원팀을 만든다.

사회정의 상담자로서 우리가 가르치는 것을 기꺼이 실천하지 않는다면 근무환경에서 사회정의의 가치를 설파할 수 없다(Chung & Bemak, 2012). "다문화 사회정의 상담에 근본이 되는 위험을 감수할 의향이 있는지, 있다면 어떻게, 언제 할 것인지 스스로에게 질문할 필요가 있다"(266쪽).

지역사회 행동에 대한 생각을 자극하는 토의, 사회정의 프로그램과 관련된 많은 사례, 그리고 임상실무의 재검토에 관한 내용을 보고 싶다면, 『50분을 넘어서는 도움: 의미 있는 사회 행동에 참여하는 치료사(*Beyond the 50-Minute Hour: Therapists Involved in Meaningful Social Action*)』(Kottler, Englar-Carlson, & Carlson, 2013)를 적극 추천한다.

## 지역사회 활동가와 기관의 관계

지역사회기관의 윤리위반은 개인상담과 관련된 위반보다 해결하기가 복잡하고 어렵다. 지역사회 활동가는 동기부여가 되지 않더라도, 체계는 이런 동기부족에 관용할 수도 있다. 그러나 체계가 내담자(지역사회)의 권리를 침해한다면, 이는 다루기 만만치 않은 난제이다. 내담자를 오용하는 체계의 문제에 대한 손쉬운 해결책은 없지만 도움을 요청하는 사람들이 취약하고 보호받을 필요가 있다는 점은 분명하다. 체계의 오용을 교정하려면 이상적인 윤리를 실행하고 조치를 취하려는 체계에 포함된 사람들의 자발성이 필요하다.

**역량 확대로의 이동.** 지역사회에서 체계적인 변화를 만드는 데 도움이 되도록 자신의 역량을 증진할 수 있는 방법에 대해 생각해 보라. 다음의 각 상황에 처해 있는 자신을 상상하고 체계 내에서 어떻게 효율성을 높일 수 있는지 스스로에게 질문해 보라.

- 당신이 일하는 조직에서 당신이 반대하는 방침을 정했다면 어떻게 하겠는가?
- 당신은 기관에 특정 변화가 필요하다고 강하게 믿지만 동료들이 동의하지 않는다면 어떻게 하겠는가?
- 직원들이 대체로 따로따로 일하는 것 같다면 당신은 어떻게 행동할 것이라고 생각하는가?
- 당신은 기관 내의 변화를 촉진하기 위해 어떠한 단계가 필요하다고 생각하는가?
- 변화를 일으키기 위해 다 해 봤지만 아무 소용이 없다는 것을 깨달았다면, 그 일자리에 머무는 것과 관련된 윤리적 결정은 무엇이라고 생각하는가?

## <Adriana의 사례>

Adriana는 지역사회 정신보건소에서 일하면서 대부분의 시간을 위기상담을 하는 데 할애한다. 그녀는 위기에 처한 사람들과 일할수록 대중을 교육하기 위해 고안된 예방 프로그램이 활동의 중점이 되어야 한다고 더 확신하게 되었다. Adriana는 사람들이 성장지향 교육 프로그램에 참여하도록 효과적으로 접촉하고 동기부여를 한다면, 고통당하는 내담자가 훨씬 줄어들 것이라고 굳게 믿게 되었다. 그녀는 지역사회에서 실행하고 싶은 프로그램에 관한 상세하고 논리적이며 설득력 있는 계획서를 마련했지만, 소장은 이를 번번이 거부했다. 정신보건소가 위기 개입을 목적으로 표방하는 덕분에 정부로부터 일부 자금을 받기 때문에, 소장은 이러한 목표와 직접 관련이 없는 프로그램을 승인하는 데 부담을 느끼는 것이다.

당신이 Adriana의 입장이라면 다음 중 어떤 조치를 취할 것 같은가?

____**1.** 소장이 바라는 대로 따르겠다.

____**2.** 협상을 계속하면서 나의 특별한 계획사업을 시행할 수 있는 여지를 만들 방도를 찾고자 노력하겠다.

____**3.** 내가 중요하다고 생각하는 것을 할 수 없다면 다른 일자리를 알아보는 것을 고려해야 한다.

____**4.** 계획서의 방향을 정하고 승인을 얻기 위해 필요한 지원을 제공하도록 내담자들을 참여시키겠다.

____**5.** 다른 직원들이 함께 참여하도록 하여 우리의 자원을 모으고 공동으로 그 프로그램을 실행할 방법을 찾아보겠다.

____**6.** 소장의 승인하에 지역사회 시범 프로그램을 위한 보조금을 책정받기 위해 노력하겠다.

**논평.** Adriana는 센터장에게 예방 프로그램이 위기를 피하고 지역사회 건강을 증진시키는 데 도움이 된다는 점을 설득하려고 지속적으로 노력했다. 그녀에게 남아 있는 한 가지 대안은 정부 법규 내에서 정책변화를 옹호하는 활동을 하는 것이다. 지역사회 수준에서 Adriana는 다른 직원들과 힘을 합하여 예방수단을 포함하여 위기 개입을 보다 폭넓게 정의 내리는 작업을 할 수 있을 것이다. 주 차원에서 Adriana는 위기 개입을 위한 예방 프로그램과 관련하여 정부 규정의 정책변경을 옹호하는 데 관심 있는 동료들을 찾기 위해 같은 주의 상담학회 동료들에게 연락할 수 있다.

정신건강실무자로서 당신은 체계 안에서 어떻게 일할 것인지, 어떻게 가장 유능한 사람이 될 수 있는지 결정할 필요가 있다. 일자리를 수락하기 전에 기관의 철학을 유심히 살펴보고, 기관의 규범, 가치관과 기대가 당신이 그 일자리에 대해 기대하는 것과 일치하는지 판단하라. 그 기관의 철학과 방침에 찬성할 수 없다면 십중팔구 갈등을 경험하게 될 것이다. 다음과 같은 질문에 대한 대답을 발견하는 것은 스스로의 몫이다.

- 사람을 돕는 것에 관한 나의 철학은 내가 일하는 기관과 어느 정도 조화되는가?
- 기관의 요구에 부응하는 동시에 내가 가장 중요하다고 믿는 것을 어떻게 실행할 수 있는가?
- 특정 체계에서 변화를 일으키기 위해 무엇을 할 수 있는가?
- 체계에서 일할 때 어떤 특정한 윤리적 책무를 직면할 가능성이 높은가?

## <Ronnie의 사례>

아프리카계 미국인 학생인 Ronnie는 가족과 함께 대부분이 백인인 동네로 이사 와 그곳에 있는 고등학교에 다녔다. 얼마 지나지 않아 그는 인종차별과 조롱의 표적이 되었고 사회적 고립을 경험했다. 한 교사가 그가 고립된 것을 주목하고는 그를 학교상담사에게 보냈다. 학교상담사가 보기에 Ronnie는 다수의 학생뿐만 아니라 일부 교직원에게도 인종차별을 받는 것이 분명했다. 학교와 지역사회의 인종차별을 알고 있기 때문에 Ronnie가 제공한 정보를 의심할 이유가 전혀 없었다. 상담자는 학교와 지역사회의 인종차별 태도를 바꾸려고 하기보다는 편견을 무시하는 법을 배우는 것이 Ronnie에게 더 현실적일 것이라고 판단했다.

- 이 상담자의 결정을 어떻게 평가하는가? 이 결정의 윤리적 효과는 무엇인가? 지역사회의 태도를 바꾸기 위해 활동할 책무가 그녀에게 있는가?
- 이 상담자가 당신에게 자문을 요청한다면, 어떤 제안을 주겠는가?
- 일부 주민을 인종차별하는 지역사회의 태도를 변화시키려는 시도를 할 윤리적 책무가 학교에 있는가?
- 인종차별 문제를 다루지 않을 경우 어떤 위험이 생기게 되는가?

**논평.** 이 상담자는 어려운 문제의 특징 때문에 씨름하고 있지만 잘 대처할 준비가 안 되어 있는 것처럼 보인다. 상담자는 지역사회의 다수가 공유하지 않는 가치관대로 행동할 경우 보복당할지 모른다고 두려워할 수도 있다. 상담자는 내담자의 웰빙이 증진되도록 필요한 것을 하길 원할 수 있지만, 신념의 상실과 교직원에게 받아들여지지 않는 데 대한 불안으로 고민할 수도 있다. 이 상담자가 학교환경에서 인종차별에 맞서기를 원치 않거나 혹은 맞설 수 없는 것처럼 보이지만, 그녀는 학교 공동체의 변화를 옹호해야 할 윤리적 의무가 있다. Ronnie를 보낸 교사와 이야기를 나눔으로써 학교 공동체의 변화를 위한 연합세력을 모으기 시작할 수도 있을 것이다. 그녀는 학교에서 인종차별에 관한 워크숍과 학급 생활지도 활동을 주관하는 것을 고려할 수도 있다. 또한 상담자가 공격적이지 않은 태도로 이 문제에 접근한다면 학교 행정부의 지지를 얻을지도 모른다. 이 사례에서 내담자는 학교 공동체이며, Ronnie의 문제는 공동체의 변화 없이는 해결되지 못할 것이다.

정신건강 전문가로서 우리는 불평등과 사회적 조건에 대해 다양한 형태의 사회적 행동으로 인식을 전환해야 한다. 우리의 윤리적 · 도덕적 의무에는 모든 사람이 자신의 개인적인 목표를 위해 노력할 수 있는 평등한 기회와 자원을 가지는 정의로운 사회를 만든다는 목표를 옹호하는 것도 포함된다. Chung과 Bemak(2012)은 이 메시지의 본질을 다음과 같이 이해한다. "우리는 심리내적인 것에만 초점을 맞추는 전통적인 접근방식에서 앞으로 나아가야 하고, 사회정치적 요인이 내담자와 그 가족에 미치는 영향을 받아들이고 인식해야 하며, 우리의 옹호를 통해 이러한 문제를 효과적으로 해결할 수 있는 방법을 결정해야 한다"(182쪽).

## 제13장 요약

본 장의 주요 초점은 변화촉진자로서 지역사회에서 활동하는 것의 중요성이었다. 지역사회의 정신건강 접근법은 다양한 서비스에 대해 증가하는 요구에 부응하는 한 가지 방법이다. 정신건강전문가들은 지역사회의 다양한 필요를 다루는 프로그램을 고안할 기회를 너무 자주 거부했다. 지난 몇 년 동안 전통적인 심리치료의 대안들이 일부 생겨나면서 지역사회기관에서 활동하는 상담자를 위한 새로운 역할들이 창출되었다. 기관에서 일할 경력 직원 자리를 찾고 있다면, 내담자와 당신의 유익을 위해 체계와 어떻게 협력할 수 있는지 고려하라. 또한 상담자는 지역사회에 나타나는 사회정의 문제를 인식할 필요가 있다. 억압과 차별이 내담자의 삶에 어떻게 작용하는지 더 잘 알게 되는 것은 윤리적인 직무수행의 기본이다.

저자들은 조직에서 효과적으로 활동하여 전문가로서의 능력을 증진할 책임을 받아들일 방법을 생각해 보라고 도전하는 바이다. 사회적 변화의 주체가 되기 위해 꼭 거시적 수준의 변화에 집중할 필요는 없다. MacLeod와 McMullen(2016)은 상담자가 내담자, 기관, 지역사회의 이해관계자와 기타 정신건강 서비스 제공자와의 일반적인 상호작용에서 상담직업을 홍보하는 방법을 조정함으로써 미시적 수준에서도 옹호를 수행할 수 있다고 주장한다. 사회적 옹호의 역할을 맡기로 결정했다면, 기관이나 지역사회 내에서 변화를 촉진하는 것이 중요한 첫 번째 단계이다. 또한 저자들은 지역사회 실무자가 실제로 하는 일이 무엇인지 지역사회 구성원들에게 교육하기 위해 노력하라고 당부하고 싶다. 마지막으로 우리는 체계 안에서 일할 때 자주 수반되는 환멸감의 주요 원인을 숙고하고, 개인으로서 그리고 전문가로서 당신의 활력을 유지할 창의적인 방법을 발견하라고 요청한다.

# 추천 활동

1. 윤리적 · 직업적 문제에 관한 당신의 태도를 조사한 제1장 말미에 있는 자기평가를 다시 해 보라. 자기평가를 할 때 이전의 답을 가리고 한 뒤, 당신의 생각이 바뀌었는지 보기 위해 지금 표시한 답과 비교해 보라. 추가로 당신에게 가장 중요한 혹은 더 깊이 탐구하고자 하는 질문 열 개에 동그라미 표시를 하라. 이것을 수업시간에 조별로 토의하라. 수업시간과 이 책에서 배운 가장 중요한 것 몇 가지를 적어 보라. 아직 답을 찾지 못한 질문을 적을 수도 있다. 당신의 생각을 다른 학생들과 나누라.
2. 조별로 모여 사회정의 옹호 관점과 윤리적인 직무수행의 관계에 대한 당신의 생각을 토의하라. 사회정의 옹호 역량과 다문화 역량 사이에 어떠한 연관성이 보이는가? 지역사회에서 수행하는 당신의 직무에 어떠한 옹호 역량을 가장 결합하고 싶은가?
3. 휴먼 서비스 전문가가 지역사회에서 활동할 때 담당할 수도 있는 대안적 역할을 생각해 보고 토의하라. 다음 중 지역사회 활동가로서 담당할 수 있다고 생각하는 역할은 어느 것인가? (a) 옹호자, (b) 변화촉진자, (c) 자문가, (d) 조언자, (e) 토착적 지지체계의 촉진자, (f) 토착적 치유체계의 촉진자. (g) 앞의 역할 모두. 조별로 모여 이 역할들 중에 담당하기에 가장 부담이 되는 것은 무엇이고, 왜 그런지 토의하라. 당신이 훈련받은 내용과는 다른 지역사회의 전문가 역할을 수행하는 법을 어떻게 배울 수 있겠는가?
4. 직무수행 중에 자주 직면할 수 있는 문제는 사람들이 전문가의 도움을 요청하는 데 주저하는 태도를 다루는 방법이다. 다음과 같은 질문을 하는 내담자에게 어떻게 대답하겠는가? "제가 전문가의 도움을 받으러 다닌다는 사실을 사람들이 알게 되면 어떻게 생각할까요?" "제 문제는 스스로 해결할 수 있어야 하지 않나요? 다른 사람의 도움을 필요로 한다는 것은 제가 약하다는 표시가 아닌가요?" "당신에게 자문을 요청하면 제 문제를 정말 해결할 수 있을까요?" 2인 1조나 조별로 모여 당신의 대답을 나누라.
5. 당신이 지역사회 정신보건센터 직원채용에 지원했다고 가정해 보라. 면접할 때 다음 질문을 받으면 어떻게 대답하겠는가?

   - 다수의 내담자는 다양한 범위의 문화적 · 인종적 배경을 가지고 있습니다. 이러한 사람들과 어느 정도로 상담을 잘할 수 있다고 생각하십니까?
   - 당신의 문화변용 과정에 관해 어느 정도 이해하십니까? 이러한 이해가 당신이 내담자를 상담할 때 어떻게 도움이 되거나 방해가 될 것 같습니까?
   - 당신과 문화적 배경이 다른 내담자와 신뢰관계를 형성할 때 가장 큰 문제는 무엇이겠습니까?

6. 여러 학생이 정신건강 분야의 다양한 전문가들이 기관에서 맞닥뜨리는 주요 문제들에

대해 그들과 면담할 수 있다. 그들이 프로그램을 시행하려고 할 때 어떤 장애에 부딪히는가? 그들은 장애물을 어떻게 다루는가? 면담 대상자의 신원을 밝히지 말고 경험이 많은 직원과 경험이 적은 직원의 대답을 비교해 보라.

**7.** 당신이 일하는 조직에 문제가 존재한다는 것을 알고 난 뒤 원하는 변화를 이루기 위해 필요한 기술은 무엇일지 적어 보라. 당신이 기관의 변화에 관심이 있다면 동료의 지지를 얻기 위한 전략개발에 어떻게 힘쓸 수 있겠는가?

**8.** 본 장에서 언급한 바와 같이, Chung과 Bemak(2012)은 사회정의 상담가의 특징을 용감한 위험 감수자라고 규정하고 있다. 다른 사람들의 반대에 직면했을 때 자신이 얼마나 용감하다고 생각하는지 파트너와 함께 토론하라. 스스로를 위험을 감수하는 사람이라고 생각하는가? 그렇지 않다면 어떻게 위험을 감수하는 사람이 될 수 있는가? 내담자를 위한 사회정의 옹호자가 되도록 준비하기 위해 무엇을 할 수 있는가?

**9.** 당신이 속한 지역사회에서 사회정의 옹호자가 될 수 있는 방법에 대해 토론하라. 지역사회에 어떤 격차나 필요가 있으며, 이러한 격차를 해소하는 데 어떻게 도울 수 있겠는가?

**10.** 사회정의가 자주 숙고하는 주제가 아니라면, 당신이 사회정의를 가리게 만드는 어떤 특권을 가졌는지 토의하라. 당신이 사는 지역사회의 사회정의 문제를 더 면밀하게 보지 못하도록 만드는 어떤 정체성을 당신은 가지고 있는가?

# 저자들의 결론적인 논평

본서의 처음부터 끝까지 저자들은 직무수행 중에 직면할 가능성이 있는 윤리적 · 직업적 문제들을 제기했고, 전문적인 직무수행을 위한 당신만의 지침에 관해 생각해 보도록 장려했다. 우리가 논의했던 모든 문제를 한데 묶을 수 있는 근본적인 질문이 있다면 '다른 사람을 상담할 권리가 누구에게 있는가?'일 것이다. 이 질문은 당신이 내담자를 염려할 때마다 자기점검의 기초가 될 수 있다. 때로는 곤경에 처하여 당신에게 다른 사람을 상담할 권리가 전혀 없다고 생각할 수도 있다. 내담자에게 실행하라고 도전하는 내용을 당신의 삶에서는 실천하지 않기 때문에 그렇게 생각할 수도 있다. 가끔씩 드는 자신감 상실은 의문을 품지 않는 것보다 훨씬 위험하지 않다. 자기만족은 상담실무자로서의 성장에 저해요인이 된다. 자기탐색과 자기돌봄을 지속적으로 하겠다는 결심을 통해 당신은 더 유능한 상담가가 될 것이다. 삶 자체의 가장 큰 도전은 의미 있는 삶을 살기 위한 투쟁이며, 전 공동체가 존재를 향상하도록 자극할 새롭고 의미 있는 방법을 찾는 것이다.

직업적 · 윤리적 책임감을 개발하는 것은 진정 끝이 없는 과업이다. 우리가 제기했던 다수의 질문에 대한 최종적이고 보편적인 해답은 없다. 저자들은 모든 것을 다 이해했기에 우리의 가정과 상담실무를 재검토할 필요가 더 이상 없다고 생각하는 지경에 결코 이르지 않기를 희망한다. 이 책에서 제기한 문제들은 정기적으로 숙고해야 하며 변화의 여지도 남겨 놓아야 한다. 당신의 가치관과 윤리를 계속 신중하게 생각하라. 경험을 많이 쌓아 가면서 당신의 입장을 기꺼이 다시 생각하게 되기를 바란다. 당신이 하는 일과 당신이 도와주는 사람들에 대해 관심을 가진다면, 당신은 책임감 있고 윤리적인 상담실무자가 될 유리한 위치에 있는 것이다. 가장 신뢰할 수 있는 멘토들 가운데 관계와 체계를 발견하는 방법보다 관계와 체계를 떠났는지 스스로에게 묻는 것이 더 중요하다는 점을 가르쳐 준 분들이 있다. 우리의 태도와 신념은 배움을 통해 도전받거나, 변경되거나, 재확인되었는가? 대답이 '아니오'라면, 우리가 해야 할 일이 남아 있는 것이다.

# 참고 문헌과 추천서

*별표가 붙은 단행본과 논문은 심화학습을 위한 추천 문헌임.


American Association for Marriage and Family Therapy. (2015). *Code of ethics*. Washington, DC: Author.

American Counseling Association. (2005). *Code of ethics*. Alexandria, VA: Author.

American Counseling Association. (2014). *Code of ethics*. Alexandria, VA: Author.

American Group Psychotherapy Association. (2006). *Guidelines for ethics*. New York, NY: Author.

American Mental Health Counselors Association. (2015). *Code of ethics of the American Mental Health Counselors Association*. Alexandria, VA: Author.

American Mental Health Counselors Association. (2016). *AMHCA standards for the practice of clinical mental health counseling*. Alexandria, VA: Author.

American Music Therapy Association. (2015). *Code of ethics*. Retrieved from www.musictherapy.org/ethics.html

American Psychiatric Association. (2000). *Diagnostic and statistical manual of mental disorders: Text revision* (4th ed.). Washington, DC: Author.

American Psychiatric Association. (2012a). *DSM-5 development. Frequently asked questions*. Retrieved from www.dsm5.org/about/Pages/faq.aspx

American Psychiatric Association. (2013a). *Diagnostic and statistical manual of mental disorders* (5th ed.). Washington, DC: Author.

American Psychiatric Association. (2013b). *The principles of medical ethics with annotations especially applicable to psychiatry*. Washington, DC: Author.

American Psychological Association. (1985). *White paper on duty to protect*. Washington, DC: Author.

American Psychological Association. (1993a). Guidelines for providers of psychological services to ethnic, linguistic, and culturally diverse populations. *American Psychologist*, *48*(1), 45-48.

American Psychological Association. (1993b). Record keeping guidelines. *American Psychologist*, *48*, 984-986.

American Psychological Association. (2003a). Guidelines on multicultural education, training, research, practice, and organizational change for psychologists. *American Psychologist*, *58*(5), 377-402.

American Psychological Association. (2003b). Report of the ethics committee, 2002. *American Psychologist*, *58*(8), 650-657.

*American Psychological Association. (2007). Record keeping guidelines. *American Psychologist*, *62*(9), 993-1004.

American Psychological Association. (2010). *Ethical principles of psychologists and code of conduct*. Retrieved from www.apa.org/ethics/code/index.aspx

American Psychological Association. (2015). Guidelines for clinical supervision in health service psychology. *American Psychologist, 70*(1), 33-46.

*American Psychological Association, Division 44. (2000). Guidelines for psychotherapy with lesbian, gay, and bisexual clients. *American Psychologist, 55*(12), 1440-1451.

*American Psychological Association Presidential Task Force on Evidence-based Practice. (2006). Evidence-based practice in psychology. *American Psychologist, 61*, 271-285.

American School Counselor Association. (2016). *Ethical standards for school counselors*. Alexandria, VA: Author.

Ancis, J. R., & Marshall, D. S. (2010). Using a multicultural framework to assess supervisees' perceptions of culturally competent supervision. *Journal of Counseling & Development, 88*(3), 277-284.

Angus, L., Watson, J. C., Elliott, R., Schneider, K., & Timulak, L. (2015). Humanistic psychotherapy research 1990-2015: From methodological innovations to evidence-supported treatment outcomes and beyond. *Psychotherapy Research, 25*(3), 330-347.

Anthony, K. (2015). Training therapists to work effectively online and offline within digital culture. *British Journal of Guidance & Counselling, 43*(1), 36-42.

Antony, M. M. (2014). Behavior therapy. In D. Wedding & R. J. Corsini (Eds.), *Current psychotherapies* (10th ed., pp. 193-229). Belmont, CA: Brooks/Cole, Cengage Learning.

*Arredondo, P., Toporek, R., Brown, S., Jones, J., Locke, D., Sanchez, J., & Stadler, H. A. (1996). Operationalization of multicultural counseling competencies. *Journal of Multicultural Counseling and Development, 24*(1), 42-78.

Association for Counselor Education and Supervision. (1993, Summer). Ethical guidelines for counseling supervisors. *ACES Spectrum, 53*(4), 3-8.

*Association for Counselor Education and Supervision. (1995). Ethical guidelines for counseling supervisors. *Counselor Education and Supervision, 34*(3), 270-276.

*Association for Counselor Education and Supervision. (2011). *Best practices in clinical supervision*. Retrieved from www.acesonline.net/wp-content/uploads/2011/10/ACES-Best-Practicesin-clinical-supervision-document-FINAL.pdf

*Association for Lesbian, Gay, Bisexual and Transgender Issues in Counseling. (2008). *Competencies for counseling gay, lesbian, bisexual and transgendered (GLBT) clients*. Retrieved from www.algbtic.org/resources/competencies.html

Association for Lesbian, Gay, Bisexual and Transgender Issues in Counseling. (2009). *Competencies for counseling with transgender clients*. Alexandria, VA: Author.

Association for Multicultural Counseling and Development. (2015). *Multicultural and social justice counseling competencies*. Alexandria, VA: American Counseling Association.

Association for Specialists in Group Work. (1999). Principles for diversity-competent group workers. *Journal for Specialists in Group Work, 24*(1), 7-14.

Association for Specialists in Group Work. (2000). Professional standards for the training of group workers. *The Group Worker, 29*(3), 1-10.

Association for Specialists in Group Work. (2008). Best practice guidelines. *Journal for Specialists in Group Work, 33*(2), 111-117.

Association for Specialists in Group Work. (2012). *Multicultural and social justice competence principles for group workers*. Retrieved from www. asgw.org/

Association for Spiritual, Ethical, and Religious Values in Counseling. (2009). *Competencies for addressing spiritual and religious issues in counseling*. Retrieved from www.aservic.org/resources/spiritual-competencies/

Association of State and Provincial Psychology Boards. (2012, July 11). *ASPPB receives licensure portability grant from federal government* [News release]. Retrieved from www.asppb.net/files/public/PLUS%20Documents/NEWS%20RELEASE.pdf

Atkinson, D. R. (2004). *Counseling American minorities* (6th ed.). Boston, MA: McGraw-Hill.

Austin, J., Austin, J., Muratori, M., & Corey, G. (2017). Multiple relationships and multiple roles in higher education: Maintaining multiple roles and relationships in counselor education. In O. Zur (Ed.), *Multiple relationships in psychotherapy and counseling: Unavoidable, common, and mandatory dual relations in therapy* (pp. 165-173). New York, NY: Routledge, Taylor & Francis.

Austin, K. M., Moline, M. M., & Williams, G. T. (1990). *Confronting malpractice: Legal and ethical dilemmas in psychotherapy*. Newbury Park, CA: Sage.

Australian Association of Family Therapy. (2013). *Code of ethics*. Melbourne, Australia: Author.

*Baker, E. K. (2003). *Caring for ourselves: A therapist's guide to personal and professional well-being*. Washington, DC: American Psychological Association.

Barlow, S. H. (2008). Group psychotherapy specialty practice. *Professional Psychology: Research and Practice*, *39*(2), 240-244.

*Barnett, J. E. (2007). Psychological wellness: A guide for mental health practitioners. *Ethical Issues in Professional Counseling*, *10*(Lesson 2), 9-18.

*Barnett, J. E. (2008). Impaired professionals: Distress, professional impairment, self-care, and psychological wellness. In M. Hersen & A. M. Gross (Eds.), *Handbook of clinical psychology* (pp. 857-884). New York, NY: Wiley.

Barnett, J. E. (2017a). An introduction to boundaries and multiple relationships for psychotherapists: Issue, challenges, and recommendations. In O. Zur (Ed.), *Multiple relationships in psychotherapy and counseling: Unavoidable, common, and mandatory dual relations in therapy* (pp. 17-29). New York, NY: Routledge, Taylor & Francis.

Barnett, J. E. (2017b). Unavoidable incidental contacts and multiple relationships in rural practice. In O. Zur (Ed.), *Multiple relationships in psychotherapy and counseling: Unavoidable, common, and mandatory dual relations in therapy* (pp. 97-107). New York, NY: Routledge, Taylor & Francis.

*Barnett, J. E., Baker, E. K., Elman, N. S., & Schoener, G. R. (2007). In pursuit of wellness: The self-care imperative. *Professional Psychology: Research and Practice*, 38(6), 603-612.

*Barnett, J. E., Cornish, J. A. E., Goodyear, R. K., & Lichtenberg, J. W. (2007). Commentaries on the ethical and effective practice of clinical supervision. *Professional Psychology: Research and Practice*, *38*(3), 268-275.

*Barnett, J. E., Doll, B., Younggren, J. N., & Rubin, N. J. (2007). Clinical competence for practicing psychologists: Clearly a work in progress. *Professional Psychology: Research and Practice*, *38*(5), 510-517.

Barnett, J. E., Hillard, D., & Lowery, K. (2001). Ethical and legal issues in the treatment of minors. In L. VandeCreek & T. Jackson (Eds.), *Innovations in clinical practice: A source book* (vol. 19, pp. 257-272). Sarasota, FL: Professional Resource Press.

*Barnett, J. E., & Johnson, W. B. (2008). *Ethics desk reference for psychologists*. Washington, DC: American Psychological Association.

Barnett, J. E., & Johnson, W. B. (2011). Integrating spirituality and religion into psychotherapy: Persistent dilemmas, ethical issues, and a proposed decision-making process. *Ethics and Behavior*, *21*(2), 147-164.

*Barnett, J. E., & Johnson, W. B. (2015). *Ethics desk reference for counselors* (2nd ed.). Alexandria, VA: American Counseling Association.

*Barnett, J. E., Johnston, L. C., & Hillard, D. (2006). Psychological wellness as an ethical imperative. In L. VandeCreek & J. B. Allen (Eds.), *Innovations in clinical practice: Focus on health and wellness* (pp. 257-271). Sarasota, FL: Professional Resources Press.

*Barnett, J. E., Lazarus, A. A., Vasquez, M. J. T., Moorehead-Slaughter, O., & Johnson, W. B. (2007). Boundary issues and multiple relationships: Fantasy and reality. *Professional Psychology: Research and Practice*, *38*(4), 401-410.

*Barnett, J. E., Wise, E. H., Johnson-Greene, D., & Bucky, S. F. (2007). Informed consent: Too much of a good thing or not enough? *Professional Psychology: Research and Practice*, *38*(2), 179-186.

Barros-Bailey, M., & Saunders, J. L. (2010). Ethics and the use of technology in rehabilitation counseling. *Rehabilitation Counseling Bulletin*, *53*(4), 255-259.

*Baxter v. State of Montana*, MT 449 (2009).

*Bednar, R. L., Bednar, S. C., Lambert, M. J., & Waite, D. R. (1991). *Psychotherapy with high-risk clients: Legal and professional standards*. Belmont, CA: Brooks/Cole, Cengage Learning.

Behnke, S. H. (2012). Constitutional claims in the context of mental health training: Religion, sexual orientation, and tensions between the first amendment and professional ethics. *Training and Education in Professional Psychology*, *6*(4), 189-195.

Bemak, F. (2013). Counselors without borders: Community action in counseling. In J. A. Kottler, M. Englar-Carlson, & J. Carlson (Eds.), *Helping beyond the 50-minute hour: Therapists involved in meaningful social action* (pp. 186-196). New York, NY: Routledge, Taylor & Francis.

*Bemak, F., & Chung, R. C-Y. (2008). New professional roles and advocacy strategies for school counselors: A multicultural/social justice perspective to move beyond the nice counselor syndrome. *Journal of Counseling and Development*, *86*(3), 372-382.

Bemak, F., Chung, R. C-Y., Talleyrand, R. M., Jones, H., & Daquin, J. (2011). Implementing multicultural social justice strategies in counselor education training programs. *Journal for Social Action in Counseling and Psychology*, *3*(1), 29-43.

Bemak, F., & Chung, R. C-Y. (2015). Critical issues in international group counseling. *Journal for Specialists in Group Work*, *40*(1), 6-21.

Bemak, F., & Conyne, R. (Eds.). (2018). Journeys to professional excellence: Stories of courage, innovation, and risk-taking. Thousand Oaks, CA: Sage. Benitez, B. R. (2004). Confidentiality and its exceptions. *The Therapist*, *16*(4), 32-36.

*Bennett, B. E., Bricklin, P. M., Harris, E., Knapp, S., VandeCreek, L., & Younggren, J. N. (2006). *Assessing and managing risk in psychological practice: An individualized approach*. Rockville, MD: The Trust.

Bennett, B. E., Bryant, B. K., VandenBos, G. R., & Greenwood, A. (1990). *Professional liability and risk management*. Washington, DC: American Psychological Association.

*Bernard, J. M., & Goodyear, R. K. (2014). *Fundamentals of clinical supervision* (5th ed.). Upper Saddle River, NJ: Pearson.

Bersoff, B. N. (2014). Protecting victims of violent patients while protecting confidentiality. *American Psychologist, 69*(5), 461-467.

Bevacqua, F., & Kurpius, S. E. R. (2013). Counseling students' personal values and attitudes toward euthanasia. *Journal of Mental Health Counseling, 35*(2), 172-188.

Bieschke, K. J., & Mintz, L. B. (2012). Counseling psychology model training values statement addressing diversity: History, current use, and future directions. *Training and Education in Professional Psychology, 6*(4), 196-203.

Birdsall, B., & Hubert, M. (2000, October). Ethical issues in school counseling. *Counseling Today*, pp. 30, 36.

Birrell, P. J., & Bruns, C. M. (2016). Ethics and relationship: From risk management to relational engagement. *Journal of Counseling & Development, 94*(4), 391-397.

*Bitter, J. R. (2014). *Theory and practice of family therapy and counseling* (2nd ed.). Belmont, CA: Brooks/Cole, Cengage Learning.

Blount, A. J., Lambie, G. W., & Kissinger, D. B. (2016). Wellness matters. *Counseling Today, 59*(5), 52-59.

Blumenthal-Barby, J. S. (2014). Psychiatry's new manual (DSM-5): Ethical and conceptual dimensions. *Medical Ethics, 40*, 531-536.

*Board of Curators of the University of Missouri v. Horowitz*, 435 U.S. 78 (1978).

Bohart, A. C., & Wade, A. G. (2013). The client in psychotherapy. In M. J. Lambert (Ed.), *Bergin and Garfield's handbook of psychotherapy and behavior change* (6th ed., pp. 219-257). Hoboken, NJ: Wiley.

Boisvert, C. M., & Faust, D. (2003). Leading researchers' consensus on psychotherapy research findings: Implications for the teaching and conduct of psychotherapy. *Professional Psychology: Research and Practice, 34*(5), 508-513.

Bolen, R. M., & Hall, J. C. (2007). Managed care and evidence-based practice: The untold story. *Journal of Social Work Education, 43*(3), 463-479.

Bonger, B. (2013). *The suicidal patient: Clinical and legal standards of care* (3rd ed.) Washington, DC: American Psychological Association.

Borders, L. D. (1991). A systematic approach to peer group supervision. *Journal of Counseling and Development, 69*(3), 248-252.

Borders, L. D. (2005). Snapshot of clinical supervision in counseling and counselor education: A five-year review. *The Clinical Supervisor, 24*(1/2), 69-113.

Borders, L. D. (2014). Best practices in clinical supervision: Another step in delineating effective supervision practice. *American Journal of Psychotherapy, 68*(2), 151-162.

Bouhoutsos, J., Holroyd, J., Lerman, H., Forer, B. R., & Greenberg, M. (1983). Sexual intimacy between psychotherapists and patients. *Professional Psychology: Research and Practice, 14*(2), 185-196.

Bradford, S., & Rickwood, D. (2014). Adolescent's preferred modes of delivery for mental health services. *Child and Adolescent Mental Health, 19*(1), 39-45.

*Bradley Center v. Wessner*, 250 Ga. 199, 296 S.E. 2d 693 (1982).

Bradley, J. M., Werth, J. L., Jr., & Hastings, S. L. (2012). Social justice advocacy in rural communities: Practical issues and implications. *The Counseling Psychologist, 40*(3), 363-384.

Bradley, L. J., Hendricks, B., Lock, R., Whiting, P. P., & Parr, G. (2011). E-mail communication: Issues for mental health counselors. *Journal of Mental Health Counseling, 33*(1), 67-79.

Braun, S. A., & Cox, J. A. (2005). Managed mental health care: Intentional misdiagnosis of mental disorders. *Journal of Counseling & Development, 83*, 425-433.

Bray, B. (2016). Counseling in isolation. *Counseling Today, 59*(1), 33-38.

*Brems, C., & Johnson, M. E. (2009). Self-care in the context of threats of violence or self-harm from clients. In J. L. Werth Jr., E. R. Welfel, & G. A. H. Benjamin (Eds.), *The duty to protect: Ethical, legal, and professional considerations for mental health professionals* (pp. 211-227). Washington, DC: American Psychological Association.

Brenes, G. A., Ingram, C. W., & Danhauer, S. C. (2011). Benefits and challenges of conducting psychotherapy by telephone. *Professional Psychology: Research and Practice, 42*(6), 543-549.

Bride, B. E., Kintzle, S., Abraham, A. J., & Roman, P. M. (2012). Counselor attitudes toward and use of evidence-based practices in private substance use disorder treatment centers: A comparison of social workers and non-social workers. *Health & Social Work, 37*(3), 135-145.

British Association for Counselling and Psychotherapy. (2013). *Ethical framework for good practice in counselling and psychotherapy*. Lutterworth, UK: Author.

Brown, A. P., Marquis, A., & Guiffrida, D. A. (2013). Mindfulness-based interventions. *Journal of Counseling & Development, 91*, 86-104.

Brown, L. S. (2010). *Feminist therapy*. Washington, DC: American Psychological Association.

Brown-Rice, K. A., & Furr, S. (2013). Preservice counselors' knowledge of classmates' problems of professional competency. *Journal of Counseling & Development, 91*(2), 224-233.

*Bruff v. North Mississippi Health Services*, Inc., 244 F.3d 495 (5th Cir. 2001).

Burwell-Pender, L., & Halinski, K. H. (2008). Enhanced awareness of countertransference. *Journal of Professional Counseling: Practice, Theory, and Research, 36*(2), 38-50.

Butler, M. H., Seedall, R. B., & Harper, J. M. (2008). Facilitated disclosure versus clinical accommodation of infidelity secrets: An early pivot point in couple therapy. Part 2: Therapy ethics, pragmatics, and protocol. *American Journal of Family Therapy, 36*, 265-283.

Butler-Byrd, N. M. (2010). An African American supervisor's reflections on multicultural supervision. *Training and Education in Professional Psychology, 4*(1), 11-15.

Cain, D. J. (2016). Toward a research-based integration of optimal practices of humanistic psychotherapies. In D. J. Cain, K. Keenan, & S. Rubin (Eds.). *Humanistic psychotherapies: Handbook of research and practice* (2nd ed., pp. 485-535). Washington, DC: American Psychological Association.

Calfee, B. E. (1997). Lawsuit prevention techniques. In *The Hatherleigh guide to ethics in therapy* (pp. 109-125). New York, NY: Hatherleigh Press.

California Association of Marriage and Family Therapists. (2004b, July/August). Disciplinary actions. *The Therapist, 16*(4), 49.

California Association of Marriage and Family Therapists. (2004c, July/August). Disciplinary actions. *The Therapist, 16*(4), 50.

California Association of Marriage and Family Therapists. (2010). Disciplinary actions. *The Therapist, 22*(4), 47-57.

California Association of Marriage and Family Therapists. (2011a). *CAMFT code of ethics*. Retrieved from www.CAMFT.org

California Association of Marriage and Family Therapists. (2011b). Disciplinary actions. *The Therapist,*

*23*(2), 37-51.

California Board of Behavioral Sciences. (2017). *BBS Newsletter* (Winter).

California Department of Consumer Affairs. (2011). *Professional therapy never includes sex.* Sacramento, CA: Author.

Campbell, J. C., & Christopher, J. C. (2012). Teaching mindfulness to create effective counselors. *Journal of Mental Health Counseling*, *34*(3), 213-226.

Canadian Counselling Association. (2007). *CCA code of ethics.* Ottawa, Canada: Author.

Canadian Psychological Association. (2015). *Canadian code of ethics for psychologists* (4th ed., draft). Ottawa, Canada: Author.

Capodilupo, C. M., & Sue, D. W. (2013). Microaggressions in counseling and psychotherapy. In D. W. Sue & D. Sue, *Counseling the culturally diverse: Theory and practice* (6th ed., pp. 147-173). New York, NY: Wiley.

*Capuzzi, D. (2009). *Suicide prevention in the schools: Guidelines for middle and high school settings* (2nd ed.). Alexandria, VA: American Counseling Association.

Capuzzi, D., & Gross, D. R. (Eds.). (2008). *Youth at risk: A prevention resource for counselors, teachers, and parents* (5th ed.). Alexandria, VA: American Counseling Association.

Cardemil, E. V., & Battle, C. L. (2003). Guess who's coming to therapy? Getting comfortable with conversations about race and ethnicity in psychotherapy. *Professional Psychology: Research and Practice*, *34*(3), 278-286.

Carlson, E. B., Garvert, D. W., Macia, K. S., Ruzek, J. I., & Burling, T. A. (2013). Traumatic stressor exposure and post-traumatic symptoms in homeless veterans. *Military Medicine*, *178*(9), 970-973.

*Cash v. Missouri State University*, Case No. 2016-CV.

Cashwell, C. S., & Young, J. S. (2011a). Diagnosis and treatment. In C. S. Cashwell & J. S.Young (Eds.), *Integrating spirituality and religion into counseling: A guide to competent practice* (2nd ed., pp. 163-182). Alexandria, VA: American Counseling Association.

*Cashwell, C. S., & Young, J. S. (Eds.). (2011b). *Integrating spirituality and religion into counseling: A guide to competent practice* (2nd ed.). Alexandria, VA: American Counseling Association.

Casto, C., Caldwell, C., & Salazar, C. F. (2005). Creating mentoring relationships between female faculty and students in counselor education: Guidelines for potential mentees and mentors. *Journal of Counseling and Development*, *83*(3), 331-336.

Chambers, A. L., Solomon, A. H., & Gurman, A. S. (2016). Couple therapy. In J. Norcross, G. R. VandenBos, & D. K. Freedheim (Eds.), *APA handbook of clinical psychology* (vol. 3, pp 307-326). Washington, DC: American Psychological Association.

Chapman, R. A., Baker, S. B., Nassar-McMillan, S. C., & Gerler, E. R. (2011). Cybersupervision: Further examination of synchronous and asynchronous modalities in counseling practicum supervision. *Counselor Education & Supervision*, *50*(5), 298-313.

Chauvin, J. C., & Remley, T. P. (1996). Responding to allegations of unethical conduct. *Journal of Counseling and Development*, *74*(6), 563-568.

Choudhuri, D. D., Santiago-Rivera, A. L., & Garrett, M. T. (2012). *Counseling and diversity.* Belmont, CA: Brooks/Cole, Cengage Learning.

Christopher, J. C., & Maris, J. A. (2010). Integrating mindfulness as self-care into counselling and psychotherapy training. *Counselling & Psychotherapy Research*, *10*, 114-125.

Chu, J., Leino, A., Pflum, S., & Sue, S. (2016). A model for the theoretical basis of cultural competency to guide psychotherapy. *Professional Psychology: Research and Practice*, *47*(1), 18-29.

Chung, R. C., & Bemak, F. P. (2012). *Social justice counseling: The next steps beyond multiculturalism.* Thousand Oaks, CA: Sage.

Clark, P., & Sims, P. L. (2014). The practice of fee setting and collection: Implications for clinical training programs. *American Journal of Family Therapy*, *42*(5), 386-397.

Clement, P. (2013). Practice-based evidence: 45 years of psychotherapy's effectiveness in private practice. *American Journal of Psychotherapy*, *67*(1), 23-46.

Cohen, L., & Chehimi, S. (2010). The imperative for primary prevention. In L. Cohen, V. Chávez, & S. Chehimi, *Prevention is primary: Strategies for community well-being* (2nd ed., pp. 291-321). San Francisco, CA: Jossey Bass.

Comas-Diaz, L. (2014). Multicultural theories of psychotherapy. In D. Wedding & R. J. Corsini (Eds.), *Current psychotherapies* (10th ed., pp. 533-567).

Belmont, CA: Brooks/Cole, Cengage Learning. Comas-Diaz, L., & Brown, L. S. (2016). Multicultural theories. In J. Norcross, G. R. VandenBos, & D. K. Freedheim (Eds.), *APA handbook of clinical psychology* (vol. 2, pp. 241-272). Washington, DC: American Psychological Association.

Commission on Rehabilitation Counselor Certification. (2010). *Code of professional ethics for rehabilitation counselors*. Schaumburg, IL: Author.

Committee on Professional Practice and Standards. (2003). Legal issues in the professional practice of psychology. *Professional Psychology: Research and Practice*, *34*(6), 595-600.

Corey, G. (2013a). *The art of integrative counseling* (3rd ed.).Belmont, CA: Brooks/Cole, Cengage Learning.

Corey, G. (2013b). *Case approach to counseling and psychotherapy* (8th ed.). Belmont, CA: Brooks/Cole, Cengage Learning.

Corey, G. (2017). *Theory and practice of counseling and psychotherapy* (10th ed.) and Student manual. Boston, MA: Cengage Learning.

Corey, G., & Corey, M. (2016). Group psychotherapy. In J. Norcross, G. R. VandenBos, & D. K. Freedheim (Eds.), *APA handbook of clinical psychology* (vol. 3, pp. 289-306). Washington, DC: American Psychological Association.

Corey, G., Corey, M., Callanan, P., & Russell, J. M. (2015). *Group techniques* (4th ed.). Belmont, CA: Brooks/Cole, Cengage Learning.

Corey, G., Corey, M. S., Muratori, M., Austin, J., & Austin, J. (2017). Multiple relationships and multiple roles in higher education: Teaching group counseling with a didactic and experiential focus. In O. Zur (Ed.), *Multiple relationships in psychotherapy and counseling: Unavoidable, common, and mandatory dual relations in therapy* (pp. 174-182). New York, NY: Routledge, Taylor & Francis.

*Corey, G., Haynes, R., Moulton, P., & Muratori, M. (2010). *Clinical supervision in the helping professions: A practical guide* (2nd ed.). Alexandria, VA: American Counseling Association.

*Corey, M., Corey, G., & Corey, C. (2018). *Groups: Process and practice* (10th ed.). Boston, MA: Cengage Learning.

Cosgrove, L., & Krimsky, S. (2012). A comparison of DSM-IV and DSM-5 panel members' financial associations with industry: A pernicious problem persists. *PLoS Medicine*, *9*(3), 1-4.

Cosgrove, L., & Wheeler, E. E. (2013). Industry's colonization of psychiatry: Ethical and practical implications of financial conflicts of interest in the DSM-5. *Feminism & Psychology, 23*(1), 93-106.

Cottone, R. R. (2001). A social constructivism model of ethical decision making in counseling. *Journal of Counseling and Development, 79*(1), 39-45.

Cottone, R. R., & Tarvydas, V. M. (2016). *Ethics and decision making in counseling and psychotherapy* (4th ed.). New York, NY: Springer.

Council for Accreditation of Counseling and Related Educational Programs. (2016). *CACREP: The 2016 standards* [Statement]. Alexandria, VA: Author.

Council on Rehabilitation Education. (2009). *CORE history*. Retrieved from www.core-rehab.org

Counselman, E. F., & Weber, R. L. (2004). Organizing and maintaining peer supervision groups. *International Journal of Group Psychotherapy, 54*(2), 125-143.

Crethar, H. C., Torres Rivera, E., & Nash, S. (2008). In search of common threads: Linking multicultural, feminist, and social justice counseling paradigms. *Journal of Counseling and Development, 86*(3), 269-278.

Crethar, H. C., & Winterowd, C. L. (2012). Values and social justice in counseling. *Counseling and Values, 57*(1), 3-9.

Crites-Christoph, P., Gibbons, M. B. C., & Mukherjee, D. (2013). Psychotherapy process-outcome research. In M. J. Lambert (Ed.), *Bergin and Garfield's handbook of psychotherapy and behavior change* (6th ed., pp. 298-340). Hoboken, NJ: Wiley.

Cukrowicz, K. C., White, B. A., Reitzel, L. R., Burns, A. B., Driscoll, K. A., Kemper, T. S., & Joiner, T. E. (2005). Improved treatment outcome associated with the shift to empirically supported treatments in a graduate training clinic. *Professional Psychology: Research and Practice, 36*(3), 330-337.

Custer, G. (1994, November). Can universities be liable for incompetent grads? *APA Monitor*, 25(11), 7.

Dadlani, M. B., Overtree, C., & Perry-Jenkins, M. (2012). Culture at the center: A reformulation of diagnostic assessment. *Professional Psychology: Research and Practice, 43*(3), 175-182.

Dailey, S. F. (2012). Spiritual and/or religious assessment. *Interaction, 11*(3), 3-4.

Dallésasse, S. L. (2010). Managing nonsexual multiple relationships in university counseling centers: Recommendations for graduate assistants and practicum students. *Ethics & Behavior, 20*(6), 419-428.

Davenport, R. (2009). From college counselor to "risk manager" : The evolving nature of college counseling on today's campuses. *Journal of American College Health, 58*(2), 181-183.

Davis, D., & Younggren, J. N. (2009). Ethical competence in psychotherapy termination. *Professional Psychology: Research and Practice, 40*(6), 572-578.

Day-Vines, N. L., Wood, S. M., Grothaus, T., Craigen, L., Holman, A. Dotson-Blake, K., & Douglass, M. J. (2007). Broaching the subjects of race, ethnicity, and culture during the counseling process. *Journal of Counseling & Development, 85*, 401-409.

Dearing, R. L., Maddux, J. E., & Tangney, J. P. (2005). Predictors of psychological help seeking in clinical and counseling psychology graduate students. *Professional Psychology: Research and Practice, 36*(3), 323-329.

*Debiak, D. (2007). Attending to diversity in group psychotherapy: An ethical imperative. *International Journal of Group Psychotherapy, 57*(1), 1-12.

Deegear, J., & Lawson, D. M. (2003). The utility of empirically supported treatments. *Professional Psychology: Research and Practice, 34*(3), 271-277.

Delaney, H. D., Miller, W. R., & Bisono, A. M. (2007). Religiosity and spirituality among psychologists: A survey of clinician members of the American Psychological Association. *Professional Psychology: Research and Practice*, *38*(5), 538-546.

DeLettre, J. L., & Sobell, L. C. (2010). Keeping psychotherapy notes separate from the patient record. *Clinical Psychology and Psychotherapy*, *17*, 160-163.

DeLucia-Waack, J. L., & Donigian, J. (2004). *The practice of multicultural group work: Visions and perspectives from the field*. Belmont, CA: Brooks/Cole, Cengage Learning.

DeMers, S. T., & Siegel, A. M. (2016). Legal and statutory regulations. In J. Norcross, G. R. VandenBos, & D. K. Freedheim (Eds.), *APA handbook of clinical psychology* (vol. 5, pp. 375-394). Washington, DC: American Psychological Association.

Devereaux, R. L., & Gottlieb, M. C. (2012). Record keeping in the cloud: Ethical considerations. *Professional Psychology: Research and Practice*, *43*(6), 627-632.

Dickens, K. N., Ebrahim, C. H., & Herlihy, B. (2016). Counselor education doctoral students' experiences with multiple roles and relationships. *Counselor Education & Supervision*, *55*(4), 234-249.

Diller, J. V. (2015). *Cultural diversity: A primer for the human services* (5th ed.). Boston, MA: Cengage Learning.

Dobmeier, R. A., & Reiner, S. M. (2012). Spirituality in the counselor education curriculum: A national survey of student perceptions. *Counseling and Values*, *57*(1), 47-65.

Drogin, E. Y., Connell, M., Foote, W. E., & Sturm, C. A. (2010). The American Psychological Association's revised "record keeping guidelines" : Implications for the practitioner. *Professional Psychology: Research and Practice*, *41*(3), 236-243.

Drum, K. B., & Littleton, H. L. (2014). Therapeutic boundaries in telepsychology: Unique issues and best practice recommendations. *Professional Psychology: Research and Practice*, *45*(5), 309-315.

Dugger, S. M., & Francis, P. C. (2014). Surviving a lawsuit against a counseling program: Lessons learned from Ward v. Wilbanks. *Journal of Counseling & Development*, *92*(2), 135-141.

*Duncan, B. L., Miller, S. D., & Sparks, J. A. (2004). *The heroic client: A revolutionary way to improve effectiveness through client-directed, outcome-informed therapy*. San Francisco, CA: Jossey-Bass.

Duncan, B. L., Miller, S. D., Wampold, B. E., & Hubble, M. A. (2010). *The heart and soul of change: Delivering what works in therapy* (2nd ed.). Washington, DC: American Psychological Association.

Duncan, R. E., Williams, B. J., & Knowles, A. (2013). Adolescents, risk behavior, and confidentiality: When would Australian psychologists breach confidentiality to disclose information to parents? *Australian Psychologist*, *48*, 408-419.

Duran, E., Firehammer, J., & Gonzalez, J. (2008). Liberation psychology as a path toward healing cultural soul wounds. *Journal of Counseling and Development*, *86*(3), 288-295.

Durodoye, B. A. (2013). Ethical issues in multicultural counseling. In C. C. Lee (Ed.), *Multicultural issues in counseling: New approaches to diversity* (4th ed., pp. 295-308). Alexandria, VA: American Counseling Association.

Eastern Michigan University. (2012). *Julea Ward case information re: American Counseling Association code of ethics*. Retrieved from www.emich.edu/aca_case/

Edwards, J. A., Dattilio, F. M., & Bromley, D. B. (2004). Developing evidence-based practice: The role of case-based research. *Professional Psychology: Research and Practice*, *35*(6), 589-597.

Eichenberg, C., Becker-Fischer, M., & Fischer, G. (2010). Sexual assaults in therapeutic relationships:

Prevalence, risk factors and consequences. *Health*, *2*(9), 1018-1026.

*Eisel v. Board of Education*, 597 A.2d 447 (Md. 1991).

Elkins, D. N. (2012). Toward a common focus in psychotherapy research. *Psychotherapy*, *49*(4), 450-454.

*Elkins, D. N. (2016). *Elements of psychotherapy: A nonmedical model of emotional healing*. Washington, DC: American Psychological Association.

Elliott, R., Greenberg, L. S., Watson, J., Timulak, L., & Freire, E. (2013). Research on humanisticexperiential psychotherapies. In M. J. Lambert (Ed.), *Bergin and Garfield's handbook of psychotherapy and behavior change* (6th ed., pp. 495-538). Hoboken, NJ: Wiley.

*Elman, N. S., & Forrest, L. (2004). Psychotherapy in the remediation of psychology trainees: Exploratory interviews with training directors. *Professional Psychology: Research and Practice*, *35*(2), 123-130.

*Elman, N. S., & Forrest, L. (2007). From trainee impairment to professional competence problems: Seeking new terminology that facilitates effective action. *Professional Psychology: Research and Practice*, *38*(5), 501-509.

Elmore, A. (2016). Empirically supported treatments: Precept or percept? *Professional Psychology: Research and Practice*, *47*(3), 198-205.

Eonta, A. M., Christon, L. M., Hourigan, S. E., Ravindran, N., Vrana, S. R., & Southam-Gerow, M. A. (2011). Using everyday technology to enhance evidence-based treatments. *Professional Psychology: Research and Practice*, *42*(6), 513-520.

*Eriksen, K., & Kress, V. E. (2005). *Beyond the DSM story: Ethical quandaries, challenges, and best practices*. Thousand Oaks, CA: Sage.

Evans, R., & Hurrell, C. (2016). The role of schools in children and young people's self-harm and suicide: Systematic review and meta-ethnography of qualitative research. *BMC Public Health*, *16*, 1-16.

Everytown for Gun Safety. (2015, October). *215 school shootings in America since 2013*. Retrieved from everytownresearch.org/school-shootings

*Ewing v. Goldstein*, B163122, 2nd Dist. Div. 8. Cal. App. 4th (2004).

Facebook Newsroom. (2017). *Stats*. Retrieved from http://newsroom.fb.com/company-info/

Falender, C. A. (2017). Multiple relationships and clinical supervision. In O. Zur (Ed.), *Multiple relationships in psychotherapy and counseling: Unavoidable, common, and mandatory dual relations in therapy* (pp. 209-220). New York, NY: Routledge, Taylor & Francis.

Falendar, C. A., & Shafranske, E. P. (2007). Competence in competency-based supervision practice: Construct and application. *Professional Psychology: Research and Practice*, *38*(3), 232-240.

Falender, C. A., & Shafranske, E. P. (2014). Clinical supervision: The state of the art. *Journal of Clinical Psychology*, *70*(11), 1030-1041.

Falendar, C. A., Shafranske, E. P., & Falicov, C. (Eds.). (2014). *Multiculturalism and diversity in clinical supervision: A competency-based approach*. Washington, DC: American Psychological Association.

Falendar, C. A., Shafranske, E. P., & Ofek, A. (2014). Competent clinical supervision: Emerging effective practices. *Counselling Psychology Quarterly*, *27*(4), 393-408.

Farnsworth, J. K., & Callahan, J. L. (2013). A model for addressing client-clinician value conflict. *Training and Education in Professional Psychology*, *7*(3), 205-214.

Fein, A. H., Carlisle, C. S., & Isaacson, N. S. ( 2008). School shootings and counselor leadership: Four lessons from the field. *Professional School Counseling*, *11*(4), 246-252.

Ferguson, A. D. (2016). Cultural issues in counseling lesbians, gays, and bisexuals. In I. Marini & M. A.

Stebnicki (Eds.), *The professional counselor's desk reference* (2nd ed., pp. 159-162). New York, NY: Springer.

Fieldsteel, N. D. (2005). When the therapist says goodbye. *International Journal of Group Psychotherapy, 55*(2), 245-279.

Fifield, A. O., & Oliver, K. J. (2016). Enhancing the perceived competence and training of rural mental health practitioners. *Journal of Rural Mental Health, 40*(1), 77-83.

*Fisher, C. D. (2004). Ethical issues in therapy: Therapist self-disclosure of sexual feelings. *Ethics and Behavior, 14*(2), 105-121.

Fisher, M. A. (2008). Protecting confidentiality rights: The need for an ethical practice model. *American Psychologist, 63*(1), 1-13.

Fisher, M. A. (2009). Replacing "Who is the client?" with a different ethical question. Professional Psychology: *Research and Practice, 40*(1), 1-7.

*Fisher, M. A. (2016). *Confidentiality limits in psychotherapy: Ethics checklist for mental health professionals*. Washington, DC: American Psychological Association.

Forester-Miller, H., & Moody, E. E., Jr. (2015). Rural communities: Can dual relationships be avoided? In B. Herlihy & G. Corey (Eds.), *Boundary issues in counseling: Multiple roles and responsibilities* (3rd ed., pp. 251-253). Alexandria, VA: American Counseling Association.

Forester-Miller, H., & Davis, T. E. (2016). *Practitioner's guide to ethical decision making* (Rev. ed.). Retrieved from http://www.counseling.org/docs/default-source/ethics/practioner's-guide-toethical-decision-making.pdf

*Forrest, L., Elman, N., Gizara, S., & Vacha-Haase, T. (1999). Trainee impairment: A review of identification, remediation, dismissal, and legal issues. *The Counseling Psychologist, 27*(5), 627-686.

*Frame, M. W. (2003). *Integrating religion and spirituality into counseling: A comprehensive approach*. Belmont, CA: Brooks/Cole, Cengage Learning.

Frame, M. W., & Williams, C. B. (2005). A model of ethical decision making from a multicultural perspective. *Counseling and Values, 49*(3), 165-179.

Francis, P. C. (2014). *Report to the ACA governing council: The revision of the 2005 ACA Code of Ethics*. American Counseling Association, Alexandria, VA.

Francis, P. C. (2016). Religion and spirituality in counseling. In I. Marini & M. A. Stebnicki (Eds.), *The professional counselor's desk reference* (2nd ed., pp. 559-564). New York, NY: Springer.

Francis, P. C., & Dugger, S. M. (2014). Special section: Professionalism, ethics, and value-based conflicts in counseling: An introduction to the special section. *Journal of Counseling & Development, 92*(2), 131-134.

Fried, A. L., & Fisher, C. B. (2016). Moral stress and job burnout among frontline staff conducting clinical research on affective and anxiety disorders. *Professional Psychology: Research and Practice, 47*(3), 171-180.

Gabbard, G. O. (1994). Teetering on the precipice: A commentary on Lazarus's "How certain boundaries and ethics diminish therapeutic effectiveness." *Ethics and Behavior, 4*(3), 283-286.

Galek, K., Flannelly, K. J., Greene, P. B., & Kudler, T. (2011). Burnout, secondary traumatic stress, and social support. *Pastoral Psychology, 60*, 633-649.

Gallardo, M. E., Johnson, J., Parham, T. A., & Carter, J. A. (2009). Ethics and multiculturalism:

Advancing cultural and clinical responsiveness. *Professional Psychology: Research and Practice, 40*(5), 425-435.

Gamino, L. A., & Bevins, M. B. (2013). Ethical challenges when counseling clients nearing the end of life. In J. L. Werth Jr. (Ed.), *Counseling clients near the end of life: A practical guide for mental health professionals* (pp. 3-22). New York, NY: Springer.

Gamino, L. A., & Ritter, R. H. (2012). Death competence: An ethical imperative. *Death Studies, 36*, 23-40.

Garcia, J. G., Cartwright, B., Winston, S. M., & Borzuchowska, B. (2003). A transcultural integrative model for ethical decision making in counseling. *Journal of Counseling and Development, 81*(3), 268-277.

Gaubatz, M. D., & Vera, E. M. (2002). Do formalized gatekeeping procedures increase programs' follow-up with deficient trainees? *Counselor Education and Supervision, 41*(4), 294-305.

*Gaubatz, M. D., & Vera, E. M. (2006). Trainee competence in master's level counseling programs: A comparison of counselor educators' and students' views. *Counselor Education and Supervision, 46*(1), 32-43.

Gelso, C. J. (2011). *The real relationship in psychotherapy: The hidden foundation of change*. Washington, DC: American Psychological Association.

Glasheen, K. J., Shochet, I., & Campbell, M. A. (2016). Online counselling in secondary schools: Would students seek help by this medium? *British Journal of Guidance & Counselling, 44*(1), 108-122.

*Glosoff, H. L., Renfro-Michel, E., & Nagarajan, S. (2016). Ethical issues related to the use of technology in clinical supervision. In T. Rousmaniere & E. Renfro-Michel (Eds.), *Using technology to enhance clinical supervision* (pp. 31-46). Alexandria, VA: American Counseling Association.

Godley, S. H., Garner, B. R., Smith, J. E., Meyers, R. J., & Godley, M. D. ( 2011). A large-scale dissemination and implementation model for evidence-based treatment and continuing care. *Clinical Psychology: Science and Practice, 18*, 67-83.

Gold, S. H., & Hilsenroth, M. J. (2009). Effects of graduate clinicians' personal therapy on therapeutic alliance. *Clinical Psychology and Psychotherapy, 16*(3), 159-171.

*Goldenberg, I., Stanton, M., & Goldenberg, H. (2017). *Family therapy: An overview* (9th ed.). Boston: MA: Cengage Learning.

Goodrich, K. M., & Luke, M. (2012). Problematic students in the experiential group: Professional and ethical challenges for counselor educators. *Journal for Specialists in Group Work, 37*(4), 326-346.

Gordon, C., & Luke, M. (2012). Discursive negotiation of face via email: Professional identity development in school counseling supervision. *Linguistics and Education, 23*, 112-122.

Gottlieb, M. C., & Younggren, J. N. (2009). Is there a slippery slope? Considerations regarding multiple relationships and risk management. *Professional Psychology: Research and Practice, 40*(6), 564-571.

Granello, D. H. (2010). The process of suicide risk assessment: Twelve core principles. *Journal of Counseling & Development, 88*(3), 363-370.

Grenyer, B. F. S., & Lewis, K. L. (2012). Prevalence, prediction, and prevention of psychologist misconduct. *Australian Psychologist, 47*(2), 68-76.

*Grossman v. South Shore Public School District*, 507 F.3d 1097 (7th Cir. 2007).

Gutheil, T. G., & Brodsky, A. (2008). *Preventing boundary violations in clinical practice*. New York, NY: Guilford Press.

Gutheil, T. G., & Gabbard, G. O. (1993). The concept of boundaries in clinical practice: Theoretical and risk-management dimensions. *American Journal of Psychiatry, 150*(2), 188-196.

Haberl, P., & Peterson, K. (2006). Olympic-sized ethical dilemmas: Issues and challenges for sport psychology consultants on the road and at the Olympic games. *Ethics & Behavior, 16*, 25-40.

Haberstroh, S., Barney, L., Foster, N., & Duffey, T. (2014). The ethical and legal practice of online counseling and psychotherapy: A review of mental health professions. *Journal of Technology in Human Services, 32*(3), 149-157.

Haberstroh, S., & Duffey, T. (2016). Establishing and navigating relationships in online supervision. In T. Rousmaniere & E. Renfro-Michel (Eds.), *Using technology to enhance clinical supervision* (pp. 87-101). Alexandria, VA: American Counseling Association.

Hage, S. M., Mason, M., & Kim, J. (2010). A social justice approach to group counseling. In R.

K. Conyne (Ed.), *The Oxford handbook of group counseling* (pp. 102-117). New York, NY: Oxford University Press.

Hagedorn, W. B., & Moorhead, H. J. H. (2011). Counselor self-awareness: Exploring attitudes, beliefs, and values. In C. S. Cashwell & J. S.Young (Eds.), *Integrating spirituality and religion into counseling: A guide to competent practice* (2nd ed., pp. 71-96). Alexandria, VA: American Counseling Association.

Hahn, H. D., & Belt, T. L. (2004). Disability identity and attitudes toward cure in a sample of disabled activities. *Journal of Health and Social Behaviour, 45*(4), 453-464.

Hancock, K. A. (2014). Student beliefs, multiculturalism, and client welfare. *Psychology of Sexual Orientation and Gender Diversity, 1*(1), 4-9.

Handelsman, M. M., Gottlieb, M. C., & Knapp, S. (2005). Training ethical psychologists: An acculturation model. *Professional Psychology: Research and Practice, 36*(1), 59-65.

Handerscheid, R. W., Henderson, M. J., & Chalk, M. (2002). Responding to HIPAA regulations: An update on electronic transaction and privacy requirements. *Family Therapy Magazine, 1*(3), 30-33.

Harris, E., & Younggren, J. N. (2011). Risk management in the digital world. *Professional Psychology: Research and Practice, 42*(6), 412-418.

Harris, S. M., & Harriger, D. J. (2009). Sexual attraction in conjoint therapy. *The American Journal of Family Therapy, 37*, 209-216.

Harris, S. M., & Hays, K. W. (2008). Family therapist comfort with and willingness to discuss client sexuality. *Journal of Marital and Family Therapy, 34*(2), 239-250.

Hartley, M. T., & Cartwright, B.Y. (2015). Analysis of the reported ethical complaints and violations to the Commission on Rehabilitation Counselor Certification, 2006-2013. *Rehabilitation Counseling Bulletin, 58*(3), 154-164.

Harway, M., Kadin, S., Gottlieb, M. C., Nutt, R. L., & Celano, M. (2012). Family psychology and systemic approaches: Working effectively in a variety of contexts. *Professional Psychology: Research and Practice, 43*(4), 315-327.

Hawton, K., Witt, K. G., Salisbury, T. T., Arensman, E., Gunnell, D., Hazell, P., ... van Heeringen, K. (2016). Psychosocial interventions following self-harm in adults: A systematic review and meta-analysis. *The Lancet Psychiatry, 3*, 740-750. doi:10.1016/S2215-0366(16)30070-0

Hayes, J. A., Gelso, C. J., & Hummel, A. M. (2011). Management of countertransference. In J. C. Norcross (Ed.), *Psychotherapy relationships that work: Evidence-based responsiveness* (2nd ed., pp. 239-258). New York, NY: Oxford University Press.

Hays, D. G., Arredondo, P., Gladding, S. T., & Toporek, R. L. (2010). Integrating social justice in group work: The next decade. *Journal for Specialists in Group Work, 35*(2), 177-206.

*Hecker, L. (Ed.). (2010). *Ethics and professional issues in couple and family therapy*. New York, NY: Routledge.

Hecker, L. L. (2015). Ethical, legal, and professional issues in marriage and family therapy. In J. L. Wetchler & L. L. Hecker (Eds.), *An introduction to marriage and family therapy* (pp. 505-545). New York, NY: Routledge.

*Hedlund v. Superior Court*, 34 Cal. 3d 695, 669, P.2d 41 (1983).

Helms, J. E. (2008). *A race is a nice thing to have: A guide to being a White person or understanding the White persons in your life* (2nd ed.). Hanover, MA: Microtraining.

*Herlihy, B., & Corey, G. (Eds.). (2015a). *ACA ethical standards casebook* (7th ed.). Alexandria, VA: American Counseling Association.

*Herlihy, B., & Corey, G. (2015b). *Boundary issues in counseling: Multiple roles and responsibilities* (3rd ed.). Alexandria, VA: American Counseling Association.

Herlihy, B., & Dufrene, R. L. (2011, October). Current and emerging ethical issues in counseling: A Delphi study of expert opinions. *Counseling and Values, 56*, 10-24.

Herlihy, B. J., Hermann, M. A., & Greden, L. R. (2014). Legal and ethical implications of using religious beliefs as the basis for refusing to counsel certain clients. *Journal of Counseling & Development, 92*(2), 148-153.

Herlihy, B. R., & Watson, Z. E. P. (2007). Social justice and counseling ethics. In C. C. Lee (Ed.), *Counseling for social justice* (pp. 181-199). Alexandria, VA: American Counseling Association.

*Herlihy, B. R., Watson, Z. E. P., & Patureau-Hatchett, M. P. (2008). Ethical concerns in diagnosing culturally diverse clients. *Ethical Issues in Professional Counseling, 11*(3), 25-34. [Published by the Hatherleigh Company, Hobart, New York]

Hermann, M. A. (2001). *Legal issues in counseling: Incidence, preparation, and consultation*. Doctoral dissertation, University of New Orleans.

Hermann, M. A., & Finn, A. (2002). An ethical and legal perspective on the role of school counselors in preventing violence in schools. *Professional School Counseling, 6*, 46-54.

Hermann, M. A., & Herlihy, B. R. (2006). Legal and ethical implications of refusing to counsel homosexual clients. *Journal of Counseling and Development, 84*(4), 414-418.

Hermann, M. A., & Remley, T. P. (2000). Guns, violence, and schools: The results of school violence—litigation against educators and students shedding more constitutional rights at the school house gate. *Loyola Law Review, 46*(2), 389-439.

Hickson, J., Housley, W., & Wages, D. (2011). Counselors' perception of spirituality in the therapeutic process. *Counseling and Values, 45*, 58-66.

Hogan, M. (2013). *Four skills of cultural diversity competence: A process for understanding and practice* (4th ed.). Belmont, CA: Brooks/Cole, Cengage Learning.

*Hogan-Garcia, M., & Scheinberg, C. (2000). Culturally competent practice principles for planned intervention in organizations and communities. *Practicing Anthropology, 22*(2), 27-30.

Hohenshil, T. H., Amundson, N. E., & Niles, S. G. (Eds.). (2013). *Counseling around the world: An international handbook*. Alexandria, VA: American Counseling Association.

*Hollon, S. D., & Beck, A. T. (2013). Cognitive and cognitive-behavioral therapies. In M. J. Lambert (Ed.), *Bergin and Garfield's handbook of psychotherapy and behavior change* (6th ed., pp. 393-492). Hoboken, NJ: Wiley.

*Homan, M. (2016). *Promoting community change: Making it happen in the real world* (6th ed.). Boston, MA: Cengage Learning.

International Association of Marriage and Family Counselors. (2011). *Ethical code for the International Association of Marriage and Family Counselors.* Alexandria, VA: Author.

Ivey, A. E., D'Andrea, M., & Ivey, M. (2012). *Theories of counseling and psychotherapy: A multicultural perspective* (7th ed.). Thousand Oaks, CA: Sage.

Ivey, A. E., Ivey, M. B., Myers, J., & Sweeney, T. (2005). *Developmental counseling and therapy: Promoting wellness over the lifespan.* Boston, MA: Lashaska Houghton Mifflin.

*Ivey, A. E., Ivey, M. B., & Zalaquett, C. P. (2018). *Intentional interviewing and counseling: Facilitating client development in a multicultural society* (9th ed.). Boston, MA: Cengage Learning.

Jablonski v. United States, 712 F.2d 391 (9th Cir. 1983). Jackson, J., Thoman, L., Suris, A. M., & North, C. S. (2012). Working with trauma-related mental health problems among combat veterans of the Afghanistan and Iraq conflicts. In I. Marini & M. A. Stebnicki (Eds.), *The psychological and social impact of illness and disability* (6th ed., pp. 307-330). New York, NY: Springer.

Jacobs, S. C., Huprich, S. K., Grus, C. L., Cage, E. A., Elman, N. S., Forrest, L., ... Kaslow, N. J. (2011). Trainees with professional competency problems: Preparing trainers for difficult but necessary conversations. *Training and Education in Professional Psychology, 5*(3), 175-184.

Jadaszewski, S. (2016). Ethically problematic value change as an outcome of psychotherapeutic interventions. *Ethics & Behavior*, 1-16. doi:10.1080/105 08422.2016.1195739

*Jaffee v. Redmond*, WL 315 841 (U.S. 1996).

Jensen, D. G. (2003a). HIPAA: How to comply with the transaction standards. *The Therapist, 15*(4), 16-19.

Jensen, D. G. (2003b). HIPAA overview. *The Therapist, 15*(3), 26-27.

Jensen, D. G. (2003c). HIPAA: Overview of the security standards. *The Therapist, 15*(5), 22-24.

Jensen, D. G. (2003d). How to comply with the privacy rule. *The Therapist, 15*(3), 28-37.

Jensen, D. G. (2003e). To be or not to be a covered entity: That is the question. *The Therapist, 15*(2), 14-17.

Jensen, D. G. (2006). The fundamentals of reporting elderly and dependent adult abuse. *The Therapist, 18*(2), 11-17.

Jensen, D. G. (2012). The Tarasoff two-step. *The Therapist*, 24(5), 44-51.

Jensen, D. R., Abbott, M. K., Beecher, M. E., Griner, D., Golightly, T. R., & Cannon, J. A. N. (2012). Taking the pulse of the group: The utilization of practice-based evidence in group psychotherapy. *Professional Psychology: Research and Practice, 43*(4), 388-394.

Jobes, D. A., & O'Connor, S. S. (2009). The duty to protect suicidal clients: Ethical, legal, and professional considerations. In J. L. Werth Jr., E. R. Welfel, & G. A. H. Benjamin (Eds.), *The duty to protect: Ethical, legal, and professional considerations for mental health professionals* (pp. 163-180). Washington, DC: American Psychological Association.

Johnson, R. (2013). *Spirituality in counseling and psychotherapy: An integrative approach that empowers clients.* Hoboken, NJ: Wiley.

Johnson, W. B., Barnett, J. E., Elman, N. S., Forrest, L., & Kaslow, N. J. (2012). The competent community: Toward a vital reformulation of professional ethics. *American Psychologist*, *67*(7), 557-569.

Johnson, W. B., & Campbell, C. D. (2002). Character and fitness requirements for professional psychologists: Are there any? *Professional Psychology: Research and Practice*, *33*(1), 46-53.

Johnson, W. B., & Campbell, C. D. (2004). Character and fitness requirements for professional psychologists: Training directors' perspectives. Professional Psychology: Research and Practice, 35(4), 405-411.

*Johnson, W. B., Elman, N. S., Forrest, L., Robiner, W. N., Rodolfa, E., & Schaffer, J. B. (2008). Addressing professional competence problems in trainees: Some ethical considerations. Professional Psychology: Research and Practice, 39(6), 589-599.

Johnson, W. B., Grasso, I., & Maslowski, K. (2010). Conflicts between ethics and law for military mental health providers. Military Medicine, 175(8), 548-533.

Johnson, W. B., & Johnson, S. J. (2017). Unavoidable and mandated multiple relationships in military settings. In O. Zur (Ed.), *Multiple relationships in psychotherapy and counseling: Unavoidable, common, and mandatory dual relations in therapy* (pp. 49-60). New York, NY: Routledge, Taylor & Francis.

Kaplan, D. M. (2014). Ethical implications of a critical legal case for the counseling profession: Ward v. Wilbanks. *Journal of Counseling & Development*, *92*(2), 142-146.

Kaplan, D. M., Francis, P. C., Hermann, M. A., Baca, J. V., Goodnough, G. E., Hodges, S., Spurgeon, S. L., & Wade, M. E. (2017). New concepts in the 2014 ACA Code of Ethics. *Journal of Counseling & Development*, *95*, 100-120.

Kaslow, N. J., Rubin, N. J., Bebeau, M. J., Leigh, I. W., Lichtenberg, J. W., Nelson, P. D., Portnoy, S. M., & Smith, I. L. (2007). Guiding principles and recommendations for the assessment of competence. *Professional Psychology: Research and Practice*, *38*(5), 441-451.

Keenan, K., & Rubin, S. (2016). The good therapist: Evidence regarding the therapist's contribution to psychotherapy. In D. J. Cain, K. Keenan, & S. Rubin (Eds.), *Humanistic psychotherapies: Handbook of research and practice* (2nd ed., pp. 421-454). Washington, DC: American Psychological Association.

Kennedy, P. F., Vandehey, M., Norman, W. B., & Diekhoff, G. M. (2003). Recommendations for risk-management practices. *Professional Psychology: Research and Practice*, *34*(3), 309-311.

Kerl, S. B., Garcia, J. L., McCullough, S., & Maxwell, M. E. (2002). Systematic evaluation of professional performance: Legally supported procedure and process. *Counselor Education and Supervision*, *41*(4), 321-334.

Kirland, K., Kirkland, K. L., & Reaves, R. P. (2004). On the professional use of disciplinary data. *Professional Psychology: Research and Practice*, *35*(2), 179-184.

Kitchener, K. S. (1984). Intuition, critical evaluation and ethical principles: The foundation for ethical decisions in counseling psychology. *The Counseling Psychologist*, *12*(3), 43-55.

*Kleespies, P. M. (2004). *Life and death decisions: Psychological and ethical considerations in end-oflife care*. Washington, DC: American Psychological Association.

Kleist, D., & Bitter, J. R. (2014). Virtue, ethics, and legality in family practice. In J. R. Bitter, *Theory and practice of family therapy and counseling* (2nd ed., pp. 71-93). Belmont, CA: Brooks/Cole, Cengage Learning.

*Knapp, S., Gottlieb, M., Berman, J., & Handelsman, M. M. (2007). When law and ethics collide: What should psychologists do? *Professional Psychology: Research and Practice*, *38*(1), 54-59.

Knapp, S. J., Gottlieb, M., & Handelsman, M. M. (2015). *Ethical dilemmas in psychotherapy: Positive approaches to decision making*. Washington, DC: American Psychological Association.

Knapp, S., Handelsman, M. M., Gottlieb, M. C., & Vandecreek, L. D. (2013). The dark side of professional ethics. *Professional Psychology: Research and Practice*, *44*(6), 371-377.

Knapp, S., & VandeCreek, L. (2007). When values of different cultures conflict: Ethical decision making in a multicultural context. *Professional Psychology: Research and Practice*, *38*(6), 660-666.

*Knapp, S. J., & VandeCreek, L. (2012). *Practical ethics for psychologists: A positive approach* (2nd ed.). Washington, DC: American Psychological Association.

Kocet, M. M., & Herlihy, B. J. (2014). Addressing values-based conflicts within the counseling relationship: A decision-making model. *Journal of Counseling & Development*, *92*(2), 180-186.

Kolmes, K. (2012). Social media in the future of professional psychology. *Professional Psychology: Research & Practice*, *43*(6), 606-612.

Kolmes, K. (2017). Digital and social media multiple relationships on the Internet. In O. Zur (Ed.), *Multiple relationships in psychotherapy and counseling: Unavoidable, common, and mandatory dual relations in therapy* (pp. 185-195). New York, NY: Routledge, Taylor & Francis.

Kolmes, K., & Taube, D. G. (2016). Client discovery of psychotherapist personal information online. *Professional Psychology: Research and Practice*, *47*(2), 147-154.

Kottler, J. A., & Balkin, R. (2017). *Relationships in counseling and the counselor's life*. Alexandria, VA: American Counseling Association.

Kottler, J. A., & Carlson, J. (2016). *Therapy over 50: Aging issues in psychotherapy and the therapist's life*. New York, NY: Oxford University Press.

Kottler, J. A., Englar-Carlson, M., & Carlson, J. (Eds.). (2013). *Helping beyond the 50-minute hour: Therapists involved in meaningful social action*. New York, NY: Routledge, Taylor & Francis.

Koocher, G. P., & Campbell, L. F. (2016). Professional ethics in the United States. In J. Norcross, G. R. VandenBos, & D. K. Freedheim (Eds.), *APA handbook of clinical psychology* (vol. 5, pp. 301-338). Washington, DC: American Psychological Association.

*Koocher, G. P., & Keith-Spiegel, P. (2008). *Ethics in psychology and the mental health professions: Standards and cases* (3rd ed.). New York, NY: Oxford University Press.

*Koocher, G. P., & Keith-Spiegel, P. (2016). *Ethics in psychology and the mental health professions: Standards and cases* (4th ed.). New York, NY: Oxford University Press.

Kozlowski, J. M., Pruitt, N. T., DeWalt, T. A., & Knox, S. (2014). Can boundary crossings in clinical supervision be beneficial? *Counselling Psychology Quarterly*, *27*(2), 109-126.

Kozlowski, K. A., & Holmes, C. M. (2014). Experiences in online process groups: A qualitative study. *Journal for Specialists in Group Work*, *39*(4), 276-300.

Kress, V. E. W., Eriksen, K. P., Rayle, A. D., & Ford, S. J. W. (2005). The DSM-IV-TR and culture: Considerations for counselors. *Journal of Counseling and Development*, *83*(1), 97-104.

Kress, V. E., Hoffman, R. M., Adamson, N., & Eriksen, K. (2013). Informed consent, confidentiality, diagnosing: Ethical guidelines for counselor practice. *Journal of Mental Health Counseling*, *35*(1), 15-28.

Kress, V. E., Newgent, R. A., Whitlock, J., & Mease, L. (2015). Spirituality/religiosity, life satisfaction, and life meaning as protective factors for nonsuicidal self-injury in college students. *Journal of College Counseling, 18*(2), 160-174. doi: 10.1002/jocc.12012

Kress, V. E., & Protivnak, J. J. (2009). Professional development plans to remedy problematic counseling students' behaviors. *Counselor Education and Supervision, 48*(3), 154-166.

La Roche, M. J., Fuentes, M. A., & Hinton, D. (2015). A cultural examination of the DSM-5: Research and clinical implications for cultural minorities. *Professional Psychology: Research and Practice, 46*(3), 183-189.

Lambert, M. J. (2011). Psychotherapy research and its achievements. In J. C. Norcross, G. R. Vandenbos, & D. K. Freedheim (Eds.), *History of psychotherapy* (2nd ed., pp. 299-332). Washington, DC: American Psychological Association.

Lambert, M. J. (2013). The efficacy and effectiveness of psychotherapy. In M. J. Lambert (Ed.), *Bergin and Garfield's handbook of psychotherapy and behavior change* (6th ed., pp. 169-218). Hoboken, NJ: Wiley.

*Lasky, G. B., & Riva, M. T. (2006). Confidentiality and privileged communication in group psychotherapy. *International Journal of Group Psychotherapy, 56*(4), 455-476.

Laughran, W., & Bakken, G. M. (1984). The psychotherapist's responsibility toward third parties under current California law. *Western State University Law Review, 12*(1), 1-33.

Lawrence, G., & Kurpius, S. E. R. (2000). Legal and ethical issues involved when counseling minors in nonschool settings. *Journal of Counseling and Development, 78*(2), 130-136.

Lazarus, A. A. (1998). How do you like these boundaries? *The Clinical Psychologist, 51*(1), 22-25.

Lazarus, A. A. (2001). Not all "dual relationships" are taboo: Some tend to enhance treatment outcomes. *The National Psychologist, 10*(1), 16.

Lazarus, A. A., & Rego, S. A. (2013). What really matters? Learning from, not being limited by empirically supported treatments. *The Behavior Therapist, 36*(3), 67-69.

*Lazarus, A. A., & Zur, O. (Eds.). (2002). *Dual relationships and psychotherapy*. New York, NY: Springer.

Lebow, J. L., & Stroud, C. B. (2016). Family therapy. In J. Norcross, G. R. VandenBos, & D. K. Freedheim (Eds.), *APA handbook of clinical psychology* (vol. 3, pp. 327-349). Washington, DC: American Psychological Association.

Lee, C. C. (2013a). The cross-cultural encounter: Meeting the challenge of culturally competent counseling. In C. C. Lee (Ed.), *Multicultural issues in counseling: New approaches to diversity* (4th ed., pp. 13-19). Alexandria, VA: American Counseling Association.

Lee, C. C. (2013b). Global literacy: The foundation of culturally competent counseling. In C. C. Lee (Ed.), *Multicultural issues in counseling: New approaches to diversity* (4th ed., pp. 309-312). Alexandria, VA: American Counseling Association.

*Lee, C. C. (Ed.). (2013c). *Multicultural issues in counseling: New approaches to diversity* (4th ed.). Alexandria, VA: American Counseling Association.

Lee, C. C., & Hipolito-Delgado, C. P. (2007). Introduction: Counselors as agents of social justice. In C. C. Lee (Ed.), *Counseling for social justice* (2nd ed., pp. xiii-xxviii). Alexandria, VA: American Counseling Association.

Lee, C. C., & Park, D. (2013). A conceptual framework for counseling across cultures. In C. C. Lee (Ed.), *Multicultural issues in counseling: New approaches to diversity* (4th ed., pp. 3-12). Alexandria, VA: American Counseling Association.

Lee, C. C., & Rodgers, R. A. (2009). Counselor advocacy: Affecting systemic change in the public arena. *Journal of Counseling and Development*, *87*(3), 284-287.

Lee, J., Lim, N., Yang, E., & Lee, S. M. (2011). Antecedents and consequences of three dimensions of burnout in psychotherapists: A meta-analysis. *Professional Psychology: Research and Practice*, *42*(3), 252-258.

Leslie, R. S. (2008). The dangerous patient and confidentiality revisited. *The Therapist*, *20*(5), 24-30.

Leslie, R. S. (2010). Treatment of minors without parental consent. *Legal Resources, Avoiding Liability Bulletin*. Retrieved from http://cphins.com/LegalResources/tabid/65/

Leslie, R. S. (2016). Licensing board issues warning to patients who travel out of state! *Avoiding Liability Bulletin*. Retrieved from www.cphins.com/wp-content/uploads/2016/08/ALB-Sept 2016

Letourneau, J. L. H. (2016). A decision-making model for addressing problematic behaviors in counseling students. *Counseling and Values*, *61*(2), 206-222.

Levitt, D. H., Farry, T. J., & Mazzarella, J. R. (2015). Counselor ethical reasoning: Decision-making practice versus theory. *Counseling and Values*, *60*, 84-99.

Levitt, D. H., & Moorhead, H. J. H. (Eds.). (2013). *Values and ethics in counseling: Real-life ethical decision making*. New York, NY: Routledge, Taylor & Francis.

*Lewis, J. A., Lewis, M. D., Daniels, J. A., & D'Andrea, M. J. (2011). *Community counseling: A multicultural-social justice perspective* (4th ed.). Belmont, CA: Brooks/Cole, Cengage Learning.

Lewis, J. A., Toporek, R. L., & Ratts, M. J. (2010). Advocacy and social justice: Entering the mainstream of the counseling profession. In M. J. Ratts, R. L. Toporek, & J. A. Lewis (Eds.), *ACA advocacy competencies: A social justice framework for counselors* (pp. 239-244). Alexandria, VA: American Counseling Association.

Lewis, S. P., Heath, N. L., Michal, N. J., & Duggan, J. M. (2012). Non-suicidal self-injury, *youth, and the Internet: What mental health professionals need to know. Child and Adolescent Psychiatry and Mental Health*, *6*(1), 13. doi: 10.1186/1753-2000-6-13

Linde, L. E. (2016). The ACA Code of Ethics: Clarifying values and referrals in counseling. *Counseling Today*, *59*(4), 20-21.

Linnerooth, P. J., Mrdjenovich, A. J., & Moore, B. A. (2011). Professional burnout in clinical military psychologists: Recommendations before, during, and after deployment. *Professional Psychology: Research and Practice*, 42(1), 87-93.

Livneh, H. (2012). On the origins of negative attitudes toward people with disabilities. In I. Marini & M. A. Stebnicki (Eds.), *The psychological and social impact of illness and disability* (6th ed., pp. 13-25). New York, NY: Springer.

Luke, M., & Hackney, H. (2007). Group coleadership: A critical review. *Counselor Education and Supervision*, *46*(4), 280-293.

Lum, D. (2004). *Social work practice and people of color: A process-stage approach* (5th ed.). Belmont, CA: Brooks/Cole, Cengage Learning.

*Lum, D. (2011). *Culturally competent practice: A framework for understanding diverse groups and justice issues* (4th ed.). Belmont, CA: Brooks/Cole, Cengage Learning.

Lustgarten, S. D. (2015). Emerging ethical threats to client privacy in cloud communication and data storage. *Professional Psychology: Research and Practice*, *46*(3), 154-160.

MacKinnon, C. J., Bhatia, M., Sunderani, M., Affleck, W., & Smith, N. G. (2011). Opening the dialogue:

Implications of feminist supervision theory with male supervisees. *Professional Psychology: Research and Practice*, *42*(2), 130-136.

MacLeod, B. P., & McMullen, J. W. (2016). Raising public awareness of the counseling profession. *Counseling Today*, *59*(6), 74-78.

MacNair-Semands, R. R. (2007). Attending to the spirit of social justice as an ethical approach in group therapy. *International Journal of Group Psychotherapy*, *57*(1), 61-66.

Mallen, M. J., Vogel, D. L., & Rochlen, A. B. (2005). The practical aspects of online counseling: Ethics, training, technology, and competency. *The Counseling Psychologist*, *33*(6), 776-818.

Margolin, G. (1982). Ethical and legal considerations in marital and family therapy. *American Psychologist*, *37*(7), 788-801.

Markus, H. R. (2008). Pride, prejudice, and ambivalence: Toward a unified theory of race and ethnicity. *American Psychologist*, *63*(8), 651-670.

*Maslach, C. (2003). *Burnout: The cost of caring*. Cambridge, MA: Malor Books.

*McAdams, C. R., & Foster, V. A. (2007). A guide to just and fair remediation of counseling students with professional performance deficiencies. *Counselor Education and Supervision*, *47*(1), 2-13.

*McAdams, C. R., Foster, V. A., & Ward, T. J. (2007). Remediation and dismissal policies in counselor education: Lessons learned from a challenge in federal court. *Counselor Education and Supervision*, *46*(3), 212-229.

McAdams, C. R., III, & Wyatt, K. L. (2010). The regulation of technology-assisted distance counseling and supervision in the United States: An analysis of current extent, trends, and implications. *Counselor Education & Supervision*, *49*, 179-192.

McCarthy, C. J., Falco, L. D., & Villalba, J. (2014). Ethical and professional issues in experiential growth groups: Moving forward. *Journal for Specialists in Group Work*, *39*(3), 186-193.

McCarthy, H. (2003). The disability rights movement: Experiences and perspectives of selected leaders in the disability community. *Rehabilitation Counseling Bulletin*, *46*, 209-223.

McCloskey, M. S. (2011). Training in empirically supported treatments using alternative learning modalities. *Clinical Psychology: Science and Practice*, *18*(1), 84-88.

McGee, T. F. (2003). Observations on the retirement of professional psychologists. *Professional Psychology: Research and Practice*, *34*(4), 388-395.

McGeorge, C. R., Carlson, T. S., & Farrell, M. (2016). To refer or not to refer: Exploring family therapists' beliefs and practices related to the referral of lesbian, gay, and bisexual clients. *Journal of Marital and Family Therapy*, *42*(3), 466-480. doi:10.1111/jmft.12148

McMurtery, R. F., Webb, T. T., & Arnold, R. D. (2011). Assessing perceptions and attitudes of intimate behaviors in clinical supervision among licensed professional counselors, licensed social workers, and licensed psychologists. *The Researcher: An Interdisciplinary Journal*, *24*(2), 57-78.

Meara, N. M., Schmidt, L. D., & Day, J. D. (1996). Principles and virtues: A foundation for ethical decisions, policies, and character. *The Counseling Psychologist*, *24*(1), 4-77.

Meyers, L. (2016a). License to deny service. *Counseling Today*, *59*(1), 24-31.

Meyers, L. (2016b). The relationship as client. *Counseling Today*, *59*(4), 22-31.

Miller, G. M., & Larrabee, M. J. (1995). Sexual intimacy in counselor education and supervision: A national survey. *Counselor Education and Supervision*, *34*(4), 332-343.

*Miller, S. D., Duncan, B. L., & Hubble, M. A. (2004). Beyond integration: The triumph of outcome over process in clinical practice. *Psychotherapy in Australia*, *10*(2), 2-19.

*Miller, S. D., Hubble, M. A., Duncan, B. L., & Wampold, B. E. (2010). Delivering what works. In B. L. Duncan, S. D. Miller, B. E. Wampold, & M. A. Hubble (Eds.), *The heart and soul of change: Delivering what works in therapy* (2nd ed., pp. 421-429). Washington DC: American Psychological Association.

Miller, S. D., Hubble, M. A., & Seidel, J. (2015). Feedback-informed treatment. In E. Neukrug (Ed.), *The Sage encyclopedia of theory in counseling and psychotherapy* (vol. 1, pp. 401-403). Thousand Oaks, CA: Sage.

Moles, T. A., Petrie, T. A., & Watkins, C. E. (2016). Sex and sport: Attractions and boundary crossings between sport psychology consultants and their client-athletes. *Professional Psychology: Research and Practice*, *47*(2), 93-101.

Moleski, S. M., & Kiselica, M. S. (2005). Dual relationships: A continuum ranging from the destructive to the therapeutic. *Journal of Counseling and Development*, *83*(1), 3-11.

Monk, G. (2013). Walking the tightrope of change: Building trust and effective practice in a diverse multi-stressed urban community. In J. A. Kottler, M. Englar-Carlson, & J. Carlson (Eds.), *Helping beyond the 50-minute hour: Therapists involved in meaningful social action* (pp. 96-111). New York, NY: Routledge, Taylor & Francis.

Mossman, D. (2009). The imperfection of protection through detection and intervention: Lessons from three decades of research on the psychiatric assessment of violence risk. *The Journal of Legal Medicine*, *30*, 109-140.

Moyer, M. S., Sullivan, J. R., & Growcock, D. (2012). When is it ethical to inform administrators about student risk-taking behaviors? Perceptions of school counselors. *Professional School Counseling*, *15*(3), 98-109.

Muratori, M. C. (2001). Examining supervisor impairment from the counselor trainee's perspective. *Counselor Education and Supervision*, 41(1), 41-56.

Murphy, J. M., & Pomerantz, A. M. (2016). Informed consent: An adaptable question format for telepsychology. *Professional Psychology: Research and Practice*, *47*(5), 330-339.

*Nagy, T. F. (2005). *Ethics in plain English: An illustrative casebook for psychologists* (2nd ed.). Washington, DC: American Psychological Association.

*Nagy, T. F. (2011). *Essential ethics for psychologists: A primer for understanding and mastering core issues*. Washington, DC: American Psychological Association.

National Association of Social Workers. (1994). *Guidelines for clinical social work supervision*. Washington, DC: Author.

*National Association of Social Workers. (2003). Client self-determination in end-of-life decisions. In *Social work speaks: National Association of Social Workers policy statements, 2003-2006* (6th ed., pp. 46-49). Washington, DC: NASW Press.

*National Association of Social Workers. (2004). *NASW standards for social work practice in palliative and end of life care*. Retrieved from www. socialworkers.org/practice/bereavement/standards/default. asp

National Association of Social Workers. (2008). *Code of ethics*. Washington, DC: Author.

National Organization for Human Services. (2000). Ethical standards of human service professionals. *Human Service Education*, *20*(1), 61-68.

Neff, K. (2011). *Self-compassion: Stop beating up on yourself and leave insecurity behind*. New York, NY: HarperCollins, William Morrow.

Neimeyer, G. J., Taylor, J. M., & Cox, D. R. (2012). On hope and possibility: Does continuing professional development contribute to ongoing professional competence? *Professional Psychology: Research and Practice*, *43*(5), 476-486.

Neukrug, E. S., & Milliken, T. (2011). Counselors' perceptions of ethical behaviors. *Journal of Counseling and Development*, *89*(2), 206-216.

Newsome, S., Waldo, M., & Gruszka, C. (2012). Mindfulness group work: Preventing stress and increasing self-compassion among helping professionals in training. *Journal for Specialists in Group Work*, *37*(4), 297-311.

Nock, M. K. (Ed.). (2014). *The Oxford handbook of suicide and self-injury*. New York, NY: Oxford University Press.

*Norcross, J. C. (2005). The psychotherapist's own psychotherapy: Educating and developing psychologists. *American Psychologist*, *60*(8), 840-850.

Norcross, J. C. (2010). The therapeutic relationship. In B. L. Duncan, S. D. Miller, B. E. Wampold, & M. A. Hubble (Eds.), *The heart & soul of change: Delivering what works in therapy* (2nd ed., pp. 113-141). Washington, DC: American Psychological Association.

Norcross, J. C., Beutler, L. E., & Levant, R. F. (2006). *Evidence-based practices in mental health: Debate and dialogue on the fundamental questions*. Washington, DC: American Psychological Association.

*Norcross, J. C., & Guy, J. D. (2007). *Leaving it at the office: A guide to psychotherapist self-care*. New York, NY: Guilford Press.

*Norcross, J. C., Hogan, T. P., & Koocher, G. P. (2008). *Clinician's guide to evidence-based practices*. New York, NY: Oxford University Press.

Nosek, M. A. (2005). Wellness in the context of disability. In J. Myers & T. Sweeney (Eds.), *Wellness in counseling: Theory, research, and practice* (pp. 139-150).

Alexandria, VA: American Counseling Association. Nystul, M. S. (2016). *Introduction to counseling: An art and science perspective* (5th ed.). Los Angeles, CA: Sage.

O'Morain, P., McAuliffe, G. J., Conroy, K., Johnson, J. M., & Michel, R. E. (2012). Counseling in Ireland. *Journal of Counseling and Development*, *90*(3), 367-372.

Oliver, M. N. I., Bernstein, J. H., Anderson, K. G., Blashfield, R. K., & Roberts, M. C. (2004). An exploratory examination of student attitudes toward "impaired" peers in clinical psychology training programs. *Professional Psychology: Research and Practice*, *35*(2), 141-147.

Orlinsky, D. E., Geller, J. D., & Norcross, J. C. (2005). Epilogue: The patient psychotherapist, the psychotherapist's psychotherapist, and the therapist as a person. In J. D. Geller, J. C. Norcross, & D. E. Orlinsky (Eds.), *The psychotherapist's own psychotherapy: Patient and clinician perspectives* (pp. 405-415). New York, NY: Oxford University Press.

Orlinsky, D. E., Norcross, J. C., Ronnestad, M. H., & Wiseman, H. (2005). Outcomes and impacts of psychotherapists' personal therapy: A research review. In J. D. Geller, J. C. Norcross, & D. E. Orlinsky (Eds.), *The psychotherapist's own psychotherapy* (pp. 214-230). New York, NY: Oxford University Press.

*Orlinsky, D. E., & Ronnestad, M. H. (2005). *How psychotherapists develop: A study of therapeutic work and professional growth*. Washington, DC: American Psychological Association.

Orlinsky, D. E., Schofield, M. J., Schroder, T., & Kazantzis, N. (2011). Utilization of personal therapy by psychotherapists: A practice-friendly review and a new study. *Journal of Clinical Psychology: In Session*, *67*(8), 828-842.

Pack-Brown, S. P., Thomas, T. L., & Seymour, J. M. (2008). Infusing professional ethics into counselor education programs: A multicultural/social justice perspective. *Journal of Counseling and Development*, *86*(3), 296-302.

*Parham, T. A., & Caldwell, L. D. (2015). Boundaries in the context of a collective community: An African-centered perspective. In B. Herlihy & G. Corey (Eds.), *Boundary issues in counseling: Multiple roles and responsibilities* (3rd ed., pp. 96-99). Alexandria, VA: American Counseling Association.

Patsiopoulos, A. T., & Buchanan, M. J. (2011). The practice of self-compassion in counseling: A narrative inquiry. *Professional Psychology: Research and Practice*, *42*(4), 301-307.

Pedersen, P. (1991). Multiculturalism as a generic approach to counseling. *Journal of Counseling and Development*, *70*(1), 6-12.

*Pedersen, P. (2000). *A handbook for developing multicultural awareness* (3rd ed.). Alexandria, VA: American Counseling Association.

Pedersen, P. (2008). Ethics, competence, and professional issues in cross-cultural counseling. In

P. B. Pedersen, J. G. Draguns, W. J. Lonner, & J. E. Trimble (Eds.), *Counseling across cultures* (6th ed., pp. 5-20). Thousand Oaks, CA: Sage.

*Pedersen, P., Crethar, H., & Carlson, J. (2008). *Inclusive cultural empathy: Making relationships central in counseling and psychotherapy*. Washington, DC: APA Press.

Perlin, M. L. (1997). The "duty to protect" others from violence. In *The Hatherleigh guide to ethics in therapy* (pp. 127-146). New York, NY: Hatherleigh Press.

Phan, L. T., Hebert, D. J., & DeMitchell, T. A. (2013). School counselor training with LGBTQ clients: A constitutional conflict. *Journal of LGBT Issues in Counseling*, *7*(1), 44-64.

Pickersgill, M. D. (2014). Debating DSM-5: Diagnosis and the sociology of critique. *Medical Ethics*, *40*, 521-525.

Pipes, R. B., Holstein, J. E., & Aguirre, M. G. (2005). Examining the personal-professional distinction: Ethics codes and the difficulty of drawing a boundary. *American Psychologist*, *60*, 325-334.

Plener, P. L., Schumacher, T. S., Munz, L. M., & Groschwitz, R. C. (2015). The longitudinal course of non-suicidal self-injury and deliberate selfharm: A systematic review of the literature. *Borderline Personality Disorder and Emotion*, *2*(2). doi:10.1186/s40479-014-0024-3

Polychronis, P. D., & Brown, S. G. (2016). The strict liability standard and clinical supervision. *Professional Psychology: Research and Practice*, *47*(2), 139-146.

Pomerantz, A. M., & Handelsman, M. M. (2004). Informed consent revisited: An updated written question format. *Professional Psychology: Research and Practice*, *35*(2), 201-205.

Pope, K. S. (2015). Record-keeping controversies: Ethical, legal, and clinical challenges. *Canadian Psychology*, *56*(3), 348-356.

Pope, K. S., Keith-Spiegel, P., & Tabachnick, B. G. (1986). Sexual attraction to clients: The human therapist and the (sometimes) inhuman training system. *American Psychologist*, *41*(2), 147-158.

Pope, K. S., Sonne, J. L., & Greene, B. (2006). *What therapists don't talk about and why: Understanding taboos that hurt us and our clients*. Washington, DC: American Psychological Association.

*Pope, K. S., Sonne, J. L., & Holroyd, J. (1993). *Sexual feelings in psychotherapy: Explorations for therapists and therapists-in-training*. Washington, DC: American Psychological Association.

*Pope, K. S., & Vasquez, M. J. T. (2016). *Ethics in psychotherapy and counseling: A practical guide for psychologists* (5th ed.). Hoboken, NJ: Wiley.

Pope, K. S., & Wedding, D. (2014). Contemporary challenges and controversies. In D. Wedding & R. J. Corsini (Eds.), *Current psychotherapies* (10th ed., pp. 569-603). Belmont, CA: Brooks/Cole, Cengage Learning.

Rapin, L. S. (2014). Guidelines for ethical and legal practice in counseling and psychotherapy groups. In J. L. DeLucia-Waack, C. R. Kalodner, & M. T. Riva (Eds.), *Handbook of group counseling and psychotherapy* (2nd ed., pp. 71-83). Thousand Oaks, CA: Sage.

Ratts, M. J., & Hutchins, A. M. (2009). ACA Advocacy Competencies: Social justice advocacy at the client/student level. *Journal of Counseling and Development*, *87*(3), 269-275.

Ratts, M. J., Singh, A. A., Butler, S. K., NassarMcMillan, S., & McCullough, J. R. (2016). Multicultural and social justice counseling competencies: Practical applications in counseling. *Counseling Today*, *58*(8), 40-45.

*Ratts, M. J., Toporek, R. L., & Lewis, J. A. (2010). *ACA advocacy competencies: A social justice framework for counselors*. Alexandria, VA: American Counseling Association.

Ravis, H. B. (2007). Challenges and special problems in distance counseling: How to respond to them. In J. F. Malone, R. M. Miller, & G. R. Walz (Eds.), *Distance counseling: Expanding the counselor's reach and impact* (pp.119-132). Alexandria, VA: American Counseling Association.

Reamer, F. G. (2013). Social work in a digital age: Ethical and risk management challenges. *Social Work*, *58*(2), 163-172.

Reamer, F. G. (2015). Clinical social work in a digital environment: Ethical and risk-management challenges. *Clinical Social Work Journal*, *43*, 120-132.

Reamer, F. G. (2017). Multiple relationships in a digital world: Unprecedented ethical and risk management challenges. In O. Zur (Ed.), *Multiple relationships in psychotherapy and counseling: Unavoidable, common, and mandatory dual relations in therapy* (pp. 196-206). New York, NY: Routledge, Taylor & Francis.

Reaves, R. P. (2003). *Avoiding liability in mental health practice*. Montgomery, AL: Association of State and Provincial Psychology Boards.

Reeves, J. (2011). Guidelines for recording the use of physical restraint. *Mental Health Practice*, *15*(1), 22-24.

Remley, T. P. (1995). A proposed alternative to the licensing of specialties in counseling. *Journal of Counseling and Development*, *74*(2) 126-129.

*Remley, T. P. (2009). Legal challenges in counseling suicidal students. In D. Capuzzi, *Suicide prevention in the schools: Guidelines for middle and high school settings* (2nd ed., pp. 71-83). Alexandria, VA: American Counseling Association.

Remley, T. P. (2017, February). *Legal issues in clinical and administrative supervision*. Presentation given at Law and Ethics Counseling Conference, New Orleans, Louisiana.

*Remley, T. P., & Herlihy, B. (2016). *Ethical, legal, and professional issues in counseling* (5th ed.). Boston, MA: Pearson.

Remley, T. P., & Hermann, M. A. (2000). Legal and ethical issues in school counseling. In J. Wittmer

(Ed.), *Managing your school counseling program: K-12 developmental strategies* (pp. 314-329). Minneapolis, MN: Educational Media Corporation.

Remley, T. P., Hulse-Killacky, D., Christensen, T., Gibbs, K., Schaefer, P., Tanigoshi, H., Hermann, M., & Miller, J. (2002, October 18). *Dismissing graduate students for non-academic reasons.* Paper presented at the Association for Counselor Education and Supervision Convention, Park City, Utah.

Renfro-Michel, E., Rousmaniere, T., & Spinella, L. (2016). Technological innovations in clinical supervision: Promises and challenges. In T. Rousmaniere & E. Renfro-Michel (Eds.), *Using technology to enhance clinical supervision* (pp. 3-18). Alexandria, VA: American Counseling Association.

Richards, D. (2013). Developments in technology-delivered psychological interventions. *Universitas Psychologica, 12*(2), 571-579.

Ridley, C. R. (2005). *Overcoming unintentional racism in counseling and therapy: A practitioner's guide to intentional intervention* (2nd ed.). Thousand Oaks, CA: Sage.

Riemersma, M. (2007). Use a "no secrets" policy in couple and family therapy—An interview with Richard S. Leslie. *The Therapist, 19*(5), 32-35.

Riggar, T. F. (2016). Counselor burnout. In I. Marini & M. A. Stebnicki (Eds.), *The professional counselor's desk reference* (2nd ed., pp. 555-558). New York, NY: Springer.

Riva, M. T. (2010). Supervision of group counseling. In R. K. Conyne (Ed.), *The Oxford handbook of group counseling* (pp. 370-382). New York, NY: Oxford University Press.

Riva, M. T. (2014). Supervision of group leaders. In J. DeLucia-Waack, C. R. Kalodner, & M. T. Riva (Eds.), *Handbook of group counseling and psychotherapy* (2nd ed., pp. 146-158). Thousand Oaks, CA: Sage.

Rivas-Vasquez, R. A., Blais, M. A., Rey, G. J., & RivasVazquez, A. A. (2001). A brief reminder about documenting the psychological consultation. *Professional Psychology: Research and Practice, 32*(2), 194-199.

Robertson, L. A., & Young, M. E. (2011). The revised ASERVIC spirituality competencies. In C. S. Cashwell & J. S.Young (Eds.), *Integrating spirituality and religion into counseling: A guide to competent practice* (2nd ed., pp. 25-42). Alexandria, VA: American Counseling Association.

Rogers, C. (1961). *On becoming a person.* Boston, MA: Houghton Mifflin.

Rogers, S. (2014). The moving psychoanalytic frame: Ethical challenges for community practitioners. *International Journal of Applied Psychoanalytic Studies, 11*(2), 151-162.

Ronnestad, M. H., Orlinsky, D. E., & Wiseman, H. (2016). Professional development and personal therapy. In J. Norcross, G. R. VandenBos, & D. K. Freedheim (Eds.), *APA handbook of clinical psychology* (vol. 5, pp. 223-235). Washington, DC: American Psychological Association.

Rosenberg, J. I. (1999). Suicide prevention: An integrated training model using affective and action-based interventions. *Professional Psychology: Research and Practice, 30*(1), 83-87.

Rosenfeld, G. W. (2011). Contributions from ethics and research that guide integrating religion into psychotherapy. *Professional Psychology: Research and Practice, 42*(2), 192-199.

Rousmaniere, T., Abbass, A., & Frederickson, J. (2014). New developments in technology-assisted supervision and training: A practical overview. *Journal of Clinical Psychology, 70*(11), 1082-1093.

*Rousmaniere, T., & Renfro-Michel, E. (Eds.). (2016). *Using technology to enhance clinical supervision.* Alexandria, VA: American Counseling Association.

Rousmaniere, T., Renfro-Michel, E., & Huggins, R. (2016). Regulatory and legal issues related to the use of technology in clinical supervision. In T. Rousmaniere & E. Renfro-Michel (Eds.), *Using technology to enhance clinical supervision* (pp. 19-30). Alexandria, VA: American Counseling Association.

Rudow, H. (2012, June 28). Judge throws out counseling student's suit against Augusta State. Counseling Today, Online Exclusives. Retrieved from https://ct.counseling.org/2012/06/judge-throws-outcounseling-students-suit-against-augusta-state/.

Rummell, C. M., & Joyce, N. R. (2010). "So wat do u want to wrk on 2day?" The ethical implications of online counseling. *Ethics & Behavior*, *20*(6), 482-496.

Rupert, P. A., Miller, A. O., & Dorociak, K. E. (2015). Preventing burnout: What does the research tell us? *Professional Psychology: Research and Practice*, *46*(3), 168-174.

Rupert, P. A., Stevanovic, P., & Hunley, H. A. (2009). Work-family conflict among practicing psychologists. *Professional Psychology: Research and Practice*, *40*(1), 54-61.

Russell-Chapin, L. A, & Chapin, T. J. (2012). *Clinical supervision: Theory and practice*. Belmont, CA: Brooks/Cole, Cengage Learning.

Safran, J. D., & Kriss, A. (2014). Psychoanalytic psychotherapies. In D. Wedding & R. J. Corsini (Eds.), *Current psychotherapies* (10th ed., pp. 19-54).

Belmont, CA: Brooks/Cole, Cengage Learning. Sahker, E. (2016). Therapy with the nonreligious: Ethical and clinical considerations. *Professional Psychology: Research and Practice*, *47*(4), 295-302.

Schank, J. A., Helbok, C. M., Haldeman, D. C., & Gallardo, M. E. (2010). Challenges and benefits of ethical small-community practice. *Professional Psychology: Research and Practice*, *41*(6), 502-510.

*Schank J. A., & Skovholt, T. M. (2006). *Ethical practice in small communities: Challenges and rewards for psychologists*. Washington, DC: American Psychological Association.

Scher, S., & Kozlowska, K. (2012). Thinking, doing, and the ethics of family therapy. *American Journal of Family Therapy*, *40*(2), 97-114.

Sells, J. N., & Hagedorn, W. B. (2016). CACREP accreditation, ethics, and the affirmation of both religious and sexual identities: A response to Smith and Okech. *Journal of Counseling & Development*, *94*(3), 265-279.

Shafranske, E. P. (2016). Finding a place for spirituality in psychology training: Use of competency-based clinical supervision. *Spirituality in Clinical Practice*, *3*(1), 18-21.

Shafranske, E. P., & Falender, C. A. (2016). Clinical supervision. In J. Norcross, G. R. VandenBos, & D. K. Freedheim (Eds.), *APA handbook of clinical psychology* (vol. 5, pp. 175-196). Washington, DC: American Psychological Association.

Shah, S., & Rodolfa, E. (2016). Peer supervision and support. In J. Norcross, G. R. VandenBos, & D. K. Freedheim (Eds.), *APA handbook of clinical psychology* (vol. 5, pp. 197-208). Washington, DC: American Psychological Association.

Shavit, N., & Bucky, S. (2004). Sexual contact between psychologists and their former therapy patients: Psychoanalytic perspectives and professional implications. *The American Journal of Psychoanalysis*, *64*(3), 229-248.

Shaw, E. (2015). Ethical practice in couple and family therapy: Negotiating rocky terrain. *Australian & New Zealand Journal of Family Therapy*, *36*, 504-517.

*Shaw, H. E., & Shaw, S. F. (2006). Critical ethical issues in online counseling: Assessing current practices with an ethical intent checklist. *Journal of Counseling and Development*, *84*(1), 41-53.

Shiles, M. (2009). Discriminatory referrals: Uncovering a potential ethical dilemma facing practitioners. *Ethics & Behavior, 19*(2), 142-155.

Shumaker, D., Ortiz, C., & Brenninkmeyer, L. (2011). Revisiting experiential group training in counselor education: A survey of master's-level programs. *Journal for Specialists in Group Work*, 36(2), 111-128.

Shuman, D. W., & Foote, W. (1999). Jaffee v. Redmond's impact: Life after the Supreme Court's recognition of a psychotherapist-patient privilege. *Professional Psychology: Research and Practice, 30*(5), 479-487.

Sisti, D., Young, M., & Caplan, A. (2013). Defining mental illness: Can values and objectivity get along? *BMC Psychiatry, 13*(346), 1-4.

*Skovholt, T. M. (2012). *Becoming a therapist: On the path to mastery*. Hoboken, NJ: Wiley.

*Skovholt, T. M., & Trotter-Mathison, M. (2016). *The resilient practitioner: Burnout and compassion fatigue prevention and self-care strategies for the helping professions* (3rd ed.). New York, NY: Routledge.

Smart, J. (2016). Counseling individuals with disabilities. In I. Marini & M. A. Stebnicki (Eds.), *The professional counselor's desk reference* (2nd ed., pp. 417-421). New York, NY: Springer.

Smith, J. K. (2011). Setting boundaries: Finding a balance. *The Therapist, 23*(6), 63-65.

Smith, L. C., & Okech, J. E. A. (2016a). Ethical issues raised by CACREP accreditation of programs within institutions that disaffirm or disallow diverse sexual orientations. *Journal of Counseling & Development, 94*(3), 252-264.

Smith, L. C., & Okech, J. E. A. (2016b). Negotiating CACREP accreditation practices, religious diversity, and sexual orientation diversity: A rejoinder to Sells and Hagedorn. *Journal of Counseling & Development, 94*(3), 280-284.

Smith, P. L., & Moss, S. B. (2009). Psychologist impairment: Where is it, how can it be prevented, and what can be done to address it? *Clinical Psychology: Science and Practice, 16*, 1-15.

Smith-Augustine, S. (2011, April). School counselors' comfort and competence with spirituality issues. *Counseling and Values, 55*, 149-156.

Smokowski, P. R., Rose, S. D., & Bacallao, M. L. (2001). Damaging experiences in therapeutic groups: How vulnerable consumers become group casualties. *Small Group Research, 32*(2), 223-251.

Sofronoff, K., Helmes, E., & Pachana, N. (2011). Fitness to practice in the profession of psychology: Should we assess this during clinical training? *Australian Psychologist, 46*, 126-132.

Sommers-Flanagan, J., & Sommers-Flanagan, R. (1995). Intake interviewing with suicidal patients: A systematic approach. *Professional Psychology: Research and Practice, 26*(1), 41-47.

Speight, S. L. (2012). An exploration of boundaries and solidarity in counseling relationships. *The Counseling Psychologist, 40*(1), 133-157.

Sperry, L., & Pies, R. (2010, April). Writing about clients: Ethical considerations and options. *Counseling and Values, 54*, 88-102.

Spotts-De Lazzer, A. (2012). Facebook for therapists: Friend or unfriend? *The Therapist, 24*(5), 19-23.

*Stebnicki, M. A. (2008). *Empathy fatigue: Healing the mind, body, and spirit of professional counselors*. New York, NY: Springer.

Stebnicki, M. A. (2016). Military counseling. In I. Marini & M. A. Stebnicki (Eds.), *The professional counselor's desk reference* (2nd ed., pp. 499-506). New York, NY: Springer.

Steele, J. M. (2008). Preparing counselors to advocate for social justice: A liberation model. *Counselor Education and Supervision*, *48*(2), 74-85.

Steele, T. M., Jacokes, D. E., & Stone, C. B. (2014/2015). An examination of the role of online technology in school counseling. *Professional School Counseling*, *18*(1), 125-135.

Stevanovic, P., & Rupert, P. A. (2009). Work-family spillover and life satisfaction among professional psychologists. *Professional Psychology: Research and Practice*, *40*(1), 62-68.

Stone, C. B., & Dahir, C. A. (2016). *The transformed school counselor* (3rd ed.). Boston, MA: Cengage Learning.

Sude, M. E. (2013). Text messaging and private practice: Ethical challenges and guidelines for developing personal best practices. *Journal of Mental Health Counseling*, *35*(3), 211-227.

Sue, D. W. (2005). Racism and the conspiracy of silence: Presidential address. *The Counseling Psychologist*, *33*(1), 100-114.

Sue, D. W., Arredondo, P., & McDavis, R. J. (1992). Multicultural counseling competencies and standards: A call to the profession. *Journal of Counseling and Development*, *70*(4), 477-486.

Sue, D. W., Bernier, J. E., Durran, A., Feinberg, L., Pedersen, P., Smith, E. J., & Nuttall, E. V. (1982). Position paper: Cross-cultural counseling competencies. *The Counseling Psychologist*, *10*(2), 45-52.

*Sue, D. W., Carter, R. T., and colleagues. (1998). *Multicultural counseling competencies: Individual and organizational development*. Thousand Oaks, CA: Sage.

Sue, D. W., & Capodilupo, C. M. (2015). Multicultural and community perspectives on multiple relationships. In B. Herlihy & G. Corey (Eds.), *Boundary issues in counseling: Multiple roles and responsibilities* (3rd ed., pp. 92-95). Alexandria, VA: American Counseling Association.

Sue, D. W., Capodilupo, C. M., Nadal, K. L., & Torino, G. C. (2008, May/June). Racial microaggressions and the power to define reality. *American Psychologist*, *63*, 277-279.

Sue, D. W., Capodilupo, C. M., Torino, G. C., Bucceri, J. M., Holder, A. M. B., Nadal, K. L., & Esquilin, M. (2007). Racial microaggressions in everyday life: Implications for clinical practice. *American Psychologist*, *62*(4), 271-286.

*Sue, D. W., & Sue, D. (2013). *Counseling the culturally diverse: Theory and practice* (6th ed.). New York, NY: Wiley.

Swank, J. M., & Tyson, L. (2012). School counseling site supervisor training: A web-based approach. *Professional School Counseling*, *16*(1), 40-47.

Sweeney, T. J. (1995). Accreditation, credentialing, professionalization: The role of specialties. *Journal of Counseling and Development*, *74*(2), 117-125.

Swift, J. K., Greenberg, R. P., Whipple, J. L., & Kominiak, N. (2012). Practice recommendations for reducing premature termination in therapy. *Professional Psychology: Research and Practice*, *43*(4), 379-387.

*Tarasoff v. Board of Regents of the University of California*, 17 Cal. 3d 425, 551 (1976).

Tarvydas, V., Addy, A., & Fleming, A. (2010). Reconciling evidence-based research practice with rehabilitation philosophy, ethics and practice: From dichotomy to dialectic. *Rehabilitation Education*, *24*(3&4), 191-204.

Tarvydas, V. M., Hartley, M. T., & Gerald, M. (2016). What practitioners need to know about professional credentialing. In I. Marini & M. A. Stebnicki (Eds.), *The professional counselor's desk reference* (2nd ed., pp. 17-22). New York, NY: Springer.

*Thapar, v. Zezulka*, 994 S. W. 2d 635 (Tex. 1999).

Taylor, J. M., & Neimeyer, G. J. (2015). The assessment of lifelong learning in psychologists. *Professional Psychology: Research and Practice*, *46*(6), 385-390.

Taylor, J. M., & Neimeyer, G. J. (2016). Continuing education and lifelong learning. In J. Norcross, G. R. VandenBos, & D. K. Freedheim (Eds.), *APA handbook of clinical psychology* (vol. 5, pp. 135-152). Washington, DC: American Psychological Association.

Thériault, A., & Gazzola, N. (2005). Feelings of inadequacy, insecurity, and incompetence among experienced therapists. *Counselling & Psychotherapy Research*, *5*(1), 11-18.

Thomas, J. L. (2002). Bartering. In A. A. Lazarus & O. Zur (Eds.), *Dual relationships and psychotherapy* (pp. 394-408). New York, NY: Springer.

Toporek, R. L., Lewis, J., & Crethar, H. C. (2009). Promoting systemic change through the ACA advocacy competencies. *Journal of Counseling and Development*, *87*(3), 260-269.

Toporek, R. L., Lewis, J. A., & Ratts, M. J. (2010). The ACA advocacy competencies: An overview. In M. J. Ratts, R. L. Toporek, & J. A. Lewis (Eds.), *ACA advocacy competencies: A social justice framework for counselors* (pp. 11-20). Alexandria, VA: American Counseling Association.

Tran-Lien, A. (2012). E-mailing your client: Legal and ethical implications. *The Therapist*, *24*(3), 20-22.

Van Brunt, B. (2015). *Harm to others: The assessment and treatment of dangerousness*. Alexandria, VA: American Counseling Association.

Vacha-Haase, T., Davenport, D. S., & Kerewsky, S. D. (2004). Problematic students: Gatekeeping practices of academic professional psychology programs. *Professional Psychology: Research and Practice*, *35*(2), 115-122.

VandeCreek, L., & Knapp, S. (2001). *Tarasoff and beyond: Legal and clinical considerations in the treatment of life-endangering patients* (3rd ed.). Sarasota, FL: Professional Resource Press.

Vanheule, S., & Devisch, I. (2014). Mental suffering and the DSM-5: A critical review. *Journal of Evaluation in Clinical Practice*, *20*, 975-980.

Victor, S. E., Styer, D., & Washburn, J. J. (2015). Characteristics of nonsuicidal self-injury associated with suicidal ideation: Evidence from a clinical sample of youth. *Child & Adolescent Psychiatry & Mental Health*, *9*(1), 1-8.

Vilardaga, R., Luoma, J. B., Hayes, S. C., Pistorello, J., Levin, M. E., Hildebrandt, M. J., ... & Bond, F. (2011). Burnout among the addiction counseling workforce: The differential roles of mindfulness and values-based processes and work-site factors. *Journal of Substance Abuse Treatment*, *40*, 323-335.

Vismara, L. A., Young, G. S., Stahmer, A. C., Griffith, E. M., & Rogers, S. J. (2009). Dissemination of evidence-based practice: Can we train therapists from a distance? *Journal of Autism and Developmental Disorders*, *39*, 1636-1651.

Walden, S. L. (2015). Inclusion of the client's voice in ethical practice. In B. Herlihy & G. Corey (Eds.), *Boundary issues in counseling: Multiple roles and responsibilities* (3rd ed., pp. 59-62). Alexandria, VA: American Counseling Association.

Walfish, S., Barnett, J. E., Marlyere, K., & Zielke, R. (2010). "Doc, there's something I have to tell you" : Patient disclosure to their psychotherapist of unprosecuted murder and other violence. *Ethics & Behavior*, *20*(5), 311-323.

Walker, D. F., Gorsuch, R. L., & Tan, S.Y. (2004). Therapists' integration of religion and spirituality in counseling: A meta-analysis. *Counseling and Values*, *49*(1), 69-80.

Waller, B. (2013). Real-life social action in the community. In J. A. Kottler, M. Englar-Carlson, & J. Carlson (Eds.), *Helping beyond the 50-minute hour: Therapists involved in meaningful social action* (pp. 86-95). New York, NY: Routledge, Taylor & Francis.

Walsh, B., & Muehlenkamp, J. J. (2013). Managing nonsuicidal self-injury in schools: Use of a structured protocol to manage the behavior and prevent social contagion. *School Psychology Forum*, *7*(4), 161-171.

Walsh, R. (2011). Lifestyle and mental health. *American Psychologist*, *66*, 579-592.

*Ward v. Wilbanks*, Case No. 09-CV-11237 (E.D. Mich. July 26, 2010).

Watkins, C. E. (1985). Countertransference: Its impact on the counseling situation. *Journal of Counseling and Development*, *63*(6), 356-359.

Weiss, A. C., & Rutan, J. S. (2016). The benefits of group therapy observation for therapists-intraining. *International Journal of Group Psychotherapy*, *66*(2), 246-260.

Welfel, E. R. (2005). Accepting fallibility: A model for personal responsibility for nonegregious ethics infractions. *Counseling and Values*, *49*(2), 120-131.

*Welfel, E. R. (2009). Emerging issues in the duty to protect. In J. L. Werth Jr., E. R. Welfel, & G. A. H. Benjamin (Eds.), *The duty to protect: Ethical, legal, and professional considerations for mental health professionals* (pp. 229-248). Washington, DC: American Psychological Association.

*Welfel, E. R. (2016). *Ethics in counseling and psychotherapy: Standards, research, and emerging issues* (6th ed.).Boston, MA: Cengage Learning.

*Welfel, E. R., Werth, J. L., Jr., & Benjamin, G. A. H. (2009). Introduction to the duty to protect. In J. L. Werth Jr., E. R. Welfel, & G. A. H. Benjamin (Eds.), *The duty to protect: Ethical, legal, and professional considerations for mental health professionals* (pp. 3-8). Washington, DC: American Psychological Association.

Werth, J. L., Jr. (Ed.). (2013a). *Counseling clients near the end of life: A practical guide for mental health professionals*. New York, NY: Springer.

Werth, J. L., Jr. (2013b). Counseling clients who are near the end of life. In J. L. Werth Jr. (Ed.), *Counseling clients near the end of life: A practical guide for mental health professionals* (pp. 101-120). New York, NY: Springer.

*Werth, J. L., Jr., & Blevins, D. (Eds.). (2006). *Psychosocial issues near the end of life: A resource for professional care providers*. Washington, DC: American Psychological Association.

Werth, J. L., Jr., & Crow, L. (2009). End-of-life care: An overview for professional counselors. *Journal of Counseling and Development*, *87*(2), 194-202.

*Werth, J. L., Jr., & Holdwick, D. J. (2000). A primer on rational suicide and other forms of hastened death. *The Counseling Psychologist*, *28*(4), 511-539.

Werth, J. L., Jr., & Kleespies, P. M. (2006). Ethical considerations in providing psychological services in end-of-life-care. In J. L. Werth Jr. & D. Blevins (Eds.), *Psychosocial issues near the end of life: A resource for professional care providers* (pp. 57-87). Washington, DC: American Psychological Association.

*Werth, J. L., Jr., & Richmond, J. (2009). End-of-life decisions and the duty to protect. In J. L. Werth Jr., E. R. Welfel, & G. A. H. Benjamin (Eds.), *The duty to protect: Ethical, legal, and professional considerations for mental health professionals* (pp. 195-208). Washington, DC: American

Psychological Association.

*Werth, J. L., Jr., Welfel, E. R., & Benjamin, G. A. H. (Eds.). (2009). *The duty to protect: Ethical, legal, and professional considerations for mental health professionals*. Washington, DC: American Psychological Association.

Werth, J. L., Jr., Welfel, E. R., Benjamin, G. A. H., & Sales, B. D. (Eds.). (2009). Practice and policy responses to the duty to protect. In J. L. Werth Jr., E. R. Welfel, & G. A. H. Benjamin (Eds.), *The duty to protect: Ethical, legal, and professional considerations for mental health professionals* (pp. 249-261). Washington, DC: American Psychological Association.

Westefeld, J. S. (2009). Supervision in psychotherapy: Models, issues, and recommendations. *The Counseling Psychologist, 37*(2), 296-316.

Wester, K. L. (2009). Ethical issues in counseling clients who self-injure. *Ethical Issues in Professional Counseling, 12*(3), 25-37. [Published by the Hatherleigh Company, Hobart, New York]

Wester, K. L., Ivers, N., Villalba, J. A., Trepal, H. C., & Henson, R. (2016). The relationship between nonsuicidal self-injury and suicidal ideation. *Journal of Counseling & Development, 94*(1), 3-12. doi:10.1002/jcad.12057

*Wheeler, A. M., & Bertram, B. (2015). *The counselor and the law: A guide to legal and ethical practice* (7th ed.). Alexandria, VA: American Counseling Association.

Wheeler, A. M., & Reinhardt. R. (2014). *Private practice preparedness: The health care professional's guide to closing a practice due to retirement, death or disability*. Retrieved from http://www.privatepracticepreparedness.com

Whisenhunt, J. L., Stargell, N., & Perjessy, C. (2016). Addressing ethical issues in treating client self-injury. *Counseling Today, 59*(2), 40-46.

Whitlock, J., Muehlenkamp, J., Eckenrode, J., Purington, A., Baral Abrams, G., Barreira, P., & Kress, V. (2013). Nonsuicidal self-injury as a gateway to suicide in young adults. *Journal of Adolescent Health, 52*, 486-492. doi:10.1016/j. jadohealth.2012.09.010

Whitlock, J., Prussien, K., & Pietrusza, C. (2015, August). Predictors of self-injury cessation and subsequent psychological growth: Results of a probability sample survey of students in eight universities and colleges. *Child and Adolescent Psychiatry and Mental Health*. doi:10.1186/s13034-015-0048-5

Widgery, A., & Winterfeld, A. (2013). Warning of potential violence. *State Legislatures, 39*(3), 7.

Wierzbicki, M., Siderits, M. A., & Kuchan, A. M. (2012). Ethical questions addressed by a state psychological association. *Professional Psychology: Research and Practice, 43*(2), 80-85.

Wilcoxon, S. A. (2015). Technology and client care: Therapy considerations in a digital society. *Australian & New Zealand Journal of Family Therapy, 36*, 480-491.

*Wilcoxon, S. A., Remley, T. P., & Gladding, S. T. (2012). *Ethical, legal, and professional issues in the practice of marriage and family therapy* (5th ed.) Upper Saddle River, NJ: Merrill/Prentice-Hall (Pearson).

Wilkerson, K. (2006). Impaired students: Applying the therapeutic process model to graduate training programs. *Counselor Education and Supervision, 45*(3), 207-217.

Wilson, R. E., Gosling, S. D., & Graham, L. T. (2012). A review of Facebook research in the social sciences. *Perspectives on Psychological Science, 7*(3), 203-220.

Wise, E. H., & Barnett, J. E. (2016). Self-care for psychologists. In J. Norcross, G. R. VandenBos, & D.

K. Freedheim (Eds.), *APA handbook of clinical psychology* (vol. 5, pp. 209-222). Washington, DC: American Psychological Association.

Wise, E. H., Bieschke, K. L., Forrest, L., Cohen-Filipic, J., Hathaway, W. L., & Douce, L. A. (2015). Psychology's proactive approach to conscience clause court cases and legislation. *Training and Education in Professional Psychology*, *9*, 259-268.

Wise, E. H., Hersh, M. A., & Gibson, C. M. (2011). Ethics and self-care: A developmental lifespan perspective. *Register Report*, *37*, 20-29.

Wise, E. H., Hersh, M. A., & Gibson, C. M. (2012). Ethics, self-care and well-being for psychologists: Re-envisioning the stress-distress continuum. *Professional Psychology: Research and Practice*, *43*(5), 487-494.

Wise, E. H., Sturm, C. A., Nutt, R. L., Rodolfa, E., Schaffer, J. B., & Webb, C. (2010). Life-long learning for psychologists: Current status and a vision for the future. *Professional Psychology: Research and Practice*, *41*(4), 288-297.

Wolitzsky, D. L. (2011). Psychoanalytic theories in psychotherapy. In J. C. Norcross, G. R. Vandenbos, & D. K. Freedheim (Eds.), *History of psychotherapy* (2nd ed., pp. 65-100). Washington, DC: American Psychological Association.

Wood, C., & Rayle, A. D. (2006). A model of school counseling supervision: The Goals, Functions, Roles, and Systems Model. *Counselor Education & Supervision*, *45*, 253-266.

*Woody, R. H. (1998). Bartering for psychological services. *Professional Psychology: Research and Practice*, *29*(2), 174-178.

Worthington, E. L., Jr. (2011). Integration of spirituality and religion into psychotherapy. In J. C. Norcross, G. R.Vandenbos, & D. K. Freedheim (Eds.), *History of psychotherapy* (2nd ed., pp. 533-544). Washington, DC: American Psychological Association.

Wrenn, C. G. (1962). The culturally encapsulated counselor. *Harvard Educational Review*, *32*, 444-449.

Wrenn, C. G. (1985). Afterword: The culturally encapsulated counselor revisited. In P. Pedersen (Ed.), *Handbook of cross-cultural counseling and therapy* (pp. 323-329). Westport, CT: Greenwood Press.

Wright, B. A. (1983). *Physical disability: A psychosocial approach* (2nd ed.). New York, NY: Harper & Row.

*Wyke v. Polk County School Board*, 129 F. 3d 560 (11th Cir. 1997).

*Yalom, I. D. (1997). *Lying on the couch: A novel*. New York, NY: Perennial.

*Yalom, I. D. (2003). *The gift of therapy*. New York, NY: Perennial.

*Yalom, I., with Leszcz, M. (2005). *The theory and practice of group psychotherapy* (5th ed.). New York, NY: Basic Books.

Yep, R. (2016). A dangerous precedent. *Counseling Today*, *58*(11), 7.

Young, J. S., Wiggins-Frame, M., & Cashwell, C. S. (2007). Spirituality and counselor competence: A national survey of American Counseling Association members. *Journal of Counseling and Development*, *85*(1), 47-52.

Young, T. L. (2010). Sexuality, boundaries, and ethics. In L. Hecker (Ed.), *Ethics and professional issues in couple and family therapy* (pp. 89-106). New York, NY: Routledge.

Younggren, J. N., Fisher, M. A., Foote, W. E., & Hjelt, S. E. (2011). A legal and ethical review of patient responsibilities and psychotherapist duties. *Professional Psychology: Research and Practice*, *42*(2), 160-168.

*Younggren, J. N., & Gottlieb, M. C. (2004). Managing risk when contemplating multiple relationships. *Professional Psychology: Research and Practice*, *35*(3), 255-260.

*Younggren, J. N., & Gottlieb, M. C. (2008). Termination and abandonment: History, risk, and risk management. *Professional Psychology: Research and Practice*, *39*(5), 498-504.

Younggren, J. N., Harris, E. A., & Martin, J. N. (2016). Malpractice and risk management. In J. Norcross, G. R. VandenBos, & D. K. Freedheim (Eds.), *APA handbook of clinical psychology* (vol. 5, pp. 395-408). Washington, DC: American Psychological Association.

Zalaquett, C. P., Fuerth, K. M., Stein, C., Ivey, A. E., & Ivey, M. B. (2008). Reframing the DSM-IV-TR from a multicultural/social justice perspective. *Journal of Counseling and Development*, *86*(3), 364-371.

Zeranski, L., & Halgin, R. P. (2011). Ethical issues in elder abuse reporting: A professional psychologist's guide. *Professional Psychology: Research and Practice*, *42*(4), 294-300.

*Zur, O. (2007). *Boundaries in psychotherapy: Ethical and clinical explorations*. Washington, DC: American Psychological Association.

*Zur, O. (2008). *Beyond the office walls: Home visits, celebrations, adventure therapy, incidental encounters and other encounters outside the office walls*. Retrieved from www.zurinstitute.com/outofofficeexperiences.html

*Zur, O. (2009). *Self-disclosure and transparency in psychotherapy and counseling*. Retrieved from www.zurinstitute.com/selfdisclosure1.html

Zur, O. (2010). *The risky business of risk management*. Retrieved from www.zurinstitute.com/riskmanagement.html

Zur, O. (2011a). *Bartering in psychotherapy and counseling: Complexities, case studies and guidelines*. Retrieved from www.zurinstitute.com/bartertherapy.html

Zur, O. (2011b). *Gifts in psychotherapy*. Retrieved from www.zurinstitute.com/giftsintherapy.html

Zur, O. (2011c). *Therapist burnout: Facts, causes and prevention*. Retrieved from www.zurinstitute.com/therapeutic_ethics.pdf

Zur, O. (2016). *Telemental health services across state lines*. Retrieved from http://www.zurinstitute.com/telehealth_across_state_lines_zur.html

Zur, O. (Ed.). (2017). *Multiple relationships in psychotherapy and counseling: Unavoidable, common, and mandatory dual relations in therapy*. New York, NY: Routledge.

*Zur, O., & Nordmarken, N. (2009). *To touch or not to touch: Exploring the myth of prohibition on touch in psychotherapy and counseling*. Retrieved from www.zurinstitute.com/touchintherapy.html

Zur, O., & Zur, A. (2011). The Facebook dilemma: To accept or not to accept? Responding to clients' "friend requests" on psychotherapists' social networking sites. *Independent Practitioner*, *31*(1), 12-17.

# 찾아보기

**[ㅁ]**



**[ㅂ]**



**[ㅅ]**

## [ㅇ]

## [ㅈ]



## [ㅊ]

## [ㅋ]



## [ㅌ]



## [ㅍ]



## [ㅎ]



## [영문]

## 역자 소개

**서경현**(khsuh@syu.ac.kr) | Univ. of Santo Tomas에서 심리학 박사학위를 취득하고 Univ. of Wisconsin 알코올연구소 연구원을 거쳐 현재 삼육대학교 상담심리학과 교수로 재직 중이다. 한국건강심리학회장, 한국중독상담학회장, 한국심리학회 자격제도위원장, 공공정책위원장, 대외이사 등을 지낸 바 있으며, 현재 대한스트레스학회 부회장, 한국문화및사회문제심리학회 부회장, 알코올과 건강행동학회 부회장, 서울시립 창동 인터넷중독예방상담센터 운영위원장 등의 직을 맡고 있다. 웰빙과 중독, 스트레스, 데이트 폭력에 대한 인지행동적 개입과 관련된 분야의 저 · 역서와 이백여 편의 연구논문을 발표했다.

**정성진**(sjchung@syu.ac.kr) | 가톨릭대학교에서 심리학 박사학위(상담심리학 전공)를 취득하고 현재 삼육대학교 상담심리학과 교수로 재직 중이다. 전국대학상담학과협의회 회장과 한국중독상담학회 윤리위원장 등을 지낸 바 있다. 상담윤리, 한국적 상담, 용서와 화해에 대한 여러 권의 저 · 역서와 연구논문을 발표했다.

**상담 및 심리치료 윤리**

Issues & Ethics in the Helping Professions

발 행 일 | 2025년 8월 28일 초판 2쇄 발행
저 자 | Gerald Corey, Marianne Schneider Corey, Cindy Corey
역 자 | 서경현 · 정성진
발 행 인 | 구본하
발 행 처 | 도서출판 **박학사**
주 소 | 서울시 마포구 월드컵북로5길 33 동아빌딩 2층
전 화 | (02)3142-3764~5
팩 스 | (02)3142-3766
웹사이트 | www.pakhaksa.co.kr
등록번호 | 제10-2230호

**정가 32,000원** ISBN 978-89-98521-74-5